Margarete Wach

Krzysztof Kieślowski
Zufall und Notwendigkeit

SCHÜREN

Bibliografische Information der Deutschen Nationalbibliothek
Die Deutsche Nationalbibliothek verzeichnet diese Publikation in der Deutschen Nationalbibliografie; detaillierte bibliografische Daten sind im Internet über http://dnb.d-nb.de abrufbar.

Band 1 der Edition «film-dienst»

Bisher erschienen sind:
Bd. 1 Margarete Wach: «Krzysztof Kieślowski»
Bd. 2 Helmut G. Asper: «Etwas Besseres als den Tod… Filmexil in Hollywood»
Bd. 3 Franz Everschor: «Brennpunkt Hollywood»
Bd. 4 Susanne Marschall: «Farbe im Kino»
Bd. 5 Felicitas Kleiner: «Scheherazade im Kino»
Bd. 6 Thomas Brandlmeier: «Kameraautoren»
Bd. 7 Ralf Schenk (Hg.): «Worte – Widerworte»
Bd. 8 Ulrich Kriest (Hg.): Formen der Liebe – Die Filme von Rudolf Thome

Die nachgelassene Filmnovelle von Krzysztof Kieślowski veröffentlichen wir erstmals in diesem Werk in deutscher Sprache. Die freundliche Erlaubnis dazu erteilten Maria Kieślowska und Krzysztof Piesiewicz, Warschau sowie Noé-Productions, Paris. Die Übersetzung folgt der Erstausgabe, die 1999 im Skorpion-Verlag, Warschau, erschienen ist.

Schüren Verlag GmbH
Universitätsstr. 55 · D-35037 Marburg
www.schueren-verlag.de
© Schüren Verlag 2014
Alle Rechte vorbehalten
Gestaltung: Erik Schüßler
Gestaltung Umschlag: Wolfgang Diemer, Köln
Unter Verwendung eines Fotos von Piotr Jaxa
(Krzysztof Kieślowski auf dem Set von Drei Farben: Weiss)
Druck: druckhaus köthen, Köthen
Printed in Germany
ISBN 978-3-89472-729-1

Margarete Wach
Krzysztof Kieślowski – Zufall und Notwendigkeit

Gedruckt mit freundlicher Unterstützung von
Polish Film Institute Warschau und Polnisches Institut Düsseldorf

Weitere Projektpartner

Inhalt

Vorwort zur 2. Auflage	12
Einleitung	13
Kieślowskiana – zum Forschungsstand	17

I. Moral und Revolte –
Zwischen Resignation und Hoffnung: Kieślowski, ein Erbe Albert Camus'?
22

Philosophische Fragen im Werk Kieślowskis	28
Cineastische und literarische Einflüsse	32

II. Die Dramaturgie der Wirklichkeit – Ausbildung in Łódź
42

Zur Geschichte der Filmhochschule in Łódź	46
Beginn des Studiums: Die Strassenbahn (1966)	51
Diplomarbeit: Dramaturgie der Wirklichkeit	52
Łódź (Lodz)	57
Hochschulfilme: Das Amt (1966), Wunschkonzert (1967), Aus der Stadt Lodz (1969)	59

III. Realismus und Poesie – Der polnische Dokumentarfilm
66

«Schwarze Serie»	69
Poetischer Dokumentarfilm	71
Exkurs: Eckdaten zur Nachkriegsgeschichte Polens	74
Dokumentarfilm als Motor gesellschaftlicher Entwicklungen	75

IV. «Die Welt beschreiben» –
Krzysztof Kieślowskis Dokumentarfilme zwischen Wirklichkeit und Fiktion
82

Verschollen/wiedergefunden: Das Foto (1968)	85
Die Fabrik (1970) / Arbeiter '71 – Nichts über uns ohne uns (1972)	88
Der Maurer (1973)	90
Ich war ein Soldat (1970) / Vor der Rallye (1971)	91
Refrain (1972)	92
Probleme mit der Zensur	94

Exkurs: «Regalfilme» und staatliches Mäzenat	95
Industriefilme	96
Durchleuchtung (1974)	96
Intimes Tagebuch	97
Der Lebenslauf (1975)	98
Erste Liebe (1974)	102
Unvollendet: Die Legende (1975)	106
Fernsehspiel-Debüt: Die Unterführung (1973)	106
Das Krankenhaus (1976)	110
Vom Standpunkt eines Nachtwächters (1977)	113
Weiss nicht (1977)	115
Verantwortung des Regisseurs	116
Sieben Frauen verschiedenen Alters (1978)	117
Sieben Tage einer Woche (1988)	122
Der Bahnhof / Sprechende Köpfe (1980)	122

V. «Kino der moralischen Unruhe» (Ein filmgeschichtlicher Abriss)   126

«Junge Kultur» in Literatur und Gesellschaft	128
Einfluss des Direct Cinema und der cineastischen Neuen Wellen	132
Erneuerung des Autorenkinos: Zanussi als Vorläufer	134
Zweite Blüte der Altmeister	138
Zwischen Expressivität und Konkretismus: Durchbruch einer neuen Generation	140
Zur Genese des «Kinos der moralischen Unruhe» (1976–1981)	146
Fanal und Tabubruch – Filme schreiben Geschichte	148
In der ambivalenten Wirklichkeit: Revolte und Realpolitik	151
Exkurs: Mythologie und Filmkanon nationaler Selbstvergewisserung	153
Eingrenzung des Sichtfeldes: unbändige Helden versus unlösbare Dilemmata	156
Agnieszka Holland und der geschichtsphilosophische Pessimismus	158
Standardwerke zwischen Determinismus, Publizistik und Stalinismus-Abrechnung	160
Generationserlebnis und cineastische Formation	164
Auf dem Zenit des internationalen Erfolgs	166
Im Agoniezustand: Regression des polnischen Kinos bis zum Wendejahr 1989	169

«Wie leben?»
Spielfilme nach dokumentarischer Methode: Das Personal / Die Narbe   172

Ruhe und Rebellion
Leben ohne Betäubung in Gefährliche Ruhe   191

«Du filmst das, was ist»
Von der Macht des Mediums Film in Der Filmamateur   199

Der Zufall ist der Regisseur
Perspektivübungen oder das Spiel mit dem Leben in DER ZUFALL MÖGLICHERWEISE ... 213

«Tiefer statt breiter»
Literaturreportage und Politik in EIN KURZER ARBEITSTAG ... 234

VI. Von der Wirklichkeit zur Metaphysik – Zwei Leben und zwei «Familien» des Krzysztof Kieślowski ... 242

Die Dokumentarfilm-Crew ... 246
Krzysztof Piesiewicz ... 252
Zbigniew Preisner ... 280
Die Kameramänner ... 285
Marin Karmitz ... 289

Condition humaine und das Kriegsrecht
Röntgenbilder der Seele in OHNE ENDE ... 295

«Sollen wir eintreten in Kieślowskis Kirche?»
Spurensuche im Alltag oder die Zehn Gebote: DEKALOG ... 304

«Wir sind alle Mörder»
Anatomie eines Mordes in EIN KURZER FILM ÜBER DAS TÖTEN ... 335

Das Fenster zum Hof
Asynchronität der Gefühle in EIN KURZER FILM ÜBER DIE LIEBE ... 345

Das zweite Leben des Puppenspielers
Geheimnis und Vorsehung in DIE ZWEI LEBEN DER VERONIKA ... 353
    Exkurs: «Wie durch einen goldenen Schleier»
    Von Sepiabraun bis Goldgelb oder die Farbe der Vorsehung ... 366

Variationen und Versuchsanordnungen
Parolen und Rätsel in der DREI FARBEN-Trilogie ... 368

Flucht vor der Freiheit
Frei von Gefühlen oder «verurteilt zur Freiheit»: BLAU ... 382

Gleichheit oder Gleichberechtigung
Euphorie der Müllhalde: WEISS ... 394

Von Monaden und Demiurgen
Menschen am Draht: ROT ... 408
    Exkurs: Balsamierte Zeit. Zur Rolle der Fotografie im Werk Kieślowskis ... 427
    Rot als Zufall und Notwendigkeit ... 427

Weiß als Verrat und Spiel 428
Blau als Verlust und Erinnerung 428
Metaphern des medialen Blicks 429
Balsamierte Zeit 430
Embleme des Unfasslichen 431

VII. «Das Leben ist alles, was ich besitze» – Wie die Fiktion Oberhand über das Leben gewinnt
434

VIII. Liebesbekundungen und Missverständnisse – Die Rezeption Kieślowskis in Polen und im Westen
444

Frühwerk in den Augen der polnischen Filmkritik 446
Entdeckung im Westen 447
Rezeption des Spätwerks in Polen 448
Co-Produktionsland Frankreich 449
Deutschland und englischsprachiger Raum 450
Liebesbekundungen und andere Kleinigkeiten 452
Auf der Bühne 456
Das Werk digital 457
    Exkurs: **Die Furcht vor echten Tränen – Slavoj Žižeks Rehabilitierungsmatrix** 459

IX. Epigonen oder Erben – Auf der Spurensuche nach Kieślowski im Kino der letzten beiden Dekaden
462

Polnisches Kino nach Kieślowski 464
Kieślowskis Einfluss im Westen 470
Pädagogische Arbeit im Dialog 477
Wahlverwandtschaften: von Haneke via Hollywood bis Manchevski 479
«Witek rennt» oder der Meister und sein Zauberlehrling 500
    Exkurs: **Tom Tykwers HEAVEN und Kieślowskis Drehbuch-Vorlage** 505

Zeitgenossen: Apokalyptiker und Weltverbesserer
Rezeptionsästhetik in komparatistischer Perspektive – zwei Exkurse
508

Exkurs I: **Zufallskombinationen im offenen Netz der Lebenswege**
Das episodische Erzählprinzip bei Robert Altman und Kieślowski 508
Imitationen des Lebens 508
Ein interaktives Kino 509
Matrix des Filmpuzzles – im narrativen Netz der Fragmente 510

Kontingenz und Kombinatorik	512
Die Präsenz der Form gibt die Bedeutung vor	514
Polyphonie des Erzählens. Eine postmoderne Praxis?	516
Das groß angelegte Panorama…	518
…und die Folgen	520
Altmansche Schärfentiefe	520

Exkurs II: Mit Zuckerbrot und Peitsche!
Michael Haneke und Kieślowski: Audiovisuelle Strategien einer Wirkungsästhetik

des Unabweisbaren	521
Den Teufel mit dem Beelzebub austreiben	522
Publikumsbeschimpfung	523
Verzahnung von Inhalt und Form im Dienste einer Wirkungsästhetik	524
Audiovisuelle Strategien der Fragmentierung und Distanzierung	525
Techniken der Distanzierung	525
«Wirkungsästhetik des Unabweisbaren» und das Objekt ihrer Begierde	527

X. Schweigt Kieślowski?
Das Leben sah ein anderes Szenario vor: PARADIES – FEGEFEUER – HÖLLE 528

Krzysztof Kieślowski / Krzysztof Piesiewicz **PARADIES** 536

XI. Anhang 566

Bibliografie	568
Filmografie	596
Filmpreise	603
Diskografie	604
Bildnachweis	605
Über die Autorin	606
Filmregister	607
Personenregister	615

1. Krzysztof Kieślowski bei den Dreharbeiten zu DREI FARBEN: WEISS

Vorwort zur 2. Auflage

Die vorliegende Monografie geht zum großen Teil in der 2. Auflage auf das Buch *Krzysztof Kieślowski. Kino der moralischen Unruhe* zurück, das 2001 im Kölner KIM Verlag erschienen ist. Während die ursprüngliche Publikation sich zum Ziel setzte, die polnischen Kontexte des Werks von Krzysztof Kieślowski für den deutschen Leser zu erschließen, wozu unter anderem der filmhistorische Abriss über das «Kino der moralischen Unruhe» gehörte, liegt der aktuellen Ausgabe die Absicht zugrunde, sowohl die fortdauernde Rezeption wie auch den Einfluss seines Werks bis in die Gegenwart nachzuzeichnen. In jetziger Form ist die Monografie um über hundert Seiten erweitert und stark umgearbeitet worden, was den Anlass zu einer Titeländerung gab. Das Oxymoron «Zufall und Notwendigkeit» erfasst nicht nur ein für Kieślowskis Filmuniversum wichtiges begriffliches Koordinatenpaar. Die titelgebende Formel fokussiert die Aufmerksamkeit auf seine vielleicht wichtigsten ästhetischen und epistemologischen Kategorien, die eine entscheidende Rolle bei der Konjunktur des episodischen Erzählkinos um die letzte Jahrhundertwende gespielt und Filme bekannter Regisseure wie Tom Tykwer, Jean-Pierre Jeunet oder Paul Thomas Anderson geprägt haben. So sind Zufallskombinationen und Zwangslagen gleichermaßen für Kieślowskis Poetik eines narrativen Netzwerks der offenen Lebenswege wie für sein ethisches Paradoxon einer indeterminierten Determiniertheit konstituierend.

Außer den notwendigen Korrekturen und Ergänzungen kam noch neues Material hinzu. Über die Ergebnisse der eigenen Studien und der neuesten Forschung hinaus gehören dazu mehrere Exkurse, die auf meinen anderorts veröffentlichten Aufsätzen basieren und für das Buch entsprechend adaptiert wurden, etwa zu der Farbenästhetik, Rolle der Fotografie bei Kieślowski, Slavoj Žižeks Rehabilitationsversuchen, der Drehbuchvorlage für Tykwers Drama Heaven und zu den Analogien mit den Filmen von Robert Altman oder Michael Haneke. Die Wiederentdeckung der über vierzig Jahre verschollenen *Cinéma verité*-Reportage Zdjęcie / Das Foto vor zwei Jahren hält auch einen neuen Interpretationsschlüssel für Kieślowskis Werk bereit. Eine zusätzliche Komponente ergeben jetzt auch die Bilder: Standfotos, Screenshots und Filmsequenzen-Stills. Sie stellen eine visuelle Referenzebene her, die die Argumentation im Buch stützt und die Aufmerksamkeit des Rezipienten auf Gesten, Blicke und Kameraeinstellungen lenkt.

Margarete Wach im Dezember 2013

Einleitung

«Alles, was uns umgibt, was wir sehen können; alles, was wir hören und verstehen können – ist die Wirklichkeit. Außer dem Bedürfnis nach Leben haben wir das Bedürfnis, es verstehen zu wollen, wir wollen wissen, wozu und warum wir leben. Genau damit beschäftigt sich die Kunst.» Mit diesen programmatischen Worten beginnt die Diplomarbeit Krzysztof Kieślowskis *Dokumentarfilm und Wirklichkeit* (1968), in der er seine Konzeption des Erzählens durch Wirklichkeit analysiert. Von seinen frühesten Dokumentararbeiten über Fernsehfilme bis hin zu den Spielfilmen blieb Kieślowski der Ansicht treu, im Film wie in der Kunst spiele die Wirklichkeit die wichtigste Rolle. Bereits in der Diplomarbeit postulierte er, der Filmautor müsse sich der Zufälligkeit des Augenblicks ausliefern, Filmmaterial sammeln, um daraus Zusammenhänge herauszufiltern, die das Leben selbst hervorgebracht hat. Die Aufgabe des Dokumentaristen bestünde darin, der mehrdeutigen, wandelbaren, durch wechselvolle Zufälle überraschenden Realität Priorität einzuräumen. Diese «Dramaturgie der Wirklichkeit» sollte aber im Endeffekt nicht zu einer enthusiastischen Registrierung der Realität führen, sondern zu einem «Film mit fiktionaler Handlung, realisiert nach strikter dokumentarischer Methode»[1], eine Filmpoetik, die beim wechselseitigen Spiel von Wirklichkeit und Fiktion im Werk Kieślowskis sowohl für seine dokumentarischen Arbeiten als auch für seine Spielfilme zutrifft.

Am Ausgangspunkt dieser filmhistorisch, -analytisch, narratologisch und komparatistisch ausgerichteten Werkmonografie steht Kieślowskis dokumentarische Periode, deren Einfluss in seinen Fernseh- und Kinofilmen unverkennbar ist. Er bleibt besonders in seiner spezifischen Arbeitsweise sichtbar, fiktive Geschichten mit dokumentarischen Mitteln umzusetzen – trotz allen ästhetischen Wandels und des kompositorischen Variationsprinzips in seinem Spätwerk. Dabei soll die diachrone Orientierung helfen, den sozial-politischen und zeitgeschichtlichen Kontext herauszuarbeiten, der für Kieślowskis Œuvre und die einzelnen Etappen seiner künstlerischen Entwicklung wichtig und für das Verständnis seiner Filme geradezu unverzichtbar ist.

Um wichtige Einflüsse und zentrale Motive in seinem Werk geht es in dem einführenden Essay, der anhand der hypothetischen Frage nach dem geistigen Erbe Albert Camus' den philosophischen, cineastischen und kulturgeschichtlichen Spuren in Kieślowskis Filmen nachspürt. Auffallend sind dabei nicht nur thematische Bezüge zu dem französischen Existenzphilosophen und Literaten Camus, sondern auch formale Anleihen etwa bei dem «master of suspense» Alfred Hitchcock und vor allem eine Art Geistesverwandtschaft mit dem schwedischen Altmeister des Kinos Ingmar Bergman.

Dass der polnische Regisseur über das dokumentarische Schaffen zu seinen künstlerischen Maximen und stilistischen Mitteln fand, die für seine späteren Spielfilme ausschlaggebend sein

---

1 Zit. nach Kałużyński, Wojciech: Krzysztofa Kieślowskiego «opowiadanie rzeczywistością». In: Lubelski, Tadeusz: *Kino Krzysztofa Kieślowskiego*. Kraków 1997, S. 24.

Einleitung

sollten, wird teils kursorisch, teils exemplarisch an konkreten Filmbeispielen in den sich daran anschließenden Kapiteln vorgeführt. Seine Ausbildung an der legendären Filmhochschule in Łódź bei Jerzy Bossak und Kazimierz Karabasz – den beiden Leitfiguren der «Schwarzen Serie» im polnischen Dokumentarfilm – spielte dabei eine entscheidende Rolle: Ethos der Verantwortung gegenüber eigenem Sujet und Respekt vor der offengelegten Realität standen im Vordergrund – Prinzipien, die das Werk Kieślowskis nachhaltig beeinflusst haben, was er nie müde war, hervorzuheben.

Ohne die Tradition des polnischen Dokumentarfilms mit seiner einzigartigen Verbindung von Realismus und Poesie zu kennen, ist das Frühwerk Kieślowskis analytisch kaum zu erschließen. Die Filme der unmittelbaren Nachkriegszeit mit ihrem Optimismus des Wiederaufbaus werden von den Filmen der «Schwarzen Serie» abgelöst, die im Kreis um Jerzy Bossak entstanden und Fehlentwicklungen in Staat und Gesellschaft aufgriffen. Gleichzeitig erzählten lakonische Dokumentarstudien aus der Karabasz-Schule fast poetisch von Einzelmenschen in alltäglichen Situationen. Diese Werke lieferten einen Gegenentwurf zu thematisch und ästhetisch verordneten Normen, boten eine Art subversiven Blick auf die Gegenwart. Dass der polnische Film, besonders der Dokumentarfilm, schon immer ein empfindsamer Seismograph gesellschaftlicher Entwicklungen im Land war, zuweilen sogar deren Motor, sollte gerade Kieślowski mit seinen richtungsweisenden Dokumentararbeiten, die beide Pole dieser Tradition verbinden, in den 1970er-Jahren unter Beweis stellen.

Die Poetik und Ethik seiner Dokumentarfilme, den polnischen Alltag in einer Zeit zu beschreiben, in der Realismus revolutionäre Sprengkraft hatte, die den Widerspruch von Realität und Anspruch eines politischen Systems entlarvte, übertrug Kieślowski auf seine frühen Spielfilme. Da er seit Mitte der 1970er-Jahre zu einer Galionsfigur des «Kinos der moralischen Unruhe» avancierte, erscheint es unabdingbar, die Entstehung und gesellschaftliche Wirkung dieser cineastischen Formation in einem filmgeschichtlichen Abriss nachzuzeichnen. Zumal das kulturelle Phänomen damals nicht nur das polnische Kino erfasste, sondern auch eine kaum zu unterschätzende Rolle bei der Entwicklung der politischen Opposition im Land spielte, bis es mit der Gründung der Gewerkschaft «Solidarność» 1980 seinen Zenit erreichte und nach der Verhängung des Kriegszustands 1981 ein jähes Ende fand.

Der maßgebende Einfluss des dokumentarischen Schaffens auf sein fiktionales Werk lässt sich an Kieślowskis Verhältnis zur Wirklichkeit ablesen und in drei Etappen verfolgen: Im Frühwerk verarbeitet er die Erfahrungen seiner Dokumentarfilmzeit und realisiert Spielfilme nach dokumentarischer Methode, die zu den Hauptwerken des «Kinos der moralischen Unruhe» zählen. Mit DER ZUFALL MÖGLICHERWEISE, einem Film, wie es der Filmkritiker Tadeusz Sobolewski ausdrückt, an der «Grenze zweier Ästhetiken – der realistischen Beschreibung und der philosophischen Parabel», wird seine Abkehr vom gesellschaftlichen Engagement und Hinwendung zu existenziell-philosophischen Fragestellungen deutlich. Dass dieser Film als Wendepunkt in seinem Werk betrachtet werden muss, dafür spricht auch der zur gleichen Zeit veröffentlichte Essay *Tiefer statt breiter*. Kieślowski kündigt darin seinen Bruch mit dem Dokumentarfilm an und räumt seinem Interesse an der Analyse menschlicher Emotionen, an der Motivierung des menschlichen Verhaltens im sozialen Miteinander den Vorrang ein. In seinen Filmen der 1980er-Jahre widmet er sich in der Endphase des kommunistischen Systems folglich der Diagnose statt der bloßen Registrierung der bestehenden Verhältnisse. Die Filme der 1990er-Jahre, in denen die Verankerung in einer konkreten sozial-politischen Realität ihrer Ästhetisierung, einer bewussten Reduktion zum Fragmentarischen weicht, entstehen in Frankreich. In ihnen kreiert Kieślowski eine konzipierte Realität, in der er sein Erzählen in Variationen und Versuchsanordnungen zu einer formalen Perfektion bringt, ohne auf die ethische Reflexion und nüchterne Analyse der vorhergehenden Phasen zu verzichten.

Um diesen Paradigmenwechsel besser verdeutlichen zu können, wird der Übergang von den politisch engagierten Filmen zu existenziellen Grundfragen im Spätwerk Kieślowskis anhand von Aussagen und Interview-Äußerungen seiner wichtigsten Mitarbeiter dargestellt. In beiden Perioden scharte Kieślowski Menschen um sich, die jeweils einen kreativen Anteil an der Ausgestaltung seiner Projekte hatten. Beide Teams – zuerst sein Mitarbeiterstab aus der Zeit des Dokumentarfilms und des «Kinos der moralischen Unruhe», zu dem vor allem die Kameramänner Witold Stok und Jacek Petrycki gehörten, später der Rechtsanwalt und Drehbuchautor Krzysztof Piesiewicz und der Komponist Zbigniew Preisner – bildeten eine Art verschworener Gemeinschaften, jeweils getragen von gemeinsamen Zielen, Projekten und Überzeugungen.

Ähnlich seiner Filmheldin Véronique führte Kieślowski zwei Leben: Als Dokumentarist begann er die nackte Realität zu registrieren, um sich dann der Sphäre der Metaphysik zuzuwenden, die Wirklichkeit von Außen, hinter den Kulissen des Alltags aus einer existenziellen Perspektive zu betrachten. Einen Lebensausschnitt dokumentarisch auszuloten, der letztlich wie eine Stichprobe Rückschlüsse auf das Ganze zulässt, und die Kontingenz der menschlichen Existenz einzufangen, die nur ein Fragment der komplexen, unbeständigen Wirklichkeit bleibt – beides verweist auf die frappierende Übereinstimmung von Leben und Kunst in Kieślowskis Werk, auf das Konkrete und die Meta-Physik, die es vielschichtig, mehrdeutig, offen für unterschiedliche Interpretationsansätze machen. Seit seiner Abkehr vom dokumentarisch orientierten, politischen Engagement ähnelten Kieślowskis Filme immer mehr Variationen über Unvorhersehbarkeit und Zufall, über «Unausweichlichkeit» der menschlichen Existenz und ethische Dilemmata. Stets blieben sie aber eine Einladung zum Gespräch, vom Regisseur selbst als Dialog mit den Zuschauern verstanden.

Nach der moralischen Revolte der frühen realistischen Phase folgte die metaphysische Revolte des Spätwerks; nach der politischen Desillusionierung der Versuch, sich von gesellschaftlichen Zwängen zu befreien, den Film als Medium einer individuellen Selbsterkenntnis zu verstehen, womit Kieślowski seine spezifisch «polnischen» Erfahrungen in eine universelle Sphäre zu transformieren versuchte: Die Determination durch Mechanismen eines gesellschaftlichen Systems wich den Unwägbarkeiten der *«conditio humana»*. Als die Fiktion schließlich Oberhand über sein Leben zu gewinnen begann, wandte er sich vom Kino ab, um aus der fiktiven Filmwelt in das wahre Leben und in die Wirklichkeit zurückzukehren. Entgegen seinen eigenen Bekundungen arbeitete er zum Zeitpunkt seines Todes mit Krzysztof Piesiewicz an einer neuen Trilogie unter dem Titel *Paradies-Fegefeuer-Hölle*. Das Leben sah ein anderes Szenario vor – der gleichnishafte Titel erwies sich als prophetisch.

Da die polnischen Quellen hierzulande, teilweise wegen der sprachlichen Barriere, teilweise wegen der politischen Abschottung des Landes bis 1989, zum Zeitpunkt der Erstausgabe 2001 unzugänglich waren, wurden in dem vorliegenden Buch sowohl Kieślowskis Diplomarbeit, seine Essays, Aufsätze und Interviews aus 25 Jahren, Zeugnisse der Mitarbeiter als auch zeit- und filmhistorische Publikationen, Zeitungs- und

Buchaufsätze, Zeitschriftenartikel, Kritiken und Filmdokumentationen zu Werk und Person herangezogen, um eine möglichst umfassende und aufschlussreiche Kontextualisierung der unterschiedlichen Perioden im Werk Kieślowskis zu leisten. Das weitere Anliegen des Buches war es, neben der Genese auch die Rezeptionsgeschichte des Dokumentaristen und Filmautors Kieślowski zu rekonstruieren.

Das Spätwerk ist in der polnischen Öffentlichkeit kontrovers aufgenommen worden. Obwohl auf den Autor der DREI FARBEN-Trilogie ein Preisregen niederprasselte und seine Filme zu den von der internationalen Kritik meist beachteten Werken der 1990er-Jahre gehörten, war ihre Rezeption auch im Westen nicht unproblematisch. Um die Unterschiede in der Rezeption herauszuarbeiten, wird daher ein Vergleich ihrer grundlegenden Positionen in der polnischen und deutschen, aber auch französischen und angelsächsischen Fachpresse vom Nutzen sein. Das Augenmerk im Rezeptionskapitel richtet sich dabei mehr auf die französischen und angelsächsischen Veröffentlichungen, da die kritische Aufnahme von Kieślowskis Werk in Polen und Deutschland bereits sukzessiv im Text berücksichtigt wird.

Dass Kieślowski über die besten Voraussetzungen verfügte, zu einem der stilbildenden Regisseure der 1990er-Jahre zu werden, dafür spricht die Faszination, die offensichtlich für junge Filmemacher von seinem Werk ausgeht. Ob bei Epigonen oder Erben, Kieślowskis Einfluss lässt sich formal und ideell in einigen herausragenden und preisgekrönten Produktionen der letzten 20 Jahre aus Europa und den USA feststellen. Abschließend wird noch die Konzeption der posthumen Trilogie *Paradies-Fegefeuer-Hölle* berücksichtigt, die einen konsequenten und leider auch endgültigen Abschnitt in der Zusammenarbeit von Kieślowski und Piesiewicz bildet. Die Filmnovelle *Paradies*, erstmals von mir 2001 ins Deutsche übersetzt, ergänzt den Band.

An dieser Stelle gilt mein besonderer Dank Agnieszka Odorowicz und dem Polnischen Filminstitut PISF (Państwowy Instytut Sztuki Filmowej) in Warschau wie auch Lidia Kämmerlings und Katarzyna Sokołowska vom Polnischen Institut Düsseldorf für die Finanzierung der Druckkosten, Prof. Tadeusz Kowalski und Adam Wyżyński von der Filmoteka Narodowa (Nationale Kinemathek) in Warschau, Konrad Klejsa von PWSFTiTV und dem Muzeum Kinematografii in Łódź, Sławomir Idziak, Maria Kieślowska und Stanisław Zawiśliński sowie Piotr Jaxa für die Erlaubnis zum Abdruck ihres Bildmaterials, Maria Kieślowska und Krzysztof Piesiewicz für die Erlaubnis zu der Übersetzung und dem Abdruck der Filmnovelle *Raj/Paradies*, Krzysztof Dydo (Dydo Poster Gallery Krakau) für das Bereitstellen der Plakate, Horst Peter Koll (film-dienst) und meiner Familie.

Köln, im Januar 2014
Margarete Wach

Kieślowskiana – Zum Forschungsstand

Sieht man einmal von der Tagespresse und den Fachperiodika ab, die in dem Kapitel zur Rezeption einer eingehenden Untersuchung unterzogen werden, beginnt die Forschung zum Werk von Krzysztof Kieślowski mit zwei disparaten Publikationen: In Polen ist es eine Pionierarbeit von Maria Kornatowska, *Wodzireje i amatorzy* (Conferenciers und Amateure), in der sie sich 1990, also bereits nach dem Mauerfall, durchaus kritisch mit dem «Kino der moralischen Unruhe» auseinandersetzt und auch das fiktionale Frühwerk Kieślowskis ausgiebig nach Motiven, Sujets und Gender-Konstellationen analysiert. In den USA ist es die Doktorarbeit von Christopher Garbowski über die Protagonisten des Dekalog-Zyklus und die «Selbsttranszendenz», die 1996 den Beginn der wissenschaftlichen Forschung im angelsächsischen Sprachraum markiert. Ausgehend von der Logotherapie-Theorie und Existenzanalyse des Wiener Psychiaters Viktor E. Frankl handelt sie moral-ethische Fragen im Bezug auf psychologische Bewährungsproben und existenzielle Herausforderungen ab.

In Großbritannien widmet sich der Polonist und Filmwissenschaftler Paul Coates Kieślowskis Werk. 1999 gibt er unter dem Titel *Lucid Dreams: the Films of Krzysztof Kieslowski* einen Sammelband zum Gesamtwerk des Regisseurs mit Aufsätzen von polnischen und britischen Autoren heraus; später veröffentlicht er auch in Polen und Canada Texte über den allegorischen Charakter einiger Figuren im Dekalog, zu dem Doppelgänger-Motiv und der Wiederholung in Die zwei Leben der Veronika, der Farbenästhetik der Drei Farben und der Farbenlehre bei Johann Wolfgang Goethe oder zuletzt eine vergleichende Doppelanalyse von Der Zufall möglicherweise und Tom Tykwers Lola rennt. Das British Film Institute publiziert 1998 den schmalen Band *The «Three Colours» Trilogy* von Andrew Geoff und 2000 Monika Maurer ihre kleine Einführung ins Leben und Werk des Regisseurs, *Krzysztof Kieslowski (Pocket Essencials)*. Ebenfalls 2000 erscheint in England Emma Wilsons Studie zum Spätwerk Kieślowskis, *Memory and Survival: The French Cinema of Krzysztof Kieslowski* (Legenda/ Research Monographs in French Studies, 7), welches die Autorin im Kontext des französischen Kinos und der Zeit/Bild-Theorie Gilles Deleuze's betrachtet. In den USA wurde 1999 die erste englischsprachige Monografie des Regisseurs unter dem Titel *Double Lives, Second Chances: The Cinema of Krzysztof Kieslowski* von Annette Insdorf veröffentlicht, die den Schwerpunkt ihrer Untersuchung ebenfalls auf das Spätwerk legt. Mit ihrer Interpretation des selbstreferenziellen Diskurses in Kieślowskis Hauptwerk, wonach der Regisseur seine Protagonisten in der ästhetischen Struktur seiner Filme vor der Koinzidenz, also den Unwägbarkeiten und Friktionen des Daseins zu erretten versucht, legte Insdorf das Fundament für die angelsächsische Forschung. Insdorfs Monografie liefert bereits auch die ersten Informationen zu den Hochschul- und Dokumentarfilmen von Kieślowski und die erste Einordnung seines fiktionalen Frühwerks. Zum Vorteil gereicht ihrer Untersuchung, dass sie aufgrund ihrer Polnischkenntnisse sowohl Zugang zu polnischen Quellen in der Tagespresse und Wissenschaft als auch einen guten Einblick in die Politik- und Kultursphäre des Landes hatte. 2004 folgen die faktenorientierte und vor allem das Frühwerk aufarbeitende Monografie von Marek Haltof, *The Cinema of Krzysztof Kieślowski. Variations on Destiny and Chance*, und Joseph G. Kickasola's umfangreiche Studie *The Films of Krzysztof Kieslowski. The Liminal Image*, in der das Gesamtwerk von 1966 bis 1994 einer eingehenden, präzisen Filmanalyse unterzogen wird und zwar im Fokus von Kategorien der Unmittelbarkeit bzw. Eindringlichkeit, Abstraktion und Transzendenz. Den theoretischen Rahmen stecken dabei epistemologische Anleihen bei Wahrnehmungstheoretikern wie Charles Sanders Peirce, John Dewey, Henri Bergson und Edmund Husserl ab. Kickasola faszinieren jene Grenzerfahrungen und kaum wahrnehmbare Schwellenphänomene, für die paradigmatisch die «Engel»-Figur (A. Insdorf) aus DEKALOG steht und die in Richtung auf Transzendenz und Metaphysik weisen. Beim Zuschauer berühren sie die Dimension heterotoper Erfahrungen, die ihn einerseits die Verlässlichkeit der Sinneswahrnehmung in Frage stellen lassen und andererseits einen kulturhistorischen Übergangsbereich zwischen der Sphäre des Lebens und dem Tod markieren. Außerdem beschäftigt er sich mit den ästhetischen Koordinaten der innovativen Filmsprache von Kieślowski, mit seinen abstrahierenden Bildern und dem ungewöhnlichen Einsatz von Ton.

In dem Universitätsverlag der Sorbonne Nouvelle kommt bereits 1993 die komparatistische Studie von Véronique Campan heraus, *Dix brèves histoires d'image: Le Décalogue de Krzysztof Kieslowski*, die in poststrukturalistischer Tradition die dargestellte Welt des DEKALOGS analysiert, Deleuze's Filmtheorie auf den Zyklus anwendet und darüber hinaus intermediale wie auch intertextuelle Bezüge in der Fernsehserie entdeckt. Die erste französische Monografie, *Kieslowski* aus der Feder von Vincent Amiel, wird 1995 veröffentlicht; ausgestattet mit einer sorgfältig kommentierten Filmografie. Ihr Fokus richtet sich auf die Poetik hinter den Bildern, auf die dramaturgischen Erzählmodi des Zufalls und der Wiederholung. Hinzu kommen die Anthologien der *Études cinématographiques*, *Krzysztof Kieślowski*, 1994 herausgegeben von Michel Estève, mit filmanalytischen Aufsätzen zu den einzelnen Spielfilmen seit DER FILMAMATEUR, und *Krzysztof Kieslowski*, 1997 herausgegeben von Vincent Amiel. Der letzte Sammelband enthält zwei Texte von Kieślowski, einen Auszug aus der Diplomarbeit und einen Essay zu Karabasz's MUSIKANTEN, alle Interviews mit dem Regisseur aus der französischen Filmzeitschrift *Positif* und Aufsätze der *Positif*-Autoren zu seinen Dokumentarfilmen und dem fiktionalen Werk sowie Zeugnisse von Mitarbeitern; ein Band also vor allem mit Grundlagentexten für die weitere Forschung. Seit 2006 hat Alain Martin drei weitere Bücher aus seiner Feder zu Kieślowski publiziert – *La double vie de Véronique. Au couer du film de Kieślowski*, *Krzysztof Kieślowski, l'autre regard* (2010) und *Krzysztof Kieślowski, encore pluis loin* (2012) – und dafür den Verlag irenKa gegründet. Alle drei Publikationen changieren zwischen Materialsammlung, Fan-Literatur und Produktionsbericht in einer langen Abfolge von Interviews mit Mitarbeitern und Weggefährten.

Erst mit dem internationalen Erfolg fand der zweifelsohne bedeutendste polnische Regisseur der Gegenwart auch in Polen eine adäquate Beachtung. Der Journalist Stanisław Zawiśliński veröffentlichte seit dem Anfang der 1990er-Jahre mehrere Bildbände, einführende Materialsammlungen und Drehbücher. Den Höhepunkt seiner Beschäftigung mit Kieślowski bildete 2005 die erste, detailreiche und informative Biografie des Regisseurs: *Kieślowski. Ważne, żeby iść* (Kieślowski. Es ist wichtig, weiterzugehen). 2007 recherchierte Zawiśliński noch sehr heterogenes und umfangreiches Material, das er in dem Band *Kieślowski. Życie po życiu – pamięć* (Kieślowski. Leben nach dem Leben – Erinnerung) zu einer

Wirkungs- und Rezeptionsgeschichte post mortem zusammenstellte. Das Publikationsorgan der polnischen Filmklubs *Film na świecie*, die filmwissenschaftliche Zeitschrift *Kwartalnik filmowy* und das Periodikum der Nationalen Kinemathek *Iluzjon* widmeten Kieślowski mehrere Hefte, in den auch Texte französischer, angelsächsischer, italienischer und skandinavischer Autoren erschienen. Der Filmwissenschaftler und -kritiker Tadeusz Lubelski gab 1997 den sorgfältig gestalteten Sammelband *Kino Krzysztofa Kieślowskiego* heraus, dessen thematisches Spektrum von den gesellschaftlichen Kontexten des Frühwerks über den Einsatz von Musik und Gender-Fragen bis zur Variationsdramaturgie in DEKALOG und DREI FARBEN reicht. Auch die Dokumentarfilme von Kieślowski rücken 2002 in der gleichnamigen Dissertation von Mikołaj Jazdon in den Mittelpunkt, der ihre historischen, politischen und ästhetischen Kontexte aufgearbeitet hat. In ihrer Studie *Krall i filmowcy* geht Katarzyna Mąka-Malatyńska 2006 den Verbindungslinien zwischen den Arbeiten der Publizistin Hanna Krall und deren Drehbuch-Vorlagen für befreundete Filmemacher wie Krzysztof Kieślowski nach. Bereits auf dieser Basis publiziert Andrzej Gwóźdź 2006 zwei weitere Sammelbände, *W kręgu Krzysztofa Kieślowskiego. In memoriam w dziesiątą rocznicę śmierci* (Im Kreis von Krzysztof Kieślowski. In memoriam zum 10. Todestag) und *Kino Kieślowskiego, kino po Kieślowskim* (Kieślowskis Kino, Kino nach Kieślowski), die den vorläufigen Endstand der filmwissenschaftlichen Forschung in Polen wiedergeben. Sie enthalten Aufsätze zu der pädagogischen Tätigkeit von Kieślowski, der Verwandtschaft zwischen DIE ZWEI LEBEN DER VERONIKA und DIE FABELHAFTE WELT DER AMÉLIE von Jean-Pierre Jeunet, zu der Musik von Zbigniew Preisner, der Rolle der Fotografie in Kieślowskis Werk und seiner internationalen Rezeption, zu Kieślowskis Filmpoetik und seinem deterministischen Kunstbegriff, zu Motiven des Todes und der Trauer, des Vaters und des Kindes oder dem weit in seinen Filmen gestreuten Themenkomplex Erinnerung, Empathie und Ethik. In der theologischen Abhandlung *Figury Chrystusa w «Dekalogu» Krzysztofa Kieślowskiego* beschäftigte sich Marek Lis noch 2007 mit den Christus-Figurationen im DEKALOG. Ethischen Fragestellungen bei Kieślowski widmete schließlich Agnieszka Kulig 2009 ihre philosophische Dissertation *Etyka «bez końca». Twórczość filmowa Krzysztofa Kieślowskiego wobec problemów etycznych* (Ethik «ohne Ende». Das Filmschaffen Krzysztof Kieślowskis angesicht ethischer Probleme), in der sie Bezüge zwischen Kieślowskis Filmpoetik, seinen thematischen, ideellen und ethischen Motiven und den philosophischen Ethik-Positionen von Emmanuel Lévinas, Gianni Vattimo, Jean-Paul Sartre, Albert Camus oder Michail Bachtin entwickelt.

Die erste deutschsprachige Anthologie *Das Gewicht der Gebote und die Möglichkeiten der Kunst*, herausgegeben von Walter Lesch und Matthias Loretan, erörtert die Filme des DEKALOG-Zyklus als ethische Handlungsmodelle und ästhetische Modi existenzieller und religiöser Erfahrung. Wie diese Studie zur theologischen Ethik aus dem Jahr 1993 erschienen anfänglich die meisten deutschsprachigen Publikationen über Kieślowski im Bereich der theologisch-ethischen Forschung oder Bildungsarbeit wie etwa 1991 das Materialienheft mit Arbeitshilfen zu DEKALOG des Katholischen Filmwerks Frankfurt/Main oder 1995 Beiträge von Charles Martig und Peter Hasenberg zu DEKALOG und DREI FARBEN im Sammelband *Spuren des Religiösen im Film. Meilensteine aus 100 Jahren Filmgeschichte*. Diplom- und Magisterarbeiten im Umkreis von Filmhochschulen und Medienwissenschaften bilden die zweite Publikationsgruppe: 1994 schreibt etwa Mareike Fehlberg an der Hochschule für Film und Fernsehen «Konrad Wolff» die Diplomarbeit *Sublimation als inszenatorischer Akt bei Krzysztof Kieslowski. Von Mysterium, Spiritualität und irdischer Transzendenz*, in der die Annäherung an den Untersuchungsgegenstand enthusiastisch, zum Teil aber undistanziert vollzogen wird; 1997 erscheinen *Untersuchungen zur Filmsprache im Werk von Krzysztof Kieslowski* von Monika Erbstein. Zu den ersten wissenschaftlichen Publikationen in Deutschland gehören zwei Magisterarbeiten zum dokumentarischen Werk am Institut für Theater und Filmwissenschaft der FU Berlin und am Bochumer Institut für Medienwissenschaft: 2004 Alicja Wawryniuks *Der Übergang vom Dokumentar- zum Spielfilm im Werk vom Krzysztof Kieślowski* und 2008 Anna Jontza *Krzysztof Kieślowskis dokumentarische Filme (1966–1980)*; des weiteren die musikwissenschaftliche Magisterarbeit von 2002 an der Universität Osnabrück *Zur Musik in der «Drei Farben»-Trilogie von Krzysztof Kieślowski*, in der Tobias Wollermann dem funktionalen Zusammenhang nachspürt, in dem die Filmmusik von Zbigniew Preisner und die Dramaturgie der Filme von Kieślowski stehen. Unter den jüngeren Veröffentlichungen wären zu erwähnen: Sven Hergets *Spiegelbilder. Das Doppelgängermotiv im Film* und die komparatistische Arbeit von Lilian Ziehler *Die Darstellung des Metaphysischen im Film: Robert Bresson und Krzysztof Kieślowski* aus dem Jahr 2009, in der sich die Autorin auf die Spur des Undarstellbaren der Metaphysik begibt und Analogien im Werk von Bresson und Kieślowski findet; Florian Mundhenkes *Zufall und Schicksal – Möglichkeit und Wirklichkeit*, eine Untersuchung zu Erscheinungsweisen des Zufälligen im zeitgenössischen Film von 2008 sowie Verena Schmöllers Studie von 2012 über Spielfilme mit alternativen Handlungsverläufen *Was wäre, wenn… im Film*. Eine filmwissenschaftliche Untersuchung zum Realismuskonzept im Fernsehzyklus DEKALOG hat 2013 mit *Die Wahrheit des Sehens. Der DEKALOG von Krzysztof Kieslowski* Jan Ulrich Hasecke vorgelegt. Kieślowskis Filme werden auch in Sammelbänden als Exemplifizierungen von ästhetischen Phänomenen oder philosophischen Fragestellungen herangezogen, so zum Beispiel 2011 von Michael Lommel in seiner Studie zu alternativen Lebensvarianten, wie sie in virtuellen Biografien gerade in der Kunst aufgehoben werden können, *Im Wartesaal der Möglichkeiten. Lebensvarianten in der Postmoderne*, oder DREI FARBEN in der 2008 von Sabine Wollnik herausgegebenen Anthologie *Zwischenwelten. Psychoanalytische Filminterpretationen*.

Erstaunlich viele Publikationen erschienen in Italien und einige auch in Spanien wie bereits 1996 etwa die Monografie *Krzysztof Kieslowski* von Serafino Murri oder 2004 die Arbeit von Chico Julio Rodriguez *Azul. Blanco. Rojo. Kieslowski en busca de la libertad y el amor*, die beide aber aufgrund ihrer sprachlichen Unzugänglichkeit nicht berücksichtigt werden konnten. Zwei Studien verdienen noch eine besondere Beachtung: Slavoj Žižeks Versuch einer Rehabilitation des angeblichen Obskurantismus bei Kieślowski durch seine an Jacques Lacan geschulte Lesart in *Die Furcht vor echten Tränen. Krzysztof Kieślowski und die «Nahtstelle»*, welcher in einem gesonderten Exkurs ausführlich behandelt wird. Und last but not least der von Steven Woodward 2009 herausgegebene Sammelband *After Kieślowski. The Legacy of Krzysztof Kieślowski*, in dem minutiös die Ergebnisse der angelsächsischen Forschung der beiden letzten Dekaden über die weltweite Rezeption und Wirkung seines Werks, über seinen Beitrag zur Filmästhetik und die Philosophie von Krzysztof Kieślowski zusammengetragen werden.

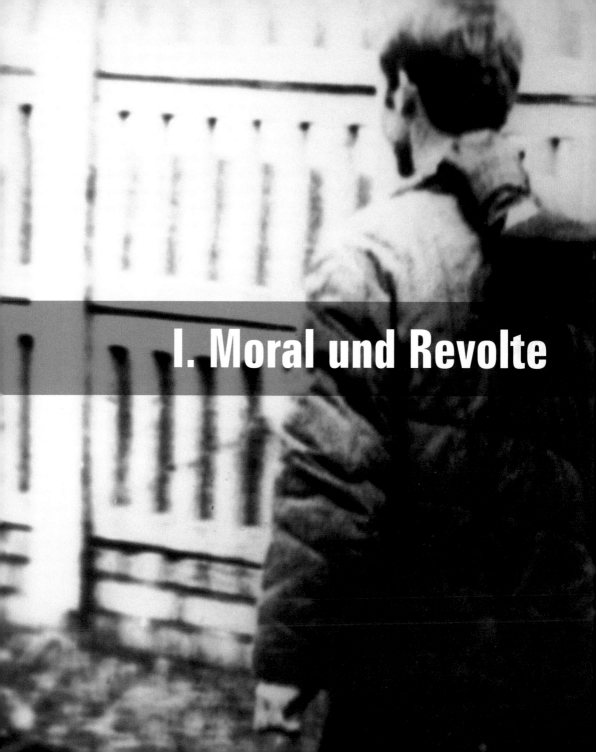

I. Moral und Revolte

Zwischen Resignation und Hoffnung: Kieślowski, ein Erbe Albert Camus'?

2 Vom Standpunkt eines Nachtwächters (1977)

I. Moral und Revolte

«Alle Pessimisten weisen auf die Werte hin. Das macht den Beruf aus, ein Pessimist zu sein.»[1]

– *Krzysztof Kieślowski* (Kieślowski bez końca)

Gerade mich, der ich dem Politischen auszuweichen versuchte, holte immer die Politik ein. Sie brachte mich mit meinen Filmen in Konflikte. Das hängt wohl damit zusammen, dass ein Mensch, der in seinen Filmen die ganze, ungeschminkte Wahrheit über die Widersprüche der menschlichen Existenz zu sagen versucht, geradezu unausweichlich offizielle Tabus hinterfragt», bekannte einmal der slowakische Regisseur Juraj Jakubisko in einem Interview mit Hans-Joachim Schlegel[2]. Eine Erfahrung, die Krzysztof Kieślowski in über vierzig Jahren der kommunistischen Herrschaft in Mittel- und Osteuropa nicht nur mit Jakubisko zu teilen hatte. Man denke nur an andere Protagonisten der tschechoslowakischen «Neuen Welle», die wie Kieślowski ihren Sinn für die Absurdität gesellschaftlicher Verhältnisse mit einer an Authentizität grenzenden Darstellung des Alltäglichen zu verbinden versuchten.

Ganz zu schweigen von Solitären des Kinos wie etwa Andrej Tarkowski. In seinen Filmen beanspruchte er das Recht auf eine individuelle, durch keine Instanz sanktionierte Sicht und damit auf die Autonomie seiner Kunst. Einerseits hatte er damit die westlichen Vorstellungen von russischer Metaphysik bestätigt, andererseits wurde er aber daheim nach der Premiere von ANDREJ RUBLJOW (SU 1964–66) mit dem Vorwurf einer «dokumentarischen Diktion» konfrontiert. Gemeint war die schonungslose Darstellung physischer Qualen, die den distanzierten Blick eines nüchternen Beobachters suggerierte. Eine interessante Analogie zu Kieślowski, der Tarkowski für den letzten großen Regisseur unserer Zeit hielt. Auch das Zitat von Jakubisko könnte aus Kieślowskis Munde stammen, da es sein ewiges Dilemma als Regisseur wiedergibt: Bedingt durch das Hineingeborensein in die Strukturen eines totalitären Systems, war es ihm trotz seiner Selbstwahrnehmung als unpolitischer Zeitgenosse unmöglich, in seinen Filmen keine verschlüsselte Kritik an den gesellschaftlichen Deformationen zu üben.

Zeit seines Lebens hegte Kieślowski die größte Abscheu gegenüber der Sphäre der Politik. Er betrachtete sie als einen Bereich egoistischen Machtstrebens, dominiert von politischen Führern, die für ihn unabhängig von der ideologischen Ausrichtung, die Unmoral personifizierten. In der gesellschaftlichen Zwangslage des Ostblocks konnte er sich aber ausgerechnet dieser Sphäre der Politik nicht entziehen: Hier galten ein Beharren auf dem eigenen Bild oder nüchterne Alltagsbeobachtungen bereits als Provokation und forderten eine Staatsmacht heraus, die den Film als «die wichtigste aller Künste» ökonomisch kontrollierte. Die kreativen Emanzipationsversuche im Dokumentar- und Spielfilm Osteuropas vollzogen sich aus dem Widerspruch von Realität und Anspruch des politischen Systems.

Der Rückgriff auf die äsopsche Metaphernsprache mit ihren unerschöpflichen Anspielungsmöglichkeiten gehörte zu dem gängigen Repertoire der Subversion. Filme beider Formgattungen, die den Fassadencharakter des real existierenden Sozialismus entlarvten, waren in politischen Umbruchzeiten zugleich Spiegel und Motor von gesellschaftlichen Veränderungen, die ihren politischen Höhepunkt in der tsche-

---

1 Zawiśliński, Stanisław: *Kieślowski bez końca*. Warschau 1994, S. 22.
2 Schlegel, Hans-Joachim (Hg.): Filmkultur im Umbruch. Beispiel Slowakei. Graz: *edition blimp + Kino – Grazer Filmgespräche* 1993, S. 32.

choslowakischen «Charta 77» und der polnischen «Solidarność»-Bewegung fanden. Und sogar Bilder von Tod, Trauer und Einsamkeit, die einen auffälligen Kontrapunkt zum deklarierten Pathos der Fortschrittsgläubigkeit und dem ideologisch verordneten Materialismus bildeten, konnten zum Synonym einer subtilen Subversion avancieren, da sie sich in ihrer existenziell-spirituellen Stoßrichtung jedweder Kontrolle und Klassifizierung entzogen.

Diese Unausweichlichkeit einer politischen Konditionierung aller Sphären des gesellschaftlichen Lebens schärfte zugleich das Sensorium für die Wahrnehmung der Alltagszwänge, der ethischen Dilemmata, für die Ausgrenzung und Vereinsamung des Individuums in einer in vielfacher Hinsicht kollektivierten Gesellschaft, was im Werk Kieślowskis exemplarisch einen Niederschlag findet. Eine allmächtige und ineffiziente Bürokratie, Mangelwirtschaft, Zwang zur Konformität, Zweideutigkeit individueller Entscheidungen, Manipulation der öffentlichen Meinung, politische Indoktrination und Korruption stellten unüberwindliche Hindernisse in den Lebensweg, bestärkten das Gefühl der Ohnmacht gegenüber Institutionen und einer vorbestimmten, kaum beeinflussbaren Existenz. Daraus resultierende Leidenserfahrungen waren vordergründig sozialpolitischer Natur, reichten aber bis in die existenziellen Lebensschichten hinein. Kieślowskis eigene Berufsbiografie liefert dafür genügend Anschauungsmaterial[3].

Von seinen frühen Dokumentarfilmen bis hin zu seinen letzten, enigmatischen Spielfilmen bleibt auch sein Werk sehr eng mit seiner privaten Biografie verknüpft. In den verschlüsselten Bezügen zu den wichtigen Wendepunkten seines Lebens wie der Krankheit und dem Tod des Vaters, der künstlerischen Erweckung durch das Theater, den Anfängen als Dokumentarist, der Geburt der Tochter, dem Katz-und-Maus-Spiel mit der Macht und Zensur, dem tödlichen Autounfall der Mutter und nicht zuletzt der eigenen Herzkrankheit und Erschöpfung durch Arbeit, die statt eines integralen Bestandteils zur Konkurrenz für das Leben geworden ist – in all dem ähnelt sein Werk dem intimen Tagebuch eines Regisseurs. Und obwohl er in den 1970er-Jahren als Wortführer des «Kino der moralischen Unruhe» galt – einer cineastischen Formation, deren eminent politische Filme als systemkritisch rezipiert wurden –, entzog er sich immer den politischen Klassifizierungen und ästhetischen Zuordnungen, bis er in seiner Spätphase davon sprach, dass ihn nur noch das Innenleben des Menschen interessiere.

Notgedrungen legte Kieślowski in seinem Werk ein Zeugnis von seinem Ringen mit einer konkreten Wirklichkeit ab, aber auch von seiner Suche nach Möglichkeiten, sich aus ihren Zwän-

---

3   Im Interview *Le hasard et la nécessité* mit Vincent Ostria (*Les Inrockuptibles* Nr. 36, Juni/1992) spricht Kieślowski das Gefühl einer absurden Existenz an Hand seiner Strategien im Umgang mit der Zensur an: Entweder sind seine Filme verboten worden, er bekam kein Geld für bestimmte Projekte oder drehte Szenen, bei denen er annahm, sie würden die Zensur von denjenigen ablenken, auf die es ihm wirklich ankam. Er illustriert es am Beispiel von Der Filmamateur: «Der Protagonist macht da einige Filme, die es mir aus Geldmangel nicht gelungen ist, zu drehen. Dass man mir dafür das Geld verweigert hatte, war eine andere Form der Zensur. Einen Film über einen Kleinwüchsigen, den zweiten über unfähige Bauarbeiten auf dem Bürgersteig vor meinem Haus, die anderthalb Jahre dauerten. Das war für mich eine Metapher für unser Leben, in dem alles ringsum dumm und absurd war.» V.O.: Sisyphus-Mythos. «Genauso. Man gab Unmengen an Geld aus, den Bürgersteig konnte man aber nicht beenden. Der Held des Filmamateurs hat also Filme gemacht, die ich selbst früher machen wollte.» Als er deswegen vom Fernsehen herbeizitiert wird, bekreuzigt er sich, bevor er das Gebäude betritt. Die Zensur hat auch nur diese Szene, die Kieślowski bewusst als Ablenkungsmanöver im Film beibehielt, herausgeschnitten.

gen zu befreien – abzulesen am polnischen Titel von GEFÄHRLICHE RUHE (PL 1976/81), SPOKÓJ, zu deutsch «Ruhe», als Schlüsselwort für eine Existenz abseits der alles beherrschenden Politik. Dies ließ sein Augenmerk auf das Individuum selbst und dessen Verstrickung in die Fänge des Lebens richten. In dem dokumentarischen Porträt Krzysztof Kieślowski: I'M SO SO (DK 1995) von seinem ehemaligen Regieassistenten Krzysztof Wierzbicki danach befragt, wie er selbst auf die Frage antworten würde, die er in dem Dokumentarfilm MÓWIĄCE GŁOWY (SPRECHENDE KÖPFE, PL 1980) seinen Protagonisten stellte, «Was möchtest Du?», antwortete Kieślowski mit dem Titel seines Films: RUHE. Neben dem Begriff «Ruhe» kehrt in späteren Aussagen Kieślowskis obsessiv der Begriff «die Falle»[4] wieder. Bereits in den Filmen der Frühperiode verrät die Verwicklung seiner Figuren in die sozialen Zusammenhänge eine tiefere Dimension: die der Unvorhersehbarkeit und der existenziellen Tragik. Deren Einschränkungen seien letztlich unabhängig vom politisch-gesellschaftlichen System – sie betreffen die *conditio humana*.

Die Verfänglichkeit der Politik und des gesellschaftlichen Lebens in Polen, in deren «Fallen» man unentwegt und unweigerlich tappte, erlangt mit der Zeit bei Kieślowski immer mehr die Dimension eines existenziellen Fatums – verdichtet exemplarisch zu einer Parabel über die Absurdität der menschlichen Existenz in PRZYPADEK (DER ZUFALL MÖGLICHERWEISE, PL 1981/87): «In meinen Filmen, wie in meinem Leben, suche ich nach dem Moment, der über die Zukunft entscheidet. Nach dem, was zur Auswahl steht. Dem Guten oder dem Bösen. Zufall oder Notwendigkeit, die die Freiheit beschneiden.»[5] Mit der Wissbegierde eines Aufklärers und der Verzweiflung eines Agnostikers spürt Kieślowski Faktoren auf, die unseren Lebensweg und dessen Sinn bestimmen. Eine Konstante bilden dabei die Unentrinnbarkeit vor dem Einfluss der Außenwelt auf das individuelle Leben und das Potenzial des Guten im Menschen, das unbeeinflusst bleibt davon, wozu ihn das Leben unter bestimmten Umständen zwingt. In DER ZUFALL MÖGLICHERWEISE resultiert der Relativismus der drei Varianten im Lebensweg des Protagonisten aus Zufall und Notwendigkeit, die ihn unabhängig von ethischen Kategorien zu einer tragischen Figur machen, da er sich wie Sisyphus mit der Absurdität der eigenen Existenz nicht abfinden kann.

Wie Kieślowski will Witek in keine der Fallen, die in der Außenwelt lauern, geraten, sehnt sich in der letzten Episode, deren tödliches Ende zugleich die Exposition des Films bildet, nach «Ruhe» jenseits der äußeren Zwänge. Der Film beginnt mit seinem Schrei. Diese unmittelbare Auflehnung gegen den absurden Tod in einer Flugzeugkatastrophe ist in Hinblick auf die folgenden Varianten seiner möglichen Lebenswege doppeldeutig: Die politische Rebellion gegen die sozialen Zwangslagen wandelt sich hier zu einer metaphysischen Revolte im Sinne von Camus: «Die metaphysische Revolte ist die Bewegung, mit der ein Mensch sich gegen seine Lebensbedingung und die ganze Schöpfung auflehnt. (…) Der Sklave protestiert gegen das Leben, das ihm innerhalb seines Standes bereitet ist, der metaphysisch Revoltierende gegen das Leben, das

---

4 Vor allem in seiner Autobiografie *Kieślowski on Kieślowski*, in der er sogar das Kapitel über DER FILMAMATEUR mit dem Übertitel *A Trap* (Die Falle) versehen hat. In I'M SO SO kehrt der Begriff unentwegt wieder und bekommt knapp ein Jahr vor Kieślowskis Tod eine prophetische, agnostische Bedeutung, wenn er auf die Frage hin, ob er wirklich keine Filme mehr drehen wird, antwortet: «Nein. Weil ich so schlau für mich die Falle gestellt habe, dass ich mich aus ihr nicht mehr befreie.»

5 Zit. nach Pagnon, Gérard: L'itinéraire de Krzysztof Kieślowski. In: *Études cinématographiques. Krzysztof Kieślowski* Nr. 203/210, Paris 1994, S. X.

ihm als Mensch bereitet ist. Der aufständische Sklave behauptet, dass es in ihm etwas gäbe, welches mitnichten die Behandlung seines Herrn erduldet; der metaphysisch Revoltierende erklärt sich von der Schöpfung betrogen.»[6]

Der polnische Filmpublizist Tadeusz Sobolewski, seit den 1970er-Jahren treuer Wegbegleiter und einer der scharfsinnigsten Kommentatoren des Regisseurs, hat auf diese Analogie mit Albert Camus im Werk Kieślowskis aufmerksam gemacht:

> «Vom Leben, begrenzt durch ein politisches System, erzählt Kieślowski vom Standpunkt des Nichtseins. Die Verfehlungen des Systems und die Absurdität des Todes stellt er nebeneinander. Und erst diese Perspektive der letzten Dinge, obwohl negativ, da des religiösen Sinns beraubt, verleiht den Entscheidungen von Witek einen Wert, hebt die ganze Wirklichkeit auf eine höhere Ebene. Sie erlaubt, auf die Volksrepublik Polen aus einer anderen Perspektive als der politischen oder satirischen zu blicken – wie auf einen Ausschnitt der Welt, reich, vielschichtig, der von mehreren Seiten betrachtet werden sollte, beherrscht von Regeln der Wahrscheinlichkeit und nicht von ideologischen Phrasen.»[7]

Was folgt, ist die Abrechnung in BEZ KOŃCA (OHNE ENDE, PL 1984–85) mit einem zeitgeschichtlichen Kontext, der das individuelle Leben in Polen grenzenlos unterminierte.

In DEKALOG (DEKALOG, PL 1988) unternimmt Kieślowski dann den Versuch, seine spezifisch «polnischen» Erfahrungen der sozialpolitischen Auswegslosigkeit, der Ohnmacht gegenüber der Determination durch Mechanismen eines gesellschaftlichen Systems und der daraus resultierenden moralischen Revolte, in universelle Kategorien zu fassen. Beide Werke rufen daheim Kontroversen hervor, stoßen auf die Ablehnung aller gesellschaftlich relevanten Gruppierungen, von der Partei über die katholische Kirche bis hin zur politischen Opposition aus dem «Solidarność»-Umfeld. In dieser umstürzlerischen Periode, die eine extreme Polarisierung der polnischen Gesellschaft mit sich bringt, stellt Kieślowski philosophische Fragen: nach dem Sinn menschlicher Existenz, die er in den Kategorien des Absurden begreift, und nach der Zufälligkeit ethischer Optionen, die das Individuum – egal auf welcher Seite der Barrikade – letztlich nur noch auf sich selbst zurückwerfen.

Eine ähnliche Entwicklung durchläuft zu dieser Zeit der Lyriker und Essayist Adam Zagajewski, der im Pariser Exil Mitte der 1980er-Jahre einen Essayband unter dem Titel *Solidarität und Einsamkeit* (Solidarność i samotność) herausgibt und eine Abkehr von den politischen Gruppenritualen zu den existenziellen Fragen hin propagiert. Zusammen mit Julian Kornhauser publizierte Zagajewski eine Dekade zuvor den Sammelband *Die nicht dargestellte Welt* (Świat nie przedstawiony). In dem epochemachenden Werk riefen die beiden Autoren zur Beschreibung einer konkreten Wirklichkeit auf in einer Zeit, als der Realismus eine revolutionäre Kraft hatte, da er den Fassadencharakter des kommunistischen Systems desavouierte und den ihm innewohnenden Widerspruch zwischen eigenem Anspruch und der Realität entlarvte.

Das «Kino der moralischen Unruhe» leistete eine praktische Umsetzung der Thesen dieses Manifestes, wofür Kieślowskis Dokumentarfilme und ersten Spielfilme exemplarisch bleiben:

> «Realismus hatte damals eine revolutionäre Bedeutung. Kieślowski handelte zu dieser Zeit in Übereinstimmung mit diesem Manifest. Aber

---

6 Camus, Albert: *Der Mensch in der Revolte*. Reinbek bei Hamburg 1987, S. 22.
7 Sobolewski, Tadeusz: Spokój i bunt. Uwagi o twórczości Krzysztofa Kieślowskiego. In: *Kino polskie w dziesięciu sekwencjach*. Hg. v. Nurczyńska-Fidelska, Ewelina. Łódź 1996, S. 110.

seine revolutionäre Haltung wurde im Laufe der Jahre überwunden zugunsten der ‹metaphysischen Revolte›, einer Art Nihilismus, hinter dem wiederum eine Art aktiven Mitleids gegenüber einer absurden Welt steht, die der Logik des Zufalls unterworfen ist, gegenüber ‹der Masse, die leidet und stirbt›, wie Camus sagt, ein Denker und Schriftsteller, der Kieślowski besonders nahe stand»[8],

schreibt Tadeusz Sobolewski. Nach seiner Meinung bildete DEKALOG auch den Versuch, angesichts historisch ritualisierter Reaktionen der polnischen Gesellschaft auf den Kriegszustand das Leben einem strengen, kompromisslosen Blick auszusetzen, es in seiner ganzen Absurdität zu betrachten. Auf diese Weise sollten um so radikaler Werte hervorgeholt werden, die nicht der Geschichte, Gesellschaft, Idolen huldigen, vor denen sich das Kollektiv verbeugt, sondern die im Menschen selbst verankert sind, als eine Möglichkeit, die jedem freien Individuum gegeben sei.

In seiner scharfsichtigen Analyse weist Sobolewski darauf hin, dass sich alle Gebote in DEKALOG auf Situationen beziehen, in denen die Liebe abhandengekommen ist, und ihr Mangel das menschliche Handeln im Guten wie im Bösen motiviert. Der Mensch erscheint hier mit all seinen Schwächen, Widersprüchen und Unzulänglichkeiten, verstrickt in Situationen, die ihn wie in KRÓTKI FILM O ZABIJANIU (EIN KURZER FILM ÜBER DAS TÖTEN, PL 1988) bis hin ins Verbrechen treiben können. Kieślowski zeigt es mit einer «unerbittlichen Konsequenz, in der der Zufall zu einer mit Entsetzen behafteten Notwendigkeit wird. Er führt zu der Idee der Barmherzigkeit, die man laizistisch, humanistisch oder christlich nennen kann – der Film lässt alle diese Interpretationen zu»[9]. Dafür steht symbolisch der von weitem glühende Lichtstrahl in der letzten Szene, wenn der Anwalt nach der Hinrichtung gegen das Geschehen rebelliert, und die Reaktion des Vaters in DEKALOG 1, wenn er in seiner Verzweiflung als Atheist den Altar umstürzt und in diesem Moment Kerzenwachs über das Antlitz der Madonna rinnt. In beiden Fällen sieht Sobolewski darin die Revolte eines Rationalisten gegen die Zufälligkeit und Unergründbarkeit der menschlichen Existenz, die Kieślowski als eine Form des Glaubens zeige, da hier Fragen nach dem Sinn des Verbrechens, des Leidens und nach den Möglichkeiten einer Erlösung gestellt werden: «Man kann diese Fragen in unserer Kultur nicht umgehen. Zu ihnen führen Autoren, auf die Kieślowski und Piesiewicz anspielen: Dostojewski und Camus. Kieślowskis ‹metaphysische Revolte› könnte man in der Formel von Camus ausdrücken: ‹Ich glaube nicht an Gott und bin kein Atheist›.»[10]

Philosophische Fragen im Werk Kieślowskis

Wie Camus ging Kieślowski von der Prämisse aus, dass die Welt keinen transzendenten Sinn haben könne. Gleichzeitig bekämpfte er diesen Pessimismus, indem er Filme machte, die genau diese Fragen berührten. In seinem Werk finden sich dafür viele Belege. Der idealistische Kommunist aus DER ZUFALL MÖGLICHERWEISE, dem Witek im Zug begegnet, bringt dieses Bewusstsein der modernen Ambivalenz auf den Punkt, indem er den Mechanismus der Flucht vor der «transzedentalen Obdachlosigkeit» in Ersatzreligionen wie die kommunistische Ideologie beschreibt: «Am Anfang gibt es Freude. Das Licht ist nahe, und der Mensch glaubt, dass er es erreicht. Am Ende des Lebens bringt es Ver-

8 Ebd., S. 111.
9 Ebd., S. 112.
10 Ebd., S. 112–113. Das Zitat von Camus stammt aus den *Tagebücher 1935–1959*.

bitterung, weil man sieht, wie sehr es sich wieder entfernt hat (…). Das Leben ohne diese Verbitterung, ohne diese Hoffnung wäre ein erbärmliches Leben.»[11] Kieślowski ist davon überzeugt, wir leben «in einer Welt, die für sich selbst keine Idee hat»[12]. Das Sinnvakuum nach dem «Verfall der großen Erzählungen» in einer Welt, in der die Utopien und Ideologien obsolet geworden sind, hat zu einer Pluralität von Sinnangeboten und zur Desozialisierung des Individuums geführt. Eine Idee, die die Sinngebung aber erleichtern kann, ist für Kieślowski die Liebe: «Die Hoffnung, dass es uns morgen besser gehen kann, ist eng verknüpft mit dem Glauben an die Liebe. (…) Ich bekenne mich zu diesem Glauben. Und wahrhaftig bekenne ich mich zu dem unmodischen Glauben an den Menschen als Menschen. An seine Bedürfnisse, an seine heimlichen, tief versteckten Defizite, an seine Zweideutigkeit und seine Inkohärenz, an sein Verlangen nach etwas, wofür es sich zu leben lohnen würde. Weil im Leben am wichtigsten das Leben ist.»[13] Nicht zufällig kann die junge Valentine in TROIS COULEURS: ROUGE (DREI FARBEN: ROT, F/PL/CH 1994) den Nihilismus des misanthropischen Richters kraft ihres Glaubens an die Liebe überwinden.

Der Diagnose vom Zerfall zwischenmenschlicher Beziehungen in der heutigen Gesellschaft – in ROT durch die Metapher moderner Telekommunikationsmittel verdeutlicht, die statt die Menschen einander näher zu bringen, sie eher voneinander entfernen –, setzt Kieślowski das Ethos eines Dialogs entgegen:

> «In bestimmten Situationen kann die Aufmerksamkeit für einen anderen Menschen, dafür, was er sagt und macht, Brüderlichkeit bedeuten. Wenn es uneigennützig ist, wenn es aus der Fähigkeit erwächst, in sich Neugier für den anderen Menschen zu erwecken, so dass man ihm entsprechend viel Zeit, Aufmerksamkeit widmet und Bereitschaft für diese Aufmerksamkeit aufbringt – dann ist es vielleicht die heute am meisten notwendige und die wichtigste Form der Brüderlichkeit.»[14]

Seine Skepsis und Desillusionierung durchsetzen Kieślowskis Affirmation des Lebens und der Liebe mit Elementen des Nihilismus als einer Art Überlebensstrategie oder Einsicht in die Komplexität menschlicher Natur und in die ontologische Kontingenz – mögliche Paradoxien und Widersprüche eingeschlossen: «Ich fliehe nicht vor dem Paradox. Wir und das Leben sind zu kompliziert, um uns an irgendwelchen Orten mit eindimensionaler Beschreibung zu platzieren. Ich bin damit einverstanden, dass darin, was ich sage und mache, ein Paradox steckt.»[15] Und darin ist Kieślowski wieder nahe an Camus. Für Camus besteht das größte Paradox darin, dass Hellsichtigkeit, die zu einer Bürde wird, ein tragisches Wissen sei, das aus der Erfahrung der Absurdität des eigenen Schicksals resultiere, Sisyphus jedoch nicht daran hindere, dieses Dasein zu bejahen.[16] So bekennt Kieślowski in einem Interview mit dem Titel *Wir leben vereinzelt* (Żyjemy osobno), dass er nicht nach dem Positiven im Leben suche, da er wisse, es gebe es nicht: «Im Grunde leidet jeder ununterbrochen. Denke ich. Jeder will auch, dass es von diesem Leiden so wenig wie möglich gibt. Also sucht er nach etwas, was besser als das Leiden wäre. Jeder findet bis zum gewissen Grad etwas für sich. Es sind verschiedene Dinge und verschiedene Werte.»[17]

---

11 Kieślowski, Krzysztof: *Przypadek i inne teksty*. Krakau 1998, S. 156.
12 Zawiśliński 1994, S. 31.
13 Ebd., S. 32.
14 Ebd., S. 43.
15 Ebd., S. 44.
16 Vgl. Camus, Albert: *Der Mythos von Sisyphos*. Reinbek bei Hamburg 1989, Kap. IV *Der Mythos von Sisyphos*, S. 98–101.
17 Białous, Urszula: *Żyjemy osobno*. Ein Interview mit Krzysztof Kieślowski in: *Kultura* v. 21.09.1988, S. 12.

Mit seiner abgeklärten Grundeinstellung erinnert Kieślowski an einen Rationalisten, der sich bei vollem Bewusstsein der irdischen Vergänglichkeit und der Absurdität des Daseins nach dem Transzendenten sehnt, obwohl er sich selbst als einen Pessimisten charakterisiert:

> «Der Pessimist ist jemand, der, ohne die Hoffnung zu sehen, verzweifelt nach ihr sucht. Der Pessimist sucht viel verzweifelter nach Hoffnung als ein Optimist, weil für den Optimisten die Hoffnung etwas Selbstverständliches ist. Für den Pessimisten ist sie etwas zutiefst nicht Selbstverständliches. Und weil man ohne Hoffnung nicht leben kann, muss man nach ihr ständig suchen. Im Wesentlichen bedeutet Pessimist zu sein, eine unentwegte, alltägliche, verzweifelte Suche nach der Hoffnung.»[18]

Auch für Camus ist jede wahre Revolte, die den Namen verdient, nicht nihilistisch, sondern wertschöpferisch. Daraus speist sich sein entschiedenes Ja zum Leben und zugleich sein entschiedenes Ja zum eigenen zerrissenen, unentschiedenen Ich: «Statt zu töten und zu sterben, um das Sein hervorzubringen, das wir nicht sind, müssen wir leben und leben lassen, um zu schaffen, was wir sind.»[19]

Dieser Aufruf zur Selbstbestimmung, zur Suche nach Handlungsmaximen gegen die Absurdität des Weltgeschehens (Historie) und der eigenen Existenz (Mortalität) behält für Kieślowski seine Gültigkeit. In den Filmen der französischen Periode, LA DOUBLE VIE DE VÉRONIQUE (DIE ZWEI LEBEN DER VERONIKA, F 1991) und der TROIS COULEURS-/DREI FARBEN-Trilogie (F/PL/CH 1993–94), folgt auf die Diagnose der gesellschaftlichen Situation, die Kieślowski unter die Prämisse der sozialen Desintegration stellt, die Suggestion, die Errettung grundlegender Werte sei nur möglich, wenn man bei der individuellen Selbsterkenntnis ansetzt, sich selbst im Verhältnis zur sozialen Umwelt bestimmt: «Ich denke, dass es keinen anderen Weg gibt, um die Welt zu verstehen. Und man kann nicht andere verstehen, wenn man sich selbst nicht versteht. Es betrifft besonders Menschen, die Lust haben, sich selbst mit anderen zu teilen, aber nicht nur sie.»[20]

Wie Camus in seinen Romanen konstruiert Kieślowski in seinen Filmen fiktive Weltmodelle, in denen dem Zuschauer ähnlich wie in der Literatur seine freie Verantwortlichkeit vorgeführt wird und sich hinter jedem scheinbaren Zufall die vom Autor geschaffene Kausalität eines Sinns verbirgt. Wenn die Figuren die Zufälligkeit und Sinnleere der bloßen Existenz durch die Verantwortlichkeit, die ihnen aufgebürdet wird, wie in TROIS COULEURS: BLEU (DREI FARBEN: BLAU, F/PL 1993) aufbrechen oder sie wie in ROT als Solidarität der Menschen erleben, so erfüllt sich darin auch die Sehnsucht Kieślowskis (und Camus') nach der ihm eigenen Welt, in der die Konfrontation des Individuums mit der Außenwelt durch die Kunst aufgehoben ist. Sobolewski vergleicht die Trilogie mit einem Spiel, dessen Regeln der Regisseur selbst vorgibt, und in ROT den Richter, einem Demiurgen gleich, zu seinem *porte-parole* kürt, um die eigene Revolte, die immer den Motor seines Schaffens bildete, in einer «kalligrafischen Formel» aufzuheben. Als ob so eine Art Ausgeglichenheit zu erreichen wäre, die entweder davon zeugt, dass er den Zustand der «Ruhe» erreicht hat, oder die nur seine Resignation widerspiegelt[21].

«Sich selbst helfen», indem man anderen hilft, lautet Kieślowskis Devise, mit der er in dem gleichnamigen Interview 1989 seine Motivation begründet, Filme zu machen:

---

18 Zawiśliński 1994, S. 22–23.
19 Camus, Albert: *Der Mensch in der Revolte*. Reinbek bei Hamburg 1987. Zit. nach Thiessen, Rudi: Der Intellektuelle in der Revolte. In: *DU*, Heft Nr. 6, Juni 1992, S. 93.
20 Zawiśliński 1994, S. 43.
21 Vgl. Sobolewski 1996, S. 113.

«Ich glaube nicht an den Sinn gesellschaftlicher, öffentlicher, kollektiver Aktivitäten. Und ich sorge mich sehr um Menschen, die ich respektiere und mag, und die diese Anstrengung unternehmen. (…) Aber ich glaube an meine eigenen Handlungen, mit deren Hilfe – beabsichtigt oder auch nicht – ich etwas für jemanden tun kann, der nebenan ist. (…) Und deswegen will ich nur in meinem eigenen Namen sprechen, meinen eigenen Standpunkt zeigen. Dafür habe ich von allen Seiten einstecken müssen: von Leuten, die im Namen der Kirche, der Opposition und der Volksmacht sprachen.»[22]

Noch eine Analogie zu Albert Camus, der für sein unparteiisches Engagement auf Seiten derer, für die keiner spricht – die Kunst ausschließlich «dem Schmerz» oder «der Freiheit des Menschen»[23] in den Dienst stellend –, buchstäblich von allen Seiten angefeindet wurde. Diese Solidarität des Leidens als moralischen Imperativ scheint Kieślowski mit Camus zu teilen, wie dieser allem Pessimismus und aller Desillusionierung zum Trotz, um das tragische Bewusstsein der Vergeblichkeit und Sinnlosigkeit[24] zu überwinden.

Bezeichnenderweise erlebte der «tragische Heroismus» Camus', in «der Treue zu sich selbst, sogar wenn man von den Göttern dazu verurteilt wurde, dieselbe vergebliche Anstrengung in alle Ewigkeit zu unternehmen»[25], zum gleichen Zeitpunkt eine Renaissance[26], als Kieślowski seine größten internationalen Erfolge feierte – nach dem Fall der Berliner Mauer. Das Geheimnis des Erfolgs von Kieślowski könnte daran gelegen haben, dass es ihm in der «neuen Unübersichtlichkeit» gelungen ist, über die kulturellen und geopolitischen Grenzen hinweg mit dem Publikum einen Dialog herzustellen, indem er die Zufälligkeit unserer Zuordnungen zu einer Gesellschaft oder Kultur thematisierte. Als die Postmoderne sich gerade von dem Versprechen verabschiedete, eine übersichtliche Welt zu schaffen, die mit dem Willen gleichbedeutend war, den Menschen seiner Freiheit und Unergründlichkeit zu berauben.[27] Mit dem Ende der marxistischen Einheitsträume und sozialutopischen Globalentwürfe schien auch der Moralist und intellektuelle Dissident Camus wieder an Aktualität zu gewinnen mit einer Einstellung, die die moderne Ambivalenz akzeptiert, eher auf dem Widerspruch beharrt als Antworten und Gewissheiten zu liefern und für das Geheimnis aufgeschlossen bleibt.

Kieślowskis Poetik des Zufalls exemplifiziert eine Erfahrung des Scheiterns[28], die letztlich Züge des Absurden trägt und damit in der Tradition von Camus' Existenzphilosophie steht.

22 Szyma, S. 6.
23 Vgl. Camus, Albert: *Der Künstler und seine Zeit*. Nobelpreisrede am 14. Dezember 1957 in Uppsala. Zit. nach *DU* Heft Nr. 6, Juni/1992.
24 Sobolewski greift im Zusammenhang mit dem modernen Bewusstsein der Skepsis und Sinnlosigkeit auf das ethische Modell des evangelischen Theologen Paul Tillich zurück, der mit dem Begriff eines «laizistischen, humanistischen Glaubens» und «troski ostatecznej» («letzter Sorge») operiere, wonach die Akzeptanz der Verzweiflung eine zeitgemäße Form des Glaubens bilde. «Die Entdeckung der Flüchtigkeit unseres Schicksals, der Abwesenheit der Vorsehung, der Allmacht des Zufalls, der Absurdität, des Todes – muss nicht zum Nihilismus führen, sondern zum ‹Heroismus des Seins›.» Vgl. Sobolewski, Tadeusz: Troska ostateczna. In: *Kino Krzysztofa Kieślowskiego*. Hg. v. Lubelski, Tadeusz. Krakau 1997, S. 114.
25 Zit. nach Kaplińska, Anna: Status ontologiczny filmu dokumentalnego na przykładzie twórczości Krzysztofa Kieślowskiego. In: *Kwartalnik filmowy* Nr. 24, Winter 1998, S. 27.
26 Vgl. die diesem Phänomen gewidmete Ausgabe der Schweizer Kulturzeitschrift *DU*: *Wiederbegegnung mit Camus*, Heft Nr. 6, Juni 1992.
27 Vgl. Bauman, Zygmunt: *Moderne und Ambivalenz. Das Ende der Eindeutigkeit*. Hamburg 1992.
28 Vgl. dazu auch das Interview mit Krzysztof Piesiewicz auf dem Zenit des Erfolgs des Autoren-Tandems Piesiewicz/Kieślowski: *Całe nasze życie jest mitem Syzyfa, ale wysiłek trzeba podejmować*.

Er gestaltet sie als eine offene Frage und erhebt zu seinem Leitbild der Lebensgestaltung eine Selbstverwirklichung in Eigenverantwortlichkeit, die aber nicht mit einer narzisstischen Autonomie verwechselt werden darf, die kein soziales Korrektiv mehr kennt. Zuerst unter konkreten politischen und sozialen Lebensumständen in seinen polnischen Filmen, dann als ein Gedankenexperiment in den französischen Filmen simuliert Kieślowski im Laboratorium des Kinos Zufälle, die ästhetische Erfahrungen freisetzen, ein Ethos der Möglichkeiten vor Augen führen, «dass alles ja auch noch ganz anders sein könnte und deswegen normativ nicht eindeutig auf den Punkt zu bringen ist»[29]. In einer nachdenklichen Atmosphäre eröffnen seine Filme neue Horizonte, thematisieren ethische Handlungsmodelle und deren Stellenwert in unserer Zeit, ohne jedoch fertige Rezeptlösungen oder eindeutige Interpretationsansätze zu liefern.

Sie sind mehrdeutig, vielschichtig, offen. Der Regisseur selbst kennt keine Antworten auf die Fragen, die er stellt, und versucht, auch seinen Zuschauern keine aufzuzwingen. In seinem letzten Interview mit Schülern eines Gymnasiums in Katowice danach gefragt, «ob er an Gott glaube, oder nur an sich selbst, oder vielleicht an andere, an irgendeine Idee, ein Ziel, das Schicksal, Glück, an irgendetwas?», antwortete Kieślowski salomonisch:

> «Ich denke, dass das alles zusammengeht, in sich ständig verändernden, fließenden Proportionen. Und wenn das Leben überhaupt interessant ist, dann eben deswegen, weil diese Proportionen sich ständig verändern, weil wir ständig den Eindruck haben, dass unser Schicksal am wichtigsten ist, oder dass unser Schicksal durch die geformt wird, die uns umgeben, durch Umstände, in denen wir leben, oder dass jemand dieses Schicksal lenkt, oder dass uns Zufälle passieren und wir daraus Schlussfolgerungen ziehen. Ich denke, dass das sich immer wieder verändert und ständig fließend ist, und das ist interessant. Zusammengesetzt wie ein sehr komplizierter Zopf, dessen Fäden von Zeit zu Zeit für einen Augenblick verschwinden, um dann nach gewisser Zeit wieder aufzutauchen.»[30]

Cineastische und literarische Einflüsse

In ihrer Vieldeutigkeit und Infragestellung aller Gewissheiten bilden Kieślowskis Filme ein offenes Buch, aus dem zwar jeder seine Wahrheiten herauslesen kann, das aber auf einigen wenigen Grundwahrheiten des Lebens basiert – was erklären mag, warum sie so große Resonanz gefunden haben. Wenn Kieślowski in ihnen sein Ringen mit der Zeit, dem Schicksal, der Ver-

In: *Życie Warszawy* v. 23/24.10.1993, S. 6. Piesiewicz bezieht sich darin genau auf die Erfahrung des Totalitarismus in Osteuropa und das Wertevakuum nach der politischen Wende 1989 sowie der Aufhebung der ideologischen Konfrontation. Den Bezug zur existentialistischen Tradition für das gemeinsame Werk von ihm und Kieślowski stellt er selbst in einem zentralen Satz her, der auch für den Titel des Interviews verwendet wurde: «Unser ganzes Leben ist ein Sisyphus-Mythos, aber die Anstrengung muss man unternehmen. Es muss irgendwelche Richtung für unsere Handlungen geben (…).» An einer anderen Stelle sagt Piesiewicz: «Extreme Situationen zwingen uns zur Selbstbestimmung, zu einer ernsthaften Reflexion, zu einem Nachdenken über die Welt», was er am Beispiel der Drei Farben: Blau und des Begriffs der Freiheit erläutert.

29 Lesch, Walter: Die Schwere der Gebote und die Möglichkeiten der Kunst. In: Lesch, Walter / Loretan, Matthias (Hg.): *Das Gewicht der Gebote und die Möglichkeiten der Kunst. Krzysztof Kieślowskis «Dekalog»-Filme als ethische Modelle.* Freiburg/Schweiz 1993, S. 44–45.

30 Ponieważ są ciągle ci ludzie… Ein Interview von Agata Otrębska und Jacek Błach. In: Lubelski 1997, S. 296–297.

gänglichkeit, der Schuld, dem Leiden dokumentiert und die Frage nach der Freiheit als dem höchsten Gut, das unerreichbar bleibt, aufwirft, setzt er so die Tradition großer Literatur fort: Spuren von Fjodor Dostojewski, Albert Camus, Franz Kafka, Joseph Conrad oder Thomas Mann finden sich darin. Zu den Autoren, die ihn nach eigenem Bekunden am meisten beeinflusst haben, gehören Dostojewski, Kafka, Camus und Thomas Mann[31]. In einem anderen Interview weist Kieślowski noch auf Isaac Bashevis Singer, William Shakespeare und Molière hin[32].

Aus der heutigen Perspektive erscheint er auch, überblickt man sein Gesamtwerk, als Kontinuator mancher Motive und Topoi von großen Regisseuren des europäischen Autorenkinos wie Ingmar Bergman, Robert Bresson, Eric Rohmer oder Michelangelo Antonioni. Während die Bezüge zu Antonioni eher thematische Assoziationen auslösen, die um die Einsamkeit des Menschen und die Unmöglichkeit der Liebe in der modernen Gesellschaft kreisen, bleiben vor allem in formaler Hinsicht Reminiszenzen an Bresson und Rohmer in Kieślowskis Werk nicht aus: Zwar beschäftigt sich Rohmer in seinen asketisch bis natürlich wirkenden Filmen auch mit Existenzkrisen und der Condition humaine, was ihm den Ruf eines Moralisten eingebracht hat. Die auffälligsten Analogien zu Kieślowski liegen aber in dem zyklischen Erzählen und dem Parabelcharakter seiner Filme, die er oft als Teile eines Zyklus unter ein Motto stellt. Das Durchspielen verschiedener Variationen eines Themas in seinen *contes moraux* fügt sich zusammen zu einem Kino des Wortes und der Gedanken, an dessen vorgegebene Erzählstrukturen die «moralischen Geschichten» des Dekalog-Zyklus durchaus erinnern können.

Bei Bresson sind die Analogien noch deutlicher, wenn man ins Feld führt, dass er seine «Neugier auf das Geheimnis der Dinge und der Menschen»[33] gerade aus seinem radikalen Realismus heraus erklärt. Topoi wie die Kontingenz des bruchstückhaften Daseins, die Idee der Freiheit, eine *conditio humana*, die durch die Aussichtslosigkeit des Lebens in einer unmenschlichen Außenwelt bestimmt ist, vehemente Verweigerung psychologischer Deutungsmuster, Dramen des Leidens und des Eingeschlossenseins, Situationen, in denen Gefangen- und Ausgeliefertsein einen existenziellen Zustand markieren, dominieren in seinem Werk. Bressons Filme ähneln Versuchsanordnungen und zeichnen sich durch eine eigenartige Filmsprache aus, die wie im Fall von Kieślowskis trockener Konkretheit auf eine schnörkellose Erzählweise und realitätsgetreue, beinahe dokumentarische Schlichtheit der Bilder setzt. Diese formale Askese verleiht ihnen erst ihre eindringliche Ausdruckskraft. Er bringt auch vorwiegend Laiendarsteller zum Einsatz, die als Schauspieler ihrer selbst agieren, was den Eindruck einer quasi dokumentarischen Erfassung der Wirklichkeit noch zusätzlich verstärkt.

Bezeichnenderweise bekennt sich Kieślowski in seiner Autobiografie auch freimütig zur Einverleibung fremder Einflüsse, die er in sein Werk transformiere, ohne jedoch andere dabei zu kopieren oder nachzuahmen:

> «Ich bin überhaupt nicht der Meinung, dass es etwas Verwerfliches ist, zu ‹klauen›. Wenn jemand schon einen Weg durchschritten hat, der sich bewährt hat, muss man es sofort klauen. Wenn ich aus guten Filmen klaue und es später als Element meiner eigenen Welt funktioniert, dann tue ich es ruhig. Oft völlig unbewusst (…) Filme sind ein Teil unserer Welt. (…) Sie setzen sich in Dir ab. Wenn sie sich absetzen, werden sie

---

31 Cavendish, Philip: *Dekalog Kieślowskiego*. In: *Film na świecie* Nr. 3–4/1992, S. 42.
32 Zawiśliński 1994, S. 42.
33 Zit. nach *Filmregisseure*. Hg. v. Koebner, Thomas. Stuttgart 1999, S. 82.

ein Teil Deiner eigenen Welt, Deines Inneren. Wahrscheinlich klaue ich genauso irgendwelche Aufnahmen oder Sequenzen, oder Ideen für irgendwelche Lösungen, wie ich Geschichten klaue, und dann erinnere ich mich sogar nicht, wo ich sie geklaut habe.»[34]

Trotz der auffälligen Analogien gehören jedoch weder Rohmer noch Bresson zu den ausgewiesenen Vorbildern von Kieślowski, dafür aber der britische «working class»-Barde Ken Loach, den er bereits in der Filmhochschule bewundert hat: «Ich habe immer gesagt, dass ich kein Assistent werden will. Aber wenn mich zum Beispiel Ken Loach darum bitten würde, dann würde ich ihm gerne Kaffee reichen. Ich habe KES (KES, GB 1969) in der Filmhochschule gesehen und gewusst, dass ich für diesen Menschen gerne den Kaffee tragen würde. Ich würde den Kaffee kochen, um zu verstehen, wie er das macht. Dasselbe traf zu auf Orson Welles, Fellini oder Bergman.»[35] Obwohl Loach ein bekennender Marxist ist, steht er mit seiner Synthese von Dokumentation und Fiktion, seiner sozial- und systemkritischen Themenwahl und wirklichkeitsnahen Inszenierung zumindest dem «frühen» Kieślowski sehr nahe. Was sie noch verbindet, ist der nüchtern-realistische Stil und die detailgetreue Beobachtungsgabe, die authentischen Darsteller, das Engagement für sozial Benachteiligte und nicht zuletzt Probleme mit der Zensur, landeten doch Loachs tabubrechende Fernsehfilme aus den 1960er- und 1970er-Jahren oft in den Giftschränken der Sendeanstalten.

Die Filme des britischen «Free Cinema» mit Tony Richardson, Lindsay Anderson und Ken Loach an der Spitze hinterließen bei Kieślowski in der Filmhochschule ebenso einen tiefen Eindruck wie die italienischen Neorealisten, wie Jean Renoir und Orson Welles, aber auch der polnische Dokumentarfilm und die Theorien des «Direct Cinema» von Richard Leacock und Robert Drew.

Auch Federico Fellinis Meisterwerk LA STRADA (LA STRADA – DAS LIED DER STRASSE, I 1954) hat für ihn noch nach Jahrzehnten nichts von der ungeheuren Wirkungskraft eingebüßt. Auf dem Höhepunkt seines Erfolgs erwies Krzysztof Kieślowski jedoch nur zwei Regisseuren eine besondere Reverenz, indem er sie in eigenständigen Essays für die französische Filmzeitschrift *Positif* und die *FAZ* würdigte: seinem Hochschullehrer und bedeutenden Dokumentaristen Kazimierz Karabasz[36] und Ingmar Bergman.

Als es ihm auffiel, dass ein bestimmtes Motiv in Philip Kaufmans THE UNBEARABLE LIGHTNESS OF BEING (DIE UNERTRÄGLICHE LEICHTIGKEIT DES SEINS, USA 1987) – vibrierende Gläser, die die Ankunft sowjetischer Panzer in Prag von 1968 ankündigen –, aus Ingmar Bergmans Klassiker TYSTNADEN (DAS SCHWEIGEN, S 1963) entliehen wurde, schrieb Kieślowski in seinem Essay *Gesichtsschatten. «Das Schweigen» Bergmans ist eine Tatsache*:

«Es ist nichts Schlimmes daran, jemanden zu zitieren oder ihn nachzuahmen. Das Problem ist vielmehr, tatsächlich die besten Vorbilder nachahmen zu können. Kaufmann hat sich dieser Aufgabe gut entledigt. Bergman übrigens auch: Die Aufnahme von Johanns Gesicht und den auf dem Gesicht vorbeiziehenden Panzerschatten hat ihre Entsprechung in der Filmgeschichte – in ANKUNFT EINES ZUGES AUF DEM BAHNHOF von den Gebrüdern Lumière, einem der ersten Filme, die in der Welt entstanden sind.»[37]

In der polnischen Ausgabe des Essays fügte er noch hinzu: «Aus dem Anlass der Hundertjahr-

---

34 *Kieślowski on Kieślowski*. Hg. v. Stok, Danusia. London/Boston 1993, S. 34–35.
35 Ebd., S. 32.
36 Siehe die beiden folgenden Kapitel.
37 In: *Kinoerzählungen*. Hg. v. Lueken, Verena. München 1995.

feier des Kinos wäre es gut, wenn jemand es wagen würde, eine Monografie der ‹wandernden Ideen› zu erstellen.»[38]

Es ist gewiss kein Zufall, dass ausgerechnet dieses Motiv zu den «geklauten» Ideen großer Vorbilder gehört, die im Werk Kieślowskis unablässig wiederkehren. Klopft man seine Filme auf das sich wandelnde Glas-Motiv ab, so stößt man unentwegt auf Gläser (DER ZUFALL MÖGLICHERWEISE / OHNE ENDE / DEKALOG), Milchflaschen (DEKALOG), eine Glaskachelwand in KRÓTKI FILM O MIŁOŚCI (EIN KURZER FILM ÜBER DIE LIEBE, PL 1988), Fenster (TRAMWAJ / DIE STRASSENBAHN, PL 1966, DIE ZWEI LEBEN DER VERONIKA, ROT), Spiegel und andere reflektierende Flächen, oder Kaffeetassen, wie in DREI FARBEN. Nicht nur die wandernden Objekte der Filmgeschichte verbinden Kieślowski aber mit Bergman, an dem er sich wie auch an anderen Großen der Zunft maß. Das Gegenwartskino erinnerte ihn einerseits an einen Friedhof, auf dem neben vielen Gräbern Veteranen aus einer glorreichen Vergangenheit ihr vorsichtiges Dasein fristen, andererseits an eine Autobahn voll technisch perfekter Autos, die aber voneinander nicht zu unterscheiden sind: «Das Schweigen von Bergman schmerzt gleichermaßen wie das Schweigen von Fellini, die Abwesenheit von Buñuel und Tarkowski, die schönen, nicht mehr ergreifenden Filme von Kurosawa und die misslungenen von Wajda. Man muss klar sagen, dass wir, die um eine oder zwei Generationen Jüngeren, es nicht vermocht haben, sie zu ersetzen.»[39]

Als Kieślowski 1995 anlässlich der Hundertjahrfeier des Kinos für das britische Filmjahrbuch *The Time Out Film Guide* den besten Regisseur aller Zeiten benennen sollte, fiel seine Wahl unumschränkt auf Ingmar Bergman. Seinerseits zählte der Altmeister des Kinos zur selben Zeit in einem Interview[40] DEKALOG auf, als eines der fünf zeitgenössischen Werke, die ihm den größten Nutzen gebracht hätten. Dabei war Kieślowskis Verhältnis zu dem großen Schweden mitnichten unkritisch. Während er in seiner Autobiografie von Fellinis LA STRADA schwärmt, stellt er gleichzeitig unumwunden fest, dass ihm die erneute Sichtung von GYCKLARNAS AFTON (ABEND DER GAUKLER, S 1953) große Enttäuschung bereitet hat: «Ich hatte mal sehr schöne Erinnerungen an diesen Film – aber auf der Leinwand habe ich etwas gesehen, was mich nichts anging, mir völlig fremd war.»[41] In seinem Essay über Bergman deutet Kieślowski auch an, was ihm an einigen Filmen des schwedischen Filmklassikers missfiel: DET SJUNDE INSEGLET (DAS SIEBENTE SIEGEL, S 1957) mochte er wegen seiner philosophischen Überkonstruiertheit nicht; die beklemmenden Visionen aus SMULTRONSTÄLLET (WILDE ERDBEEREN, S 1957) fand er zwar originell, ebenso die schönen Traumbilder, zog ihm aber SOMMAREN MED MONIKA (DIE ZEIT MIT MONIKA, S 1953) vor, obwohl die sozialen Erklärungen für das Scheitern der bitteren Liebesgeschichte dabei nicht ausschlaggebend gewesen waren.

Seine grenzenlose Bewunderung galt dagegen eindeutig dem vielschichtigen «Porträt der Gefühle, die wir alle erfahren und alle verstehen» in DAS SCHWEIGEN, «weil wir ständig zwischen den Gefühlen der Liebe und des Hasses, der Angst vor dem Tod und dem Wunsch nach der Ruhe, der Eifersucht und der Großzügigkeit, der schmerzlichen Erniedrigung und der wollüstigen Begierde einer Rache zugleich zerrissen sind und zittern»[42]. In seiner eindringlichen Analyse

---

38 Kieślowski, Krzysztof: Milczenie. In: *Magia Kina*. Hg. v. Wróblewski, Janusz. Warszawa 1995.
39 Lueken 1995, S. 51.
40 Ålund, Jannike: *Sista intervjun med Bergman*. In: *Expressen* v. 23.11.1995.
41 Stok 1993, S. 33.
42 Lueken 1995, S. 52.

der einzelnen Szenen hebt Kieślowski besonders die Einfachheit und Präzision der dramaturgischen Konstruktion hervor, die Reduktion der Handlung und der Details auf das Wesentliche, die stringente Ökonomie der Ausdrucksmittel, was seine Entsprechung in der Montage findet: Nahaufnahmen, Parallelmontage und innerbildliche Montage dienen hier der Vermittlung von verborgenen Emotionen und der Kondensierung der Handlung. An diesem Film fasziniert ihn ungeheuer sein Rhythmus, «der Ton».

Der polnische Filmkritiker Tadeusz Szczepański hat auf die verblüffende Übereinstimmung beider Regisseure hingewiesen bei der Bedeutung, die sie dem rhythmischen Aufbau der Inszenierung beigemessen haben, was wohl entscheidend für die Kohärenz und Einheitlichkeit ihrer Filme gewesen sein dürfte. Dass Kieślowski in diesem Zusammenhang auf den musikalischen Terminus des Tons zurückgreift, führt Szczepański auf die gemeinsame Vorliebe von Bergman und Kieślowski zurück, die Erzählstruktur eines Films in Anlehnung an die Architektonik eines musikalischen Werks zu gestalten: bei Bergman in ABEND DER GAUKLER an Hand einer Dramaturgie sichtbar, die der formalen Konstruktion einer Sonate folgt, und in DAS SCHWEIGEN[43], PERSONA (PERSONA, S 1966) oder HÖSTSONATEN (HERBSTSONATE, S 1978) an derer Komposition als Kammeralstücke, wobei Bergmans Figuren auch Berufen nachgehen, die mit Musik zu tun haben. Sie sind oft Musiker oder Tänzerinnen. Bei Kieślowski fällt die Annäherung an die Musik in die letzte Phase seines Werks[44] hinein und hängt gewiss mit der Gewichtigkeit der Kompositionen von Zbigniew Preisner zusammen, der seine Partituren (DIE ZWEI LEBEN DER VERONIKA und DREI FARBEN: BLAU) nicht nur oft als einen Konstruktionsrahmen für die Filme im voraus geschrieben hatte, sondern sie auch, wie im Fall des Boleros in DREI FARBEN: ROT, in Beziehung zur dramaturgischen Struktur eines Films entwarf.

Beide Regisseure hegten auch eine Vorliebe für das musikalische Prinzip eines Zyklus, wofür exemplarisch Bergmans «Kammerspieltrilogie» (SÅSOM I EN SPEGEL / WIE IN EINEM SPIEGEL, S 1961; NATTVARDSGÄSTERNA / LICHT IM WINTER, S 1962; DAS SCHWEIGEN) oder Kieślowskis DEKALOG und die DREI FARBEN-Trilogie stehen. Viel wichtiger als diese musikalischen Analogien erscheint Szczepański aber die Neigung Kieślowskis zur formalen Orchestrierung seiner Filme nach dem Vorbild musikalischer Partituren: Kieślowski vervielfachte «feine Refrains, Parallelen, Kontrapunkte, Korrespondenzen, Symmetrien, Echos und widerspiegelnde Effekte nicht nur auf der Ebene der fiktiven Motive, Situationen, Figuren oder Requisiten in der Rolle der *res dramatica*, sondern auch im Bereich der Bildkomposition, der Verwendung der Farbe, des Tons und natürlich der Musik»[45]. Auf diese Weise gelingt es Kieślowski, das Spektrum der filmischen Ausdrucksmittel in die Sphäre nonverbaler, intuitiver Erlebniswelten auszudehnen. Bergman hat ähnliche Ergebnisse dank seiner intimen, bis hin zum emotionalen Exhibitionismus gehenden Arbeit mit den Schauspielern und vor allem seinem symbiotischen Zusammenspiel mit dem wegen seiner Lichteffekte gerühmten Kameramann Sven Nykvist[46] erreicht. Nykvist

43 In *Bergman über Bergman*. Interviews mit Ingmar Bergman über das Filmemachen von Stig Björkman / Torsten Manns / Jonas Sima. München 1976, S. 202, gibt Bergman das *Konzert für ein Orchester* von Bela Bartók als seine Inspirationsquelle für DAS SCHWEIGEN an.

44 Obwohl bereits in DER ZUFALL MÖGLICHERWEISE vom Standpunkt musikalischer Analogien das Variationsspiel in drei Teilen zu einem Thema ein klassisches *tema con variazioni* erinnern kann.

45 Szczepański, Tadeusz: Kieślowski wobec Bergmana, czyli tam, gdzie spotykają się równoległe. In: Lubelski 1997, S. 164–165.

46 Jacek Petrycki, Kameramann von Kieślowski in den meisten Dokumentarfilmen und bei GEFÄHR-

trug wesentlich dazu bei, die für Bergmans Filme spezifische Ästhetik der Nah- und Großaufnahmen visuell zu entwickeln, um den Film als Sprache «seelischer Zustände» zu etablieren, «und nicht nur Bilder einer äußeren Bewegung» zu zeigen.[47]

Alle Indizien deuten darauf hin, dass diese frappierende Parallelität formaler Ausdrucksmittel und kompositorischer Prinzipien sich bei Bergman und Kieślowski einem gemeinsamen ideellen Impuls verdankt. Er geht stark mit dem Bedürfnis einher, die Einsamkeit des unter neuzeitlichen Bedingungen auf sich selbst zurückgeworfenen Individuums und ein an existenzieller Sinnlosigkeit verzweifelndes Bewusstsein zu überwinden. Sie suchen nach der Antwort auf die Frage, wodurch ein humanerer Umgang der Menschen miteinander verhindert wird – was wiederum zu vielen thematischen Analogien in ihrem Werk führt. Denn beiden Regisseuren ist eine existentialistische Haltung eigen, die die von ihnen bevorzugten Themenkreise bestimmt und um Lebensäußerungen kreisen lässt, die – wie Ingmar Bergman in einer Art Geistesverwandschaft zu Kieślowski sagt – «unabhängig von der sozialen Struktur existieren, wie die unfassbare Bosheit, die Spielfreude und die Zärtlichkeit des Augenblicks, das Mysterium des Leidens, Träume und Hoffnungen – eine Welt von fließenden, wechselnden geheimnisvollen Gefühlen und Leidenschaften»[48].

Beide begreifen sie und setzen auch den Film als ein Medium ein, das «so raffiniert ist, dass wir mit ihm die menschliche Seele scharf beleuchten können, noch rücksichtsloser den Schleier lüften und ganz neue Bereiche mit hineinnehmen können»[49]. Was Wunder, dass Kieślowski unter Bergmans Meisterwerken DAS SCHWEIGEN bevorzugt hat, in dem es nicht nur um den Verfall zwischenmenschlicher Beziehungen und eine lähmende Kommunikationslosigkeit geht, sondern auch um Existenznot und Entfremdung. Diese in einem Niemandsland angesiedelte Parabel ermöglicht in ihrer Vielschichtigkeit und Symbolfülle diverse Deutungen, wobei die bohrende Selbstreflexion eines verzweifelten Individuums und eine alle Werte konsequent hinterfragende Logik hier die Selbstbezüglichkeit des modernen Menschen widerspiegeln, der nach dem Verlust übergeordneter Bezugssysteme Trost im Augenblick oder in der Liebe sucht. Laut Bergman repräsentiert Ester in DAS SCHWEIGEN zumindest die Hoffnung auf Sinngebung durch die Selbsterkenntnis, und gibt sie weiter in ihrem Testament an den kleinen Neffen Johann: «Grundgedanke ist der Zusammenbruch von Lebensverhältnissen und einer Ideologie. Ich kann mich erinnern, dass ich etwas aufschrieb, was mich sehr zufrieden machte … ich schrieb, dass das Leben nur die Bedeutung hat, die man ihm selbst zumisst.»[50]

Im Mittelpunkt von Bergmans zutiefst pessimistischer Vision stehen der Verlust von Sinnbezügen und die Suche nach metaphysischen

---

LICHE RUHE / DER FILMAMATEUR / OHNE ENDE, berichtet in seinem Aufsatz *Kiedy jeszcze lubiliśmy rejestrować świat* (in: Lubelski 1997, S. 177–185), dass sie beide Anfang der 1970er-Jahre davon träumten, ein ebenso gutes Kino wie Bergman und Nykvist machen zu können, und dass seine Bewunderung für Nykvist soweit ging, dass er in dem gemeinsamen Dokumentarfilm PRZEŚWIETLENIE (DIE DURCHLEUCHTUNG, PL 1974) eine Szene aus VISKNINGAR OCH ROP (FLÜSTERN UND SCHREIE, S 1972) nachzuahmen versuchte, indem er in einem Park die Patienten eines Sanatoriums von oben im Nebel aufnahm.

47 Vgl. meinen Artikel *Chimären des Daseins. Über Ingmar Bergman aus Anlass seines 80. Geburtstages*. In: *film-dienst* 14/1998, S. 4–7.

48 Bergman, Ingmar: *Rede zur Verleihung des Goethe-Preises*. In: *Frankfurter Rundschau* v. 30.08.1976.

49 Bergman, Ingmar: *Det att göra film (Filmemachen)*. Stockholm 1958, S. 8. Zit. nach Wiese, Eckhard: *Ingmar Bergman*. Reinbeck bei Hamburg 1987, S. 24.

50 *Bergman über Bergman*. München 1976, S. 203.

I. Moral und Revolte

Haltepunkten. Diese Vision stiftet Kieślowski dazu an, in seinem Essay nach Spuren von Bergmans Glauben an die Menschlichkeit zu suchen, nach den vereinzelten Hoffnungsschimmern in einer Welt, «wo der Mangel an Erbarmen und an Mitgefühl, zumindest an Verständnis füreinander, zu einem bereits völlig natürlichen Zustand geworden ist». Vordergründig findet er sie in der Präsenz des Kindes, vor allem aber in den Umständen oder Gefühlen, die die Protagonisten zur Grausamkeit und Rücksichtslosigkeit zwingen. Denn «Liebe, die man sich gegenseitig nicht mehr erweisen kann, wenn man in den gegenseitigen Feindlichkeiten und Demütigungen so weit gegangen ist, Liebe, die man vor sich selbst nicht mehr eingestehen kann, bildet das verborgene, unsichtbare, aber durchgehend präsente Lichtlein der Hoffnung in SCHWEIGEN»[51].

Kieślowski scheint die beinahe sakrale Bedeutung von Liebe bei Bergman, einem Agens, das einzig die nicht aufhebbare Einsamkeit des Einzelnen aufbrechen kann, mit ihm uneingeschränkt zu teilen. Manche Versöhnungsgesten in DEKALOG und der DREI FARBEN-Trilogie mit ihrer finalen Perspektive der Errettung in ROT legen ein Zeugnis davon ab, genauso wie die über den Tod hinausreichende Liebe des Ehepaares in OHNE ENDE: Ähnlich wie der Vater in FANNY OCH ALEXANDER (FANNY UND ALEXANDER, S 1982) besucht hier der verstorbene Ehemann als unbeteiligter Zeuge aus dem Jenseits seine Familie. Die Drastik des One-Night-Stands und der Masturbationsszene von Urszula, die nur ihre Verzweiflung und Verlorenheit verdeutlichen, erinnert an die entleerte Sexualität als Instinkthaftigkeit aus DAS SCHWEIGEN, wo sie «als Ausdruck dessen, dass sich Menschen hier bestätigen, sie seien wirklich noch da – in einer Art Abwehr des allseits bedrängenden und voran schleichenden Todes»[52] fungiert.

Auch die mittelalterliche Allegorie auf die ewige Suche des Menschen nach einer Sinngebung und auf den Tod als die einzige Gewissheit in DAS SIEBENTE SIEGEL scheint Kieślowski zumindest unbewusst zur Nachahmung verleitet zu haben: Ritter Block erfährt vom Tod, mit dem er Schach um sein Leben spielt, dass er keine Antworten erhalten werde, was ihn in dem Glauben bestärkt, das Fragen sei das Wichtigste. Der Junge aus DEKALOG 1 nimmt, bevor er trotz der anders lautenden Berechnungen seines Vaters unter dem zusammengebrochenen Eis ertrinkt, an einem Schachturnier gegen eine Großmeisterin teil, die simultan an mehreren Schachbrettern spielt und einen unangenehm durchdringenden Blick hat. Er ist der Einzige, der sie mit Schach Matt bezwingt. Die Schachspielerin ruft verstörende Assoziationen hervor, scheint den Tod, der im Polnischen weiblichen Geschlechts ist, zu personifizieren, gegen den man nicht gewinnt. In ANSIKTE MOT ANSIKTE (VON ANGESICHT ZU ANGESICHT, S 1976) besucht die Heldin wiederum eine geheimnisvolle Frau in Schwarz, die allegorisch den Tod repräsentiert. Führt man sich vor Augen, dass in DIE ZWEI LEBEN DER VERONIKA ebenfalls eine übersinnlich wirkende, schweigende Frau mit beunruhigend durchdringendem Blick den Weg beider Veronikas durchkreuzt, könnten diese Szenen abermals zu den wandernden Motiven gezählt werden.

Genaue Details, die sich der Interpretation letztlich entziehen, machen DAS SCHWEIGEN, wie Kieślowski in seinem Essay schreibt, zu einem Rätsel. Um sich im Ton dem Gegenstand seiner Betrachtungen zu nähern, greift er auf die Metapher eines Fotos zurück, auf dem Bergman, ins Objektiv einer Kamera blickend, neben Bille August steht: «Die ins Objektiv schauenden dunklen Augen mit den charakteristischen, nach unten verlaufenden äußeren Augenwinkeln sind leicht trüb, abwesend. Dieser Mensch, Filmregis-

---

51 Lueken 1995, S. 52 und S. 53.
52 Koebner 1999, S. 58.

seur, hat wie kaum jemand anderer, vielleicht sogar als einziger in der Welt über die menschliche Natur so viel zu sagen gewusst wie Dostojewski oder Camus.»[53] Bergman ist Ende der 1950er-Jahre von der französischen Kritik entdeckt und emphatisch gefeiert worden. 1958 schrieb Jean-Luc Godard in *Cahiers du Cinéma* über ihn: «Nicht alles, was glänzt, ist Gold. Nicht alle, die von den Dächern herabrufen, sind Erneuerer. Ein wirklich origineller *auteur* wirkt niemals nur für seine Gesellschaft. Bergman zeigt uns, dass Erneuerung Genauigkeit ist und Genauigkeit ist Tiefe.»[54] Alle diese Attribute treffen auch auf Kieślowski zu, der dreißig Jahre später von der französischen Kritik frenetisch als Erneuerer des Kinos gefeiert werden sollte: Man verglich ihn in erster Reihe mit Bergman, aber auch mit Antonioni, Luis Buñuel, Tarkowski, Rohmer, Bresson und Alfred Hitchcock, bei dem er nicht nur die Regeln der Spannungsdramaturgie abgeschaut zu haben scheint, sondern zumindest auch eine dramaturgische Konstellation «geklaut» hat – die der Wonnen und des Albtraums des Voyeurismus aus REAR WINDOW (FENSTER ZUM HOF, USA 1954), frei paraphrasiert in EIN KURZER FILM ÜBER DIE LIEBE.

Bei der literarischen Spurensuche verwiesen die französischen Rezensenten vor allem im Zusammenhang mit EIN KURZER FILM ÜBER DAS TÖTEN auf Dostojewski (*Schuld und Sühne*) und auf Camus' *Der Fremde*. Wenn Ingmar Bergman in einem Interview Anfang der 1970er-Jahre sagt – überzeugt von der Unfähigkeit der politischen Systeme in Ost und West zum vernunftgemäßen Handeln –, es sei zu spät für die Revolution[55], obwohl er in seinem privaten wie künstlerischen Leben geprägt sei von der tiefen Bewunderung für «Menschen, die weitermachen, selbst wenn alles gegen sie ist»[56], so schließt sich auch der Kreis im Banne des Sisyphus: Der nicht politische Bergman, der mit seinen «Fragen von gestern» nach Liebe, Geburt, Tod, Gut und Böse und nach der großen Leere, die in und zwischen den Menschen entsteht, wenn sich ihre Lebenskoordinate als haltlos erweisen, begegnet seinem Erben Kieślowski, wie dieser, der Sphäre der Politik abgewandt und an denselben Fragen von gestern interessiert: «Ich denke, dass die meisten Probleme auftreten in der Sphäre, die die Tiefe des Blicks und die Sprache betreffen. Ich habe schon einmal so ein Beispiel gegeben. Von Zeit zu Zeit passiert es, dass ein Student eine Greisin tötet. Und alles hängt davon ab, ob Joe Alex, Agatha Christie oder Dostojewski es beschreiben. Es geht hier eben um die Tiefe des Blicks, aber auch um die Sprache, weil sie mit dieser Tiefe eng verbunden ist»[57], schreibt Kieślowski Ende 1980 in seinem Manifest *Tiefer statt breiter*, veröffentlicht unmittelbar vor den Dreharbeiten zu DER ZUFALL MÖGLICHERWEISE.

In diesem Film realisiert Kieślowski den programmatisch angekündigten Übergang von der moralischen Revolte seiner realistischen Phase zu den existenziell-metaphysischen Fragestellungen. «Ich sitze also und suche mühsam nach dem Weg. Außer einigen, und ich bin mir nicht sicher, ob glücklichen Individuen, sind wir alle heute an derselben Stelle.»[58] Fortan sollten die

---

53 Lueken 1995, S. 55.
54 Godard, Jean-Luc: Bergmanorama. In: *Cahiers du Cinéma* Nr. 85/1958.
55 Vgl. auch Bergmans Ausführungen zu politischen Systemen, die alle kompromittiert und nicht zu gebrauchen seien, und zu sozialen Verhaltensmustern in der heutigen Gesellschaft, die Schiffbruch erlitten haben, so dass man auch gar nicht an den positiven Effekt einer Revolution mehr glauben könne, in: *Bergman über Bergman*. München 1976, S. 23.
56 Vgl. Ingmar Bergman im Gespräch mit John Simon in: Simon, John: *Ingmar Bergman directs*. New York 1972, S. 24.
57 Kieślowski, Krzysztof: Głęboko zamiast szeroko. In: *Dialog* 1/1981, S. 110.
58 Ebd., S. 111.

gesellschaftlichen Bedingungen – wie bei Bergman, der nach DAS SCHWEIGEN von seinem Realismuskonzept aus den 1950er-Jahren abrückt – nicht mehr den Gegenstand filmischer Erkundungen von Kieślowski bilden, sondern lediglich einen Rahmen, in dem die Schicksale der Einzelnen ihren Lauf nehmen. Dennoch verlieren die besten seiner Persönlichkeitsanalysen, wie bei seinem großen Vorbild, nicht an Bodenhaftung: Sie machen Mut oder motivieren durch ihre Schockwirkung, tiefer als bisher in sich hineinzusehen, und lassen zugleich das Gefühl aufkommen, Veränderungen in der Gesellschaft seien von Grund auf nötig. Wie Bergman beschreibt Kieślowski auch Zustände und Bedrohungen «unseres hoch individualisierten Daseins»[59], bietet aber keine alternativen Modelle an, lässt die Dramen seiner Figuren sich entwickeln und sie nach eigenen Lebensentwürfen suchen, auch wenn es, wie in DEKALOG, eigentlich zu spät ist, zu handeln: «Es gibt hier doch Filme, die in Verzweiflung münden. Aber in der Verzweiflung kann es auch ein Licht, eine Möglichkeit, eine Hoffnung geben. Protagonisten dieser Filme sind gegen Ende, nach allen ihren Erfahrungen, schon etwas verändert – etwas klüger, vielleicht besser, als ob sie heller wären, weil sie ein wenig mehr verstehen; obwohl sie nicht unbedingt können oder imstande sind, daraus einen Nutzen zu ziehen.»[60]

Während für Ingmar Bergman nach der «apokalyptischen» Zäsur des Zweiten Weltkriegs der existentialistische Zeitgeist in den 1940er- und 1950er-Jahren zur Grunderfahrung und intellektuellen Richtschnur seiner Generation gehörte, brachte der Existentialismus Kieślowski an der Wende von den 1950er- zu den 1960er-Jahren seine individuelle und künstlerische Erweckung, als er zuerst als Schüler eines Technikums für Theaterberufe und dann als Mitarbeiter einer der führenden Bühnen des Landes die Blüte des polnischen Theaters erlebte. In der Tauwetter-Periode der Chruschtschow-Ära hielt neben den Filmen von Bergman auch der Existentialismus Einzug in Polen mit Stücken von Samuel Beckett, Eugène Ionesco, Jean-Paul Sartre, Albert Camus, Jean Genet und mittelbar auch mit den Neuausgaben der Werke von Franz Kafka und Fjodor Dostojewski. Unter dem prägenden Eindruck dieser Inszenierungen und Autoren beschloss Kieślowski Regisseur werden zu wollen.

Nach DER ZUFALL MÖGLICHERWEISE, seinem ersten Film, der dezidiert um die Absurdität des Daseins kreist, vollzieht Kieślowski mit OHNE ENDE endgültig eine Wende in seinem Schaffen, beschäftigt sich in seinen folgenden Filmen verblüffend nahe an den Axiomen Bergmans mit Fragen der menschlichen Existenz in der heutigen Gesellschaft. Bei genauerer Betrachtung kann man jedoch feststellen, dass ähnlich gelagerte Motive und Topoi bereits in Kieślowskis Frühwerk oft vorkommen, obwohl seine Filme aus der Zeit vor 1981 nicht nur in Polen in der Kategorie einer sozial-politischen Filmpublizistik betrachtet werden.

Sie zeigen Entscheidungskonflikte von Menschen, die in ethische Lebensfallen der polnischen Alltagswirklichkeit geraten – versinnbildlicht im Finale des Spielfilmdebüts DAS PERSONAL durch die Zwangslage einer unmoralischen Wahl. In den folgenden Filmen DER FILMAMATEUR und GEFÄHRLICHE RUHE zerbrechen die bescheidenen Lebensentwürfe der männlichen Protagonisten, die sich nach nichts mehr, als nur der «Ruhe» sehnen, an den Realien des gesellschaftlichen Alltags bzw. an dem selbstemanzipatorischen Gestus: Der Arbeiter aus GEFÄHRLICHE RUHE scheitert an seinem korrumpierten Umfeld und der Filmamateur an seiner künstlerischen Berufung, die wie in Bergmans HERBSTSONATE nur auf Kosten des

---

59 *Bergman über Bergman*. München 1976, S. 24.
60 Szyma, S. 7.

Familienlebens einzulösen ist und die Beziehung mit seiner uneinsichtigen Frau in einen Höllenritt verwandelt. Diesen existenziellen Dualismus von Leben und Kunst wird Kieślowski nach Jahren noch einmal in BLAU und vor allem in DIE ZWEI LEBEN DER VERONIKA thematisieren, indem er ihn im Kontext seiner damaligen Lebenssituation zu einer Entscheidung zwischen Leben und Tod zuspitzt. Die Kontingenz der menschlichen Existenz steht dann titelgebend im Mittelpunkt von DER ZUFALL MÖGLICHERWEISE, wo die Sehnsucht nach Ruhe ihre finale Erfüllung in einem absurden Tod findet. Als einzige Gewissheit bildet er die dramaturgische Klammer einer Rahmenerzählung, die mit Tod beginnt und endet.

In dem Essay über Bergman konstatiert Kieślowski zum Schluss, dass viele seiner Filme den Tod berühren. Auch für ihn ist der Tod «das Kinothema, weil er das Thema des Lebens ist». In seinem cineastischen Testament, DREI FARBEN: ROT, simuliert Kieślowski als Manipulator menschlicher Schicksale ein Spiel mit der Vorsehung: der Zufall, das Fatum wird kraft wundersamer Errettung im Finale korrigiert, als ob der auteur gleichsam ein Spiel mit dem Tod gewinnen würde. Das Leben, im Modell der Kunst aufgehoben, lässt Korrekturen zu. Sein Leben sah ein anderes Szenario vor: Kieślowski stieß auf eine Barriere, die nicht durch die Kunst überwunden werden kann.

> «Heute betrachte ich das Bild von Bergman, der Bille August freundlich, aber keineswegs übertrieben umarmt. Ich betrachte seinen leicht trüben, abwesenden Blick. Was sehen Sie, Herr Bergman, auf der anderen Seite des Objektivs? Der Umschlag der französischen Ausgabe von «Bilder» (...) zeigt das bekannte Foto des Mannes im schwarzen Umhang mit der schwarzen, flach fließenden Kappe. Seine linke Hand, zur Seite gestreckt, breitet den Umhang so aus, dass das Schwarz drei Viertel des Bildes einnimmt. Das Schweigen von Bergman.»[61]

Der Text entstand ein Jahr vor seinem Tod. Schweigt Kieślowski?

---

61   Lueken 1995, S. 58–59.

II. Die Dramaturgie der Wirklichkeit

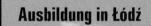

Ausbildung in Łódź

3 Eine Fotoserie von Krzysztof Kieślowski, entstanden in Łódź während des Studiums an der Filmhochschule

II. Die Dramaturgie der Wirklichkeit

«Ich war in einer guten Filmschule, hatte sie '68 beendet. Es war eine Schule, die eine gewisse Sphäre der Freiheit bot. Sie hatte kluge Lehrer. Die Kommunisten haben sie vernichtet. Begonnen haben sie damit, dass sie die Lehrer rausschmissen, weil manche von ihnen Juden waren. Zum Schluss haben sie dank verschiedener Maßnahmen diese Schule der gewissen Sphäre der Freiheit, die sie hatte, beraubt.»[1]

– *Krzysztof Kieślowski* (Kieślowski on Kieślowski)

Krzysztof Kieślowski, am 27. Juni 1941 in Warschau geboren, verbrachte seine Kindheit und frühe Jugend in der tiefsten Provinz. Den Lebensrhythmus und die materiell zunehmend eingeschränkte Lebenssituation seiner Familie bestimmten zuerst die wechselnden Arbeitsorte seines Vaters, der ein Bauingenieur war. Später waren es dessen Aufenthalte in verschiedenen Sanatorien, wo er wegen einer lebenslangen Tuberkulose-Erkrankung behandelt wurde. An die vierzig Umzüge und Ortswechsel zählte Kieślowski in dem Interview «Zufall und Notwendigkeit» mit François Forestier zusammen: «… Züge, hinten die Möbel, so habe ich ganz Polen kennengelernt. Ich gewann Freunde und verlor sie sogleich, wenn ich mit meiner Schwester wieder wegfuhr. Meine Großeltern kannte ich gar nicht. Im Grunde genommen habe ich keine Wurzeln».[2] «… Es waren völlig zufällige Orte. Manchmal schön, meistens abscheulich. Ich habe mich nie an sie binden können, weil ich wusste, dass ich sie bald werde verlassen müssen»[3], bekennt er nach Jahren. Befragt nach Menschen, die ihn in seiner Persönlichkeit am meisten beeinflusst und geformt haben, erwähnt Kieślowski daher seine Eltern und die Schwester.

Da er kein Geld hatte, spähte er mit Kumpels durch das Loch im Dach eines Kinosaals. Statt der Leinwand sahen sie aber nur den Zuschauerraum. So flüchtete er sich in die Welt der Bücher: «Im Alter von 15 Jahren habe ich bereits alle Klassiker der Weltliteratur gelesen – von Karl May bis hin zu Marcel Proust.»[4] Dennoch hatte er zu diesem Zeitpunkt keine ausgeprägten Interessen: «In Wirklichkeit besteht mein Leben aus einer Serie von Zufällen», vertraut er Forestier an. Schlechte Zensuren und Geldmangel führten dazu, dass er sogar in einer Feuerwehrschule in Wrocław landete, da er bei der Unterbringung im Internat ein Stipendium erhalten konnte. Dem kasernierten Leben kehrte er dank seines Vaters nach neun Monaten den Rücken und besuchte anschließend ein Jahr lang ein Gymnasium. Der Konflikt mit dem Chemie-Lehrer, der ihn vor der ganzen Klasse wegen schlechter Noten gedemütigt hatte, bildete einen dieser zufälligen Wendepunkte in seinem Leben: «Ich habe mir geschworen, mich niemals in einer so erniedrigenden Situation wiederzufinden.»[5] Auf Vermittlung eines Verwandten, der Direktor des angesehenen Theater-Technikums (Liceum Technik Teatralnych) in Warschau war, konnte er schließlich zwischen 1957 und 1962 diese praxisorientierte Oberschule für technische Theaterberufe besuchen, die ihm völlig neue Perspektiven eröffnete: «Das war eine Schule von Handwerkern, die immer einige Zentimeter über dem Boden schwebten. Niemals fand ich später einen vergleichbaren Ort.»[6]

---

1   Stok, S. 36.
2   Le hasard et la nécessité (Zufall und Notwendigkeit). Interview mit François Forestier. In: *Première*, Juli 1991. Poln. Übers. *Przypadek i konieczność*. In: *Film na świecie*, Nr. 3/4 1992, S. 5.
3   Zawiśliński 1994, S. 12.
4   *Le hasard et la nécessité*, S. 5.
5   Ebd.
6   Zawiśliński 1994, S. 14.

Als der Vater 47-jährig starb und seine Mutter ihre beiden Kinder alleine unter schwierigen finanziellen Bedingungen durchbringen musste, war Kieślowski 16 Jahre alt. Unter dem Einfluss der Schule entdeckte er für sich die Welt des Theaters, das in der «Tauwetter»-Periode der Chruschtschow-Ära in Polen eine Blütezeit erlebte. Beinahe tagtäglich besuchte er große Inszenierungen bekannter Regisseure mit Stücken von Bertolt Brecht, Friedrich Dürrenmatt oder Samuel Beckett. Diese Erfahrungen hat er später in seinem Spielfilmdebüt P ERSONEL (D AS P ERSONAL , PL 1975) verarbeitet. Statt des erlernten Berufes des Theatermalers schwärmte er bald von der Theaterregie. Da ein entsprechendes Studium nur im Anschluss an eine akademische Ausbildung möglich war, kam er auf die Idee, sich an der Filmhochschule zu bewerben, für die das Abitur als Zugangsvoraussetzung erforderlich war. Ohne jeglichen Bezug zu diesem Metier fiel er aber bei den Aufnahmeprüfungen durch.

Um sich dem Wehrdienst zu entziehen, besuchte Kieślowski einige Monate lang eine Pädagogische Hochschule, war Kulturreferent in einem Bezirksamt der Stadtverwaltung, wo er – wie er mit Sinn für Lakonie selbstironisch bemerkte – Lyrik schrieb. Über ein Jahr arbeitete er auch in der Garderobe des Teatr Współczesny, einer der führenden Bühnen des Landes, und bediente Theaterstars wie Aleksander Bardini, Tadeusz Łomnicki oder Zbigniew Zapasiewicz, die er Jahrzehnte später für seine Filme engagieren sollte. Als er nach einem Jahr bei den Prüfungen wieder durchfiel, entschied erneut der Zufall über den weiteren Verlauf seines Lebens: «Ich erinnere mich an meine Mutter, die im Regen geweint hat: Ich habe mir damals gesagt, dass so etwas sich niemals wiederholen darf. Und beim dritten Mal habe ich bestanden.»[7] Dabei hatte er den zweiwöchigen Prüfungsma-

7   *Le hasard et la nécessité*, S. 6.

4 Kieślowski in der Filmhochschule Łódź

rathon mit mehr Glück als Verstand absolviert. Denn bei der abschließenden Befragung vor der Prüfungskommission hatte er auf die Frage hin, was er unter dem Begriff «Mittel der Massenkommunikation» verstehe, geantwortet: Straßenbahn und Bus. Eine doppelbödige Anekdote, die er als Beleg für seine Minderwertigkeitskomplexe als Provinzler selbst kolportierte mit dem Hinweis, dass man die vermeintlich sarkastische Antwort offensichtlich als Beweis seiner assoziativen Kombiniergabe ausgelegt habe.

Von 1964 bis 1968 studierte Kieślowski an der berühmten Filmhochschule in Łódź bei Jerzy Bossak und Kazimierz Karabasz, den beiden Protagonisten der «Schwarzen Serie» im polnischen Dokumentarfilm. Sie brachte zwischen

1956 und 1961 Filme hervor, die nach dem verordneten Optimismus des «Sozrealismus» zum ersten Mal Kritik an den sozialen Missständen formulierten, was damals in Ländern des real existierenden Sozialismus einem Tabubruch gleichkam. Jerzy Bossak war zugleich künstlerischer Leiter des staatlichen Dokumentarfilmstudios «Wytwórnia Filmów Dokumentalnych» in Warschau, kurz WFD genannt, wo bis 1989 die meisten polnischen Dokumentarfilme entstanden. Als Dekan der Regie-Fakultät prägte er maßgeblich das Ausbildungsmodell der Schule: Beherrschung des Handwerks eines Dokumentarfilmers galt als die optimale Ausgangsbasis für die Entwicklung des Regie-Adepten zu einer künstlerischen Persönlichkeit. Auch der Weg zur Spielfilm-Regie führte über den Dokumentarfilm in der Überzeugung, dieser würde als Medium zur Betrachtung der Wirklichkeit die Sensibilität eines zukünftigen Autorenfilmers heranreifen lassen. Ethos der Verantwortung gegenüber dem eigenen Sujet und Respekt vor der offengelegten Realität standen im Vordergrund.

Krzysztof Kieślowski ließ später auch keine Gelegenheit aus, um immer genau diese Prinzipien seiner beiden Hochschullehrer hervorzuheben. Befragt nach seinen Lieblingsfilmen, erwies er Kazimierz Karabasz und dessen Dokumentarfilmklassiker Muzykanci (Die Musikanten, PL 1960) Reverenz. In der Filmhochschule wandelte sich Kieślowskis Verhältnis zur Wirklichkeit und zum Kino. Hier entdeckte er Jean Renoir, Orson Welles, Tony Richardson, Lindsay Anderson und Ken Loach, lernte die italienischen Neorealisten, die englische sowie amerikanische Dokumentarfilmtradition, allen voran Richard Leacock, schätzen. Der unmittelbare Einfluss der beiden führenden polnischen Dokumentaristen – Jerzy Bossaks und noch mehr Kazimierz Karabaszs – hat seine Aufmerksamkeit von der Literatur und dem Theater weg- und zum Film hingelenkt.

Zur Geschichte der Filmhochschule in Łódź

Die Erfolgsstory der polnischen Filmhochschule in Łódź nimmt sich wie eine Zeitreise durch die politische und ästhetische Geschichte des polnischen Kinos aus. Namen wie Andrzej Wajda, Andrzej Munk, Roman Polański, Kazimierz Kutz, Wojciech J. Has, Jerzy Skolimowski, Kazimierz Karabasz, Jan Łomnicki, Krzysztof Zanussi, Krzysztof Kieślowski, Sławomir Idziak, Adam Hollender, Witold und Piotr Sobociński, Marcel Łoziński, Zbigniew Rybczyński, Jolanta Dylewska oder Bogumił Godfrejów u.a. sind unzertrennlich mit ihr verbunden. Lange Zeit war diese Institution die einzige und bis heute noch legendenumwobene Ausbildungsstätte des Landes, aus der die meisten Filmschaffenden hervorgegangen sind, und wo die bekanntesten Regisseure und Kameramänner unterrichtet haben. Als ein Refugium der künstlerischen Freiheit trug die Filmhochschule maßgeblich dazu bei, dass der polnische Film sich nicht zu einem Propaganda-Instrument entwickelte, sondern ein subtiles Medium der Opposition werden konnte.

Wegen der nahezu vollständigen Zerstörung Warschaus 1948 in Łódź, der zweitgrößten Stadt des Landes, gegründet, entfaltete sie sich bald zu einer wahren Brutstätte von Talenten. Die vierjährige Ausbildung an den Fakultäten für Regie und Kameraführung orientierte sich an dem polytechnischen Modell der sowjetischen WGiK in Moskau und dem Universitätsmodell der Pariser IDHEC. Folgerichtig fanden sich unter den ersten ausländischen Gastprofessoren Berühmtheiten wie Béla Balázs, Georges Sadoul und Wsiewolod Pudowkin. Zu den Begründern der Schule gehörten der weltbekannte Filmhistoriker Jerzy Toeplitz und der renommierte Dokumentarist Jerzy Bossak, die für Generationen von Studierenden als Integrationsfiguren galten. Die künstlerische Betreuung von Studentenfilmen übernahmen ebenso renommierte Regisseure wie Aleksander Ford und Wanda Jakubowska, die mit ihren viel beachteten Filmen ULICA GRANICZNA (DIE GRENZSTRASSE, Goldene Medaille Venedig 1948) und OSTATNI ETAP (DIE LETZTE ETAPPE, PL 1947) dem polnischen Nachkriegsfilm die ersten internationalen Erfolge beschert haben.

Am 18. Oktober 1948 eröffnete die staatliche Filmhochschule Łódź in einer Villa in der Targowa-Straße 61 ihre Pforten, womit langjährige Bemühungen um die Schaffung einer fundierten Ausbildung für Filmberufe gekrönt wurden. Zu den ersten Dozenten gehörten Filmschaffende der linken Avantgarde-Gruppe «Start», die in der Vorkriegszeit die Notwendigkeit einer professionellen Ausbildung hervorgehoben hatte. Neben Antoni Bohdziewicz und Stanisław Wohl, die in den 1930er-Jahren an der École Téchnique de la Photographie et Cinématographie in Paris studierten, und dem Dokumentaristen Eugeniusz Cękalski, der während des Krieges in Großbritannien und Amerika arbeitete und in der Tradition der englischen Dokumentarfilmschule stand, waren es vor allem die Journalisten Jerzy Bossak und Jerzy Toeplitz, die das Profil der Schule prägten. Der Mitbegründer und langjährige Rektor der Filmhochschule, Jerzy Toeplitz (1948–51 und 1957–68), lieferte 1949 in seiner Rede beim Kunstakademien-Kongress in Poznań das Credo der Ausbildung in Łódź: «Ein Filmschaffender darf kein Dilettant sein, der sich rein zufällig mit Problemen der Filmproduktion befasst und eine oberflächliche Ausbildung hat. Ein Filmregisseur muss ein Profi sein, der mit fachspezifischen Disziplinen, mit Technik und mit humanistischem Wissen vertraut ist.»

Ziel der Ausbildung war es von Anfang an, Praxis und Theorie zu verbinden, um der eigenen Filmindustrie hoch spezialisierten Nachwuchs zu sichern. Zu diesem Zweck errichtete

5 Jerzy Toeplitz und Giuseppe de Santis

man ein eigenes Produktionszentrum, in dem Studentenfilme unter professionellen Bedingungen entstehen konnten. Wenn Jerzy Toeplitz seinen Studenten die Geschichte des Films zu vermitteln versuchte, flüsterte er ihnen ein, sich an den besten Vorbildern zu messen, legte ihnen die Idee eines künstlerischen Territoriums nahe, wo letztlich nur ein einziges grundlegendes Kriterium seine Gültigkeit hat: die Konkurrenz der Talente.

Bereits Mitte der 1950er-Jahre gehörten die ersten Absolventen der Regie-Fakultät wie Andrzej Wajda und Andrzej Munk zu den Mitbegründern der «Polnischen Schule», die in der kulturpolitisch liberalen «Tauwetter»-Periode nach 1956 die Tabus des vorausgegangenen «Sozrealismus» aufzuarbeiten versuchte. Im

II. Die Dramaturgie der Wirklichkeit

6 Łódź 1965: Jerzy Bossak, Jerzy Toeplitz und Stanisław Wohl (v.l.n.r.)

Dokumentarfilmbereich machten die Regisseure der kritischen «Schwarzen Serie» wie Bossak oder Karabasz von sich reden. Sie bestimmten maßgeblich über Jahrzehnte die Ausbildung in der Dokumentarfilmabteilung. Der mehrfach preisgekrönte, surrealistische Diplomfilm von Roman Polański DWAJ LUDZIE Z SZAFĄ (ZWEI MÄNNER UND EIN SCHRANK, PL 1957, u. a. Grand Prix für Experimentalfilm bei der EXPO in Brüssel und 1958 in San Francisco) gehörte zu den erfolgreichsten Kurzfilmproduktionen der Schule und brachte ihr den Ruf ein, ein Zentrum des Experimentalfilms zu sein. In dieser Ära der Filmhochschule, als sie zum Synonym für den ambitionierten Film avancierte, sorgte auch eine Kult-Jazzband für Aufsehen, mitbegründet von dem Kameramann Andrzej Wajdas, Witold Sobociński. *Melomani* gehörten zu den Pionieren einer Jazz-Szene, die spätestens mit den Soundtracks Krzysztof Komedas zu Roman Polańskis Filmen international Aufmerksamkeit auf sich lenkte in einer Zeit, als Jazz noch zum erklärten Feindbild der kommunistischen Propaganda gehörte. Die zweite, gleichberechtigte Säule der Ausbildung in Łódź bildete neben der Regie die Kameraführung, eine Disziplin, die entscheidend zum internationalen Renommee der polnischen Kinematografie beitragen sollte.[8]

8   Als «Vaterfiguren» der «polnischen Kameraschule» werden zwei Veteranen des Fachs angesehen: Jerzy Wójcik (Andrzej Wajdas POPIÓŁ I DIAMENT / ASCHE UND DIAMENT, PL 1958; Andrzej Munks EROICA, PL 1957; Kazimierz Kutz' KRZYŻ WALECZNYCH/ TAPFERKEITSKREUZ, PL 1958; NIKT NIE WOŁA / KEINER RUFT, PL 1960; Jerzy Kawalerowiczs MATKA JOANNA OD ANIOŁÓW / MUTTER JOHANNA VON DEN ENGELN, PL 1961; FARAON / PHARAO PL 1966) und Witold Sobociński (Jerzy Skolimowskis RĘCE DO GÓRY / HÄNDE HOCH, PL 1967–81; Wajdas WSZYSTKO NA SPRZEDAŻ / ALLES ZU VERKAUFEN, PL 1968; WESELE / HOCHZEIT PL 1973; ZIEMIA OBIECANA / DAS GELOBTE LAND PL 1975, Wojciech J. Has' SANATORIUM POD KLEPSYDRĄ / SANATORIUM ZUR TODESANZEIGE, PL 1973; Krzysztof Zanussis ŻYCIE RODZINNE / FAMILIENLEBEN, PL 1970; Roman Polańskis PIRATES / PIRATEN, F/Tunesien 1986; FRANTIC, USA/F 1988). Zu der Absolventen-Plejade in diesem Fach zählen weiter u. a. die Emigranten Adam Hollender (John Schlesingers MIDNIGHT COWBOY / ASPHALT-COWBOY, USA 1969; Jerry Schatzbergs THE PANIC IN NEEDLE PARK / PANIK IN NEEDLE PARK, USA 1971) und Andrzej Bartkowiak (John Hustons PRIZZI'S HONOR / DIE EHRE DER PRIZZIS, USA 1985; Joel Schumachers FALLING DOWN, USA 1993; Jan de Bonts SPEED, USA 1994), der Sidney Lumets bevorzugter Kameramann gewesen war; Wiesław Zdort fotografierte die schlesische Trilogie von Kazimierz Kutz; Zygmunt Samosiuk arbeitete mit Wajda, Jerzy Hoffman und Janusz Majewski; Edward Kłosiński, bekannt geworden durch Zanussis ILUMINACJA (ILLUMINATION PL 1973) und BARWY OCHRONNE (TARNFARBEN, PL 1977) sowie Wajdas CZŁOWIEK Z MARMURU (DER MANN AUS MARMOR PL 1977), BEZ ZNIECZULENIA (OHNE BETÄUBUNG, PL 1978) und PANNY Z WILKA (DIE MÄDCHEN VON WILKO, PL 1979) sollte später Bilder zu Kieślowskis DEKALOG 2 und TROIS COULEURS: BLANC (DREI FARBEN: WEISS, F/PL 1994) machen; Sławomir Idziak, der sich dank seiner kreativen Zusammenarbeit mit Kieślowski (BLIZNA / NARBE, PL 1976; EIN KURZER FILM ÜBER DAS TÖTEN; ZWEI LEBEN DER VERONIKA; DREI FARBEN: BLAU) ähnlich wie Piotr Sobociński (DEKALOG 9 und DREI FARBEN: ROT) als Kameramann in Hollywood etablieren konnte, fotografierte Michael Winterbottoms I WANT YOU (GB 1998), Andrew Niccols GATTACA (USA 1997), Ridley Scotts BLACK HAWK

1959 fusionierte die Filmhochschule mit der Theaterhochschule von Łódź, wodurch sie ihre eigene Schauspielfakultät erhielt. Im Lauf der Jahre erweiterte man ihr Spektrum um die Ausbildungsmöglichkeiten zum Produktionsleiter, Fernsehregisseur und Drehbuchautor, womit 1969 die Umbenennung in die Staatliche Hochschule für Film, Theater und Fernsehen (Państwowa Wyższa Szkoła Filmowa, Teatralna i Telewizyjna) einherging. Als die Schule am Ende der 1960er-Jahre verstärkt unter politischen Druck geriet, verließ ein Teil der Dozenten das Kollegium. Im Zuge einer antisemitischen Kampagne der Regierung, die von Nationalkommunisten um den Innenminister Mieczysław Moczar entfacht wurde, und der darauffolgenden Studentenunruhen im März 1968 wurden viele polnische Intellektuelle in die Emigration gezwungen.

Für Jerzy Toeplitz begann sein Abenteuer in Sydney, wo er mit der Gründung der australischen Filmhochschule beauftragt wurde, zu deren Absolventen Peter Weir und Jane Campion gehören; Jerzy Bossak ging für einige Jahre an die Filmhochschule Kopenhagen. Auch der Prorektor Stanisław Wohl und Roman Wajdowicz, der in der umstürzlerischen «Solidarność»-Ära der erste frei gewählte Rektor der Hochschule werden sollte, verloren ihre Posten. Aleksander Ford, überzeugter Kommunist, führender Kopf der Avantgarde-Gruppe «Start», während des

DOWN (USA 2001), Detlef Bucks MÄNNERPENSION (D 1996) und DIE VERMESSUNG DER WELT (D 2012) sowie David Yates' HARRY POTTER UND DER ORDEN DES PHÖNIX (GB 2007). In Hollywood tätig sind auch zwei Exil-Kameramänner, die sich selbst in der Tradition der «polnischen Kameraschule» sehen, ohne in Łódź studiert zu haben: Andrzej Sekuła, der mit Quentin Tarantino RESERVOIR DOGS (USA 1992) und PULP FICTION (USA 1994) drehte, und Janusz Kamiński, der zweifache Oscar-Preisträger und seit SCHINDLER'S LIST (SCHINDLERS LISTE, USA 1993) der bevorzugte Kameramann von Steven Spielberg ist.

7 *Geschichte des Films* von Jerzy Toeplitz, Cover der deutschen Ausgabe im Henschel Verlag, Berlin

Krieges im sowjetischen Exil und nach 1945 eine dominante Figur der polnischen Kinematografie, emigrierte in die USA, wo er sich 1980 das Leben nahm. Zeitgleich büßte die Schule das Recht ein, ihre Gremien selbst zu wählen, das ihr im «Tauwetter» des Jahres 1956 zugesprochen wurde – was ihr kreativ-künstlerisches Klima untergrub.

Von Anfang an zeichneten sich die Arbeiten der Regieadepten aus Łódź, die gemäß dem Modell der Schule zu Autorenfilmern heranwachsen sollten, durch ihre formale Qualität und inhaltliche Originalität aus. Die den Kurzfilmen innewohnenden Ideen und ihre Atmosphäre wurden vor allem durch Verdichtung und Suggestion vermittelt. Das spezifische Klima einer

II. Die Dramaturgie der Wirklichkeit

8–9 Zwei Männer und ein Schrank von Roman Polański

filmischen *etiuda* (pol. ein studentischer Kurzfilm) diente dazu, nach Subtexten und Tiefenstrukturen zu suchen. Alle diese Eigenschaften rückten sie in die Nähe einer poetischen Metapher. Noch unbeholfen wurde diese Praxis in Andrzej Wajdas Studentenfilm Zły chłopiec (Böser Junge, 1951) umgesetzt, der Liebesgeschichte eines jungen Paares, dessen Treffen von einem Jungen heimlich beobachtet werden. Zur vollen Entfaltung gelang sie hingegen in Roman Polańskis Filmscherz Uśmiech zębiczny (Zähnelächeln, 1957) über einen verunglimpften Voyeur sowie in seiner ironisch-absurden Parabel Dwaj ludzie z szafą (Zwei Männer und ein Schrank, 1958). Zwei Männer entsteigen darin dem Meer und schleppen einen Schrank, Symbol ihres Andersseins, durch die Stadt, um auf völliges Unverständnis der Menschen zu stoßen. Um die Abgründe des Entsetzlichen und Grausigen, Angst und Horror, ging es bereits in Polańskis Studentenfilm Morderstwo (Der Mord, 1957). Seinen ausgesprochenen Hang zur Travestie bewies der Kurzfilm Gdy spadają anioły (Wenn Engel fallen, 1959), in dem Polański persönlich eine greise Klofrau, die in Tagträumen über ihre Jugend halluziniert, retrospektiv in ihren jungen Jahren verkörpert.

Mit der surrealen Phantasmagorie Lampa (Die Lampe, 1959) über eine Puppenwerkstatt, in der belebte Gegenstände ein Feuerinferno auslösen, entwarf Polański schließlich eine grotesk-makabre Fabel, die bereits stilistische Züge seiner späteren Horrorfantasien trägt. Auch Krzysztof Zanussis mehrfach preisgekrönter Kurzfilm Śmierć prowincjała (Der Tod des Abts, 1965), in dem ein junger Kunsthistoriker in die ihm fremde Welt eines Klosters kommt und dort den Tod eines Mönchs miterlebt, kreiste um das Thema späterer Filme des Regisseurs: Konfrontation von Standpunkten und kritische Befragung von Lebensentwürfen. Historisch interessantes Filmmaterial enthält Marek Piwowskis ironischer Dokumentarfilm Kirk Douglas (1966) über den Besuch des Hollywood-Stars in der Filmhochschule Łódź. Muchotłuk (Fliegentöter, 1965/66) lieferte eine weitere Kostprobe seines eigenwilligen Talents: Um die Atmosphäre einer Kaschemme wiedergeben zu können, versammelte Piwowski eine Galerie unverwechselbarer Typen, deren Äußeres und die verschrobenen Charaktere nicht nur Fellinis Figuren zur Ehre gereicht hätten, sondern auch das tragikomische Klima des polnischen Alltags einfangen halfen und durch ihre skurrile Erscheinung die offizielle Rhetorik der Staatsmedien ad absurdum führten.

In den krisengeschüttelten 1970er- und 1980er-Jahren entstanden Zbigniew Rybczyńskis[9] experimentelle Dave-Brubeck-Variation Take Five (1972) und Dorota Kędzierzawskas subtiler Kinderfilm Jajko (Das Ei, 1982), der 1983 zum Studenten-Oscar nominiert wurde, um nur einige der wichtigsten Studentenfilme und bekanntesten Regie-Adepten der Filmhochschule zu erwähnen. Nach der Wende wird in den studentischen Arbeiten auch der Einfluss von Kieślowski bereits unverkennbar, zum Beispiel in Andrzej Urbańskis Kurzfilm Smród (Der Gestank, 1994). Der in München und New York bei Filmschulfestivals ausgezeichnete Studentenfilm zeigt in bester Kieślowski-Manier einen vom Zufall bestimmten Mord als Indiz für die gesellschaftliche Desintegration in Polen unmittelbar nach 1989.

Beginn des Studiums: Die Strassenbahn (1966)

Als Kieślowski sein Studium in Łódź 1964 aufnahm, hatten Roman Polański und Jerzy Skolimowski die Schule unlängst verlassen, und Krzysztof Zanussi und Edward Żebrowski, mit denen er zehn Jahre später in der Filmgruppe «Tor» zusammenkommen und bis zur Drei Farben-Trilogie bei seinen Spielfilmprojekten zusammenarbeiten wird, studierten gerade im dritten Jahrgang. Seine ersten Hochschulfilme entstehen unter der pädagogischen Betreuung von Wanda Jakubowska, einer überzeugten Anhängerin des kommunistischen Systems. Kieślowski nahm sie bis zuletzt in Schutz, da sie seiner Meinung nach eine aufrichtige Pädagogin war und auch niemanden in der Schule zu indoktrinieren versuchte. In ihrer Klasse realisiert er seinen ersten Film: die 6-minütige, schwarz-weiße, stumme Filmübung Tramwaj (Die Strassenbahn, 1966), die Geschichte einer missglückten Begegnung zwischen einem Mann und einer Frau, in der aus heutiger Sicht bereits Elemente seines späteren Werks wie Detailvielfalt, Zufallsdramaturgie und eine Asynchronität der Gefühle auffallen. Die ausschließlich visuelle Dramaturgie dieses Kurzfilms basiert auf dem Wechsel von Halbtotalen und Nahaufnamen der beiden Figuren, die sich zufällig in einer Straßenbahn begegnen und eine Art nonverbaler Kommunikation durch Gesten, Blicke und Gesichtsausdruck entwickeln, begleitet von atmosphärisch verdichtenden Momentaufnahmen bestimmter Details im Innenraum der Straßenbahn.

Die Aufmerksamkeit des jungen Mannes, der die undichte Tür schließt, als er die junge Frau frierend sieht, stellt den Blickkontakt zwischen ihnen her. Alles deutet darauf hin, dass sie sich ansprechen werden. Er ist aber zu schüchtern und sie sehr müde, so dass sie nach kurzer Weile einnickt. An der nächsten Haltestelle steigt der Mann aus und klopft ans Fenster. Die Frau wacht nicht auf. Die Straßenbahn fährt los, und der Mann läuft ihr hinterher. Mehrere Motive in diesem Kurzfilm rufen unweigerlich Assoziationen an andere Filme Kieślowskis hervor: Die gesamte Konstellation einer Begegnung in der Straßenbahn kehrt wieder in Das Personal; der Abschied durchs Fenster bleibt ein ikonografisches Leitmotiv im Werk Kieślowskis bis hin zu Drei Farben: Rot; der Lauf des jungen Mannes hinter dem Zug erinnert an die Ausgangssituationen aller drei Episoden von Der Zufall möglicherweise und scheint anzudeuten, dass auch hier die Geschichte gegebenenfalls anders hätte

---

9 Zbigniew Rybczyński, der 1998–2003 an der Kunsthochschule für Medien in Köln eine Professur inne hatte, erhielt für seinen Experimentalfilm Tango 1983 den Oscar und avancierte nach seiner Emigration in die USA zum «Papst der Videokunst». Seit Mitte der 1980er-Jahre gehörte er mit seinen Videoclips für Art of Noise, Mick Jagger, Yoko Ono, Lou Reed oder die «Simple Minds» auch zu den Pionieren des Musikvideos.

II. Die Dramaturgie der Wirklichkeit

10–12 Die Strassenbahn (1966): die ersten Versuche nonverbaler Verständigung durch Blicke und Gesten

ausgehen, die Begegnung einen anderen Verlauf nehmen können.

1995 gesteht Kieślowski in einem Interview mit der polnischen Filmpublizistin Jadwiga Anna Łużyńska[10] ein, dass man in Die Strassenbahn durchaus den Einfluss von Karabasz sehen kann – in der Art und Weise, wie Details und vor allem Aufnahmen der Gesichter zum Einsatz kommen. Für die Bedeutung, die Kieślowski der Wiedergabe von «Seelenlandschaften» in Gesichtern seiner Figuren schon damals beigemessen hat, gibt es eine Belegstelle in seiner Diplomarbeit: «Wenn wir Gesichter beobachten, richtig und im adäquaten Moment eingefangen, verstehen wir ganz genau die sich in ihnen widerspiegelnden Gefühle und Gedanken. Größere Schwierigkeiten hat in diesem Fall der Dokumentarfilm – da man die Emotionen und Reaktionen nicht vorprogrammieren kann –, weitaus großartiger können dafür aber seine Errungenschaften sein.»[11] Auch die Lokalisierung der Handlung in einer Straßenbahn gehe auf die Inspiration durch Karabaszs Musikanten zurück, in dem das Milieu der Straßenbahner im Mittelpunkt steht.

Diplomarbeit: Dramaturgie der Wirklichkeit

Der enorme Einfluss von Bossak, aber noch mehr von Karabasz auf Kieślowski zu diesem Zeitpunkt ist unbestritten. Bossaks Rolle als Mentor wird vor allem in Kieślowskis Diplomarbeit unter dem Titel *Film dokumentalny a rzeczywistość* (Doku-

---

10 Interview vom 16.05.1995. Zitiert nach Łużyńska, Jadwiga Anna: Fenomen Krzysztofa Kieślowskiego, cz. I. In: *Iluzjon. Kwartalnik Filmowy*, Nr. 1/2/3/4 1995, S. 10.

11 Kieślowski, Krzysztof: *Film dokumentalny a rzeczywistość*. PWSFiT 1968 (unveröffentlichte Diplomarbeit).

mentarfilm und Wirklichkeit) sichtbar, die er als Promotor betreut hat. Spuren seiner eigenen theoretischen Überlegungen sind hier unverkennbar. Was er mit einer «Dramaturgie der Fakten» in seinen eigenen Veröffentlichungen propagiert hat, kehrt bei Kieślowski in seiner Konzeption einer «Dramaturgie der Wirklichkeit» wieder: Nach Bossak besteht die Aufgabe des Dokumentaristen in der Auswahl, Zusammenstellung und Gegenüberstellung von Fakten im Rahmen eines übergeordneten Themas. Diese Vorgehensweise soll die Bedeutung der Fakten offenbaren und ihr emotionales Potenzial hervorholen. Nicht das bloße Registrieren der Ereignisse steht im Vordergrund. Vielmehr sind es die Erlebnisse, die diese auslösen können – ihre lyrische, epische oder dramatische Dimension. Alle im Film eingesetzten Mittel dienen als Schlüssel zur Vergegenwärtigung der Bedeutung eines Ereignisses.

In der Anordnung des filmischen Materials soll für den Zuschauer die Intention des Autors sichtbar werden: «Der Dokumentarist erreicht nur dann einen Autorenstandpunkt, wenn er in der Lage ist, diesen in der Auswahl, Anordnung und Gegenüberstellung authentischer Fakten auszudrücken, (…) wenn er dadurch wahre Erlebnisse hervorrufen kann, wenn er im Stande ist, an seiner Ergriffenheit andere teilnehmen zu lassen.» Bei Bossak führt diese Dramaturgie der Fakten aber zu einem Film epischen Charakters, in dem «das Werk eines Menschen oder einer Gruppe, ihre Arbeit und ihr Kampf mit feindlichen Kräften der Natur, mit der Zeit und Umwelt»[12] im Mittelpunkt stehen. In seinem didaktisch-erzieherischen Impetus und sozialpolitischen Engagement bleibt Bossak ein Kontinuator der Ideen von Dziga Wertow und John Grierson. Auch für Kieślowski sind der Autorenstandpunkt und die Anordnung des filmischen Materials ein Hauptkriterium: Der Dokumentarist hat das Anrecht auf eine subjektive Sicht der Dinge bei gleichzeitiger Respektierung der faktischen Realität.

Im Gegensatz zu Bossak interessieren ihn aber das Individuum und sein Schicksal – nach Bossak eine Domäne des Spielfilms. Darin erweist sich Kazimierz Karabasz als sein geistiger Ziehvater, der den Helden im Leben, auf der Straße sucht, mit «allen seinen Problemen und Konflikten, Sorgen und Freuden, die aus keinem Arsenal gängiger Erzählmuster stammen, sondern aus dem Leben – in all seiner Komplexität: überraschend, voller Widersprüche, immer bis zum Ende unbestimmt»[13]. Wichtig bleibt für Karabasz dabei, zu verhindern, in die Intimsphäre des Helden einzugreifen, Einfluss auf sein Leben zu nehmen, damit er seine Unmittelbarkeit im Umgang mit der Kamera bewahren kann. So begriffene Erkundung von Wirklichkeit soll ermöglichen, hinter die Oberflächen der Bilder vorzudringen, ohne der Wirklichkeit einen vorgegebenen Rahmen überzustülpen. Aus ihrer geduldigen Beobachtung erwächst das Thema des Films, aus dem Verlauf der Ereignisse im Leben eines Helden. Erst eine möglichst tiefe Durchdringung der Realität kann dem Regisseur ermöglichen, Bruchteile einer Wahrheit über sie einzufangen.

Bei der Herauskristallisierung seines Autorenstandpunktes gegenüber der registrierten Wirklichkeit beruft sich Kieślowski explizit auf Richard Leacock und Robert Drew, auf ihre Idee einer engagierten Objektivität, die ihnen die Gelegenheit bietet, die Welt für sich selbst und andere zu entdecken:

> «Wenn wir einen Film beginnen, wissen wir noch nicht, was das Wesentliche seines Themas ausmacht. Der Film selbst hilft uns, in das Thema einzudringen, den Sinn der Sache zu begreifen, die Fäden wahrzunehmen, die es zusammen-

---

12 Bossak, Jerzy: Sprawy filmu dokumentalnego. In: *Kwartalnik filmowy* 1/1965, S. 20–33.
13 Karabasz, Kazimierz: *Cierpliwe oko*. Warszawa 1979, S. 22.

II. Die Dramaturgie der Wirklichkeit

13–14 Bei Dreharbeiten zu Hochschulfilmen (oben mit Piotr Kwiatkowski-Jaxa)

seiner Darstellung als in der Einflussnahme. Ein Subjektivismus, der nicht in der Regie einer Szene liegt, sondern in ihrer Wiedergabe (Robert Drew). Am wichtigsten ist es, das Gefühl der Teilnahme an einem Ereignis zu vermitteln (Richard Leacock).»[14]

Auch für Kieślowski liefert das Leben fertige Drehbücher, und die Kamera als gestalterisches Werkzeug im Sinne von Robert J. Flaherty dient dazu, es einzufangen, statt nachzuahmen – die darin verborgene «Wahrheit» zu erfassen. Denn im Gegensatz zum Spielfilm, der mit stereotypen dramaturgischen Schemata operiert, strukturieren das filmische Material im Dokumentarfilm Gedanken des Autors, der das Beobachtete verstehen will. Dokumentarfilm, der dem «Denken in Bildern» gleichkommt, ist ein Genre ohne Grenzen, dessen Grundlage jedoch die Realität bildet. Seine Aufgabe besteht darin, in dieser vorgefundenen Alltagsrealität selbst nach Dramaturgie, Aktion, Stil zu suchen. «Eine neue Filmsprache zu finden, die aus einer präziseren als bis jetzt erfolgten Beschreibung der Wirklichkeit resultiert.» Kieślowski postuliert daher eine radikale Rückbesinnung auf die letzte: «Wunderbare, reiche, nicht erfasste Wirklichkeit, wo es keine Wiederholungen gibt und keine Doubles. Wir brauchen uns keine Gedanken über ihre Entwicklung zu machen, sie wird uns tagtäglich neue, außergewöhnliche Aufnahmen liefern. Gerade die Realität, und es ist kein Paradox, ist eine Rettung für den Dokumentarfilm. Man muss ihr nur bedingungslos vertrauen, ihrer Dramaturgie – der Dramaturgie der Wirklichkeit.»[15]

Seine Konzeption ist aber nicht gleichbedeutend mit einer mechanistischen Registrierung der Realität. Vielmehr geht es darum, vom Standpunkt eines Autors die vieldeutige, halten (Richard Leacock). Die Individualität eines Regisseurs offenbart sich viel mehr in der Auswahl eines Ereignisses und der Methode

14 Kieślowski 1968.
15 Ebd.

Diplomarbeit: Dramaturgie der Wirklichkeit

15 Kieślowski mit Piotr Kwiatkowski-Jaxa bei den Dreharbeiten zu seinem Diplomfilm

unbeständige, durch Unvorhergesehenes überraschende Welt für sich und die Zuschauer zu entdecken, sich dem Augenblick und Zufall auszuliefern, das Material zusammenzutragen, um in ihm dann sinnvolle, durch das Leben selbst hervorgebrachte Zusammenhänge zu finden.

> «Man muss sich über die Ebene eines Vorwands als Legitimation hinwegsetzen, ins Auge fassen, was immer schon den Inhalt der Kunst ausmachte – das Leben des Menschen. Das Leben als Vorwand und Inhalt des Films. So wie es aussieht, dauert, verläuft. Mit ganzem Inventar. Es geht um einen Film jenseits künstlerischer Konventionen – anstatt von der Wirklichkeit zu erzählen – durch die Wirklichkeit erzählen. (…) Die Montage dient dabei ähnlich wie die Bilder einerseits der getreuen Wiedergabe der Atmosphäre und des Handlungsverlaufs, andererseits der Verdichtung von Zeit und Raum. Sie folgt ausschließlich dem Rhythmus und Ablauf der Ereignisse, soll sie niemals konstruieren, höchstens ordnen.»[16]

Nicht die vermeintlich objektive Abbildung der Welt, sondern der subjektive Standpunkt des Autors bestimmt die Qualität des Dokumentarfilms.

> «Die Aufrichtigkeit des Regisseurs, Festhalten an eigenen Meinungen, das Bedürfnis, sie mitzuteilen und um jeden Preis zu verteidigen, (…) sind für die Qualität seiner Arbeiten entscheidend. Der Dokumentarfilm braucht Mut und Beharrlichkeit. Die Aufrichtigkeit besteht darin, Wahrheit zu sagen, ohne Rücksicht auf den Preis, den man dafür bezahlen wird. Der Dokumentarist muss das Recht auf eine eigene Sicht der Realität haben, sie so darstellen können, wie sie seiner Meinung nach aussieht. Er hat Anrecht auf eine subjektive Sicht, und es wäre ein Fehler, zu verlangen, dass jeder, noch kürzeste Dokumentarfilm eine objektive Synthese der Wirklichkeit geben soll.»[17]

Wichtig erscheint Kieślowski dabei das Verhältnis Zuschauer-Regisseur, in dem der Autor keine

16 Ebd.
17 Ebd.

eindeutigen Interpretationsansätze seines Werks liefert, sondern der Wirklichkeit in ihrer ganzen Komplexität Raum lässt und so den Zuschauer zur aktiven Teilnahme an der Entschlüsselung von Bedeutungen animiert.

Wenn aber in der Wirklichkeit bereits ihre eigene Dramaturgie, Aktion, Story zu entdecken sind, dann besteht auch die Möglichkeit, die realen Ereignisse mit dokumentarischen Mitteln zu einem Film zu verdichten, der sich von einem Spielfilm kaum unterscheidet. Zumal die künstlerische Wahrheit hier durch die Authentizität der Ereignisse verbürgt wäre:

> «Die Theorie von der Dramaturgie der Wirklichkeit führt zu offensichtlichen Schlussfolgerungen – einen Film bei ihrer konsequenten Anwendung kann man sich genau vorstellen. Ein psychologischer Film über den Menschen, mit einer dem Spielfilm eigenen Handlung, realisiert nach strikt dokumentarischer Methode, der mit Western, Melodramen, Krimis, Psycho- und Sozialdramen konkurrieren wird. In der Filmkunst kann er zwar nicht Welles oder Fellini ersetzen, würde aber viele heutige Realisten überflüssig machen. Weil die Wirklichkeit, und daran ertappen wir uns oft, eben melodramatisch und dramatisch, tragisch und komisch ist. Sie ist reich an Überraschungen und Regelmäßigkeit, an psychologischen Konflikten und Abläufen, aus denen Gedanken und Reflexionen resultieren, die weit über das fotografierte Bild und den aufgenommenen Ton hinausreichen.»[18]

Es ist schon erstaunlich, wie viele in der Diplomarbeit Kieślowskis programmatisch ausformulierte Paradigmen, zu stilistischen Mitteln und künstlerischen Maximen geformt, sein Werk über Jahrzehnte hinweg begleitet haben. Etwa das Postulat der Offenheit gegenüber der Wirklichkeit und der Standpunkt eines Autors, die als unabdingbare Voraussetzung für die Entdeckung einer komplexen, mehrdeutigen Wirklichkeit gelten. Damit geht die Suche in der Wirklichkeit selbst mit einer adäquaten Dramaturgie des Films einher, statt ihr fertige Konzepte oder vorgegebene Erzählmuster aufzuoktroyieren. Rückblickend kann man darin die Quelle bestimmter stilistischer Mittel entdecken wie die Zufallsdramaturgie, Bedeutung des Details, beharrliche Beobachtung, Erkundung der Seelenlandschaften durch die Registrierung emotionaler und mentaler Regungen und Gesten. Desweiteren die Aufrechterhaltung eines kritischen Standpunkts bzw. einer distanzierten Beobachterposition, die bei der Auslotung der Wirklichkeit ermöglichen sollen, ihre verborgenen Zusammenhänge und möglichen Bedeutungen freizusetzen, um beim Zuschauer einen subtilen Prozess der Reflexion auszulösen. Die kritische Haltung bleibt dabei insofern «objektiv», weil Kieślowski sie mit der Forderung nach der Aufrichtigkeit des Regisseurs verknüpft, sie also als ethische Kategorie begreift, im Sinne von Kompromisslosigkeit, Redlichkeit, Integrität. Dies mag erklären, wieso er sich trotz seiner Abscheu gegen die Politik immer engagierte und über die Köpfe der Machthaber hinweg nach einem intimen Dialog mit seinen Zuschauern suchte. Hinzu kommt noch das dezidierte Interesse fürs nackte Leben und das individuelle Verhalten in konkreten Lebenssituationen – womit von Anfang an zyklische Erzählformen, parabolischer Erzählstil, Analyse ethischer Handlungsmodelle sowie ein Bewusstsein der Vergänglichkeit und Zufälligkeit der menschlichen Existenz zusammenhängen.

Unter dem Patronat von Bossak und Karabasz entdeckt Kieślowski in Łódź den Dokumentarfilm als eine Gattung, in der die reelle Vermittlung des in der Wirklichkeit Vorgefundenen über seinen Wahrheitsgehalt entscheidet. In sei-

18 Ebd.

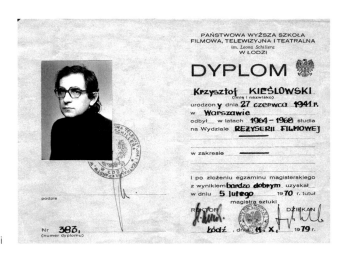

16 Diplom von Krzysztof Kieślowski

ner Diplomarbeit hat Kieślowski unter Beweis gestellt, wie viel Enthusiasmus und Vertrauen in seine Kraft als Instrument der Beschreibung von Wirklichkeit er dem Dokumentarfilm entgegenbrachte. «Als ich angefangen habe, mich hinter die Kamera zu stellen, glaubte ich, mich an eine sehr ernste Aufgabe heranzumachen. Mir ist bewusst geworden, dass man alles fotografieren und daraus eine interessante Geschichte zusammensetzen kann.»[19]

Vor allem von Karabasz lernte er, wie die Geschlossenheit einer Erzählung, intelligente Montage, präzise Konstruktion oder suggestive Beobachtung zu bewerkstelligen sind: «Karabasz war für mich jemand, der wie ein Wegweiser aufzeigt, wohin man gehen muss. Er konnte davon überzeugen, dass man in einem kurzen Dokumentarfilm mehr vermitteln kann als in einem langatmigen Spielfilm. Ich befand mich unter seinem Einfluss.»[20] Wie weit dieser Einfluss ging, kolportiert Kieślowski in mehreren Interviews: Er habe von Karabasz sogar dessen Cutterin Lidia Zonn übernommen, die die meisten seiner Dokumentarfilme und auch seine ersten Spielfilme schnitt, außerdem noch Karabaszs Kameramann Stanisław Niedbalski, der seine ersten Dokumentarfilme fotografierte, und – last but not least – natürlich auch viele Gedanken.

Łódź (Lodz)

Große Wirkung übte auf Kieślowski in dieser Zeit außerdem Łódź aus, eine Stadt, die während des Krieges kaum zerstört wurde und dadurch noch deutliche Spuren ihrer Geschichte als industrieller Moloch des 19. Jahrhunderts trug. Andrzej Wajda lieferte ein suggestives Porträt dieser Stadt mit DAS GELOBTE LAND, einer Adaption des gleichnamigen Romans von Nobelpreisträger Władysław Reymont, in dem das Elend und die Verzweiflung ausgebeuteter polnischer Textilarbeiter der Gründerzeit mit der zynischen Karrieresucht und der Menschenverachtung von drei Unternehmern konfrontiert werden. Dieses polnische Manchester erwies sich nur für polnische, deutsche und jüdische Textilfabrikanten

---

19 Zawiśliński 1994, S. 18.
20 Ebd., S. 17.

als das «gelobte Land». Für die breite Masse der Hilfsarbeiter blieb es eine «blutsaugende Stadt».

Und daran hat sich auch nach dem Krieg im kommunistischen System nichts geändert, weswegen Łódź ein beliebtes Sujet der Filmemacher blieb, da es wie in einem Brennglas die «Fotogenität des Leids» (Kieślowski) und akute soziale Probleme des Landes in sich vereinte. Alte Bausubstanz, verfallende Häuserzeilen und bröckelnde Fassaden, die der Stadt einen skurril-pittoresken Charakter verliehen, zu enge Gassen mit Straßenbahnverkehr und Maschinenparks in den Textilfabriken aus der Gründerzeit, die ihren Tribut am «Menschenmaterial» forderten – alles das animierte die Filmstudenten, erinnerte sich Kieślowski, zu einem makabren Spiel: Auf dem Weg zur Schule zählten sie Menschen ohne Gliedmaßen, Hände, Arme, Beine, ohne alle Extremitäten oder Blinde nach einem Punktesystem und kamen alle fast jeden Tag auf eine Stückzahl von 10 bis 15 Punkten. Für Kieślowski war Łódź genauso abschreckend wie faszinierend: «Diese Welt hat sehr schön Marek Piwowski in seinem Film FLIEGENTÖTER fotografiert. Ein wunderbarer Film über alle diese Ungeheuer in Łódź. Solche Kreaturen benutzt oft Fellini in seinen Filmen. Ich glaube jedoch, dass alle diese in Łódź lebenden Ungeheuer ungemein expressiver waren als Fellinis Kreaturen. Piwowski konnte es in seinem Film FLIEGENTÖTER ausnutzen.»[21]

Für einen einfühlsamen Beobachter war Łódź eine ideale Fundgrube von Motiven und Impressionen, so auch für Kieślowski, der viel Zeit damit zubrachte, durch die Stadt mit einer Fotokamera zu ziehen, um die buchstäblich nackte Wirklichkeit einzufangen: «Gesichter wie bei Dostojewski: grausame Erfahrungen und Leid, zugleich Einverständnis mit alledem. Triste Gemäuer, Trauer in Gesichtern, Flächen der Verschläge, Höfe, Korridore, in der Straßenbahn ein Spezialtarif für die Beförderung des Krauthobels.»[22] Als Anfang März 1998 in Warschau neben einer Werkschau das internationale Symposium «Kieślowski – znany i nieznany» (Kieślowski – bekannt und unbekannt) anlässlich des zweiten Todestages des Regisseurs stattfand, organisierte man eine Ausstellung mit seinen Fotos aus dieser Zeit. Darunter befanden sich auch Aufnahmen aus der Dokumentation zu seinem ersten Dokumentarfilm an der Filmhochschule URZĄD (DAS AMT, PL 1966) mit dem Arbeitstitel RENTE.

«Die Schule und Łódź – es waren für mich gute Erfahrungen», stellte Kieślowski rückblickend fest.

«Die Schule, Karabasz, Bossak, aber auch Toeplitz, Jakubowska, Mierzejewski (Prof. für Bildkomposition, Anm. d. Verf.) haben mir neue Horizonte eröffnet. Es ist nicht so wichtig, was sie mir beigebracht haben, viel wichtiger ist, dass sie mir gezeigt haben, dass die Welt etwas ist, was man beschreiben kann, und dass diese Beschreibung einen gewissen Wert haben kann. Dies fand keinen direkten Eingang in meine unbeholfenen Schulfilme, aber gewiss in ihre Themenauswahl. Für Themen über Menschen, die jeden Tag mühevoll ihren Weg bestreiten, war Łódź eine ideale Stadt. Armut, mit der die Bewohner sich irgendwie abgefunden haben – und diese Art stillen Einverständnisses verlieh ihnen Würde – allgegenwärtig und sehr fotogen – ermöglichte mir zu verstehen, dass alles, was mir aus meiner Kindheit vertraut war, was den Alltag meiner Eltern ausmachte, ein natürlicher Zustand war, der alle betrifft. Ich meine nicht nur die materielle Not, sondern auch die Ohnmacht gegenüber Institutionen und Obrigkeit, gegenüber emotionalen und mentalen Herausforderungen.»[23]

---

21 Stok 1993, S. 51.
22 Krubski, Krzysztof u. a.: *Filmówka. Powieść o łódzkiej szkole filmowej.* Warszawa 1991, S. 180.
23 Ein Interview von Jadwiga Anna Łużyńska von 1994. Zitiert nach Łużyńska 1995, S. 8.

Dass sich Kieślowski diesen Herausforderungen von Anfang an stellte, indem er bis hin zu seinem Spätwerk die ihm nahe Wirklichkeit in seine Filme transformierte, wird in Das Amt augenscheinlich.

Hochschulfilme: Das Amt (1966), Wunschkonzert (1967), Aus der Stadt Lodz (1969)

Der schwarz-weiße dokumentarische Kurzfilm Das Amt (6 Minuten Länge) gleicht einer Karikatur des Staates an Hand einer seiner Institutionen – der Sozialversicherung in Łódź. In kafkaesker Manier zeigt Kieślowski vom Schicksal benachteiligte Menschen als Bittsteller vor dem Schalter einer allmächtigen Bürokratie, die ihr Leben von der Wiege bis zur Bahre bestimmt. Den Interessenten – Greise, Kranke, Verwitwete, die in einer Schlange anstehen –, werden die teilnahmslosen Staatsbediensteten gegenübergestellt. Mit ihren teilweise absurden Forderungen versetzen sie ihre Kunden in Ratlosigkeit.

Durch die subtile Beobachtung einzelner Betroffener, die konsterniert ihre privaten Dramen im Schnelldurchlauf öffentlich darlegen müssen, verdeutlicht Kieślowski die Unerbittlichkeit einer bürokratischen Maschinerie. Ihre verselbstständigte Funktionsweise oder besser gesagt Selbstgenügsamkeit offenbart der Film auf der Tonebene, wenn außerhalb des Bildes Gesprächsfetzen zu vernehmen sind. Die Beamten verlangen immer wieder nach mehr Formularen und Details: der Staat en miniature und der verwaltete Mensch. Die Schlusssequenz enthält die Pointe des Films: Die Kamera durchforstet die Hinterräume der Amtsstube, wo unzählige in den Regalen gestapelte Akten liegen, in denen die Lebensgeschichten konkreter Menschen versiegelt sind. Im *Voice over* ist die Stimme einer Beamtin zu hören, die einer

17–18 Das Amt (1966): in den Fängen der Bürokratie

leiernden Schallplatte gleich die Aufforderung monoton wiederholt: «Schreiben Sie hier, was Sie in dem Zeitraum ihres ganzen Lebens gemacht haben.»

Dieser Hochschulfilm bildete den Auftakt zu einer ganzen Reihe von Kieślowskis Dokumentarfilmen, die der polnische Filmkritiker Tadeusz Sobolewski rückblickend in einem Gespräch mit dem Regisseur «filmy o petentach» (Filme über Bittsteller) nennen wird: «Über Menschen auf einer Seite des Schalters, die zufrieden sind, dass es ihnen gelungen ist, irgendetwas zu erreichen. (…) Alle waren wir damals Bittsteller, ich freute mich auch über Nichtigkeiten. Wir waren

II. Die Dramaturgie der Wirklichkeit

19–20 WUNSCHKONZERT (1967): entgegengesetzte Modelle der Freizeitgestaltung: Individualismus versus Kollektivismus

Petenten in diesem Staat, und Du hast über uns Filme gemacht.»[24] Tatsächlich legen Kieślowskis Dokumentarfilme auch heute noch ein gültiges Zeugnis über die Lebensumstände und den polnischen Alltag jener Zeit ab.

Abermals unter der pädagogischen Obhut von Wanda Jakubowska dreht Kieślowski im Kurzformat seinen zweiten und vorläufig letzten Spielfilm, KONCERT ŻYCZEŃ (WUNSCHKONZERT, 1967/17 Minuten), eine soziologisch angehauchte Verhaltensstudie marodierender Jugendlicher, in der er ein Liebespaar und ein Arbeiterkollektiv während eines Ausflugs ins Grüne miteinander konfrontiert. In einer Parallelhandlung stellt Kieślowski zuerst zwei entgegesetzte Lebensweisen dar. Während ein Student in einem Naherholungsgebiet mit seiner Freundin ein Wochenende im Zelt verbringt, unternimmt eine Gruppe junger Arbeiter einen Betriebsausflug mit dem Bus.

Diese Form von sogenannten Erholungsfahrten gehörte zum propagandistisch ausgeschlachteten Kanon von kollektiven Ritualen im real-existierenden Sozialismus. Von oben verordnet

21–22 WUNSCHKONZERT (1967): kollektive Zwänge und destruktive Gruppendynamik

24 Sobolewski, Tadeusz / Torbicka, Grażyna: Zapis II. Rozmowa z Krzysztofem Kieślowskim. In: *Reżyser* Nr. 3/1997, S. 5.

Hochschulfilme: Das Amt (1966), Wunschkonzert (1967), Aus der Stadt Lodz (1969)

23 Kieślowski während der Dreharbeiten zu Wunschkonzert

und als Errungenschaften des Systems gepriesen, wandelten sie sich ins Gegenteil dessen, wofür sie eigentlich gedacht waren: statt Erholung dumpfe Abreaktion aufgestauter Frustrationen, die häufig im Alkohol ertränkt wurden; statt eines Naturerlebnisses organisierte Animationsprogramme, die oft nicht frei von ideologischer Indoktrination blieben; statt individueller Freizeitangebote Gruppenzwang unter permanenter Aufsicht und unterschwellig aggressionsgeladene Langeweile. In Wunschkonzert fängt Kieślowski mit analytischer Schärfe und subtiler Beobachtungsgabe die Atmosphäre solcher Gruppenausflüge ein.

Die beiden Modelle der Freizeitgestaltung, die nur der Verdeutlichung konträrer Lebensentwürfe dienen, werden aneinander gegenübergestellt, als das Paar beim Vorbeifahren sein Zelt verliert und der Rädelsführer der Gruppe diese Gelegenheit nutzt, um sich auf dessen Kosten hämisch zu amüsieren, indem er die Liebenden in der Notsituation abwechselnd nötigt und demütigt. Die für damalige Verhältnisse subversive Aussage des Films ist eindeutig: Nur in seiner Privatsphäre, die Schutz vor den gesellschaftlichen Zwängen und Deformierungen eines autoritären Systems bietet, kann das Individuum seine Wertvorstellungen realisieren; umgekehrt entladen sich kollektive Zwänge und Gruppendynamik in Destruktion.

Ein Jahr später sollte Kieślowski selbst in der Filmhochschule Łódź hautnah mit politisch motivierter Destruktion konfrontiert werden. Als seine Professoren im Zuge der antisemitischen Hetzkampagne der Partei von ihren Posten entfernt werden sollten, nahm er im März 1968 an den Studentenprotesten teil, sprach darüber vor Vollversammlungen anderer Hochschulen, was die Situationen der Betroffenen nur verschärfte:

«Zweimal in meinem Leben habe ich mich in der Politik versucht, zweimal ist es mir nicht gut bekommen. Das erste Mal 1968 (das zweite Mal im Verband der Filmschaffenden 1976–80, Anm. d. Verf.). Für eine gewisse Zeit war ich im Streikkomitee der Studenten in Łódź. Ich vermute, dass dieses Komitee keine Bedeutung hatte. Für eine gewisse Zeit habe ich irgendwo mit den Steinen geworfen oder ich floh vor den Polizisten. Das ist alles. Und dann haben sie mich fünf oder zehn Mal verhört. Unentwegt fragten sie mich aus, wollten, dass ich ihnen etwas sage, erzähle, etwas unterschreibe. Ich habe es nie getan. Niemand hat mich geschlagen, es könnte keine Rede sein von irgendwelcher Bedrohung. Niemals hatte ich den Eindruck, von einer Festnahme bedroht zu sein. Viel schlimmer war, dass sie Menschen aus Polen hinausschmissen.»

Diese desillusionierenden Erfahrungen haben bei Kieślowski eine lebenslange Abneigung gegen die Politik hervorgerufen und ein Gefühl der Ohnmacht gegenüber politischen Machenschaften hinterlassen, gleich welcher Couleur. «Erst heute weiß ich, dass es gut ist, wenn ein Land ethnisch nicht sauber ist. Heute weiß ich es. Damals nicht. Ich habe aber gesehen, dass eine gigantische Ungerechtigkeit passiert, dass ich nichts dagegen tun kann. Je mehr ich schreien werde, je mehr mit den Steinen werfen, umso mehr Menschen werden sie hinausschmeißen.»[25]

Es ist gewiss kein Zufall, dass Kieślowski von nun an den Dokumentarfilm als ein Medium des stillen Dialogs mit den Zuschauern verstand und ihn als Instrument zur Registrierung gesellschaftlich-politischer Realien und Deformationen einsetzte. Obwohl er der Sphäre der Politik den Rücken zukehrte und sich nur noch damit beschäftigte, Filme zu drehen, bedeutete es nicht, dass er dadurch seine kritische Haltung aufgeben würde, auch wenn die traumatischen Erlebnisse in ihm Zweifel an der Wirksamkeit seines Tuns geweckt, ein Bewusstsein der Vergeblichkeit genährt haben:

«Damals habe ich verstanden, dass ich niemand bin, gar keinen Einfluss habe, ihn niemals haben werde, und mich daher auch nicht einmischen soll. Ganz genau das habe ich verstanden. Ist es eine gute Erfahrung? Gut, weil sie lehrt, Demut gegenüber der Welt zu haben, auf die man keinen Einfluss hat. Ist es eine schlechte Erfahrung? Schlecht, weil sie den Menschen die Hoffnung raubt, sogar auf die ihnen naheliegende Welt noch einen Einfluss zu haben. Macht sie zynisch, verbittert? Ich bin nicht zynisch, verbittert – ja. Zu viel hatte man uns versprochen, zu wenige Versprechen gehalten. Zumindest meiner Generation.»[26]

Dass ihn die Wirklichkeit und das Herausfiltern einer direkten, von den ideologischen Mythen befreiten Wahrheit brennend interessiert hat, um zu erfahren, was in der naheliegenden Welt passiert, belegt sein von soziologischem Impetus und emphatischer Anteilnahme getragener Diplomfilm Z MIASTA ŁODZI (AUS DER STADT LODZ, PL 1969). Ein ironisches Porträt des Industriemolochs Łódź, das Kieślowski unter professionellen Bedingungen für das Dokumentarfilmstudio WFD in Warschau realisiert hatte. AUS DER STADT LODZ sollte – neben den Dokumentarfilmen von Marek Piwowski – auch den Auftakt zu der Herausbildung einer neuen gesellschaftskritischen Filmpublizistik bilden. Sie wird mit der Generation von Filmemachern assoziiert, für die das Jahr 1968 als identitätsstiftendes Schlüsselerlebnis eine politische Zäsur bedeutete.

In diesem 17-minütigen Dokumentarfilm ist es Kieślowski gelungen, das spezifische Klima dieser Stadt einzufangen – ihre Skurrilität, die Kontraste, ihren Verfall. Die ungeschminkte Abbildung funktioniert dabei auf zwei Ebenen, die sich miteinander verzahnen: Suggestive Aufnahmen aus der Arbeitswelt wechseln sich ab mit solchen des tristen Alltags in den Straßen, die sich zu einem unverfälschten Bild gesellschaft-

---

25 Ebd., S. 38.
26 Krubski u. a. 1991, S. 193.

Hochschulfilme: DAS AMT (1966), WUNSCHKONZERT (1967), AUS DER STADT LODZ (1969)

24–27 AUS DER STADT LODZ (1969): Impressionen einer Stadt

licher Realität subsumieren. Sie dienen zugleich einer subtilen Reflexion über Vergänglichkeit, die zu einem immer wiederkehrenden Motiv in Kieślowskis Dokumentar- und Spielfilmen avancieren wird.

Am Anfang steht eine Szene, in der die Textilarbeiterinnen in einer Fabrikhalle zu sehen sind, junge Frauen, die ihr Leben noch vor sich haben, und ältere Arbeiterinnen, deren Erschöpfung und entbehrungsreiches Leben sich in den Gesichtern widerspiegeln. Riesige maschinelle Webstühle, die sie bedienen müssen, vergegenwärtigen die maßlose Mühsal ihrer Arbeit, die sie zu entmenschlichen scheint. Gleichmütig ertragen sie diese über ihre Kräfte gehende Aufgabe. Sie lässt sie wie willenlose Kreaturen erscheinen, degradiert zum humanoiden Beiwerk der überdimensional-monströsen Maschinen. Vor diesem Hintergrund muten die gymnastischen Lockerungsübungen, denen sie für einige Minuten unterzogen werden, wie absurde Exerzitien an.

Die nächste Sequenz enthält expressive Impressionen aus der Stadt selbst: ihre zerfallende Bausubstanz, die markanten Gesichter der Bewohner, die sich ins Gedächtnis eingraben, in den dreckigen Innenhöfen der Mietskasernen hängende Wäsche, Kinder, die auf unwirtlichen Plätzen spielen, lungernde Männer, die in Grup-

II. Die Dramaturgie der Wirklichkeit

28–30 Aus der Stadt Lodz (1969): unverstellte Einblicke; unten rechts Kieślowski im Bild

pen oder einzeln rauchend die Zeit totschlagen. Naturalistische Momentaufnahmen, die an die Filme des italienischen Neorealismus oder an engagierte Dokumentarfilme der 1930er-Jahre erinnern; Bilder, die nahelegen, dass die Zeit in dieser Stadt stehengeblieben ist. Wenn in der Fabrik eine alte Arbeiterin in die Pension geschickt und bei dem obligatorischen Abschiedsfest ein Lied intoniert wird, das verheißt, «ich will Dir Brücken in den Himmel bauen», kann die angehende Rentnerin ihre Rührung nicht mehr verbergen: ein bewusst erzielter dramaturgischer Kontrast, der einerseits die Verbundenheit der Arbeiterinnen untereinander verdeutlicht, andererseits die soziale Misere und Aussichtslosigkeit ihrer Existenz sarkastisch pointiert.

Ein Stilmittel übrigens, das Kieślowski oft in seinen Filmen einsetzt, um die beabsichtigte Wirkung zu kondensieren. Diese wird durch ein Erzählen in Bildern erreicht, die möglichst reichhaltig sind an Inhalt, Momentaufnahmen, Blicken und Gesten. Kieślowski beschreibt die Stadt in aussagekräftigen Details, löst einzelne Individuen aus der Gruppe heraus, fordert die Anteilnahme ein, indem er scheinbar beiläufige, ironische Beobachtungen liefert, wie in der Szene eines sonntäglichen Volksfestes im städtischen Park, das durch den Auftritt eines Operettensängers aus Warschau «veredelt» werden soll. Ein drittklassiger Künstler, der mehr durch seinen prätentiösen Habitus zu imponieren versucht, als er mit seiner mickrigen Stimme dazu überhaupt in der Lage ist. Kein Wunder, dass er vor einem kleinen Publikum auftreten muss. Als er dieses auffordert, die Strophen des Lieds mitzusingen, in denen es um die «traurige, graue Stadt Łódź» geht, fungiert die Tonspur als ein wortloser Kommentar.

Statt unter die Aufnahmen von Neubaublocks, die zukunftverheißenden Optimismus signalisieren sollen, wollte Kieślowski im Finale dasselbe Lied auf der Tonspur unter ganz ande-

Hochschulfilme: DAS AMT (1966), WUNSCHKONZERT (1967), AUS DER STADT LODZ (1969)

re Bilder legen: Sie entstanden nach einem Regen auf dem Plac Wolności (Platz der Freiheit) in Łódź und zeigten Menschen, die mit der Straßenbahn von der Arbeit zurückkehren und durch die mit Regentropfen belegten Fenster der Bahn blicken. In Verbindung mit dem Liedtext ein mehr als doppeldeutiges, metaphorisches Finale. Da der Film aber im staatlichen Dokumentarfilmstudio realisiert wurde und zur Kinoauswertung vorgesehen war, musste er auch von den Verantwortlichen abgesegnet werden, die noch viel weitreichendere Bedenken hatten. Auf dem besagten Platz befand sich ein Denkmal des polnischen Nationalhelden Tadeusz Kościuszko, der während der Polnischen Teilungen im 18. Jahrhundert nationale Aufstände gegen die annektierenden Großmächte Europas angeführt hat. Seine Abbildung im Film hätte unzweideutige Assoziationen hervorrufen müssen. Um den Kinoeinsatz nicht zu gefährden, drehte Kieślowski daher einen neuen Schluss mit Panorama-Aufnahmen der Stadt und einer Neubausiedlung, die die alten Bauten von Łódź überragt. Der fertige Film wurde dennoch von der Zensur zurückgehalten. Die Sache hatte aber auch ihre positive Seite: Kurze Zeit nach seinem Abschluss[27], während der er zwei Werbefilme für Handwerkerbetriebe herstellte, wurde Kieślowski als Regisseur im WFD fest angestellt.

31 Am Set von AUS DER STADT LODZ auf dem Plac Wolności vor einem Relief mit Kościuszkos Konterfei

[27] Nach dem Abschluss unternahm Kieślowski zusammen mit anderen Absolventen den Versuch, ein eigenständiges Produktionsstudio für angehende Regisseure zu gründen, das als eine Art Startrampe in den Beruf dienen und den Debütanten die Möglichkeit bieten würde, ihren ersten Film unter professionellen Bedingungen zu realisieren. Der Versuch schlug jedoch fehl und das Werkstattstudio «Karol Irzykowski» konnte erst 1980 in der Solidarność-Zeit auf die Initiative von Janusz Kijowski entstehen.

III. Realismus und Poesie

Der polnische Dokumentarfilm

32 REFRAIN (1972)

III. Realismus und Poesie

«Bis heute bin ich davon überzeugt, dass nirgendwo in der Welt so wunderbare, präzise konstruierte Dokumentarfilme entstanden wie in Polen in den Jahren 1959–1968. Viele von diesen Filmen waren Filme von Kazimierz Karabasz.»[1]

– *Krzysztof Kieślowski (Kieślowski bez końca)*

Im Juni 1994 stellte Krzysztof Kieślowski auf Anfrage der französischen Filmzeitschrift *Positif* eine Liste mit zehn Filmen zusammen, die ihn besonders geprägt haben. Neben Federico Fellinis LA STRADA, Orson Welles' CITIZEN KANE (USA 1941) und François Truffauts LES QUATRE CENTS COUPS (SIE KÜSSTEN UND SIE SCHLUGEN IHN, F 1959) zählte er damals DIE MUSIKANTEN von Kazimierz Karabasz auf. Und da er annahm, dieser Dokumentarfilm würde dem breiteren Publikum nicht geläufig sein, würdigte er das epochemachende Werk gleich mit einem Essay[2]. Der Nestor des polnischen Dokumentarfilms, Kazimierz Karabasz, war Hochschullehrer von Kieślowski an der Filmhochschule Łódź. Zusammen mit Jerzy Bossak, zu dessen ersten Schülern in Łódź er selbst zählte, gehörte Karabasz zu den Leitfiguren der «Schwarzen Serie» und nahm als Dozent für Regie einen entscheidenden Einfluss auf die Ausbildung mehrerer Generationen polnischer Filmemacher. Selbst schrieb er sich als überragende Gestalt in die Geschichte des polnischen Dokumentarfilms ein, die einen deutlichen Stempel dieser beiden Lehrer trägt.

Nach dem Zweiten Weltkrieg gehörten Mitglieder der Filmeinheit der Polnischen Armee «Czołówka», die sich aus Emigranten und Kriegsberichterstattern rekrutierten, zu den Pionieren des polnischen Dokumentarfilms. Unter ihnen befanden sich Filmleute der Avantgarde-Gruppe «Start», die vor dem Krieg für den «sozial nützlichen Film» eintraten und wie Aleksander Ford erste sozial engagierte Dokumentarfilme herstellten. Neben Ford und Jakubowska waren es vor allem die Journalisten Jerzy Toeplitz und Jerzy Bossak, die unter dem Einfluss des sowjetischen Avantgardisten Dziga Wertow standen und wie die Dokumentaristen Eugeniusz Cękalski und Stanisław Wohl als Bewunderer John Griersons und der englischen Dokumentarfilmschule dem Nachkriegsfilm eine politische Dimension verleihen wollten.

Dem Dokumentarfilm fiel fortan eine informative, pädagogische und propagandistische Funktion zu. In seinem Artikel *Film i propaganda* (Film und Propaganda) definierte sie Jerzy Bossak bereits 1945 wie folgt: «Der Film soll ein sensibler Seismograph der aktuellen gesellschaftlichen Belange sein (…). Er soll dort eingreifen, wo der Staat und die Gesellschaft durch Phänomene herausgefordert werden, die nach einer Lösung verlangen.»[3] Thematisch exponierte der polnische Dokumentarfilm der unmittelbaren Nachkriegszeit die Problematik des Krieges, der deutschen Besatzung und des Wiederaufbaus, wofür Filme wie OSTATNI PARTEITAG W NORYMBERDZE (DER LETZTE PARTEITAG IN NÜRNBERG, PL 1946) von Antoni Bohdziewicz oder SUITA WARSZAWSKA (WARSCHAUER SUITE, PL 1946) von Tadeusz Makarczyński stehen.

Mit POWÓDŹ (DIE ÜBERSCHWEMMUNG), für den Jerzy Bossak und Wacław Kazimierczak 1947 in Cannes die Goldene Palme für den

---

1 Kieślowski, Krzysztof: Les musiciens du dimanche. In: *Positif* Juni 1994, S. 63–64 und The Sunday Musicians in: Macdonald, Kevin / Cousins, Mark: *Imagining Reality: The Faber Book of the Documentary*. London/Boston 1996, S. 214–217.

2 Ebd.

3 Biuletyn Informacyjny Filmu Polskiego, wydanie specjalne v. 11.10.1945.

33 Die Flut von Jerzy Bossak: Chronik einer Naturkatastrophe

34 Vorsicht, Rabauken! von Jerzy Hoffman: neue Jugend- und Subkultur entsteht

besten Dokumentarfilm erhielten, feierte die polnische Kinematografie ihren ersten großen internationalen Erfolg. Nach dem berüchtigten Kongress der Filmschaffenden in Wisła 1949 brachte aber das Diktat des «Sozrealismus» bald Thesen- und Agitationsfilme hervor, die den Zuschauer politisch indoktrinierten. Erst eine Welle der Erneuerung, die nach dem antikommunistischen Juni-Aufstand in Poznań das Land erfasste, ermöglichte seit Oktober 1956 eine Umstrukturierung der Filmindustrie und schaffte ein politisches Klima, in dem kritische Filmpublizistik entstehen konnte.

Zu den Vorboten dieser neuen Entwicklung gehörte der thematisch innovative Film von Edward Skórzewski und Jerzy Hoffman Uwaga, Huligani! (Vorsicht, Rabauken!, PL 1955), in dem mit dem Phänomen randalierender Halbstarker ein brisantes gesellschaftliches Problem aufgegriffen wurde, das fortan zu dem Themenkreis der «Schwarzen Serie» zählen sollte. Für ästhetische Innovationen sorgte Mitte der 1950er-Jahre Andrzej Munk in seinen Dokumentarfilmen Niedzielny poranek (Sonntag vormittag, PL 1955), in Edinburgh 1955 und in Mannheim 1956 preisgekrönt, oder Spacerek Staromiejski (Ein Spaziergang in der Alt-

stadt, PL 1956), Grand Prix in Venedig 1959 und 1960 in Oberhausen prämiert. Munk, der neben Andrzej Wajda und Jerzy Kawalerowicz einer der meist beachteten Spielfilm-Regisseure der «Polnischen Schule» wurde, brach in seinen Arbeiten mit dem verbindlichen Kanon des Dokumentarfilms, da er nach den deklarativen Produktionsreportagen über Arbeiterkollektive einen individuellen Helden einführte. Mit der Infiltration von Spiel- und Dokumentarfilm-Elementen verlieh er seinen Beobachtungen einen lyrischen Ton, was ihm die Kritik von Bossak einbrachte, der den «inszenierten Dokumentarfilm» nur zur Dramatisierung authentischer Vorgänge einsetzte, um emotionale Wirkung zu erzielen.

«Schwarze Serie»

Als neuer künstlerischer Leiter des Warschauer Dokumentarfilmstudios WFD scharte Jerzy Bossak seit 1956 junge Absolventen der Filmhochschule Łódź und des Moskauer WGIK um sich, u.a. Kazimierz Karabasz, Jerzy Hoffman, Edward Skórzewski, Włodzimierz Borowik, Krystyna Gryczełkowska, Danuta Halladin,

III. Realismus und Poesie

35 WARSCHAU '56 von Jerzy Bossak: Kinder in den Ruinenbehausungen

Bohdan Kosiński und Władysław Ślesicki, deren Filme aus den Jahren 1956–1961 als «Schwarze Serie» in die Filmgeschichte eingingen. Bossak, Jahrgang 1910, Mitglied von «Start», Mitbegründer des Filmstudios «Czołówka» und nach dem Krieg erster Redakteur der polnischen Wochenschau «Polska Kronika Filmowa», war Mitautor eines der aufsehenerregendsten Filme dieser Serie, WARSZAWA '56 (WARSCHAU '56, PL 1956).

Der Film zeigte nach den Propagandabildern des Wiederaufbaus erstmals schäbige Viertel der Hauptstadt und legte mittels einer ausgeklügelten Spannungsdramaturgie Gefahren offen, denen in bewohnten Kriegsruinen Kinder ausgesetzt waren. Berühmt wurde eine Sequenz, in der ein kleines Kind, von der Mutter mit einer Schnur ans Bett gebunden und scheinbar in seinem Bewegungsradius eingegrenzt, unbemerkt die provisorische Behausung der Familie verlässt und nur durch Zufall nicht von einer zerbombten Zwischenetage abstürzt. Um die Wirkungsintensität zu steigern, vermischte Bossak hier Dokumentaraufnahmen mit inszenierten Passagen, was neben dem 35mm-Format zu einer stilistischen Besonderheit des polnischen Dokumentarfilms wurde. Wie schon in DIE ÜBERSCHWEMMUNG bestand die Logik dieser Dramaturgie darin, den Sinn der Ereignisse ganz plastisch zu machen.

Wegen seiner aufklärerischen Absicht, ein Zeugnis der Wahrheit abzulegen, aber auch der visuellen Metaphern wurde WARSCHAU '56 zum Synonym einer «Dramaturgie der Fakten», die Bossak in seinen theoretischen Aussagen zum «epischen Dokumentarfilm» begründete:

> «Die Wahrheit, die der Dokumentarist aufspürt, ist auf Fakten aufgebaut, die sich aus Bild und Ton zusammensetzen. (…) Der Filmemacher verfügt über besondere, dem Film eigene Mittel ihrer Anordnung», die es ihm ermöglichen, «sich vom Beschreiben und Registrieren loszureißen und zu einer dialektischen Darstellung zu gelangen, zu einer Dramaturgie der Fakten und zu einem Werk epischen Charakters. Entscheidend dabei ist natürlich der Filmautor selbst, seine Vorstellungskraft, sein Wissen, die Art seiner Interessen.»[4]

Die Filme der «Schwarzen Serie» griffen gesellschaftlich tabuisierte Themen wie «Rowdytum» der Jugend, Alkoholismus, Wohnungsnot oder Prostitution auf; sie huldigten einer «interventionistischen Publizistik», zu deren Merkmalen eine deutliche Opposition zum «Sozrealismus» beim Aufzeigen sozialer Missstände, aber auch didaktische Kommentare gehörten. «Schwarz überzog die Leinwände, die bislang die Domäne zarter Rosatöne waren», lautete eine Metapher, mit der Jerzy Toeplitz das Phänomen einzufangen versuchte. In LUDZIE Z PUSTEGO OBSZARU (MENSCHEN DER EINÖDE, PL 1957), einer Reportage über die Orientierungslosigkeit der Jugend, prangerten Kazimierz Karabasz und Władysław Ślesicki in ihrem pathetisch-moralischen Kommentar die Vernachlässigung dieser Problematik

4 Sprawy filmu dokumentalnego. In: *Kwartalnik filmowy* Nr. 1/1965, S. 20–33.

Poetischer Dokumentarfilm

36 MENSCHEN DER EINÖDE von Kazimierz Karabasz: soziale Missstände in Voice-over

37 PARAGRAPH NULL von Jerzy Ziarnik: Tabuisierung der Prostitution

durch den Staat an. Die Lebensbedingungen von Jugendlichen in einem verkommenen Wohnviertel von Warschau schilderte das Autoren-Gespann in seiner Milieustudie GDZIE DIABEŁ MÓWI DOBRANOC (WO DER TEUFEL GUTE NACHT SAGT, PL 1956), in der die Phraseologie der agitatorischen Slogans offenbar wird.

Kritik, Polemik und Entmythologisierung zeichneten auch andere Werke der Serie aus: In PARAGRAF ZERO (DER PARAGRAPH NULL, PL 1957) beschäftigte sich Włodzimierz Borowik mit der aus ideologischen Gründen völlig tabuisierten Problematik der Prostitution, die nicht einmal juristisch erfasst war, was im Titel angedeutet wird. Mit versteckter Kamera und synchronen Bild- und Tonaufnahmen gelang es ihm, beeindruckende Impressionen aus dem Milieu zu übermitteln, ähnlich wie es Edward Skórzewski und Jerzy Hoffman in puncto Alkoholismus in DZIECI OSKARŻAJĄ (KINDER KLAGEN AN, PL 1956) getan haben, als sie mit dokumentarischer Exaktheit Bilder von Straßenunfällen, verwaisten Familien und infolge des Alkoholismus ihrer Eltern geistig behinderten Kindern in Nahaufnahmen festhielten. Von eindringlicher Beobachtung ist auch Jerzy Ziarniks MIASTECZKO (DIE KLEINSTADT, PL 1956) geprägt, das

Porträt einer verschlafenen Provinzstadt, aus der die jungen Leute aus Ermangelung an Arbeit abwandern. Die sozialen Probleme des Dorfes, Armut und Rückständigkeit auf dem Lande, beleuchtet SKALNA ZIEMIA (FELSIGES LAND, PL 1956) von Włodzimierz Borowik. In SAMI NA ŚWIECIE (ALLEINE AUF DER WELT, PL 1958) griff Danuta Halladin das Schicksal von Kindern auf, die von ihren Eltern im Stich gelassen wurden. Die «Schwarze Serie» hat also vor allem eine thematische Erneuerung bewirkt. Im Tauwetter des «Polnischen Oktobers» konnten aber seit 1956 auch andere Tendenzen vernommen werden.

Poetischer Dokumentarfilm

Als zweiter Trend entwickelte sich zu jener Zeit der «poetische Dokumentarfilm», in dem eine subtile psychologische Beobachtung und nuancenreiche Zeichnung einzelner Personen oder Milieus im Vordergrund standen und zu dessen Galionsfigur Kazimierz Karabasz mit seinen Filmen MUZYKANCI (DIE MUSIKANTEN, PL 1960), LUDZIE W DRODZE (MENSCHEN UNTERWEGS, PL 1961) oder ROK FRANKA W. (EIN JAHR DES FRANK W., PL 1967) avancierte. Die Musikanten,

III. Realismus und Poesie

38–40 MUSIKANTEN von Kazimierz Karabasz: durch Beobachtung zum Wesen der Dinge vordringen

ein 10-minütiges Porträt des Amateurorchesters der Warschauer Verkehrsbetriebe, das weniger durch den Inhalt als durch seine Erzähltechnik besticht, brachte Kazimierz Karabasz, Jahrgang 1930, unzählige Preise (u.a. Grand Prix in Venedig, Oberhausen, Leipzig, Krakau) ein. Die Hingabe von Menschen, die sich, erschöpft von der Arbeit, in ihrer Freizeit einer künstlerischen Aufgabe widmen, verdichtet Karabasz hier durch Momentaufnahmen ihrer Hände, Gesichter und Instrumente zu einem Gesamteindruck mühevoller Probearbeiten, die schließlich von einem triumphalen Tutti gekrönt werden.

Statt zu arrangieren, registriert er nur das, was sich vor der Kamera abspielt, um durch Beobachtung zum Wesen der Dinge vorzustoßen. Die Fähigkeit, in Bildern zu erzählen; besondere Zuwendung für Menschen, die man geduldig zu Wort kommen lässt, um ihre Aussagen durch Montage zu verdichten; das Gewöhnen an die Kamera, um die Schambarrieren abzubauen – das sind charakteristische Qualitäten der Arbeitsmethode von Kazimierz Karabasz[5]. Nach der kritischen, kämpferischen Publizistik der «Schwarzen Serie» wollte er nun das Leben zeigen und das sehr dicht, was sich auf den schnellen Rhythmus, die kurzen Bildfolgen und die Montage seiner späteren Dokumentarfilme auswirkte. Hinzu kam die Kunst seines Kameramannes Stanisław Niedbalski, der die Einstellungen sorgsam komponierte, gern mit Nahaufnahmen operierte und sehr plastische, dabei aber kaum stilisierte Bilder lieferte.

In MENSCHEN UNTERWEGS (1961 in Venedig, Tours und Cork prämiert), einer balladenhaften Hommage auf die wundersame Welt des

5 Vgl. dazu den Essay von Klaus Wildenhahn: Ein polnischer Dokumentarfilm von 9 Minuten Länge. In: *Die subversive Kamera*. Hg. v. Schlegel, Hans-Joachim. Konstanz 1999, S. 65–69 und das Interview von Nikolas Hülbusch: Vierzig Jahre Wirklichkeit?! In: *Film und Fernsehen* 3+4/1997, S. 14–15.

Poetischer Dokumentarfilm

41 Menschen unterwegs von Kazimierz Karabasz: Poesie des Zirkuslebens

42 Das Jahr des Frank W. von Kazimierz Karabasz: Langzeitbeobachtung und Gesellschaftsgemälde

Zirkus, gelingt es Niedbalski, seine Bilder zu einem poetischen Gesamteindruck zu verdichten. Wie schon in Die Musikanten zeigt Karabasz hier Menschen im kreativen Prozess, die, um ein Ziel zu erreichen, ihre Fertigkeiten zu vervollkommnen versuchen. Er entdeckt in diesen Anstrengungen Schönheit und Poesie, was jedoch niemals sentimental wirkt, da seine ebenso behutsame wie beharrliche Beobachtung dies verhindert. Eine durchgehende Konstellation in Filmen von Karabasz bleiben auch Personen «an der Schwelle». Na progu (An der Schwelle, PL 1965) hieß einer seiner Filme. Diese Personen stehen vor einer Wende im Leben, was den Anlass dafür liefert, zu beobachten, was sie in ihrem Leben bewegt. In der einstündigen Langzeitstudie Ein Jahr des Frank W. begleitet Karabasz zusammen mit seinem Kameramann Niedbalski einen Jungen vom Land in die Großstadt, wo er im Verlauf eines Jahres einen Beruf erlernen soll. Nicht unbeeinflusst von der Poetik des *Cinéma vérité* und dank der Möglichkeiten synchroner Bild- und Tonaufnahmen gelingt es Karabasz, die Veränderungen in seinem Verhalten und Bewusstsein einzufangen. Ganz nebenbei entsteht ein Gesellschaftsgemälde jener Zeit.

Ein anderer Exponent des lyrischen Trends ist der frühere Co-Autor von Karabasz Władysław Ślesicki. In seinen Filmen Płyną tratwy (Treibende Flösse, PL 1962, Grand Prix in Venedig), I za nim opadną liście (Ehe die Blätter fallen, PL 1964, in Oberhausen 1965 prämiert) und Rodzina człowiecza (Die menschliche Familie, PL 1966, Grand Prix in Venedig) vermittelt Ślesicki vor allem ein Gespür für die Natur, die ihn zur filmischen Reflexion und Meditation über die Beziehung von Mensch und Natur verleitete. Poetischen Charakter hat auch die vielfach preisgekrönte Filmimpression Narodziny statku (Die Geburt eines Schiffes, PL 1961) von Jan Łomnicki, der Einzelpersonen in den Mittelpunkt des Geschehens rückte, um einer Romantik der Arbeit zu huldigen. Mit ihrer expressiven Reportage über die Passionsspiele in einem Pilgerort Südpolens, Pamiątka z Kalwarii (Kalvarienberg, 1958 in Oberhausen prämiert), schaffen Edward Skórzewski und Jerzy Hoffman schließlich das bekannteste Werk der sogenannten soziologischen Reportage, um nur die wichtigsten Tendenzen der klassischen Periode des polnischen Dokumentarfilms zu nennen, die seit 1961 nach der neuerlichen Verschärfung der Zensurbestimmungen an Dynamik verlor. Um die Krise des Dokumentarfilms, die Mitte der 1960er-Jahre diagnostiziert wird, zu überwinden, bedurfte es dann neuer Ansätze, und schon wieder waren es gewaltige politische Eruptionen, die in den 1970er-Jahren die Herausbildung des «Kinos der moralischen Unruhe» möglich, aber auch notwendig machten.

Jerzy Bossak und Kazimierz Karabasz markierten die beiden stilistischen Pole im polnischen Dokumentarfilm der Nachkriegszeit: Der Name Bossaks stand für sozialkritisch-engagierte Filmpublizistik und der Karabaszs seit seinem bahnbrechenden Film DIE MUSIKANTEN für ihren lyrischen Trend. Nach den großen internationalen Erfolgen der «Schwarzen Serie» in den 1950er-Jahren und des «poetischen Dokumentarfilms» Anfang der 1960er-Jahre stagnierte aber die Produktion nicht zuletzt wegen der Entwicklung der Fernsehreportage, die mit ihrer Ästhetik der «redenden Köpfe» und der Interview- bzw. Umfrage-Technik seit den 1960ern Muster dokumentarischer Narration übernahm. Stilistisch eiferte man im Dokumentarfilm dieser Zeit entweder den großen Vorbildern der vergangenen Dekade nach oder reproduzierte in ersten Versuchen die in Frankreich und Amerika gerade vorherrschende Ästhetik des *Cinéma vérité* bzw. *Direct Cinema*. Eine andere Ursache für die Stagnation lag darin begründet, dass die nach den Ereignissen von 1956 (s. historischer Exkurs unten) eintretende positive Entwicklung im polnischen Kultur- und Geistesleben von der Parteiführung sukzessiv zurückgenommen wurde. Seit der Verschärfung der Zensur im Jahr 1960 kam es im Dokumentarfilm sogar zur Wiederbelebung von Darstellungsformen wie der Produktionsreportage, die man explizit mit Auswüchsen stalinistischer Propaganda verband.

Exkurs: Eckdaten zur Nachkriegsgeschichte Polens

Für das Verständnis der weiteren Entwicklung des polnischen Dokumentarfilms ist die Kenntnis einiger Eckdaten der polnischen Nachkriegsgeschichte unumgänglich: Infolge des Hitler-Stalin-Paktes verlor Polen nach dem Angriff Deutschlands im September 1939 ein Drittel seines Territoriums an die Sowjetunion, was nach dem Zweiten Weltkrieg zu einer geografischen Verschiebung des Landes Richtung Westen führte. Diese war mit einer millionenhaften Verschleppung in die Sowjetunion und später Migration der polnischen Bevölkerung verbunden, die sich deswegen mit dem aufoktroyierten politischen System nicht identifizieren konnte.

Nach den Schrecken des Stalinismus, den Enthüllungen des 20. Parteitages der KPdSU und der Einschränkung nationaler Souveränität Polens durch den Warschauer Pakt kam es im Juni 1956 zum Posener Aufstand, der wegen seiner starken antisowjetischen Tendenzen blutig niedergeschlagen wurde, letztlich aber einen Wechsel der politischen Führung bewirkte: Da im Oktober 1956 bereits der Ungarische Aufstand tobte, stimmte Nikita Chruschtschow der Rückberufung des von 1951 bis 1955 internierten Reformkommunisten Władysław Gomułka zum Ersten ZK-Sekretär der Vereinigten Arbeiterpartei Polens zu.

Ein danach einsetzendes Tauwetter brachte eine Liberalisierung im Bereich der Wissenschaften und Kultur. Zu den Resultaten des «polnischen Oktobers» gehörte neben der Reduzierung sowjetischer Truppen und Entlassung der Sowjetberater die Rückkehr zu formalen Experimenten in der Kunst, die Wiederherstellung der verschütteten Kontakte zum Westen, und die Wiederaufnahme westlicher Bücher und Filme in die Programme von Verlagen und Verleihen. Die Kuba-Krise und die eskalierende Konfrontation zwischen der Sowjetunion und China zwangen Gomułka aber Anfang der 1960er-Jahre zu einer stärkeren Rücksichtnahme gegenüber der Sowjetunion. Ähnlich wie in der Tschechoslowakei bemühte sich der revisionistische Flügel der Partei – allen voran kritische Intellektuelle wie Leszek Kołakowski, der 1966 wegen der Kritik an den Beschränkungen der Meinungsfreiheit aus der Partei ausgeschlossen wurde – um eine Neuinterpretation der marxistisch-leninistischen Staatslehre mit dem Ziel, Anspruch und Wirklichkeit miteinander zu versöhnen.

Dies rief die starke nationalkommunistische Opposition um Innenminister Mieczysław Moczar auf den Plan, der 1967 den latenten Antisemitismus der Arbeiter schürte. Sie lenkte die Unzufriedenheit der Massen gegen die angeblich zionistisch infizierten Intellektuellen mit dem Ergebnis, dass es nach erneuten staatlichen Provokationen im März 1968 zu Studentenunruhen kam, die die Partei- und Staatsführung schwer erschütterten. Nur durch die vorbehaltlose polnische Beteiligung an der militärischen Intervention in der ČSSR im August 1968 konnte Gomułka noch seinen Machterhalt sichern. Im Zuge der neostalinistischen und rassistischen Politik der Partei verloren die Revisionisten ihre Arbeitsplätze und Lehrstühle, ihre studentischen Verbündeten wurden vor Gericht gestellt und zu Gefängnisstrafen verurteilt.

6   Deutsche Ausgabe im Henschel Verlag Berlin.
7   Vgl. dazu das komparatistische Kapitel über die «Schwarze Serie» in: Konrad Klejsa, Schamma Schahadat, Margarete Wach (Hg.): *Der Polnische Film – seit seinen Anfängen bis zur Gegenwart*, Marburg 2012, in dem Dietrich Leder mitunter auch einen Vergleich mit sozialkritischen Filmentwicklungen wie *film noir* in den USA, *Free Cinema* in Großbritannien oder einer «schwarzen Welle» des bundesrepublikanischen Kinos Ende der 1950er-Jahre führt. Leder geht explizit auf den Film von Wildenhahn ein und ordnet ihn auch in der soziokulturellen Zeitgeschichte der BRD ein.

An die 12.000 Menschen verließen das Land, darunter Kołakowski, der 1970 eine Professur für Philosophie in Oxford übernahm, der Rektor der Filmhochschule Łódź Jerzy Toeplitz, international bekannt durch seine monumentale *Geschichte des Films* in fünf Bänden[6], und der renommierte Dokumentarist Jerzy Bossak. In Klaus Wildenhahns Dokumentarfilm EIN FILM FÜR BOSSAK UND LEACOCK (D 1983/84) äußert sich Bossak zu diesen Ereignissen. Es ist übrigens eine interessante Fußnote der Filmgeschichte, dass Klaus Wildenhahn als einer der wenigen westeuropäischen Dokumentaristen sich fortwährend auf den entscheidenden Einfluss des polnischen Dokumentarfilms auf sein eigenes Werk berufen hat, vorrangig denjenigen von Bossak und Karabasz.[7]

Dokumentarfilm als Motor gesellschaftlicher Entwicklungen

Nach den antisemitischen Säuberungen kam es im Dezember 1970 zu Streiks in der Küstenregion, die mit dem Massaker der Armee an den Arbeitern der Werften in Danzig, Gdingen und Stettin endeten und zur Machtübernahme durch Edward Gierek führten. Dies veränderte die Situation des Dokumentarfilms grundlegend. Es war die Geburtsstunde einer neuen kritischen Welle: Als Vorbote des «Kinos der moralischen Unruhe» versuchte der Dokumentarfilm fortan ein unverfälschtes Bild der gesellschaftlichen Realität zu vermitteln. Zu Vorläufern dieser Strömung gehörten Marek Piwowski, Jahrgang 1935, und Krzysztof Kieślowski. Bereits in seinem Debütfilm POŻAR, POŻAR, COŚ NARESZCIE DZIEJE SIĘ (FEUER, FEUER, ENDLICH IST WAS LOS, PL 1967), einem humoristisch-metaphorischen Porträt der Bewohner einer Kleinstadt, traf Piwowski durch seine satirische Erzählperspektive, die sich eindeutigen Einordnungsversuchen

III. Realismus und Poesie

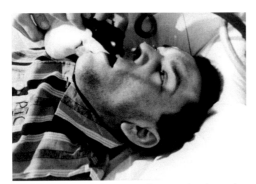

43 DER KORKENZIEHER von Marek Piwowski: Abgründe der Alkoholsucht

entzieht, einen ganz neuen Ton. Die hinterwäldlerische Provinzialität bot dem Regisseur die Gelegenheit, sein kritisches Verhältnis gegenüber einer Realität zu demonstrieren, die den Normen einer politischen Doktrin zwar gehorchte, daraus resultierende Perspektivlosigkeit und Einschränkungen aber nicht verbergen konnte. Tödliche Langeweile, Kollektivrituale, Sensationslust und Voyeurismus in einer Kleinstadt, die ihren Bewohnern nur wenig Zerstreuung bieten kann, verwandeln Feuerwehrübungen, Leibertüchtigungen von Bodybuildern und Ausflüge zu Hitlers «Wolfsschanze» in die einzigen Höhepunkte einer prosaischen Existenz. Die Losungen der offiziellen Propaganda werden angesichts solcher Bilder als eine gespenstische Fata Morgana Lügen gestraft, wirken wie ein Versuch, Potemkische Dörfer zu errichten.

1969 führte Marek Piwowski dann in PSYCHODRAMA (Großer Preis von Oberhausen und Silberner Drache in Krakau 1972) psychische Deformationen von Mädchen aus zerrütteten Familien vor, die in einer Besserungsanstalt einsitzen und während einer Aufführung des Märchens von «Aschenbrödel» Rollen einstudieren, in denen sie die traumatischen Erlebnisse aus ihrem Privatleben aufarbeiten können. Im Widerspruch zum herkömmlichen Begriff der Authentizität setzt Piwowski Testgespräche und Interviews nach dem Prinzip freier Assoziationen zusammen. So entlockt er den Mädchen nicht nur Informationen über ihre individuellen Tragödien und Dramen, sondern dringt auch in ihr Unterbewusstes vor. Psychologischen «Exhibitionismus» zu provozieren, um die bewussten und unterbewussten Aspekte mentaler Befindlichkeiten offenzulegen, gehört ebenso zu seiner Methode, wie das Nachinszenieren realer Situationen mit authentischen Figuren, womit Piwowski offen gegen die kanonischen Regeln des Dokumentarfilms verstieß.

Wenn er etwa in KORKOCIĄG (DER KORKENZIEHER, PL 1971) die Abgründe der Alkoholsucht dokumentiert, schreckt er nicht davor zurück, die Stadien des körperlichen und psychischen Verfalls vom Delirium tremens bis hin zum gefilmten Tod eines Alkoholkranken zu zeigen. Die drastischen Bilder haben aber ihre Berechtigung, da Piwowski den Alkoholismus als gesellschaftliches Versagen bloßstellt, indem er die Geschäftsmentalität der staatlichen Spirituosen-Industrie entlarvt. Seine Methode impliziert auch die Notwendigkeit zum Improvisieren, zur Entwicklung spontaner Szenen, Reaktionen und Dialoge, um die klassische Dramaturgie zugunsten offener Erzählstrukturen zu durchbrechen: Als er bei den Dreharbeiten zu seinem Diplomfilm FLIEGENTÖTER in einer dunklen, verrauchten Kneipe nicht mehr filmen konnte, verfrachtete er die Trinker kurzerhand ins Studio, wo er das Lokal nachbauen ließ.

Sein unbestechlicher Blick für das Absurde im Alltag, dem er mit Ironie und Sarkasmus begegnet, kam in HAIR (PL 1973) erneut zum Zug. Bei einem internationalen Friseurwettbewerb beobachtet Piwowski die grotesken Verhaltensnormen von Menschen, für die verselbstständigte Rituale und Zeremonien einen übergeordneten Wert darstellen. In einer Art filmischen Synthese verdichtet er das Sittengemälde zu einer gesellschaftlichen Satire, wenn die großflächige Losung im Hintergrund, «Wir frisieren für den Frieden», auf die Politisierung der banalsten Sphären des Alltags und die allgegenwärtige Propaganda verweist. Damit wurden Kombiniergabe und Sensibilität der Zuschauer herausgefordert, im Spiel freier Assoziationen die subversive Botschaft zu dekodieren, was in der polnischen Kultur, die nach der eingebüßten staatlichen Souveränität jahrhundertelang nur durch Metaphorik, Parabel und Allegorien zur Vergewisserung nationaler Identität beitragen konnte, eine lange Tradition hat.

Eine Gruppe junger Nachwuchsregisseure machte mit Arbeiten auf sich aufmerksam, die stilistische Innovationen mit einer neuen Sichtweise gesellschaftlicher Gegebenheiten verbanden. Zu ihr gehörten neben Marek Piwowski und Krzysztof Kieślowski (s. folgendes Kapitel) auch Tomasz Zygadło, Marcel Łoziński oder Wojciech Wiszniewski. In SZKOŁA PODSTAWOWA (DIE GRUNDSCHULE, PL 1971) analysiert Tomasz Zygadło, Jahrgang 1947, anhand beiläufiger Gespräche von Schulkindern die Erziehung zum Denunziantentum und das Verbiegen des Charakters durch politische Indoktrination in der Grundschule, wofür er bei dem Kurzfilmfestival in Krakau 1971 mit dem Grand Prix prämiert wurde. Mit Ausdrucksmitteln einer «poetischen Verdichtung» durch die Inszenierung ganzer Sequenzen oder fiktionale Storys, die, zu «authentischen» Lebensberichten verarbeitet, historische Synthesen zulassen, entwickelten Krzysztof Wojciechowski und Wojciech Wiszniewski die Strömung des experimentellen bzw. inszenierten Dokumentarfilms.

In WYSZEDŁ W JASNY DZIEŃ (ER GING AM HELLICHTEN TAG, PL 1973) zeigt Krzysztof Wojciechowski, Jahrgang 1939, ein Totenmahl im Freien, bei dem sich alljährlich eine Menschengruppe trifft, um die Familienlegende von einem jungen Mitglied der Sippe zu kultivieren, der 1939 in den Krieg zog und nicht mehr zurückkehrte. Zum stilisierten Sinnbild polnischer Nachkriegsgeschichte verdichtet Wojciech Wiszniewski in STOLARZ (DER TISCHLER, PL 1980), 1981 in Oberhausen preisgekrönt, den Lebensbericht eines Tischlers, der im inneren Monolog eine Klage über sein Leben führt, das von Entbehrungen und organisiertem Chaos des wirtschaftlichen Zuteilungssystems bestimmt war. Der Film schildert keine authentischen Ereignisse, sondern erzählt eine vom Regisseur konzipierte Story in Form eines «inszenierten Dokuments» – eine Methode, die Wiszniewski auch in seinen sehr suggestiven Filmen WANDA GOŚCIMIŃSKA – WŁÓKNIARKA (WANDA GOŚCIMIŃSKA – TEXTILARBEITERIN, PL 1975) und ELEMENTARZ – ABC (DIE FIBEL, PL 1976) verwendete.

Mit KOBIETY PRACUJĄCE (ARBEITENDE FRAUEN, Großer Preis Oberhausen 1979), einer skizzenhaften Allegorie auf die Ohnmacht, Pein und Ausweglosigkeit des täglichen Lebens im Sozialismus, liefert Piotr Schulkin, Jahrgang 1950, 1978 eine weitere Stilisierungsvariante des experimentellen Dokumentarfilms. Szulkin verweist auf die soziale Tristesse im Alltag berufstätiger Frauen, indem er das filmische Material durch Verfremdung zu einer provozierenden Elegie überhöht. Seine scheinbar eingefrorenen, übereinander kopierten Bilder von Frauen, die er bei der Arbeit zeigt, erinnern an einen animierten Foto-Realismus. Sie kulminieren in einem finalen Tableau der Hoffnungslosigkeit, das an Intensität des Ausdrucks kaum zu überbieten ist.

DER TISCHLER und ARBEITENDE FRAUEN verweisen sinnbildlich auf soziale und wirtschaftliche Spannungen, die mit der Ankündigung von lange hinausgeschobenen, drastischen Preiserhöhungen der Lebensmittel im Juni 1976 zu Unruhen in den Warschauer «Ursus»-Werken und in Radom führten. Als Krzysztof Kieślowski in der Euphorie der Solidarność-Ära, nach der Aufhebung der politischen Zensur, diese Ereignisse 1981 zum Thema seines fiktionalen Dokumentardramas KRÓTKI DZIEŃ PRACY (EIN KURZER ARBEITSTAG, PL 1981/1996) machen sollte,

III. Realismus und Poesie

44 Der Tischler von Wojciech Wiszniewski: ein Beispiel für die «inszenierten Dokumentarfilme»

kam dies einem Tabubruch gleich. Denn auf die brutal erstickten Arbeiterunruhen folgten damals harte Urteile gegen die Anführer der Proteste, die als kriminelle Elemente diffamiert wurden. Dies gab den Anlass zur Bildung des «Komitees zur Verteidigung der Arbeiter», kurz KOR genannt, das für freie Wahlen, ein Mehrparteiensystem, Gewerkschaften als legale Tarifpartner der Regierung und Abschaffung der Zensur eintrat. Neben dieser Keimzelle der späteren «Solidarność» entstand 1976 nach dem Vorbild des russischen Samisdat auch der sogenannte «zweite Umlauf», ein Netz im Untergrund tätiger Verlage und Publikationsorgane, die der kritischen Intelligenzija und Opposition ein Forum boten. Die Auseinandersetzung mit der Staatsmacht bekam jetzt eine neue Qualität, da es nicht mehr darum ging, den Sozialismus zu reformieren, sondern mittels unabhängiger Institutionen eine politische Wende herbeizuführen. Den Höhepunkt dieser Entwicklung brachten die Streiks vom August 1980 und das Entstehen der unabhängigen Gewerkschaft «Solidarność», die sich sehr schnell zu einer Massenbewegung auswuchs.

Gleichzeitig kämpften die Intellektuellen um ein realistisches und ethisches Verständnis der Kultur, die ein wirksames Antidotum gegen die Ideologisierung und Verzerrung des gesellschaftlichen Alltags bilden sollte. Ein Exponent dieser Tendenzen im Dokumentarfilm war Marcel Łoziński, Jahrgang 1940. Sinngemäß beschäftigte er sich in Happy End (PL 1973), Król (Der König, PL 1974) und Próba mikrofonu (Die Mikrofonprobe, PL 1980–81) mit den Phänomenen des Opportunismus und der Manipulation der öffentlichen Meinung. In Jak żyć (Wie soll man leben, PL 1977–81) untersuchte er die Mechanismen politischer Korruption und der allgegenwärtigen Indoktrination. Happy End, seine Versuchsanordnung über totalitäre Verhaltensnormen, trug deutlich interventionistische Züge. In Form eines inszenierten Dokuments führte Łoziński – ähnlich wie zwei Jahre später Kieślowski in seinem Film Życiorys (Der Lebenslauf, PL 1975) – die Prozedur eines Ausschlussverfahrens vor, bei dem ein Ingenieur während einer Betriebssitzung zum Sündenbock für die wirtschaftliche Ineffizienz seines Unternehmens «auserkoren» wird, um dann nach allen Regeln des Handwerks öffentlich denunziert und diskreditiert zu werden.

Neben dem Aufzeigen persönlicher Haltungen, die in der Interaktion eine Gruppendynamik entwickeln und in einer Mischung aus Konformismus und kalkulierter Berechnung die Treibjagd erst ermöglichen, versuchte Łoziński bei seinen Zuschauern einen Reflexionsprozess in Gang zu setzen, indem er sie in der Gewissheit beließ, reale Ereignisse zu verfolgen. Erst zum Schluss stellt sich heraus, dass es sich hier um einen sozio-psychologischen Test handelt. Durch die unheilvolle Allianz von Gesinnungspolitik und Opportunismus sollen die autoritären Machtmechanismen entlarvt werden. Trotz des titelgebenden Happy Ends bleibt aber kein Zweifel daran, dass unabhängig von der ideologischen Ausrichtung die vorgeschobene Argumentation nur als Ablenkungsmanöver dient.

45 MIKROPHONPROBE von Marcel Łoziński: Selbstverwaltung und Mitspracherecht revisited

46 WIE LEBEN von Marcel Łoziński: Indoktrination in einem Ferienlager

Es geht darum, einen Sündenbock zu finden, ein Exempel zu statuieren, womit Łoziński in verdeckter Form auf die Ereignisse vom März 1968 anspielte.

Ein Motiv, das dann in DIE MIKROPHONPROBE wiederkehrt, wenn ein engagierter Radiomacher des Betriebsfunks die Belegschaft einer Fabrik nach ihrer Meinung über das Selbstverwaltungsprinzip befragt und dabei erfährt, dass alle Versuche der Mitsprache von den Hierarchen im Betrieb im Keim erstickt werden. Vor ein Gremium zitiert, wird er gemaßregelt und belehrt, nur mit ausgesuchten Informanten Interviews zu machen. Das Gleiche widerfuhr Łoziński bei den Dreharbeiten, als die Betriebsleitung seine Intentionen begriff. Wie der Held seines Films verlor er bis August 1980 seine Stelle bei dem Dokumentarfilmstudio WFD. Der Film wurde verboten und gelangte erst 1981 nach der Gründung der «Solidarność» zur Aufführung.

Wenn er in WIE SOLL MAN LEBEN die zweistündige Geschichte eines Gruppenurlaubs für junge Familien in einem Camp der «Sozialistischen Jugend» erzählt, verbindet Łoziński wiederum Dokumentar- und Spielfilmelemente, um zu demonstrieren, wie die verantwortlichen Aktivisten das Ferienlager zur permanenten Indoktrination missbrauchen. Unter dem Deckmantel eines Wettbewerbs, bei dem die sozialistische Musterfamilie ermittelt werden soll, werden die Teilnehmer ausgehorcht und bespitzelt, bis die Stimmung nach einer nächtlichen Weihe ins Irrationale umkippt und die Insubordination eines Ehepaares «rituell» abgestraft wird. Für das Phänomen des Opportunismus findet Łoziński schließlich eine universelle Formel in seiner 7-minütigen Parabel DER KÖNIG. Es ist die Geschichte eines Mannes, der es verstand, in jeder Lebenssituation durch Anpassung komfortabel zu leben: als Militärausbilder während des autoritären Regimes von Marschall Piłsudski im Vorkriegspolen, als Uniformschneider der Wehrmacht während des Krieges und als Militärschneider nach dem Krieg. Zuletzt bewirtet er als Kaffeehausbetreiber die rote Politprominenz, was ihm den Spitznamen «der König» eingebracht hatte.

Ähnlich wie sein Freund Krzysztof Kieślowski misst Łoziński dem Dokumentarfilm eine gesellschaftliche Funktion bei: «Jeder Dokumentarfilm sollte etwas erfassen, was man erahnt, wovor man Angst hat, ohne es bannen

47 Arbeiterinnen von Irena Kamieńska: inhumane Arbeitsbedingungen

zu können, so dass ein Regisseur es stellvertretend für andere machen kann.»[8] Um diese ideelle Synthese zu erreichen, greift er – übrigens wie Kieślowski auch – auf universelle Formeln zurück, «hilft» sogar durch inszenatorische Elemente «nach». Łoziński provoziert Reaktionen durch Fragen, setzt Situationen erst in Bewegung, die helfen sollen, die verborgene Wahrheit hervorzuholen. Seine Filme jener Zeit gleichen Zeugnissen des kollektiven Bewusstseins. Sie bezeugen die Abwertung offizieller Losungen, an deren gesellschaftliche Relevanz niemand mehr glaubt, dokumentieren Befindlichkeiten und soziale Konflikte, die 1980 in der «Solidarność»-Bewegung kulminieren.

Diese Ereignisse werden dann von Andrzej Zajączkowski und Andrzej Chodakowski in der Dokumentation Robotnicy '80 (Arbeiter '80, PL 1980), einer mehrstündigen Aufzeichnung der zähen Verhandlungen zwischen der Regierung und dem Streikkomitee der Danziger Werft, mit der Kamera im Werden registriert. Verbotene Filme wie Irena Kamieńskas Bestandsaufnahme ausbeuterischer, menschenunwürdiger Arbeitsbedingungen in den Textilfabriken von Krosno in Robotnice (Arbeiterinnen, 1981 Goldener Drache in Krakau und lobende Erwähnung in Oberhausen) gelangen jetzt zur Aufführung, ähnlich wie Arbeiten von Kieślowski, Łoziński, Wiszniewski oder Szulkin, die bis dato bestenfalls nur bei Festivals zu sehen waren. Mit der Verhängung des Kriegszustands im Dezember 1981 geht diese Etappe dann abrupt zu Ende.

Die kollektive Depression der folgenden Jahre versinnbildlicht Irena Kamieńska in Dzień za dniem (Tag für Tag, PL 1988), dem ergreifenden Porträt zweier Schwestern, die ihr Leben lang Lastwagen mit Steinen entladen haben. Kurz vor der Pensionierung blicken die Zwillingsschwestern im Voice over auf ihr Leben zurück, während sie mit einem LKW, voll beladen mit Baumaterial, vom Betrieb zum Betrieb unterwegs sind. Die einzelnen Etappen ihrer Biografie spiegeln sozial-politische Ereignisse wider und fügen sich zu einem Bild der komplizierten Nachkriegsgeschichte Polens zusammen: Tag für Tag, Monat für Monat, bis 36 Berufsjahre vergangen sind. Im Kontrast zu ihrem Lebensbericht nehmen sich die Losungen der allgegenwärtigen Transparente, an den sie vorbeifahren, wie eine höhnische Fußnote der Geschichte aus. Die resignative Stimmung der Zeit fängt auch Marcel Łoziński ein, der seine Filme der 1980er-Jahre teilweise in Konspiration drehen muss. In Ćwiczenia warsztatowe (Werkstattübungen, PL 1984) zeigt er drei Varianten ein und derselben «objektiv» gefilmten Realität zeigt und auch verschiedene Typen der Manipulation: Eine Straßenumfrage dient hier der Demonstration, wie Bilder und Aussagen je nach Montage eine andere Bedeutung erlangen. Trotz des Kriegsrechts mit seiner restriktiven Politik gegenüber der Opposition ist die Korrosion des kommunistischen Systems nicht mehr aufzuhalten.

Die Demontage der staatlichen Ordnung setzt sich auf der Straße fort, als im Frühjahr 1988 jugendliche Demonstranten im schlesi-

---

8 Wszystko może się przytrafić. In: Kino 7–8/1995, S. 9.

schen Wrocław (Breslau) mit pantomimischen Mitteln und karnavalistischen Sprüchen führende Kader verhöhnen und auf Transparenten deren ideologische Phrasen verballhornen. Diese politisch motivierten Straßen-Happenings registriert 1988 Mirosław Dembiński, damals selbst noch Student der Filmhochschule Łódź, in POMARAŃCZOWA ALTERNATYWA (DIE ORANGEFARBENE ALTERNATIVE, 1989 mehrere Preise in Oberhausen) und verwendet dabei auch teilweise auf Video mit versteckter Kamera bei polizeilichen Festnahmen aufgenommenes Filmmaterial. Nach den unzähligen Streiks um die Durchsetzung von Lohnerhöhungen und den Demosntrationen für die Wiederzulassung der Gewerkschaft «Solidarność» richtet sich die «Orangene Initiative» als eine Jugendbewegung nicht nur gegen die Praktiken totalitärer Machtausübung und die verlogene Rhetorik des herrschenden Regimes, sondern ist auch Ausdruck der Revolte gegen ein repressives Establishment, zu dem ein Jahr vor dem Wahlsieg Lech Wałęsas auch die Politiker der Opposition gezählt werden. Die an den Rand der Gesellschaft geschobene Generation der «Solidarność»-Kinder entwickelt hier Konzepte einer Gegenkultur, die erst in einer demokratisierten Gesellschaft ihre eigentliche Entfaltung werden finden können.

# IV. «Die Welt beschreiben»

48 Sieben Frauen verschiedenen Alters (1978)

Krzysztof Kieślowskis Dokumentarfilme zwischen Wirklichkeit und Fiktion

IV. «Die Welt beschreiben»

«Immer habe ich mich darum bemüht, nicht in eine Schublade gesteckt zu werden. Ich habe Dokumentarfilme über Sachen gemacht, die die Menschen betrafen. Mein Interesse richtete sich auf die Wirklichkeit und die Wahrheit über sie, die ich zeigen wollte. Wenn jemand es als Engagement bezeichnet – ist es seine Sache. Ich war und bleibe ein Beobachter. Ich stelle mich abseits.»[1]

– *Krzysztof Kieślowski (Kieślowski bez końca)*

Die Frage, was und wie filmen, um sich nicht auf der Seite der Machthaber wiederzufinden, wurde für Kieślowskis Frühwerk zu einer Prämisse, die seine Ethik und Ästhetik entscheidend mitprägte. Jenseits großer Machtmaschinerien, unabhängig davon, ob sie den Namen der kommunistischen Partei oder später der «Solidarność» trugen, widmete er sich dem Aufspüren und Registrieren all dessen, was das Prosaische des Lebens ausmacht, jener Faktoren, die die Triebkräfte menschlichen Verhaltens wie in einer mikroskopischen Nahaufnahme offenbaren. «Die Welt in einem Tropfen Wasser» zeigen, apostrophierte ein Kritiker die für Kieślowskis Werk charakteristische Erzählstruktur. Im DEKALOG und in der DREI FARBEN-Trilogie kulminiert seine minuziöse Beschreibung von Seelenlandschaften in einem paradigmatischen Erzählstil, der es ermöglicht, jeweils einen eigenständigen Mikrokosmos mit komplexem Verweis- und Signalsystem zu erschaffen.

Der Weg zum stilistischen Raffinement seiner letzten Filme führt über den Dokumentarfilm, der im Polen der 1960er-Jahre vor der Herausforderung stand, einer Gesellschaft, die bis dahin nur im Prisma kommunistischer Propaganda gesehen wurde, ein unverfälschtes Bild eigener Realität zu vermitteln. Analog zu den Filmen der «Schwarzen Serie», die in einem «Tauwetter»-Klima nach einem Arbeiteraufstand entstanden sind, bildeten für die Generation von Kieślowski die Studentenunruhen im März 1968 die politische Zäsur. Beim Kurzfilmfestival in Krakau machte 1971 eine Gruppe junger Nachwuchsregisseure auf sich aufmerksam, die den Standort des polnischen Dokumentarfilms neu zu bestimmen versuchte. Zu ihnen gehörte neben Marek Piwowski, Tomasz Zygadło, Grzegorz Królikiewicz auch Krzysztof Kieślowski.

In Anlehnung an das Buch von Julian Kornhauser und Adam Zagajewski *Świat nie przedstawiony* (Die nicht dargestellte Welt, 1974), in dem die Autoren der zeitgenössischen polnischen Literatur Realitätsflucht attestierten, prägte Kieślowski einen wirkungsästhetischen Grundsatz, wonach die Realität – das, was ist, und nicht, was sein soll – abzubilden sei. Nicht nur die Beseitigung von Informationsdefiziten angesichts allgegenwärtiger Zensur und Propaganda stand im Vordergrund, sondern auch die Zustandsbeschreibung mentaler Befindlichkeiten in der Annahme, dass die Desinformation zur individuellen Desorientierung führt und das Gefühl eines Lebens im Vakuum, ohne identitätsstiftende Bezugssysteme, begünstigt. Die Filme von Kieślowski – in erster Linie die Dokumentarfilme, weitgehend aber auch seine Spielfilme – teilten mit dem Zuschauer die Situation der Suche nach der Wahrheit über eine usurpierte Wirklichkeit, in der sowohl der Regisseur als auch seine Adressaten lebten.

«Die Welt beschreiben»[2], so lautete sinnigerweise die Devise von Kieślowski und anderen

---

1 Zawiśliński 1994, S. 19.
2 Der Begriff ist von Kieślowski in unzähligen Zeitungs- und Fernsehinterviews geprägt worden und entwickelte sich zu einem geflügelten Wort polnischer Filmpublizistik und -wissenschaft bei der Bestimmung der Relation von Poetik und Ästhetik

Verschollen/wiedergefunden: DAS FOTO (1968)

49–52 DAS FOTO: Kieślowski als investigativer Rechercheur in seinem ersten professionellen Projekt

Repräsentanten eines dokumentarischen «Kinos der moralischen Unruhe», das im Spielfilm Ende der 1970er-Jahre, in Werken von Andrzej Wajda, Krzysztof Zanussi, Agnieszka Holland und Kieślowski, zur vollen Geltung gelang. Alltagssituationen in ihrem Mikrokosmos zu zeigen, hieß zu dieser Zeit, die umgebende Welt – wie in Kieślowskis ersten Dokumentarfilmen Z MIASTA ŁODZI (AUS DER STADT LODZ, PL 1969) oder FABRYKA (DIE FABRIK, PL 1970) – von Verzerrungen totaler ideologischer Fiktion zu befreien.

des «Kinos der moralischen Unruhe» im Dokumentar- und Spielfilm der 1970er-Jahre.

Verschollen/wiedergefunden: DAS FOTO (1968)

Bereits in seinem zweiten Dokumentarfilm und seinem ersten professionellen Projekt ZDJĘCIE (DAS FOTO, PL 1968), realisiert für das Polnische Fernsehen TVP, manifestiert sich das künstlerische Programm Kieślowskis (s. S. 489, Abb. 23; S. 490, Abb. 24; S. 495, Abb. 57; S. 496, Abb. 58-63). Ein Foto aus dem Zweiten Weltkrieg, aufgenommen am Tag der Befreiung des rechten Ufers von Warschau am 15. September 1944, dient 1968 als Grundlage einer Recherche nach zwei Männern. Auf dem Foto sind zwei Jungen im Alter von fünf und acht Jahren abgebildet. Man

IV. «Die Welt beschreiben»

hat ihnen Soldatenmützen über den Kopf gezogen und Maschinengewehre über die Schulter gehängt. Beide sind im Freudentaumel von einem Soldaten und Fotoamateur für die Nachwelt festgehalten worden. Sie sind eindeutig Teil einer Fotoserie, die im Hinterhof eines Warschauer Hauses geschossen wurde (s. S. 496, Abb. 58–60; S. 489, Abb. 23; S. 490, Abb. 24). Dramaturgisch erfüllt das Foto zwei Funktionen: Als Auslöser von Erinnerungen und unverstellten Emotionen bei den während der Suche befragten Menschen und im Moment der Überraschung beider Protagonisten sowie als Ausgangspunkt und Vorwand für die Beleuchtung der heutigen Lebensumstände der Männer. Demzufolge verläuft auch die Handlung des Films zweigleisig: Nicht nur die Fotografierten, sondern auch die Filmcrew, die nach ihnen sucht und en passant ihren Lebensweg dokumentiert, bilden das Sujet des Films.

Seit seiner Ausstrahlung im Jahr 1968 galt DAS FOTO über vierzig Jahre lang als verschollen und konnte erst anlässlich des 15. Todestages von Kieślowski am 12.03.2011 im Kanal «TVP Kultura» erneut gezeigt werden. Das polnische Staatsfernsehen verfügte nur über eine einzige Kopie des Films, dazu noch ohne die Tonspur, und gab sie nicht frei. Dank der Filmwissenschaftler Mikołaj Jazdon, der über Kieślowskis Dokumentarfilme promoviert wurde, und Marek Hendrykowski gelang es, die verloren geglaubte Tonspur wiederzufinden, so dass das Polnische Fernsehen TVP den Film in HD-Qualität digital rekonstruieren konnte.

Als ein investigativer Rechercheur, der von Tür zu Tür mit einem Kamera- und einem Tonmann wandert und beinahe in jedem Take sichtbar ist, entwickelt Kieślowski hier zum ersten Mal einen selbstreferenziellen Diskurs (s. S. 496; Abb. 61–62). Zumal er in Wohnungen fremder Menschen, ohne deren Privatsphäre zu respektieren, und in Amtsstuben eindringt. Ein Vorgang, den er nachträglich dezidiert ablehnen wird. Darin erkennt man den Einfluss von *Cinéma vérité*, nutzt Kieślowski

doch die Möglichkeiten der synchronen Bild- und Ton-Aufnahmen, um mit Mikrophon in der Hand unverstellte Reaktionen zu provozieren und im Reportagestil etwas zu entdecken, während er sich in seinen späteren Dokumentarfilmen der teilnehmenden Beobachtung des *Direct cinema* zuwenden wird. Seine Bemühungen gipfeln in der Szene, in der er mit seinem Team in der Wohnung eines der Helden auf dessen Rückkehr wartet und ihn an der Türschwelle mit dem Foto in der Hand empfängt. Im Depot sucht Kieślowski dann den älteren Bruder, ebenfalls einen Berufsfahrer, auf. Als dieser die Fotografie von vor 24 Jahren in die Hand nimmt, auf der er mit einem strahlenden Lächeln abgebildet ist, bricht seine Stimme ab: Der letzte Kriegstag war zugleich der Tag, an dem seine schwer verletzte Mutter starb, wovon er im Moment der Aufnahme noch nichts wusste.

Die Szene mit dem älteren Bruder, der sich dank des Mediums Fotografie an den Tod seiner Mutter erinnert, hat für die weitere Entwicklung Kieślowskis paradigmatischen Charakter: Einerseits demonstriert sie die Magie des Kinos, die imaginative Kraft des Bildes – andererseits Barrieren, die beim Eindringen in die Privatsphäre gefilmter Personen unangetastet bleiben sollten. Gewissermaßen in abgewandelter Form taucht sie wieder in AMATOR (DER FILMAMATEUR, PL 1979) auf, wenn ein Kumpel von Filip (dem titelgebenden Filmamateur) beim Betrachten seiner mittlerweile verstorbenen Mutter, die Filip mit einer 8mm-Kamera gefilmt hat, zu ihm sagt, «das, was ihr macht, Jungs, ist wunderschön, der Mensch lebt nicht mehr, hier ist er aber weiter da». In der Momentaufnahme ist er selbst mit einem strahlenden Lächeln zu sehen, als er von der Straße aus seiner Mutter im Fenster zuwinkt (s. S. 495, Abb. 54–55).

Bilder wie in den Amateurfilmen von Filip, aber auch ganz konkret Fotos spielen als Zugang zur Wirklichkeit und zu Menschen bei Kieślowski später eine zentrale Rolle: Das Kommunionsfoto der Schwester in EIN KURZER FILM

Verschollen/wiedergefunden: DAS FOTO (1968)

53–56 DAS FOTO: selbstreferenzieller Mediendiskurs: Kamera, Ton und Foto als Sujet

ÜBER DAS TÖTEN oder der Schnappschuss von Véronique in DIE ZWEI LEBEN DER VERONIKA, der die Existenz der Doppelgängerin enthüllt. Dass das Registrieren der Wirklichkeit wiederum seine Schattenseiten hat, diese Erfahrung wird der Filmenthusiast Filip in der Kollision mit den staatlichen Institutionen machen, wenn seine Impressionen aus dem Alltag anderer Menschen, auf Zelluloid festgehalten, plötzlich eine politische Dimension erlangen. Als er sich der daraus resultierenden ethischen Konsequenzen bewusst wird, richtet er in der berühmten Schlusssequenz die Kamera auf sich selbst.

Auch Kieślowski sollte im Lauf der Jahre die Erfahrung nicht erspart bleiben, dass seine Dokumentarfilme genauso positive wie negative Auswirkungen auf das weitere Leben seiner authentischen Figuren haben konnten – die freilich nicht nur politischer Natur sein mussten. Selbstkritisch distanzierte er sich später von dieser Machart der Dokumentarfilme, deren arroganter Eingriff in die Intimsphäre des Protagonisten dessen individuelle Freiheit beschneidet:

«Nicht alles kann man beschreiben. Es ist das große Dilemma des Dokumentarfilms. Er tappt

IV. «Die Welt beschreiben»

57–59 Die Fabrik: ewige Besprechungen und Engpässe der Produktion

in die eigene Falle hinein. Je näher ich einem Menschen kommen will, desto mehr verschließt er sich vor mir. (…) Wenn ich einen Film über die Liebe mache, kann ich nicht in das Schlafzimmer eindringen, wo wirkliche Menschen sich lieben. Wenn ich einen Film über den Tod mache, kann ich nicht einen sterbenden Menschen filmen, weil dieser Vorgang so intim ist, dass man den Menschen dabei nicht stören darf. Ich habe gemerkt, dass je mehr ich im Dokumentarfilm an einen Einzelnen herankommen will, um so mehr bleibt mir das, was mich interessiert, verschlossen.»[3]

Die Fabrik (1970) / Arbeiter '71 – Nichts über uns ohne uns (1972)

In Fabryka (Die Fabrik, PL 1970) macht Kieślowski die langwierigen Besprechungen der Produktionsvorgaben durch die Direktion der Traktorfabrik «Ursus» und die Arbeitsbedingungen der Belegschaft zum Gegenstand seiner akribischen Beobachtungen: Sich ewig hinziehende Beratungen, die die Absurditäten des staatlichen Zuteilungssystems und der Versorgungsengpässe der Wirtschaft offenbaren, werden von kurzen Momentaufnahmen mit Arbeitern in der Produktionshalle konterkariert, die ihrer Arbeit mit hartem Körpereinsatz und Pflichtbewusstsein nachgehen. Als in der Schlusssequenz eine Reihe von Traktoren die Fabrik verlässt, grenzt es beinahe an ein Wunder. Im krassen Gegensatz zur forschrittsgläubigen Heroisierung der Planerfüllung in den gleichgeschalteten Medien entsprach dieser Bericht aus der Praxis den realen Gegebenheiten, die von den Kadern vertuscht und tabuisiert wurden.

Nach den Streiks und der Protestwelle vom Dezember 1970, die erst mit einem massiven Einsatz

3   Stok 1993, S. 86.

DIE FABRIK (1970) / ARBEITER '71 – NICHTS ÜBER UNS OHNE UNS (1972)

60–63 ARBEITER '71: NICHTS ÜBER UNS OHNE UNS: ein nicht verwertbares Porträt der Arbeiterklasse

von Polizei und Militär beendet werden konnten, fährt Kieślowski mit seinem Co-Autor Tomasz Zygadło in die Küstenregion, um den Film ROBOTNICY '71 – NIC O NAS, BEZ NAS (ARBEITER '71 – NICHTS ÜBER UNS, OHNE UNS, PL 1972) zu drehen – ein Dokument des erwachenden politischen Bewusstseins von Arbeitern. Paradoxerweise ist dieser Film beim WFD durch das Zentralkomitee der kommunistischen Partei bestellt worden, um «die authentischen Stimmungen der führenden gesellschaftlichen Klasse einzufangen». Wegen der blutig niedergeschlagenen Arbeiterunruhen kam es zu einem Machtwechsel innerhalb des Parteiapparats, und die neue Führungsriege um den Ersten ZK-Sekretär Edward Gierek versprach eine politische Erneuerung, die mit einer verhaltenen Kritik an den bisherigen Verfehlungen einherging. Regisseure, die im WFD für derart gefällige Auftragsarbeiten zuständig waren, winkten verunsichert ab. In der Annahme, dass die deklarierten Intentionen der Partei nach einer neuen, unverbrauchten Sichtweise verlangen, hat die Studioleitung die «jungen Wilden» Kieślowski und Zygadło mit der heiklen Aufgabe betraut.

IV. «Die Welt beschreiben»

Auch wenn zum Zwecke der eigenen politischen Legitimierung die Darstellung «authentischer Stimmungen» von Arbeitern in Auftrag gegeben wurde, erwartete die Partei nach alter Manier Zustimmung und Einvernehmen, ein wie immer propagandistisch verwertbares Porträt der Arbeiterklasse. Herausgekommen ist aber das genaue Gegenteil: Die Auftragsarbeit legt die Diskrepanz zwischen der gereizten, explosiven Stimmung unter den Arbeitern und den taktischen Beschwichtigungen der vor Ort verantwortlichen Parteifunktionäre offen. Dabei hatte sich Kieślowski nicht nur auf die Werften im Norden des Landes beschränkt, sondern auch Betriebsratssitzungen, Parteiveranstaltungen und Gespräche mit Arbeitern in anderen Großbetrieben von Posen, Stettin und Warschau gefilmt (s. S. 257, Abb. 3). Wie schon in DIE FABRIK beklagten sie sich über schlechte Organisation und Versorgungsprobleme, die die Qualität ihrer Arbeit herabminderten. Ganz zu schweigen von den niedrigen Erträgen und der materiellen Not oder dem völlig eingeschränkten Mitbestimmungsrecht und den politischen Manipulationen innerhalb des Parteiapparats.

Diese Bestandsaufnahme sozialer Zustände und gesellschaftlicher Konfliktpotenziale konnte nur in einer zensierten Fassung unter dem veränderten Titel GOSPODARZE (DIE GASTGEBER) fertig gestellt werden, die die Aussage ins Gegenteil verkehrte. Da man diese Version auf der Grundlage des Ausgangsmaterials hinter dem Rücken der Autoren neu geschnitten hatte, verweigerten Kieślowski und Zygadło die Erwähnung ihrer Namen im Vor- und Nachspann. Das Imperium schlug mit ganzer Wucht zurück: Sie mussten entweder ihre Zustimmung erteilen oder damit rechnen, keinen weiteren Film mehr drehen zu können. Daraufhin griff das Regie-Tandem zu einer List: Buchstäblich alle Namen der an der Produktion beteiligten Personen, insgesamt 100 an der Zahl, erschienen in alphabetischer Reihenfolge im Vorspann. Laut kolportierter Anekdote waren diejenigen, deren Namen mit A oder Z anfingen und am ehesten im Gedächtnis der Zuschauer haften bleiben mussten, natürlich nicht sonderlich von der Idee begeistert.

Sowohl ARBEITER '71 als auch DIE GASTGEBER wurden, wie schon AUS DER STADT LODZ und DIE FABRIK, auf den Index gesetzt. Offenbarten ARBEITER '71 die unüberbrückbare Kluft zwischen den offiziellen Phrasen und der sozialen Realität, so stellte DIE FABRIK die sich abrackernden Fabrikarbeiter den um Planerfüllung feilschenden Genossen Fabrikleitern gegenüber, wobei in beiden Fällen augenscheinlich wird, wie weit sich die «Macht des Proletariats» von den Arbeitern entfernt hat und welche feudale Dimension diese Distanz bereits angenommen hat. Ob zerfallende Bausubstanz einer Industriestadt oder Absurditäten der Mangelwirtschaft und ihre katastrophalen Auswirkungen auf die Produktionsbedingungen einer Fabrik: Kieślowski blieb seinem Grundsatz treu, eine unverfälschte Realität abzubilden.

DER MAURER (1973)

Noch deutlicher wird Kieślowski in seiner Kritik bestehender Verhältnisse, wenn er Einzelschicksale dokumentiert: In MURARZ (DER MAURER, PL 1973) zeigt er einen Mann, der nach den politischen Umwälzungen von 1956, die die Abkehr vom politischen Terror des Stalinismus einleiteten, allmählich den Glauben an Politik und Reformen verliert. Die Kamera begleitet ihn von den morgendlichen Vorbereitungen über die Massenkundgebung am Tag der Arbeit bis hin zu Gesprächen mit seinen Arbeitskollegen während der 1. Mai-Parade (s. S. 257, Abb. 4). Im Voice over lässt Kieślowski die Nachkriegsgeschichte Polens Revue passieren, erzählt aus der individuellen Sicht eines Maurers, der in den

1950er-Jahren als Vorzeigearbeiter nicht nur am Wiederaufbau Warschaus beteiligt war, sondern als Parteiaktivist ebenso am Errichten des neuen Systems mitwirkte, was ihm die Macht verlieh, aber auch die Bürde auferlegte, über menschliche Lebenswege und Schicksale zu entscheiden. Bis er sich schließlich nach den Eruptionen und Enthüllungen des Jahres 1956 desillusioniert aus dem politischen Leben immer mehr zurückzog. «Nach den Ereignissen von 1956 hat er verstanden», so Kieślowski, «dass es besser sei, ein Haus zu bauen, als eine politische Karriere zu machen.» «Ein Haus kann man anfassen und es bleibt stehen»[4] – lautet die bittere Erkenntnis des Helden. Um einen gedanklichen Kontrapunkt zu erreichen, filmt ihn Kieślowski während eines obligaten 1. Mai-Umzugs, was seine Lebensgeschichte, die er asynchron zu den Bildern erzählt, um so brisanter erscheinen lässt. DER MAURER konnte erst 1981 in der «Solidarność»-Ära, als die Zensur für knapp anderthalb Jahre außer Kraft gesetzt war, zur Aufführung gelangen. Die Geschichte des um seine Ideale betrogenen Proletariers weist Analogien zur Hauptfigur Andrzej Wajdas in DER MANN AUS MARMOR auf. Birkut, der als «Held der Arbeit» in den 1950ern zum beliebten Propaganda-Objekt avancierte und in «sozrealistischen» Wochenschauen zum Repräsentanten des politischen Systems geformt wurde, zerbricht später an seiner manipulierten Biografie.

ICH WAR EIN SOLDAT (1970) / VOR DER RALLYE (1971)

Thematisch lassen sich alle Dokumentarfilme von Kieślowski grob in drei Kategorien einteilen: Zu der ersten Gruppe gehören Filme wie

4 Kieślowski, Krzysztof: Eigene Wirklichkeit. Das polnische Autorenkino 1970–81. In: *medium* 1/1983, S. 39.

64 DER MAURER: Desillusionierung eines Vorzeigearbeiters

AUS DER STADT LODZ, ARBEITER '71 oder DIE FABRIK, die die Verfehlungen und Ineffizienz des kommunistischen Systems entlarven. Filme der zweiten Kategorie handeln von Individuen, die mit den Widrigkeiten des Alltags in diesem System leben müssen oder sich in seine ideologischen Fänge verstrickt haben – wie DER MAURER – und dadurch vor ethische Dilemmata gestellt werden. Die dritte Kategorie umfasst Filme, die um die *conditio humana*, die existenziellen Dramen des Einzelnen kreisen. Zur letzten Gruppe zählt Kieślowskis erster nach dem Abschluss im Filmproduktionsstudio der Polnischen Armee «Czołówka» realisierter Dokumentarfilm BYŁEM ŻOŁNIERZEM (ICH WAR EIN SOLDAT, PL 1970). Im Mittelpunkt dieses Films stehen Veteranen des Zweiten Weltkrieges, die in Folge ihrer Verletzungen das Augenlicht verloren haben.

Obwohl die Dramaturgie der Geschichte auf den Schilderungen der Kombattanten basiert – welche einschneidenden Veränderungen die Erblindung in ihrem Leben bedeutet hat und wie sie mit dieser Behinderung umgehen –, subsumieren sich ihre intimen, teilweise beklemmenden Berichte keineswegs zu einem Film in der *«talking heads»*-Manier. Die plastischen

Nahaufnahmen des Kameramannes von Karabasz, Stanisław Niedbalski, tragen dazu gewiss bei. Außerdem setzt Kieślowski hier zum ersten Mal Zwischentitel und weiße Blenden ein, die das filmische Material strukturieren helfen. Mit seiner Frage nach den Träumen der in ihren Entfaltungsmöglichkeiten gehandikapten Ex-Soldaten gelingt es ihm auch, die Anteilnahme an ihrem Schicksal einfühlsam einzufordern. Bei allen Unterschieden der individuellen Bewältigung legt der Film nicht nur die tiefen seelischen Wunden und existenziellen Ängste frei, sondern zeigt auch, wie die Männer ihre Verzweiflung zu bändigen und neue Lebensperspektiven zu entwickeln versuchen.

Ein Jahr später realisiert Kieślowski Przed rajdem (Vor der Rallye, PL 1971), einen Dokumentarfilm, der zwar durch sein Übermaß an technischen Details und prosaischen Fachgesprächen ermüdet und deswegen nicht zu seinen besten Werken gehört. Aus heutiger Perspektive ist die Geschichte aber nicht frei von einer gewissen Ironie: Denn die Vorbereitungen der polnischen Mannschaft zu der Rallye Monte Carlo arten zu einer Farce aus, als die Piloten beim Präparieren ihres Fiat 125p mit denselben Engpässen bei Ersatzteilen und technischem Equipment zu kämpfen haben, wie die Direktoren in der Traktorenfabrik «Ursus». Hier geht es aber nicht «nur» um getürkte Planerfüllung, sondern um die Teilnahme an einem internationalen Wettbewerb, der ausschließlich dem Vergleich des technologischen Know-hows dient.

Um so komischer wirken die Aufnahmen mit den hausbackenen Werbeaufklebern staatseigener Betriebe auf dem Rennwagen, die den propagandistischen Fassaden-Charakter des Unternehmens demaskieren. Analogien zur schäbig pittoresken Fassade des Friseursalons in Trois couleurs: Blanc (Drei Farben: Weiss, F/PL 1994), die mit Tand und Neonlichtern den exotischen Frühkapitalismus in Polen karikiert, drängen sich auf. Rückblickend erscheint der Film wie ein beiläufiger Kommentar zu den Aspirationen der damals neuen Führungsmannschaft um Edward Gierek, der Polen kraft Modernisierungsmaßnahmen im Sektor der Schwerindustrie zu den sechs führenden Wirtschaftsnationen der Welt gezählt sehen wollte. Illusionen, die durch westliche Kredite nach 1971 genährt wurden und in den «Solidarność»-Streiks 1980 einen ernüchternden Kulminationspunkt fanden.

Refrain (1972)

Bereits in seinen Hochschulfilmen beschäftigt sich Kieślowski mit Phänomenen, die Tabu-Charakter haben: Urząd (Das Amt, PL 1966) entlarvt die Auswüchse einer bürokratischen Maschinerie, die so unkontrolliert wuchern kann, dass sie die Absurditäten des Alltags in einer Mangelwirtschaft zu unüberwindbaren Hürden macht. In Refren (Refrain, PL 1972) findet Kieślowskis Ironie sechs Jahre später ein würdiges Objekt in einem staatlichen Bestattungsinstitut, wo eine in ihrer Allmächtigkeit paranoide Bürokratie den Menschen noch über den Tod hinaus in ihren Klauen hält. Gleichzeitig nutzt er diese Themenvorlage, um das in seinem Werk immer wiederkehrende Motiv der unausweichlichen Konfrontation mit der Vergänglichkeit und dem Tod zu einer geistreichen Parabel über die Absurdität des Daseins zu verdichten: Zu Beginn wird ein Toter an Hand seines Personalausweises aus dem amtlichen Einwohnerverzeichnis getilgt – zum Schluss sehen wir eine Entbindungsstation, wo die Neugeborenen registriert werden, mit nummerierten Identifikationsbinden, befestigt um ihre zierlichen Handgelenke. Ein Erzählrahmen, der in der 10-minütigen Filmminiatur den gesamten Lebenszyklus erfasst und

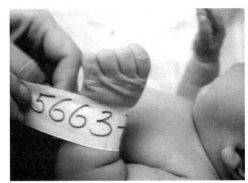

65–68 Refrain: Mangelwirtschaft und Bürokratie von der Wiege bis zur Bahre

andeutet, dass wir mit einer Nummer geboren werden und auch sterben.

Zwischen den metaphorischen «Buchdeckeln des Lebens» steht eine blind wütende, seelenlose Bürokratie, die pragmatisch und ungeachtet des Leids und der Trauer den Tod verwaltet: «Wir haben nicht genug Platz, der Sarg wird nur 70 Zentimeter hoch, Kopfstütze aus Hobelspänen, der Mann wird auf seiner Ehefrau liegen» – lauten die ebenso absurden wie grotesken Anordnungen einer Beamtin. Dieses dokumentarische Kleinod, untermalt von einer barocken Musik, die die Fahrrad-Rundfahrten der Aufseher auf dem breit angelegten Friedhof begleitet und As-soziationen an das *Memento mori* hervorruft, ist ein gutes Beispiel für Kieślowskis sardonischen Humor, der auch dem schlimmsten Schrecken, was Anderen das Blut in den Adern erstarren lässt, noch etwas Komisches abgewinnen kann: Wie in Dekalog 10, wenn einer der Brüder sogar seine Niere dafür hergibt, um eine Briefmarke illegal zu beschaffen und so ein wertvolles Briefmarkenset zu vervollständigen.

Einerseits fällt in Refrain die befremdlich wirkende Vorsorge von Menschen auf, die sich Jahre und Jahrzehnte im voraus bereits «ihre» Grabstelle sichern möchten – andererseits die Unverfrorenheit der Beamten, die mit ihren

Klienten umspringen, als ob sie selbst über den Tod erhaben wären. Reminiszenzen an Kafkas Bürokratie-Parabel *Das Schloss* bleiben nicht aus. Immer wieder schwenkt die Kamera vom künstlich verdunkelten Innenraum der Amtsstube zum offenen Fenster hin und registriert die Geschäftigkeit im entrückten Alltag der realen Welt: auf der einen Seite eine irreale Atmosphäre im Innern des Bestattungsinstituts, das selbst wie ein Orkus aussieht, auf der anderen Seite das pulsierende Leben von Menschen draußen, die dieser «Bürokratie des Todes» irgendwann doch nicht werden entrinnen können.

Probleme mit der Zensur

Kieślowskis Kritik verhallt nicht in der Wüste. Bis auf Ich war ein Soldat und Refrain sind alle seine Dokumentarfilme von Anfang an von rigiden Zensurmaßnahmen betroffen. Sogar Das Foto entgeht nicht ihrem Zugriff, da die Art und Weise, wie Kieślowski auch existenzielle Themen angeht, mit den offiziellen Verlautbarungen der Propaganda kollidiert: Das Foto gilt lange als verschollen und wurde bis zu seiner Wiederentdeckung bei großen Retrospektiven nicht gezeigt. In einem unveröffentlichten Interview mit Andrzej Kołodyński berichtet Kieślowski 1973 davon, wie er den Versuch unternommen hatte, eine Kopie auf eigene Kosten ziehen zu lassen, da er diesen Film damals noch für seinen bislang besten hielt und sich absichern wollte. Nachdem zuerst beide Kopien nach und nach verschwunden waren, musste er mit Entsetzen feststellen, dass auch das Negativ des Films im Fernseharchiv nicht mehr vorhanden war.

Die Tatsache, dass fast alle seine Filme beschlagnahmt wurden, erfüllte ihn zu diesem Zeitpunkt mit Zukunftsängsten, die Kieślowski mit dem Mut der Verzweiflung zu kanalisieren versuchte:

«Ich nehme (das Geld, Anm. d. Verf.) und mache es. Aber bedenke, wie lange wird es noch dauern? Von den Filmen, die ich im WFD gemacht habe… ich kann sie abzählen… sechs habe ich gemacht. Vier davon sind zurückgestellt worden. Also haben sie bereits keine Lust, dass noch mehr solche Filme entstehen. Aus der Stadt Lodz darf man nicht aus dem Archiv nehmen, ich weiß nicht warum. Die Fabrik darf man absolut nicht nehmen, der Titel ist rot unterstrichen… Von Arbeitern kann keine Rede sein. Den Maurer darf man auch nicht. Da hast Du schon vier Filme. Die zwei übrigen – das sind Filme über Beamten (Refrain) und Vorbereitungen des Fiat zum Rennen in Monte Carlo (Vor der Rallye), dieser ist übrigens auch nie in die Kinos gekommen, weil der Direktor von FSO (Fabryka Samochodów Osobowych, die staatliche PKW-Fabrik in Warschau, Anm.d.Verf.) es durchgesetzt hat, dass der Film nicht anläuft. Es ist zwar kein guter Film, darum geht es aber nicht. Es geht um die Tendenz, um Sachen, die man ansprechen kann und die, die man nicht darf. Bei sechs Sachen, die ich angesprochen habe, durfte ich fünf davon nicht ansprechen, wie es aussieht.»[5]

Auf die Frage, welchen Sinn es habe, Filme für die Archivregale zu machen, antwortete Kieślowski trotzig, er mache sie für sich selbst. Seine antiquierte Selbstachtung verlange von ihm, die eigene Integrität zu wahren, auch um den Preis des ausgebliebenen Erfolgs und der nicht erklommenen Stufen der Karriereleiter. Hätte er in diesen vier Jahren die Filme gemacht, die man von ihm erwartet hat, würde er nicht bereits problemlos große, hoch budgetierte Filme herstellen können, die überall aufgeführt werden, entgegnete er auf die Frage.

---

5 Kołodyński, Andrzej: Kieślowski: dwie rozmowy. Wywiad nie do druku (14.XII.1973). In: *Kino* 5/1996, S. 4.

Exkurs: «Regalfilme» und staatliches Mäzenat[6]

Ein Paradoxon des polnischen Kinos, besonders für den avancierten und tendenziell oppositionellen Autorenfilm, resultierte aus den Produktionsbedingungen: der Subventionierung bzw. Budgetierung der ins Staatseigentum überführten Kinematografie. Der Preis dafür war die strikte Zentralisierung der Filmindustrie und ihre administrativ-ideologische Kontrolle durch die Partei. Die Verstaatlichung der Kinematografie ermöglichte zwar die Begründung des Status von Film als Kunst. Unabhängig von Geld und den Gesetzen des freien Marktes konnte der Film in allen Sparten des Mediums[7] zu einer künstlerischen Blüte finden, die im Westen nicht finanzierbar gewesen wäre, da er elitär, hoch ambitioniert bis experimentell daherkam. Die Kehrseite dieser finanziellen Absicherung waren jedoch Einschnitte in die künstlerische Freiheit – man gestand den Filmemachern nur zu, was im Inte-resse des Staates lag; ihre Projekte mussten analysiert und kontrolliert, das Drehbuch für die Produktion freigegeben werden. Aber selbst die sperrigsten Filme wurden zumindest realisiert, auch wenn sie anschließend in den Giftschränken der Zensur verschwanden. Im Extremfall drohte die Vernichtung des Filmmaterials, wie 1982 bei der Prüfung von Ryszard Bugajskis Abrechnungsfilm PRZESŁUCHANIE (VERHÖR EINER FRAU, 1982/89), der während des Kriegszustands geschnitten wurde – vielleicht dem bekanntesten Zwischenfall dieser Art in Polen.[8] Wie der berühmte DEFA-Jahrgang 1965/66 und Dutzende von Filmen, die seit Mitte der 1960er-Jahre in der Sowjetunion auf Eis gelegt wurden, führten nach der Tauwetterperiode auch in Polen die allmählichen Verschärfungen der Zensur seit 1961 zur Stagnation. Filme von Roman Polański und Jerzy Skolimowski wanderten in die Tresore der Macht, wodurch die weitere Entwicklung einer «polnischen Neuen Welle» unterbunden wurde. Ein ähnliches Schicksal ereilte nach 1981 das «Kino der moralischen Unruhe». Die «Regalfilme» bildeten folglich in den 1970er-/1980er-Jahren ein Spezifikum der polnischen Kinolandschaft.

Obwohl die vom Staat kontrollierte und hochdotierte Kinematografie im vorgegebenen Rahmen weiter funktionieren musste, übernahm der Film jeweils in den aufrührerischen Zeiten der gesellschaftlichen Proteste eine Vorreiterrolle. Das Phänomen, dass der Staat so großzügig Filme finanzierte, die er dann selbst für staatsfeindlich erklärte, mutet heute unbegreiflich an. Staatliches Mäzenatentum, ohnehin unrentabel, ließ sich nur mit ideologischem Profit rechtfertigen. Blieb jener aus, führte das System sich selbst *ad absurdum*. Nur ein Staat, der die grundlegenden Wirtschaftskriterien missachtete, konnte sich den Luxus leisten, Geld für eine Kunst auszugeben, die ihm weder einen ökonomischen noch einen ideologischen Nutzen einbrachte. Dass wiederum die unbequemen Werke entstehen konnten, hatte

---

6   Eine unschätzbare Informationsquelle für die Produktionsbedingungen polnischer Kinematografie liefert Edward Zajičeks *Poza ekranem. Kinematografia polska 1918–1991*; vgl. auch Edward Zajiček (Hg.): *Encyklopedia kultury polskiej XX wieku. Film. Kinematografia*, Warszawa 1994. Eine vergleichende soziologische Analyse der Zensurmechanismen in VR Polen und den USA (im Vergleich des sozialistischen und demokratischen Staatsmodells) bietet Anna Misiaks *Kinematograf kontrolowany: Censura filmowa w kraju socjalistycznym i demokratycznym (PRL i USA)*, Kraków 2006.

7   Besonders im Fall von Animations-, Dokumentar-, Jugend- und Kinderfilmen war es ein spezifisches Phänomen, weil im Westen diese Gattungen in der Auswertung bis heute defizitär bleiben, in Marktnischen oder mit Hilfe von staatlichen Förderungen entstehen, was ihr produktionstechnisch-distributorisches Spektrum erheblich einengt.

8   Zur Entstehungs- und Verbotsgeschichte von VERHÖR EINER FRAU vgl. Ryszard Bugajski: *Jak powstało «Przesłuchanie»*. Warszawa 2010.

mit immer wieder dem Staat abgetrotzten Reformen der Produktionsstrukturen zu tun. Die Filmgruppen als selbstverwaltete Filmautoren-Kollektive konnten in relativer «Autonomie» Filme produzieren, da nicht mehr unmittelbar der Staat, sondern deren Produktionsleiter die Projekte zur Produktion freigaben. Sie brachten sie mit den künstlerischen und literarischen Leitern, die die Entstehung der Filme von der Idee über die Stoffentwicklung bis zur fertigen Filmkopie begleiteten, quasi als «Subproduzenten» auf den Weg, so dass die Kontrollorgane oft die nicht konformen Produktionen erst im Vertrieb verhinderten.

Industriefilme

Bedingt durch die Probleme mit der Zensur, die damals die Auswertung seiner Dokumentarfilme im Kino verhinderten, was auch mit finanziellen Einbußen verbunden war, drehte Kieślowski zusammen mit seinem Kameramann Jacek Petrycki 1972 im WFD zwei Industriefilme, die im Auftrag eines großen Industriekombinats in Südwestpolen entstanden sind. Anfang der 1970er-Jahre baute man im niederschlesischen Lubin, wo 1957 große Kupfervorkommen entdeckt worden waren, Förder- und Industrieanlagen aus und warb dafür Arbeiter und Arbeiterinnen aus ganz Polen an. In dem Auftragsfilm MIĘDZY WROCŁAWIEM A ZIELONĄ GÓRĄ (ZWISCHEN WROCŁAW UND ZIELONA GÓRA, PL 1972) sollten junge Menschen durch Neubauwohnungen, Kinderkrippen, soziale Leistungen und besser als im Durchschnitt bezahlte Jobs dazu animiert werden, in dem Lubińskie Zagłębie Miedzi (Lubiner Kupferabbaugebiet) Arbeit aufzunehmen. Eines der Kupferbergwerke in Lubin gab beim WFD auch einen Lehrfilm mit Instruktionen zum effektiven Arbeitsschutz der Bergarbeiter unter Tage in Auftrag, den Kieślowski unter dem Titel PODSTAWY BHP W KOPALNI MIEDZI (GRUNDLAGEN DES ARBEITSSCHUTZES IN EINEM KUPFERBERGWERK, PL 1972) realisierte. Für diese «sozialistischen» Werbefilme wurden erheblich höhere Honorare bezahlt und Kieślowskis Frau erwartete gerade ein Kind. Besonders dem zweiten Film ist aber anzumerken, dass die Filmcrew ihrem Auftrag durchaus auch amüsante Momente abgewinnen konnte. Etwa in einer Szene unter Tage mit einem Förderband, in der Kieślowski vor der Kamera in einem Rollenspiel die Instruktionen demonstriert und dabei an sich selbst den Verlust von Extremitäten simuliert.

DURCHLEUCHTUNG (1974)

Um sich eine Verschnaufpause von problematischen Themen zu gönnen, realisierte Kieślowski zur Abwechslung einen kurzen unverfänglichen Dokumentarfilm – PRZEŚWIETLENIE (DURCHLEUCHTUNG, 1974) –, der die Thematik des Todes aus REFRAIN auf einer anderen Ebene fortsetzt. Wie in ICH WAR EIN SOLDAT geht es hier um die Isolation von Menschen, die durch Krankheit dem normalen Leben entrissen worden sind: Patienten eines Sanatoriums mit schwerer Tuberkulose, die durch ihre lebensbedrohliche Erkrankung erst erkannt haben, wie stark sie eigentlich noch am Leben hängen (s. S. 257, Abb. 1). Man merkt es diesem etwas langatmigen Film an, dass Thomas Mann mit seinem Roman *Der Zauberberg* hier Pate gestanden haben könnte: Kieślowski fotografiert in einer Sequenz die Insassen in einem Wald von oben und im Nebel, was der Szene einen irrealen, symbolischen Charakter verleiht, als ob sie in einem zeitlichen Interregnum verweilen würden. In einer anderen Szene verwandelt sich die tagtägliche Medikamentenverabreichung auf der Veranda des Sanatoriums in eine ritualisierte Zeremonie, die an die Kommunion erinnert. Der anklagende Einspruch der Patienten gegen eine Existenz im Angesicht des Todes, im Fall der Tuberkulosekranken mit der Notwendigkeit eines Lebens in Einsamkeit verbunden, verweist in Dialogen auch auf autobiografische Erfahrungen von Kieślowski mit dem sukzessiven Tod seines Vaters. Dessen Erkrankung an Tuberkulose warf über Jahre hinweg einen langen Schatten auf das Familienleben. Diese frühkindliche Konfrontation mit der Endlichkeit des Daseins hat Kieślowski trotz seiner ständigen Dementis gewiss dafür konditioniert, mit der Zeit immer intensiver und eindringlicher über die Brüchigkeit von Bindungen und Beziehungen, über die Vergänglichkeit und Unausweichlichkeit der menschlichen Existenz zu reflektieren.

Intimes Tagebuch

Während die Verarbeitung autobiografischer Elemente in den späteren Spielfilmen Kieślowskis eher durch die Einflechtung einzelner Motive und auf der Ebene von Emotionen stattfindet, kann man konstatieren, dass die Filme seines Frühwerks wie Das Personal oder Der Filmamateur und vor allem seine Dokumentarfilme auf konkrete Erlebnisse aus seinem Leben zurückgehen. Dabei spielen diese Vorkommnisse nicht nur die Rolle einer Inspiration, sondern führen als Initialzündung oft dazu, sie durch das Medium Film zu verarbeiten und verstehen zu lernen. Kieślowski beschäftigt sich bevorzugt mit Sachen, die ihn angehen oder passionieren: sei es mit der Krankheit Tuberkulose und ihren Konsequenzen für die Betroffenen, sei es mit der Stadt Łódź, die ihn in seiner Studienzeit so fasziniert hatte, dass er sie in einem dokumentarischen Porträt gewürdigt hat, sei es mit dem Motorsport, wenn man weiß, dass er «Rallyes» in den Straßen Warschaus mit seinen Kollegen veranstaltete und

9   Zawiśliński 1994, S. 75–76.

69 Durchleuchtung: Sanatorium für Tuberkulosekranke

sich zum Zeitpunkt der Arbeit an dem Film Vor der Rallye seinen ersten Wagen gekauft hatte.

Dass er oft Themen aufgriff, die mit bestimmten Ereignissen in seinem Leben korrespondierten, davon weiß sein langjähriger Kameramann Jacek Petrycki zu berichten:

«Petrycki erzählt, dass Kieślowski sich die Themen der Filme aus dem Fundus seiner unmittelbaren Erfahrungen herauspickte. Als ob er sie für sich selbst untersuchen, verstehen möchte. Vor dem Kauf seines ersten eigenen Wagens hat er zum Helden seines Films Krzysztof Komornicki auserkoren, einen Rennfahrer, und zeigte dessen Ringen mit der Wirklichkeit. Versammlungen, Sitzungen, die ganze kafkaeske Atmosphäre der Unzulänglichkeit und Orwellscher Umzingelung hat in Vor der Rallye einen idealen Niederschlag gefunden … Die Kindheit hat Kieślowski in den Zügen verbracht, außerdem fuhr er mit der Mutter zu dem tuberkulosekranken Vater. Es sollte seine Inspiration zum Film Durchleuchtung werden … Er hat eine Tochter bekommen; als er sich um seine Frau und das Baby kümmerte, ist er auf diese Sphäre unserer Welt gestoßen (…); es hat seine Einbildungskraft in Gang gesetzt, und so ist der Film Erste Liebe entstanden.»[9]

IV. «Die Welt beschreiben»

Laut Petrycki[10] ging diese Inspiration soweit, dass Kieślowski in ERSTE LIEBE ganze Sequenzen authentischen Vorfällen aus seiner Biografie nachempfunden hat: Wenn die hochschwangere Heldin auf einer Parkbank von zufällig getroffenen Frauen mit ihren Horrorerzählungen über die Geburt traktiert wird, so entspreche diese Szene den Erfahrungen von Maria Kieślowska. Im Film wollte er sie mutwillig einbauen und wies seine Heldin an, sich auf die Bank im Park zu setzen und ansprechen zu lassen. In die späteren Dokumentarfilme finden autobiografische Komponenten Einzug in Form von gedanklichen Leitmotiven und Ideen des Regisseurs, die von ihm aus der Masse des filmischen Ausgangsmaterials durch Montage herausgefiltert werden. Der britische Filmkritiker Paul Coates ist davon überzeugt, dass darin auch die Bedeutung liegt, die Kieślowski der Montage beimaß. Demnach weist die besondere Rolle der Montage auf Kieślowskis Bestreben hin, diejenigen Stimmen zu destillieren, die seine Meinungen wiedergeben würden.[11]

So, wie es offensichtlich in seinen letzten Dokumentarfilmen WEISS NICHT und SPRECHENDE KÖPFE der Fall ist. Ähnlich scheint dieses Prinzip in den Filmen ICH WAR EIN SOLDAT und DURCHLEUCHTUNG zu funktionieren: Die Aussagen der erblindeten Veteranen und kranken Patienten über ihre Anpassungsschwierigkeiten an die neue Lebenssituation und das Gefühl der Entfremdung sind so zusammengestellt, als ob sie die eigenen Erfahrungen des Regisseurs widerspiegeln würden. Sie sind die Voraussetzung dafür, um bestimmte Empfindungen, denen eine Schlüsselrolle in Kieślowskis Werk zukommt, überhaupt erst thematisieren zu können: Empathie in bezug auf Leid und Vergänglichkeit oder Zweifel und Ohnmacht, die in WEISS NICHT titelgebend die Ambivalenz ethischer Handlungsmodelle implizieren. Das Bedürfnis danach, sich der Zweideutigkeit bestimmter unausweichlicher Entscheidungen entziehen zu können, artikuliert wiederum einer der Befragten in SPRECHENDE KÖPFE durch den Begriff «Ruhe», der den polnischen Titel des Films GEFÄHRLICHE RUHE bildet. Alles Topoi und Termini, die in Kieślowskis Rezeption mit seiner Persönlichkeit verbunden bleiben.

DER LEBENSLAUF (1975)

«Wir drehten auch einige Filme über Institutionen und Organisationen und prangerten die dort herrschenden Verhältnisse, Gleichgültigkeit, Bürokratie und Ungerechtigkeit an. Dabei richteten wir unser Augenmerk hauptsächlich auf diejenigen, die es gerne anders hätten und versuchen, die Missstände abzuändern, zumindest aber Freiräume für Ehrlichkeit, Mitgefühl und Würde zu schaffen»[12] – so Kieślowski über die Intentionen seiner Generation, der gesellschaftlich-politischen Gegenwart näherzukommen. Angefangen mit DER MAURER, beschäftigt er sich in seinen Dokumentarfilmen immer wieder mit Menschen, die sich entweder im guten Glauben oder als Exponenten des Systems der kommunistischen Ideologie verschrieben haben, um angesichts realer Verfehlungen, von Korruption, Arroganz der Macht oder zynischen Unterdrückungsmechanismen, ihre Integrität und Würde wieder teuer erkaufen zu müssen.

In ŻYCIORYS (DER LEBENSLAUF, PL 1975) begleitet er folgerichtig die Prozedur eines Parteiausschlussverfahrens, in dem ein Systemträger, der nur elementare ethische Grundsätze zu verteidigen versuchte, mit diffizilen Fragen in einen

---

10 Petrycki, Jacek: Kiedy jeszcze lubiliśmy rejestrować świat. In: Lubelski 1997, S. 180.
11 Coates, Paul: Usuwanie się w cień. In: Lubelski 1997, S. 130.
12 Kieślowski 1983, S. 39.

demütigenden Rechtfertigungszwang manövriert wird. Wie Arbeiter '71 entstand Der Lebenslauf auf Bestellung der Partei, diesmal als ein Lehrfilm für innerparteiliche Fortbildung. Nach dem Debakel mit Arbeiter '71, das ihm beinahe ein Berufsverbot eingebracht hätte, hat Kieślowski dazugelernt: Nicht die Partei, Wahlfälschungen oder Streiks, also Themen, die die Berechtigungsgrundlage des Systems antasteten, sondern die Perspektive ihrer einzelnen Repräsentanten machte er jetzt zum Sujet seiner Filme. Eine selbstauferlegte Beschränkung, die sich durchaus als richtige und teilweise erfolgsbringende Strategie erweisen sollte.

70 Der Lebenslauf: die Parteikommission tagt

Einerseits suchte Kieślowski zu diesem Zeitpunkt den Dialog mit verantwortlichen Funktionären, Menschen des Systems, um ihre Intentionen und Motivationen besser verstehen zu lernen, um gewissermaßen nachvollziehen zu können, wie dieses System in seinem Innern funktioniert. Andererseits hoffte er damals noch, mit dieser Taktik eventuell sogar eine subversive Wirkung erreichen zu können. Nicht zuletzt bot ihm diese Camouflage aber auch die Chance, im Auge des Orkans Filme überhaupt drehen zu können, die zumindest von einem, wenn auch sehr spezifischen Publikum gesehen wurden. In diesem Kontext erinnert sich Jacek Petrycki:

> «Eben bis zum Film Der Lebenslauf (1975) hat man seine Filme laufen lassen oder nicht, die zensierten landeten in Regalen, und damals hat Kieślowski ein neues Produktions- und Vertriebsnetz geschaffen – für parteiliche Bildungsarbeit. Von sich selbst behauptete er, er sei ein Slalomfahrer, der die Hürden und von Beamten aufgestellten Hindernisse umfahren muss. Und Filme, die man für die geschlossenen Zirkel der Partei vorbereitete, boten die Möglichkeit, sie zu produzieren, aber auch zu einem spezifischen Publikum vorzudringen, diesem einen Dialog anzubieten, der den des Runden Tisches vorwegnahm (Anspielung auf die Verhandlungen zwischen dem kommunistischen Regime und der Opposition 1987, die zu den ersten freien Parlamentswahlen und dem Sieg von Tadeusz Mazowiecki geführt haben, Anm. d. Verf.). So ist Der Lebenslauf entstanden. Ebenfalls Żyć czy spać (Leben oder schlafen / Verleihtitel Weiss nicht) über den Parteigenossen und Direktor einer Handschuhfabrik, der reingelegt wurde, weil er verhindern wollte, dass gestohlen wird. Krzysztof konnte dort, wo es nötig war, nachweisen, dass so eine Analyse notwendig ist, mehr noch, bei einem dieser Filme hat er sich einen ZK-Lektor von Marlene (Schule des Marxismus-Leninismus) geholt. Und auf diese Weise hat er das erreicht, was er wollte – einen wahren Film über wahre Mechanismen, über die unvermeidliche Demoralisierung in diesem System.»[13]

Ob die vermeintlichen Adressaten bei den innerparteilichen Sichtungen den subversiven Subtext von Der Lebenslauf verstanden hatten oder aber die registrierten Spielregeln und Mechanismen eines solchen demagogischen Parteitribunals eben als reine Gebrauchsanweisung aufnahmen, sei dahin gestellt. Der Film wurde

---

13 Zawiśliński 1994, S. 77.

jedenfalls gezeigt und diskutiert, auch außerhalb der Parteikreise, was eher dafür spricht, dass die Auftraggeber diesmal keinen Instinkt in Bezug auf seine explosive Ladung bewiesen haben: die moralische, aber auch intellektuelle Zweideutigkeit der objektivierenden Methode von Kieślowski. Die nackte Wirklichkeit entlarvte sich dank dieser Praxis selbst: auf der Basis ihrer eigenen Gesetzmäßigkeit, ohne Kommentar und besserwisserische Eingriffe oder Lenkungsversuche.

Gezielt verbindet Kieślowski hier zum ersten Mal Dokumentar- und Spielfilmelemente, um neben möglichst authentischen Aufnahmen auch psychologische Prozesse im Verhalten der Protagonisten zu zeigen: Der fiktive Fall eines Anton Gralak, der wegen Insubordination von der Partei ausgeschlossen wird, kommt als eine Art Fallstudie vor einer realen Parteikontrollkommission zur Verhandlung. Hinzu kommen brisante Details, die sich Kieślowskis Methode einer beharrlichen, durchdringenden Beobachtung der Wirklichkeit verdanken: Die Kamera hält immer wieder ihr Auge auf die Hände eines der ideologischen Gralshüter, die ein goldenes Altherren-Signet ziert, gewiß kein Attribut proletarischer Gesinnung, schon eher ein Symbol kleinbürgerlicher Sehnsucht nach Erhabenheit und aristokratischer Dignität.

War dies der Ausdruck eines falschen Elite-Bewusstseins und proletarischen Parvenü-Gehabes, den die Kamera nur objektiv, scheinbar beiläufig, aber umso erbarmungsloser im Bild festhielt? Ein Verfahren, das Kieślowski in seinen Spielfilmen zu einer wahren Meisterschaft bringen wird: vermeintlich belanglose Details, die im Kontext der erzählten Geschichte eine tiefe Bedeutung erlangen, ein Geheimnis vorausdeuten, eine Idee tragen, unerklärliche Konvergenz oder Symmetrien und Analogien ins Bewusstsein rufen. Auch der Rückzug auf einen individuellen Helden, aus dessen Lebensgeschichte die politisch und gesellschaftlich brisanten Zusammenhänge herausgefiltert werden, wie durch ein Vergrößerungsglas die übergeordneten Zusammenhänge zum Vorschein kommen, mutet bereits wie eine Präfiguration der späteren Versuchsanordnungen an, des Erzählens in Varianten, das die Ambiguität der Wirklichkeit offenbart: «dass meine Wahrheit nicht die einzige Wahrheit ist, dass gegebenenfalls die Wahrheit gar nicht fotografiert werden kann, dass man, um zu ihr vorzudringen, die Welt aus zwei, drei (wie in Rashomon) oder sogar aus hundert Perspektiven betrachten müsste.»[14] Aus solcher Skepsis heraus ist Kieślowskis Neigung zu erklären, die fiktiven Biografien seiner Helden in Varianten und aus unterschiedlichen Blickwinkeln, wie in Der Zufall möglicherweise oder der Drei Farben-Trilogie, zu erzählen.

Die realen Beratungen der Parteikontrollkommission zu einem fiktiven Fall fügen sich in ihrer modellhaften Polyphonie der Stimmen und für die Partei repräsentativen Standpunkten zu einer Versuchsanordnung: Sezierend werden so der demagogische Umgang mit der individuellen Wahrheit, Mangel an ethischen Grundsätzen und die ebenso selbstgefällige wie zynische Einmischung in die Privatsphäre des Helden (Kirchenheirat oder Taufe des Kindes, die dem Dogma des Atheismus zuwiderliefen) offengelegt. «Dies war der erste Film über das Innenleben der Partei, der dieses darüber hinaus auch noch kritisch betrachtete.»[15] Gerade die Mechanismen und Methoden eines inquisitorischen Tribunals interessierten Kieślowski am meisten. «Ich habe panische Angst vor den Politikern, Priestern, Lehrern, vor allen, die Weisungen erteilen, wissen. Ich bin tief davon überzeugt, dass niemand wirklich weiß. Immer finden sich aber Leute, die ‹wissen›. (…) Ausgerechnet Stalin und Hitler ha-

---

14 Ebd., S. 75.
15 Kieślowski 1983, S. 39.

ben ‹gewusst›. Das ist gerade ein Fanatismus, der aus dem absoluten Wissen resultiert.»¹⁶

Das Motiv eines Tribunals zieht sich auch in unterschiedlichen Variationen wie ein roter Faden durch das fiktionale Werk Kieślowskis von Das Personal über Ein kurzer Arbeitstag und Ohne Ende bis hin zu Ein kurzer Film über das Töten. Als er 1976 für Der Lebenslauf mit dem prestigeträchtigen Preis der damals vergleichsweise liberalen Wochenzeitung *Polityka* ausgezeichnet wird, veröffentlicht *Polityka* aus diesem Anlass ein Interview mit Kieślowski unter dem ebenso bezeichnenden wie beinahe schon seine weitere Entwicklung antizipierenden Titel *Zaglądać ludziom pod czaszkę* (Den Menschen unter die Schädeldecke schauen). Darin bekennt Kieślowski, bei aller Abneigung zu seinem Beruf (sic!), nur aus Neugier noch am Dokument festhalten zu können und das Dokumentarische in die Fiktion transformieren zu wollen. Auf die Frage, was ist notwendig, um aus einem Dokumentarfilm einen Spielfilm zu machen, antwortet er: «Übertragung in die Fiktion der Konstruktion, der Dramaturgie des Dokumentarfilms. Einer Dramaturgie, die zerzaust ist, nicht immer eisern geschlossen, gespickt mit Digressionen – wo nicht die Aktion, sondern die Sache die Handlung antreibt, manchmal auch nur die Stimmung. Einer Dramaturgie der nicht vollendeten Sätze, skizzierter Figuren, einer Dramaturgie, die dem Leben entsprungen ist.»

Den fiktiven Lebenslauf für Anton Gralak – ein Name übrigens, den auch sein Titelheld in Gefährliche Ruhe tragen wird – schrieb Kieślowski selbst, wenn auch der authentische «Darsteller» der Figur in seiner eigenen Biografie über ähnliche Erfahrungen verfügte und aus der Partei ausgeschlossen wurde. Die zwischen «Wahrheit und Fiktion» angelegten Dokumentarfilme sollen auf diese Weise gesellschaftliche

16 Stok, S. 36.

71–72 Der Lebenslauf: Mitglieder im Ausschlussgremium

Missstände im Kern offenbaren. In einem System, wo Medien ihre Kontrollfunktion gegenüber dem Machtapparat eingebüßt haben, wird so der Film zum Sprachrohr öffentlicher Meinung:

«Wir waren denselben Bedingungen ausgeliefert, rührten tagtäglich an die Wundstellen der Wirklichkeit, die uns, wie alle Polen auch, mit Widrigkeiten, sozialer Ungerechtigkeit, einem deutlich sichtbaren Auseinanderdriften von Worten und Taten zusetzte. Die Unterstützung der Leute, die immer häufiger in unsere Filme kamen, gehörte uns sicher deshalb, weil wir die Tatsachen genauso sahen und beurteilten wie sie. (…) Wir waren uns dessen bewusst, dass es nicht gelingen würde, alle Ereignisse zu beleuchten, unter Umständen nicht einmal die wichtigsten, aber wir wollten und mussten versuchen, auf das zu reagieren, was sich ja vor unseren Augen abspielte!»[17]

Bei seiner Formel einer sozialkritischen Filmpublizistik, die, statt eindeutige Urteile vorzugeben, detailversessen einen Ausschnitt der Realität mit der Kamera erkundet, kommt es Kieślowski darauf an, die adäquaten Fragen zu stellen. Misstrauen gegenüber fertigen Diagnosen und einfachen Rezepten mischt sich dabei mit dem Eingeständnis, erst auf der Suche nach der Erkenntnis zu sein. Diese Methode lässt sich im Dokumentarfilm zu der Frage simplifizieren: «Wie ist es?», um sich später in Kieślowskis Spielfilmen auf das existentialistische Dilemma «Wie leben?» auszuweiten.

Erste Liebe (1974)

Diese Frage scheint Kieślowski auch privat stark beschäftigt zu haben – zu einem Zeitpunkt, als er selbst eine Familie gegründet hatte und Anfang der 1970er-Jahre Vater wurde. Die damit verbundenen Einschnitte wollte er in einem Dokumentarfilm ergründen. Im Zuge der Dokumentation zu diesem Projekt suchte er auch programmatisch nach einem sehr jungen Paar, dessen Eintritt ins Erwachsenenleben er mit einer Kamera begleiten könnte. Seine hypothetische Annahme lautete: Man wird erst wirklich erwachsen, wenn man eine Familie gründet und Verantwortung für andere übernimmt. Außerdem wollte er seine eigenen Erfahrungen aus dieser Zeit in den Film einfließen lassen, den ganzen Horror, den seine Frau Maria und er, wie Jacek Petrycki berichtet, durchmachen mussten, als sie die Geburt ihrer Tochter Marta erwarteten:

«Bis jetzt haben wir Filme darüber gemacht, wie schrecklich es bei uns in der Arbeit, Produktion, in all diesen Lebenssphären ist, in denen die Quintessenz des Sozialismus unübersehbar war. Natürlich, noch etlichen Generationen würden sie erklären, dass es nicht läuft, weil es Deformationen gibt, oder der Direktor hat versagt, oder schon wieder ist etwas nicht geliefert worden… Aber wenn dieses System den Menschen so in einem Bereich verletzt, der am meisten gehütet werden müsste, dann ist es wirklich nicht in Ordnung. Außerdem war es ein symbolischer Bereich: Was sieht ein Mensch, der zum ersten Mal seine Augen öffnet? Die titelgebende ‹erste Liebe› war ein wenig wie der ‹erste Kreis› der Hölle, wie bei Solschenizyn.»[18]

In Pierwsza miłość (Erste Liebe, PL 1974) begleitet die Kamera das Liebespaar Jadzia und Romek Moskal, beide 17 Jahre alt, von dem Moment an, als sie zu heiraten beschließen, weil Jadzia im vierten Monat schwanger ist, über alle Stationen ihres Weges: zum Arzt, zur Schule, wo Jadzia von einem Kollegium die Note in der Führung wegen der Schwangerschaft herabgesetzt wurde, zum Standesamt, bei der Wohnungssuche, schließlich bei der Einrichtung ihres provisorischen Zimmers und der Geburt der Tochter Ewa. Am Ende des Films blickt die junge Familie auf ihr bisheriges Leben zurück und stellt Überlegungen über die Zukunft der kleinen Tochter an. Als Kieślowski nach mühseliger Suche seine Helden gefunden hatte, begann für ihn die einjährige Beobachtungsphase: Er wollte ganz genau die Situationen wiedergeben, mit denen seine Familie in demselben Lebensabschnitt konfrontiert wurde.

Erste Liebe besticht durch die Offenheit und Unmittelbarkeit im Verhalten der beiden Lieben-

---

17 Kieślowski 1983, S. 37 und 38.
18 Petrycki 1997, S. 180.

den, die allen Widerständen der Institutionen und der anfänglichen Reserviertheit der Eltern zum Trotz ihre Liebe in bedrückend schwierigen materiellen Verhältnissen verteidigen können, was der Film mit sehr viel Wärme und Anteilnahme registriert. Für Kieślowski bewahrheiteten sich in dieser Arbeit[19], wie Jacek Petrycki berichtet, exemplarisch die Thesen seiner Diplomarbeit: Die Realität diktierte hier die ganze Konstruktion und Handlung der Geschichte. Und weil es so im Kern war, konnte man bei Details Einfluss auf das Geschehen nehmen. Diese Einmischung in die Geschicke seiner Helden erklärte Kieślowski später aus der Notlage heraus, bei nur 30 bis 40 effektiven Drehtagen Situationen auch provoziert haben zu müssen, um zu dramaturgisch verwertbaren Ergebnissen kommen zu können.

Die Equipe schreckte sogar nicht vor einer Denunziation zurück, da das Paar in seinem untermieteten Zimmer ohne Meldung lebte, die damals für Zugezogene in Warschau nicht zu haben war – noch so eine Absurdität des zentralistischen Zuteilungssystems, um auf diese Weise die Wohnungsnot in den Großstädten mit all ihrer sozialen Brisanz einzudämmen. Wer keine Meldung hatte, konnte auch keinen Wohnungsantrag in einer Genossenschaft stellen (s. S. 257, Abb. 2). Das Manöver war sehr riskant, weil die Intervention eines Polizisten für die mittlerweile hochschwangere Jadzia mit unabsehbaren Folgen verbunden war. Sie wusste sich aber, obwohl nicht eingeweiht, selbst zu helfen.

Die Szene hatte dramaturgisch eine enorme Wirkung, die Kieślowski immer testete, indem er bei Probevorführungen die Zuschauer aufforderte, einzelne Szenen in puncto Glaubwürdigkeit zu benoten, was später auch Einfluss auf die Montage eines Films haben konnte. Wie oft man als Dokumentarist, um solche Ergebnisse zu erreichen, dem Zufall ausgeliefert ist, illustriert

73–75 ERSTE LIEBE: Jadzia und Romek Moskal heiraten

---

19   Vgl. auch das Kapitel zu «First Love» in: Stok 1993.

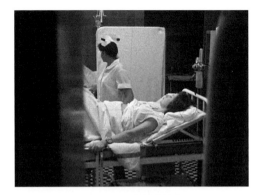

76–78 ERSTE LIEBE: Geburt der Tochter Ewa

Kieślowski[20] durch eine Anekdote: Als Jadzia unmittelbar vor der Geburt stand, bat er Romek bei seinem Assistenten Wierzbicki anzurufen, der dann den Rest der Crew benachrichtigen würde. Die Ausrüstung war bereits im Geburtssaal in Stellung gebracht, und außer Kieślowski sollten noch Petrycki und die Tonfrau Małgorzata Jaworska dazustoßen. Der Assistent harrte bereits eine Woche am Telefon aus und überprüfte auch vor Ort, ob Romek etwa nicht vergessen hätte, anzurufen, bis ihm eines Abends der Faden riss.

Er bat seine Familie, am Telefon zu bleiben und ging selbst aus. Als er im betrunkenen Zustand mit dem Nachtbus um vier Uhr morgens nach Hause fuhr, schlief er ein und wurde von Romek geweckt, der mit Jadzia in demselben Bus unterwegs zum Krankenhaus war. Da sie kein Taxi bekommen haben und Romek völlig aufgelöst war, hatte er vergessen, anzurufen. Wierzbicki war auf der Stelle nüchtern, sprang aus dem Bus und benachrichtigte das Team. Obwohl die Kamera das Paar in sehr intimen Situationen beobachtet, wenn Romek den Bewegungen des Babys im Mutterleib lauscht oder während der Geburt, geschieht dies nicht voyeuristisch. Der Film wahrt die Würde der Figuren und fordert die Identifikation mit ihnen geradezu heraus.

Mit ERSTE LIEBE, der Geschichte eines jungen Paares, das durch den Entschluss zu heiraten, mit Widrigkeiten der polnischen Realität konfrontiert wird, gewinnt Kieślowski 1974 den Grand Prix in Krakau. Um den Ist-Zustand der gesellschaftlichen Realität zu beschreiben, provoziert er auch mutwillig dramaturgische Konstellationen, die festhalten sollen, was in der Lebenssituation des Paares bereits das eigene Modell dieser Realität ist. Wenn für die gesellschaftliche Lage symptomatische Vorkommnisse nicht einzufangen sind, setzt er bestimmte Situationen in Bewegung, die helfen sollen, die

20 Ebd.

Erste Liebe (1974)

79 Kieślowski mit Jacek Petrycki und Jadzia Moskal bei den Dreharbeiten zu Erste Liebe

verborgene Wahrheit ans Licht zu holen. So gesehen, interessiert Kieślowski auch nicht das Dokument als nur scheinbar objektives Spiegelbild der Realität, da er auf sie vom Standpunkt eines Autors reagiert, der sich selbst preisgibt, wenn er etwas erzählt. Beim Versuch, mit der eigenen Stimme zu sprechen, gilt für ihn als verbindliches Kriterium nur das ethische Gebot, die Realität nicht zu verfälschen. Die legitimierende Bemessungsgrundlage dafür ist wiederum die Resonanz beim Publikum: «Diese Filme kamen hervorragend an. Es gab unzählige Vorführungen, Treffen, Diskussionen in Kulturhäusern, Studenten- und Arbeiterclubs. Wir fuhren überall umher und mussten vor allen Zuschauerreihen Hunderte von Fragen beantworten. Dabei wurde uns immer deutlicher bewusst, dass wir unseren Zuschauern jene Gedanken und Gefühle vermitteln, die sie brauchen und erwarten.»[21]

Erste Liebe überzeugt durch seine authentischen Figuren und einfühlsamen Beobachtungen, treffsicheren Momentaufnahmen des jungen Glücks, die oft nur von Detail und Andeutung leben, wie in der Szene, in der Romek im Hof des Krankenhauses steht und Jadzia ihm durchs Fenster das Baby zeigt. Für Kieślowski ein «déjà vu»-Erlebnis, da er selbst kurz davor in demselben Krankenhaus seine Frau besuchte und unter demselben Fenster stand. Romek scheint ohnehin ein alter ego des Regisseurs zu sein. Nahtlos reiht er sich in die damalige Galerie männlicher Hauptdarsteller in Filmen von Kieślowski ein, die von Die Strassenbahn über Wunschkonzert, Das Personal bis hin zu Der Filmamateur eher einen schüchternen, sensiblen und menschenfreundlichen Typus markieren. In einer der Schlüsselszenen des Films ruft der Held nach der Geburt bei seiner Mutter an und, sichtlich ergriffen von diesem bewegenden Augenblick, beginnt er zu weinen. Eine Konstellation, die in der Hochzeit-Sequenz von Gefährliche Ruhe und in Der Filmamateur zurückkehrt, wenn Filip Mosz intensiv die Geburt seiner Tochter erlebt, was ihn dazu animiert, sich eine 8mm-Kamera zu kaufen, um ihr Leben auf Zelluloid festzuhalten.

---

21 Kieślowski 1983, S. 39.

Kieślowski wollte nach dem Erfolg von Erste Liebe in einer Langzeitbeobachtung die Entwicklung und das Leben von Ewa Moskal, dem neugeborenen Baby, dokumentieren. Dies bot ihm sogar als Vorwand die Chance, Jadzia und Romek durch Einflussnahme «von oben» eine Wohnung zu besorgen. Die Dokumentation sollte 20 Jahre aus dem Leben des Mädchens, von der Geburt bis zum Erwachsensein, umfassen und adäquat den Titel *Zwanzig Jahre von Ewa Moskal* tragen. Laut Petrycki soll Kieślowski davon fasziniert gewesen sein, dass es am Ende der Dreharbeiten wahrscheinlich Kameras in Größe von Federhaltern oder Streichholzschachteln geben würde. In dem 1995 entstandenen Dokumentarfilm über ihn, I'm so so, bekennt Kieślowski aber vor der alten Equipe seiner Dokumentarfilme, dass der technologische Fortschritt ihn immer mehr entmutige, Filme zu machen, da er die Möglichkeiten steigere, in menschliche Geheimnisse aus nächster Nähe einzudringen.

Die Verschiebung der Grenze des Dokumentarischen in Erste Liebe war auch dafür ausschlaggebend, dass Kieślowski schließlich die Fortsetzung des Projekts verwarf. Nach der Phase einer enthusiastischen, maximalistischen Erforschung der Wirklichkeit kamen die ersten Zweifel auf, was die ungewollte oder bewusste Einflussnahme auf das Leben realer Personen anbetrifft. Jahre später sollte er rückblickend feststellen: «Ich habe Angst vor den wahren Tränen, weiß nicht, ob ich das Recht habe, sie zu fotografieren. Ich komme mir vor wie ein Mensch, der in eigentlich verbotene Bezirke vordringt. Und das ist der wahre Grund für meine Flucht vor dem Dokumentarfilm.»[22]

Unvollendet: Legende (1975)

Einen einzigen Film hat Kieślowski nicht beendet, eine Art klassischer TV-Reportage mit dem Titel Ziemia Żeromskiego (Das Land von Żeromski), was er 1994 dem Journalisten Stanisław Zawiśliński angedeutet hat. Wie sich herausgestellt hat, diesen Titel sollte ein Fernsehzyklus tragen, der bis auf eine einzige Folge nicht umgesetzt wurde. Diese Folge hieß Legenda (Die Legende, PL 1975) und tauchte 2007 in den Archiven des polnischen Fernsehens TVP wieder auf. Das Drehbuch stammte von Barbara Wachowicz und das Fernsehstück wurde kein einziges Mal gesendet. In Farbe, 25 Minuten lang und fertig montiert, handelt es sich bei Die Legende um eine Reportage, in der Kieślowski durch die Region und die Landschaften um die Stadt Kielce und Ziemia Sandomierska auf den Spuren des modernistischen Schriftstellers Stefan Żeromski wandert, Menschen befragt, die sich noch an ihn erinnern können, und mit Schülern des Gymnasiums in Chobrzany spricht.

Fernsehspiel-Debüt: Die Unterführung (1973)

Erste Liebe bildete den Auftakt zu einer Chronik des angekündigten Rückzugs vom Dokumentarfilm: Seit 1975 dreht Kieślowski abwechselnd Dokumentar- und Spielfilme. Bereits 1973 entsteht sein erster, 30 Minuten langer Fernsehfilm Przejście podziemne (Die Unterführung). Er thematisiert darin die Unmöglichkeit der Verständigung zwischen einer Frau und einem Mann, die sich als Paar auseinandergelebt haben. Unausgesprochen schwebt im Hintergrund der Vorwurf des Verrats bei einem vielleicht nur imaginierten Seitensprung der Frau und der Versuch des aufbrausenden Mannes, die Beziehung noch zu kitten. Zum Schluss verlassen sie in der Nacht ein Geschäft, in dem sie die Schaufenster neu dekoriert hat und das sich in der Unterführung einer Straßenkreuzung befindet.

22 Stok, S. 70.

Besonders fällt in dieser Produktion das Motiv der Eifersucht auf, das obsessiv in späteren Spielfilmen von Kieślowski (z. B. in DER FILMAMATEUR, OHNE ENDE, DEKALOG oder DREI FARBEN: WEISS und ROT) zurückkehren

23 Karabasz, Kazimierz: *Bez fikcji. Z notatek filmowego dokumentalisty.* Warszawa 1985, S. 107.

24 Dafür gibt es bereits eine Belegstelle in seiner Diplomarbeit: «Der Film kann nicht Themen aufgreifen, bei denen die Literatur freizügig verfahren kann, weil sie die Eindeutigkeit vermeidet. Der Film erzählt von Sachen, die nicht so gewichtig und vielleicht sogar dümmer sind – aber er erzählt davon in einer für alle verständlichen Sprache und erreicht dadurch auch beinahe alle… Obwohl minderwertiger als Literatur kann der Film durch Eindeutigkeit die Intention des Autors übermitteln, kann sogar Einbildungskraft demonstrieren, aber nicht mehr dem Zuschauer abverlangen, seine Einbildungskraft einzusetzen – da alles, was nötig ist, bereits gezeigt, dargestellt ist, ganz konkrete Form, Ton, Farbe hat… Umgekehrt als in der Literatur – wo die Imagination des Lesers um so stärker arbeitet, je komplizierter und außergewöhnlicher die Situation ist – kann man im Film die Einbildungskraft in Bewegung setzen, wenn man die eigenen Erfahrungen der Zuschauer anspricht. Um die zu erreichen, muss der Autor auf seinen Sinn der Beobachtung vertrauen. Dann entsteht meistens ein Dokumentarfilm.» Nicht also die Imagination des Spielfilmregisseurs, die fertige Interpretationsvorlagen liefert, sondern die unergründliche Logik der Ereignisse aktiviert erst wirklich die Einbildungskraft des Zuschauers, der diese selbst enträtseln muss.

25 Die Generation von Autoren aus dem Umkreis der Literaturzeitschrift *Współczesność* (*Gegenwart*), die im Oktober 1956 im Zuge der «Tauwetter»-Politik als erstes unabhängiges Literaturperiodikum gegründet wird. Bald entwickelte sie sich zu einem Forum und einer Startrampe für junge Autoren, deren Werke jenseits oder gar im Widerspruch zu den Vorgaben der «sozrealistischen» Ästhetik entstanden. Auch der bekannte Regisseur Jerzy Skolimowski und der Literat und Drehbuchautor Marek Hłasko, dem der Ruf eines polnischen James Dean vorauseilte, haben in *Gegenwart* publiziert.

26 Stok 1993, S. 73.

wird, genauso wie das Motiv einer gescheiterten Beziehung. Interessant ist in diesem Kontext, dass DIE UNTERFÜHRUNG den Beginn einer äußerst fruchtbaren Zusammenarbeit mit dem damals fürs Fernsehen arbeitenden Kameramann Sławomir Idziak markierte. Da Kieślowski aber, wie er noch 1985 im Gespräch mit Kazimierz Karabasz[23] betont, der Literatur das Primat bei der Beschreibung psychischer Vorgänge im Menschen[24] einräumte, griff er bei der Arbeit am Drehbuch zu DIE UNTERFÜHRUNG auf die Hilfe von Ireneusz Iredyński zurück, einem skandalumwitterten Lyriker, Schriftsteller und Dramaturgen der sogenannten literarischen Generation «Die Gegenwart»[25].

Bis dahin hatte Kieślowski niemals ein Drehbuch für einen Spielfilm geschrieben und wollte sich durch diese professionelle Hilfestellung einfach absichern, wie er überhaupt diesen Kurzfilm fürs Fernsehen als eine Art Einübung in die ihm fremde Gattung unter professionellen Bedingungen betrachtete, um den Umgang mit den Schauspielern und die Grundregeln der Inszenierung zu lernen. Als die Dreharbeiten für ihn nicht zufriedenstellend verliefen und seine Zweifel wuchsen, da er den Eindruck einer «totalen Lüge» hatte, ließ er in der letzten Nacht mit einer kleinen Dokumentarfilmkamera, die man auch schultern konnte, alles komplett nachdrehen. Nach Jahren berichtete Kieślowski, dass «dank dieses verzweifelten Eingriffs dem Film etwas Leben eingehaucht wurde und dieser dadurch viel wahrhaftiger geworden ist»[26], was für ihn ungeheuer wichtig gewesen wäre und bis heute auch geblieben sei.

Der Titel DIE UNTERFÜHRUNG hat einen metaphorischen Charakter, deutet heimliche Gefühle und Motivationen der Figuren an, die bis zum Schluss im Verborgenen bleiben und in ihrer Mehrdeutigkeit enträtselt werden müssen. Aus der heutigen Perspektive scheint der Titel auch für Kieślowskis Übergang vom Dokumentar-

IV. «Die Welt beschreiben»

80 Die Unterführung: Postkarten der Altstadt von Warschau

81 Die Unterführung: unterirdische Passage

zum Spielfilm eine symbolische Bedeutung zu haben. Denn gerade seine allmähliche Abkehr vom Dokumentarfilm war die logische Konsequenz aus einer Erkenntnis: wenn man sich damit beschäftigt, was ihn immer mehr interessierte und was die Literatur leistet – die Darstellung emotionaler Zustände der Figuren bis hin zu intimen Vorgängen –, stößt man im Dokumentarfilm an die Grenzen dieser Gattung, sei gezwungen, unsichtbare Barrieren zu überschreiten, die nicht angetastet werden dürfen, weil es sich dabei um reale Personen und ihre intime Erlebniswelt handelt.

Um aber die «Glaubwürdigkeit» und «Authentizität» der dokumentarischen Beobachtung im Spielfilm beizubehalten, um den Zuschauer gewissermaßen mit der «Wahrheit des Lebens» konfrontieren zu können, bedarf es einer neuen filmischen Narration: eines Erzählens durch die Wirklichkeit, das die fiktive Struktur des Spielfilms beglaubigt. Kieślowski schreibt in seiner Diplomarbeit: «dadurch unterscheiden sich das Temperament des Spielfilmregisseurs und des Dokumentaristen – der eine bietet sich selbst, seine Gedanken, die Einbildungskraft feil, operiert mit seinen Gefühlen, der andere – demütig gegenüber dem, was er um sich herum sieht, begeistert sich dafür und wundert sich darüber, macht höchstens seine Sicht der Dinge zu einem der Helden der Erzählung. Weil der wichtigste Held der Erzählung die Wirklichkeit ist.» Was erklären mag, warum so viele Dokumentarfilmelemente in seine früheren Spielfilme einfließen, warum diese mit der Formstrenge und analytischen Schärfe eines Dokumentaristen erzählt sind, statt auf visionäre Effekte zu setzen; warum sie in ihrer Ausstattung so karg und trotz dieses Asketismus so suggestiv bleiben: Sie treffen ins Mark, indem sie sich auf das Wesentliche ihrer komplexen Thematik konzentrieren, ohne durch attraktive Nebensächlichkeiten, fabulierende Kunststücke oder dekorative Ornamente die Aufmerksamkeit abzulenken. Gleichzeitig weisen sie bereits viele Merkmale des Spätwerks auf: Mehrdeutigkeit, ambivalente Figuren, Zufallsdramaturgie, Detailvielfalt, vor allem aber die Unterordnung der klassischen Erzählhandlung unter das Primat der Erzählform, was die Gewichtigkeit ihrer thematischen Substanz in keiner Weise mindert.

Bis Kieślowski in seinem Spätwerk diese Synthese von Gedanken und Form erreicht, seine visuelle Erzählweise zu einer Perfektion bringt, die ihm erlaubt, emotionale Zustände und sogar transzendente Bereiche der Wahrnehmung mit Hilfe von Licht und Musik zu vermitteln,

Fernsehspiel-Debüt: DIE UNTERFÜHRUNG (1973)

vergehen jedoch Jahre, in denen er zwischen beiden Filmgattungen hin- und herpendeln wird. Nach der Fertigstellung von ERSTE LIEBE wird er 1974 in die Spielfilmgruppe «Tor» (Zespół Realizatorów Filmowych «Tor», poln. das Gleis)[27] aufgenommen, die damals von dem Regisseur Stanisław Różewicz geführt wurde. Von DIE NARBE bis zur DREI FARBEN-Trilogie entstehen hier in den nächsten zwei Jahrzehnten alle seine Spielfilme fürs Kino. Als Różewicz dann 1980 die Leitung von «Tor» aufgibt, äußert er den Wunsch, Kieślowski möge ihn beerben. Dieser winkt jedoch ab, und den prestigeträchtigen Posten übernimmt Krzysztof Zanussi, der das Studio bis heute leitet. Nur in der Zeit des Kriegszustands, als Zanussi durch den Militärputsch am 13.12.1981 im Ausland überrascht wird und zögert, nach Polen zurückzukehren,

82–84 DIE UNTERFÜHRUNG: in einem Geschäft der Unterführung

27 Im Zuge der Entstalinisierung gelang es einem Kreis von Unzufriedenen um Jerzy Bossak 1955 eine Reform der Kinematographie durchzusetzen, die eine Neustrukturierung des staatlichen Filmwesens mit sich brachte: Zu ihren größten Errungenschaften gehörte die Gründung von zunächst neun Filmautoren-Gruppen bzw. Spielfilmgruppen (Zespoły Realizatorów Filmowych), mit je einem künstlerischen, literarischen und Produktionsleiter, die in relativer Autonomie die Filme produzieren konnten, da hier nicht mehr unmittelbar der Staat, sondern der Produzent das Sagen hatte. Die Leitung der Studios übernahmen namhafte Regisseure unterschiedlicher Provenienz, solche, die dem Staat nahestanden, aber auch solche, die sehr gewagte Projekte auf den Weg brachten. Damit war die Basis für eine stimulierende Konkurrenz gelegt. Diese Liberalisierung ermöglichte erst die Entstehung einer künstlerisch so hochwertigen Filmreihe wie die der «polnischen Schule». In den 1970ern und Anfang der 1980er-Jahre gehörten die Spielfilmgruppen «X» von Andrzej Wajda, die nach 1981 aus politischen Gründen aufgelöst wurde, und «Tor» von Stanisław Różewicz und später Krzysztof Zanussi zu den künstlerischen Keimzellen des «Kino der moralischen Unruhe».

wird Kieślowski für einige Zeit de facto dessen Aufgaben in Abwesenheit übernehmen.

In den Jahren 1975–76 realisiert Kieślowski außer DER LEBENSLAUF noch den Dokumentarfilm DAS KRANKENHAUS und die Spielfilme DAS PERSONAL, DIE NARBE und GEFÄHRLICHE RUHE. Zwischen 1977 und 1981 entstehen seine letzten fünf Dokumentarfilme und die beiden Meisterwerke DER FILMAMATEUR und DER ZUFALL MÖGLICHERWEISE sowie das Dokudrama EIN KURZER ARBEITSTAG. Außerdem inszeniert Kieślowski mit *Die Kartei* (1978) von Tadeusz Różewicz und *Zwei auf der Schaukel* (1977) von William Gibson noch zwei Gegenwartsstücke für das Fernsehtheater und seine eigene Filmnovelle DER LEBENSLAUF, die er zu einem Theaterstück verarbeitet und am renommierten Teatr Stary in Krakau 1977 in Szene setzt. Trotz hervorragender Schauspieler und der damals besten Bühne des Landes erweist sich die Aufführung aber als ein Fiasko, das paradoxerweise Kieślowski für immer klar macht, dass er zu der langwierigen und mit einem mühsamen Entstehungsprozess behafteten Theaterregie[28] überhaupt nicht berufen ist.

DAS KRANKENHAUS (1976)

Den erneuten Erfolg in Krakau beschert Kieślowski 1977 SZPITAL (DAS KRANKENHAUS, 1976), eine Reportage über den Bereitschaftsdienst eines Warschauer Krankenhauses. Darin beobachtet er den Alltag einer Ärztegruppe der Unfallchirurgie, die mit primitivsten Behelfsmitteln gegen Mangelerscheinungen ankämpfen muss. Das Ärztepersonal ist genötigt, bei Operationen Werkzeuge statt Fachinstrumente einzusetzen oder komplizierte Eingriffe wegen häufiger Stromausfälle zu unterbrechen. DAS KRANKENHAUS gehört zu den suggestivsten Dokumentarfilmen von Kieślowski: Wenn das «kalte Auge» der Kamera hier die schier übermenschlichen Anstrengungen der Ärzte der orthopädischen Chirurgie festhält, ihre Patienten buchstäblich wieder auf die Beine zu bringen, wobei die Aufnahmen an Drastik und Unmittelbarkeit kaum zu überbieten sind, so geschieht dies weder voyeuristisch noch teilnahmslos. Man kommt vielmehr angesichts der «malträtierten» Körper der Patienten aus dem Staunen nicht heraus, wieviel der doch so zerbrechliche menschliche Organismus auszuhalten in der Lage ist, wie ungeheuer zäh und strapazierfähig der menschliche Körper sein kann.

Zum ersten Mal wird hier jene Konkretheit des Physischen[29] deutlich sichtbar, die als ein wesentliches Merkmal für Kieślowskis Ästhetik später durchgängig in seinem Werk – vor allem in DER ZUFALL MÖGLICHERWEISE und DEKALOG – präsent ist: seine Haltung einer dokumentarischen Direktheit, die auch vor schockierenden Bildern nicht zurückweicht. Der polnische Filmpublizist Rafał Marszałek hat in diesem Zusammenhang auf den eigentümlich grotesken Charakter dieser makabren Bilder hingewiesen, die gerade mit ihrer nüchternen Strenge Anteilnahme und Mitleid evozieren:

«Der Bericht über die Arbeit der Chirurgen in DAS KRANKENHAUS lenkt die Aufmerksamkeit auf die manuellen Anstrengungen, als ob es um die Arbeit in einer Schmiede gehen würde. Das,

---

28 Wie Kieślowski in seiner Autobiographie *Kieślowski on Kieślowski* kolportiert, glaubte er, dass das Theaterdebakel auf sein eigenes schlechtes Stück zurückzuführen war. Als ihm Andrzej Wajda, der selbst zu dieser Zeit zugleich ein hervorragender Theaterregisseur war, empfahl, sich an einem großen Stück eines Klassikers wie Shakespeare oder Anton Tschechow zu versuchen, um auch die Magie der Theaterregie für sich zu entdecken, winkte er entmutigt ab. Es wäre nicht sein Metier gewesen.

29 Vgl. Hasenberg, Peter: Annäherung an den Menschen. Schwerpunkte im filmischen Werk Krzysztof Kieślowskis. In: Lesch/Loretan 1993, S. 57.

was die Form eines Kriegskommuniqués annehmen könnte, gewinnt allmählich an grotesker Färbung. Irgendetwas stockt in der Anlage, die Strom erzeugt. Irgendjemand sucht einen Hammer, ein anderer eine Zange… Hinter einem Wandschirm eine Frau, verhinderte Selbstmörderin, die Stück um Stück mit Hilfe dieser Werkzeuge zusammengesetzt wird. Ohne diese Serie verstörender Nahaufnahmen und ohne dieses Klima des Eifers würde EIN KURZER FILM ÜBER DAS TÖTEN bestimmt nicht entstehen. Die Wirklichkeit will es, dass der menschliche Körper, obwohl unter fürsorglicher Obhut wie im KRANKENHAUS, sich zu einem zusammensetzbaren Modell reduziert! In der Hinrichtung vollzieht sich derselbe, bedrohliche Prozess der Erniedrigung. In einem wie anderem Fall ist das ‹kalte Auge› der Kamera nichts anderes als unser mitleidender Blick.»[30]

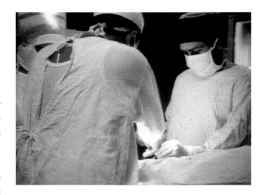

Der Film enthält eine Szene, die Kieślowski damals die größte Genugtuung als Regisseur eingebracht haben soll und metaphorisch als ein «Wink Gottes» im Leben eines Dokumentaristen bezeichnet werden könnte. Zufällig hält die Kamera fest, wie bei der Operation einem Chirurgen, der gezwungen ist, einen komplizierten Eingriff mit einem gewöhnlichen Hammer zu bewerkstelligen, dieser Hammer unter der Hand wegbricht. Während der Vorbereitung zu dem Film, als Kieślowski die Ärzte nach ihren Arbeitsbedingungen befragt hat, erzählten sie ihm, dass eine vergleichbare Szene sich vor über 20 Jahren in dem Krankenhaus abgespielt hatte. Ein weiteres Beispiel für die Bedeutung des Zufalls für die Arbeit des Dokumentaristen, aber auch für die Intuition, die Kamera im richtigen Moment laufen zu lassen. Nach eigener Aussage hatte Kieślowski sie statisch vorlaufen lassen,

85–87 DAS KRANKENHAUS: Operation wie in einer Kfz-Werkstatt

30 Marszałek, Rafał: Między dokumentem a fikcją. In: Lubelski 1997, S. 19.

IV. «Die Welt beschreiben»

88–90 Das Krankenhaus: Ärzte im Bereitschaftsdienst

obwohl die eigentlichen Dreharbeiten erst später fortgesetzt werden sollten.

Mit Das Krankenhaus schwebte Kieślowski ein Modellfilm vor, der zeigen würde, wie Menschen in dem ganzen Versorgungschaos der Mangelwirtschaft dennoch den Alltag gemäß den Anforderungen ihres Berufes zu bewältigen versuchten. Bereits 17 Jahre vor Drei Farben: Rot wollte er die Idee der Brüderlichkeit an Hand einer solidarischen Gemeinschaft en miniature auf die Leinwand bringen, wie er in dem oft zitierten Interview mit Karabasz erklärt:

> «Dieser Film ist nicht entstanden, um vom Gesundheitswesen zu erzählen oder von den schweren Leiden der Patienten. Ich habe das Bedürfnis verspürt, einen Film über die Brüderlichkeit zu machen. Allgemein betrachtet... Und habe an unterschiedlichen Stellen gesucht. Angefangen von einer Volleyballmannschaft bis hin zu einem katholischen Kloster. Indem ich der Reihe nach aus verschiedenen Gründen die einzelnen Exemplifikationen dieser allgemeinen Idee verworfen hatte, bin ich soweit vorgedrungen, dass es am besten wäre, einen Film über Leute zu machen, die sich im Namen der Hilfsbereitschaft für den Menschen verbrüdern. Ein Mechanismus: Vom Allgemeinen zum Besonderen (z. B. schließlich geht es hier um vier oder fünf Ärzte, die sich während einer Nacht über einige Patienten beugen – um nichts mehr). Resultiert daraus Brüderlichkeit – das, was ich wollte? Ich habe den Eindruck, ja ...»[31]

An der dramaturgischen Erzählstruktur von Das Krankenhaus lässt sich bereits die Vorliebe Kieślowskis zum zyklischen Aufbau seiner Stoffe erkennen: Einzelne Stunden, die das Ärzte-Team während eines 36-stündigen Bereitschaftsdienstes im Einsatz verbringt, strukturieren – eingeblendet ins Bild – eine Rahmenhandlung, die

---

31   Karabasz 1985, S. 90.

so endet, wie der Film begonnen hat: mit einem neuen Tag. Die Aufnahmen sind innerhalb einer dreimonatigen Beobachtung entstanden, der eine einjährige Vorbereitungsphase vorausgegangen war. Nach Auskunft des Regisseurs, der immer mit den Helden seiner Dokumentarfilme Kontakt zu behalten versuchte, sollen die Ärzte dann im Kriegsrecht vor den Verhältnissen kapituliert haben und peu à peu nach Kanada emigriert sein, wo sie in ihrem Beruf erfolgreich Fuß fassen konnten. Auch Jadzia und Romek Moskal emigrierten nach Kanada. Zuvor verbrachten sie einige Jahre in Deutschland und trafen bei einer Retrospektive seiner Filme Kieślowski, der das Paar nach 18 Jahren wiedergesehen hat.

VOM STANDPUNKT EINES NACHTWÄCHTERS (1977)

Ganz «anderen Mechanismus» wollte Kieślowski in seinem nächsten Dokumentarfilm einer Vivisektion unterziehen:

> «Eines Tages habe ich mir gedacht, dass etwas sehr gefährliches in unserem Land (überhaupt auf der ganzen Welt) auftaucht – das Phänomen der Intoleranz, der Brutalität und des Hasses unter den Menschen. Dass so etwas in der Luft liegt. Dass zuviel davon sich angesammelt hat, damit man es außer Acht lassen kann. Das ging mich etwas an. Als einen Menschen, der lebt, in den Straßen schlendert... Also der Versuch, einen Menschen zu finden, der ein präziser Exponent dieser Idee wäre.»[32]

Z PUNKTU WIDZENIA NOCNEGO PORTIERA (VOM STANDPUNKT EINES NACHTWÄCHTERS, PL 1977) liefert das Porträt eines Fabrikwächters, der als Disziplin- und Ordnungsfanatiker im Kontrollieren und Schikanieren anderer seinen Lebensinhalt sieht. Der Wachmann kontrolliert im Dienst und in seiner Freizeit: Schüler, Angler, Fahrzeuge, einfach alles, wovon er glaubt, es kontrollieren zu dürfen. Ordnung ist das dominierende Prinzip seines Lebens, in dem alles genormt, sauber und korrekt sein muss – lange Haare und Jeans sind es selbstverständlich nicht. Den Blickwinkel, aus dem er seine Umwelt und Mitmenschen betrachtet, bestimmen Vorschriften und Weisungen. Vor allem mit Leuten, die sich der Autorität des Staates widersetzen, würde er am liebsten kurzen Prozess machen. Man braucht ohnehin kaum zu erwähnen, dass er für die Beibehaltung der Todesstrafe ist. Ein Spießbürger und autoritärer Charakter, wie er bei Erich Fromm und Max Horkheimer im Buche steht.

Obwohl diese exemplarische Figur es erlaubt, Bezüge und Analogien zu jeder Gesellschaft herzustellen, ist der Film nicht frei von Anspielungen auf konkrete Phänomene der polnischen Gegenwart. Im März 1968, als Studentenunruhen an der Filmhochschule in Łódź zu antisemitischen Säuberungen geführt haben, erlebte Kieślowski, wie Menschen mit vergleichbaren Lebenshaltungen wie der Portier in seinem Film dem Machtapparat zuträglich waren. Die Initialzündung lieferte das veröffentlichte Tagebuch eines Fabrikwächters aus Łódź, der auch Aktivist bei der Freiwilligen Reserve der Volkspolizei war und ähnliche Ansichten vertrat wie der titelgebende Nachtportier: «Ich habe dieses Tagebuch gelesen und verstanden, dass ich unbedingt einen Film über so einen Mann machen will, weil es damals sehr viele von dieser Sorte gab. Das zog sich seit März 1968, und diese Haltungen kamen ständig und überall vor, tauchten an die Oberfläche bei verschiedenen Gelegenheiten.»[33]

Da Kieślowski der Meinung war, dass der Film seinem Protagonisten bei einer öffentlichen

---

32 Ebd., S. 90–91.
33 Kieślowski: dwie rozmowy. Fragmenty spotkania z Krzysztofem Kieślowskim *(24.II.1996).* Bearb. von Marek Hendrykowski. In: *Kino* 5/1996, S. 9.

IV. «Die Welt beschreiben»

91–92 Vom Standpunkt eines Nachwächters: der Fabrikwächter im Dauereinsatz

Ausstrahlung im Fernsehen schaden würde, ließ er ihn nur bei Festivals vorführen. Nach eigenem Bekunden wollte er nur seine Meinungen diskreditieren, nicht aber ihn selbst als Person. Ein Beleg für die Autozensur des Regisseurs, die durch seine Verantwortung für die eigenen Sujets bedingt war, in diesem Fall für die Protagonisten seiner Filme. Vom Standpunkt eines Nachtwächters ist, auf Anregung des Kameramannes Witold Stok, auf ostdeutschem ORWO-Filmmaterial gedreht worden. Dessen schlechte Qualität sollte – vergleichbar der kontrapunktisch eingesetzten, bukolischen Musik von Wojciech Kilar[34] – zusätzlich den Karikatur-Charakter des

Films unterstreichen (s. S. 257, Abb. 5). Die Aussagen des Portiers sind authentisch, wenn auch von Kieślowski durch seine Interview-Technik hervorgeholt worden.

Ähnlich wie Das Krankenhaus liefert der Film auch Anschauungsmaterial dafür, welche Rolle der Zufall im Entstehungsprozess eines Dokumentarfilms spielt: Exemplarisch wird dies in einer Szene mit dem Schäferhund des Portiers sichtbar, der als ein verkappter Individualist nicht hörig ist und während der Dressur-Exerzitien seinem autoritären Herrchen einfach davon läuft. Der Nachtwächter soll mit der eigenen Darstellung im Film zufrieden gewesen sein und tauchte später auf dem Set von Der Filmamateur auf. Auf eigenen Wunsch spielte er in dem Kinofilm in zwei Szenen wieder einen Wachmann: Einmal überwachte er den korrekten Fortgang einer Arbeitsschutzübung beim Einsatz von Gasmasken (s. S. 210, Abb. 161); das andere Mal versuchte er in einer Episode den Hauptdarsteller Jerzy Stuhr daran zu hindern, über eine Absperrung zu springen. Diese bewusste Abrechnung mit dem alltäglichen Faschismus brachte Kieślowski 1979 jeweils Hauptpreise bei den Filmfestivals in Krakau und Nyon ein.

Derartige Veranschaulichungen einer abstrakten Idee an Hand einer konkreten Person oder Gruppe bargen aber auch Tücken in sich. Obwohl Vom Standpunkt eines Nachtwächters zu seinen Lieblingsfilmen gehörte, plagten Kieślowski im Zusammenhang mit diesem Werk fortwährend ethische Zweifel, ob er überhaupt berechtigt gewesen wäre, dank der Zutraulichkeit seines Protagonisten diesen Menschen letztlich so vorzuführen. Zumal der Nachtwächter eher ein einfältiger Zeitgenosse war, der die

---

34 Kieślowski griff in diesem Fall auf die Filmmusik von Wojciech Kilar zurück, die Kilar für Krzysztof Zanussis Iluminacja (Illumination, PL 1973) geschrieben hat.

Doppelbödigkeit seiner Darstellung im Film gar nicht begriff. Geschweige denn, dass er die Intentionen des Regisseurs während der Dreharbeiten durchschauen würde. Das Vertrauensverhältnis, das Kieślowski immer mit seinen Helden aufzubauen versuchte und dem sich – wie zum Beispiel in DAS KRANKENHAUS oder in ERSTE LIEBE – die erstaunliche Authentizität und Direktheit seiner Dokumentarfilme verdankte, hat er in diesem Fall für seine Zwecke instrumentalisiert[35]. Dies soll auch der Grund dafür gewesen sein, dass Kieślowski, laut Jacek Petrycki, in seinem letzten Lebensjahr viel Zeit darauf verwendet hat, bei dem Polnischen Fernsehen TVP zu intervenieren, um die Ausstrahlung dieses Films, wie schon einmal 1980, zu verhindern.

93 WEISS NICHT: der geschasste Kombinatsdirektor

WEISS NICHT (1977)

In dem erst nach seinem Tod veröffentlichten Interview von 1973 äußerte sich Kieślowski ähnlich wie bei seinem letzten öffentlichen Auftritt, der Ende Februar 1996 anlässlich einer Werkschau seiner Dokumentarfilme in Poznań stattfand, zur Verantwortung des Dokumentaristen und über den Umgang mit der Zensur. Als extrem problematisch erwies sich sein damaliges Dilemma, mit dem Dokumentarfilm massiv in das Leben seiner Helden einzugreifen. Besonders deutlich wurde es in der kontroversen Beichte eines geschassten Kombinatsdirektors in NIE WIEM (WEISS NICHT, PL 1977), der die grassierende Korruption vergeblich einzudämmen versuchte und durch den Film zusätzlich gefährdet wurde. Wie schon DER LEBENSLAUF entstand WEISS NICHT (Arbeitstitel LEBEN ODER SCHLAFEN) im Rahmen von Kieślowskis «Produktions- und Vertriebsnetz» für die innerparteiliche Bildungsarbeit.

Angesichts allgegenwärtiger Demoralisierung bot dieser Zeugenbericht Kieślowski aber nicht nur die Gelegenheit, Motive von Menschen zu verstehen, die sich im Netzwerk des totalitären Systems verfangen haben; es ermöglichte ihm auch, zu zeigen, dass der real existierende Sozialismus auf einer Lüge basierte, auf Idealen, an die die Funktionäre selbst nicht glaubten und die sie nur als eine Art Wandschirm zur Ausübung ihrer eigenen Macht missbrauchten: Der vitale Direktor eines Staatsbetriebes, der in Versorgungschaos, Vetternwirtschaft und Korruption versinkt, ist selbst ein serviles Parteimitglied der Gierek-Ära, als er an seinem neuen Arbeitsplatz mit perfide verdeckten «Mafia»-Strukturen konfrontiert wird und zu ihrer Bekämpfung der ORMO beitritt, einer in der Bevölkerung extrem verhassten Spezialeinheit der Bereitschaftspolizei. Je entschiedener und energischer er gegen die schamlose Unterschlagung des Staatseigentums in seinem Betrieb vorgeht, um so deutlicher bekommt er zu spüren, dass an dieser Korruption auch die lokalen Hierarchen der Partei-Mafia und der Ordnungsorgane partizipieren müs-

---

35 Vgl. *Kieślowski: dwie rozmowy. Fragmenty spotkania z Krzysztofem Kieślowskim (24.II.1996)*, S. 9 und das Kapitel *From a Night Porter's Point of View*. In: Stok 1993, S. 75–79.

sen, bis er schließlich von seinem Posten strafversetzt wird. Ein Exponent des Staatsapparats, der kämpft und eine Niederlage im Inneren des Systems erleidet. In seinem Augenzeugenbericht vermischt sich Entsetzen mit Verbitterung, die in dem titelgebenden Satz kulminieren: «Ich weiß nicht, wie es passieren konnte.»

Die ungeheure Brisanz und Sprengkraft dieses Berichts bestand gerade darin, dass derartige mafiotische Klüngel-Strukturen, die im gesellschaftlichen Alltag Polens Ende der 1970er-Jahre gang und gäbe waren, aus dem System selbst resultierten, das einer Art autarker Oligarchie Vorschub leistete. Erst 1981 hätte WEISS NICHT – wie bereits ARBEITER '71 und DER MAURER – seine Premiere erleben können. Als das Polnische Fernsehen TVP den Film aber in der Solidarność-Zeit dann unbedingt senden wollte, hat sich Kieślowski vehement dafür eingesetzt, um seine Ausstrahlung zu vereiteln, da er der Meinung war, dass sie seinem Protagonisten schaden würde:

> «Ich habe gewusst, dass der Held sehr darunter litt, dass dieser Film überhaupt gedreht wurde, und obwohl er selbst den Vertrag unterschrieben hatte, begriff er bald, dass das, was er sagte, sehr gefährlich war. 1980 ist die Mafia, die ihn zerstörte, überhaupt nicht verschwunden. Man hat nur vordergründig verschiedene Manöver veranstaltet, um zu suggerieren, dass es eine größere Freiheit gibt, als es wirklich der Fall war. In Wirklichkeit hat sich nichts verändert.»[36]

Verantwortung des Regisseurs

Zeitweilig war Kieślowski in seiner Dokumentaristen-Laufbahn wegen der Zensur sogar genötigt, Industriefilme herzustellen. Mit seinem Freund Marcel Łoziński, dessen tabubrechende Dokumentarfilme zumindest genauso oft in den Giftschrank wanderten wie seine eigenen, klügelte er eine Strategie aus. Es galt, die Verantwortlichen davon zu überzeugen, bei 90 Prozent der konformen Produktion pro Jahr drei bis vier unbequeme Filme unter dem Etikett «konstruktiver Kritik» durchgehen zu lassen, um später bei veränderter politischer Lage, wenn neue Führungsriegen Bekundungen guten Willens würden abgeben wollen, Vorzeigefilme mit Alibifunktion zu haben. Als während der Montage von ARBEITER '71 die Tonspur mit brisanten Interviews verschwand, die aus Sicherheitsgründen im Film nicht verwendet wurden, sah sich Kieślowski zum ersten Mal in der Situation, unfreiwilliger Informant des Staatssicherheitsdienstes geworden zu sein. Hinzu kam, dass man ihn beschuldigte, selbst die Tonspur entwendet und dem Radio «Freies Europa» verkauft zu haben.

1980 sollte sich die Geschichte bei den Dreharbeiten zu seinem letzten Dokumentarfilm DWORZEC (DER BAHNHOF, PL 1980) wiederholen, als die Polizei das abgedrehte Filmmaterial für drei Tage konfiszierte. Wie sich später herausstellte, hatte eine junge Frau, die ihre Mutter ermordet und zerstückelt hatte, zwei Koffer mit den Leichenteilen in einem Schließfach deponiert, und die Polizei hoffte, Kieślowski hätte dies bei seinen Nachtaufnahmen auf dem Bahnhof zufällig festgehalten haben können. Dieser Zwischenfall zeigte, dass er durch Zufall an einen Punkt angelangt war, den er nie erreichen wollte: Gegen eigenen Willen Denunziant zu werden, was ihn dazu veranlasste, keinen weiteren Dokumentarfilm mehr zu machen:

> «Es gibt so einen Punkt, nach dessen Überschreitung der Mangel an Diskretion das Leben von demjenigen verändern kann, der gefilmt wird. Im bestimmten Moment habe ich mich erschrocken vor der Verantwortung für die eventuellen

---

36 Ebd., vgl. das Kapitel *I Dont't Know*, S. 73–75.

Folgen eines – vom Standpunkt irgendwelchen Lebens – unwichtigen Dokumentarfilms. Außerdem existiert eine Wahrheit, die das Dokument nicht in der Lage ist, zu übermitteln. Man kann zum Beispiel keinen Dokumentarfilm über die Liebe machen.»[37]

Die unausweichliche Einmischung in die Privatsphäre seiner Figuren widersprach Kieślowskis Auffassung, deren Intimität und Gefühle wären unantastbar. Erste Liebe, das emotionsgeladene Porträt eines Liebespaares, wurde für ihn bereits ein Fanal dafür, um zur Fiktion überzugehen: «Ich habe begriffen, dass es besser ist, Schauspieler zu engagieren, in der Apotheke Glyzerin zu kaufen und sie weinen zu lassen. Sie gehen dabei ihrem Beruf nach, und ich habe das Recht, es ihnen abzuverlangen.»[38]

Je mehr Kieślowski den Eindruck gewann, dass der Dokumentarfilm nicht die Tiefenschichten menschlicher Erfahrung ausloten kann, desto mehr strebte er eine Synthese des Dokumentar- und Spielfilms an, um «im Dokumentarfilm das authentische Verhalten, die Abbildmöglichkeiten von Dingen und Personen, und im Spielfilm die Tiefe der Erfahrungen und Handlungen»[39] zu retten. Nach seinem Kinodebüt Die Narbe bekundete er in einem Interview, gegen seine ursprüngliche Absicht Spielfilme machen zu wollen, da ihm im Dokumentarfilm «zu viele Türen verriegelt bleiben»[40]. Damit waren einerseits die Zensur, andererseits aber der Widerstand der dokumentarischen Materie und die selbstauferlegte ethische Verantwortung gemeint. Handlung und «Schauspieler statt Menschen, die sich selbst darstellen» – auf diese Weise entsteht bei Krzysztof Kieślowski aus Dokumentarfilmstoffen Fiktion.

Die Zielsetzung bleibt die gleiche – Beschreibung der Wirklichkeit: «Wenn ich behaupte, dass ich nie Spielfilme machen wollte, dann deswegen, weil ich sie genauso mache, wie ich die Dokumentarfilme gemacht habe.»[41] Die Spielfilme der Frühperiode entstehen auf der Grundlage von Literaturreportagen. Eine Materie, aus der Kieślowski seine Drehbücher konzipiert, ist zweifellos die Wirklichkeit – nicht nur die beobachtete, sondern auch die durchlebte und empfundene Alltagswirklichkeit. Man denke nur an sein stark autobiografisches Erstlingswerk Das Personal. Wie die Kamera des Dokumentaristen sich zu einem geschickt eingesetzten Instrument bei der detailversessenen Erkundung einer nicht abgebildeten Welt wandelt, sollte Kieślowski später in seinem ersten Meisterwerk Der Filmamateur introspektiv zu einer Parabel über das Filmemachen selbst und zu einer Utopie vom Film als einem humanen Verständigungsmittel verdichten.

Sieben Frauen verschiedenen Alters (1978)

Mit seinem noch greifbar von der Dokumentarfilmästhetik beeinflussten Spielfilmdebüt Das Personal, für den er 1975 den Großen Preis von Mannheim erhält, gelingt Kieślowski der internationale Durchbruch. Zwischendurch realisiert er Siedem kobiet w różnym wieku (Sieben Frauen verschiedenen Alters, PL 1978), eine subtile Reflexion über die Vergänglichkeit des Lebens, die beim Kurzfilmfestival in Krakau 1979 ex equo mit Vom Standpunkt eines Nachtwächters mit dem Hauptpreis

---

37 Zawiśliński 1994, S. 21.
38 Kieślowski: dwie rozmowy. Fragmenty spotkania z Krzysztofem Kieślowskim (24.II.1996). In: *Kino* 5/1996, S. 10.
39 Zit. nach Marszałek 1997, S. 18.
40 Zaglądać ludziom pod czaszkę. Rozmowa z laureatem «Drożdży» Krzysztofem Kieślowskim. Interview von Zygmunt Kałużyński, Marian Turski, *Polityka* Nr. 10/1976, S. 10.
41 Ebd.

IV. «Die Welt beschreiben»

94–96 Sieben Frauen verschiedenen Alters: Altersstufen eines Lebenszyklus

ausgezeichnet wird. In dieser sehr poetischen, zartbitteren Geschichte zeichnet Kieślowski an Hand der Ausschnitte aus dem Arbeitsalltag von sieben Balletttänzerinnen – von einer kleinen Schülerin, über eine Adeptin, Primaballerina, Statistin bis hin zu einer emeritierten Tänzerin, die den Nachwuchs aus der ersten Szene betreut –, einen Lebenszyklus nach.

Eingeteilt in sieben Tage der Woche, die die jeweiligen Altersstufen der Tänzerinnen in eingeblendeten Zwischentiteln voneinander dramaturgisch abgrenzen, spiegelt der in seinen vielschichtigen Bedeutungsebenen komprimierte Kurzfilm verschiedene Stadien eines ewigen (Lebens-)Kreislaufs und seiner unbarmherzigen Gesetzmäßigkeiten wider: Am Donnerstag sehen wir die kleinen Mädchen, die von ihrer Lehrerin ermutigt werden, sich der Aufgabe ganz und gar hinzugeben. In den folgenden Tagen wachsen die Anforderungen, den jungen Adeptinnen teilweise in einem sehr harschen Ton abverlangt, als ob sie ihre Existenz ausschließlich dem Primat der Kunst zu unterwerfen hätten.

Den Kulminationspunkt bildet der Sonntag, an dem all diese körperlichen Schindereien und seelischen Anstrengungen ihre künstlerische Erfüllung finden: Ein Paar führt mit scheinbarer Leichtigkeit und Grazie einen Pas-de-deux auf, in dem es einer Liebe Ausdruck verleiht, die es selbst in der Konvention der Kunst nicht erlebt. Der Publikumserfolg ist hier durch harte Arbeit und Selbstpreisgabe erkauft, was durch die Nahaufnahmen der müden Gesichter, ihres schweren Atems und erschöpfter Körper deutlich wird. Die Blütezeit ist aber sehr kurzlebig und bald vorbei, um so beschwerlicher erscheinen wenig später die alltäglichen Übungen, bis eine Tänzerin auf dem Zenit ihres Könnens nach einer Verletzung sagt, sie könne nicht mehr. Was dann folgt, ist zuerst die desillusionierende Statisterei, schließlich ein Rollenwechsel – die Diva von gestern als fordernde Lehrerin. Der Kreis schließt sich.

SIEBEN FRAUEN VERSCHIEDENEN ALTERS besticht durch seine zeitlose Metaphorik, die bei nur 16 Minuten Länge in eine universelle Formel gegossen wird: Die Ziffer Sieben erlangt hier eine mehrfache, weittragende Bedeutung als Zeitsymbol und Lebensmetapher – im Titel, als Zyklus der Woche und Etappenweg eines ganzen Lebens. Eine im Werk Kieślowskis immer wiederkehrende Denkfigur, die Assoziationen an die doppeldeutige Metaphorik der Zahlen in anderen Titeln seiner Filme hervorruft – ERSTE LIEBE, DIE ZWEI LEBEN DER VERONIKA, SIEBEN TAGE EINER WOCHE, DREI FARBEN: BLAU, WEISS, ROT. Im letzten Werk verbindet sich die Ziffer Drei mit den drei Farben der französischen Trikolore und mit den Ideen der Französischen Revolution zu einem symbolischen Triptychon, das an die religiöse wie kulturelle Dimension der Zahl Drei denken lässt.

Wie ohnehin die Titel von Kieślowskis Filmen trotz ihrer vordergründigen Schlichtheit pointierten, die Idee des Films transportierenden Formeln gleichen: WUNSCHKONZERT, FOTO, REFRAIN, DER MAURER, DURCHLEUCHTUNG, UNTERFÜHRUNG, VOM STANDPUNKT EINES NACHTWÄCHTERS, SIEBEN FRAUEN VERSCHIEDENEN ALTERS, DAS PERSONAL, DIE NARBE, GEFÄHRLICHE RUHE, DER FILMAMATEUR, DER ZUFALL MÖGLICHERWEISE, OHNE ENDE, DEKALOG etc. Einige von ihnen deuten wiederum einen Zeitraum an, in dem sich etwas Wichtiges bzw. existenziell Substanzielles vollzogen hat oder gerade vollendet: ICH WAR EIN SOLDAT, VOR DER RALLYE, EIN KURZER ARBEITSTAG, OHNE ENDE, EIN KURZER FILM ÜBER DAS TÖTEN, EIN KURZER FILM ÜBER DIE LIEBE.

Neben dem dramaturgischen Prinzip eines Zyklus fällt in der visuellen Komposition von SIEBEN FRAUEN VERSCHIEDENEN ALTERS auch eine spezifische Form der Narration auf, die Kieślowski in einem Gespräch mit Kazimierz Karabasz als seine Vorgabe bei der Suche nach neuen Ausdrucksmitteln näher charakterisiert und in der die episodische Erzählstruktur seines Spätwerks rückblickend wiedererkennbar wird:

«Unabhängig davon, ob es ein Dokumentar- oder Spielfilm ist... Es ist die Lust zu erzählen (...) in ‹Flecken›. Nicht ein Stückeln von Fragmenten hintereinander, die man dann zu einer Einheit zusammenfügt – sondern ein Erzählen mit einem ‹Tupfen›. Es geht darum, dass sich im Innern dieses ‹Tupfens› eine Entwicklung vollzieht und zwischen diesen ‹Flecken› – keine Verbindung gibt. Es bedarf keiner unmittelbaren Entwicklung.(...) der Tupfen kann aus mehreren Szenen bestehen... Es hängt mit dem Erzählen durch die ‹Flecken› zusammen – immer öfters habe ich Lust, innerhalb der einzelnen Szenen zu erzählen – und immer mehr zu einem synthetischen Erzählen – in der Verbindung dieser Elemente. In beiden Gattungen. Obwohl im Dokumentarfilm ist es harmonischer... Eben. Es funktioniert so, dass sie sich nicht nacheinander subsumieren, sondern erst später, alle zusammen.»[42]

Zuerst disparat wirkende Sequenzen, die jedoch innerhalb der Sequenzabfolge bereits eine in sich geschlossene Geschichte erzählen, subsumieren sich im Finale zu einer Gesamterzählung, die wie die metaphorische Biografie «einer» Balletttänzerin in SIEBEN FRAUEN VERSCHIEDENEN ALTERS von einer übergeordneten Idee getragen wird – der Reflexion über die Vergänglichkeit des Lebens und über den trügerischen Charakter der Kunst. «Weil es so ist, dass wir leben und uns einbilden, dass wir immer noch viel Zeit und viele Möglichkeiten haben. Im bestimmten Moment stellt sich aber heraus, dass wir weder viel Zeit noch viele Möglichkeiten haben oder gar keine mehr. Am Beispiel der Tänzerinnen ist es

---

42   Karabasz 1985, S. 105.

IV. «Die Welt beschreiben»

97–98 SIEBEN FRAUEN VERSCHIEDENEN ALTERS. Illusionscharakter und Flüchtigkeit der Kunst

besonders gut sichtbar, weil sie das Leben eines Schmetterlings leben.»[43]

Zu der Gedankenfigur einer Doppelexistenz als Mensch und Künstler, die an das Leben eines Schmetterlings erinnern würde, wird Kieślowski nach über einer Dekade in DIE ZWEI LEBEN DER VERONIKA zurückkehren, um abermals eine fiktive Biografie – diesmal von zwei Frauen als konkav-konvexes Spiegelbild ihrer (seiner?) selbst – zur Grundlage einer Reflexion über die Vergänglichkeit und Unbeständigkeit von Leben und Kunst zu machen. Der polnische Filmkritiker Tadeusz Sobolewski weist auf die

Kieślowskis weitere künstlerische Entwicklung vorwegnehmende Dimension von SIEBEN FRAUEN VERSCHIEDENEN ALTERS hin:

> «Dieser Film, gesehen 1995, erscheint wie ein Kommentar zum eigenen Leben. Besonders da, wo der Regisseur physische Anstrengung unterstreicht, die die Tanzproben begleitet, den Kampf mit eigener Erschöpfung, um während der großen Premiere die Leichtigkeit der Form zu erreichen. Die Kamera beobachtet in einer Nahaufnahme den künstlichen, szenischen Kuss mit dem Partner – eine Annäherung ohne Berührung. Die künstlerische Wahrheit deckt sich nicht mit der Wahrheit des Lebens. Die Anstrengung ergibt einen schönen, aber kurzlebigen Effekt, der Resignation abverlangt, im gewissen Sinne – leer? Mit seiner Kamera, mit Hilfe seiner Filmkunst erzählt Kieślowski über die Kulissen der Tanzkunst. Ihn interessiert nicht der Effekt, sondern das Erreichen des Effekts, die Schönheit der menschlichen Anstrengung, der Moment, wenn Kunst vom Leben nicht abgetrennt ist. In seinen letzten, esoterischen Filmen liefert er, bei aller formalen Meisterschaft, einen Beweis des Missklangs zwischen Leben und Kunst und verrät im Endeffekt die Kunst für das Leben. Kann man ZWEI LEBEN DER VERONIKA nicht als einen verdeckten Kommentar eigener Dilemmata lesen?»

Die Indizien für die verblüffende Übereinstimmung zwischen Leben und Kunst in Kieślowskis Œuvre liegen auf der Hand: In dem aufs Spiel setzen der eigenen Existenz für die Kunst bei der polnischen Weronika und im Illusionscharakter der Kunst – symbolisiert durch das Marionettenspiel, bei dem die Tänzerin sich in einen Schmetterling verwandelt –, von dem sich die

---

43 Interview von Jadwiga Anna Łużyńska vom 16.05. 1995, in: Łużyńska 1995, S. 38.

französische Véronique, ihre Doppelgängerin, zugunsten des Lebens abwendet:

> «Bei dem früheren Kieślowski ist die Kunst, symbolisiert durch das Ballett, eine Domäne der Sehnsüchte, ähnlich dem Glück – wie dieses unbeständig und trügerisch. In SIEBEN FRAUEN VERSCHIEDENEN ALTERS hat Kieślowski – für den die Arbeit auf dem Set mit einem Akt der ‹Selbstverbrennung›, der totalen Hingabe und mörderischer physischer Anstrengung verbunden war – den Höhepunkt und Ausklang seiner Karriere vorhergesehen. Ähnlich wie die ‹siebte Frau›, ruhend, befreit vom persönlichen Ehrgeiz, unterrichtet er junge Adepten der Kunst.»[44]

Kieślowskis Dokumentarfilme, besonders die der reifen Periode etwa seit ERSTE LIEBE und DER LEBENSLAUF, gleichen Fingerübungen, bei denen der spätere DREI FARBEN-Regisseur thematisch und ästhetisch en passant seine unverwechselbare Handschrift herausbildet. Sie kreisen bereits um die Grundthemen seines fiktionalen Werks: unvermeidliche Einsamkeit eines Individuums in der Kollision mit der Macht, Gesellschaft, dem politischen System, wodurch es in Widersprüche, Abhängigkeiten und Konflikte verwickelt wird; gesellschaftliche und biologische Determination, die die individuelle Selbstverwirklichung vereiteln kann; Vergänglichkeit und die damit einhergehende Unbeständigkeit der Beziehungen, der Gefühle, der Kunst; der Preis, den man dem Leben und der Kunst zollen muss, womit Fragen nach Freiheit und Notwendigkeit, Freiheit und Verantwortung, Freiheit und Zufall als bestimmende Faktoren der menschlichen Existenz zusammenhängen. Daraus entwickelt Kieślowski einen ganzen Katalog von Fragen nach den Wertmaßstäben des Handelns, nach den Bedingungen und Chancen, ethische Dilemmata zu lösen – oder besser gesagt danach, wie man mit ihnen leben kann oder sogar muss –, nach dem Sinn, eine Entscheidung treffen zu wollen.

Auch formal legt Kieślowski in seinen Dokumentarfilmen bereits den Grundstein für sein späteres Werk: Bei der beobachtenden Kamera, der nüchternen Stränge seines Blicks auf die Wirklichkeit, der besonderen Bedeutung, die er der Montage beimisst, den zyklischen Erzählformen, der episodischen Erzählstruktur, bei den ironischen Bild-Metaphern, die gedanklichen Aperçus ähneln, oder den symbolisch verdichteten Details, und nicht zuletzt auch in den verschlüsselten Bezügen zur eigenen Biografie. Seine Abwendung vom Dokumentarfilm führt ihn zu Sphären der Fiktion hin, die «unfilmisch»[45] sind. Sie bleiben mit der Darstellung von intersubjektiv-emotionalen Zuständen verbunden. Obwohl individuell erlebt, erlangen diese aber in ihrer formalen Abstrahierung (Lichtreflexe in DIE ZWEI LEBEN DER VERONIKA oder schwarze Einblenden in DREI FARBEN: BLAU) eine universelle Tragweite. Letztlich trägt diese Abwendung daher Züge – wie Tadeusz Sobolewski es treffend formulierte – eines Wechsels zu einer Art des «inneren Dokuments»[46].

Dass das dokumentarische Ertasten der konkreten physischen Wirklichkeit für Kieślowski den Weg zum Transzendenten öffnete, dafür lassen sich auch bei eingehender Analyse viele Indizien in seinem Spätwerk finden. Denn «das Wichtigste», um mit Saint-Exupéry zu sprechen, «ist für das Auge unsichtbar», was Kieślowski zu der Ansicht brachte, dass «man sich damit abfinden muss, und zugleich nach Wegen und

---

44 Sobolewski 1996, S. 105.
45 In dieser Hinwendung entdeckt Gérard Pagnon eine ästhetische Konsequenz in der Entwicklung Kieślowskis, die seine Abwendung vom Kino bereits andeutet. Vgl. Pagnon, Gérard: L'itinéraire de Krzysztof Kieślowski. In: *Études cinématographiques. Krzysztof Kieślowski* 203/210. Paris 1994, S. VII–XVI.
46 Sobolewski 1996, S. 103.

Mitteln suchen muss, um über diese wichtigsten Belange des Menschen zu erzählen… Ich habe mich vom Dokument abgewendet, weil ich immer stärker die mit dieser Gattung verbundenen Begrenzungen verspürt habe. Ich sehnte mich danach, über sie hinauszugehen, um weiter das berühren zu können, was wichtig ist. Deswegen zog ich mich vom Dokumentarfilm Schritt um Schritt zurück.»[47]

Sieben Tage einer Woche (1988/92)

Zehn Jahre nach Sieben Frauen verschiedenen Alters sollte Kieślowski dieselbe Synthese aus zyklischer Erzählform und episodischer Erzählstruktur in seinem nominell letzten Dokumentarfilm Siedem dni tygodnia (Sieben Tage einer Woche, PL 1988/92) noch einmal verwenden. Die 1988 entstandene Auftragsarbeit ist im Rahmen eines internationalen Zyklus mit kurzen Dokumentarfilmen über europäische Hauptstädte hergestellt worden, die von verschiedenen Regisseuren für eine holländische Produktionsfirma aus Rotterdam als Mini-Serie unter dem Titel City Life gedreht wurden.

Mit seinem Team aus der Dokumentarfilm-Periode, allen voran dem Kameramann Jacek Petrycki, variierte Kieślowski bei einem vorgegebenen Thema, dem Porträt einer Stadt (Warschau) und ihrer Einwohner, die narrative Grundstruktur seines alten Werks aufs Neue: Jeden Tag in der Woche steht in Sieben Tage einer Woche eine andere Person im Mittelpunkt des Geschehens, bis alle in den einzelnen Episoden porträtierten Menschen am Sonntag zusammenkommen, da sie in der Woche als Familie, wie sich herausstellt, füreinander keine Zeit gehabt haben. Nur: Als sie sich wieder beim sonntäglichen Frühstück begegnen, haben sie sich nichts zu sagen.

Zu diesem Zeitpunkt hat sich Kieślowski bereits vom Dokumentarfilm entfernt, so dass ihm, wie Jacek Petrycki[48] berichtet, ein konzeptioneller Fehler unterlief: Laut der Absprachen mit dem holländischen Produzenten sollte der Film die Länge von etwa 17 Minuten nicht überschreiten. Indessen hatte Kieślowski mit seinem Team bei jeder der einzelnen Episoden so lange, komplexe und analytisch aufgebaute Geschichten entworfen, dass bei der maximalen Länge von knapp drei Minuten pro Episode bald klar wurde – man könne beim besten Willen aus diesem Material keinen guten Film montieren. Und obwohl sein Film laut Petrycki der beste Beitrag des ganzen Zyklus geworden wäre, sollte es für Kieślowski nur ein geringer Trost gewesen sein. Es war sein definitiv letzter Dokumentarfilm.

Der Bahnhof / Sprechende Köpfe (1980)

Kurz vor den Streiks vom August 1980 entstehen Dworzec (Der Bahnhof), ein Filmessay über die Diskrepanz von Realitäts- und Propagandabildern, und Gadające głowy (Sprechende Köpfe), eine Filmumfrage über die aktuellen Befindlichkeiten, die zu einer Bestandsaufnahme sozialer Hoffnungslosigkeit am Ende der Gierck-Ära avanciert. Die bei unzähligen Gelegenheiten von ihm diagnostizierte «Krise des Dokumentarfilms», die durch die Übernahme narrativer Methoden und Inhalte der dokumentarischen Filmpublizistik durch die Fernsehreportage hervortrat, versuchte Kieślowski, noch einmal in Sprechende Köpfe zu hintertreiben, indem er bewusst die Vermittlungsformen der Fernsehberichterstattung zitierte. Der Bahnhof war der formal letzte Dokumentarfilm Kieślowskis, nach dessen Herstellung er beschloss, diese Gattung zugunsten des Spielfilms endgültig aufzugeben.

47 Zawiśliński 1994, S. 21.
48 Petrycki, Jacek: Kiedy jeszcze lubiliśmy rejestrować świat. In: Lubelski 1997, S. 184.

In den Nachrichtensendungen, die auf den im Hauptbahnhof von Warschau postierten Fernsehschirmen flimmern, werden Erfolgsmeldungen verkündet, die in einem augenfälligen Kontrast zu der in die Gesichter der Reisenden eingesenkten Apathie und Resignation stehen. Die Momentaufnahmen aus dem Innern des Bahnhofs belegen die Tristesse und Hoffnungslosigkeit des polnischen Alltags kurz vor Ausbruch der Arbeiterunruhen in Danzig, die eine eruptive Reaktion auf den Zustand einer ausweglosen Stagnation gewesen sind. Nichts geht hier mehr: Die Züge sind heillos verspätet, man bekommt keine Reiseauskunft, der Einkauf einer Fahrkarte scheitert am Wechselgeld, die neuen Schließfächer lassen sich nicht bedienen oder klemmen. Nur die Überwachung des Bahnhofsgeländes durch unzählige Videokameras funktioniert noch reibungslos – the Big Brother is watching you (s. S. 491, Abb. 31–32).

In der Schlussszene dringt die Kamera in den Kontrollraum der Videoüberwachung ein, wo ein Mann vor einer Front mit Fernsehmonitoren sitzt und an der Bedienungskonsole zwischen den einzelnen Videoaufnahmen schaltet: Ein alter Mann mit schäbigem Gepäck, der Bruchteil einer Frau im Mantel, ein Staubsauger sind zu sehen. Der Bahnhof scheint sich von einem Dienstleistungsplatz in einen Ort der Überwachung seiner Kunden, eine verselbstständigte Institution verwandelt zu haben, die – wie Sobolewski beobachtet – Experimente[49] an ihnen durchführt statt für die Passagiere den Transport zu organisieren. Plötzlich bekommen die vorhin von der Kamera festgehaltenen Impressionen aus dem Alltag des Bahnhofs eine zusätzlich existenzielle Dimension, die sich in mehrfacher Hinsicht zu einem individuellen Horror steigern

49 Vgl. Sobolewski, Tadeusz: Brzydkie podwórko. O filmach Krzysztofa Kieślowskiego. In: *Film* Nr. 30/1980, S. 5.

99–100 Der Bahnhof: Propaganda und Überwachung

kann, weiß man um die Hintergründe der Polizeiaktion, die zu der Beschlagnahmung des Filmmaterials nach der Fertigstellung von Der Bahnhof geführt haben.

Muteten die anonymen Passanten in Der Bahnhof wie einer unsichtbaren Macht ausgelieferte Subjekte an, die gar keinen Einfluss auf ihre Existenz haben, so handelt Sprechende Köpfe von individuellen Lebensentwürfen und einer soziopolitischen Determiniertheit. Aus über 100 Kurzinterviews, die mit Personen unterschiedlichen Alters und Milieus geführt wurden, angefangen von einem einjährigen Baby bis hin zu einer einhundertjährigen Grei-

IV. «Die Welt beschreiben»

101–102 SPRECHENDE KÖPFE: Querschnitt durch ein Lebensspektrum

sin, destilliert Kieślowski anhand von etwa 30 Statements ein kollektives Porträt der Polen im letzten Jahr der Dekade. Was vordergründig wie eine typische Meinungsumfrage im Fernsehstil aussieht, entpuppt sich als ein autonomes Werk. Kieślowski spielt im Titel selbstironisch auf die «*talking heads*»-Ästhetik der Fernsehpublizistik an und imitiert ihre Versatzstücke, einfache Fragen an willkürlich ausgewählte Passanten, statische Aufnahmen, Priorität des Wortes gegenüber dem Bild; er verwendet sie aber aus einer ganz anderen Perspektive, vom Standpunkt eines Autors, der gezielt drei substanzielle Fragen stellt: Wann bist Du geboren? Wer bist Du? Was möchtest Du?

Die Summe der Antworten ergibt ein widersprüchliches Bild der politischen und sozialen Wirklichkeit: Der Film zeigt «den mentalen Zustand der Polen vor August 1980»[50], wie Kieślowski in einem Fernsehinterview diagnostizierte. Die Bandbreite der Antworten reicht von der resignativen Akzeptanz der Gegebenheiten über nostalgische Heraufbeschwörung der Vergangenheit, vorsichtig geäußerte Hoffnungen und Zweifel, was die Möglichkeiten einer Veränderung anbetrifft, bis hin zur abgeklärten Weisheit der hundertjährigen Greisin, die einfach nur länger leben möchte. Ähnlich ironisch wirkt die Aussage eines Akademikers, der sich wesentlich freier fühlt, seitdem er als Taxifahrer arbeitet, der wiederum eine andere gegenübersteht, in der es um das Lebensgefühl «am Rande zweier Geheimnisse» geht. Den Zustand völliger Übereinstimmung mit den eigenen Bedürfnissen scheint lediglich ein Trinker erreicht zu haben, der alles, was er braucht, zu besitzen glaubt.

Diese Bestandsaufnahme mentaler Befindlichkeiten fügt sich zu einem Bündel von Antworten zusammen, die wie in SIEBEN FRAUEN VERSCHIEDENEN ALTERS den Charakter eines Querschnitts durch ein fiktives Lebensspektrum bekommen: Als ob die Köpfe, eingebettet in die Chronologie eines ganzen Lebens, vom Ende her betrachtet verschiedene Facetten einer einzigen kollektiven Existenz ergeben würden:

«Oft entstanden diese Filme aus einem allgemeinen Gedanken, allgemeinen Konstatieren, allgemeinen Bedürfnis, dass es lohnt, in diesem Moment gerade zu diesem Thema etwas zu sagen. (…) Ich habe mir gedacht, dass man das irgendwie zusammenfassen muss, weil man damals (…) darüber nicht sprach, wie es

---

50 Sobolewski/Torbicka 1997, S. 5.

ist, nicht wahr? (…) Was ist in den Köpfen der Leute Ende der 1970er-Jahre. Was denken sie so in Wirklichkeit? Was wollen sie? (…) Natürlich brauchten sie eine Wohnung, etwas bessere Lebensbedingungen, aber in Wirklichkeit wollten sie eigentlich alle Freiheit. Und sprachen alle von der Freiheit, von der Demokratie.[51]

SPRECHENDE KÖPFE vergegenwärtigt sehr deutlich ein Auseinanderdriften der Wirklichkeit im real existierenden Sozialismus mit dem Freiheitsdrang der polnischen Gesellschaft an der Schwelle der 1980er-Jahre. Über diese unmittelbare Bedeutungsebene hinaus vermittelt der Film aber auch eine tiefergehende Reflexion über Gefühlslagen, die weitaus universeller Natur sind: Unzulänglichkeit der eigenen Selbstverwirklichung, enttäuschte Hoffnungen und ein vergebliches Streben nach Glück und Harmonie, die ewige Sehnsucht und das unstillbare Bedürfnis nach Erfüllung eigener Träume.

Nach den Spielfilmen DIE NARBE und GEFÄHRLICHE RUHE, die noch in einem fast dokumentarischen Stil gedreht sind und 1976 der Zensur zum Opfer fallen, verarbeitet Kieślowski 1979 schließlich die Erfahrungen seiner Dokumentarfilmzeit in DER FILMAMATEUR. Hier verknüpft er den Enthusiasmus seines Helden beim Registrieren des banalen Alltags mit der Frage nach der Rolle des Filmemachers in der Gesellschaft. «Du zeigst einfach das, was ist», definiert ein Mitarbeiter die Mission des Filmamateurs, die wie in Kieślowskis Dokumentarfilmen darin besteht, «die Welt zu beschreiben». DER ZUFALL MÖGLICHERWEISE markiert 1981 mit seiner existenziellen Dimension eine Zäsur. Hier wird die moralische Unruhe zur metaphysischen Rebellion. Die behutsame Erforschung konkreter Realität grenzt bereits an eine Moritat über die «Unausweichlichkeit» menschlicher Existenz.

In der darauffolgenden Zeit des Kriegszustands sollte genau in dem Maße, wie Krzysztof Kieślowskis Glaube an ein gesellschaftspolitisches Engagement nachließ, sein Interesse an den existenziellen Belangen des Menschen zunehmen, was letztlich auch zu seinem endgültigen Bruch mit dem Dokumentarfilm führte. Seine besondere Bedeutung für das eigene Werk hat Kieślowski in seiner Autobiografie hervorgehoben. Nach vielen Jahren reflektierte er darüber noch einmal in einem kurzen Text mit dem Titel *Dokumentarfilm: Was ist das?*, den er für den Katalog des Dokumentarfilmfestivals in Yamagata verfasst hatte:

«Zehn Jahre lang machte ich Dokumentarfilme. Ich habe diese Gattung geliebt und mit Wehmut und Schamgefühl aufgegeben. Ich kam mir vor wie ein Mensch, der ein sinkendes Schiff verlässt, statt es zu retten oder mit ihm unterzugehen. (…) Die Materie, aus der ein Dokumentarfilm entsteht, ist die Wirklichkeit, etwas, was wirklich existiert: wirkliche Menschen, wirkliche Ereignisse, wirkliche Gefühle, Stimmungen, Gesichter, Gedanken, eine wirkliche Träne. Den wahren Kern dieser Gattung macht das persönliche, subjektive Verhältnis des Autors zu allen diesen Dingen aus, gewöhnlich sichtbar in der Konstruktion des Films, der Dramaturgie – wenn Sie wollen, was nur durch eine mühsame und fantastische Arbeit im Schnittraum zu erreichen ist. Der Dokumentarfilm erzählt nicht vom Autor, sondern von der Welt und den Menschen aus der Sicht des Autors. Schärfe, Klarheit, Durchdringlichkeit dieses Autorenstandpunkts verleihen dem Film seinen Rang.»[52]

51 Ebd.
52 Film dokumentalny: co to jest? In: *Film* 3/1998, S. 101.

V. «Kino der moralischen Unruhe»

Ein filmgeschichtlicher Abriss

V. «Kino der moralischen Unruhe»

«Ein Warteraum mit braunen Wänden, ein Obstgarten, eine Klinik; ein Raum, irgendwo bersteten die Tische unter der Last der Akten und die Aschenbecher waren gefüllt mit Asche. Das Schweigen der Megaphone voller Bosheit. Ein Warteraum, in dem man ein ganzes Leben lang warten musste, um geboren zu werden.
Eine schwarze Landschaft, nur die Berge waren blau und der Regenbogen schräg. Es gab weder Versprechen noch Hoffnung, aber wir lebten dort und wir waren keine Fremden. Das war das Leben, das man uns zuerkannt hat. Die Geduld, blass wie ein Eisberg. Die Angst, voller Schuld. Der Mut, voller Unruhe. Die Unruhe, voller Kraft.»

– *Adam Zagajewski (aus dem Gedicht Elegie[1])*

Zu den Lieblingsgedichten Krzysztof Kieślowkis gehörte, wie er 1994 in einem Interview mit dem Titel *Wir lebten dort alle* (Żyliśmy tam wszyscy) bekundet, die in demselben Jahr publizierte *Elegie* von Adam Zagajewski, einem der früheren Wortführer der sogenannten «Neuen Welle» («Nowa fala»). Diese Formation erfüllte seit der zweiten Hälfte der 1960er- bis Ende der 1970er-Jahre in der polnischen Literatur ästhetisch und politisch eine ähnlich wichtige Rolle wie in der zweiten Hälfte der 1970er-Jahre das «Kino der moralischen Unruhe» im Spielfilm. Sie hatte gleichsam einen großen Einfluss auf die Generation der Filmemacher von Krzysztof Kieślowski ausgeübt. Zu ihren Galionsfiguren zählten die Lyriker und Essayisten Adam Zagajewski und Julian Kornhauser, deren Essayband *Die nicht dargestellte Welt* (1974) das in seiner Wirkungsästhetik folgenschwerste Manifest dieses literarischen Phänomens war, sowie der Lyriker, Essayist und oppositioneller Politiker Stanisław Barańczak.

«Junge Kultur» in Literatur und Gesellschaft

Die «Neue Welle» gruppierte sich um zwei literarische Keimzellen: Die Gruppe «Jetzt» («Teraz»/Kornhauser und Zagajewski) in Krakau und «Versuche» («Próby»/Barańczak) in Posen. Dem Titel einer literarischen Zeitung, in der der Krakauer Kreis seine programmatischen Texte veröffentlichte, verdankte sich auch die Bezeichnung, mit der die Generation «vom März 1968» im polnischen Kulturleben etikettiert wurde – die «Generation der ‹Jungen Kultur›». Die Protagonisten der «Jungen Kultur» («Młoda kultura») gingen von den Versäumnissen der Gegenwartsliteratur aus, die sich vorrangig mit den Hypotheken des Zweiten Weltkrieges, unverfänglich historischen Themen oder formalen Experimenten beschäftigte, während das Bild des Alltags in Printmedien und Fernsehen ideologisch verfälscht und der «Propaganda des Erfolgs» unterworfen wurde. An der Schwelle der beruflichen Laufbahn von Kieślowski erhoben sie wirkungsästhetische Postulate (Sprach- und Medienkritik, Selbstreflexivität), die den Zeitgeist der Dekade und deren kulturelles Klima nachhaltig prägen sollten. Im Zentrum ihres eigenen künstlerischen Programms stand die Forderung, die Welt der Volksrepublik Polen zu beschreiben, als Ausgangspunkt einer Revolte, die die ganze Generation und alle Sparten der Kultur erfasste:

«Es gibt die Wirklichkeit der Menschen, Dinge und des Bewusstseins, der Versammlungen und Feriencamps für Kinder, die Wirklichkeit dop-

---

[1] Das Gedicht *Elegia* ist ganz in *Tygodnik Powszechny* Nr. 17/1994 und in dem Bildband *Kieślowski*, hg. v. Stanisław Zawiśliński, Warszawa 1996, S. 9 abgedruckt worden.

pelten Glaubens, der Verlogenheit und Hoffnung, die Wirklichkeit der Parteiversammlungen und Fußballspiele, der Friedensrundfahrt und politischen Witze, Krankenhäuser und Transparente, des Todes und der neuen Investitionen, der Pensionäre und Personalchefs, Kulturhäuser und Rangeleien bei dörflichen Hochzeiten, Jugendsongs und junger Wissenschaftler, Bibliotheken und Kiosken mit Bier», schrieb Zagajewski. «Das, was ist, verbirgt in sich das eigene Innere in Gestalt von Tragödien und Komödien, Freiheit und Unterwerfung, Wahrheit und Lüge, Heuchelei und Mut, birgt in sich Konflikte, die alt wie die Zivilisation und neu wie das Volkspolen sind. Das ist eine komplette Wirklichkeit, der zu ihrer Fülle eine Kultur fehlt, die sich für sie interessieren würde.»[2]

Um diese graue, triste, aber reale Welt und somit auch die Bedingungen der eigenen Existenz verstehen zu können, musste die alltägliche Wirklichkeit der «Volksrepublik Polen» beschrieben werden: «Vorhandensein, das heißt beschrieben sein in der Kultur»[3], wie die Hauptformel des Manifestes *Die nicht dargestellte Welt* lautete. Noch nach Jahren unterstrich Kieślowski bei unzähligen Gelegenheiten die Notwendigkeit, die Welt, in der man lebt, als den Ausgangspunkt seines Schaffens zu beschreiben: «Wenn Du etwas beschreibst, dann kannst Du erst anfangen, Dir darüber Gedanken zu machen. Wenn etwas nicht beschrieben ist, wenn diese Beschreibung – egal ob filmisch, soziologisch, in Buchform oder als *oral history* – fehlt, dann kannst Du keine Position zu diesem Phänomen beziehen. Man muss zuerst ein Phänomen beschreiben, um damit fertig zu werden.»[4]

In dem Dokumentarfilm I'm so so antwortet Kieślowski 1995 auf die Frage, «wozu die Welt beschreiben?»: «Weil es schwierig ist, in einer nicht beschriebenen Welt zu leben. Es ist doch so wie Fehlen der Identität.» Um diese spezifisch osteuropäische Befindlichkeit des letzten Jahrhunderts einem Westeuropäer begreiflich zu machen, erklärt Kieślowski gegenüber Vincent Ostria 1992 in dem Interview *Le hasard et la nécessité*: «Sie können wirklich nicht begreifen, was es bedeutet, in einer Welt zu leben, die man nicht beschreiben kann. Die Eigenschaft ihrer Welt, des Westens, besteht doch darin, dass sie immer beschrieben wurde, dass man von ihr erzählte. Wenn man in einer Welt lebt, die nicht beschrieben und benannt ist, lebt man in einer ständigen Abstraktion. Man weiß nicht, wo die Wirklichkeit beginnt.»

Um herauszufinden, wo die Wirklichkeit beginnt, war die Suche nach einer «unverfälschten Wahrheit» über sie notwendig, die für die Exponenten der «Jungen Kultur» bei der Suche nach einer authentischen Sprache ansetzen musste. Denn gerade die Sprache war als Instrument der Informationsvermittlung, der Beschreibung und der zwischenmenschlichen Verständigung, vom ideologischen Kauderwelsch und Jargon verschüttet worden. Daher der Versuch, in der Lyrik die Sprache des Alltags mit der propagandistischen Rhetorik, der Phraseologie der Massenmedien und dem Pathos der ideologischen Losungen zu konfrontieren. Indem die Sprache wieder ihre alltägliche Färbung zurückgewann, entblößte sie auch die Verlogenheit und die Mystifikation der scheinbar vorgegebenen Wirklichkeit.

Eine weitere programmatische Komponente dieser Formation bildete der Begriff des «Misstrauens» gegenüber vorgegebenen Konventionen und damit auch gegenüber der gesellschaftlichen Wirklichkeit, ausformuliert 1971 im Essayband *Nieufni i zadufani* (Die Misstrauischen und Hochnäsigen) von Stanisław Barańczak. Damit

---

2   Zagajewski, Adam: *Rzeczywistość nie przedstawiona w powojennej literaturze polskiej*. In: Kornhauser, Julian / Zagajewski, Adam: *Świat nie przedstawiony*. Kraków 1974, S. 43–44.
3   Ebd., S. 32.
4   Stok 1993, S. 58.

gewann die «Junge Kultur» ihre ethische Verankerung, ging es doch in diesem Zusammenhang um die Verifikation der Standpunkte und der herkömmlichen Begriffe, um die Unterscheidung zwischen scheinbaren und zeitlosen Werten, der realen und usurpierten Wirklichkeit – kurzum zwischen Sein und Schein eines politischen (totalitären) Systems. Anfang der 1970er-Jahre tobte in den Intellektuellenkreisen Polens eine Debatte um die Möglichkeiten einer nonkonformistischen, progressiven Literatur und Kultur: Bei vollem Bewusstsein gesellschaftlich-politischer Wirkungslosigkeit von Dichtkunst betonte man ihr subversives Potenzial, weil sie «dem Bürger» erlauben könne, «die Welt so zu sehen, wie sie wirklich ist, nackt, hilflos, die Welt mit ihrer Heuchelei und Hässlichkeit, Absurdität und Dummheit, mit Fernsehen und Morgennachrichten, Markt und morgen erwachender Universität, dem 1. Mai und der Spartakiade».[5]

Den zweiten Pfeiler bildete die Medienkritik – die Infragestellung der Medien als Instrumente propagandistischer Indoktrination:

> «Zur Massenkultur zählten bei uns, wie überall, Fernsehen und Kino, Massenmedien. Wie sonst, wenn nicht als Massenkultur soll man ein System der Vorträge, Referate, Versammlungen, Konferenzen, Kurse und das damit verbundene System des politischen Witzes und Humors bezeichnen. Reden, Feiern, Plauderstündchen, Akademien, Besprechungen, Begrüßungen – eben der zweite Flügel der Massenkultur. Diese Kultur besteht also aus herkömmlichen Elementen – Massenmedien usw. –, ergänzt um eine eigentümliche Folklore, durch provinzielle Ideologie.»[6]

Das Programm der «Jungen Kultur», die Erkenntnis und Benennung der Wirklichkeit in selbstreflexiver Form, dessen, was ist, und so, wie es ist, war zugleich mit einer Art «moralischer Katharsis» verbunden, der Selbstbestimmung des Individuums gegenüber der Welt, mit allen Implikationen, die es in einem künstlerischen Prozess erfordert: mit der Reflexion über die Sprache, mit eigenen Ausdrucksmitteln, mit der Auslotung des künstlerisch zu transformierenden Materials, mit dem man operiert. Die postulierte Erfassung unverfälschter Wirklichkeit fand bald ihren Niederschlag in unterschiedlichen Bereichen der Kultur: von der Dichtung über alternative Avantgarde-Theater wie das «Teatr ósmego dnia» (Theater des achten Tages) in Posen und das «Teatr stu» (Theater der Hundert) in Krakau sowie das Warschauer Studentenkabarett «Salon niezależnych» (Salon der Unabhängigen) und die Krakauer Kunstgruppe «Wprost» (Geradeaus) bis zum «Kino der moralischen Unruhe». Und all dies ging einher mit der Auffassung einer ethischen Aufgabe. Nicht zufällig trug ein anderer Essayband von Barańczak den Titel *Etyka i poetyka* (Ethik und Poetik), in dem er 1979 die Abstimmung ästhetischer Kategorien mit den ethischen Postulaten der «Jungen Kultur» propagierte: eine sich wechselseitig bedingende Verbindung von Ethik und Ästhetik, die auch auf die Filme des «Kinos der moralischen Unruhe» zutraf. Exemplarisch zeigt sich das in der Schlusssequenz von DER FILMAMATEUR. In dem ebenfalls 1979 realisierten Meisterwerk lässt Kieślowski seinen Protagonisten die Kamera auf sich selbst richten, als er nach der Entdeckung der Macht des Filmbildes auch mit den daraus resultierenden ethischen Konsequenzen konfrontiert wird. Der selbstreferenzielle Subtext dieser Szene weist auf die Korrelation hin, die aus einer so verstandenen Beschreibung der Welt resultiert – ethische Selbsterkenntnis und ästhetische Reflexion über das Wesen und die Möglichkeiten des Mediums Film.

---

5   Kornhauser, Julian: Nowa poezja. In: Kornhauser, Julian / Zagajewski, Adam: *Świat nie przedstawiony*. Krakau 1974. S. 126.

6   Zagajewski, Adam: *Polska zdziecinniała. Życie ułatwione. Nowy świat kultury*. In: ebd., S. 201–202.

Das Programm zur «Erforschung und Benennung der Welt» im Zeichen der «Jungen Kultur» findet zuerst seine Verwirklichung im Dokumentarfilm, in der Beobachtung und Registrierung unmittelbarer Wirklichkeit, der Menschen und ihrer Verhaltensweisen, ihrer alltäglichen Redensarten und Umgebung, von Straßen, Fabriken und Wohnungen, um dann im Spielfilm fürs «Kino der moralischen Unruhe» fruchtbar gemacht zu werden. Agnieszka Holland erklärt 1977 in einer Umfrage der Filmzeitschrift *Kino* die ästhetischen Eigentümlichkeiten des neuen Gegenwartskinos: «Weil große Bereiche unseres Lebens, sogar des familiären, bis jetzt nicht gezeigt wurden, musste man zeigen, wie die Menschen wohnen, wie sie essen, sprechen, wie ihre Arbeit aussieht, wie eine Fabrik, ein Krankenhaus aussehen usw., und, um das alles zu zeigen, dafür verwendete man viel Raum und Zeit.»[7] Für die «Wirklichkeit der Parteiversammlungen und Fußballspiele» fand Stanisław Barańczak mit seinem Oxymoron-Begriffspaar «Fasady i tyły» («Fassaden und Hinterseiten») abermals eine griffige Formel, die den Fassadencharakter der offiziösen Kultur in der Diskrepanz zu der tabuisierten Wirklichkeit der kleinen Leute auf den Punkt brachte und im Zusammenhang mit dem «Kino der moralischen Unruhe» oft zitiert wird. Das Leben im Schatten dieser «sozrealistischen» Kulissenwelt, im «Warteraum, in dem man ein ganzes Leben lang warten musste, um geboren zu werden», gibt sinnbildlich das aus der Distanz der Zeit verfasste Gedicht *Elegie* wieder. Die Serie der «Lebensbilder», die Zagajewski in seiner *Elegie* verwendet, könnte – wie Tadeusz Sobolewski scharfsinnig beobachtete – zu einer Anthologie mit Motiven des «Kinos der moralischen Unruhe» verwoben werden: Büroräume, Akten, Krankenhäuser, Warteräume mit braunen Wänden, Megaphonen voller Propaganda, «sowjetische Götzen», «dreckige Züge», «graue Landschaften», «mickrige Häuser» oder «Betonsilos»:

> «Die Anthologie des ‹schwarzen Dokumentarfilms› aus dem Gedicht von Zagajewski führt überraschend nicht zu einer Klage, sondern zur Überhöhung der Einwohner der damaligen Welt: ‹Das war das Leben, das man uns zuerkannt hat.› Ein Leben, unterworfen dem Zufall und den Beschränkungen – wie in den Gedichten von Szymborska und Filmen von Kieślowski – in der endgültigen Abrechnung als absurder Verlust abzubuchen, jedoch dafür geeignet, von außen erfasst zu werden, durch einen Dichter oder Filmemacher.»[8]

Adam Zagajewski begreift die Metaphysik in der Kunst auch nicht als einen Diskurs, der ausschließlich den Fragen der Transzendenz und der letzten Dinge vorbehalten bleibt, sondern als die Fähigkeit, die Welt und die Wirklichkeit von außen, aus der reflexiven Distanz eines unbeteiligten Beobachters oder Zeugen zu betrachten. Diese existentialistische Haltung ist den Dokumentarfilmen von Kieślowski eigen: «Genau mit so einem Gefühl schauen wir uns heute in den Dokumentarfilmen aus dieser Zeit Tänzerinnen, Textilarbeiterinnen, Parteiaktivisten, Bahnhofspassanten, Krankenhauspatienten an, eingesperrt in ihrem Schicksal, eingefangen durch einen moralisch sensiblen Zeugen, der die Menschen nicht für eine Idee ausspäht, sondern deswegen, weil er das Betrachten des Lebens für einen Wert an sich hält.»[9]

Die Protagonisten des «Kinos der moralischen Unruhe» und der «Jungen Kultur» sollten die sie umgebende Welt nicht nur für sich entdecken, erkennen und benennen, sondern damit auch die Geschichte ihrer eigenen Entwicklung und ihres Landes schreiben. Ihr künstlerischer

---

7 Vgl. *Kino* Nr. 7/1978.
8 Sobolewski, Tadeusz: Niepokój pełen siły. In: *Tygodnik Powszechny* v. 10.07.1994, S. 9.
9 Ebd.

Reifungsprozess weist noch eine weitere frappierende Übereinstimmung auf: die allmähliche Überschreitung der positivistischen Diagnose bei der Wirklichkeitserfassung in Richtung auf die universelle Problematik der menschlichen Existenz. Das Betrachten der Wirklichkeit in ihrer Konkretheit, aber auch phänomenologischen Vielfalt führte in letzter Konsequenz hinter die Oberflächen der sichtbaren Realität, wie in Kieślowskis Spielfilmen – zur Überschreitung der Grenze des Physischen hin zur Metaphysik als einer Reflexion über Leben und Tod. Eine ähnliche Entwicklung vollzogen in den 1970er-Jahren, die eine extreme Politisierung der polnischen Gesellschaft mit sich brachten, die beiden Exponenten der «Jungen Kultur» Adam Zagajewski und Stanisław Barańczak. So gesehen ging ihre ursprüngliche Revolte über die Ablehnung des politischen Systems hinaus:

> «Die ‹Neue Welle› entsprang einem grundlegenden Ton, dem Ton des Widerspruchs, der Rebellion. Die Entdeckung des Wertes und der Kraft des Wortes ‹nein› bestimmte für lange Zeit die Entwicklungsrichtung dieser Dichtung. Jetzt sehe ich immer deutlicher», schrieb 1986 Adam Zagajewski, «zu welcher Eingrenzung der Musik es führt. Das Wort ‹nein› bezieht sich nur auf ein kleines Fragment der Welt; in der großen Wohnung des Daseins gibt es viele Räume. An der Decke flimmern Sterne. Unter dem Boden schlagen Ozeane Wellen. Das Wörtchen ‹nein› schneidet uns auch von diesen Regionen der Wirklichkeit ab, die ursprünglich gar nicht als Gegner ausgewählt oder imaginiert waren. (...) Was passiert aber mit dem Wort ‹nein›: es ist ziemlich impertinent, beginnt sein eigenes fieberhaftes, negatives, unverschämtes Leben zu leben. Breitet sich aus und kann einen anderen Ton bedrohen, um wie viel wichtigeren und mächtigeren, das große Wort ‹ja›, dessen Adressat kein politisches System ist, weder ideologisch noch historisch noch ökonomisch, (...) sondern die mannigfaltige, lebendige Welt.»[10]

Barańczak engagierte sich Ende der 1970er-Jahre in der politischen Opposition, redigierte gleichzeitig im Untergrund Veröffentlichungen des Komitees zur Verteidigung der Arbeiter «KOR» und arbeitete an Übersetzungen für seine 1982 erschienene *Anthologie der metaphysischen Lyrik Englands aus dem XVII. Jahrhundert*. Ein Großteil seines Werks hat auch publizistischen Charakter, aber «man ist hier», wie es in einer Geschichte der polnischen Gegenwartsliteratur nachzulesen ist, «immer um ein Haar von der Metaphysik entfernt und die konkrete Situation findet sofort eine eschatologische Verlängerung.»[11] In der Zeit des Kriegsrechts gründeten Zagajewski und Barańczak im Pariser Exil die Monatszeitschrift *Zeszyty literackie* (*Literarische Hefte*), neben dem oppositionellen Kulturperiodikum *Kultura* eines der wichtigsten unabhängigen Foren für die polnischen Intellektuellen, in dem auch Filmleute wie Agnieszka Holland und Krzysztof Kieślowski publizierten. Während der Dreharbeiten zur Drei Farben-Trilogie freundete sich Kieślowski später in Paris mit Adam Zagajewski an. Stanisław Barańczak emigrierte in die USA, wo er seit 1981 Professor für slawische Literaturen an der Harvard University ist.

Einfluss des *Direct Cinema* und der cineastischen Neuen Wellen

Unter der Devise «die Welt beschreiben» gab Kieślowski die Stoßrichtung eines dokumentarischen Kinos vor, das über die an John Grierson

---

10 Zagajewski, Adam: *Solidarność i samotność*. Paris 1986.
11 Kuncewicz, Piotr: *Agonia i nadzieja. Poezja Polska od 1956*. Tom III. Warszawa 1993, S. 478.

und der britischen Dokumentarfilmschule geschulte poetische Ästhetik seines akademischen Lehrers Kazimierz Karabasz hinausgehen sollte. Der Einfluss des *Direct Cinema*, das mit seiner Poetik der beiläufigen Momentaufnahme, der «reinen», unaufdringlichen Beobachtung, der zurückgenommenen Registrierung der Realität und eines Vertrauensverhältnisses mit den Protagonisten das kinematografische Verhältnis zur Wirklichkeit neu vermessen hatte, war dabei prägend. Eine große Rolle spielten ebenso jene Komponenten, die die Differenz zu dem ästhetisch verwandten *Cinéma vérité* von Jean Rouch ausmachten: in initiierten oder improvisierten Passagen Reaktionen zu provozieren, um etwas zu entdecken; der Wirklichkeit auf die Sprünge zu helfen, sich zu offenbaren. Auf der einen Seite (*direct cinema*) das Ziel einer möglichst unmittelbaren, vorurteilslosen Darstellung des so genannten «wirklichen Lebens», verbunden mit dem Anspruch, das gesellschaftliche Leben in seiner Eigendynamik zu erfassen, und auf der anderen Seite (*cinéma vérité*) die Registrierung von sozialen Prozessen, die durch die Filmarbeit erst angestoßen werden. Diese beiden Modi bilden die Indikatoren für die zwischen «Wahrheit und Fiktion» angelegten Dokumentarfilme der Generation der «Jungen Kultur». Dank ihnen verbinden die Regisseure Dokumentar- und Spielfilmelemente, um neben möglichst authentischen Aufnahmen auch psychologische oder soziologische Prozesse zu zeigen. Unter Spielfilmelementen werden vor allem synthetisierende Praktiken verstanden: etwa das Verfahren der Regie als teilnehmender Interviewer oder «Rechercheur»[12] zu agieren, der Ereignisse und Reaktionen provoziert, um eine unter der sichtbaren Schicht der Wirklichkeit verborgene Wahrheit hervorzulocken; oder psychodramatische Techniken wie das improvisierte Rollenspiel[13], in dem sich der agierende Laie enthüllen und seine Wahrheit als Subjekt zum Vorschein bringen kann. Denkt man an Frederick Wiseman's *Direct-Cinema*-Klassiker HIGH SCHOOL (USA 1968) oder HOSPITAL (USA 1970), die im Alltag von Institutionen das Verhältnis zwischen Individuen und Hierarchien bzw. normativen Strukturen untersuchen, wird deren Einfluss auf die Protagonisten des «Kinos der moralischen Unruhe» unübersehbar: etwa in Tomasz Zygadłos SZKOŁA PODSTAWOWA (DIE GRUNDSCHULE, PL 1971), einer Studie über eine Institution, die ihr Wertesystem, ihre sozialen Spielregeln den Schülern aufzwingt und sie dadurch manipuliert, oder in Kieślowskis SZPITAL (DAS KRANKENHAUS, PL 1976), einer «Reportage» über den Bereitschaftsdienst eines Ärzteteams der Unfallchirurgie unter den verheerenden Arbeitsbedingungen der sozialistischen Mangelwirtschaft.

Nicht nur Agnieszka Holland, die zum Zeitpunkt der tschechoslowakischen «Neuen Welle» an der Prager FAMU studiert hatte, und Marek Piwowski als erklärter Anhänger des Kinowunders im Nachbarland nutzten die Erfahrungen ihrer Kollegen wie Miloš Forman, Věra Chytilová oder Jiří Menzel. Auch Krzysztof Kieślowski berief sich auf die Inspiration durch die Filme Formans und vor allem auf Ivan Passers De-

---

12   Explizite Beispiele dafür liefern Filme wie Marcel Łozińskis WIZYTA (DER BESUCH, PL 1974) und dessen Fortsetzung ŻEBY NIE BOLAŁO (DAMIT ES NICHT WEH TUT, PL 1998) oder Kieślowskis TV-Doku DAS FOTO bzw. Interview-Dokumentarfilm WEISS NICHT, der Umfrage-Film REDENDE KÖPFE oder indirekt DER MAURER und VOM STANDPUNKT EINES NACHTWÄCHTERS.

13   Das titelgebende PSYCHODRAMA (PL 1972) in dem kontroversen Dokumentarfilm von Marek Piwowski lieferte ein dramaturgisch-ästhetisches Modell z. B. für Marcel Łozińskis Parabel über totalitäre Verhaltensnormen in HAPPY END (PL 1973) oder Kieślowskis DER LEBENSLAUF über die denunziatorische Prozedur eines Partei-Ausschlussverfahrens.

V. «Kino der moralischen Unruhe»

104 Kieślowski gibt Idziak Anweisungen bei den Dreharbeiten zu DIE NARBE

bütfilm INTIMNÍ OSVĚTLENÍ (INTIME BELEUCHTUNG, ČSSR 1965). Die tschechischen Grotesken aus dem Leben der Provinz, oft wie bei Forman mit semidokumentarischen Mitteln realisiert, hatten ihren Ursprung in einer Revolte, die durch eine «Erschütterung über den Verlust der Werte»[14] ausgelöst wurde, wobei die tschechoslowakischen Regisseure, stark den Maximen «Realismus» und «Wahrheit» verpflichtet, in ihren Filmen nach einer Synthese von der eigenen Subjektivität und authentischer Wirklichkeitserfassung strebten. Das Aufzeigen der banalen prosaischen Alltagswirklichkeit hatte vorrangig zum Ziel, sich von dem aufoktroyierten Wirklichkeitsbild abzusetzen und ihm stattdessen die Wahrheit einer individuellen Erfahrung gegenüberzustellen. Auch weitere Wechselbeziehungen und Relationen zu cineastischen Neuen Wellen im Westen fallen auf: Zum sozial-kritischen Kino von British New Wave, deren Vertreter Lindsay Anderson und Karel Reisz 1958 vier von sechs ihrer «Free Cinema»-Programme in London dem polnischen Kino widmeten. Seit den 1960er-Jahren besuchte Anderson als Gastdozent die Filmhochschule in Łódź, so dass Kieślowskis mehrfach bekundete Reverenz an Ken Loach's frühes Meisterwerk KES (GB 1969) in diesem Kontext zu sehen ist. Und auch die Postulate der französischen *Nouvelle Vague* nach einer «*politique des auteurs*» – einem Autorenkino mit erkennbaren individuellen Handschriften; nach Gegenwartsbezug und urbanen Originalschauplätzen, die den uninszenierten Alltag der Figuren wiedergeben würden; nach formalen Experimenten in der visuellen Gestaltung – haben bei Kieślowski und seinesgleichen ihre Wirkung als ästhetisch-ideelle Prinzipien nicht verfehlt.

Erneuerung des Autorenkinos: Zanussi als Vorläufer

Der erste polnische Filmemacher, der formal Impulse der französischen *Nouvelle Vague* und ideell der «Jungen Kultur» 1969 in die Sphäre des Spielfilms übertrug, war Krzysztof Zanussi, Jahrgang 1939, zwei Jahre älter als Kieślowski, und bald als cineastischer Repräsentant der «Jungen Kultur»[15] angesehen. Sein Kinodebüt STRUKTURA KRYSZTAŁU (STRUKTUR DES KRISTALLS, PL 1969) – und in Folge eine ganze Reihe von Filmen über Entscheidungskonflikte junger Intellektueller, über die Konfrontation von Standpunkten und ethische Handlungsmodelle – bedeutete für den polnischen Film nicht nur eine Art Offenbarung, sondern übernahm auch die Funktion eines Vorläufers für das «Kino der moralischen Unruhe». Zuvor konnte Zanussi auf seinem Konto einige Fernsehfilme verbuchen,

---

14 Žalman, Jan: *Filmprofile der tschechoslowakischen Gegenwart*. Prag 1968, S. 43 f.
15 Zur Debatte um die alternativen Begriffe des polnischen «Dritten Kinos» und des «Kinos der Jungen Kultur» s. Margarete Wach: Einführung: Repression – Revolte – Regression. Historische Umbrüche und cineastische Emanzipationsprozesse. In: Klejsa/Schahadat/Wach 2012, S. 263 ff.

darunter ZALICZENIE (EXAMEN, PL 1968) und ZA ŚCIANĄ (HINTER DER WAND, PL 1971), die im Akademiker-Milieu spielten und Parabeln über die Unmöglichkeit zwischenmenschlicher Verständigung glichen, sowie HIPOTEZA (HYPOTHESE, PL 1972), ein aphoristisch-philosophisches Traktat über verschiedene Variationen einer Episode im Leben eines Wissenschaftlers. Je nach deren Ausgang könnte sie für den weiteren Verlauf seiner Existenz entscheidend sein, so dass die Konstruktion des Films aus der heutigen Perspektive wie ein Vorspiel zu Kieślowskis DER ZUFALL MÖGLICHERWEISE anmutet.

Für Aufsehen hatte bereits Zanussis Diplomfilm ŚMIERĆ PROWINCJAŁA (DER TOD DES ABTES, PL 1966) gesorgt, die ausschließlich in Bildern erzählte Geschichte eines angehenden Kunsthistorikers, der während der Restaurierungsarbeiten in einem Kloster den Tod des Abtes erlebt. Diese Initiation angesichts des Todes vollzog sich in der Atmosphäre des Schweigens, unergründlichen Geheimnisses und poetischer Metaphysik, gepaart mit einem sehr nüchternen, asketischen Erzählstil: «Zum ersten Mal versuchte der polnische Film, das Geheimnis des Daseins, des Todes zu streifen, etwas, was über den Menschen hinausgeht, der Transzendenz.»[16] Und dies gelang Zanussi in Bildern eines Abwesenden, die in der Absenz die Präsenz des Todes evozierten, den Zwiespalt zwischen menschlicher Demut und Selbstübersteigerung, die menschliche Hybris. Darin wurde ebenfalls das philosophische Prinzip von *coincidentia oppositorum*, der Zusammenfall von Gegensätzen, sichtbar, das der dramaturgischen Konstruktion vieler seiner Filme zugrundeliegt.

Dieser Thematik sollte Zanussi treu bleiben, wenn auch STRUKTUR DES KRISTALLS sie nur entfernt berührte. Der revolutionäre Charakter dieses Films für die weitere Entwicklung des polnischen Kinos bestand darin, dass Zanussi hier mit seiner an der französischen *Nouvelle Vague* und der tschechischen «Neuen Welle» geschulten Filmsprache ästhetisch neue Wege beschritt. Das Treffen zweier Studienfreunde nach Jahren, von denen der eine zurückgezogen auf dem Lande lebt, und der andere eine glänzende wissenschaftliche Karriere macht, führte zwei entgegengesetzte Haltungen, eine kontemplative und eine aktive, vor Augen. Zanussi griff damit über die Grenzen des Ostblocks hinaus die Tendenzen der westlichen Kulturrevolution, der 68er-Bewegung mit ihren alternativen Lebensentwürfen auf, für die Erich Fromms Bestseller *Haben oder Sein* die weltanschauliche Grundlage lieferte. Im polnischen Kontext spiegelte aber diese Konstellation vor allem eine ethische Alternative wider: Die Enttäuschung nach den Ereignissen des Jahres 1968, die für einen Teil der polnischen Intelligenzija zum Schlüsselerlebnis einer ganzen Generation wurde, bewirkte einen Rückzug ins Private, in die «innere Emigration». Aus dieser Perspektive erlangte die in der Gierek-Ära forcierte «Propaganda des Erfolgs» einen pejorativen Charakter.

Es war ein Signum der Zeit, dass Verhaltensoptionen wie Karriere und Erfolg – zumindest im Kino – zum Synonym fauler Kompromisse avancierten. In den Filmen des «Kinos der moralischen Unruhe» wurden sie als ein durchgängiges Motiv mit dem Verfall der Werte und individueller Entwürdigung gleichgesetzt. Formal setzte sich die Handlung von STRUKTUR DES KRISTALLS aus größtenteils improvisierten Situationen im Stil eines Kammerspiels zusammen, arrangiert in Außenaufnahmen und *on location*; der Duktus der Dialoge, aufgenommen direkt auf dem Set, entsprach der Alltagssprache, der nüchterne Kamerastil den dokumentarischen Darstellungsformen; hinzu kamen Laiendarsteller aus dem Bekanntenkreis des Regisseurs oder

---

16 Kornatowska, Maria: *Wodzireje i amatorzy*. Warszawa 1990, S. 8.

Schauspieler, die ihre Dialoge teilweise selbst formen und sich einen betont spontanen, natürlichen Spielstil aneignen mussten.

Auch weitere Werke des Regisseurs loteten bis dato kaum thematisierte Bereiche der Wirklichkeit aus und bedienten sich einer innovativen, elliptischen Filmsprache, die für einen authentischen Ausdruck sorgte und die offene Konstruktion eines Filmessays unterstützte: Życie rodzinne (Familienleben, PL 1971), Iluminacja (Illumination, 1973 Grand Prix in Locarno) oder Bilans kwartalny (Vierteljahresbilanz, PL 1974) verbanden eine tiefgründige Reflexion einer *conditio humana* mit der Beschreibung gesellschaftlicher Verhältnisse und mentaler Befindlichkeiten im akademischen Milieu. Ähnlich wie Struktur des Kristalls entwickelte sich auch Illumination zu einem Generationsfilm der etwa dreißigjährigen Akademiker, die, vor alternative Entscheidungen gestellt, die Erfahrung machten, dass ihre Wahl immer Verzicht, Kompromisse oder gar Resignation nach sich ziehen musste.

Der Film illustriert die Lebensstationen eines angehenden Naturwissenschaftlers auf der Suche nach dem Sinn von Leben und Tod. Ein Initiationsprozess mit starken autobiografischen Zügen, der den Protagonisten letztlich aus seiner freiwilligen Isolation heraus- und zu dem Glück des Augenblicks und der Bindung an seine Familie zurückfinden lässt. Doch just in diesem Moment sieht er – als Folge einer Herzkrankheit – dem Tod ins Auge: «Zanussis Film ist eine Herausforderung an alle Doktrinen, die dem Menschen Sicherheit und Harmonie versprechen. Er postuliert das Prinzip des ständigen Zweifels; erst die Erkenntnis seiner existenziellen Begrenzungen vermag in der Sicht des Films zu einer Neudefinition des Menschen zu führen.»[17] Ein naheliegender Interpretationsansatz zum Film scheint anzudeuten, dass die eigene Identitätsfindung nur abseits des Karrierestrebens und der gesellschaftlichen Spielregeln möglich sei. Die Sympathie des Regisseurs für Helden, die sich den Konventionen entziehen, dem Kampf im sozialen Gehege von Anpassung und Kompromissen den Verzicht auf mögliche Aufstiegschancen vorziehen, ist offensichtlich. Zanussi webt in die asketische Erzählstruktur der Handlung dokumentarische Passagen ein, die in Manier eines Aufklärungsfilms Statements bekannter Forscher und Philosophen zur Bedeutung der Wissenschaft, zur Relevanz von Sinnfragen oder zur Pathologie des menschlichen Gehirns beinhalten. Die Suche nach der absoluten Wahrheit präsentiert er als etwas, was weder erfasst noch ausgedrückt werden kann; jener Zustand der Gnade, der in der mittelalterlichen Philosophie mit dem Begriff «Illumination» umschrieben wird, führt den Protagonisten zwar in die Nähe einer intuitiven Erkenntnis, lässt ihn aber in der letzten Konsequenz die Verantwortung für sich selbst und seine Familie endgültig annehmen. Zanussi verdichtet die Handlung zu einem Traktat über die existenzielle Wahrheit eines Menschen in einer konkreten Lebenssituation der 1970er-Jahre, wobei das extrem realistische Bild der Wirklichkeit und die Reflexion über sie zu einer Einheit verschmelzen: einer Parabel über einen polnischen Faust.

Wie später bei Kieślowski weisen die trockene Konkretheit des Physischen sowie ein an der Reportage orientierter Stil mit Aufnahmen von Labors, Krakenhäusern, Fabriken oder Wohnungen den Weg zum Transzendenten; Dokumentarismus mündet in poetische Momentaufnahmen, naturalistische Beschreibung der Lebenswirklichkeit in eine philosophische Parabel. Aufzeichnungen improvisierter Debatten unter jungen Physikern, Ausschnitte aus Wochenschauen, Beschreibungen medizinischer Experimente aus Aufklärungsfilmen fügen

---

17 Gregor 1983, S. 359.

sich zu einem Mosaik disparater Bestandteile, die in ihrer Summe einem wissenschaftlichen Traktat über Möglichkeiten und Grenzen der menschlichen Erkenntnis nahe kommen. Die enge Verzahnung von Inhalt und Form lässt jene Zitationen beinahe wie dokumentarische Anmerkungen zum Haupttext der fiktionalen Handlung erscheinen, wobei die Regie sich darin des formalen Regelwerks wissenschaftlicher Abhandlungen bedient, so dass auch die Filmhandlung in die Argumentationskette des Regisseurs als Autors seiner Werke einbezogen wird. Nicht zufällig hat Kieślowski dem älteren Kollegen und späteren Freund Zanussi, der selbst während seines Doppelstudiums der Physik und Philosophie als Filmamateur mehrere Jahre in einem studentischen Filmclub in Krakau tätig war, in DER FILMAMATEUR Reverenz erwiesen: Zanussi spielt in dem Film sich selbst und tritt als Vorbild und geistiger Mentor des Protagonisten auf, der ihn nach einem Autorenabend in die schwierige Materie der Filmregie einweiht und für die damit verbundenen ethischen Konflikte sensibilisiert.

Der Co-Autor von Zanussis frühen Werken, Edward Żebrowski, Jahrgang 1935, griff in seinem Spielfilmdebüt OCALENIE (DIE ERRETTUNG, PL 1972) ebenfalls eine «faustische» Problematik auf: den Prozess der ethischen Wandlung eines erfolgreichen Wissenschaftlers, der, mit dem eigenen Tod in Form einer unheilbaren Krankheit konfrontiert, sein bisheriges Leben neu überdenkt. Der Star des polnischen Kinos in den 1970er-Jahren und Gegenspieler der idealistischen Helden in Zanussis TARNFARBEN und Kieślowskis DER ZUFALL MÖGLICHERWEISE, Zbigniew Zapasiewicz, kreierte in diesem Film die von ihm später oft verkörperte Figur eines Uni-Dozenten; den Typus eines intelligenten,

aber in seinem Pragmatismus seelenlosen Karrieristen, der seinem beruflichen Aufstieg alles unterordnet. Die abgeklärte, mephistophelische Figur verdeutlichte nach dem Prinzip einer Kontrastdramaturgie die Vieldeutigkeit ethischer Entscheidungen, die die Krise der Werte und die Erosion der Ideale in der kommunistischen Zwangsgesellschaft widerspiegelten.

Seit ihrer gemeinsamen Studienzeit an der Filmhochschule in Łódź waren Żebrowski und Zanussi nicht nur miteinander befreundet, sondern bildeten zeitweilig auch ein Autorentandem. Sie realisierten ihre Filme im Filmstudio «TOR», dessen Leitung Zanussi 1980 übernahm. Seit 1974 gehörte auch Krzysztof Kieślowski dem Studio «TOR» an, in dem alle seine Spielfilme bis zur DREI FARBEN-Trilogie unter der künstlerischen Leitung von Zanussi entstanden. Neben Agnieszka Holland gehörte Edward Żebrowski zum ständigen «Beraterkollegium» Kieślowskis. Das polnische System der Spielfilmgruppen zeichnete sich durch die Besonderheit aus, dass sie in ihren «Arbeitskollektiven» führende Persönlichkeiten der Branche, wie in Wajdas Studio «X» und im Studio «TOR», nach thematischen und ästhetischen Vorlieben zusammenführten, was einem kreativen Klima der Zusammenarbeit, des intellektuellen Austausches und konstruktiver Kritik im hohen Maße dienlich war: «Ich war befreundet mit Zanussi, mit Łoziński. Dann mit Edek Żebrowski, mit Agnieszka Holland, gewisse Zeit auch mit Andrzej Wajda. Wir waren eine Gruppe von Leuten, die ein Gefühl hatte, dass man gemeinsam etwas tun kann, dass man etwas gemeinsam tun muss, dass wir in der Gruppe eine Kraft bilden würden. Das war wahr. Wir wurden gebraucht. Das Kino der moralischen Unruhe bestand vier, fünf, vielleicht sechs Jahre, ungefähr bis zum Jahr '80.»[18]

Als Krzysztof Zanussi 1978 von der Filmhochschule in Łódź, wo er Regie unterrichtete, aus politischen Gründen an die durch das Pol-

---

18 Kieślowski, Krzysztof: *O sobie*. Krakau 1997, S. 40. Vgl. auch Stok, S. 41.

nische Fernsehen TVP neu gegründete Filmhochschule in Kattowitz wechselte, folgten ihm als Dozenten für Regie Edward Żebrowski und Krzysztof Kieślowski:

> «Eine gewisse Zeit interessierte ich mich dafür (für die Gründung des Experimentalstudios ‹Karol Irzykowski›, in dem Absolventen ihre ersten Filme drehen könnten, Anm. d. Verf.), weil dort Studenten aus der Filmhochschule in Kattowitz gelandet sind, die um das Jahr 1977 gegründet wurde, und ich dort drei oder vier Jahre zusammen mit Zanussi, Edek Żebrowski und Andrzej Jurga (Dokumentarist, Mitbegründer des Irzykowski-Filmstudios und zweiter Mentor von Filip Mosz in DER FILMAMATEUR, Anm. d. Verf.) den Unterricht geführt habe. Studenten, die die Schule am Anfang der 1980er-Jahre beendeten, das waren unsere Studenten. Unsere jüngeren Kollegen. Aus diesem Grund war ich an der Entwicklung des Studios interessiert.»[19]

Noch nach Jahren standen Agnieszka Holland und Edward Żebrowski Kieślowski und Piesiewicz auch während der Arbeit an den Drehbüchern für die DREI FARBEN-Trilogie zur Seite.

Zweite Blütezeit der Altmeister

Auch die Meisterregisseure der «Polnischen Schule» erleben in der ersten Hälfte der 1970er-Jahre eine zweite kreative Phase und schaffen wichtige Filme, die im Ausland große Beachtung finden und von einer erneuten Blüte des polnischen Kinos zeugen. Thematisch kreisen ihre Werke um die Identitätssuche innerhalb der multikulturellen Tradition in der polnischen Geschichte – jeweils unterschiedlich ausgeprägt nach den regionalen, milieuspezifischen, nationalen oder familiären Zuschreibungen. Kazimierz Kutz, Jahrgang 1929, realisiert seine schlesische Trilogie SÓL ZIEMI CZARNEJ (DAS SALZ DER SCHWARZEN ERDE, PL 1969), PERŁA W KORONIE (PERLE IN DER KRONE, PL 1971) und PACIORKI JEDNEGO RÓŻAŃCA (PERLEN EINES ROSENKRANZES, PL 1979, Spezialpreis der Jury in Karlovy Vary), mit der er in Form von bestechend schönen Volksballaden, die dokumentarischen Realismus mit poetischen Metaphern verbinden, den bis dahin wenig bekannten oberschlesischen Mikrokosmos seit den 1920er-Jahren bis in die unmittelbare Gegenwart rekonstruiert. Kutz setzt der Authentizität wegen Laiendarsteller ein, was vor allem im dritten Teil, PERLEN EINES ROSENKRANZES, die für ihn charakteristische Betrachtungsperspektive «von unten» durch die Präsenz von Durchschnittsmenschen als Helden zusätzlich verstärkt. Mit diesem Film gelingt ihm eines der repräsentativsten Werke des «Kinos der moralischen Unruhe». Aus Protest gegen die Eigenmächtigkeit von Technokraten, die eine alte Arbeiter-Kolonie im Grünen in eine Wohnsilo-Wüste verwandeln wollen, führt ein pensionierter Bergarbeiter seinen Privatkrieg gegen Bürokratismus und Gleichmacherei, die Modernisierungsprozessen eigen sind. In PERLEN EINES ROSENKRANZES nimmt Kutz Abschied von der Welt schlesischer Traditionen, die sich in den fortschrittswütigen 1970er-Jahren zu einem Anachronismus entwickelt haben. Das Arkadien der Laubenkolonie kontrastiert mit der Mondlandschaft einer anonymen Neubausiedlung, die den Menschen ihre Identität zu rauben scheint. Mit der Desintegration alter sozialer Strukturen geht auch ein Riss durch die Familie zwischen alt und jung. Der Konflikt zwischen Traditionsbewusstsein und Fortschritt, zwischen Leben nach eigener Façon und gesellschaftlicher «Notwendigkeit» endet mit dem Tod des rebellischen Bergarbei-

---

19 Ebd., S. 42.

ters, der wie seine Frau von einem Laien mit vergleichbarem Lebenshintergrund verkörpert wurde. Da Kutz sich zu dieser Zeit feuilletonistisch mit der Arroganz der Macht in der Gierek-Ära auseinandersetzte, wurde der Film hart angegriffen. Tadeusz Lubelski hat die schlesische Trilogie als ein Kino der Stammesmythologie apostrophiert; nach einer anderen Lesart gilt sie als polnisches Heimatkino, dem auch die litauischen Impressionen in Dolina Issy (Das Tal der Issa, PL 1982) von Tadeusz Konwicki, inspiriert durch den gleichnamigen Roman von Czesław Miłosz, zugerechnet werden. Nach der Ausrufung des Kriegszustands 1981 wird Kutz interniert, das von ihm geleitete Filmstudio «Silesia» aufgelöst und er selbst beruflich kaltgestellt.

Nur dank seines persönlichen Engagements konnte auch das schlafwandlerische Opus Sanatorium pod klepsydrą (Das Sanatorium zur Todesanzeige, 1973) von Wojciech Jerzy Has, Jahrgang 1925, entstehen. Als Kutz nach dem Erfolg seines Epos Das Salz der schwarzen Erde 1972 zum Leiter des Filmstudios «Silesia» berufen wurde, boxte er mit List und Kampfgeist das seit Jahren geplante und an der Zensur gescheiterte Projekt gegen den erbitterten Widerstand der Parteihierarchen durch. International bekannt wurde Wojciech J. Has mit seinem von Martin Scorsese und Francis Ford Coppola restaurierten Episodenfilm Handschrift von Saragossa (Rękopis znaleziony w Saragosie, PL 1965, Grand Prix in San Sebastián); mit Sanatorium zur Todesanzeige verfilmte er einen Erzählband des von den Nazis ermordeten Dichters Bruno Schulz, der den Ruf eines geistigen «Zwillingsbruders» von Franz Kafka genießt. Es ist die Geschichte eines polnischen Juden mit dem Namen Josef, der ein Sanatorium besucht, in dem sein übermächtiger Vater Jakub nach dem Tod verweilt. Diese Reise in die tiefsten Schichten des Unbewussten und des Imaginären, wo die Zeit aus den Fugen gerät, sogar rückwärts läuft, gleicht einer Metapher für die Suche nach der eigenen Identität, dient der Rekonstruktion eines kollektiven Gedächtnisses. Denn jedes Mal, wenn er unter das Bett des Vaters kriecht, taucht Josef in die surreal anmutende Welt seiner Kindheit hinab, in den Mikrokosmos eines osteuropäischen Schtetls zu Beginn des 20. Jahrhunderts – mit seiner wundersamen Mixtur von Kulturen bereits dem Untergang geweiht. Diese Phantasmagorie zwischen Erinnerung und Beschwörung, die ein privatmythologisches Universum der unwiederbringlich versunkenen jüdischen Lebenswelt in Ostgalizien wiederbelebt, wurde in dem ungünstigen Klima nach den Studentenunruhen vom März 1968 und der antisemitischen Hetzkampagne des Parteiapparates konzipiert. Obwohl Sanatorium zur Todesanzeige 1973 in Cannes den Spezialpreis der Jury erhielt, wurde der Film von den polnischen Behörden in den Giftschrank verbannt und sein Autor für neun Jahre mit einem inoffiziellen Berufsverbot belegt.

Tadeusz Konwicki, Jahrgang 1926, mit seinen Klassikern Zaduszki (Allerseelen, 1962 prämiert in Mannheim) und Salto (PL 1965, Grand Prix in Edinburgh) einer der wichtigsten Protagonisten der «Polnischen Schule», dreht 1971 mit Jak daleko stąd, jak blisko (Wie fern, wie nah…, PL 1973) sein vielleicht bedeutendstes Werk: eine Erfahrungsbilanz der Kriegsgeneration, die mit ihrem Motiv der geistigen Verbindung mit den Verstorbenen und der Erlösung durch den Tod eine im polnischen Kino seltene transzedental-metaphysische Perspektive annimmt. Mit einer «Oscar»-Nominierung und dem Grand Prix in Moskau wird schließlich 1974 Andrzej Wajdas Historienepos Ziemia obiecana (Das gelobte Land) ausgezeichnet, dessen opulent-barocke Bildkraft sich wie in Wajdas Die Hochzeit der Zusammenarbeit mit dem Kameramann Witold Sobociński[20] verdankt. Andrzej Wajda, der Hauptakteur der «Polnischen Schule», Jahrgang 1926, realisiert mit Brzezina (Das Birkenwäldchen, PL 1970), nach einer Erzählung von Jarosław Iwaszkiewicz, und Wesele (Die Hochzeit, PL 1972), einer Verfilmung des modernistischen Bohème-Dramas von Stanisław Wyspiański, zwei bildmächtige Adaptionen polnischer Literaturklassik. In Krajobraz po bitwie (Landschaft nach der Schlacht, PL 1970), nach Motiven der Prosa von Tadeusz Borowski, unternimmt er dann den Versuch einer selbstkritischen polnischen Vergangenheitsbewältigung mit bitter-ironischen Verweisen auf die nationale Mentalität, die vor dem Hintergrund psychischer Verwüstungen durch eine KZ-Haft beleuchtet werden. Am Beispiel der Textilstadt Łódź wendet sich Wajda schließlich in Das gelobte Land der Gründerzeit des modernen Kapitalismus in Polen zu. Im Zentrum dieses episch angelegten Gesellschaftspanoramas aus der zweiten Hälfte des 19. Jahrhunderts stehen ein Pole, ein Deutscher und ein Jude, die gemeinsam eine Handelsgesellschaft gründen und exemplarisch die drei Kulturen repräsentieren, die in dieser Stadt bis zum Zweiten Weltkrieg koexistierten. Dass sich ausgerechnet der Pole mit seinem adlig-feudalen Hintergrund als der Dynamischste, Entschlossenste, Erfolgreichste, aber auch als der Skrupelloseste erweist, und der Jude und der Deutsche entgegen den tradierten nationalen Stereotypen auch mit positiven Charakterzügen versehen werden, trug Wajda Kritik ein. Denn damit verstieß der Film gegen den vertraut-geheiligten Geschichtsmythos von den ewig unterlegenen edlen Polen und dem nichtpolnischen Kapital, das die frühe Industrialisierung in Polen beherrschte.

Zwischen Expressivität und Konkretismus: Durchbruch einer neuen Generation

In den 1970er-Jahren tauchen im polnischen Kino Bilderwelten auf, die die Einzigartigkeit eines ästhetischen Entwurfs für sich reklamieren oder die polnische Gegenwart und ihre Widersprüche erbarmungslos sezieren. Eine neue Generation von Regisseuren, die in Zanussis Fußstapfen treten, macht auf sich aufmerksam. Viele von ihnen kommen vom Dokumentarfilm, etwa Marek Piwowski, Grzegorz Królikiewicz und Andrzej Trzos-Rastawiecki. Piwowski, der bei der Entwicklung des neuen, gesellschaftskritischen Dokumentarfilms eine ähnliche Vorreiterrolle wie Zanussi im Spielfilm gespielt hat, debütiert 1970 mit der Filmgroteske Rejs (Der Ausflug). Um der Absurdität im Alltag des real existierenden Sozialismus Herr zu werden, bedient sich Piwowski der Katharsis durch die Komik. Provokation als Stilmittel, um unverfälschte Reaktionen hervorzurufen, und ein Changieren zwischen Inszenierung und Dokumentarischem zeichnen seinen demaskierenden Impetus aus. Auf dem Flussdampfer «Felix Dserschinski»[21] kreiert Piwowski einen gesellschaftlichen Mikrokosmos als Sinnbild der totalitären Versuchung und der doktrinären Verführbarkeit jedes

---

20 Witold Sobociński, einer der kreativsten polnischen Kameramänner der Nachkriegszeit, der mit Wajda, Has und Roman Polański zusammenarbeitete, hat die Bilder zu Das gelobte Land in Zusammenarbeit mit Edward Kłosiński fotografiert. Die luziden Bilder zu Das Birkenwäldchen und Landschaft nach der Schlacht lieferte der früh verstorbene Kameramann Zygmunt Samosiuk (Protokoll eines Verbrechens), der auch Piwowskis Dokumentarfilme Hair und Psychodrama fotografierte.

21 Der Begründer des berüchtigten sowjetischen Sicherheitsdienstes NKWD alias Feliks Dzierżyński, der polnischer Herkunft war.

Einzelnen. Ausgerechnet ein blinder Passagier wird vom Kapitän zum Kulturbeauftragten ernannt und führt unter dem Deckmäntelchen eines Animationsprogramms allmählich ein Regime der eisernen Faust ein. Seine Maßnahmen spiegeln bestimmte Verhaltensstereotypen des real existierenden Sozialismus wider: Er beruft einen Reiserat ein, dessen Versammlungen zunehmend von einem Klima der Heuchelei, paranoider Verdächtigungen und gegenseitiger Unterstellungen bestimmt sind und die in einem Schauprozess gipfeln, zu dem ein melancholisch vorgetragenes Liebeslied als systemfeindliche «Schwarzmalerei» den Anlass liefert. Die Vollversammlungen der Schiffsgäste geraten zu einer Farce, da alle aneinander vorbeireden. Der Tagesablauf der Passagiere wird bis ins kleinste Detail durchorganisiert: Groteske Gymnastikübungen, kollektive Gesangsstunden, absurde Ermittlungen wegen Schmiereien in der Toilette und Strafversetzungen aus dem Reiserat stehen auf der Tagesordnung. Da niemand opponiert, treibt das Schiff auf den Wellen des Absurden als Modell der polnischen Gesellschaft die Weichsel hinauf. Surreale Dialoge, die das Gequassel im Systemjargon der Lächerlichkeit preisgeben, typisierte Figuren, die durch schlummernde Machtgelüste auffallen, und ironische Distanz, mit der Piwowski Instrumentalisierungsmechanismen offenlegt, erlangen hier die Dimension einer politischen Metapher. Wie in einem Zerrspiegel reflektiert Der Ausflug die Hohlheit von Posen und Losungen der offiziösen Kultur, gewürzt mit Einlagen aus dem Repertoire Warschauer Kabaretts wie dem «Salon der Unabhängigen». Größtenteils mit Laien und in Form eines Happenings realisiert, das einer improvisierten Jagd nach spontanen Reaktionen gleichkommt, hebelt Der Ausflug die Regeln konventioneller Dramaturgie aus, provoziert durch seine gewollte Amateurhaftigkeit. Zuerst verboten, dann um 22 Minuten gekürzt, tourte der Film mit einer einzigen Kopie durch das Land und entwickelte sich zu einem Geheimtipp mit Kultstatus. Der nie um eine Provokation verlegene Piwowski drehte nur noch zwei Spielfilme. Mit Przepraszam, czy tu biją? (Verzeihung, wird hier geschlagen?) realisierte er 1976 einen atmosphärisch dichten Polizei-Thriller im Halbwelt-Milieu, der nebenbei die sozialen Missstände der Vor-Solidarność-Zeit einfing. Wie schon in der Narrenschiff-Parabel wurde auch bei diesem Beitrag zum «Kino der moralischen Unruhe» seine deklarierte Absicht, im Spielfilm «der Wahrheit näher als der Fiktion» zu sein, offenkundig.

Ein ausgeprägter Hang zum Experimentellen – allerdings mit einer auffälligen Tendenz zu rau-hyperrealistischer Stilisierung – kennzeichnet die Filme von Grzegorz Królikiewicz, Jahrgang 1939, der bereits 1971 mit Mężczyźni (Männer) einen formal interessanten Dokumentarfilm über die Abrichtung junger Rekruten beim Militär zu «richtigen Männern» drehte. Auch wenn die Handlung von Królikiewiczs Spielfilmdebüt Na wylot (Durch und durch, PL 1973, mehrfach prämiert in Mannheim) in der Vorkriegszeit angesiedelt ist, sind hier die Analogien zur Gegenwart unverkennbar: Ein sozial benachteiligtes Ehepaar, das wegen Arbeitslosigkeit an der Armutsgrenze lebt, ermordet ein Rentnerpaar, weniger wegen räuberischer Absichten, als um seine Selbstachtung wiederzugewinnen. Ausweglose Existenz, Verachtung der Außenwelt, Perspektivlosigkeit, Erniedrigung durch die eigene Lebenssituation und die damit verbundenen Minderwertigkeitskomplexe wecken in den beiden Protagonisten ein unstillbares Bedürfnis nach Verbrechen, das an die determinierte Verzweiflung der Helden von Dostojewski erinnert. Das Verbrechen bietet ihnen die Chance zur Revanche gegenüber der mitleidlosen Gesellschaft, ermöglicht ihnen zugleich, das eigene Selbstwertgefühl in einem Akt freier Entscheidung wiederherzustellen, auch wenn dies nur um den Preis eines Mordes und der Selbstzerstörung erfolgt. Auf diese Weise verwandeln sie sich von «Erniedrigten und Beleidigten» (so der Titel eines Dostojewski-Romans), von Menschen, denen in ihrem verpfuschten Leben buchstäblich nichts gelingen mag, nicht mal ein Selbstmordversuch, in selbstbestimmte Wesen: das Verbrechen als Kompensation der durch gesellschaftliche Verhältnisse verhinderten Selbstbestimmung und als Erlösung in einer asozialen Welt. Während die Handlung des Films bis hin zur Gerichtsverhandlung beinahe nonverbal durch Gesten, Ton, Gegenstände und Bilder vorangetrieben wird, erlangen die Protagonisten als Angeklagte ihre Sprache und die Fähigkeit wieder, ihre Tat zu beschreiben und aus eigener Sicht zu motivieren; sie finden zu einem Bewusstsein ihrer selbst. Erst jetzt werden sie auch zur Liebe füreinander befähigt, versuchen, gegenseitig die Schuld und Verantwortung für das Verbrechen auf sich allein zu nehmen, tauschen sie gegen die frühere «Solidarität der Erniedrigten» aus. Nicht von ungefähr tilgt Królikiewicz in der Gerichtsszene jegliche Zeit- und Raumbezüge aus, als ob die, über die es zu richten gilt, sich direkt an die Kinozuschauer wenden würden:

> «Królikiewicz eliminiert fast alle Zeitumstände, zeigt den abschließenden Prozess ohne Richter und Zuschauer, um sich ganz auf die psychologische Situation der beiden Angeklagten zu konzentrieren, die als Opfer der Verhältnisse, in denen sie leben, erscheinen. Der Film macht das mit den Mitteln einer asketischen und abstrahierenden Bildsprache deutlich. Auf paradoxe Weise ist das Verbrechen für die beiden Angeklagten, die am Rande der Gesellschaft vegetieren, zu einem Mittel geworden, mit dem sie ihre Würde unter Beweis stellen.»[22]

DURCH UND DURCH zwingt den Zuschauer zu einer emotionalen Identifikation mit dem Gefühl des Abgewiesenseins, das das Ehepaar bis ins Verderben treibt, stellt ihn vor existenzielle Fragen nach dem Sinn von Leben und Tod, dem Sinn menschlicher Existenz.

Diesen Effekt erreicht Królikiewicz dank seiner originellen Bildsprache, die trotz allem Realismus eine expressive Überhöhung der Handlung ermöglicht. In DURCH UND DURCH setzt er seine theoretische Konzeption eines «Raumes außerhalb der Kadrierung» praktisch um, einer Wirklichkeitsbeschreibung, die darin besteht, zu evozieren, statt bloß abzubilden, mit einem Ausschnitt der Wirklichkeit andeutungsweise zu operieren, um so die Imaginationskraft des Zuschauers zu stimulieren und die Grenze zwischen dem «Objektiven» und «Subjektiven» zu verwischen. Außer verblüffenden Bildeinfällen und alle Sehkonventionen sprengender Kadrage gehören dazu aberwitzige Kollisionen von Handlungssegmenten, die im auditiven Off stattfinden, oder Nebengeräusche, die ebenso organisch eine narrative Autonomie erlangen wie die gleichberechtigt mit den Schauspielern agierende Kamera. Seine Vorliebe für unkonventionelle Kameraeinstellungen sowie schockierende Bildaufnahmen, die in ihrer filmischen Aggressivität oder inhaltlichen Brutalität den Zuschauer aufrütteln sollen, veranlasste Królikiewicz zur Zusammenarbeit mit experimentierfreudigen Kameramännern wie Bogdan Dziworski[23] bei DURCH UND DURCH oder Zbigniew Rybczyński bei TAŃCZĄCY JASTRZĄB (TANZENDER HABICHT,

---

22 Gregor 1983, S. 360.

23 Bogdan Dziworski gehört zu den eigenwilligsten polnischen Kameramännern mit großer bildlicher Invention und Imaginationskraft, ist jedoch außerhalb der Landesgrenzen kaum bekannt, da er vorwiegend Dokumentarfilme und später eigene dokumentaristische Essays fotografiert hatte. Nach eigener Auskunft von Andrzej Sekuła, Quentin Tarantinos Kameramann bei RESERVOIR DOGS und PULP FICTION, war er sein großes Vorbild.

PL 1977), seinem singulären Beitrag zum «Kino der moralischen Unruhe».

In diesem Gegenentwurf zur Geschichte des Mörder-Ehepaares geht es zwar wieder um das Böse als einem anthropologischen Merkmal, das nur durch die sozialen Verhältnisse aktiviert zu werden braucht, diesmal aber konkav-konvex: Es ist die Geschichte eines sozialen Aufstiegs im Rahmen des neuen politischen Systems, das einem Bauernsohn in der Nachkriegszeit eine beispiellose Karriere ermöglicht. Dem biblischen Kain gleich, klettert der Held mit Hartnäckigkeit und Skrupellosigkeit die Stufen der Karriereleiter hoch, indem er die seiner Klasse eingeräumten Privilegien ausnutzt und buchstäblich über Leichen geht. Intrigen und Rücksichtslosigkeit pflastern diesen Weg, bis die eigene Destruktivität den Protagonisten einholt. Der Preis, den der Erfolg in einer alle Werte umwälzenden Gesellschaft fordert, ist die Entwurzelung, Selbstverleugnung und Selbstvernichtung. Der Errichtung einer neuen Ordnung mit Haut und Haar verschrieben, geht er selbst an ihr zugrunde. Überzeichnungen und Deformationen der expressionistischen Bildsprache, die das ländliche und industrielle (Lebens-)Prinzip einander gegenüberstellt, untermauern noch die Aussage des Films: Die Revolution offenbart hier ihre destruktiven Züge – sie frisst ihre eigenen Kinder, Opfer einer verselbstständigten, wahnwitzigen Umwälzungsmaschinerie.

> «Die Welt, die Królikiewicz in TANZENDER HABICHT zeigt, ist aller Ideen, Werte, positiver Emotionen beraubt. Es ist eine Welt, in der wie in Dostojewskis *Dämonen* Hass und Verachtung zum Motor menschlichen Handelns avancieren. Auch Hass gegen sich selbst. Kräfte, die über Gesellschaftsformen entscheiden, erwachsen aus Komplexen, Missgunst, biologischem Bedürfnis nach Vergeltung. Das unerfüllbare Verlangen nach der Wiedererlangung des verlorenen Zaubers einer untergegangenen Welt, nach seiner Aneignung, liefert (…) die heimliche, unterbewusste Motivation für das Handeln von Menschen, die diese Welt im Namen des Fortschritts und der sozialen Gerechtigkeit vernichtet haben.»[24]

Einem Kenner des polnischen Kinos entgehen nicht die Analogien zwischen Grzegorz Królikiewiczs DURCH UND DURCH und dem 15 Jahre später realisierten Meisterwerk von Kieślowski EIN KURZER FILM ÜBER DAS TÖTEN. Noch deutlicher, da unmittelbar thematisch, müssen die Assoziationen ausfallen, betrachtet man den zweiten Kinofilm des Dokumentaristen Andrzej Trzos-Rastawiecki ZAPIS ZBRODNI (PROTOKOLL EINES VERBRECHENS, PL 1974, Großer- und FIPRESCI-Preis in Mannheim). In PROTOKOLL EINES VERBRECHENS rekonstruiert Trzos-Rastawiecki, Jahrgang 1933, die authentische Geschichte eines absurden Mordes, den zwei Halbstarke aus der Umgebung von Łódź an einem Taxifahrer begehen, dem sie zufällig begegnen. Ein *acte gratuit*, weil sie – wie sie später zu Protokoll geben – mit seinem Auto «ans Meer» fahren wollten. Diese semidokumentarische Studie sozialer Verhältnisse, die die beiden jungen Männer zu dem Verbrechen verleiteten, steht in ihrer schnörkellosen Erzählweise und ihrem sozialkritischen Impetus Królikiewiczs DURCH UND DURCH in Nichts nach: «Im Gegensatz zu Królikiewicz schildert aber Trzos-Rastawiecki seinen Fall ganz ohne tiefenpsychologische oder metaphysische Dimensionen, sondern nüchtern, konstatierend, reportagehaft, scheinbar ohne emotionale Beteiligung. Dadurch wird allerdings seine Kritik an den Verhältnissen, die solche Verbrechen hervorbringen, umso wirksamer.»[25] Von Zygmunt Samosiuk zum Teil aus

---

24 Kornatowska 1990, S. 196–197.
25 Gregor 1983, S. 360.

der Hand gedreht, ist es ein Film der Fragen und des Zweifels, der keine voreiligen Antworten zulässt. Die asketische Bildsprache stellt Nähe zu den Figuren her und hilft Trzos-Rastawiecki, die Vieldeutigkeit des aufrüttelnden Themas herauszuarbeiten.

> «Die Kraft dieses Regisseurs liegt», wie die Filmpublizistin Maria Kornatowska bemerkt, «in analytischer, beinahe klinischer Vivisektion der Wirklichkeit, der Registrierung kleinster Details. Trzos (…) sucht nach der Wahrheit, rekonstruiert das Gewebe aus Fakten und Realien, untersucht Kontexte, wägt Standpunkte ab wie ein gerechter Richter, der keinen Fehler machen, nichts übersehen und niemanden benachteiligen will; er folgt der Spur der Wahrheit, obwohl er genau weiß, dass sie viel komplizierter, viel mehrdeutiger ist, schwieriger zu akzeptieren, als es auf den ersten Blick erscheint.»[26]

Der verstörende Duktus seines Films nimmt charakteristische Motive des «Kinos der moralischen Unruhe» vorweg wie die Perspektivlosigkeit des Lebens in der polnischen Provinz der 1970er-Jahre oder den dramatischen Werteverlust einer jungen Generation, die ohne Orientierungsangebote in der wirtschaftlichen Misere und sozialen Tristesse des real existierenden Sozialismus aufwächst. Die sachliche, detailreiche Analyse der polnischen Gegenwart, die in Protokoll eines Verbrechens wie ein Tatsachenbericht anmutet, erinnert an Truman Capotes Roman *Kaltblütig* sowie an dessen Adaption In Cold Blood (USA 1967) von Richard Brooks.

Zur Gruppe der Gegenwartsfilme mit Vorreiterfunktion, die meist von Debütanten in der ersten Hälfte der 1970er-Jahre realisiert werden und einen Konkretismus anvisieren, bevor die Geburtsstunde des «Kinos der moralischen Unruhe» schlägt, gehört auch Antoni Krauzes Erstlingswerk Palec boży (Der Finger Gottes, PL 1973, prämiert in Locarno 1974). Es ist die Geschichte eines übersensiblen Provinzlers mit schauspielerischen Aspirationen, der bei Aufnahmeprüfungen von den Schauspielschulen immer wieder abgelehnt wird. Krauze, Jahrgang 1940, beschreibt den erbitterten Kampf des Protagonisten um die Verwirklichung seines Lebenstraums, der ihn mit einer Amateurtruppe auf die Wanderschaft durch die Provinz führt. Als er bei einem erneuten Versuch mit Gleichgültigkeit und Zynismus der Prüfungskommission konfrontiert wird, erleidet er einen Nervenzusammenbruch und landet in einer psychiatrischen Klinik. Hier wird er Zeuge, wie einer der Patienten, der während der Aufführung der therapeutischen Theatergruppe den Ödipus spielt, sich die Augen aussticht. Der Film lebt von eindringlichen Milieustudien und Menschen am Rande der Gesellschaft: Psychiatriepatienten, Vertretern des Lumpenproletariats, deklassierter Intelligenzija. Krauzes Interesse an Exoten aus dem gesellschaftlichen Abseits, die ihr Leben zwischen Kaschemmen, Warteräumen und Kiosken mit Bier fristen, an den tristen Urbanlandschaften der Neubausilos und der Stagnation in der sozial abgehängten Provinz, oszilliert zwischen realistischer Milieumalerei und expressiver Bildsprache, die einerseits eine unverhohlene Faszination vermitteln, andererseits aber Ausdruck einer Rebellion gegen die offizielle Ideologie und ihre Ideale einer spießigen «kleinen Stabilisation» sind. Der Finger Gottes straft den verordneten Optimismus der Fortschrittsgläubigkeit Lügen und setzt dem ideologischen Fassadencharakter der Wirklichkeit eine düstere, «entzauberte» Sicht der Welt entgegen.

Ein Spielfilmdebüt setzt neue Maßstäbe: Trzecia część nocy (Der dritte Teil der Nacht, PL 1971) von Andrzej Żuławski, Jahrgang 1940, der einige Jahre später durch sein Melodram L'important c'est d'aimer (Nacht-

---

26 Kornatowska 1990, S. 240–241.

BLENDE, F 1975) mit Romy Schneider und Klaus Kinski in den Hauptrollen international bekannt werden sollte. Die apokalyptische Untergangsvision aus der Zeit der deutschen Okkupation Polens im Zweiten Weltkrieg entwickelte sich rasch zu einem Geheimtipp der polnischen Filmkritik, weil Żuławski hier den martyrologischen Kanon der «Polnischen Schule» durchbricht, indem er die authentischen Erlebnisse seines Vaters als Läusewirt bei der Entwicklung einer Typhus-Impfung in Lemberg sehr eigenwillig verarbeitet. Der Film zeigt die Ereignisse des Krieges aus einer stark subjektiven Perspektive, die in einer möglicherweise vom Protagonisten eingebildeten Persönlichkeitsverdopplung gipfelt. Sein Erzählstil ist auf die Überwältigung des Zuschauers angelegt: atemlos, erfüllt von blutigem Naturalismus, Hirngespinsten und Wahnvorstellungen, psychischen Deformationen, Gewalt- und Machtfantasien, extremen Emotionen, die er visuell provokant in Szene setzt, kurzum barock und exaltiert. Dies musste als eine ketzerische Kampfansage an die biedere Heimeligkeit der polnischen Wirklichkeit aufgefasst werden – ein Sakrileg, ähnlich wie Żuławskis zweiter Film DIABEŁ (DER TEUFEL, PL 1972). Eine drastische Horrorgeschichte aus dem 18. Jahrhundert mit starken Reminiszenzen an das überwuchernde, ekstatische Kino Ken Russells, die «verständlicherweise» nie in den Vertrieb kam.

Gemeinsam sind jenen Werken der jungen Generation eine hohe energetische Intensität und formale «Überraschungen», die die Rezeption des Zuschauers irritieren. Ihr freier Umgang mit der Narration, die Überlagerung verschiedener Bedeutungsebenen und ihre visuelle Mehrfachkodierung unterstreichen den experimentell-individualistischen Charakter dieser Filme. Ihr formales Spektrum pendelt zwischen Expressivität und Konkretismus. Von Agnieszka Holland stammt eine auf André Bazin zurückgehende Unterscheidung zwischen jenen Regisseuren, die an die Wirklichkeit glauben, und jenen, die an das Bild glauben. Diese Unterscheidung hat sie 1978 dafür herangezogen, um die cineastische Generation des «Kinos der moralischen Unruhe» allgemein in Dokumentaristen und Stilisten einzuteilen:

«Wenn man die jungen (Regisseure) des Jahres 1977 unbedingt unterscheiden sollte, dann glaube ich, dass die Einteilung nach Generationen nicht besonders zutreffend ist – manche begannen viel früher (Wojciech Marczewski und Wojciech Wisznewski starteten in derselben Zeit wie Krzysztof Kieślowski), andere mussten viel länger auf ihr Debüt warten. Ich würde sie einteilen in Stilisten und Dokumentaristen. Die ersten stammen irgendwie vom Królikiewicz ab, obwohl sie nicht unbedingt diese Verwandtschaft eingestehen müssen, aber sie verwenden eine ähnliche Ästhetik, und ihre Filme unterscheiden sich stilistisch und in ihrer Faktur von der zweiten Gruppe – die den Filmen von Krzysztof Kieślowski nahesteht.»[27]

Die beiden Pole der skizzierten ästhetischen Entwicklungslinie, Expressivität und Konkretismus, finden also unter veränderten Vorzeichen ihre Fortsetzung, wofür man die synthetisierende Formel, Stilisten versus Dokumentaristen, bemühen könnte. Zu der Gruppe der Regisseure, die man als Stilisten bezeichnen könnte und die in der zweiten Hälfte der 1970er-Jahre Themen des «Kinos der moralischen Unruhe» (z. B. die Manipulation der öffentlichen Meinung, die Entfremdung des Individuums von der Gesellschaft) variieren, indem sie diese metaphorisch behandeln und entweder in die Vergangenheit oder in die Zukunft verlegen, können Filip Bajon, Jahrgang 1947, und Piotr

---

27 Aussage von Agnieszka Holland aus *Kino* 7/1978, zit. nach: Katalog des Festivals des polnischen Films in Gdynia, 16.–22. November 1992, S. 97.

Szulkin gezählt werden. In seinen stilisierten, auf die Vergegenwärtigung einer Epoche abzielenden Filmen Aria dla Atlety (Eine Arie für den Athleten, PL 1979) und Wizja lokalna (Lokaltermin, PL 1980) suchte Bajon nach einer Präfiguration gegenwärtiger Mentallagen an der Schwelle anderer Geschichtsabschnitte. Szulkin entwarf in seinen apokalyptischen Zukunftsvisionen Golem (PL 1979) und Wojna światów – następne stulecie (Krieg der Welten – nächstes Jahrhundert, PL 1981, Premiere 1983) mit Hilfe ästhetisch-kultureller Analogien vom Mittelalter bis zum Modernismus politische Traktate mit unzweideutigen Bezügen zur gegenwärtigen Situation in Polen. Ähnlich verfuhr Andrzej Żuławski in seinem Science-Fiction-Mammutprojekt Na srebnym globie (Auf dem silbernen Planeten, PL 1977–87), einem mythischen, bildgewaltigen Spektakel über die Macht und Hybris von Utopien, dessen Dreharbeiten unter vorgeschobener Argumentation abgebrochen werden mussten. Żuławski emigrierte nach Frankreich und durfte erst 1987 das vorhandene Filmmaterial zu einem selbstreferenziellen Werk mit philosophischen Subtexten montieren. Nach Motiven des ersten Romans von Stanisław Lem realisierte schließlich Edward Żebrowski Szpital przemienienia (Das Hospital der Verklärung, 1978), einen ebenso realistischen wie beklemmend eindringlichen Film über die Liquidierung einer psychiatrischen Klinik durch die SS im okkupierten Polen der Kriegszeit. Żebrowski nutzte dieses Thema zu einer Reflexion über ethische Erweckungserfahrungen unter extremen historischen Bedingungen. Dominieren sollten das Kino am Ende dieser Dekade allerdings die «Dokumentaristen» – als genuine Vertreter der neuen Formation.

Zur Genese des «Kinos der moralischen Unruhe» (1976–1981)

Der Begriff des «Kinos der moralischen Unruhe» («Kino niepokoju moralnego») ist in der zweiten Hälfte der 1970er-Jahre von dem jungen Nachwuchsregisseur Janusz Kijowski geprägt worden, war aber von Anfang an umstritten, da diese Formel – wie auch Krzysztof Kieślowski mehrmals unterstrich – weder präzise das benannte cineastische Phänomen noch eindeutig das dazugehörige Filmemacher-Personal zu definieren schien:

> «Als ich Spielfilme zu machen begann, habe ich mich in einer Gruppe eingefunden, die man später ‹Das Kino der moralischen Unruhe› nannte. Diese Bezeichnung hat sich Janusz Kijowski ausgedacht, der einer unserer Kollegen war. Wahrscheinlich ging es ihm bei dieser Bezeichnung darum, dass wir beunruhigt waren über die Situation der Menschen in unserem Land. Es fällt mir schwer zu sagen, was er wirklich meinte. Diese Bezeichnung habe ich nicht ausstehen können, aber sie hat funktioniert.»[28]

Sein für das polnische Fernsehen realisiertes Spielfilmdebüt Das Personal (1975, Großer Preis in Mannheim), in dem Kieślowski mit dokumentarischer Methode die ersten, halbbewussten Gewissenskonflikte eines Lehrlings als soziale Initiationserlebnisse an der Schwelle zu seiner beruflichen Laufbahn thematisiert, galt als Vorbote der neuen Formation und setzte den Anfang für den ganzen Trend, der zwischen 1976 und 1981 das polnische Kino beherrschen sollte. Zwischen Wahrheit und Fiktion verband Kieślowskis Erstling die Authentizität der dokumentarischen Beobachtung mit der psychologischen Tiefe in der Zeichnung der Figuren; der

---

28   Stok, S. 40–41.

Film tauchte ein in den Alltag, registrierte flüchtige Augenblicke, beobachtete Milieus – einen Sänger und einen Schneider in der Werkstatt einer Oper – und vermeintlich prosaische, banale Situationen. Die Parabel über korrumpierende Machtverhältnisse, angesiedelt in einer Oper mit ihren Künstler- und Facharbeiterkollektiven als Abbild einer Ständegesellschaft, nahm sich wie ein mentales Psychogramm jener Zeit aus, zugleich aber wie eine Metapher fürs Leben, ähnlich wie es die Kunst, das Theater im Theater bei Shakespeare in *Hamlet* ist und Theater im Film in Agnieszka Hollands AKTORZY PROWINCJONALNI (PROVINZSCHAUSPIELER, 1978/79) sein sollte. In seinem Aufsatz *Eigene Wirklichkeit. Das polnische Autorenkino 1970–81*, den er 1983 in der westdeutschen Fachzeitschrift *medium* veröffentlichte, zog Kieślowski ein Resümee der ganzen Dekade, indem er die Vielfalt des polnischen Kinos in den 1970er-Jahren hervorhob, ohne es bewusst nur auf die kurze Zeitspanne des «Kinos der moralischen Unruhe» einzuschränken:

105 Mit Jacek Petrycki auf dem Set von DER FILMAMATEUR

«Wir haben nicht den gleichen Fehler begangen wie die französischen (und bundesdeutschen – d. Red.) Filmemacher vor uns, als sie mit ‹Papas Kino› brachen. Wir griffen Filme an, aber nicht unsere älteren Kollegen, deren Werte wir anerkannten, die einmal eine Menge hervorragender Filme gemacht hatten und unsere Achtung verdienen. Dank dieser Haltung wurden wir nicht zu Konkurrenten, sondern zu Kollegen. Infolgedessen konnten wir an das anknüpfen, was uns in ihrem Schaffen wertvoll erschien, und viele von ihnen haben sich schließlich uns und unseren Forderungen angeschlossen.»[29]

Für das «Kino der moralischen Unruhe» kam auch ausgerechnet dem Film eines Altmeisters die Rolle einer filmhistorischen Zäsur zu: Andrzej Wajdas CZŁOWIEK Z MARMURU (DER MANN AUS MARMOR, PL 1976/77, FIPRESCI-Preis Cannes 1978), der ähnliche Schwierigkeiten mit der Zensur wie BARWY OCHRONNE (TARNFARBEN, PL 1976/77) von Zanussi und Krzysztof Kieślowskis BLIZNA (DIE NARBE, PL 1976) hatte. Alle drei Filme entstanden in dem Jahr der Unruhen von Radom und der Arbeiterstreiks in dem «Ursus»-Werk neben Warschau, die die Parteiführung der Gierek-Riege als Vorwand für eine Verhärtung ihres Kurses und Dogmatisierung der Berichterstattung in den Medien nutzte, was für die polnische Innenpolitik der Jahre 1976/77 mit neostalinistischen Tendenzen der Breschnew-Ära in Verbindung gebracht wurde. Mit der Entstehung des Komitees zur Verteidigung der Arbeiter «KOR» (in Folge der staatlichen Repressalien gegenüber den an Unruhen beteiligten Arbeitern) kam es 1976 zur Herausbildung einer politischen Opposition in Polen, die im Untergrund agierte und immer größere Kreise des Kulturlebens erfasste: Allmählich formierte sich die «alternative Kultur» mit dem «zweiten Umlauf», einem Netz von Untergrund-Veröffentlichungen, die außerhalb der Reichweite der Zensur zirkulierten, während unter der Leitung von Andrzej Wajda die

---

29 Kieślowski, Krzysztof: Eigene Wirklichkeit. Das Polnische Autorenkino 1970–81. In: *medium* 1/1983, S. 38.

legendäre Filmgruppe «X» sich auch rasch zu der wichtigsten Talentschmiede und Wiege des «Kinos der moralischen Unruhe» entwickelte.

Obwohl die vom Staat kontrollierte und hochdotierte Kinematografie zwangsläufig im vorgegebenen Rahmen weiter funktionieren musste, sollte aber ausgerechnet der Film in dieser aufrührerischen Zeit des gesellschaftlichen Protestes eine Vorreiterrolle übernehmen, was in gewisser Hinsicht Ausdruck einer politischen Schizophrenie war:

> «Das Kino ist unter scharfer Kontrolle der Macht und für staatliche Gelder entstanden, obwohl heute das Phänomen unbegreiflich erscheint, dass der Staat so großzügig Filme finanzierte, die er dann selbst für staatsfeindlich erklärte. Jedoch genau jene Filme verrichteten diese Arbeit, die Zagajewski und Kornhauser in ihrem berühmten Manifest *Die nicht dargestellte Welt* (1974) von der Literatur forderten. Das polnische Kino der 1970er-Jahre – zuerst der Dokumentar-, dann der Spielfilm, besonders die Filme damaliger Debütanten – versuchte, die Kluft zuzuschütten, die in Polen zwischen der Kultur und dem realen Leben entstanden ist. Zwei Dekaden zuvor rechnete die ‹polnische Schule› mit Komplexen ab, die der Krieg dem Volk eingebracht hat, in der Hoffnung, dass das gegenwärtige Leben sich normalisiert. Jetzt betrachtete ‹Das Kino der moralischen Unruhe› die Wirklichkeit so, wie sie ist, mit ihrer ganzen Anormalität und Amoralität. Die Welt des ‹realen Sozialismus› wurde zum ersten Mal bei uns fotografiert.»[30]

Noch ein Paradoxon zeichnete diese Entwicklung aus: Ausgerechnet das staatliche Fernsehen TVP, ein Synonym für die Manipulation der öffentlichen Meinung und die sogenannte Propaganda des Erfolgs in der Gierek-Ära hat diesen Prozess in Gang gebracht. Aufgrund des neu entstandenen Bedarfs nach Ausgestaltung zusätzlicher Sendezeiten (nach der Gründung des 2. Programms der TVP) und der erklärten Konkurrenz zu der unberechenbaren Kinematografie bot es jungen Nachwuchsregisseuren die Chance, schnell eigene Fernsehfilme zu realisieren. Neben Krzysztof Kieślowski debütierte im Fernsehen zum Beispiel auch Agnieszka Holland. Mit dem Verlust der Werte und den Mechanismen gesellschaftlicher Desintegration beschäftigten sich ähnlich wie Kieślowski und Holland auch andere Debütanten in ihren Fernsehfilmen, die um Verhaltensnormen im sozialen Miteinander kreisten und meistens im geistigen Umfeld der Filmgruppen «X» und «TOR» entstanden.

Fanal und Tabubruch – Filme schreiben Geschichte

Ein Fanal für die ganze Formation sollte Andrzej Wajdas Film DER MANN AUS MARMOR werden, der nach einem langwierigen Tauziehen des damals schon weltberühmten Regisseurs mit den Zensurbehörden erst 1977 seine Premiere erleben konnte. Das Drehbuch von Aleksander Ścibor-Rylski war bereits 13 Jahre zuvor entstanden, konnte aber damals von Wajda wegen der zeitlichen Nähe zu den beschriebenen Ereignissen nicht umgesetzt werden. So ist es auch unter den neuen politischen und gesellschaftlichen Bedingungen von Ścibor-Rylski und Wajda aktualisiert und erweitert worden: Dem ursprünglichen Motiv um den Vorzeigearbeiter aus der Stalinzeit, Mateusz Birkut, der als Maurer an dem Aufbau des Hüttenkombinats in Nowa Huta mitgewirkt hatte und im Vertrauen auf die neue politische Ordnung als ein beliebtes Propaganda-Objekt der Wochenschauen instrumentalisiert

---

30 Sobolewski, Tadeusz: *Retrospektywa. Moralny niepokój i niemoralny świat*. In: Katalog des 17. Festivals der polnischen Spielfilme in Gdynia, 16–22. November 1992, S. 89.

wurde, ist der Handlungsstrang mit der jungen Filmemacherin Agnieszka (das bravouröse Kinodebüt von Krystyna Janda) gegenüber gestellt, die 20 Jahre später eine Fernsehdokumentation über das ehemalige Idol der kommunistischen Propaganda (Jerzy Radziwiłowicz in der Doppelrolle von Birkut und seinem Sohn Maciek Tomczyk) vorbereitet. Dank dieser Figurenkonstellation und paralleler Handlungsführung auf mehreren Zeitebenen verknüpfte der Film virtuos zwei Themen miteinander: Analyse der stalinistischen Ära als einen Tabubruch der Gegenwart, da die Deformationen und die Willkür dieser Epoche bis in die Gegenwart fortwirkten; und die Manipulation der öffentlichen Meinung durch die Medien, wobei die investigative Recherche der Fernsehreporterin einen Bezug zur aktuellen politischen Situation im Land herstellte und in Erinnerung rief, dass die Hauptaufgabe der Medien darin bestünde, um jeden Preis zu der vertuschten Wahrheit vorzudringen.

Die engagierte Agnieszka Holland soll den Altmeister der «Polnischen Schule» übrigens zu der Figur der dynamischen Nachwuchsregisseurin Agnieszka inspiriert haben, die gegen den Widerstand staatlicher Organe mit ihrem Diplomfilm über einen «Helden der Arbeit» die Propaganda-Lügen der Stalin-Zeit entlarvt. Durch diesen Tabubruch muss sie als Betroffene selbst erleben, wie die restriktiven Mechanismen der Medienpolitik in einem totalitären Staat funktionieren. Hinzu kam, dass Birkut, der an seiner manipulierten Biografie letztlich zerbricht, mit der Zeit um die Rechte der ideologisch missbrauchten Arbeiter zu kämpfen beginnt. Die Suche nach der historischen Wahrheit führt Agnieszka zu seinem Sohn Maciek, dem sie in dem für die polnische Gesellschaft schicksalhaften Jahr 1976 am Tor der Danziger Werft begegnet. Dem Film gelang so eine Synthese der jüngsten Zeitgeschichte und er vermittelte den Eindruck einer Kampfansage an das diktatorische System aus der Perspektive einer zivilen Gesellschaft.

Wajda verband in DER MANN AUS MARMOR die Spielfilmhandlung mit echten und fiktiven Dokumentaraufnahmen aus der Zeit des Stalinismus. Den Lebenslauf Birkuts ließ er teilweise in historisch stilisierten Bildern Revue passieren, unter denen er sich im Nachspann als Assistent des fiktiven Regisseurs Burski selbst unterschrieb. Mit inszenierten Propagandafilmen über Birkut begründete Burski als junger Regisseur seine glänzende Karriere – ein ironischer Verweis des Autors auf seine eigenen Fehltritte als Dokumentarist dieser Zeit. Dank dieser vielschichtigen Konstruktion, die Dokumentarisches, Zeugenaussagen und Berichte Dritter zu einem intelligenten Mosaik verschmelzen lässt, das aus Bruchstücken ein irritierendes Bild der Zeitgeschichte formt, erfasste DER MANN AUS MARMOR sowohl die individuelle als auch die kollektive Dimension der polnischen Nachkriegsgeschichte. Mit seinem erzählerischen Prinzip, den Lebenslauf des verstorbenen Helden aus der Perspektive mehrerer Personen, deren Berichte und Meinungen miteinander konfrontiert werden, zu rekonstruieren, rief DER MANN AUS MARMOR Reminiszenzen an Orson Welles' Klassiker CITIZEN KANE hervor. Seine visuelle Kraft, die den Stil der 1950er-Jahre aus der Perspektive der 1970er-Jahre evoziert, verdankt der Film der einfallsreichen Kameraarbeit von Edward Kłosiński[31], der bereits Zanussis ILLUMINATION und TARNFARBEN fotografiert hatte und später für Krzysztof Kieślowski die Bildgestaltung bei DEKALOG 2 und DREI FARBEN: WEISS übernehmen sollte. Obwohl die staatli-

---

31 Kłosiński fotografierte noch für Wajda DIE MÄDCHEN VON WILKO, OHNE BETÄUBUNG und DEN MANN AUS EISEN, für Zanussi DIE SPIRALE, Filme von Feliks Falk und Agnieszka Holland, womit er sich zu einem der wichtigsten Kameramänner des «Kinos der moralischen Unruhe» entwickelte.

chen Organe dem Film zahlreiche Hürden in den Weg (Verhinderung positiver Rezensionen, keine Vermarktung im Ausland, limitierter Vertrieb im Inland, Verbot, den Kritikerpreis beim Festival des polnischen Films in Danzig an Wajda zu überreichen) stellten, umgab ihn nicht nur eine legendäre Aura, sondern er entwickelte sich zu *dem* Publikumserfolg der Dekade.

Zeitgleich bedeutete Zanussis Moritat TARNFARBEN (Grand Prix in Danzig 1977) einen Paukenschlag für die Hauptströmung des «Kinos der moralischen Unruhe» – den Gegenwartsfilm. Zanussi entfaltete einen Diskurs über die Rolle der intellektuellen Eliten in gesellschaftlichen Strukturen, die Zynismus und Skrupellosigkeit beförderten, in einem System aus ideologisch begründeter Übervorteilung und Anpassung. Bei einer Sommerakademie werden zwei scheinbar entgegengesetzte Standpunkte miteinander konfrontiert: der eines jungen, idealistischen Assistenten und der eines zynischen Dozenten (die Paraderolle für Zbigniew Zapasiewicz), die zwei Facetten derselben Figur, eines typischen polnischen Intellektuellen, abbilden – die Naivität und den Nonkonformismus der Jugend und die Abgeklärtheit und Kompromissbereitschaft des Alters. Der angepasste Zyniker stellt den anfangs noch moralisch integren Assistenten auf die Probe, bis sich auch für diesen der Opportunismus als einziger Ausweg erweist. Nicht nur der despotische Repräsentant der Staatsmacht in Person eines Prorektors bestimmt die Spielregeln nach dem Prinzip ideologischer Willfährigkeit und individueller Anpassung. Auch das ganze Akademiker-Milieu ist von politischen Manipulationen erfasst und schreckt vor privaten Machenschaften nicht zurück.

Mit analytischer Schärfe und filmisch kühler Brillanz verdichtet Zanussi diesen moralischen Konflikt zu einer Parabel über die Mechanismen des Konformismus: Seine Protagonisten haben sich mittlerweile daran gewöhnt, Tarnfarben anzunehmen, die *Camouflage*, so der englische Titel des Films, wie selbstverständlich als eine Art soziale Überlebensstrategie zu betrachten. Ausnahmslos alle greifen sie zur Mimikry als einer Abwehrreaktion auf die allgegenwärtige Manipulation und Einflussnahme – wodurch das wissenschaftliche Sommerlager zu einer metaphorischen Miniatur der polnischen Gesellschaft mutiert. Zanussi polemisiert aber zugleich gegen die durch den Dozenten personifizierte «Ideologie des Erfolgs», die einen eigentümlichen «*way of life*» hervorgebracht hatte. Ein in der Dekade der 1970er-Jahre lanciertes und aus Ermangelung an Alternativen oftmals akzeptiertes Modell des individuellen und gesellschaftlichen Erfolgs: Karriere und berufliche Stellung, die mit Prestige und Privilegien wie «standesgemäße» Bungalows, Autos, Auslandsreisen verbunden waren, Ziele des sozialen Aufstiegs, die unabhängig vom Preis der politischen Opportunität und Korrumpierbarkeit verfolgt wurden.

Die damit verbundene Verlogenheit und Heuchelei thematisierte Zanussi in TARNFARBEN: «Der Film von Zanussi stand eigentlich am Anfang des Kinos der moralischen Unruhe. Er eröffnete die Debatte zum Thema der Wertekrise; wies unzweideutig darauf hin,» so Maria Kornatowska, «dass das individuelle wie das öffentliche Leben auf einem System der Fiktionen aufgebaut waren, das mehr oder weniger offenkundig durch die Mehrheit der Gesellschaft akzeptiert wurde.»[32] Wie in einem Brennglas offenbarte das Motiv der Karriere die ethischen Dilemmata dieser Zeit, die Entscheidungskonflikte zwischen einer pragmatischen Anpassung an die gesellschaftlichen Gegebenheiten und einer instinktiven Ablehnung des damit einhergehenden Konformismus und ethischer Selbstverleugnung. Beide Lebenshaltungen spiegelten die Aspirationen, Bedürfnisse und den Grad der Frustrationen

---

32 Kornatowska 1990, S. 203.

wider, die die polnische Gesellschaft der Gierek-Ära auszeichneten. Wie weit dieser schleichende Demoralisierungsprozess bereits fortgeschritten war, thematisierte Andrzej Wajda beim Forum des Verbandes der Filmschaffenden während des Festivals des polnischen Films in Danzig 1980:

> «Man erzählt sich, natürlich im privaten Kreis, dass die heutige polnische Gesellschaft tief demoralisiert ist in ihrem Verhältnis zur Arbeit, dem öffentlichen Eigentum, den Institutionen des öffentlichen Lebens, und es ist zweifellos die Wahrheit. Aber man muss auch sagen, dass ganz andere Haltungen im Familienkreis und in kleinen, nicht informellen Gruppen von Kollegen und Freunden gelten, dass wir etwas anderes unseren Kindern beibringen. Es drängt sich also die Frage auf, ob eine gesunde Gesellschaft so tief in einer eigentümlichen moralischen Schizophrenie versunken sein kann, und ob die Aufgabe der Kunst nicht darin besteht, zu ergründen, was die wahre Moralität vom öffentlichen Terrain verdrängt hat, und beharrlich die Partei für einen moralisch verbindlichen Kodex zu ergreifen, der immer und für alle gilt.»[33]

Moralische Indifferenz wurde also in dieser Situation als Symptom einer tiefen gesellschaftlichen Krise und ihrer andauernden Präsenz begriffen, die mit der Ausrufung des Kriegszustands paradoxerweise nur sanktioniert werden sollte. Allzu logisch erscheint vor diesem Hintergrund auch der Schritt Kieślowskis zur DEKALOG-Filmreihe als einem Modus, die ethischen Normen in der heutigen Gesellschaft zu ergründen und nach der Gültigkeit eines ethisch verbindlichen Kodexes

[33] Aus dem Referat des Präsidiums des Verbandes der Filmschaffenden *Odpowiedzialność artysty-filmowca wobec polskiej rzeczywistości współczesnej* (Die Verantwortung des Künstler-Filmemachers gegenüber der zeitgenössischen polnischen Wirklichkeit), gehalten von Andrzej Wajda beim Forum Stowarzyszenia Filmowców, abgedruckt in: *Kino* 12/1980.

zu fragen. Man könnte auch die These riskieren, dass DEKALOG, aus dieser Perspektive betrachtet, eine Synthese der Erfahrungen seiner Generation jenseits der gesellschaftlichen Determiniertheit und des politischen Lagerdenkens vor 1981 darstellt und den krönenden Abschluss des «Kinos der moralischen Unruhe» bildet.

Vorerst lieferte aber Zanussi 1976 mit TARNFARBEN eine Vorlage für ein Fragen- und Motiv-Katalog der zukünftigen Formation: programmatische Skepsis gegenüber ideologischen und moralischen Absichtsbekundungen, Deformierung zwischenmenschlicher Beziehungen, mangelnde Optionen für die Selbstverwirklichung. An deren Stelle tritt Karrieristentum von Gnaden des politischen Systems, Korruption, Cliquenwirtschaft, Machtmissbrauch, die Manipulation von Meinungen und Personen und deren Folge, eine Wertekrise, die mit einem Defizit an Lebensperspektiven und Verhaltenskriterien einherging. Damit war das künstlerische und ideelle Programm des «Kinos der moralischen Unruhe» auf einen Nenner gebracht: Verteidigung der traditionellen Werte und Kritik des aktuellen Zustands durch die Beschreibung und Demaskierung der Entgleisungen in diversen Bereichen des gesellschaftlichen Lebens. Die Revolte sollte also (und musste aus Zensurgründen) einen wertkonservativen Charakter annehmen. Zumal auch dem «Kino der moralischen Unruhe» der direkte Zugriff auf brisante politische Fragestellungen und eine tiefgreifende Analyse der Machtmechanismen in der Volksrepublik Polen nach wie vor versperrt blieben.

In der ambivalenten Wirklichkeit: Revolte und Realpolitik

Obwohl Krzysztof Kieślowski mit seinen Spielfilmen DAS PERSONAL (1975), DIE NARBE (1976), GEFÄHRLICHE RUHE (1976/80), DER FILMAMA-

V. «Kino der moralischen Unruhe»

106 Als Jury-Mitglied beim Polnischen Festival der Amateurfilme 16mm in Lubań 1978

TEUR (1979) sowie den verbotenen Nachzüglern EIN KURZER ARBEITSTAG (1981/96) und DER ZUFALL MÖGLICHERWEISE (1981/87) rasch zur Führungsfigur der Formation avancierte, wurde sein Frühwerk ambivalent aufgenommen. Wie bei seinem älteren Mitstreiter Zanussi kreisen Kieślowskis Themen um ethische Dilemmata und ein Verlangen nach der Übereinstimmung mit sich selbst jenseits politischer und gesellschaftlicher Druckmechanismen. Letztlich stellen seine Filme also Fragen nach Freiheit und Selbstbestimmung, die nur individuell zu beantworten sind. «Die Energie der Helden von Krzysztof Kieślowski zerstreut sich im Kontakt mit der absurden Wirklichkeit. Die Resultate ihres Handelns widersprechen ihren Intentionen. Sie fallen der Manipulation oder ihren falschen Vorstellungen über die Gesetzmäßigkeiten, die die umgebende Welt regieren, zum Opfer. Es bleibt ihnen der bittere Beigeschmack des Scheiterns.»[34]

Diese existentialistische Perspektive ließ Kieślowskis Filme manchmal sogar in den Verdacht des politischen Konformismus geraten, so zum Beispiel als er von der Wochenzeitung *Polityka*, deren Chefredakteur der spätere Ministerpräsident Mieczysław Rakowski war, 1976 für DER LEBENSLAUF und DIE NARBE mit dem damals prestigeträchtigen Preis «Drożdże» ausgezeichnet wurde; oder als er 1979 für DER FILMAMATEUR den Grand Prix in Moskau erhielt. Unter vorgehaltener Hand warf man ihm vor, in der Finalszene angesichts der beschriebenen Missstände und des auf den Helden ausgeübten Drucks durch Systemrepräsentanten der Resignation Tür und Fenster zu öffnen, was dann als Einsicht in die Sachzwänge und Zugeständnis an die Politik der kleinen Schritte ausgelegt werden könnte. Zu diesem Zeitpunkt verstand sich Kieślowski als dezidierter Vorkämpfer der «Jungen Kultur», der wie seine Kollegen die beim Forum der Filmschaffenden während des Danziger Filmfestivals 1976 formulierten Postulate einzulösen versuchte:

«Als diese Absicht von jungen Regisseuren formuliert wird, ist Wajda längst mit den Vorbereitungen zu DER MANN AUS MARMOR beschäftigt. Zanussi schickt sich an, TARNFARBEN zu drehen, Piwowski VERZEIHUNG, SCHLÄGT MAN HIER? und ich meinen misslungenen DIE NARBE, dennoch aber stellen diese Werke auf bestimmte Weise eine Verwirklichung des Danziger Programms dar. Wajda macht sich an ein Thema heran, das bislang im polnischen Kulturschaffen tabu war. Sehr engagiert und klar spricht er über die Zeit des Stalinismus und dringt mit seinem Maurer, den er aus der Vergangenheit holt, in

---

34 Kornatowska 1990, S. 207–208.

107 Mit dem Kameramann Krzysztof Pakulski auf dem Set von DER ZUFALL MÖGLICHERWEISE

die 1970er-Jahre vor. Zanussi zeigt den Zynismus und die Zechprellermentalität von Universitäts-Oberen, Piwowski die moralische Schuld, die die Polizei im Kampf gegen das Verbrechen zu tragen hat, und ich spreche über das Glück, das einem die Regierung gnädig gewährt, welches aber den Zorn der Beschenkten provozieren kann.»[35]

So scheitert sein Held in DIE NARBE, der Kombinatsdirektor Bednarz, an den Mechanismen der Macht. Zerrieben zwischen Pflichtgefühl und Einsamkeit gerät er bei der Errichtung eines Großbetriebs mit der einheimischen Bevölkerung in Konflikte, die ihn in Opposition zum Staatsapparat bringen. Ein Klima der Ohnmacht stößt hier mit einem sozrealistischen Inventar aus pompösen Manifestationen, Einweihungszeremonien, Parteiversammlungen oder feudalen Begrüßungsritualen zusammen. Bednarzs Drama endet im Moment der Ankündigung

der Streiks von 1970, die einen Machtwechsel brachten. Die neue Führungsriege von Edward Gierek kündigte damals umfassende Umstrukturierungen und gesellschaftliche Erneuerung an, was in der polnischen Gesellschaft für eine kurze Zeit zum letzten Mal die Atmosphäre einer verhaltenen Hoffnung erzeugte. Um Filme realisieren zu dürfen, in denen man die Probleme des öffentlichen Lebens ansprach, war eine gewisse Dosis realpolitischer Anpassung unabdingbar. Kieślowski verstand es, seine Kritik mit dem Unbehagen an der desolaten Situation im Land zu verbinden und zugleich die Parteiführung nicht vor den Kopf zu stoßen. «In seinen Filmen kreist Kieślowski ständig um die Problematik des Konformismus, seiner Notwendigkeit, seiner Grenzen, seines Bewusstseins, seines zweideutigen und bitteren Preises. Andererseits scheint ihn die Macht zu faszinieren.»[36] Und das seit seinen Dokumentarfilmen, in denen er sich mit der tatsächlichen Lage der «Avantgarde des Proletariats» sowie mit den Machtstrukturen am Beispiel ihrer geschassten Exponenten beschäftigte. Statt sich den einfachen Abgrenzungssche-

35 Kieślowski 1983, S. 40.
36 Kornatowska 1990, S. 209.

mata hinzugeben, wollte er ihre Beweggründe und Motivationen verstehen lernen, was seiner Analyse der bestehenden Verhältnisse keinen Abbruch tat. Auf diese Weise machte er als «gehätscheltes Kind der Obrigkeit» («pupil władzy») eine Karriere, die ihm die Anerkennung der parteinahen Organe (1977 nimmt ihn die Jugendzeitung der Partei *Sztandar Młodych* in die Liste der 20 bedeutendsten jungen Polen auf) einbrachte, und entwickelte sich zeitgleich zum Wortführer des «Kinos der moralischen Unruhe».

Diese merkwürdige Paradoxie hat ihren Ursprung in der jahrhundertealten Tradition der polnischen Widerstandsbewegungen: in dem durch Geschichte und Literatur tradierten Mythos eines oft aussichtslosen Kampfes um Freiheit und Unabhängigkeit mit klar eingeteilten Fronten zwischen politischem Freund und Feind. In der Sphäre der Kultur führte es zu entsprechenden Schematismen in der Darstellung der gesellschaftlich-politischen Realien des Landes. Das «Kino der moralischen Unruhe» knüpfte an diese Tradition an, indem es die gegenwärtige Verfasstheit der polnischen Gesellschaft in einer Art thematisierte, die in einer souveränen Gesellschaft Gemeinplätzen hätte gleichen müssen. In dem damaligen Polen konnte man aber jene Beobachtungen ausschließlich unter vorgehaltener Hand in den Nischen der Privatheit austauschen. So wie die Exponenten der Macht die Verbesserung der Volksrepublik unentwegt in Aussicht stellten, ohne ihr Versprechen freilich einzulösen, so arrangierte sich die große Mehrheit der Bevölkerung mehr schlecht als recht mit den vorgegebenen Verhältnissen:

> «Bei der Verwendung der positivistisch-sozrealistischen Optik vereinfachten sie (Filme des ‹Kinos der moralischen Unruhe›, Anm. d. Verf.) das Weltbild, klammerten geschickt komplizierte Probleme und Fälle aus. Versuchten meistens nicht, in ambivalente, unklare Verwicklungen der Gegenwart einzudringen. Fürchteten die Macht, aber noch mehr das Publikum – ihre konservativen Anschauungen, demagogischen Neigungen, intellektuelle Trägheit. Sie kokettierten mit dem Publikum, bestätigten es in seinen Haltungen, wünschten eine uneingeschränkte Zustimmung auf Grund der ‹Gemeinsamkeit nationaler Überzeugungen› zu erringen. Sie appellierten am liebsten an patriotische Gefühle. Deswegen stellten sie den Zuschauern auch keine Fragen, die deren inneren Frieden zerstören könnten, ein Gefühl des psychischen Komforts, das von der Überzeugung herrührte, dass auf ‹ihnen› und nicht auf ‹uns› die Schuld für das Böse lastet, das geschieht, Fragen, die den bittern Samen der moralischen Unruhe säten würden, heikle, beschämende Angelegenheiten beträfen, mit dem Schweigen umgangene Schwächen und Sünden des nationalen Geistes.»[37]

Ein früh erhobener Einwand gegen Filme dieser Formation lautete, sie würden die «sozrealistische» Optik des positiven Helden kopieren. Jenseits der Polemik kann man festhalten, dass einige zumindest in ihrer Tendenz plakativ waren und spiegelverkehrt naive Rezepte anboten. In Polen herrschen bis heute zwei konträre Sichtweisen der damaligen Zeit vor, eine heroische und eine demaskierende: Für die einen hätten sich die Filmemacher in tiefer Opposition zur Macht befunden, für die anderen wären sie von der Macht an der Leine geführt worden, weil sie ihnen erlaubte, kritische Filme zu machen.[38] Umgekehrt wirkte die nationale Mythologie Polens bis in die Sphären der Systemträger hinein, bestimmte den zweideutigen Charakter der Wirklichkeit: So wurden die meisten Dokumentarfilme und erst recht die Spielfilme Kieślowskis wie auch die seiner Weggefährten entweder zensiert oder ver-

---

37 Ebd., S. 173.
38 Vgl. Sobolewski 1992, S. 90.

schwanden für mehrere Jahre in den Giftschränken, ohne jedoch, dass weitreichendere Konsequenzen verhängt worden wären. Kontinuierlich machte Kieślowski mindestens einen, wenn nicht sogar zwei bis drei Filme pro Jahr, rechnet man seine Dokumentarfilme hinzu, und bekam dafür das Geld vom Staat. Filme wie Der Filmamateur oder Der Zufall möglicherweise waren vielschichtig bis ambivalent angelegt; im Grunde aber erfassten sie nur eine Ambivalenz und einen Konformismus, die in der Wirklichkeit selbst verankert waren. Seit Die Narbe unterstrich Kieślowski Gefahren, die die Stümperhaftigkeit der Machthaber und die Amateurhaftigkeit der Revoltierenden in sich bargen. Ihr Lagerdenken, das Fehlen einer Vision der zukünftigen Gesellschaft nach der Überwindung des Status quo begründeten die Ratlosigkeit der Opposition im Kriegszustand; ließen sie in atavistischen, historisch tradierten und wirkungslosen Ritualen versinken – was Kieślowski zu einem luziden Abgesang auf die «Solidarność»-Ära in Bez końca (Ohne Ende, 1984/85) verdichtet hat.

Exkurs: Mythologie und Filmkanon nationaler Selbstvergewisserung

Die Regisseure der Nachkriegsgeneration wie Andrzej Wajda, Andrzej Munk oder Jerzy Kawalerowicz setzten sich in den Filmen der «Polnischen Schule» sehr differenziert mit der jüngsten Geschichte ihres Landes auseinander. Das romantische Paradigma eines ausweglosen Widerstandes, verbunden mit dem Topos des Leidens und der vergeblichen Opfer, dominierte im Werk Wajdas. In seiner Trilogie Pokolenie (Die Generation, PL 1954), Kanał (Der Kanal, PL 1956) und Asche und Diamant (1958) interpretierte er die Okkupationszeit und den Warschauer Aufstand von 1944 als eine nicht endenwollende Serie nationaler Niederlagen, Katastrophen und Tragödien. Zugleich aber polemisierte er gegen den nationalen Moralkodex der Ehre, des Patriotismus und der Aufopferung. Während Wajda im historischen Diskurs der «Polnischen Schule», der auf der ideell-ästhetischen Ebene von dem nationalen Martyrium und der romantischen Tradition bestimmt war, als Exponent der romantischen Tendenzen galt, verkörperte Andrzej Munk ihren rationalistischen Trend. Mit seinem Episodenfilm Eroica (PL 1957) lieferte Munk, Jahrgang 1921, die groteske Variante derselben ambivalenten Problematik, die Wajda in den Kategorien der Tragödie interpretierte, was ihm den Ruf einbrachte, Repräsentant nationaler Entmythologisierung zu sein. Im ersten Teil des Films *Scherzo alla Polacco* wird ein Warschauer Schlauberger in den Wirren des Warschauer Aufstandes durch eine Verkettung von Zufällen zu einem Widerstandskämpfer wider Willen. Wie ein Mythos funktioniert, führt explizit der zweite Teil von Eroica vor, in dem ein polnischer Soldat im deutschen Gefangenenlager unter erbärmlichen Bedingungen von seinen Kameraden versteckt wird, um die Legende seiner Flucht aufrechtzuerhalten. Gegen den Topos eines tragischzerrissenen Widerstandskämpfers mit romantischem Gestus polemisierte Munk abermals mit der Figur eines polnischen Überlebenskünstlers in Zezowate szczęście (Schielendes Glück, 1959), der sich seit der Vorkriegszeit über die deutsche Okkupation und den Stalinismus hindurch bis in die Gegenwart mit mehr Glück als Verstand und dank grotesker Zufälle hinüber zu retten weiß. Sein deklarierter Konformismus nimmt sich aus wie ein Gegenentwurf zu der romantischen Vision des «polnischen Schicksals» bei Wajda. In dieser philosophischen Parabel über die immer wieder von der Geschichte sabotierte Anpassungsfähigkeit des Individuums entwirft Munk eine brillante, bitter-ironische Satire auf den Typus eines opportunistischen Durchschnittspolen, der sich mit jedem Regime

V. «Kino der moralischen Unruhe»

zu arrangieren versteht und dabei doch immer wieder nur in sein Unglück rennt. Munks Meisterwerk Pasażerka (Die Passagierin, 1961–63, FIPRESCI- und Spezialpreis der Jury Cannes 1964) gehört schließlich zu den wenigen Werken polnischer Regisseure, in denen die Kriegsgeschehnisse jenseits der gängigen Schematismen geschildert werden. Der Film versucht, die Welt des Konzentrationslagers vom Standpunkt der für die Verbrechen Verantwortlichen zu rekonstruieren, indem er die Mechanismen der Selbstrechtfertigung einer SS-Aufseherin offenlegt, die sich in einem Psychokrieg mit einer polnischen KZ-Inhaftierten eine Art ethisches Alibi zu verschaffen versucht. Ulrich Gregor hebt hervor: «Munk zeigt die KZ-Welt nicht als Wirklichkeit, sondern als albtraumhafte – und doch sehr reale Erinnerung, widerspruchsvoll und perspektivisch gebrochen; er liefert Hypothesen, die der Weiterführung durch den Zuschauer bedürfen.»[39] Munk widersetzte sich den tradierten Stereotypen, den mythologischen Kategorien, und suchte – wie Wajda, wenn auch auf einer anderen Ebene – einen Dialog mit dem Publikum, indem er die Ereignisse der Vergangenheit aus der Perspektive aktueller Erfahrungen betrachtete.

Kieślowski wurde als Fortführer und geistiger Erbe des asketisch-ironischen Stils von Andrzej Munk betrachtet. Bei der Erforschung verschiedener Wahrheitsebenen abseits schwarzweißer Feind- und Freund-Stereotypen verstieß Kieślowski wie Munk gegen einen geheiligten Kanon der kollektiven Selbstvergewisserung: für nationale Unterdrückung und gesellschaftliche Zwangslagen immer externe Ursachen haftbar machen zu können. Dieser kollektive Entlastungsmechanismus hatte zwar eine gesellschaftlich integrierende und individuell «therapeutische» Wirkung, verstellte aber den Blick auf die eigenen Lebenslügen, auf Anpassung, Opportunismus und Überlebensstrategien – kurzum auf die allgegenwärtige, oft aber auch notwendige Camouflage. In gewisser Hinsicht bewegte sich Kieślowski auf den Antipoden des über die ideologischen Grenzen hinweg im kollektiven Bewusstsein Sanktionierten zu, was erst aus der Perspektive der Zeit richtig erkennbar werden sollte.

Eingrenzung des Sichtfeldes: unbändige Helden versus unlösbare Dilemmata

Das polnische Kino umgab sich nach den negativen Erfahrungen des «Sozrealismus» mit Akademiker-Helden, Kieślowski indes interessierten Vertreter der Arbeiterklasse, was zum Teil auch die Attraktivität seiner Filme für die Apologeten der Partei erklären mag. Dank dokumentarischer Beobachtungsgabe waren seine Arbeiter-Helden sehr gut in ihrem Milieu angesiedelt und zugleich mit eigenständigen, oft unbändigen Charakterzügen ausgestattet. So erweist sich der Proletarier aus Gefährliche Ruhe als ein Individualist, den die Gesellschaft und das politische System mit ihrem Nepotismus daran hindern, sich die banalsten Bedürfnisse des «Malocher»-Alltags wie einen gesicherten Arbeitsplatz, eigene Behausung und Kleinfamilie zu erfüllen. Stattdessen hat er nur die Wahl zwischen zwei Formen der Fremdbestimmung: als Werkzeug der Kadermafia oder als Rädchen der revoltierenden Gruppe von Arbeitern.[40] Da er sich beiden Optionen entzieht, gerät er in ein unlösbares Dilemma – von den Vorgesetzten als Rebell gebrandmarkt und von den Kollegen als Streikbrecher in blinder Wut halbtot geschlagen. Der Nestor der polnischen Filmpublizistik, Bolesław Michałek, hat in seinem Aufsatz mit dem Titel

---

39 Gregor 1983, S. 346.
40 Gefährliche Ruhe zeigte zum ersten Mal in der Nachkriegsgeschichte des polnischen Kinos einen Arbeiterstreik, was angesichts der im selben Jahr vertuschten und tabuisierten Ereignisse von Radom einem politischen Sakrileg glich.

Rysy odrębne (Eigenständige Wesenszüge) auf diese Eigentümlichkeit der Figuren Kieślowskis hingewiesen. Obwohl sich Kieślowski innerhalb jenes tradierten Paradigmas des Kampfes bewegte, das für die polnische Kultur so charakteristisch ist, vertrat er eine andere, gemäßigtere Position: Die scharf konturierten Trennlinien der gesellschaftlichen Fronten, das Ausspielen der Kompromisslosigkeit gegen Anpassungsfähigkeit interessierten ihn nicht.

> «Dies hatte (Polarisierung bzw. manichäistische Zuspitzung der Positionen, Anm. d. Verf.) seine historische und gesellschaftliche Begründung (…); aber es resultierte auch (…) aus der Mentalität der Gesellschaft, aus den Erfahrungen, die sie geprägt haben. Es gibt in dieser Gesellschaft eine ungebremste Neigung zum restlosen Einteilen der Welt in ‹Gute› und ‹Schlechte›; in ‹Freunde› und ‹Feinde›. Und wenn es um allgemeine Ziele geht, die sich die Gesellschaft stellte, funktionierte ein eigentümlicher Fundamentalismus: alles oder nichts, jetzt oder nie!»[41]

Kieślowski hegte eine Abneigung gegen fundamentalistische Entscheidungen, gegen das Primat der Gemeinschaftsinteressen gegenüber den elementaren Bedürfnissen des Individuums; er begriff die Gesellschaft als eine Gemeinschaft von Individuen, immer auf Distanz bleibend zu großen Maschinerien der Macht, die solche kollektivierende Tendenzen, egal welcher Provenienz auch immer, kanalisieren. Dabei interpretierte man seine Filme von Anfang an «ideologisch»: Die Filmkritik und die politische Opposition sahen in Kieślowski einen Systemkritiker und antikommunistischen Rebellen, wovon er sich später distanzierte. In den 1980er-Jahren, als in der «Solidarność»-Ära Polen eine extreme Politisierung erfasst hatte, wandte er sich von der Politik kategorisch ab. In den 1990er-Jahren kehrte er der polnischen Wirklichkeit in der größten Freiheitseuphorie den Rücken zu, um dann auf dem Zenit des internationalen Erfolgs schließlich aufzuhören, Filme zu machen. Zuerst entzog sich Kieślowski der in Polen tradierten messianischen Funktion des Künstlers, später den gängigen Zuordnungen und Etikettierungen. Nicht festgelegt werden wollten auch seine Helden:

> «Die Dilemmata bei Kieślowski haben eine andere Beschaffenheit als die traditionell polnischen. In der Tradition dieser Kultur bedeutet ein Dilemma eine Entscheidung zwischen zwei Niederlagen, zwei Misserfolgen, zwischen kleinerem und größerem Übel. Aus diesen Dilemmata, außer der Selbstzerstörung, gibt es kein vernünftiges Entkommen. Bei Kieślowski ist Dilemma, ganz einfach, ein Element des menschlichen Lebens auf der Erde, und besonders in Polen. Ein Dilemma löst man nicht mit einer einfachen Handgeste, durch eine fundamentale Entscheidung. Mit dem Dilemma lebt man. Es ist ein unzertrennliches Element unserer Existenz.»[42]

Die ausweglosen Konflikte von Individuen, die unter die Räder der Geschichte kommen und mit unüberwindbaren gesellschaftlichen Unterdrückungsmechanismen konfrontiert werden, brachten Kieślowski später zu universell-existenzialistischen Fragen.

> «Die Idee zum ‹Kino der moralischen Unruhe›, übrigens nicht meine, weil sie mehrere Personen hatten, bestand darin, das Sichtfeld einzugrenzen. Wir waren der Meinung, dass man nicht Filme über das Zentralkomitee oder über ein Ministerium oder über Polen allgemein machen sollte, sondern dass man zum Beispiel Filme über ein Provinztheater realisieren sollte, um – wie wir damals sagten – die Welt in einem Tropfen Wasser zu sehen. Wir untersuchten die Was-

---

41 Michałek, Bolesław: Kieślowski: rysy odrębne. In: *Kino* 2/1990, S. 2.
42 Ebd., S. 3.

sertröpfchen in der Überzeugung, dass Muster, die in ihnen vorhanden sind, sich in größerem Maßstab wiederholen. Die Geschichte vom Theater sollte also in Wirklichkeit den Zuschauern von Polen erzählen. Die Anspielung war also in der Sache selbst enthalten, und zusätzliches ‹Augenzwinkern› war nicht mehr nötig. (…) Mich brachte meine Beteiligung am Kino dieser Jahre auf den Gedanken über die Universalität der erzählten Geschichten.»[43]

Den Film über ein Provinztheater als eine universelle Parabel polnischer Gegenwart hat Agnieszka Holland gestaltet, die wie Kieślowski ihr ursprüngliches Unbehagen an der Ungerechtigkeit der Welt später in ihren im Ausland realisierten Filmen auf eine universelle Ebene übertragen sollte. Die Rebellion gegen die Lügen eines politischen Systems führte Regisseure wie Kieślowski und Holland über die Grenzen eines «naiven» politischen Protestes hinaus, rückte sie in die Nähe des Absurden, jenseits der historischen Notwendigkeit: «Die Entdeckung des menschlichen Leidens in Polen stand für diese Formation von Regisseuren am Anfang eines Weges, der sie von der Politik und Ideologie entfernte, und dem Menschen näherbrachte.»[44]

Agnieszka Holland und der geschichtsphilosophische Pessimismus

Neben Zanussi und Kieślowski gehört Agnieszka Holland, Jahrgang 1948, als einzige Frau zu den international bekanntesten Exponenten des «Kinos der moralischen Unruhe». «Als das Komitee der Kinematografie 1976 verbot, dass Agnieszka Holland die Regieassistenz bei meinem Film Der Mann aus Marmor übernimmt – weil sie ‹schlechten Einfluss› auf mich ausüben könnte – wusste ich, dass es zutrifft»[45], kolportierte nach Jahren Wajda die Anekdote über seine langjährige Mitarbeiterin, die sich als «geheime Beraterin» und offizielle Drehbuchautorin seiner Filme einen Namen gemacht hatte. In Hollands Filmen lässt sich eine Faszination für Situationen erkennen, in denen das Individuum, im Namen höherer Ideale oder durch die gesellschaftlichen Verhältnisse, zerstört oder zur Selbstzerstörung verleitet wird. Nur anstatt einer geschichtlichen Synthese interessiert Holland das psychologische Drama hinter der historischen Fassade. Sie hat den Typus eines benachteiligten, geschändeten Helden kreiert, der in den Wirrungen und Wendungen mitteleuropäischer Historie unterzugehen droht und in seiner apolitischen Haltung als einsamer, ängstlicher Outsider gegen die totalitäre Heimsuchung nicht bestehen kann. Vordergründig wird sein Los zwar von Zufällen bestimmt, erst seine Reaktionen auf die Herausforderung offenbaren aber sein wahres Ich und lassen ihn zum Häscher oder Opfer werden. Mit einer an Dostojewski erinnernden Schonungslosigkeit offenbart Holland individuelle Widersprüche, wobei ihr gnadenloser Blick der psychologischen Transparenz in der Beschreibung der Wirklichkeit dient. Der geschichtsphilosophische Pessimismus und die psychologische Bitternis in ihren Filmen spiegeln nicht nur die kollektiven Traumata Polens und die Determination durch Mechanismen eines gesellschaftlichen Systems wider, sondern haben auch tiefer gehende autobiografische Wurzeln.[46]

43 Zawiśliński 1994, S. 24.
44 Sobolewski 1992, S. 91.
45 Wajda, Andrzej in: *Reżyseria: Agnieszka Holland*. Hg. v. Stanisław Zawiśliński (u. a.). Warszawa 1995, S. 5.
46 Dazu gehören ihre jüdische Herkunft und als Schlüsselerlebnis die vertuschte Ermordung ihres Vaters durch den Staatssicherheitsdienst in der Stalinzeit. Während ihres Studiums an der Prager Filmhochschule FAMU engagierte sich Holland politisch zum Zeitpunkt des «Prager Frühlings» und wurde deswegen in einem politischen Prozess zu einer Gefängnisstrafe verurteilt. Als sie später

In ihrem Kinodebüt PROVINZSCHAUSPIELER (FIPRESCI-Preis in Cannes 1980) gelingt es Holland dank der suggestiven Milieuzeichnung einer Theatertruppe in der Provinz das Modellbild einer Gesellschaft zu skizzieren, die das Individuum in die Ohnmacht treibt. Dieses Psychodrama trägt alle Züge des «Kinos der moralischen Unruhe», zu dessen Hauptwerken es zählt: Verrohung und Nihilismus der Karrieristen; Arbeits- und Sozialverhältnisse, die von der Willkür der übermächtigen Bürokratie bestimmt sind, und verbaute Möglichkeiten der Selbstverwirklichung, die von der Pervertierung eines gesellschaftlichen Systems zeugen. Unter der Schicht einer beiläufigen Konkretheit werden universelle Dilemmata der menschlichen Existenz und eine Hilflosigkeit spürbar, die das Lethargie-Klima aus Anton Tschechows *Drei Schwestern* evoziert. Durch ihre Auseinandersetzung mit der Terrorismus-Thematik in GORĄCZKA (FIEBER, PL 1980/81), einer politischen Allegorie des revolutionären Chiliasmus, der bereits einen selbstzerstörerischen Kern in sich trägt, liefert Holland im Jahr des kollektiven «Solidarność»-Freiheitsrausches eine düstere, verstörende Vision revolutionärer Emphase des Jahres 1905, die in ihren aktuellen Bezügen Skepsis gegenüber gesellschaftlichen Umwälzungen verrät:

«Die Autorin von FIEBER fasziniert eine Situation, in der der Mensch im Namen höherer Ideale, revolutionärer oder nationaler, seine eigene Menschlichkeit vernichtet. In ihren Filmen nutzt Holland verschiedene Schemata, den ‹nationalen oder ideologischen Kitsch›, um sie zu

   von Andrzej Wajda in die Filmgruppe «X» aufgenommen wurde, stand ihr Name auf einer schwarzen Liste, so dass sie erst nach einer Solidarisierungsaktion der Filmgruppe Wajdas allmählich ihre eigenen Projekte umsetzten konnte.

47 Sobolewski 1992, S. 91.

108 Jerzy Stuhr und Agnieszka Holland als Sekretärin in ihrem Cameo-Auftritt in DIE NARBE

hinterfragen, demaskieren, umzukehren. Ihre ‹moralische Unruhe› umfasst sowohl die, die dem Bösen verfallen sind, wie die, die dagegen kämpfen. In FIEBER beobachtet sie mit Grausen Revolutionäre, die sagen: ‹Es ist so schön, mit dem Bösen zu kämpfen, das Böse zu töten – mit der Bombe.› Gleichzeitig ist sie bei ihnen, versucht, ihre Helden zu verstehen, sogar wenn sie Mörder sind.»[47]

Noch radikaler fällt ihre Kritik in KOBIETA SAMOTNA (EINE ALLEINSTEHENDE FRAU, PL 1981/88) aus, einem schockierenden Sozialdrama um eine alleinerziehende Mutter und einen verkrüppelten Frührentner, die im wirtschaftlich-sozialen Chaos des Jahres 1981 an ihrer desolaten Lebenssituation zugrundegehen. Als die alleinstehende Frau in ihrer Verzweiflung über die Auswegslosigkeit ihrer Existenz der Lebensmut verlässt, bringt sie der Frührentner aus Mitleid um und verbarrikadiert sich selbst in der amerikanischen Botschaft. Er gibt vor, in einem Koffer eine Bombe bei sich zu tragen und die Botschaft in die Luft jagen zu wollen, sollte er nicht in die USA ausreisen können. Ein beinahe nihilistisches Finale, das in seiner existenziellen Trostlosigkeit an den Schrei Witeks (beide Figuren wurden von dem damals angehenden

Star des polnischen Kinos Bogusław Linda dargestellt) bei der Flugzeugkatastrophe in DER ZUFALL MÖGLICHERWEISE erinnert. Die hier dargestellte Welt – trist, hässlich, beklemmend – ähnelt einer kafkaesken Falle. Viel von seiner ungeheuren Suggestivität verdankt der Film der Kamera von Jacek Petrycki, der auch Hollands PROVINZSCHAUSPIELER und FIEBER fotografiert hat. In diesem naturalistischen Sittengemälde beschreibt Holland mit der ihr eigenen Erbarmungslosigkeit eine feindliche, brutale Realität und stellt die galoppierende soziale Desintegration illusionslos der kollektiven Euphorie der «Solidarität»-Ära gegenüber:

> «Ihr letzter gänzlich polnischer Film, EINE ALLEINSTEHENDE FRAU, bildete eine Antithese zu DER MANN AUS EISEN, der im Auftrag der ‹Solidarność› realisiert wurde. Holland hat die Antisolidarität gezeigt: eine verzweifelte Menschenmasse der Benachteiligten und Erniedrigten, die sich gegenseitig zertrampeln. ‹Trete ein in die Solidarität, wirst zumindest in einem Haufen sein…› Der Film über die einsame Frau, voll Mitleid und Abscheu, war im Grunde genommen ein Film über die einsame Gesellschaft, über diesen kranken Mann Europas, von dem die Geschichte ständig neue Opfer forderte, und der nur eins begehrt: Sattheit, normales Leben.»[48]

EINE ALLEINSTEHENDE FRAU gilt als der schwärzeste Gegenwartsfilm, den das polnische Nachkriegskino hervorgebracht hat. Der Film blieb bis 1988 verboten. Die Ausrufung des Kriegszustands am 13. Dezember 1981 überrascht Holland im Ausland. Sie bleibt im Pariser Exil, wo sie ihre Zusammenarbeit mit Andrzej Wajda, der ebenfalls vorübergehend emigriert, fortsetzt und – wie schon bei BEZ ZNIECZULENIA (OHNE BETÄUBUNG, PL 1978) und DYRYGENT (DER DIRIGENT, PL 1979/80) – an den Drehbüchern zu seinen Filmen DANTON (F/PL/BRD 1982) und EINE LIEBE IN DEUTSCHLAND (BRD/F 1983) mitschreibt, bevor sie mit BITTERE ERNTE (BRD 1984) 1985 eine Oscar-Nominierung erhält und ihre internationale Laufbahn starten kann.

Standardwerke zwischen Determinismus, Publizistik und Stalinismus-Abrechnung

Wenn auch die oft wegen schematischer Dramaturgie und typisierter Figuren geäusserten Einwände gegen das «Kino der moralischen Unruhe» berechtigt waren, so kamen sie meistens getarnt als ästhetisch-formale Kritik daher, zielten aber auf eine politisch motivierte Diskreditierung der ganzen Bewegung. Das «Kino der moralischen Unruhe» erzielte damals eine immense Wirkung, wie zum Beispiel die scharfe, darstellerisch brillante Moralsatire WODZIREJ (DER CONFERENCIER, PL 1977/78) von Feliks Falk. Es ist die Geschichte eines Entertainers aus der Provinz, der, vor die Chance gestellt, den Sprung ins grosse Showgeschäft der Hauptstadt zu schaffen, skrupellos alle Konkurrenten ausschaltet und menschliche Bindungen auf dem Altar der Karriere opfert. Der Film war in seiner dramaturgischen Konstruktion zwar nach dem besagten Muster aufgebaut: Zynismus und Korruption, verkörpert durch den Protagonisten, finden ihre Entgegensetzung in unbeholfenen Versuchen, Aufrichtigkeit und Loyalität gross zu schreiben, die sich in der Figur des hintergangenen Freundes manifestieren. Dank der grandiosen Schauspielkunst von Jerzy Stuhr und der dynamisch, in der Konvention des amerikanischen Kinos entwickelten Aktion, konnte aber der plakative Charakter des Films überspielt werden. Die grosse Gala sowie die Figur eines Conferenciers, der die Geschicke der provinziellen Veranstaltung als tonangebender Tanzmeister bestimmt, fügten sich in Analogie zum Finale in

48 Ebd.

Wajdas ASCHE UND DIAMANT und HOCHZEIT[49] zu einer Parabel auf die polnische Gesellschaft. Der Film nahm sogar in gewisser Weise das Psychogramm eines karrierebesessenen Mitläufers vorweg, der auf dem Weg von der Provinz in die Hauptstadt seine Überzeugungen dem Erfolg opfert und seinen zwanghaften Opportunismus immer zu rechtfertigen weiß, ähnlich wie es István Szabó einige Jahre später in seinem MEPHISTO (BRD/HU 1981) zu einer Reflexion über die Beziehungen und Widersprüche zwischen Kunst und Politik, Moral und Macht, Identität und Rollenspiel genutzt hat.

DER CONFERENCIER überzeugte durch die glaubwürdige Verwurzelung in den damaligen Realien: durch treffsichere Beobachtungen eines Milieus, das in seinen hinterwäldlerischen Imitationsversuchen der «großen Welt» des Showbiz' zum Exempel wird; durch seine visuelle, von überstrapazierten Symbolen und Metaphern befreite Ästhetik und vor allem durch ein für das polnische Kino schwindelerregendes Tempo. Die Suggestivität dieser bissigen Gesellschaftssatire verdankte sich aber zum größten Teil ihrem Hauptdarsteller Stuhr, der in der Bipolarität seiner Figur bereits das ganze Spektrum seiner späteren Rollen abdeckte: hemmungslose Karrieristen und plebejische Emporkömmlinge, einfältige bis unbeholfene Proletarier; naive Provinzler und ungeschliffene Underdogs. Als Conferencier repräsentiert er bei Falk die negative Variante des sozialen Aufstiegs, in seiner zweiten Paraderolle als Filip Mosz in Kieślowskis DER FILMAMATEUR gewissermaßen dessen positive Kehrseite – ein Dr. Jekyll und Mr. Hyde in einer Person, wie die polnische Filmpublizistin Maria Kornatowska bemerkte. Der wandlungsfähige Stuhr entwickelte sich schnell zu *dem* Schauspieler des «Kinos der moralischen Unruhe», nahm aktiv teil an der konzeptionellen Gestaltung seiner Rollen, der Mentalität und der Charaktere seiner Figuren, wirkte auch an der Ausarbeitung der Dialoge mit.

Ein weiteres Standardwerk der in Polen als publizistisch genannten Strömung lieferte mit KUNG-FU (SELBSTVERTEIDIGUNG, 1979/80) Janusz Kijowski, Jahrgang 1948. In diesem Plädoyer für die Freundschaft als dem einzigen Antidot gegen die um sich greifende Cliquenwirtschaft spiegelte sich auch das ausgeprägte Zusammengehörigkeitsgefühl der Generationsgemeinschaft in der Formation[50] selbst wider: Die berufliche und private Entwicklung von vier ehemaligen Studienfreunden führt sie auf Konfrontationskurs mit betrügerischen Machenschaften und

---

49 Im Finale von ASCHE UND DIAMANT spielt Wajda auf den finalen hypnotischen Tanz an, zu dem in HOCHZEIT ein in Stroh umwickelter Rosenstrauch mit einer Geige in der Hand führt: *chochoł* – eine vieldeutige Symbolgestalt, die in Wyspiańskis Drama und dessen Verfilmung eine Hochzeitsgesellschaft vorführt. Der «Tanz des *Chochoł*» ist ein kultureller Topos, der angesicht der Unterwerfung Polens durch fremde Mächte als Sinnbild für die unüberwindliche Lethargie der polnischen Gesellschaft steht.

50 Janusz Kijowski charakterisiert seine Generation in *Kino* 1/1977 wie folgt: «Geboren gegen Ende des Krieges oder in den ersten Nachkriegstagen, traten wir in das bewusste gesellschaftliche Leben nach dem Polnischen Oktober 1956 ein. Das Kino entdeckten wir dank des Westerns (…). Später, schon ernster, durch die Filme der französischen Nouvelle Vague. (…) Wir waren zu jung für MESSER IM WASSER, und zu lange mussten wir warten auf ACHTEINHALB. Freud haben wir mit einer epochalen Verspätung entdeckt, Fromm 30 Jahre nach der Veröffentlichung von *Die Flucht vor der Freiheit*, Marcuse überhaupt nicht. (…) 1968 hat uns brav, verloren und unbelesen erwischt. 1970 waren wir damit beschäftigt, das Studium zu beenden oder uns energisch in dem Beruf durchzuboxen. (…) Der Held unseren Alltags, typisch, gewöhnlich und zugleich dessen wert, um von ihm zu erzählen, skeptischer Enthusiast, sensibler Dusel, erfolgreicher Versager und Dilettant … das ist anscheinend ein Typus, der unserer Erfahrung am nächsten kommt.»

Intrigen, die für diejenigen, die sich um Aufklärung bemühen und ihre Integrität bewahren wollen, Sanktionen und Hetzkampagnen nach sich ziehen. In diesem Kampf der jungen Generation gegen Verkrustungen und Machtmissbrauch der Arrivierten antworten die Freunde auf die Herausforderung mit einer Gegenclique. Die unterschwellige These des Films lautete: In den sozialen Strukturen der polnischen Gesellschaft steht das Individuum angesichts der allgegenwärtigen Korruption und eines undurchdringlichen Dickichts an Abhängigkeits- und Gefälligkeitsverhältnissen auf verlorenem Posten.[51] Das kritisch-bissige Pamphlet nahm mit seinem als plakativ kritisierten Gegenentwurf zu den beschriebenen gesellschaftlichen Missständen die Denkfigur der Solidarität als politische Selbstverteidigungsstrategie vorweg, die nur ein Jahr später ihre gesellschaftliche Verwirklichung in der Massenbewegung der «Solidarność» finden sollte.

Gemessen an dem mit Thesen gespickten Diskurs von SELBSTVERTEIDIGUNG wirkt Kijowskis Spielfilmdebüt INDEKS (DAS STUDIENBUCH, 1977/81) wesentlich differenzierter in der Wiedergabe der prägenden Schlüsselerlebnisse seiner Generation: Am Beispiel eines vom Studium relegierten Lehrers schildert Kijowski in dem bis 1981 verbotenen Film die vertuschten, mit dem Mantel des Schweigens umhüllten Konsequenzen vom März '68 und die individuellen Tragödien, die die Repressalien ausgelöst haben. Der Protagonist erkauft seine kompromisslose Haltung mit seiner Einsamkeit und Außenseiterrolle; er schlägt mögliche Chancen des sozialen Aufstiegs aus, während seine Ex-Kommilitonen sich allmählich anpassen und eine bescheidene Existenz aufbauen. Letztlich muss er als Lehrer erleben, dass seine Schüler gegen den verfälschenden Geschichtsunterricht rebellieren und sich mit dem Vorwurf des Konformismus auch für ihn der Kreis schließt. Wie in diesem Film sind die Ereignisse vom März '68 im Hintergrund des «Kinos der moralischen Unruhe» stillschweigend oder verdeckt ständig präsent. Rückblickend wies Feliks Falk darauf hin, dass im Gegensatz zum Schock des Kriegszustands das Jahr 1968 deswegen den Charakter einer politischen Zäsur hatte, weil diese Erfahrung mit dem Gefühl der absoluten Ohnmacht einherging: «Das war eine Hexenjagd, ein Köpfen, Ächtung von Menschen.»[52] Es war das gemeinsame Erlebnis einer Generation, die – wie es Sobolewski formulierte – in ihren Filmen mit der Geschichte und der Gesellschaft noch offene Rechnungen beglich.[53] Abermals hat Stanisław

---

51 Vgl. dazu ein Zitat von Kieślowski aus seinem Artikel *Eigene Wirklichkeit. Das polnische Autorenkino der Jahre 1970–81*, in: *medium* 1/1983, S. 40: «Ein, zwei Jahre später greift der Film Themen auf, deren Realisierung noch kurze Zeit davor undenkbar gewesen wäre. Mit KUNG-FU und dem längere Zeit nicht gezeigten DAS STUDIENBUCH von Kijowski, mit DER CONFERENCIER (…) von Falk, OHNE BETÄUBUNG von Wajda, PROVINZSCHAUSPIELER von Holland, WIE LEBEN?, einem halbdokumentarischen Film von Łoziński, mit PERLEN EINES ROSENKRANZES von Kutz und meinem AMATEUR rührten wir vielfältig an gegenwärtige Probleme, die eine tiefe Unruhe verursachten, weil Ideale einer Gesellschaftsordnung grundsätzlich ihre praktische Verwirklichung nicht erfahren konnten, da im Land Verhältnisse herrschten, in welchen einige alles durften, andere nichts. Und die wiederum, die etwas verändern wollten, angesicht eines bis an die Grenze des Absurden aufgebauten Apparats aus Zynismus, Autokratismus und Missgunst, gezwungen waren, aufzugeben. Diese Filme und deren Ausrichtung nannte die Kritik ‹Das Kino der moralischen Unruhe›.»

52 *Zaznaliśmy przyjemności walki* (Wir haben das Vergnügen des Kampfes erfahren). Ein Interview mit Tadeusz Sobolewski. In: *Katalog des 17. Festivals des polnischen Films in Gdynia*, 16.-22. November 1992, S. 94.

53 In ihrem Text *Kilka uwag o młodym kinie polskim* (Einige Bemerkungen zum jungen polnischen Kino), veröffentlicht in der Exilzeitschrift *Zeszyty literackie* 1/1983, S. 140–149, beschrieb Agnieszka Holland dieses Phänomen als unmittelbar Beteilig-

Barańczak diese für seine Generation spezifischen Befindlichkeiten auf den Punkt gebracht:

> «Im Glanz der angezündeten Zeitung hat die Generation Sachen bemerkt, die sich gerade damals, im März, in ihrer ganzen unvorhersehbaren Deutlichkeit offenbarten. Sie bemerkte Konflikte und Komplexe, die die Gesellschaft durchdrangen, die sich in wahnsinnigen Erscheinungen der flammenden Xenophobie entluden. Sie bemerkte die unbegreifliche Kraft des Dogmas, das bei all seiner Absurdität immer die Massen mitreißt (…). Und sie ist sich auch der gefährlichen Macht des Wortes bewusst geworden, das in der Lage ist, jeglichen Unsinn und jegliche Schweinereien in den menschlichen Verstand hineinzuschmuggeln.»

Barańczak schrieb weiter, seine Generation hat «sich überzeugt, dass alle Ideale, in deren Geist man sie während der 20 Jahre der Volksheimat erzogen hat, – soweit es benötigt wird – wie Müll weggeworfen werden können»[54].

te: «Gegen Ende der 1960er-Jahre haben wir März und die Tschechoslowakei erlebt. Dann Dezember 1970. Für die Mehrheit von uns waren es die ersten bewusst und bis zum Ende durchlebten politischen Ereignisse. Außer der Bewusstwerdung über das wahre Antlitz des Systems, in dem wir leben mussten (…), haben diese Erfahrungen noch eine Reihe anderer Färbungen. Das Gefühl der Integration in einer Gruppe (März 68), in der Gesellschaft (meine Tschechoslowakei, Dezember '70); die Erfahrung der Niederlage; die Erfahrung des Katzenjammers und des Schuldgefühls, dass man sich dem Bösen nicht entgegengesetzt hat (Vertreibung der Juden aus Polen nach '68, Einmarsch in die Tschechoslowakei) usw. Eine neue Eigenschaft dieser Generation war die Tatsache, dass niemand von uns daran glaubte, effektiv und aufrichtig im Rahmen der offiziellen politischen Strukturen tätig sein zu können – zum Beispiel in der Partei. (…) Wir wollten abseits sein und versuchen, etwas Wichtiges zu sagen.»

54   Beide Zitate nach Sobolewski 1992, S. 91–92.

Mit Repressionsmechanismen und der unbegreiflichen Kraft des Dogmas beschäftigten sich Werke einer weiteren Strömung des «Kinos der moralischen Unruhe», die durch die Abrechnung mit der Stalinismus-Ära eine Ursachenforschung für die Missstände und Deformationen der Gegenwart betrieben; auch Quellen für die späteren kollektiven und individuellen Traumata, für die verworrenen und zunichte gemachten Biografien offenlegten. Maßstäbe für thematischen und ästhetischen Mut setzte Wojciech Marczewski, Jahrgang 1944, mit seiner auf dem Höhepunkt der Solidarność-Bewegung realisierten Psychostudie Dreszcze (Schauder, PL 1981; FIPRESCI-Preis bei der Berlinale 1982). Bereits mit seinem fulminanten Debüt Zmory (Gespenster, PL 1978/79, Grand Prix in San Sebastián), einer historischen Parabel auf die autoritären Erziehungsmethoden im Dienste der Uniformität, fand er drei Jahre zuvor internationale Beachtung. In Schauder gelang es Marczewski, ein Traktat über die Degeneration von Ideen und die Manipulierbarkeit des Individuums, über *Verführtes Denken*, wie der Titel eines Essays des polnischen Literatur-Nobelpreisträgers (1980) Czesław Miłosz lautete, in Bilder umzusetzen. Im Zentrum steht die Indoktrination eines Dreizehnjährigen – der Topos der Konfrontation von jugendlicher Naivität mit der korrupten Erwachsenenwelt. Abermals in der Provinz, diesmal der 1950er-Jahre, erlebt der Protagonist, wie sein Vater, im Krieg Mitglied der Volksmiliz, vom Sicherheitsdienst festgenommen wird, um nicht mehr nach Hause zurückzukehren. In einem Ferienlager der kommunistischen Jugendorganisation ZMP durchläuft er seine ideologische und erotische Initiation. Eine fanatische Funktionärin, in die er sich verliebt, macht ihn im Klima der ersten erotischen Faszination für die hehren Ideale empfänglich und gefügig. Die Exerzitien im Pionierlager finden aber mit der Enthüllung der systemimmanenten Verbrechen nach Stalins

Tod ein jähes Ende, und das Abhandenkommen der Ersatzreligion offenbart das ganze Ausmaß der ideologischen Verblendung: Das Lager wird überhastet aufgelöst und der ratlose Held in die ihm entfremdete Alltagswirklichkeit entlassen. SCHAUDER liefert eine visuell raffinierte Analyse des Kommunismus und seiner Verführungskraft, darüber hinaus aber auch eine allgemeingültige Analyse der fatalen Indoktrinationsmechanismen in jedem totalitären System. Wie in GESPENSTER verliehen die expressiven, das Klima der Epoche evozierenden Bilder des Kameramanns Jerzy Zieliński[55], dem Film eine authentische Aura.

Am 13. Dezember 1989, dem Jahrestag der Verhängung des Kriegszustands, erlebte PRZESŁUCHANIE (VERHÖR EINER FRAU, PL 1982–89) von Ryszard Bugajski seine Premiere. Diese in ihrer naturalistischen Drastik unübertroffene Darstellung der zynischen Methoden des stalinistischen Terrors entlarvte die Funktionsweise der Staatssicherheit: Die Geschichte einer durchschnittlichen, apolitischen Sängerin, die zufällig in deren Maschinerie gerät, schildert ihren Kampf um eigene Integrität und Menschenwürde in Konfrontation mit einer Doktrin, die im Namen einer ideologischen Abstraktion alle Werte und menschlichen Regungen zunichtemacht. Der Film wurde 1981 abgedreht und zum Zeitpunkt der größten Terrorwelle 1982 montiert. Neben der Kamera von Jacek Petrycki, Agnieszka Hollands Cameo-Auftritt in der Rolle einer fanatischen Kommunistin, die, verschwunden im Kerker der Staatssicherheit, darin dennoch eine geheime Logik im Kampf gegen äußere wie innere Feinde des Systems entdecken will, war es nicht zuletzt die grandiose Darbietung von Krystyna Janda in der Hauptrolle (Preis für die beste Schauspielerin in Cannes 1990), durch die der Film den Status eines legendenumwobenen Standardwerks der ganzen Formation erlangte. Die Auseinandersetzungen um seine Fertigstellung haben 1983 zur Auflösung der Filmgruppe «X» von Andrzej Wajda geführt.

Generationserlebnis und cineastische Formation

Das «Kino der moralischen Unruhe» entwickelte sich seit 1976 bis zur Ausrufung des Kriegszustands im Dezember 1981 und gehört zu jenen cineastischen Phänomenen, die relativ griffig erfasst werden können, da es neben dem klar erkennbaren zeitgeschichtlichen Kontext retrospektiv mit bestimmtem Personal und Kanon an Motiven in Verbindung gebracht wird: Die Handlung beinahe aller Werke dieser Formation war in der Provinz und in der Gegenwart angesiedelt, spielte sich in markant bis glaubwürdig gezeichneten Milieus ab, die als sinnbildliche Metapher der ganzen Gesellschaft oft deren Modellbild abgaben – etwa die Oper mit ihren Hierarchie-Strukturen in DAS PERSONAL oder das Provinztheater mit seiner Atmosphäre eines gesellschaftlichen Abstellgleises in PROVINZSCHAUSPIELER. Ihre Stärke lag in der Auswahl von Themen, die symptomatische Verwerfungen der Zeit beleuchteten: Verfehlungen und Deformationen des kommunistischen Systems, die beschrieben und mit Verve entlarvt wurden, obgleich auffallend selten zu diesem Zweck Systemträger herangezogen wurden; Verrohung der Arbeits- und Sozialverhältnisse, die durch

---

[55] Pastiche-Bilder, die das Klima einer Epoche einfangen, sollten eine Spezialität von Jerzy Zieliński werden, der seit über zwei Dekaden in Hollywood arbeitet und mit Agnieszka Holland ihre Henry-James-Adaption WASHINGTON SQUARE (USA 1997) sowie THE SECRET GARDEN (DER GEHEIME GARTEN, USA 1993) und THE THIRD MIRACLE (DAS DRITTE WUNDER, USA 1999) realisiert hat. Zieliński hat auch Bajons Historiengemälde in EINE ARIE FÜR DEN ATHLETEN und LOKALTERMIN fotografiert.

Generationserlebnis und cineastische Formation

109 Jerzy Stuhr und Krzysztof Zanussi in DER FILMAMATEUR

110 Sławomir Idziak, Agnieszka Holland und Kieślowski in Cannes 1988

systemkonformes, skrupelloses Karrierestreben und moralische Verwüstungen ganzer Milieus bedingt war; Ausgeliefertsein der Allmacht von Institutionen und korrumpierenden Abhängigkeitsverhältnissen; verhinderte Möglichkeiten der Selbstbestimmung und was damit einherging, mentale Befindlichkeiten wie das Gefühl der Ohnmacht und Auswegslosigkeit, des Scheiterns und Versagens.

Ihre emotionale Kraft bezog die Formation aus dem Engagement ihrer talentiertesten Protagonisten und der Glaubwürdigkeit der Darsteller, deren Persönlichkeiten oft die Defizite der Figurenzeichnung behoben und einem Film ihren Stempel aufdrücken konnten. Namen vieler hervorragender Schauspieler sollten mit den wichtigsten Werken und Regisseuren dieser Zeit assoziiert werden: Zbigniew Zapasiewicz und Maja Komorowska gelten als singuläre Zanussi-Schauspieler; Jerzy Radziwiłowicz verschmolz mit der Figur des Manns aus Marmor und aus Eisen sowie des verstorbenen Anwalts in OHNE ENDE; Krystyna Janda schuf mit ihrer energiegeladenen Darstellung der Agnieszka in DER MANN AUS MARMOR eine der großen Kinofiguren der 1970er-Jahre; eine schauspielerische Offenbarung der Formation war Jerzy Stuhr, der Darsteller proletarischer oder zwielichtiger Kieślowski-Figuren; eine viel versprechende Entdeckung wiederum war Bogusław Linda, der in sehr konträre Charaktere bei Kieślowski, Holland und Wajda schlüpfte. Mit der neuen Generation von Regisseuren hielt auch eine neue Generation von Kameramännern Einzug ins Kino, die der visuellen Erfassung der realen Wirklichkeit eine neue Sichtweise verliehen hatten: gezielte «Amateurhaftigkeit» der Kadrage sowie ein dokumentarischer Blick ebenso wie die häufige Verwendung der beweglichen Handkamera oder kurzer Objektive und grober Bildfaktur. Diese Techniken, die heute zwangsläufig Assoziationen an die «Dogma»-Stil-Manipulationen hervorrufen, sollten eine Authentizität der Beschreibung garantieren. Die Drehorte wurden in natürlichen Räumen, echten Lokalitäten wie beengten Wohnblock-Behausungen oder auf Straßen angesiedelt. Die kreativen Regisseur-Kameramann-Tandems fanden oft bereits während des Studiums zueinander, gemeinsame künstlerische Anschauungen und die dokumentarische Vorschule verbanden diese verschworenen Teams wie bei Kieślowski und Jacek Petrycki oder Witold Stok, Agnieszka Holland und Petrycki, Zanussi und Sławomir Idziak.

Hinzu kam das Phänomen einer Generationsgemeinschaft, gestützt auf gemeinsame prägende Erfahrungen, Erlebnisse und Überzeugungen, die dieses Kino beeinflussten und zur Herausbildung von Gruppierungen und Freundschaftszirkeln führten, die zusammen Projekte auf die Beine stellten. Dadurch erreichten ihre Filme den Charakter eines privaten, geselligen Gemeinschaftsunternehmens, einer Bewegung, wie es einmal die französische *Nouvelle Vague* vorgemacht hatte. Wie diese war auch das «Kino der moralischen Unruhe» kaum eine kohärente ästhetische Formation, wenn sie auch über einen unperfektionierten Stil hinaus als gemeinsamen Nenner doch einen starken politischen Impetus und gesellschaftskritischen Charakter anzubieten hatte. Ähnlich dem cineastischen Abenteuer der französischen *auteurs* traten nahestehende Menschen aus dem Metier, Laien oder befreundete Regisseure in Filmen der Kollegen und Freunde auf: Krzysztof Zanussi spielte sich selbst in Kieślowskis DER FILMAMATEUR, Agnieszka Holland eine Sekretärin in DIE NARBE und eine idealistische Kommunistin in Ryszard Bugajskis DAS VERHÖR EINER FRAU, der Regisseur und ARBEITER '71-Co-Autor Tomasz Zygadło übernahm eine der Hauptrollen in Hollands PROVINZSCHAUSPIELER, der Regie-Student mit dem zukünftigen Image eines polnischen Spielbergs, Juliusz Machulski, verkörperte den Lehrling in DAS PERSONAL, bei Zanussi trugen in STRUKTUR DES KRISTALLS und ILLUMINATION befreundete Laien und Edward Żebrowski als Protagonisten zur Authentizität seiner Filme bei. Damit einher ging die Tatsache, dass sich auch eine Gruppe renommierter Filmkritiker dem Phänomen verschrieb. Die Monatszeitschrift *Kino* schrieb sich das Anliegen des «Kinos der moralischen Unruhe» auf ihre Fahnen. Man organisierte Diskussionsrunden unter Fachleuten, gab umfangreiche Dokumentationen heraus, druckte Interviews mit Regisseuren und Kameramännern. Die damals schon kritisierten dramaturgischen Schwächen ortete man in der Naivität der Gegenentwürfe und im gewissen Schematismus der Figurenkonstellationen und Storys, kurzum in seinem Thesencharakter, was wohl mit dem publizistischen Engagement und aufklärerischen Elan der Projekte zusammenhing. Auch psychologisch unterbelichtete Nebenfiguren, darunter negativ gezeichnete, hysterische Frauengestalten, gehörten dazu. Die Frau erscheint im «Kino der moralischen Unruhe» als destruktives Element im Leben der Männer. Es sei denn, sie engagiert sich wie die «aktive Heldin» in DER MANN AUS MARMOR politisch, dann gewährt man ihr auch das Recht auf Eigeninitiative und Selbstbestimmung. Die Filmwissenschaftlerin Alicja Helman bescheinigt den Frauenfiguren in Kieślowskis Filmen bis 1989 ein schematisches Rollenverständnis: trotz erkennbarer Bemühungen der Regie um psychologische Motivierung definieren sie sich vor allem über ihre Männer, handeln impulsiv bis irrational, buhlen um die Aufmerksamkeit ihrer Partner, ohne die ihnen der Lebenssinn abhandenkommt; bleiben meist im Hintergrund.[56]

Auf dem Zenit des internationalen Erfolgs

Ein Apogäum ihres deklarativ-politischen Charakters bedeutete für die Formation das auf die Bestellung der Danziger Solidarność-Gewerkschaft entstandene Sequel CZŁOWIEK Z ŻELAZA (DER MANN AUS EISEN, PL 1981; Oscar-Nominierung / Goldene Palme in Cannes) von Andrzej Wajda. Das Gegenwartsepos entwirft ein zeitgeschichtliches Panorama des Wider-

---

56 Zu Gender-Diskursen des «Kinos der moralischen Unruhe» vgl. Kamila Żyto: Gender-Diskurse. Zeit der Erneuerung. In: Klejsa/Schahadat/Wach 2012, S. 334–352.

standes gegen das kommunistische System, illustriert anhand der Biografien von Agnieszka und Maciek Tomczyk, Birkuts Sohn aus Der Mann aus Marmor, die mit ihrer Ehe symbolisch die Allianz der Intelligenzija und der Arbeiter besiegeln. In der Figurenzeichnung war diese Apologie der Solidarność-Bewegung nicht frei von hagiografischen Tendenzen und in ihrer Anlehnung an die wichtigsten Daten der Nachkriegsgeschichte plakativ. Als ein leidenschaftliches Plädoyer für Menschenrechte, Demokratie und zwischenmenschliche wie politische Solidarität, entstanden aus der Unmittelbarkeit der Historie, hat der Film nach seinem Verbot 1981 nicht nur eine «therapeutische» Wirkung nach Innen ausgeübt, sondern ist auch im Ausland mit viel Lob überschüttet worden. Zuvor hatte Wajda mit Ohne Betäubung und Der Dirigent noch zwei Werke inszeniert, die in subtilen Milieu- und Charakterporträts die politische Realität des Landes Ende der 1970er-Jahre einfangen. Auch Zanussi drehte mit Spirala (Spirale, PL 1978) und Constans (Ein Mann bleibt sich treu, PL 1980; Regiepreis in Cannes) zwei wichtige Filme dieser Umbruchszeit. Vor allem Ein Mann bleibt sich treu, die Geschichte eines unangepassten Studenten, der sich mit der Korruption in seiner Umgebung nicht abfinden und in seiner Suche nach konstanten Werten – wie der Titel andeutet – in dem Korsett eines vorbestimmten Lebenslaufs nicht zurechtfinden kann, überzeugt durch gedankliche Stringenz und ästhetische Klarheit, letzteres dank der Kameraarbeit von Sławomir Idziak.[57] Der Film suggeriert, dass die Flucht in die Berge als eine Oase der Einsamkeit und Freiheit und die Erlebnisse im Einklang mit der Natur, einen Ausweg böten. Zanussis Protagonist entzieht sich immer mehr dem gesellschaftlichen Spiel, ohne dass ihn seine resignative Haltung vor der Verantwortung bewahren könnte. Als er zufällig die Schuld für den Tod eines Kindes auf sich lädt, wird klar, dass seine Lebensflucht nicht die adäquate Antwort auf die Heimsuchungen des Konformismus sein kann: Auch ein unbeteiligtes Leben befreit nicht von moralischer Schuld.

Allgemein wird angenommen, dass bis auf einige Ausläufer in der ersten Hälfte der 1980er-Jahre das «Kino der moralischen Unruhe» mit der Verhängung des Kriegszustands durch das Militärregime von General Wojciech Jaruzelski am 13. Dezember 1981 aufgehört hätte zu existieren. Doch zuvor gab es bereits die ersten Risse in der Formation selbst. Wie Kieślowski in dem Interview Żyliśmy tam wszyscy (Wir lebten dort alle) andeutet, führte um 1980 ein Gruppengespräch in der Zeitschrift Literatura zu einem Wendepunkt, als er in Opposition zu Kijowski das Ende gemeinsamer Anschauungen verkündete, um einen Weg von der «nicht dargestellten Welt» hinter die Kulissen des gesellschaftlichen Lebens einzuschlagen – unter die Oberfläche der Ereignisse. Statt wie bis jetzt nur «Wie?» zu fragen, wollte er wissen «Warum?»:

«In Wirklichkeit bedeutete den Wendepunkt für uns alle das Gespräch bei Bajdora in Literatura (eine wichtige Literaturzeitschrift und ihr Redakteur, Anm. d. Verf.), so um '79, vielleicht '80. Dabei waren Janusz Kijowski, wohl Agnieszka Holland, Feliks Falk, Filip Bajon. Ich habe dort sehr entschieden gesprochen, dass ab jetzt jeder seinen eigenen Weg gehen wird, dass die Zeit gemeinsamer Anschauungen über die Welt zu Ende

---

57 Idziak realisierte noch mit Kieślowski Die Narbe, Ein kurzer Film über das Töten und Drei Farben: Blau. Bekannt wurde er aber als Kameramann von Zanussi, drehte mit Wajda Der Dirigent und in Hollywood u. a. mit Ridley Scott (Black Hawk Down, USA 2001) und Andrew Niccol (Gattaca, USA 1997) sowie den fünften Teil des Harry-Potter-Zyklus, David Yates' Harry Potter and the Order of the Phoenix (Harry Potter und der Orden des Phönix, GB/USA 2007).

ist. Daraufhin erwiderte Kijowski, dass er eher ein Herdentier ist, und dass er in der Gruppe weitergehen wird. In diesem Moment ist mir sehr klar bewusst geworden, dass ich abbiegen muss.»[58]

Krzysztof Kieślowski sollte sein Weg «unter die innere Stoffschicht der Ereignisse» führen. Dass sein Werk ohne das «Kino der moralischen Unruhe» nicht denkbar gewesen, ja, ein anderes geworden wäre, und die gemeinsamen Anstrengungen wichtig für die Entwicklung der polnischen Gesellschaft waren, vermittelt ein Statement von Wajda, der 1980 während des Danziger Festivals des polnischen Films auf das Selbstverständnis polnischer Filmemacher und ihre gesellschaftliche Verantwortung verwies:

> «Wir Filmleute haben uns keine Vorwürfe zu machen. Unsere Filme waren ein Signal für die Zuspitzung der gesellschaftlichen Widersprüche. Wer die Filme sah, hätte die dramatische Entwicklung voraussehen können. Aber die Verantwortlichen haben uns nicht als Warner akzeptiert, sondern als angebliche Verursacher diskreditiert. Sie haben den Reflex von Widersprüchen bekämpft, statt sich ihren Ursachen zuzuwenden.»[59]

Vorausweisend vor diesem Hintergrund erscheint ein Gegenwartsfilm, der sich von der realistischen Ästhetik der Formation bereits absetzte, ohne jedoch ihr thematisches Terrain zu verlassen: DER ZUFALL MÖGLICHERWEISE des «Dokumentaristen» Kieślowski, in dem er einen mentalen Wandelprozess vorführte, der sich jenseits des «Solidarność-Karnevals»[60] im Zeitgeist der zu Ende gehenden «Epoche» vollzog.[61] Kieślowski schickt seinen Helden in einem Rondo durch drei Lebensvarianten, jedes Mal nach dem Zufallsprinzip mit einem anderen Ausgang. Anstelle eines erzählerischen Kontinuums baut er ein beziehungsreiches Geflecht aus Handlungs- und Personenkonstellationen auf;

ein weit verzweigtes System vielfältiger Spiegelungen und Variationen, das in seiner Vielzahl diverser Blickwinkel dem Zuschauer ein subjektives Vordringen zur Wahrheit ermöglichen soll. Parallelen in der Handlungsführung und symmetrisch eingeflochtene Figuren und Details verbinden die drei Episoden mit Fäden wechselseitiger Abhängigkeiten. Fertig gestellt in der Zeit vor und nach der Ausrufung des Kriegszustands, nahm der Film bereits Abschied von dem deklarativ-politischen Charakter des «Kinos der moralischen Unruhe».

58 Żyliśmy tam wszyscy. Ein Interview von Tadeusz Sobolewski. In: *Kino* 7–8/1994, S. 25.

59 Zit. nach Mückenberger, Christiane: Zeuge der Anklage. Die subversive Kamera in Polen. In: Schlegel 1999, S. 37.

60 Die praktisch zensurfreie Zeitspanne von 16 Monaten zwischen August 1980 (Streiks in der Danziger Werft) und Dezember 1981 (Ausrufung des Kriegszustands) wird heute in der polnischen Öffentlichkeit als «Solidarność-Karneval» apostrophiert.

61 In seiner episodischen Erzählstruktur, als Versuchungsanordnung und Vexierspiel, nahm der Film nicht nur den internationalen Trend zum episodischen Erzählprinzip und zu Formen der «unzuverlässigen Narration» vorweg, sondern übte auch starken Einfluss auf das Werk jüngerer Regisseure wie Tom Tykwer aus, dessen Episodenfilm LOLA RENNT (1998) man als sein multimediales Remake für die Techno- und Internet-Generation ansehen kann. Vgl. dazu Margarete Wach: Zufallskombinationen im offenen Netz der Lebenswege. Das episodische Erzählprinzip in SHORT CUTS und die Folgen. In: Thomas Klein, Thomas Koebner (Hrsg.): *Robert Altman. Abschied vom Mythos Amerika.* Mainz 2006, S. 78–105, und Margarete Wach: Epigoni, spadkobiercy i fenomen Toma Tykwera. W poszukiwaniu śladów Krzysztofa Kieślowskiego w kinie ostatniej dekady. In Andrzej Gwóźdź (Hrsg.): *W kręgu Krzysztofa Kieślowskiego. In memoriam w dziesiątą rocznicę śmierci.* Katowice 2006, S. 48–60.

Im Agoniezustand: Regression des polnischen Kinos bis zum Wendejahr 1989

Nominell dauerte der am 13. Dezember 1981 verhängte Kriegszustand bis zum 22. Juli 1983 – de facto aber bis zu den ersten freien Wahlen am 4. Juni 1989, hatten sich doch seine Konsequenzen wie Mehltau über das Land gelegt und im öffentlichen Leben einen langjährigen Lähmungszustand ausgelöst. Der Militärputsch bedeutete auch eine tiefe Zäsur für die Entwicklung der polnischen Kultur, die während des vorangegangenen Solidarność-Intermezzos zu einer wahren Blüte fand. Allein zwischen August und Dezember 1981 sahen über fünf Millionen Polen das zeithistorische Filmemblem DER MANN AUS EISEN, was vom Erfolg des anvisierten Dialogs der Filmemacher mit ihrem Publikum zeugt. Filme, die sich zum Zeitpunkt der Ausrufung des Kriegszustands in der Produktion befanden, wie Wajdas DANTON (1982/83), Kieślowskis DER ZUFALL MÖGLICHERWEISE (1981/87) und EIN KURZER TAG DER ARBEIT (1981/96), Jerzy Kawalerowiczs AUSTERIA (PL 1982/83), Tadeusz Konwickis DAS TAL DER ISSA (1982), Wojciech J. Has' NIECIEKAWA HISTORIA (EINE UNINTERESSANTE GESCHICHTE, PL 1982), Agnieszka Hollands EINE ALLEINSTEHENDE FRAU (1981/87), Janusz Zaorskis MATKA KRÓLÓW (MUTTER KROLL UND IHRE SÖHNE, PL 1982/87), Antoni Krauzes PROGNOZA POGODY (WETTERVORHERSAGE, PL 1982/87), Ryszard Bugajskis VERHÖR EINER FRAU (1982/89), Filip Bajons LIMUZYNA DAIMLER-BENZ (DER KONSUL, PL 1981/83) etc., um nur die interessantesten und nach ihrer um Jahre verspäteten Freigabe preisgekrönten Werke zu nennen, konnten nicht aufgeführt werden.

Diese Filme hätten ihre Erstaufführung 1982 beim Festival des polnischen Films in Danzig feiern sollen, das abgesagt und im Jahr darauf nach Gdynia verlegt wurde, um es aus dem Epizentrum des politischen Protestes in Danzig zu entfernen. Die Filmproduktion wurde gestoppt, die Filmgruppen einer demütigenden Verifizierung unterzogen oder wie die Filmgruppe «X» aufgelöst. Man verbot nicht nur Filme des «Kinos der moralischen Unruhe», sondern auch Klassiker wie ASCHE UND DIAMANT. Einige seiner Akteure, wie Agnieszka Holland, Ryszard Bugajski, Jerzy Domaradzki und Piotr Andrejew, verließen für immer das Land, andere wie Andrzej Wajda und Krzysztof Zanussi vorübergehend, noch andere wie Wojciech Marczewski, Janusz Kijowski, Sławomir Idziak, Filip Bajon, Krzysztof Kieślowski[62], Edward Żebrowski oder Edward Kłosiński unterrichteten über längere Zeitperioden oder übernahmen Aufträge im Westen. Eine vom Staat forcierte, explosionsartige Entwicklung des Videomarktes und die wirtschaftliche Krise verstärkten zudem den dramatischen Rückgang der Zuschauer und das anhaltende Kinosterben. Wer zu diesem Zeitpunkt in Polen Filme realisierte, dem konnte es passieren, dass man es in der Filmbranche als einen Akt der Kollaboration auslegte.

So geschehen 1984 im Fall von Kieślowskis Solidarność-Requiem OHNE ENDE, einem gänzlich missverstandenen Film, der zum Prellbock aller politischen Flügel avancierte. Dabei standen im Zentrum von OHNE ENDE Fragen nach der *conditio humana* in einer für die Heldin privat wie politisch extremen Situation des Kriegszustands, die von einem doppelten Verlust gekennzeichnet war: mit dem Tod ihres Ehemanns Antek, eines Solidarność-Anwalts, sterben zugleich die Hoffnungen, die mit dem politischen Aufbruch verbunden waren. Da diese Rolle mit Jerzy Radziwiłowicz (dem Protagonisten aus DER MANN AUS MARMOR und DER MANN AUS EISEN),

---

62 Kieślowski unterrichtete (zusammen mit Holland) seit 1983 im Künstlerhaus Bethanien in Westberlin, wo zu seinen Schülern u. a. auch der renommierte Dokumentarist Andres Veiel gehörte.

besetzt war, hatte sein Herzinfarkt in OHNE ENDE eine zusätzliche symbolische Aussagekraft. In seinem programmatischen Essay *Głęboko zamiast szeroko* (Tiefer statt breiter)[63] kündigte Kieślowski auf dem Zenit der Solidarność-Bewegung bereits seine Abkehr von der politisch motivierten Diagnose gesellschaftlicher Phänomene hin zur Analyse der Gefühlssphäre an. Das Ergebnis waren die «Röntgenbilder der Seele» (Michel Ciment) in OHNE ENDE, der ersten Arbeit mit seinem Ko-Autor Krzysztof Piesiewicz. Sein letzter Vorstoß, tabuisierte gesellschaftliche Ereignisse filmisch aufzuarbeiten, war Kieślowskis misslungener Versuch einer Rekonstruktion der Unruhen in Radom 1976 in EIN KURZER ARBEITSTAG. Kieślowski selbst hat diesen Film nicht frei gegeben,[64] da er glaubte, damit in die Falle selbstgerechter Zuordnungen in der öffentlichen Meinung der Solidarność-Ära getappt zu sein.

Die künstlerische Antwort auf dieses Versagen war DEKALOG (1988–89) – das Werk der kommenden Dekade, in dem er mit den zehn TV-Filmen zu den zehn Geboten seine Postulate umsetzte. Tiefer statt breiter bezog sich hier vor allem auf die Konstruktion des gesamten Zyklus, bei der der Eindruck eines geschlossenen Universums entsteht, in dem dank einer Variationsdramaturgie, die die einzelnen Handlungsfäden, Geschichten und Figuren miteinander verknüpft, wiederholt oder kontrastiert, die Gleichzeitigkeit des Ungleichzeitigen und die Interaktionen einer bestimmten Anzahl von Menschen sich nur dem äußeren Beobachter, spricht dem Zuschauer, in ihrer ganzen Fülle erschließen können. Dieses Universum dient zugleich als Labor für moralische Versuchsanordnungen, bei denen Kieślowski und Piesiewicz die ethischen Maßstäbe des Abendlandes sehr unorthodox auf den Prüfstand stellen. Die Kinoversionen von DEKALOG 5 und DEKALOG 6, EIN KURZER FILM ÜBER DAS TÖTEN (Spezialpreis der Jury in Cannes 1988) und EIN KURZER FILM ÜBER

DIE LIEBE markierten den Beginn der rasanten internationalen Karriere Kieślowskis. Mit den zwei gegenüber gestellten Morden, von denen der eine vom Protagonisten an einem Taxifahrer und der andere vom Staat am Protagonisten verübt wird und die ebenso schonungslos dargestellt werden wie sie tiefgründig einer Reflexion über die anthropologischen Ursprünge der Gewalt dienen, stieg nach dem Eklat[65] bei der Uraufführung in Cannes Kieślowskis EIN KURZER FILM ÜBER DAS TÖTEN in den Olymp der besten Filme der Filmgeschichte auf.

Nur zwei Filme verzeichneten noch in der Dekade bis 1989 große internationale Erfolge: ROK SPOKOJNEGO SŁOŃCA (EIN JAHR DER RUHENDEN SONNE, Goldener Löwe in Venedig 1984) von Krzysztof Zanussi und Janusz Zaorskis MUTTER KROLL UND IHRE SÖHNE (Silberner Bär in Berlin 1988). Zaorski hatte sich mit seinen Filmen POKÓJ Z WIDOKIEM NA MORZE (ZIMMER MIT BLICK AUFS MEER, 1977; Silberner Leopard und FIPRESCI-Preis in Locarno 1978) über einen vereitelten Selbstmordversuch, bei dem sich zwei Psychiater einen Wettkampf um das Leben ihres Patienten liefern, und DZIECINNE PYTANIA (KINDISCHE FRAGEN, 1981) über eine Gruppe junger Architekten, die bei der Umsetzung ihres sozial freundlichen Bauprojektes vom

---

63 Veröffentlicht im Januar 1981 in der renommierten Literaturzeitschrift *Dialog*. Vgl. die englische Übersetzung: *In Depth Rather than Breadth*. In: *Polish Perspectives*, Nr. 6–7, 1981, S. 67–70.

64 Kieślowski untersagte kategorisch seine Auswertung. Der polnische Fernsehsender TVP nahm ihn erst posthum 1996 in seinen Weltvertrieb auf.

65 Das Fachpublikum in der Pressevorführung signalisierte unverblümt seine Ablehnung bei den beiden Tötungssequenzen und verließ teilweise unter lautstarkem Protest die Filmvorführung. Einige Journalisten berechneten danach die Länge der Mordszene, um sie als die längste und brutalste der Kinogeschichte zu indizieren.

Staat ausgebremst werden, in den Kanon des «Kinos der moralischen Unruhe» eingeschrieben. Als ein politischer Film, der zum Teil unter konspirativen Bedingungen im Kriegszustand gedreht wurde, entfaltete MUTTER KROLL UND IHRE SÖHNE eine individuelle Familienchronik im Arbeitermilieu als systembedingte Leidensgeschichte der Arbeiterklasse im stalinistischen Polen, die keine Hoffnung für die Zukunft der kommunistischen Gesellschaftsordnung mehr zuließ. Zanussis nach dem Zweiten Weltkrieg spielendes Melodram EIN JAHR DER RUHENDEN SONNE zeichnet eine unmögliche Liebe zwischen einem amerikanischen Soldaten, der an einer Exhumierung getöteter US-Flieger teilnimmt, und einer Vertriebenen aus dem Osten Polens, die mit ihrer kranken Mutter in den ehemaligen deutschen Gebieten gestrandet ist. Die Protagonisten sind *displaced persons* eines Krieges, dessen traumatische Erlebnisse und politische Konsequenzen ihre potenzielle Beziehung scheitern lassen. Es ist ein zurückhaltend, suggestiv melancholisch von Sławomir Idziak fotografierter Film, der durch seine atmosphärische Dichte und sein Gespür für feinste psychologische Nuancen beeindruckt.

«Wie leben?»
Spielfilme nach dokumentarischer Methode
DAS PERSONAL / DIE NARBE

«DAS PERSONAL ist markant wegen seiner Art der Veranschaulichung, in der sich das aus dem Dokumentarfilm herkommende Bedürfnis des Berufens auf das Konkrete offenbart, auf bekannte und glaubwürdige Realien.»

– *Małgorzata Dipont* (Kieślowski bez końca)

Als Krzysztof Kieślowski nach dem Kurzfilm DIE UNTERFÜHRUNG 1975 fürs Fernsehen seinen ersten Spielfilm in voller Länge zu realisieren begann, verfügte er in der Filmbranche über eine natürliche Autorität, die man auf seine Integrität und seine starke Individualität zurückführte. ARBEITER '71 – NICHTS ÜBER UNS, OHNE UNS eröffnete die Dekade der 1970er-Jahre im polnischen Dokumentarfilm. Wegen des kompromisslosen Gegendiskurses in der Auseinandersetzung mit den Systemlügen umgab den Film eine Legende. Sein Grundgedanke, dem Propagandabild der offiziellen Kultur die «nackte» Wirklichkeit entgegenzusetzen und so deren Fassadencharakter zu entlarven, verschaffte Kieślowski einen wichtigen Etappensieg im Prozess der Herausbildung eines neuen Verhältnisses zwischen Kino und Wirklichkeit, im Prozess der Annäherung des Kinos an die reale Wirklichkeit. Rückblickend, aus der Perspektive des Kriegszustands, betrachtet Agnieszka Holland im französischen Exil genau diesen Dokumentarfilm als einen Grundstein für die nachfolgende Entwicklung des polnischen Kinos:

«Auswaschen des Dezembers (der politischen Erneuerung nach den Streiks im Dezember 1970, Anm .d. Verf.), der Betrug von Gierek im Verhältnis zur Arbeiterklasse ist uns bereits nach einigen Monaten klar geworden. Anfang 1971 hatten Krzysztof Kieślowski, Tomasz Zygadło und eine Gruppe von Kollegen den Dokumentarfilm ROBOTNICY '71 in abendfüllender Länge gedreht. Es war der erste Film seiner Art im Nachkriegspolen; er zeigte möglichst komplex und ehrlich die Stimmungen in der Gesellschaft, das Erwachen des Bewusstseins von Arbeitern und Manipulationen der Macht, die zum Ziel hatten, diese Aspirationen zu kanalisieren.»

Mit den Manipulationen, die die Fertigstellung dieses Films begleitet haben, ist seinen Machern klar geworden, dass sie – wenn sie nicht betrogen werden wollen – versuchen müssen, ihrerseits den Partei- und Staatsapparat zu überlisten.

«Es entstanden also Anfang der 1970er-Jahre verschiedene gesellschaftlich-politische Dokumentarfilme. Ein Teil kam auf die Leinwand, ein anderer in die Regale der Zensur. Diese Dokumentarfilme bildeten» – so berichtet Holland weiter – «den Ausgangspunkt für unsere folgenden Spielfilme – fürs Kino und Fernsehen. Ihr Hauptmakel und zugleich ihre Zugkraft (ähnlich wie die von unseren ersten Spielfilmen) war das Übermaß an Beschreibung. Beschreibung statt Expressivität. Beschreibung statt Synthese. Dieses Phänomen hatte mehrere Ursachen. Erstens – unsere professionelle Unzulänglichkeit. Zweitens – Misstrauen gegenüber jeder präzisen formal-dramaturgischen Konstruktion. Die Wirklichkeit kam uns komplett amorph vor; wir hatten Angst, wenn wir sie in präzise Konstruktionsrahmen pressen, werden wir sie verfälschen. Drittens – und die wohl wichtigste Sache: Wir verspürten einen unermesslichen Mangel, Hunger nach Beschreibung elementarer, wenn auch nur äußerer Schichten der Wirklichkeit. Eigentlich hat so eine Beschreibung nicht existiert.»[66]

Genau diese beiden Faktoren – zu zeigen, was der «Durchschnittsmensch», der Jedermann, denkt, und wie die Alltagswirklichkeit aussieht, ohne sie durch formale Gestaltung zu «verfälschen» – bildeten die Grundlage der ersten Spielfilme von Kieślowski – vor allem bei Das Personal, einem Fernsehfilm, der seine Entstehung einer neuen Produktionspolitik des polnischen Fernsehens verdankte. Trotz seiner Funktion als Propagandamaschinerie des Systems ermöglichte das Fernsehen im Rahmen seines Programmformats «Fernsehstunde» einer ganzen Reihe von Nachwuchsregisseuren, ihre Spielfilmdebüts zu realisieren. Obwohl den Direktiven offizieller Ideologie unterworfen, förderte es in den 1970er-Jahren gegen alle Konventionen Regisseure, die nonkonformistische, innovative, verstörend auf-

begehrende Filme drehten. Der prominente Filmkritiker und Fernsehmacher der damaligen Zeit, Jacek Fuksiewicz, Autor des Standardwerks *Film und Fernsehen in Polen*, hat dieses Phänomen 1977 so beschrieben:

«Fast alle Nachwuchsregisseure, die das neue polnische Kino schaffen, begannen, ihre Kinofilme erst nach der Lehrzeit im Dokumentarfilm oder beim Fernsehen zu machen. (…) Vor einigen Jahren ermöglichte das Fernsehen einer Gruppe junger Regisseure im Bereich des Autorenfilms tätig zu werden, indem es ihnen große Freiräume ließ, auszudrücken, was sie in ihren Filmen sagen wollten. (…) Zu einem bestimmten Zeitpunkt war der Produzent, der das Fernsehen ist, offener für die Vorschläge der jungen Filmemacher. Zum bestimmten Zeitpunkt fanden die jungen Regisseure einfacher Zugang zum Fernsehen als zur Kinematografie, und das in Folge der Organisationsstrukturen. (…) Die Tatsache, dass diese Filme im Fernsehen entstehen, verleiht ihnen mehr Wahrhaftigkeit (…), ihre Realisierung ist nicht so sehr mit einer Suche nach ästhetischen Lösungen und Formen verbunden, sondern mit dem leidenschaftlichen Aufgreifen wichtiger Probleme, mit dem Vordringen zu diesen wichtigsten Problemen. Man kann hier von einer Passion des Realismus sprechen.»[67]

Einerseits ermöglicht dieses Format den Regisseuren thematisch ein schnelleres und effektiveres Reagieren auf jene Probleme, die gerade an den Fingern brennen; andererseits ist das Fernsehen von seinen Produktionsstrukturen her weder so schwerfällig noch so kostspielig wie die Kinoproduktion, was ihnen größere Entscheidungsfreiräume bietet. Das kleine, nicht gerade aufwändige Fernsehformat scheint überdies mit der Betrachtungsweise der am Dokumentarfilm geschulten Regisseure zu korrespondieren, die mehr am Thema als an seiner ästhetischen Ausgestaltung interessiert sind. Zumal der pol-

---

66   Holland 1983, S. 142–143.
67   Aus dem Stenogramm eines Referats, gehalten während des Internationalen Seminars der Filmkritik beim Festival des polnischen Films in Danzig 1977, veröffentlicht in *Film na świecie* 1/1980. Bereits 1976 erscheint auch in *Kino* (Nr.3/1976, S. 18–24) ein Essay von Konrad Eberhard mit dem Titel *Konkuruje z kinem czy je uzupełnia* (Konkurriert mit dem Kino, oder ergänzt es), in dem sich der Autor mit dem Phänomen der Blüte im neuen Fernsehfilm und der dazugehörigen Programmpolitik des Fernsehens beschäftigt.

nische Dokumentarfilm dieser Zeit nicht beim Registrieren der Wirklichkeit haltmachte. Mit seinen starken inszenatorischen Komponenten tendierte er zu einer ethisch-philosophischen Reflexion und entwickelte die Form eines filmischen Essays, der sich auf subtile Beobachtung und durchdachte Konstruktion stützte. Auf dieser gemeinsamen Grundlage konnten die Debütanten bei der Erkennung und Benennung der Wirklichkeit auf ihre Erfahrungen als Dokumentaristen zurückgreifen, auf die hybride Form zwischen zwei Gattungen, zwischen dokumentarischer Beschreibung und fiktionaler Handlung – einer Formel, die sich mit umgekehrter Gewichtung in vielen Filmen des «Kinos der moralischen Unruhe» bewähren sollte. Und was die Schlupflöcher der systemimmanenten Kontrolle im Fernsehen betrifft, kann man nur darüber spekulieren, ob Agnieszka Hollands Diktum, das sprichwörtliche polnische Chaos hätte den ungemeinen Vorteil gehabt, sogar in einem extrem totalitären Bauwerk immer noch Spalten und Risse zu produzieren, in diesem Fall auch zutraf.[68]

Exemplarisch für die Verwischung der Genregrenzen waren die «inszenierten» Dokumentarfilme von Wojciech Wisznewski und Marcel Łoziński, die in verschwiegene, tabuisierte Bereiche des Lebens vordrangen. Nicht so sehr die gesellschaftlichen Ereignisse standen hier im Mittelpunkt. Vielmehr wirkten die Filme wie Zeugnisse eines kollektiven Bewusstseins. Mit Hilfe inszenatorischer Elemente, provozierender Fragen, die, ähnlich den hydrostatischen Gesetzen, durch Druck unverfälschte Reaktionen erzwingen, oder Situationen, die gezielt erst vom Regisseur in Bewegung gesetzt werden, sollte eine verborgene Wahrheit ans Licht hervorgeholt werden. Es sind mentale Dokumente, die die Inflation offizieller Losungen, Werte und Ideologeme vergegenwärtigen, soziale Befindlichkeiten und geistige Haltungen registrieren, die Diskrepanz zwischen propagandistischen Phrasen und der Realität of-

fenlegen, wie es Marcel Łoziński in seinem Dokumentarfilm JAK ŻYĆ (WIE SOLL MAN LEBEN, PL 1977), direkte Übersetzung «Wie leben?», beispielhaft gelungen ist.

Der Film entstand 1977, konnte aber erst 1981 uraufgeführt werden. Das Realisatorenteam nistete sich in einem Ferienlager des «Verbandes der Sozialistischen Jugend» (Związek Młodzieży Socjalistycznej) ein, das für musterhafte junge Ehepaare organisiert wurde. Łoziński schleuste unter die Teilnehmer «seine» Leute ein und arrangierte Situationen, die bestimmte Reaktionen und Haltungen provozierten. Vorausgegangen waren umfangreiche Dokumentationsarbeiten und das «Auskundschaften» der jeweiligen Lage im Lager durch seine Leute. Das Ergebnis dieser Bemühungen war beeindruckend: Das, was sich normalerweise im Alltag zerstreut und nicht griffig erfassen lässt, offenbarte sich in einer sehr zugespitzten, kondensierten Form. Verstellung und Heuchelei kennzeichneten jenes Unternehmen, das mit orwellschen Überwachungs- und Bespitzelungsmethoden einzig der Indoktrination seiner Teilnehmer diente. Während der angeblichen Ferien am See verfügten die Urlauber weder über eine Intimsphäre noch über Möglichkeiten einer individuellen Freizeitgestaltung: statt Erholung ideologische Belehrung, statt Naturerlebnisse oder Freizeitangebote organisierte Animationsprogramme oder Gruppenzwang unter permanenter Aufsicht, und was damit einherging, kollektive Rituale, aggressionsgeladene Langeweile, destruktive Gruppendynamik. Zwänge und Deformierungen eines autoritären Systems, wie sie bereits in Kieślowskis Studentenfilm WUNSCHKONZERT zehn Jahre zuvor angeklungen sind. Die Konfrontation der hehren Ideale mit ihrer aktiven Umsetzung im Feriencamp fiel desavouierend aus.

Auch wenn Kieślowski dieses Verfahren erst in seinem inszenierten Dokumentarfilm DER LE-

---

68 Holland 1983, S. 143.

BENSLAUF einsetzen wird, greift er bereits in ARBEITER '71 auf ähnliche Komponenten zurück. Er arbeitet mit einem sehr großen Mitarbeiterstab zusammen: neben Tomasz Zygadło als Co-Autor mit Wojciech Wisznewski, Paweł Kędzierski und Tadeusz Walendowski als Regieassistenten, neben Witold Stok mit Jacek Petrycki und Stanisław Mroziuk als Kameramänner, außer Lidia Zonn mit drei weiteren Cutterinnen usw. Dies erlaubt ihm eine Bestandsaufnahme auf mehreren Schauplätzen; außerdem mischen sich unter die Arbeiter befreundete Regisseure und Laien, wie der bekannte Kabarettist des «Salons der Unabhängigen», Michał Tarkowski. Nach seinen zahlreichen Rollen unter anderem in DER MANN AUS MARMOR und DER CONFERENCIER wurde Tarkowski mit dem Attribut des «polnischen Jack Nicholson» versehen und avancierte neben Jerzy Stuhr zu einem der Gesichter des «Kinos der moralischen Unruhe». Im finalen Dialog zwischen ihm und dem angehenden Regisseur Tomasz Lengren fällt das programmatische, titelgebende Postulat «Nichts über uns, ohne uns», mit dem das erwachende politische Bewusstsein der Arbeiter – in Momentaufnahmen aus den Fabriken und Einzelinterviews vorher dokumentiert –, auf eine griffige Formel gebracht wird.

Dieselbe Crew realisiert nach ähnlichen Vorgaben vier Jahre später DAS PERSONAL. Der Kameramann Witold Stok, die Karabasz-Cutterin Lidia Zonn, der Tonmann beinahe aller Dokumentarfilme von Kieślowski, Michał Żarnecki, die befreundeten Regisseure Tomasz Zygadło, Tomasz Lengren und Janusz Skalski, Michał Tarkowski als aufmüpfiger Berufskollege des Protagonisten, der in dem Arbeitskollektiv ein Kabarett gründen will, und last but not least der Regieadept Juliusz Machulski (damals noch Student der Filmhochschule Łódź)[69] in der Haupt-

111–113 Theaterbetrieb: Technisches Personal in der Kostümschneiderei und künstlerisches auf der Bühne

---

69 Machulski sollte nach seinem Auftritt in DAS PERSONAL noch in einigen Filmen anderer Kollegen

V. «Kino der moralischen Unruhe»

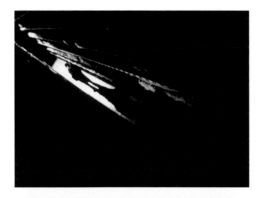

114–115 Auf dem Schnürboden

rolle mischen sich unter die Mitarbeiter der Schneiderwerkstatt der Oper in Wrocław. Als Laien-Darsteller mischen sie sich unter Laien als Darsteller ihrer selbst. Die Frage «Wie leben?» steht im Vordergrund dieser mit paradokumentarischen Mitteln realisierten Gesellschafts- und Moralsatire, für die Kieślowski ähnlich wie Łoziński in seinem gleichnamigen Dokumentarfilm über das Feriencamp (Sinnbild für die sozialistische Gesellschaft als ein orwellsches Massenlager) eine universelle Formel gefunden hat: die Oper mit ihrem Künstler- und Facharbeiterkollektiv als eine Ständegesellschaft. Zum einen eine Metapher für die korrumpierenden Mecha-

nismen der Macht im real existierenden Sozialismus, zum anderen ganz allgemein fürs Leben, ähnlich wie es die Kunst, das Theater im Theater, etwa bei Shakespeare in *Hamlet* oder Theater im Film in Hollands PROVINZSCHAUSPIELER ist:

> «Theater und Oper sind immer eine Metapher des Lebens. Selbstverständlich, dieser Film sollte davon erzählen, dass wir uns in Polen eigentlich nicht so ganz einen Platz finden können. Dass unsere Träume und Vorstellungen von einem Ideal der Wirklichkeit immer mit etwas kollidieren, das zermahlen und unvergleichlich armselig ist. Ich denke, dass dieser Film so ungefähr funktioniert. Das Drehbuch kam einer Aufzeichnung der Handlung gleich, einer Skizze, bildete einen Situationsentwurf der Szenen, in denen dann improvisiert wurde.»[70]

Wie Kieślowski selbst mehrmals unterstrich, ist die Handlung des Films relativ «dürftig»: Der 19-jährige Absolvent des Warschauer Technikums für technische Theaterberufe, Roman Januchta (Juliusz Machulski), tritt seine erste Arbeitsstelle in der Schneiderwerkstatt der Breslauer Oper an, erfüllt von idealistischen Vorstellungen vom Theater als einem Kunsttempel, in dem auch er seinen Beitrag zur kreativen Arbeit der Künstler wird leisten können. In Wirklichkeit wird er hinter den Kulissen des Theaters Zeuge von Konflikten, Rangeleien, absurden Streitigkeiten, von Kleinmut und Missgunst, Selbstgefälligkeit und durch Überheblichkeit kompensierter Frustrationen. Das Innenleben des Theaters spielt sich eindeutig entlang einer Trennlinie ab, die zwischen den Künstlern als der Elite und den von ihnen verachteten tech-

spielen, bevor er als Regisseur und nach 1990 als Produzent publikumswirksamer und kassenträchtiger Unterhaltungsfilme in Hollywood-Manier eine rasante Karriere machte.

70 Stok 1993, S. 96.

nischen Mitarbeitern – dem Personal – verläuft. Gerade die Mitglieder des technischen Personals vermögen Romek jedoch, das Flüchtige der Kunst, ihre kathartische Dimension zu vermitteln, und begreifen sich selbst und ihre Arbeit als künstlerische Dienstleistung, wie es Krzysztof Kieślowski als einem Ex-Schüler des Warschauer Technikums für technische Theaterberufe unvergesslich in Erinnerung geblieben ist. «Weißt Du, hier zu arbeiten – das ist so, als ob man abheben würde, wie ein Vogel. Spürst Du das?», fragt ein älterer Kollege Romek bei der gemeinsamen Besichtigung des Schnürbodens während einer Theaterprobe, der ihm darauf antwortet: «Ja, das ist so ein Gefühl, als ob man wachsen würde.»

Abheben können zwar die Künstler der Provinzbühne auch, meistens aber im übertragenen Sinne, wie ein Solist, der zunehmend in Nebenrollen besetzt wird und sich in Anwandlungen hysterischer Wutanfälle buchstäblich auf anderen «abreagiert». Wegen einer Lappalie gerät auch der mit Romek befreundete Schneider Sowa (Michał Tarkowski) mit dem Solisten in einen Konflikt, der ein umso größeres Nachspiel hat, als Sowa sich zeitgleich kritisch über die Programmpolitik der Oper äußert. Während einer Versammlung der Belegschaft, die man wegen dieses Vorfalls einberufen hat, ergreift Romek die Partei des unschuldig in Verruf geratenen Sowa, der Opfer des geltungs- und rachsüchtigen Sängers geworden ist. Damit wird er selbst der Parteileitung und dem Theaterdirektor suspekt. Zumal er auch zusammen mit Sowa die Gründung eines betrieblichen Kabaretts anregt, das dem technischen Personal die Möglichkeit bieten würde, sich künstlerisch betätigen zu können.

Wie Filip Mosz in DER FILMAMATEUR wächst Romek innerlich mit seiner steigenden Faszination für die Kunst, wenn er einem Geigenvirtuosen zuhört oder den Publikumserfolg bei der Premiere miterlebt. Dann wird er auf die «Pro-

116–117 Kostümanprobe; der Sänger macht Sowa öffentlich eine Szene

be» gestellt: Zuerst versucht der Parteisekretär, ihn zum Parteibeitritt zu bewegen, indem er ihn mit dem Versprechen ködert, eine Wohnung zugeteilt zu bekommen und bei der Fortbildung gefördert zu werden, was Romek noch diplomatisch ausschlagen kann. Als er aber vom Direktor das Angebot erhält, das Kabarett gründen zu können – vorausgesetzt, er verfasse ein Schreiben, in dem er Sowas Schuld bestätigt, so dass man diesen in ein anderes Theater würde versetzen können –, erreicht diese Heimsuchung die Dimension eines faustischen Paktes. Im Finale sitzt Romek am Fenster mit einem Federhalter

V. «Kino der moralischen Unruhe»

118–119 Sowa soll bestraft werden und Januchta eine Aussage gegen ihn verfassen

in der Hand über einem weißen Blatt Papier und durchlebt ein unlösbares Dilemma: Von seiner Entscheidung hängt das Schicksal Sowas ab und die Chance, der unbefriedigenden Arbeit die Möglichkeit einer künstlerischen Selbstverwirklichung entgegensetzen zu können. Kieślowski verwandelt diesen psychologischen Krimi in eine ethische Parabel, die den Zuschauer nicht vor einer kritischen Selbstbefragung befreit: Romek zögert, dreht den Füller schließlich zu, das Blatt bleibt weiß, durch das Fenster dringt ein Sonnenschein ins Innere des Raumes, der Abspann beginnt, die Kamera richtet sich letztes Mal auf Romek, der den Füller wieder aufmacht, ohne das Blatt zu berühren.

Ein vieldeutiges Finale, das – wie bei Andrzej Munk – Hypothesen liefert, die einer «Weiterführung durch den Zuschauer» bedürfen. Dem Klima des Films nach zu urteilen, kann man annehmen, dass Romek auf der Höhe der Aufgabe bleibt und sich loyal verhält. Indem Kieślowski seinen Helden mit dem Dilemma alleine zurücklässt, verlängert er aber die gesellschaftlich-politische Aussage des Films in eine universell-ethische Dimension, wirft die Frage nach einem inneren Kompass bei der Lösung von Gewissenskonflikten auf. Eine ambivalente «Kulissenwelt», in der die Vorstellungswelt und die Wirklichkeit auseinanderklaffen, verlangt nach eigenen ethischen Koordinaten, die wiederum jedes Individuum für sich selbst in der Konfrontation mit dem sozialen Umfeld bestimmen muss – so scheint es das Finale anzudeuten.

In Das Personal verbindet Kieślowski beiläufig die Sprache des Dokumentarfilms mit der Erzählstruktur eines Spielfilms, so dass dadurch die Illusion entsteht, man würde eine kreierte Wirklichkeit als fotografierte Wirklichkeit betrachten. Sein Spielfilmdebüt ist exakt nach einer dokumentarischen Methode gemacht, die – wie Kieślowski es selbst bei seinem Übergang vom Dokumentar- zum Spielfilm erklärte – zwischen Wahrheit und Fiktion die Authentizität der dokumentarischen Beobachtung mit der psychologischen Tiefe in der Zeichnung der Figuren verbinden, deren Gefühlen und Motivationen nachzuforschen erlauben soll.[71] Dieses dokumen-

---

71 Vgl. dazu ein Zitat aus Kieślowskis Aufsatz *Habe ich das Recht zu riskieren?*, in: *Polen*. Illustrierte Monatszeitschrift. Nr. 5 (261) 1976: «Auf der Suche nach einem Ausweg und in dem Bestreben, die moralische Zweideutigkeit zu überwinden, begann ich, die beiden Filmgattungen – den Dokumentar- und den Spielfilm – miteinander zu verbinden. Die erste Gattung lieferte mir die Wahrheit

«Wie leben?»

tarische Fotografieren, sensibel im Registrieren flüchtiger Augenblicke, getränkt im Alltag, in der Beobachtung von Milieus und vermeintlich prosaischer, banaler Situationen bestimmt das Klima der frühen Spielfilme von Kieślowski, nicht zuletzt dank seiner beiden Kameramänner Witold Stok und Jacek Petrycki, die wie er vom Dokumentarfilm kamen. Diese Filme haben den Anspruch, «nahe daran zu sein, was am wichtigsten ist», wie der Titel eines frühen Artikels von Bożena Janicka das Phänomen seiner Filme am Beispiel von DAS PERSONAL zu erfassen versucht:

> «Der Film ist mit paradokumentarischen Mitteln realisiert worden, mit einem Gespür für die Authentizität der Situationen und des Dialogs, mit Diskretion und Frische. Kieślowskis Methode ist für den Zuschauer vielleicht nicht besonders attraktiv, aber darin liegt auch nicht der Wert seiner Filme. Kieślowski wendet sich an diejenigen, die im polnischen Film einen Partner für Diskussionen über die wesentlichen Sachen unserer Gegenwart sehen möchten – und wie man an dem Echo, das seine Filme auslösen, ablesen kann, findet er auch gar nicht so wenige.

der menschlichen Verhaltensweisen, das wirkliche Aussehen von Menschen und Dingen, die zweite dagegen – die Tiefe des Erlebens und ihre treibende Kraft – die Handlung. Dies gelang mir in dem Film ‹Die Lebensbeschreibung› (DER LEBENSLAUF). Auf ähnliche Weise wurde der Film DAS PERSONAL gedreht. (…) Die Echtheit der Realität soll hier einer größeren, übergeordneten, einer sozialen oder philosophischen Wahrheit dienen. (…) Es geht mir um das Aufspüren und Registrieren all dessen, was unser Leben wirklich ausmacht, jener Faktoren, die tatsächlich unsere Triebkräfte sind.»

72 Janicka, Bożena: Blisko tego, co najważniejsze. In: *Film* 32/1976, S. 7.
73 Chołodowski, Waldemar: Przez dobre okulary. In: *Film* 5/1976, S. 10,
74 Zum Begriff der «filmischen Authentizität» vergleicht Margrit Tröhler: Filmische Authentizität.

Er bietet ein ernsthaftes Gespräch an, in dem sich bestimmte Standpunkte aneinander reiben können, das die schwierigen Sachen nicht meidet, das das Denken nicht ersetzt – mit fertigen Schlussfolgerungen. Man kann mit Kieślowski streiten (der selbst daran erinnert, dass jeder das Recht auf seinen eigenen Blickwinkel hat) und behaupten, dass er sich in manchen Dingen irrt (selbst behauptet er, dass er kein Mensch ist, der immer recht hat) – aber es gibt keinen Zweifel daran, dass aus der Perspektive der Zeit seine Filme, die wichtige und dynamische Phänomene der letzten Jahre erfassen konnten, ein treuer Zeuge dieser Jahre werden.»[72]

In der Tat erscheinen die frühen Filme Kieślowskis aus der heutigen Perspektive wie mentale Psychogramme ihrer Zeit, was sich vor allem seiner Beobachtungsgabe verdankt, der Fähigkeit, die Menschen in den banalsten Alltagssituationen, in Interaktion mit anderen Menschen zu zeigen. In DAS PERSONAL verwischt Kieślowski die Genregrenzen, verbindet nahtlos die «Künstlichkeit» einer fiktionalen Handlung mit der dokumentarisch verbürgten «Authentizität» seiner Figuren und der vorfilmischen Wirklichkeit, die in teilnehmender Beobachtung situativ eingefangen werden. Er verbindet die Spielfilm- und Dokumentarfilmsprache, nicht zuletzt als Ergebnis einer «lässigen, trägen Montage», «wo sich die Einstellungen minutenlang hinziehen, um sich dann plötzlich in einer Momentaufnahme zu verkürzen. Sie langweilen nicht, im Gegenteil, sie absorbieren die Aufmerksamkeit.»[73] Verwackelte Kamera, geringe Ausleuchtung der Szenen, unsaubere Einstellungen mit Figuren, die halb im Bild zu sehen sind, deren Dialogpartner aus dem Off zu hören sind: vermeintliche Fehler, die der dokumentarischen Narration und Arbeitsmethode entspringen und spätestens seit dem DOGMA-Manifest im Spielfilm strategisch als Authentifizierungssignale[74] eingesetzt werden. Kieślowski hat ohne Proben, wiederholte Takes und Regieanweisungen gearbeitet; gedreht wurde fast ausschließlich aus der Hand mit einer 16mm-Kamera; viele Szenen wurden durchgehend aufgenommen, um die Spontaneität der Reaktionen und der Situationskomik einzufangen, die dann explizit zur Authentizität des Vorgeführten beitrugen.

Im Umkehrschluss scheinen gerade jene «authentischen» Szenen unterschwellig einen Diskurs über Kunst als «Künstlichkeit» der vorgeführten Materie zu initiieren, den der Film auch auf der inhaltlichen Ebene führt: Die Resultate der Kunst sind mit ihrer Kulissenwelt und ihrem Entstehungsprozess nicht in Übereinstimmung zu bringen. Der Solist offenbart sein wahres Antlitz, das anders als seine Maske auf der Bühne ist, er «demaskiert» sich selbst.

> «Diese Welt, die ihm so schön, so erhaben vorkam, existiert eigentlich nicht. Die Menschen», schreibt Kieślowski, «hauen ihre Gesangsstücke, ihre Tanzstücke hin. Es wimmelt von Streiereien, von Kuhhandel, Ehrgeizfehden, Schreiereien. Die Kunst zerläuft irgendwo. Man kann sie wahrnehmen, wenn man abends das Theater besucht. Es wird still, der Vorhang geht auf, man kann etwas erleben. Aber wenn man daran von der anderen Seite teilnimmt, dann sieht man, mit welchen Leuten, mit welch mickrigen Sachen man es da zu tun hat, und wie das alles erbärmlich geführt, verwaltet, regiert wird.»[75]

Authentizität ist auch der Schlüsselbegriff für das Verständnis von DAS PERSONAL, dessen (Selbst-)«Darsteller» Kieślowski bewusst nach dem Grad ihrer Natürlichkeit und Spontaneität (vor der Kamera) auswählte: Es sind allesamt Laien, tatsächlich in der Werkstatt beschäftigte Schneider oder seine Bekannten und Freunde, mehrheitlich Regisseure und Berufskollegen, die Schneider mimen; einer der wenigen professionellen Schauspieler spielt sich selbst, den aufbrausenden, geltungssüchtigen Solisten. Kieślowskis Schneider spielen als Laiendarsteller sich selbst; seine «professionellen» Laien, die Regisseure, improvisieren und bleiben sie selbst.

> «Milieu und Atmosphäre, Gesten, Haltungen, Erzählweise der Menschen sind mit einem solchen Grad an Echtheit erfasst, dass man zunächst fast im Zweifel ist, ob es sich um einen Spielfilm handelt. Allerdings wird dieser Zweifel bald zerstreut durch Kieślowskis Gefühl für Rhythmus, seine Fähigkeit, Gefühle und psychologische Prozesse des Helden aus diesen genau erfassten Gesten, Handlungen zu entwickeln. Wir begreifen, dass wir es mit einer gebauten Handlung zu tun haben»[76],

schrieb die Filmjournalistin Erika Richter 1976 in ihrem Festivalbericht aus Danzig.

Wie es Kieślowski gelungen ist, die Materie der Wirklichkeit mit der Fiktion soweit zu einem einheitlichen Stoff zu verschmelzen, dass dabei die Suggestion entsteht, es mit einem Dokumentarfilm zu tun zu haben, erklärt er in einem Interview mit der polnischen Publizistin Hanna Krall, die ebenfalls über die verblüffende «Echtheit» von DAS PERSONAL erstaunt war: «Wir haben die Oper in Wrocław mit allen Leuten, die dort arbeiten, Direktion, Schneidern (…) gemietet und sie gebeten, dass sie nach ihrer Manier leben, arbeiten, sprechen, sich bewegen sollen. Dann haben wir unsere Leute eingelassen – Regiestudenten, die ihnen ähnlich zu sein schienen.»[77] Infolge-

---

Mögliche Wirklichkeiten zwischen Fiktion und Dokumentation. In: *montage AV* 13/2/2004, S. 149–169 und Manfred Hattendorf: *Dokumentarfilm und Authentizität. Ästhetik und Pragmatik einer Gattung*. Stuttgart 1994.

75 Stok 1993, S. 96.
76 Richter, Erika: Die Gegenwart im Zentrum. In: *Film und Fernsehen* 12/1976, S. 29.
77 Zrobiłem i mam. Ein Interview mit Hanna Krall. In: *Polityka* 4/1979.

dessen hatten seine «Schaupieler» auch kaum etwas zu tun, kolportiert Kieślowski in seiner Autobiografie, «weil in Wahrheit ging es mir darum, die Reaktionen von Menschen zu fotografieren, die tatsächlich Schneider in diesem Theater sind und nähen»[78]. Die Figuren sind nur skizzenhaft angelegt, Menschen sind die Darsteller ihrer selbst, die Aktion ist von ihren improvisierten Interaktionen, von einer flirrenden, unruhigen Atmosphäre im Theater angetrieben, gespickt mit Digressionen, Anekdoten und Tratsch, bestimmt vom fließenden Ablauf des Alltags, den der Protagonist als Beobachter miterlebt – eine zerzauste, komplexe, banale Wirklichkeit, die in ihrer atmosphärischen Dichte zwangsläufig Reminiszenzen an die tschechischen Filme der «Neuen Welle» oder die Tradition des polnischen Dokumentarfilms hervorruft. Diese dokumentarische Methode, situative Authentizität zu erzeugen, hatte aber auch ihre Tücken: In ihrem Übereifer, sich dem Umfeld nahtlos anpassen zu wollen, haben die Jungregisseure als die Einzigen ein Zentimetermaß um den Hals gehängt gehabt. Die Schneider – ausnahmslos ohne Zentimetermaß – nähten wirklich, während ihre «Doubles», alle mit Maßbändern behängt, vorgaben zu nähen, was dem eingeweihten und scharfsinnigen Zuschauer nicht entgeht, so dass man sie letztlich auseinanderhalten kann.

Die Frage der Authentizität erreicht in Das Personal aber noch eine ganz andere Ebene, da der Film einen stark autobiografischen Charakter hat. Nach eigener Aussage wollte Kieślowski in Das Personal auch eine Schuld gegenüber seiner alten Schule abtragen, gegenüber Menschen, denen er in seiner Entwicklung viel verdankte. Über die Hauptfigur und die Thematik des Films hinaus, die seine eigene künstlerische Initiationsgeschichte widerspiegeln, würdigte Kieślowski in dem Film seine Bühnenbildlehre-

120–122 Januchta bei der Arbeit, im Pendelzug, mit der Kostümbildnerin und Kieślowskis Lehrerin im Theatertechnikum Irena Lorentowicz

78 Stok 1993, S. 98.

rin aus dem Theatertechnikum – wenn man so will, in einer privaten Hommage –, indem er sie die Bühnenbildnerin der Breslauer Oper spielen ließ. Eine weitere Motivation, den Film zu drehen, bestand darin, das überschüssige Filmmaterial endlich als dramaturgische Tragfläche verwenden zu dürfen: Material, das er als Dokumentarist immer hat weglassen müssen, sehr interessante Verhaltens- oder Milieustudien, in denen die Menschen miteinander «über nichts» plaudern, und die ihre atmosphärische Wirkung erst durch die Länge der Betrachtung entfalten.

Solche «dramaturgischen Tragflächen» im Sinne eines ausgedehnten, und wohl ausgetüftelten Filmraums, als einer dramaturgischen Gestaltungskomponente, die den räumlichen Radius und atmosphärischen Hintergrund der Handlung bestimmt, sollte Kieślowski später in DEKALOG mit der Warschauer Trabantensiedlung wieder einführen, in der jeder jedem begegnet und sich die Einzelschicksale unmerklich, scheinbar beiläufig miteinander verzahnen. Wie der Produzent Marin Karmitz kolportiert, verfuhr Kieślowski bei der DREI FARBEN-Trilogie mit ganzen Stadtteilen ähnlich: «Vielleicht wegen seiner Vergangenheit als Dokumentarist, scheint mir, fühlte sich Krzysztof viel wohler in den Straßen. Unter der einzigen Bedingung, dass man die Straßen in ein Studio verwandelt. Was nicht immer einfach ist! In Paris ist es sozusagen unmöglich gewesen. (…) Die Menschen legten sich vor die Kamera, um die Dreharbeiten zu verhindern. Der stellvertretende Bürgermeister ist aufgetaucht. Ein Horror!»[79] Dank dieser Verankerung in einer räumlich konkreten Situation verlief die Handlungsführung in DAS PERSONAL von einer losen Impression zu einem gesellschaftlich-politischen Modellfall. Die Impressionen aus dem Alltag der unscheinbaren, durchschnittlichen Menschen mit dem dazugehörigen Inventar dienten letztlich als «Wirklichkeitsgewebe» der Verdeutlichung eines moralischen Dilemmas: der Entscheidungs- und Gewissenskonflikte, vor die man im Leben unentwegt gestellt wird, und die Kieślowski fasziniert haben. Auf diese Weise verwandelt sich die Oper in DAS PERSONAL zu einer Modellminiatur der polnischen Gesellschaft, in der eine ethische Entscheidung immer zugleich eine politische Wahl gewesen war und vice versa.

DAS PERSONAL schlug in der polnischen Öffentlichkeit wie eine Bombe ein. Von der Kritik mit Lob geradezu überschüttet, wurde der Film bald als ein Startsignal für das «Kino der moralischen Unruhe» wahrgenommen. Dieser Erfolg blieb gewiss nicht ohne Einfluss auf die Tatsache, dass Kieślowski bereits ein Jahr später sein Kinodebüt DIE NARBE realisieren konnte, einen Film, den er später – ähnlich wie EIN KURZER ARBEITSTAG – zu seinen misslungenen Werken zählte. Wie dieser entstand DIE NARBE auf der Grundlage von Literatur, genauer gesagt von Reportageliteratur, einer Gattung, die damals hoch im Kurs stand: Die in den 1970er-Jahren zu einem Star der polnischen Publizistik aufsteigende Journalistin der Wochenzeitung *Polityka*, Hanna Krall, schrieb die Vorlage für EIN KURZER ARBEITSTAG; DIE NARBE wurde nach Motiven des Reportagebandes *Puławy – rozdział drugi* (Puławy – zweites Kapitel) von Romuald Karaś realisiert; Lech Borski war Autor einer Novelle, die Krzysztof Kieślowski für seinen ebenfalls 1976 gedrehten Fernsehfilm GEFÄHRLICHE RUHE herangezogen hatte. Wegen ihres Gegenwartsbezugs bildete die Reportageliteratur die einzige Inspirationsquelle für die jungen Filmemacher, die zu diesem Zeitpunkt gemäß dem Diktum von André Bazin daran glaubten, das Kino sei eine Kunst der Wirklichkeit. Davon, dass die Filmemacher ein Zeugnis dieser Wirk-

---

79 Murat, Pierre: Le spectateur ne doit jamais ressenzir la préméditation. In: *Télérama hors/série: La Passion Kieslowski*, September 1993, S. 48–49.

lichkeit ablegen, ihr Gerechtigkeit widerfahren lassen wollten, spricht Agnieszka Holland in ihrer Bestandsaufnahme des jungen polnischen Kinos, dem in den 1970er-Jahren keine nachahmenswerte Literatur zur Verfügung stand:

> «Es gab etwas in der Reportage (zum Beispiel Krall), so dass für eine gewisse Zeit Reportagen und Tagebücher unsere hauptsächliche Inspirationsquelle waren. Gar keine Wahrheit (weder in der Beschreibung noch in den Schlussfolgerungen) fand man in der offiziellen Presse, im Radio und Fernsehen. Währenddessen lebten die Menschen immer schlechter, dümmer, hässlicher. Man hatte den Eindruck, dass sie ihre authentische Sprache verlernt haben und sogar bei sich zu Hause, im eigenen Bett, die Sprache der Chiffren und der ‹Neurede› verwenden. Häuser – erträumte und lange erwartete Käfige aus Beton. Städtchen wie vom Fließband – ausbetoniert anlässlich nächster Stadtturniere; dämliche Subkultur, künstliche und irreale Perspektive eines Konsumlebens, Einbauschränke und kleine, ständig kaputt gehende Autos als der Gipfel der Aspirationen. Wodka und Erschöpfung. Zynismus und Bestechungsgelder.»[80]

Kieślowski glaubte, ihm wären bei der Umsetzung der Reportage-Motive in die Drehbuchform, ihrer Transformation in Handlung, Aktion und Figuren, bereits Fehler unterlaufen, so dass DIE NARBE schließlich den Eindruck erzeugt, in Umkehrung «sozrealistischer» Erzählmuster und Konventionen gemacht worden zu sein. Ein hartes Urteil, das die These der polnischen Filmpublizistin, Maria Kornatowska, bestätigt, die in den Filmen des «Kinos der moralischen Unruhe» spiegelverkehrt die dramaturgischen Erzählstrukturen des «sozrealistischen» Kinos am Werke sieht, gewissermaßen als ein unbewusstes Erbe und einen Reflex ih-

123–125 Funktionäre kommen in den Ort und schmieden Pläne

rer ideologisch motivierten Auseinandersetzung mit dem kommunistischen System.[81]

In der Tat spielt sich DIE NARBE auf Schauplätzen ab, die an eine «sozrealistische» Staffage erinnern: Fabriken, Schwerindustrie, Errichtung eines Kombinats und einer dazugehörigen Neu-

---

80 Holland 1983, S. 143.
81 Vgl. Kornatowska 1990.

V. «Kino der moralischen Unruhe»

126–128 Ein Kombinat wird in Angriff genommen

bausiedlung für die Werktätigen, Partei- und Betriebsversammlungen, Einweihungszeremonien etc. Da Kieślowski aber während der Dreharbeiten zu DAS PERSONAL von Selbstzweifeln dermaßen befallen war, dass er zeitweilig die Fertigstellung des Films abbrechen wollte, kann man davon ausgehen, dass auch im Fall von DIE NAR-BE sein Urteil zu hart ausgefallen ist. Zumal er dieses «sozrealistische Inventar» mit einer dokumentarischen Eindringlichkeit abbildet, die ihm erlaubt, eine relativ glaubwürdige Bestandsaufnahme der ökonomisch-gesellschaftlichen Realien der 1960er- und 1970er-Jahre zu erreichen, und die für die 1970er-Jahre charakteristischen Formen und Kollektivrituale des öffentlichen Lebens gut einfangen zu können. In erster Linie ist DIE NARBE ein individuelles Psychodrama, in dem das Scheitern eines Mannes beschrieben wird, der als Machtmensch und Systemträger zwischen Pflicht und Einsamkeit zerrieben wird: «DIE NARBE zeigt einen Menschen, der nicht nur scheitert, sondern verbittert ist über die Situation, in der er sich befindet. Er hat das Gefühl, dass er, während er etwas Gutes tut, zugleich Böses schafft. Und er kann weder einsehen noch abwägen, was wichtiger ist. Im Endeffekt versteht er wahrscheinlich, dass er den Leuten, den Orten, in denen er lebte, mehr geschadet als geholfen hat.»[82] Vor dem Hintergrund einer «industriellen Entourage» – wie Kieślowski es selbst bezeichnete – beschreibt DIE NARBE ein typisch individuelles Dilemma; einen ökologischen und sozialen Konflikt, bei dem es zu einer Kollision zwischen «unvermeidlichen» Modernisierungsprozessen und dem Widerstand der betroffenen Bevölkerung kommt. Genau diese Konstellation machte den Film so attraktiv in den Augen der offiziellen Organe. Zumal er in der Konvention einer «konstruktiven Kritik» an vereinzelten Verfehlungen in der Entwicklung des Landes gelesen werden konnte. Nicht zufällig hob die Wochenzeitung *Polityka,* als sie Kieślowski für das Anstoßen von gedanklichen und kreativen Gärungsprozessen in der Gesellschaft mit ihrem Preis «Drożdże 1976» auszeichnete, in ihrer Laudatio die Nähe des neuen publizistischen Films zu der Arbeit ihrer Reporter und Publizisten hervor.

82 Stok 1993, S. 99.

«Wie leben?»

Die Handlung von Die Narbe basierte auf der Reportage von Romuald Karaś über den Bau eines Chemiekombinats in Puławy. Die Faktizität des Stoffes führte dazu, dass hier der gesellschaftlich-soziale Hintergrund überwog und Kieślowski den Eindruck hatte, es gäbe darin für einen Spielfilm zu wenig typischer Aktion, mit deren Umsetzung er sich gerne beschäftigt hätte, dies aber nicht vermochte. In dem Interview *Den Menschen unter die Schädeldecke schauen* bekundet Kieślowski, er versuche deswegen «das, was dokumentarisch ist, in die Fiktion zu übertragen». Er mache die Spielfilme genau so, wie er die Dokumentarfilme gemacht habe, und veranschaulicht dies am Beispiel von Die Narbe: «Was vom Dokumentarfilm bewährt sich im Spielfilm? Offensichtliche Dinge: Gespür für Dialoge, Erscheinungsbild von Menschen und Dingen, Gespür für die Falschheit von Situationen und Schauspielern»[83]; darüber hinaus eine dokumentarische Dramaturgie, bei der statt der Aktion die Sache selbst, die Atmosphäre die Handlung antreibe. Dafür beruft er sich auf Illumination von Krzysztof Zanussi.

Im Zentrum von Die Narbe steht ein Wirtschaftsfunktionär, Ingenieur Bednarz, ein aufrichtiger Mann aus dem Volk mit «sauberen» Intentionen, den der Darsteller volkstümlicher Typen mit «innerer Reinheit», Franciszek Pieczka, nicht frei von einem gewissen Pathos verkörpert. Seine Figur wird auf zwei Ebenen entwickelt: Zum einen übernimmt Bednarz auf Weisung höherer Organe die Leitung des neu entstehenden Chemiekombinats, das in einem entlegenen, naturbelassenen und rückständigen Landstrich errichtet wird. Den Menschen vor Ort soll es nicht nur Arbeit, sondern auch eine Verbesserung der Infrastruktur und sonstige

83 *Zaglądać ludziom pod czaszkę*. Ein Interview von Zygmunt Kałużyński und Marian Turski. In: *Polityka* Nr. 10, v. 06.03.1976, S. 10.

129–130 Umweltschäden entstehen und Ablehnung des Kombinats artikuliert sich

Vorteile eines Modernisierungsprozesses bringen: Neubausiedlungen, Polykliniken, Kindertagesstätten, sportliche und kulturelle Einrichtungen. In der Bevölkerung des Städtchens, in dessen Nähe das Kombinat entstehen soll, regt sich aber von Anfang an Widerstand.

Wie sich herausstellt, nicht unbegründet. Weite Flächen des umliegenden Waldes müssen gerodet werden, was zur Absenkung des Grundwassers führt. Menschen werden aus ihrer angestammten Umgebung, aus ihren Häusern und Laubkolonien, ausgesiedelt, wogegen sie sich verzweifelt wehren. Tausende von Neuankömmlingen, die im Kombinat arbeiten sollen, müssen untergebracht und versorgt werden. Die Lokalisierung des Projekts in dieser Gegend erweist sich bald als eine politische Fehlentscheidung

V. «Kino der moralischen Unruhe»

131 Medien werden autokratisch instrumentalisiert

und ein sozial-ökologisches Desaster. Angesichts eines komplizierten Geflechts aus sozialen und politischen Interessen kann Bednarz einerseits seine eigenen Versprechen nicht einhalten. Andererseits vernichtet der Kombinatsbau alte soziale Strukturen, verwüstet die natürliche Umgebung, die Heimat der einheimischen Bevölkerung, mit der diese über Generationen hinweg verwachsen und verbunden war. Bednarz muss Entscheidungen fällen, die mit seinem Gewissen nicht zu vereinbaren sind, und gerät zunehmend in Konflikte mit seinen Mitarbeitern und der einheimischen Bevölkerung. Er verliert deren Vertrauen, wird für viele zur Angriffsfläche, muss Niederlagen einstecken. Zeitweilig versucht er, sich diesem Druck zu entziehen, lässt seinen zynischen und opportunistischen Assistenten (Jerzy Stuhr in einer seiner ersten Paraderollen) frei schalten und walten, der ihn mit autokratischen Methoden vor der neugierigen Presse sowie vor den Ansprüchen der Arbeiter und Einwohner abschirmt, so dass er von der Wirklichkeit immer mehr abgeschnitten wird. Die latente Stimmung der Unzufriedenheit wächst, bis sie im Dezember 1970 auf die Nachricht von den Streiks in Danzig hin in offene Rebellion umschlägt. Die Arbeiter des Kombinats versammeln sich stillschweigend vor dem Direktionsgebäude. Bednarz solidarisiert sich mit ihnen und verlässt nach acht Jahren das Kombinat, um nach Oberschlesien zu seiner Familie zurückzukehren.

Der Handlungsstrang um die Familie bildet eine weitere Ebene, auf der der Charakter des Protagonisten beleuchtet wird. Bednarz identifiziert sich mit seiner Aufgabe und verdrängt die Kräfte zehrenden Konflikte seines Privatlebens. Um den neuen Posten zu übernehmen, nimmt er die Trennung von seiner Frau und Tochter in Kauf, die beide ein ambivalentes Verhältnis zu ihm haben. In den 1950er-Jahren wohnte er bereits in der kleinen Stadt, seine Frau war hier eine Aktivistin. Da sie die Stadt nicht gut in Erinnerung behalten hat, will sie mit Bednarz nicht dorthin ziehen. Ihre Fernbeziehung beschränkt sich auf sporadische Telefonate, die von einer

132–133 Widerstand formiert sich öffentlich auf der Straße vor den Augen der Verantwortlichen

«Wie leben?»

134 Sławomir Idziak erschöpft auf dem Set von DIE NARBE

fortschreitenden Entfremdung des Ehepaares zeugen: Er glaubt an den Sinn seiner Aufgabe, leidet aber unter der Vereinsamung – sie will nicht mehr die mit seiner herausgehobenen Stellung verbundenen Konflikte und Gewissensnöte miterleben müssen, entzieht sich seinen Andeutungen, die auf ein Gefühl der inneren Leere hinzuweisen scheinen (s. S. 258, Abb. 7). Noch schwieriger gestaltet sich das Verhältnis Bednarz' zu seiner Tochter, die gegen seine Kompromisse und die Vernachlässigung der Familie rebelliert. Wegen ihrer eigenen Bindungsangst wechselt sie ihre Partnerschaften, bis sie vor die Entscheidung gestellt wird, eine Schwangerschaft austragen und das Kind alleine großziehen zu müssen, wozu ihr der eigene Vater rät. Die gesellschaftlich-politischen Implikationen der Geschichte um den «Tatmenschen» Bednarz lassen den privaten Handlungsstrang eher rudimentär erscheinen. Dennoch spiegelt er das Zerbröckeln der emotionalen Bindungen infolge von Konflikten und Frustrationen, die unter dem Druck der gesellschaftlichen Verhältnisse und der politischen Willkür entstehen. In diesem Gesellschaftsdrama liefert Kieślowski eine Analyse jener Machtmechanismen, die im kommunistischen System zum Zerfall ethischer Grundsätze und sozialer Strukturen führen: Von der Entscheidung über den Bau des Kombinats, die über die Köpfe der betroffenen Menschen hinweg gefällt wird, über die Versetzung der Entscheidungsträger an andere Einsatzorte, womit die Bevölkerung vor vollendete Tatsachen gestellt wird, bis hin zum Ignorieren der berechtigten Einwände (Bednarz versucht, sich am Anfang noch mit Hilfe eines Soziologenteams ein Stimmungsbild zu verschaffen). Ein autokratischer Führungsstil, der die Dekade der 1970er-Jahre prägte und von Realitätsverlust und Abgehobenheit der Regierenden zeugt. Auf diese Weise entsteht ein Teufelskreis, in dem weder die von der Partei gesteckten Ziele erreicht noch die individuellen Erwartungen realisiert werden. Ein Klima der Ohnmacht und Vergeblichkeit greift um sich, gesellschaftlich wie privat. Dieses Bewusstsein der Hilflosigkeit in einem autoritären, undemokratischen System erfasst DIE NARBE sehr suggestiv. Unterstützt wird der Eindruck noch durch die kontrastarmen, verformten Filmaufnahmen von Sławomir Idziak und die Musik von Stanisław Radwan besonders in jenen Passagen, in denen Bednarz bei seinen Spaziergängen mit dem Hund oder

V. «Kino der moralischen Unruhe»

135–136 Taghelle Epiphanie; fortan kümmert sich Bednarz um seinen Enkel

alleine in seiner Wohnung gezeigt wird. Als er die Neubauwohnung in der gerade errichteten Trabantenstadt bezieht und in einem der noch leeren Zimmer Licht anmacht, überflutet Helligkeit den Raum und das Bild so stark, dass sein Gesicht, durch die Fensterscheibe reflektiert, verschwimmt: Fenster als Symbol für die Trennung, die Distanz zur Außenwelt, und Licht als Hoffnungsschimmer – zwei Motive, die in späteren Filmen Kieślowskis immer wiederkehren werden, und eine visuell-ästhetische Szenenauflösung, die bereits DREI FARBEN: BLAU und ROT ankündigt. In dem versöhnlich-ironischen Finale sehen wir dann Bednarz, nach Oberschlesien zurückgekehrt, in seinem Haus mit dem krabbelnden Enkel, den er trotz ständiger Rückschläge dazu ermuntert, selbstständig laufen

zu lernen – nach DAS PERSONAL eine abermals mehrfach kodierte Schlusssequenz. Dennoch wirkt der Film unfertig: Obwohl Kieślowski es sorgfältig vermeidet, seinen Protagonisten als einen stereotypen Repräsentanten der Macht zu denunzieren, porträtiert er ihn zu skizzenhaft, auf der privaten Ebene beinahe schematisch. Bei den politischen Bezügen bleibt selbst der Konflikt im Betrieb stellenweise seltsam diffus, leidet unter kryptisch anmutenden Passagen, deren Bedeutung sich wie im Fall der ursprünglichen Entscheidung, das Kombinat an dieser Stelle zu bauen, nicht erschließt. Ein Umstand, der womöglich mit Zensureingriffen zusammenhängt und auf die damit verbundenen Kürzungen zurückzuführen sei.

Kieślowski muss aufgefallen sein, dass der Film sein Anliegen überdeutlich vorbringt. Zu viel und zu offenkundig wollte er hier abhandeln: DIE NARBE ist ein paradokumentarisches Alltagspanorama, ein individuelles Psycho- und ein Gesellschaftsdrama und zugleich eine politische Parabel über die wachsende Kluft zwischen der Partei des Proletariats und der Arbeiterklasse. Kein Wunder, dass der magere Privatstrang dieses Amalgam publizistischer Themen gar nicht mehr auffangen konnte. Ein konzeptioneller Fehler, der dem Regisseur in EIN KURZER ARBEITSTAG wiederholt unterlaufen sollte, was erklären mag, wieso sich Kieślowski von diesen beiden Filmen distanzierte. Seine Stärken hingegen bezieht DIE NARBE aus seinen semidokumentarischen Alltags- und Milieustudien, in denen erneut die Erfahrungen eines scharfsinnigen Alltagschronisten zum Vorschein kommen: bei den pompösen Massenveranstaltungen, Einweihungszeremonien, Parteiversammlungen, feudalen Begrüßungsritualen, wenn die ranghohen Parteibosse den Bau inspizieren oder ihre Jagd-Feste in einem Landschloss zelebrieren. Kieślowski bevorzugt eine beengende, stellenweise klaustrophobische Kadrage. Graue, braundreckige Landschaftsaufnahmen, vermeintlich nachlässige, im Reportagestil gehaltene Bilder wechseln mit symbolischen Sequenzen ab, die entweder eine verschlüsselte Metapher oder einen visuellen Autorenkommentar enthalten. In diesem Fall war zum ersten Mal Sławomir Idziak (EIN KURZER FILM ÜBER DAS TÖTEN und DREI FARBEN: BLAU) für die Kameraarbeit verantwortlich.

Beinahe in allen polnischen und den ersten deutschen Rezensionen, die nach der Vorführung von DIE NARBE beim Internationalen Forum des jungen Films der «Berlinale» 1978 erschienen sind, hebt die Kritik einhellig den «fast dokumentarischen Stil» (Karena Niehoff) hervor. Die polnische Filmkritikerin Bożena Janicka analysiert die dokumentarische Methode:

> «Vom Temperament und den Erfahrungen her ist Krzysztof Kieślowski vor allem ein Filmemacher, der Dokumentarfilme dreht. In seinem ersten Spielfilm bedient er sich einer Methode, die man als quasi-dokumentarisch bezeichnen könnte. Und konsequenterweise ist BLIZNA ein bewusst künstlerischer Film, der nicht verheimlichen möchte, dass die Kamera die Welt von außen betrachtet und nicht von innen. Kieślowski versucht, die Wirklichkeit so zu zeigen, dass einerseits die ordnenden dramaturgischen Maßnahmen des Regisseurs nicht sichtbar werden, dass aber andererseits die Möglichkeit, vom strengen Handlungsschema abzuweichen, nicht beschnitten wird. Er möchte letztlich eine gewisse Breite an Realität vorführen, um in der Fülle der Bilder die Bedeutungen, die sich dahinter verbergen, sichtbar werden zu lassen.»

84 Janicka, Bożena: Idę sam. In: *Film* 50/1976, S. 6. Auf Deutsch abgedruckt in: *Informationsblatt Nr. 26 des 8. Internationalen Forums des jungen Films* (Berlin 24.02–3.03.1978) unter dem Titel *Geh Deinen Weg allein*.

137–138 Alltags- und Milieustudien; dreckige Reportagebilder von Idziak

Andererseits weist Janicka darauf hin, dass Kieślowskis Methode, durch Bilder zu erzählen, die Entschlüsselung von Bedeutungen erschweren kann: «Die Konsequenz dieser angewandten Methode ist, dass die Probleme nicht dramatisch gelöst werden, sondern lediglich durch die Ereignisse und vorgeführten Fakten hindurch scheinen. Daraus kann aber resultieren, dass der Zuschauer einen Teil der Bedeutungen nicht entschlüsselt.»[84] Trotz oder gerade wegen der dokumenatrischen Methode wird Kieślowski immer mehr bewusst, dass die Anwendung dieser Arbeitstechnik im Spielfilmbereich zwangsläufig mit gravierenden Handikaps verbunden sei. Seine künstlerische Sozialisation im Dokumentarfilm und der durch politische Umstände und zensurale Einschränkungen «erzwungene»

V. «Kino der moralischen Unruhe»

Wechsel vom Dokumentar- zum Spielfilm hätten dazu geführt, dass er sich noch nach Jahrzehnten mit Zweifeln und Schwierigkeiten in puncto Drehbuchschreiben habe plagen müssen und geglaubt hätte, den Plot, die fiktionalen Komponenten nicht ausreichend entwickeln zu können:

> «Der Dokumentarfilm entwickelt sich mit Hilfe eines Grundgedankens des Autors. Der Spielfilm entwickelt sich mit Hilfe der Handlung. Ich glaube, dass es ein Überbleibsel meiner dokumentarischen Arbeit ist, dass sich meine Spielfilme mehr mit Hilfe des Gedankens als der Handlung entwickeln. Und das ist bestimmt ihr Hauptmakel. Wenn man etwas macht, dann muss man dabei konsequent bleiben, ich vermag aber keine Handlung zu erzählen.»[85]

Wegen seiner – nach eigener Einschätzung – desaströsen Leistung widmet Kieślowski in seiner Autobiografie *Kieślowski on Kieślowski* das ganze Kapitel über DIE NARBE der Kunst des Drehbuchschreibens[86]: von der Ideenfindung über die einzelnen Etappen des Schreibens bis zu dessen spontanen und durch Dreharbeiten bedingten Abänderungen auf dem Set. DIE NARBE war in der Tat in den Dialogpartien etwas wortlastig, auf der Handlungsebene holprig entwickelt, einzelne Motive und Nebenstränge blieben unschlüssig oder fanden zu keiner Auflösung. Die gesamte Konstruktion des Films büßte zwar dadurch an dramaturgischer Stringenz ein, was wiederum durch die paradokumentarischen Beobachtungen und Beschreibungen wettgemacht werden konnte. Bis zum Ende seiner künstlerischen Laufbahn blieb aber genau dieses Schöpfen aus den Erfahrungen eines Dokumentaristen die ins Auge stechende Kraftquelle der Filme Kieślowskis, ein Merkmal, das sie deutlich vom Werk anderer Regisseure unterschied und zugleich ihr auffälliges Charakteristikum blieb.

---

85 Stok 1993, S. 102.

86 Kieślowski verweist in diesem Zusammenhang auf die enorme Bedeutung der Teamarbeit in den Filmgruppen, auf die inspirierenden Freundschaften mit Holland, Marczewski, Zanussi, Żebrowski, Falk, Kijowski, Łoziński und Wajda, auf den Gemeinschaftsgeist und die Atmosphäre der gegenseitigen Unterstützung, die auch konkrete Formen annahm: «Wir haben uns unsere Ideen erzählt, lasen die Drehbücher vor, überlegten die Besetzung und die unterschiedlichen Lösungen. So war mein Drehbuch selbstverständlich von mir verfasst, aber es hatte mehrere Autoren. Viele Menschen haben mir Ideen geliefert, ohne es zu ahnen, indem sie einfach irgendwann meinen Weg gekreuzt haben.» Weiter macht Kieślowski darauf aufmerksam, dass er diesen Modus des geistigen Austauschs und der konstruktiven Korrektur mit Żebrowski und Holland bis zuletzt aufrechterhalten hat.

Ruhe und Rebellion
Leben ohne Betäubung in Gefährliche Ruhe

«Es gibt Regisseure, die alles machen können, was von ihnen verlangt wird. Ich dagegen mag nur solche Filme drehen, von denen ich im Moment fühle, dass ich sie auch drehen kann und auch drehen muss.»
– *Krzysztof Kieślowski (Man kann alle Dinge im Leben wiederholen)*

Die Narbe hat die polnische Filmkritik polarisiert. Obwohl der Film beim Festival des polnischen Films in Danzig den Grand Prix gewann – wo ein Jahr später Der Mann aus Marmor als künstlerische Offenbarung des Jahres verhindert werden sollte – teilte sich die Branche in zwei Lager, die im Pro-und-Contra-Duktus gegeneinander polemisierten: auf der einen Seite Freunde wie Zanussi und Żebrowski sowie die progressive Publizistik um die Filmzeitschrift *Kino*, auf der anderen Seite Journalisten und Regisseure, die dem Staat und der Partei nahestanden. Das im selben Jahr entstandene Sozialdrama Spokój (Gefährliche Ruhe) kam hingegen gar nicht zur Aufführung. Der Fernsehfilm wurde unter einem Vorwand auf Eis gelegt, höchstwahrscheinlich, weil er im Jahr der dramatischen Streiks vom Juni 1976 zum ersten Mal in der Geschichte der Volksrepublik einen Arbeiterstreik zeigte. Als er in der Euphorie-Zeit nach den «Solidarność»-Streiks am 16. September 1980 vom polnischen Fernsehen ausgestrahlt wurde, war er bereits längst von den Ereignissen überholt. In der einheimischen Presse nahm man ihn zwar wohlwollend, aber doch mit einer gewissen Reserve auf, weil sein Held sich in einem Konflikt zwischen Arbeitern und der korrupten Obrigkeit weigert, eine eindeutige, Partei ergreifende Position zu beziehen. Obwohl Kieślowski sich der historischen Gesetzmäßigkeiten sehr bewusst war, sprach er laut über Dinge, die erst in den Zeiten der politischen Umbrüche opportun erscheinen: «In bestimmten Momenten bekomme ich Lust, eine Geschichte zu erzählen, weil sie so und nicht anders beginnt, sich abzuspielen. Ich drücke einen Gedanken aus, von dem ich annehme, dass er wert ist, in diesem Moment ausgedrückt zu werden, weil er in zehn Jahren inaktuell sein wird. Besonders, wenn es um Filme geht, die die wortwörtliche Wirklichkeit betreffen.»[87] Näher an der konkreten Wirklichkeit als in Gefährliche Ruhe konnte man zu dieser Zeit gar nicht sein. Es ist vielleicht der persönlichste und der pessimistischste Film Kieślowskis. Ein Werk «schwärzester» Verzweiflung, das die Geschichte eines Mannes erzählt, «der sehr wenig haben will und sogar das nicht erreichen kann»[88] – ein Werk, das für Kieślowski nichts mit der Politik zu tun hatte. Ähnlich wie in Die Narbe geht es um einen Konflikt des Individuums mit seiner Umwelt, bei dem das Innenleben, die Anschauungen und die Träume des Protagonisten nichts zählen, weil in den polnischen Realien der 1970er-Jahre nicht der Einzelne – wie der Film es veranschaulicht –

---

87 Stok 1993, S. 105.
88 Ebd., S. 108.

V. «Kino der moralischen Unruhe»

139 Eine neue Beziehung

sich seine eigene Wirklichkeit erschaffen konnte, sondern die Lebenssituation, in der er sich einfindet und auf die er keinen Einfluss hat, über sein Leben entscheidet. Erbarmungslos analysiert Kieślowski in GEFÄHRLICHE RUHE die Mechanismen der äußeren Wirklichkeit sowie die gesellschaftlichen Faktoren, die dazu führen, dass ein Individuum von seinem selbstgewählten Weg abgebracht wird, sein äußerst bescheidenes Lebensziel nicht erreicht.

Antek Gralak (Jerzy Stuhr) – der Held von GEFÄHRLICHE RUHE – sehnt sich nach nichts mehr als nach der titelgebenden «Ruhe». In der ersten Szene ist er im Gefängnis zu sehen, während einer Feier am Heiligabend, als er, Weihnachtsliedern lauschend, einem Mitgefangenen anvertraut, dass er nach der Freilassung nur «Ruhe» haben will und wie andere schmerzhaft seine Einsamkeit verspürt. In einer Rückblende erinnert sich Antek an eine junge Frau (Izabella Olszewska), die er als Häftling während des Arbeitseinsatzes auf einer Baustelle flüchtig kennengelernt hatte. An einem kalten Wintertag reichte sie ihm damals warmes Essen. Eine freundliche Geste, die seine Sehnsucht nach einem normalen Leben steigert, welches er mit der Rückkehr in seine angestammte Umgebung verbindet. Nach seiner Entlassung wenden sich aber die Eltern von ihm ab, und auch die Verlobte will nichts mehr von ihm wissen. Diesen Verlust aller sozialen Grundlagen und Bindungen quittiert Gralak mit einem radikalen Schlussstrich: Er verlässt seine Heimatstadt Krakau, nimmt an dem Ort, wo er der jungen Frau begegnet ist, eine Stelle auf dem Bau an, zieht als Untermieter bei einer verwitweten Frau ein, mit der er ein flüchtiges Verhältnis hat, und beginnt, um die junge Frau zu werben.

Während eines Umtrunks mit den Arbeitskollegen – seines Einstands an dem neuen Arbeitsplatz – erklärt er einem Kumpel, wie er sich sein Leben vorstellt: «Eine Frau, Kinder, eigene Ecke. Mittagessen immer zu Hause, keine Kantinen, keine Milchbars, nichts. Zwei, drei Tausend verdiene ich überall. Mehr brauche ich nicht. (…) Arbeit, nach der Arbeit nach Hause, Kinder an die Schulaufgaben. Fernsehen, erstes, zweites Programm, alles werde ich mir angucken.» Jerzy Stuhr, der den Helden mit verblüffender Authentizität darstellt, vermag diesen «Lebensentwurf» eines typischen Arbeiters jener Zeit nicht nur glaubwürdig zu vermitteln, sondern seine freiwillige Einschränkung auch berechtigt erscheinen zu lassen, was mit der Idee des Films

140 Einstand bei Arbeitskollegen auf dem Bau

korrespondiert. Wie sich bald herausstellt, kann nicht einmal dieses minimalistische Lebensprogramm von Gralak umgesetzt werden, da es ein Einvernehmen mit allen Parteien voraussetzt: Antek will mit seinen Kollegen gut leben und sich mit seinem Chef (Jerzy Trela) gut stellen, da dieser ihn als einen Vorbestraften vorbehaltlos angestellt und ihm ein privates Darlehen für die notwendigsten Anschaffungen angeboten hat. In seiner überschäumenden Dankbarkeit, endlich angekommen zu sein, versucht Gralak sich gleich doppelt zu revanchieren: Er bittet seinen Chef, Trauzeuge bei seiner Hochzeit zu werden, und lädt auch seine Arbeitskollegen ein. Während der Hochzeitsfeier kommt es zu einem Eklat, da der Chef illegal Baumaterial entwendet, das er «schwarz» verkauft und dadurch Arbeitsausfälle seiner Untergebenen verursacht, und was damit einhergeht, den Ausfall ihrer Prämien.

141 Im Arbeiterwohnheim: galoppierende Pferde nach Sendeschluss

Es kommt zu einer Auseinandersetzung. Die Arbeiter drohen mit einem Streik, und Gralak versucht, zwischen den Parteien zu vermitteln. Vergeblich, er gerät zwischen alle Fronten: Der Chef erpresst ihn wegen seiner Vorstrafe. Um eine offizielle Untersuchung des eigenen Diebstahls zu vereiteln, wirft er Gralak Illoyalität vor, schließlich hat er ihm in erster Not Geld geliehen. Die Arbeiter halten ihn wiederum für einen Spitzel und Streikbrecher. Obwohl Gralak bei einem Abendessen mit dem Chef begreift, dass er skrupellos instrumentalisiert wird und sich dagegen auflehnt, wird er in dem Moment, in dem er sich dem Streik anschließen will, in einem Akt der Selbstjustiz von seinen Kollegen zusammengeschlagen. In der Schlusssequenz liegt er nachts blutend, halb bewusstlos auf einer schmutzigen Straße im Dreck, und wiederholt flüsternd das Wort «Ruhe». In diesem Moment hat Gralak erneut eine Vision: Bei Nacht galoppierende Pferde – ein Inbegriff von Harmonie und Freiheit. Mit dieser metaphorischen Gegenüberstellung einer unschuldigen Natürlichkeit und einer hässlichen, korrumpierenden Welt, in der «das Böse» als anthropologische Größe das Individuum erreicht, stellt Kieślowski das höhere Moralprinzip einer politisch motivierten Solidarität in Frage, die in ihrer Militanz das Individuum genauso erdrücken kann wie der unmittelbare Machtmissbrauch oder die Korruption von Wenigen auf Kosten von Vielen.

Die Erstausstrahlung von GEFÄHRLICHE RUHE im Fernsehen erfolgte mit vierjähriger Verspätung unmittelbar nach dem Zustandekommen des Abkommens zwischen der gerade gegründeten Gewerkschaft «Solidarność» und der kommunistischen Regierung. Die unterschwellige Kritik polnischer Rezensenten entsprang in ihrem Interpretationsansatz einer radikalen Position, auch wenn sie sich nicht gegen den Regisseur, sondern gegen seinen Protagonisten wendete. Ihr Tenor lautete: In revolutionären Zeiten könne man nicht unparteiisch bleiben, man müsse eine Wahl treffen, da nur die Solidarität der Unterdrückten eine politische Gegenmacht darstellen würde. Die intendierte Aussage des Films war aber eine andere: Kieślowski solidarisiert sich mit dem nicht engagierten Gralak und zeigt, dass er in jeder Situation ehrlich handelt und zum Schluss sogar gegen seinen eigenen Willen rebelliert, da er in der «Falle der Freiheit», aus der es kein Entkommen gibt, dazu gezwungen wird. Überdies kehrt in Interviews mit Kieślowski das Ideal der «Ruhe» wieder und erweist sich als ein für ihn selbst unerreichbares Ziel. Dies macht GEFÄHRLICHE RUHE zu einem sehr persönlichen Film:

> «Die Verteidigung der Freiheit erfolgte – in der Sprache der Ideen ausgedrückt – in ihm selbst: nicht im sozialistischen Geist, sondern im individualistischen, liberalen Geist, vom Standpunkt eines Einzelmenschen, der zum Opfer der Gesellschaft wird. Eine sozialistische Position würde eher zur Kritik derjenigen führen, die abseits ‹stehen›. Kieślowski spricht aber im Namen derer, die auf beiden Seiten der Barrikade stehen. Sich nicht zu engagieren, ist eine Tugend, die jedoch ohne einen Gewissenskonflikt sehr schwer zu realisieren ist, besonders in einem totalitären System. Aber das Ideal der ‹Ruhe› hat Kieślowski niemals verworfen. Er war zu seiner Verwirklichung bereit – sogar um den Preis des Verzichts darauf, weitere Filme zu drehen.»[89]

Was natürlich nicht mit einer politischen oder ethischen Indifferenz gleichzusetzen ist. Vielmehr interessieren Kieślowski die Barrieren, die das Individuum im sozialen Miteinander daran hindern, seinen eigenen Weg zu gehen, nach eigener Façon zu leben. Ab GEFÄHRLICHE RUHE wird Kieślowski in seinen folgenden Filmen das Recht seiner Helden verteidigen, bei Wahrung ihrer Integrität keine Position zu beziehen.

Das Drama von Gralak oszilliert zwischen Manipulation und Hilflosigkeit: zwischen einem offenkundigen Zynismus der Profiteure/Amtsträger und einer durch die Vergeblichkeit des Tuns, durch permanente Frustrationen bedingten Ohnmacht der ins Abseits Gedrängten, der zur Statisterie reduzierten Mehrheit der «malochenden» Bevölkerung. Diesen Topos der Vergeblichkeit und Ohnmacht des Individuums angesichts von gesellschaftlichen Fehlentwicklungen und ihren Folgen, wie der um sich greifenden Willkür im sozialen Zusammenleben, charakterisiert Agnieszka Holland wie folgt:

> «Die Rebellion gegen diese langweilige, matschige und sumpfige Wirklichkeit nahm die Form eines hysterischen Ringens von sensibleren Individuen. Solche Rebellen waren meistens die Helden unserer Filme. So haben wir ungefähr die Wirklichkeit empfunden: Wir lebten übrigens ähnlich wie die Mehrheit unserer Mitbürger. So haben wir versucht, sie zu beschreiben; diese Beschreibung unterschied sich soweit von der offiziellen, dass sie revolutionär erschien. Natürlich – aus verschiedenen Gründen – konnten wir nicht die Ursachen dieses Zustands analysieren; vorerst haben wir uns damit zufrieden gegeben, die Folgen zu registrieren. So oder so – hatten wir das angenehme Gefühl, dass wir den tiefen Graben des Schwindelns etwas zuschütten, und dass die Menschen einen positiven Schock erleiden, wenn sie auf der Leinwand (/dem Bildschirm) das sehen, was sie vorher nur um sich herum gesehen haben.»[90]

Für Kieślowski bestand die Aufgabe der Kunst primär darin, unentdeckte Regionen auszuloten, was damals nur durch die Erkundung der konkreten Wirklichkeit möglich war, wollte man nicht dem eigenen Werk eine Idee überstülpen. In GEFÄHRLICHE RUHE, einem Film, der demonstrativ unattraktiv und roh in seiner Erzählstruktur und visueller Umsetzung ist, dient alles dieser Vorgabe: Die eindringliche Beobachtung hilft, den prosaischen Lebensalltag zu erfassen, die dokumentarische Direktheit der Beschreibung spiegelt die «dreckige», graue, triste Wirk-

---

89 Sobolewski, Tadeusz: Spokój i bunt. In: Nurczyńska-Fidelska 1996, S. 106.
90 Holland 1983, S. 143.

lichkeit wider, die Banalität des Alltags offenbart unter ihrer Oberfläche dramatische Abgründe. Je wirklichkeitsnäher das Drama des Helden erfasst, je konkreter sein Leben beschrieben wird, desto mehr ist auch ein Vordringen zu den mentalen Grundlagen individueller Haltungen, Entscheidungen und Standpunkte möglich. So gesehen, führt die Erkundung des Konkreten zu einer kritischen Reflexion, die letztlich über ein politisches System hinausreicht, weil sie Motive und Triebkräfte der menschlichen Existenz erfasst; Fragen nach verbindlichen Werten und ethischen Normen aufwirft, ohne die das Verhältnis von Individuum und Gemeinschaft nicht zu bestimmen ist. Daraus resultiert ein dokumentarischer Inszenierungsstil, der die atmosphärische Dichte und die milieutreue Darstellung des Films garantiert und viel der sensiblen Kameraführung von Jacek Petrycki verdankt: «Kieslowski schildert die Handlungsweisen, die Gesten, die Gedanken seiner Personen und das Milieu, in dem sie arbeiten und leben, mit einer derartigen Genauigkeit, dass man fast glaubt, einen Dokumentarfilm zu sehen. Diese Echtheit lässt den Betrachter das Problem der Korruption als ein allgemeines und wohl systemimmanentes erkennen.»[91]

Zu dieser Erkenntnis müssen auch die Verantwortlichen des polnischen Fernsehens gekommen sein, als sie diese tiefgehende Diagnose der gesellschaftlich-politischen Wirklichkeit und ihrer Auswirkungen auf das Leben eines Einzelnen betrachtet haben, der in die korrumpierenden Machtstrukturen schon auf der niedrigsten Stufe heillos verstrickt werden konnte. Außerdem nahm der Film die im selben Jahr spontan entflammten Arbeiterstreiks in Radom und in den «Ursus»-Werken vorweg, die zu diesem Zeitpunkt in der polnischen Öffentlichkeit tabuisiert wurden. Abgesehen davon, dass Kieślowski in GEFÄHRLICHE RUHE den Konflikt der Arbeiterklasse mit der kommunistischen Macht voraussah – die «Hauptachse, auf der sich die Geschichte Polens Ende der 1970er- und in den 1980er-Jahren abspielen würde»[92]. In seiner Autobiografie kolportiert Kieślowski eine Anekdote, die die Hintergründe der Zensurpolitik beleuchtet: Als er beim polnischen Fernsehen vorgeladen wurde, sah er auf dem Weg dorthin eine Gruppe von Häftlingen, die wie in seinem Film außerhalb des Gefängnisses unter bewaffneter Aufsicht beim Straßenbahnbau eingesetzt waren. Der stellvertretende Vorsitzende des Rundfunkrates überschüttete ihn mit Komplimenten und lieferte eine scharfsinnige Analyse seines Films, die darauf schließen ließ, dass er GEFÄHRLICHE RUHE ganz genau verstanden hatte, um Kieślowski dann zu eröffnen, dass er einige Szenen aus dem Film leider entfernen lassen müsste. Zu den zensierten Szenen gehörte auch jene mit den bewachten Häftlingen auf dem Bau. Auf die Frage hin, wieso man sie nicht zeigen dürfe, erwiderte er, dass es in Polen keine außerhalb des Gefängnisses arbeitenden Häftlinge gäbe, da dies eine internationale Konven-

91 rrh (Rolf-Ruediger Hamacher): Gefährliche Ruhe. In: *film-dienst* 11/1982 (23480), S. 7.
92 Michałek, Bolesław 1990, S. 1.

142 Gralak als Strafhäftling im Außeneinsatz

tion verbiete. Kieślowski bat ihn ans Fenster und fragte, was er sehe. Als der Funktionär seelenruhig bestätigte, dass er Häftlinge sieht, die hier übrigens jeden Tag arbeiten, stellte Kieślowski fest: «In diesem Fall arbeiten also Häftlinge in Polen außerhalb des Gefängnisses.» «Eben», lautete die Antwort des Zensors, «genau deswegen müssen Sie diese Szene ausschneiden.» Obwohl Kieślowski tatsächlich diese und einige weiteren Szenen aus dem Film herausschnitt, verschwand GEFÄHRLICHE RUHE für mehrere Jahre in den Giftschränken der Zensur.

Während der Dreharbeiten zu DER FILMAMATEUR gab Kieślowski 1979 Hanna Krall ein Interview für *Polityka* unter dem Titel *Zrobiłem i mam* (Ich hab's gemacht und ich hab's), in dem er sich auch zu Zensurfragen äußerte und seine Motivation, Filme zu machen, näher erläuterte. Trotzig erklärt er darin in kategorischem Ton, dass er weder an die Attraktivität seines Berufes noch an dessen Mission glaube, oder an die «schöne Flüchtigkeit», an die gesellschaftliche Wirksamkeit, noch «dass für jemanden diese Schachtel mit Film überdauert». Auf die Frage, wozu er dann überhaupt Filme mache, antwortet Kieślowski: «Um zu registrieren. Ich bin mit der realen Wirklichkeit sehr verbunden, weil das, was existiert, klüger und reicher als meine Visionen und ich selbst ist, und das Registrieren dieses Seins reicht mir vollkommen aus.» Diese Antwort enthält natürlich eine verschlüsselte Anspielung auf die Zensur. Wenn Kieślowski auf eine Suggestion von Krall augenzwinkernd bestätigt, er mache seine Filme, um zu registrieren, und dies für zwei, drei Personen, und dann hinzufügt, «wenn man das alles sowieso umsonst macht, dann zumindest für sich selbst», heißt es im Spiegelbild gewendet, dass er die Filme für alle macht, die sie sich (in geistiger Wahlverwandtschaft) angucken wollen und vor allem auch können, solange die Zensur es nicht verhindert. Dafür spricht vor allem sein eigenes Selbstverständnis, sich als Regisseur für ein Autorenkino einzusetzen, das den Regisseur und seine Zuschauer zu Verbündeten macht:

> «Autorenkino, was ist das? Für mich sind das Filme, die, unabhängig davon, ob es sich um Dokumentar-, Fernseh- oder Spielfilme handelt, Ansichten und Haltung des Regisseurs ausdrücken, vom inneren Bedürfnis und vom Verstand her gemacht und nicht als bloße Regieaufgabe gedacht sind. Dabei ist nicht wesentlich, wer das Drehbuch geschrieben hat, wichtig ist vielmehr, ob der gemachte Film ein Zeugnis meiner Beziehung zur Gegenwart oder Geschichte ist und dass Gedanken, die in ihm verankert sind, auch meine Gedanken sind, und noch mehr, dass ich diese Gedanken zum Ausdruck bringen musste, weil sie mir ein Anliegen waren und weil ich wollte, dass meine Zuschauer die Welt so betrachten, wie ich sie sehe. Ein Autorenfilm ist (…) meine Stimme, das ist mein Film oder vielleicht sogar – mein eigenes Ich.»[93]

Das Filmemachen bedeutet also nicht nur einen Kampf mit der Filmmaterie, mit sich selbst, mit gesellschaftlichen Interessengruppen, sondern ist in erster Linie auch Sclbstbestätigung, Selbstvergewisserung, Selbstbehauptung. Wenn Kieślowski wiederum seinem Grundsatz folgt, Themen aktuell zu erfassen, die gerade in diesem Moment wichtig sind, da die Wirklichkeit reicher als seine Visionen ist, so bedeutet die Registrierung dieser «wortwörtlichen» Wirklichkeit ihre Bewahrung über den Zugriff der Zensur hinaus. Einmal registriert, kann sie zu gegebener Zeit ein Zeugnis ablegen, auch wenn Kompromisse mit der Zensur dafür der Preis waren oder die Filme sogar verboten wurden und in den Eisschränken der Zensur auf bessere Zeiten warten mussten. Sie sind aber gemacht worden und sind da.

93 Kieślowski 1983, S. 37.

Dass Kieślowski die Wirklichkeit seiner Zeit bewahren konnte, lag – wie es das Beispiel von Das Personal zeigt – genau an ihrer minutiösen Registrierung: «Ich habe mir nichts ausgedacht. Weil es alles schon irgendwo gab, ich habe schon irgendwann diese Leute gesehen, die Intonation gehört, und man musste das alles nur zusammentragen. Ich habe also einen Spielfilm aus dutzenden Momentaufnahmen von authentischen Verhaltensweisen, Reaktionen, Gegenständen, Worten usw. gemacht, die so wahrhaftig zu sein schienen, dass Menschen sie für einen Dokumentarfilm gehalten haben.»[94] Was jedoch nicht heißen mag, dass derart konspirative Manöver und ausgeklügelte Strategien im Umgang mit der Zensur an Kieślowski spurlos vorbeigegangen sind: «Am schlimmsten ist, dass in unserem System diejenigen, die die Wirklichkeit zeigen möchten, ständige Pein durchleben. Wie soll man einen Staat für staatliches Geld kritisieren? Man muss diskrete, geheime Umwege finden. Man muss es so machen, dass man, indem man unbekannte Leute filmt, von den Machinationen eines Parteisekretärs spricht, der allen Leuten bekannt ist.»[95]

In Gefährliche Ruhe trägt viel zur Glaubwürdigkeit der «dargestellten Welt» die präzise und subtile Darstellungskunst von Jerzy Stuhr bei, eines mit außergewöhnlicher Intuition gesegneten Schauspielers, den Kieślowski durch die Rolle des Direktionsassistenten aus Die Narbe fürs Kino entdeckt hatte und dann gezielt für ihn die Hauptrolle in Gefährliche Ruhe schrieb. In der Rolle des Anton Gralak schlüpft er in die Haut eines Mannes, der aus dem Gefängnis kommt und nach einer zweiten Lebenschance sucht. Wider Erwarten gerät er aber in der Freiheit ins Räderwerk korrumpierender

143 Antek (Jerzy Stuhr) heiratet

Mechanismen, die den Lauf der «normalen» Wirklichkeit bestimmen. Stuhr veranschaulicht die Komplexität dieser Figur, die doch über kein Bewusstsein ihres Schicksals verfügt. Ein tragischer Held, der in seinem verzweifelten Glauben an die Möglichkeit eines privaten Glücks – einer «Flucht vor der Freiheit» in die Anspruchslosigkeit und ins Einverständnis mit einer tristen, aber eigenen Existenz –, daran scheitert, dass die ihn umgebende Welt sich nicht als eine objektiv «gerechte» erweist. Neben dem dokumentarischen Inszenierungsstil macht seine Darstellung den Film erst so realitätsnah.

Spätestens nach Der Filmamateur wurde Jerzy Stuhr, Jahrgang 1947, zum Schauspieler seiner Generation, des «Kinos der moralischen Unruhe», und zu einem Kieślowski-Darsteller ausgerufen. In Interviews unterstrich Stuhr immer seine Verbundenheit mit der Formation, die mit seiner Auffassung vom Schauspielerberuf als einer Mission zu tun hatte, sei für ihn gerade der Schauspieler ein Vermittler zwischen den Intentionen des Regisseurs und dem Zuschauer:

«Deswegen glaube ich, dass die Chance der schauspielerischen Aussage wichtig ist (…), weniger wichtig ist, ob ich etwas besser oder schlechter spiele. Wichtig ist, dass Menschen,

---

94 Zrobiłem i mam. Interview mit Hanna Krall. In: *Polityka* 4/1979.
95 Aus einem Interview in *Télérama* vom 26.10.1988.

V. «Kino der moralischen Unruhe»

die den Film sehen werden, meine Kollegen und mich sehen. Dass sie darüber nachdenken, wie die Jungs kombinieren, was sie uns sagen wollen… Ich weiß, dass ich ständig auf meine Generation zu sprechen komme, aber das ist meine Überzeugung. (…) Ich kann mich nicht zwingen, irgendetwas zu spielen, ich muss mich für das Unternehmen engagieren können. Nicht nur die Rolle. Erst dann kann ich ein Maximum an Anstrengung investieren »bis zum Krepieren« (…), und dann bin ich gut. Sonst, bin ich durchschnittlich.»[96]

Wie gut er sein kann, sollte Jerzy Stuhr abermals in DER FILMAMATEUR unter Beweis stellen – mit der Rolle seines Lebens, die ihm Krzysztof Kieślowski erneut auf den Leib schrieb.

96 Do zdechu. Ein Interview mit Jerzy Stuhr. In: *Kino* 2/1980.

«Du filmst das, was ist»
Von der Macht des Mediums Film, in Der Filmamateur

«Amator (…) ist nach eigenen Worten des Filmemachers sein optimistischster Film, und diese Bezeichnung sagt sehr viel über das Ausmaß der Pression, der uns ein Regisseur aussetzt, dessen jeder Film stets die Grenzen der Verzweiflung immer weiter verschiebt.»

– *Jean A. Gili (Un pays si sombre et si triste)*

Gewissermaßen bildet Amator (Der Filmamateur, PL 1979) eine Antithese zu Gefährliche Ruhe. Wie Kieślowski selbst seinen Grundgedanken deklarierte, wollte er einen Film über den individuellen Reifungsprozess machen, über das Erlangen vom Bewusstsein: «Es kann auch (ein Film) darüber sein, dass ein Mensch in sich selbst einen anderen Menschen entdeckt, dessen Anwesenheit er nicht vorausgeahnt hat…»[97]. Und dieser Prozess bleibt auch für den Protagonisten – wie schon erzwungenermaßen für Antek Gralak – nicht ohne Folgen. Was für Gralak aber das Ziel war, ist für Filip Mosz (Jerzy Stuhr), den Filmamateur, der Ausgangspunkt, so dass auch sein (Lebens-)Weg exakt in umgekehrte Richtung verläuft: Während für Gralak die «Ruhe» eine Chance, zugleich aber ein unerreichbares Lebensziel blieb, erweist sie sich für Filip als eine Falle, aus der er sich zu befreien versucht. Mit wachsendem Bewusstsein muss er aber feststellen, dass dies seinen Preis fordert und er mit den Konsequenzen seiner Rebellion wird leben müssen. Am Beginn des Films ist der Filmamateur bereits dort angelangt, wohin es Gralak nicht gegeben war, anzukommen. Als Filips neue Filmpassion seine Ehe und

144 Filip filmt seine neugeborene Tochter auf der Entbindungsstation

die «Ruhe» der Familie zu zerstören droht, wirft ihm dies seine eifersüchtige Frau (Małgorzata Ząbkowska), die diesen Status quo aufrechterhalten möchte, sogar vor. «Der Mensch braucht etwas mehr als Ruhe!», erwidert ihr Filip, und diesmal hat es den Anschein, als ob er recht hätte.

Mit Der Filmamateur verfilmte Krzysztof Kieślowski zum ersten Mal fürs Kino (nach Das Personal fürs Fernsehen) seine eigene Filmnovelle, die er in den Dialogpartien zusammen mit Jerzy Stuhr zu einem Drehbuch ausgearbeitet hatte. Wie sein Spielfilmdebüt Das Personal handelt Der Filmamateur von einem Initia-

---

97 Zrobiłem i mam. Ein Interview mit Hanna Krall. In: *Polityka* 4/1979.

tionsprozess, diesmal dem Heranreifen eines Künstlers, und hat eine autobiografische Note. Kieślowski zog einmal den Vergleich zwischen Schriftstellern und Filmemachern, die – so, wie die einen immer dasselbe Buch schreiben – immer denselben Film machen, weil sie es oft für sich selbst tun, so, wie er selbst. Als er in dem Interview mit Hanna Krall sein vermeintlich minimalistisches Künstlerprogramm mit den Worten definierte, er registriere die Welt, weil die Wirklichkeit klüger und reicher als seine Visionen und er selbst sei, fragte ihn Krall, ob er aus dieser Wirklichkeit, aus dem realen Leben um ihn herum, nicht nur das auswähle, wodurch er von sich selbst erzählen könne, reale Hoffnungen und Ängste. Darauf antwortete Kieślowski, dass in der Unruhe immer irgendeine Frage beinhaltet sei, und dass er seine eigene Unruhe und Ängste durch die der anderen gewiss erzähle.

In DER FILMAMATEUR beginnt Kieślowski, seine «freiwillige Einschränkung» auf das Registrieren der Wirklichkeit aufzugeben, falls er sich jemals darauf beschränkt hat.[98] Dagegen sprechen jene Passagen in seiner Diplomarbeit, in denen die Rede davon ist, dass die pralle, komplexe Wirklichkeit ebenso dramatisch wie reich an Überraschungen sei, aus denen Gedanken und Reflexionen resultieren, die weit über das fotografierte Bild und den aufgenommenen Ton hinausreichen: die Wirklichkeit als Steinbruch, als ein schier unerschöpfliches Stoffreservoir, in dem das Leben in all seiner Komplexität und Widersprüchlichkeit enthalten ist, so dass der Filmemacher durch die Auswahl und Anordnung seines Stoffes ihre Prinzipien erfassen kann.

Kieślowski führt hier mit zwei Ebenen – der privaten und der beruflichen –, auf denen sich der innere Konflikt des Helden entwickelt, narrative Komponenten ein, die in DER ZUFALL MÖGLICHERWEISE zur vollen Entfaltung finden und den Stil seiner Filme prägen werden: etwa der Multiperspektivismus und die Variationsdramaturgie, die das Sichtbarmachen von dem «Verborgenen» ermöglichen. Neben dem metamedialen Kunstgriff von diversen «Filmen im Film» gehören dazu unterschiedliche Blickwinkel und Standpunkte, die die Grenzen und Möglichkeiten der künstlerischen Freiheit auszuloten helfen; vorgeführt werden disparate Wahrheiten über die Wirklichkeit, von denen jede ihre Berechtigung hat. Der von Kieślowski in DER FILMAMATEUR angewandte paradokumentarische Beschreibungsstil, transformiert in die Sphäre des inneren Erlebens und der Intimität – also da, wohin der klassische Dokumentarfilm nach Kieślowskis Verständnis nicht vordringen darf –, dient hier als bestimmender Faktor einer ästhetischen Strategie: Er soll die komplexe und dadurch artifizielle Konstruktion des Films glaubwürdig, wahrscheinlich, durch das Konkrete des Erlebnisses verbürgt erscheinen lassen.

Dass dieser Stil viel mit Kieślowskis Erfahrungen mit der Zensur zu tun hat, liegt auf der Hand: mit der «schizophrenen» Situation, im Auftrag des Staates und für staatliches Geld staatskritische Filme zu machen, weil eine redliche Erkundung der Wirklichkeit zwangsläufig nichts anderes zuließ, vor allem wenn man die Verwicklungen und Gewissenskonflikte betrachtet, die der Protagonist Filip als sein *alter ego* durchlebt und durchleidet. Der Filmamateur ist sich der Zweideutigkeit seiner Situation im-

---

98 Dagegen sprechen jene Passagen in seiner Diplomarbeit, in denen die Rede davon ist, dass die pralle, komplexe Wirklichkeit ebenso dramatisch wie reich an Überraschungen sei, aus denen Gedanken und Reflexionen resultieren, die weit über das fotografierte Bild und den aufgenommenen Ton hinausreichen: die Wirklichkeit als Steinbruch, als ein schier unerschöpfliches Stoffreservoir, in dem das Leben in all seiner Komplexität und Widersprüchlichkeit enthalten ist, so dass der Filmemacher durch die Auswahl und Anordnung seines Stoffes ihre Prinzipien erfassen kann.

mer dann bewusst, wenn er für das Geld, das er vom Direktor seines Betriebes für den Filmklub bekommt, entlarvende Filme über den Betrieb und die Missstände in seiner Stadt macht. Dabei wird er noch vordergründig durch die Tatsache entlastet, dass das Fernsehen diese Amateurfilme als Alibikritik aus der Provinz sendet. Dass die Verstrickungen in Lügen, Halbwahrheiten, Kompromisse, Überlistungs- und Überlebensstrategien im diktatorischen System alle erfasste, mitsamt der Aufbegehrenden, ist evident, und Kieślowski war sich, wie Tadeusz Sobolewski annimmt, dieser gemeinsamen und allgegenwärtigen Verstrickung sehr bewusst: «Der Staat bildete, nach heutigen Vorstellungen, eine totalitäre Firma, die ihren Mitarbeitern Loyalität abpresste. Natürlich konnte man ein Doppelspiel treiben. So ein Spiel betrieben die Filmemacher, betrieben mehr oder weniger alle, die am öffentlichen Leben teilnahmen.»[99]

Auch Filip Mosz (Jerzy Stuhr), der Protagonist des Films, betreibt eine Zeit lang dieses Spiel, und als er nach dem Autorenabend Zanussi seinen letzten Film zeigt und dieser ihn danach fragt, was er jetzt mit dem Film vorhabe, antwortet Filip mit Kieślowskis Worten: «Ich hab's gemacht und ich hab's.»[100] Kieślowski zeigt aber auch die Kehrseite der Medaille: einen Fernsehredakteur[101], der Filip bei der Auswahl seiner Themen zwar freie Hand lässt, aber mit der Einschränkung, selbst das Material zu bearbeiten und je nach Bedarf daraus entweder ein Stück kritischer Reportage oder ein unverfängliches Stadtporträt zu montieren, da er sich ganz genau dessen bewusst sei, wem er diene. «Wie viel Demut und wie viel Übermut lag in dieser Selbstentlarvung? Kieślowski ging so vor, als ob er die ganze Wirklichkeit quer durch die sie trennenden Barrikaden durchdringen wollte.»[102]

Der 30-jährige Filip führt mit seiner Ehefrau Irka (Małgorzata Ząbkowska) ein geordnetes und ruhiges Leben zwischen Arbeit und beschaulicher Familienidylle. Zumal das Paar gerade ein Kind erwartet, was für den sensiblen und gutmütigen Filip den Gipfel seiner Lebenserwartungen darstellt, so dass er sich für verhältnismäßig viel Geld eine Schmalfilmkamera anschafft, um das Heranreifen der neugeborenen Tochter in Bildern festzuhalten. «Ich werde meine Tochter aufnehmen, ein Stück Monat um Monat, bis sie erwachsen ist», berichtet Filip begeistert den Arbeitskollegen von seinem neuen Hobby.

Daraufhin beginnt er, seine Umwelt filmend zu entdecken, was auch dem Direktor des Be-

---

99 Sobolewski, Tadeusz: Świadek życia. In: Kieślowski 1998, S. 183.
100 Vgl. Kieślowskis Filmnovelle *Amator*. In: Kieślowski 1998, S. 125.
101 Den Fernsehredakteur spielt übrigens der «Laien»-Darsteller Bogusław Sobczuk, der nicht nur in seinem wahren Leben derselben Profession nachging, sondern auch in Wajdas DER MANN AUS MARMOR den Fernsehredakteur und Auftraggeber von Agnieszka gespielt hatte, wodurch DER FILMAMATEUR einen selbstreferenziellen Diskurs innerhalb des «Kinos der moralischen Unruhe» herstellt, wofür auch die Vorführung von TARNFARBEN während des Autorenabends mit Zanussi spricht.
102 Sobolewski, Tadeusz: Świadek życia. In: Kieślowski 1998, S. 184.

145 Filip beginnt, seine Umgebung zu registrieren

V. «Kino der moralischen Unruhe»

146 Der Direktor schlägt Filip die Gründung eines Filmklubs vor

triebes (Stefan Czyżewski) nicht entgeht, der ihn dazu überredet, das 25-jährige Jubiläum der Fabrik auf Zelluloid zu dokumentieren. In seiner Naivität und Unbefangenheit filmt Filip einfach alles, was vor sein Kameraauge kommt: die offizielle Feier mit dem Auftritt bekannter Schlagersänger, Betriebsfunktionäre und Parteihierarchen, die alkoholisiert das stille Örtchen aufsuchen, daraufhin turtelnde Tauben auf dem Fenstersims, die Auszahlung der Honorare an Künstler hinter dem Szeneneingang. Das vorge-

147 Hinter den Kulissen der offiziellen Wirklichkeit

führte Filmmaterial findet die Zustimmung des Direktors, der jedoch Filip dazu animiert, nur den offiziellen Part der Veranstaltung im Film zu behalten und das, was sich hinter den «Kulissen» abspielt, herauszuschneiden. Filip befolgt zwar diesen Ratschlag, reicht aber seinen Film in voller Länge bei einem nationalen Wettbewerb der Amateurfilmer ein – und gewinnt prompt einen Preis. Mit der wohlwollenden Unterstützung des Direktors (der die Festivalurkunde trotz seiner vereitelten Zensurmaßnahmen einheimst) kann Filip jetzt einen betrieblichen Filmklub gründen, professionelle Ausrüstung und sogar eine neue 16mm-Kamera kaufen. So kommt es, dass sein bisheriges Hobby sich immer mehr zu einer an Besessenheit grenzenden Faszination entwickelt: Filip wird von der Magie des Kinos angesteckt, seine Filme beginnen allmählich wichtiger als das Leben selbst zu werden – vor allem als sein Familienleben. Etwas, das ursprünglich angeschafft wurde, um das junge Familienglück zu fixieren, die Filmkamera, entfremdet Filip zunehmend von seiner Frau und dem Kind. Sogar ihr Familienleben und die sich häufenden Konflikte geraten, als Irka ihm vorhält, nie zu Hause zu sein, zu einer imitierten «Einstellung». Mit dem Festivalerfolg wird er zum «Profi»: Das Fernsehen bestellt bei ihm Reportagen; eine Aktivistin aus dem Verband der Filmamateure beschafft ihm wichtige Kontakte; der berühmte Regisseur Zanussi nimmt die Einladung für einen Autorenabend an. Der Mann mit der Kamera beginnt seine Umwelt in anderen Proportionen wahrzunehmen, entdeckt im Umgang mit der Kunst neue Werte und Horizonte, durchläuft im Zeitraffer eine individuelle Entwicklungsgeschichte: Filip interessiert sich für Politik, verfolgt die überregionale Presse und Kulturblätter, studiert filmgeschichtliche Bücher, sucht nach Vorbildern und Inspirationsquellen, ohne den Realitätsbezug zu verlieren. «Das bedeutet, Du filmst das, was ist? Weißt Du, dass das eine Idee ist?», lobt ihn ein Kollege in einer Anspielung auf das Postulat der «Jungen Kultur», das Kieślowski in jener Szene selbstironisch anbringt.

Mit grenzenlosem Enthusiasmus realisiert Filip zusammen mit seinem Assistenten Witek (Tadeusz Bradecki) seinen nächsten Dokumentarfilm über einen kleinwüchsigen Arbeitskollegen, der trotz seiner Behinderung seit über 20 Jahren in dem Betrieb arbeitet und an einer zweifachen Last zu tragen hat: durch das Schicksal, kleinwüchsig zu sein, und durch die desolate soziale Situation im Land, die sein Leben doppelt erschwert. Seine Figur hat auch eine metaphorische Funktion: Wawrzyniec hat eine ebenso kleine Frau, ein kleines Gehalt, für seine vorbildliche Arbeit erhält er kleine Prämien, lebt in einer beengt kleinen Wohnung, sein einziges Fenster zur Welt ist der Fernseher – eine erdrückende Existenz, die sich in der Anspruchslosigkeit des kleinwüchsigen Arbeiters widerspiegelt. Die Begegnung mit ihm offenbart Filip die Macht des Mediums Film als ein potenzielles Verständigungsmittel, denn Wawrzyniec fühlt sich nicht nur durch Filip verstanden, sondern wird auch durch den Film – der die Anteilnahme an seinem Schicksal einfordert – nach der Ausstrahlung im Fernsehen aus seiner Anonymität herausgehoben, was sein Vegetieren im gesellschaftlichen Abseits zumindest punktuell lindert. Dank dieses bitter-ironischen Kunstgriffs, die Wirklichkeit dadurch zu objektivieren, dass sie als Film im Film gezeigt wird, gelingt es Kieślowski, nicht nur tabuisierte Themen in seinen Film zu schmuggeln, sondern ebenso die soziale Lage der Arbeiter und der polnischen Gesellschaft Ende der 1970er-Jahre zu beleuchten. Filips zweiter Film, in dem er die «nicht dargestellte Welt» seiner Stadt dokumentiert – die frisch gestrichenen Fassaden und die dreckigen, vergammelten Hinterhöfe, einen nie zu Ende gebauten Bürgersteig oder eine Ziegelei, die so gut wie gar keine Ziegel mehr produziert –,

148 Super-8-Amateuraufnahmen von Filips Fenster aus

konfrontiert ihn mit der Kehrseite seiner neuen Profession: den ungeahnten oder unbeabsichtigten Folgen seines Handelns. Als der Film im Fernsehen gesendet wird, müssen sich für die nunmehr öffentlich gewordenen Missstände einige Funktionäre verantworten, darunter auch sein Vorgesetzter Osuch (Jerzy Nowak), mit dem Filip befreundet ist, der ihn in seiner Funktion als Betriebsrat protegiert hatte und jetzt zum Sündenbock gemacht wird. Filmen erweist sich also nicht nur als ein Medium gesellschaftlicher

149 Wawrzyniec nach getanener Arbeit

Intervention oder individueller Selbstverwirklichung, sondern bürdet dem Filmemacher vor allem die Verantwortung für die dargestellte Welt auf, konfrontiert ihn aber auch mit zuwiderlaufenden Interessen.

Selbstreferenziell hat Kieślowski seinen Protagonisten genau die beiden Dokumentarfilme drehen lassen, die er selbst machen wollte, für die er aber keine Genehmigung bekam. Dass seine eigenen Erfahrungen mit der Zensur und sein Ethos der Verantwortung für dokumentarische Sujets und Helden in den Film eingeflossen sind, steht außer Zweifel. Wenn Filip aber das Negativ seines inzwischen abgedrehten Films belichtet, um es dann auf der Straße abrollen zu lassen, bedeutet es nicht, dass er sich dem Druck seiner Widersacher beugt, sondern vielmehr, dass er die Grenzen seiner künstlerischen Freiheit erkannt hat. Osuch, der Freund und Kollege, ermuntert und bestärkt ihn auch darin, weiterzumachen: «Wenn Du fühlst, dass Du recht hast, dann ist alles andere unwichtig. Du wirst nämlich niemals wissen, wem Du hilfst, wer es sich zunutze macht, gegen wen Du arbeitest. Du bist feinfühlig, also wirst Du es schwer haben. Du musst wissen, dass solche Sachen Dir jetzt öfters passieren werden. Aber Du musst vorwärts gehen. Etwas ist in Dir erwacht, was gut ist, halte Dich daran.» Man kann davon ausgehen, dass Filip seinen zufällig eingeschlagenen Weg weitergehen wird, auch wenn der Preis dafür sehr hoch ist: Seine Frau hat ihn mit dem Kind verlassen, die Freunde im Filmklub fühlen sich von ihm in Stich gelassen, seine Filme haben das Leben anderer aus dem Gleichgewicht und die öffentliche Ruhe der Stadt ins Wanken gebracht. Wie aber jeder Künstler seinen Platz in der Gesellschaft selbst definieren muss, so muss auch Filip, der Filmamateur, erst nach Wegen und Möglichkeiten suchen, um trotz aller Zweifel und Rückschläge die für sich erkannten Wahrheiten ausdrücken zu können. In diesem Kontext ist die metaphorische Schlusssequenz zu sehen: Filip richtet das Objektiv seiner Kamera auf sich selbst, betätigt den Auslöser und beginnt, seine eigene Geschichte von dem Moment an zu erzählen, als er seine schwangere Frau am frühen Morgen ins Krankenhaus brachte. Ein vieldeutiges Ende über die Geburt eines Künstlers, über die Entdeckung einer Berufung: «Das Glück ist gestorben, geboren ist ein Schöpfer», bringt Jean A. Gili in seinem FILMAMATEUR-Essay *Un pays si sombre et si triste* diese Metamorphose auf den Punkt. Sein Wandlungsprozess führt den Filmamateur von der anfänglichen Faszination für die Möglichkeiten des Mediums Film bis hin zur «Illumination» des Finales, als er – den Determinanten des sozialen Lebens ausgesetzt – auch dessen Grenzen erkennt: von den verlorenen Illusionen zur gewonnenen Reife.[103]

Kieślowski rückt den schmerzlichen Lernprozess seines Helden ins positive Licht: «Ich glaube, dass dieser sehr dornenreiche Weg für jeden schöpferischen Menschen nützlich ist.»[104] Leiden als ein Vehikel der Selbsterkenntnis, als ein Antrieb für die Kreativität und Preis für den «Luxus» der höheren Werte: Diesen Weg hat Kieślowski während seiner Dokumentarfilmzeit selbst durchschritten und in DER FILMAMATEUR von außen «rückblickend» das Objektiv seiner Kamera auf den eigenen Werdegang gerichtet, denn die Selbsterkenntnis ist letztlich nichts anderes als die Fähigkeit, aus der Distanz sich selbst als einen integralen Bestandteil der Welt zu betrachten. Und DER FILMAMATEUR ist ein Film über

---

103 Vgl. hierzu auch den Aufsatz von Adam Horoszczak: Amator – czyli optimizm utraconych złudzeń. In: *Kino* 9/1979. S. 14–18. Deutsche Übersetzung *Der Amateur – oder der Optimismus der verlorenen Illusionen*. In: *Informationsblatt Nr. 24 des 10. Internationalen Forums des jungen Films*. Berlin 1980.

104 Gespräch mit Krzysztof Kieślowski. Ein Interview von Michael Hanisch. In: *Informationsblatt Nr. 24 des 10. Internationalen Forums des jungen Films*. Berlin 1980.

die Suche nach Wahrheit. Der Protagonist findet sie und spricht sie aus; er richtet die Kamera auf sich selbst, um von seinem Leben, dadurch aber auch von der Welt zu erzählen.[105] Die individuelle Wahrheit ist aber nicht gleichzusetzen mit der gesellschaftlichen Wahrheit – eine Erkenntnis, die Filip in einem Gespräch mit dem Direktor trifft, bevor er an dem Sinn, Dokumentarfilme über die äußere Wirklichkeit zu machen, zweifelt. In ihrer Komplexität weist die Wirklichkeit Verzweigungen, Antinomien und Widersprüche auf, die sein Wirken als Privatmann, Künstler und gesellschaftliches Wesen verhindern. Seine Ehe geht in die Brüche, weil seine Frau sich von ihm hintergangen fühlt, Angst vor der Zukunft hat, und ihrerseits einen berechtigten Anspruch auf bescheidenes Familienglück anmeldet. Als Filip mit Hilfe der Kamera hinter die Fassaden sozialistischer Wirklichkeit blickt – da ihm, noch ohne Schere im Kopf, alles wert erscheint, gefilmt zu werden –, ist zwar den Profis vom Fernsehen sein unverbrauchter Blick eine willkommene Abwechslung vom Herkömmlichen; die sie aber, je nach politischer Konjunktur, auch als Abweichung zurechtstutzen würden. Der Direktor führt ihm vor Augen, dass man einen umfassenden Überblick über die gegenseitigen Abhängigkeits- und Kräfteverhältnisse braucht, bevor man etwas publik macht, da man dadurch Anderen einen irreversiblen Schaden zufügen kann. So erfährt Filip zum Beispiel, dass die Stadt dank staatlicher Subventionen für die unrentable

150 Filip belichtet den letzten Film

Ziegelei ein Krankenhaus und eine Kindertagesstätte finanzieren konnte. Als er ihn aber auf die «schönen Seiten des Lebens» aufmerksam machen möchte, kann man getrost davon ausgehen, dass Filip nicht – wie vom Direktor empfohlen – einen privaten oder einen Film über die Schönheit der Natur machen würde.

Kieślowski sortiert seine Figuren nicht nach kategorischen Maßstäben auseinander. Es gibt keine Schuldigen und Unschuldigen, Aufrichtigen und Unaufrichtigen, sogar der Direktor windet sich unter der Last der Notwendigkeit. Die Vielfalt der ambivalenten Charaktere, Standpunkte und Haltungen spiegelt nur die Komplexität einer ambivalenten Wirklichkeit wider, die die Menschen überfordert und sich letztlich ihrer Kontrolle entzieht. So ist die scheinbar resignative Geste von Filip, als er das Negativ seines Films belichtet, nicht nur eine Reaktion auf die Relativierung ethischer Optionen, sondern vor allem Ausdruck seiner eigenen Gewissenskonflikte, seiner Unsicherheit und der «moralischen Unruhe». Ihm wird in diesem Moment bewusst, dass man mit der Beschreibung der Welt bei sich selbst anfangen muss.

Der polnische Filmwissenschaftler und Publizist Tadeusz Lubelski sieht in der Finalszene von

---

[105] Wie Kieślowski seit seinen frühesten Anfängen genauso nach Wahrheit über sich selbst, über andere Menschen, über die Wirklichkeit mit an Besessenheit grenzender Beharrlichkeit suchte. In DEKALOG und der DREI FARBEN-Trilogie wird er noch weiter gehen, indem er «Schicksalsgemeinschaften» erschaffen wird, der Kontingenz menschlicher Existenz und den Unwägbarkeiten des Schicksals eine Modellwelt entgegensetzen wird, die einer geistigen Solidarität von Individuen.

V. «Kino der moralischen Unruhe»

151–157 Filip richtet die Kamera auf sich selbst

DER FILMAMATEUR einen symbolischen Wendepunkt auf dem Etappenweg, den Kieślowski in seinen ersten sieben Spielfilmen zurücklegt – «Von DAS PERSONAL bis zu OHNE ENDE, oder sieben Phasen, die Kamera abzuwenden» –, um sich zuerst vom Dokumentarfilm und dann von der polnischen Wirklichkeit mit ihren politisch-gesellschaftlichen Aporien abzuwenden. DER FILMAMATEUR würde ein Protokoll der Siege und Niederlagen bilden, die der Filmemacher auf seinem Weg, die Welt zu beschreiben, erlebt habe, vor allem aber ein Protokoll der Fallen, die ihm auf diesem Weg gestellt worden seien. So gesehen, den Weg der Selbsterkenntnis einzuschlagen,

sei eine notwendige Etappe, «ohne die man die äußere Welt nicht würde glaubwürdig beschreiben können. Erst dann wird diese Beschreibung durch uns wirklich beglaubigt. Sie wird sanktioniert»[106]. Logisch erscheint es auch, dass Filip den nächsten Film über sich selbst machen wird. Wahrscheinlich wird er die Kamera nicht mehr aus der Hand lassen, auch wenn er von etwas anderem zu erzählen beginnt – wie Kieślowski in seinen folgenden Filmen. Wie sein Held Filip scheint auch Kieślowski «in sich selbst einen anderen Menschen entdeckt» zu haben, «dessen Anwesenheit er nicht vorausgeahnt hat», und wird ab jetzt die Grenzen der (äußeren) Wirklichkeit immer mehr (nach innen) verschieben.

Der selbstreflexive Diskurs in DER FILMAMATEUR kreist zwar um die Überschreitung der Grenze, die zwischen der redlichen, aber oberflächlichen Beschreibung der Welt und dem Vordringen zu wesentlichen, unter der äußeren

106 Lubelski, Tadeusz: Od «Personelu» do «Bez końca», czyli siedem faz odwracania kamery. In: Lubelski 1997, S. 38.

Schicht der Wirklichkeit erst sichtbaren Wechselwirkungen von Sachverhalten und Ereignissen liegt; er geht aber bis ins Detail, manchmal noch «tiefer», animiert beinahe zu einer kriminalistischen Spurensuche, da Kieślowski viele Fährten legt, die entdeckt werden wollen: Wenn Filip im Morgengrauen seine Frau auf den Händen ins Krankenhaus trägt, weil sie weder ein Auto noch ein Telefon haben, so ist man sofort gewillt, an die Protagonisten aus Kieślowskis Dokumentarfilm ERSTE LIEBE zu denken. Seine Position als Amateur, die ihn in den Zustand einer (beinahe kindlichen) Gnade der «reinen Wahrheit» versetzt, entspricht der Haltung des Dokumentaristen Kieślowski: Er filmt, was er sieht – was ist. Als Filip in einer bebilderten «Geschichte des Films» blättert, schlägt er die Seiten auf, auf denen Fotos aus Wajdas ASCHE UND DIAMANT, Károly Makks SZERELEM (LIEBE, HU 1970), Jiří Menzels OSTŘE SLEDOVANÉ VLAKY (LIEBE NACH FAHRPLAN, ČSSR 1966) und Ken Loachs KES zu sehen sind, Filme, die für Kieślowski (wie andere, die er im Buch nicht zeigen konnte) sehr wichtig waren und deren Fotos er einführte, «um die Traditionen zu zeigen, die ich fortsetzen möchte»[107].

In seinem Bericht[108] von den Dreharbeiten zu DER FILMAMATEUR spielt Tadeusz Sobolewski darauf an, dass er ein Jahr zuvor, als er Kieślowski beim Festival der Filmamateure in Lubań zum ersten Mal begegnete, nicht daran dachte, dass dieser dorthin mit «*Prämeditation*» hingefahren sei. Bei diesem Festival soll Kieślowski als Juror aus der Masse an Filmen à la «Kino der moralischen Unruhe» einen Amateurfilm mit dem Hauptpreis ausgezeichnet haben, der in nur einer Einstellung eine Tür zeigte, an die jemand von Außen hämmert. Kieślowski gefiel dies am besten, «weil es ein Geheimnis berührte, weil es offenbarte, dass die ganze Wirklichkeit, in der wir leben, zwei Seiten hat»[109]. Eine aufschlussreiche Anekdote, die nahelegt, wie Kieślowski auf die Idee gekommen sein könnte, aus seinem Helden einen Filmamateur zu machen. Zumal die polnische Amateurfilmbewegung seit den 1950er-Jahren ihren Platz jenseits der professionellen Produktions- und Vertriebsstrukturen sowie Parteirichtlinien suchte und der Politik, sofern möglich, fern blieb, so dass das Engagement der Filmenthusiasten[110] aus der Sicht der Machthaber eher ungefährlich schien. In diesem Refugium glaubte der bekannteste polnische Amateurfilmer und Vorbild für AMATOR, Franciszek Dzida, Kunst und Ideologie trennen zu können.[111] Für Kieślowski ein erstrebenswerter Idealzustand.

Ein metaphysisches Erlebnis durch einen Amateurfilm lässt Kieślowski auch Filip ma-

---

107 Gespräch mit Krzysztof Kieślowski. Ein Interview von Michael Hanisch. In: Informationsblatt Nr. 24 des 10. Internationalen Forums des jungen Films. Berlin 1980.
108 Sobolewski, Tadeusz: Filip i najważniejsza ze sztuk. In: *Film* Nr. 3–4/1979, S. 8.
109 Sobolewski, Tadeusz: Twarze Kieślowskiego. In: *Gazeta Wyborcza* (Nr. 57) v. 8.-9. 03. 1997, S. 14.
110 Vgl. dazu die Ausstellung und den gleichnamigen Katalog *Entuzjaści z amatorskich klubów filmowych* von Marysia Lewandowska und Neil Cummings über die polnischen Filmamateure und die Amateurfilmbewegung, die vom 26.06.-29.08.2004 im Zentrum für Zeitgenössische Kunst (Centrum Sztuki Współczesnej) im Zamek Ujazdowski in Warschau stattgefunden hat. Die Forschungen von Lewandowska und Cummings waren auch Grundlage für die Ausstellung *Enthusiasm. Films of Love Longing and Labour* in der Whitechapel Art Gallery in London, den Kunstwerken in Berlin und der Tapies Foundation in Barcelona in den Jahren 2005–2006. Zum Projekt erschien die englischsprachige Publikation: Neil Cumming, Marysia Lewandowska: *Enthusiasm*. London, Berlin, Barcelona 2005. Materialien aus beiden Katalogen und ein Archiv von Filmen der «Enthusiasten» finden sich unter: http://www.enthusiastarchive.net/
111 Vgl. dazu Dagmara Rode: Der andere Film. Goldenes Zeitalter der Animation und Beginn der Filmamateurbewegung. In: Klejsa/Schahadat/Wach 2012, S. 231–235.

V. «Kino der moralischen Unruhe»

158 Bei Andrzej Jurga im Fernsehen

159 Krzysztof Zanussi besucht den Filmclub

chen, als dieser in einer zufälligen Momentaufnahme die Mutter eines Freundes «verewigt», die bald darauf stirbt: Durch das «Medium» Kamera kann sogar das ins Leben zurückgerufen werden, was unwiederbringlich verloren gegangen ist. Und er setzt metaphysische Anspielungen erstmals ironisch ein, wenn etwa Filip und Witek mit einem Bus von Dreharbeiten nach Hause fahren und der von der Filmbegeisterung angesteckte Freund sagt: «Bei Kafka würde der Bus jetzt über die Felder fliegen, und keiner könnte aussteigen». Nach den galoppierenden Pferden – die in Gefährliche Ruhe nachts, wenn kein Programm mehr gesendet wird, das Kontrollbild im Fernsehen «durchbrechen» – verwendet Kieślowski in Der Filmamateur zum ersten Mal symbolische Sequenzen, die über die äußere Wirklichkeit hinausweisen: Im Prolog zeigt er einen im Sturzflug angreifenden Habicht, der ein Küken tötet und im Schnabel wegträgt. Als Filip sich seine Kamera kauft, beginnt Irka unter Albträumen zu leiden und wacht eines Nachts mit einem Schrei auf, weil sie genau diese Szene geträumt hat. Instinktiv ahnt sie etwas Unheilvolles, was dann eine Bestätigung im zusammenbrechenden Familienglück findet.

Kieślowski führt aber auch einen intermedialen Diskurs, wenn er bekannte Filmemacher und Filmkritiker (Tadeusz Sobolewski) sich selber spielen lässt: den Dokumentaristen Andrzej Jurga, der Filips Filme fürs Fernsehen entdeckt und ihm bewusst macht, «dass die Amateure gar nichts müssen, aber alles können!», oder Krzysztof Zanussi, der ihm die Augen für seine gesellschaftliche Verantwortung öffnet. Vor der Diskussion mit dem Regisseur zeigt Filip Zanussis Tarnfarben und fragt ihn nach dem Wahrheitsgehalt seines Films, worauf Zanussi zweideutig antwortet, die Wahrheit wäre nur bis zum gewissen Grad im Film enthalten, da er wie alle Filmemacher in seiner künstlerischen Freiheit beschnitten sei. Kieślowski demonstriert dies – wie schon bei Filips Film über Wawrzyniec – durch den selbstreferenziellen Kunstgriff eines Films im Film: dem Gespräch geht eine Szene aus Tarnfarben voraus, in der der Dozent dem Assistenten bei der Ankunft des Prorektors im Sommerlager nahelegt, sich zu beeilen und diesen als erster zu begrüßen, weil es gewiss förderlich sein könnte. Kieślowski kann sich auch nicht einen ironischen Verweis verkneifen, wenn er bei der darauffolgenden feierlichen Begrüßung des Regisseurs durch Filip diese Szene so arrangiert, als ob sie der aus TARNFARBEN nachempfunden wäre. Im Anschluss schauen sie sich beide Filips Film über Wawrzyniec an, und Zanussi klärt den Filmamateur darüber auf, wie die Abhängigkeit vom staatlichen Mäzenat und mögliche Zensureingriffe auch auf sein Werk Einfluss ausüben werden. Obwohl Kieślowski nicht bei der realistischen Beschreibung und nüchternen Konkretheit seiner Bilder haltmacht, gehören diese Komponenten zweifellos zu den größten Vorzügen des Films, sind entscheidend für seine Präzision und seinen Scharfblick:

> «Wenn AMATOR mit Erfolg die Last einer vieldeutigeren Struktur zu tragen bekam, dann eben dank der Echtheit der Gestalten und der Szenerie, in der die Handlung spielt, dank der Wahrhaftigkeit in den Milieurealitäten, im Aussehen, in Gesten und Details. Aber in nicht geringerem Maße auch dank der präzisen Konstruktion der Gesamtheit, den zielsicher verteilten dramaturgischen Pointen, den knappen Dialogen und der eine überflüssige Effekthascherei vermeidenden Kameraführung von Petrycki. Und natürlich dank der guten schauspielerischen Arbeit …».[112]

Alle Figuren zeichnen sich durch Authentizität und psychologische Wahrhaftigkeit aus. Die lapidaren Dialoge und die Hauptfigur verdanken viel Jerzy Stuhr, der sich mit Filip identifizierte und in ihm eigene wie auch Eigenschaften von Kieślowski entdeckte: «Krzysztof und ich sind von demselben Stamm – aus einer Generation, aus einer Kleinstadt, aus einer Angestelltenfamilie, aus einem Provinzgymnasium – und wir denken gleich über dieses Land.»[113] In dem ebenfalls von Hanna Krall 1979 geführten Interview *My z Krzyśkiem* (Wir mit Krzysztof) beschreibt Stuhr

112 Horoszczak 1980.
113 Hanna Krall: My z Krzysiem. Jerzy Stuhr o Krzysztofie Kieślowskim. In: *Polityka*, Nr. 4, 1979.
114 Ebd..

euphorisch diese Geistesverwandtschaft und seine Arbeitsweise mit Kieślowski, die Aufschluss über die verblüffend echten Ergebnisse ihrer gemeinsamen Arbeit liefern:

> «Ich war schon immer sehr nahe am normalen Leben, ich kenne Leute aus Warteräumen in Bahnhöfen, aber das war mein Privatwissen, unbrauchbar im Schauspielerberuf, für niemanden von Nutzen. Erst Krzysztof hat mir klar gemacht, dass man so spielen kann. Das erste Mal habe ich so in DIE NARBE gespielt, dann in GEFÄHRLICHE RUHE, dann in DER CONFERENCIER, und ich begann es zu kultivieren. Es ist so ein paradokumentarischer Stil. Es ist keine Einfachheit. Es ist ein Kreieren durch Einfachheit. Es ist Vordringen zu einer Wahrheit, bei der Sie nicht in der Lage sind zu unterscheiden, ob es Kreation oder dokumentarisch ist. Und wenn es schon klar ist, dass Kreation, dann denken Sie: Um Gotteswillen, so kann man spielen? (…) Indem ich Menschen spiele, gebe ich sie preis, aber ich gebe auch mich preis. (…) Ich überlege manchmal, ob ich das Recht habe, so grausam zu sein. Krzysztof, bei all seiner Liebe zum Menschen, ist ihm gegenüber auch rücksichtslos und entblößt ihn fürchterlich. Er ist voll des Mitleids für ihn, aber er entblößt ihn, ohne zu zögern.»[114]

Stuhr arbeitete intensiv an den Dialogen mit und trug zu ihrer lakonischen Schärfe und milieuspezifischen Glaubwürdigkeit bei; im Nachspann von DER FILMAMATEUR wird er auch als Co-Autor aufgeführt.

Nach Hauptpreisen bei den Filmfestivals in Danzig, Moskau und Chicago bringt DER FILMAMATEUR Kieślowski den ersten großen internationalen Erfolg ein. Zum ersten Mal genießt er die Aufmerksamkeit der internationalen Presse, die um so größer ausfällt, als sich die (Festival-)Auswertung des Films 1980 mit politischen Umbruchprozessen überschneidet, die im Zeichen der «Solidarność»-Bewegung den

V. «Kino der moralischen Unruhe»

160 Kieślowski, Petrycki und Stuhr während der Dreharbeiten zu Der Filmamateur

Fokus der Medien in aller Welt auf Polen ziehen. Kieślowskis Film gilt als ein Standardwerk des «Kinos der moralischen Unruhe» mit der Sogwirkung eines Manifestes, was dank der internationalen Beachtung – ähnlich wie im Fall von Wajdas Der Mann aus Marmor und Zanussis Tarnfarben – die Formation selbst nobilitiert. In ihrem umfangreichen Bericht vom Filmfestival in Danzig besprechen *Cahiers du Cinéma*

161 Arbeitsschutzübung unter der Aufsicht von Kieślowskis «Nachtwächter» (rechts)

1980 Gefährliche Ruhe sowie die letzten Dokumentarfilme von Kieślowski; in weiteren Berichten aus Berlin und von einer Retrospektive des polnischen Films in der Pariser Cinémathèque (von Pascal Bonitzer und Leos Carax!) seinen neuen Film Der Filmamateur. Das Konkurrenzperiodikum *Positif* veröffentlicht ebenfalls 1980 sein erstes Interview mit dem Regisseur. Im selben Jahr wird Der Filmamateur im Internationalen Forum der Berlinale gezeigt, 1981 ist Gefährliche Ruhe in Berlin zu sehen. Die ARD strahlt bereits 1981 Der Filmamateur aus, und die Jury der Evangelischen Filmarbeit wählt ihn zum Film des Monats (Juni 1981). Abgesehen von den ersten amerikanischen Besprechungen der Kieślowski-Spielfilme in *Variety* und denjenigen, die in den deutschsprachigen Zeitungen seit der Fernsehpremiere von Die Narbe (1978) regelmäßig erscheinen.

In der polnischen Presse wird Der Filmamateur zwar durchgehend positiv besprochen – geradezu eine Woge der Begeisterung erfasst die Rezensenten –, aber die öffentliche Debatte der polnischen Filmkritik weist schon in eine andere Richtung: Man erhebt Forderungen nach einem Kino «der authentischen Gefühle», da das «Kino der moralischen Unruhe» an die Grenzen seiner Kritik an der bestehenden Wirklichkeit angelangt sei und sein Thema ausgelotet habe, so dass die Zeit dafür angebrochen sei, um «von der glaubwürdigen Beschreibung der Oberfläche zur Erforschung der Tiefe» überzugehen. Der renommierte Kritiker Jerzy Płażewski bespricht DER FILMAMATEUR in diesem Kontext und weist in seinem Text mit dem Titel *I zstąpmy do głębi* (Und lass' uns hinuntersteigen in die Tiefe) darauf hin, dass Kieślowski dieser Übergang bereits gelungen sei: «Eben die Premiere von AMATOR hat mich in der Meinung bestätigt, dass ein rapider Sprung des jungen Kinos von der Etappe der Beobachtung zur Etappe der Kreation gar nicht notwendig ist. Und zwar deswegen, weil dieses Kino, in seinen treffsichersten Beispielen, selbst zur Erkundung der Tiefe, logisch und harmonisch, ohne einen spektakulären Methodenwechsel gelangt.»[115] Płażewski erscheint das Finale des Films optimistisch, da es auf die Verantwortung und Selbsterkenntnis des Filmemachers verweist und damit auch den neuen Weg zeigt, der zur tiefergehenden Reflexion und zu einem Kino «der authentischen Gefühle» führt. Eine aus der heutigen Perspektive verblüffend weitsichtige Diagnose, die auch Tadeusz Szyma von *Tygodnik Powszechny* teilt:

> «So scheint ein getreues Registrieren der Dinge des Lebens eine Perspektive auf die tiefere, ganzheitlichere Dimension der Existenz zu eröffnen. Und in seiner gewöhnlichen Dimension dient es dem gewöhnlichen Leben: Es ermöglicht, sich besser in dem eigenen Porträt wiederzuerkennen, multipliziert die Erkenntnis von sich selbst und von anderen, offenbart die wahren Werte, entblößt das Böse und – was am wichtigsten ist – erhöht die Chancen unseres Einflusses auf den Verlauf der Dinge durch das Bewusstwerden der Notwendigkeit, den gegebenen Stand der Dinge zu verändern.»[116]

Kieślowski selbst sieht in DER FILMAMATEUR keinen Pessimismus am Werke, sondern das Entstehen eines skeptischen Bewusstseins, das dem Protagonisten die Erkenntnis einbringt, «dass er nicht außerhalb des von sich selbst geschaffenen Bildes der Wirklichkeit ist», dass er selbst das Subjekt des filmischen Schaffens sei und dies auch mit allen guten wie schlechten Konsequenzen der Preis für seine Aktivität sei:

> «Die Erfahrungen des Filmhelden weisen nach, dass der Umlauf scheinbarer Wahrheiten ungeheuer kompliziert geworden ist. Filip geht durch diese Welt nur mit dem eigenen Vorschlag, die Wirklichkeit zu sehen. Und das ist wohl die Chance. Die Wahrheitssuche wird zu einer Angelegenheit des subjektiven Blickwinkels. Die Vielfalt dieser Blickwinkel trägt zur Überwindung des Umlaufs scheinbarer Wahrheiten bei.»[117]

Genau diese Vielfalt von Blickwinkeln als eine Methode zur Objektivierung der nur subjektiv wahrnehmbaren Wirklichkeit wird im Zentrum seines nächsten Films DER ZUFALL MÖGLICHERWEISE stehen – als Kieślowskis ästhetische Erkenntnis und Grundlage eines ethischen Diskurses.

Auch in der intellektuellen Filmwelt, unter den Akteuren des «Kinos der moralischen Unruhe», griff die Erkenntnis um sich, dass der Modus der Beschreibung, ein Übermaß an publizistischem Informationsgehalt und die ge-

---

115 Płażewski, Jerzy: I zstąpmy do głębi. In: *Kultura* (Nr. 48) v. 02.12.1979, S. 14.
116 Szyma, Tadeusz: Amator. In: *Tygodnik Powszechny* (Nr. 42) v. 21.10.1979, S. 6.
117 Ein Interview vom *Filmowy Serwis Prasowy* (Filmpressedienst). In: *Filmowy Serwis Prasowy 19/1979*, S. 4.

sellschaftlich-politische Wirkungsästhetik ihrer Filme die Formation langsam ihrer Schlagkraft beraubten. Die Beschränkungen durch die Zensur verfehlten da natürlich nicht ihre Wirkung, führten zu thematischen Redundanzen und ästhetischen Schematismen:

> «Wir begannen, zumindest einige unter uns, diese Eigenschaften unserer Filme als eine Art Schwäche zu empfinden. Nach dem Danziger Festival 1979 wurde klar, dass man in den nächsten Filmen nach einer größeren Tiefe wird suchen müssen, nach größerer Ausdrucksfülle und Suggestivität. Zumal man wahrnehmen konnte, dass irgendwo unter dem grauen Alltagsgewebe ein wahres Drama heranwächst»[118],

schrieb Agnieszka Holland. Kieślowskis Bestandsaufnahme dieser Umbruchssituation fiel in seinem Artikel über das polnische Kino der Jahre 1970–81 fast wortwörtlich aus. Auch wenn er zu einem Schlussstrich unter dieses Kapitel der polnischen Filmgeschichte aufrief, so hatte er dem «Kino der moralischen Unruhe» viel zu verdanken:

> «Ich glaube aber, dass diese Filme eine aus der Realität kommende Unruhe reflektieren. Eine Unruhe über den Verlust ethischer Ideale, eine Furcht vor der Auflösung moralischer Normen. Das ist ein Kino, das sich gegen bestimmte Lebenshaltungen wendet. Ein Kino, das noch keinen Ausweg zeigen kann, es beschreibt eine Situation. Denn, um Schlussfolgerungen zu ziehen, muss man erst einmal die Situation beschreiben. […] In nächster Zeit werden wir vielleicht über diese Beschreibungen hinausgehen können.»[119]

Den Schlussstrich sollte aber im Dezember 1981 die Geschichte ziehen, und aus der historischen Perspektive mutet DER FILMAMATEUR vor allem durch seine Finalszene heute wie ein Testament an – mit seiner Ehrfurcht vor der Kamera, seinem Respekt vor der ambivalenten Allmacht dieses Mediums.

118 Holland 1983, S. 144.
119 Gespräch mit Krzysztof Kieślowski. Ein Interview von Michael Hanisch. In: *Informationsblatt Nr. 24 des 10. Internationalen Forums des jungen Films*. Berlin 1980.

Der Zufall ist der Regisseur
Perspektivübungen oder das Spiel mit dem Leben in
DER ZUFALL MÖGLICHERWEISE

«Wir haben in Polen keinen Blickwinkel gefunden, der es erlauben würde, Kieślowskis Schaffen in seiner Eigenartigkeit zu erblicken, und nicht als Funktion gesellschaftlicher, politischer oder religiöser Bestrebungen. Der polnische Kritiker verlangt hartnäckig vom Künstler, auf ‹soziale› Fragen zu antworten, während Kieślowski mit Hilfe seiner Filme einen Dialog mit dem einzelnen Zuschauer quasi über den Köpfen der ‹Gesellschaft› sucht, jenseits von gängigen Ideen, mit den er im permanenten Konflikt ist. Er beteiligt sich mit seinen Filmen nicht so sehr an den gesellschaftlichen Bestrebungen, sondern sucht eben nach einem Weg, sich von ihnen zu befreien.»

– *Tadeusz Sobolewski (Spokój i bunt)*

In PRZYPADEK (DER ZUFALL MÖGLICHERWEISE, PL 1981/87) wendet Kieślowski zwar die Kamera noch nicht von der gesellschaftlich-politischen Wirklichkeit in Polen ab, aber er wählt eine andere Betrachtungsperspektive, um sie einzufangen: die der Beschreibung einer «inneren Wirklichkeit»:

> «Als ich Ende der 1970er-Jahre verstanden habe, dass die Beschreibung ihre Grenzen hat, da wurde mir zugleich klar, dass wir – und ich unter meinen Kollegen – an eine Grenze angelangt sind und dass eine weitere Beschreibung dieser Welt keinen Sinn hat. Eine Folge dieses Denkens war PRZYPADEK, der bereits keine Beschreibung der äußeren Welt ist, sondern eher eine der inneren Welt. Die Beschreibung von Kräften, die am menschlichen Schicksal zerren, die den Menschen in die eine oder andere Richtung stoßen.»[120]

Im Vergleich zu den früheren Spielfilmen macht sich diese Akzentverschiebung auch dadurch bemerkbar, dass das Privatleben des Protagonisten in den Mittelpunkt des Interesses rückt und wesentlich intensiver beleuchtet wird. Die Einsicht in seine Privatsphäre gewähren intime oder verfängliche Situationen, in denen er folgenschwere Gespräche führt, sich anderen offenbart oder bei erotischen Annäherungen zu sehen ist – in Szenen, die in ihrer Konkretheit und Drastik sein «Innenleben» mit Hilfe von Groß- und Nahaufnahmen freilegen. Der von Kieślowski erneut angewandte paradokumentarische Beschreibungsstil dient dabei, in die Sphäre des inneren Erlebens und der Intimität transformiert – also da, wohin der klassische Dokumentarfilm nach Kieślowskis Verständnis nicht vordringen darf –, als bestimmender Faktor der ästhetischen Strategie, die artifizielle Konstruktion des Films glaubwürdig, wahrscheinlich, durch das Konkrete des Erlebnisses verbürgt erscheinen zu lassen.

Allerdings greift Kieślowski auf eine kompositorische Formel zurück, die er bereits in DER FILMAMATEUR vorentwickelt hat: die der philosophischen Parabel. Im Titel seiner *Kino-*

---

120 Kieślowski 1997, S. 87.

V. «Kino der moralischen Unruhe»

162–163 Leichenobduktion (oben); Witek und Olga schlafen miteinander (unten)

Rezension AMATOR – oder vom Optimismus der verlorenen Illusionen spielte Adam Horoszczak bereits auf diese Verwandtschaft der dramaturgischen Konstruktion von DER FILMAMATEUR mit der klassischen philosophischen Parabel der Aufklärung an. Man ist sofort gewillt, an Voltaires *Candide oder Der Optimismus* zu denken, was formal, aber auch inhaltlich seine Berechtigung hat, verbindet dieses Schmuckstück des Skeptizismus – stilistisch wie thematisch von souveräner Vielseitigkeit – Geschichtliches, Philosophisches und Fabulierendes miteinander. In einer Welt wechselnder Realitäten und Utopien stolpert Voltaires Naivling – als ob der Zufall Regie führen würde – von einer Falle in die andere, um in «dieser besten aller möglichen Welten» alle Illusionen zu verlieren. Obwohl Kieślowski

mit Voltaire dessen ostentative Belustigung an diesem Spiel mit dem Leben nicht geteilt haben dürfte, sind die Analogien mit der von ihm gewählten Betrachtungsperspektive unübersehbar: Voltaires «Märchen für Erwachsene» (so Kieślowskis Bezeichnung für seine späteren Filme) ist doppelsinnig und widersprüchlich, sowohl pessimistisch, skeptisch (zuweilen zynisch) als auch optimistisch. Gutes und Böses halten sich in der von Voltaire beschriebenen Welt die Waage. Er entlarvt Utopien, Heilslehren und jedes Paradies auf Erden als gefährliche Illusionen und setzt allen Seinsspekulationen den Mut zum aktiven Handeln entgegen – wenn nicht als letzten Sinn des Lebens, so doch als eine Möglichkeit, es mit Würde zu bestehen. Eine «existentialistische» Perspektive, die an die Hauptfigur aus DER FILMAMATEUR denken lässt: Mit Hilfe erstaunlich einfacher Ausdrucksmittel wird in dem Film die individuelle Würde eines Menschen ausgehandelt und ein aktiver «Heroismus» des Beharrens gezeigt, trotz der Ambivalenz der eigenen Lebenswelt und trotz aller Widersprüche und «moralischer Unruhe» weiterleben und weitermachen zu wollen.

«Meine Filme gleichen immer Beobachtungen des Menschen in Situationen, die ihn zu einer Wahl zwingen, zur Bestimmung des eigenen Platzes. Es ist immer der Versuch, zu erörtern, was die eigentliche, objektive Wirklichkeit ist, oder zu verstehen, welche Motive eine Person hat, gegen diese Wirklichkeit zu handeln», erklärte Kieślowski 1981 in einem Interview für *Sight & Sound* den ethischen Diskurs seines Films DER ZUFALL MÖGLICHERWEISE.

«Ich bin davon überzeugt, dass wir uns als Individuen – und in meinen Filmen beschäftige ich mich hauptsächlich mit Individuen – immer in der Opposition zur Wirklichkeit befinden. In meinen Filmen stelle ich zwei Lebensstile vor. Einen – privat, innerlich –, der auf der Selbstverwirklichung basiert, und einen zweiten – verbunden mit der objektiv vorhandenen Wirklichkeit, mit allen ihren Konditionierungen und gesellschaftlichen Zwängen. Beide Sphären verwenden unterschiedliche Sprachen, folglich hört der Konflikt niemals auf.»[121]

Filips Konflikt in DER FILMAMATEUR bestand darin, wie er die eigene Integrität in allen drei Sphären seines Lebens (privat, beruflich und sozial) wahren kann, ohne die Redlichkeit in einem dieser Bereiche auf Kosten der übrigen zwei erkaufen zu müssen. Auch wenn DER ZUFALL MÖGLICHERWEISE keine Antithese von DER FILMAMATEUR ist, sondern eher seine gedankliche Fortsetzung, so ist seine ideell-dramaturgische Grundkonstellation eine ganz Entgegengesetzte – nicht induktiv, sondern deduktiv: statt der «moralischen Unruhe» die moralische Standhaftigkeit als Ausgangspunkt der ethischen Reflexion, statt ohnmächtigen Protestes und Desillusionierung drei alternative Lebensentwürfe – was dem Film die Dimension einer ideellen Versuchsanordnung verleiht. In der Konfrontation mit der äußeren Wirklichkeit können alle drei Versionen seines Lebens, in denen der Held von DER ZUFALL MÖGLICHERWEISE vor schier unlösbare ethische Dilemmata gestellt wird, nichts an seiner «inneren» Souveränität und Ehrlichkeit ändern. Beide Komponenten bilden in seinem Leben eine moralische Konstante und werden anhand der drei hypothetischen Varianten seiner Biografie veranschaulicht.

> «Jeder Lebenslauf resultiert aus dem Zufall – in diesem Sinne, wie unser Leben sich komplett verändern kann, abhängig davon, ob wir beim Ausgehen aus dem Hotel nach links oder nach rechts abbiegen. Der Film führt vor», so Kieślowski, «wie der Mensch irgendwie dazu vorbestimmt ist, in einer für ihn spezifischen Weise zu handeln, unabhängig von den Umständen – das ist ein Diskurs zwischen Freiheit und Pflicht. Die Figur im Film befindet sich auf drei unterschiedlichen Wegen, bleibt aber grundsätzlich immer dieselbe.»[122]

Die philosophische Parabel, die Kieślowski in DER ZUFALL MÖGLICHERWEISE entwirft, hat zwar einen universellen Charakter, handelt aber von einem Paradoxon: Auch wenn der Zufall Schicksale und Lebenshaltungen bedingen, gesellschaftliches Engagement und politische Orientierungen formen kann, so hat er keinen Einfluss auf ethische Entscheidungen des Protagonisten. Diese haben mit dem inneren Empfinden der eigenen Integrität, der Treue zu sich selbst, zu tun. Trotz Einschränkungen, die dem Einzelnen durch die zufälligen Verkettungen der Ereignisse auferlegt werden können, würden also die individuellen Wahloptionen prinzipiell immer bestehen bleiben. Aber in der konkreten Wirklichkeit eines totalitären Systems verlieren die Möglichkeiten einer ethischen Wahl an Relevanz. Jede Wahl – und der Zufall als ihr Vollstreckungsgehilfe – führt in der klaustrophobischen Atmosphäre des allgegenwärtigen Misstrauens und der politischen Manipulation nur die Unausweichlichkeit eben dieser Situation vor Augen – die Absurdität der gegebenen Wirklichkeit.

Worauf Kieślowski also in DER FILMAMATEUR nur en passant angespielt hat – die kafkaeske Falle der Ausweglosigkeit in der anekdotischen Szene im Bus –, macht er nun vor dem Hintergrund der gesellschaftlich-politischen Aporien des polnischen Schicksalsjahrs 1981 zu einem dramaturgischen Konstruktionsprinzip:

> «… den Einfall von drei Möglichkeiten – dass wir alle jeden Tag ständig vor einer Wahl stehen, die unser ganzes zukünftiges Leben determinieren

---

121 No heroics, please. Ein Interview mit Krzysztof Kieślowski von Gustaw Moszcz. In: *Sight & Sound*, Spring 1981, S. 90.
122 Ebd.

kann, wessen wir uns nicht bewusst sind. Eigentlich wissen wir nie, wovon unser Schicksal abhängt. Wissen nicht, von welchem Zufall. Das Los, verstanden als Verortung in einer gesellschaftlichen Gruppe, als Berufskarriere, als eine Art Beschäftigung, der wir nachgehen. In der emotionalen Sphäre haben wir wesentlich mehr Freiheit. In der gesellschaftlichen Sphäre sind wir sehr durch den Zufall bedingt.»[123]

Die Beschreibung diente im «Kino der moralischen Unruhe» der Analyse der an der Oberfläche sichtbaren Symptomatik; nun führt der Weg weiter zur Diagnostik gesellschaftlicher Verhältnisse, deren Einfluss das Individuum unter den damals in Polen gegebenen sozio-politischen Bedingungen restlos determinierte. Auch wenn diese Konditionierung letztlich die Dimension eines universellen Fatums erlangt und der Film einem existentialistisch-metaphysischen Traktat nahekommt, geht es Kieślowski in DER ZUFALL MÖGLICHERWEISE in erster Linie um diejenigen Faktoren, die unabhängig von der individuellen Wahl, die jedem Einzelnen obliegt, über den Verlauf seines Lebens entscheiden: «In meinen Filmen, wie in meinem Leben, suche ich nach diesem einen Moment, der über die Zukunft entscheidet. Das, was es zur Wahl gibt. Das Gute oder das Böse. Der Zufall oder die Notwendigkeit, die die Freiheit zunichtemachen.»[124] Und in DER ZUFALL MÖGLICHERWEISE entfaltet Kieślowski eine präzise Topografie dieser Wahlmöglichkeiten und ihrer Konsequenzen. Zugleich offenbart er ihre Vordergründigkeit, ihre Zufälligkeit und ihren Relativismus. Angesichts dieser amorphen Wirklichkeit erweist sich jedes politische Engagement letztlich als sinnlos.

Der Film verbindet philosophische Reflexion über die Kontingenz menschlicher Existenz mit einer zeitgeschichtlichen Zustandsbeschreibung. Dabei macht er die Zufälligkeit ideologischer Zuordnungen, gängige Phraseologie und leere Gesten der politischen Pattsituation augenscheinlich: «In seiner Diagnose», so die Filmhistorikerin Maria Kornatowska, «gehörte Kieślowskis Film zu den reifsten (des «Kinos der moralischen Unruhe», Anm. d. Verf.). Er gab einen gewissen Bewusstseinszustand der Nation und eine Praxis, politische Tätigkeiten auszuüben, wieder, die – gestützt auf Emotionen und Demagogie – rationaler Fundamente entbehrten.»[125] Die fiktive Fabel über drei mögliche Lebensvarianten einer und derselben Person flechtet Kieślowski in ein weitläufiges Gesellschaftspanorama ein, das in seinem soziologisch-politischen «Dokumentarismus» zu einem Kaleidoskop der polnischen Nachkriegsgeschichte und der politischen Umbruchssituation der «Solidarność»-Ära ausgeweitet wird. Vor diesem Hintergrund führt er jenseits bewertender Einteilungen in die «Guten» und die «Schlechten» – von politischem Lagerdenken, das die polnische Gesellschaft extrem spaltete –, einen Diskurs über die existenzielle Wahrheit eines Individuums; darüber, was seine Unabhängigkeit angesichts der aufoktroyierten Sozialnormen und politischen Antagonismen ausmacht, und was ihm hilft, seine persönliche Integrität zu wahren. Mit dieser Parabel über die polnische Gegenwart gelang Kieślowski im Fokus eines metaphorischen Lebensspiels mit dem Zufall ein Schlussakkord des «Kinos der moralischen Unruhe».

Das Ende ist am Anfang: ein Schrei des Protagonisten angesichts einer Flugzeugkatastrophe, bei der er umkommen wird; der Ausdruck seiner ohnmächtigen Revolte gegen einen ab-

---

123 Kieślowski 1997, S. 88.

124 Ein Interview mit Krzysztof Kieślowski von Gérard Pagnon. In: *Télérama* v. 26. 10. 1988. Zit. nach Pagnon, Gérard: L'itinéraire de Krzysztof Kieślowski. In: *Études cinématographiques: Krzysztof Kieślowski*. Nr. 203–210, Paris 1994, S. X.

125 Kornatowska 1990, S. 212.

surden, sinnlosen Tod. Er kündigt Ereignisse an, die retrospektiv aufgerollt werden, lenkt in seiner Signalwirkung die Aufmerksamkeit auf die menschliche Physis, auf die Verletzlichkeit, Unbeständigkeit des menschlichen Körpers. Zugleich gibt er der ganzen Handlung der drei folgenden Episoden den dramaturgischen Rahmen. Der Zoom der Kamera auf den offenen Mund des Helden, in die Dunkelheit seines Schlunds, endet mit einer Schwarzblende – im Nichts. Es ist der Auftakt und das Finale einer Lebensgeschichte in drei Varianten, die exakt mit dieser Szene als dem vom blinden Zufall bestimmten Kulminationspunkt ihren Ausklang finden wird. Im Prolog folgt dann eine Sequenz im Krankenhaus: Blutige Körper werden auf den Flur geschleift, es herrscht Hektik, massakrierte Menschen liegen regungslos da, darunter eine Frau, von der lediglich ihre Beine aus der Nahperspektive der Kamera zu sehen sind. Was im Film nur angedeutet wird, erschließt sich aus der Lektüre des Drehbuchs[126]: Es ist Witeks Mutter, die während des blutig niedergeschlagenen Arbeiteraufstandes in Posen am 27. Juni 1956 in diesem Flur, von niemandem in dem blutigen Chaos bemerkt, Zwillinge zur Welt gebracht hat und verstarb. Von den beiden Jungen hat nur Witek überlebt. Sein Vater, ein Ingenieur in jenem Betrieb, von dem die Streiks ausgegangen sind, war an diesem Tag nicht zu Hause. Als Streikaktivist blieb er in den Wirren der Ereignisse in der entscheidenden Nacht seiner Familie fern. Nach diesem Schlüsselerlebnis wollte er, dass Witek Arzt wird: «Der Glaube (an die Politik) hat sich verflüchtigt, die Politik selbst ist ihm aus den Händen geglitten, er wollte sie auch gar nicht festhalten. Übrig geblieben ist die Gewissheit, dass man dem Menschen dann helfen kann, wenn es ihm weh tut, und vor allem wenn

126 Vgl. Kieślowski 1998.
127 Ebd., S. 142.

164–165 Prolog/Handlungsrahmen: Witeks Schrei beim Flugzeugabsturz (oben); Prolog/Handlungsrahmen: Juni 1956 – Witeks Mutter stirbt bei der Geburt (unten)

der Körper weh tut.»[127] Zusammen mit dem Vater zog Witek nach Łódź, wo sie bei seiner Tante unterkamen, einer überzeugten idealistischen Kommunistin aus der Vorkriegszeit. Hier ging er zur Schule, machte sein Abitur, begann das Medizinstudium. Als er zwölf war, musste sein Freund Daniel 1968 nach Dänemark emigrieren. Mit Czuszka, einer Klassenkameradin, erlebte er seine erste Jugendliebe. Beim Sezieren der Leiche einer alten Frau im Präparationskurs lernt er eine Kommilitonin kennen, mit der er während des Studiums eine Beziehung eingeht. Zu diesem Zeitpunkt wird sein Vater ins Krankenhaus eingeliefert. Bevor er stirbt, führt Witek mit ihm ein Telefongespräch, in dem sein Vater zu ihm sagt: «Nichts musst Du».

V. «Kino der moralischen Unruhe»

166 Prolog: 1968 – Witeks Freund Daniel verlässt Polen

167 Olga erkennt bei der Obduktion ihre Lehrerin

liesen des Sicherheitsdienstes gefoltert wurde und als Revisionist mehrere Jahre im Gefängnis saß. Nach 1956 kehrte er zwar nicht mehr in den Staatsapparat zurück, aber er verlor nicht seinen Glauben an den Kommunismus und an die Utopie der Weltverbesserung.

Werner kann Witek nicht nur mit seinem Enthusiasmus anstecken. Er wird für ihn zu einer Vaterfigur, bringt ihn mit Adam (Zbigniew Zapasiewicz) zusammen, einem hohen Parteifunktionär mit ähnlichem biografischem Hintergrund. Unter dessen Fittichen beginnt Witek in der Jugendorganisation der Partei zu arbeiten. Als in einer geschlossenen Entzugsklinik für Drogenabhängige eine Revolte ausbricht, soll Witek diese Situation bereinigen helfen. Seine

Witek Długosz (Bogusław Linda) ist Ende der 1970er-Jahre Anfang zwanzig, als er sich vom Studium beurlauben lässt, um sich darüber klar zu werden, was er in seinem Leben machen will. Er beschließt nach Warschau zu fahren. Es ist der Ausgangspunkt für drei Versionen seines zukünftigen Lebens, die alle von dem Zufall abhängen werden, ob er den Zug erreicht, daran gehindert wird oder selbst darauf verzichtet, ihn einzuholen. In jeder dieser Varianten begegnet er anderen Menschen und wählt einen äußerlich entgegengesetzten Lebensweg. In der ersten hypothetischen Version seiner Lebensgeschichte gelingt es Witek, in einem körperlichen Kraftakt auf den Zug aufzuspringen. Während der Fahrt lernt er den Altkommunisten Werner (Tadeusz Łomnicki) kennen, der unter Stalin in den Ver-

168–169 Auf dem Set mit Bogusław Linda und Tadeusz Łomnicki; Witek mit dem Altkommunisten Werner

heiligkeit und dem Zynismus der Parteifunktionäre konfrontiert. Er lernt auch bald Argumente der politischen Opposition kennen. Zufällig begegnet er wieder Czuszka (Bogusława Pawelec), ihre Jugendliebe entflammt aufs Neue. Sie vertraut sich ihm an und erzählt Witek von ihrer konspirativen Arbeit beim Vertrieb illegaler Veröffentlichungen. Der Zufall – oder vielleicht nur Witeks Naivität – führt dazu, dass man ihn als Lockvogel missbraucht, und Czuszka festgenommen wird. Daraufhin ohrfeigt Witek öffentlich Adam und will mit der Partei brechen. Czuszka reagiert höhnisch auf seinen Versöhnungsversuch und lässt ihn nicht zu Wort kommen. Enttäuscht schließt sich Witek im Juli 1980 einer Gruppe von Jugendaktivisten an, die vom Warschauer Flughafen aus ins Ausland fliegen soll. Die Nachricht von ausbrechenden Arbeiterunruhen verhindert aber ihren Abflug zu einem Jugendtreffen nach Paris.

In der zweiten Version verpasst Witek den Zug. Ein Eisenbahner hält ihn gewaltsam zurück, und es kommt zu einer Rempelei mit der Polizei. Er wird zu 30 Tagen Strafarbeit verurteilt, lernt dabei zufällig Marek (Jacek Borkowski) kennen, der in der politischen Opposition tätig ist und ihn mit einem katholischen Priester (Adam Ferency) bekannt macht, der mit einer

170–171 Schauspielerarbeit mit Bogusław Linda und Zbigniew Zapasiewicz (oben); Witek und der Parteifunktionär Adam (unten)

Intervention ist effektiv. Er protestiert aber gegen die unmenschlichen, haftähnlichen Bedingungen in dem Jugendheim. Obwohl Adam es als einen Fehler einstuft, stellt er ihn zur Wahl für höhere Ämter auf. Witek wird mit der Schein-

172 Die Kollision mit der Polizei

V. «Kino der moralischen Unruhe»

173–174 Witek engagiert sich in der Opposition (oben); Besuch des jüdischen Jugendfreundes Daniel und dessen Schwester Werka

Gruppe junger Leute im Untergrund arbeitet. Witek schließt sich ihnen an, lässt sich taufen, und obwohl seine Zweifel stärker sind, versucht er, auch den Glauben zu finden. Als er aber zum ersten Mal betet, gleicht dies eher einer Selbstbeschwörung: «O Gott, ich habe mich taufen lassen, jetzt bin ich hier, da bitte ich Dich nur, dass es Dich geben soll, um nichts mehr werde ich Dich bitten – sei nur.»

Witek engagiert sich in der Opposition, arbeitet in einer konspirativen Druckerei, stellt seine Wohnung für illegale Treffen zur Verfügung. Bei einem solcher Anlässe begegnet er wieder Daniel (Jacek Sas-Urynowski), seinem jüdischen Jugendfreund, dessen Familie 1968 emigrieren musste, und der sich immer nach Polen zurücksehnte. Daniel stellt ihm seine Schwester Werka (Marzena Trybała) vor, in die sich Witek verliebt. Der Priester bietet ihm an, an einem kirchlichen Jugendtreffen in Paris teilzunehmen. Als Witek seinen Pass abholen will, wird er vor die Wahl gestellt, im Gegenzug für die Staatssicherheit zu arbeiten, was er kategorisch ablehnt. Während er mit Werka zu Hause bleibt, gibt es eine Polizeirazzia in der Druckerei. Seine Kollegen werden verhaftet. Da Witek als Einziger nicht anwesend war, bezichtigt man ihn der Denunziation.

In der allgegenwärtigen Atmosphäre der Verdächtigungen und des paranoiden Misstrauens verliert er das mühsam erworbene Vertrauen. Überraschend trifft Witek seine Tante, eine störrische Altkommunistin, zu Hause an, als sie beim Sender «Freies Europa» Nachrichten über Streiks in Polen hört. Erneut scheint die Sphäre der Politik, egal, ob auf der offiziellen Seite oder im Untergrund, von den Kommunisten oder der politischen Opposition vertreten, zu versagen und selbst die intimsten menschlichen Beziehungen zu vergiften. Ideologie, Manipulation durch Autoritäten, Wertesysteme, die Witek gutgläubig übernimmt, vom Leben zufällig dazu gebracht, offenbaren ihr destruktives Potenzial.

In der dritten Version seines Lebenswegs bringt Witek nicht die Kraft auf, um den Zug einzuholen, und resigniert. Auf dem Bahnsteig trifft er seine Kommilitonin aus dem Präparationskurs. Die alte Beziehung zu Olga (Monika Goździk) verwandelt sich jetzt in Liebe. Unter ihrem Einfluss nimmt Witek wieder sein Studium auf. Sie heiraten, und Olga wird schwanger. Nach seinem Abschluss kann Witek als Assistent an der Uni bleiben. Die Familie und seine individuelle Selbstverwirklichung stellen für ihn diesmal den höchsten Wert dar.

Konsequent meidet er gesellschaftliches Engagement: Obwohl er weder der Partei beitritt noch einen Protestbrief unterschreibt, mit dem seine Studenten gegen die Verhaftung ihrer

Kommilitonen intervenieren wollen, wird er als redlicher Mensch geachtet. Parallel zu beruflichem Erfolg und familiärer Erfüllung entdeckt Witek das Ethos der Selbstvervollkommnung. Er will in eigener Regie, nach eigener Begabung dem Leben einen Sinn abgewinnen. Dafür stehen die symbolischen Sequenzen mit Jongleuren, die drei Bälle spielerisch werfen und auffangen, was Witek nicht gelingt, sowie jene mit einer Spiralfeder, die sich einem «*Perpetuum mobile*» gleich und ohne fremde Einwirkung fortbewegt.

Wie der Zufall es will, kann der Dekan (Zbigniew Hübner) nicht der Einladung folgen, in Libyen Gastvorlesungen zu halten, da sein Sohn zu den Studenten gehört, die wegen Verbreitung illegaler Schriften verhaftet wurden. Er bietet Witek an, an seiner Stelle nach Libyen zu reisen. Witek gesteht ihm, die Petition zugunsten seines Sohnes nicht unterstützt zu haben, ist aber bereit, ihn zu vertreten. Da Olga wieder ein Kind erwartet, will Witek noch an ihrem Geburtstag zu Hause sein. Er ändert den Termin und die Route seines Flugs. Ironie des Schicksals: Das Flugzeug nach Paris explodiert kurz nach dem Start.

Der Zufall möglicherweise wurde im Frühjahr 1981 abgedreht und gelangte Ende Dezember 1981 vor die Zulassungskommission. Der Zeitraum seiner Entstehung erfasste jene Periode in der jüngsten Geschichte Polens, in der nach den Streiks in der Danziger Werft im Sommer 1980 die freie Gewerkschaft «Solidarność» entstanden war. Darauf nimmt Kieślowski in den ersten zwei Episoden des Films direkt Bezug. Der Film ist ein Dokument dieses historischen Umbruchs und zugleich des Lebensgefühls in der gesellschaftlich-politischen Unübersichtlichkeit der «Solidarność»-Zeit. In Der Zufall möglicherweise unterzieht Kieślowski aber nicht nur diese gesellschaftlich-politische Situation einer kritischen Bilanz, sondern er verlagert sein Interesse auf universelle Fragestellungen

175 Witek nimmt sein Studium wieder auf und wird Assistent des Dekans

nach dem Sinn menschlicher Existenz und den Faktoren, die über den Lebensweg des Einzelnen entscheiden.

Der Film markiert insofern in seinem Werk einen Wendepunkt, als Kieślowski hier Gesellschaftskritik und nüchtern-realistische Analyse um philosophische Reflexion und poetisch-symbolische Komponenten erweitert. Dazu gehört die Erzählstruktur eines Figuren- und Räume-Mosaiks, das in allen drei Varianten wiederkehrt: Die drei Versionen von Witeks Leben bleiben mit bestimmtem Personal, mit Motiven und Orten verbunden, die in jeder Geschichte eine unterschiedliche Rolle spielen. Bereits auf der dramaturgischen Ebene veranschaulicht Kieślowski so, welchen Verlauf ein Lebensweg nimmt; man kann sogar denselben Personen begegnen und mit denselben Fakten oder Ereignissen konfrontiert werden, ohne dass es von uns selbst abhängen würde.

Diesem Determinismus der äußeren Wirklichkeit setzt er einen Indeterminismus der inneren Erlebniswelt entgegen: Auch wenn der Zufall das Individuum in eine bestimmte historische Situation versetzt, die durch Faktoren wie Unberechenbarkeit oder Ausweglosigkeit gekennzeichnet ist, so bleiben ihm dennoch verschiedene Möglichkeiten des Handelns offen. Von ihm

V. «Kino der moralischen Unruhe»

176 Witek spricht mit dem Vater kurz vor dessen Tod

selbst hängt es ab, wie kritisch und reflektiert er mit den Möglichkeiten einer Wahl umgeht. Als der Vater vor seinem Tod zu Witek am Telefon sagt «Nichts musst Du», bahnt er ihm den Weg frei, selbst über sein Leben zu entscheiden. Welche Wahlmöglichkeiten er hat, führt Kieślowski dann an Hand der drei Lebensvarianten vor. «Die Gegenüberstellung von ‹der Mensch ist bis zum Ende der Herr seines Schicksals› und ‹der Mensch ist durch das Schicksal bis zum Ende bestimmt›», analysiert der Filmpublizist Czesław Dondziłło, «verbindet der Regisseur durch einen geheimen Tunnel, indem er behauptet, dass zwar ‹der Mensch ist, wie der Ort, an dem er ist› (…), aber der Ort, an dem er ist, hängt oft im entscheidenden Maße von dem Zufall, Schicksal, unergründlichem Fatum ab.»[128]

Die polnische Kritik führte diesen ambivalenten Dualismus auf Kieślowskis Hang zum Kompromiss zurück und krempelte seine Intention, Fragen nach Bedingungen des politischen Engagements in der Umbruchssituation der «Solidarność»-Zeit mit aller Schärfe zu formulieren, ohne sie jedoch eindeutig zu beantworten, im Geiste der Zeit um: Im Chor der Rezensenten bildete die Flugzeugkatastrophe den interpretatorischen Schlüssel, da sie angeblich vor Augen führen sollte, welche Entscheidung zum Scheitern verurteilt ist. In der Lotterie des Lebens verlor letztlich derjenige, der sich auf keiner Seite der Barrikade engagieren wollte, was paradoxerweise aber wieder zweideutig ausgelegt werden konnte: Entlarvte Kieślowski den unparteiischen Rückzug ins Private als politischen Konformismus oder kompromittierte er die beiden Optionen für Partei und Opposition,

---

128 Dondziłło, Czesław: Przepowiednia. In: *Film* 11/1987.

177 Kieślowski als *alter ego* seiner Hauptfigur

da in diesem antagonistischen Links-Rechts-Schema kein Platz für die apolitische Haltung Witeks vorhanden war?

Weder noch. Kieślowski interessierte nicht die politische Dimension der drei Handlungsmodelle, vielmehr interessierten ihn die ethischen Konsequenzen der Wertorientierungen, «das Problem der richtigen Entscheidung angesichts der Tatsache, dass der Mensch nie alle Konsequenzen seines Handelns überblicken und sich ohne Absicht schuldig machen kann»[129]. Ein Diskurs, den er in DEKALOG jenseits der politisch-gesellschaftlichen Bedingtheiten, in Form von modellhaften Versuchsanordnungen fortführen sollte. Denn weder das Engagement auf der einen oder anderen Seite noch der Rückzug in die Privatnische bringen eine Gewähr für ein gelungenes Leben. Sich nicht zu entscheiden, ist auch mit keiner Gewissheit versehen, die richtige Wahl getroffen zu haben, da dies ebenso zu unabsehbaren Konflikten führen kann und die Möglichkeit des Scheiterns beinhaltet. Vor diesem Hintergrund bezieht Kieślowski keine eindeutige Stellung und lässt seinen Helden – wie Robert Musil den *Mann ohne Eigenschaften* – Urlaub vom Leben nehmen, um die «Ursachen und den Geheimmechanismus» dieser in ihre Teile zerfallenden Wirklichkeit zu begreifen.

Wie der Romancier Musil setzt auch Kieślowski der Eindimensionalität der gängigen Denkschemata nicht nur den «Möglichkeitssinn» entgegen, sondern an die Stelle eines erzählerischen Kontinuums ein beziehungsreiches Feld von Handlungs- und Personenkomplexen: ein weit verzweigtes System vielfältiger Spiegelungen und Variationen, das in seiner Vielzahl unterschiedlicher Blickwinkel dem Zuschauer ein subjektives Vordringen zur Wahrheit ermöglichen soll. Parallelen in der Handlungsführung

129 Hasenberg, Peter: Der Zufall möglicherweise. In: *film-dienst* 1/1990, S. 21.

178 Witek rennt

und symmetrisch eingeflochtene Details verbinden die drei Episoden mit Fäden wechselseitiger Abhängigkeiten: Alle beginnen sie mit der Jagd nach dem Zug und enden auf dem Flughafen, alle drei Flüge führen nach Paris, in zwei Fällen zu Jugendtreffen (junger Kommunisten oder Christen). In allen drei Episoden kommt Witek in Kontakt mit der politischen Opposition, deren Vertreter in einer konspirativen Druckerei arbeiten und illegale Schriften vertreiben; und er hat ältere Mentoren wie Werner, den Priester und den Dekan, denen die Rolle eines Ersatzvaters zufällt, sowie drei Freunde und drei Geliebte. Alle diese Figuren tauchen in jeder Episode entweder im Vorder- oder Hintergrund auf, werden zu Akteuren oder bleiben stumme Zeugen. Auf diese Weise sind in jeder Variante bekannte Gesichter wahrzunehmen, wodurch neue Bezüge und Verbindungen zwischen den Figuren und bisher unerkannte Zusammenhänge sichtbar werden.

Aus dieser Vielseitigkeit der Aspekte und miteinander korrespondierenden Zeichen setzt sich ein komplexes Bild der Wirklichkeit zusammen, das schon durch seine Struktur nach einer differenzierten Betrachtung verlangt und keine voreiligen, eindeutigen Urteile zulässt. Die Komposition in Variationen, Reimen und Dreierakkorden erlaubt einen multiperspektivischen

V. «Kino der moralischen Unruhe»

179 Seine Jugendliebe Czuszka und Witek

180 Witek «balanciert» auf einem Steg (in BLAU kehrt das Motiv zurück)

Blick auf die verworrene Wirklichkeit und lässt überdies nach einer Ordnung hinter der sichtbaren Realität suchen. Ein Eindruck, der durch die präzise Inszenierung noch verstärkt wird: durch den sezierenden Blick der Kamera, das intensive Gespür fürs dokumentarische Detail, lapidare Bildmetaphern oder Nahaufnahmen, die eindringliche Unmittelbarkeit herstellen. «In der Narration dominiert eine ungeheure Sensibilität für die Wirklichkeit», analysiert der französische Kritiker Alain Masson, «für ihr Aussehen und ihre Faktur, für ihren Druck und die Spontaneität der sich in ihr abspielenden Prozesse.»[130] Dieses Klima des Eingetauchtseins in den Alltag, der exakten Beobachtung und des konkret-physischen Details fängt die Kamera von Krzysztof Pakulski ein. Im Kontrast dazu steht Wojciech Kilars suggestive Musik, die mal dezent, mal dynamisch-agitativ, zwischen lyrischer Schönheit und pathetischem Gestus oszilliert und einen deutlichen Hang zur emotionalisierenden Wirkung verrät.

Hinzu kommt ein starker Akzent, den Kieślowski auf die «Konkretheit des Physischen» legt, auf die Wahrnehmung der menschlichen Physis, die ein Gespür für die dargestellte Wirklichkeit vermittelt: der Körper als Quelle des Schmerzes, wenn Czuszka Witek fest an der Nase fasst und ihm das Atmen erschwert; als eine Barriere zwischen Menschen im Liebesakt mit Olga, die auf die Undurchdringlichkeit personaler Welten verweist; als Kräftereservoir, das in der ersten und dritten Aufholjagd nach dem Zug darüber entscheidet, was man im Leben erreicht. Der Körper kann aber auch ignoriert oder verdinglicht werden: Czuszka schüttelt heiße Asche von ihrer Zigarette auf Witeks Nase ab, um ihn aufzuwecken. Nach dem Liebesakt mit Olga legt Witek wiederum den Aschenbecher auf ihren Bauch. Im Prolog, in der Autopsie-Szene und in der Flugzeugkatastrophe erscheint der Körper schließlich als ein Signum der Vergänglichkeit und des Todes. Auch in der Darstellung der Sexualität weicht Kieślowski nicht davor zurück, ihre rein physischen Aspekte zu betonen, die in DER ZUFALL MÖGLICHERWEISE oder in OHNE ENDE mit der kühlen, bis an Drastik grenzenden Distanz eines Dokumentaristen in den Vordergrund gerückt werden. «Die formale Brillanz und Intensität, mit der Kieslowski die bohrenden existenziellen Fragen behandelt, bannt den Zuschauer ebenso, wie ihn die Kälte und lakonische Kargheit, die noch und gerade in den Szenen intimer Begegnungen spürbar bleibt, auf Distanz hält».[131]

130 Masson, Alain: Nécessité et variations. In: *Positif* 12/1988.
131 Hasenberg 1990, S. 21.

Peter Hasenberg hat auf diese Konkretheit des Physischen aufmerksam gemacht und auf den Zusammenhang hingewiesen, der bei Kieślowski von diesem phänomenologischen Interesse am menschlichen Körper und an der äußeren Wirklichkeit zu einer (para-)dokumentarischen Überschreitung der Grenze des Physischen führt:

> «Das Beobachten, Zuhören, das Ertasten der konkreten physischen Wirklichkeit ist für Kieslowski der Weg zum Transzendenten. Das Wahrnehmen der Welt, das Ernstnehmen der physischen Wirklichkeit, das Entdecken der Zeichen und Verweise auf das ganz Andere in dieser Wirklichkeit charakterisiert Kieslowskis Ansatz, der wie eine Fortführung der Ideen Siegfried Kracauers erscheint, der im Vorwort zu seiner Filmtheorie, die unter dem Leitwort *Die Errettung der äußeren Wirklichkeit* steht, die Vermutung ausspricht: ‹Vielleicht führt der Weg heute vom Körperlichen, und durch es hindurch, zum Spirituellen?›»[132]

Mit Hilfe seines Kameramanns Pakulski versucht Kieślowski in DER ZUFALL MÖGLICHERWEISE, durch ungewöhnliche Kameraeinstellungen die Aufmerksamkeit des Zuschauers auf die physischen Details zu lenken: etwa bei dem Zoom auf den schreienden Mund oder in der folgenden Krankenhausszene, die von unten aufgenommen wird, so dass im Vordergrund in einer Großaufnahme die Beine einer Frau mit zerfetzten Strümpfen zu sehen sind. In ähnlicher Einstellung verstellt auch ein Zeh die Sicht auf Witeks Gesicht, als er davon erzählt, dass der Zeh deformiert sei, was man jedoch im Bild nicht zu sehen bekommt, da der Hintergrund durch Tiefenschärfe hervorgehoben ist. Eine oft verblüffende Montage erfüllt den gleichen Zweck: Wenn ein Teeglas auf dem Tisch umkippt und

132 Hasenberg, Peter: Annäherung an den Menschen. In: Lesch/Loretan 1993, S. 63.

die Kamera es im Flug scheinbar beiläufig in einer Nahaufnahme aufschnappt, oder in der dreimal wiederholten Sequenz auf dem Bahnhof. Als Witek in Eile eine Frau anrempelt, die dadurch ihre Geldbörse fallen lässt, kommt ein Geldstück auf dem Boden ins Rollen und wird mit dem Schuh von einem Obdachlosen gestoppt, der sich dafür jedes Mal ein Bier holt. Nebenbei auch ein Detail, das wie die Szene im Flugzeug symbolischen Charakter hat, liefern beide doch zu Beginn und im Finale eine Pointe: Die Münze als Sinnbild eines Spiels mit dem Leben, der Formel «Kopf oder Zahl», die über den Verlauf aller Varianten entscheiden könnte, suggeriert die Möglichkeit einer vom Zufall bestimmten Wahl. Die Explosion als Metapher für die existenzielle Ausweglosigkeit steht für eine tödliche Falle, die am Ausgang im Labyrinth des Lebens mit aller Gewissheit auf jeden wartet.

Diese metaphysische Dimension beim Übergang von der veristischen Weltbetrachtung eines Dokumentaristen zum Multiperspektivismus der Weltsicht in DER ZUFALL MÖGLICHERWEISE hebt auch Tadeusz Sobolewski in seinem Essay *Das Spiel mit dem Leben* (*Gra z życiem*) hervor:

> «PRZYPADEK war der erste Film von Kieślowski, den man als metaphysisch bezeichnen kann. Andrzej Wajda bemerkte einmal, als er über STALKER von Tarkowski sprach, dass dieser

181 Der Trinker stoppt mit dem Schuh das Geldstück

V. «Kino der moralischen Unruhe»

182–183 Symbolische Szenen mit einer Spiralfeder und Jongleuren, die das Spiel- und Illusionsmotiv fortschreiben

Film ein Akt der Freiheit war, mutiger als das Aufwerfen irgendeiner politischen Frage. Indem er in der UdSSR die Frage nach Gott stellte, negierte Tarkowski den offiziellen Materialismus. Kieślowskis PRZYPADEK – bei allen Unterschieden – hat ähnliche Funktion erfüllt: er war ein wirklicher Abschied vom Volkspolen, ein Überwinden der ideologischen und politischen Dilemmata jener Zeit. Auf den Trümmern der Ideologie stellte Kieślowski die Frage: wozu lebt man? – wie ein Kreuzworträtsel zur Auflösung. Auf die Wirklichkeit des Jahres 1980, auf die damaligen ideellen Dilemmata, blickte er aus der Perspektive des Todes. Von außen.»[133]

Am besten geeignet dafür war die Konstruktion einer philosophischen Parabel, eines Gedankenexperiments mit hypothetischen Varianten eines menschlichen Schicksals. In Kieślowskis «Märchen für Erwachsene» erscheinen alle drei Fabeln in Übereinstimmung mit den Vorgaben der Gattung im Modus eines Konjunktivs. Sie sind zugleich real und irreal. Weder bei der psychologischen Motivierung seines Helden noch bei der Wahrscheinlichkeit einzelner Episoden bleibt der Regisseur so Rechenschaft schuldig, kann aber dank der Variationsdramaturgie das Sichtfeld seiner Beobachtungen über die Horizontlinie des Realen ausweiten. Auch wenn er wie ein Deus ex machina über dieser Modellwelt schwebt, suggeriert ihre Vielseitigkeit die Abwesenheit eines Erzählers, da die vorgeführten Peripetien keiner Wertung unterliegen.

Gleichzeitig erlangen symbolische Sequenzen oder Zeichen in DER ZUFALL MÖGLICHERWEISE besondere Bedeutung, verweisen in Form von Bildmetaphern auf seinen philosophisch-metaphysischen Gehalt: eine kitschige Postkarte mit einem augenzwinkernden Jesus in der zweiten Episode (weltanschaulicher Relativismus), eine scheinbar selbstständig die Treppe herunterwandelnde Drahtspirale (Autarkie/Stoizismus) und die zwei Jongleure in der dritten Episode (Autonomie/Zufall). Als Witek das Kunststück der Artisten nachzumachen versucht, fällt einer der drei Bälle zu Boden, womit er sein eigenes Schicksal vorwegnimmt. Worauf Kieślowski hier anspielt – die Kontingenz und der Sinnverlust des modernen Individuums, die Unvorhersehbarkeit der Lebenssituationen und die Unbeständigkeit des Seins –, mündet in die Infragestellung der Grenze zwischen der realen Welt und der Vorstellung (einer potenziell gegebenen, abwesenden Realität). Genauso führt bei Robert Musil der Möglichkeitssinn zu dem «anderen

---

133 Sobolewski, Tadeusz: Kino Krzysztofa Kieślowskiego. Gra z życiem. In: *Tygodnik Powszechny* Nr. 36/1995, S. 7.

Zustand»: dem Selbstentwurf in Eigenverantwortlichkeit, der kreativen Autonomie, aber auch einem Schwebezustand zwischen Wirklichkeit und ihrer Überschreitung. Darin offenbart sich Kieślowskis tiefstes Ungenügen an der Welt, das nur im Laboratorium der Kunst durch Wiederholung und Simulation überwunden werden kann. Dieser Topos kehrt – ähnlich wie der mit Schicksal und Zufall verquickte Motivkomplex Spiel/Illusion/Magie – seit DER ZUFALL MÖGLICHERWEISE in allen Filmen Kieślowskis als Leitmotiv wieder, in seiner Vieldeutigkeit dafür geeignet, eine eschatologische Verlängerung zu finden, aber auch im Sinne der existentialistischen Dialektik von Determiniertheit und Wahl interpretiert zu werden.

Da bereits seine Dokumentarfilme um Themen wie Vergänglichkeit, Freiheit oder Selbstbestimmung kreisen, drängt sich an dieser Stelle – wie der britische Filmwissenschaftler Paul Coates nahelegt – noch ein anderer Verdacht auf: So, wie die drei Personifizierungen von Witek in DER ZUFALL MÖGLICHERWEISE letztlich eine Figur seien, würden auch andere Figuren in seinen Filmen nur die Projektionsfläche bilden, hinter der sich Kieślowski selbst und seine Gedanken verbergen. Sie gleichen gewissermaßen einem Chor subjektiver Stimmen zur Objektivierung der eigenen Weltsicht des Zeitchronisten:

> «Das doppelte Leben des Dokumentaristen bringt mit sich viele Paradoxa: Eine Karriere, die mit der Ankündigung des Primats der Wirklichkeit begann, führt im Endeffekt zur esoterischen Musikalität und zum Symbolismus. Witeks Hand, die durch die Fensterscheibe des Zuges die Hand von Werka in DER ZUFALL MÖGLICHERWEISE berührt (s. S. 262, Abb. 14), ist ein realistisches Detail, es bekommt aber eine symbolische Aussage, wenn es durch Valentine wiederholt wird, die die Hand des Richters ‹berührt› durch die Fensterscheibe des Autos in ROT.»[134]

Mit der Spaltung der Figur Witeks liefert DER ZUFALL MÖGLICHERWEISE für Paul Coates einen Schlüssel zum Gesamtwerk Kieślowskis: Obwohl seine späteren Filme fiktional sind, verlängern sie durch die obsessive Beschäftigung mit der Idee der Freiheit und der Unbeständigkeit die vorherigen – dokumentarischen – Verkörperungen des Filmemachers.

Dass Kieślowski Motive und Topoi seiner Dokumentarfilme in die Spielfilme wie auch autobiografische Komponenten in Filme beider Genres integrierte, steht außer Zweifel. In SIEBEN TAGE EINER WOCHE gibt es eine Szene, in der Mitglieder einer Rockband ein Bühnenprogramm über den Untergang der «Titanic» vorbereiten. Sie fachsimpeln über das Rot als die grundlegende Farbe der Welt. Einer von ihnen glaubt, es wäre Gottes Wille gewesen, dass die Passagiere der «Titanic» umkamen und ihre Verwandten deswegen leiden mussten. Jetzt wolle man das Wrack bergen, ohne zu wissen, wie das noch ende. Das Geheimnis des Lebens und des Schicksals, Sinn oder Sinnlosigkeit des Leidens avancieren hier zum Gegenstand einer fatalistischen Spekulation. Assoziationen an das enigmatische Finale in ROT, in dem alle Protagonisten der DREI FARBEN-Trilogie nach der Fähre-Havarie, quasi dem Untergang der «Titanic» entronnen, sich begegnen, bleiben zwangsläufig nicht aus.

Auch in DER ZUFALL MÖGLICHERWEISE führen alle Wege zum Flugzeug, das mit oder ohne den Protagonisten der drei Episoden explodiert. Kieślowski sieht aber darin keinen Determinismus, weil nicht alle Wege tatsächlich im Flugzeug enden, und durch die Tatsache, dass er seinem Helden drei Leben gegeben habe, die Möglichkeit einer Wahl darin mit enthalten sei.

---

134 Coates, Paul: Usuwanie się w cień: wcielenia Kieślowskiego. In: Lubelski 1997, S. 137.

V. «Kino der moralischen Unruhe»

In dem Interview *O mnie, o tobie, o wszystkich* (Über mich, über dich, über alle) weist er den Vorwurf von Maria Marszałek zurück, er würde das menschliche Leben wie eine Partie Schach analysieren:

> «Offensichtlich ist das Schachspiel den Spielregeln des Lebens nachempfunden worden. Ich habe ständig das Gefühl, dass in diesem Moment, während wir uns unterhalten, ein Arbeiter aus einer Autofabrik sich gerade mit seiner Frau zerstritten hat, nicht ausgeschlafen zur Arbeit gekommen ist und ein Auto nicht korrekt zusammensetzt. Nach einigen Jahren, wenn jemand von uns über Rot die Straße durchqueren wird, wird dieses Auto einfach nicht bremsen können. Und wir bewegen uns unbewusst auf diesen Punkt zu.»

Der erste Vorentwurf zu BLAU, und vielleicht auch zu ROT (jeweils die Autounfälle im ersten Akt)?

Da seine Gesprächspartnerin mit dieser metaphysischen Perspektive nicht viel anzufangen weiß und – wie die Mehrheit der polnischen Kritiker – Kieślowski vorwirft, absolute Werte jenseits der gesellschaftlich-politischen Realien aufzustellen und einen Helden wie aus weichem Ton entworfen zu haben, weist er sie auf die Unzulänglichkeit möglicher Lebenswege und des Daseins hin: «Die Einteilung in die Unseren, Fantastischen – und die Anderen, die immer Bösen, finde ich zu einfach, unmenschlich (…). Und auch falsch und schädlich. (…) Hör mal, sie sind genauso wie wir. Gut und böse. (…) Vielleicht ist die Welt nicht in Ordnung. Es mangelt ihr an Harmonie und Eintracht. Es gibt keine Offensichtlichkeit der moralischen und gesellschaftlichen Normen.»

Dieses Ungenügen an der gegebenen Ordnung der Dinge ist jedoch kein Ausdruck einer konservativen Sehnsucht nach alten und unumstößlichen moralischen Verbindlichkeiten. Auch wenn Kieślowski sein *alter ego* Witek in allen drei Varianten seiner Lebensgeschichte scheitern lässt, ist ihm die dritte Episode am nächsten, und das eindeutig im existentialistischen Sinne einer Freiheit, die dem Einzelnen die Verantwortung für die Gestaltung des eigenen Lebens mit allen dazugehörigen Konsequenzen auferlegt, als einem Ethos des aktiven Handelns: «‹Machen wir doch etwas, was von uns abhängen würde, wenn schon so viel…›», postuliert Kieślowski weiter. «Das ist eine Utopie, aber wenn jeder von uns um sich herum kehren würde? Wenn er einen einfachen Tisch, ein Rohr, das nicht tropft, machen möchte, einen Menschen heilen, einen Film oder einen Artikel schreiben würde. Wenn auch nur so, wie er kann.» Das, was Witek die Sisyphus-Arbeit aufnehmen lässt, ist seine Prägung, die Schlüsselerlebnisse seiner Biografie, zugefügtes Leid und durchlittene Niederlagen. All das verleiht dem Episodenfilm und dem Gesellschaftsgemälde DER ZUFALL MÖGLICHERWEISE auch den Charakter einer Selbstanalyse: «In derselben Welt, in ähnlicher Atmosphäre wuchsen wir alle auf: ich, du, unsere Kollegen. (…) In PRZYPADEK war es für mich sehr wichtig, die Herkunft, den Stammbaum des Helden zu zeigen. Jedes Mal, wenn man versucht, seine Loyalität zu manipulieren, ist er nicht einverstanden. Warum? Weil er etwas Wichtiges von zu Hause mitgenommen hat. Er verfügt über Bauholz.»[135]

Der «Stammbaum» Witeks deckt sich auch in vielen Details mit dem von Krzysztof Kieślowski: Er ist wie sein Erfinder am 27. Juni geboren, allerdings 1956, also im Jahr des «polnischen Oktobers». Auch Witeks Vater starb nach langer Krankheit, ein Verlust, den Kieślowski sein Leben lang nicht richtig verarbeiten konnte. Das politische Schlüsselerlebnis des Jahres 1968 findet seine Reminiszenz im Motiv des jüdischen Jugendfreundes Daniel, der mit seiner Familie 1968

---

135 O mnie, o tobie, o nas wszystkich. Ein Interview von Maria Marszałek. In: *Kino* 8/1987, S. 9 und 10.

emigrieren muss. Wie Witek hatte Kieślowski seinen Flirt mit der Macht der Partei als ihr Chronist. Ende der 1970er-Jahre ist er von der Zeitung des sozialistischen Jugendverbandes in einem Wettbewerb in die Liste der zwanzig wichtigsten Polen aufgenommen worden. Einen ähnlichen Wettbewerb organisiert Witek als Funktionär in der ersten Episode. Kieślowski sympathisierte auch mit der Opposition, viele seiner Dokumentarfilme und der Spielfilm GEFÄHRLICHE RUHE verschwanden für Jahre in den Tresoren der Zensur. Und letztlich war ihm die dritte Variante im Lebensweg Witeks am nächsten, die apolitische Haltung, jenseits gesellschaftlich-politischer Zwänge, autark, stoisch – «die Ruhe».

Während der Film in Polen beinahe ausschließlich in politischen Kategorien interpretiert wurde, kann DER ZUFALL MÖGLICHERWEISE genauso gut als ein Plädoyer für die apolitische Haltung gelesen werden. Zu der an der Zeitgeschichte orientierten Lesart hat Kieślowski selbst nicht unwesentlich beigetragen, indem er seinen Protagonisten noch mit einem historischen Stammbaum versah: Witeks Urgroßvater nahm an einem nationalen Aufstand teil, sein Großvater kämpfte um die Unabhängigkeit Polens in den Legionen des Marschalls Piłsudski, sein Vater verteidigte das Land beim Überfall Deutschlands 1939 und beteiligte sich am antikommunistischen Arbeiteraufstand in Posen 1956, in dessen Wirren Witek zur Welt kam. Diese Ahnentafel bildet eine Quintessenz des «polnischen Schicksals» der letzten zwei Jahrhunderte. Witeks eigene Lebensgeschichte erinnert wiederum an eine historische Allegorie: Sie ist in einem zeitlichen Vakuum zwischen Bahnhof und Flughafen angesiedelt, wobei der Zug direkt Assoziationen an einen «Zug der Zeitgeschichte» hervorruft.

In der ersten Variante springt Witek auf den Zug der Geschichte und gestaltet sie als «konformer» Apparatschik. In der zweiten Varian-

184–186 Drei Geliebte von Witek: Olga (oben), Czuszka (Mitte) und Werka (unten)

te kollidiert er mit dem Regime (Rempelei mit der Polizei) und geht in die Opposition. In der dritten Variante holt er den Zug nicht ein und resigniert, findet sich mit den Verhältnissen ab und versucht, sich mit der gegebenen Ordnung zu arrangieren. Und wie jede Reise – und ein

V. «Kino der moralischen Unruhe»

187–188 In der Anstalt für Drogensüchtige (oben) und mit der Samisdat-Literatur (hier verbotene Lyrik von Czesław Miłosz) von Czuszka aus dem «zweiten Umlauf» einer oppositionellen Untergrunddruckerei

«Road Movie» – spielt sich auch seine Bildungsgeschichte in einem Nirgendwo ab, zwischen Abfahrt und Ankunft. Sie transportiert Träume von Freiheit und Unabhängigkeit – erfasst ein zeitgenössisches Lebensgefühl. Zeit und Raum werden zugleich aufgehoben, um in einer konzipierten Wirklichkeit ein Kaleidoskop polnischer Geschichte und der Umbruchssituation der Jahre 1980/81 zu konstruieren: Vor diesem historischen Hintergrund bekommt Witeks Identitätssuche einen Modellcharakter für seine Generation. Zumal Kieślowski in aller Deutlichkeit zum ersten Mal auch Dinge anspricht, die tabuisiert waren: Antisemitismus, den «zweiten Umlauf» der Kultur im Untergrund, Repressionen der Staatssicherheit, Drogenabhängigkeit – ein gesellschaftliches Phänomen, dessen Existenz vom Staat geleugnet wurde.

Als Allegorie der polnischen Nachkriegsgeschichte erinnert DER ZUFALL möglicherweise stilistisch wie thematisch – wenn auch unter umgekehrten Vorzeichen – an Andrzej Munks SCHIELENDES GLÜCK: «Indem er den Menschen außerhalb der gesellschaftlichen Rolle zeigte», so der Filmpublizist Tadeusz Sobolewski, «schaffte Kieślowski eine Antithese zu Piszczyk aus SCHIELENDES GLÜCK (…). Jener richtete sich nach gesellschaftlichen Moden, weil er sich schämte, er selbst zu sein. Dieser – ist er selbst, unabhängig von der Rolle, die er in der Gesellschaft zu spielen hat.»[136] Diese Annäherung an den Menschen jenseits der Rollen, die er in der Gesellschaft zu spielen hat, und einer Bewertung, die voreingenommen nur im Prisma dieser Rollen gefällt wird, legt die Vermutung nahe, dass einzig die dritte Version die reale ist, was auch die Konstruktion einer Rahmenerzählung anzudeuten scheint:

> «Die zwei ersten Varianten von Witeks Leben sind im Konjunktiv erzählt. Real erscheint erst die dritte, weil sie endgültig ist, mit dem Tod endet. In der dritten Variante ist Witek ein apolitischer Arzt. Er tritt nicht in die Partei ein, unterschreibt auch keine Protestbriefe. Er findet Erfüllung in der Ehe, in der Freundschaft, in der Arbeit. Er kommt auf absurde Art und Weise um, obwohl in dieser Absurdität eine Methode steckt. Witek kommt glücklich um, erfüllt. Diese Erfüllung hat ihm die Politik nicht gegeben.»[137]

Diese apolitische, unideologische Verankerung der Hauptfigur sagt viel über Kieślowskis urei-

---

136 Sobolewski, Tadeusz: «Przypadek» – postscriptum. In: *Kino* Nr. 6/1987, S. 9.
137 Sobolewski, Tadeusz: Spokój i bunt. In: Nurczyńska-Fidelska 1996, S. 107.

genes Bedürfnis, der «polnischen Hölle» des Determinismus zu entkommen. Sie zeigt den Grad seiner Distanzierung von allen Ideologien, von allen Formen des Gemeinschafts- und Gruppenlebens, offenbart seinen Wunsch, den einzelnen Menschen hinter seiner Maske im kollektiven Leben entdecken zu wollen.

Die Politik und die Geschichte sollten Der Zufall möglicherweise, Kieślowskis politische Utopie des Apolitischen, erbarmungslos einholen: So, wie das Drehbuch unmittelbar vor August 1980 entstand und die Dreharbeiten sowie der Schnitt vor dem Kriegszustand beendet waren, fiel Przypadek nach der Ausrufung des Kriegsrechts am 13. Dezember 1981 der politischen Zensur zum Opfer und gelangte erst vor den Verhandlungen des «Runden Tisches» 1987 zur Aufführung. An dieser Schwelle zur historischen Wende fand der Film in Polen ein gespaltenes Echo. In der kollektiven Vorfreude auf den Anfang vom Ende des Kommunismus büßte er nicht nur seine subversive Kraft ein, sondern stand auch im Widerspruch zum «Zeitgeist der Epoche». Es war die Zeit politischer Schuldzuweisungen und Abrechnungen. Zwischentöne und eine differenzierte Auseinandersetzung hatten keine Konjunktur.

Bis hin zu seinen letzten, im Ausland realisierten Arbeiten war Kieślowski kein Regisseur, der mit seinen mehrdeutigen, oft ironisch distanzierten Filmen Konjunkturen – welcher Provenienz auch immer – bediente. Er versuchte immer seine Hand am Puls der Zeit zu halten und griff Themen auf, die ihm zum gegebenen Zeitpunkt wichtig erschienen. In seiner Heimat wurde er deswegen über Jahrzehnte hinweg von der Zensur gebeutelt, um dann als ein Solitär des europäischen Kinos oft missverstanden zu werden. «Ich beteilige mich an nichts, was nicht mit

138 No heroics, please. Ein Interview von Gustaw Moszcz. In: *Sight & Sound*, Spring 1981, S. 90.

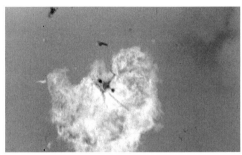

189 Die Flugzeugkatastrophe, in der Witek ums Leben kommt

meiner Weltanschauung übereinstimmt», erklärte er während der Arbeit an Der Zufall möglicherweise im Interview für *Sight & Sound*,

«mit dem Ergebnis, dass keiner von meinen Dokumentarfilmen ins Ausland verkauft und einige sogar in Polen nicht aufgeführt wurden. Das ist kein Heroismus von meiner Seite. Für mich ist am wichtigsten, das jeweilige Ereignis oder die Situation zu registrieren. (…) Automatisch lokalisiere ich mich in der Position eines Regisseurs von Filmen, die in Regalen landen und über Jahre nicht, manchmal niemals, gezeigt werden. (…). Aber der Vertrieb ist für mich kein wesentlicher Maßstab des Erfolgs. Ich möchte, dass die Filme ausgewertet werden, aber es ist keine Tragödie, wenn sie es nicht werden. Nicht, dass ich nicht glauben würde, dass einige von ihnen zur gegebenen Zeit wichtige gesellschaftliche Dokumente waren. Spokój zum Beispiel ist vor vier Jahren gemacht worden, aber das Fernsehen hat ihn erst im Oktober 1980 gesendet. Auch wenn er verspätet war und seine kritische Schärfe eingebüßt hat, glaube ich weiter, dass das Wichtigste gemacht worden ist. Auf Filmband wurde die Geschichte eines Menschen registriert, der nicht mal sein Minimalprogramm realisieren konnte, weil er wider Willen in dreckige Geschäfte verstrickt wurde.»[138]

V. «Kino der moralischen Unruhe»

Es ist schon verblüffend, wie sich in Kieślowskis früheren Statements bereits Indizien für die frappierende Übereinstimmung von Leben und Kunst in seinem Werk finden lassen. Sein wachsendes Interesse an den universellen Problemen der menschlichen Existenz blieb dabei eine Konstante. Wie in einem Brennglas bündelt dieses Interesse die «Zwei Leben des Krzysztof Kieślowski» – als Dokumentarist und Spielfilm-Regisseur.

> «Ich habe oft Kontakte mit dem Westen, mehr geselliger Natur als professionell. Wenn ich im Ausland bin, interessieren mich dieselben Sachen wie in Polen – Herausfinden der menschlichen Bedürfnisse/Sehnsüchte, Werturteile, Ideen, Entdecken alltäglicher Situationen. Wenn ich zu Festivals fahre, schaue ich mir selten Filme an – während aller meiner Reisen habe ich vielleicht drei gesehen, die ich mir wirklich anschauen wollte. Besonders DER SPIEGEL von Tarkowski. Persönlich schätze ich am meisten Filme, die Fiktion mit dokumentarischen Elementen verbinden. Ich nahm teil an der Entwicklung eines im polnischen Film neuen Subgenres, das aus der dokumentarischen Haltung und Technik hervorgegangen ist.»[139]

Als ein «Film an der Grenze zweier Ästhetiken – der realistischen Beschreibung und der philosophischen Parabel»[140] – bildet DER ZUFALL MÖGLICHERWEISE in vielfacher Hinsicht eine Zäsur in Kieślowskis Werk, markiert seine Abkehr vom gesellschaftlichen Engagement und die Hinwendung zu existenziell-metaphysischen Fragestellungen. Obwohl der Film als ein Wendepunkt in seinem Œuvre betrachtet werden kann, erweist er sich aber letztlich nur als eine Etappe in der von Kieślowski mit eiserner Konsequenz (oder Determination) vorangetriebenen Fortentwicklung seines künstlerischen Programms: der formalen wie inhaltlichen Auslotung der Möglichkeiten zur Beschreibung der Welt.

Dieser vom Dokumentarfilm herrührende Impetus ist gerade für sein Gesamtwerk charakteristisch, habe Kieślowski doch sein «ganzes filmisches Schaffen als einen Annäherungsversuch an den Menschen, oder sagen wir bescheidener, als einen allmählichen Annäherungsversuch an den Menschen»[141] begriffen. Seine schrittweise Abkehr vom Dokumentar- zum Spielfilm hatte den Charakter eines fortschreitenden Prozesses bei der Erkundung der Wirklichkeit, in dessen Verlauf ihm immer mehr bewusst wurde, «dass der Spielfilm die innere Welt der Gefühle, der Sehnsüchte und Konflikte besser anzudeuten vermag und zum Ausdruck bringen kann»[142]. In diesem Zusammenhang erscheint der Übergang vom Dokumentarischen zum Fiktionalen als eine unumgängliche ästhetische Konsequenz, war doch für Kieślowski seine Suche nach einer existenziellen Wahrheit des Individuums, die er zu erfassen versuchte, ab einem gewissen Zeitpunkt nicht mehr mit den Mitteln des Dokumentarfilms zu bewerkstelligen. Der Spielfilm musste für ihn zwangsläufig eine Komplementärfunktion zum Dokumentarfilm übernehmen. Auch wenn der Blickwinkel in seinen Spielfilmen ein etwas anderer geworden war, hatte sich seine eigene Einstellung zur Wirklichkeit kaum verändert: Im Mittelpunkt seines Interesses stand nach wie vor der Mensch. Kieślowski versuchte, die innere Welt des Individuums, das «Geheimnis seines Lebens» en detail, empirisch zu ergründen, «seine Angst, seine Tränen, seine Einsamkeit, all die Schicksalsschläge wie Todes-

---

139 Ebd.
140 Sobolewski, Tadeusz: Troska ostateczna. Uwagi o społecznym kontekście kina Krzysztofa Kieślowskiego. In: Lubelski 1997, S. 112.
141 *Ich habe zehn Filme über unsere Zeit gemacht*. Ein Interview von Ambros Eichenberger. In: *Zoom* 9/1990, S. 31.
142 Ebd.

fälle und Verluste, die wir im Leben hinzunehmen haben. Aber auch positive Erlebnisse, wie etwa eine Geburt oder glückliche Zufälle»[143]. Und deshalb verlor er auch in seinen Spielfilmen nicht den intensiven Blick eines Dokumentaristen, der ihm eine unvoreingenommene deskriptive Annäherung an die Wirklichkeit ermöglichte.

143 Ebd.

«Tiefer statt breiter»
Literaturreportage und Politik in Ein kurzer Arbeitstag

«In seinem Schaffen vollzog sich eine einzigartige künstlerische Verwandlung: Jemand, der Dokumentarfilme über das schwarz-weiß Konkrete machte, Porträts lebender Menschen, beschwert mit ihren Körpern und schmerzlichen Biografien, der sich in kleine Schicksale versetzte und die Dimension der ‹Masse› oder der ‹Gesellschaft› nicht vergaß, der im Einklang mit dem Geist der Epoche die Welt ‹darstellen› wollte, verwandelte sich in einen Regisseur, der mit der vielleicht seltensten und schwierigsten Gabe beschenkt war, der Gabe der ganz anderen, philosophischen Inspiration.»

– *Adam Zagajewski* (Kieślowski)

Ich stelle an mich selbst den Anspruch, das, was mir in einer Zeit wichtig erscheint, auch in diesem Moment zu erzählen», erklärte Kieślowski in einem Fernsehinterview[144]. Seine Dokumentarfilme der 1960er- und 1970er-Jahre legen dafür ein beredtes Zeugnis ab, zeigen sie doch eine Realität, die bis dahin nur im Prisma totaler ideologischer Fiktion gesehen wurde. In der Euphorie der Solidarność-Ära, die zwischen den Streiks vom August 1980 und der Verhängung des Kriegsrechts im Dezember 1981 die Aufhebung der Zensur brachte, rührte Kieślowski an ein politisches Tabu. Sein Fernsehfilm Krótki dzień pracy (Ein kurzer Arbeitstag, PL 1981–1996) sollte in Form eines Doku-Dramas die 1976 brutal erstickten Arbeiterunruhen von Radom rekonstruieren, die ein Fanal für die Gründung des «Komitees zur Verteidigung der Arbeiter»/«Komitet Obrony Robotników» (polnische Abkürzung KOR) – einer Keimzelle der Unabhängigen Gewerkschaften «Solidarność» – bildeten.

Der Film basiert auf der Literaturreportage *Blick aus dem Fenster im ersten Stock* (*Widok z okna na pierwszym piętrze*) der renommierten Publizistin Hanna Krall[145], die auch an dem Drehbuch mitarbeitete. Kieślowski porträtiert darin einen Sekretär der KP, dessen politische Laufbahn von zwei für die jüngste Geschichte Polens signifikanten Zäsuren eingerahmt wird: Im März 1968 verurteilt er im üblichen Parteijargon Studentenproteste gegen die antisemitischen Säuberungsaktionen der Partei, die Kieślowski als Student der Filmhochschule in Łódź erlebt hat. 1981 muss der Funktionär vor einem Tribunal der Gewerkschaft «Solidarność», die seit einem Jahr die legale Regierungsopposi-

144 Raboudin, Dominique: *Kieślowski par/von Kieślowski*. La Sept/Arte 1994.
145 Die Publizistin Hanna Krall, seit den 1970er-Jahren Reporterin der Wochenzeitung *Polityka*, heute Mitarbeiterin der Monatszeitschrift *Odra* und der liberalen katholischen Wochenzeitung *Tygodnik Powszechny* (vor 1989 des wichtigsten unabhängigen Presseorgans in Polen aus dem Umkreis katholischer Laien), ist mittlerweile durch die deutschen Ausgaben ihrer Reportagen-Sammelbände, z. B. *Dem Herr Gott zuvorkommen* über den Arzt und Anführer des Aufstandes im Warschauer Ghetto, Marek Edelmann, auch einem breiteren Publikum in Deutschland bekannt geworden.

tion bildet, Rechenschaft über die gewalttätigen Ausschreitungen in Radom ablegen. Er hat sich nichts vorzuwerfen, da er glaubt, zwischen den Entscheidungsträgern im Zentralkomitee und der aufgebrachten Menschenmenge, die gegen die angekündigten Preiserhöhungen für Lebensmittel vor dem Parteigebäude protestierte, als ein moderater Vermittler fungiert zu haben. Durch seine Kommentare aus dem Off, die den nachinszenierten Tagesablauf in Radom in Rückblende begleiten, wird aber deutlich, wie er in dieser Situation zu taktieren versucht, um die eigene Haut zu retten und als Exponent des verhassten Systems zu überleben, wo doch die Ereignisse eine Eigendynamik zu entwickeln beginnen, sich in Chaos und Exzessen einer marodierenden Menge entladen. Seinen Bericht konterkarieren Einblenden, die von brutalen Einschüchterungsmaßnahmen des Sicherheitsdienstes über Prozesse, in denen an einzelnen Arbeitern ein Exempel statuiert wurde, bis hin zu Hilfestellungen des im Untergrund operierenden Komitees zur Arbeiterverteidigung «KOR» reichen. Sie dokumentieren die Herauskristallisierung politischer Opposition in Polen. Nach der Ausrufung des Kriegszustands wurde der Film sofort verboten. Im Gegensatz zu DER ZUFALL MÖGLICHERWEISE, der 1987 freigegeben wurde, blieb aber EIN KURZER ARBEITSTAG bis zur Wende 1990 unter Verschluss.

Viel interessanter erscheint aber, dass EIN KURZER ARBEITSTAG – der Titel bezieht sich auf den durch die Ausschreitungen verkürzten Arbeitstag des Parteisekretärs – später von Kieślowski selbst verworfen wurde. Bereits in seinem Kinodebüt DIE NARBE und in dem Dokumentarfilm WEISS NICHT beschäftigte er sich mit Repräsentanten staatlicher Autorität, die er jenseits der gängigen Klischees darstellte. Trotz ihrer Verstrickung in den Machtapparat scheiterten sie an den Sachzwängen und Kompromissen, denen sie unterworfen waren und die mit

190–192 Politische Eckdaten einer Funktionärskarriere

V. «Kino der moralischen Unruhe»

193–194 Der Parteifunktionär berichtet 1981 im Fernsehen von den tabuisierten Arbeiterunruhen in Radom 1976 (oben); Demonstrationen in Radom (unten)

ihren ethischen Prinzipien unvereinbar blieben. Dabei versuchte Kieślowski, die damals für die öffentliche Meinung Polens obligate Trennung in «wir» und «sie», Gesellschaft und Macht, zu hinterfragen, indem er ähnlich wie in DER ZUFALL MÖGLICHERWEISE die Relativität ideologischer Zuordnungen und damit die Unmöglichkeit moralischer Gewissheiten vorführte.

Diese differenzierte Lesart von Dilemmata, denen ein Individuum in der Konfrontation mit den Mechanismen der Machtausübung und der Geschichte ausgesetzt wird, fehlt aber in EIN KURZER ARBEITSTAG. Die psychologisch eindimensionale Figur des Parteisekretärs bietet keine Reibungsfläche, um ethische Modelle des Handelns zu entwerfen. Und da der opportune Apparatschik einen typischen Exponenten des Systems markiert, der sich durch die brisante Situation nur laviert, glaubte Kieślowski, sich damit in den Fallstricken selbstgefälliger Schematismen jener Zeit verfangen zu haben. Nicht die Abrechnung mit dem politischen Gegner stand immer im Mittelpunkt seines Interesses, sondern die Motivierung des menschlichen Handelns. In seiner Autobiografie *Kieślowski on Kieślowski* beschreibt er die Mechanismen dieser «Gesinnungs»-Falle, bezeichnet den Film als langweilig, schlecht gemacht und gespielt, führt anschließend eine Anekdote aus der Zeit an, als er EIN KURZER ARBEITSTAG im unbeheizten Schneideraum hat montieren müssen und deswegen mit einem «Solidarność»-Funktionär aneinandergeriet, der es brüsk ablehnte, sich mit solchen Lappalien zu beschäftigen. Im Moment der größten Freiheitseuphorie, wie sie Andrzej Wajda in DER MANN AUS EISEN einfing, nahm Kieślowski endgültig Abstand von der Politik.

«Für mich, dessen bin ich mir sicher, kam die Zeit der Analyse, einer dringenden Betrachtung dessen, was in der Psyche der Helden passiert, anstatt weiterhin lediglich äußere Zusammenhänge zu beschreiben»[146], konstatiert Kieślowski zwei Jahre später in seinem Aufsatz zur Situation des polnischen Autorenkinos vor der Verhängung des Kriegszustands unter dem Titel *Eigene Wirklichkeit*. Auch wenn er als Wortführer des «Kinos der moralischen Unruhe» galt, blieb Kieślowski Zeit seines Lebens ein großer Individualist des polnischen Kinos, der eigene Wege ging und beinahe allergisch auf jegliche Versuche der Vereinnahmung oder Klassifizierung reagierte. So auch 1976, als Andrzej Wajda ihn als

---

146 Kieślowski 1983, S. 41.

den einzigen progressiven Künstler bezeichnete, der in die bis dahin unangetasteten Bereiche vordringe, was andere Filmemacher zwingen würde, ihre Filme auch anders zu machen. In seiner verhaltenen Reaktion wies Kieślowski die Rolle eines Wegbereiters, der schulbildenden Einfluss ausüben würde, von sich: «Das wichtigste Kriterium für mich ist mein eigener Geschmack, meine Ansichten. In diesem Sinne mache ich Filme für mich selbst.»[147] Eine Aussage, die einerseits vor dem Hintergrund der Erfahrungen mit der Zensur gedeutet werden kann, wofür das unveröffentlichte Interview mit Andrzej Kołodyński aus dem Jahr 1973 einen frühen Beleg liefert: «Filme mache ich für mich selbst. Natürlich kann ich es niemals im Leben jemandem sagen.»[148] Andererseits bestätigt sie die These von Paul Coates, dass Kieślowski seit seinen Dokumentarfilmen die Auswahl der Themen, Motive und Figuren dazu nutzte, um die ihn umgebende Wirklichkeit in erster Linie selbst verstehen zu lernen; dies in der Überzeugung, dass dieses Sprechen mit der eigenen Stimme erst dann als Grundlage der Kommunikation mit seinem Publikum dienen kann. Vorausgesetzt, die allgegenwärtige Zensur lässt es überhaupt zu: «Der Ort, wo man sich begegnen könnte, fehlt. Wir operieren aber mit dieser Materie, um anderen begegnen zu können. Auf der Grundlage der Übermittlung von Informationen, Gedanken, Ansichten, Stimmungen. Dafür braucht man einen Raum für Filmvorführungen. Deswegen,

147 Mocne strony, słabe strony. Ein Interview von Jacek Marczyński und Bogdan Możdżyński. In: *Literatura* Nr. 46/1976.
148 Wywiad nie do druku *(14.12.1973).* Ein Interview mit Andrzej Kołodyński. In: *Kino* 5/1996, S. 4–7.
149 Aus dem Gespräch mit Kazimierz Karabasz in: Karabasz 1985, S. 83.
150 Stok 1993, S. 39.
151 Engl. Übersetzung *In Depth Rather than Breadth*. In: *Polish Perspectives* 6–7/1981, S. 67–70.

wenn ich an jemanden während der Arbeit denke, dann an mich selbst.»[149]

Uneingeschränkt deklarierte Kieślowski hingegen sein Zusammengehörigkeitsgefühl mit den anderen Vertretern der Formation wie Żebrowski, Zanussi, Holland, Krauze, Piwowski, Zygadło, Łoziński, Falk, Kijowski oder Bajon, die wie er das Medium Film einsetzten, um ihre individuelle Meinung und Sicht der gesellschaftlichen Gegebenheiten zu artikulieren. Zwischen 1976–80 hatte er sich sogar als Stellvertreter Andrzej Wajdas in der Funktion des Vorsitzenden des Verbands polnischer Filmschaffender zum zweiten Mal in seinem Leben politisch engagiert, empfand diese Position rückblickend aber als eine tückische Falle, die ihm schmerzliche Erfahrungen bereitet hat. Die Politik der kleinen Schritte, Kompromisse zu Lasten seiner Kollegen, Rangeleien wegen Zensur – alles das hat bei ihm einen faden Beigeschmack hinterlassen, erschien ihm höchst unmoralisch, da jeder auch so kleine Erfolg seinen Preis forderte, den in der Regel andere zu begleichen hatten: «Als die ‹Solidarność› gekommen ist, bat ich beim Verband um Entlassung von dieser Position – ich war nicht sonderlich geeignet für so revolutionäre Zeiten.»[150]

Bereits im Januar 1981, also auf dem Zenit der «Solidarność»-Bewegung, veröffentlicht Kieślowski in der renommierten Literaturzeitschrift *Dialog*, in der er im Laufe der Jahre alle seine Drehbücher in Form von filmischen Novellen publiziert hatte, den programmatischen Essay *Tiefer statt breiter (Głęboko zamiast szeroko)*[151]. Dieser sorgte in der polnischen Filmbranche nicht nur für Aufsehen, sondern auch für Kontroversen, da man darin eine Absage Kieślowskis an das gesellschaftlich-politische Engagement im Moment einer extremen Politisierung aller Bereiche des gesellschaftlichen Lebens sah – wie es sich später herausstellen sollte, nicht zu unrecht. Alleine der Titel weist schon den Charakter eines

V. «Kino der moralischen Unruhe»

195 Nach der Niederschlagung der Unruhen werden Arbeiter vors Gericht gestellt

Manifestes auf und kündigt die Abkehr von der politisch motivierten Diagnose gesellschaftlicher Phänomene hin zur Analyse der Gefühlssphäre an – der Emotionen und der Intimität.

Den Text *Tiefer statt breiter* schrieb Kieślowski nach eigener Aussage im Oktober 1980, also in der Zeit unmittelbar nach der Unterschreibung des Abkommens zwischen dem Streikkomitee der Danziger Werft und der Regierung, das die Gründung der Gewerkschaft «Solidarność» besiegelte und zum ersten Mal in der Geschichte des Ostblocks die Meinungsfreiheit und somit die Freiheit des Wortes garantierte. Im Duktus eines «Wir»-Gefühls verfasst, rechnet der Text mit dem Dagewesenen ab, um Konsequenzen für die Gegenwart einzufordern: Kieślowski beschreibt die Bedingungen, d.h. Einschränkungen der Zensur und daraus resultierende Kompromisse und Strategien der Filmschaffenden, die ihre Arbeit bis jetzt begleitet oder auch torpediert haben.

Im vollen Bewusstsein der Schwierigkeiten, die die neue Freiheit mit sich bringt – da die Medien jetzt die an den Fingern brennenden Themen aufgreifen, ist die interventionistische Funktion des Films obsolet geworden –, sieht Kieślowski die Zeit gekommen, um nach einer neuen Sprache zu suchen, nach neuen Helden, Situationen, Dialogen: «Man muss nach Mitteln und Wegen suchen, um aus Filmen über Probleme Filme über Menschen zu machen, damit das, was in einem Film – notgedrungen – das Äußere ist, seinen Rahmen bildet und keinen Inhalt. (…) Das, wovon ich spreche, hat nichts mit einer

196 Kieślowski auf dem Set des Films EIN KURZER ARBEITSTAG mit dem Kameramann Krzysztof Pakulski (rechts in Parka-Jacke)

Flucht vor der realistischen Konvention zu tun, sondern mit ihrer Entwicklung, deren Richtung kurz in der Formel zu fassen ist: tiefer statt breiter, nach innen, nicht nach außen.»[152]

Kieślowski postuliert die Notwendigkeit einer Abkehr von der Vordergründigkeit gesellschaftlicher Themen zugunsten der Auslotung psychischer Vorgänge in einem Menschen. Gleichzeitig betont er sein eigenes Verlangen, von den existenziellen Belangen des Individuums erzählen zu wollen, vom Gefühl der Ohnmacht angesichts des menschlichen Leids und Elends, der Vergänglichkeit und der Sehnsucht nach Nähe:

> «Unabhängig von Themen und Sachen, die meine Filme berühren, möchte ich, dass Menschen, die sich meine Filme angucken, ähnliche Empfindungen wie ich verspüren würden: Ohnmacht, Mitleid, Bedauern, die mir einen physischen Schmerz bereiten, wenn ich einen weinenden Mann an der Haltestelle sehe; Menschen beobachte, die sich vergeblich nach Nähe sehnen; wenn ich jemanden sehe, der in einer Milchbar Reste isst; wenn ich erste Leberflecken auf den Händen einer Frau bemerke, die vor einem Jahr noch nicht da waren, und weiß, dass sie sie auch betrachtet; wenn ich maßloses und unumkehrbares Unrecht sehe, das in menschlichen Gesichtern tiefe Spuren hinterlässt. Ich möchte, dass meine Zuschauer diesen Schmerz teilen, dass Körperlichkeit und Leiden, die ich – wie ich glaube – gut zu verstehen beginne, das, was ich mache, durchdringen.»[153]

Mit diesem Bekenntnis zur grenzenlosen Empathie hängt auch Kieślowskis endgültige Abkehr vom Dokumentarfilm zusammen. Die Gründe dafür deutet er nur indirekt an, wenn er feststellt, dass die Beschreibung der Welt und die Wahrheit über sie – obwohl nach wie vor unabdingbar – heute nicht mehr ausreichen. Ungerechtigkeit, Verlust der Werte, Demoralisierung, alles das konnte früher den Gegenstand der Revolte bilden, soweit es als Phänomen erfasst wurde. «Als wir das machten, was wir machten, im vollen Glauben, Sinnvolles zu tun, und nur im Bruchstückhaften, eine Wirkung dabei zu erzielen, haben wir irgendwann jedoch begriffen, wie weit die Einschränkungen der Gattung oder der Methode reichen. Wir machten halt vor einer eigentümlichen Barriere.»[154] Denn die Frage «Wie ist es?» befreit nicht von den weiterführenden Fragen danach: «Warum ist es so?», «Wie könnte es anders sein?», «Was tun?». Die Beschreibung ersetzt nicht die Diagnose, die Politik bei aller Verstrickung und Determination nicht das Leben. Man kann diese Barriere überwinden, den Weg dorthin, so Kieślowski, muss aber jeder alleine finden, ohne die Notwendigkeit, sich auf eine der Seiten zu schlagen.

Eine ähnliche Entwicklung macht zu dieser Zeit auch der Lyriker und Essayist der literarischen «Neuen Welle», Adam Zagajewski, durch, der 1982 nach Frankreich emigriert und sich vier Jahre später in dem Essayband *Solidarność i samotność* (*Solidarität und Einsamkeit*, 1986) von der «Neuen Welle» distanziert. Ihre politische Rebellion gegen das kommunistische System hätte nach Zagajewski zur Verselbstständigung des Engagements als einer Lebensattitüde geführt und die Autoren blind für andere Bereiche der Wirklichkeit gemacht, die stark mit der Affirmation des Lebens selbst zusammenhängen, unabhängig von politischen Systemen, historischen Gegebenheiten, ökonomischen Zwängen oder philosophischen Vorgaben.

Wenn jemand so oft wie Krzysztof Kieślowski Opfer politischer Zensur geworden ist, wirft es zwangsläufig Fragen auf, wenn er wie im Fall seines Fernsehfilms EIN KURZER ARBEITSTAG glaubte, zur Autozensur greifen zu müssen. Die-

---

152 Głęboko zamiast szeroko. In: *Dialog* 1/1981, S. 111.
153 Ebd.
154 Ebd., S. 110.

V. «Kino der moralischen Unruhe»

197–199 Vom spontanen Protest bis zu chaotischen Ausschreitungen

ser Film wurde – wie auch Der Zufall möglicherweise – im Dezember 1981 beendet. Nach der Verhängung des Kriegsrechts am 13.12.1981 gelangten beide dann nicht mehr zur Aufführung und landeten in den Tresoren der Zensur. Im Gegensatz aber zu seinen Dokumentar- und Spielfilmen, die mit einem Aufführungsverbot belegt waren, hat Kieślowski später selbst dafür gesorgt – wie er 1991 in der Cannes-Sondernummer der Pariser Filmzeitschrift *Studio* versicherte –, dass der Film nicht mehr gezeigt wurde: «Ich habe einmal einen ganzen Film nur über eine Demonstration gemacht. Einen Spielfilm. Niemand hat ihn gesehen. Er war besonders schlecht. Dafür ist es mir gelungen, seine Ausstrahlung zu verhindern. Zuerst hat ihn die Zensur aufs Eis gelegt, weil es eine antikommunistische Demo war. Jetzt würden sie ihn natürlich gerne laufen lassen, weil er propagandistisch nützlich sein könnte in einem Moment, in dem Propaganda wieder gebraucht wird.»[155] Ein kurzer Arbeitstag erschien ihm künstlerisch besonders misslungen und moralisch bedenklich. Kieślowski glaubte mit diesem Film in die Falle selbstgerechter Zuordnungen in der öffentlichen Meinung der Solidarność-Ära geraten zu sein und ein entsprechend plakatives Abbild der Ereignisse geliefert zu haben, das von der Wałęsa-Regierung nach der politischen Wende von 1990 propagandistisch ausgeschlachtet werden könnte.

Die extreme Polarisierung der öffentlichen Meinung und der Gesellschaft während des Kommunismus, die diese Schematismen und glasklaren Feindbilder produzierte und ihr un-

---

155 Übers.: Über die Freiheit und die neuen Spielregeln. Interview von Catherine Wimphen, *STUDIO*-Sonderheft Cannes 1991. Poln. Version *O wolności i nowych regułach gry*, in: *Kino* 9/1991, S. 8. Zu diesem Thema vgl. auch das Interview von Tadeusz Szyma *Pomóc samemu sobie*, in: *Tygodnik Powszechny* v. 12.11.1989, S. 6.

hinterfragtes Zelebrieren begünstigte, gehörte für Kieślowski zu den historischen Hypotheken seiner Generation aus dieser Zeit, die man, einmal angesteckt, wie ein AIDS-Virus bis zum Tod in sich trägt:

> «Das betrifft alle, die einmal mit Kommunismus in Berührung gekommen sind, egal auf welcher Seite. Unabhängig davon, ob sie Kommunisten oder Antikommunisten waren, oder ob sie sich auf keiner der beiden Seiten engagiert hatten. Das betrifft alle. Wenn sie so lange mit diesem System zu tun hatten, wie es in Polen der Fall war – das heißt über 40 Jahre –, dann bleibt die Art und Weise zu denken, zu leben, sich zu verhalten, die Hierarchie der Werte, da, und man kann sie aus der Biologie nicht eliminieren. Man kann sie aus dem Kopf entfernen. Man kann sagen, dass man daran nicht mehr krank ist. Man kann, aber es ist nicht die Wahrheit. Es bleibt im Inneren.»[156]

156 Stok 1993, S. 96.

Polemisch auf eine Formel verkürzt, könnte man diesen Mechanismus durch eine kausale Dreierkette umschreiben: von den kollektiven Ritualen des Kommunismus über die kollektiven Rituale der «Solidarność-Streiks» und Massendemonstrationen bis zu den kollektiven Ritualen der Selbstentlastung in der Nachwendezeit.

In Übereinstimmung mit seinen Verfügungen und den Absprachen, die Kieślowski mit dem polnischen Fernsehen TVP als dem Produzenten getroffen hatte, wurde EIN KURZER ARBEITSTAG im Juni 1996 bei der Retrospektive des Internationalen Kurzfilmfestivals in Krakau nicht gezeigt. Um so verwunderlicher mutet es an, dass der Film unmittelbar danach, am 26. Juni 1996, seine Premiere im polnischen Fernsehen hatte und 1997 während der Berlinale im «Internationalen Forum des jungen Films» zu sehen war. Am 14. März 1997 kam er zur Erstaufführung im deutschen Fernsehen – als ZDF-Beitrag von «arte». Dies war möglich, weil TVP sich trotz der mündlichen Absprachen mit dem Regisseur post mortem für den Verkauf der Aufführungsrechte entschieden hatte.

VI. Von der Wirklichkeit zur Metaphysik

Zwei Leben und zwei «Familien» des Krzysztof Kieślowski

VI. Von der Wirklichkeit zur Metaphysik

«Dualistische Sichtweise der Gesellschaft – einmal als einer Harmonie, einmal als eines zynischen Spiels - bestimmt die beiden Pole von Kieślowskis Weltanschauung. Dieser Regisseur offenbart sich einmal als Rebell, einmal als jemand im Abseits, der in der Kontemplation über die Wirklichkeit versinkt, mit ihr im völligen Einklang bleibt. Die Idee seines Kinos, unverändert bis heute, bleibt ein laizistisches Glaubensbekenntnis: es ist sehr schwierig zu leben und man kann sich mit dem Schicksal nicht arrangieren; was uns einzig bleibt, ist die gegenseitige Solidarität.»

– *Tadeusz Sobolewski (Moralny niepokój i niemoralny świat)*

Mit seiner Abkehr vom gesellschaftlichen Engagement und der Hinwendung zu existenziell-metaphysischen Fragestellungen vollzog sich in der künstlerischen Biografie von Kieślowski, gewiss auch wechselseitig dadurch bedingt, eine «personelle» Wende. Die Ablösung seines «Teams» aus der Zeit des Dokumentarfilms und des «Kinos der moralischen Unruhe» ist zugleich der Beginn der Zusammenarbeit mit dem Rechtsanwalt und Drehbuch-Co-Autor Krzysztof Piesiewicz. Neben Zbigniew Preisner als Filmkomponisten sind es Kameramänner wie Sławomir Idziak, Edward Kłosiński oder Piotr Sobociński, die ab jetzt abwechselnd zu dem neuen «Team» dazustoßen. Dieser Wechsel geht einher mit der immer größer werdenden Bedeutung, die in Kieślowskis Filmen der Musik und den formal-visuellen Gestaltungsprinzipien zufällt, um die seelischen und emotionalen Vorgänge seiner Figuren durch die Musik unmittelbar vermitteln bzw. suggestiv visualisieren zu können. Nach der Unterscheidung von Agnieszka Holland über die beiden Haupttrends des polnischen Gegenwartsfilms, die Dokumentaristen und die Stilisten, wechselte Kieślowski auch die «Dokumentaristen» unter seinen Kameramännern wie Witold Stok und Jacek Petrycki gegen die «Stilisten» wie Idziak oder Sobociński aus.

In beiden Fällen, in seiner «Dokumentarfilm»-Zeit bis Anfang/Mitte der 1980er-Jahre wie in der Phase seines Spätwerks ab etwa Dekalog, bildeten die Teams verschworene Gemeinschaften, getragen von gemeinsamen Projekten, Ansichten und oft auch einer Art Geistesverwandtschaft. Diese bestand darin, jeweils die prägenden Erfahrungen, Erlebnisse, Überzeugungen, die man miteinander teilte, kreativ in die Arbeit umzusetzen und für die als Gemeinschaftsprojekte verstandene Zusammenarbeit fruchtbar zu machen. In der Dokumentarfilmzeit war es das gemeinsame Anliegen, die gesellschaftliche Wirklichkeit in Polen zu beschreiben. Dieser publizistisch-investigative Impetus eines realistischen Zugangs zur Realität diente der Suche nach Wahrheit jenseits aller ideologischen Verblendung und fand in Spielfilmen des «Kinos der moralischen Unruhe» seine Fortsetzung. Mit der Erfahrung der politischen Ohnmacht, Desintegration und Hoffnungslosigkeit in der Kriegsrecht-Zeit nach 1981 folgt in der Spätphase das gemeinsame Interesse an inneren Erlebniswelten und Fragen nach dem Stellenwert ethischer Normen (Dekalog-Zyklus). Die Auseinandersetzung mit den zentralen Werten der europäischen Kulturtradition kommt dann in der Drei Farben-Trilogie zum Tragen. Dieser Wendepunkt in Kieślowskis Œuvre lässt sich an seinem veränderten Verhältnis zur Wirklichkeit ablesen und zwischen dem Schlusskapitel des «Kinos der moralischen Unruhe», Der Zufall möglicherweise, und dem Beginn seiner internationalen Karriere mit Dekalog festmachen. Genau in diesem Zeitraum vollzieht sich eine Akzentverschiebung in seiner Betrachtungsweise der Wirklichkeit, was durch die politische Desillusionierung in der Endphase des Kommunismus noch zusätzlich untermauert wird. Dies führt zu Kieślowskis bewusstem Bruch mit dem Dokumentarfilm. Und im Gegenzug räumt er seinem Interesse an der Analyse menschlicher Emotionen, an der Motivierung des individuellen Verhaltens im sozialen Miteinander den Vorrang ein.

Kieślowski scheint – ähnlich seiner Filmheldin Véronique – zwei Leben geführt zu haben: Als Dokumentarist begann er, mit Hilfe von Kamera und Mikrophon die nackte Realität zu registrieren, um sich dann der Sphäre der Meta-Physik zuzuwenden, gleichsam die Wirklichkeit von außen aus einer existenziellen Perspektive zu betrachten. Zuerst lotete er dokumentarisch einen Lebensausschnitt aus, der wie eine Stichprobe Rückschlüsse auf das Ganze zuließ, um dann die Kontingenz der menschlichen Existenz einzufangen, die nur ein Fragment der komplexen, unbeständigen Wirklichkeit bleibt. Sein Weg führte Kieślowski also von der «nicht dargestellten Welt» hinter die Kulissen der menschlichen Existenz, unter die Haut: von der äußeren unter die innere, unsichtbare Schicht der Wirklichkeit.

Trotz des ästhetischen Wandels, der Rücknahme dokumentarisch-naturalistischer Elemente in seinen späteren Filmen, die dafür in ihrer Dramaturgie immer komplexer und dichter wurden, blieb in ihnen der Einfluss einer dokumentarischen Herangehensweise an die Wirklichkeit nach wie vor sichtbar. Die Verankerung in einer konkreten sozial-politischen Realität wich zwar in Kieślowskis Spätwerk ihrer Ästhetisierung, einer bewussten Reduktion zum Fragmentarischen. Seit dem DEKALOG kreierte er aber eine konzipierte, in ihrer Komplexität modellhafte Realität, in der er sein Erzählen in Varianten und Versuchsanordnungen zur formalen Perfektion brachte, ohne auf ethische Reflexion und nüchterne Analyse der vorhergehenden Phasen in seinem Werk zu verzichten. Die dokumentarischen Einflüsse unterliegen hier vielmehr einer kontextuellen Modifikation, tragen ästhetisch wie thematisch dazu bei, so etwas wie eine Form des «inneren Dokuments» aus der Erlebniswelt und subjektiven Wirklichkeit der Protagonisten hervorzuholen.

Ein «Röntgenbild der Seele», umschrieben es treffend die französischen Kritiker Michel Ciment und Hubert Niogret in einem Interview mit Kieślowski, als sie seiner phänomenalen Gabe auf die Spur zu kommen versuchten, innere Geheimnisse seiner Figuren sichtbar machen zu können, eine Gabe, die sie als eine Begegnung zwischen Bergman und Hitchcock apostrophierten. «(…) Mich interessiert vor allem der Mensch», antwortete Kieślowski. «Und dann muss ich die Aufmerksamkeit der Zuschauer gewinnen. Ich glaube nicht, dass ich ihr Interesse wecken kann, wenn ich sie langweile. Ich muss sie also für mich gewinnen, indem ich davon erzähle, was mich unmittelbar und tief angeht.»[1] Dafür, dass Kieślowskis Filme stets eine Einladung zum Gespräch blieben – vom Regisseur als Dialog mit den eigenen Zuschauern verstanden –, gibt es Belege in unzähligen Interviews.

---

1 «Je cherche l'explication de tout. Ein Interview von Michel Ciment und Hubert Niogret». In: *Positif* 12/1989, S. 36–43. Zit. nach dem Abdruck in: *Krzysztof Kieslowski*. Hg. v. Vincent Amiel, Paris 1997, S. 101. Vgl. auch das Interview «Ce qui m'interesse c'est l'homme» von Michel Ciment in: *Le Monde* v. 16.09.1989. Als Nachdruck aus dem *Positif*-Heft Nr. 332, 10/1988, erschien in dem von Vincent Amiel herausgegebenen Sammelband noch unter dem Titel «Les coulisses de l'âme» ein Interview mit Hubert Niogret zu EIN KURZER FILM ÜBER DAS TÖTEN, in dem Kieślowski ausdrücklich davon spricht, dass ihn einzig das interessiere, was sich hinter den «Kulissen der Seele», «in einem menschlichen Wesen» abspiele. Dabei beruft er sich auf den Dokumentarfilm als die beste Schule des synthetischen Denkens im Kino, wodurch man lernen könne, Filme knapp und sehr präzise zu machen.

Zwar tastete er sich in seinen späteren Filmen an Sphären des inneren Erlebens heran, die eigentlich «unfilmisch» sind, da sie mit der Darstellung von intersubjektiv-emotionalen Zuständen verbunden wären; dennoch gelang es Kieślowski, seine Zuschauer nicht zuletzt deswegen zu bannen, weil er dabei auf formale und dramaturgische Gestaltungsmittel zurückgriff, deren dokumentarischer Ursprung nicht zu übersehen ist: das (para-)dokumentarische Ertasten der konkreten physischen Wirklichkeit, wodurch erst die Voraussetzungen dafür geschaffen werden, nach einer Ordnung hinter der sichtbaren Realität zu suchen; parallel dazu auf der thematischen Ebene die Betonung aller Formen sinnlicher Wahrnehmung wie das voyeuristische Interesse an der Wirklichkeit in DER FILMAMATEUR oder in EIN KURZER FILM ÜBER DIE LIEBE, die Musik in DEKALOG, DIE ZWEI LEBEN DER VERONIKA und BLAU; oder die unzähligen Spiegel-, Fenster- und Lichtreflexe-Motive, das Eindringen der Kamera von außen nach innen; nicht zu vergessen die Figur des stummen Zeugen und «Beobachters» menschlicher Geschicke in DEKALOG. Des weiteren die Unmittelbarkeit des (Kamera-)Blicks, die durch Nah- und Großaufnahmen von Details erreicht wird und in ihrer Drastik sogar bis hin zu einer schockartigen Direktheit gesteigert werden kann – eine dokumentarische Haltung des Nichtausweichenwollens par exellence, die vor allem bei der Darstellung von Tod und Gewalt (DER ZUFALL MÖGLICHERWEISE, EIN KURZER FILM ÜBER DAS TÖTEN, DEKALOG) zum Vorschein kommt; Länge der Einstellungen, ein bewusstes Ausharren bei einer Einstellung, das an die Grenze des Erträglichen gehen kann, wie in der Mord- und in der Hinrichtungssequenz in EIN KURZER FILM ÜBER DAS TÖTEN. Nicht zuletzt aber auch der dramaturgische Multiperspektivismus und das Prinzip des Zufalls, die von Kieślowski in seiner dokumentarischen Konzeption einer «Dramaturgie der Wirklichkeit» bereits vorweggenommen wurden – einer Wirklichkeit, die so komplex, überraschend, widersprüchlich ist, dass sie Stoff genug für große Dramen des Lebens, Tragödien wie Komödien, bereithält – einen «psychologischen Film über den Menschen» inklusive. Alle diese (para-)dokumentarischen Vermittlungsmethoden dienen Kieślowski dazu, die Distanz zwischen seinen Protagonisten und den Zuschauern aufzuheben oder zumindest zu überbrücken. Da Kieślowski den Film als ein Medium der individuellen Selbsterkenntnis und humanes Verständigungsmittel begreift, erlaubt ihm dies aber auch, seine spezifisch «polnischen» Erfahrungen in eine universelle Sprache zu transformieren.

Ein singuläres Beispiel dafür liefert Kieślowskis nächster Film OHNE ENDE, der aus der Perspektive eines toten «Solidarność»-Anwalts die Konvention des klassischen Realismus durchbricht und psychologische Elemente mit Metaphysik, Zufalls- und Schicksalsphilosophie anreichert. Zugleich markiert OHNE ENDE den Beginn der Zusammenarbeit mit dem Drehbuch-Co-Autor Krzysztof Piesiewicz und dem Filmkomponisten Zbigniew Preisner. Während seiner beruflichen Laufbahn gruppierten sich um Kieślowski zwei «Familien», Menschen, die er um sich scharte, als er seine subversiven Dokumentarfilme und frühen Spielfilme drehte, und danach seine Wegbegleiter seit dem Film OHNE ENDE, wie Krzysztof Piesiewicz und Zbigniew Preisner, die ihm bis zu seinem letzten Projekt der DREI FARBEN-Trilogie zur Seite standen.

Die Dokumentarfilm-Crew

Das erste der «zwei Leben des Krzysztof Kieślowski» als Dokumentarist und Regisseur von Spielfilmen war von den kreativen Regisseur-Kameramann-Tandems mit Witold

Stok und Jacek Petrycki bestimmt. Sie verband mit Kieślowski eine gemeinsame Berufung: die visuelle Erfassung der realen, aber weitgehend filmisch ausgesparten bzw. tabuisierten Wirklichkeit, getragen von einem starken politischen und gesellschaftskritischen Impetus. Prägende Erfahrungen, Erlebnisse und Überzeugungen verschweißten jene Gruppe von Filmemachern zu einer Art Freundschaftszirkel, der gemeinsam Projekte auf die Beine stellte: «Das war ein herrliches Abenteuer», sagte rückblickend Witold Stok über die Dreharbeiten zu ARBEITER '71 in dem Interview *Geheimnisse wie in der Ehe*. «Ich habe ein Foto, auf dem die ganze Equipe ist. Regie Kieślowski und Zygadło, Assistenten Wisznewski, Kędzięrski und Walendowski, und Bilder machten wir zu dritt: Petrycki, Mroziuk und ich. Das war eine klasse Gruppe.»[2]

Witold Stok, Jahrgang 1947, lernte Kieślowski als Kameraassistent von Stanisław Niedbalski, dem Kameramann von Karabasz, bei den Dreharbeiten zu DIE FABRIK kennen. Als er bei ARBEITER '71 selbst für die Kamera verantwortlich zeichnete, «debütierte» Jacek Petrycki bei Kieślowski als zweiter Kameramann.

> «Es ging uns darum, die Atmosphäre im Land einzufangen. (…) Die Obrigkeit wollte uns propagandistisch ausnutzen, in der Annahme, dass man solche Jünglinge leicht manipulieren kann. Sie hat sich geirrt. (…) Wir kamen zu dem Schluss, dass die meisten Streiks von weitem gesteuert waren, aber wir konnten es im Film nicht sagen. In allen Streikkommitees haben sich Leute eingefunden, die keine authentischen Arbeiter waren. Das war eine unangenehme Enttäuschung. Für uns waren die Streiks etwas Herrliches, das im ganzen Land passierte. Dabei stellte sich heraus, dass es nur Politik war, ein dreckiges Spiel.»[3]

Stok realisierte mit Kieślowski noch REFRAIN, DER MAURER, VOM STANDPUNKT EINES NACHTWÄCHTERS, SIEBEN FRAUEN VERSCHIEDENEN ALTERS und DER BAHNHOF (sowie das Spielfilmdebüt DAS PERSONAL) – Filme, die «Beschreibungen von kleinen Lebenswelten» nahe kamen, und diese gleichsam so gestalteten als ob sie zu «Symbolen der Gesellschaft» taugen würden. «Der Zuschauer soll einen geschlossenen Zwischenraum beobachten, der Regisseur wiederum beschreibt, führt Verhältnisse vor, die in diesem Mikrokosmos herrschen.»[4]

In seinem Interview für *Sight & Sound* kolportiert Stok, dass Kieślowski immer sehr gute Leute, Assistenten und Rechercheure um sich versammelte, sehr lange an Dokumentationen zu seinen Dokumentarfilmen arbeitete, so dass zum Schluss sein Team und die Protagonisten ein freundschaftliches Verhältnis zueinander entwickelten.

> «Oft nahm er den Ton vor den Dreharbeiten auf. Er war der Meinung, dass es eine sehr intime Angelegenheit ist – und es gibt noch keine filmische Ausrüstung, diese ganzen Lampen und Scheinwerfer, Kameras usw. Dann erzählen die Leute sehr gerne von sich selbst. Er konnte stundenlang sitzen und zuhören – darin war er sehr gut, beinahe wie ein Beichtvater. Und die Menschen haben sich ihm anvertraut, er konnte zuhören, und das hat die Menschen noch offener gemacht.»[5]

---

2   Sekrety niemal małżeńskie. Interview mit Witold Stok. In: *Kino* 3/1979.
3   Stok, Witold: Potrafił słuchać. In: *Tygodnik Powszechny* / Kontrapunkt Nr. 8 v. 29.09.1996, S. III. Der Text ist auch in englischer Fassung erschienen. Macnab, Geoffrey: Working with Kieslowski. Witold Stok. Kieslowski's cinematographer: on little places and cinematic sound, and on images from the films. In: *Sight & Sound* 5/1996, S. 16–19.
4   Ebd.
5   Ebd.

VI. Von der Wirklichkeit zur Metaphysik

Bei VOM STANDPUNKT EINES NACHWÄCHTERS trieb Kieślowski diese Methode sogar soweit voran, dass er die ganze «Handlung» um den vorab aufgenommenen Ton aufbaute, so dass Stok mit seinem Team die Aufnahmen gewissermaßen wie zu einem «Playback» machte. «Wir wollten diesen Film etwas mehr fiktional machen als die früheren Dokumentarfilme. (…) Ich habe sogar Beleuchtungstechnik verwendet, die normalerweise im Spielfilm benutzt wird. Eine Zeit lang habe ich ein sehr langes Objektiv benutzt, bei dem man früher die Schärfe und andere Sachen einstellen muss, was man im Dokumentarfilm normalerweise nicht tut.»[6]

Stok lieferte auch die Bilder zu Kieślowskis TV-Spielfilmdebüt DAS PERSONAL, das er eher für einen Dokumentarfilm hielt, wurde es doch zu 80 Prozent aus der Hand gedreht: «weil Krzysztof diese Konzeption eines paradokumentarischen Films hatte und wollte, dass man aus der Hand filmt, sogar in statischen Situationen»[7]. In einem Gespräch mit Tadeusz Sobolewski wies die italienische Publizistin Marina Fabri[8] darauf hin, dass Kieślowskis Dokumentarfilme so präzise wie Gedichte komponiert seien. Dadurch entstünde auch der Eindruck, sie wären so nahe am Leben. Das, was man Wirklichkeit nennt, geschaffen durch den Menschen, sei ein Derivat von Kieślowskis Blick, und er habe von einem bestimmten Zeitpunkt an «die Kamera auf den Menschen gerichtet».

Als unmittelbarer «Zeitzeuge» führt Stok diese Eigentümlichkeit von Kieślowskis Dokumentarfilmen auf den Einfluss ihrer gemeinsamen Lehrer an der Filmhochschule und auf die Tradition des polnischen Dokumentarfilms zurück:

«Die damaligen Dokumentarfilme unterschieden sich ziemlich stark davon, was wir heute dafür halten. Sie hatten eine klare Konstruktion: Man lehrte uns, dass wir mit der Kamera losziehen sollen, wenn wir eine konkrete Idee haben, und nicht nur das registrieren, was passiert. Und Krzysztof war darin unübertroffen. Schon zu Beginn seiner Karriere hatte er eine klare Konzeption der Filmkonstruktion. An verschiedenen erzählerischen Ideen, wie DEKALOG oder DREI FARBEN, sieht man, dass es für ihn in den späteren Filmen genauso wichtig war. Er mochte alles in einer natürlichen Ordnung der Welt ansiedeln.»[9]

Bei seinem letzten öffentlichen Auftritt in Posen Ende Februar 1996 amüsierte sich Kieślowski rückblickend darüber, wie es ihm in seinen ersten Studentenfilmen nicht gelungen war, genau diese von Karabasz eingeforderte präzise Konstruktion eines Dokumentarfilms in die Materie des Films umzusetzen:

«Ich habe einen Film über eine Milchbar gemacht. Ältere Frauen kommen und essen anderen ihre Knödel weg, vor der Milchbar sitzt ein Geiger und fiedelt merkwürdig verfälschend die Nationalhymne. Und ich glaubte, das sei ungeheuer bedeutend. Ich habe es alles gedreht, Karabasz gezeigt, und er hat gesagt: Wissen Sie, sogar wenn hier Eisenstein käme, würde er daraus nichts montieren können. Er hatte recht, weil darin alles das war, wovon ich spreche: Ältere Frauen, Knödel, Geiger und ‹Noch ist Polen …› – nur daraus baute sich keine weitreichendere Idee auf.

6   Ebd.
7   Ebd.
8   Vgl. Sobolewski, Tadeusz: Twarze Kieślowskiego. In: *Gazeta Wyborcza* (Nr. 57) v. 08.-09.03.1997, S. 14.
9   Stok, Witold: Potrafił słuchać. In: *Tygodnik Powszechny* / Kontrapunkt Nr. 8 v. 29.09.1996, S. III. Danusia Stok, die Ehefrau von Witold Stok, der seit 1981 in England lebt und viele Dokumentarfilme für die BBC realisiert hat, hat übrigens anhand mehrerer Interviews mit Krzysztof Kieślowski 1993 dessen Autobiografie *Kieślowski on Kieślowski* bei Faber&Faber in London herausgegeben.

Es war nur ein Gefühl, wir beschreiben, wie eine Milchbar aussieht – das heißt, dass wir so individuell schon bei der älteren Frau mit den Knödeln sind, aber das bedeutet nichts weiter, überträgt sich nicht in eine Art von Leid, das von irgend jemand anderem geteilt werden könnte.»[10]

Das Zugehörigkeitsgefühl zu einer Generationsgemeinschaft, gemeinsame Interessen und künstlerische Anschauungen prägten auch das Verhältnis von Jacek Petrycki, Jahrgang 1948, zu Kieślowski, mit dem er erstmals bei ARBEITER '71 zusammengearbeitet hat:

«Wir haben uns schrecklich die Finger verbrannt. Das war unser gemeinsames Drama, des ganzen Teams. Wir waren alle wütend, dass wir uns so reinlegen, verführen ließen durch diese zweifelhaften Versprechen. (…) Wir haben gesoffen und geweint, weil das ganze Team sich bei diesen ARBEITERN allen Ernstes engagiert hat. Wir haben wie wilde Esel gearbeitet; morgens fünf Drehstunden in Posen, nachmittags fünf Stunden in Stettin, ohne Unterlass, und was hat man mit unserer Arbeit gemacht?»[11]

In seinem nostalgischen Text *Als wir es noch mochten, die Welt zu registrieren* (Kiedy jeszcze lubiliśmy rejestrować świat) schildert Petrycki chronologisch die Etappen seiner Zusammenarbeit mit Kieślowski bis zu ihrem letzten gemeinsamen Film OHNE ENDE und verweist auf die enorme Autorität, die Kieślowski bereits nach seinem ersten Festivalerfolg mit ERSTE LIEBE in der Dokumentaristen-Welt genoss:

«Wären nicht diese seinen Eigenschaften, hätten wir auch nicht diese ‹Krise des Dokumentarfilms› akzeptiert, die im bestimmten Moment in Krzysztofs Kopf begann. Wir, das heißt unsere ganze damalige Clique; darin waren noch Tomasz Zygadło, Piotr Kwiatkowski, Witold Stok… In dieser Gruppe gab es keinen Spaß; wir haben dem Dokumentarfilm die Treue geschworen, wie kleine Jungs Blutsbrüderschaft schließen. Wir haben uns gesagt, dass uns nur der wahre Film interessiert, und nicht irgendwelche Kopfgeburten; dass wir nie unseren Fuß ins Nest des fiktionalen Bösen setzen werden.»

Bei soviel Enthusiasmus, Purismus und Rigorismus musste der dokumentarische Freundeszirkel die ersten Gehversuche Kieślowskis im Bereich des Spielfilms als Verrat empfinden. Dank seiner Autorität erfasste aber auch diese verschworene Gemeinschaft allmählich ein Umdenkungsprozess. Kieślowskis fortschreitende Umorientierung Richtung Fiktion legte nahe, wie Petrycki sagt, dass darin scheinbar «eine Möglichkeit lag, unser eigenes Sichtfeld auszuweiten. Wir haben uns gesagt, dass wir keine Spielfilme machen, sondern uns in Wahrheit gänzlich auf unsere Erfahrungen im Dokumentarfilm stützen. So war es auf jeden Fall bei GEFÄHRLICHE RUHE (…).»[12] Als informelle Gruppe der «fiktionalen Schule der Antifiktionalisten» begannen Kieślowskis Mitarbeiter – vor allem Petrycki als Kameramann von GEFÄHRLICHE RUHE, DER FILMAMATEUR und aller Kinofilme von Agnieszka Holland – sich an Spielfilmprojekten zu beteiligen. Dies geschah freilich mit der selbstauferlegten Einschränkung, bestimmte Gestaltungsprinzipien des Dokumentarfilms beizubehalten – etwa einen fotografischen Kamerastil, der sehr sensibel alles das im Bild festhalten sollte, was flüchtig ist. Statt formaler Kunststücke wollten sie eine «durchsichtige Fotografie»[13] ma-

---

10 Kieślowski: dwie rozmowy. Ostatnie spotkanie. Fragmenty spotkania z Krzysztofem Kieślowskim (24. II.1996). Teatr Ósmego Dnia, Poznań. Herausgegeben von Marek Hendrykowski. In: *Kino* 5/1996, S. 12.
11 Petrycki, Jacek: Kiedy jeszcze lubiliśmy rejestrować świat. In: Lubelski 1997, S. 179.
12 Ebd.
13 Vgl. das Interview mit Jacek Petrycki *Przezroczysta fotografia*. In: *Film* Nr. 20/1980, S. 8–9.

chen, damit der Zuschauer die Anwesenheit der Kamera vergisst.

> «Das Hauptprinzip» lautete jedoch, «die Bedeutungen zu multiplizieren. Das heißt zu jeder Szene, zu jeder Reaktion des Helden interpretatorische Flächen hinzuzufügen. In GEFÄHRLICHE RUHE ging unsere ganze Invention dahin, nebenbei, von der Seite her zu erzählen. Dies resultierte aus der damals üblichen äsopschen Konvention, aus der Gewohnheit, zwischen den Zeilen zu lesen. Wir haben diese Gewohnheit vom Dokumentarfilm mitgebracht (…). Darüber hinaus schien uns, dass sich der Zuschauer besser in das filmische Räderwerk hinein drehen lässt, wenn wir ihm nicht alles geradeaus erzählen, der Reihe nach, wie es passiert ist.»[14]

Als Kieślowski aber den Boden des klassischen Realismus zu verlassen begann, da regte sich in der Gruppe erneut ein erbitterter Widerstand. In Petryckis Augen veränderte sich Kieślowski im Verlauf der Dreharbeiten zu DER FILMAMATEUR von Tag zu Tag, als ob er sich auf das Finale mit der abgewendeten Kamera – eine Szene, die im Drehbuch[15] nicht enthalten war – zubewegen würde. Nach Beratungen mit Wajda, Zanussi und Hanna Krall beschloss er, diese Abschlusssequenz zu drehen, was mit einem Eklat im Team endete: «Damals habe ich bemerkt, dass er sich verändert hat. Nicht nur, weil er sich zum ersten Mal apodiktisch verhalten hat, während früher jede Entscheidung absolut im Kollektiv fiel. Wir hatten den Eindruck, dass der Film in unserem Freundeszirkel entsteht. (…) Aber es gab noch etwas Neues: Der Sinn dieses Finales; dass ihm die Unterschrift so wichtig war: ‹Das bin ich.›»[16]

Da die Welt von OHNE ENDE nicht mehr die seine war, erinnert sich Petrycki ungern an die Dreharbeiten zu diesem Film. Sie fanden in Warschau statt, so dass auch der bisherige Teamwork-Geist durch die gemeinsamen Aufenthalte in Hotels weggefallen sei. «Dafür erschien ein ganz anderer Geist auf der Leinwand. Dieser neue Geist stand mir nicht mehr nahe.»[17] Seit den beiden Industriefilmen ZWISCHEN WROCŁAW UND ZIELONA GÓRA und DIE SICHERHEITSBESTIMMUNGEN IN EINEM KUPFERBERGWERK (beide 1972) hat Jacek Petrycki mit Ausnahme von Filmen, bei den Witold Stok die Kamera geführt hatte, alle Dokumentar- und frühere Spielfilme Kieślowskis bis auf DER ZUFALL MÖGLICHERWEISE fotografiert. Bis heute blieb er seiner Auffassung treu, im Film sozial-politisches Engagement, Gesellschaftskritik und realistischen Zugang zur Wirklichkeit miteinander verbinden zu wollen. Deutlich lässt sich das an seinen Projekten außerhalb Polens wie etwa dem türkischen Spielfilm von Yeşim Ustaoğlu REISE ZUR SONNE (GÜNEŞE YOLCULUK, TR/NL/D 1999) oder dem britischen Dokumentarfilm über den Kosovo-Konflikt von Dan Reed THE VALLEY (GB 1999) ablesen. Auch Witlod Stok realisierte für britische Fernsehsender mehrere Kriegsdokumentationen über Bosnien und Tschetschenien und in den letzten Jahren gesellschaftskritische Spielfilme in Polen.

Zu den wichtigsten Mitarbeitern Kieślowskis gehörte seit ERSTE LIEBE noch sein Regieassistent Krzysztof Wierzbicki, der als «unübertrefflicher Rechercheur» Jadzia und Romek Moskal und den Nachtportier «aufgestöbert» hat. Wierzbicki wählte die Interview-Partner für SPRECHENDE KÖPFE aus und erklärte ihnen den hintergründigen Sinn der lakonischen und scheinbar einfachen Fragen. Zusammen mit Petrycki als Kameramann und anderen Mitgliedern

---

14 Petrycki, Jacek: Kiedy jeszcze lubiliśmy rejestrować świat. In: Lubelski 1997, S. 182.

15 In der 1978 in *Dialog* (Nr. 11/1978, S. 48–105) publizierten Version. In dem Sammelband mit Kieślowskis Drehbüchern *Przypadek i inne teksty* (Krakau 1998) ist die Szene enthalten.

16 Petrycki, Jacek: Kiedy jeszcze lubiliśmy rejestrować świat. In: Lubelski 1997, S. 184.

17 Ebd.

der alten Doku-Crew drehte er 1995 für das dänische Fernsehen den Dokumentarfilm I'm so so über Kieślowski. Ein Porträt, das wohl deswegen so gut gelungen ist, weil Kieślowski, wie er selbst im Film sagt, sich auf Wierzbickis Fragen Antworten ausdenken musste, mit denen er die alten Freunde und Mitstreiter überraschen konnte.

Von der singulären Bedeutung von Jerzy Stuhr für die ersten Spielfilme Kieślowskis war schon die Rede. Dennoch sollte noch erwähnt werden, dass Stuhr in seinem 1997 publizierten Hommage-Text *Kieślowski: Arbeit mit dem Schauspieler. Vom Dokumentarfilm zur Fiktion* (Kieślowski: praca z aktorem. Od dokumentu do fabuły) auf den Zusammenhang hinwies, der zwischen den Helden der Dokumentarfilme Kieślowskis und den Figuren seiner Spielfilme bestand. Oft besetzte er die Schauspieler in Rollen, die den Figuren seiner Dokumentarfilme nachempfunden waren – wie etwa der karrieresüchtige und opportunistische Assistent von Bednarz in Die Narbe, für den ein junger Parteiaktivist und Mitglied der Kontrollkommission aus Der Lebenslauf die Vorlage lieferte. Darin mag auch der veristische Zugang Kieślowskis zur Arbeit mit dem Schauspieler begründet gewesen sein: dass er – wie Stuhr sagt – so mühsam nach der Wahrheit über seine Figuren, nach maximaler Ehrlichkeit, Authentizität suchte, weil er «über solche ‹wahren› Menschen doch jahrelang Dokumentarfilme gemacht hatte»[18].

Dank seiner Erfahrungen als Dokumentarist kannte Kieślowski genau die Verhaltensweisen, Intonationen der Sprache, Gesten und Bewegungen und verfügte dadurch über ein enormes Gespür für die faktische Unverstelltheit im Benehmen seiner Figuren und für unverfälschte Dialoge; dieses «absolute Gehör» und intuitive Gespür des

201 Dokumentarfilm-Crew: Neben Kieślowski beginnend Krzysztof Wierzbicki, Michał Żarnecki und Jacek Petrycki in der Pause der Drehearbeiten zu I'am so so

Dokumentaristen für die Wahrhaftigkeit bestätigten später auch Jean-Louis Trintignant und der Toningenieur bei der Drei-Farben-Trilogie, Jean-Claude Laureux. In dem Sonderheft der französischen Zeitschrift *Télérama*, *La passion Kieslowski*, bescheinigten sie Kieślowski einen verblüffenden Gehörsinn für Dialoge, für «die» Wahrheit von Bedeutungen und Bedeutungsnuancen sowie für die Melodik der Sprache, ohne dass er des Französischen mächtig gewesen wäre.

Beinahe von Anfang an gehörten zu Kieślowskis Team auch der Toningenieur Michał Żarnecki und die Tonfrau Małgorzata Jaworska, die bis zur Drei-Farben-Trilogie für den Ton in fast allen seinen Dokumentar- und Spielfilmen verantwortlich waren. Die langjährige Cutterin seiner Dokumentar- und ersten Spielfilme, Lidia Zonn, löste seit Dekalog Ewa Smal ab. Während aber Jaworska und Żarnecki auch nach dem Rubikon von Ohne Ende weiter für Kieślowski arbeiteten, sollte es für Jacek Petrycki das (vor-)letzte gemeinsame Projekt werden. Definitiv das letzte Mal arbeitete er mit Kieślowski bei dessen dokumentarischem «Rückfall» Sieben Tage einer Woche.

---

18 Stuhr, Jerzy: Kieślowski: praca z aktorem. Od dokumentu do fabuły. In: Lubelski 1997, S. 187.

Krzysztof Piesiewicz

Im Kriegszustand machte sich der Rechtsanwalt Krzysztof Piesiewicz während der politischen Prozesse gegen Oppositionelle und Anführer der Arbeiterstreiks aus dem Umkreis der verbotenen Gewerkschaft «Solidarność» einen Namen. Zu einer Figur des öffentlichen Lebens wurde Piesiewicz, als er im Prozess gegen Angehörige des Sicherheitsapparates, die den Arbeiter-Priester Jerzy Popiełuszko ermordeten, Untersuchungsrichter war. Um in den ersten Monaten nach der Ausrufung des Kriegszustands dem Gefühl einer tiefen Niedergeschlagenheit zu entkommen, entschied sich Kieślowski gegen seinen gefassten Entschluss noch einmal auf sein altes Metier zurückzugreifen. Zunächst wollte er einen Dokumentarfilm über junge Rekruten machen, die verhöhnende Protestparolen auf Häuserwänden übermalen mussten; dann eine Dokumentation über politische Gerichtsverfahren, bei denen Menschen bereits für Nichtigkeiten mit hohen Gefängnisstrafen belegt wurden. Es war die Anfangsphase des Kriegsrechts, als Vertreter der politischen und intellektuellen Opposition noch in Lagern der Staatssicherheit interniert und alle Telefonverbindungen und Medien, ob Zeitungen, Radio oder Fernsehen, eingestellt waren, so dass keine Öffentlichkeit dafür hergestellt werden konnte, was im Land passiert.

Während er auf eine Drehgenehmigung der zuständigen Militärorgane wartete, begann Kieślowski im Frühjahr 1982 im juristischen Milieu zu recherchieren. Zunächst stieß er auf der Seite der Beklagten und ihrer Anwälte auf Gegenwehr: Niemand wusste, wie und gegen wen man derartiges Filmmaterial später würde verwenden können. Das drakonische Strafrecht des Kriegszustands hatte seine abschreckende Wirkung nicht verfehlt. Auf Vermittlung von Hanna Krall, die als Journalistin und Mitglied der Filmgruppe «Tor» in beiden Milieus verkehrt hatte, lernte Kieślowski damals Krzysztof Piesiewicz kennen, der zu den profiliertesten Verteidigern der «KOR»- und «Solidarność»-Vertreter gehörte. Als er schließlich im November die Drehgenehmigung erhielt, war das Strafmaß der verhängten Urteile mittlerweile nicht mehr so hoch, und Piesiewicz willigte ein, dass er bei den von ihm geführten Prozessen filmen dürfte.

Während der Verhandlungen fiel Kieślowski eine Gesetzmäßigkeit auf: Sofern er im Gerichtssaal seine Kamera laufen ließ, wurden keine Gefängnisurteile mehr gefällt. Keiner der verantwortlichen Richter wollte für die Nachwelt dabei festgehalten werden, wie er im Kriegszustand tendenziöse Urteile sprach. Als diese Tatsache evident wurde, ließ Kieślowski auf die Bitte anderer Rechtsanwälte hin noch eine zweite Kamera – als Attrappe ohne Film – durch Gerichtssäle ziehen, um so die Urteile der Gerichte abmildern zu lassen. Nach 50, vielleicht 80 Prozessen, wie Kieślowski in seiner Autobiografie berichtet, brach er die Dreharbeiten ab, weil er kein einziges Urteil hat filmen können, was aber die dramaturgische Grundlage des geplanten Dokumentarfilms bilden sollte.

Um für sein Team bei der WFD dennoch die Entlohnung der geleisteten Arbeit zu erreichen, verfasste Kieślowski ein Gesuch, in dem er den Abbruch der Dreharbeiten damit begründete, gemäß der Konzeption seines Films kein verwendbares Filmmaterial zusammengetragen zu haben, da im Zeitraum der Dreharbeiten keine Urteile gesprochen worden sind. Die ungeahnten Konsequenzen waren verheerend: Zuerst wurde er vom Fernsehen herbeizitiert. Man erwartete von ihm, dass er im Fernsehen öffentlich sagen sollte, die Urteile der polnischen Gerichte im Kriegszustand wären nicht streng genug gewesen. Dann las der verhasste Innenminister, General Czesław Kiszczak, den Brief einigen Intellektuellen vor, die gerade bei ihm in einer ähnlichen Angelegenheit intervenieren wollten –

und nutzte ihn als Argument, um die Gerichtsbarkeit des Kriegszustands zu verharmlosen. Als Kieślowski bemerkte, dass er in der intellektuellen Filmwelt immer mehr isoliert wurde, suchte er Andrzej Wajda und andere Teilnehmer des Gesprächs mit Kiszczak auf, um ihnen den Brief in voller Länge zu zeigen, wodurch klar wurde, dass sie Opfer einer Manipulation geworden waren. So konnte er der «Strafe» einer Verbannung innerhalb des eigenen Milieus entkommen.

Zu diesem Zeitpunkt bot man ihm auch die Übernahme einer Filmgruppe an, als Zanussi sich gerade im Ausland aufhielt und Wajdas Gruppe «X» aufgelöst wurde. Das Militärregime hatte sehr großes Interesse daran, nach den negativen Schlagzeilen und mehreren Dutzend Menschen, die bei Demonstrationen und mit Waffengewalt aufgelösten Streiks getötet wurden, das Image Polens im Westen zu verbessern:

> «Irgendwann (…) wurde ich wieder von der Miliz vorgeladen, und man hat mich mit dem Brief und den Tonbändern, die ich angeblich dem Radio ‹Freies Europa› zur Verfügung gestellt habe, erpresst. Es ging darum, dass ich diesen Brief auf irgendwelche Weise kommentieren oder seinen Abdruck erlauben würde. Natürlich konnten sie drucken, was sie wollten, nur nach meinen Erklärungen hat er aufgehört, glaubwürdig zu sein. Die Thesen von denjenigen, die mich kompromittieren wollten, waren nicht mehr aktuell, weil die Leute wussten, worum es wirklich ging. So eine Geschichte war das. Genau damals habe ich Piesiewicz kennengelernt.»[19]

Für Krzysztof Piesiewicz, Jahrgang 1945, war die Begegnung mit Kieślowski während der politischen Prozesse – wie er in mehreren Interviews

---

19 Stok 1993, S. 130.
20 Jestem sam. Ein Interview von Katarzyna Jabłońska. In: *Więź* 9/1996, S. 99.
21 Kieślowski 1997, S. 102.

betonte – ein Zufall, der einem Wunder glich: «Krzysztof hat jedoch immer unterstrichen, dass man sich einen guten Zufall verdienen muss. Wir erarbeiten uns verschiedene Zufälligkeiten … Irgendwo, irgendwann hat man etwas gemacht, was einen kausalen Zusammenhang mit einem Phänomen herstellt, das dann eintritt.»[20] Nach den Erfahrungen bei dem abgebrochenen Dokumentarfilm wollte Kieślowski die Atmosphäre dieser Prozesse, der Gerichtssäle und ihrer feindseligen Stimmung wiedergeben. Diese resultierte weniger aus dem politischen Antagonismus, den die Prozesse zementiert hatten, als vielmehr aus der tiefen Frustration der Beklagten, aber auch der die Urteile Exekutierenden über die Absurdität der Situation, in der sie sich alle eingefunden haben:

> «Ich habe damals gedacht – bis heute denke ich übrigens so –, dass der Kriegszustand für alle eine Niederlage war, dass alle ihn verloren haben, niemand hat gewonnen. Im Kriegszustand haben wir alle die Köpfe gesenkt. Ich denke, dass wir bis heute Konsequenzen dessen tragen. Weil wir noch einmal die Hoffnung verloren haben. Die Generation, der ich angehöre, hat schon niemals den Kopf erhoben, obwohl sie, als sie die Macht im Jahr 1989 wiedererlangte, den Eindruck zu erwecken versuchte, sie habe noch Energie und Hoffnung. Ich habe niemals das Vertrauen in die Zukunft wiedergewonnen.»[21]

Kieślowski wollte genau die Absurdität dieser ausweglosen, politischen Pattsituation wiedergeben, die erdrückende, beinahe morbide Stimmung der Hoffnungslosigkeit angesichts einer historischen Falle, in der buchstäblich die ganze polnische Gesellschaft gefangen war. Um diese irreale Atmosphäre einzufangen, kam er auf die Idee, die Geschichte des Kriegszustands aus einer im doppelten Sinne metaphysischen Perspektive zu erzählen: aus der Sicht eines verstorbenen «Solidarność»-Anwalts als dem Ausgangspunkt der Filmhandlung, wodurch einerseits das eskapistisch-verzweifelte Lebensgefühl versinnbildlicht werden konnte, andererseits aber auch ein distanzierter Blick von Außen möglich war. Da er bei der Arbeit am Drehbuch aber bemerkte, dass er zu wenig über die «Kulissen, über die wirklichen Motivationen für das Verhalten der Menschen, über die wahren Konflikte»[22] wusste – nur ihre symptomatischen Folgen während der Dreharbeiten in den Gerichtssälen beobachtete, nicht die ihnen zugrundeliegenden Ursachen –, bot Kieślowski Piesiewicz die Zusammenarbeit am Drehbuch zu OHNE ENDE an:

«Damals eben begann für mich mein zweites großes, diesmal intellektuelles Abenteuer: die Zusammenarbeit und die Freundschaft mit Krzysztof Kieślowski. Noch als Student habe ich Gedichte und Essays über die Verbindungen zwischen Ethik und Recht geschrieben. Kieślowski hat mir die Arbeit an einem Text über den Kriegszustand und dessen Atmosphäre angeboten. So ist der Film OHNE ENDE entstanden. Er erzählt von meinen persönlichsten und dramatischsten Erfahrungen. Ich bin überzeugt, dass das ein wichtiger Film ist, obwohl er keinen Erfolg hatte. In Polen wurde er angegriffen durch die Machthaber, aber auch durch die Opposition, wegen seines Pessimismus und mangelnden Kampfgeistes.»[23]

Tatsächlich wurde der Film von allen relevanten gesellschaftlichen Gruppierungen angegriffen, sogar von der katholischen Kirche, da er sowohl die Repressionen des Staates als auch die Verzweiflung der erniedrigten Bevölkerung zeigte, die man damals auf die kurze Formel brachte: «Der Staat hat die Gesellschaft überfallen.» Das Tandem Kieślowski-Piesiewicz zeigte aber auch die juristischen Spitzfindigkeiten und Tauziehen-Strategien der Verteidigung bei den Prozessen, was – multipliziert um den symbolischen Tod des «Solidarność»-Anwalts – in den Augen der Untergrund-«Solidarność» den Kampfgeist untergrub. Genauso wie der verzweifelte Freitod der Protagonistin, die ihren kleinen Sohn alleine zurücklässt, vor allem die Missbilligung der Kirche hervorrief:

«Wir wollten die Hoffnung und das Verantwortungsgefühl in jenen Monaten, die dem Kriegszustand vorangegangen waren, darstellen und die Anwesenheit eines Geistes ist ein bekannter dramaturgischer Kunstgriff. Mehr noch, in den Jahren 1982–83 lebten wir in Polen in einer irrealen Atmosphäre. Das war eine Art Flucht vor der Wirklichkeit; man suchte Zuflucht in der Religion oder im Spiritismus wie in diesem Film. Übrigens diese Anwesenheit des Spiritismus in OHNE ENDE hat uns für Angriffe von allen Seiten anfällig gemacht, und besonders von der Seite der katholischen Presse. Vielleicht war der Film zu persönlich…».[24]

Nach den Querelen um OHNE ENDE, in deren Verlauf eine regelrechte Presse-Schlammschlacht mit vorgeschobenen Argumenten ausgetragen wurde und ungerechte, persönliche Vorwürfe gefallen sind, zog Kieślowski für sich Konsequenzen und beschloss, die Politik für immer aus seinen Filmen zu eliminieren: «Und damals haben wir mit Piesiewicz festgestellt, dass man alles das wegwerfen muss, was Politik ist, und die Aufmerksamkeit darauf richten, was wichtiger als die Politik ist. Und wichtiger als die Politik sind z. B. die Gefühle.»[25]

«Um leben zu wollen, muss man viel aushalten können», lautet eine bekannte Sentenz von Kieślowski, die oft von seinen Mitarbeitern und

22 Ebd.
23 Entretien avec Krzysztof Piesiewicz, scénariste et avocat. Ein Interview von Michel Ciment. In: *Positif* 12/1989. Zit. nach *Krzysztof Kieslowski*. Hg. v. Amiel, Vincent. Paris 1997, S. 164.
24 Ebd.
25 Zawiśliński 1994, S. 25.

polnischen Filmkritikern zitiert wird. Im Zusammenhang mit den Auseinandersetzungen um Ohne Ende erhält die Sentenz aber die Qualität eines geflügelten Wortes. Man kann darüber spekulieren, ob hier die Akzentverschiebung in Kieślowskis Verhältnis zur Wirklichkeit ihren endgültigen Anstoß gefunden hat. Ob diese zum großen Teil persönlichen Anfeindungen so tiefe Spuren hinterlassen haben, dass Kieślowski seit seinem nächsten Projekt (Dekalog) begann, der realen Sphäre der Wirklichkeit seine eigene Modellwelt als eine Utopie der Hoffnung und zwischenmenschlicher Solidarität entgegenzusetzen. So konnte er auch als Urheber seines eigenen modellhaften Mikrokosmos Korrekturen an der unberechenbaren, komplexen, unbeständigen Wirklichkeit vornehmen, die in der realen Welt der Zufälle und verhängnisvollen Verkettungen von Ereignissen außerhalb der Reichweite des Individuums liegen. «Ich habe ihn einmal gefragt», schreibt Tadeusz Sobolewski, «was er am meisten nicht leiden kann. Er sagte: den Fanatismus. Einverstanden, selbst war er aber ein Fanatiker. Fanatiker der Wahrheit. Obwohl er oft Sachen erfand, schwindelte. Oft aber machen uns solche Spinnereien deutlicher bewusst, was die Wahrheit ist. Mir kommt es vor, dass Krzysztof ein Mensch war, der tief glaubte – an die Wahrheit, an die Liebe und an die Hoffnung.»[26]

Diese Werte verkörperte damals Papst Johannes Paul II. kraft der Autorität seines Amtes. Für die Mehrheit der Polen hatten seine Pilgerfahrten in die alte Heimat den Charakter von politischen Glaubensdemonstrationen, die der zersprengten Gesellschaft die eigene Kraft einer Gemeinschaft spürbar werden ließen. Andrzej Trzos-Rastawiecki hatte versucht, sich diesem

202 Krzysztof Piesiewicz

(Massen-)Phänomen in seinen Dokumentarfilmen Pielgrzym (Der Pilger, PL 1979) und Credo (PL 1983) anzunähern; letzteren sollte während der Pilgerfahrt von Johannes Paul II. 1983 ursprünglich Krzysztof Kieślowski realisieren. Die dramaturgische Idee zu diesem Dokumentarfilm bestand darin, die Massen von Menschen, wartend auf den Papst, wie eine Verkörperung der Hoffnung zu zeigen. Sehr bald kam es aber zu einem Konflikt mit den Produzenten, als Kieślowski offiziell gefragt wurde, ob er kirchlich getraut sei, und als man ihm eine Liste der Hierarchen vorstellte, die im Film vorkommen sollten. Kieślowski gab das Projekt auf, was nicht nur seine Abneigung gegen autoritäre Machtstrukturen offenkundig macht, sondern ebenso seine Distanz gegenüber Massenbewegungen. In einem Interview mit Hans Günther Pflaum beantwortete er die Frage nach dem Grad von Einsamkeit, der man in Polen ausgesetzt gewesen sei, wenn man innerlich unabhängig bleiben wollte, selbstironisch: «Diese Frage stellen wir uns sehr oft. Wir, das sind diejenigen, die unabhängig bleiben wollen. Unabhängig vom System, von der Opposition und von der Kirche. Könnte man sich in diesem Bedürfnis nach Unabhängigkeit nicht vereinigen? Doch, das würde wohl eine Abhängigkeit von der vereinigten Unabhängigkeit bedeuten.»[27]

Jene «Gemeinschaft von Menschen seitwärts», wie Piesiewicz eine Art Geistes- oder Wahlverwandtschaft von Menschen definierte, die abseits der gängigen Moden und Trends, aber auch der institutionellen Vorgaben von In-

---

26 Sobolewski, Tadeusz: Twarze Kieślowskiego. In: *Gazeta Wyborcza* (Nr. 57) v. 08.-09.03.1997, S. 14.
27 Wir sind sehr einsam. Ein Interview von H. G. Pflaum. In: *Süddeutsche Zeitung* v. 25.01.1989.

teressenverbänden und Gruppierungen stehen, sei es Kieślowski gelungen, mit seinen Filmen zu erreichen:

> «Krzysztof hatte seine treue Gruppe von Zuschauern. Ich habe sie einmal die ‹Gemeinschaft seitenwärts stehend› genannt. So oft ich mit ihm zu Autorenabenden fuhr, so viele Male habe ich mich überzeugt, dass es etwas andere Leute als die Gestalter unserer Wirklichkeit sind. Das sind Leute, die an der Hauptströmung der Ereignisse nicht teilnehmen. Ich vermute sogar, dass sie daran nicht teilnehmen wollen, weil sie wissen, dass sie keinen Einfluss darauf haben werden, was passiert. Das ist eben eine Zuschauerschaft, die immer von der Kunst innere Einkehr und Durchdringung erwartete.»[28]

Die Grundlage für diesen Dialog bildete für Kieślowski die Universalität der Gefühle – menschlicher Regungen und Affekte oder existenzieller Dramen, die unabhängig von kulturellen Differenzen und geopolitischen Besonderheiten allen Menschen eigen und für alle verständlich sind:

> «Es ist absurd, Menschen Orten zuzuordnen, an denen sie geboren, aufgewachsen sind oder wo sie wohnen. Natürlich spielt all dies auch für mich eine große Rolle, ganz klar. Das spiegelt sich in vielen verschiedenen Aspekten, vielen Ausdrucksweisen in den Filmen wider. Aber es darf doch keine Einschränkung sein. Man sollte davon ausgehen, dass alle Menschen in der ganzen Welt, unabhängig davon, wo sie geboren, aufgewachsen, erzogen worden sind, eigentlich gleich, einander sehr ähnlich sind. Zugleich sollte man wissen, dass jeder anders ist. (…) Man muss auch wissen, dass jedes einzelne Schicksal sich auf bestimmte Weise in Hunderten, Tausenden, Millionen widerspiegelt. In diesen Schicksalen sollte man das gemeinsame erkennen. (…) Wenn man Geschichten erzählt, müssen sie so sein, dass man in ihnen sowohl den einzelnen Aspekt, als auch ein breites Spektrum findet, das allen Menschen gemeinsam ist. Es sollte ein Film sein, der für alle Leute auf der Welt wichtig ist. Und was ist das? Für jeden Menschen auf der Welt ist Einsamkeit wichtig, für jeden ist die Angst wichtig, und für jeden ist die Liebe wichtig, und für jeden Menschen ist das Fehlen von Liebe wichtig, für jeden.»[29]

Zu diesen Schlussfolgerungen kamen er und Piesiewicz an einem bestimmten Punkt ihres Lebens gleichzeitig. Später sollen sie sich oft darüber unterhalten haben, erinnert sich Piesiewicz, dass bestimmte Leute, wenn sie zusammen sind, eine «kritische Masse» freisetzen, die die Präferenzen der Gemeinsamkeit bestimmt. Als sie sich begegneten, hatte Kieślowski gerade seine Mutter durch einen tödlichen Autounfall verloren, eine Erfahrung, die Piesiewicz einige Jahre später ebenfalls nicht erspart bleiben sollte. Während Kieślowski damals sehr skeptisch und pessimistisch war, was die weiteren Entwicklungen anbetrifft, ließ Piesiewicz sich seinen Optimismus nicht nehmen, eine Relation, die mit den Jahren eine umgekehrte Gewichtung annehmen sollte:

> «Gewiss haben wir uns also beide etwas gegeben. Bei ihm habe ich eine große Schule des Aufbauens von Ausdrucksmitteln absolviert. Niederschreiben eines Drehbuchs. Training im Bereich des Auslassens. Dressur mit dem Ziel, zu verstehen, dass ein wirklicher Dialog ein Dialog zwischen Menschen ist, die daran gewöhnt sind, die Wahrheit zu verbergen. Sowie das Erlernen

---

28 Piesiewicz, Krzysztof: Skupienie i przenikliwość. In: Lubelski 1997, S. 207.
29 Leben und Filme machen sind zwei sehr verschiedene Dinge. Ein Interview von Lothar Kompatzki und Andreas Voigt, in: *Film und Fernsehen* 2/1997, S. 42–43.

Farbstrecke I • Dokumentarfilme

1 Durchleuchtung: Im Lungensanatorium (S. 96–97)

2 Erste Liebe: Wohnungssuche (S. 103)

4 Der Maurer: 1.-Mai-Parade (S. 90–91)

3 Arbeiter '71: Klage der Arbeiterinnen in der Küstenregion (S. 88–90)

5 Vom Standpunkt eines Nachtwächters: Stich ins Grüne und ins Gelbe des ORWO-Filmmaterials (S. 114, 366)

Farbstrecke I • Frühwerk

6 Die Narbe: Funktionäre kommen in den Ort (S. 183, 185)

7 Die Narbe: Macht macht einsam (S. 185–187)

Farbstrecke I • Frühwerk

8 Die Narbe: Von oben hat man besseren Überblick (S. 183, 188–189)

9 Gefährliche Ruhe: Anteks Vision von galoppierenden Pferden (S. 193, 430)

Farbstrecke I • Frühwerk

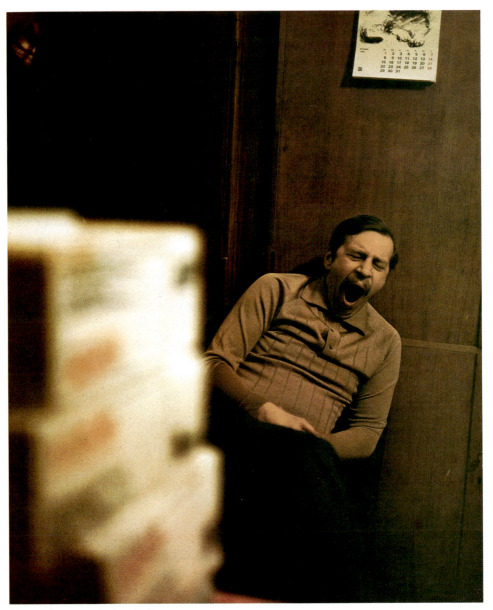

10 Der Filmamateur in einer Drehpause

Farbstrecke I • Frühwerk

11 Arbeitsschutzübung in Der Filmamateur (S. 114, 210)

12 Der Zufall möglicherweise: Werner überprüft Witeks Flugticket wie der Richter in Rot Valentines Fähreticket (S. 218, 223)

13 Dreimal wiederholte Bahnhofssequenz in Der Zufall möglicherweise (S. 223, 225, 229)

14 Der Zufall möglicherweise: Werkas und Witeks Hände «berühren sich» durch das Fenster (S. 220, 227, 324)

Farbstrecke I • Frühwerk

15 Ohne Ende: Der Mann aus Marmor und Eisen ist tot (S. 298)

16 Nach der Wende – Cannes 1990: Andrzej Żuławski, Andrzej Wajda, Agnieszka Holland, Roman Polanski, Ryszard Bugajski und Krzysztof Kieślowski

17 Einsatzbereit, Computer in DEKALOG 1 (S. 317, 323)

18 Die Biene im Teeglas aus DEKALOG 2 (S. 287, 323)

19 Die Lektüre von Flauberts *Madame Bovary* in DEKALOG 7 (S. 362)

20 Die schwangere Frau «bringt» ihre Pflanze «um» in DEKALOG 2 (S. 503)

21 Das zurückgewiesene Kind in DEKALOG 8 (S. 309, 320, 344)

22 Auf Distanz: Magda provoziert Tomek in DEKALOG 6 (S. 324)

Farbstrecke I • Hauptwerk

23–28 Dekalog 5 und Ein kurzer Film über das Töten: Zeichen/Echos sinnloser Gewalt (S. 335–342)

Farbstrecke I • Hauptwerk

29 Optische Apparate und ihre wirklichkeitsverzerrende Perspektive in Die zwei Leben der Veronika (S. 356, 367; siehe auch S. 491, Abb. 34)

30 Die Kunst als Artefakt des homo faber in Die zwei Leben der Veronika (S. 356-359)

Farbstrecke I • Exkurs: «Wie durch einen goldenen Schleier»

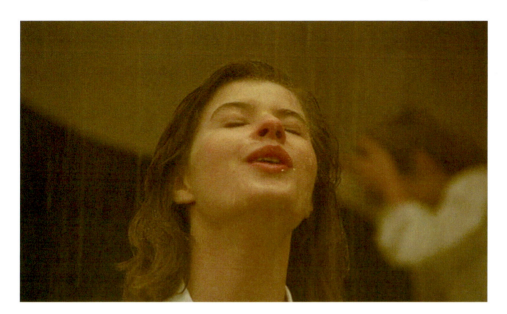

31–32 Von Sepiabraun bis Goldgelb oder die Farbe der Vorsehung: Weronika in Gesangsekstase (oben); goldener Staub (unten) (S. 367)

Farbstrecke I • Die Drei-Farben-Trilogie: BLAU, WEISS, ROT

33 DREI FARBEN: BLAU:
Illusion der Freiheit
(S. 388 und 428)

34 DREI FARBEN: WEISS:
Fetisch der Gleichheit
(S. 399)

35 DREI FARBEN: ROT:
Versprechen der
Brüderlichkeit (S. 417)

Farbstrecke I • Die Drei-Farben-Trilogie: BLAU, WEISS, ROT

36 Die «Wiedergeburt» in BLAU (S. 385)

37 Die Unschärfe als ein sensitives Stimulans für die Musikwahrnehmung (S. 390)

Farbstrecke I • Die Drei-Farben-Trilogie: BLAU, WEISS, ROT

38 DREI FARBEN: WEISS: die Hochzeit (S. 394)

39 Comédie humaine à la Kieślowski. Auf einem Pressefoto von Karols Begräbnis versammelt er von GEFÄHRLICHE RUHE bis WEISS Figuren aus seinem Kino-Universum (S. 403–404, 428)

Farbstrecke I • Die Drei-Farben-Trilogie: Blau, Weiss, Rot

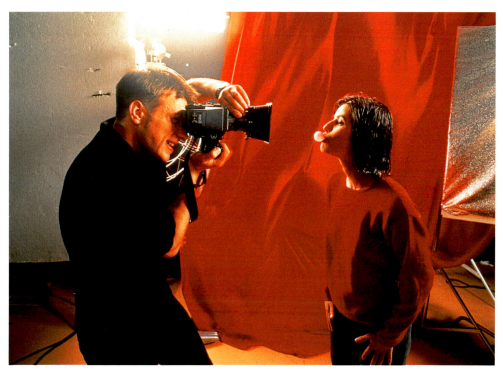

40 Rot: Fotosession (S. 417)

41 Van den Budenmayers CD-Cover
(S. 280, 378, 404, 421 und 424)

42 «Epigonen oder Erben»: Julian Schnabels Film Schmetterling und Taucherglocke mit vielen optischen Introspektionselementen (S. 497–498)

Farbstrecke I • Epigonen oder Erben

43–45 Danis Tanović's L'ENFER (WIE IN DER HÖLLE). Zitate aus Kieślowskis Filmen: die ertrinkende Biene im Glas, eine weiße Arztpraxis, optische Instrumente (S. 504)

des Durchdringens von Kostümierungen, die die Menschen sich zulegen. Einmal habe ich das sogar für mich definiert – als Frage, wie man Wahrheit in der Unwahrheit findet. Solche Übungen habe ich ganz natürlich mit ihm durchgeführt, während der Arbeit.»[30]

Für Kieślowski war Piesiewicz in erster Linie ein Ideenlieferant und ein geistiger Wegbegleiter, der mit ihm die vielschichtige Materie ihrer gemeinsamen Projekte diskutierte und zur Klärung der Begriffe und dramaturgischen Knackpunkte wesentlich beitrug: «Die Arbeit an Drehbüchern ist bei ihm vorwiegend auf die Freizeit beschränkt. Seine Stärke liegt im Durchdenken und Durchdiskutieren der Projekte sowie im Feedback, das er mir zu geben versteht. Darauf bin ich unbedingt angewiesen. Zum Schreiben ist er weniger berufen. Da macht er viele Fehler. Deshalb besorge ich das selbst.»[31] Zum Zeitpunkt der Premiere von OHNE ENDE im Juni 1985 erfolgten die ersten Amnestien für die politische Opposition, was erst mit einer halbjährigen Verspätung die Uraufführung des Films möglich machte. Nach den bitteren Erfahrungen, die damit verbunden waren, trafen sich Kieślowski und Piesiewicz an einem verregneten, kalten Tag zufällig auf der Straße. Kieślowski hatte einen Handschuh verloren, und Piesiewicz sagte in diesem Moment, wie Kieślowski sich in seiner Autobiografie erinnert, man müsse den Dekalog machen.

> «Im Land herrschte Chaos und Unordnung – in jedem Bereich, in jeder Hinsicht und in fast jedem Leben. Die Anspannung, das Gefühl der Sinnlosigkeit und die Vorahnung noch schlechterer Zeiten war allgegenwärtig spürbar. In der übrigen Welt – ich fing an, schon etwas zu reisen – habe ich auch Unsicherheit beobachtet. Ich meine nicht mal die Politik, sondern das einfache, alltägliche Leben. Unter dem freundlichen Lächen habe ich Gleichgültigkeit gespürt. Ich hatte dieses eindringliche Gefühl, dass ich immer häufiger Menschen sah, die nicht wussten, wofür sie lebten. Ich habe mir also gedacht, dass Piesiewicz Recht hat, obwohl das eine sehr schwierige Aufgabe ist. Man muss DEKALOG drehen.»[32]

In seinem Essay *Innere Einkehr und Durchdringung* (Skupienie i przenikliwość) definiert Piesiewicz die Metaphysik in Opposition zum kantschen Verständnis eines Aberglaubens als die Fähigkeit, die Wirklichkeit emsig und aufmerksam betrachten zu können. Ein durchdringliches Betrachten in Kontemplation. Erst dann könne es uns gelingen, gewisse Verwandtschaft von Phänomenen, die scheinbar nichts miteinander zu tun haben, zu bemerken. Piesiewicz sieht die Sinnkrise der heutigen Gesellschaft darin begründet, dass die Grundlagenwissenschaften wie die Philosophie es den Menschen abgewöhnt hätten, an Wunder zu glauben: die «Entzauberung der Welt». Wunder wieder nicht im Sinne von Immanuel Kant, sondern Wunder als Zufälligkeit, oder eine ungewöhnliche Begegnung mit enormen Folgen. Man könnte noch hinzufügen als Geheimnis, Unergründbarkeit der menschlichen Existenz – das obsessive Thema von Kieślowskis Spätwerk: «Unsere Aufgabe bestand darin, diese Vergeistigung in die Kultur der bewegten Bilder zu transformieren. Die am meisten paranoische Bezeichnung, die ich zum Thema unserer Filme gelesen habe, das war ihre Zuordnung zum Postmodernismus. Das sie angeblich so bewusst eklektisch sind. Aber wie kann man vom Postmodernismus reden, wenn

---

30 Piesiewicz, Krzysztof: Skupienie i przenikliwość. In: Lubelski 1997, S. 200.
31 «Ich habe zehn Filme über unsere Zeit gemacht». Ein Interview von Ambros Eichenberger. In: *Zoom* 9/1990, S. 27.
32 Stok 1993, S. 143.
33 Piesiewicz, Krzysztof: Skupienie i przenikliwość. In: Lubelski 1997, S. 202.

in unseren Filmen ein Hineinklettern zum Licht ist? Und zur Hoffnung?»[33]

Die Prämisse von DEKALOG bildete die Frage nach der *conditio humana* in der Gegenwart. Daher die Eliminierung aller politischen wie sozialen Aspekte und die Konzentration auf Emotionen, die allen Menschen unabhängig von ihrem kulturellen Hintergrund eigen sind. Andererseits stand im Fokus des Interesses eine Annäherung an das «Geheimnis der menschlichen Existenz», an etwas, was Piesiewicz als die Unerklärbarkeit oder Unergründbarkeit von bestimmten Verhaltensphänomenen bezeichnet, und was nahelegt, dass man eine bestimmte Grenze der Erfahrung oder intuitiven Wahrnehmung nicht überschreiten kann. Bei dieser Unterscheidung zwischen Weltbeschreibung und Welterlebnis ist man zwangsläufig versucht, an Ludwig Wittgensteins Maxime «Wovon man nicht reden kann, darüber muss man schweigen» zu denken, mit der er die Grenzen der logischen Wahrnehmung anzeigte.

Für diese transgressive Wahrnehmung adäquate Ausdrucksmittel zu finden, die sehr diffizilen, unfassbaren Phänomene und unbeschriebenen Regionen menschlicher Erfahrung in Bildern einzufangen, darin bestand für Piesiewicz das ästhetische Experiment seiner gemeinsamen Arbeit mit Kieślowski:

> «Man muss immer wissen, was für einen Film man macht oder was für ein Buch man schreibt. Ob das eine sehr äußerliche Beschreibung der Wirklichkeit sein soll (…), oder ob man sich die Aufgabe stellt, Gefühle zu porträtieren, also das, was irgendwo tief in uns steckt, was die Motivation unseres Handelns, unserer Stimmungen, unserer Nostalgie ausmacht. Wenn man das mit Hilfe des Bildes porträtieren will – Kino ist doch eine Kunst des Bildes –, dann kann das Detail dabei eine enorme Bedeutung haben. Es kann das Mittel zur Darstellung der Gefühle sein, ein wichtiges Element, um Stimmung aufzubauen.»[34]

Das Erzählen durch Details – auch im Sinne ironisch verdichteter Bildmetaphern – folgte einer Inspiration durch die Wirklichkeit. Piesiewicz erinnert sich in Interviews daran, wie er die Wirklichkeit in Momentaufnahmen als «Flecken» wahrzunehmen begann, immer mehr gefiltert durch die Erfahrungen des Filmemachens. So habe er in Paris einmal eine Baguette holen wollen und wurde Augenzeuge einer Szene, die ihn berührte, da sie die ganze Ohnmacht des Menschen gegenüber dem Schicksal illustrierte: Eine Greisin versuchte vergeblich, eine Flasche in einen Glascontainer zu werfen. Im ersten Reflex wollte er ihr helfen, hatte es aber unterlassen, ging nach Hause und erzählte es Kieślowski. Die Szene fand Eingang in alle Teile der Trilogie mit unterschiedlicher Auflösung, je nachdem, unter welcher Prämisse die jeweilige Folge stand.

Dieses Beispiel für den sardonischen Humor Kieślowskis hat übrigens einen «Vorläufer»: Als er in Łódź studierte, beobachtete er immer eine Greisin, die in der Nähe der Filmhochschule wohnte. Gegenüber von ihrem Haus war ein Park und an seinem Eingang eine öffentliche Toilette. Höchstwahrscheinlich hatte die Greisin keine Toilette zuhause und begab sich jeden Tag um zehn Uhr morgens auf den Weg zur öffentlichen Toilette. Da sie schon sehr gebrechlich war, dauerte die Prozedur den ganzen Tag; sie stand morgens auf, ging zur Toilette und legte sich wieder schlafen. Eine groteske Lebensmetapher, die an den Mythos des Sisyphus erinnert – wie in der Sequenz mit einer Greisin am Container, der erst Valentine hilft, die Flasche in ROT loszuwerden.

Auf konkrete Erfahrungen von Piesiewicz geht auch die dramaturgische Konstruktion von DEKALOG 1 zurück. Vor dieser Folge hatten Kieślowski und er die größte Angst, da sie befürchteten, bei der vorgegebenen These in

---

34 Jestem sam. Ein Interview von Katarzyna Jabłońska. In: *Więź* 9/1996, S. 98.

die Falle der Buchstabentreue zu tappen, nicht einer Art wortwörtlicher Mimesis entfliehen zu können. So verschoben sie das Schreiben des Drehbuchs zu dieser Folge aufs Ende. Piesiewicz wohnte damals in einer Siedlung, die in der Nähe eines Sees lag. Eines Abends kehrte sein zwölfjähriger Sohn nicht vom Schlittschuhlaufen zurück. Er war allein zu Hause und spielte die schlimmstmöglichen Varianten durch. «Zweiter Fakt: Ich habe einen Cousin, der Physikprofessor in Philadelphia ist. Sein Sohn ist so genial, dass der Vater manchmal nicht versteht, was er ihm sagen will. Ich habe diese beiden Elemente verbunden, um diese Geschichte zu konstruieren. Man musste eine eigentümliche Faszination heidnischen Charakters finden, aber in der gegenwärtigen Welt.»[35] Auf diese Weise wollte er mit Kieślowski die spekulative Frage nach der Existenz der Seele stellen, die dann dramaturgisch in der Szene zwischen dem Jungen und seiner Tante aufgelöst wird:

> «Diese Antwort entspringt meiner Überzeugung, dass Idealismus empirisch ist. Ich habe intuitiv immer gespürt, dass die Entgegensetzung des Idealismus und des Materialismus ein Missverständnis ist. Jeder von uns hat doch irgendwann erlebt und selbst erfahren, dass das Gute empirisch verifizierbar ist. Und das Böse ist empirisch verifizierbar. Also gibt es keine Antinomie zwischen Empirie und Ideal, zwischen Erfahrung und der Erfahrung der Schönheit, zwischen Erfahrung und der Erfahrung der Liebe, zwischen Erfahrung und der Erfahrung des Guten und des Bösen. Um es zu verstehen, bedarf es einer inneren Sammlung und Befreiung aus der Schale aufoktroyierter Schemata. Natürlich taucht immer die Frage auf, wie man dieses Denken in die Sprache des Bildes umsetzen kann. Aber das ist schon eine andere Geschichte…»[36]

In einem Interview mit Michel Ciment verrät Piesiewicz im Zusammenhang mit der Bedeutung von Details, Gegenständen des alltäglichen Lebens, die in Kieślowskis Filmen seit OHNE ENDE eine wichtige Rolle spielen, den Ursprung dieser Faszination: «Immer war ich fasziniert von der Bedeutung der Gegenstände in den Filmen von Joseph Losey. Eine Uhr, ein Paar Schuhe dienen der Erzeugung von Stimmung. Ein Gegenstand bei ihm ist deutlich personalisiert, transportiert einen Inhalt. Ich nehme an, dass uns in DEKALOG ebenfalls gelungen ist, Spannung zu erzeugen, die von den Gegenständen herrührt.»[37]

Die Tatsache, dass Kieślowski in seinem Spätwerk, wie Piesiewicz sagt, ins Innere des Menschen hineinzudringen, die innere Wirklichkeit des Individuums zu zeigen versucht hatte und gleichsam hinter die Kulissen der Wirklichkeit, «unter das Futter der Ereignisse» hineinschauen wollte, bringt er nicht in Verbindung mit dem Beginn ihrer Zusammenarbeit: «Sehr deutliche Anzeichen dieser Erzählform sind in den Dokumentarfilmen von Kieślowski vorhanden. Das alles hat sich natürlich entwickelt, ging immer tiefer in Richtung eines gewissen Geheimnisses, das Krzysztof gewiss nicht zu dechiffrieren versuchte, aber um das er ständig kreiste. Er versuchte es nicht zu definieren, (…) wusste aber, dass die Welt darauf basiert und dass es wichtig ist, dem Geheimnis einen Raum zu lassen.»[38]

---

35 Entretien avec Krzysztof Piesiewicz, scénariste et avocat. Ein Interview von Michel Ciment. In: *Positif* 12/1989. Zit. nach *Krzysztof Kieślowski*. Hg. v. Amiel, Vincent. Paris 1997, S. 165.

36 Piesiewicz, Krzysztof: Skupienie i przenikliwość. In: Lubelski 1997, S. 205.

37 Entretien avec Krzysztof Piesiewicz, scénariste et avocat. Ein Interview von Michel Ciment. In: *Positif* 12/1989. Zit. nach *Krzysztof Kieślowski*. Hg. v. Amiel, Vincent. Paris 1997, S. 166.

38 *Jestem sam*. Ein Interview von Katarzyna Jabłońska. In: *Więź* 9/1996, S. 102.

VI. Von der Wirklichkeit zur Metaphysik

Kieślowski versuchte Festlegungen in Form von Ideologien, gängigen Denkschemata oder formelhaften Diskursen zu entkommen, aber auch Beschränkungen eines rein rational-wissenschaftlichen Weltbildes.

In Wierzbickis Dokumentarfilm I'M SO SO definierte er sein Selbstverständnis als Filmemacher mit der Sentenz: «Mein Beruf ist nicht zu wissen, sondern nicht zu wissen.» Bereits seit seinen Dokumentarfilmen übernahm Kieślowski die Rolle eines distanzierten Beobachters, der fragt, aber keine Antworten kennt, weder moralisiert noch belehrt, sondern seine Zweifel artikuliert, nach Wahrheit sucht und wissen will, den Weg dahin aber der Eindeutigkeit einer Erkenntnis vorzieht. Dies mag erklären, warum er das Geschehen vor der Kamera auch in seinen späteren Spielfilmen so genau erkundete.

Schon damals hat er in dem Interview *Den Menschen unter die Schädeldecke schauen* seine weitere Entwicklung vorweggenommen, versuchte jenen Faktoren auf die Spur zu kommen, die die Triebkräfte des menschlichen Verhaltens wie in einer mikroskopischen Nahaufnahme offenbaren. Dies sollte später seinen Kulminationspunkt in der minuziösen Beschreibung von Seelenlandschaften in DEKALOG und der DREI FARBEN-Trilogie finden:

> «Hinter allem steckt ein Geheimnis. Das ist es, was mich am Kino interessiert, die Subjektivität. Immer häufiger erzähle ich meine Filme aus einer subjektiven Perspektive. Von der Welt, die sich uns aufdrängt und uns irgendwie berührt, sehen wir nur Fetzen und Fragmente, kleine Stücke irgendeines Lebens oder eines Schicksals. Wir wissen nie, wohin das führt, und wir verstehen auch nicht, was wirklich hinter einem dieser Ereignisse steht, was für einen Menschen wir vor uns haben und was seine Geschichte ist.»[39]

Krzysztof Piesiewicz kolportiert in einem Interview, dass er und Kieślowski in ihren Filmen eine Welt beschrieben, die «keine Idee für sich selbst hat» (Kieślowski). Die Filme bildeten den Versuch, nach so einer Idee zu suchen. «Das ist nur die Frage», sagte Kieślowski, «wie man einen richtigen Schlüssel findet. Die Tür ist da. Das Schloss auch. Es geht darum, die Tür zu öffnen.»[40] Kieślowskis Schlüssel zu dieser Tür könnte der Schlüssel der Sensibilität gewesen sein. Dass damit die Frage nach den Bausteinen einer zeitgemäßen Ethik angesichts einer fundamentalen Skepsis gegenüber allen Formen der Zuschreibung – ob politischer, religiöser oder weltanschaulich-wissenschaftlicher Natur, allen «Fundamentalismen» – verbunden war, steht außer Zweifel: «Der Mensch ist irgendwo dazwischen», glaubt Piesiewicz. «Es geht darum, sich in diese Richtung zu bewegen, zu versuchen, die Anstrengung zu unternehmen, sogar dann, wenn er die ganze Zeit nur ein Sisyphus ist.»[41]

Wie man diese ungeheuer komplexen Fragen in die Sprache des Bildes umsetzt, durch die Bilder von einem unsagbaren Sinn der Welt erzählt, emotionale Zustände beschreibt, die kaum erfassbar sind – dies schildert Piesiewicz an Hand seiner gemeinsamen Arbeit mit Kieślowski an den Drehbüchern:

> «In dem Moment, in dem wir mit Krzysztof an einem Drehbuch zu arbeiten beginnen, hört diese ganze institutionalisierte Welt auf zu zählen. Bei mir ist es anders als bei professionellen Drehbuchautoren, die nur für den Film leben: Sie sind bedingt durch die Außenwelt. Ich schlage wiederum etwas scheinbar Ikonoklastisches vor: Sich-Ablösen von der Wirklichkeit. Es geht

39 Hinter allem ein Geheimnis. Ein Interview von Helmut Merker und Josef Schnelle. In: *Frankfurter Rundschau* v. 05.11.1993.
40 Vgl. das Interview *Rozmowa 2. Klucz do wrażliwości* von Tadeusz Sobolewski. In: *Kino* 9/1993, S. 14.
41 Jestem sam. Ein Interview von Katarzyna Jabłońska. In: *Więź* 9/1996, S. 111.

nämlich darum, die Wirklichkeit im Verhalten eines einzelnen Menschen zu erfassen. Darum, wie Krzysztof sagt, die Welt in einem Tropfen Wasser zu zeigen. Deswegen, wenn ich am Drehbuch arbeite, setzte ich in mir eine andere Form von Sensibilität frei. Ich versuche, das Leben wie bei einer Fotoaufnahme zu sehen, die Welt in Flecken wahrzunehmen. Wichtiger ist die Fähigkeit, Details, Gesichter, die Art und Weise, sich zu benehmen, zu sehen, als die Wiedergabe von Ursache-Wirkung-Zusammenhängen. Haben Sie bemerkt, wie der Richter in *Der Fall* sein Leben erzählt? Durch Flecken, Details, Momentaufnahmen.»[42]

Auch die Figuren von Juristen – Rechtsanwälte in Ohne Ende und Ein kurzer Film über das Töten oder Richter in Rot – gehen auf Piesiewiczs Erfahrungen zurück, obwohl das Motiv eines Tribunals in verschiedenen Variationen seit Der Lebenslauf, Das Personal und Ein kurzer Arbeitstag obsessiv in Kieślowskis Werk wiederkehrt. Da sein Vater Richter war, verfügte Piesiewicz über einen intimen Einblick in die psychologischen Eigenarten dieser Profession, bezeichnete diese Berufsgruppe als einen speziellen Menschenschlag, sehr distanziert gegenüber dem Leben, den Menschen und deren Handlungen, verschlossen, temperiert in der Ausdrucksform, streng.

Diese Charakterisierung wirkt wie eine Vorwegnahme der Figur des Richters in Drei Farben: Rot, dem Valentine mit ihrer Unbefangenheit und Zuversicht die zur Welt geschlossene Tür aufstößt und einen Schimmer der Hoffnung in sein verbittertes Leben einbringt. Dies findet

42 Ponad podziałami. Ein Interview von Tadeusz Sobolewski. In: *Kino* 6/1994, S. 10.
43 Rozmowa z Krzysztofem Piesiewiczem. Ein Interview von Urszula Biełous. In: Biełous, Urszula: *Wielcy skromni*. Warszawa 1994, S. 84.
44 Ebd.

einen Ausdruck in seiner «Beichte» und der inneren Verwandlung des Richters: «Jedoch der Schlüssel selbst zu der Beichte, die unser Held leistet, findet sich in einem meiner Lieblingsbücher, das *Der Fall* von Camus ist. Dort beichtet der Anwalt sein Leben. In Rot – der Richter.»[43] Ein interessanter Hinweis auf Albert Camus als eine sowohl ästhetische wie auch thematische Inspirationsquelle, der zu Spekulationen darüber einlädt, ob Ein kurzer Film über das Töten, wie es die französische Filmkritik interpretiert hat, ebenfalls durch Lektüre von Camus' Roman *Der Fremde* angeregt gewesen sein könnte.

Starke Echos existentialistischer Philosophie erklingen auch in Blau, wenn Piesiewicz den dort einer Revision unterzogenen Begriff der Freiheit als den Versuch einer «Flucht vor der Freiheit» (Erich Fromm) im alltäglichen Leben beschreibt, da die Annahme, dass der Mensch «zur Freiheit verurteilt» (Sartre) sei, voraussetzen würde, dass er sich von allen Abhängigkeiten frei machen müsste – auch von Gefühlen und Bindungen –, um tatsächlich die absolute Freiheit zu erreichen:

«Es gibt keine Freiheit. Kein Mensch will frei sein. Ich bin auch nicht frei: Ich habe eine Frau, Kinder, Familie, die ich liebe. Jeder will geliebt werden oder will sich verlieben oder Arbeit haben, die ihn erfüllt. Niemand will frei sein, will vielmehr souverän sein, um nicht gefesselt zu sein. Jeder will verantwortlich für seine Entscheidungen sein, mehr noch – will sogar in eine Welt eintreten, die ihn gefangen nimmt, aber die er zu besiegen versuchen wird.» Darin bestehe die «Scheinheiligkeit der Losungen: Freiheit (Liberté), Gleichheit (Egalité), Brüderlichkeit (Fraternité) – in die Masse geschleudert. Die Losungen der Französischen Revolution waren eine gigantische, historische Scheinheiligkeit. Dienten der Freisetzung der kritischen Masse, um die gesell-

VI. Von der Wirklichkeit zur Metaphysik

schaftlichen Verhältnisse zu verändern. Aber in Wirklichkeit entpuppten sie sich als unwahr, irreal, unmöglich zu realisieren.»

Sie hätten aber auch ihre positive Seite: «Sie bewirkten Akzeleration, die Beschleunigung der Ideale, Gedanken, Werte, die in der Zeit der Aufklärung aufblühten.»[44]

Wie Piesiewicz postuliert, man müsse zwar immer davon ausgehen, dass der Mensch frei sei, man solle diese Freiheit aber mit seiner Eigenverantwortlichkeit verknüpfen. Denn die souveräne Beschränkung der eigenen Freiheit bestehe gerade darin, eigene Entscheidungen treffen und die eigene Subjektivität wahren zu können, Teilnehmer und nicht Objekt eines Spiels zu sein. So gesehen, sind Kieślowskis Filme in ihrem Kern sehr optimistisch, «weil sie immer irgendwo ein Licht besaßen. Finsternis in der Beschreibung wurde nur kreiert, damit dieses Licht auftaucht – als Kontrapunkt, Chance, Hoffnung»[45]. Daher auch der Musilsche Möglichkeitssinn in seinen Filmen und der Versuch, angesichts des gemeinsamen Gefühls der Ratlosigkeit in einer technokratischen Welt von heute einen Dialog mit den Zuschauern herzustellen:

> «Um den Menschen entgegenkommen zu können, muss man zur Sache kommen. Und das beruht nicht auf einer getreuen Abbildung der Wirklichkeit, wie sie ist. Vielleicht muss man sich von dieser Wirklichkeit ‹abwenden›, wie wir uns mit Krzysztof ‹abwenden›, wenn wir ein Drehbuch schreiben? In die Tiefe greifen, versuchen, zu erspüren, was dazu führt, dass Leute ihre Vitalität verlieren, dass in ihnen immer mehr Aggression ist. Dass sie in immer geringerem Maße eine Gemeinschaft sind? Dass die zwischenmenschlichen Bindungen nachlassen?»[46]

Kino sei dafür ein idealer Ort, da es das Medium eines Gemeinschaftserlebnisses ist, das der Regisseur animiert und dafür sorgen kann, dass es Energien freisetzt, die eine gewisse Nachdenklichkeit bewirken können: «Das Gespräch ist für mich interessant, d.h. Aktivität von beiden Seiten. Wenn ich Filme mache, dann auch deshalb», sagt Kieślowski, «weil ich eine Antwort von den Zuschauern erwarte. (…) Dass sie sich selbst in ihrem Innersten beantworten, was sie gesehen haben. Mit anderen Worten; dass es zu einem Dialog kommt.»[47]

Seit OHNE ENDE fällt in den gemeinsam mit Piesiewicz realisierten Filmen auch die gewandelte Rolle von Frauen bei Kieślowski auf. Sie avancieren nicht nur zu Protagonistinnen, sondern sind Trägerinnen der jeweiligen Idee, vor allem in DIE ZWEI LEBEN DER VERONIKA und DREI FARBEN. Ein Charakteristikum seiner früheren Filme bis hin zu DEKALOG war, dass es bei Kieślowski so gut wie nie funktionierende Ehe- und Familiengemeinschaften gab und auch die Liebesbeziehungen meistens an den gesellschaftlich bedingten Hindernissen scheiterten oder an dem Unvermögen der Frauen (in DER FILMAMATEUR), die neuen Interessen und Bedürfnisse des Mannes zu akzeptieren oder gar zu teilen. Meistens wurden sie in der konventionellen Rolle der Ehefrau und Mutter an der Seite des Mannes dargestellt, was Kieślowski den Vorwurf der feministischen Filmkritik einbrachte, Frauenfiguren ausschließlich aus männlicher Sicht als Anhängsel des Mannes zu zeigen.

Die polnische Filmhistorikerin Alicja Helman hat in ihrem detaillierten Aufsatz *Women in Kieślowski's late films*[48] den Gender-Diskurs in

---

45 Jestem sam. Ein Interview von Katarzyna Jabłońska. In: *Więź* 9/1996, S. 104.
46 Ponad podziałami. Ein interview von Tadeusz Sobolewski. In: *Kino* 6/1994, S. 12–13.
47 Leben und Filme machen sind zwei sehr verschiedene Dinge. Ein Interview von Lothar Kompatzki und Andreas Voigt. In: *Film und Fernsehen* 2/1997, S. 41.
48 In: *Lucid Dreams. The Films of Krzysztof Kieślowski.* Hg. v. Paul Coates, S. 116–135. Poln. Originalfas-

Bezug auf Kieślowskis Werk rekonstruiert und darauf hingewiesen, dass er zu kurz greift. Die Figur von Valentine bilde den Kulminationspunkt eines langen Weges, «den die Heldinnen Kieślowskis, aber auch er selbst durchschritten haben von der Welt der Konflikte, Auseinandersetzungen und ‹männlichen› Standpunkte – in die Welt, die sich dank der ‹weiblichen› Erkenntnisart, durch Intuition und Gefühl, offenbart»[49].

> «Durch das Prisma der Frau kann man sehr viel (…) von dem Begriff erzählen», diagnostiziert Piesiewicz, «den man populär machen sollte, und als anthropologischen Fehler, oder Makel oder noch anders – als anthropologischen Bruch bezeichnen könnte. Ich glaube, dass es einfacher ist, davon durch weibliche Gestalten zu erzählen. Ich will es nicht weiter präzisieren, man kann anfangen, von dem Mutterinstinkt, Biologie, von dem Selbsterhaltungstrieb, oder von Intuition usw. zu reden. Wenn es so einen Begriff wie ‹stiller Held› gibt und wenn ich zeigen sollte, wo es die meisten ‹stillen Helden› in der heutigen Welt gibt, dann würde ich sagen, auf der Seite der Frauen.»[50]

Diese Position ist natürlich aus der feministischen Perspektive genauso angreifbar, auch wenn klar ist, worum es Piesiewicz hier eigentlich geht: um den fortschreitenden Verlust der zwischenmenschlichen Bindungen, der zur Vereinsamung, Suche nach Ersatzfamilien und Ersatzreligionen, Kompensationsformen der Konsum- und Freizeitgesellschaft oder gar zur Selbstzerstörung, wie in EIN KURZER FILM ÜBER DAS TÖTEN, führt. Mit seiner Abkehr von der Politik und dem Bekenntnis zur Liebe – «Ich glaube, dass es etwas Außergewöhnliches ist, was sehr genau unsere *conditio humana* bezeugt – dieser Glaube, das Bedürfnis und die Notwendigkeit der Liebe als eines Antriebsmotors des Lebens. (…) Die Liebe ist für mich am wichtigsten»[51] – kreisten Kieślowskis Filme fortan um Emotionen und sinnliche Ereignisse. Die Frauen dienten ihm dabei – mit durchaus traditioneller Geschlechterrollenverteilung – als Medium dafür, um die «Ausweitung der Kampfzonen» auf Sphären hin zu vollziehen, in denen Intuition, Sensibilität, Subtilität und eine emotionale Art der Erkenntnis zum Zuge kommen.

Parallel zur Suche nach einer dramaturgischen Methodik, die kulturhistorisch überfrachtete Thematik des DEKALOG oder der DREI FARBEN-Trilogie in die Gegenwart zu übertragen, versuchten Kieślowski und Piesiewicz, die narrativen Konstellationen ihrer Filme immer mit Motiven anzureichern, die man so oder anders aus der tagesaktuellen Berichterstattung kennt, um die Filme – wie Piesiewicz sagt – «in die Wirklichkeit einzutauchen». Dies brachte ihnen oft den Vorwurf der Unglaubwürdigkeit ein: Wie im Fall der Reise von Karol in einem Koffer in WEISS oder der Fähre-Katastrophe in ROT. Für Piesiewicz war es aber verblüffend, wie oft sie Vorfälle in ihre Filme einführten, die sich später in der Wirklichkeit tatsächlich ereigneten: Flüchtlinge, die illegal in Containern die westeuropäischen Grenzen zu passieren versuchen, die *Estonia*-Havarie mit tausend Opfern und wenigen Überlebenden wie in ROT, eine Nachricht, die er im Flugzeug in der *Tribune de Gènève* unter der Schlagzeile «Emeritierter Richter öffnete fremde Briefe» gelesen hat.

Diese Verschränkung von Kunst und Leben hatte für Piesiewicz etwas Beängstigendes, da

---

sung: Kobiety w kinie Krzysztofa Kieślowskiego. In: Lubelski 1997, S. 139–152.
49 Ebd., S. 152.
50 Jestem sam. Ein Interview von Katarzyna Jabłońska. In: *Więź* 9/1996, S. 109.
51 Kieślowski: dwie rozmowy. Ostatnie spotkanie. Fragmenty spotkania z Krzysztofem Kieślowskim (24. II.1996). Teatr Ósmego Dnia, Poznań. Herausgegeben von Marek Hendrykowski. In: *Kino* 5/1996, S. 12.

es bei einzelnen Motiven viele Indizien für die frappierende Übereinstimmung von Leben und Kunst in Kieślowskis Filmen gibt – vor allem bei der Reflexion über die Zeitlichkeit und über die Flüchtigkeit und den trügerischen Charakter der Kunst. Den existentialistischen Dualismus von Leben und Kunst hat Kieślowski in Die zwei Leben der Veronika und Blau im Kontext seiner damaligen Lebenssituation sogar zu einer Entscheidung zwischen Leben und Tod zugespitzt. Sein plötzlicher Tod sollte ein anvisiertes Projekt vereiteln. Wie im Fall der Drei Farben-Trilogie war Piesiewicz der Urheber der neuen Idee. Nur mit höchster Mühe konnte er Kieślowski dazu überreden. Als nächstes gemeinsames Vorhaben des Tandems war eine Trilogie zum Thema Paradies-Fegefeuer-Hölle geplant.

Zbigniew Preisner

Seit 1984 schrieb Zbigniew Preisner, Jahrgang 1955, Partituren zu allen Filmen Kieślowskis, die in Zusammenarbeit mit Krzysztof Piesiewicz entstanden sind: von dem hypnotisch-schwermütigen Totentanz-Score zu Ohne Ende über die atmosphärischen Miniaturen im Dekalog-Zyklus und die chorsinfonische Komposition als Instrument des Schauspiels in Die zwei Leben der Veronika bis hin zu den lyrisch-meditativen Variationen über Freiheit, Gleichheit und Brüderlichkeit in der Drei Farben-Trilogie. Zeitweilig weiteten sich diese Partituren mit den fiktionalen Gesängen und Trauermusiken van den Budenmayers zu «barocken» Klangteppichen im Stile alter Meister (Blau) aus. Seine größtenteils melancholischen, stets sehr melodischen Tonfolgen fügten sich symbiotisch in Kieślowskis lapidare, semidokumentarische Narration. Mitdenkend und mitfühlend erwies sich Preisner als der Musikautor der immer wieder aufs Neue variierten Grundgeschichten des Lebens: «Für mich ist wichtig, dass die Musik mit mir in Verbindung steht und im Film die Rolle des Erzählers spielt. Je näher ich dem Regisseur stand; am Prozess der Bildgestaltung teilnehmen konnte und beim Abdrehen der Schlüsselszenen anwesend war, um so fruchtbarer war unsere Zusammenarbeit. Wir hatten Vertrauen zueinander, und das sieht man, und ich glaube, man hört es auch.»[52]

Als Kieślowskis Hauskomponist genoss Zbigniew Preisner große Freiheit. Zu Die zwei Leben der Veronika und Blau, also Werken, die die Musik auch zum Thema haben, schrieb er die Partituren im Voraus, weil sie den Filmen ihren dramaturgischen Konstruktionsrahmen vorgaben:

> «Am liebsten mag ich das Drehbuch noch vor dem Beginn der Dreharbeiten zu kennen. So war es im Fall von Die zwei Leben der Veronika. Krzysztof Kieślowski hat mir zur Einführung gesagt, was er braucht. Ich habe die Aufnahmen gemacht, und als er zu drehen begann, hatte er schon alles, was am wichtigsten war: Thema, das Lied, das Konzert... Als er den Film drehte, wusste er genau, in welcher Stimmung wir uns bewegen werden, welche Emotion die Musik trägt.»[53]

Seine Kompositionen zu Die zwei Leben der Veronika und Drei Farben verbinden auch slawische Gefühlsemphase, eine Vorliebe für melodische Linien und musikalische Lyrik im Moll-Charakter vieler Stücke, mit dem Ziel möglichst vollkommener audiovisueller Synthese. Die stimmungsvollen Reminiszenzen in Variationen

---

52 *Das Risiko lohnt sich.* Ein Gespräch von Piotr Wasilewski mit dem Filmkomponisten Zbigniew Preisner. In: *journal film* (Nr. 27) 1/1994, S. 54.

53 Kompozytor, niestety Polak. Ein Interview von Katarzyna Bielas. In: *Gazeta Wyborcza* v. 06.01.1993.

der Motive an Hector Berlioz' *Symphonie fantastique* oder Sergej Rachmaninows Klaviersoli in dem Tango-Thema von Weiss sowie Maurice Ravels *Bolero* in den Bolero-Rhythmen aus Rot versinken aber weder in Klischees noch vermitteln sie den Eindruck eines Plagiats. Man spürt die Absicht, dieser Musik durch Zitate einen universellen Charakter mit unverwechselbaren Wiedererkennungseffekten zu verleihen, eine Art Seelenverwandtschaft in Korrespondenz zu der «Gemeinschaft von Menschen seitwärts» im Verständnis von Piesiewicz zu evozieren.

Obwohl die Original-Soundtracks der Drei Farben eher einem Potpourri aus Variationen und Paraphrasen ihrer Grundmotive gleichen und sich auf den drei CDs nicht zu einer musikalisch kohärenten Einheit zusammenschließen, haben sich die Scores auf CD weltweit millionenhaft verkauft, was dafür spricht, dass von einem «Reiz der Echtheit, vom Zauber der (noch vorhandenen) Ursprünglichkeit in diesen Partituren»[54] ausgegangen werden kann. Für den deutschen Musikwissenschaftler Wolfgang Thiel empfiehlt sich Preisner als ein begabter Melodiker und musikalischer Lyriker, ohne in die «Plattitüden bloßer Schnulzenschreiber zu verfallen. Dies ist um so beachtenswerter, da er kein gestaltloses Melodisieren betreibt, sondern oftmals verblüffend einfache Tonfolgen aufs Papier bringt, die einerseits den Schein des Bekannten haben und andererseits den Charme der Authentizität besitzen»[55].

Preisner ist ein Autodidakt, der sich sein musikalisches Handwerk im Selbststudium an-

geeignet hat. Während er in Krakau Geschichte studierte, gründete er mit Studenten der Musikhochschule Kleinkunstbühnen, für die er Chansons schrieb. Seine kompositorische Karriere begann 1978, als er beim nationalen Chanson-Festival in Opole den ersten Preis gewann und daraufhin zu dem in Polen legendären Krakauer Kabarett «Piwnica pod baranami» (Keller unter den Widdern) kam, dessen Hauskomponist er dann über ein Jahrzehnt lang war. Für dieses literarische Kabarett, das mit seinem einzigartigen poetischen Duktus ein Kunst-Refugium und Widerstandsnest zugleich war, arbeiteten viele, später international bekannte Chanson-Interpreten wie Ewa Demarczyk oder Komponisten wie Krzysztof Penderecki. Den unverwechselbaren musikalischen Stil der «Piwnica pod baranami» haben Zygmunt Konieczny, Jan Kanty Pawluśkiewicz und Stanisław Radwan geprägt, die in Polen auch bekannte Filmkomponisten sind. Um seine eigene Handschrift herauszubilden, schrieb Preisner während des Kriegszustands zuerst Lieder zu offiziellen Dekreten, Artikeln und Interviews:

> «Das Kabarett ‹Piwnica pod baranami› ist ein literarisches Kabarett, hier gilt das Prinzip, das Wichtigste ist der Text, also der Inhalt, und die Musik schreibt man zum Text, um ihn zu unterstützen. Übertragen auf den Film oder das Theater, ergibt das den Effekt einer Verbindung zwischen den einzelnen Elementen. Andererseits schwamm das Kellerkabarett ‹Piwnica pod baranami› immer schon ‹gegen den Strom›, und das sagt mir sehr zu, denn dadurch kann man anders sein, originell, und man hat die Möglichkeit, die Quellen zu erforschen oder auch einfach die eigenen Kräfte zu messen.»[56]

Preisners Weg zum Film und seine Begegnung mit Kieślowski waren «ein Zufall. Meine Musikentwicklung verdanke ich zwei Personen. Eine von ihnen ist mein Physiklehrer in Tarnów

---

54 Thiel, Wolfgang: Der Charme der Authentizität. Annäherungen an Zbigniew Preisners Drei Farben-Partitur. In: *film-dienst* 1/1995, S. 37.
55 Ebd., S. 36.
56 *Das Risiko lohnt sich.* Ein Gespräch von Piotr Wasilewski mit dem Filmkomponisten Zbigniew Preisner. In: *journal film* (Nr. 27) 1/1994, S. 55.

(…), der vor vielen Jahren meine Musikausbildung förderte. Die zweite Person ist Zygmunt Konieczny von der Kleinkunstbühne ‹Piwnica pod baranami› (…). Konieczny machte mir das Angebot, die Musik zu einem Film von Anton Krauze zu schreiben. Er empfahl mich diesem Regisseur, der mich zuerst ungern aufnahm, aber meine Musik akzeptierte. Dann rief mich Kieślowski an»[57]. Ihre Zusammenarbeit begann bei OHNE ENDE, dem zweiten Film Kieślowskis nach DER ZUFALL MÖGLICHERWEISE, in dem der Musik eine wichtige dramaturgische Rolle zukam. Diese bestand darin, die Emotionen der Protagonisten suggestiv zu vermitteln:

> «Musik, die ich mag, sollte Narration sein, zugleich aber Ergänzung und Vervollständigung des Drehbuchs. Man kann eine Frage in der Luft hängen lassen, weil die Musik sie ersetzt. Wenn zum Beispiel Wörter fehlen, um Emotionen auszudrücken. Sie sollte den Film illustrieren, aber klug. Das heißt, nicht das, was außen ist, was wir auf der Leinwand sehen, sondern das, was in den Menschen ist, in den Schauspielern – und zugleich in uns selbst, den Zuschauern.»[58]

Für Preisner ist die Filmmusik in erster Linie eine Vervollständigung der Bilder, eine zusätzliche Narrationsebene, die Antizipation erlaubt, aber auch retrospektivisch eingesetzt werden kann. Sie ist immer ein Partner der dramaturgischen Konstruktion und nicht ein Lückenbüßer. Daher auch seine Abneigung gegenüber der amerikanischen Schule der Filmmusik um John Williams, Jerry Goldsmith und Quincy Jones. Seiner Meinung nach schreiben diese Filmkomponisten eine Musik, die die Bilder nur illustriert. Im Gegenzug hegt Preisner eine große Bewunderung für Nino Rota und Ennio Moriccone oder Georges Delerue, mit dem zusammen er die Musik zu Agnieszka Hollands DER PRIESTERMORD (TO KILL A PRIEST / LE COMPLOT, USA/F 1987) geschrieben hat. «Musik in einem Film, das ist Metaphysik, auf die man direkt nicht achtet, aber sie haftet im Unterbewusstsein»[59].

Auch die zweite «Familie» von Krzysztof Kieślowski bildete eine Art verschworener Gemeinschaft, die darin bestand, zusammen Zeit zu verbringen, Spiel, Geselligkeit und Arbeit miteinander soweit zu verbinden, dass man en passant zu den Ergebnissen gelang, die für den Film am wichtigsten waren: «Schon immer haben mir seine Filme gefallen, gleichermaßen Dokumentar- und Spielfilme. Kieślowski behandelt in seinen Filmen Angelegenheiten, die mich berührt haben. Ich bin mit seinen Filmen einverstanden. Bei der gemeinsamen Arbeit zu BEZ KOŃCA stellte sich heraus, dass ich mit ihm fantastisch arbeiten konnte und auch die Freizeit, sofern wir sie hatten, interessant verbracht hatte.»[60] Im Interview für *Tygodnik Powszechny* mit dem Titel *Zu Quellen, gegen den Strom* (Do źródeł, pod prąd) beschreibt Preisner diese sich gegenseitig ergänzende Dreieck-Konstellation zwischen ihm, Kieślowski und Piesiewicz, gemeinsame Urlaubsreisen, zusammen verbrachte Freizeit, 14 Jahre intensiver Arbeit und Kontakte, die trotz der strapazierenden Projekte nicht zu Verschleißerscheinungen geführt haben:

> «In dieser unseren Begegnung – ich denke an uns alle drei – war schon etwas Sonderbares: Kieślowski – durchorganisiert, fast mathematisch denkend, präzise und genau; Piesiewicz – nicht zu zügeln, Visionär, Metaphysiker. Ich, irgendwo dazwischen, bekanntlich: Die Musik ist Metaphysik, aber im mathematischen Rahmen. Wir haben miteinander merkwürdige Spiele

---

57 Ebd., S. 54.
58 Kompozytor, niestety Polak. Ein Interview von Katarzyna Bielas. In: *Gazeta Wyborcza* v. 06.01.1993.
59 *Das Risiko lohnt sich*. Ein Gespräch von Piotr Wasilewski mit dem Filmkomponisten Zbigniew Preisner. In: *journal film* (Nr. 27) 1/1994, S. 54.
60 Ebd., S. 55.

geführt. Ich kann mich erinnern, wenn ich mit Kieślowski um zwei Uhr verabredet war, dann wartete ich vor seiner Tür schon fünf Minuten früher, um mit einer Stoppuhr in der Hand die Klingel zu drücken – das war unser Spiel in Präzision. Und unsere Loyalität bestand darin, dass jeder von uns bei jeder Entscheidung in Betracht zog, was die übrigen zwei dazu sagen werden. Niemand hat niemanden kontrolliert, aber wir spürten die ganze Zeit Mitverantwortung, die größte gewiss Krzysztof selbst.»[61]

Zu den «merkwürdigen» Spielen, die Preisner und Kieślowski veranstaltet haben, gehörte auch die Erfindung des holländischen Komponisten Van den Budenmayer, der an der Wende vom 17. zum 18. Jahrhundert tätig gewesen sein sollte und dessen fiktionale Vokalkompositionen Zbigniew Preisner seit DIE ZWEI LEBEN DER VERONIKA in seine Partituren «integrierte». Auch in BLAU spielt seine Musik eine «wichtige» Rolle, sorgt für barocke Klangfarben in Preisners Partitur, und in ROT gibt es die Szene, als Valentine in einem Musikgeschäft die CD mit Kompositionen Van den Budenmayers in der Hand hält und sich seine Musik über Kopfhörer anhört. Dieser Joke könnte sein literarisches Vorbild in dem von Marcel Proust geschaffenen Musiker Vinteuil haben, dessen Komposition, *Sonate de Vinteuil*, Werner Henze in Volker Schlöndorffs EINE LIEBE VON SWAN (F/D 1984) «nachgeliefert» hatte. Zum ersten Mal taucht ein stilisiert barockes Stück von Van den Budenmayer in DEKALOG 9 auf. Kieślowski hatte sich sogar von der holländischen Botschaft eine Liste mit typischen

203 Zbigniew Preisner mit Kieślowski auf einem Pariser Friedhof

holländischen Namen dieser Epoche besorgen lassen, der er den Namen entnahm.

Der «fliegende Holländer» begann ein Eigenleben zu führen: Das Britische Musikinstitut meldete sich bei Kieślowski mit der Bitte um genaue Angaben zu Person und Werk Van den Budenmayers, da es gerade sein Musiklexikon überarbeitete und diesen verschollenen Komponisten mit einführen wollte. Das Institut soll sogar sein Verständnis dafür signalisiert haben, dass Kieślowski diese Entdeckung geheim halten möchte, bat aber um einige Details.[62] In diesem Moment beschlossen Kieślowski und Preisner, Van den Budenmayer mit einem Lebenslauf und einer künstlerischen Biografie auszustatten: Seit

---

61 Do źródeł, pod prąd. Ein Interview von Piotr Mucharski. In: *Tygodnik Powszechny* v. 02.06.1996, S. 14.
62 Vgl. das Interview von Hiroshi Takashi *Piękne hasła i tajemnica* (Schöne Losungen und Geheimnis) für das japanische Magazin *Switch*, abgedruckt in: *Kino* 9/1993, S. 11–13.

Blau hatte er ein Geburts- und Todesdatum und einen nummerierten Katalog seiner Kompositionen, wie man es von Johann Sebastian Bach oder Wolfgang Amadeus Mozart gewöhnt ist.

Gemeinsam mit Kieślowski und Piesiewicz plante Preisner nach der Fertigstellung der Drei Farben-Trilogie ein monumentales Konzert, das die Geschichte eines Lebens nachzeichnen würde. Auf der Akropolis in Athen sollte das Stück Premiere haben und zu einem großen medialen Ereignis werden. Bei diesem symbolträchtigen Welttheater in einer «Kombination von Mysterienspiel und Oper» wollte Kieślowski, so berichtet Preisner, die Inszenierung übernehmen, Piesiewicz das Libretto schreiben und er selbst die Musik komponieren. Das Leben sah aber ein anderes Ende vor: Unerwartet starb Krzysztof Kieślowski am 13. März 1996. Mit *Requiem for my friend* schrieb Zbigniew Preisner 1998 seine erste große Partitur, die nicht für den Film bestimmt war. Er hat es Kieślowski gewidmet. Der Abschied von der Welt als Inszenierung für die Ewigkeit ist die musikalische Domäne des Requiems: Ursprünglich einer Totenmesse der katholischen Kirche, in der Abfolge ihrer Bestandteile und des Messtextes seit 1570 vom Papst Pius V. zu einem Kanon festgelegt, die im Verlauf der Jahrhunderte in ihrer liturgischen Tradiertheit zu einer Herausforderung für die Fantasie und Kreativität vieler Komponisten von Mozart bis Giuseppe Verdi geworden ist. Die zweiteilige Komposition Preisners wurde zu einem Werk des Abschieds von dem Freund.

Die aus einem «*Requiem*» und dem vokal-instrumentalen Stück «*Life*» zusammengesetzte Partitur besteht aus jeweils neun Abschnitten. Obwohl der erste Teil bereits durch seine Form an die große Tradition monumentaler Musikwerke anknüpft, ist es eine eigenartige Komposition, die mit ihrem Titel die Intention vorgibt: Sie zielt in privater Andacht auf das Universelle. Von meditativ-melancholischer Grundstimmung getragen, rührt die Musik in ihrer strengen Einfachheit unmittelbar an. Schlichte Vokalsätze, meist in Begleitung einer meditativ versenkten Orgel, die wie in «*Kyrie eleison*» den Solosopran zu ekstatischen Höhen hinaufbegleitet, und monumental arrangierte Instrumentalpassagen wie in «*Lacrimosa*» ergänzen einander stimmungsvoll. Unweigerlich erinnern die vokal-instrumentalen Abschnitte wie «*Sanctus*» und «*Lacrimosa*» an Preisners Arbeiten fürs Krakauer Kabarett «Piwnica pod baranami». Die in ihrer Schlichtheit reizvolle Besetzung mit Sopran (die famose Elżbieta Towarnicka aus Die zwei Leben der Veronika), jeweils zwei Tenören und Kontratenören, Orgel, Streichquintett und Perkussion unterstreicht noch den Eindruck von sanfter Anmut und eindringlich-subtiler Emotionalität.

Bei dem Potpourri «*Life*», unterteilt in vier Sätze mit den Titeln «*The Beginning*», «*Destiny*», «*Apocalypse*» und «*Postscriptum*», dürften die Liebhaber von Preisners Filmmusik auf ihre Kosten kommen, erklingen hier doch, in wohlvertrauter Manier instrumentiert und wie von einem Echo getragen, verschiedene Paraphrasen und Variationen seiner besten filmmusikalischen Einfälle. Die von mystischer Schwermut erfüllte Komposition zerfällt aber bei einem gewohnt verschwenderischen Einsatz von Sinfonieorchester, Kammerchor, Sopran, Saxophon, Flöte und Klavier quasi in einzelne (Film-)Sequenzen, in denen Preisner bis hart an die Grenze zum Kitsch in lyrischem Wohlklang schwelgt. Im Finale zitiert «*Life*» das Requiem: Mit «*Lacrimosa – Day of Tears*» steuert Preisner gleichsam eine opulent-emphatische «*Lacrimosa*»-Version bei. Bestimmt für Live-Auftritte, erlebte *Requiem for my friend* am 29. September 1998 in Warschau seine Premiere, bei der Michelangelo Antonioni an seinem 86. Geburtstag anwesend war. Ende März 1999 wurde das Werk in der Londoner Royal Festival Hall aufgeführt.

Die Kameramänner

Im Gegensatz zu seinem festen Team aus der Zeit des Dokumentarfilms und des «Kinos der moralischen Unruhe» – dem vor allem die Kameraleute Witold Stok und Jacek Petrycki angehörten –, arbeitete Kieślowski später mit wechselnden Kameramännern. In Dekalog engagierte er sogar für jede Folge einen anderen, um sich so bei der szenischen Auflösung der Stoffe jeweils von neuen Vorschlägen inspirieren zu lassen. Sie hatten zwar einen kreativen Anteil an der Ausgestaltung der Filme und trugen dazu bei – wie Sławomir Idziak in Ein kurzer Film über das Töten oder Witold Adamek in Ein kurzer Film über die Liebe –, den einzelnen Episoden eine visuell unverwechselbare Handschrift zu verleihen. Keiner von ihnen gehörte aber, wie früher durchgehend, zum engsten Mitarbeiterstab von Kieślowski.

Da die verschiedenen Kameraleute mit ihren Ideen seinen Filmen halfen, Gestalt anzunehmen, und bereits während der Arbeit am Drehbuch in die Ausarbeitung ihrer dramaturgischen und ästhetischen Konzeption involviert waren, beschäftigte Kieślowski sie jetzt funktional bei den jeweiligen Projekten. Trotz der vordergründigen Freiheit bei der Auswahl der Drehbücher setzte er die Kameramänner – je nach formalen Vorlieben und handwerklichen Eigenheiten – optimal ein, um seine Regiekonzepte durch die Bildkomposition sowie Licht- und Farbdramaturgie ästhetisch adäquat umzusetzen. Nicht zufällig engagierte Kieślowski bei Drei Farben: Blau den Konzeptualisten und Farbfilter-Tüftler Sławomir Idziak, der spätestens seit Die zwei Leben der Veronika als Spezialist für «innere Landschaften» seiner Protagonistinnen galt; die visuelle Gestaltung von Weiss vertraute er indes Edward Kłosiński an, der den Kamerastil in diesem realistischsten Teil der Trilogie als «Epitaphium für das Kino der moralischen Unruhe» genannt hat; und die Realisation von Rot überließ er Piotr Sobociński, einem sehr vielseitigen Kameramann, der das «*déjà vu*» drehen, dem Zufall beim Arbeiten zusehen sollte.

Idziak war als langjähriger Kameramann Zanussis dafür prädestiniert, Gefühlsvorgänge in Bilder umzusetzen und metaphysisch angehauchte Stimmungen wiederzugeben. Kłosiński galt als der ausgewiesene Kameramann des «Kinos der moralischen Unruhe» mit dem dazugehörigen Inventar einer Kameraführung, die bei der effizienten Visualisierung der Regiekonzeption eine «dienende» Rolle übernimmt. Sobociński profilierte sich als Nachwuchstalent der Branche mit Arbeiten, in den er die dienende Rolle des Mannes hinter der Kamera um markante visuelle Akzente bereicherte. Bedingt durch den internationalen Festival- und Kinoerfolg der Drei Farben-Trilogie sind es auch die Namen der letztgenannten Kameraleute, die man explizit mit Kieślowskis Spätwerk verbindet. Zumal sie die einzigen sind, die in dieser Zeit mehrere Filme für Kieślowski fotografierten. Da bei den Einzelanalysen der Filme noch ausdrücklich auf die Eigenheiten der visuellen Gestaltung in Ein kurzer Film über das Töten und der Drei Farben-Trilogie eingegangen wird, seien an dieser Stelle lediglich einige Informationen zur Person nachgeliefert.

Sławomir Idziak, Jahrgang 1945, studierte zeitgleich mit Kieślowski an der Filmhochschule in Łódź und schloss sein Studium mit einem Diplom als Kameramann 1969 ab. Zunächst arbeitete er fürs Fernsehen, fotografierte Dokumentarfilme bei WFD und realisierte bereits 1972 seinen ersten eigenen Film: Papierowy Ptak (Der Papiervogel). Im selben Jahr erhielt er beim Kinder- und Jugendfilmfestival in Venedig für diesen mittellangen Film einen Preis. Der zweite Spielfilm, den er 1978 inszenierte, war abendfüllend und hat erneut ein Kinder- und Jugendthema behandelt: Nauka latania

VI. Von der Wirklichkeit zur Metaphysik

204 Sławomir Idziak auf dem Set von Ein kurzer Film über das Töten

(Flugunterricht). Sein folgender Fernsehfilm Seans (Sitzung, PL 1978) wurde erst 1980 ausgestrahlt. Fürs Fernsehen entstanden 1980 unter seiner Regie noch Bajki na dobranoc (Gutenacht-Märchen, 1983 gesendet) und Debüt (Debüt, PL 1980). 1992 realisierte Idziak mit der polnisch-deutsch-französischen Co-Produktion Enak (u. a. WDR/La Sept) seinen bisher letzten Kinospielfilm, eine Science-Fiction-Parabel mit Irène Jacob in der weiblichen Hauptrolle.

Einen Namen machte sich Idziak als Kameramann vieler Zanussi-Filme, darunter Ein Mann bleibt sich treu, Aus einem fernen Land (From a Far Country, I/GB 1981), Die Versuchung (BRD 1981), Imperativ (BRD 1982), Blaubart (BRD/Schweiz 1984), Ein Jahr der ruhenden Sonne, Wo immer du bist (Wherever You Are…, PL/BRD/I/F 1988) oder Das lange Gespräch mit dem Vogel (D 1990). Einige davon waren deutsche Co-Produktionen, wodurch Idziak auch in Westdeutschland bekannt wurde. Hark Bohm engagierte ihn für Der Fall Bachmeier (BRD 1984), den Nicaragua-Dokumentarfilm Wie ein freier Vogel (BRD 1985) und für den Kinofilm Yasemin (BRD 1988, Deutscher Filmpreis 1989). 1995 verhalf Idziak mit seinem kreativen Einsatz bei Männerpension Detlev Buck zum Publikumserfolg, den sie mit Liebesluder (D 2000) nicht mehr wiederholen konnten. Ihr vorerst letztes gemeinsames Projekt war die gleichnamige Verfilmung des Bestsellers Die Vermessung der Welt (D/A 2012) von Daniel Kehlmann. Aber auch mit Polens berühmtestem Regisseur Andrzej Wajda hat Idziak gedreht, Der Dirigent mit John Gielgud in der Hauptrolle.

Internationales Aufsehen erregte vor allem sein spektakulärer, eigenwilliger Kamerastil in Krzysztof Kieślowskis Ein kurzer Film über das Töten, Die zwei Leben der Veronika und Drei Farben: Blau (Beste Kamera, Venedig 1993). Mit Kieślowski arbeitete Sławomir Idziak zum ersten Mal 1973 bei dem Fernsehspiel Die Unterführung. 1976 folgte der Spielfilm Die Narbe, dann 1987–89 Dekalog 5 und dessen Kinoversion Ein kurzer Film über das Töten. In der Kieślowski-Dokumentation Geschichten von Liebe und Tod (ZDF 1995) von Paul Peter Huth bemerkt Idziak selbstironisch, er habe bei Kieślowski das Vorrecht genossen, stets der erste an der Reihe zu sein: als Kameramann seines fiktionalen Erstlings Die Unterführung, seines Kinodebüts Die Narbe und auch bei Dekalog wurde Idziaks Part, Dekalog 5, als erster Film des Zyklus realisiert. Auf dem Set überließ Kieślowski seinen Kameramännern immer freie Hand, da er auf die Absprachen mit ihnen vertraute und bei der Montage noch viele Veränderungen vornahm. «Unsere gemeinsame Arbeit beginnt jeweils mindestens sechs Monate vor Drehbeginn», erklärt Idziak, «mit einer detaillierten Beschäftigung mit dem Drehbuch. Dabei werden manchmal wichtige Änderungen vorgenommen. Deshalb ist dies die entscheidende Phase für den Stil und den Charakter meiner Fotografie. Für mich ist diese Form der Zusammenarbeit ideal.»[63] Später konnte Idziak seine Visionen erneut in Michael Winterbottoms Liebesdrama I want you (GB 1997) und in den Science-Fiction-Film Gattaca (USA 1997) von Andrew Niccol einbringen. Für den großen Unterschied in der Arbeitsweise zwischen Europa und Hollywood stehen Blockbuster-Produktionen mit seiner Beteiligung wie Black Hawk Down (USA 2001) von Ridley Scott und Harry Potter und der Orden des Phönix (Harry Potter and the Order of the Phoenix, USA/GB 2007) von David Yates.

Auch Edward Kłosiński (1943–2008) kannte Krzysztof Kieślowski schon seit seiner Zeit an der Filmhochschule von Łódź, die er 1967 abschloss. Ursprünglich studierte er Malerei an der Kunstakademie von Warschau, doch als er erkannte, dass sein Talent nicht über das Mittelmaß hinausreichte, tauschte er den Pinsel gegen die Kamera ein. Bis 2008 hat er über 60 Kinofilme fotografiert, darunter Meisterwerke von Zanussi und Wajda wie Illumination und Tarnfarben bzw. Das gelobte Land, Der Mann aus Marmor und Der Mann aus Eisen. Im Westen arbeitete er mit Bernhard Wicki (Die Grünstein-Variante, BRD 1985 und Sansibar oder Der letzte Grund, BRD 1987), Lars von Trier (Europa, DK/S/F/D/CH 1991), Axel Corti (Eine blassblaue Frauenschrift, A 1984), Rolf Schübel

205 Edward Kłosiński

(Gloomy Sunday – Ein Lied von Liebe und Tod, D 1999) oder Jan Schütte, mit dem er drei Filme machte: Abschied. Brechts letzter Sommer (D 2000), SuperText – Eine Stunde im Paradies (NL/D 2003) und Love Comes Lately (D 2007). In den 1980er-Jahren realisierte er auch mehrere Kinofilme mit Peter Keglevic. Hinzu kamen unzählige Fernsehproduktionen in Polen und in Deutschland. Kłosiński zeichnete zum Beispiel bei Dieter Wedels drei Fernsehmehrteilern, Der grosse Bellheim (ZDF 1993), Der Schattenmann (ZDF 1996) und Der König von St. Pauli (Sat.1 1998), sowie bei dessen Fernsehfilm Mein alter Freund Fritz (D 2007) für die Kamera verantwortlich.

Seine erste Zusammenarbeit mit Kieślowski war Dekalog 2 mit Krystyna Janda in der weiblichen Hauptrolle, mit der Edward Kłosiński verheiratet war. Unvergesslich in dieser Folge blieb die metaphorisch eingesetzte Sequenz mit einer Biene, die sich aus einem Teeglas befreit (s. S. 264, Abb. 18): sein Sinnbild für die Rückkehr ins Leben des krebskranken Ehemannes der Protagonistin. In Drei Farben: Weiss persiflierte er dann seinen realistischen Kamerastil aus der Zeit des «Kinos der moralischen Unruhe», da Kieślowski mit der absurden Tragikomödie um die Auswüchse des Raubkapitalismus in Polen zugleich eine selbstironische Parodie seines früheren Stils liefer-

---

63 Zit. nach Presseheft zu Drei Farben: Blau. Anke Zindler Filmpresse 1993.

te. «Mit Krzysztof», erläutert Kłosiński, «spreche ich nicht über den Stil.»

«Wir meiden das Thema auch nicht. Aber der Stil entsteht von selbst, während der Dreharbeiten. Wir versuchen so zu filmen, dass man uns hinter der Kamera vergisst. Ich las das Drehbuch, und dann diskutierten wir. Ich betrachtete mich als den ersten Zuschauer und äußerte meine Bedenken (…). Manchmal war Krzysztof einverstanden, manchmal nicht. Einen Monat später brachte er mir die zweite Fassung. Wir diskutierten noch einmal und besprachen einige Details. Und das war's. Vor den Dreharbeiten haben wir nie mehr darüber geredet. Wir kannten die Drehorte noch nicht, aber wir wussten schon, wie wir diese und jene Sequenz erzählen.»[64]

Über die Bedeutung der Kamerakunst bzw. der Bildgestaltung herrschen in der Fachwelt zwei konträre Standpunkte vor: Während die einen die Selbstständigkeit des Kameramannes/der Kamerafrau hervorheben, der/die unabhängig von der ganzen Equipe eigenständige visuelle Akzente setzen dürfe, bis hin zur ästhetischen Dominanz des Bildes im Film, beharren die anderen auf der funktionalen Rolle des Mannes/der Frau hinter der Kamera, für den/die eine adäquate Umsetzung der Regiekonzeption immer im Vordergrund stehen sollte. Gehört Idziak zu der ersten Kategorie, so bekennt sich Kłosiński freimütig als Anhänger der funktionalen Schule:

«Ein Film soll gut sein, und nicht ‹mein› Film – nach dieser Devise richte ich mich immer. Ich versuche genau nachzuvollziehen, was der Regisseur von mir erwartet, und Kieślowski kann es genau schildern. Er ist jedoch kein Regisseur, der ständig mit dem Auge an einem Vergrößerungsglas arbeitet – er schaut um sich, sieht uns. Obwohl er den Eindruck erweckt, wie ein Mathematiker alles zu wissen und keine Fehler zu begehen, kann er den Leuten wunderbar zuhören. Bei DEKALOG hat er zu uns gesagt: ‹Jeder von euch ist für die visuelle Seite des Films verantwortlich, weil ich keine Zeit habe, an alles zu denken, und außerdem muss sich jede Episode von den anderen irgendwie unterscheiden.› Selbstverständlich unterscheiden sie sich alle, es gibt aber einen gemeinsamen Nenner.»[65]

In TATARAK (DER KALMUS, PL 2009) verarbeitete Krystyna Janda unter der Regie von Andrzej Wajda in einem Monolog über das Sterben ihres Ehemannes Edward Kłosiński seinen Krebstod 2008. «Einer der erfolgreichsten und doch unauffälligsten Exportschlager des polnischen Kinos sind seine Kameramänner. (…) Edward Kłosiński, der am Samstag 64-jährig gestorben ist, war einer von ihnen. Aber ihn zog es nicht nach Hollywood, sondern er bereicherte das Kino Westeuropas»[66], schrieb Hanns-Georg Rodek 2008 in seinem Nachruf in *Die Welt*.

Piotr Sobociński (1958–2001) absolvierte die Filmhochschule in Łódź 1982. Von Kindesbeinen an schulte er seinen Blick, indem er sich ein Beispiel an seinem Vater nahm, Witold Sobociński, dem Kameramann von Andrzej Wajda, Wojciech J. Has, Jerzy Skolimowski und Roman Polański, einem Visionär und Stilisten des polnischen Kinos. Zunächst drehte er Dokumentarfilme mit Bogdan Dziworski und einige abendfüllende Spielfilme, darunter mit Tadeusz Konwicki. 1986 fotografierte er den mehrfach ausgezeichneten Dokumentarfilm SZCZUROŁAP (RATTENFÄNGER) von Andrzej Czarnecki, zu dem er klaustrophobische

64 Zit. nach Presseheft zu DREI FARBEN: WEISS. Anke Zindler Filmpresse 1994.
65 Ożywić trumienkę. Ein Interview von Mateusz Werner. In: *Film na świecie* 3/4 1992, S. 133.
66 Hanns-Georg Rodek: Opulentes Kino: Edward Kłosinski gestorben. In: *Die Welt*, v. 08.01.2008. Link: http://www.welt.de/welt_print/article1529302/Opulentes-Kino-Edward-Klosinski-gestorben.html (18.04.2012).

Bilder einer Rattenplage und deren Bekämpfung in Schächten und Rohrleitungen eines weitverzweigten Industriegeländes lieferte. Als einziger unter den Kameramännern Kieślowskis realisierte er gleich zwei Folgen des DEKALOG-Zyklus: DEKALOG 3 und DEKALOG 9. Mit seiner exzellenten Kamerarbeit bei DREI FARBEN: ROT (Oscar-Nominierung für die beste Kamera 1995) kam der internationale Durchbruch. Danach arbeitete Piotr Sobociński in Hollywood: Neben Jerry Zacks Familiendrama MARVINS TÖCHTER (MARVIN'S ROOM, USA 1996) mit Meryl Streep, Leonardo Di Caprio, Diane Keaton und Robert De Niro in den Hauptrollen fotografierte er den rasanten Thriller KOPFGELD (RANSOM, USA 1996) von Ron Howard mit Mel Gibson und Rene Russo, Robert Bentons melancholische Studie eines alternden Detektivs IM ZWIELICHT (Twilight, USA 1998) mit Paul Newman, Susan Sarandon und Gene Hackman, Scott Hicks Steven-King-Verfilmung HEARTS IN ATLANTIS (USA 2001) mit Anthony Hopkins und 24 STUNDEN ANGST (TRAPPED, USA/D 2002) von Luis Mandoki. Während der Dreharbeiten zu diesem Thriller starb Sobociński 2001 in Vancouver mit nur 43 Jahren.

Sobociński verbindet beide Schulen der Kamerakunst: funktionale Kameraführung und ästhetische Eigenwilligkeit, wofür die komplexe Prolog-Sequenz in ROT ein gutes Beispiel ist. In Interviews hob er die Fähigkeit Kieślowskis hervor, am Set trotz eines zwölfstündigen Arbeitsmodus das Klima einer großen Familie erzeugen zu können, alle Beteiligten zu motivieren und an das Projekt im Bewusstsein einer gemeinsamen Verantwortung zu binden. Im Fall von ROT sollen den Dreharbeiten – wie sich Sobociński erinnert – eine lange Vorbereitungsphase und ein blindes Verständnis füreinander vorausgegangen sein:

67 Zit. nach Presseheft zu DREI FARBEN: ROT. Anke Zindler Filmpresse 1994.

«Wir haben mit der Arbeit an ROT ein Jahr vor den Dreharbeiten begonnen. Es war die Phase des Drehbuchschreibens und des ersten Umsetzens des Skripts in die Filmsprache. Eine besonders schwierige Phase, weil es bei ROT keine Handlung im strengen

206 Piotr Sobociński

Sinne des Wortes gibt. Die Realisierung insgesamt war einfach, verglichen mit der enormen Arbeit, die vorausgegangen war. Bedenken muss man, dass Krzysztof Kieślowski und ich seit der gemeinsamen Arbeit an den beiden DEKALOG-Filmen eine absolute Komplizenschaft und gegenseitiges Verstehen entwickelt haben. So hatte uns diese Vorbereitungsarbeit eine gewisse ‹Schwerelosigkeit› gegeben, wir mussten nichts mehr präzisieren, brauchten nicht mehr zu reden, die Dinge ergaben sich von selbst, ‹quasi organisch›.»[67]

Marin Karmitz

Auch den Produzenten der DREI FARBEN-Trilogie Marin Karmitz erinnerte seine Begegnung mit Kieślowski an ein Wunder – einen Zufall, an den er bei derartigen Begegnungen glaubt. Er kannte bereits seine Filme und bewunderte ihn als einen der originellsten Filmemacher der Gegenwart, versuchte gerade, über die Europäische Filmakademie Kontakt mit ihm aufzunehmen, als eines Tages Kieślowski mit seinem Dolmetscher vor seiner Tür stand, noch bevor DIE ZWEI LEBEN DER VERONIKA entstand:

«Diese erste Begegnung hat unser ganzes gemeinsames Abenteuer geprägt. Wir sprachen über Moral und Ethik. Er hatte damals eine neue Idee: Eine Trilogie über Freiheit, Gleichheit, Brüderlichkeit. Er schlug sogar einen Titel vor: DREI FARBEN. Dieses Thema hat mich persönlich berührt, als einen rumänischen Emigranten, Juden, den Frankreich gerettet hat. Ich war bereit, ihm zu folgen. Innerhalb von zwei Stunden habe ich mich entschieden, 120 Millionen Franc und vier Jahre Arbeit zu investieren.»[68]

Marin Karmitz' Leidenschaft für seine Arbeit ist bekannt und sein Name steht nicht nur in Frankreich für engagierte, oft unbequeme Vielfalt. Unter dem Obdach seiner Produktionsfirma «MK2» entstanden Meisterwerke von Jean-Luc Godard, Claude Chabrol, Alain Resnais, Jacques Doillon, den Brüdern Taviani, Louis Malle, Ken Loach, Kieślowski, Abbas Kiarostami, Mohsen Makhmalbaf oder Michael Haneke. Seine Rolle als Produzent vergleicht Karmitz mit der eines Geburtshelfers und Kinderarztes, der in der Personalunion von Produzent, Verleiher und Kinobesitzer dafür sorgt, dass ambitionierte Filme das Licht der Welt überhaupt erst erblicken, dann aber auch auf dem internationalen Markt bestehen können und ihren Weg in die Kinos finden. Am liebsten bezeichnet er sich als einen Herausgeber von Filmen, *éditeur et marchand de films*, ähnlich einem Bücherverleger, der kostbare Raritäten in seiner Sammlung zusammenträgt.

Diese persönliche Obsession hat ihren Ursprung in seinem politischen Engagement des Jahres 1968, als er an der Seite von Jean-Paul Sartre, Michel Foucault, und Gilles Deleuze gegen Verkrustungen der französischen Gesellschaft ankämpfte, Gehör denjenigen verschaffen wollte, auf die niemand hört. Später gründete er seine Firma mit der Absicht, Filmen, für die im System eigentlich kein Platz ist, zum Durchbruch zu verhelfen. Dazu gehörten Exponenten eines sperrigen Kinos und Intellektuelle wie Marguerite Duras und Samuel Beckett, Mitstreiter aus der Zeit der Nouvelle Vague wie Godard, Chabrol, Resnais und Malle, die später Probleme hatten, ihre Projekte zu realisieren, danach Regisseure aus Osteuropa wie Pavel Lungin, Jerzy Skolimowski, Jiří Menzel und Kieślowski sowie Vertreter der «neuen» Kinematografien wie Kiarostami und Makhmalbaf, schließlich Puristen wie der Österreicher Michael Haneke.

Nicht zufällig hat sich Karmitz einmal selbstironisch als Mülltonne des französischen Kinos bezeichnet, als einen Produzenten, der bewusst abseits der von Hollywood vorgegebenen Erfolgskriterien und Produktionskanons den letzten Rettungsanker für Regisseure darstellt, die zu ihm kommen, wenn sie zuvor ihre Projekte nirgends unterbringen konnten, und der damit noch Erfolg hat. Wie im Fall von Louis Malles AUF WIEDERSEHEN KINDER (AU REVOIR, LES ENFANTS, F 1987), einem Film, dessen Finanzierung wegen seiner Holocaust-Thematik von allen Fernsehsendern und der französischen Filmförderung abgelehnt wurde, ähnlich wie Etienne Chatiliez' DAS LEBEN IST EIN LANGER RUHIGER FLUSS (LA VIE EST UN LONG FLEUVE TRANQUILLE, F 1988) oder Chabrols EINE FRAUENSACHE (UNE AFFAIRE DES FEMMES, F 1988) und BIESTER (LA CÉRÉMONIE, D/F 1995). Hinter dieser ketzerischen Einstellung verbirgt sich bei Karmitz eine Lebensphilosophie, ein Verständnis von Kino als einer Sache der Moral, in allen ihren Facetten, was er bereits in seinen eigenen Filmen als ein Außenseiter des französischen Kinos zu leben versucht hat.

Marin Karmitz, 1938 in Bukarest geboren, ist kein gewöhnlicher Produzent – eigentlich ist er selbst ein Filmemacher: 1947 nach Frankreich gekommen, studierte er an der Pariser IDHEC, machte eine Ausbildung zum Kameramann, war dann Assistent bei Jean-Luc Godard und Agnès

---

[68] Karmitz, Marin: Glosa producenta. In: Lubelski 1997, S. 209.

Varda, um schließlich politisch engagierte, ja «militante» Kurzfilme zu machen, wie Les idoles (Idole, F 1963) und Comédie, d'après (F 1966) in Zusammenarbeit mit Samuel Beckett oder Nuit Noire a Calcutta (Schwarze Nacht in Calcutta, F 1964) mit Marguerite Duras als Co-Autorin des Drehbuchs, die um die Formen des sprachlichen bzw. bildlichen Ausdrucks kreisten. In seinem Spielfilmdebüt Sept jours ailleurs (Sieben Tage woanders, F 1968) improvisierte er mit Schauspielern und passte sein Drehbuch den Ergebnissen dieser Interaktionen an. Nach Mai '68 entstanden noch Camarades (Kameraden, F 1970) und Coup pour coup (Schlag auf Schlag, F 1972), in denen Karmitz sich von der Politik inspirieren ließ und seine Stellung als Intellektueller in der Gesellschaft zu bestimmen versuchte. Zwischen 1967–73 baute er seine Produktions- und Vertriebsfirma «MK2» auf und 1974 die gleichnamige Pariser Kino-Kette.

Bezeichnenderweise ging es Karmitz in seinen zwei letzten Kurzfilmen – die beide von der Revolte gegen die gegebenen Verhältnisse handeln, im zweiten Fall werden gar ein spontaner Streik und eine Solidarisierungsaktion in einer Textilfabrik thematisiert –, darum, die Wirklichkeit der Arbeitswelt im Spielfilm zu zeigen, und nicht, wie es damals üblich war, nur im Dokumentarfilm oder in einer Reportage. Dabei wollte er die authentischen Verhaltensweisen der Arbeiter, ihre Reaktionen, ihre Sprache einfangen, die sich doch von der der Intellektuellen oder des Bürgertums unterschieden. Seit damals hat er sich diesen kämpferischen Geist erhalten. Er glaubt bis heute an die Einwirkungsmöglichkeiten der Kunst:

> «Ich bin immer noch engagiert für die Idee, dass wir als Menschen nicht zu Opfern von Stärkeren werden, Ungerechtigkeit ertragen, passiv leiden dürfen. Ich bin der Meinung, dass wir dazu berufen sind, die Welt zu verbessern. Jeder sollte im Rahmen seiner Möglichkeiten die menschliche Natur auf eine höhere Ebene heben helfen, im Kampf gegen Barbarei, Grausamkeit und Leere. Genau das versuchte ich im Verlauf meiner ganzen Filmkarriere zu machen, auch wenn in ihren Anfängen – anders als heute.»[69]

Notgedrungen vollzog Karmitz Anfang der 1970er-Jahre eine Wandlung vom militanten Maoisten zum Kapitalisten in Gestalt eines Filmproduzenten, weil er für seine eigenen Projekte keinen Produzenten mehr finden konnte, was ihn für die Belange der Außenseiter in der Branche besonders sensibilisiert hat: Er wollte für sie ein Produzent werden, wie er ihn sich selbst gewünscht hätte. Nicht zufällig tragen seine niedergeschriebenen Erinnerungen den Titel *Bande à part* – Außenseiterbande, in Anspielung auf den gleichnamigen Spielfilm von Jean-Luc Godard. Als ihn die Cinémathèque Française 1981 bat, im Jahr des 10-jährigen Jubiläums seiner Firma «MK2» ein Programm zusammenzustellen, das dann auch im New Yorker Museum of Modern Art zu sehen war, nannte er die Hommage «Dix ans de solitude» (Zehn Jahre der Einsamkeit). Gemeint war seine Donquichotterie innerhalb der Filmbranche, Filme zu machen, die andere ablehnen, aber auch seine Einsamkeit im Bezug auf staatliche Subventionen, sowohl der Filmförderung als auch des Fernsehens, und die Einsamkeit eines unabhängigen Kinobesitzers, der sich mit seinen 14-Juillet-Kinos zwar eine Kette mit über 40 Abspielstätten aufgebaut hat, um eigene Unabhängigkeit zu wahren, aber dennoch immer in Gefahr geriet, von den großen Konzernen an die Wand gedrückt zu werden.

Es verwundert daher nicht weiter, dass Marin Karmitz bei jeder Gelegenheit gegen die Übermacht der amerikanischen Kinoindustrie

---

[69] Jestem akuszerem i pediatrą kina. Ein Interview von Józef M. Rostocki. In: *Kino* 3/1999, S. 31.

wettert, auch wenn er ihre Professionalität anerkennt. Er scheut sich auch nicht davor, die europäische Kulturtradition in der Vielfalt ihrer unterschiedlichen Facetten und kulturhistorischen Eigenarten oder Blickwinkel in den Zeugenstand zu rufen, während er gleichzeitig die Uniformität vieler junger Regisseure beklagt und das amerikanische Kino in seiner Haupttendenz als barbarisch und propagandistisch brandmarkt. Ein Indiz dafür, dass auch Europäer davon bedroht sind, ihre kulturelle Identität zu verlieren, sei für ihn die Verleihung der «Goldenen Palme» in Cannes an David Lynchs «barbarischen Film» WILD AT HEART (USA 1991) gewesen.

Im Gegensatz zu der industriellen Produktion der Ware Film in Amerika begreift er sich als einen Handwerker, der seine Projekte während des gesamten Herstellungsprozesses diskutierend und kommentierend begleitet, in die (eigenen) Kinos bringt, ins Ausland und ans Fernsehen verkauft, auf Festivals begleitet, durch Präsenz in den Medien für sie wirbt. In diesem Selbstverständnis traf er sich mit Kieślowski, der in unzähligen Interviews immer betont hat, dass er sich selbst als Handwerker versteht, und der genauso uneingeschränkt wie Karmitz bis hin zur Vorausgabung alle Energie in seine Projekte hineinsteckte. «Produzieren erfordert sehr viel Kraft», sagt Karmitz, «man muss alles geben. Mit Regisseuren, die nicht bis an die Grenze gehen, fühle ich mich nicht wohl. Wenn die Chemie stimmt, möchte ich natürlich kontinuierlich arbeiten, es ist wie in einer glücklichen Liebesbeziehung.»[70]

Die Chemie zwischen ihm und Kieślowski hat gestimmt:

> «Er verfügt als Künstler über eine einzigartige Eigenschaft: Er ist versenkt in innerer Reflexion, und es gelingt ihm zugleich, diese Reflexion in eine allgemein verständliche Sprache zu übertragen. Krzysztof erinnert mich an jemanden, den ich sehr gemocht habe: an meinen Freund Samuel Beckett. Was mich an ihm fasziniert hat, war die ständige Suche nach der Herkunft der Wörter, nach dem Moment ihrer Geburt und ihres Todes. Beckett verlieh Worten eine ungeheure Kraft, schlug sie hart wie ein Tischtennisball und schickte sie in die Welt. Ich habe daran denken müssen, als Krzysztof drei Worte zum Thema seiner Filme gewählt hatte: Freiheit, Gleichheit, Brüderlichkeit. Mich fasziniert die Art, wie er diese Begriffe filmisch interpretiert, in Farben kleidet, bewirkt, dass sie zum Bild werden.»[71]

Karmitz war davon überzeugt, dass Kieślowski für alle Intellektuellen, die noch an etwas glauben, zu den größten Zeitgenossen in der Film-Branche gehören müsste, vergleichbar mit Ingmar Bergman oder Roberto Rosselini, deren Tradition er fortgesetzt habe. Im Gegensatz aber zu diesen Filmklassikern, die zu ihren Zeiten einige unter vielen Regisseuren waren, die wichtige Themen aufgriffen und gesellschaftliche Verantwortung übernahmen, zählte Kieślowski in der jüngsten Zeit zu den wenigen seiner Art, die es überhaupt noch gab.

Diesen Kulturpessimismus teilte Kieślowski wiederum mit Marin Karmitz. Auch er setzte sich mit den großen Fragen der europäischen Kulturtradition auseinander, was Karmitz angesichts der politischen Umwälzungen und Rückfälle in die Barbarei nach 1989 – mit dem Zerfall der Sowjetunion und dem Jugoslawien-Krieg – zu dem emphatischen «Glaubensbekenntnis» verleitet hat: «Solche Menschen wie Kieślowski helfen mir, an den Sinn bestimmter Worte zu glauben.»[72] Im Gegenzug teilte Kieślowski Karmitz' Abneigung

---

70 Hunger nach Kultur. Ein Interview von Margret Köhler. In: *film-dienst* 15/1999, S. 13.
71 Wyznanie wiary producenta. Ein Interview von Stanisław Latek und Tadeusz Sobolewski. In: *Kino* 9/1993, S. 6.
72 Ebd.

gegen Amerika: In dem Dokumentarfilm I'AM SO SO sprach Kieślowski davon, wie er immer versucht, sich in Amerika nur so kurz wie notwendig aufzuhalten, da er mit der Erfolgsideologie Hollywoods und des amerikanischen «*way of life*» nichts anfangen könne; statt Selbstdarstellung zu betreiben, antwortete er auf die Frage, wie es ihm gehe, «I'am so so». So hat Kieślowski auch mehrere millionenschwere Projekte aus Hollywood ausgeschlagen: «Vielleicht genau deswegen entscheiden sich viele der am meisten begehrten Regisseure, solche wie zum Beispiel Kieślowski, der Angebote von Produzenten aus der ganzen Welt hatte, für die Zusammenarbeit mit mir»[73], sagt Marin Karmitz nicht ohne Stolz.

Für Karmitz ist der Universalismus von Kieślowski oder anderen bedeutenden Regisseuren nicht vergleichbar mit dem, wie er es nennt, Mondialismus der amerikanischen Filmindustrie, weil das amerikanische Kino nur vorgefertigte und reproduzierbare Codes oder Effekte verwendet, die auch genau nur deswegen überall verstanden werden. Das «Treuebekenntnis» des Produzenten für seinen Regisseur fällt entsprechend dezidiert aus:

> «Mit seinen Filmen hat mir Kieślowski ein Geschenk gemacht. Ich versuche, mich würdig zu erweisen, gebe von mir alles und denke, dass ich zufrieden sein müsste: Drei so komplizierte Filme in so einem Tempo zu machen, konnte wirklich sehr erschöpfend werden, dabei verlief alles ohne nennenswerte Probleme. Die Arbeit eines Produzenten ist ähnlich der Arbeit eines Beleuchters oder Tonmeisters, beruht auf einer soliden Erfüllung der Aufgaben, effektiver Leitung aller Operationen, Aufrechterhaltung des Zusammenhalts. Das kostet alles sehr viel.»[74]

207 Marin Karmitz mit Kieślowski

Von seinem Produzenten erwartete Kieślowski wiederum nicht nur die ständige Anwesenheit auf dem Set und die gemeinsame Sichtung des abgedrehten Filmmaterials, sondern führte mit ihm auch Korrespondenz, forderte ihn zu Diskussionen auf, wie er sein ganzes Team zu Rate zog. Alle Beteiligten berichteten vom sehr intensiven, konzentrierten Klima der Dreharbeiten bei seinen Filmen. Bekanntlich ist Kieślowski außerdem noch das Kunststück gelungen, immer wieder neben Kamera und Musik auch neue Gesichter von Darstellern wie die von Grażyna Szapołowska und Irène Jacob zu entdecken, oder das von Juliette Binoche zu etablieren.

In einem Interview für das Sonderheft der polnischen Filmzeitschrift *Kino*, gewidmet der DREI FARBEN-Trilogie, gerät Karmitz geradezu in Schwärmerei, wenn er davon spricht, dass obwohl Kieślowskis Werk aufgrund seiner eigenen Herkunft und Sozialisation der abendländischen, christlichen Tradition entspringt, er sich als Jude mit Kieślowski identifizieren kann, da die Traditionen, die sie beide geprägt haben – das Christentum und der Judaismus – nur das Dogma trennt. Einzig lebendig für Karmitz ist dagegen Messianismus im Sinne einer

---

73 Wydawca filmów. Ein Interview von Stanisław Latek. In: *Kino* 6/1991, S. 21.
74 Ebd.

Utopie, der Wille, die Welt zu verändern, wovon Kieślowski in seinen Filmen spricht, wenn er von der Liebe erzählt. Karmitz ist davon überzeugt, dass Liebe die Welt verändern kann: «Darin liegt die Idee des Messianismus, dass im bestimmten Moment die Einheit der Gegensätze eintritt … Man kann immer Hoffnung auf Veränderung haben, auf Überwindung der gegebenen Situation, des vorhandenen Systems. Man darf diese Hoffnung nicht aufgeben.»[75] Dieses Glaubensbekenntnis kann nur ein Produzent abgeben, der wie Sisyphus weitermacht, obwohl er in seinem Kulturpessimismus gleichsam den «Untergang des Abendlandes» beschwört und unablässig vor dem Sterben des Kinos in Europa warnt.

Als er im Oktober 1994 Kieślowski anlässlich der Premiere von Rot in New York traf, haben sie sich, kolportiert Karmitz, über die Rolle der Intellektuellen und über ihre Isolation unterhalten: «Nach einem größeren Whiskyglas mit Kieślowski in New York wollten wir zwei eine Partei der Einsamkeit gründen. Auf dem Rückflug traf ich den amerikanischen Schriftsteller Elie Wiesel und fragte ihn, ob er nicht auch Gründungsmitglied sein wollte. Er schlug mir eine Erweiterung vor: die Partei der Einsamkeit und des Schweigens. Seit Kieślowskis Tod gibt es für mich sehr viele Momente, in den ich schweigen möchte.»[76] Nach Kieślowskis Tod bekundete Karmitz mehrmals, dass es ihm so schien, als würde er die Leere nach seinem Tod nicht ausfüllen können. Unabhängig und im besten Sinne elitär blieben auch spätere Produktionen von Marin Karmitz, der etwa bei CODE: UNBEKANNT (CODE INCONNU, F/D/RU 2000) mit Michael Haneke und bei PARANOID PARK (USA 2007) mit Gus Van Sant ein herausforderndes Independent-Kino mit hohem Anspruch doch noch realisieren konnte.

75 Wyznanie wiary producenta. Ein Interview von Stanisław Latek und Tadeusz Sobolewski. In: *Kino* 9/1993, S. 6.
76 Hunger nach Kultur. Ein Interview von Margret Köhler. In: *film-dienst* 15/1999, S. 13.

Condition humaine und das Kriegsrecht
«Röntgenbilder der Seele» in Ohne Ende

«Worüber Du sprichst, hat Resonanz, worüber Du schweigst, hat Aussage, so oder so ist sie politisch.»
– Wisława Szymborska (*Dzieci epoki*[77])

Der Titel des Essays von Adam Zagajewski *Solidarität und Einsamkeit* erfasst ziemlich genau den Kern des gesellschaftlichen wie individuellen Dilemmas, das Krzysztof Kieślowski in Bez końca (Ohne Ende) 1984 zu thematisieren versuchte: den Verlust der politischen Hoffnungen der kurzen «Solidarność»-Ära und die niedergeschlagene Stimmung in der Zeit des Kriegsrechts, die das Individuum jenseits politischer Antagonismen auf sich selbst zurückwarf. Zugleich besiegelte der Kriegszustand das Ende des «Kinos der moralischen Unruhe»: Er zersprengte die in Opposition zum System konsolidierte Gemeinschaft der intellektuellen Filmwelt in Polen, verbannte einzelne Regisseure ins Exil, in den Untergrund oder in die innere Emigration, wenn sie nicht gar zeitweilig in den Lagern des Sicherheitsdienstes – wie Kazimierz Kutz – interniert wurden.

Unmittelbar nach dem 13.12.1981 drohte dies auch Kieślowski, weswegen er sich einige Tage versteckt hielt. «Ich versuche etwas über das polnische Kino der letzten 6–7 Jahre zu schreiben», reflektierte Agnieszka Holland 1983 aus dem Pariser Exil über die Auswirkungen dieser historischen Wende.

«Ich habe das Gefühl, als ob ich einen Nekrolog schreiben würde. Wenn man einen Nachruf schreibt, sollte man die besten Eigenschaften des Verstorbenen exponieren. Besonders, wenn er verfrüht gestorben ist und man erwarten konnte, dass die größten Erfolge noch vor ihm liegen. (…) Die natürliche Entwicklung dieses Kinos wurde erstickt, die Gruppe von Menschen, die die neue polnische Kinematografie geschaffen haben, wurde zerschlagen. Uns kam es unmöglich vor, dass es so kommen könnte, da das Milieu durch die Gefechte mit den wechselnden Mannschaften der Regierung und die gemeinsamen Erfolge ausnahmslos geschlossen schien. Währenddessen hat der Wind der Geschichte geblasen und uns in alle Weltrichtungen zerstreut. Jetzt muss jeder für sich selbst nach dem eigenen Maß der Aufrichtigkeit und der Geduld suchen. Wir werden besser oder schlechter unsere künstlerischen Aufgaben lösen, sogenannte ‹Werte› kreieren, diese Filme werden vielleicht sogar schöner, formal sorgfältiger, psychologisch tiefer – nur, sie werden niemanden interessieren.»[78]

---

77 Das Gedicht der späteren Nobelpreisträgerin Wisława Szymborska (1996), *Dzieci epoki* (Kinder der Epoche), wurde veröffentlicht in dem Lyrikband *Ludzie na moście* (Die Menschen auf der Brücke), Warschau 1985, S. 26. Wisława Szymborska gehörte neben Tadeusz Różewicz und Adam Zagajewski zu den Lieblingsdichtern Kieślowskis.

78 Holland, Agnieszka: Kilka uwag o młodym polskim kinie. In: *Zeszyty literackie* 1/1983, S. 140–141.

VI. Von der Wirklichkeit zur Metaphysik

208 Allerheiligen auf einem Warschauer Friedhof

Was Agnieszka Holland in Worten ausdrückte, übertrug Kieślowski auf die Leinwand.

Dass OHNE ENDE ein Nachruf auf die Hoffnungen der vorausgegangenen «Solidarność»-Zeit und zugleich auf das «Kino der moralischen Unruhe» war, konnte man schon unmissverständlich an dem Filmplakat (s. S. 482, Abb. 6) ablesen: Es enthielt schwarzumrahmte Fotos von den Darstellern der Hauptrollen, des Ehepaares Zyro, und Credits zur Crew, die in Form eines Nekrologs gefasst waren. Hätte man nicht gewusst, dass es sich um einen Film handelt, müsste man an eine Todesanzeige denken. OHNE ENDE ist im Vergleich zu den bisherigen Filmen Kieślowskis formal ausgefallener, psychologisch allemal tiefer – und er hat scheinbar niemanden interessiert: Die Zensur (eine ihrer indirekten Formen des Einwirkens) sorgte dafür, dass der Film in Vorstädten Warschaus, in einem einzigen Kino in den Sommerferien lief. Als die Ferien vorbei waren, nahm man den Film aus dem Programm, obwohl mit der Zeit, als das Publikum den «geheimen» Ort der Vorführungen erspähte, der Saal bei jeder Vorführung zum Bersten voll war.

Dass der Film überhaupt freigegeben wurde, war schon verwunderlich genug und höchstwahrscheinlich ein Signum der Imagepolitik des Staates, genau wie die Tatsache, dass in der zu dieser Zeit regierungsnahen *Polityka* ein Interview mit Kieślowski unter dem Titel *Mäßiges Vergnügen* (Średnia przyjemność) erscheinen konnte, in dem er unmissverständlich seine Meinung zu der politischen Situation im Lande artikulierte. Wie im Film fällt auch in diesem Interview der Satz «Wenn man leben will, muss man viel aushalten können», wobei Kieślowski in Analogie zu den drei Modi seiner Helden, mit der Ausweglosigkeit der gegenwärtigen Situation umzugehen, drei Alternativen skizziert, die ihm als Künstler zur Auswahl im Kriegszustand standen: «Man könnte ausreisen, was mir aus unterschiedlichen Gründen nicht möglich ist. (…) Man könnte den Beruf wechseln, was für einen vierzigjährigen Menschen schwer ist, aber ich ziehe es immer noch in Betracht. Und es gibt den dritten Ausweg: etwas machen, was in Maßen aufrichtig erscheinen kann.»[79] Das eigene Maß der Aufrichtigkeit und der Geduld zu suchen, erwies sich in der extrem polarisierten Gesellschaft des Kriegszustands beinahe als ein Sakrileg, was auch Kieślowski zu spüren bekam. Wie sein Held als Geist aus einer anderen Zeit suchte er einen Dialog, «damit jemand ins Kino kommt und überlegt – verdammt, ich bin nicht

209 Ein Arbeiter steht vor Gericht

79 Średnia przyjemność. Ein Interview von Zdzisław Pietrasik. In: *Polityka* (Nr. 57) v. 06.07.1985, S. 6.

so allein auf der Welt, es gibt jemanden, der ähnlich denkt. Vielleicht macht man dafür Filme?»[80]

Die Handlung von OHNE ENDE zerfällt in drei parallele Stränge, die wie Kieślowski in seiner Autobiografie zugibt, nicht kohärent genug miteinander verwoben sind. Dank der eindringlich-melancholischen Musik von Zbigniew Preisner und der allegorischen Grundkonzeption gerät der Film dennoch nicht in die Falle der Thesenhaftigkeit. Die politisch-publizistische Ebene nimmt sich wie eine Fortführung des «Kinos der moralischen Unruhe» unter den Vorzeichen des Kriegszustands aus: Der junge Arbeiter Darek (Artur Barciś) steht vor Gericht, da er nach der Ausrufung des Kriegszustands einen spontanen Streik in seinem Betrieb angeführt hat. Seine Verteidigung übernahm Rechtsanwalt Zyro (Jerzy Radziwiłowicz), ein profilierter «Solidarność»-Anwalt, der inzwischen an Herzversagen gestorben ist. Dareks Frau (Maria Pakulnis) engagiert auf Vermittlung von Zyros Ehefrau Urszula (Grażyna Szapołowska) den pragmatischen Anwalt Labrador (Aleksander Bardini), der kurz vor der Pensionierung steht und seit über 30 Jahren an keinem politischen Prozess mehr teilgenommen hat. Er sagt zu dem unbeugsamen Darek, der seine Würde wahren will und deshalb zu keinen Konzessionen bereit ist: «Man muss viel aushalten können, wenn man leben will.»

Während Labrador mit allen Spitzfindigkeiten und Tricks seiner Profession bis an die Grenze zum Zynismus die Haut seines Mandanten retten will, versucht sein «militanter» Referendar (Michał Bajor) Darek dazu anzustiften, in diesen Zeiten, «in denen man Stellung beziehen muß», das Gericht zu provozieren und die Situation zumindest dafür zu nutzen, um einen politischen Präzedenzfall zu schaffen. Darek akzeptiert weder die eine noch die andere Position, da er glaubt, im Recht gehandelt zu haben; auch war er

80 Ebd.

210 Nach seinem Tod begleitet Zyro seine Familie

211 Foto Lech Wałęsas und ein Solidarność-Kalender

kein Mitglied der Gewerkschaft «Solidarność», sondern wurde von seinen Arbeitskollegen im spontanen Akt des Vertrauens zum Streikführer gewählt. Ihm am nächsten ist die Einstellung des verstorbenen Anwalts Zyro, der die Integrität seiner Mandanten zu wahren versuchte, ohne sie jedoch für politische Zwecke zu instrumentalisieren. Der Ausweglosigkeit und Absurdität der politischen Antagonismen setzte er das Gewissen des Einzelnen entgegen, was Darek dazu verleitet, in den Hungerstreik zu treten. Da seine Ehrbekundung in dieser Situation zum Selbstzweck verkommt, einer verzweifelten, aber letztlich sinnlosen Geste gleichkommt, behält Labrador Recht, wenn er nicht die Gerechtigkeit, sondern den Überlebenswillen siegen lässt: Als das Urteil verkündet und Darek zu 18 Monaten Gefängnis auf Bewährung verurteilt wird, kann er sich nicht mal darüber freuen, sein Kind zu sehen. Auch andere Anwesende im Saal «senken ihre Köpfe», eine zwickmühleartige Konstellation, deren Absurdität Labrador mit einer Geste auf den Punkt bringt: Er setzt sich den Zeigefinger an die Schläfe, als ob er einen Selbstmordversuch imitieren würde.

Als Erzähler des Films fungiert Rechtsanwalt Zyro, der nach seinem Begräbnis nach Hause zurückkehrt, sich an sein bisheriges Leben und die Umstände seines unerwarteten Todes erinnert, um dann als ein stiller Beobachter die ihm nahestehenden Menschen, für die er sich verantwortlich fühlt, weiter durchs Leben zu begleiten (s. S. 263, Abb. 15). Er greift sogar in ihre Geschicke ein, verhindert Urszulas Autounfall und markiert in seinem Adressbuch ein Fragezeichen in Rot unter dem Namen von Labrador, als ob er seine Zweifel artikulieren möchte, was die Verteidigungsstrategie des Kollegen anbetrifft. Als Urszula einen Hypnotiseur aufsucht, da sie sich von den Bindungen und der quälenden Sehnsucht nach ihrem verstorbenen Mann befreien will, erscheint er ihr hinter dem Rücken des Therapeuten mit einem erhobenen Zeigefinger, nachdem er bereits Zeuge ihrer zufälligen erotischen Begegnung mit einem amerikanischen Touristen gewesen war, die Urszulas Verzweiflung nur noch potenziert hat.

Durch die Besetzung der Hauptrolle des Rechtsanwalts Zyro mit dem charismatischen Schauspieler Jerzy Radziwiłowicz, der nach seinen Hauptrollen in Wajdas DER MANN AUS MARMOR und DER MANN AUS EISEN zu einer ikonografischen Symbolfigur der «Solidarność»-Ära und des Widerstandsgeistes dieser Zeit geworden war, aber auch durch seine Ausstrahlung den Eindruck einer moralischen Integrität vermittelte, hat Kieślowski fast schon zu deutlich darauf hinweisen wollen, dass die Ideale dieser Zeit mit dem Kriegszustand endgültig zu Grabe getragen wurden. In der neuen Situation sei kein Platz für Menschen mit guten Absichten. Der Tod macht jedes Handeln sinnlos und überflüssig – dies war die in diesem Kunstgriff enthaltene Metapher.

Menschen wie Anwalt Zyro mussten sterben, weil sie für die kommende Zeit nicht mehr geeignet waren. Daher der anfänglich ironische Titel HAPPY END, den Kieślowski dann verwarf, um dem metaphysischen Strang noch eine andere Dimension zu verleihen: Der «Geist» der vergangenen Zeit sollte zum Synonym des individuellen Gewissens werden, verkörpert durch die Erinnerung an Verstorbene, die für ihre Nachkommen zu einer moralischen Instanz avancieren können. Nicht zufällig zeigt Kieślowski an Allerheiligen den Zentralfriedhof von Warschau, in ein Meer von Kerzenlichtern getaucht, als Urszula mit ihrem Sohn das Grab von Antek Zyro besucht und auch vor einem Mahnmal für die Opfer von Katyń halt macht. Dadurch bekommt der Film noch einen historischen Bezug, wurden in Katyń doch 16.000 gefangengenommene polnische Soldaten 1940 von dem sowjetischen Geheimdienst NKWD ermordet. Zum damaligen Zeitpunkt war dieses historische Ereignis eines der Tabus der polnischen Geschichtsschreibung.

Mit diesem metaphysischen Handlungsstrang ist die Geschichte Urszulas verbunden, die vergeblich ihre Trauer zu verarbeiten und sich in der neuen Wirklichkeit zurechtzufinden versucht. Mit dem Tod ihres Mannes scheint sie ihre Lebensorientierung verloren zu haben. Sie begreift, dass sie ihn viel mehr geliebt hat, als sie es je vor sich selbst zugeben konnte. In Anbetracht der Ausweglosigkeit und Hoffnungslosigkeit sucht Urszula das Vergessen in flüchtigen Sexabenteuern, als ob sie sich bestätigen müsste, dass sie körperlich noch existiert. Sie nimmt Kontakt zum politischen Untergrund aus dem Umkreis der «Solidarność» auf, übersetzt für den «zweiten Umlauf» George Orwells Überwachungs-Antiutopie *1984*, was Kieślowski dazu nutzt, um dieses konspirative Milieu zu charakterisieren. Dies hält er fest, fast in Form eines paradokumentarischen Sitten- und Gesellschaftsgemäldes, aber auch um die Sinnlosigkeit der damit verbundenen Rituale und Gesten zu offenbaren, die einen selbstzweckhaften Charakter zu erlangen begannen.

Als sich Urszula in der pathologischen Wirklichkeit des Kriegszustands alleine nicht mehr zu helfen weiß und ihre Sehnsucht nach Antek immer größer wird, bringt sie ihren Sohn zu ihren Schwiegereltern, kehrt nach Hause zurück, dichtet Fenster und Türen ab, klebt sich ihren Mund mit einem Klebeband zu, dreht das Gas im Herd auf und setzt sich neben der offenen Herdtür auf den Boden. Die Kamera fährt in das schwarze Loch des Ofens hinein – mit dem Umschnitt auf eine lyrisch-entrückt wirkende Szene. Antek beugt sich über Urszula, hilft ihr aufzustehen, und beide verlassen sie die Küche, betreten eine idyllische, vom Licht durchflutete Wiese: Ein poetischer Liebestod, der auch politische Freiheit einklagt. Gleichzeitig verdeutlicht dieses Finale wie doppelbödig Kieślowski schon hier den Begriff der Freiheit definiert – die Befreiung von den sozialen und politischen Zwängen bietet nur der Tod. Damit präfiguriert er bereits die Konstellation von Blau: Auch Julie wird durch den Tod ihres geliebten Mannes in eine tiefe Lebens- und Sinnkrise gestürzt, kann ihre Trauer nicht verarbeiten und will sich dann von der Erinnerung und der quälenden Sehnsucht nach den ihr nächsten Personen befreien. Statt im Freitod, wie Urszula, findet sie aber Erfüllung in der Kunst.

Diese Gegenüberstellung des Selbstmords als der «logischen» Konsequenz aus der gesellschaftlich-historischen Determiniertheit des Individuums mit dem kreativen Selbstentwurf in Eigenverantwortlichkeit (zum Beispiel als Selbstverwirklichung durch die Kunst) ist eine klassische Denkfigur der französischen Existentialisten. Piesiewiczs Vorliebe für Camus' Roman

212 Übersetzung von George Orwell

Der Fall klingt auch in Ohne Ende nach, und zwar in einem Dialog zwischen Urszula und einer Bekannten ihres verstorbenen Ehemannes, die sich daran erinnert, dass Antek früher Richter werden wollte und Bücher von Camus verschlang: «Richter Büßer... Ich habe es dann gelesen. Ist er Richter geworden?», fragt schließlich die Bekannte Urszula, die irritiert verneint.

Außer dass diese Szene die Konzeption des letzten gemeinsamen Werkes von Piesiewicz und Kieślowski – ihres *opus magnum* Rot – vorwegnimmt, scheint das biografische Dilemma des Helden, Anwalt oder Richter zu werden, die Grundthematik aller Filme von Kieślowski auf eine Formel zu bringen: während Kieślowski, seinem Ideal der «Ruhe» folgend, seit seinen

213 Urszulas Freitod

frühesten Dokumentarfilmen eigentlich nur die Rolle eines unbeteiligten Zeugen und Beobachters haben wollte, geriet er zunehmend in die Zwickmühlen der politischen Antagonismen der polnischen Gesellschaft. Die manövrierten ihn ständig in die Position eines (moralischen) Richters, der er sich entzog, indem er aus vielen Perspektiven die Motivationen und Umstände der Handlungen seiner Helden beleuchtete – also die Rolle ihres Anwalts übernahm, der als unvoreingenommener Beobachter um Objektivität bemüht sein will.

Ob beim zweifelhaften Ausgang des Finales in DAS PERSONAL (unterschreibt er oder nicht?), oder bei den unschuldig des Verrats beschuldigten Helden in GEFÄHRLICHE RUHE und DER ZUFALL MÖGLICHERWEISE bis hin zu den ethischen Handlungsmodellen in DEKALOG hat Kieślowski seine Protagonisten niemals verurteilt, sondern versucht, ihr Handeln, ihre Zwänge, denen sie ausgesetzt sind, ihre Vorgeschichte, die sie geprägt hat, nachzuvollziehen. Einzig in VOM STANDPUNKT EINES NACHTWÄCHTERS hat er seine eigene Figur vorgeführt und der Lächerlichkeit preisgegeben, was erklären mag, warum er in seinem letzten Lebensjahr die Ausstrahlung dieses Films verhindern wollte. «Persönlich bekenne ich mich zu einer unpopulären Meinung. Ich denke, dass alle Menschen im Prinzip, von ihrer Natur aus, von der Geburt an gut sind», schreibt Kieślowski in seiner Autobiografie. «Allgemein betrachtet, das Böse in ihnen kommt daher, dass die Menschen in einem bestimmten Moment nicht mehr in der Lage sind, das Gute umzusetzen. Aus einer Art Frustration heraus»[81], oder wie es Valentine in ROT ausdrückt, «weil sie keine Kraft mehr haben».

Auch in OHNE ENDE verurteilt Kieślowski Urszula nicht, obwohl sie durch ihre Entscheidung ihren kleinen Sohn zum Vollwaisen macht. Gehörte Kafkas *Der Prozess* tatsächlich zu den Büchern, die Kieślowski besonders geprägt haben, würde dies nahelegen, warum er in OHNE ENDE der Falle der Ausweglosigkeit «nur» noch den Topos der absoluten Liebe entgegenzusetzen hatte. Ein Topos, der in allen seinen folgenden Filmen wiederkehren wird. In einem Interview erläutert Kieślowski freimütig: «Das ist ein politischer Film im Hintergrund (…), die Politik bildet nur den Kontext der Liebe von Antek und Urszula (…). Die Liebe ist der Motor des ganzen Films. (…) Die Liebe ist die einzige Lösung für das Problem der menschlichen Existenz.»[82]

Diese Erkenntnis findet ihren Widerhall in Szenen, in den Urszula durch Gegenstände, Fotos, Menschen, denen sie begegnet, immer an Antek erinnert wird: Momentaufnahmen, die zeigen, wie die Vergangenheit auf ihr lastet, gegen die sie vergeblich anzukämpfen versucht. Auch die erotischen Szenen erfüllen dieselbe Funktion, vergegenwärtigen nur die Abwesenheit von Antek, wie bei dem Liebesakt mit dem Amerikaner und Urszulas Masturbationsszene, die an verzweifelte Versuche erinnern, vergessen, verdrängen zu wollen. In ihrer Drastik und schauspielerischen Eindringlichkeit, mit Grażyna Szapołowska in der Rolle von Urszula, wirken sie verstörend. Ähnlich wie in der DREI FARBEN-Trilogie versucht Kieślowski hier Gefühle einzufangen und subtile Erfahrungsregionen auszuloten; zu fotografieren, was sich im Grunde nicht fotografieren lässt.

Die befreiende, beinahe erlösende Liebe versus gesellschaftliche Sphäre – die letzte oft auch als Zustand der Abwesenheit von Liebe (z. B. in DEKALOG) dargestellt. Jener Antagonismus bildet eine Konstante im Spätwerk Kieślowskis und hängt gewiss eng mit seiner Kulturkritik, seinem sprichwörtlichen Pessimismus zusammen. Vor der Ausstrahlung des DEKALOG im französi-

---

81 Stok 1993, S. 135.

82 Ein Interview von Jadwiga Anna Łużyńska vom Juni/1995. Zit. nach Łużyńska 1995, S. 51.

schen Fernsehen sagte Kieślowski in einer aus diesem Anlass entstandenen Dokumentation: «In der heutigen Zeit ist es nicht schwierig, im allgemeinen ein Pessimist zu sein, und besonders in so einem Land wie meinem, weil der Mensch durch das ganze Leben Zeuge des Zerfalls aller wichtigen Sachen ist, egal, ob es Gegenstände, Gefühle betrifft oder den Lebenssinn. Das zerfällt von Monat zu Monat, von Tag zu Tag, es geht alles immer mehr in eine schlechte Richtung.»[83]

In seiner Autobiografie schildert Kieślowski die verheerenden Folgen des Kriegszustands, sozial-mentale Verwüstungen, die dieser hinterlassen hat, aber auch die ambivalente Lage nach der Wende von 1990, da die in die Opposition gesetzten Hoffnungen nicht eingelöst wurden. Er beklagt sich über den Zerfall freundschaftlicher, beruflicher Beziehungen, bis hin zu einem historischen Fatalismus, den er auf die geopolitische Lage Polens zurückführt. OHNE ENDE sollte Kieślowskis letzter Film werden, in dem er sich, wie er sagt, mit der Politik beschäftigt. Die Verbitterung gegenüber seinem eigenen Heimatland, von der er im Zusammenhang mit OHNE ENDE sprach, hatte ihren Ursprung auch darin, dass ausgerechnet dieser Film entgegen seinen eigenen Intentionen ausschließlich in politischen Kategorien interpretiert wurde.

Die Filmkritiker lehnten in erster Linie den dramaturgischen Kunstgriff einer Parallelwelt ab, die poetische Ästhetik des Films, was den meisten – unabhängig von der politischen Couleur – die weitere Sicht auf Inhalte versperrte. In der polnischen Öffentlichkeit brach eine Debatte aus, bei der man nicht gerade zimperlich in der Wahl der Mittel war: Die parteinahe *Kultura* stufte den Film als primitiv, paranoide, langweilig, ohne filmische Qualitäten ein und prophezeite OHNE ENDE, ein Misserfolg zu wer-

83 Ventura, Claude / Urbanowicz, Christoph: *Kieślowski, septembre 89*. TV France 2, Frankreich 1989.

214 Urszula und eine Zufallsbekanntschaft

den. In dem offiziellen Parteiorgan *Trybuna ludu* war sogar die Rede von einer antisozialistischen Diversion und einer Gebrauchsanweisung für den politischen Untergrund. Der Rezensent des Untergrundperiodikums *Kultura niezależna* (Unabhängige Kultur) warf den Autoren wiederum Anbiederung beim Regime vor, da sie den Kriegszustand angeblich als Niederlage der Opposition darstellten.

Unter dem Pseudonym J. Saber verbarg sich der damals bekannteste polnische Kunstkritiker Andrzej Osęka, der mit vorgeschobenen Argumenten weniger auf den Film als auf Kieślowski selbst abzielte. Mit Häme und im Anklageton urteilte er Kieślowski dafür ab, dass er der regierungsnahen *Polityka* das erste Interview unter polnischen Intellektuellen seit der Ausrufung des Kriegszustands gegeben und an einem Treffen der Kulturschaffenden mit General Jaruzelski teilgenommen habe. Liest man heute das Interview, ist man verwundert darüber, dass es überhaupt erscheinen konnte. Kieślowski begründete seine Zusage selbst damit, seine Zuschauer auf den Film so aufmerksam machen zu wollen, da sein Vertrieb von den zuständigen Behörden sabotiert wurde.

Ironie der Geschichte: Der damalige Regierungssprecher und frühere Mitarbeiter der *Polityka*, Jerzy Urban, veröffentlichte eine Polemik, in der er sowohl den Redakteur Zdzisław Pietrasik als auch Kieślowski wegen des Interviews zu diskreditieren versuchte. Urban machte übrigens nach der Wende mit dem auflagenstarken Magazin *Wprost* eine beispiellose Karriere als Businessman neuer Couleur. In seiner Replik kam Saber alias Osęka aber zu der Schlussfolgerung, Urban würde Kieślowski wie «seinen Mann» behandeln. Ein *circulus vitiosus*. Der unabhängige Feuilletonist konnte sich scheinbar nicht einmal vorstellen, dass man auch anders unabhängig sein konnte – indem man keiner der Gruppierungen zugerechnet werden wollte.

Der Kritiker der Wochenzeitung katholischer Laien *Tygodnik Powszechny* schließlich akzeptierte nicht den abgrundtiefen Pessimismus des Films, tadelte seine Trivialität, Effekthascherei bei den drastischen Sexszenen, mit denen Kieślowski die Verharmlosungen auf der politischen Ebene kompensieren wolle; er monierte die Unzulänglichkeit des psychologisch-erotischen und pseudometaphysischen Strangs. Auf völlige Ablehnung stieß bei ihm der Selbstmord, bei dem die Protagonistin skrupellos ihren geliebten Sohn zurückließ.

Kieślowskis Verhältnis zur katholischen Amtskirche in Polen und der durch Geschichte geprägten Variante des polnischen Katholizismus ist ein Kapitel für sich. Auf die Suggestion hin, ob die Kirche heute den Zugang zur Religion verhindern würde, antwortete Kieślowski in einem Interview:

> «Eben die Kirche macht viel dafür, um das zu verhindern. Das ist wieder unser nächstes sehr polnisches Problem, weil wir das am meisten katholische Land in der Welt sind und die am meisten institutionalisierte Kirche haben. (…) Es hat sich unglücklicherweise so in Polen ergeben, dass alle Kräfte, alle Lobbys, alle Autoritäten gefallen sind. (…) Übrig geblieben ist die einzige gut organisierte Institution – die Kirche.

Nach meiner Überzeugung ist das ein Unglück für die Kirche und unser Unglück, polnisches Unglück.»[84]

In einem Interview für *Le Monde* anlässlich der Premiere von DIE ZWEI LEBEN DER VERONIKA bringt Kieślowski seine Ansichten in diesem Zusammenhang auf den Punkt: In Frankreich sei «der Glaube eine Möglichkeit. In Polen ein Zwang.»[85]

Nach der polnischen Premiere von BLAU distanziert er sich in *Tygodnik Powszechny* abermals von der politischen Einflussnahme der Kirche in Polen nach der Wende:

> «Ich habe keinen Komplex der Religion (und wenn, dann verstecke ich ihn sorgfältig unter der äußeren Schicht der Abneigung). Aber ich habe eine Abneigung gegen die Kirche als Institution, aus vielen Gründen, die ich nicht näher erörtern möchte, (…) auch wenn ich tatsächlich das Bewusstsein von Unrecht und Ungerechtigkeit habe. Und das nicht aus der Kindheit, sondern als Erwachsener. Ich muss sagen, dass in den letzten Jahren diese Abneigung noch zunimmt. Und die letzten Ereignisse in Polen haben diese Befürchtungen bestätigt.»[86]

Kurz vor seinem Tod bekannte Kieślowski aber in dem Dokumentarfilm I'M SO SO halbwegs ironisch, wie gut seine Kontakte mit Gott wären, «seine eigenen, privaten, nahen» und dass er glaube, das Leben danach sei ein schönes Geheimnis und solle auch ein Geheimnis bleiben. Beim Thema Katholizismus und Religion

---

84 Drzewo, które jest. Ein Interview von Tadeusz Szczepański. In: *Film na świecie* Nr. 385 November/Dezember 1991, S. 17.

85 Les portes s'ouvrent sur un sourire d'exil. Ein Interview von Danièle Heymann. In: *Le Monde* v. 16.05.1991, S. 24.

86 Niebieski lizak. Ein Interview von Tadeusz Sobolewski. In: *Tygodnik Powszechny* v. 24.10.1993, S. 9.

drängen sich Vergleiche mit Luis Buñuel auf. Kieślowski scheint sich wie der spanische «Atheist von Gottes Gnaden» verhalten zu haben: unmissverständlich antiklerikal, aber dennoch unter Einfluss.

Der einzige Trost nach der Premiere von OHNE ENDE war für Kieślowski, dass der Film gut bei den Zuschauern ankam. Er hat sehr viel Zustimmung in unzähligen Telefonaten, Briefen, Gesprächen signalisiert bekommen, wie nie zuvor und danach. «Alle haben eigentlich gesagt, und ich habe keinen einzigen bösen Brief oder ein böses Telefonat bekommen, dass es die Wahrheit über den Kriegszustand ist. Sie haben den Kriegszustand ähnlich wahrgenommen.»[87] Dass die öffentliche Meinung mit den privaten Ansichten so divergieren konnte, dürfte Kieślowski in seiner Überzeugung noch bestärkt haben, dass das Individuum, verstrickt in Abhängigkeiten, in seiner gesellschaftlichen Rolle stets unter seinen Möglichkeiten bleibt. Einzig die Privatsphäre bietet für ihn die Möglichkeit zu Verständigung und Solidarität. Das Kino als ein Gemeinschaftserlebnis kann die Menschen in die Lage versetzen, in ihre innere Welt einzutauchen; das Interesse für diese Welt einen Weg zum Zuschauer bilden – einen Weg, den Kieślowski seit DEKALOG konsequent beschreiten sollte.

87 Kieślowski 1997, S. 106.

«Sollen wir eintreten in Kieślowskis Kirche?»
Spurensuche im Alltag oder die Zehn Gebote: DEKALOG

«Ich war immer dagegen, einen bestimmten Charakterzug, der für das Werk herausragender Filmemacher spezifisch ist, hervorzuheben, weil so etwas die Gefahr in sich birgt, es zu vereinfachen und darauf zu reduzieren. Aber im Fall dieses Buches mit Drehbüchern von Krzysztof Kieślowski und seinem Co-Autor, Krzysztof Piesiewicz, ist es nicht deplaciert zu bemerken, dass sie über eine seltene Gabe verfügen, ihre Ideen zu dramatisieren, statt sie nur in Worte zu kleiden. Beim Ausdrücken dessen, was wesentlich ist, durch die dramatische Aktion der Story, erreichen sie den Effekt einer verdichteten Dynamik, die den Zuschauern ermöglicht, zu entdecken, worum es wirklich geht, statt nur zuzuhören, wovon die Rede ist. Sie tun es so brillant, dass die Ideen immer verborgen bleiben und man erst viel später realisiert, wie tief sie sich in unsere Herzen versenkt haben.»

– *Stanley Kubrick (Vorwort zu* Decalogue. The Ten Commandments*)*

«Das Werk Kieślowskis bildet ein Gebäude, das heute einer Art Kult dient, aber in ‹Kieślowskis Kirche› zelebriert man die menschliche Wirklichkeit.»

– *Tadeusz Sobolewski (Twarze Kieślowskiego)*

Dass sich Kieślowski immer weniger für die Welt, dafür aber immer mehr für die Menschen interessierte, wie er in den Interviews nach der Fernsehpremiere des DEKALOG bekundete, und dass er sich mit Menschen beschäftigen wollte, die nach Hause kommen, die Tür von innen schließen und mit sich selbst sind, dies fand seinen Niederschlag in der dramaturgischen Konzeption seines Fernsehzyklus. Ganz bewusst wurde die Politik aus der geplanten DEKALOG-Filmreihe eliminiert, obwohl sie damals in Polen genug Anschauungsmaterial zur Illustration der Zehn Gebote geliefert hätte.

Gerade die Politik im Kriegszustand hat Kieślowski aber bewusst gemacht, dass sie auf die essenziellen Fragen der menschlichen Existenz keine Antworten bereit hält. Im Gegenteil: Die politische Sphäre führte eher zur Verwischung aller Kategorien und ethischer Werte in Polen, ließ die Gesellschaft in einer kollektiven Apathie versinken. Genau vor dieser Wirklichkeit wollten Kieślowski und Piesiewicz mit DEKALOG fliehen, sich Problemen widmen, die wichtiger seien als die Politik, in der Überzeugung, dass das, was die Individuen wirklich leitet, ihre Gefühle sind: «Das Gefühl der Angst vor dem Tod, Hass, Gefühl der Einsamkeit sind wesentlich wichtiger als das, ob man ein Kommunist oder ein Gläubiger ist. Lieber beobachte ich zwei Menschen, eingeschlossen in einem Zimmer, die sich gegenseitig belügen, als zwei Staaten oder Kulturen. Je älter ich werde, desto mehr interessiert mich das, was im menschlichen Herzen steckt.»[88] Kieślowski wollte sich nicht mehr mit dem Baum, wie er in

---

88 Je cherche l'explication de tout. Ein Interview von Michel Ciment und Hubert Niogret. In: *Krzysztof Kieslowski.* Hg. v. Amiel, Vincent. Paris 1997, S. 102.

dem Interview *Ohne mich* (Beze mnie) sagt, sondern mit den Früchten, mit den individuellen Auswirkungen dieser Realität beschäftigen.

Auf die Frage, warum die gesellschaftlich-politischen Realia in der Serie fehlen, antwortete Kieślowski ostentativ: «Das geht mich nichts an». Hinzu kam, dass die Autoren ahnten, DEKALOG könnte eine Reihe universeller Filme werden und, um sie für jedermann lesbar und verständlich zu machen, beschlossen sie, alle Spezifika der politischen Gegenwart auszulassen, wenn diese auch unterschwellig im Hintergrund der Geschichten als Echo gesellschaftlicher Desintegration (vor allem im DEKALOG 5) nachklingen. Der Fokus richtete sich aber dezidiert auf einzelne Menschen, ihre persönliche Erlebniswelt, ihre Probleme und Dilemmata, vor die sie das Leben stellt, und was damit einhergeht, auf Entscheidungskonflikte, die keine erkennbar einfachen Lösungen zulassen. Im Kontext des abendländischen Moral-Kodexes wollten Kieślowski und Piesiewicz Fragen nach dem Stellenwert ethischer Werte in unserer Zeit stellen: «Ich hatte den Eindruck, dass das ein gutes, klares Thema für die heutige Zeit ist; das ist selbstverständlich. Wenn alles ringsum zerfällt, lohnt es sich, zu den grundlegenden Fragen zurückzukehren. Übrigens, es ist immer ein guter Zeitpunkt für die Erinnerung an den Dekalog. Diese Anweisungen existieren seit ungefähr 6000 Jahren, niemand hat sie jemals in Frage gestellt, und gleichzeitig brechen wir alle diese Gebote tagtäglich seit Tausenden von Jahren.»[89] Allerdings interessierten Kieślowski dabei nach eigener Aussage weniger die religiösen Kategorien als die ethischen Normen und ihre metaphysische Dimension.

Die überwältigende internationale Resonanz gab ihm Recht. Die präzise und zugleich offene Erzählstruktur bescherte DEKALOG bei seiner Erstaufführung in Venedig 1989 einen triumphalen Erfolg. Auf Wunsch der beim Festival akkreditierten Journalisten wurden Flugblätter mit dem Wortlaut der Zehn Gebote ausgeteilt, nachdem Kieślowski selbst einen italienischen Kommunisten dabei ertappt hatte, wie er telefonisch versucht hatte, sich im Vatikan kundig zu machen. Diese Hilfestellung erwies sich nicht nur für die Journalisten aus den anderen Kulturkreisen als nützlich. Die Autoren haben bewusst nur die numerische Reihenfolge der Gebote beibehalten, ihren Inhalt aber sehr frei interpretiert oder gar für die Gegenwart so weit aktualisiert, dass der ursprüngliche Bezugsrahmen auf Anhieb nicht für jeden erkennbar war. «Ich habe zehn Filme für unsere Zeit gemacht», betonte Kieślowski in diversen Interviews, und seine Suche nach einer neuen Orientierung auf ethische Maßstäbe hin war in DEKALOG durch narrative und dramaturgische Ellipsen, teilweise auch durch eine Aura des Geheimnisses bis hin zur Unergründbarkeit des menschlichen Verhaltens gekennzeichnet.

Die Gewichtigkeit und Ambitioniertheit des Projektes fügten sich mit seiner handwerklichen Perfektion und eigentümlichen Spannungsdramaturgie zu einem Kino fundamentaler ethischer Fragen und intellektueller Reflexion, gepaart mit einem Kino der großen Gefühle. Dem Fachpublikum in Venedig wurde ein einmaliges Erlebnis zuteil. Im Gegensatz zum potenziellen Fernsehzuschauer hatte es die Möglichkeit, alle zehn Episoden in numerischer Reihenfolge komplett zu sehen. Ein Rezeptionsmodus, der diesem *opus magnum* eine ganz neue Qualität verleiht: Dadurch können die manchmal irreführenden Eindrücke, die bei der Sichtung einzelner Filme entstehen, im Kontext der Ganzheit korrigiert werden, da man wichtige Verbindungen zwischen den autonomen Bestandteilen dieser großen dramaturgischen Konstruktion

---

[89] Beze mnie. Ein Interview von Bożena Janicka. In: *Film* (Nr. 43) v. 23.10.1988, S. 3.

VI. Von der Wirklichkeit zur Metaphysik

feststellen, ihre gedankliche und ästhetische Grundkonzeption besser verstehen und die darin enthaltenen Überlegungen deutlicher ablesen kann.

Die einzelnen Schichten der tiefgehenden philosophischen Reflexion in DEKALOG offenbaren sich graduell, weniger durch direkte Anspielungen auf die vorangegangenen Folgen der Serie als durch gegenseitige, den Zuschauer zur aktiven Teilnahme herausfordernde, indirekte Bezüge. Diese betreffen verschiedene Situationen oder Figuren, insbesondere die moralischen Dilemmata, die die Protagonisten durchleben. Erst in der Gesamtübersicht zeigt sich, dass DEKALOG eine komplexe und mehrdeutige, als Zyklus vordergründig lose, aber trotz der Fragmentierung im hohen Maße synthetische Komposition von übergeordneter Erzählstruktur aufweist. Dies ließ sich an Hand der zuerst ausgewerteten Kinofassungen EIN KURZER FILM ÜBER DAS TÖTEN und EIN KURZER FILM ÜBER DIE LIEBE nicht voraussahnen.

Die diachrone Sichtung aller Filme vergegenwärtigte die Unkonventionalität und Relevanz des Projekts, wenn auch einzelne Episoden kontrovers aufgenommen wurden und gewiss nicht alle Folgen die gleiche reflexive und ästhetische Qualität besaßen. Im Kontext des ganzen Film-Korpus mussten aber ihr Sinn und ihr idealler Gehalt in einem anderen Licht erscheinen. Die Besonderheit dieses Zyklus besteht gerade darin, dass die in den einzelnen Filmtiteln aus der Perspektive alltäglicher Hilflosigkeit, Verlorenheit oder Desorientierung geltend gemachten Gebote lediglich eine fiktive Signalwirkung für den Zuschauer haben sollen. Bei einer gleichzeitig konfessionell neutralen Erfassung der ethischen Problematik und einer dokumentarischen Teilnahmslosigkeit des Blicks sollen sie durch das vorgeführte «Erfahrungsmaterial» zur individuellen Fortführung der angestoßenen Reflexion animieren.

Für den erklärten Agnostiker Kieślowski, der die Fragen nach seiner Gläubigkeit mit der Feststellung beantwortete, seit 30 Jahren nicht mehr in der Kirche gewesen zu sein, bedeutete die Auseinandersetzung mit dem Normenkatalog der abendländischen Kultur eine umfassende Lektüre der Literatur zum Alten und Neuen Testament sowie sehr ausgiebige Studien theologischer und philosophischer Kommentare zu den Zehn Geboten. Diese Prozedur dauerte ein halbes Jahr, weitere zwölf Monate beanspruchte die Ausarbeitung der Drehbücher.[90] Die Monumentalität des Unternehmens war erschreckend, und Kieślowski konnte sich selbst nicht erklären, wieso sie sich mit Piesiewicz eigentlich so ein halsbrecherisches Projekt ausgewählt haben: «Vielleicht hing etwas in der Luft. Die Zeiten in Polen waren schwierig, es herrschte großes Durcheinander. Niemand wusste so genau, was schlecht und was gut ist, und wozu man überhaupt lebt. Wir haben uns gedacht, dass es sich vielleicht lohnt, zu den einfachsten, elementarsten und grundlegendsten Prinzipien zurückzukehren, wie man das eigene Leben steuern soll.»[91] Da DEKALOG an Hand von Entscheidungen und Konfliktsituationen ethische Fragestellungen in der Gegenwart reflektieren sollte, stellte sich für Kieślowski die Frage, wie die Gebote zu thematisieren seien, um bei den Zuschauern Nachdenklichkeit zu erzeugen:

«So stand bei jedem der Zehn Gebote immer zuerst die Frage im Raum, was bedeutet es, nicht nur für die Verfasser der historischen Texte, die

---

90 Dies ging in der engen Küche in Kieślowskis Warschauer Wohnung vonstatten. Da sich das Prinzip bewährt habe, suchten Piesiewicz und Kieślowski ihre neuen Wohnungen nach der Geräumigkeit ihrer Küchen aus und schrieben auch die DREI FARBEN-Trilogie in Paris in einer Küche.

91 Zit. nach Cavendish, Phil: Kieslowski's Decalogue. In: *Sight & Sound* Summer 1990, S. 163.

«Sollen wir eintreten in Kieślowskis Kirche?»

215 Kieślowski bei der Regie der Hinrichtungsszene in DEKALOG 5

216 Kieślowski und Idziak (im Hintergrund) diskutieren die optische Auflösung der Szene

wir gelesen haben, sondern heute und zwar ganz persönlich für beide von uns. Also konkreter: Was bedeutet die Gottesfrage in dieser Zeit, was heißt Mutter, und was heißt Vater, was ist mit dem Einhalten eines Heiligen Tages (Sabbat/Sonntag) gemeint, und wie soll man Ausdrücke wie ‹Keuschheit› verstehen? Ich bin der Meinung, dass man zuerst nach all dem fragen muss, um – vielleicht später – kleine Entdeckungen zu machen und Antworten zu bekommen.»[92]

Stets hat Kieślowski auch betont, dass es in DEKALOG nicht um religiös orientierte Deutungen gehe, sondern um problematische Entscheidungskonstellationen, bei denen die Anwendung der Gebote als konkrete Handlungsanweisungen kaum ausreicht. Das Leben sei heute viel zu kompliziert, um es mit so einfachen Formeln in den Griff zu bekommen, was eine kurze Übersicht der thematischen Komplexe verdeutlicht: DEKALOG 5 und DEKALOG 6, respektive EIN KURZER FILM ÜBER DAS TÖTEN und EIN KURZER FILM ÜBER DIE LIEBE, bilden mit ihren Hauptthemen Liebe und Tod für Kieślowski das ideelle Kernstück des Zyklus. Motive, die dann in Variationen in allen Geschichten wiederkehren. Die einzelnen Episoden kreisen um Erfüllung und Verlust, Beziehungen und ihren Zerfall, um Sinnsuche und Selbstzerstörung, Solidarität und Verrat, Empathie und Indolenz, Eifersucht und Einsamkeit, Neid und Gier etc.

In DEKALOG 1 geht es um die Wissenschaft als ein Leitbild der modernen Gesellschaft, das die existenziellen Erfahrungen außer acht lässt: Ein Sprachwissenschaftler und Computerfachmann (Henryk Baranowski), mit einem dezidiert rationalen Zugang zur Realität, verliert durch einen tragischen Unfall seinen elfjährigen Sohn (Wojciech Klata), der ertrunken ist, obwohl seine eigenen Berechnungen der Tragfähigkeit des Eises einen derartigen Vorfall ausgeschlossen haben. Er muß schmerzlich erfahren, dass das Leben nicht immer berechenbar ist, und rebelliert in seiner Verzweiflung gegen den blinden Zufall, indem er in einer noch nicht fertig gestellten Kirche den Altar umstößt.

Eine schwangere Frau (Krystyna Janda), deren Mann (Olgierd Łukaszewicz) im Sterben liegt, steht in DEKALOG 2 vor einer Konfliktsituation, da sie das Kind von ihrem Geliebten im Fall, dass ihr Mann überleben sollte, abtreiben will. Erst als sie dem behandelnden Arzt (Aleksander Bardini) ihre Entscheidung andeutet, teilt er ihr

[92] «Ich habe zehn Filme über unsere Zeit gemacht». Ein Interview von Ambros Eichenberger. In: *Zoom* 9/1990, S. 28 f.

VI. Von der Wirklichkeit zur Metaphysik

217–218 DEKALOG 1: Der Vater und der umgestoßene Altar

mit, ihr Mann werde sterben. Sie bekommt das Kind, und ihr Mann überlebt, paradoxerweise. Eine vereinsamte Frau (Ewa Pakulnis) versucht an Heilig Abend (DEKALOG 3) ihrer Isolation zu entkommen, indem sie ihren Ex-Geliebten (Daniel Olbrychski) dazu bringt, mit ihr nach ihrem verschwundenen Mann zu suchen. Nachdem sie von der Notaufnahme im Krankenhaus bis zur Ausnüchterungszelle alle in Frage kommenden Orte abgesucht haben, gesteht sie ihm, dass ihr Mann sie vor Jahren verlassen hatte und sie ihn zurückzugewinnen gehofft hat. In DEKALOG 4 erscheint eine innige Beziehung zwischen einer Tochter (Adrianna Biedrzyńska) und einem Vater (Janusz Gajos) plötzlich in einem anderen Licht, als die Tochter zu glauben beginnt, er wäre nicht ihr leiblicher Vater, wodurch die Ambivalenz der Liebe thematisiert wird.

Das Schicksal eines jungen Mannes (Mirosław Baka) nimmt in DEKALOG 5 mit einer beängstigenden Zwangsläufigkeit seinen Lauf, als er scheinbar beiläufig einen Taxifahrer (Jan Tesarz) bestialisch ermordet und im Gegenzug mit kalter Präzision im Namen des Staates gna-

219 DEKALOG 2: Die schwangere Frau

220 DEKALOG 3: Die verlassene Ehefrau

denlos hingerichtet wird. Gegenüber der Kinoversion verschiebt sich der Schwerpunkt in der Fernsehfassung auf die Perspektive des Anwalts (Krzysztof Globisz). Vor der Hinrichtung erfährt er von einer schweren Schuld des Verurteilten am Tod seiner Schwester, die diesen seit Jahren quält. Die Geschichte des 19-jährigen Postangestellten (Olaf Lubaszenko), der seine Nachbarin (Grażyna Szapołowska) heimlich durch ein Fernrohr beobachtet, kulminiert in DEKALOG 6 in einem Selbstmordversuch und der erneuten Einsamkeit beider Hauptfiguren. Die attraktive Frau, die zwar sexuelle Beziehungen pflegt, aber keine Liebe erfahren hat, weist den jungen Mann zynisch zurück und zerstört dadurch seine idealisierten Vorstellungen von der Liebe. Die Fernsehfassung endet damit, dass der Mann ihre Annäherungsversuche nach seiner Gesundung ebenfalls zurückweist. Beide können die sie trennende Barriere der Distanz und des mangelnden Verständnisses für das Gegenüber – symbolisiert in dem Vorgang des fremden Blicks durchs Fenster – nicht überwinden.

221 DEKALOG 4: Der Brief

Im Mittelpunkt von DEKALOG 7 steht die Rivalität der Mutter (Anna Polony) und der Tochter (Maja Barełkowska) um das Kind (Katarzyna Piwowarczyk), das die Tochter als minderjährige Schülerin heimlich zur Welt gebracht hat. Die Mutter hat es als ihr eigenes anerkannt, um so einem Skandal vorzubeugen, der sie als Direktorin der Schule auch beruflich diskreditieren könnte. Als die leibliche Mutter ihr Kind entführt, um mit ihm auszuwandern, kommt es zu einer hochdramatischen Konfliktsituation. Dabei wird klar, dass die Eskalation der Gefühle bei der Tochter, die sich von ihrer Mutter um Liebe, Zärtlichkeit und Geborgenheit betrogen fühlt, genau diesen Ursprung hat.

Die Geschichte in DEKALOG 8 gleicht einer ethischen Fallstudie, die die Gelegenheit bietet, die Grundprinzipien des Zyklus noch einmal durchzudeklinieren: Eine Ethikprofessorin

222 DEKALOG 5: Die Hinrichtung

(Maria Kościałkowska) wird mit der eigenen Vergangenheit konfrontiert, die ihre Berufswahl bestimmt hat, als die Übersetzerin ihrer Bücher (Teresa Marczewska), eine nach Amerika emigrierte Jüdin, in ihrer Vorlesung auftaucht. Sie stellt die Frage, wie das Verhalten jener Familie zu beurteilen sei, die sie zuerst hat taufen lassen, um ihr dann unter Berufung auf das achte Gebot

VI. Von der Wirklichkeit zur Metaphysik

223 DEKALOG 6: Auf dem Postamt

224 DEKALOG 7: Die Entführung

225 DEKALOG 8: Der Besuch aus Übersee

die Hilfe zu verweigern. Die Professorin war in den Fall verwickelt und musste im Krieg die Entscheidung auf Leben und Tod fällen, allerdings in einem Zusammenhang, der in dieser konkreten Situation kaum eine bewertende Klassifizierung ihres Verhaltens zulässt.

Nach diesem Diskurs über Lüge und Wahrheit folgt mit DEKALOG 9 ein ironisches Melodram um einen Chirurgen (Piotr Machalica), der auf die Nachricht seiner Impotenz krankhaft eifersüchtig wird und dadurch seine Ehe zerstört, bis hin zum bitteren Ende, als er sich vergeblich umzubringen versucht. Die letzte Episode ist eine schwarze Komödie um zwei Brüder (Zbigniew Zamachowski / Jerzy Stuhr), die ein wertvolles Briefmarkenset zu vervollständigen versuchen und dabei weder Gesundheit – der eine spendet seine Niere – noch ihre Beziehung aufs Spiel zu setzen scheuen. DEKALOG 10 paraphrasiert das zehnte Gebot, in dem es um falsche Habgier und Neid geht. Kieślowski fasst die Groteske ganz bewusst in die Form einer Komödie, um zu der tragischen Todesthematik der ersten Folgen einen kompositorischen Kontrapunkt zu schaffen.

Als die Idee zu DEKALOG entstand, beabsichtigte Kieślowski als kommissarischer Chef (unter Zanussis Abwesenheit im Ausland) der Filmgruppe «Tor», die zehn Drehbücher zu schreiben, um jungen Regisseuren die Möglichkeit zu einem Spielfilmdebüt zu bieten. Da sich das Fernsehen als Startrampe für angehende Filmemacher sehr gut eignete, aber mehr an der Produktion von Serien interessiert war, hätten unter dem Deckmäntelchen einer Serie zehn Regisseure auf Anhieb ihren Erstlingsfilm drehen können. Als die Drehbücher fertig vorlagen, waren sie ihm jedoch zu kostbar, um sie von anderen realisieren zu lassen, wie Kieślowski sagt; sein Egoismus, dem Projekt selbst Gestalt zu verleihen, obsiegte.

Er und Piesiewicz überlegten, welcher dramaturgische Gesamtrahmen am besten geeignet wäre für ein Projekt, in dessen Mittelpunkt etwa 20 Personen und ihre Alltagsdramen stehen. Zuerst sollte die Kamera in einem Stadion beiläufig ein Gesicht aus Hunderttausend anderer auswählen und es in einer langsamen Kamerafahrt aus der Menge herausfischen. Nach dem gleichen Prinzip hätte auch eine Person auf der Straße von der Kamera erfasst und weiter begleitet werden können. Schließlich entschlossen sich Kieślowski und Piesiewicz für die dritte Variante: eine Trabantenstadt. Einige Jahre zuvor als künstlerisches Sujet von Hieronim Neumann in dem animierten Experimentalfilm BLOK (DER WOHNBLOCK, PL 1982) thematisiert, der dem Autorenduo als Ideengeber gedient haben könnte. Auch ihre Protagonisten verband die Tatsache, dass sie alle wie Neumanns Figuren dort wohnten, unter Umständen Nachbarn waren und wie in DEKALOG 10 an der Tür klopfen konnten, um ein Glas Zucker zu leihen.

Eine Verbindung zwischen den Episoden sollte auch ein stummer Zeuge herstellen, der immer in kritischen Momenten auftaucht und als unbeteiligter Beobachter zu ahnen scheint, welchen Verlauf die Geschichte nimmt. Als er in der ersten Folge in der Nähe des Sees, in dem der Sohn ertrinken wird, seine Hände am Feuer wärmt, blickt er direkt in die Kamera, wobei sein Gesicht fast immer Enttäuschung, Missfallen oder Warnung auszudrücken scheint. Diese Figur war in der ursprünglichen Drehbuchfassung nicht enthalten. In seiner Autobiografie kolportiert Kieślowski eine Anekdote, die die Genese dieser Figur beleuchtet: Seinem literarischen Leiter bei «Tor» war nach der Lektüre der Drehbücher aufgefallen, dass etwas in ihnen fehlt. Um es zu veranschaulichen, erzählte er Kieślowski seinerseits eine Anekdote: Der polnische Schriftsteller Wilhelm Mach soll bei der Abnahme eines Films einmal festgestellt haben, dass ihm darin besonders die Szene auf dem Friedhof gefallen

226 DEKALOG 9: Eifersucht und Voyeurismus

227 DEKALOG 10: Wert der Briefmarken

hätte, in der ein Mann in einem schwarzen Anzug zu sehen war. Andere Teilnehmer der Vorführung machten ihn darauf aufmerksam, dass es in dieser Szene so eine Figur gar nicht gab. Mach bestand darauf, dass er den Mann gesehen und er ihm am besten gefallen hätte. Zehn Tage später starb er.

Auf Anhieb verstand Kieślowski, was in seinen Drehbüchern fehlte und führte die Figur des stillen Beobachters mit dem eindringlichen, warnenden Blick ein, der in DEKALOG 1 ein Obdachloser ist, in DEKALOG 2 ein Sanitäter, in DE-

VI. Von der Wirklichkeit zur Metaphysik

228 Ein wiederkehrendes Architektur-Motiv aus dem DEKALOG-Zyklus

229–230 Eine Szene und Frontalansicht aus BLOK (DER WOHNBLOCK) von Hieronim Neumann

KALOG 5 ein Landvermesser und im siebten und zehnten Teil gar nicht auftaucht, weil Kieślowski der Meinung war, dass er schlecht fotografiert ist. Nach der Premiere von DEKALOG brachen unter Filmkritikern Spekulationen darüber aus, ob der von der Aura eines Geheimnisses umwitterte Mann[93] ein «Engel der Vorsehung», ein Abgesandter Gottes oder Kieślowski selbst ist, worauf der Regisseur immer beteuerte, er wisse selbst nicht, wer er sei. Seine Anwesenheit begründete Kieślowski immer damit, dass er ein Element der Rätselhaftigkeit, Unergründlichkeit, Flüchtigkeit mit einbringe.

Die fertiggestellten Drehbücher reichte Kieślowski beim polnischen Fernsehen ein und sicherte sich die Finanzierung des Projekts. Die Finanzmittel waren jedoch zu knapp, um eine der Episoden auch noch als einen Kinofilm auszukoppeln, woran es Kieślowski aber sehr lag. Da die Co-Finanzierung zwischen Fernsehen und dem Kulturministerium als dem zweiten staatlichen Produzenten – ausschließlich für Kinoprojekte – grundsätzlich möglich war, wurde Kieślowski dort vorstellig. Er nahm vier Drehbücher mit und machte dem zuständigen Gremium das Angebot, auf diese Weise zwei Kinofilme billiger realisieren zu können unter der Bedingung, dass einer von ihnen die Langfassung von DEKALOG 5 wäre. Den zweiten sollte das Gremium selbst bestimmen. Die Wahl fiel auf DEKALOG 6. Kieślowski arbeitete die Drehbücher aus und stellte später während der Dreharbeiten parallel zwei Versionen des gleichen Stoffs fürs Fernsehen und Kino her, wobei er einzelne Szenen aus den beiden Versionen während des Schnitts auch wechselseitig einsetzte. Dementsprechend unterschieden sich die längeren Kinofassungen von den Fernsehepisoden nicht nur durch die

---

93 Als Taxifahrer den Darsteller Artur Barciś zum Set brachten, sollen sie gerufen haben, dass sie den Teufel mitgebracht hätten.

231–237 Der «Engel der Vorsehung» in DEKALOG 1, 2, 4, 5, 6, 8 und 9

Länge, sondern auch durch die Kürzungen (z. B. der Mordszene in DEKALOG 5), die Montage (Umstellung von Sequenzen), perspektivische Verschiebungen sowie abweichende Schluss-Varianten (z. B. in DEKALOG 5 + 6).

Schon seit geraumer Zeit beschäftigte Kieślowski die Thematik von DEKALOG 5, weswegen er auch sehr daran interessiert war, diese Folge gleichzeitig als einen Kinofilm unter dem Titel EIN KURZER FILM ÜBER DAS TÖTEN (1988) herauszubringen. Obwohl ihn das Thema seit Jahren verfolgte, war er aus mehreren Gründen nicht dazu gekommen, es zu einem Film zu verarbeiten:

«Einer dieser Gründe war, dass mein Kollege, Grzegorz Królikiewicz, ein besonders aktiver Künstler bei der Suche nach neuen Lösungen (er war der Autor eines zu seiner Zeit aufsehenerregenden Films NA WYLOT, in dem er seine Theorie des Raumes außerhalb der Kadrierung umgesetzt hatte, indem er seinen Helden eben sehr oft außerhalb des Bildes lokalisierte), für die Leinwand einen Roman adaptiert hatte, an dem auch ich interessiert war. Wir hatten dieselbe Idee zur selben Zeit, ohne voneinander zu wissen, aber Królikiewicz ist mir zuvorgekommen. Und dieser Roman *Zabicie ciotki* (Tötung der Tante) hatte ein Thema, das dem von EIN KURZER FILM ÜBER DAS TÖTEN sehr nahekam. Aus diesem Grund konnte ich mehrere Jahre diesen Film nicht machen, ich war irgendwie blockiert. *Tötung der Tante* thematisiert zwar nicht die Todesstrafe, aber es ist ein Film über einen Mord, der genauso grausam ist (…). Außerdem ging ich vor fünf Jahren davon aus, dass ich keine Erlaubnis erhalten würde. Es war das Ende des Kriegszustands, es war eine schwierige

VI. Von der Wirklichkeit zur Metaphysik

238 Kieślowski am Set der Hinrichtungsszene

Zeit, was die Zensur anbetrifft, und man konnte öffentlich keine Stellung zu der Todesstrafe beziehen. Also, als wir bis zu DEKALOG 5 vorgedrungen sind, wusste ich, dass ich eben die damalige Geschichte erzählen würde.»[94]

Der zweite Langfilm wurde EIN KURZER FILM ÜBER DIE LIEBE (1988). Um jedoch die beiden Filme auf 35mm-Filmmaterial drehen zu können, benötigte Kieślowski noch einen ausländischen Co-Produzenten. Als Vermittlerin schaltete er Elisabeth Scotti von der Wiesbadener Produktionsfirma «interfilm» ein, die seit Jahren Kontakte zwischen polnischen Filmemachern und potenziellen Produzenten in der Bundesrepublik Deutschland herstellte. Das ZDF hatte abgewinkt, und auch die Dramaturgen des Senders Freies Berlin hatten Bedenken. Der Fernsehspielchef des SFB, Lothar Kompatzki, ließ sich jedoch nicht beirren, reiste nach Warschau und entdeckte, wie *Der Spiegel* berichtete, «ein kleines Wunder. (…) Was den Mann vom SFB vor allem faszinierte, war die ästhetische Raffinesse und Strenge, mit der Kieślowski zu Werke ging.»[95] Für wenig Geld stieg der SFB als Co-Produzent beim Polnischen Fernsehen TVP ein, erwarb so die Lizenzrechte für den deutschsprachigen Raum und landete damit, wie sich herausstellen sollte, unerwartet einen Coup. Zusammen mit dem Dokumentaristen Andreas Voigt realisierte Lothar Kompatzki dann für den Bayerischen Rundfunk 1995 eine sehr informative Dokumentation über Kieślowski in Form eines einstündigen Gesprächs.

Die Dreharbeiten dauerten 16 Monate, von März 1987 bis Juni 1988. Von dem Klappen der ersten Synchrontafel bis zum letzten Schnitt im Cutterraum vergingen ein Jahr und neun Monate. Jede Folge drehte Kieślowski innerhalb von 20 Tagen ab. Manchmal realisierte er zwei oder drei Sequenzen aus verschiedenen Folgen am selben Tag, da es der Arbeitsplan so verlangte und die Kosten dadurch reduziert werden konnten. In einem Treppenhaus und vor demselben Aufzug entstanden nacheinander Szenen aus drei Filmen, weil das Objekt für einen Tag gemietet war. Es kam auch vor, dass dreimal am Tag die Beleuchtung gewechselt werden musste, je nach der Arbeitsweise des Kameramanns. Ästhetisch hat Kieślowski von der Entscheidung, mit mehreren Kameramännern drehen zu wollen, profitiert:

---

94 Je cherche l'explication de tout. Ein Interview von Michel Ciment und Hubert Niogret. In: *Krzysztof Kieslowski*. Hg. v. Amiel, Vincent. Paris 1997, S. 96.
95 Zehn Gebote des toten Gottes. In: *Der Spiegel* 18/1990, S. 224.

«Sollen wir eintreten in Kieślowskis Kirche?»

239–242 Dekalog 5: Die Bildästhetik von Idziaks 600 Filtern

«Das war meine beste Idee. Ich war der Meinung, diese Geschichten verlangen nach verschiedenen Erzählstilen. Das war fantastisch. Diesen Kameramännern, mit denen ich früher gearbeitet hatte, überließ ich die Möglichkeit der Wahl. Für diejenigen, mit den ich zum ersten Mal arbeitete, wählte ich Filme aus, die mir auf bestimmte Weise für sie geeignet und interessant erschienen, und in denen man am besten ihre Fähigkeiten, ihren Ideenreichtum, ihr Talent, ihre Intelligenz und so weiter ausschöpfen könnte.»[96]

Obwohl die Teams und Schauspieler sich permanent abwechselten, verliefen die Dreharbeiten reibungslos bis auf einen einzigen Fall, als alle auf dem Set anwesenden Personen durch die Szene der Hinrichtung in Dekalog 5 so verstört waren, dass Kieślowski die Dreharbeiten an diesem Tag abbrach: «Ich (…) habe gemerkt, dass alle weiche Knien bekommen haben, ich auch. Das war einfach nicht auszuhalten. Alles war von uns gemacht, aber den Elektrikern knickten die Knie, Kaskadeuren auch, den Kameramännern und mir auch. Allen. Es war ungefähr elf Uhr morgens. Ich musste die Dreharbeiten abbrechen. Wir haben sie erst am nächsten Tag nachgeholt. Man konnte diesen Anblick einfach nicht aushalten, obwohl es doch von uns inszeniert war.»[97]

96 Kieślowski 1997, S. 121–122.
97 Ebd., S. 129.

VI. Von der Wirklichkeit zur Metaphysik

Trotz wechselnder Kameramänner behielten alle Episoden eine verblüffende stilistische Einheitlichkeit. Bei vielen Gelegenheiten betonte Kieślowski, dass er seinen Kameramännern immer freie Hand ließ, was sowohl Idziak (DEKALOG 5) als auch Kłosiński (DEKALOG 2) und Sobociński in Interviews bestätigten. Die Idee, in EIN KURZER FILM ÜBER DAS TÖTEN an die 600 Farbfilter einzusetzen, stammte von Idziak, der es zur Voraussetzung seines Engagements gemacht hatte. Vor Journalisten erklärte Kieślowski diese Konsistenz an Hand einer Anekdote: «Ich habe ihnen wirklich erlaubt, alles zu machen, wozu sie Lust hatten. Wenn sie eine bestimmte Beleuchtung benutzen wollten, war ich einverstanden, wenn sie die Kamerafahrt anwenden wollten – einverstanden. Schließlich entstand dadurch eine Art Ideenwettbewerb. Und was passierte? Alle Filme sehen ähnlich aus.»[98] In seiner Autobiografie entwickelt Kieślowski eine Theorie für diese eigenartige Kohärenz der Kamerastile: «Ich glaube, das ist sicher, oder ein Beweis dafür, dass es so etwas wie den Geist eines Drehbuchs gibt, und welche Mittel der Kameramann nicht anwenden würde, wenn er intelligent und talentiert ist, dann versteht er diesen Geist, und dieser Geist dringt in den Film ein – wie unterschiedlich auch die Kameraarbeit und die Beleuchtung sind –, und determiniert sein Wesen.»[99]

Bei diesem Projekt gelang es Kieślowski, die besten polnischen Schauspieler zusammenzuführen: In DEKALOG 2 übernahmen die Hauptrollen Krystyna Janda (Agnieszka aus DER MANN AUS MARMOR), Aleksander Bardini (einer der größten Theaterschauspieler der Nachkriegszeit) und Olgierd Łukasiewicz (bekannt durch Filme von Wajda und Kutz); in DEKALOG 3 verkörperte Daniel Olbrychski (der Star mehrerer Wajda-Filme) den Ex-Geliebten; Grażyna Szapołowska überzeugte mit ihrer Schauspielkunst in DEKALOG 6 und Kieślowskis Weggefährte Jerzy Stuhr in DEKALOG 10, dessen jüngeren Bruder Zbigniew Zamachowski spielte – spätestens seit seiner Hauptrolle in DREI FARBEN: WEISS ein Star des polnischen Kinos. Hinzu kamen Laiendarsteller wie Henryk Baranowski als Vater in DEKALOG 1, der damals Theaterregisseur in West-Berlin war, und unbekannte Nachwuchsschauspieler wie Mirosław Baka (Mörder in DEKALOG 5) und Olaf Lubaszenko (Postangstellter in DEKALOG 6), für die ihr Auftritt den Karrieredurchbruch bedeutete. Während der Dreharbeiten war in Warschau ein Witz (von Krystyna Janda) im Umlauf, wonach die polnischen Schauspieler sich in zwei Kategorien einteilen ließen: in diejenigen, die in DEKALOG aufgetreten sind, und die restlichen. Mit akribischer Genauigkeit wachte Kieślowski darüber, dass zumindest einer von denjenigen Darstellern, deren Gesichter dem Zuschauer bereits vertraut sein mussten, in jeder Folge auftauchte. Zu diesem Zweck fertigte er eine Tafel an, auf der kartografisch vermerkt war, welche Figur aus einer vorherigen Episode als Zaungast in einer anderen Folge zum Einsatz kommt. Als Perfektionist konnte er aber bei weitem seinen ausgetüftelten Einsatzplan nicht umsetzen, da so mancher Schauspieler zu dem gegebenen Zeitpunkt im Ausland weilte oder die Aufnahmen – wie im Fall des «Engels» – nicht gelungen waren und ausgeschnitten werden mussten. Montage und Schnitt sind in Kieślowskis Werk ohnehin ein Kapitel für sich.

Die meisten Folgen des DEKALOG sind durch dynamische, knapp aneinander geschnittene Sequenzen gekennzeichnet, die in einzelnen Bildern schlaglichtartig an die Komponenten der jeweiligen Konfliktsituationen heranführen. Die Nah- und Großaufnahmen von Gefühlslandschaften in den Gesichtern, eine wohlüberlegte,

---

98 Zit. nach Cavendish, Phil: Kieslowski's Decalogue. In: *Sight & Sound* Summer 1990, S. 165.
99 Stok 1993, S. 156.

mit dem thematischen Klima jeweiliger Folgen übereinstimmende Lichtregie, lapidare, aber aussagestarke Dialoge werden durch Kieślowskis ebenso ökonomische wie suggestive Schnitt- und Montagetechnik verdichtet. Die Schlichtheit der Plots – bei aller ihrer assoziativen Komplexität – und die Genauigkeit der Bilder korrespondieren mit einer nüchtern-beobachtenden dokumentarischen Narration. Die Reduktion mittels der Montage auf das Wesentliche, der Rhythmus wechselnder Perspektiven und das, was – wie Kieślowski sagt – zwischen den Klebestellen der Schnitte passiert, erzeugen in den Filmen nicht nur eine sogartige Intensität, sondern bringen auch unscheinbare Details im Verhalten der Figuren und in ihrer Umgebung zur Geltung.

Diese formalen Qualitäten bewirken auch, dass trotz der (Über-)Konstruiertheit mancher Episode der Eindruck einer ästhetischen und inhaltlichen Geschlossenheit entsteht. Formale Strenge, raffinierte Perfektion und Knappheit der Erzählung gehen Hand in Hand, worauf Kieślowski mit dem Adjektiv «kurz» in den Titeln seiner beiden Langspielfilme metaphorisch anspielt. Wenn er sich auf den «Geist» des Drehbuchs und auf die Intuition seiner Schauspieler und Kameramänner verlässt, so überlässt er bei der Montage nichts dem Zufall. Nicht nur bei DEKALOG hat er zahlreiche Schnittversionen hergestellt, gegenüber der ursprünglichen Konzeption drastische Schnitte vorgenommen, Szenen entfernt oder dazu gedreht, um sie kompakter gestalten zu können.

In DEKALOG 1 sah das Drehbuch eine lange Szene vor, in der der verzweifelte Vater dem Computer die Frage stellt, wieso sein Sohn sterben musste. Dieses Prinzip eines «work-in-progress» bedeutete für Kieślowski in diesem Fall, dass man in der endgültigen Version nur den Computer mit der Blinkzeile «I'am ready» sieht (s. S. 264, Abb. 17) – auch ein für Kieślowskis Humor typischer Ausdruck bitterer Ironie angesichts der Ratlosigkeit des Vaters. Da er zu wenig Filmmaterial hatte, entschied sich Kieślowski wiederum bei DEKALOG 5 und DEKALOG 6, mit verschiedenen Varianten für die Schlusssequenzen zu spielen. In der Fernsehfassung verschob er die Erzählperspektive von DEKALOG 5 auf den Rechtsanwalt, der im Finale nach der Hinrichtung verzweifelt «Ich verabscheue das!» schreit. Diese Schlussvariante versuchte er dann auf EIN KURZER FILM ÜBER DAS TÖTEN zu übertragen. Die Auflösung schien ihm aber in diesem Fall unpassend, da hier aus einer unbeteiligten Perspektive erzählt wird.

243 DEKALOG 6: Das desillusionierende Ende der Fernsehfassung

Für DEKALOG 6 und EIN KURZER FILM ÜBER DIE LIEBE waren bereits im Drehbuch zwei verschiedene Schlusssequenzen ohne Happy End vorgesehen. Die Darstellerin des weiblichen Parts, Grażyna Szapołowska, las das Drehbuch im Urlaub und stellte fest, dass es in EIN KURZER FILM ÜBER DIE LIEBE kein trauriges Ende geben dürfe, weil die Menschen lieber Märchen mögen würden. Kieślowski folgte ihrer Suggestion, drehte noch eine andere Version für die Fernsehfassung und eine dritte, die ursprünglich im Drehbuch vorgesehen war. Diese gipfelte in einer dramatischen Spannungssituation zwischen der Heldin und Tomeks Wirtin. In der Fernsehfassung kam schließlich die zweite realistische Version zum Einsatz, in der Tomek Magda mit den Worten zurückweist: «Ich beobachte Sie nicht mehr.»

VI. Von der Wirklichkeit zur Metaphysik

Als EIN KURZER FILM ÜBER DAS TÖTEN bereits in Cannes präsentiert wurde und EIN KURZER FILM ÜBER DIE LIEBE in Warschau seine Premiere hatte, wurden noch einige Episoden des DEKALOG gedreht, während Kieślowski nach Drehschluss und in der Nacht die abgedrehten Folgen schnitt. Die Knappheit des Filmmaterials zwang ihn dazu, sich auf dem Set statt mit Drehbüchern obsessiv mit Berechnungen des verbrauchten Filmmaterials zu beschäftigen. In Polen fehlten damals nicht nur Negative, sondern auch Internegative. Grundsätzlich war er nicht in der Lage, Filmaufnahmen zu wiederholen, was jedoch die Voraussetzung dafür bildete, mindestens zwei Versionen montieren zu können. Die ökonomische Verzahnung der Fernsehproduktion mit der Konzeption eines Zyklus – einerseits kleines Budget, Format einer Fernsehserie, andererseits ein Zielpublikum, das nicht zum Zuschauerkreis von Familienserien gehört – war auch dafür entscheidend, die Trabantensiedlung als Spielort zu wählen. Da Kieślowski wollte, dass die Zuschauer die Figuren wiedererkennen und sich an sie gewöhnen, beschränkte er sich auf einige wenige Blockhäuser in einer Siedlung, wo die Figuren aneinander vorbeigehen oder sich vor dem Aufzug treffen, und so in Erinnerung bleiben. Es gab aber noch einen anderen, wichtigeren Grund: «Wenn wir durch ein Fenster hinausschauen, sehen wir überall Menschen. Wenn wir gewillt sind, sie uns genauer anzugucken, werden wir in jedem von ihnen etwas Interessantes bemerken. Man muss einfach die Maske fallen lassen und einen Moment lang zusammen verweilen.»[100] Außerdem ging Kieślowski davon aus, dass es immer günstiger sei, einen geschlossenen, genau abgezirkelten Raum darzustellen. Die Plattenbauweise dieser Siedlung und Anordnung der Häuser quer nebeneinander, die das Sichtfeld begrenzte, boten die Gelegenheit, die Kameraeinstellungen originell zu komponieren.

Dreizehn Stunden Projektionszeit, zehn einstündige Filme fürs Fernsehen und zwei Langspielfilme fürs Kino, aus dem Leben eines Stadtteils in Warschau – das an Peripherien anderer europäischer Metropolen erinnert, wo Menschen nebeneinander leben, ohne sich zu kennen – verdichteten sich zu einer allgemeingültigen Metapher fürs Leben. Die Metapher legte nahe, dass DEKALOG alle etwas angeht, in seinem Mikrokosmos eine Gemeinschaft von Menschen erfasst, die entweder Protagonisten großer Tragödien oder nur deren Zeugen sind, sie aber als Beobachter bewusst oder unbewusst miterleben. Unabhängig davon, ob sie eine Haupt- oder eine Statistenrolle in diesem «Mysterium» des Lebens spielten, war es ihr Leben und im übertragenen Sinne eine Gemeinschaft, in der sich jeder wiedererkennen konnte.

Das Territorium der Trabantenstadt sollte Kieślowski als ein Labor dienen für seine Feldforschung der Bewusstseinsstrukturen jenseits gesellschaftlicher, politischer oder religiöser Instanzen; für seine Suche nach Augenblicken der Wahrheit, die von einem humanen Ethos individueller Verantwortung des Menschen für sich selbst und für die anderen, für alle Akteure der «*comédie humaine*» getragen ist:

> «Moralisieren liegt mir nicht. (…) Natürlich bezieht sich jeder dieser Filme auch auf die Sphäre der Moral – allein schon durch den Bezug auf die Zehn Gebote. Das hat aber nichts mit Geboten und Verboten zu tun. Man könnte es eher so formulieren: Passt auf, neben Euch leben andere Menschen. Das, was Ihr tut, betrifft nicht nur Euch, sondern auch die, die Euch nah sind oder auch etwas weiter weg, und deren Anwesenheit Ihr überhaupt nicht vermutet.»[101]

---

100 Je cherche l'explication de tout. Ein Interview von Michel Ciment und Hubert Niogret. In: *Krzysztof Kieslowski*. Hg. v. Amiel, Vincent. Paris 1997, S. 94.
101 Mówi Krzysztof Kieślowski. In: *Filmowy Serwis Prasowy* Nr. 18/1988, S. 3.

«Sollen wir eintreten in Kieślowskis Kirche?»

244 DEKALOG 1: Der Vater als Vertreter des wissenschaftlichen Weltbildes

245–246 DEKALOG 2: Der Arzt weigert sich eine Prognose zu machen (oben); das Foto seiner im Krieg verlorenen Familie (unten)

Dass Kieślowski sich jeglichen Moralisierens enthielt und ihm auch eine buchhalterische Schuldarithmetik völlig fremd war, wird besonders in DEKALOG 5 sichtbar. Hier kann weder der bestialische Mord durch die ebenso inhumane Hinrichtung abgegolten werden noch lässt der scheinbar indifferente Mörder einen kalt, da er sich letztlich als Opfer seiner Sozialisation, von Aggression bis Gleichgültigkeit erweist. Jede der einzelnen Episoden paraphrasiert zwar ausgewählte Aspekte der in Titeln anvisierten Problematik, weist aber in der Summe auf die Verbindungen zwischen den einzelnen Geboten hin, wodurch Kieślowski anzudeuten scheint, dass erst durch eine Vielzahl ethischer Fehltritte im sozialen Miteinander Kettenreaktionen in Gang gesetzt werden, die einen so unheilvollen Ausgang nehmen können wie in DEKALOG 5. Er betreibt eine Spurensuche im Alltag seiner Figuren nach den Wurzeln solch ethischer Unzulänglichkeit, spielt mittels einer perspektivischen Variationsdramaturgie in einzelnen Folgen oder folgenübergreifend verschiedene Alternativen durch, um die Komplexität des menschlichen Handelns einzufangen. Zugleich verdeutlicht er prägende, verschüttete, oft traumatische Erfahrungen, die sie selbst als Opfer ihrer äußeren oder auch «inneren» Erlebniswelten erscheinen lassen, bei ihren Entscheidungen determinieren oder ihnen aber die Möglichkeiten eröffnen, die damit verbundene Erstarrung zu überwinden.

So kann die gleiche Grundkonstellation einen unterschiedlichen Ausgang haben, wie in DEKALOG 1 und DEKALOG 2, wo die wissenschaftliche Prognostik, die Berechenbarkeit eines empirisch ermittelbaren Wissens zu konträren Ergebnissen führen kann: In DEKALOG 1 haben physikalische Berechnungen der Tragfähigkeit des Eises wider

VI. Von der Wirklichkeit zur Metaphysik

247–248 DEKALOG 6: audiovisuelles Emblem für Distanz und Nähe (oben); DEKALOG 8: die Retrospektion der traumatischen Szene aus der Kriegszeit (unten)

zweiten Gebots «Du sollst den Namen des Herrn nicht missbrauchen» beleuchtet wird. Dass er dieser Entscheidung zuerst ausweicht, um dann (für das Kind) die lebensspendende Diagnose doch zu stellen, entspringt seinem persönlichen Trauma, während der Bombardierung Warschaus im Zweiten Weltkrieg die gesamte Familie verloren zu haben. Wundersamerweise werden dadurch nicht nur ein, sondern sogar zwei Leben gerettet, in gewisser Hinsicht auch ein ironischer Apostroph des Autorenduos angesichts der erdrückend existenziellen Todesthematik.

Diese Verschränkungen der Handlung können bereits in derselben Episode das Muster einer Umkehrung annehmen, wie in DEKALOG 6, wo zuerst Tomek Magda heimlich am Fenster durch ein Fernrohr beobachtet und sich nach seinem Selbstmordversuch die Rollen umkehren, als Magda von ihrem Fenster aus nach ihm Ausschau hält. Sie können aber auch als Motiv in einer anderen Episode wiederkehren, um einer im Kern vergleichbaren Entscheidung eine weitere Variationsfacette hinzuzufügen und dadurch das Differenzierungsvermögen des Zuschauers herauszufordern. So geschehen in DEKALOG 8, wo die zurückliegende Entscheidung über das Schicksal des jüdischen Mädchens in den Kriegsjahren als Motiv der Rettung des Lebens eines Kindes mit der Abtreibungsproblematik aus DEKALOG 2 nicht nur dramaturgisch verschränkt wird, sondern auch von einer Studentin im Ethikseminar der Professorin explizit als ein Modellfall geschildert wird (s. S. 264, Abb. 21).

alle Vernunft den Tod des Sohnes zur Folge. In DEKALOG 2 erlebt der krebskranke Patient eine spontane Heilung, obwohl der Arzt seinen Tod vorausgesagt hat. Gleichzeitig wehrt sich der Arzt – bedrängt durch die Ehefrau des todgeweihten Patienten, die von einem anderen Mann schwanger ist –, eine definitive Diagnose zu stellen, da diese nicht nur für den Patienten die Beantwortung einer Frage nach Leben und Tod, sondern auch eine Entscheidung auf Leben und Tod für das ungeborene Kind bedeuten würde. Der Chirurg will sich weder anmaßen, Gott zu spielen, noch die Verantwortung für solch eine fundamentale Entscheidung zu übernehmen, was im Kontext des

Da Kieślowski mit dem normativen Gehalt der Gebote sehr frei umgeht und sie gleichzeitig in den einzelnen Geschichten eher als einen Vorwand dafür nutzt, um lebenspraktische Handlungsmodelle in ihrer existenziellen Dimension zu konstruieren, ergaben sich für manche Kritiker Schwierigkeiten in der Zuordnung der Plots zu den einzelnen Geboten: Wie im Fall von DEKALOG 6 bzw. EIN KURZER FILM ÜBER DIE LIEBE, der für viele Interpreten einem Bilderrätsel glich. Der hier durch das sechste Gebot «Du sollst nicht ehebrechen» vorgegebene interpretatorische Erzählrahmen traf eher auf die Geschichte in DEKALOG 9 («Du sollst nicht begehren deines Nächsten Frau») zu, und umgekehrt, so dass man die Filme genau verkehrt in der numerischen Reihenfolge hätte aufstellen können. Kieślowski hat dieses Verwirrspiel durch seine Auslegung der Gebote begründet, wonach sich das sechste Gebot auf den Körper bezieht, auf eine Missetat, das neunte Gebot dagegen auf krankhaftes Misstrauen und «schmutzige» Fantasien, was den Seitensprung der Ehefrau in DEKALOG 9 zu einer Anekdote reduziert, in deren Rahmen die krankhafte Eifersucht des Ehemannes zum eigentlichen Thema avanciert. Sein anrüchiges Verhalten besteht gerade darin, dass die Frau deines Nächsten nicht zu begehren in diesem Zusammenhang bedeutet, die eigene Frau zu begehren. Er tut es aber nicht, weil er «impotent» und dadurch seiner Eifersucht ausgesetzt ist, was genauso der Fall wäre, würde seine Frau ihn nicht betrügen. Durch die Fixierung auf seine Impotenz und das damit erst erweckte Misstrauen gegenüber seiner Frau entfernt er sich emotional immer mehr von ihr und provoziert schließlich die Situation, in der sie ihn tatsächlich zu betrügen beginnt. Als er von einem Versteck aus seine Frau in flagranti erwischen will, beobachtet er, wie sie mit ihrem Liebhaber gerade Schluss macht und wird dabei von ihr ertappt. Er fleht sie um Vergebung an und will sich um die Adoption eines Kindes kümmern, während sie einen Ski-Urlaub machen soll, um alles zu überdenken. Zufällig sieht er aber ihren Ex-Geliebten mit Skiern abfahren und wird erneut zur Geisel seiner Eifersucht.

Ironie der Geschichte: Als die Frau ihrem Verflossenen im Urlaub begegnet, eilt sie sofort nach Warschau zurück. Der Ehemann hat sich mittlerweile mit seinem Fahrrad in die Tiefe gestürzt, den Todessturz aber überlebt. Das Spiel

249–250 DEKALOG 9: Der (selbst-)zweifelnde Ehemann im Auto (oben) und als Voyeur in der subjektiven Kameraperspektive aus dem Schrank

kann von vorne beginnen: Die Frau hat zwar auf die Nachricht von der (ebenfalls medizinisch diagnostizierten!) Impotenz ihres Mannes mit der Beteuerung reagiert, die Liebe, basierend auf gegenseitigem Verständnis und Vertrauen, beschränke sich nicht nur auf das Sexualleben. Ihr Ehemann fühlt sich aber in seiner Rolle als Mann hinterfragt und räumt in seinem rationalistischen Habitus einer Ehe ohne Sex keine Überlebenschancen ein. Weder hält sie sich aber an ihre Beteuerung noch ist er dazu fähig,

Vertrauen zu seiner Frau aufzubauen, wodurch sie beide Verrat an der Liebe begehen. Letztlich führt die Selbstfixierung des Ehemanns, seine emotionale «Impotenz», die ihn seiner Frau entfremdet, zur mutwilligen Zerstörung ihrer Beziehung, was Kieślowski mit viel Ironie in der Konvention eines Melodrams gestaltet.

Auch das Prinzip des Zufalls spielt in DEKALOG erneut eine tragende Rolle, wie man es unschwer in der neunten Folge illustrieren kann: Der Ex-Geliebte macht zufällig zum selben Zeitpunkt wie die Ehefrau Ski-Urlaub und weckt dadurch wieder den Verdacht des Ehemannes; in der Selbstmordszene, wenn die Ehefrau ihrem Mann im Bus auf derselben Straße in dem Moment entgegenkommt, als er sich von dem unfertigen Autobahnabschnitt in die Tiefe stürzt. Wie existenziell wichtig dieses Prinzip Kieślowski ist, wird klar, wenn er es im Zusammenhang mit der Entstehungsgeschichte von DEKALOG näher definiert:

> «Der Zufall, das ist etwas sehr Wichtiges, aber auch das Schicksal, die Vorherbestimmung. Der Zufall hat mich immer frappiert. Unser Leben hängt oft vom Zufall ab. Ich beobachte es bei vielen Gelegenheiten. Ich weiß, welche Rolle es in meinem eigenen Leben erfüllt, also muss ich, wenn ich die Drehbücher schreibe, daran denken. Wenn wir uns die Frage stellen, warum jemandem so ein oder ein anderes Los widerfahren ist, suchen wir nach Ursachen und entdecken die Bedeutung des Zufalls. Das, was in der Vergangenheit passiert ist, hat enorme Bedeutung in der Gegenwart.»

Kieślowski schildert in demselben Interview, wie eine Verkettung von unzähligen Zufällen alle bei dem Gespräch Anwesenden in dieser Situation zusammengeführt hat, und überträgt es dann wieder auf die Erzählstruktur von DEKALOG:

> «Wenn wir uns die Drehbücher von DEKALOG anschauen, dann wird uns bewusst, dass den Ausgangspunkt ihrer Konstruktion solche Zufälle bilden. Wir versuchen zu verstehen, was in der Vergangenheit jeder Figur passieren konnte, und was heute auf ihr Handeln Einfluss hat. Natürlich hat jeder von uns die Möglichkeit, über die Zukunft zu entscheiden. In diesem Sinne ist mein Film DEKALOG der endgültige, komplette Zufall. Durch Zufall bin ich Regisseur geworden. In Folge eines Zufalls habe ich Piesiewicz kennengelernt, ohne den ich DEKALOG niemals gedreht hätte. Das ist vielleicht die Vorbestimmung. Ich musste Piesiewicz treffen. Ich machte in Polen Dokumentarfilme im Kriegszustand und wollte gerade einen Film über einen Prozess machen, und traf Piesiewicz, der in so einem Prozess Verteidiger war. War es Vorherbestimmung oder Zufall, wie auch immer.»[102]

Auf der einen Seite entwirft Kieślowski also Handlungsmodelle, die einen Entwicklungsprozess und dessen unausweichliche Konsequenzen erfassen (Vorsehung); auf der anderen Seite beschäftigt ihn die Komplexität des menschlichen Handelns, die mit ihren Entscheidungsalternativen/Eventualitäten je nach Wahl die Summe jener Zufälle ergibt, die diese Entwicklung besiegeln. Kieślowski hierarchisiert die verschiedenen Handlungsvarianten nicht als richtig oder falsch, sondern schaut dem Zufall bei der Arbeit zu, versucht, mit nüchtern-dokumentarischem Blick hinter das «Geheimnis» dieser Prozesse zu kommen.

Nicht zufällig werden solche Entwicklungen im Sinne einer Verkettung von Zufällen in allen DEKALOG-Filmen durch Vorausdeutungen und symbolisch verdichtete Details evoziert, wobei der dramaturgischen Rolle von Gegenständen wie schon in OHNE ENDE eine außergewöhnlich wichtige Bedeutung zukommt: drastische Zeichen wie die aufgehängte Katze und die tote Ratte in DEKALOG 5, das zerbrochene Tintenglas in DEKALOG 1;

---

[102] Je cherche l'explication de tout. Ein Interview von Michel Ciment und Hubert Niogret. In: *Krzysztof Kieslowski*. Hg. v. Amiel, Vincent. Paris 1997, S. 100–101.

«Sollen wir eintreten in Kieślowskis Kirche?»

251–256 DEKALOG 5: die tote Ratte; DEKALOG 6 und DEKALOG 7: Trennende Fenster und eine umgekippte Milchflasche; DEKALOG 6: Fernsehen als Metapher der Einsamkeit; DEKALOG 4 und DEKALOG 3: Fotos als Erinnerungsquelle und Evidenzzeugnis

Bildmetaphern wie die ertrinkende und sich wieder befreiende Biene im Teeglas des todgesagten Patienten in DEKALOG 2 (s. S. 264, Abb. 18) oder das emblematische Bild der drei Hände in DEKALOG 6; ambivalente Symbole wie der Computer in DEKALOG 1, der sich selbst ein- und ausschaltet (s. S. 264, Abb. 17); Spiegel- und Lichtreflexe als individuelle Reflexionsflächen und Hoffnungssignale; Fenster und Glaswände wie in DEKALOG 6 als trennende Barrieren (s. S. 264, Abb. 22), aber auch ein zu Boden fallendes Milchglas wie schon im FILMAMATEUR; sich wiederholende Gesten (Händekontakt durchs Fensterglas auch in DER ZUFALL MÖGLICHERWEISE und ROT; s. S. 262, Abb. 14; S. 423, Abb. 346; S. 534, Abb. 393); Ellipsen und Wendungen der Handlung, womit unentwegt unsere Erwartungen und Sympathien gesteuert werden und der Schluss nehegelegt wird, dass das Leben durchaus den Kapriolen «des Schicksals» unterliegen könne. Des Schicksals im Sinne von Unberechenbarkeit, Unkalkulierbarkeit, Unkontrollierbarkeit etc., also des ungewissen, nicht kausalen «Rests» – der Koinzidenz, die das rational-wissenschaftliche Weltbild sabbotiert.

Die Geschichte einer Episode ist sogar explizit um einen Gegenstand aufgebaut: Der Brief der verstorbenen Mutter bildet in DEKALOG 4, der dem Gebot «Du sollst Vater und Mutter ehren» gewidmet ist, den dramaturgischen Bezugspunkt der Handlung. In der ursprünglichen Drehbuchfassung sollte die Geschichte wie in DER ZUFALL MÖGLICHERWEISE (bzw. in Kurosawas RASHOMON) aus drei Perspektiven erzählt werden, die jeweils die Sicht des Vaters, der Tochter und die wahre Begebenheit wiedergeben würden. Erst durch den Brief als Handlungsachse konnte aber der Plot linear erzählt werden, ohne seine Doppeldeutigkeit einzubüßen.

Dass die signifikanten Zeichen, die in allen Folgen wiederholt vorkommen, nicht unwesentlich dazu beitrugen, dass Kieślowski bei der Konstruktion seiner Geschichten eine verblüffende formale wie inhaltliche Geschlossenheit und Komplexität erreichte, verdankt sich seiner dokumentarischen Disposition und der Überzeugung, dass man die Aufmerksamkeit des Fernsehzuschauers nur durch die Repetition der Einzelheiten bannen kann:

«(…) ich habe nicht die schlechtesten Dokumentarfilme fürs Fernsehen realisiert, und während dieser Arbeit ist mir bewusst geworden, dass die Wiederholung im Leben etwas sehr Natürliches ist. Ich habe in dem Schneideraum viele Monate verbracht, mir Wochenschauen und Interviews angeschaut, und bin zu dem Ergebnis gekommen, dass jeder Mensch – in neunzig Prozent aller Fälle – in einem Gespräch dreimal dasselbe Wort wiederholt. Das bedeutet, die Fernsehrezeption ist völlig natürlich; ist die Widerspiegelung eines gewöhnlichen Gesprächs. Dafür dauerten Dokumentarfilme, die ich realisiert habe und die meistens sehr kurz waren, 10 bis 12 Minuten und haben mir enorme Disziplin beigebracht. Ich verfügte über wenige Minuten, um mich auszudrücken, so habe ich meine Filme sehr sorgfältig montiert, stundenlang, um sie zu konstruieren, ausgehend von einem Satz und nicht von dreien. Höchstwahrscheinlich habe ich diese Gewohnheit, die Zeit einzusparen, auf meine Spielfilme übertragen, und ich kann nichts mehr dafür. Und wenn man sie im Fernsehen zeigt, haben sie schlechtere Voraussetzungen, weil sie elliptisch sind.»[103]

Genau darin liegt der Experimentiercharakter der Fernsehserie DEKALOG. Mit ihrer Lokalisierung in einer Wohnbausiedlung, ihren parallel geführten Handlungsvariationen und ihrem festen Figurenensemble – man denke nur an die LINDENSTRASSE (BRD/D 1985 ff.) – scheint DEKALOG zwar auf den ersten Blick den Charakter einer Fernsehserie einzulösen, tut es aber in Wirklichkeit nicht. Weder enthält sie Elemente von Fortsetzungsgeschichten noch folgt sie vorgegebenen Handlungsmustern, sondern besteht aus zehn eigenständigen Filmen mit wechselnden Helden und thematisch autonomen Handlungen. Obwohl sich Kieślowski der ästhetischen Eigenarten der beiden Formate Film und Serie sehr wohl bewusst war, gab es für ihn keinen wesentlichen

---

103 Ebd., S. 99.

Unterschied zwischen Kino und Fernsehen, außer in der Rezeption des Zuschauers. Er verglich das Kino mit einer Gemeinschaft und das Fernsehen mit der Einsamkeit. Mit dieser jeweils unterschiedlichen Wahrnehmungssituation hängt es auch zusammen, dass der Fernsehzuschauer weniger konzentriert ist und Kieślowskis Meinung nach, seine Filme im Fernsehen mit ihren vielen Anspielungen, Auslassungen und Assoziationen, die dann auch bei der Häppchenweise-Rezeption verlorengehen können, zu dynamisch wirken.

Trotz der kammerspielartigen Dramaturgie, der sparsamen Ausstattung und der fürs Fernsehen ebenfalls typischen Einstellungsgröße von Groß- und Nahaufnahmen erreicht der DEKALOG große inhaltliche Komplexität und Abwechslungsreichtum. Im Gegensatz zu Fernsehredakteuren nimmt Kieślowski bei aller ästhetischen Askese und formalen Strenge der «Serie» seine Zuschauer ernst:

> «Ich habe mir eine Art Spiel mit dem Zuschauer zur Regel gemacht. Ich sage zu ihm: DEKALOG, EINS. Er schaut sich den Film an, und dann möchte er herausfinden, was das bedeutet. Er beginnt, nach dem Gebot zu suchen. Ob er will, oder nicht, zwingt er sich zu einer gewissen intellektuellen Anstrengung. Und ich wünsche mir, dass er diese Anstrengung unternimmt, weil ich den Zuschauer ernst nehme. Ich serviere ihm nicht alles auf dem Tablett.»[104]

Der Anleitung zur selbstständigen Reflexion dienen auch die genaue Beobachtung der Realität und die von Kieślowski angenommene Erzählhaltung eines distanzierten Beobachters, der nur um die «Objektivität» des Dargestellten bemüht ist. Auf der dramaturgischen Ebene spiegelt sich das in der Figur des geheimnisvollen Beobachters menschlicher Geschicke, der immer in den für die Figuren entscheidenden Momenten auftaucht, aber in das Geschehen vor der Kamera nicht eingreift. Ein *«alter ego»* des Regisseurs und ein Indiz für die Selbstreferenzialität der Narration im DEKALOG. Jenes Heranführenwollen ist aber weder mit einer dezidierten Pädagogik noch mit dem Glauben an die Einwirkungsmöglichkeiten der Filmkunst zu verwechseln. Wenn überhaupt, dann wäre es mit der sokratischen Methode der Mäeutik («Hebammenkunst») zu vergleichen: der Fähigkeit des geschickten Fragens mit dem Ziel, dem Gesprächspartner die Wahrheitsfindung zu erleichtern, wobei Kieślowski jedem selbst überlässt, was er aus dem vorgeführten «Erfahrungsmaterial» ablesen will. Bereits in seinen Dokumentarfilmen ging er nicht anders vor: «Mehr noch, ich wollte nie etwas bewirken. Anderen etwas bewusst machen – ja. Und wenn sich dann jemand dazu entschließt, etwas zu ändern, freut mich das natürlich. Aber mitmachen kann ich da nicht, das muss jeder allein.»[105]

Die Variationsdramaturgie hilft Kieślowski bei diesem die Rezeption lenkenden Verfahren, da sie durch die Wiederholung und vergleichende Gegenüberstellung formal ähnlicher Handlungsmuster die Wahrnehmung intensiviert und die Unterscheidungsfähigkeit des Zuschauers fördert. Die verschiedenen Facetten eines Themas führen zwangsläufig zu einer thematischen Vertiefung der anvisierten Problematik. Die Farbdramaturgie der einzelnen Filme (besonders in DEKALOG 5 und DEKALOG 6) unterliegt genauso einem ständigen Wechsel wie ihr filmischer Rhythmus. Die Abwechslung bleibt auch ein erklärtes Ziel bei der Genrezuordnung, von dem dokumentarischen Charakter von DEKALOG 5 über das psychologische Kammerspiel in DEKALOG 4, Familiendrama in DEKALOG 7,

---

104 Ebd., S. 100.
105 Zit. nach Nagel, Josef: 37 Millionen Individualisten. In: *Dekalog. Materialien – Arbeitshilfen.* Hg. v. Katholischem Filmwerk, Frankfurt am Main 1991, S. 136.

Melodram in DEKALOG 9 bis hin zur schwarzen Komödie in DEKALOG 10. Die Dialoglastigkeit mancher Episoden (DEKALOG 4 und DEKALOG 8) wechselt mit einer fast ausschließlich visuellen Narration (DEKALOG 5) ab, wie die Intensität der Emotionen auch verschiedene Temperaturen erreicht, von dem unterkühlten Diskurs in DEKALOG 8 bis zu den entfesselten Emotionen in DEKALOG 3, DEKALOG 6 oder DEKALOG 7. Sogar bei den langen Kinofassungen von DEKALOG 5 und DEKALOG 6 spielt die Variabilität eine große Rolle: Statt die beiden Fernsehepisoden nur zu kürzen, entschied sich Kieślowski bei den divergierenden Formaten im Finale für verschiedene Varianten der Auflösung, montierte Sequenzen um und nahm gegenüber DEKALOG 5 eine Veränderung der Erzählperspektive vor.

Dass in DEKALOG der Zuschauer aus verschiedenen Blickwinkeln nur an einen ethischen Modellfall in seiner ganzen Komplexität herangeführt wird, lässt sich auch daran ablesen, dass Kieślowski niemals eine Bewertung der vorgeführten Handlungsvarianten vornimmt: «Ich wollte zeigen, dass wir jeden Tag vor der Notwendigkeit einer Wahl stehen, und dass wir selbst für diese Wahl verantwortlich sind. Gleichzeitig sind wir uns nicht dessen bewusst, dass diese Wahl in eine bestimmte Richtung führt. Wir ignorieren es gewissermaßen, und erst später, wenn wir unser vergangenes Leben betrachten, wird uns der ausschlaggebende Charakter bewusst, den diese Entscheidungen, die wir getroffen haben, hatten.»[106] Was jedoch nicht heißt, dass Kieślowski selbst seinen Figuren moralisch indifferent gegenübersteht. Alle Protagonisten des DEKALOG verbindet die Grunderfahrung des Leidens: Tod, Gewalt, Trennung und Verlust, existenzielle Krisen und fehlende Beziehungen, Einsamkeit, Angst und quälende Selbstzweifel prägen ihren Erfahrungshorizont. Zugleich sind ihre zwischenmenschlichen Beziehungen durch ein Geflecht aus Neid, Verrat, Kleinmut oder Habgier, aus Überheblichkeit und Egoismus, Selbstbezüglichkeit und Verhärtung gekennzeichnet. Größtenteils psychologische Reversbilder von Hilflosigkeit und Hilfsbedürftigkeit, Aggression und Selbstzerstörung in Abwesenheit der Liebe, Lebensekel und Lebensverdrossenheit, aber auch von Selbstschutz oder Lebenslüge.

Einerseits unterscheidet dieser «anthropologische Makel» Kieślowskis Helden kaum von anderen Zeitgenossen, andererseits lässt er ihn nach dem Ursprung der Diskrepanz zwischen eigenen Bedürfnissen und Affekten forschen:

«Wir sind nicht frei. Ständig kämpfen wir um Freiheit und bis zum gewissen Grad ist die äußerliche Freiheit erreicht worden – im Westen mehr als im Osten. Man kann den Wohnort frei wählen, die Lage, in der man leben will, die Lebensumstände, die gesellschaftliche Situation. Man kann in diesem oder anderem Milieu leben, unter diesen oder anderen Menschen. Hingegen sind wir ständig wie vor 3000 und 5000 Jahren unseren eigenen Leidenschaften, unserer Physiologie, Biologie ausgeliefert. Unterworfen einer ziemlich komplizierten und oft relativen Einteilung in das, was besser, etwas besser, noch ein Stückchen besser, und dem, was ein wenig schlechter ist. Wir suchen ständig nach einem Ausweg. Es ist ohne Bedeutung, ob ich einen Pass für alle Länder habe – es gibt ein Sprichwort so alt wie die Welt, dass die Freiheit im Inneren, in uns selbst ist.»[107]

Der Konflikt zwischen emotionalen, sinnlichen Bedürfnissen und dem Drang, das eigene Leben zu ordnen und zu kontrollieren, ihm einen rationalen Sinn zu geben; diese unabänderliche

---

106 Je cherche l'explication de tout. Ein Interview von Michel Ciment und Hubert Niogret. In: *Krzysztof Kieslowski*. Hg. v. Amiel, Vincent. Paris 1997, S. 100.
107 Kieślowski 1997, S. 116.

«Sollen wir eintreten in Kieślowskis Kirche?»

257–258 DEKALOG 3: Eruption der Emotionen in einem Psychothriller ohne Leiche

259 DEKALOG 7: Familiendrama

260 DEKALOG 8: Dialoglastiger, unterkühlter Diskurs einer ethischen Versuchsanordnung

261 DEKALOG 9: Melodram

262 DEKALOG 10: Schwarze Komödie

VI. Von der Wirklichkeit zur Metaphysik

Zweideutigkeit menschlicher Existenz bildete den Hauptanstoß für Kieślowski und Piesiewicz, DEKALOG zu realisieren. Die kulturhistorischen Referenzpunkte dafür können die antike Hybris des Menschen, die althergebrachte philosophische Leib-Seele-Kontroverse oder, im modernen Gewand anders ausgedrückt, Individualisierungsprozesse und eine «Dialektik der Aufklärung» bilden, die Schriftsteller der klassischen Moderne wie Robert Musil oder Hermann Broch unter dem Gesichtspunkt des «Wertezerfalls» in der modernen Gesellschaft betrachteten. Damit war die Ausdifferenzierung aller gesellschaftlichen Sphären gemeint, die zum Verlust von Wertbindungen und individueller Atomisierung führt, sich in dem Konflikt zwischen der Rationalität einer Vernunft, die alles beherrschen, erklären, kontrollieren will, und der Irrationalität von Gefühlen, die weder kontrollierbar noch beherrschbar sind, widerspiegelt: «Die Wahrnehmung von Problemen und Konflikten, mit denen wir heute – nicht nur in Polen – leben, hat den eigentlichen Anstoß zur Produktion des DEKALOG-Zyklus gegeben. Dabei hat uns das Spannungsverhältnis zwischen dem Rationalen und dem Irrationalem auf besondere Weise interessiert, denn wir sind der Auffassung, dass dieses seit vielen Jahren, wohl seit der Aufklärung, zu den Grundkonflikten unserer Zeit und unseres Zeitbewusstseins gehört.»[108]

Anschauungsmaterial dafür liefert der Prolog der Serie – in DEKALOG 1 – an Hand des Grundkonflikts zwischen dem Wissen, das mit der Fortschrittsgläubigkeit der Moderne von der Aufklärung über den Materialismus, ob philosophischer, historischer oder naturwissenschaftlich-biologischer Provenienz, zum Leitbild unserer Gesellschaft geworden ist, und der nicht aufhebbaren Ambivalenz der menschlichen Existenz. Der Vater beschränkt sich auf das naturwissenschaftlich Interpretierbare, ohne darüber zu reflektieren, ob die gesamte Wirklichkeit so erfasst werden kann. In der seinem Alter eigenen Unvoreingenommenheit und Neugier stellt sein kleiner Sohn hingegen essenzielle Sinnfragen, zum Beispiel nach der Existenz Gottes, danach, was der Tod sei, oder nach Phänomenen des Lebens, die mit dem menschlichen Bewusstsein zusammenhängen. Als er von dem Computer wissen will, was seine Mutter geträumt hat, antwortet dieser «I don't know». Fragen nach Bewusstseinsphänomenen wie logisches Denken, Wahrnehmen, Empfinden sind für den Hochschullehrer und Linguisten Krzysztof lediglich Gegenstand einer leidenschaftslosen empirischen Forschung. Pawełs Fragen nach dem Sinn des Lebens und des Sterbens beantwortet der Vater gemäß seinem rationalistischen Weltbild, führt diese Phänomene auf materielle Prozesse zurück: Den Tod erklärt er durch Herzstillstand und vergleicht das Herz mit einer Pumpe (Maschinismus), die aufhört, das Blut im Organismus zu befördern.

Den entgegengesetzten Pol der emotionalen, «irrationalen» Erfahrbarkeit der Welt repräsentiert die Tante, die Pawełs Frage nach Gott mit einer Umarmung beantwortet und ihn fragt, was er jetzt fühlt. Die Antwort lautet: «Liebe». Auf den Einbruch des Unerklärlichen in sein rationales Weltverständnis mit dem absurden Tod des Sohnes reagiert der Vater hilflos und rebelliert in seiner Ratlosigkeit gegen den blinden Zufall, indem er in der noch nicht fertiggestellten Kirche den provisorischen Altar umstößt. Kieślowski lässt sich in dieser sonderbar «liturgischen», zugleich ironisch gebrochenen Sequenz nicht bei einem Bekenntnis «ertappen»: Das Madonnenbild scheint zu weinen, es sind aber nur Wachsspritzer einer umgefallenen Kerze, in den Händen hält Krzysztof keine Hostie, sondern

---

108 «Ich habe zehn Filme über unsere Zeit gemacht». Ein Interview von Ambros Eichenberger. In: ZOOM 9/1990, S. 30.

ein vereistes Stück gefrorenen Weihwassers, und auch seine Tränen sind «nur» aufgetautes Wasser. Dem Glauben an die Rationalität setzt Kieślowski den ewigen Skeptizismus gegenüber all dem entgegen, das Dogmen und technische Handbarkeit impliziert.

Bereits im Motiv des einbrechenden Eises ist die grundlegende Skepsis symbolisiert: das Leben ist flüchtig, und es gibt keine letzte Sicherheit auf die Fragen nach seinem Sinn. Sowohl die gläubige Tante als auch den atheistischen Vater trifft dasselbe Schicksal, dessen Opfer das unschuldige Kind ist. Wissen und Glaube verlieren angesichts der Macht, der Absurdität des Faktischen:

> «Wir haben uns daran gewöhnt, sich ihn (Gott) als einen erhabenen Greis mit weißem Bart vorzustellen, der alles verzeiht. Aber es gibt noch den Gott aus dem Alten Testament, der sehr grausam ist. Das könnte vielleicht der wahre Gott sein. In diesem Film wurde der Vater nicht deswegen bestraft, weil er nicht an Gott glaubt, sondern für seinen zu übertriebenen Rationalismus. Darin steckt ein Konflikt, der gerade sehr aktuell ist, zwischen dem, was rational, und dem, was geistig ist. In ihrem Glauben an den Rationalismus haben unsere Zeitgenossen etwas verloren. DEKALOG 1 handelt nicht von anderen Göttern wie Buddha oder Allah, sondern eher von der Negation Gottes durch ein Substitut. Gott kann zum Beispiel Liebe werden, oder Verstand, auch Hass. Alle starken Gefühle, die in uns aufkommen, gute wie schlechte (...) Die beste Widerspiegelung dieses Problems scheint mir der Konflikt zwischen der Helligkeit des Verstandes und der Finsternis des Glaubens zu sein. Ich glaube, dass es etwas Unergründbares gibt, solche geheimen Sphären in jedem Menschen.»[109]

109 Je cherche l'explication de tout. Ein Interview von Michel Ciment und Hubert Niogret. In: *Krzysztof Kieslowski*. Hg. v. Amiel, Vincent. Paris 1997, S. 101.

263–264 DEKALOG 1: Die gläubige Tante und die Wachstränen der Madonna aus der noch nicht fertiggestellten Kirche

Kieślowski kennt keine Antworten auf die von ihm gestellten virulenten Fragen und zwingt den Zuschauern auch keine auf. Im Mittelpunkt aller zehn Filme steht lediglich die Erkenntnis, dass die Menschen nicht vorausahnen können, welche Konsequenzen ihre Entscheidungen nach sich ziehen werden. Angesichts dieser Paradoxie der menschlichen Existenz gibt es für Kieślowski als letzte Berufungsinstanz nur das individuelle Gewissen.

Mit diesem Ethos der individuellen Verantwortung verlagert sich das «Mysterium» des

Lebens in DEKALOG von der äußeren Wirklichkeit in die innere Erlebniswelt der Figuren und ihrer Alltagsdramen, die an die archetypischen Figuren und Konflikte der griechischen Tragödie erinnern. Sogar der stumme Zeuge mit dem warnenden Blick, der in kritischen Momenten ratlos, aber mit Anteilnahme Menschen in Konfliktsituationen beobachtet, erinnert in seiner dramaturgischen Funktion an den griechischen Chor, der das Geschehen und die Gewissenskonflikte der Helden mit Empathie kommentiert hat. Als Landvermesser steht er in DEKALOG 5 an einer Straßenkreuzung und scheint mit seinem intensiven Blick Jacek, der mit dem Taxi unterwegs ist, zu warnen, nicht den «falschen» Weg zu wählen. Jacek aber weicht seinem Blick aus und biegt in die Straße ein, die zu dem «Kainsfeld» führt, wo er den Taxifahrer umbringen und damit sein Schicksal besiegeln wird.

So wie in den einzelnen Folgen verschiedene Handlungsvarianten durchgespielt werden, so scheint der Zeitzeuge in verhängnisvollen Konfliktsituationen die Alternativentscheidungen zu personifizieren. Zeitweilig erinnert auch die düstere Satellitenstadt an eine kafkaeske Metapher mit allen ihren schroffen Lokateuren, die sich bespitzeln, voyeuristisch beobachten, mit abschätzenden oder lüsternen Blicken taxieren, an unwirtlichen Orten begegnen, besitzergreifend verhalten – die sich verfehlen oder deren Wege sich kreuzen. Ein Lügentheater und Leidensmysterium, dem Kieślowski Augenblicke der Wahrhaftigkeit abzugewinnen versucht. Eine Hölle, die nicht nur die Menschen sind, sondern zu deren unmittelbaren Zeugen er die Zuschauer als Voyeure macht; denn «wenn man sich einem Fenster nähert, wenn man die Begrenzung einer Scheibe durchbricht, befindet man sich mitten unter den Leuten, die hier leben (...). Man muss einfach durch die Fenster gehen, dass ist das ganze Problem». «Hinter Tausenden von Fenstern verbergen sich ebenso viele Schicksale. Sich ihnen anzunähern, die Fremdheit zu überwinden, Aufmerksamkeit füreinander zu erreichen, ist das Bestreben der Filme wie der Menschen in ihnen.»[110]

Für Kieślowski steht die Trabantenstadt in DEKALOG für alle Orte auf der Welt, wo Menschen frustriert sind und sich einsam fühlen. Er dringt nicht nur von Außen in ihre Wohnzellen, sondern auch unter die Hülle ihrer Lebenswelt ein, entwirft «ein seismografisch angelegtes, am menschlichen Mikrokosmos interessiertes Zeit- und Stimmungsbild unserer europäischen Staats- und Bewusstseinsstrukturen.»[111] Trotz allem Fatalismus und aller modernen Ambivalenz, aller Konfusionen unseres alltäglichen Lebens und eines permanenten Krisenbewusstseins schließt Kieślowskis Ethos auch einen Möglichkeitssinn mit ein, der die anonyme Mietskaserne am Rande von Warschau letztlich in eine «Gemeinschaft souveräner Individuen» verwandelt.

Mit seinem «Wunderwerk des halbdokumentarischen Erzählens» (Andreas Kilb) gelang Kieślowski ein großer Wurf. Nach der Vorführung in Venedig war das Echo in der internationalen Presse überschwänglich, geradezu enthusiastisch. Zumal Kieślowski nach dem Erfolg von EIN KURZER FILM ÜBER DAS TÖTEN in Cannes, für den er auch 1988 den ersten Europäischen Filmpreis für den besten Film des Jahres erhielt, und von EIN KURZER FILM ÜBER DIE LIEBE in San Sebastián binnen weniger Monate zu einem der bedeutendsten europäischen Filmemacher avancierte. Die Uraufführung des letzten Films

---

110 Auszüge aus einem Interview zum DEKALOG des Senders Freies Berlin mit Krzysztof Kieślowski. Zit. nach Zwick, Reinhold: DEKALOG, SECHS. In: *Dekalog. Materialien – Arbeitshilfen*, Hg. v. Katholischem Filmwerk. Frankfurt a. M. 1991, S. 84.

111 Nagel, Josef: 37 Millionen Individualisten. In: *Film-Korrespondenz* 3/1990, S. 7–11. Zit. nach: *Dekalog. Materialien – Arbeitshilfen*. Hg. v. Katholischem Filmwerk, Frankfurt a.M. 1991, S. 135.

verband man in San Sebastián im September 1989 mit einer Werkschau des Regisseurs, die 31 Filme umfasste und das Festival in ein Benefiz für Kieślowski verwandelte. Im Oktober folgte eine große Retrospektive mit beinahe allen Arbeiten im Museo Nazionale del Cinema in Turin, das Kieślowskis Werk einen umfangreichen Katalog widmete.

Die Fernsehserie entwickelte sich weltweit zu einem Verkaufsschlager, wurde 1990 in beinahe allen Ländern Westeuropas zur besten Sendezeit ausgestrahlt. ARTE und der Sender Freies Berlin realisierten Dokumentationen über DEKALOG und Kieślowski, die die Aufführung der Serie im Fernsehen begleiteten. Plötzlich befand sich Kieślowski auf dem Gipfel des Erfolgs und im Apogäum seiner Möglichkeiten, da ihn der enorme Zuspruch für DEKALOG in die Lage versetzte, ab sofort Filme nach eigenem Gusto im Westen zu realisieren, was im Jahr der politischen Wende in Osteuropa nicht ohne Bedeutung war: Nach 1990 fiel die polnische Kinematografie im Zuge der wirtschaftlichen Umstrukturierungsprozesse für mehrere Jahre in eine tiefe ökonomische Krise. In dieser Umbruchsituation schien es Kieślowski erneut gelungen zu sein, seine Hand am Puls der Zeit zu halten. Der Fall der Berliner Mauer hatte nicht nur den Zerfall des ideologischen Blockdenkens und des West-Ost-Gegensatzes zur Folge, sondern in letzter Konsequenz auch den Verlust des sozialutopischen Denkens und eine zwangsläufige Revision der Versprechen, die das «Projekt der Moderne» nicht einzulösen vermocht hatte.

Mit dem Ende der «großen Erzählungen» und auf dem Höhepunkt der Postmoderne-Debatte traf Kieślowski in dieser «neuen Unübersichtlichkeit» vor allem im Westen den Nerv der Zeit. «In dieser Situation der Unsicherheit und der Entscheidungslosigkeit können die zehn knappen Sätze aus dem Alten Testament nach wie vor eine Art von Grundlage und Orientierung bilden, die im täglichen Leben übrigens häufig angewendet wird, ohne dass wir uns explizit darauf besinnen», stellte Kieślowski in dem Interview *Ich habe zehn Filme für unsere Zeit gemacht* fest. Der internationale Erfolg legte auch nahe, dass es Kieślowski mit diesem universellen Stoff über die kulturellen und geopolitischen Grenzen hinweg gelungen war, einen Dialog mit dem Publikum herzustellen.

Obwohl DEKALOG in Polen verhältnismäßig sehr gute Einschaltquoten von 12 Millionen (52%) bei der ersten Folge und 15 Millionen (64%) Zuschauer bei der letzten Folge hatte, war seine öffentliche Rezeption – vor allem in der Presse und in Fachzeitschriften – zwiespältig oder zumindest wesentlich zurückhaltender als im Westen. Die Fachpresse und die überregionalen Blätter nahmen zwar DEKALOG durchgehend positiv auf, aber mit einer Einschränkung, die das Fehlen der gesellschaftlich-politischen Realien betraf. Man warf Kieślowski vor, seine kritische Haltung verworfen zu haben und die bedrückende Realität der wirtschaftlich dahinsiechenden Gesellschaft im Endstadium des abgewirtschafteten Kommunismus bewusst auszublenden.

Die Geister schieden sich am meisten im Lager der katholischen Presse, wo DEKALOG beim konservativen *Tygodnik katolicki* auf kategorische Ablehnung stieß. Kieślowski erklärte die Reaktion durch die Tatsache, dass man von ihm bei diesem Thema eine getreue Exegese erwartete statt ethischer Diskurse mit einem universellen Charakter. Er sah darin auch einen ideologischen Zugriff auf sein Werk im Gegensatz zum laizistischen Westen, wo zum Beispiel eine Meinungsumfrage in Deutschland ergeben haben soll, dass nur einer von zehn Deutschen überhaupt wusste, was der Dekalog sei und es eher mit einer Sportdisziplin in Verbindung brachte. Tadeusz Sobolewski hat darauf hingewiesen, dass man Kieślowskis Filme in Polen schon immer und von allen Seiten ideologisch interpretiert hat:

> «Zuerst sah man in ihm einen Systemkritiker, einen Leader des ‹Kinos der moralischen Unruhe›. Dann, in den 1980er-Jahren, hat man seine Filme in einer religiösen Aura gelesen, obwohl die Religiosität des ‹DEKALOG› schwierig, paradox, man musste sagen ‹humanistisch› ist (…). Auf der anderen Seite bauen Kieślowskis Filme bei den Zuschauern so etwas wie eine Art Gemeinschaft auf (Piesiewicz sagt: ‹Gemeinschaft souveräner Individuen›), was Assoziationen an eine Kirche hervorruft, obwohl sie auf keine existierende Kirche verweisen.»[112]

In der italienischen Presse sprach man wiederum quer durch alle Lager, wie Gina Lagorio in dem von ihr herausgegebenen Buch *Il Decalogo di Kieślowski. Ricreazione narrativa* verwundert berichtet, von einem völlig polnischen Glaubensbekenntnis und übte sich in abstrusen semantischen Wortspielen, indem man die Namen der Autoren symbolisch zu dechiffrieren versuchte (*Cristo*=Christus gleich *Cristoforo*=Krzysztof bzw. *chiesa*=Kirche gleich *Kieś*lowski!?). Außer solchen kuriosen Blüten mischten sich in den Chor der Lobgesänge und uneingeschränkter Begeisterung auch im Westen vereinzelte kritische, oder besser gesagt polemische Stimmen, die wiederum den Regisseur via seiner Herkunft als einen orthodoxen Katholiken stigmatisierten. Bis hin zu einer ebenso kategorischen wie denunziatorischen Ablehnung, die mehr über die eigenen Irritationen der jeweiligen Autoren und ihre Indisposition, sich auf die existenzielle Thematik einzulassen, verriet als über das Werk selbst: «Kieślowski präsentiert eine Reihe von *faits divers*, von verfahrenen Situationen, die nicht, auch nicht allegorisch, die wirklichen Probleme unseres Jahrhunderts erfassen können, allenfalls vielleicht solche, die Katholiken in und mit dieser Zeit haben. (…) Diese zehn Geschichten sind keine moralischen, sondern moralisierende Erzählungen.»[113]

Viele dieser Kritiker warfen Kieślowski ähnlich wie die polnische Fachpresse die Abkehr vom dokumentarisch orientierten, politischen Engagement vor, auch das Verlassen aufklärerischer Positionen zugunsten einer modischen Trendwende. Sichtlich irritiert durch die ambivalente «neue Unübersichtlichkeit», die mit der historischen Zäsur von 1989 an die Stelle der Eindeutigkeit von (ir-)rationalen Ideologemen getreten ist, sah zum Beispiel Wolfram Knorr (*Die Weltwoche*) nach Tarkowskis Tod Kieślowskis Stern auf dem cineastischen Firmanent als eine «Supernova» aufsteigen. Ein neues Licht in der «filmkulturellen Finsternis» nur deswegen, weil der Pole dem desorientierten westlichen Publikum einen verführerisch geistig-moralischen Unterbau anzubieten vermocht habe. In anderen deutschen Kritiken war gar die Rede vom Fundamentalismus und einer Sexualethik, die der des Papstes ähneln würde.

Der wegen seiner Lakonie als schwierig im Umgang mit Journalisten geltende Kieślowski kommentierte die voreingenommenen Klassifizierungsversuche mit dem Verweis auf die Probleme, «in der heutigen Welt miteinander kommunizieren zu können», was sich darin äußern würde, dass er ständig im Ausland als Pole mit einer an Automatismus grenzenden Monotonie nach dem «polnischen» Papst befragt werden würde. Diese Stigmatisierungslust wirft aber mehr Licht auf die eigene Befangenheit mancher Kritiker in ihren (Vor-)Urteilen und auf die wegen einseitiger Berichterstattung der Medien in vielen Köpfen spukenden Klischees über Polen, als dass sie tatsächlich Signum einer ernsthaften

---

112 Sobolewski, Tadeusz: Twarze Kieślowskiego. In: *Tygodnik Powszechny* (Nr. 57) v. 08.-09.03.1997, S. 15.
113 Giesenfeld, Günter: Dekalog. In: Koebner 1995. Band 4 (S. 300–319) , S. 318.

thematischen Auseinandersetzung wäre; diese würde eine genauere Kenntnis der Verhältnisse voraussetzen und somit viel Aufklärungsarbeit statt (Ab-)Qualifizierung erfordern.

Auch Kieślowskis Wortkargheit, seine Reserviertheit im Umgang mit den westlichen Journalisten forderte Auslegungen als falsche Bescheidenheit oder Koketterie heraus, die man wie im Fall von Aki Kaurismäki oder Lars von Trier gewillt war, als einen Public-Relation-Gag zu interpretierten. Bei Kieślowski bestärkten aber solche Attacken nur seinen Widerwillen gegenüber den Medien und den ohnehin zunehmenden Wunsch nach dem Rückzug aus der Öffentlichkeit:

> «Früher schlug man die Tür vor dem Kommunismus zu, und heute schlägt man die Tür zu vor sehr verschiedenen Sachen, Richtungen, Denkweisen und sehr verschiedenen Leuten. Heute muss ich die Tür zuschlagen vor den Rechten, vor den Linken, vor der Kirche, vor der ‹Solidarność›, beinahe vor allen. (…) Es ist immer schwieriger, sogar für einen Augenblick mit sich selbst zu sein und die Wirklichkeit nicht hineinzulassen. Ich muss mich wehren, damit mir nicht ständig jemand hineinkriechen würde. Mit Vergnügen schließe ich jeden Tag die Tür zu meiner Wohnung ab. Und verstehe Leute, die das machen.»[114]

Auch wenn die meisten Kritiker wie Andreas Kilb in *Die Zeit* den «Geist» von DEKALOG – Kieślowski «verfilmt den Dekalog nicht, er experimentiert mit ihm»[115] – adäquat «dekodierten»

oder wie *Der Spiegel* zu der Einschätzung gelangten, dass «die polnische Kostbarkeit» «Filmkunst der Spitzenklasse»[116] böte, so schien die äußerst wohlwollende Rezeption der deutschsprachigen kirchlichen Fachpresse hierzulande bei manchen «säkularen» Kritikern DEKALOG per se suspekt zu machen; zumindest sorgte sein interpretatorischer Referenzrahmen mancherorts für Irritationen. Als EIN KURZER FILM ÜBER DAS TÖTEN beim Filmfestival in Cannes 1988 für Aufsehen sorgte, erklärten *Cahiers du Cinéma* in Frankreich Kieślowski besitzergreifend zu einem Auteur nach ihrem Geschmack, ein Prädikat, das vom Leitperiodikum der französischen Cineasten seit der Entdeckung Ingmar Bergmans (durch Godard) und «Rehabilitierung» Alfred Hitchcocks (durch Truffaut) äußerst sparsam zu Selbstprofilierungszwecken verliehen wird. Mit DEKALOG wendete sich aber das Blatt. Nach zwei Jahren wurde Kieślowski wieder vom Sockel gestürzt, und auch der Titel «auteur des *Cahiers du Cinéma*» wurde ihm aberkannt.

In diesem Fall machte sich in dem symphonischen Gleichklang der Euphorie, die sich in Frankreich über das Werk des Polen ergoss, ein querulantischer Geist der Profilierung durch Provokation bemerkbar: «Sollen wir eintreten in Kieślowskis Kirche?», fragte polemisch der *Cahiers*-Kritiker Antoine de Baecque und probte den Aufstand gegen die Fronde von Kieślowski-Anbetern, die alle «von einem Genius schreien», während seine Filme «nichts besonders Anziehendes» an sich hätten, meistens «beschränkt, zerschlagen, unklar» seien – die üblichen Argumente der selbst berufenen Aufklärer unter den Kritikern allerorten. Nach der Auffassung von de Baecque huldigte Kieślowskis Werk zwei aktuellen Moden: «Es avanciert zu einer Art Alibi, weil es zwei Fluchtwege auf einmal bietet: die Mystik und Osteuropa.»[117] Habe Tarkowski ein in seiner Form geschlossenes, für die Kritik unzugängliches, fast totalitäres Werk erschaffen, so

---

114 Zawiśliński 1994, S. 37–38.
115 Kilb, Andreas: Die eiserne Schrift. In: *Die Zeit* v. 11.05.1996, S. 76.
116 Zehn Gebote des toten Gottes. In: *Der Spiegel* 18/1990, S. 224–225.
117 Baecque, Antonie de: Faut-il entrer dans l'église de Kieslowski? In: *Cahiers de Cinéma* 429/1990, S. 32–33.

zeige Kieślowski zwar ein Kino der Entstehung, das aber vom kulturellen Kontext Osteuropas erstickt zu werden drohe. Für de Baecque überfordert Kieślowski seine Zuschauer, indem er ihnen die Gefolgschaft für seine private Religion aufnötigt, voll Dogmen (Leib-Seele-Gegensatz), unverständlicher Zeremonien (Milchflaschen und Gläser) und Messdiener (Ärzte und Wettkämpfe um die Gesundheit). Der Dekalog sei nicht von Gott geschrieben und von Kieślowski illustriert, sondern vom Regisseur selbst konstruiert worden, der ein neuer Demiurg, großer Architekt eines dekonstruierten Universums, Begründer einer neuen Sekte sei. Angesichts dieser neuen Sekte ziehe de Baecque Häresie und Hellsichtigkeit statt eines blinden Dithyrambus vor.

Was in der Kritik von de Baecque auffällt, ist die Projektion der eigenen Rezeptionshaltung gegenüber Regisseuren aus Osteuropa, die durch Andrej Tarkowskis Spiritualität (und auch durch Lopouschanski, Kaidanowski und den Exilrumänen Dan Pita, die er noch erwähnt) festgelegt wurde, auf den gesamten kulturellen Kontext Osteuropas, der angeblich Kieślowskis Werk zu ersticken drohe. Erneut dienen hier Klischees (Mystik=Osteuropa), Pauschalisierungen (Polen=Osteuropa=Russland) bzw. die Eingrenzung des Sichtfelds auf eine Komponente als Stigmatisierungsinstrumente. Diese augenscheinlich von Tarkowski und Sergiej Paradzanow vorgeprägte westliche Rezeptionshaltung gegenüber einer aus Osteuropa kommenden filmischen «Mystik» verstellte de Baecque im Fall Kieślowskis den Blick für die Komplexität und Ambivalenz seines Werks. Allerdings hat er ähnlich wie Sobolewski mit der Metapher einer «Kirche» auf das konstruierte Universum von Dekalog aufmerksam gemacht: eine konzipierte Modellwelt, die vor allem in der Drei Farben-Trilogie in einer anderen «Bauvariante» erneut zur Geltung gebracht werden sollte.

«Wir sind alle Mörder»
Anatomie eines Mordes in Ein kurzer Film über das Töten

«Ein kurzer Film über das Töten erfüllt die edelste Aufgabe der Kunst: die rücksichtslose Korrektur unmenschlicher Irrwege der Vernunft.»

– *Wolfgang Brenner (Der wahre Mord, TIP)*

Mit Dekalog gelangte Kieślowski ans Ende seines polnischen Weges. Sollte sich Dekalog unwiderruflich als sein letztes polnisches Projekt erweisen, so läutete die Aufführung von Krótki film o zabijaniu (Ein kurzer Film über das Töten) mit der zwiespältigen Reaktion des Festivalpublikums und der Verleihung des Spezialpreises der Jury in Cannes 1988 den Beginn von Kieślowskis internationaler Karriere ein. In einer präzisen, nahezu dokumentarischen Manier legt Kieślowski in Ein kurzer Film über das Töten ein Zeugnis zweier Morde ab – eines illegalen und eines legalen, von einem Amateur und von Profis ausgeführt. Der eine bestialisch und in seiner Unbeholfenheit erschütternd, da es dem ungeschickten Täter nicht gelingt, sein drangsaliertes Opfer zu töten. Besinnungslos gerät er abwechselnd in Panik und Rage, bis er sich schließlich selbst über seine Tat erschreckt. Der andere mit kühler Präzision durchexerziert, als ob es sich dabei um einen möglichst human vollstreckten Routinevorgang handeln würde, klinisch und teilnahmslos.

Das alles ohne Kommentar und kausale Zusammenhänge, ohne psychologische oder soziologische Erklärungsmuster, mit radikaler Drastik fast ausschließlich visuell und in einer Erzählweise beschrieben, die zugleich eine ungeheure Verdichtung erzeugt. Diese könnte man «am ehesten mit dem Stil von Albert Camus in dem Roman *Der Fremde* vergleichen»[118]: lakonisch und scheinbar emotionslos. Gerade in dieser Leidenschaftslosigkeit liegt aber die Evidenz des Unabweisbaren, die Kieślowskis Plädoyer gegen das Töten – implizit gegen die Todesstrafe – auszeichnet. Auf den Tod durch Strangulierung folgt mit unausweichlicher Notwendigkeit der Tod durch den Strang, beides ebenso grausam wie sinnlos:

«Ich wollte diesen Film eben deswegen machen, weil das alles in meinem Namen passiert, weil ich Mitglied dieser Gesellschaft bin, ein Bürger dieses Landes, und wenn jemand jemandem in diesem Land einen Strick um den Hals legt und ihm den Hocker unter den Füßen wegreißt, dann macht er das in meinem Namen. Ich verbiete es mir aber. Ich will nicht, dass man das macht. Und ich denke, dass dieser Film eigentlich nicht von der Todesstrafe handelt, sondern vom Töten allgemein.»[119]

Ein kurzer Film über das Töten beginnt mit einer Kamerafahrt über einen dreckig-nassen Boden auf eine verendete Ratte, zeigt die Ödnis einer Wohnsilosiedlung, bis der Kamerablick auf

---

118 Gregor, Ulrich: Schatten der Gegenwart von gestern. In: *Deutsches Allgemeines Sonntagsblatt* v. 29.05.1988.
119 Kieślowski 1997, S. 126.

VI. Von der Wirklichkeit zur Metaphysik

einer Teppichstange eine erhängte Katze erspäht, die von einer Schar Kinder zur Strecke gebracht wurde (s. S. 265, Abb. 24). In den gelblich-grün gefärbten, monochrom wirkenden Splitterbildern einer kaputten, abstoßend grausamen Wirklichkeit wird das destruktive Klima einer verrohten Welt spürbar, «die noch brutaler und hässlicher ist als die Wirklichkeit»[120]. An diesem verregneten Frühlingsmorgen werden drei Menschen in Warschau gezeigt, deren Tagesablauf in einer Parallelmontage eingefangen wird. Zunächst ist da Jacek (Mirosław Baka), ein junger Mann aus der Provinz, der wie ein streunender Hund ziellos in der Stadt umherirrt: vor einem Kinoaushang mit Bildern aus dem englischen Film WETHERBY (GB 1985) halt macht, dann aber – als die Kassiererin ihm gelangweilt mitteilt, es würde sich um einen

267–268 Jacek und sein zukünftiger Anwalt in einem Café

265 Jacek streunt ziellos durch Warschau

266 Gerade das Referendariat bestanden

Liebesfilm handeln – weiterzieht, von einer Brücke Steine auf Autos fallen lässt; schadenfroh, um eine Frau zu ärgern, die Taubenfutter verkauft, die Tauben verjagt; in einer Toilette einen Homosexuellen verprügelt und gleichgültig zusieht, wie jemand zusammengeschlagen wird.

Seine willkürlichen Handlungen offenbaren bald einen autodestruktiven Kern, machen deutlich, wie weit er sich innerlich von dieser Welt entfernt hat – einer Welt, deren Lieblosigkeit Frustrationen, Indifferenz und Aggressionen erzeugt. Jacek bringt das Foto von einem Mädchen im Kommunionskleid in ein Fotogeschäft zur

---

120 Brutalität bleibt unerträglich. Ein Interview von Frauke Hanck. In: *Presseheft zu EIN KURZER FILM ÜBER DAS TÖTEN*. Filmverlag der Autoren, Frankfurt am Main 1989, S. 6.

Vergrößerung (s. S. 493, Abb. 46; S. 495, Abb. 52) und präpariert in einem Café einen Strick. Als zwei Mädchen vor dem Schaufenster Grimassen schneiden, klatscht er seinen Kaffeesatz auf das Fenster und lächelt dabei das einzige Mal. Ein untersetzter Taxifahrer (Jan Tesarz) mittleren Alters, der wie der Inbegriff eines Spießbürgers wirkt, putzt sein Auto, in dem am Rückspiegel ein Kannibalenkopf aus Plastik als Maskottchen baumelt, und tastet mit einem lüsternen Blick eine junge Gemüseverkäuferin ab. Als ein Paar seine Dienste in Anspruch nehmen will, fährt er ihm einfach davon, lässt auch zwei angetrunkene Männer stehen, wirft aber einem Hund sein Butterbrot zu und erhofft sich Glück von einem Lottoschein. Da Jacek ordentlicher als die beiden Betrunkenen aussieht, lässt er ihn einsteigen und fährt ihn in eine gottverlassene Gegend vor die Tore der Stadt.

An diesem Morgen besteht der angehende Jurist Piotr (Krzysztof Globisz) sein Staatsexamen als Anwalt. In der Prüfung äußert er, noch der ganz ungebrochene Idealist, seine Skepsis über die abschreckende Wirkung der Todesstrafe: «Seit Kain und Abel hat nie eine Strafe die Welt verbessert oder je einen Menschen davon abgehalten, ein Verbrechen zu begehen.»

269 Der «Engel der Vorhersehung» als Landvermesser

Überschwänglich vor Freude sinniert er über die Chancen, die ihm das Leben noch bereithält, und besucht mit seiner Freundin dasselbe Café, in dem sich Jacek aufhält, der sein erster Klient sein wird. Drei Menschen, deren Wege sich in unheilvoller Verkettung von Zufällen kreuzen sollen – für zwei von ihnen mit tödlicher Folge – werden an Hand von Details eines Tages aus ihrem Leben vorgestellt: simultan geführte Handlungsstränge, die unausweichlich aufeinander zusteuern.

In dem Niemandsland am Fluss wirft Jacek dem Taxifahrer die Schnur über den Kopf. Sie verfängt sich aber in seinem Mund und der Mann kämpft um sein Leben, verliert seinen

270 Das Mordopfer

VI. Von der Wirklichkeit zur Metaphysik

271 Der Mörder und sein Strafverteidiger

272 Der Anwalt ruft Jacek beim Namen

Mit dem Ende des Prozesses gegen Jacek, den der junge Anwalt Piotr verloren hat, setzt der zweite Teil der Handlung ein. Piotr, der die Todesstrafe ablehnt, ist verzweifelt, nimmt das Todesurteil für Jacek als persönliche Niederlage auf. Trotz oder gerade wegen der Tatsache, nichts dagegen ausrichten zu können, empfindet er Ohnmacht. Im letzten Gespräch mit seinem Mandanten, kurz vor der Hinrichtung, als der Henker bereits peinlich genau die Tötungsvorrichtungen überprüft, erfährt er von dessen Mitschuld am Tod der eigenen Schwester, die ein betrunkener Kollege mit einem Traktor überfahren hat. Als Jacek zur Hinrichtung abgeführt wird, ruft ihn Piotr nochmals beim Namen, ihre Blicke treffen sich. Für einen Moment wird Jacek so seiner Bestimmung als Täter und Opfer entrückt, von Piotr als Mensch wahrgenommen. Im Kontrast zu dieser Geste der Anteilnahme an seinem Schicksal zieht der katholische Priester, der bei der Vollstreckung des Urteils anwesend ist, dem Verurteilten seine Hand zurück, nach der der Bauernbursche unterwürfig greift.

Schuh, dann die Socke. Jacek schlägt mit einem Metallstock auf ihn ein. Im Kontrast zu diesem brutalen Schauspiel fährt auf dem Bahndamm gemächlich ein Radfahrer vorbei, ohne etwas zu merken. Versehentlich wird die Hupe in Gang gesetzt, die nur ein Pferd auf der Weide verschreckt und von dem Lärm des vorbeiratternden Zuges übertönt wird. Das Pferd hebt den Kopf und schweift mit seinem unverständlichen Blick umher (s. S. 265, Abb. 25–26). Jacek muss erfahren, was für ein mühsamer und langwieriger Vorgang es ist, einen Menschen umzubringen. Als er sich der Leiche entledigen will und sie zum Flussufer schleift, kommt der Taxifahrer zu sich und wimmert um Gnade. In Panik zertrümmert Jacek mit einem Stein den Kopf des Sterbenden (s. S. 265, Abb. 27).

Was mit dem tragischen Unfalltod der Schwester begann und im verzweifelten Akt der Selbstzerstörung mit dem dumpfen Mord am Taxifahrer seinen Lauf nahm, kulminiert in einem abscheulichen Ritual des Tötens, vom Staat sanktioniert und wie der gewaltsame Tod des Mordopfers verbunden mit dem Verlust jeglicher menschlichen Würde. Auch die zweite Tötungsszene erspart dem Zuschauer nichts, zeigt das Töten als einen grausamen, gewalttätigen und inhumanen Vorgang, der sich gegen die Menschenwürde aller Beteiligten richte. Die Zuschauer werden zu Komplizen: Zuerst werden sie zu passiven Zeugen eines Mordes, dann Zeugen einer Urteilsvollstreckung. Weder das Opfer noch der Täter können beim Zuschauer Sympathien wecken. In der Stunde des Todes leidet er dennoch mit dem Opfer, und dann mit dem Mörder, als er selbst zum Opfer wird und im

Moment seines Todes nur als ein Individuum erscheint, gebrochen, auch anderer Gefühle fähig, nach Zuspruch und Liebe gierend.

Wenn Kieślowski beide Tötungsakte in quälender Ausführlichkeit und mit schonungsloser Direktheit zeigt, das Geschehen weder hinterfragt noch erklärt, sondern in seiner Monstrosität lediglich registriert (s. S. 265, Abb. 28), dann ist diese distanzierte, nahezu dokumentarische Betrachtungsweise kein Indiz der Gleichgültigkeit, mitnichten auch der relativierende Versuch, beide Morde gegeneinander abzuwiegen. Diese dokumentarische Erzählweise folgt eher einer Dramaturgie der Wirklichkeit, die im Dokumentarfilm bewirkt, dass das Filmmaterial bereits das Wesentliche, die naheliegende Schlussfolgerung, die verborgene Pointe in sich enthält und offenbart. Nicht der Regisseur oktroyiert dem Betrachter mit Hilfe ausgeklügelter Ausdrucksmittel eine These auf, sondern die vom Nahen betrachtete Wirklichkeit liefert ihm reichlich Anschauungs- und Erfahrungsmaterial, das nach seiner Auswertung einen Umdenkungsprozess in Gang setzen kann. In EIN KURZER FILM ÜBER DAS TÖTEN führt diese dokumentarische Dramaturgie zu einem nur scheinbar paradoxen Ergebnis: Der Zuschauer empfindet Mitleid für beide Seiten – das Opfer und den Täter, obwohl sie beide alles andere als liebenswerte Menschen sind und auch die sie umgebende Wirklichkeit an Indifferenz kaum zu übertreffen ist, was in der leidenschaftslosen Hinrichtung nur seinen Höhepunkt findet.

Das Bild der polnischen Wirklichkeit, die Kieślowski einfängt, zeigt ein Land im Zustand gesellschaftspolitischer Agonie, erfasst von kollektiver Depression, Selbstverachtung und Hoffnungslosigkeit. Die Menschen und ihre Behausungen sind grau und unfreundlich, die bröckelnden Fassaden von Giftschwaden überzogen, das Leben in den verrosteten Hinterhöfen gleicht einem sinnlosen Vegetieren. Neben dem Anprangern der Todesstrafe und vor allem

273–275 Die Hinrichtungssequenz

des Tötungsaktes an sich, bildete die Situation in Polen den dritten Grund für Kieślowski, diesen Film zu machen: «Der dritte (Grund) ist so, dass ich die Welt, die polnische Welt, die Welt meines Landes zeigen wollte, eine Welt, die schrecklich und düster ist, eine Welt, in der die Leute für sich kein Mitleid haben, in der sie sich hassen, eine

VI. Von der Wirklichkeit zur Metaphysik

276–277 Nach der Vollstreckung der Todesstrafe

Dass zur Logik dieser schäbigen, aggressionsgeladenen Welt ohne Zukunft auch ein sinnloser Mord gehört, verwundert nicht weiter. Und wie die Verhältnisse der dahinsiechenden Gesellschaft in der Endphase des Kommunismus hier das eigentliche Skandalon der Menschlichkeit sind, in dem der Tod als das äußerste Unrecht erscheint, so stirbt mit der Verhängung der Todesstrafe das letzte Quäntchen Hoffnung, die der junge Rechtsanwalt verkörpert hat. In der Schlusssequenz ist er am Waldrand, vor einer Wiese schluchzend zu sehen. Er kehrt zum Ausgangspunkt des Geschehens zurück, dem «Kainsfeld», wo Jaceks Schwester den Tod fand, und schreit in der Fernsehfassung verzweifelt: «Ich verabscheue das.»

Wenn die Todesstrafe, wie Piotr in seiner Prüfung sagt, ihre präventive Funktion nicht erfüllt, so erweist sie sich letztlich nur als ein Akt der Rache. Sanktioniert durch die Tradition, erscheint sie als ein weiterer Mord und «eine verachtenswerte, gegen die Ideale der Zivilisation und die Würde des Menschen gerichtete Tat»[123]. Sie beantwortet Unrecht mit Unrecht und bleibt ein Skandal, ein Irrweg der Vernunft, in Polen damals noch von allen gesellschaftlich relevanten Kräften akzeptiert: «In einem kommunistisch regierten und katholischen Land wie dem unsrigen», sagt Kieślowski, «ist es sehr schwer, gegen etwas zu protestieren, das im Grunde genommen zu keiner dieser Ideologien im Widerspruch steht. Weder die katholische Religion noch die kommunistische (wenn es denn eine Religion ist, und ich glaube, es ist eine) haben irgendwann einmal eine negative Position dazu bezogen. Obwohl die Kommunisten ein glückliches Leben

Welt, in der sie sich nicht helfen, sondern sich behindern, eine Welt, in der sie sich abstoßen, eine Welt von Menschen, die eigentlich einsam leben.»[121] In beiden Tötungsszenen versucht Kieślowski, diese beklemmende Atmosphäre durch schwarzen Humor ironisch zu brechen: etwa wenn dem Mordopfer unerwartet das Gebiss in eine Pfütze fällt oder Jacek vor der Vollstreckung die letzte Zigarette angeboten wird und er um eine ohne Filter bittet, was nicht nur die Absurdität des Geschehens verdeutlicht, sondern der ganzen Lebenssituation: «Der schwarze Humor steht für das Absurde in unserem Leben. Es betrifft uns ganz unmittelbar, und es ist nicht zum Lachen. Das ist die wahre Komödie: Etwas sehr Komisches passiert den Menschen, aber es geht sehr tragisch aus.»[122]

---

121 Kieślowski 1997, S. 126.
122 Brutalität bleibt unerträglich. Ein Interview von Frauke Hanck. In: *Presseheft zu Ein kurzer Film über das Töten*. Filmverlag der Autoren, Frankfurt am Main 1989, S. 4.
123 Messias, Hans: Ein kurzer Film über das Töten. In: *film-dienst* 2/1989, S. 44.

versprechen und die Katholiken mit dem fünften Gebot das Töten verbieten, hat sich niemand dieses Dilemmas je ernsthaft angenommen.»[124]

Einerseits um die Tristesse dieser erbarmungslosen Kulissen-Welt einzufangen, in der man das ganze Leben lang warten musste, um geboren zu werden, andererseits um den Blick des Zuschauers auf das Wesentliche zu lenken, überließ Kieślowski seinem Kameramann Sławomir Idziak freie Hand bei der Verwendung handkolorierter Grün- und Gelbfilter – 600 an der Zahl. Mit dieser Verfremdungstechnik erreichte Idziak einen paradoxen Effekt: Es gelangen ihm Bilder in einer Farbgamma von Sepiabraun, über ein schwefeliges Gelb und Grün bis zum körnigen Grau, die die Trostlosigkeit des Themas evozieren und die Realitätsnähe suggerieren (s. S. 265, Abb. 23) – statt naturalistisch, wirken sie hyperrealistisch, durch zusätzlichen Einsatz von Blenden und geringe Ausleuchtung seltsam entrückt:

278 Jan Tesarz und Kieślowski bei den Dreharbeiten

> «Mit Grünfiltern arbeitet man ja eigentlich nie. Natürlich gibt es Weichzeichner, auch Sepiafilter und Rotfilter. Nur in Grün macht man die Filme nicht. Aber als er (Idziak) es mir vorgeschlagen hat, war ich sofort einverstanden, denn ich habe begriffen, dass das Grün die schrecklichste aller Farben ist. Die ideale Farbe, wenn man die Wirklichkeit noch schrecklicher darstellen will als sie ist, eine

> Wirklichkeit wohlgemerkt, die schon schrecklich genug ist. In diesem Sinne ist der Film tatsächlich realistischer als die Wirklichkeit selbst. Denn es geht ja nicht nur darum, dass man das Töten nicht aushalten kann, auch das Leben ist nicht mehr zu ertragen, und auch davon handelt dieser Film.»[125]

Da Idziak die viragierten Bilder noch an den Rändern durch Blenden und Unschärfe abgedunkelt hatte, lenkten sie den Blick des Zuschauers auf die handelnden Menschen, erzeugten um sie eine Art schmutziger Aureole, die den Betrachter beinahe zwang, auf den Bildmittelpunkt hinzuschauen, nicht wegzugucken zu können.

Durch diese Stringenz von Inhalt und Form erreichte EIN KURZER FILM ÜBER DAS TÖTEN eine enorme Expressivität. Zumal die bis an die Grenze des Erträglichen reichenden Bilder in ihrer ästhetischen Unabweisbarkeit dem Zuschauer keine Chance ließen, sich bequem zurückzulehnen: Er war mitten drin im Geschehen als Zeuge, der seinen Blick nicht abwenden kann. Kieślowskis Inszenierung ist ebenso schlicht wie ökonomisch, effizient und suggestiv, so dass die ästhetisch verfremdete Realität authentisch wirkt und die einzig ohne den Einsatz von Filtern gedrehte Hinrichtungsszene den Eindruck einer «inszenierten» Realität vermittelt, die befremdlich erscheint. Eine Authentifizierungspraxis[126],

---

124 Brutalität bleibt unerträglich. Ein Interview von Frauke Hanck. In: *Presseheft zu EIN KURZER FILM ÜBER DAS TÖTEN*. Filmverlag der Autoren, Frankfurt am Main 1989, S. 7.
125 Gegen den Tod. Ein Gespräch mit Krzysztof Kieslowski über Leichen, Weltrekord, Zufall und Todesstrafe. Ein Interview von Thierry Chervel. In: *taz* v. 26.01.1989.
126 Vgl. hierzu Tröhler, Margrit: Filmische Authentizität. Mögliche Wirklichkeiten zwischen Fiktion und Dokumentation. In: *montage av*, Nr. 2/2004, S. 149–169, und Hattendorf, Manfred: *Dokumentarfilm und Authentizität. Ästhetik und Pragmatik einer Gattung*. Stuttgart 1994.

VI. Von der Wirklichkeit zur Metaphysik

279–280
Kieślowski und Idziak am Set der Mordszene

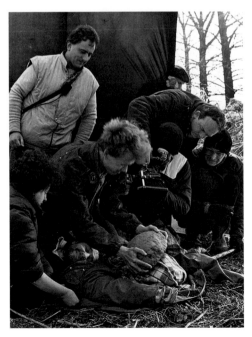

die ausgerechnet durch Stilisierung Wirkung zu erzielen versucht. Diese «kalkulierte» Authentizität – nicht als Ausdruck einer künstlerischen Überhöhung, sondern als ein Verfahren zur Intensivierung der Wahrnehmung – verfehlte auch nicht ihre Wirkung. Unisono betonten die Kritiker den enormen Stilwillen des Films, seine formale Kraft und thematische Kompromisslosigkeit. Andreas Kilb in *Die Zeit* und Wilfried Wiegand in der *FAZ* sprachen sogar von einer Filmsprache, die man so im Kino seit Jahren nicht mehr gesehen hat; Friedrich Luft verglich EIN KURZER FILM ÜBER DAS TÖTEN in *Die Welt* mit einem Film in Moll, meisterlich komponiert, «fast wie eine tieftraurige Bildsonate»[127].

Weitere Vergleiche mit Kafka, Camus, Dostojewski, aber auch Antoine Artaud und Roland Topor wurden gezogen. Kieślowskis «kalkulierte Authentizität» und dramaturgische Lakonie,

127 Luft, Friedrich: Welt der Trübsal und der Leere. In: *Die Welt* v. 26.01.1989.

«Wir sind alle Mörder»

281 Mirosław Baka, Kieślowski und Idziak in Cannes 1988

die den Zufall als Schicksal und vice versa vor Augen führen, fügen sich zu einer Komposition zusammen, die auch an ein akribisch geplantes Gedankenspiel erinnert, in dem der Zufall Regie führt und Menschen Schachfiguren ähneln: Sie sind sich selbst überlassen, treffen zufällige Entscheidungen, können diesen oder einen anderen Weg wählen, wie der Taxifahrer, der zu seinem Verhängnis das junge Paar und die Betrunkenen stehen lässt. Ihr Verhalten scheint dennoch Bestandteil eines verborgenen Planes zu sein: Die scheinbare Zufälligkeit der Ereignisse steuert mit äußerster Notwendigkeit auf einen Punkt zu, der den Zuschauern durch die Details und symbolisch eingesetzte Gegenstände angedeutet wird.

128 In dem Interview für die *taz* antwortet Kieślowski auf die Frage von Thierry Chervel, ob es schwierig sei, den Zufall zu konstruieren, und ob er sich nicht geradezu aufspalten müsse, um diese verschiedenen, überhaupt nicht aufeinander verwiesenen Biografien zu erfinden: «Das muss man. Und das ist faszinierend, eine Leidenschaft, Besessenheit.» Gegenüber Frauke Hanck in dem Interview aus dem Presseheft des Filmverlags der Autoren zu Ein kurzer Film über das Töten gibt Kieślowski

Ähnlich wie Hitchcock treibt Kieślowski zeitweilig, wie im Fall des Mordes an dem Taxifahrer, mit seinen Figuren ein grausames Spiel. Durch eine Verkettung von Zufällen wird niemand dem Taxifahrer zu Hilfe kommen – man kann das Los buchstäblich in «Aktion» erleben. Was Kieślowski jedoch vom Meister des Suspense unterscheidet, ist die radikale, nahezu physiologische Direktheit der Mordszenen, die laut eines amerikanischen Spezialisten für Gewalt im Kino, dem Kieślowski in Cannes begegnete, mit ihren sieben und fünf Minuten zu den Längsten der Kinogeschichte gehören sollen. Wenngleich diese Szenen nichts mit dem schönen bzw. stilisierten Kinomord mitsamt der dazugehörigen Angstlust (man denke an Psycho, USA 1960) gemein haben. Und schon rein gar nichts mit der Verherrlichung von Gewalt, Leinwandmorden oder -toden, die meist kurz und schmerzlos sind, wohingegen man es hier mit nicht enden wollenden, qualvollen Prozeduren zu tun hat, bei denen Kieślowski selbst Verständnis dafür hatte, wenn die Zuschauer sie nicht aushielten und das Kino verließen.

Obsessiv[128] interessierte sich Kieślowski mitlerweile für den Zufall und konzipierte seine

Geschichten wie ein auktorialer, allwissender Erzähler, der die scheinbar zufälligen, parallel verlaufenden Handlungsstränge im Auge behält und auf einen Fluchtpunkt hin entwickelt. In der DEKALOG 7-Episode, die den Kritikern am meisten konstruiert und unwahrscheinlich vorkam, ging der Plot aber auf einen authentischen Fall aus der Berufspraxis von Piesiewicz zurück, der einmal eine Frau verteidigte, die ihr eigenes Kind entführt hatte. Neben DEKALOG 8, in dem die Figur des jüdischen Mädchens der Lebensgeschichte von Hanna Krall nachempfunden wurde, war es die einzige Episode mit einem wahren Hintergrund. Kieślowski hielt sie für die schwächste Folge des Zyklus, da es ihm nicht gelungen sei, sie richtig aufzubauen:

> «Offen gesagt, ist es ein Film, an dem ich am wenigsten hänge. Für mich ist diese Geschichte ein wenig zu kompliziert, geschwätzig und schlecht von mir selbst erzählt. (…) Jedenfalls gab es die Idee mit dem in der Nacht weinenden Kind von Anfang an. Ich wusste, dass ich damit beginnen soll, um einen Unruhezustand zu erzeugen, aber dann zerfällt der Film. Für jede Episode gab es ein Bild, von dem aus man Gedanken über den Stil anstellen konnte, aber später verzichtete ich sehr oft auf dieses Bild, weil es mir zu offensichtlich erschien.»[129]

Diese Geschichte legt nahe, dass Kieślowskis Spielfilme paradoxerweise gerade dann authentisch wirken, wenn sie «künstlich» sind. Sie bilden eine konstruierte Modellwelt mit präzise durchgespielten Zufällen ab und folgen einer dokumentarischen Dramaturgie von Details und Beobachtungen, die Bedeutungen visuell initiieren. Vor diesem Hintergrund kann man konstatieren, dass Kieślowski in konzipierter Form die Dramaturgie seiner Dokumentarfilme auf die Spielfilme überträgt: Wie seine Dokumentarfilme gleichen auch seine Spielfilme Beschreibungen von kleinen Welten, als ob so ein miniaturisiertes Universum symbolisch für die ganze Gesellschaft stehen würde, ihre Allegorie bilden könnte. Der Zuschauer soll einen dramaturgisch geschlossenen Zwischenraum beobachten, dessen Komponenten genau aufeinander abgestimmt sind, während der Regisseur Verhältnisse vorführt, die in diesem Mikrokosmos herrschen.

Dass Kieślowski für diese Dramaturgie der Wirklichkeit auch in seinem eigenen Leben ein unbestechliches Auge hatte und sie zugleich durch das Prisma seines schwarzen Humors wahrnahm, hat er immer wieder unter Beweis gestellt. Von Andreas Kilb danach befragt, wie er sich den «runden Tisch», die ideale Gemeinschaft der europäischen Filmemacher vorstellen würde, antwortete Kieślowski: «In Berlin, bei der Verleihung des Europäischen Filmpreises, hatte ich eine Blasenentzündung, ich musste dauernd aufs Klo rennen. Dort traf ich Mastroianni, der es keine zehn Minuten ohne Zigarette aushielt. Außerdem kam permanent Wim Wenders herein, um sich die Hände zu waschen. Ich am Pissoir, Marcello mit seiner Zigarette und Wenders über dem Waschbecken – es ist der Tisch, von dem du träumst.»[130]

---

wiederum ganz freimütig zu, dass er sehr gerne mit dem Zuschauer spielt in diesem Film, dass er aber diese kleinen Spiele auch hinzu erfunden hätte, weil es nicht genug Aktion in der Handlung gab.

129 Je cherche l'explication de tout. Ein Interview von Michel Ciment und Hubert Niogret. In: *Krzysztof Kieslowski*. Hg. v. Amiel, Vincent. Paris 1997, S. 103.

130 Kilb, Andreas: Die Geschichte vom Strick. Der polnische Regisseur Krzysztof Kieslowski und sein «KURZER FILM ÜBER DAS TÖTEN». In: *Die Zeit* v. 27.01.1989.

Das Fenster zum Hof
Asynchronität der Gefühle in Ein kurzer Film über die Liebe

«Reizt Sie ein Film über ein großes Gefühl? Nein. Vielleicht deswegen, weil ich diese Gefühle um mich herum nicht sehe. Man überredet uns übrigens zu solchen Filmen. Macht, sagt man, einen Film über die Liebe. Es kann sogar ein tragischer Film sein, mit einem traurigen Ende. Und niemand will so einen Film machen. Niemand hat das Gefühl, dass es wert ist, dass es heute ausreichend wichtig ist ...»

– *Hanna Krall / Krzysztof Kieślowski (Zrobiłem i mam)*

Knapp zehn Jahre nach diesem Wortwechsel mit Hanna Krall war es Kieślowski «ausreichend» wichtig, einen Film über die Liebe, über ein großes Gefühl zu machen. Mit Krótki film o miłości (Ein kurzer Film über die Liebe) folgte auf das Requiem für eine inhumane Welt, in der die Gleichgültigkeit auf dem Vormarsch ist, 1989 ein Requiem über die Einsamkeit, die Unabdingbarkeit der Liebe – zugleich eine Studie über Nähe und Distanz. Die beiden großen Themen der Literatur und des Kinos, Liebe und Tod, erwiesen sich in den Kinofassungen der beiden Dekalog-Episoden als komplementäre Größen. Geht es in Ein kurzer Film über das Töten um die Abwesenheit der Liebe, die Selbstzerstörung und Töten nach sich zieht, so steht nun die Suche nach Liebe, die bis an die Grenze des Selbstmordes führt, im Mittelpunkt.

Sehr eigenwillig verarbeitet Kieślowski in Ein kurzer Film über die Liebe das sechste Gebot «Du sollst nicht ehebrechen» zu einem Drama der Ungleichzeitigkeit zwischen zwei Subjekten. In Form eines psychologischen Kammerspiels erzählt er die Geschichte eines jungen Mannes und einer reifen Frau, die in der Betonwüste einer anonymen Trabantenstadt auf unterschiedliche Weise in ihrer Einsamkeit gefangen sind. Obwohl sie mit der Zeit ähnliche Gefühle füreinander entwickeln, finden sie dennoch nicht zueinander. Die Überwindung der sie räumlich wie emotional trennenden Distanz ist formal und motivisch das eigentliche Thema, zugleich der tragende Gedanke der ganzen Dekalog-Filmreihe: Wie die Erzählstruktur aller übrigen Episoden vom Aufbrechen der Distanzen bestimmt ist, die Menschen voneinander trennen und ihr gegenseitiges Verständnis füreinander verhindern, so findet dieser grundlegende Gedanke Kieślowskis in Ein kurzer Film über die Liebe seinen bildhaften Ausdruck im Motiv des Fensters als einer symbolischen Barriere und im Voyeurismus als einem Modus, die Distanz zu verringern oder gar aufzuheben.

Mit dem zunächst im Zusammenhang mit der Liebesthematik irritierenden Motiv des Voyeurismus erweist sich Ein kurzer Film über die Liebe als Kernstück des Zyklus. Es verdeutlicht die Intention der Autoren Kieślowski&Piesiewicz, von «Außen nach Innen» eindringen und physische Nähe zu den Figuren herstellen zu wollen, um hinter die «Kulissen der Seele» vorzustoßen und verschiedene Perspektiven auf deren «Innenleben» frei-

VI. Von der Wirklichkeit zur Metaphysik

282 Voyeurismus der Liebe

283 Tomeks Gastwirtin an seinem «Beobachtungsposten»

zulegen. Indem Kieślowski den Voyeurismus seines Protagonisten zum handlungstragenden Element macht, zwingt er auch den Zuschauern eine voyeuristische Perspektive auf. Auf diese Weise hebt er aber die Distanz zwischen den Protagonisten auf der Leinwand und den Zuschauern auf, da sich in dem voyeuristischen Blick zugleich der Voyeurismus des Kinopublikums spiegelt – der lustvolle, einsame und anonyme Vorgang des Zusehens/Schauens.

Dabei spielt der dokumentarische Blick des Regisseurs erneut eine entscheidende Rolle als ästhetischer Ausgangspunkt des «voyeuristischen» Interesses an der Wirklichkeit und den Menschen: Kieślowskis sachliches, scheinbar erbarmungsloses Beobachten der Figuren erreicht eine außergewöhnliche Intensität gerade dadurch, dass es im Kontrast zur Beobachtung der geliebten Frau durch die Hauptfigur steht, die als eine ritualisierte Handlung eine sakrale Dimension aufweist. Mit der Lakonie und Genauigkeit eines Dokumentaristen offenbart Kieślowski extreme Gefühle, die so nur im Verborgenen stattfinden, nähert sich durch die Beschreibung des Sichtbaren an das Unsichtbare, an die «Geheimnisse» der einzelnen Individuen – Verwundbarkeit, Fragilität, Schutzbedürftigkeit etc. In kompakter Szenenmontage, die alles Überflüssige auslässt, bei gleichzeitig karger Ausstattung und visueller Enthaltsamkeit, lenkt Kieślowski den Blick des Betrachters erneut auf das Wesentliche, legt die Sicht auf drei Personen frei, die jeweils eine andere Spielart der Liebe verkörpern.

Bereits in der Eingangssequenz wird die dramaturgische Grundkonstellation in einem emblematischen Bild vorweggenommen, dessen Bedeutung sich erst rückblickend erschließt: Auf eine männliche Hand mit bandagiertem Handgelenk, die im Halbdunkel in einer Großaufnahme zu sehen ist, legt sich vorsichtig tastend eine Frauenhand, nach der im selben Moment zielstrebig eine dritte Hand greift und sie wegzieht. Diese erste Einstellung, die die Thematik des Films präfiguriert und im Finale wiederkehrt, löst bereits Assoziationen aus, die das emotionale Geflecht des Figuren-Dreiecks zwischen Tomek, Magda und der Zimmerwirtin genau erfassen: Verletzlichkeit und Zärtlichkeit, Schutz und Besitzergreifen, Ambivalenz der Gefühle. In dieser Allegorie werden die drei verschiedenen, die Handlung bestimmenden Einstellungen zur Liebe dargestellt: bedingungslose Liebe, die in ihrem Absolutheitsanspruch auch vor dem (Frei-)Tod nicht halt macht; enttäuschte Liebe, die aus Selbstschutz keine Gefühle mehr zulässt, auch wenn der Preis dafür Einsamkeit und Verzweiflung sind; und besitzergreifende Liebe, in deren Fürsorglichkeit sich die Angst vor der Einsamkeit artikuliert.

Der neunzehnjährige Postangestellte Tomek (Olaf Lubaszenko), der seine Kindheit in einem Waisenhaus verbracht hat, wohnt seit einem Jahr bei der alleinstehenden Mutter (Stefania Iwińska) eines im Ausland arbeitenden Freundes, dessen Zimmer er mietet. Mit dem Zimmer hat Tomek von seinem Freund auch einen fest angeschraubten Feldstecher vererbt, um die attraktive, freizügig lebende Künstlerin Magda (Grażyna Szapołowska) im Wohnblock gegenüber zu beobachten. Sein voyeuristisches Interesse an der etwa fünfzehn Jahre älteren Frau hat sich aber im Laufe der Zeit verändert. Als er in eine Schule einbricht, um sich dort ein Fernglas mit einem Langobjektiv zu besorgen, ist er nicht mehr an den sexuellen Abenteuern der Frau gegenüber interessiert, sondern sucht noch größere Nähe zu ihr. Wenn Tomek den Feldstecher abmontiert, so hat sich auch sein Blick gewandelt: von dem eines neugierigen Voyeurs zu dem eines Liebenden, der an dem Leben der schönen, selbstbewussten Frau als heimlicher Beobachter teilnehmen will.

Seine Fixierung auf das Objekt seiner Begierde geht soweit, dass er seine Freizeit nach dem Tagesrhythmus von Magda ausrichtet: Um neun Uhr abends klingelt der Wecker, als sie von der Arbeit zurückkommt, und wenn sie isst, bereitet auch Tomek sein Abendbrot, während er sie gleichzeitig durch das Fernrohr beobachtet, so dass die Illusion eines gemeinsamen Abendessens entsteht. Diese Teilhabe an Magdas Leben ist von seinem Verlangen nach Nähe und Überwindung der sie trennenden Distanz bestimmt und lässt den auf den ersten Blick kauzig und schüchtern wirkenden jungen Mann auch einen direkten Kontakt zu ihr suchen: Er ruft sie an, ohne sich zu erkennen zu geben, oder schickt ihr fingierte Benachrichtigungen ins Haus, um sie in das Postamt zu locken und ihr zumindest gelegentlich in die Augen sehen zu können.

284 Die erste Annäherung vor Magdas Tür

So, wie das Schalterfenster aber die Distanz aufrechterhält, fällt auch nach wenigen Sekunden die Tür zu Magdas Wohnung ins Schloss, als Tomek frühmorgens die Milch austrägt, um in die Nähe ihrer Wohnung zu kommen und sie unter einem Vorwand nach leeren Milchflaschen fragt. Hat sie Sex mit einem ihrer wechselnden Liebhaber, schaut Tomek weg oder hetzt ihr den Notdienst der Gaswerke auf den Hals, um den Besucher zu vertreiben. Seine Freude über den gelungenen Streich kippt aber schnell in Verzweiflung um, die sich in einem Faustschlag gegen die Schranktür Bahn bricht. Für das Eindringen in Magdas Privatsphäre wird er auch Prügel einstecken müssen, da ihn einer der Verehrer lauthals herausfordert und Tomek sich bereitwillig in sein Schicksal fügt. Die Liebe äußert sich eben nicht nur in seinem «anormalen» Verhalten, sondern hat auch ihren Preis, der mit Leiden und Schmerz verbunden ist.

Als Magda einmal nach der Trennung von einem Freund weint und Tomek sie in diesem intimen Augenblick beobachtet, spiegelt sich in seinem Gesicht innere Betroffenheit wider und er scheint in Magdas Einsamkeit und Verzweiflung seine eigenen Gefühle wiederzuerkennen. Wenn es ihm gelingt, sich mit Magda in einem Café zu verabreden, wird er in seiner naiven Unschuld einen Freudentanz mit dem Milchkarren auf-

VI. Von der Wirklichkeit zur Metaphysik

285 Desillusionierung des Alters und Demütigung der Jugend

führen – und sich in seiner Verzweiflung später selbst Verletzungen zufügen, um zu vergessen, dass sie seine idealisierten Vorstellungen von der Liebe der Lächerlichkeit preisgegeben hat.

In der Offenbarung seiner Gefühle lauert auch die Gefahr für die Erfüllung seiner Sehnsucht nach Nähe. Wenn Magda wegen der gefälschten Zahlungsanweisungen als Betrügerin verdächtigt wird, läuft ihr Tomek nach und gesteht ihr, sie heimlich zu beobachten. Magda ist angewidert und betroffen zugleich. «Warum beobachtest du mich eigentlich?», fragt sie ihn. «Weil ich Sie liebe». «Du liebst mich? Und was willst du von mir? Willst du mich vielleicht küssen?» – «Nein!» – «Willst du mit mir schlafen?» – «Nein». «Willst du mit mir verreisen?» – «Nein». «Was willst du von mir?» – «Nichts!», lautet Tomeks Anwort. Diese bedingungslose Liebeserklärung, «weltfremd» und radikal zugleich, irritiert Magda, da sie ihre eigene desillusionierte Einstellung in Liebesdingen auf den Kopf stellt. Die Verhärtung ihres Charakters scheint gerade daher zu rühren, sich den Leiden der Liebe nicht mehr ausliefern zu wollen, während Tomek unbeirrt an die Liebe glaubt und Intimstes von sich preisgibt.

Doch die Liebe, nach der er sich sehnt und auf die sich Magda nicht mehr einlassen will, bleibt unerfüllt. Nach der ersten Verabredung nimmt sie Tomek mit nach Hause und versucht, den Unerfahrenen teilweise aus Neugier, teilweise in einer Art Abwehrreaktion zu verführen. Der Moment der körperlichen Annäherung, als Tomek Magdas Oberschenkel berührt und einen vorzeitigen Orgasmus hat, endet in einer

286 Tomeks Selbstmordversuch

Katastrophe, da sie ihn mit ihrer sarkastischen Bemerkung, dies wäre schon «die ganze Liebe», sexuell demütigt. Zutiefst verletzt verlässt er fluchtartig ihre Wohnung und schneidet sich zu Hause die Pulsadern auf. Da Magda ihre zynische Reaktion bereut, verkehren sich die Rollen: Während Tomek sich das Leben nehmen will, versucht sie, am Fenster den Blickkontakt zu ihm herzustellen und ihn um Verzeihung zu bitten. Als er aus dem Krankenhaus zurückkommt, beobachtet sie durch ein Opernglas seine Fenster. Da er aber kein Lebenszeichen von sich gibt, überwindet sie sogar die räumliche Distanz und erkundigt sich nach Tomek bei seiner Zimmerwirtin, die die Annäherungsszene durch das Fernrohr beobachtet hat und sich in einer Mischung aus Angst, Tomek zu verlieren, und Bedürfnis, ihn vor weiteren Verletzungen zu schützen, zwischen sie stellt.

Auch wenn EIN KURZER FILM ÜBER DIE LIEBE alle Fragen offen lässt und kein eindeutiges Ende hat, kann man annehmen, dass eine Beziehung zwischen Magda und Tomek unwahrscheinlich bleibt, obwohl gerade Magdas Wandlung am Ende bestätigt, dass sich Tomeks Vorstellung von Liebe doch bewahrheiten kann. Danach befragt, welche Chance die Liebe in seinem Film hätte, antwortete Kieślowski in einem Interview, keine große. Wichtig sei jedoch, dass sie da sei. So gesehen, müsste das melancholische Finale des Films optimistisch stimmen, da es nahelegt, dass Leiden, die man durchlebt, Erkenntnisprozesse in Gang setzen, und Leiden, die man zufügt, eventuell ein Bewusstsein schaffen oder die Verantwortung wecken können, soweit man die eigenen vier Wände verlässt und sich auf die Perspektive des Gegenübers einlässt.

Symbolisch wie die Eingangssequenz ist das Finale, in dem Kieślowski eine Utopie der Liebe entwirft: Während Tomek schläft und die Zimmerwirtin ihre Konkurrentin besorgt beobachtet, blickt Magda durch das Fernrohr in ihre

287–288 Magda blickt durch Tomeks Fernrohr in ihre eigene Wohnung, in der Tomek sie tröstet

eigene Wohnung und sieht sich selbst, wie in einer Zeitlupe verfremdet, in jener Szene, in der sie in größter Verzweiflung weinend am Tisch zusammenbrach und die entscheidend wurde für Tomeks Liebe zu ihr, aber letztlich auch für sie, seiner Liebe zu vertrauen. Als Tomek hinzutritt und tröstend seinen Arm auf ihre Schulter legt, sieht Magda diesem imaginierten Geschehen nicht nur aus seiner Perspektive zu, sondern vollzieht auch nach, was er empfunden und sich sicherlich auch gewünscht hat – sie vollbringt in ihrer Vision eine Korrektur der Wirklichkeit, bringt ihre Wunschvorstellung und Tomeks Wunsch von damals zur Deckung.

So bleibt der Traum vom Glück letztlich ein Wunschtraum, eine Utopie, aber eine notwendige, da ein Leben ohne Hoffnung einer Flucht vor dem Leben gleichkommen würde. In diesem

Moment wird das Fernrohr zu einem Erkenntnisinstrument, mit dessen Hilfe Magda sich den fremden Blick zu eigen macht und sich darin «wiedererkennt». Obwohl Kieślowski Magdas Weg zur Erkenntnis ihrer wahren Wünsche und ihrer verschütteten Gefühle allzu offensichtlich gestaltet, indem er sie in die Rolle einer Sünderin treibt, die ein Anrufer «Maria Magdalena» nennt, und erst durch Schuldgefühle und Reue zu sich selbst finden lässt, so artet dieses Hure-Heilige-Klischee nie in ein sentimentales Melodram aus – lässt dank der bezwingenden Inszenierung und Schauspielkunst der beiden Hauptdarsteller Grażyna Szapołowska und Olaf Lubaszenko eher an das Pathos und die archaische Schlichtheit der griechischen Tragödie denken.

Das Drama der ungleichzeitig Liebenden, in dem es um Leiden geht, die zeitlos anmuten, und das sich überall auf der Welt genauso wie in der Anonymität der polnischen Wohnblocks abspielen könnte, hat universellen Charakter. Es handelt von existenziellen Problemen, die weder sozial noch politisch gelöst werden können. Die Tragik von Magda und Tomek «liegt in der Asynchronität der Gefühle: als Tomek ihr in Gedanken nahe ist, weiß sie nichts von seiner Existenz, als sie ihn verstanden hat, ist er für sie unerreichbar geworden»[131]. Die Aufhebung der Distanz als Synonym der Liebe und Liebe als Symbol für die Ambivalenz des Daseins – einfacher und zugleich vieldeutiger kann man eine Geschichte über die Liebe gar nicht gestalten. Was bleibt, ist die unerfüllte ewige Sehnsucht nach Liebe, der Stoff, aus dem die (Kino-)Träume sind. Und auch der Voyeur auf der Leinwand ist das Kino in Reinkultur – der verdoppelte mediale Blick, die Reflexion des Kinos über sich selbst. Nicht zufällig spielten die meisten Kritiker bereits in ihrem Titel, zumindest im deutschsprachigen Raum, auf Das Fenster zum Hof an, Hitchcocks unübertroffenen Versuch über die unersättliche Gier der Augen und den Albtraum des Voyeurismus in Form eines optisch ausgefeilten Thrillers, der den Blick durch die Kamera zum handlungstragenden Moment erhebt und auch zur identifikatorischen Perspektive des Zuschauers macht.

Das Motiv des voyeuristischen Schauens kehrt in der Kinogeschichte unablässig wieder – von Hitchcocks frühem Film Irrgarten der Leidenschaft (The Pleasure Garden, GB 1925) über sein Rear Window (USA 1954), Michael Powells Peeping Tom (Augen der Angst, GB 1959), Brian de Palmas Grüsse (Greetings, USA 1968) und Der Tod kommt zweimal (Body Double, USA 1984) oder John Badhams Stakeout – Die Nacht hat viele Augen (Stakout, USA 1987) und Patrice Lecontes Die Verlobung des Monsieur Hire (Monsieur Hire, F 1989) bis Mark Romaneks One Hour Photo (USA 2002). Dieses Motiv macht auch Kieślowskis Film so vielschichtig und komplex, da sich mit dem Wechsel der Betrachtungsperspektive durch das Fernglas nicht nur die Kameraposition verändert, sondern auch die Optik in der gegenseitigen Wahrnehmung der beiden Figuren: Aus Objekten werden Menschen.

«Zuerst ist es der Blickpunkt des Jungen, der in Magda verliebt ist. Wir wissen nichts über sie, sehen nur das, was er sehen kann, und sein Leben. Dann verändert sich die Perspektive völlig. Wenn in Magda ein Gefühl erwacht, verschwindet er, ist im Krankenhaus. Jetzt sehen wir ihr Leben und betrachten die Welt aus ihrer Perspektive. Diese Veränderung der Perspektive nach zwei Dritteln des Films», schreibt Kieślowski in seiner Autobiografie, «ist ein interessanter Kunstgriff. Diese Liebe ist schwierig für den Jungen, und dann auch für sie. Also

---

131 Hasenberg, Peter: Annäherung an das Unfassbare. In: *Film-Korrespondenz* 8–9/1989, S. 9.

betrachten wir diese Liebe immer vom Blickwinkel des Menschen, der leidet. Eigentlich ist diese Liebe mit Leiden verbunden. Tomek beobachtet sie ständig heimlich. Magda wird zur Ursache seines Selbstmordversuchs. Beide plagen Schuldgefühle. Sie quälen sich, leiden.»[132]

Wenn zuerst Tomek seinen Blick auf die Wohnung der Nachbarin richtet, dann auch die Wirtin und das Opfer des Voyeurs durch das Fernglas blicken, wird dem Zuschauer ebenfalls seine eigene Rolle des heimlichen Voyeurs vor Augen geführt: Ob im Kino auf der Leinwand oder als Fernsehzuschauer auf dem kleinen Bildschirm[133], ob bei Dramen, die «bigger than life» sind, oder bei der heimeligen Familienserie – stets ist er neugieriger Beobachter, dringt in Intimsphären Anderer mit «lüsternem Blick» ein, beobachtet fremdes Leben und Leid, lechzt nach extremen Gefühlen, kann aber durch das Schauen am Ende sogar etwas über sich selbst herausfinden – über das Töten oder über die Liebe.

Anders als der Zuschauer verlässt Tomek jedoch sein anonymes Versteck, gibt seine bequeme Beobachterposition auf, versucht zu handeln, um seiner Einsamkeit und sozialen Isolation zu entkommen. Er setzt sich den Gefahren einer unberechenbaren Wirklichkeit aus, einer feindlich-anonymen Welt, in der Unerwartetes nicht so leicht unter Kontrolle zu bringen ist wie sein kurios geordnetes Leben durch die Fixierung auf Magda. Das Unerwartete, Tomeks entwaffnende Offenheit, entzieht sich wiederum der verordneten Selbstkontrolle Magdas, bringt sie aus dem Gleichgewicht, da die rigorose Intimität seines unzeitgemäßen Liebeskonzepts im Widerspruch zu der emotionalen Kälte steht, mit der sie sich in ihren zweckrationalen Beziehungen bereits abgefunden hat.

In der individualisierten Gesellschaft von heute, in der die zunehmende Innenorientierung des Individuums mit der Auflösung sozialer Bindungen im Alltagsleben einhergeht, liegt der mögliche Ausweg aus dieser Konstellation für Kieślowski im Durchbrechen eigener Selbstbezüglichkeit. Diese lässt alle drei Figuren in Surrogate flüchten, ob in die Ersatzhandlung des «Voyeurismus», in die Zweckorientierung der Gefühle oder in die Ersatzfamilie (Tomeks Wirtin). Gefangen in ihren subjektiven Welten stehen sie zueinander in einer Beziehung gegenseitigen Nichtverstehens, die für den deutschen Soziologen Gerhard Schulz U-Booten mit fehlerhaften Radaranlagen ähnelt, die sich gegenseitig nicht orten können, ohne dass die Besatzungen dies wüssten.[134]

Wenn Kieślowski auf die Wertvorstellungen der Zehn Gebote zurückgreift und deren generelle Themen als elementaren Kanon menschlicher Werte und Normen behandelt, exemplifiziert an Hand der Situation in Polen Ende der 1980er-Jahre, dann scheint die Liebe für ihn nur als Idee, in der Sehnsucht nach Erfüllung und nur auf Distanz möglich. Da er seine und die Perspektive von Krzysztof Piesiewicz aber durch einen radikalen Denkanstoß, eine moralische Neubewertung demonstrieren will, setzt er ihr ein eigenes Wirklichkeitsmodell entgegen – eine grenzenlose Empathie, die Bereitschaft und Fähigkeit, sich in die Einstellungen anderer Men-

---

132 Kieślowski 1997, S. 130.
133 Seit Mitte der 1990er-Jahre ist noch ein neues Massenmedium hinzugekommen, dessen Siegeszug anhält und einen noch in seinen Konsequenzen kaum absehbaren Gesellschaftswandel mit sich bringt: das Internet. Neue Formen des Vertriebs und der Vermittlung von Informationen und Unterhaltung, der Verfügbarkeit von Filmen wie auch neue fiktionale Narrationspraktiken, Stichwort Web Games, sind auf diese Weise entstanden. Sie entwickeln sich zunehmend zur Konkurrenz fürs Kino und Fernsehen.
134 Vgl. Gerhard Schulz: *Die Erlebnisgesellschaft. Kultursoziologie der Gegenwart*. Frankfurt a. M./New York 1992. Darin: *Die Struktur des gegenseitigen Nichtverstehens*, S. 364.

schen einzufühlen, verbunden mit dem Appell an das Verantwortungsgefühl:

> «So ist es eben im Fall von EIN KURZER FILM ÜBER DIE LIEBE. Die Filmheldin weiß nichts von der Existenz des jungen Mannes, und doch ist alles, was sie tut, ungeheuer wichtig für ihn. Und genau davon wollten wir erzählen, dass man aufmerksam leben soll, dass das alles, was nur uns zu betreffen scheint, auch für andere wichtig ist. Denn es erweist sich, dass es neben uns Menschen gibt, für die unser Leben von Bedeutung ist, die von unserem Leben beeinflusst werden und für die unser Leben manchmal auch der Anlass zu einer Tragödie sein kann.»[135]

Sein subtiles Spiel mit Blickwinkeln und Perspektiven, getragen von einer meisterlichen Choreografie der Blicke, inszenierte Kieślowski mit suggestiver Zurückgenommenheit, knapp und in visuell dem intimen Klima des Films entsprechend aufgelösten, von einigen sparsamen Gitarren- und Klaviertönen begleiteten Sequenzen. Sie erreichen ihre emotionale Spannung durch die Genauigkeit, mit der unscheinbare Details und Nuancen im Verhalten der Figuren eingefangen werden. Weitere Akzente setzten Kieślowski und sein Kameramann Witold Adamek[136] durch eine atmosphärisch fein abgestimmte Farbdramaturgie, die mit der leitmotivischen Verwendung der Farbe Rot (Magdas Bettlacken, ihr Telefon, Decktuch für Tomeks Fernrohr, das Rot des Blutes) die Deutungsmuster in bestimmte Bahnen lenkt.

Um eine physische Unmittelbarkeit der Figuren und emotionale Intensität zu erreichen, beschloss Kieślowski, mittels Groß- und Nahaufnahmen die Aufmerksamkeit auf die Gesichter der Schauspieler zu richten; sie sollten, wie Witold Adamek in einem Interview mit dem Kieślowskis Arbeitsweise charakterisierenden Titel *Professionalismus und Poesie* berichtet, im Mittelpunkt des Interesses stehen:

> «Von Anfang an war klar, dass es ein Film sein wird, der sich auf die Schauspielkunst und die Stimmung stützt, und dann folgten wir genau dieser Spur. Es ist ein Porträtfilm, in dem alles dem Spiel des Schauspielers untergeordnet ist: Kameraführung, Licht, Farbe, das alles soll gewissermaßen die emotionalen Zustände des Schauspielers, die im Film gezeigt werden, mit aufbauen helfen. Und als wir zu Beginn abgemacht haben, dass Rot die Leitfarbe sein wird, haben wir uns später nur noch daran konsequent gehalten.»[137]

Wie in EIN KURZER FILM ÜBER DAS TÖTEN kam Kieślowski mit ganz wenigen Spielorten – die beiden Wohnungen im Wohnsilo, ein Postamt, ein Café – und nur drei Figuren aus, die fast indirekt miteinander kommunizieren. Dennoch gelang es ihm, *en miniature* eine ganze Welt zu bewegen, eine Welt, die – obgleich genau und nüchtern arrangiert – von einer bestürzenden Intensität ist. Für EIN KURZER FILM ÜBER DIE LIEBE trifft gewiss auch sein an Bossaks Lehrsatz angelehntes Credo zu, mit dem Kieślowski selbstironisch seine Entscheidung begründete, seinen nächsten Film im Westen machen zu wollen: «Es ist nicht wichtig, wo man die Kamera aufstellt, sondern warum man sie gerade dort stellt. Das ist eine vorzügliche Theorie, weil ich in Polen höchstwahrscheinlich nichts mehr machen werde.»[138]

---

135 Mówi Krzysztof Kieślowski. In: *Filmowy Serwis Prasowy* Nr. 18/1988, S. 3.

136 Ähnlich wie Idziak, der mehrere Spielfilme als Regisseur realisiert hatte, lieferte Adamek 1998 sein Spielfilmdebüt mit dem Thriller PONIEDZIAŁEK (MONTAG, PL 1998), der im Programm des Internationalen Forums des jungen Films bei der Berlinale 1999 große Beachtung fand.

137 Profesjonalizm i poezja. Ein Interview von Mateusz Werner. In: *Film na świecie* Nr. 3/4 1992, S. 136.

138 Zit. nach Cavendish, Phil: Kieslowski's Decalogue. In: *Sight & Sound* Summer 1990, S. 165.

Das zweite Leben des Puppenspielers
Geheimnis und Vorsehung in Die zwei Leben der Veronika

«Sobald einmal das empfindliche Gleichgewicht zwischen den beiden Welten verlorengeht, ob nun die ‹wahre Welt› die ‹scheinbare› abschafft oder umgekehrt, so bricht das gewohnte Bezugs- und Orientierungssystem unseres Denkens zusammen. So gesehen, will nichts mehr recht als sinnvoll erscheinen.»

– *Hannah Arendt* (Vom Leben des Geistes)

Da angesichts des Bruchs der Tradition nur ein «Denken ohne Geländer» möglich sei, suchte Hannah Arendt in ihren letzten Arbeiten nach einem Weg, Denken und Erfahrung als eine Einheit zu begreifen, um einem philosophischen Dualismus vom wahren Sein und bloßen Schein in der Weltbetrachtung zu entkommen, der durch eine einseitige, entweder metaphysische oder positivistische Sichtweise zum Weltverlust führt. Um ihr ganzheitliches Verständnis der Welt, in der Wesen und Erscheinung, Subjekt und Objekt eine untrennbare Einheit bilden, zu illustrieren, bediente sich Arendt einer alten chinesischen Anekdote. Ein Mensch träumte einmal, ein Schmetterling zu sein. Als er aufwachte, ergab sich ein Problem, mit dem er nicht fertig wurde: Ist er ein Mensch, der träumt, ein Schmetterling zu sein, oder ist er ein Schmetterling, der träumt, ein Mensch zu sein. Welche dieser Welten ist eine Welt in Abwesenheit? Denn augenscheinlich ist es so, dass er mal Mensch, mal Schmetterling ist. Ein Kino «ohne Geländer», das sich einer rationalisierenden Interpretation verweigert und versucht, den Dualismus der Weltbetrachtung aufzuheben, schwebte zweifelsohne auch dem Autorenduo Kieślowski & Piesiewicz 1991 bei seinem cineastischen Gedankenexperiment La double vie de Véronique vor.

In Die zwei Leben der Veronika kreierte Kieślowski eine Welt, in der die reale und die scheinbare, die sinnliche und die «übersinnliche» Welt nicht voneinander zu trennen sind, obwohl letztere eine Welt in Abwesenheit ist. Bereits in seinem Frühwerk tauchten symbolische Elemente von metaphysischer Doppeldeutigkeit auf, ob die galoppierenden Pferde in Gefährliche Ruhe oder der Habicht-Albtraum der Ehefrau in Der Filmamateur als Vorahnung eines Unheils. Mit dem Zufallsprinzip erlangen in Der Zufall möglicherweise auch signifikante Zeichen eine dramaturgische Funktion, denen in den späteren Filmen immer größere Bedeutung zukam.

Wenn Kieślowski dem Zufall ostentativ die Hauptrolle zuweist, so suggeriert er spätestens seit Dekalog, eigentlich aber schon mit dem Entwurf einer Parallelwelt in Ohne Ende, auch auf der ästhetischen Ebene die Existenz unvorhersehbarer Faktoren, die im Bild nicht erfasst werden können. Da die Vergangenheit retrospektiv in die Gegenwart eingreifen, die individuelle Existenz aus dem Gleichgewicht bringen kann und die Geschichte seiner Figuren so von der Summe kleiner Zufälle abhängt, behält sich Kieślowski auch das Geschehen beeinflussende Narrationselemente vor, die außerhalb der Sichtweite oder des Bildes bleiben: «Die Vergangen-

289 Weronikas Vorahnungen von der Existenz ihrer Doppelgängerin

heit vergeht nie: Sie durchdringt nur die Gegenwart, weil sich diese aus einer ganzen Serie von Zufällen zusammenfügt, die nach wie vor unsere Bestimmung determinieren. Immer stelle ich mir die Vorgeschichte meiner Helden vor, und im Verlauf des Films – scheinbar zufällig – flöße ich Tropfen um Tropfen kleine Zufälle ein.»[139]

Hinter jedem Zufall steckt letztlich das alles, was in der jeweiligen Geschichte nicht ausgesprochen wurde, in der Vergangenheit der Figuren verborgen blieb, ihr Handeln aber bestimmt und die Fantasie des Zuschauers in Bewegung setzt, so dass jeder noch so kleine Zufall zu einem Zeichen der Verständigung wird: Das, was in den Bildern verschwiegen wird, «materialisiert sich» im Zufall. Da in Kieślowskis Filmen nicht alles offengelegt und ausgesprochen wird, ist der Zuschauer gezwungen, es unentwegt durch seine Vermutungen, Spekulationen oder Interpretationen, die diese vagen Kontexte inspirieren, zu ergänzen. Er trägt dafür aber auch die Verantwortung, da erst seine Hypothesen die Bilder und Dialoge vervollständigen. Kieślowski multipliziert irreführende Hinweise und suggeriert dadurch, dass hinter jedem Schein etwas anderes stecken könnte, was auch die Irritationen der Kritik im Fall von DIE ZWEI LEBEN DER VERONIKA erklären mag. Das Rätselhafte, oder zumindest die problematische Form dieses Films, provoziert den Adressaten, weil es ihm eine aktive Rolle in der Ausarbeitung einer endgültigen Fassung zuweist: Durch seinen indirekten Stil kreiert Kieślowski Parabeln, «Märchen für Erwachsene», die weder Bedeutungen verbergen noch sie ostentativ offenbaren, sondern vielmehr eine Vielzahl verborgener Eventualitäten aufzeigen.

In seiner ersten französisch-polnischen Co-Produktion entschlüsselt Kieślowski das Geheimnis der doppelten Existenz seiner Protagonistin nicht, sondern belässt es in einem Interregnum zwischen poetischer Mystik und metaphysischer Romantik. Mit ihrem romantischen Doppelgänger-Motiv könnte die Geschichte genauso gut von E.T.A. Hoffmann stammen. Zumal sie von sterbenden Sängerinnen und übersinnlichen Rätseln handelt und vorausahnend von einem Puppenspieler auf die Bühne gebracht wird, der alle Schicksalsfäden in seiner Hand zu halten scheint. Nicht zufällig beginnt der Film mit einer Retrospektion in die Vergangenheit: mit dem Motiv eines Spiegels, in dem das eigene Ebenbild zu sehen ist, ein Spiegelreflex und eine Spiegelung zugleich als Sinnbild der Selbstreflexion; mit der sinnlichen Wahrnehmung eines Laubblattes, der Natur mit ihren wiederkehrenden Lebenszyklen.

In Polen und in Frankreich leben zwei Frauen, Weronika und Véronique (Irène Jacob), deren Identitäten miteinander zu verschmelzen scheinen: Beide ähneln sich bis aufs Haar, sie sind am selben Tag geboren, beider Mütter verstarben früh, sie sind Linkshänderinnen und haben dieselben Angewohnheiten. Als sie zwei Jahre alt waren, verbrannte sich die eine an einem Backofen und die andere zog im selben Moment die Hand zurück, als hätte sie es gewusst. Sie sind hochbegabte Musikerinnen und haben den gleichen Herzfehler. Die eigentliche Handlung setzt

[139] Le Décalogue. Entretien avec Krzysztof Kieslowski. In: *Télérama* Nr. 2094–2095, S. 28.

ein, als beide Frauen 20 sind und zu ahnen beginnen, dass sie «nicht alleine auf der Welt» sind.

Weronika, die in einer polnischen Kleinstadt mit ihrem Vater (Władysław Kowalski) lebt, widmet ihr Leben ganz der Musik. Um ihre Ausbildung fortzusetzen, fährt sie nach Krakau zu ihrer Tante (Halina Gryglaszewska) und gewinnt einen Gesangswettbewerb, was ihr die Chance zu einem Soloauftritt bietet. Als sie von den Proben nach Hause unterwegs ist, gerät sie auf dem Krakauer Markt in eine Studentendemo und erstarrt beim Anblick ihrer Doppelgängerin, die von einem Reisebus aus das turbulente Geschehen fotografiert und Weronika mit aufs Bild bannt, ohne sie wahrgenommen zu haben. Weder die Liebesbeziehung zu ihrem Freund (Jacek Wójcik) noch die ersten Anzeichen des bevorstehenden Todes, die sie ignoriert, können Weronika davon abhalten, auch unter Schmerzen inbrünstig zu singen, um Töne höchster Vollkommenheit hervorzubringen. Während eines Konzerts bricht sie plötzlich zusammen und stirbt auf der Stelle. Wenn Erde auf ihren Sarg fällt, verschwindet – in einer suggestiven Kameraaufnahme aus dem Grab heraus – die Sicht auf den Himmel.

Während Weronika stirbt, verspürt Véronique in Paris den Verlust einer ihr nahestehenden Person. Sie fühlt sich verlassen und einsam, scheint alle Erfahrungen der Abwesenden zu übernehmen, ohne sie jemals bewusst getroffen zu haben: Sie gibt ihre Karriere als Sängerin auf, geht nun ihrem Beruf als Musikpädagogin nach und verliebt sich in einen Puppenspieler (Philippe Volter), der in ihrer Schule ein Marionettentheater aufführt, das ihre und die Geschichte von Weronika zum Thema hat.

Fasziniert von seiner Person, besorgt sie sich alle Kinderbücher von Alexandre. Als sie dann kryptische Telefonate bekommt und einen Brief mit einem Band, wird ihr die Bedeutung dieser Botschaften nach der Märchenlektüre klar, und sie kann auch weitere Signale des Unbekannten dechiffrieren: Geheimnisvolle Postsendungen mit Tonkassetten, auf denen die Geräuschkulisse eines Bahnhofscafés zu hören ist, führen Véronique schließlich in das besagte Café, wo Alexandre sie bereits seit zwei Tagen erwartet. Da er sie aber nur für ein psychologisches Experiment benutzt hat, das er zur Grundlage seines neuen Buches für Erwachsene machen will, verlässt sie fluchtartig und enttäuscht das Café. Der Puppenspieler folgt ihr aber und gesteht Véronique, sich zu ihr hingezogen zu fühlen.

Alexandre ist es auch, der auf Kontaktabzügen die Aufnahme mit Weronika aus Krakau entdeckt (s. S. 494, Abb. 49). Als Véronique mit dem «anderen Ich» konfrontiert wird, überfällt sie eine tiefe

290 Aufnahme Weronikas unter den Fotos von Véronique aus Krakau

VI. Von der Wirklichkeit zur Metaphysik

291 Véronique und der «Baum des Lebens»

Traurigkeit. Alexandre versucht, sie zu trösten, und sie verbringen die Nacht miteinander. Bald darauf fertigt Alexandre zwei Puppen an und erzählt Véronique die Geschichte der zwei Veronikas, von denen die eine starb und sich in einen Schmetterling verwandelte (s. S. 266, Abb. 30). Véronique beginnt, ihre Figur zu bewegen, und singt das Lied, das Weronika nicht beenden konnte, von Anfang bis zum Ende: Weronikas vorzeitig beendetes Leben scheint so seine Fortsetzung im Leben Véroniques zu finden, die am nächsten Tag ihren Vater besucht und den Baum berührt, der seit Generationen in seinem Garten steht.

Rätsel, Metaphysik, Geheimnis und Vorsehung – Kieślowskis Heldin sucht einen verborgenen Sinn in einer Welt, in die eine metaphysische Wirklichkeit Einzug hält; sich in einer sakralen Musik ankündigt und in geheimen Zeichen, Spiegelungen, Symmetrien und Verdopplungen wahrzunehmen ist: durch eine wie Weitwinkelobjektiv eingesetzte Glaskugel (s. S. 266, Abb. 29), in transparenten Oberflächen, in von einem Spiegel erzeugten Lichtreflexen. Nachdem aber der Junge, der das Sonnenlicht mit seinem Spiegel in ihr Zimmer gelenkt hat, vom Balkon verschwindet, sind die Lichtschimmer immer noch zu sehen. Das Band aus der Postsendung erinnert an ein Band, das Weronika von ihrer Notenmappe abriss, und ist genauso lang wie die Kardiogramm-linie des Herzschlags von Véronique, würde ihr Herz nicht mehr schlagen. Wenn Véronique auf dem Foto aus Krakau mit ihrem Ebenbild wie in einer Spiegelung ihres möglichen anderen Lebens konfrontiert wird, so dass ihr eigenes Leben sich wie in einem Prisma gebrochen in dem Leben der anderen widerspiegelt, so wird sie um die Erkenntnis reicher, dass ihr Leben einen ganz anderen Verlauf hätte nehmen können und dass jede Lebensentscheidung den Verlust anderer Lebensmöglichkeiten impliziert.

Mit dieser Umkehrung des Doppelgänger-Motivs, das im Gegensatz zur romantischen Tradition nicht mehr für die Aufspaltung der Persönlichkeit steht, sondern eher der Spur des *Dorian Gray*-Topos folgt und das Selbstbildnis als Folie der Selbsterkenntnis begreift, knüpft Kieślowski an die Vision Magdas aus Ein kurzer Film über die Liebe an: an die Begegnung mit sich selbst als die Widerspiegelung in jemand anderem, Selbsterkenntnis durch die Konfrontation mit dem anderen Ich, in dem man sich wiedererkennt. Auch Véronique nimmt mit ihrem Lebensentwurf eine Korrektur an der Lebensgeschichte Weronikas vor – materialisiert in dem Doppelgänger-Motiv, das eine korrigierte Version des Dagewesenen zulässt. Dadurch nimmt sich der Film wie ein Epilog zu Dekalog aus: Ein kurzer Film über die Liebe entfaltete bereits eine ganze Anthologie optischer Brechungsmotive, und in einem Nebenstrang von Dekalog 9 tauchte das zwillingshafte Motiv des Gesangsunterrichts und einer kranken Sängerin als Präfiguration auf.

So aber, wie der Dualismus des Doppelgänger-Motivs hier mehrdeutig bleibt, ist auch die Frage nach der Identität nicht eindeutig zu beantworten: Ist es die Geschichte einer Frau mit zwei Leben, über Seelenwanderung und Seelenverwandtschaft, oder über zwei Frauen, die ein Schicksal teilen, oder vielleicht über zwei verschiedene Existenzen, die sich ergänzen? Jeder kann sich sein Bild der Geschichte machen, und alles hätte so oder auch ganz anders sein können, es gibt keine vorgefertigten Bilder vom Leben, scheint der Regisseur zu insinuieren. Zumal mit dieser vielschichtigen Auslegung der Identitätsfrage Kieślowski auch andeutet, dass angesichts der Universalität menschlicher Konditionierung sich die Identität weder national bestimmen noch auf ein berechenbares Kontinuum reduzieren lässt:

> «In den 1970er-Jahren gab es in Polen alltägliche Existenzprobleme, die die Menschen daran hinderten, sich selbst zu verwirklichen, ihnen das Gefühl des Nonsense vermittelten. Wiederum in Frankreich der 1990er-Jahre ist das Leben ziemlich bequem, es gibt nicht allzu viele Probleme – die Langeweile erwächst aus dem Mangel an Problemen, weil man einfach um nichts kämpfen muss. Aber das ist eine Sicht von Außen. Unter der ersten Schicht gibt es drei, vier, sieben weitere. Wenn man zu der dritten oder siebten vordringt, dann stellt sich heraus, dass im Grunde genommen in den wichtigsten Dingen die Polen der 1970er- und die Franzosen der 1990er-Jahre sich kaum unterscheiden. (…) Angst, Schmerz, Liebe, Hass sind immer identisch. Ich greife oft auf ein Beispiel zurück: Zahnschmerzen sind gleich für einen Anarchisten, einen Kommunisten, einen Engländer des 15. Jahrhunderts und für einen Inder von heute.»[140]

Die Ambiguität der Reflexion über Leben und Tod spiegelt sich wiederum in der Reflexion der eigenen dramaturgischen Kunstgriffe: In Kieślowskis visuellem Vexierspiel rufen Spiegel und Reflexflächen Assoziationen sowohl an den Spiegel als Schwelle zwischen Leben und Tod in Jean Cocteaus ORPHEUS (ORPHÉE, F 1949) hervor als auch an die Lichtschatten- und Spiegelmotive bei Ingmar Bergman und Andrej Tarkowski, in deren Filmen sie oft Reflex und Reflexion zugleich sind. Besetzte Luis Buñuel in DAS OBSKURE OBJEKT DER BEGIERDE (CET OBSCUR OBJET DU DÉSIR, F/E 1977) eine Rolle mit zwei Schauspielerinnen, so besetzt Kieślowski konkav-konvex in DIE ZWEI LEBEN DER VERONIKA zwei Rollen mit einer Schauspielerin, ohne jedoch – wie auch Buñuel – dieses Rätsel aufzulösen.

Demgegenüber avanciert das Motiv des Puppenspielers, der, einem im Bild sichtbaren Demiurgen gleich, an den Fäden seiner Marionetten zieht und die Geschichte der zwei Veronikas chronologisch als eine geschlossene Erzählung vorführt, zu einer zentralen Metapher, die auch das wechselseitige Verhältnis von Leben und Kunst beleuchtet: Der Künstler als *alter ego* des Regisseurs löst zwar die Rätsel der Welt nicht, aber er setzt sie in Szene. So sind die Fäden, die der Puppenspieler zieht, auch die Fäden der Geschichte, die Kieślowski in seinen Händen hält, wenn er seine Figuren formt, ihre Geschicke miteinander verschränkt und zu Ende führt, bis im Finale dieser Geschichte die Selbstfindung eines Individuums steht. Abermals steht Kieślowski hier neben dem selbstreferenziellen Narrationsdiskurs mit dem Topos des wechselseitigen Verhältnisses von Leben und Kunst in der romantischen Tradition. Der epistemologische Gegensatz von «Fremdbestimmtsein» und «Selbstbestimmtsein», den Heinrich von Kleist in seinem Essay *Über das Marionettentheater* behandelt, schließt das ästhetische Gegensatzpaar «künstlich – natürlich» (bzw. Maschine -Mensch) ein, das die Frage des Essays nach Konditionen von Schönheit und Anmut in Richtung von «künstlich» beantwortet. Mit Erkenntnisgewinn schwindet ihre Natürlichkeit. Als Sinnbild dafür dient das Marionettenspiel, das zugleich die Abhängigkeit des Menschen von höheren Mächten, von Gott, von Trieben und Leidenschaften symbolisiert. Bei Platon stehen

---

140 Le hasard et la nécessité. Ein Interview von Vincent Ostria. In: *Les Inrockuptibles* Juni/1992. Zit. nach *Kino* 8/1992, S. 11.

VI. Von der Wirklichkeit zur Metaphysik

292–293 Der Puppenspieler und seine Geschöpfe

sogar die Sehnen und Schnüre der Marionette für die Triebkräfte der Leidenschaften.[141]

Obwohl Kieślowski demonstrativ die formale Erzählstruktur seines Werks offenlegt, indem er selbstreferenziell über die Kunst des Geschichtenerzählens reflektiert und seine Hauptfigur lediglich die Idee des Dualismus personifiziert, bleibt Weronika/Véronique nicht nur auf eine bloße Schachfigur in einem Gedankenspiel reduziert. Dank der Kreation von Irène Jacob, die für diese Doppelrolle in Cannes 1991 mit dem Preis für die beste Schauspielerin ausgezeichnet wurde, ähnelt sie eher einer Komplizin des Regisseurs: Sie überführt den «metaphysischen Thriller» in der sublim-fragilen Darstellung von Irène Jacob in die Regionen einer kindlichen Empfindsamkeit und Sensibilität, trägt ihn über die «Unglaubwürdigkeiten» und Stolpersteine

des Ungefähren, Unverfügbaren und Spekulativen traumwandlerisch hinweg.

Wenn er bereits in DEKALOG unbekannte, schwer zugängliche Sphären erkunden wollte, da Unwissen – wie er in seiner Autobiografie bekennt – für ihn etwas Schmerzhaftes sei, so war Kieślowski nicht an Wahrheit interessiert, sondern an dem Weg dorthin. Sein wachsendes Interesse an der Erkundung des Innenlebens und der Fantasien seiner Figuren offenbarte einerseits ein tiefes Misstrauen gegenüber der Gewohnheitssicht der Dinge, andererseits ein Bedürfnis nach Annäherung an das Transzendente. Vornehmlich an einen Schwebezustand zwischen Wissen und Ahnen, der das Rationale und Irrationale miteinander versöhnt, ähnlich wie der Möglichkeitssinn bei Robert Musil zu dem «anderen Zustand» führt, einer «taghellen Mystik», die «eine uralte Doppelform des menschlichen Erlebens»[142] sei, eine Einheit des Empfindens hinter den Gegensätzen. Diese Utopie der Grenzüberschreitung des Rationalen hin zu anderen Sphären des Empfindens und der Erkenntnis erinnert stark an einen agnostischen Mystizismus, der der Literatur der Moderne von Robert Musil über Hermann Broch bis Albert Camus eigen ist. So, wie Musil die Fragmentarität der modernen Welt im «anderen Zustand» aufheben wollte, sein eigenes Werk aber ein Torso blieb, suggeriert auch das Bruchstückhafte einer sich dem rationalen Zugriff entziehenden Wirklichkeit in DIE ZWEI LEBEN DER VERONIKA das Andere jenseits der bekannten wie unsichtbaren Fragmente der Wirklichkeit.

Jacques Rivette wagte ein ähnlich gelagertes Experiment, das narrative Konventionen sprengt

---

141 Vgl. Bergermann, Ulrike: *Bewegung und Geschlecht in Kleists Marionettentheater und in Bildern von Virtueller Realität*. In: www.thealit.de/lab/LIFE/LIFEfiles/r_08_08htm

142 Zit. nach Berghahn, Wilfried: *Robert Musil*. Reinbek bei Hamburg 1986, S. 139.

und durch seine «instabile» Erzählstruktur verblüfft – CÉLINE ET JULIE VONT EN BATEAU (CÉLINE UND JULIE FAHREN BOOT; F 1974). Der «Nouvelle Vague»-Ausläufer vermischt das faktisch Reale mit dem Fantastischen, verknüpft mit unsichtbaren Fäden die spielerische Atmosphäre aus Lewis Carrolls *Alice in Wonderland*, Jean Cocteaus «Geister» und Motive aus Henry James' Erzählung *The Other House*. Der Zufall will es, dass zwei Frauen sich in eine andere, wundersame Welt begeben und Zusammenhänge da herstellen, wo sie nicht da sind. Die Titelheldinnen, eine Zauberkünstlerin und eine Bibliothekarin, schlucken scheinbar magische Bonbons und tauchen in die Parallelwelt einer mysteriösen Pariser Villa ein, um das tragische Geheimnis ihrer Bewohner zu enträtseln. Virtuos verzahnt der Film verschiedene Realitäts- und Erzählebenen, hebt die Gewissheiten des Alltagslebens auf. Rivette zelebriert mit seinen zwei Frauenfiguren, die bis zur völligen Verwischung der Identität ihre Rollen miteinander tauschen, die Kraft der Imagination und die Magie des Kinos. Dem Zuschauer wird mit dem Betreten des verwunschenen Hauses eine Position zuteil, die es möglich macht, im Vorgang des Sehens und der Rezeption an der variablen Konstruktion einer Filminszenierung und einer fiktionalen Logik mitzuwirken. Dieses Ineinandergreifen von Realität und Imagination kündigt bereits die Peripetien der zwei Veronikas an.

An dem historischen Wendepunkt Anfang der 1990er-Jahre klinkte sich Kieślowski mit dem Topos einer fragmentierten und kontingenten Wirklichkeit unmittelbar in die Postmoderne-Debatte ein: Da die selbstgestellte Aufgabe der Moderne, die Welt durchschaubar zu machen, offensichtlich von vornherein zum Scheitern verurteilt war, weil sie «die grundsätzliche Ambivalenz der Welt und die Zufälligkeit

143 Vgl. hierzu Zygmunt Baumanns *Moderne und Ambivalenz. Das Ende der Eindeutigkeit*. Hamburg 1992.

294 CÉLINE ET JULIE VONT EN BATEAU (CÉLINE UND JULIE FAHREN BOOT; F 1974, Regie: Jacques Rivette)

unserer Existenz, unserer Gesellschaft und Kultur leugnete» (Zygmunt Baumann[143]), mündete sie im 20. Jh. in eine Barbarei der Ideologien, die alles Ambivalente, das «Andere der Vernunft» zu vernichten drohten. Mit dem «Ende der großen Erzählungen» (Lyotard), der großen einheitlichen Sinnentwürfe, ob universeller Weltdeutungen oder geschichtsphilosophischer Gesellschaftsutopien, haben die auf vereinheitlichende Systematik angelegten Programmatiken und Interpretationsansätze im Einzelnen ihre Verbindlichkeit verloren. Angesichts einer unendlich komplex gewordenen Wirklichkeit erteilte das postmoderne Denken dem großen, sinnstiftenden Überblick eine Absage, betonte die vielfältigen Differenzen und Widersprüche, die es offenzulegen und auszuhalten gilt. Der postmoderne Dekonstruktivismus musste daher zwangsläufig im Gegensatz zu den Vorgaben des traditionellen Erzählkinos stehen, dessen Ziel es schon immer war, «ein heterogenes Material auf stimmigen Sinn hin zu ordnen». In seinem Aufsatz über den postmodernen Film, *Ganzsein oder Gebrochensein*, charakterisiert Franz Derendinger diesen Paradigmenwechsel am Beispiel von DIE ZWEI LEBEN DER VERONIKA:

VI. Von der Wirklichkeit zur Metaphysik

295 Motivkomplex: Magie, Spiel, Täuschung

«(…) die herkömmliche Filmerzählung funktionalisiert ihre Elemente konsequent auf die Geschichte hin und beschneidet dadurch ihren Bedeutungsüberschuss. Davon hebt sich die Geschichte vom doppelten Leben der Véronique (…) ab – zum einen, weil sie über die Figur des Puppenspielers die eigene konstitutive Leistung offenlegt, zum anderen, indem sie darauf verzichtet, die Gebrochenheit der Hauptfigur zu harmonisieren. Ohne das Erzählen aufzugeben, löst Kieslowski so die Erzählmomente aus dem Bann der linearen Geschichte.»[144]

Die eigene konstitutive Leistung offenzulegen, stünde natürlich, würde Kieślowski seine Spuren als narrative Instanz verwischen, im Widerspruch zu seiner auktorialen Erzählweise. Er bleibt hingegen ein allwissender Erzähler, verweist aber selbst zugleich auf seine professionellen Kunstgriffe. Etwa in der Gesangs- und Todesszene, wenn Weronika während des Konzerts auf der Bühne stirbt und eine «subjektive Kamera» zuerst (mit ihr) zu Boden fällt und dann über den Köpfen des Publikums schwebt. Die sich hier aufdrängende Frage lautet: wessen Blick ist es? Wer erzählt hier? – die Frage nach einer Erzählinstanz, die ihr Vorhandensein demonstrativ zur Schau stellt. Eine selbstreferenzielle Praxis, die strukturell an den Aufführungsmodus einer starken physischen Präsenz auf der Bühne von Tadeusz Kantor erinnert. Der von Kieślowski sehr geschätzte Vertreter des Absurden Theaters «dirigierte» von der Bühne aus die Vorführungen seines Avantgarde-Theaters Cricot 2. In seinem Stück *Umarła klasa* (Die tote Klasse) von 1975 konfrontierte er etwa als Lehrer seine inzwischen toten Mitschüler mit Gliederpuppen, die von ihren Schulbänken aus deren noch junge Ebenbilder darstellten. Eine Retrospektion der Vergangenheit in die theatralische Gegenwart?

Andererseits konnte die Geschichte der beiden Veronikas in Anbetracht der historischen Wende von 1989 auch als eine politische Allegorie gedeutet werden, als eine Metapher für Ost- und Westeuropa, die den Höhepunkt der Spiegelungen zweier identischer Existenzen in einem europäischen Autorenfilm bilden würde, der sensualistisch und intellektuell zugleich ist. Obwohl Kieślowski alle politischen Bezüge im Zusammenhang mit DIE ZWEI LEBEN DER VERONIKA vehement bestritt, sprechen für diesen Interpretationsansatz zumindest zwei Sequenzen: In einer der Eingangsszenen wird eine überdimensionale Lenin-Figur vom Denkmalsockel gehoben, ein möglicher Verweis auf das Ende des monolithischen Kommunismus, auf eine Zeitenwende, die *in potentia* alle Chancen und Möglichkeiten der weiteren Entwicklung offen hielt. Noch deutlicher fallen die Assoziationen bei der Demonstrationsszene auf dem Krakauer Markt aus, als Weronika ihr französisches Ebenbild erblickt. In diesem Augenblick nimmt sie die vor den Polizeitrupps fliehenden Studenten gar nicht wahr. Ostentativ vollzieht mit ihr die Kamera eine Drehung um 180 Grad, so, als ob Kieślowski damit unmissverständlich andeuten möchte, dass sie (und ihn) die politischen Rangeleien in seinem Land[145] nichts angingen.

144 Derendinger, Franz: Ganzsein und Gebrochensein. In: *Zoom* 6–7/1993, S. 14.

145 In seinem Tagebuch, das er während der Dreharbei-

Diese Vielzahl möglicher Interpretationen legt nahe, dass Kieślowski mit den Erwartungen der Zuschauer spielt und sich bewusst jeder konkreten Deutung zu entziehen versucht. Sein Film ist vieles in einem: souveränes Spiel mit der Illusionsmaschine Kino, moralisch-philosophisches Traktat, Essay über Leben und Kunst, Studie weiblicher Psyche und der Geheimnisse der Intuition. Auch wenn viele den übersinnlichen Vorgaben des Films nicht folgen vermochten, so überwog in der Meinung der Kritik das einhellige Lob über seine formale Raffinesse und den eigentümlichen atmosphärischen Zauber, getragen von der beunruhigenden Musik Zbigniew Preisners und einer verführerischen Magie der Bilder, die die Meisterschaft der Regie untermauern.

In DIE ZWEI LEBEN DER VERONIKA war es das erklärte Ziel Kieślowskis, nicht zuletzt dank der kreativen Mitarbeit seines Kameramanns Sławomir Idziak, eine visuelle Narration durch Bilder zu erschaffen, die zwar nichts offenbaren, aber auch nicht genügend unklar sind, um ihre Dechiffrierung zu verhindern. «Das ist ein Film über Sensibilität, Vorahnungen und über irrationale Verbindungen zwischen Menschen, die schwierig zu benennen sind. Man kann nicht zu viel zeigen – dann verschwindet das Geheimnis. Man kann nicht zu wenig zeigen – niemand versteht etwas.»[146] Die richtige Relation zwischen Offensichtlichkeit und Geheimnis musste gewahrt bleiben.

Kaum eine Interpretation kann diese Bilder «verständlich» machen, ihnen gerecht werden,

ten zu DIE ZWEI LEBEN DER VERONIKA geführt hatte, notierte Kieślowski: «Sonntag. Ich höre im Radio Nachrichten aus Polen. Nach einer Minute schalte ich ab. Ich weiß nicht, ob es daran liegt, dass ich die ganze Zeit mit dem Film beschäftigt bin, aber es geht mich nichts an. Nichts.» *Dziennik lato 1990 – wiosna 1991*, abgedruckt in: Zawiśliński 1994. S. 56.

146 Kieślowski 1997, S. 134.
147 Hasenberg, Peter: Die zwei Leben der Veronika. In: *film-dienst* 22/1991, S. 29.

296 Weronika mit dem Rücken zum politischen Geschehen in Polen

sie auf Durchsichtigkeit begrenzen – sie entziehen sich einer Festlegung, was wiederum die Faszination erklären mag, die DIE ZWEI LEBEN DER VERONIKA bei der Premiere in Cannes 1991 auslöste, obwohl Kieślowski hier eine Gratwanderung «zwischen esoterischer Spekulation und spiritueller Meditation, zwischen Plattitüde und philosophischer Tiefe»[147] vollzieht. Nichts wird beim Namen genannt, die äußere Wirklichkeit bleibt undurchsichtig. Obwohl nichts ausreichend dargestellt oder beschrieben wird, kann man diese undurchschaubare Wirklichkeit dennoch nicht ignorieren: Der Film öffnet Spalten für Erfahrungen oder Empfindungen, die im wahrsten Sinne des Wortes unfassbar sind, nicht verifizierbar, als ob Kieślowski so flüchtige, imaginative Begriffe wie Geheimnis, Kontingenz und Rätselhaftigkeit in Bildern fassen, fotografieren möchte – ein von vornherein halsbrecherisches Unternehmen, da die Grenze zum Kitsch, zum Prätentiösen, zur Banalität bei diesem kühnen Unterfangen zwangsläufig sehr schmal bleiben muss.

Der enigmatische Stil basiert aber nach wie vor auf einem Prinzip der Beschreibung, das in seiner Detailakribie den dokumentarischen Gestus nicht verleugnen kann. Die Kamera verliert die Protagonisten nie aus den Augen, registriert die kleinsten Details und Gesten, um auch noch die emotionalen Nuancen eines flüchtigen Augenblicks ausdrücken zu können. In der anlässlich der Dreharbeiten zu Die zwei Leben der Veronika entstandenen einstündigen Dokumentation von Elisabeth Ayre und Ruben Kornfeld Zwischen Krakau und Polen. Kieslowski – Dialogue. Der Regisseur Krzysztof Kieslowski verweist Kieślowski noch einmal ausdrücklich auf die Genese seines Werks aus dem Geiste des Dokumentarfilms:

> «Im Laufe der Jahre habe ich immer mehr verstanden, dass das eine Falle ist, aus der man sich einfach nicht befreien kann. Dass man nicht mit der Kamera in das Schlafzimmer eindringen kann, wenn Menschen sich lieben. Weil sie dann nicht mehr alleine sind, und die Bedingung der Liebe ist, zu zweit zu sein, und nicht zu dritt mit der Kamera. Und so begann ich zu verstehen, wie viele Sphären des Lebens dem Dokumentarfilm entgleiten. Und dann wechselte ich natürlich immer mehr von der gesellschaftlichen Sphäre, oder auch von der politischen, die leicht für den Dokumentarfilm zugänglich sind, hinüber in Richtung von Ereignissen, die zwischen Menschen stattfinden. Und letztens habe ich immer mehr den Eindruck, dass ich Filme darüber mache, was die Menschen in ihrem Innern haben und was sie nach Außen nicht zeigen, niemandem. Um das zu fotografieren – braucht man offensichtlich Schauspieler, Tränen aus Glyzerin, gespielten Tod… Alles muss künstlich sein, damit es auf der Leinwand wirklich aussieht. Nur durch Ausstattung und Kunstgriffe gewinnt der Film am Leben. In der Realität ist alles viel interessanter, aber man hat kein Recht diese Realität zu filmen. Darum mache ich keine Dokumentarfilme mehr.»

Auf diese Weise entsteht ein kontemplatives Kino, in dem vorbereitende Phasen, die der Erschaffung einer Atmosphäre dienen, zahlreicher und wesentlich länger sind als die Aktion selbst. Unter der Schicht banaler Fakten, alltäglicher Gegenstände und gewöhnlicher Gespräche, die mit paradokumentarischer Verve registriert werden, signalisiert Kieślowski die Anwesenheit einer anderen, wie unter der Haut befindlichen Sphäre der Wirklichkeit: Er macht nach wie vor Filme über die Wirklichkeit – nur seit einer gewissen Zeit, wie er selbst sagt, über die Wirklichkeit menschlicher Gefühle. Eine Synthese der Narrationselemente von außerhalb des Bildausschnitts mit dokumentarischen Ausdrucksmitteln vollbringt Kieślowski in Die zwei Leben der Veronika sogar explizit auf der Tonebene, wenn er die von Alexandre in einem Bahnhofscafé aufgenommene Geräuschkulisse zum Gegenstand seines psychologischen Experiments und Spiels mit Véronique macht. Dieser getrennten Tonspur, die wie in Dokus asynchron zum Bild eingesetzt wird, kommt neben der Musik Van den Budenmayers die Funktion einer geheimnisumwitterten Verbindung zwischen den Menschen zu.

Die Vorgehensweise, die Wirklichkeit an Hand einer minutiösen Beschreibung der Gegenstandswelt zu erfassen und durch ein konzipiertes Verwirrspiel mögliche Interpretationen nahezulegen, erinnert an literarische Verfahren, wie sie Gustav Flaubert mit seiner Maxime auf den Punkt brachte, der Künstler müsse «überall anwesend, nirgendwo unsichtbar» sein. In Dekalog 7 legt Kieślowski nicht zufällig diese Fährte, wenn er eine Bahnhofsaufseherin Flauberts *Madame Bovary* lesen lässt, so dass der Umschlag des Buchs im Bild als Zitat zu sehen ist und einen intermedialen Bezugspunkt suggeriert (s. S. 264, Abb. 19). In Die zwei Leben der Veronika wollte Kieślowski nach eigenem Bekunden den Zuschauer berühren, bewegen, zu etwas überreden, ihn für einen Augenblick fesseln:

> «Dieses Ziel bildete der Versuch, zu sehen, was im Innern ist, in uns, was man jedoch nicht filmen kann. Man kann sich dem nur nähern. Das ist gewiss ein Thema für die Literatur. Höchstwahr-

scheinlich ist es das einzige wahre Thema der Literatur. Die große Literatur nähert sich ihm nicht nur an, sondern ist auch in der Lage, es zu beschreiben. Es gibt, nehme ich an, einige hundert Bücher, denen es gelungen ist, eine innere Beschreibung des Menschen zu leisten. Solche Bücher schrieben Camus, Dostojewski. Solche Dramen schrieb Shakespeare, haben griechische Dramatiker geschrieben, und auch Faulkner, Kafka, Vargas Llosa (…) Die Literatur kann es erreichen. Das Kino nicht. Kann es nicht, weil es keine Mittel dazu hat. Es ist zu eindeutig. Aber indem es zu eindeutig ist, ist es zugleich zu vieldeutig. Zum Beispiel in einem meiner Filme ist eine Szene mit einer Milchflasche. Die Flasche kippt um, und die Milch fließt aus. Plötzlich schreibt ihr jemand eine Bedeutung zu, an die ich gar nicht gedacht habe. (…) Diese Milch symbolisiert Muttermilch, die die Heldin mal entbehrte, weil die Mutter vorzeitig starb. Für mich bedeutet es das überhaupt nicht. Aber jemand hat darin ein Symbol erblickt. Und das ist Kino.»[148]

Dass Kieślowski als Erzähler nirgendwo unsichtbar bleibt, zugleich aber seine Sicht der Dinge nicht unmittelbar in die Handlung einflechtet, wird genau auf der Ebene der Beschreibungen von Gegenständen sichtbar, die sorgfältig ausgewählt und placiert sind. Sie sollen die emotionalen Befindlichkeiten der Figuren verdeutlichen, um ihre innere Welt in die äußere Wirklichkeit zu transformieren. So gesehen, erweist sich Kieślowski – wie es die französische Filmwissenschaftlerin Véronique Campan überzeugend dargelegt hat – wie der Realist Flaubert als ein Meister von Beschreibungen, «die an sich nichts von einer Inventarisierung haben, sondern immer etwas anderes ausdrücken, und niemals sich selbst, zum Beispiel Nuancen einer Empfindung»[149].

Das Verfahren eines «auktorialen Erzählers» muss aber im Kino, das in der Regel dem Primat der physischen Realität und der kausalen Zusammenhänge unterworfen bleibt, ebenso komplex wie ambivalent wirken, was jene Irritationen beweisen, die der Film bei Kritikern ausgelöst hat. Für Andreas Kilb ereignet sich Kieślowskis Mysterium nicht vor der Kamera, sondern im Kopf, und da man es nicht zeigen, sondern nur andeuten könne, würde der Film zu einer zwanghaften Folge von Andeutungen und Hinweisen: Alle «diese Momente könnten Wunder des Alltäglichen sein, aber der kleinliche Gestus des Indiziensammlers, mit dem Kieślowski seine Beobachtungen vorträgt, entwertet sie von vornherein»[150]. Da Kilb, was seine Kritik weiter zeigt, den Film auf eine eindeutige Botschaft festnageln will, verfängt er sich an der sichtbaren Oberfläche der Handlung. Zumal Kieślowski, um eben der Eindeutigkeit zu entkommen, den Eindruck des scheinbar Mysteriösen auch dadurch provoziert, dass er die kausal verbindenden Szenen ausschneidet, dramaturgisch also mit Auslassungen arbeitet, womit Motivationen bewusst fehlen, um auf diese Weise dem Zuschauer die Freiheit zu lassen, eigene Fragen stellen und Schlüsse ziehen zu können, an der Handlung zu partizipieren.

«Viele Menschen verstehen nicht den Weg, den ich gewählt habe», schreibt Kieślowski in seiner Autobiografie. «Sie meinen, dass es ein falscher

---

148 Kieślowski 1997, S. 152. In dieser Szene aus EIN KURZER FILM ÜBER DIE LIEBE wollte übrigens Wolf Donner in seiner TIP-Kritik ein Symbol für vorzeitige Ejakulation entdeckt haben. Beide Interpretationen sind eindeutig freudianisch angehaucht, die eine erfolgte aus männlicher Perspektive und die andere aller Wahrscheinlichkeit nach weiblicher Sicht, beide besagen auch mehr über die Interpretationsraster der jeweiligen Autoren, als über die tatsächlichen Intentionen des Regisseurs.
149 Campan, Véronique: Dziesięć filmów: od pojedynku do dialogu. In: Lubelski 1997, S. 76.
150 Kilb, Andreas: Ein Puppenspiel. Im Kino der Marionetten: Krzysztof Kieslowskis «DIE ZWEI LEBEN DER VERONIKA». In: Die Zeit v. 01.11.1991.

VI. Von der Wirklichkeit zur Metaphysik

297 Schauspielerarbeit zu der Gesangs- und Todesszene während eines Konzerts in Krakau

Weg ist, dass ich meine eigene Art, zu denken, die Welt zu betrachten, verraten habe. (…) Ich denke eher, dass ich die Porträts der Menschen um diese ganze Sphäre von Ahnungen, Intuitionen, Träumen, Antizipation bereichert habe, die das innere Leben des Menschen ausmachen. (…) Ich bin ein Mensch, der nicht weiß, der sucht. (…) Wenn ich ein Ziel habe, dann besteht es darin, dieser Eindeutigkeit zu entfliehen. Niemals werde ich es erreichen. So wie es mir höchstwahrscheinlich niemals gelingen wird, dieses wahre, tiefe Innere meiner Helden zu beschreiben, obwohl ich mich ständig bemühe. Wenn es überhaupt wirklich um irgendetwas im Film geht, zumindest für mich, dann darum, dass jemand darin sich selbst findet.»[151]

Auch wenn es bereits bei DEKALOG divergierende Meinungen gab, so sollte Kieślowski seit DIE ZWEI LEBEN DER VERONIKA auch im Westen zunehmend unter Beschuss der Kritik geraten. Seine stark ästhetisierten westlichen Produktionen hatten zwar große Erfolge beim Publikum und auf Festivals, wurden aber vor allem in Polen und in Deutschland immer häufiger unter dem Vorwurf raunender Oberflächlichkeit, kitschiger Effekthascherei und prätentiöser Aufgebauschtheit kritisiert.

Der Umschwung in der Meinung der Kritik kann damit zu tun haben, dass die Verwurzelung seiner Konstruktionen im Konkreten seit DIE ZWEI LEBEN DER VERONIKA, Kieślowskis erstem westlichen Film, immer mehr nachzulassen schien. Vor allem auf der visuellen Ebene vollzieht sich in Kieślowskis Werk vordergründig eine Metamorphose – vom strengen dokumentarischen Realismus zum ästhetischen Raffinement. Augenscheinlich wird dies bei der Verwendung der Filter durch Sławomir Idziak, der die fantastische Traumwelt in DIE ZWEI LEBEN DER VERONIKA vorwiegend durch ein gold-gelbes Filter idealisierend herbeigezaubert hat, im Kontrast zu der bedrückenden Atmosphäre in EIN KURZER FILM ÜBER DAS TÖTEN, wo «mit Hilfe von Filtern und bei Verwendung kalter Farben die Welt wesentlich grausamer fotografiert wurde, als sie wirklich ist. Warschau ist hier viel ekliger. In DIE ZWEI LEBEN DER VERONIKA gibt es einen umgekehrten Effekt. Hier ist die Welt viel schöner als sie wirklich ist. Viele Menschen meinten, diese Welt wäre sehr warm gezeigt worden. Diese Wärme strahlt (…) auch die Farbe, die hier dominiert, aus, die goldene Farbtönung»[152]. Ob beim bewussten Evozieren eines «schonungslosen Realismus» oder bei der traumwandlerisch-magischen Atmosphäre: Letztlich setzte Kieślowski aber ungewöhnliche Kameraeinstellungen, Filter, Verfremdungseffekte stets als Bestandteile einer ästhetischen Strategie der Unabweisbarkeit ein, um die inszenierte Realität, ob «dokumentarisch» oder poetisch entrückt, entsprechend der angepeilten Wirkung möglichst suggestiv zu vermitteln.

Seit DEKALOG lässt die Verankerung von Kieślowskis Geschichten in der Realität merklich nach, um in DIE ZWEI LEBEN DER VERONIKA ihrer Ästhetisierung zu weichen. Diese Entwicklung fällt mit der radikalen Abkehr von der Sphäre der Politik zusammen. An die Stelle einer konkreten, sachlichen Wirklichkeitsbetrachtung tritt

---

151 Kieślowski 1997, S. 151–153.
152 Ebd., S. 144.

eine konzipierte, künstliche Realität, deren Koordinaten und Bedeutungen der Regisseur selbst erschafft. Darin könnte sich auch das Dilemma Kieślowskis offenbaren, im Ausland, auf einem nicht vertrauten Terrain arbeiten zu müssen: «Wir wussten, dass das Geld französisch ist. Man sollte also die Handlung in Frankreich ansiedeln. Da ich niemals Filme im Ausland gemacht habe, habe ich enorme Angst gehabt. Ich fürchtete alles. Meine schlechte Kenntnis des Landes, meine Unkenntnis der Sprache, der Gepflogenheiten dieser ganzen Welt.»[153] Wie Alexandre in DIE ZWEI LEBEN DER VERONIKA übernimmt Kieślowski in seinen späteren Filmen ganz offensichtlich die Rolle eines Manipulators.

Dank seiner Variationsdramaturgie und unzähliger Schnittversionen[154] (bei DIE ZWEI LEBEN DER VERONIKA waren es 20, dazu kamen 7 Schlusssequenzen) kann er in gewisser Hinsicht Kontrolle über die unberechenbare Wirklichkeit beibehalten, sie domestizieren und das aleatorische Chaos mittels der Montage ordnen. Dies mag auch die besondere Vorliebe Kieślowskis für die Montage erklären:

> «Filme drehe ich eigentlich nur, um sie zu montieren. Der Cutter ist ein Mensch, der sich mit dem Konstruieren beschäftigt. (…) Montieren, das heißt aufbauen, eine Ordnung schaffen. (…) Ich muß sagen, dass unter meinen Mitarbeitern die geringste Freiheit wohl die Cutter genießen, weil ich es wirklich mag, zu montieren. (…) Bilder, das ist nur das Zusammentragen des Materials, Erschaffen von Möglichkeiten. (…) Es gibt Regisseure, die meinen, alle Elemente sind im Drehbuch festgelegt. Andere glauben an die Schauspieler, die Ausstattung, das Licht, die Bilder. Ich glaube zwar auch daran, weiß aber, dass der flüchtige Geist eines Films erst im Schneideraum geboren wird. (…) Im Schneideraum verspüre ich eine Art Freiheit. (…) Ich verspüre keinen Zeit- und Gelddruck, keine Launen der Schauspieler, (…) warte nicht, bis die Sonne untergeht oder die Lampen aufgestellt sind.»[155]

298 Kieślowski überwacht den akrobatischen Einsatz des Kamera-Trapez in der Todesszene, in der die Kamera über den Köpfen des Publikums schweben wird

Zugleich spiegelt sich in dieser «dargestellten» Welt des Regisseurs, die mittels der Montage ei-

---

153 *O wolności i nowych regułach gry*. Ein Interview von Catherine Wimphen in der Cannes-Sondernummer von *STUDIO* 5/1991. Zit. nach dem polnischen Abdruck in *Kino* 9/1991, S. 7.

154 Kieślowski schwebte sogar vor, für alle Kinos in Paris, in denen DIE ZWEI LEBEN DER VERONIKA anlaufen sollte, verschiedene Versionen herzustellen, 17 an der Zahl – eine Idee, für die der Produzent Leonardo de la Fuente nicht empfänglich war.

155 Kieślowski 1997, S. 158–160.

nem präzise konstruierten Puzzle gleicht, seine Suche nach Beständigkeit inmitten einer kontingenten Welt wider. Im Finale von DIE ZWEI LEBEN DER VERONIKA wird dies im Motiv des «Baums des Lebens» versinnbildlicht:

> «Dieser Baum ist eine ganz einfache Sache. Das ist etwas, was war, als sie (Veronika) klein war, was war, als ihre Mutter klein war, etwas, was sein wird, wenn ihre Tochter klein sein wird. Dieser Baum ist, existiert. Etwas Beständiges, Sicheres. Die Kunst ist nicht sicher. Man weiß nie, wie es ausgeht. Davon zeugt das Schicksal Weronikas. Die Liebe erfüllt sich, oder auch nicht. Dieser Mensch (Alexandre) wird sich entweder als dessen wert erweisen, geliebt zu werden, oder auch nicht. Es kann auch jemand sein, der die Gefühle ausnutzt, die Liebe, die Naivität. Der Baum dagegen wird immer da sein. (…) Das ist etwas Dauerhaftes, Beständiges, Solides. Das muss man von Zeit zur Zeit berühren, von Zeit zur Zeit müssen wir an den Ort zurückkehren, an dem wir sicher fühlen, dass das, was wir sehen, wirklich existiert, dass es das gibt.»[156]

Die empirische Wirklichkeit, im Modell der Kunst aufgehoben, als letzte sinnstiftende Quelle: Man mag in dieser Verschiebung des Akzents in Richtung einer konzipierten Realität ein Eingeständnis an die kommerziellen Zwänge einer mit westlichem Geld finanzierten Co-Produktion sehen. Viel wahrscheinlicher ist jedoch, dass Kieślowski sich auf diese Weise seine eigene Welt erschuf: einen modellhaften Gegenentwurf zu dem gegenwärtig Gegebenen, in dem er die Absurdität der individuellen Existenz überwinden und die eigenen Enttäuschungen kompensieren wollte. Ein unideologisches Weltmodell, in dem nicht zuletzt auch die Errettung grundlegender Werte dank der vom Autor geschaffenen Kausalität eines Sinns möglich war.

Exkurs: «Wie durch einen goldenen Schleier.»
Von Sepiabraun bis Goldgelb oder die Farbe der Vorsehung[157]

«Einen Stich ins Gelbe» sollte der Film bekommen, damit der Kontrast zwischen der kontrapunktisch bukolischen Musik, den präzisen Detailbeobachtungen und dem provokanten Inhalt ausgespielt werden konnte: VOM STANDPUNKT EINES NACHTWÄCHTERS, gedreht auf dem ostdeutschen «ORWO»-Material, dessen schlechte Qualität den Karikatur-Charakter unterstrich. Die Deformation der ohnehin gedeckten Farben mit einem Stich ins Gelbe diente einer bewussten Überzeichnung. Das Porträt eines Fabrikwächters und Kontrollfreaks sollte das Phänomen der Intoleranz an einer konkreten Person veranschaulichen; in einer Parabel eine abstrakte Idee exemplifizieren helfen (s. S. 257, Abb. 5).

Die Verbindung zwischen einer ausgefeilten Farbdramaturgie und der parabelhaften Konzeption seiner Spielfilme reicht in Kieślowskis Werk bis hin zu seinen Dokumentarfilmen zurück. Ein Motiv durchzieht sein Oeuvre seit seinem Spielfilmdebüt: Das plötzliche Hereinbrechen eines intensiven, gelb schimmernden Lichtstrahls in die Szenerie, von dem die Protagonisten kurz geblendet werden und sich in einer Art profaner Epiphanie an emotionale

---

156 *Drzewo, które jest*. Ein Interview mit Krzysztof Kieślowski und Krzysztof Piesiewicz von Tadeusz Szczepański. In: *Film na świecie* Nr. 385/1991, S. 15.

157 Eine gekürzte Fassung eines gleichnamigen Textes, der zuerst in *film-dienst* 18/2002, S. 48, erschien.

Erkenntnisse herantasten. Wie der Protagonist im Finale von Das Personal, als er vor eine unmoralische Entscheidung gestellt, im gleißenden Licht eines Fensters mit sich hadert, ob er ein denunziatorisches Schriftstück aufsetzen soll (s. S. 178, Abb. 120). Das Anknipsen der Lampe in Die Narbe verwandelt eine Fensterscheibe in eine Spiegelwand, eine Metapher des filmischen Blicks, Lichtreflex und Reflexionsfläche zugleich (s. S. 491, Abb. 30). Ein durchs Fenster hereinfallender Sonnenstrahl beschert in Rot dem Richter und Valentine ein verbindendes magisches Erlebnis, lässt die Akteure im Augenblick der Entrückung und Verwandlung zueinander finden. In Die zwei Leben der Veronika wird Véronique von einem Jungen im Haus gegenüber mit einem Spiegel geblendet, und der Sonnenstrahl irrlichtert weiter durchs Zimmer, obwohl er nicht mehr gespiegelt wird.

Ostentativ weist Kieślowski dem Zufall in seinem Werk die Hauptrolle zu. Seit Ohne Ende suggeriert er auf der ästhetischen Ebene die Existenz unvorhersehbarer Faktoren, die im Bild nicht erfasst werden können. In Die zwei Leben der Veronika bricht eine metaphysische Wirklichkeit herein; offenbart sich in einer durchsichtigen Glaskugel (s. S. 491, Abb. 34), in Fensterscheiben- und Lichtreflexen. Die synthetisch leuchtenden, erdgebundenen Farben, die Rot und Schwarz in Schattierungen von Sepiabraun bis Gelb eintauchen und alles wie durch einen goldenen Schleier erscheinen lassen, die starken Lichtkontraste, die elegische bis enigmatische Atmosphäre – in dieser Kinofantasie folgt man wie in Trance Kieślowski in eine fragile Sphäre des Ungefähren und Nichtausgesprochenen.

Bereits in einer der Anfangsszenen wird hier eine Welt reiner Kinomagie beschworen: Wenn Weronika inbrünstig im Regen singt, fallen die Regentropfen zuerst auf ihr verzücktes Gesicht und etwas später sogar goldener Staub (s. S. 267, Abb. 31–32). Ihr Tod auf dem Höhepunkt der künstlerischen Ekstase ist ebenso schockierend wie der Mord an Janet Leigh in Psycho von Hitchcock, obwohl er zu erahnen war, wie die lange Indizienkette des Films belegen wird, die die sublimen Korrespondenzen mit ihrer französischen Doppelgängerin nahelegt.

So wie Kieślowski in Die zwei Leben der Veronika eine Befreiung von der lapidaren Strenge seines Dekalogs gelang, drang in eine vormals dunkle Welt nun ein mildes, versöhnliches Licht. Ein goldener Schleier legte sich über nahezu jedes Bild; eine fast unwirkliche Atmosphäre, eine Mischung von alltäglich banaler und verzauberter Welt entstand. In dem Maße wie die Verwurzelung seiner Konstruktionen im Konkreten nachzulassen schien, vollzog sich in Kieślowskis Werk auf der visuellen Ebene eine Metamorphose: Die dargestellte Welt in Die zwei Leben der Veronika wurde durch einen goldgelben Filter idealisierend herbeigezaubert. Warme, sepiabraun-gelbe Lichttöne erfüllten den Film. Diese Wärme strahlt auch jene Farbe aus, die ihn uneingeschränkt dominiert – die goldene Farbtönung, die sich wie eine Staubschicht über den Bildern legt.

Unterhalb der Ebene banaler Gegebenheiten, die mit paradokumentarischer Verve registriert werden, signalisiert Die zwei Leben der Veronika die Anwesenheit einer anderen Sphäre der Wirklichkeit. Dahinter scheint ein Bedürfnis nach Annäherung an das Transzendente durch. Auch wenn man den übersinnlichen Vorgaben des Films nicht folgen mag, die verführerische Magie seiner gold schimmernden Bilder und deren ästhetische Treffsicherheit stellen unter Beweis, dass in großen Filmen die Form über den Inhalt hinausragen und auch den trügerischsten Erzählkonstruktionen Glanz verleihen kann.

Variationen und Versuchsanordnungen
Parolen und Rätsel in der DREI FARBEN-Trilogie

«Seine letzten Filme habe ich nicht besonders gemocht: Manchmal war ich sauer auf sie. In manchen Momenten hatte ich den Eindruck, dass ihre Philosophie zu kitschig ist, in manchen, dass ihre Ästhetik zu elegant. Aber in Wirklichkeit habe ich sie nicht gemocht, weil ich Angst um ihn hatte. Sie haben ihn zu viel gekostet. Er verspürte schon keine Freude, diese Filme begannen ihn aufzufressen, sogar der Erfolg war vergiftet durch Angst und Erschöpfung. Sie wurden wichtiger als das Leben, forderten ihm immer mehr ab. Erst in den letzten Jahren dachte Krzysztof immer öfters, dass es sich nicht lohnt, das Leben damit zu verbringen, Filme zu machen.»

– *Agnieszka Holland* (Kieślowski)

Wie schon in DEKALOG und DIE ZWEI LEBEN DER VERONIKA versuchte Kieślowski auch in seinen letzten drei Filmen, ein Bewusstsein, das auf die moderne Erfahrung des Fragmentarischen verweist, das Unvorhersehbares mit Skepsis und ironischer Brechung verbindet, in einen kohärenten Rahmen zu überführen – paradoxerweise eine offene Weltsicht in eine einheitliche Form zu fassen. Seit DEKALOG ist seinen Filmen eigen, dass sie über einen geschlossenen Konstruktionsrahmen verfügen, der thematisch durch die Zehn Gebote oder Parolen der Französischen Revolution vorgegeben wird, um dann auf der Handlungsebene wieder gesprengt zu werden. Mit der DREI FARBEN-Trilogie wandte sich Krzysztof Kieślowski den Farben der französischen Trikolore und den Losungen «Freiheit, Gleichheit, Brüderlichkeit» zu, womit er seine in DEKALOG begonnene Auseinandersetzung mit der abendländischen Tradition und den Werten der europäischen Kulturgemeinschaft fortsetzte.

Der Zusammenhang der einzelnen Filme seines Dreiteilers mit den Idealen der bürgerlichen Revolution von 1789 blieb ähnlich vage wie der Bezug des DEKALOG-Zyklus auf die biblischen Vorgaben der Zehn Gebote. Sie bilden ein Koordinatensystem, in dessen Rahmen Kieślowski die ins Visier gefassten Themen auf ihre Aktualität und Bedeutung unter den heutigen Bedingungen «abklopft». Das Individuum bleibt dabei nach wie vor im Zentrum seines Interesses:

«Ich stelle mir meist äußerst einfache Fragen. Zum Beispiel: Kenne ich überhaupt jemanden, der das Gefühl der Gleichheit teilen will? Oder ist ‹Gleichheit› zu einem Begriff geworden, der nur noch in einem politischen oder geschichtlichen Kontext sinnvoll ist? Ich bin zu der Überzeugung gekommen, dass der gewöhnliche Mensch überhaupt nicht gleich sein will. (…) Nachdem ich zu dieser Erkenntnis gekommen bin, habe ich versucht, daraus eine Geschichte zu konstruieren.»[158]

Obwohl die Schlagworte «Freiheit, Gleichheit, Brüderlichkeit» ursprünglich politische Begrif-

---

158 Selten ist Film der Kunst nahe gekommen. Ein Interview von Merten Worthmann. In: *Berliner Zeitung* v. 04.04.1994.

fe waren, spielen politische oder geschichtliche Kategorien in Kieślowskis Trilogie keine Rolle. Dieser Umstand sorgte erneut für entsprechende Irritationen bei vielen Interpreten, die angesichts der rasanten Veränderungen in Osteuropa Anfang der 1990er-Jahre allem Anschein nach unter dem Banner revolutionärer Parolen eine Stellungnahme des Starregisseurs zu diesen neuen Entwicklungen erwarteten.

Nur aus solch voreingenommener Rezeptionshaltung heraus ist auch der in Deutschland vorherrschende Tenor einer Kritik an Entpolitisierung und ästhetischer Verflachung zum Kunstgewerblichen zu verstehen, die auffällig kontrovers ausfiel und ungeachtet der bekundeten Intentionen des Regisseurs gefällt wurde. Zwölf Millionen Kinozuschauer in Europa, Festivalpreise in Venedig und Berlin, «Oscar»-Nominierungen und große Aufmerksamkeit der Presse weltweit legen aber den Schluss nahe, dass Krzysztof Kieślowski mit seinen Trois Couleurs Bleu / Blanc / Rouge nicht nur die Kinowelt begeisterte, sondern den Nerv der Zeit in einer Umbruchsituation traf, in der die großen Ideale und gesellschaftspolitischen Utopien obsolet geworden waren.

Auch wenn Kieślowski die Losungen der Französischen Revolution aus einer existenziellen Perspektive betrachtete und nach ihrer gegenwärtigen Bedeutung im Leben des Einzelnen fragte, so folgte er darin paradoxerweise seinen eigenen politischen Erfahrungen, wollte lediglich zeigen, dass Freiheit eine Illusion sei. Denn gerade die Situation nach 1989 hat ihm in Polen vor Augen geführt, dass Freiheit nicht mit der Befreiung aus den Zwangsmechanismen eines totalitären Systems[159] gleichzusetzen ist, sondern einer rudimentären Aufgabe der Selbstbestimmung gleichkommt, die letztlich nur individuell, aber kaum gesellschaftlich eingelöst werden kann. Nicht zufällig siedelt Kieślowski die Figuren von Blau in der oberen Mittelschicht[160] an, deren Chancen, individuelle Freiheit zu verwirklichen, nicht von der Last sozialer Beschränkungen tangiert sind, was seine Fokussierung auf Gefühle, Ambitionen, Enttäuschungen, die diese Freiheit begrenzen, legitimierbarer erscheinen lässt.

Sowohl die Farbentypologie, die Parolen, als auch die Spielorte Frankreich, Polen, Schweiz, die verschiedene Möglichkeiten der Koexistenz darstellen, bilden den alle drei Teile der Trilogie verbindenden Konstruktionsrahmen für die Erkundung komplizierter Gefühlslagen, für die sie eine Art Signalwirkung haben: Leiden, Schmerz und Erinnerung in Blau, Erniedrigung und ein bitterer Triumph in Weiss, Lebensmut und Verbitterung, Kommunikationslosigkeit und Empathie in Rot. Zugleich steckt schon viel Ironie darin, wenn Kieślowski die existentialistisch begriffenen Fragen nach Freiheit als einem Luxusgut, das nur jenseits der politisch-sozialen Begrenzungen zu erreichen sei, in Frankreich

---

159 In dem Interview mit Merten Worthmann gibt Kieślowski seiner Enttäuschung freien Lauf: «Ich dachte, dass es in Polen gelingt, wirklich zusammen ein Land aufzubauen, in dem sie sich auch zusammengehörig fühlen. Aber es hat sich herausgestellt, dass es keinerlei Zusammenhalt, keinerlei Miteinander gibt. Jeder geht seinen eigenen Weg und versucht möglichst viel an sich zu reißen – auch, wenn das Stück, auf das er Appetit hat, jemand anderem gehört. Wir haben Freiheit. Aber wir wissen nicht, was wir damit anfangen sollen.»

160 Was ihm den Vorwurf der Glätte und Kompromissbereitschaft gegenüber kommerziellen Anforderungen eingebracht hat. Bezeichnenderweise äußerten westliche Kritiker ähnliche Vorwürfe unter umgekehrten Vorzeichen auch im Fall von Dekalog: Damals erschien es einigen Interpreten unglaubwürdig, dass Kieślowskis Figuren als Vertreter des Mittelstandes in einer Plattenbausiedlung gewohnt haben. Ein Privileg im kommunistischen Polen, das gerade die Vertreter des Mittelstandes und der freien Berufe in die Neubausiedlungen lockte, so dass Menschen mit verschiedenem sozialem Status hier nebeneinander wohnten.

stellt, aber über die Unmöglichkeit der Gleichheit am Beispiel Polens reflektiert, wo ein räuberischer Frühkapitalismus krasse Klassengegensätze neu erschafft, während er das Thema der Brüderlichkeit in der Schweiz abhandelt, einem kleinen Vielvölkerstaat und einer Enklave der Europäischen Gemeinschaft.

In dem Interview *Schöne Parolen und Geheimnis* beschreibt Kieślowski, wie er die Losungsworte der politischen Aufklärung in der DREI FARBEN-Trilogie einer Revision unterziehen will:

> «Ich versuche die Frage zu stellen, ob diejenigen, die mal im Namen dieser Losungen kämpften, genügend Vorstellungskraft hatten, um zu wissen, was sie eigentlich bedeuten. Ob sie mit der menschlichen Natur in Einklang zu bringen sind. Vielleicht sind es nur schöne Worte… Was bedeuten sie aus der Perspektive eines einfachen Menschen? Will der Mensch wirklich frei sein, oder spricht er nur davon? Alle wollen wir natürlich freizügig sein und Geld für die Fahrkarte haben. Aber ich denke, dass der Mensch dazu neigt, nach einer Knechtschaft für sich zu suchen, ohne die er sich schlecht fühlt. Weil die Freiheit auch mit Einsamkeit, Leiden gleichbedeutend sein kann. Ähnlich verhält es sich mit Gleichheit. Ich bin noch niemals einem Menschen begegnet, der wirklich den anderen gleich sein wollte. Natürlich, alle sind wir gleich angesichts des Todes, aber jeder möchte komfortabler sterben, weniger leiden als andere. Das gleiche trifft auf Brüderlichkeit zu, die die humanitärste der drei Parolen ist, aber dient sie nicht zeitweilig der Maskierung unseres Egoismus? Resultiert sie nicht aus dem Bedürfnis, sich als ein großzügiger Mensch darstellen zu wollen? Vielleicht ist dieses Bedürfnis stärker als die authentische Brüderlichkeit?»[161]

Es verwundert daher nicht weiter, dass die Auseinandersetzung mit den politischen Idealen der Französischen Revolution Kieślowski nur am Rande interessiert. Wenn er sie assoziativ auf den zwischenmenschlichen Bereich bezieht, so dienen ihm die Losungen Freiheit – Gleichheit – Brüderlichkeit als ideeller Rahmen für Versuchsanordnungen, in denen er seine Grundthemen Liebe und Tod in den Mittelpunkt stellt und das Prinzip des Zufalls walten lässt. «Das Leben könnte auch anders verlaufen, wenn nicht irgendetwas, einst geschehen ist. Eine Bagatelle. Wenn nicht ein Wort, ausgesprochen, und dann vergessen, aber von demjenigen in Erinnerung behalten wurde, zu dem man sprach. Wenn nicht eine Geste, Gesichtsausdruck. Und dann platzt etwas. Niemand weiß warum, aber die Ursache gibt es doch, sie ist irgendwo zu finden»[162], definiert Kieślowski das Kernmotiv des Zyklus, das Prinzip des Zufalls. Die Unbeständigkeit des Lebens und der zwischenmenschlichen Beziehungen bestimmt in der DREI FARBEN-Trilogie die Geschicke der Protagonisten: In BLAU kommt Julies Familie bei einem Autounfall ums Leben, in WEISS zerbricht die Ehe von Karol, in ROT bleibt eine mögliche Liebe zwischen Valentine und Auguste ein filmischer Konjunktiv, da ihre Wege sich bis zum Finale niemals kreuzen.

Verluste, Niederlagen, Ängste und Unsicherheiten gehören zu existenziellen Erfahrungen der Figuren, mit denen sie durch Schicksalsschläge konfrontiert werden und umzugehen lernen müssen, die aber auch eine Chance des Neuanfangs in sich bergen. Erneut erkundet Kieślowski die geheimen Sphären der intimsten Emotionen, erschließt die «innere Wirklichkeit» des Individuums an Hand von Details und mittels einer minutiösen Farbdramaturgie, die ihre intensive Wahrnehmung evozieren. Das Detail

---

161 *Piękne hasła i tajemnica*. Ein Interview von Hiroshi Takahashi für das japanische Magazin *Switch*. Abgedruckt in: *Kino* 9/1993, S. 13.

162 *Rozmowa 3 Genewa. Za kulisami*. Interview von Tadeusz Sobolewski. In: *Kino* 9/1993, S. 16.

animiert dazu, mehr und genauer zu sehen, vor allem das, was tatsächlich vom Belang für die Helden und ihr Leben sein kann. Es ermöglicht, die Wirklichkeit durch die Sinne hindurch zu erfahren, hilft in einer mikroskopischen Nahaufnahme, vor allem Gefühle offenzulegen, ihr unsichtbares Universum, das Geheimnis des Lebens selbst: «Das Leben ist verworren, aber manchmal kommt es vor, dass wir auf eine innere Schweißnaht stoßen, die es konsolidiert, bewirkt, dass es zu einer Einheit wird, zu einer Welt gespiegelt in einem Tropfen Wasser. Und plötzlich, für einen kurzen Augenblick erblickst du schrecklich viel von diesem Leben und verstehst auch sehr viel, obwohl es nur eine Kleinigkeit betrifft, die scheinbar unwichtig ist.»[163]

Wo man nach der «Schweißnaht»[164] im Leben zu suchen hat, bleibt ein Geheimnis, das die Protagonisten für sich selbst entschlüsseln müssen, ebenso wie jeder Zuschauer, soweit er sich auf Kieślowskis Spiel mit dem Leben einlässt. Der Überbau an möglichen Bedeutungen, die der Regisseur mit Hilfe symbolischer Zeichen, kultureller Querverweise, Farbenspiele, aber auch falscher Fährten in seinem letzten Werk einem Architekten gleich errichtet hat, liefert genügend Stoff für diverse Interpretationsansätze, bedient Exegeten wie Polemiker, lädt zum Nachdenken und intimen Dialog mit dem Autor ein. In seiner Farbentrilogie unternimmt Kieślowski wie schon im «Kino der moralischen Unruhe» den Versuch, die «Welt, gespiegelt in einem Tropfen Wasser» zu sehen, mit dem Unterschied, dass es sich diesmal um eine Welt verborgener Emotionen handelt, die sich im Innenleben des Menschen ereignet.

So gesehen, ist der Einwand einer Entpolitisierung für das Spätwerk Kieślowskis nicht gerechtfertigt, da sein Verzicht auf die Beschreibung der gesellschaftlich-politischen Wirklichkeit nicht mit der Abwendung von der Wirklichkeit selbst gleichzusetzen ist. Vielmehr geht es hier um eine graduelle Verschiebung des Interesses von der Makro- zur Mikrostruktur der Wirklichkeit, um die Rehabilitierung des Individuums nach der politischen Desillusionierung durch ein totalitäres System, womit Kieślowski seine spezifisch «polnischen» Erfahrungen in eine universelle Sphäre zu transformieren versucht hat: Auch in der Farbentrilogie geht es immer noch um die dramaturgische Wirkungskraft der Wirklichkeit, um eine Art des «inneren Realismus», der mit «Röntgenbildern der Seele» operiert, um in Form eines «inneren Dokuments» die Erlebniswelt und die subjektive Wirklichkeit der Protagonisten festzuhalten.

Die suggestiven Bilder und das offene Verweissystem verborgener Vernetzungen und Korrespondenzen, erschaffen durch wirkungspsychologisch verdichtete Details, verraten einen aufmerksamen Beobachter. Der ehemalige Dokumentarist weiß, dass es oft darauf ankommt, den entscheidenden Moment zu erkennen. Er scheint auf diese Weise zu verdeutlichen: «Alles befindet sich im Innern. Dieses ‹etwas› kann man nicht fotografieren, kann man nicht filmen. Man kann nur versuchen, sich anzunähern ...»[165] In seinem Gefühle-Triptychon ist Kieślowski dem Mysterium des Lebens auf der Spur, will hinter die Kulissen der dargestellten Wirklichkeit blicken. Gleichsam versucht er, deren Spielregeln zu simulieren, schlüpft in ROT als «auktorialer Erzähler», der seinen Figuren gegenüber einen Wissensvorsprung hat, unverkennbar in die Rolle des Zufalls, des Schicksals, gar der Vorsehung, was von einem dokumentarischen

---

163 Ebd.
164 Vgl. hierzu Žižek, Slavoj: *Die Furcht vor echten Tränen. Krzysztof Kieslowski und die «Nahtstelle»*. Berlin 2001.
165 *Piękne hasła i tajemnica*. Ein Interview von Hiroshi Takahashi für das japanische Magazin *Switch*. Abgedruckt in: *Kino* 9/1993, S. 12.

VI. Von der Wirklichkeit zur Metaphysik

Impetus zeugt, das Wesentliche, das Flüchtige erfassen zu wollen:

«Im Dokumentarfilm ist es mir einige Male gelungen. Jetzt, da ich keine Dokumentarfilme mehr mache, weil diese Gattung gestorben ist, bedauerlicherweise, versuche ich, im Schauspieler-Film solche Situationen zu kreieren, eine Glaubwürdigkeit zu erschaffen. Ich vermeide dabei ein Grundproblem, das man im Dokumentarfilm hat: dass es dort wirkliche Menschen gibt, die ihre Maske nicht abnehmen können. Ein guter Schauspieler ist sogar in der Maske er selbst, während er gleichzeitig ein anderer ist.»[166]

Auf die Wahl seiner Schauspieler verwendete Kieślowski besondere Sorgfalt. Für die Rolle Julies in BLAU wünschte er sich Andie MacDowell, die ihn in Steven Soderberghs SEX, LÜGEN UND VIDEO (SEX, LIES, AND VIDEOTAPE, USA 1989) beeindruckt hatte und bereits die Hauptrolle in DIE ZWEI LEBEN DER VERONIKA übernehmen sollte. Als MacDowell sich dann doch für eine Großproduktion in Hollywood entschied, fiel seine Wahl auf Irène Jacob, die ihm in Louis Malles AUF WIEDERSEHEN KINDER aufgefallen war. Im Kontrast zu dem verschlossen wirkenden Doyen des französischen Kinos Jean-Louis Trintignant schien Jacob mit ihrem naiven Charme auch exzellent für die Rolle der Valentine in DREI FARBEN: ROT geeignet. Dass Juliette Binoche schließlich Julie in BLAU spielte, verdankte sie ihrer mentalen Antizipation. Kieślowski wollte zwar seit langem mit ihr zusammenarbeiten, hielt sie aber für zu jung für die Rolle der Julie. Während der Drehaberbeiten zu dem Film VERHÄNGNIS (DAMAGE, F/GB 1992) von Louis Malle, für den Zbigniew Preisner die Musik schrieb, besuchte er Juliette Binoche in London. Als sie ihm unaufgefordert einen Umschlag mit Fotos überreichte, auf denen sie wesentlich älter aussah, zerstreute sie seine Zweifel und bekam den Zuschlag für BLAU. Die Hauptdarstellerin aus Agnieszka Hollands HITLERJUNGE SALOMON (EUROPA EUROPA, D/PL/F 1989), Julie Delpy, übernahm schließlich an der Seite von Zbigniew Zamachowski den weiblichen Part in WEISS.

In seiner Autobiografie gesteht Kieślowski ein, dass die Kritik an den eindimensionalen Frauenfiguren in seinen früheren Filmen dafür ausschlaggebend gewesen sein könnte, dass er seit OHNE ENDE Frauen in den Mittelpunkt stellte. Viel wahrscheinlicher erscheint jedoch, dass die jungen Heldinnen der Trilogie mit ihrer Unverbrauchtheit, Sensibilität, intuitiven Wahrnehmung oder gar Naivität – man denke nur an Valentine – besser dafür geschaffen waren, den Kontrast zwischen der Verbitterung des Alters und den Illusionen der Jugend – etwa in der Figurenkonstellation von ROT – zu verdeutlichen. Wenn Kieślowski seine Heldinnen in BLAU und ROT zu Protagonistinnen eines «filmischen Konjunktivs» macht und ihnen die Aufgabe zuweist, in eigenen Lebensentwürfen die Fehler anderer zu korrigieren, die Eventualitäten auszuschöpfen, so betont er dadurch zugleich den Kontrapunkt zwischen Leben und Tod, Glaube und Desillusionierung, Hoffnung und Resignation – begriffliche Gegensatzpaare, um die er die DREI FARBEN-Trilogie aufgebaut hat.

Ihrer Erzählstruktur nach erinnern die drei Teile der Trilogie an musikalische Kompositionen, die um ein Hauptthema mit Variationen kreisen. In allen drei Filmen kehren Ideen, Motive, Gefühlslagen, Gesten, Situationen, Gegenstände und Details wieder. In BLAU taucht sogar Julie während der Verhandlung von Karol im Justizpalast auf, eine Szene, die sich später aus verkehrter Perspektive in WEISS wiederholt. Jeder Film verfügt nicht zuletzt dank der Farbdramaturgie und der Kameraarbeit über sein eigenes Inventar.

---

166 *Rozmowa 3 Genewa. Za kulisami.* Interview von Tadeusz Sobolewski. In: *Kino* 9/1993, S. 16.

Dieses trifft dann innerhalb des Triptychons mit dem jeweils anderen in Beziehung und lässt Bezugspunkte und Kontinuitätslinien zu früheren Filmen erkennen: Farben und Parolen der Französischen Revolution, Van den Budenmayers Musik und die greise Frau mit der Flasche, Zufall und Vorsehung, Liebe und Tod, Voyeurismus und Lauschen, Einsamkeit und Leiden, Erniedrigung und Verachtung, Gläser, Tassen, Fenster, Lichreflexe, Zwei-Franc-Geldstücke – das sind nur die wichtigsten Topoi und Fährten, die in allen Episoden des Zyklus wiederholt vorkommen.

Insofern greift die Drei Farben-Trilogie auch keine neuen Themen auf, sondern führt neue Variationen vor, eine Vielfalt von «Fragmenten des Zufalls», die aufeinander verweisen und Reminiszenzen an zahlreiche Themen und Einzelheiten früherer Filme wachrufen, besonders aus Dekalog und Die zwei Leben der Veronika: In allen drei Filmen taucht eine alte bucklige Frau am Altglascontainer auf, die ihren Prototyp in Die zwei Leben der Veronika vorweisen kann. Dort bietet Véronique vergeblich einer alten Frau mit Einkaufstaschen ihre Hilfe an. Mit dem Topos des Weiterlebens nach dem Verlust nahestehender Personen erinnert Blau an Ohne Ende, weist auch weitere Bezüge zu Die zwei Leben der Veronika (Lichreflexe, der Flötenspieler als mögliches Doppelgänger-Motiv) auf. In Weiss lassen sich Parallelen zu Dekalog 10 (Form einer schwarzen Komödie, das Brüder-Gespann) feststellen sowie zu Dekalog 9 (Begehren, Impotenz, Eifersucht), Dekalog 5 (brutaler Mord), Dekalog 6 (Blicke zum Fenster, Beobachten durch ein Opernglas im Finale). In Rot finden sich Bezüge zu Dekalog 1 (Hund als Vorbote des Zufalls), Dekalog 6 (Spionieren) und Dekalog 9 (Eifersucht).

Außerdem könnte der Richter der gealterte Jurastudent aus Dekalog 5 sein. Sein und das Motiv von Auguste erinnern bis zum Verwechseln an das Doppelgänger-Motiv aus Die zwei Leben der Veronika, außer dass

> «Auguste keine Vorahnungen hat. Vielleicht weiß der Richter intuitiv von der Existenz Augustes. Aber existiert Auguste wirklich, oder ist es nur eine Lebensvariante des Richters, wiederholt 40 Jahre später. Das wird niemals klar werden.» «In Rot benutzen wir den Konjunktiv», erläutert Kieślowski, «zum Beispiel, was wäre, wenn der Richter 40 Jahre später geboren worden wäre. Alles, was Auguste widerfährt, widerfuhr auch dem Richter. Ist es möglich, das Leben von jemandem zu wiederholen? Ist es möglich, einen Fehler zu korrigieren? Vielleicht ist jemandem zuteil geworden, zu leben, aber nicht im richtigen Moment?»[167]

Die Vielfalt wiederkehrender Motive und Bezugspunkte bis hin zu einzelnen Einstellungen[168] hat gewiss mit Kieślowskis Fatalismus zu tun: Der Unausweichlichkeit eines individuellen Schicksals glaubt er nur auf der ästhetischen Ebene begegnen zu können. Durch die Multiplizierung der jeweiligen Lebensvarianten eröffnet er seinen Helden neue Möglichkeiten in und hinter der Wirklichkeit – in einer Art filmischen Konjunktivs. So können die Figuren im Kieślowski-Universum der Zufälligkeit, Unberechenbarkeit und Endgültigkeit letztlich entkommen. In der weltumspannenden Perspektive des auktorialen Erzählers sind ihre subjektiven Pers-

---

167 Kieślowski 1997, S. 177–78.
168 In Die zwei Leben der Veronika und in Blau streifen Weronika und Julie jeweils mit der Hand und mit der Faust eine Mauer, als sie Schmerz empfinden, oder genießen das Sonnenlicht in ihrem Gesicht beim Überqueren des Hofes und auf einer Bank aus Freude über den unvermittelten Liebreiz des Augenblicks. In Blau wiederholen sich auch die für Die zwei Leben der Veronika charakteristischen Einstellungen, in denen die Protagonistin mit ihrem durch Fensterscheiben gespiegelten Ebenbild konfrontiert wird, die ebenfalls als Chiffren der Selbstreflexion und Selbsterkenntnis eingesetzt werden.

pektiven aufgehoben und lassen sich dank eines Ethos der Möglichkeiten überwinden.

Dass die Variationen das Prinzip der Komposition in der Farbentrilogie bilden, lässt sich auch an Kieślowskis Umgang mit den Farben selbst verdeutlichen, der sich vor allem in BLAU der Zusammenarbeit mit seinem Kameramann Sławomir Idziak verdankt. Von ihm stammte die Idee zu den Szenen in einem blau ausgeleuchteten Schwimmbecken, in denen mit einer Schwarzblende die Zeit für Sekundenbruchteile aussetzt. In der Urfassung des Drehbuchs sollte die Heldin in diesen Momenten Kreuzworträtsel lösen. Um ihren Verlustschmerz darzustellen, suchte Idziak nach poetischen Farb- und Bildkomponenten, die es möglich machen würden, die seelischen Zustände der Protagonistin einzufangen. Bereits in EIN KURZER FILM ÜBER DAS TÖTEN und DIE ZWEI LEBEN DER VERONIKA hatte er mit seiner eigenwilligen Verwendung von Farbfiltern wesentlich dazu beigetragen, die Regiekonzeption durch die farbliche Bildkomposition ästhetisch adäquat umzusetzen. Bedingt durch die polnische Tradition der kreativen Regie/Kamera-Tandems, betrachtete Kieślowski seine Kameramänner als Mitautoren der Filme. Er involvierte sie bereits während der Arbeit am Drehbuch in die Ausarbeitung ihrer endgültigen dramaturgischen und ästhetischen Konzeption:

> «Der Kameramann arbeitet nicht nur mit der Kamera, setzt nicht nur das Licht. Das ist jemand, der einen gewissen Einfluss auf die Inszenierung hat, der Bemerkungen zur Schauspielerführung macht und dazu das Recht hat. Ich warte darauf. Das ist jemand, der Ideen für die Auflösung einer Szene liefert. Der Film ist unsere gemeinsame Angelegenheit. Wir haben in Polen dieses System ausgebildet und fantastische Kameramänner, (…) die ihre Mitautorenschaft am Film signalisieren.»[169]

Als Ursache für seine Variationsdramaturgie, immer nach neuen Lösungen und Möglichkeiten auch beim Schnitt und der Montage seiner Filme suchen zu wollen, gab Kieślowski in einem Interview seine Unsicherheit und Zweifel an, bei eigenem Perfektionsdrang vielleicht doch nicht die beste Variante gefunden zu haben:

> «Wenn ein Vorschlag etwas beinhaltet, was mir entgangen ist und was mit meiner Intention übereinstimmt, dann übernehme ich ihn immer. Dafür bin ich dankbar. Die Fähigkeit, einen Film zu betrachten, die Agnieszka Holland, Edek Żebrowski, Zanussi oder mein Produzent Marin Karmitz mitbringen, besteht gerade darin, etwas zu entdecken, was mir nicht aufgefallen ist. Das gleiche gilt für Krzysztof Piesiewicz, Zbigniew Preisner, Sławomir Idziak, Piotr Sobociński, Edward Kłosiński – für alle Menschen, die sehr nahe am Film arbeiten, auch Assistenten, Tonleute, sogar Elektriker oder Requisiteure. (…) die größte Veränderung, von mir bei der Montage von BLAU vorgenommen, wo ich drei bis vier Minuten herausgeschnitten hatte, schlug mir eine Assistentin des Cutters vor, die noch wenig Ahnung vom Film hatte, aber der aufgefallen war, dass einige Szenen völlig überflüssig sind.»[170]

Kieślowski selbst bestätigte in unzähligen Interviews mit der ihm eigenen Lakonie[171], dass die Suche nach den Verbindungen zwischen den Farben und den Idealen in der DREI FARBEN-Trilogie in die Irre führen muss, was unter den deutschen Interpreten für Unmut sorgte und auch polemische Einschätzungen nach sich zog über «die Verfertigung jenes erlesenen Kieślowski-Plunders, der zur Zeit in Europa die Herzen der

---

169 Kieślowski 1997, S. 157.
170 Zawiśliński 1994, S. 31.
171 In dem Interview *Wo sind bloß die Menschen geblieben* (Süddeutsche Zeitung v. 04.11.1993) antwortete Kieślowski auf die Frage von Fritz Göttler, was BLAU mit der Idee der Freiheit verbinden würde: «Nichts. Überhaupt nichts. Es gibt keine Verbindung.»

ganz jungen Mädchen und der ganz alten Kritiker höher schlagen lässt» (Andreas Kilb)[172]. Die Kritik an der übertriebenen Stilisierung seiner letzten Filme wies Kieślowski aber mit dem Hinweis zurück, dass sie subjektiv seien, was nicht mit einer Stilisierung gleichzusetzen wäre.

Diese Missverständnisse hatten ihren Ursprung ganz offensichtlich in der Zuordnung der Trikolore-Farben durch die Kritik an die politischen Schlagworte, womit man ihnen eine interpretatorische Schlüsselrolle zuwies. Da sie aber eindeutig nicht einer symbolischen Überhöhung der Geschichten dienen – dafür werden sie zu diffus eingesetzt –, glaubten sich viele Kritiker in der Situation, kryptische Rätsel lösen zu müssen.

«Die Tatsache, dass Blau, vor allem im Amerikanischen, Assoziationen an Trauer hervorruft, wovon der ‹Blues› kommt,» sagt Kieślowski, «bedeutet gar nicht, dass es mit der Freiheit zu verbinden ist. Die Freiheit hat nichts zu tun mit der Trauer, oder mit Kälte, man kann sagen, dass es eher umgekehrt ist. Die Freiheit müsste im Grunde genommen die Farbe Rot sein. Wenn wir wirklich überlegen, womit wir die Freiheit assoziieren, mit Farben welcher Fahne, dann erinnert sie uns an die Revolution, an das Blut, und alles das, was dazu gehört. Währenddessen bezeichne ich sie als ‹blau›, weil es halt so gekommen ist, dass in der französischen Fahne – und aus Frankreich kam das Geld für diese Filme – die erste Farbe Blau ist und deswegen habe ich diesen Film ‹Blau› genannt. Wenn es ein anderes Land wäre – zum Beispiel Deutschland –, das das Geld gegeben hätte, wenn ich den Film als einen deutschen Film machen würde, würde es dann höchstwahrscheinlich Gelb, Rot und Schwarz geben.»[173]

Auch wenn Kieślowski die Beliebigkeit jeglicher Konnotationen sowohl der Farben als auch der Begriffe immer wieder unterstrich und lediglich auf ihre dramaturgische Signalwirkung für die Emotionen seiner Figuren verwies, mussten seine Farbenspiele zwangsläufig Assoziationen von der Farbentypologie der mittelalterlichen Tafelmalerei bis hin zur Farbenlehre Goethes[174] hervorrufen. Die kulturhistorischen Konnotationsfelder waren dafür mit der Anspielung auf die Losungsworte der Französischen Revolution – und somit auf die europäische Kulturtradition und die Prinzipien der Moderne – einfach zu weit gesteckt. Einerseits bedeuteten solche Interpretationsansätze eine Überfrachtung der Farbentrilogie, andererseits stellten sie erneut die Vieldeutigkeit und Ambivalenz von Kieślowskis Werk unter Beweis. Spätestens seit DEKALOG setzte er Farben auch leitmotivisch ein. In der Trilogie fällt lediglich auf, wie oft Kieślowski auf die titelgebenden Leitfarben anspielt: «Blau» ist das Wasser als ein Element des Lebens und des Todes, in das Julie abtaucht, wo sie einmal nahe daran ist, sich umzubringen, und so etwas wie die symbolische Wiedergeburt erlebt; außerdem das Licht, ein Kristallüster, ein Lutscher der Tochter und Einwickelpapier, eine Aktentasche, das Schlafzimmer der Eheleute. «Weiß» ist das Hochzeitskleid, das Klosett im Justizpalast und Karols polnischer Wagen «Polonez», der Schnee in Warschau, der Taubendreck und die Blende auf dem Höhepunkt des Orgasmus. «Rot» ist Augustes Jeep, das Schweizermesser in der Vitrine, die Einrichtung im Bistro und in der Balettschule, die Bowlingkugel, Kirschen im Anzeigefeld des Spielautomaten, das Ampellicht vor dem Unfall mit der Hündin, der Hintergrund des Werbeplakats, Blut, die Jacke von Valentines Freund,

---

172 In: *Die Zeit* v. 27.05.1994.
173 The inner life is the only thing that interest me. Ein Interview von Paul Coates. In: Coates, Paul (Hg.): *Lucid Dreams. The Films of Krzysztof Kieślowski.* Trowbridge 1999, S. 170.
174 Vgl. z. B. Coates, Paul: Kieślowski, Goethe i kolor, który zmienił świat. In: *Kwartalnik filmowy* Nr. 24 Winter 1998, S. 98–103.

aber auch die Jacken des Rettungsdienstes und das Einwickelpapier einer Flasche mit Birnenschnaps.

Dass Kieślowski mit der Signalwirkung der Farben auch spielt, wird bereits im Prolog von BLAU sichtbar, wenn dem Wrack des verunglückten Autos ein blau-weiß-rot gestreifter Ball entspringt. Im Schwimmbad, wo Julie ihre Bahnen zieht, lässt er dann eine lärmende Gruppe junger Mädchen in weißen Badeanzügen und mit roten Schwimmflügeln in das blaue Wasser springen. Später in ROT laufen im Blitzlichtgewitter während einer Modenschau Modells in roten, weißen und blauen Kleidern vor einer roten Kulisse über den Laufsteg.

Will man das Prinzip der Komposition als Variation an Hand der Verwendung von Farben beschreiben, so kommt es bei der Einschätzung ihrer dramaturgischen Funktion darauf an, genauer hinzusehen, auch den Kontext, in dem die Farben auftauchen, zu berücksichtigen. Sonst läuft man Gefahr, in eine Falle zu tappen: «Kieslowski treibt kein willkürliches Farbenspiel», so Peter Hasenberg in seinem detailreichen Aufsatz über die DREI FARBEN-Trilogie, «er zwingt den Zuschauer zur genauen Wahrnehmung. Differenzierung heißt nicht nur, überall Tiefe vermuten, sondern auch die Oberfläche erkennen, wo sonst nichts ist.»[175] Keine direkte Bedeutung hat zum Beispiel der Taubendreck in WEISS. Berücksichtigt man aber den Kontext, in dem der Held von einer Taube bekleckert wird, vor dem Justizpalast in Paris, als er gerade zur Verhandlung in seinem Scheidungsprozess unterwegs ist, wirkt der dumme Zufall schon wie ein sarkastischer Kommentar des Regisseurs zur Lebenssituation seines Helden in Frankreich und dazu, was ihm noch bevorsteht. Kieślowski sprach in Interviews von Weiß als einer Farbe, die eigentlich gar keine ist. In BLAU wird die Farbe zu einer Chiffre für Einsamkeit und Schmerz, in WEISS wiederum in der tradierten Bedeutung von Unschuld (Brautkleid) eingesetzt. Einzig Rot, als Farbe des Blutes ein Symbol für das Leben, die Liebe und den Tod, lässt einen klaren Bezug zum Thema der Brüderlichkeit erkennen.

Die Annahme, die Filmtitel würden bestimmte Bezüge suggerieren, die Wahrnehmung des Zuschauers auf die jeweils dominante Farbe und ihre möglichen Lesarten hinlenken, offenbart die Grenzen der Wahrnehmung. Es lässt sich vor allem dann feststellen, wenn man die Spuren der titelgebenden Farben in anderen Trilogie-Teilen verfolgt, wo sie neutral wirken, da sie kaum mit Bedeutung aufgeladen sind: Animieren die weißen Wände einer Wohnung in WEISS noch zu möglichen Deutungsversuchen, so wird das Weiß der Krankenhauseinrichtung in BLAU gar nicht wahrgenommen; in ROT wirkt eine in rotes Papier eingewickelte Schnapsflasche aufdringlich, in WEISS bemerkt man ein Paket in rotem Einwickelpapier erst dann, wenn man ganz bewusst die Trilogie auf solche «wandernden Objekte» untersucht.

Wirkungspsychologisch erscheint interessant, dass man andere Farben kaum wahrnimmt, die ebenso leitmotivisch wiederkehren und wie Grün und Schwarz als Kontrastfarben zu Blau und Rot eingesetzt werden: Grün ist zum Beispiel in allen Episoden des Zyklus der Altglascontainer, vor dem eine greise Frau sich hilflos abmüht, eine Flasche loszuwerden; grün sind auch Lichtreflexe auf Julies Gesicht in BLAU, Naturbilder und das Versteck der Mäusefamilie in der Abstellkammer sowie Glasfenster. Schwarz sind die Haare, auch die Kleider, der Nachthimmel in allen Folgen der Trilogie. Wie ironisch Kieślowski auch mit Tiefen und Oberflächen bei der Farbensemantik umgehen kann, wird deutlich, wenn er die Ambivalenz der Farben akzentuiert: Blau steht für die übermächtige Musik und Erinnerung, vergegenwärtigt die Abwesenheit, dominiert aber auch den Bildschirm

---

[175] Hasenberg, Peter: Freiheit – Gleichheit – Brüderlichkeit. Die Kieslowski-Variationen. In: *film-dienst* 19/1994, S. 6–7.

des Fernsehgeräts; Weiß kann zum Synonym des Fehlens tieferer Bedeutungen avancieren, wenn es die Farbe einer Frauenbüste der Rokokozeit, des dreckigen Schnees in Warschau und der eindeutig ironisch eingesetzten Orgasmus-Blende ist; Rot ist der Bettbezug der Liebenden in WEISS, aber auch das massakrierte Gesicht der Leiche, die man der russischen Mafia abgekauft hat. So gesehen, fügt sich die Farbentrilogie zu einer Ganzheit, in der die titelgebenden Farben in allen drei Filmen in verschiedenen Proportionen und Relationen immer allgegenwärtig sind.

Wenn Kieślowski aber davon spricht, dass seine Filme weniger stilisiert als subjektiv seien, weist sein teilweise ironisches Jonglieren mit den Farben noch eine ganz andere Dimension auf: Die Farben sind nicht als im kollektiven Bewusstsein tradierte Symbole zu lesen, sondern erlangen durch den individuellen Zusammenhang mit der Erlebniswelt der Figuren, durch Musik, Bilder, Emotionen, erst eine Bedeutung. Sie dienen als Ausdrucksmittel etwa der Konstruktion psychologisch-existentialistischer Porträts oder spiegeln die subjektiven Befindlichkeiten der Protagonisten wider. Nicht zufällig fällt die exponierte Verwendung formaler Ausdrucksmittel wie Farben und Musik seit DEKALOG mit der bewussten Umsetzung programmatischer Forderungen zusammen, die Kieślowskis Interesse an der Analyse menschlicher Emotionen untermauern, ihn als Beobachter «tiefer statt breiter», «von außen nach innen», in die Seelenlandschaften (hinein-)blicken ließen: «Tatsächlich bleibe ich immer abseits, aber ich denke, dass das Wichtigste, was es wahrzunehmen gibt, nicht weit ist – eher tiefer.

176 *Piękne hasła i tajemnica*. Ein Interview von Hiroshi Takahashi für das japanische Magazin *Switch*. Abgedruckt in *Kino* 9/1993, S. 12.
177 Lachat, Pierre: Blau meint das Geistige, Rot das Wirkliche. Weiß ist keine Farbe. TROIS COULEURS: BLEU-BLANC-ROUGE von Krzysztof Kieslowski. In: *Filmbulletin* 3/1994, S. 29.

299 BLAU: Blau steht für Musik und Erinnerung

300 WEISS: Dekors und Objekte – Weiße Rokoko-Statue

Das ist eine Frage des Grades der Aufmerksamkeit, die der Sehende an den Tag legt.»[176]

Als ob der Sinn nur durch die Sinne hindurch erfahrbar wäre, konstruiert Kieślowski farbliche Bezugsgeflechte für die intersubjektiv-emotionalen Zustände seiner Figuren, füllt obsessiv die Bildräume mit persönlichen Gegenständen und «sinnlichen Details» aus, um das Innenleben der Figuren zu versinnbildlichen. Alles das, was sich im weiteren Wahrnehmungsbereich der Protagonisten abspielt, Objekte, Dekors, Farben, Licht, Musik, nutzt er, um deren Innerstes zum Ausdruck zu bringen. «Sie fügen sich zum ‹*stream of consciousness*›», wie der schweizerische Kritiker Pierre Lachat schreibt, «zum Bewusstseinsstrom, und sie führen in diesem Sinn, an der Schwelle zur Wahrnehmung, auch so etwas wie ein Eigenleben. In ihnen konkretisiert sich jene ununterbrochene Einwirkung der Dinge und Menschen auf den einzelnen, die man den Alltag nennt.»[177]

VI. Von der Wirklichkeit zur Metaphysik

301 BLAU: Dekors und Objekte – Reisefotos als Dekor

302 ROT: Dekors und Objekte – CD mit der Musik Van den Budenmayers

Meint Blau das Geistige, die Selbstbesinnung, ist Weiß gar keine Farbe, und steht Rot für die Zuwendung zu den Mitmenschen, wie Pierre Lachat diagnostiziert, so erfüllt die von lyrischer Expressivität getragene Musik Zbigniew Preisners in dem sensualistischen Kino der DREI FARBEN-Trilogie die Funktion eines Brückenschlags zwischen den vereinzelten Individuen, öffnet Spalten für neue Erfahrungen zum Transzendenten hin. Sie verweist auf die Sinn-Dimension aller drei Filme – die Liebe: Von der pathetischen Europa-Hymne in BLAU, deren Textgrundlage das «Hohe Lied der Liebe» aus dem Ersten Brief des Paulus an die Korinther ist, über das melancholische Lied Karols auf dem Kamm und den Tango in WEISS bis zum sinnlich-eleganten Bolero in ROT werden unterschiedliche Aspekte der Liebe musikalisch artikuliert. Auch wenn Preisners Musik, vor allem in BLAU, etwas angestrengt Gewolltes an sich haben mag, beweist Kieślowski mit dem Bekenntnischarakter seiner Trilogie auch viel Mut, wagt sich erneut in Erfahrungsregionen vor, deren Betreten einer Gratwanderung zwischen Exaltiertheit und Banalität sehr nahekommt.

Obwohl er in allen drei Filmen «banale» Geschichten erzählt, die genaugenommen gar keine sind, setzt er aber alles daran, im Spiel mit dem Zuschauer seine Aufmerksamkeit und Sensibilität zu stimulieren, ihn zu einem Dialog herauszufordern:

> «Wenn man zwei oder drei Geschichten erzählt, die parallel, oder unabhängig voneinander verlaufen, weckt es die menschliche Vorstellungskraft, die natürliche Sehnsucht, zu assoziieren, nach den Verbindungen zu suchen davon, was nicht zu Ende ausgesprochen wurde. In DREI FARBEN erzähle ich drei verschiedene, selbstständige Geschichten. Aber es tauchen in ihnen gewisse verborgene Verbindungen auf, für Zuschauer gedacht, die das Kino als ein intellektuelles Spiel mögen. Auf der Ebene der Geschichten werden es sehr einfache Erzählungen sein. Auf einer höheren Ebene aber Rätsel, Rebusse. In den Menschen steckt ein natürliches Bedürfnis, zu erfahren, was weiter. »Was ist hinter dieser Mauer?« Ich erzähle immer einfache Geschichten, zugleich bemühe ich mich aber, dass sie die Möglichkeit einer anderen Lesart beinhalten, etwas anderes als die Handlung, die ich erzähle…»[178]

Davon, dass Kieślowski das Kino als ein intellektuelles Spiel begreift, zeugen sowohl seine minutiösen Farbenspiele als auch seine ausgeklügelte Variationsdramaturgie, die sich zu einem ironisch gebrochenen Vexierspiel zusammenfügen. Aber auch sein Erzählen in Versuchsanordnungen kommt einem augenzwinkernden Gedan-

---

[178] Piękne hasła i tajemnica. Ein Interview von Hiroshi Takahashi für das japanische Magazin *Switch*. Abgedruckt in *Kino* 9/1993, S. 12.

kenspiel mit dem Zuschauer nahe, wenn er präzise aufgebaute Verweissysteme erschafft, um die emotionalen Sphären seiner Figuren zu erschließen und zugleich das filmische Erzählen wie in ROT zum Gegenstand der Reflexion macht. Souverän behält er alle Fäden in der Hand, jedoch nicht als Selbstzweck. Bei aller ästhetischen Raffinesse verbindet Kieślowski in der DREI FARBEN-Trilogie formale Eleganz mit nüchterner Analyse und ethischer Reflexion. Er versucht, das filmische Erzählen auf die höchste Stufe zu heben, stellt dabei aber substanzielle Fragen:

> «Was auch immer das filmische Material ausmacht: Dokumentarisches, das ein Bestandteil des wirklichen Lebens ist, oder Handlung, die eine Fiktion ist, immer existiert ein Level des Geschichtenerzählens. Was die Lust, den Schleier des Geheimnisses lüften zu wollen, betrifft, jeder trägt mit sich sein Geheimnis, und alle haben Lust, gegenseitig in die Tiefe dieser Geheimnisse hineinzublicken. So ein Geheimnis ist gewiss der Tod. Wir wollen wissen, wie es ist. Und was es danach gibt. Was war vor unserer Geburt? Derartige Neugier ist meiner Ansicht nach die wichtigste Antriebskraft dafür, ins Kino zu gehen oder Bücher zu lesen.»[179]

Der Einbruch des Unvorhersehbaren in die Ordnung der Dinge, die Fragmentarität der Wahrnehmung und die Unberechenbarkeit des Daseins erweisen sich abermals als Kieślowskis gedankliche Konstanten, rücken seine Skepsis gegenüber politischer Aufklärung in einer auf Rationalität, Übersichtlichkeit und Effizienz angelegten Lebensordnung in die Nähe der Existenzphilosophie Albert Camus'. Angesichts einer Welt, die sich nie verbessert hat und verbessern wird, empfindet er dasselbe Mitleid für Menschen und bekennt sich zu dem irrationalen, widersinnigen Glauben an den Menschen.[180] Seinem optimistischen Fatalismus verleiht er wie Camus Ausdruck, indem er seinen Figuren allen Widrigkeiten zum Trotz die Möglichkeit der Solidarität in Aussicht stellt:

> «Freiheit (…), wir erzählen davon», charakterisiert Piesiewicz die Intention des Autorenduos, «dass der Mensch so in Wirklichkeit gar nicht frei sein will. Er sehnt sich danach, in die Fänge der Liebe zu geraten. (…) Gleichheit? Ist ebenfalls nicht das, was die Menschen wirklich wollen. Es geht eher um die Gleichberechtigung. Brüderlichkeit? Sie entspricht vielleicht noch am meisten unseren Sehnsüchten. Wir wollen aber eher von einem Gefühl, einer Verbindung sprechen. Vielleicht von der Barmherzigkeit. Und nicht von einer Brüderlichkeit, die die Unterschiede nivelliert. Die Verantwortung für eine andere Person – das ist auch wichtig.»

Worauf es Kieślowski und Piesiewicz ankommt, ist die Errettung der Werte vor der Ideologie, «vor der Doktrin, dem Vorsetzen von Parolen, die dazu führen, dass Menschen gegeneinander ausgespielt werden können»[181].

In seinen auf den ersten Blick sehr einfach gestrickten Geschichten, die Erzählmuster des Melodrams mit Strategien des Autorenkinos verbinden, führt Kieślowski dem Zuschauer vertrackte Rätsel vor, die dieser erst lösen muss. Genauso werden auch die Figuren, vom Zufall in Situationen geworfen, die ihnen Verantwortung für die eigenen Lebensentwürfe auferlegen, vom Regisseur zu einer Selbst-Findung im Sinne des autonomen Selbst-Entwurfs verleitet. Aus der existentialistischen Perspektive der Freiheit heraus erweist sich dieser Selbstfindungsprozess aber als ein riskantes, oft auch schmerzhaftes Unterfangen. Denn er bietet Chancen, dem eigenen Leben einen Sinn zu verleihen, birgt aber ebenso

---

179 Ebd.
180 Vgl. das Interview *Ich drehe keinen Film mehr*. In: *Der Spiegel* 7/1994, S. 181.
181 *Pogoń za motylem*. Interview von Tadeusz Sobolewski. In: *Kino* 1/1992, S. 10 und 11.

VI. Von der Wirklichkeit zur Metaphysik

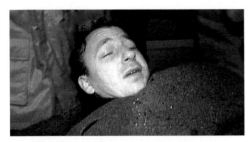

303–305 ROT: *analogia entis* im Bild der Geretteten einer Fährehavarie

und Widersprüchlichkeit, darin, dass Menschen lernen, «einander in ihrer Verschiedenheit, ihren Qualitäten und Schwächen wahrzunehmen»[182].

Ähnlich wie bereits in DER ZUFALL MÖGLICHERWEISE erzählt Kieślowski alle drei Geschichten aus der Perspektive einer finalen Katastrophe. Bei der DREI FARBEN-Trilogie bildet sie für ihn die Ausgangssituation einer «Retrospektion in die Gegenwart»: ein Fährunglück, das sich am Ende des dreiteiligen Zyklus ereignet und dessen Personal[183] zusammenführt, und spätestens rückblickend den Eindruck einer Komposition mit Variationen einlöst. Standen die Anfangs- und Schlussbilder seines frühen Meisterwerks aber im Zeichen eines absurden Todes in einer Flugzeugkatastrophe, so folgt auf den tragischen Unfalltod im Prolog von BLAU eine Rettung in ROT. Anders als Witek, für den der tödliche Absturz seinen Traum von der «Ruhe» beendete, wird Valentine von dem Richter vor Flugzeugen gewarnt und zusammen mit den Protagonisten der anderen Zyklusteile bei der Fähre-Havarie gerettet. Mit diesem versöhnlichen Schluss lässt Kieślowski nicht nur Kinoträume wahr werden, sondern nimmt auch eine Korrektur an dem Zufall vor und eröffnet seinen Helden die Chance einer Erfüllung, was der DREI FARBEN-Trilogie den Charakter eines Schlussakkords, eines Vermächtnisses verleiht. Statt eines blinden

Gefahren, ihn zu verfehlen. Das Leben, komplex und überraschend, lässt sich weder restlos verplanen noch uneingeschränkt kontrollieren. Die Akteure müssen es ohne Gewähr des Gelingens meistern, indem sie auf Herausforderungen bewusst reagieren. Die Möglichkeit einer souveränen Lebensgestaltung könnte nach Kieślowski in einer gesteigerten Sensibilität für die anderen Menschen und die Wirklichkeit liegen, in einer Bejahung des Lebens in seiner ganzen Vielfalt

182 Hasenberg, Peter: Freiheit – Gleichheit – Brüderlichkeit. Die Kieslowski-Variationen. In: *film-dienst* 19/1994, S. 8.

183 In dem Interview von Michel Ciment und Hubert Niogret zum DEKALOG, *Je cherche l'explication de tout* in: *Krzysztof Kieslowski*, hg. v. Vincent Amiel, Paris 1997, S. 99, kolportiert Kieślowski, dass seine westdeutschen Co-Produzenten vom SFB ihn dazu zu überreden versucht haben, in der letzten Folge des DEKALOG alle Protagonisten (etwa nach dem Vorbild von Edgar Reitz' Fernsehserie HEIMAT?) zusammenzuführen, wofür er aber keine Kraft mehr hatte. Man kann natürlich darüber spekulieren, ob Kieślowski diese Anregung dann für seine Konzeption der DREI FARBEN-Trilogie fruchtbar gemacht hat.

Fatums und einer deterministischen Weltsicht, wie noch in DER ZUFALL MÖGLICHERWEISE, dominiert in der Retrospektion der DREI FARBEN das Prinzip Hoffnung. Trotz aller Lebens- und Sinnkrisen, Verluste und Verletzungen, enttäuschter Hoffnungen und einer oft vergeblichen Suche nach der Wahrheit obsiegt hier der Möglichkeitssinn: ein Ja zum Leben, mit allen seinen Unwägbarkeiten. Diese ethische Thematik um die Fragen der *condition humaine* und die Prinzipien der Moderne korrespondiert eindrucksvoll mit der filmischen Ästhetik der Trilogie. Mit ihrer bis zur Perfektion gebrachten Handhabung formaler Ausdrucksmittel markiert die Trilogie einen abschließenden Höhepunkt in Kieślowskis Werk.

Indem Kieślowski innerhalb der drei Zyklusteile thematisch Motive aus seinen früheren Filmen variiert und ein System aus immanenten Korrespondenzen erschafft, reflektiert er wie schon in DIE ZWEI LEBEN DER VERONIKA seine eigenen dramaturgischen Kunstgriffe, führt die Erzählstruktur seines Werks als Inhalt vor: ein eigenständiges Universum mit wiederkehrenden Refrains, Kontrapunkten, Symmetrien und widerspiegelnden Effekten auf der Ebene der Motive, Figuren und Details wie auch im Bereich der Bildkomposition, bei der Verwendung der Farbe, des Tons und natürlich der Musik. Letztlich erweist sich die formal ausgeklügelte Konzeption der DREI FARBEN als das eigentliche ästhetische Programm des Zyklus, veranschaulicht in der Finalszene von ROT, wo der auktoriale Erzähler und brillante Formalist Kieślowski die Geschicke aller Figuren der Trilogie bündelt und sie im Sinnbild der Überlebenden symbolisch überhöht. Obwohl die einzelnen Geschichten eher unspektakulär sind, werden sie im herkömmlichen Sinn weder kohärent noch linear erzählt. Durch die motivische Verflechtung der Handlungen (Van den Budenmayers Musik, die Greisin am Flaschencontainer, Julies «Gastauftritt» im Justizpalast, Fährunglück in ROT) sowie die präzise Farben- und Variationsdramaturgie

306 BLAU: Julies «Gastauftritt» im Justizpalast aus ihrer Perspektive

307 WEISS: Julies «Gastauftritt» im Justizpalast aus der Perspektive Dritter

ergeben sie das Gesamtbild einer in sich geschlossenen, zwischen Zufall und Schicksal oszillierenden Welt. Diese ruft wie schon in DEKALOG Reminiszenzen an die mittelalterliche *analogia entis* hervor, in der alles mit allem in Verbindung steht und die auf Platons Ideenlehre zurückgeht, nach der die reale Wirklichkeit als Abbild idealer Urbilder, der Ideen begriffen wird. Ein selbstironisches Bild dieses filmischen Mikrokosmos liefert die Begräbnisszene in WEISS, in der neben Jerzy Stuhr, dem Filmamateur, mit Grażyna Szapołowska und Piotr Machalica auch mehrere Figuren aus dem DEKALOG-Zyklus auftauchen. Und Kieślowski selbst wacht über diese dargestellte Welt wie ein unsichtbarer Demiurg, hat er sich doch in ROT in der Gestalt des Richters porträtiert, der die Menschen beobachtet statt über sie zu richten, manchmal aber in ihre Geschicke hineingreift.

VI. Von der Wirklichkeit zur Metaphysik

Flucht vor der Freiheit
Frei von Gefühlen oder «verurteilt zur Freiheit»: BLAU

«Wir sind abhängig von vielen Dingen, von uns selbst, unseren Schwächen, unseren Unzulänglichkeiten. Abgesehen davon: So richtig frei sein wollen wir gar nicht.»

– *Krzysztof Kieślowski (Von Unglück und Freiheit)*

Das Ende ist am Anfang: Ein Autounfall, bei dem Julie de Courcy (Juliette Binoche) ihren Mann Patrice, einen erfolgreichen Komponisten, und ihre Tochter Anna verliert. Ihre bisherige Existenz ist auf einen Schlag wie ausgelöscht. Statt sich an die Erinnerungen zu klammern, bricht Julie, die den Unfall mit einem Schleudertrauma überlebt hat, radikal mit der Vergangenheit: Sie gibt den alten Landsitz auf, nimmt ihren Mädchennamen wieder an, vernichtet die unvollendete Partitur eines Konzerts, das ihr Mann im Auftrag des Europarats komponiert hat. Um einen endgültigen Schlussstrich zu ziehen, noch die allerletzten Spuren einer Verbindung zu tilgen, verbringt sie die Nacht mit Olivier (Benoît Régent) zusammen, der Assistent ihres Mannes gewesen war und sie seit langem liebt. Am nächsten Tag verschwindet sie aus seinem Leben, verlässt zu Fuß das alte Herrenhaus mit einem Pappkarton in der Hand. Er enthält das einzige Erinnerungsstück – ein blaues Kristallüster, das ihr Hausverwalter zu entfernen vergessen hat. Julie zieht in eine Wohnung in Paris ein und beginnt ein neues Leben in der Anonymität der Großstadt, ohne Freunde, ohne Bekannte, ohne Beruf. Jenseits aller Verpflichtungen entflieht sie der Vergangenheit, lässt aber auch die Zukunft nicht zu. Ihre Einsamkeit wird zum Synonym der absoluten Freiheit.

Der absurde Tod liefert Kieślowski den dramaturgischen Vorwand, um einen schmerzlichen Prozess der Befreiung aus den Fängen emotionaler Bindungen anzustoßen:

> «Alle Bindungen bedeuten Abhängigkeit, und die ist ein Gegenteil von Freiheit», sagt der Regisseur. «Was ist also Freiheit? Sie könnte bedeuten, jegliche Bindungen loszuwerden. Was heißt das? Es gibt viele Romane und viele Filme, die über Menschen berichten, die vor der Welt flüchten. Menschen suchen nach Freiheit, ringen darum, weil sie genug haben von dem Druck, der sie belastet. Und dann gibt es noch eine zweite Möglichkeit: Infolge eines Ereignisses wird ein Mensch von Bindungen und Abhängigkeiten losgesprochen. Diesen Eingriff haben wir der Story zugrunde gelegt. Julie wird um zwei Personen beraubt, die sie geliebt hat. Das ist ein

308 Blauer Kronleuchter

Unfall oder ein Zufall, alles andere ist ihre Entscheidung. Sie selbst spricht sich frei von allen Bindungen, Abhängigkeiten und Beziehungen zu der Welt. Sie reißt sich davon los.»[184]

Kieślowski geht es nicht um politische Freiheit oder soziale Unterdrückung. In Drei Farben: Blau spielt er mit den Möglichkeiten der Freiheit, versucht auszuloten, was sie im Bereich der individuellen Erfahrungen heute bedeuten kann. Der negativen Freiheit zum Alleinsein, die Julie zuerst wählt, stehen menschliche Bedürfnisse und Wünsche im Wege. Daher erzählt der Film letztlich die Geschichte ihrer Rückkehr ins Leben. Blau als Farbe des Himmels und des Wassers, des Flüchtigen, Fernen und Unerreichbaren wird zu einer Chiffre für die Trauer und Erinnerung, bestimmt die melancholische Aura der Fabel.

Drei Farben: Blau ist eine eigenwillige Versuchsanordnung über die Freiheit im Zeitalter der Individualisierung und Selbstbestimmung, motiviert durch die Frage nach den Lebensformen in einer Welt, in der die historisch überlieferten Ideale ihre Gültigkeit eingebüßt haben. Die Grunderfahrung aller Figuren der Trilogie ist dennoch die des Leidens, der Einsamkeit und der Kommunikationslosigkeit. In jedem der drei Filme entwirft Kieślowski Situationen, die er zum Ausgangspunkt seiner Reflexion über das anvisierte Thema macht: In Blau erzählt er von dem Preis, den die absolute Freiheit fordert. Julie befindet sich in der privilegierten Situation, materiell unabhängig zu sein. Obwohl sie mit dem Verlust ihrer Familie auch aus allen persönlichen Verpflichtungen losgelöst wird, bleibt sie eine Gefangene ihrer Gefühle und der Erinnerung. Virtuos tarnt Kieślowski das Gleichnishafte der dramaturgischen Konstellation und den Charakter eines moralischen Traktats durch seine suggestive Bildsprache.

Was in Blau wie ein Kalkül der Regie anmutet, entfaltet durch den halluzinogenen Sog der Bilder die grausame Logik der Zwangsläufigkeit. Nur in wenigen lapidaren Einstellungen soll der Zuschauer bereits in der Eingangssequenz emotional gefangen werden: Die Kamera hängt unter dem fahrenden Auto, registriert die Bewegung des Rades. Durch zerfließende Konturen eines Tunnels, vorüberziehende Lichtstreifen, dröhnende Motorgeräusche werden Fragmente einer beunruhigenden Außenwelt sicht- und hörbar gemacht. Aus einer unbeteiligten Perspektive folgt die Nahaufnahme einer tropfenden Bremsleitung. Eine Fügung des Schicksals, die daran zu erinnern scheint, dass das Todesurteil bereits über jeder Existenz wie ein Damokles-Schwert schwebt. Während die Kamera einen Jugendlichen zeigt, der mit einem Skateboard an einer einsamen Landstraße steht und bei einem Geschicklichkeitsspiel eine Kugel im freien Fall mit einem Holzstock abzufangen versucht, hört man ein vorbeisausendes Auto, dann das Kreischen der Bremsen und einige Sekunden später einen Crash. Statt einer naturalistischen Darstellung sind es abermals Geräusche, die von außerhalb des Bildausschnitts die Vorstellungskraft des Zuschauers in Gang setzen, den Suspense verlängern. In einer statischen Einstellung folgt die Kamera zögernd dem Blick des Jungen, aus dem qualmenden Autowrack fällt ein blau-weiß-rot gestreifter Ball und kullert über den Acker: Der Kontrast zwischen Bewegung und Stillstand findet seine Entsprechung in der Gegenüberstellung von Leben und Tod.

«Der Tod als eine Perspektive von etwas, was unabwendbar ist, war schon immer in meinen Filmen anwesend», sagt Kieślowski. «Entgegen dem, was man behauptet, habe ich mich im Verlauf der Jahre gar nicht so sehr verändert. Ich wende zwar verschiedene Erzählformen an, verfüge – dank des französischen Produzenten – über immer bessere Technik (besonders den Ton). Aber in-

---

[184] *Von Unglück und Freiheit.* Ein Interview von Heiko R. Blum. In: *Rheinische Post* v. 05.11.1993.

VI. Von der Wirklichkeit zur Metaphysik

309–310 Nach dem Unfall im Krankenhaus: Makroaufnahme der Feder und der Spiegelung in Julis Auge

dem ich die neuen Mittel nutze, erzähle ich ständig dasselbe.»[185] Die Totale mit dem qualmenden Wrack, ein Landschaftsbild mit einem Baum in der Weite des Horizonts, ist die längste Einstellung der Exposition, vermittelt den Eindruck: Die Welt dauert, ist da, während die Zeit für einige Augenblicke stehen geblieben ist. Etwas ist endgültig, zu Ende gegangen. Ein drastischer Einschnitt, mit dem ein neues Kapitel in Julies Leben aufgeschlagen wird. Die Totalansicht endet mit einer Abblende ins Schwarz und wird von der Makroaufnahme einer kleinen Feder abgelöst: nach dem Bild eines gleichgültigen Außenlebens ein Bild des Flüchtigen, Zerbrechlichen, eine Metapher für die existenzielle Unbeständigkeit. Auf der Augenhöhe der Protagonistin entdeckt die Kamera die Welt aus ihrer subjektiven Perspektive neu.»

Das Drama wird verinnerlicht, verlagert sich in Julies Innenleben: In der ersten Szene nach dem Unfall im Krankenhaus füllt ihr linkes Auge die Leinwand aus, in der Iris spiegelt sich die Figur des Arztes, der mit ihr spricht. Am Ende des Films sehen wir im Spiegel ihrer Pupille die beiden Särge von der Fernsehübertragung der Begräbniszeremonie. Wie eine Sonde rückt die Kamera Julie auf die Seele, macht das Gesicht von Juliette Binoche zu einer Projektionsfläche für Fassungslosigkeit, Trauer und Schmerz. «Wenn man ganz brutal alles verliert, kann man sich zum Beispiel für den Tod entscheiden. Man kann aber auch versuchen, mit den Erinnerungen zu leben, mit dem, was in uns ist.»[186] Indem er sie in eine extreme Situation führt, setzt Kieślowski seine Heldin einer Bewährungsprobe aus, stellt sie vor die Entscheidung zwischen Vergangenheit und Zukunft, zwischen Selbstaufgabe und Neubeginn, zwischen Vergessen und Verarbeiten. Darin nähert er sich der Existenzphilosophie von Camus und Sartre, für die in den Grenzsituationen des Scheiterns wie dem Tod oder dem Leid die Existenz in ihrer Zufälligkeit und Absurdität erfahren wird. Das Individuum kann ihr erst durch Handlungsentscheidungen einen Sinn verleihen, deren Folgen gleichwohl unvorhersehbar sind. Der Mensch, «zur Freiheit verurteilt», muss sich nach Sartre in seiner unüberwindbaren Subjektivität den Sinn seiner Existenz selbst geben, indem er sie annimmt und sich dadurch zu dem macht, was er ist. Diesen aus einem absoluten Fatalismus hervorgehenden Optimismus macht Kieślowski zur Richtschnur seiner Geschichte.

Angesichts der existenziellen Leere, in die sie der Verlust ihrer Familie stürzt, will sich Julie zuerst das Leben nehmen, schreckt aber im letzten Moment davor zurück. Nach ihrem misslungenen Selbstmordversuch bemüht sie sich, die Erinnerungen an sie zu löschen, die emotionalen

---

185 *Niebieski lizak*. Ein Interview von Tadeusz Sobolewski. In: *Tygodnik Powszechny* v. 24.10.1993, S. 9.
186 Zit. nach dem Presseheft zu DREI FARBEN: BLAU. Anke Zindler Filmpresse München.

Bindungen als Ursache ihres Leids abzuschütteln. Doch die Vergangenheit und das Leben holen sie ein: Vor allem die Musik, die ihr Mann komponiert hat, geht ihr nicht aus dem Sinn. Passagen der unvollendeten Komposition bedrängen sie, als ob es Schübe eines verdrängten Bewusstseins wären, immer dann, wenn die Erinnerung an ihr erstes Leben sie überwältigt und die Kontinuität der Zeit außer Kraft setzt. Dann verlöschen auch die Bilder, und die Zeit scheint einige Augenblicke lang stillzustehen. Einmal, als die Musik sich ihrer Gedanken in dem von Blaulicht durchfluteten Schwimmbad bemächtigt, bleibt sie sogar mit dem Kopf solange unter Wasser, bis der Sauerstoff in ihrer Lunge aufgebraucht ist. Als sie dann ruckartig aus dem Wasser wieder hochkommt, gleicht es einer «Wiedergeburt» (s. S. 269, Abb. 36). Noch stärker als in DIE ZWEI LEBEN DER VERONIKA inszeniert Kieślowski die Musik Zbigniew Preisners wie ein dramaturgisches Element, das die Handlung antreibt. Er setzt sie beinahe wie eine selbstständige, immaterielle Figur in Szene, wenn die Kamera einige Male in Nahaufnahmen die Noten abtastet, «als wären sie hieroglyphische Zeichen einer fernen Vergangenheit»[187], eine kryptische «Botschaft», die Julie solange verfolgt, bis sie den «geheimen» Auftrag annimmt, ins Leben zurückzukehren und es aktiv zu gestalten.

Aber auch das alltägliche Leben fordert seinen Tribut: in Gestalt Oliviers, der sie in jenem Café aufspürt, vor dem ein Flötenspieler eine Melodie aus der vernichteten Partitur ihres Mannes intoniert, die er gar nicht kennen dürfte. In der Fachwelt kursieren bereits Gerüchte, ob nicht der verstorbene Komponist, sondern Julie die entscheidenden Passagen seines Werks komponiert oder zumindest inspiriert hat. Obwohl Olivier ihr erneut seine Liebe gesteht, weist Ju-

---

[187] Pflaum, Hans-Günther: Drei Farben: Blau. In: *epd Film* 11/1993, S. 39.

311 Die Greisin am Flaschencontainer

lie ihn ab. Nach einer nächtlichen Schlägerei auf der Straße hämmert ein Mann hilfesuchend an ihre Tür. Bei einer Aktion der Hausbewohner gegen eine Prostituierte verweigert sie ihre Unterschrift. Lucille (Charlotte Véry), die keine Nacht alleine verbringen kann und in einem Sex-Club als Stripperin arbeitet, dringt aber ganz unvermittelt in ihr Leben ein, fordert Julie heraus, ihr in einer kritischen Situation beizustehen. Die Freiheit erweist sich schließlich als eine Illusion, unerreichbar wie all die Träume und Wünsche, die man früher gehegt hat und für die das blaue Kristallüster steht, das einzige Erinnerungsstück, das Julie beibehalten hat, da es allem Anschein nach aus ihrer Kindheit stammt.

Allmählich wendet sie sich in vielen kleinen symbolischen Akten dem Leben und den Mitmenschen zu. In ihrer freiwilligen Isolation gewinnen dabei banale Vorgänge an Bedeutung, nicht nur Impulse der Außenwelt, sondern auch Gegenstände des Alltags oder Augenblicke des Verweilens: Tassen, Zuckerwürfel, ein im Flaschenhals klirrender Löffel, Lichtreflexe, Sonnenstrahlen, die auf Julies Gesicht fallen, als sie sich auf einer Parkbank ausruht, während eine gebückte Greisin vergeblich versucht, eine Flasche in einen Glascontainer zu stopfen. Eine groteske Episode, die ihr eigenes Leben in 40 Jahren vorwegnehmen könnte, zugleich aber eine bewusst eingesetzte ironische Brechung, die erst im Kontext aller drei Teile der Trilogie die Funktion eines

Autorenkommentars annimmt. Diese Momente einer sensitiven Wahrnehmung kommen einem Herantasten an die materielle Wirklichkeit gleich: als ob Julie die Welt von Neuem entdecken, sich vergewissern würde, dass man trotz Tod, Schmerz, Einsamkeit, völliger Leere leben kann.

> «BLAU wird auf eine Weise erzählt, die eindeutig subjektiv ist. Wir wollten zeigen,» erklärt Kieślowski, «wie die Welt aus der Perspektive einer Frau aussieht, die die ihr nächsten Personen verloren hat. Was ist für sie wichtig? Wie reagiert sie auf die Welt? Was sieht sie? In diesem Redaktionszimmer, wo wir uns jetzt unterhalten, gibt es Hunderte von Details, die man ansehen und ihnen eine Bedeutung zuweisen kann. Das, was du aus Tausenden von Details auswählst, sagt viel über dich, wer du bist, woher du kommst, wie du aufgewachsen bist, welche Bücher du gelesen hast.»[188]

Subjektive Erzählweise heißt in diesem Zusammenhang auch, dass die Details sich zu einem Puzzle zusammenfügen, ohne einzeln eine konkrete, für den Zuschauer verifizierbare Bedeutung zu haben. Auch wenn durch ihre Präsenz der Eindruck entsteht, alles ist wichtig, alles kann zum Zeichen werden, verweisen sie in BLAU als Fragmente auf die unüberwindbare Subjektivität des Individuums, die Undurchdringlichkeit personaler Welten. Sie bilden den individuellen Mikrokosmos der Hauptfigur und können nur aus der Perspektive ihrer Gefühlswelt verständlich werden. Nicht zufällig macht sich die Kamera Julies Blick zu eigen. Sie folgt ihr in dokumentarischer Manier auf ihren Wegen, registriert, ohne sie aus den Augen zu verlieren, kleinste Details und Gesten, filtert das alles, was sich ihrer Wahrnehmung entzieht, aus den Bildern. «Erst aus der Bedeutung, die die Dinge und Vorgänge der äußeren Welt für den Helden (oder die Heldin) bedeuten,» interpretiert Pierre Lachat diese Narration in Bildern jenseits des traditionellen Erzählkinos, «ergibt sich laufend das Innenleben. (…) Die vierhundertfünfzig sinnlichen Details von ROUGE – fast gleich viele dürften es in BLEU sein – repräsentieren nichts, sondern sie bilden: sie sind das gesamte Innenleben von Valentine (oder Julie).»[189]

Aus der Summe der Nebensachen, die für Julies Innenleben an Bedeutung gewinnen, dem Zuschauer aber Rätsel aufgeben, erschafft der Kameramann Sławomir Idziak eine Seelenlandschaft, die flüchtig und unerklärbar bleibt, da die Details sich zu einem Bewusstseinsstrom fügen: Sie lösen in Dialogen unausgesprochene Gedanken, Assoziationen, Ahnungen aus, geben Augenblicksregungen wieder, mit denen Julie ihre Erinnerungen verknüpft. Ihre innere Wirklichkeit, seelische und psychische Vorgänge, werden so andeutungsweise registriert oder in der Abwesenheit der Bilder, des Sichtbaren, suggestiv vermittelt, ohne sich auf Anhieb zu erschießen. Die überraschenden Schwarzblenden wirken wie Leerstellen, halten der Imagination des Zuschauers alle Grenzen offen, fordern ihn unmittelbar zur Identifikation heraus. Kieślowski produziert einen Bedeutungsüberschuss, der allem Kalkül einer intellektuellen Versuchsanordnung zum Trotz mehr als eine Möglichkeit der Auslegung zulässt. Wie in einem inneren Monolog setzt er Bilder und musikalische Leitmotive anstelle einer geradlinigen Filmerzählung, hebt kurzfristig den Zeitablauf auf, fügt dem Bezugsgeflecht und der Erzählhandlung Lücken zu. So erfahren wir zum Beispiel nicht, dass die Schwimmstunden Julie wegen ihrer Gemütsverfassung vom Arzt verordnet wurden.[190] Um ihre emotionalen Zu-

---

188 Niebieski lizak. Ein Interview von Tadeusz Sobolewski. In: *Tygodnik Powszechny* v. 24.10.1993, S. 9.

189 Lachat, Pierre: Blau meint das Geistige, Rot das Wirkliche. Weiß ist keine Farbe. TROIS COULEURS: BLEU BLANC ROUGE von Krzysztof Kieslowski. In: *Filmbulletin* 3/1994, S. 29.

190 Im Drehbuch wird diese Information noch andeutungsweise in den Dialog mit dem Arzt geschmuggelt. Er fragt Julie, ob sie zum Ausgleich Sport treibt

stände sichtbar zu machen, arbeitet Kieślowski auch auffällig oft mit Close-ups, lässt das Gesicht von Juliette Binoche bei einer äußerst sparsamen Ausleuchtung in Szene setzen, wodurch der Film einen kammerspielartigen, intimen Charakter bekommt. Ob die Dramaturgie des Puzzles, Auslassungen der Montage, dokumentarische Detailakribie, Einsatz von Farbfiltern und Blenden, mögliche Metaphern oder ein magischer Blick auf Zufälle – alle diese formalen Kunstgriffe dienen ihm wie schon in Ein kurzer Film über das Töten und Ein kurzer Film über die Liebe als ein Verfahren zur Intensivierung der Wahrnehmung und zur Erschaffung einer «kalkulierten» Authentizität.

Während Kieślowski, Binoche und Idziak in Venedig jeweils mit einem «Goldenen Löwen» ausgezeichnet wurden, fiel die Kritik in Deutschland auffallend negativ aus. Die geäußerten Vorbehalte richteten sich im Allgemeinen gegen das «Netz der Kunstfertigkeiten und Manierismen (…), zu denen sich Kieslowskis Erzählstil inzwischen ausgeschliffen hat» (Brigitte Desalm)[191]. «An die Stelle der fast spröden realistischen Bilder», urteilte in *epd Film* Hans-Günther Pflaum, «sind jetzt erlesene Tableaus getreten. Kieslowski inszeniert, als wolle er mit jeder Einstellung seine dokumentarischen Anfänge vergessen machen, und als hätte der Wechsel von der slawischen in die romanische Welt einen geradezu obsessiven Stilwillen in ihm freigesetzt.» Doch ist mit dem Wechsel in die romanische Welt Kieślowskis enormer Stilwille, der nach der Aufführung von Ein kurzer Film über das Töten noch Begeisterungsstürme auslöste, tatsächlich so obsessiv geworden, oder hat sich vielleicht auch die Optik deutscher Rezensenten seinen im Westen entstandenen Filmen gegenüber verändert? Sind mit dem Wegfall einer fotogen-exotischen Tristesse der damals schäbigen polnischen Wirklichkeit nicht gerade gesellschaftskritische Deutungsmuster abhandengekommen, die von der Kritik dankbar aufgegriffen wurden? Waren die existenziellen Fragestellungen des Dekalog nicht ein Zankapfel der polnischen Presse, die dem Zyklus bereits Entpolitisierung und mangelnde soziale Verwurzelung vorwarf? Hat nicht die Kritik, oft geleugnet, immer auch mit persönlichem Geschmack zu tun, wenn das Finale in Blau Wolfram Knorrs und Andreas Kilbs Sehnsucht nach «Geschäften des Dagobert Duck» und nach «Cowboys, Dinosauriern, Raumschiffen, Verfolgungsjagden und manchen anderen Dingen» weckte, «die das Leben im Kino leichter machen»[192]. Hat nicht gar eine vorgeprägte westliche Rezeptionshaltung gegenüber einer aus Osteuropa kommenden filmischen Mystik zuweilen den Blick für die Komplexität und Ambivalenz dieses Werks verstellt? Wie sonst wäre eine Haudrauf-Kritik zu deuten, der Kieślowskis «zwanghafte Planspiele» den willkommenen Anlass dafür boten, um hämisch seine «Heiligsprechung» nur noch zu einer «Frage der Zeit» (Kilb) zu erklären, oder Blau platt als einen «Videoclip von Kirchenbroschüren» (Knorr) zu denunzieren. Spätestens seit Dekalog erzählte Kieślowski doch kleine resp. banale Geschichten, die aber an akribisch geplante Gedankenspiele erinnerten, in denen er wie «auf einem imaginären Schachbrett»[193] mit seinen

---

und sie antwortet, dass sie regelmäßig schwimmt. Im Film ist diese Szene gekürzt worden. Auch das Drehbuch zu Dekalog 1 enthielt noch einen Hinweis für die Unglücksursache. Heißes Wasser, von den Elektrizitätswerken nachts in den See abgelassen, brachte das Eis zum schmelzen.
191 Zwischen Kunst und Krampf. Kieslowskis neuer, in Frankreich gedrehter Film Drei Farben. Blau. In: *Kölner Stadt-Anzeiger* v. 6–7.11.1993.
192 Knorr, Wolfram: Nur noch ein sanftes Amen. In: *Weltwoche* v. 18.11.1993. Kilb, Andreas: Blick in die Vitrine. In: *Die Zeit* v. 05.11.1993.
193 Kilb, Andreas: Blick in die Vitrine. In: *Die Zeit* v. 05.11.1993.

VI. Von der Wirklichkeit zur Metaphysik

312 Spiegelung der Särge in der Fernsehübertragung

Figuren ein grausames Spiel trieb und die durch kühl kalkulierte Effekte auffielen. Kieślowskis Filme entziehen sich mit ihrer ausgefransten, in Fragmente und Episoden zerfallenden Erzählform bewusst rationalisierenden Zuordnungen, was bei Kritikern allerorten immer wieder einen unbändigen Wunsch nach Eindeutigkeit freisetzte, bis hin zu gehässigen Polemiken, in den dann meistens die Keule des orthodoxen Katholizismus geschwenkt wurde.

Die Qualität von Kieślowskis Mystifikationen liegt aber gerade darin, dass er seine simplen Geschichten mit Tiefgang, deren Eigenart Wolf Donner mit dem Begriff «metaphysischer Thriller» einzufangen versucht hat, spannend erzählen will: «Im gewissen Sinne wartet Julie ständig auf etwas, wartet, das etwas sich ändert. Sie ist neurasthenisch und introvertiert. Und der Film muss der Heldin irgendwie folgen, ihrem Lebensstil, ihrem Verhalten. Der Filmstil muss ihren Zustand beschreiben. Allerdings heißt das nicht, dass ein Film über Langeweile langweilig sein muss.»[194] Dass er sich dafür die stilistischen Mittel aussuchte, mit denen er die handlungsarme Geschichte am wirkungsvollsten erzählen konnte, liegt auf der Hand. Um den inneren Gefühlsvorgängen visuelle Gestalt zu verleihen, überzog Kieślowskis Kameramann Idziak die Bilder mit einem blauen Schleier oder dunkelte sie erneut an Rändern durch Blenden und Un-

schärfe ab, veränderte auch mitten in einer Einstellung die Beleuchtung. Nur diesmal evozierte diese verfremdende Farb- und Lichtdramaturgie eine Atmosphäre meditativer Intensität. Die einfachsten Alltagssituationen erlangten dadurch die Dimension eines persönlichen Mysteriums. Diesen Eindruck verstärken noch «*establishing shots*», Großaufnahmen der Alltagsgegenstände, die sich zum inneren Monolog der Heldin zusammenfügen.

Hinzu kommen «*flashforwards*» (gebückte Frau am Flaschencontainer) und «*flashbacks*» (Spiegelung der Särge in der Pupille), in den Julie ihr zukünftiges und vergangenes Leben wahrnimmt. Statt die Erzählstruktur zu verbergen und die Illusion einer objektiven Wirklichkeit zu erzeugen, die doch immer durch Schnitte und Montage selektiv und künstlich bleibt, legen Kieślowski und Idziak ganz bewusst die Erzählstruktur frei, indem sie ungewöhnliche Kameraeinstellungen oder Schwarzblenden verwenden. Vor allem die «Blaupausen» für die Fantasie des Zuschauers, die ihn für das Nichtsichtbare innerer Prozesse sensibilisieren sollen, offenbaren die «technische Anwesenheit» des Erzählers. Wenn Julie ihre «musikalischen Anfälle» bekommt, wie Idziak scherzhaft die Stellen im Film bezeichnet, an denen sie von ihren Erinnerungen eingeholt wird, wirken sie zwar in Verbindung mit der von slawischer Gefühlsemphase erfüllten Musik Preisners pathetisch, erfüllen aber ihre dramaturgische Funktion: Gefühlszustände in Bilder umzusetzen. In ihrer Verzweiflung ist Julie unfähig zu trauern. Im Gegensatz zu ihrer Haushälterin, die sich an alles erinnert und nach ihrer Rückkehr aus dem Krankenhaus in Tränen ausbricht, erstarrt sie in ihrer Trauer. Und gerade die Musik als körperloseste aller Künste setzt sich, wie Anke Sterneborg ihre Funktion in Drei Farben: Blau beschreibt, «über die Gesetze

---

[194] Kieślowski 1997, S. 175.

des Materiellen hinweg. Wie ein Sirenengesang dringt sie in Julies Leben, nicht um sie in den Tod, sondern zurück ins Leben zu locken»[195].

Die endgültige Kehrtwendung bringt eine Fernsehsendung, die Julie zufällig in der Sex-Bar sieht, wo sie der verzweifelten Lucille einen Freundschaftsdienst erwiesen hat. Mit einem geschickten Schachzug lockt Olivier sie aus der Reserve, als er öffentlich den Nachlass ihres Mannes vorstellt und ankündigt, das unvollendete «Konzert für Europa», dessen Kopie in Straßburg aufgetaucht ist, zu Ende schreiben zu wollen. Unter den Fotos, die in der blauen Aktentasche deponiert waren, entdeckt Julie mehrere Aufnahmen ihres Mannes mit einer fremden Frau. Sie war seit langem seine Geliebte, wie Julie aus den Gesprächen mit seinen Mitarbeitern erfährt (s. S. 494, Abb. 50). Bereits in DEKALOG 9 inszenierte Kieślowski eine Geschichte übersteigerter Emotionen ironisch gebrochen als Melodram und griff dabei auf genreübliche Klischees zurück. Mit klarem Kalkül führt er auch in BLAU melodramatische Komponenten ein, verlagert die Interpretation in die Musik und die wie Musik «komponierten» Bilder[196], um so das emotionale Potenzial dieser Gattung zu nutzen und die Grenzen eines Psychodramas zu sprengen.

Julie lässt endgültig ihre Vergangenheit hinter sich, als sie Sandrine (Florence Pernel), die von ihrem Mann ein Kind erwartet, das Landhaus schenkt, in dem sie mit ihm und ihrer Tochter gelebt hat. Aller Voraussicht nach hätte Patrice

195 Der Blues mit der Freiheit. Krzysztof Kieslowski eröffnet seine Trilogie «DREI FARBEN» mit dem Film «BLAU». In: *Süddeutsche Zeitung* v. 05.11.1993.
196 Das Bild des Todes im Prolog und des beginnenden Lebens im Finale mitsamt der Hymne bilden einen Kontrapunkt, auf den in einem Dialog sogar angespielt wird. Die Szenen und die Musik im Schwimmbad sind leitmotivisch eingesetzt, und die Schwarzblenden wirken wie Refrains. Die Spiegelungen in der Pupille erinnern an Variationen zum selben Thema.

313 Julie schenkt der Geliebten ihres Mannes das gemeinsame Haus

sie früher oder später verlassen, ihre erste Existenz war unter Umständen eine Lüge. Als sie sich dazu entschließt, mit Olivier das letzte Werk des gefeierten Komponisten fertigzustellen, kann man sich des Verdachts nicht erwehren, dass sie die Urheberin seiner musikalischen Erfolge war

314–315 Julie beginnt mit Olivier zu komponieren

VI. Von der Wirklichkeit zur Metaphysik

316–318 Erster Besuch im Altenheim: Bunjee jumping

Kieślowski diese Passagen in Unschärfe (s. S. 269, Abb. 37), lenkt die Aufmerksamkeit bewusst auf den Dialog und die Musik. Julie ist jetzt in der Lage, das Leben zu akzeptieren, neue Bindungen einzugehen und ihre persönliche, innere Freiheit anzunehmen. Erst über die Musik als einem Akt der Selbstbestimmung hält sie Einzug ins Leben und kann zum Schluss wieder weinen, beginnt zu verarbeiten, statt zu verdrängen.

«Fernsehen, das ist Einsamkeit, Kino dagegen Gemeinschaft,»[197] eine Unterscheidung, die Krzysztof Kieślowski in dem DEKALOG-Kapitel seiner Autobiografie vornimmt. Nach ihrer Entlassung aus dem Krankenhaus besucht Julie ihre Mutter (Emmanuelle Riva) im Altersheim, die an einer Gedächtnisschwäche leidet und sie kaum wahrnimmt. Diese verbringt ihre Zeit vor dem Fernseher, der für sie das ganze Leben ist. Während die Mutter gebannt auf den Bildschirm schaut, sagt Julie: «Jetzt habe ich verstanden, dass ich nur eins tun werde: nichts. Dass ich keinen Besitz mehr will, keine Erinnerungen, keine Liebe, keine Bindungen, keine Freunde. Das alles sind nur Fallen.» Auf dem Bildschirm sind Menschen zu sehen, darunter auch ein alter gebrechlicher Mann, die an einem Banjee-Seil in die Tiefe springen: ein riskanter Sturzflug als Inbegriff der absoluten Freiheit. Die waghalsigen Springer werden jedoch abgefangen durch eine Verbindungsschnur, die ihr Überleben garantiert. Eine poetische Metapher, die in ihrer Vieldeutigkeit, so der polnische Filmkritiker Tadeusz Sobolewski, einen interpretatorischen Schlüssel für DREI FARBEN: BLAU liefern könnte: «Kieślowski kann sich nicht mit der Endgültigkeit abfinden. Rebellierend verspottet er jede Form von Trost. Der Tod ist absurd, das Alter eine Groteske, das Leben mit all seinen Aspirationen ein Flug an der Kette.»[198] Alle

und er vielleicht sogar ein Plagiator (Flötenspieler-Motiv). Während der Arbeit an der Partitur kommen sich Olivier und Julie näher, bis die fertige Komposition ihr gemeinsames Werk und nicht mehr das ihres verstorbenen Mannes ist. Da das Konzert unter ihrem Namen erscheinen soll, ist es ein Indiz dafür, dass Julie sich in ihrem Verhältnis zu Patrice neu definieren und auch ihre ziellose Freiheit, die nur ein Übergangsstadium war, aufgeben würde. Zeitweilig belässt

---

197 Kieślowski 1997, S. 120.
198 Sobolewski, Tadeusz: Lot na uwięzi. In: *Kino* 10/1993, S. 4.

Figuren des Films leiden, warten auf oder vermissen etwas. Sie sind einsame Monaden in der Anonymität einer Großstadt.

Dieses Leiden als Trauer, Einsamkeit und Unfähigkeit, miteinander zu kommunizieren, ist das eigentliche Thema von Blau. In der bravourösen Travelling-Montage des Finales werden alle Figuren in ihrem Alleinsein[199] zu den Klängen des vollendeten «Konzerts für Europa» vereinigt. Unterlegt ist die Sequenz mit einem imposanten Chor-Gesang zum Text des «Hohelieds der Liebe» aus dem Ersten Korintherbrief, der mit den Zeilen endet: «Für jetzt bleiben Glaube, Hoffnung, Liebe. Diese drei. Am höchsten aber steht die Liebe.» Ein Stück schwärmerischer Prosa, in dem die Kraft der Liebe besungen wird: universell, zeitlos, sinnstiftend, utopisch. Liebe als die letzte noch funktionierende (Kino-)Utopie? Dieser pathetische Schlussakkord provozierte bereits in den Festivalberichten aus Venedig unter deutschen Kritikern, die darin religiösen Kitsch entdeckt zu haben glaubten, ausfällige Kommentare. Andere Rezensenten bewiesen mehr Spitzenfingergefühl: «Man hat in Blau», schrieb Wolf Donner in seiner *TIP*-Kritik,

> «einen klerikalen Gestus entdeckt und diffuse Weihrauchschwaden geortet. Die Zeichen und Wunder, das sakrale Pathos der Musik, der Bi-

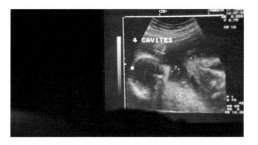

319–321 Travelling-Sequenz im Finale

---

199 Dass Kieślowski, wie er oft betont hat, immer denselben Film drehte, zeigt ein Vergleich mit der Schlusssequenz aus Dekalog 2: Dort steht Dorota in ihrer dunklen Wohnung und schaut durchs Fenster in die Nacht hinaus, ähnlich wie einige Stockwerke tiefer der Arzt, der ihren Mann behandelt hat. In einer Fahrt verbindet die Kamera ihre Gesichter und das von Dorotas Ehemann im Krankenhaus. Dann leitet die Musik über zu Dorota, die während eines Konzerts Violine spielt. Zum Schluss bleiben die Personen jedoch allein. Sie sind zersprengte Individuen in einer anonymen Hochhaussiedlung in Warschau, die für Kieślowski bekanntlich für alle die Orte der Welt stand, wo Menschen sich einsam fühlen.

beltext (‹Glaube, Hoffnung, Liebe ... ›) oder das stumme Martyrium der Julie, von Juliette Binoche zur rätselhaften, ein wenig indignierten Madonna stilisiert, legen diese Lesart nahe. Aber es bleibt ein Spielmaterial, eine der Offerten des Films. Die bewussten Lücken im Bezugsgeflecht und Handlungsablauf, die vielen Reflexionen in Scheiben, Bildern, Augäpfeln, eine subtile Ambivalenz als bestimmender Faktor der ästhetischen Strategie Kieslowskis lassen viele Deutungen zu.»

VI. Von der Wirklichkeit zur Metaphysik

322 Liebesakt mit Olivier

Kieślowski selbst wollte das Finale überhaupt nicht als optimistische, gar überbordende Hymne an die Liebe verstanden wissen, eher schon als eine ständig wiederkehrende Mahnung «in einer kraftvollen Partitur, die das Mitleid glorifiziert»[200]. In der vorangehenden Sequenz zeigt er den Liebesakt zwischen Olivier und Julie als ein magisch-melancholisches Ritual, bei dem er zugleich Bilder für die Ambivalenz der Liebe findet: Wenn man von außen Julies Gesicht, Körper und Handinnenflächen hinter einer Fensterscheibe, dicht an sie gedrängt, sieht, vermittelt es den Eindruck, als wäre sie wie in einem Aquarium gefangen: Liebe als vermeintliche Sicherheit, die einengt? Oder als eine Form der persönlichen Freiheit, die einem Flug an der Kette gleicht? Da klingt schon viel Distanz und bittere Ironie an – allenfalls ein verhaltener Optimismus.

Als Julie später ihre Mutter ein zweites Mal besucht, sieht sie durchs Fenster, wie diese, ähnlich wie zuvor, vor dem Fernseher sitzt. Nur diesmal schaut sie einem Seiltänzer zu: Das Leben als Balanceakt. Für Sekundenbrüche steht Julie wie neben sich. Ihr Gesicht spiegelt sich in der Glasfront, bis sich in der Einstellung drei Spiegelbilder teilweise überlagern: der Reflex von Julies Körper, die Mutter im Inneren des Raums und das Fernsehgerät. Wie schon in der Peep-Show-Sequenz, in der Julie sich durch zwei Fensterscheiben hindurch auf einem Fernsehbildschirm sah, verbindet Kieślowski hier die Selbstreflexion der Figur mit der des filmischen Blicks in seiner Selektivität und Ambivalenz. In solchen Sequenzen führt er seinen in DER FILMAMATEUR begonnenen selbstreferenziellen Medien-Diskurs fort. Traumwandlerisch beherrscht Kieślowski bei allem Pathos die Gratwanderung zwischen tieferer Bedeutung und «Kunstgewerbe», changiert zwischen ironischer Brechung und übersteigerter Kinoemotion, wenn er gerade die pathetisch wirkenden Sequenzen des Films ausbalanciert, ihnen durch lakonischen Humor eine überraschende Kehrtwendung gibt: Wie ein Bote des Jenseits steht irgendwann Antoine vor Julie, Zeuge des Unfalls, der eine Kette mit Kruzifix vor Ort entwendet hat. Julie weigert sich, das Geschenk ihres Mannes zurückzunehmen. Während aber Antoine von ihr wissen will, welche Bedeutung die letzten Worte des Toten haben könnten, muss Julie zum ersten Mal lachen, als sich herausstellt, dieser hätte wie gewöhnlich nur die Pointe eines Witzes, den er im Moment des Unfalls erzählte, vor seinem Tod wiederholt.

323 Zweiter Besuch im Altenheim: Mehrfache Spiegelung von Mutter und Tochter und der Seiltänzer im Fernsehen

200 Zit. nach Nagel, Josef: Der Zufall möglicherweise oder die Macht des Schicksals. Kieslowskis Auftakt zur Trilogie der «DREI FARBEN». In: *film-dienst* 10/1993, S. 37.

Für gewöhnlich bleibt Kieślowski Erklärungen jedoch schuldig, evoziert mit seiner Bildsprache Assoziationen und Fragen, deren Deutung und Beantwortung er dem Zuschauer überlässt: «Ich verbringe viel Zeit im Schneideraum, montiere immer wieder eine neue Version des Films, probiere Verschiedenes aus. Und jedesmal, wenn ich merke, es wird zuviel erklärt, schneide ich genau diese Stellen heraus.»[201] Freiräume für das Kino im Kopf: Eine Einladung zum Dialog. Dieser wäre aber ohne das Gesicht des Films, Juliette Binoche, die nach ihren Auftritten in Leos Carax' DIE LIEBENDEN VON PONT NEUF (LES AMANTS DU PONT-NEUF, F 1991) und Louis Malles Verhängnis (1992) gerade zum Star des europäischen Kinos avanciert war, gewiss nicht möglich. In DREI FARBEN: BLAU fasziniert Binoche auf der Leinwand durch ihre intensive Ausstrahlung und körperliche Präsenz. Mit ihrer Sensibilität und Zielstrebigkeit erreicht sie hier eine Transparenz des Ausdrucks, die ihre stumme Schilderung des sich in Julies Innerem abspielenden Dramas trägt. «Ich will die Intimität filmen, Deine Intimität», soll Krzysztof Kieślowski zu ihr gesagt haben. «Diese Absicht habe ich als Einladung verstanden», so Juliette Binoche, «und ich war innerlich bereit zu einer Operation am offenen Herzen, bei der nur Flüstern und Blicke voller Spannung die Bewegungen begleiten.»[202]

201 Zit. nach dem Presseheft zu DREI FARBEN: BLAU. Anke Zindler Filmpresse München.
202 Ebd.

Gleichheit oder Gleichberechtigung
Euphorie der Müllhalde: WEISS

«Als wir das Buch zu WEISS schrieben, dachten wir uns, dass es vielleicht an der Zeit wäre, vom Wahnsinn unserer polnischen Realität zu erzählen. Und dabei dachten wir an Chaplin.»

– *Krzysztof Piesiewicz* (La passion Kieslowski)

Erkundete BLAU in Paris subtile Seelenlandschaften, so ist WEISS eine rabenschwarze Komödie voller grotesker Zufälle, widerspenstiger Fallen und augenzwinkernden Slapsticks, deren Spur in der unmittelbaren Nachwendezeit nach Warschau führt. Erwies sich die Freiheit in BLAU als eine Illusion, verkehrt der kritische Blick Kieślowskis auf sein Heimatland, wo die Handlung von WEISS überwiegend spielt, die Gleichheit in ihr Gegenteil. Nach dem Scheitern des Kommunismus schien Ungleichheit nirgendwo grösser zu sein als in Polen. Dort hat die real sozialistische Gleichmacherei einen raffgierigen Manchester-Liberalismus hervorgebracht. Wie bei Kieślowski nicht anders zu erwarten, geht es also in DREI FARBEN: WEISS um die Unmöglichkeit der Gleichheit.

Wenn auch die radikalen politisch-wirtschaftlichen Veränderungen in Polen ein Chaos der Unübersichtlichkeit geschaffen haben, in dem alles und jeder gekauft und verkauft werden konnte, galt Kieślowskis Interesse nicht primär diesem sozialen Wandel: Obwohl WEISS eine bissige Sozialsatire ist, konzentriert sich sein Augenmerk in diesem irrwitzigen Labyrinth auf den zwischenmenschlichen Bereich. Natürlich ist die Gleichheit auch im Reich der Emotionen eher durch ihre Abwesenheit definiert. Was Wunder, lotet Kieślowski doch im Mittelstück der DREI FARBEN-Trilogie die Untiefen der Geschlechterdifferenz aus. Im Geschlechterkampf, so zeigt es WEISS, werden offene Rechnungen beglichen: Wie du mir, so ich dir – es wird buchstäblich mit barer Münze heimgezahlt. Und all dies nur, um eine verlorene Liebe wiederzugewinnen. Alles mit Gleichem zu vergelten, was man sich an Leid gegenseitig zufügt, schafft aber bestenfalls so etwas wie ausgleichende Gerechtigkeit; Gleichheit in der Liebe, die doch, wo die sozialen Ideale versagen, vieles kitten könnte, bleibt flüchtig, entwickelt sich zu einer Frage der Gleichberechtigung, die den Modellcharakter der Geschichte unterstreicht. WEISS, eine sarkastische Tragikomödie mit einem ambivalenten Happy-End, durchmisst auch Abgründe und Umwege einer Liebe, die letztlich einer «*amour fou*» sehr nahe kommt.

324 *Flash back*: Die Hochzeit

Anders als BLAU ist WEISS reich an Ereignissen und überraschenden Wendepunkten. Trotz der vordergründigen Schlichtheit des Plots versäumt Kieślowski nicht, in die Handlung Verweise auf andere Verständnisebenen unter der Oberfläche der Ereignisse einzubauen. Abermals erweist er sich als ein großer Manipulator, der mit märchenhafter Leichtigkeit Gefühle auf der Leinwand evoziert und mit verrätselten Details und Leitmotiven spielt.

325 Karol und Mikołaj in der Pariser Metro

Wieder setzt Kieślowski, wie in BLAU, das Ende einer Ehe an den Anfang: Im Pariser Justizpalast werden der nach Frankreich verschlagene Pole Karol (Zbigniew Zamachowski) und seine Frau Dominique (Julie Delpy) geschieden. Die Ehe sei nie vollzogen worden, führt Dominique als Scheidungsgrund ins Feld. Eine für Karol mehr als peinliche Situation, steht hier schließlich seine unerklärliche Impotenz zur Verhandlung, die ihn im Pariser Exil heimgesucht hat. Vor der Heirat habe er seine französische Gattin befriedigt, wendet Karol ein. Erst in der Fremde sei er impotent geworden. Als Dominique aber zu Protokoll gibt, sie liebe ihn nicht mehr, fragt Karol, der nur ein paar Brocken Französisch kann und sich missverstanden fühlt: «Wo bleibt die Gleichheit?»

Nach der Scheidung steht Karol buchstäblich vor dem Nichts, ohne Frau, ohne Heim, ohne Arbeit. Sogar sein polnisches Auto «Polonez» hat Dominique requiriert. Seine Kreditkarte zieht der Bankautomat ein, da sie ihr gemeinsames Konto gesperrt hat; seinen Friseursalon, bisher der Mittelpunkt ihres gemeinsamen Lebens, steckt sie in Brand, um Karol als Brandstifter bei der Polizei anzuzeigen. Mittellos und ohne Papiere, erniedrigt und verletzt, kann er nicht einmal das Land verlassen und nach Polen zurückkehren. Allein ein großer Koffer ist ihm geblieben, und ein Kamm, sein wichtigstes Arbeitsutensil, auf dem er – in der Pariser Métro gestrandet – eine polnische Melodie bläst, um sich ein paar Franc zu erspielen. Ausgerechnet die Liebesschnulze, von einem Landsmann wiedererkannt, führt zu einer schicksalhaften Begegnung: Mikołaj (Janusz Gajos), wie Karol ein Pole in Paris, macht ihm ein lukratives Angebot. Er soll einen lebensmüden Geschäftsmann umbringen, der die Kraft zum Selbstmord nicht aufbringt. Karol lehnt ab, freundet sich dafür mit Mikołaj an, der ihn als blinden Flugpassagier in seinem riesigen Koffer nach Polen schmuggelt.

Auch wenn DREI FARBEN: WEISS im Erzählduktus und von der ästhetischen Strategie her das genaue Gegenstück von DREI FARBEN: BLAU ist, so verbindet beide Filme mit der Thematik des Verlustes ihre Ausgangsposition: in BLAU als Folge des Zufalls, in WEISS geschuldet der bewussten Entscheidung einer anderen Person, die Karol den Verlust von all dem, was ihm teuer und wichtig war, erleben lässt. Was Julie in BLAU aus freien Stücken aufgab, wird Karol gegen seinen Willen mit Gewalt entrissen. Beide Figuren stehen angesichts des totalen Verlustes vor dem Nichts. Während Julie diese Situation verinnerlicht und in der Musik als einem Akt kreativer Selbstbestimmung die Rettung findet, ist es in WEISS der soziale Aufstieg, der eine Bewältigung der verfahrenen Situation von Außen ermöglicht.

So gesehen, stehen BLAU und WEISS (wie die Ideale Freiheit und Gleichheit) im komplementären Verhältnis zueinander: Karol muss zuerst die Stufe der sozialen Unabhängigkeit

VI. Von der Wirklichkeit zur Metaphysik

326 *Flash forward*: Der Koffer auf dem Rollband

erklimmen, die Julie als Voraussetzung für ihre innere Freiheit längst erreicht hat, um gleichberechtigt zu sein als Voraussetzung für die Utopie der Liebe[203]. Nur in zwei Einstellungen nimmt Kieślowski bereits im Prolog vorweg, was seinem Helden noch bevorsteht: Die erste Kameraeinstellung des Films gilt Karols Schuhen, schwarzen, ausgetretenen, schäbigen Schuhen, und seinem unschlüssigen Gang, der an die Gangart Charlie Chaplins erinnert. Bevor die Geschichte richtig begonnen hat, deutet der Regisseur an, dass derjenige, der da gerade kommt, schon alles verloren hat. Während er die Stufen zum Pariser Justizpalast nimmt, fällt vom Pariser Himmel weißer Taubendreck auf Karol hinunter. In einer Parallelmontage ist zwischendurch ein riesiger Koffer auf einem Förderband zu sehen, dem die Kamera in einem *«travelling shot»* auf seinem Weg ins Flugzeug folgt.

Erneut bedient sich Kieślowski klar kalkulierter *«flash forwards»* und ironischer Selbstzitate, um die Zukunft und die Vergangenheit seines Helden in emblematischen Episoden zu vergegenwärtigen: Da Karol ohnehin schon ganz «unten durch» ist, auch unter Tage in der Métro Zuflucht sucht, verwundert es nicht weiter, wenn seine spätere Rückreise nach Polen in den «Untergrund» führt. In den *«flash forwards»* mit dem Koffer auf dem laufenden Band streut Kieślowski in die Exposition Indizien für diese Kehrtwendung der Handlung ein. Dass er dabei als Manipulator menschlicher Schicksale ein «grausames Spiel» mit seinen Figuren treibt, offenbart sich sukzessive mit dem Fortschreiten der Aktion. Zumal er diesmal Karols Empfindungen und Wahrnehmung der eigenen Lage explizit auf der Ebene des Autorenkommentars darstellt: Hatte Julie in BLAU noch die alte Frau am Glascontainer kaum wahrgenommen, da sie in ihrer freiwilligen Isolation nur mit sich selbst beschäftigt war, so schaut Karol – gerade in der Pariser Gosse gelandet – der gebrechlichen Person in lumpiger Kleidung, die eine Flasche in einem grünen Container versenkt, aufmerksam zu. Mitleid und Schadenfreude spiegeln sich abwechselnd in seinem Gesicht, sitzt er doch selbst im abgetragenen Mantel, verschwitzt und zutiefst verunsichert, buchstäblich auf der Straße. Die Gestalt der «buckligen Alten» erweist sich im zweiten Teil der DREI FARBEN als Gradmesser der Slogans Freiheit-Gleichheit-Brüderlichkeit, die Kieślowski zu Ausgangsideen seiner Trilogie gemacht hat. Erst als Valentine in ROT der hilflosen Greisin dabei zur Seite steht, die Flasche loszuwerden, wird das Ideal der Brüderlichkeit eingelöst: Wiederholung und Variation eines Motivs als Chiffre und beiläufiges Zeitbild. Die auf diese Weise illustrierten Ideale wandeln sich als abstrakte Begriffe zu einer konkreten Geste. Auf einer Meta-Ebene entstehen Bezüge und Assoziationen, die den parabolischen Plot und den Alltag miteinander verbinden, Phantome der Ideenwelt und die dargestellte Wirklichkeit in Verhältnis zueinander setzen.

Kieślowski macht die Thematik des Verlustes zum Ausgangspunkt seiner Reflexion über den Begriff der Gleichheit und dekliniert das sozia-

---

203 Vgl. hierzu den Aufsatz von Franck Garbarz: Trois couleurs Blanc: inégalité sociale et égalité en amour. In: *Études cinématographiques: Krzysztof Kieślowski*. Nr. 203–210. Hg. v. Estève, Michel. Paris 1994, S. 129–139.

le Ideal der Französischen Revolution auf allen Ebenen durch, indem er stufenweise den totalen Verlust aller Lebenskoordinate von Karol dokumentiert: Vor dem Gericht verliert Karol zuerst die Liebe Dominiques, nachdem er bereits seine Manneskraft eingebüßt hat. Es folgt der materielle Verlust (Wohnung, Auto, Geld) und mit der Arbeitslosigkeit (Friseursalon) der soziale Abstieg. Als Bettler in der Métro verliert er auch seine Würde und Selbstachtung. Zum Schluss ist er als vermeintlicher Brandstifter, polizeilich gesucht und ohne Papiere, gezwungen, das Land in einem Koffer zu verlassen, was ihn sogar um seine Identität bringt. Erneut führt Kieślowski seine Hauptfigur in eine Grenzsituation des Scheiterns, konfrontiert sie mit der Erfahrung des Leidens, die Karol angesichts des teils realistischen, teils absurden Geschehens vor unausweichliche Entscheidungen stellt. Diese extreme Ausgangssituation und die ihr auf dem Fuße folgenden kafkaesken Zufälle bilden die narrativen Fixpunkte einer Versuchsanordnung, in deren Mittelpunkt das Streben nach Liebesglück steht: Ließ in BLAU die Verlusterfahrung Julie erst ihre Kreativität finden und machte sie um die Erkenntnis reicher, dass die totale Freiheit nicht durchzuhalten sei, so befähigt die Abfolge von Verlusten Karol in WEISS, fein gesponnene Rache zu nehmen und zu entdecken, «dass die soziale Gleichheit ein Köder ist und die Gleichheit in der Liebe flüchtig»[204]. Zog die Erfahrung des Leidens bei Julie den totalen Verzicht nach sich – obgleich sie später Liebe und Erfüllung in der Kunst findet –, kompensiert Karol sein Leid durch eine Strategie des sozialen Aufstiegs, die ihm Macht und Einfluss bringt. Letztlich setzt er aber alles auf eine Karte, um die verlorene Liebe zurückzugewinnen. Wie schon in BLAU macht Kieślowski dieselbe Frage zur Richtschnur seiner Fallstudie, die in ihrer Erzählstruktur einer ellip-

204 Ebd., S. 132.

327 Die Greisin am Flaschencontainer

tischen Logik folgt: Wie reagiert eine Person auf den emotionalen Schock, den ein totaler Verlust auslöst? Wie geht sie damit um?

Aus dem Unglücksraben, dem bis dahin vom Pech Verfolgten, wird im Goldfieber der polnischen «Gründerzeit» ein Hans im Glück. In der Heimat angekommen, wird er allerdings noch einmal zum Opfer, da der Koffer samt Inhalt unter die Räuber fällt: Diebe der Airport-Mafia entleeren das übergewichtige Gepäckstück auf einer weitläufigen Müllkippe vor den Toren der Stadt. Als aber statt einer fetten Beute ein kleiner, unscheinbarer Mann zum Vorschein kommt, verprügeln sie Karol bis zur Besinnungslosigkeit. Euphorie der Müllhalde: Der farblose Figaro kann jetzt in dem El Dorado der zwielichtigen Geschäfte und Emporkömmlinge mit den Gangstern gleichziehen. Er befindet sich auf vertrautem Terrain: «Gott sei Dank. Endlich zu Hause!», seufzt Karol sichtlich erleichtert, als er wieder zu sich kommt. Eine weiße Schneedecke bedeckt den gigantischen Müllplatz von Warschau: Hier wird Karol endlich Boden unter die Füße bekommen. Obwohl ihn sein sanftmütiger Bruder Jurek (Jerzy Stuhr), bei dem er Unterschlupf und Nestwärme findet, bedrängt, in seinem Vorstadt-Frisiersalon auszuhelfen und der regen Nachfrage weiblicher Kundschaft standzuhalten, winken Karol im postkommunistischen Polen ganz andere Möglichkeiten: Der vom Schicksal so oft Gedemütigte und Benach-

VI. Von der Wirklichkeit zur Metaphysik

328 Auf der Müllhalde

teiligte beschließt, kurzerhand reich zu werden. Dem gesellschaftlichen Aufstieg des traurigen Clowns zum gelackten Wirtschaftshai sind keine Grenzen gesetzt.

«Heute ist es möglich, alles in Warschau zu kaufen: einen Panzer, ein Kilo Uran, Häuser, deren Besitzer verschwunden sind, gefälschte Pässe, gestohlene Autos, eine Geburtsurkunde, ein richtiges oder ein falsches Universitätsdiplom. In dieser Welt ereignet sich unsere Geschichte»[205], schilderte Kieślowski 1993 die absurden Zustände in seinem Heimatland, nicht ohne hinzuzufügen, der Film könnte genauso gut in Moskau spielen, wäre er Russe, oder in Budapest, wäre er Ungar. Anfang der 1990er-Jahre versuchte man gerade in Osteuropa, es dem kapitalistischen Westen gleichzutun. Der abrupte Übergang zum neuen Wirtschaftssystem beförderte statt der herbeigesehnten Mär von einem Land unbegrenzter Möglichkeiten eher Kieślowskis düstere Phantasmagorie eines «wilden Ostens». Mit sarkastischem Humor fängt er im Kontrast zum glitzernden westlichen Lebensstandard des ersten Filmdrittels die wahnwitzigen Lebensumstände ein. Eine polnische Achterbahn: Schieber, Mafiosis, Spekulanten geben den Ton an, bilden die Avantgarde einer nachgeholten bourgeoisen Revolution. Angesichts des neokapitalistischen Chaos gewinnt sogar die marxistische Lehre von dem Sein, das das Bewusstsein bestimmt, wieder an Aktualität.

Ganz zeitgemäß heuert Karol als Bodyguard bei einem Geldwechsler und Schwarzmarktprofiteur an. Als er dessen Plan belauscht, durch günstige Grundstückskäufe das zukünftige Baugelände westlicher Firmen zu erwerben, schlägt er die Gangster mit ihren eigenen Waffen: Er kommt dem Deal zuvor, kauft einem alten Bauern mehrere Grundstücke ab und verdient genug Geld, um sein eigenes Großhandelsunternehmen zu gründen. Zumal er noch ein üppiges Honorar als Auftragsmörder einstreicht: Unversehens entpuppt sich Mikołaj als der schwerreiche Mann, der die Lust am Leben verloren hat. In der gerade im Bau befindlichen Warschauer U-Bahn erschießt ihn Karol mit einer Platzpatrone und schenkt so dem Freund ein zweites Leben. Als sie anschließend auf der zugefrorenen Weichsel einen ausgelassenen Freudentanz aufführen und ihr Wiedersehen mit Wodka begießen, ruft Mikołaj überschwänglich aus, er fühle sich wie ein frischgebackener Abiturient. Leben als eine Baustelle – Melancholie und Komik auf dem «Glatteis des Daseins». Nicht nur Mikołaj gewinnt aber, durch den Scheintod von seinem Weltschmerz erlöst, eine neue Perspektive für das Leben. Auch Karol wünscht sich nichts sehnlicher als den eigenen Tod, um von dem Leiden an der zurückgewiesenen Liebe erlöst zu werden. «Wir leiden doch alle», sagt er zu dem Freund.

Wie es sich für eine schwarze Komödie gehört, wird in WEISS mit dem Tod nur gespielt. Dank seiner Blitzkarriere als gerissener Businessman zu Reichtum und Ansehen gelangt, schmiedet Karol einen Racheplan, um Dominique zurückzugewinnen und sie zugleich das erleben zu lassen, was sie ihm antat: einsam und verloren zu sein in einem fremden Land, dessen Sprache und Gepflogenheiten man nicht kennt. Das Prinzip der so verstandenen Gleichheit ist

---

205 Zit. nach dem Presseheft zu DREI FARBEN: WEISS. Anke Zindler Filmpresse München.

die Revanche. Auch als eine Metapher für die nicht erwiderte Liebe der Polen zum Westen? Diese Lesart von WEISS bevorzugte die französische Kritik, illustriert (stellvertretend für alle Osteuropäer) am Schicksal eines polnischen Immigranten, der in Frankreich scheitert, um nach Jahren der Entbehrungen und der Unfreiheit den Kapitalismus für sich zu entdecken und Revanche an Westeuropa zu nehmen. Karol und Dominique sind in der Tat ein denkbar ungleiches Paar: er, ein kleiner unscheinbarer Mann mit einem einfältigen Gesicht, schlecht gekleidet, der arme Pole als das ewige Opfer; sie eine unnachgiebige Schönheit, die mit der Heirat allem Anschein nach ihrem leidenschaftlichen polnischen Liebhaber das Bleiberecht in Frankreich sicherte. Als sie später an dem sexuellen Versagen ihres Mannes leidet, wirft Dominique ihm vor, er würde nicht verstehen, dass sie ihn liebt und verachtet, ihn begehrt und zurückweist. Eine eigentümliche Barriere trennt die Liebenden, die der Sprache, der Lebensformen, der Verhaltenscodes. «Du hast nie etwas verstanden», hält die schöne Französin Karol vor. Zwischen einem wohlhabenden Land kapitalistischer Prägung wie Frankreich und einem durch mehrere Dekaden des Kommunismus abgewirtschafteten Land wie Polen besteht eine sozio-ökonomische Ungleichheit, die sich nach dieser Lesart bei dem französich-polnischen Paar in Karols sexueller Impotenz niederschlagen würde.

Man mag darüber spekulieren, ob Kieślowski hier auf die kollektiven Minderwertigkeitskomplexe der Polen gegenüber dem Westen anspielt, die das Resultat unfreiwilliger Isolation (der eiserne Vorhang) und Fremdbestimmung (Sowjetunion) waren. In diesem Kontext könnte man auch die verrätselten Details und Leitmotive sehen. Schließlich macht Karol aus unerfüllter Liebe und zunichtegemachter Hoffnung mit Hilfe aller guten Geister der Komödie eine steile Parvenü-Karriere. Die bitterböse Parabel wird

329 Die Mafia schlägt zurück

330 Karol auf der zugefrorenen Weichsel

noch zu einem «Märchen für Erwachsene», da ihm mit dem Melancholiker Mikołaj ein Schutzengel zur Seite steht: ein Mann wie nicht von dieser Welt, der an Franz von Assisi erinnert, setzt sich doch eine Taube in der Pariser Métro auf seinen Schoß. Wie der geheimnisvolle Blonde in DEKALOG ist er ein stiller Beobachter und Wegbegleiter, dem Karol seine erste burleske «Wiedergeburt» auf der Müllhalde verdankt. Nicht von ungefähr sind die einzigen Gegenstände, die Karol Fetischen gleich mit nach Polen nimmt, eine weiße Alabasterbüste und eine Zwei-Franc-Münze: Wenn er die Rokoko-Frauenbüste zur Projektionsfläche seiner Sehnsüchte macht, erinnert diese unweigerlich an die republikanische Marianne (s. S. 268, Abb. 34). Solange er sie nur anbetet, bleibt ihm trotz des rasanten Aufstiegs das letzte Glück verwehrt. Nachdem Dominique ihm fernmündlich einen Orgasmus vorgespielt hatte, erhielt Karol das Zwei-Franc-Stück als

VI. Von der Wirklichkeit zur Metaphysik

331–332 Zu Besuch im Gefängnis und die Gebärdensprache

Restgeld zurück. Bei einem «Kopf-oder-Zahl»-Spiel[206] zieht Karol die Zahl: Ziffer «zwei» kommt zum Vorschein, flankiert von den Parolen «Freiheit, Gleichheit, Brüderlichkeit». In einem Land, in dem die Zuflucht ins Geld nach dem Zusammenbruch des Kommunismus zum letzten Wert geworden ist, wird die Münze zum Talisman seines Erfolgs. Wenn er sie später in den Sarg mit einer russischen Leiche steckt, die unter seinem Namen bestattet wird, könnte es ein Indiz dafür sein, dass offene Rechnungen nun mit gleicher Münze heimgezahlt werden.

Die «importierte» Leiche und ein gefälschter Totenschein versetzen Karol in die Lage, seinen eigenen Tod zu inszenieren. Im Testament bestimmt er Dominique zur Alleinerbin und lockt sie mit der Aussicht auf sein Millionenvermögen nach Warschau. Nach dem Begräbnis, das er als Zaungast aus sicherer Entfernung beobachtet, wartet der Totgeglaubte auf Dominique in ihrem Hotelzimmer: Karols zweite Wiedergeburt und eine komödiantische Variante des Veronika-Motivs. Als sie sich dann leidenschaftlich lieben, erreichen sie für einen kurzen Augenblick, so die ironische Suggestion des Regisseurs, den Zustand der Gleichheit: Im Moment ihres Orgasmus erstrahlt die Leinwand in einem Weiß, das alle Farben neutralisiert. Doch Kieślowski wäre kein optimistischer Fatalist, würde er das vermeintliche Happy End nicht bis an den Rand des Grotesken hintertreiben. Entgegen seinem Plan, Dominique eine Lektion zu erteilen und sie unter Mordverdacht der Polizei auszuliefern, hat sich Karol erneut verliebt. Statt sich – wie ursprünglich beabsichtigt – nach Hongkong abzusetzen, bleibt er daheim und besucht sie im Gefängnis. Selbst zum Opfer seiner Ränkeschmiede geworden, versteckt sich Karol, da er ja offiziell nicht mehr lebt, bei seinem Bruder Jurek, der ihm vom Rechtsanwalt eine frohe Botschaft übermittelt: «Es gibt einen Hoffnungsschimmer am Ende des Tunnels...»

Zum Schluss wird aus WEISS fast noch EIN KURZER FILM ÜBER DIE LIEBE: Erst in der Trennung erreichen Karol und Dominique einen «Gleichklang der Gefühle».[207] Als Karol vor dem Gefängnisfenster steht und sie inkognito mit einem Fernglas in ihrer Zelle beobachtet, signalisiert ihm Dominique durch ihre Gestensprache, dass sie ihn liebt und wieder heiraten möchte. Der Liebende ist zu Tränen gerührt. Obwohl Karol und Dominique sich erst auf Distanz, räumlich voneinander getrennt, nahe sind wie nie zuvor, deutet die Aussicht auf einen «Hoff-

---

206 Ein unübersehbares Selbstzitat aus DER ZUFALL MÖGLICHERWEISE, ähnlich wie das Opernglas und Voyeur-Motiv (EIN KURZER FILM ÜBER DIE LIEBE) in der Begräbnis- und der Schlussszene. Das Belauschen der intimen Begegnung am Telefon nimmt ROT vorweg.

207 Vgl. Hasenberg, Peter: Freiheit – Gleichheit – Brüderlichkeit. Die Kieslowski-Variationen. In: *filmdienst* 19/1994, S. 7–8.

nungsschimmer am Ende des Tunnels» darauf hin, dass es noch ein Happy End im Konjunktiv geben kann. So endet alles mit einem Anfang, die *amour fou* gewinnt eine neue Perspektive. Als die Protagonisten der Trilogie im Finale von Rot gerettet werden, sind unter den Überlebenden auch der polnische Geschäftsmann Karol Karol und seine Frau Dominique.

Wenn auch das Thema der Gleichheit in Weiß nicht auf den ersten Blick auszumachen ist, was die polnischen und deutschen Kritiker gleichermaßen irritierte, «es findet sich – versteckt –», so Kieślowski,

> «auf verschiedenen Ebenen: zwischen Mann und Frau, auf der Ebene der Ambitionen, im Reich der Finanzen. In Weiss geht es nicht um Gleichheit, sondern um Ungleichheit. In Polen sagt man: ‹Jeder will ein bisschen mehr gleich sein als der andere.› Der Satz ist fast ein Sprichwort geworden und will sagen, dass die Gleichheit unmöglich ist: Sie steht im Widerspruch zu unserer Natur. Daher auch das Scheitern des Kommunismus. Aber es ist dennoch ein schönes Wort, und man sollte alles tun, damit es Gleichheit geben kann ... auch wenn man weiß, dass es einem nicht gelingen kann, und das ist ein Glück: denn wirkliche Gleichheit endet in einem Lagersystem ...»[208]

Vor der absurden Kulisse der wirtschaftlichen Transformationsprozesse in Polen entlarvt Kieślowski das ausgediente Gleichheitsideal des Kommunismus rückblickend als unheilvolle Utopie. Auch die beunruhigende Verzweiflung Karols, die materieller wie emotionaler Natur ist, spricht dafür, dass die Gleichheit ein Trugschluss ist. Die Emsigkeit, mit der er sich Genugtuung

---

[208] Je doute, je doute toujours. Ein Interview von Claude-Marie Trémois und Vincent Remy. In: *Télérama hors-série: La Passion Kieslowski*, September 1993, S. 96.

verschaffen will, macht ihn, der bereits ein Gefangener seiner Gefühle und Erinnerung ist, noch zum Gefangenen einer abstrakten Idee. Als er endlich die Oberhand gewinnt, tappt er selbst in die von ihm gestellte Falle, da er feststellen muss, dass er Dominique immer noch und sie ihn wieder liebt.

Augenzwinkernd verbindet Weiss Zeitgeschichte und Liebeskomödie mit Versatzstücken des Thrillers und des Märchens. Mit dem befreienden Ausruf «Endlich zu Hause» auf der Müllhalde und seiner ausgetüftelten Rache, die sich gegen ihn wendet, bleibt Karol ein melancholischer Clown auf der Suche nach Liebe, der nicht zufällig Reminiszenzen an Charlie Chaplin hervorruft. Wie sein großer Vorgänger hat er oft nichts zu lachen, und auch dem Zuschauer müsste das Lachen angesichts des schwarzen Humors, der den Film durchzieht, eigentlich im Halse stecken bleiben. Wenn er aber vor der Wechselstube mit der Pistole herumfuchtelt, aufgesetzte Macho-Grimassen schneidet und mit Moneten und Prestige jongliert, kann man sich, ob des Slapsticks, des Imponiergehabes oder der lächerlichen Attitüde, über diese Metamorphosen des Pechvogels zum Stehaufmännchen nur amüsieren. Schließlich gehörten groteske Gags und Melancholie ebenso zum Repertoire des traurigen Tramps in Zirkus (The Circus, USA 1928) wie der vereitelte Selbstmord eines lebensmüden Millionärs durch den Landstreicher Charlie in Lichter der Grossstadt (City Lights, USA 1931). Ganz zu schweigen von der Jagd nach Reichtum und Glück in Goldrausch (The Gold Rush, USA 1925).

«Karol Karol (Charlie Charlie auf polnisch) hat, hoffen wir», sagt Drehbuchautor Krzysztof Piesiewicz, «auch etwas von seiner Poesie. Wir dachten auch an Breughel und Fellini, denn es ist unmöglich, ohne Humor die Absurdität, die wir heute erleben, zu beschreiben. Die Polen sind unsagbar komisch, wenn sie auf einen Schlag

VI. Von der Wirklichkeit zur Metaphysik

fünfzig Jahre Kommunismus vergessen und von heute auf morgen Kapitalisten werden wollen. In diesem Licht muss man Karol sehen... (...) Er denkt, es sei leicht, wie die anderen – gleich – zu werden, wenn er dazu nicht ganz moralische Mittel benutzt. Es gelingt ihm, er verdient viel Geld. Aber er hat sich selbst nicht ändern können. Er war sentimental, naiv und gut – und er ist es geblieben. Es ist kein Zufall, dass er so oft in einen Spiegel blickt und seine Frisur verändert. Seine Frisur kann er ändern, sein Wesen nicht. Und wenn er brutal, gewalttätig sein will, dann wendet sich diese Gewalt immer gegen ihn selbst.»[209]

Schon wegen der abstrusen Situationen, in die Karol gerät, und der ungeahnten Kräfte, die sie in ihm freisetzen, mutet DREI FARBEN: WEISS wie ein Märchen zwischen zwei Welten an, in dem Kieślowski mit diversen Details, Namen-Jokes, Rätseln, Cameos, cineastischen Querverweisen und Selbstzitaten spielt und seinen eigenen Gestus ironisiert. Die verschiedenen Handlungsebenen, poetisch-symbolischen Gegenstände und Leitmotive lassen wie üblich unterschiedliche Deutungsmöglichkeiten zu. Man kann natürlich das «archetypische Modell» (Märchenfigur und ihr Schutzengel, der Widerspenstigen Zähmung), wie es Christiane Peitz in ihrer *Die Zeit*-Kritik «Märchen vom Macho» getan hat, auf das sexistische Stereotyp (blondes Gift; Männerbünde; die Frau, ein Verhängnis) verkürzen. Kieślowski zu ernst zu nehmen, hieße aber in diesem Fall, ihn «gewollt» zu missverstehen. Nicht zufällig fasst er von Anfang an mit all den positiven Katastrophen und haarsträubenden Peripetien die Geschichte in Anführungszeichen, gibt seinen traurigen Clown der Lächerlichkeit preis. Zumal die Moral von der Geschicht', wenn es denn eine gibt, die Hinfälligkeit von Lebensplänen sein müsste: Jener Umstand, «der das Leben zugleich so unübersichtlich und spannend macht: dass nämlich die Taten der Menschen vorzugsweise zu Ergebnissen führen, die die Akteure überhaupt nicht beabsichtigt hatten, eine Gleichung, die sowohl für Tragödien wie für Komödien taugt»[210].

Bei Kieślowski taugt die Gleichung auch für ein Melodram, das DREI FARBEN: WEISS mit dem Topos einer enttäuschten und wiedergewonnenen Liebe noch beiläufig ist. Große Kino-Melodramen, die sich mit der Wechselwirkung von Liebe und Schicksal auseinandersetzen, werden oft durch ein Verlusttrauma motiviert: Darin und beim Motiv der Rache, die sich als Revanche für die vormals erlittene Demütigung in ihr Gegenteil verkehrt, ruft der Film Assoziationen an den Klassiker des Genres CASABLANCA (USA 1942) von Michael Curtiz hervor. Dass in diesem Kontext auch das «sexistische Stereotyp» («Entweder du machst sie dir untertan, oder sie zerstört dich»/Christiane Peitz) zu einem raffinierten Spiel mit Zitaten und den verschiedenen Ebenen der (Kino-)Realität wird, dafür legt Kieślowski ganz bewusst eine gekonnt versteckte Fährte: Als Karol Mikołaj bei ihrer ersten Begegnung aus der Pariser Métro an die Oberfläche zerrt, um ihm die Fenster von Dominiques Wohnung zu zeigen, lenkt sein ausgestreckter Arm Mikołajs (und unseren) Blick auf ein großflächiges Plakat an der Fassade eines benachbarten Kinos: Brigitte Bardot in LE MÉPRIS (DIE VERACHTUNG, F/I 1963) von Jean-Luc Godard kommt zum Vorschein, was Mikołaj den willkommenen Anlass zu der ironischen Bemerkung liefert, sie wäre für Karol doch etwas zu alt.

Godards Geschichte einer wachsenden Verachtung, die eine Frau für ihren Ehemann emp-

---

[209] Ne pas être à côté de la plaque, à côté de la vie. Ein Interview von Claude-Marie Trémois. In: *Télérama hors-série: La Passion Kieślowski*, September 1993, S. 72–73.

[210] Fründt, Bodo: Von Enden und Anfängen. Krzysztof Kieslowskis Kinokomödie «DREI FARBEN: WEISS». In: *Süddeutsche Zeitung* v. 25.03.1994.

Gleichheit oder Gleichberechtigung

333 Karol zeigt auf das Plakat zu LE MÉPRIS

findet, während dieser zu verstehen versucht, warum sie ihn zugleich liebt und zurückweist, spielt im Milieu einer internationalen Filmproduktion, wo unterschiedliche Sprachen die Kommunikation erschweren und zu metaphorischen Barrieren der Verständigung werden. Und die eine, immergleiche Geschichte vom Geheimnis im Innern der Menschen ist bei Kieślowski weder wahrscheinlich noch realistisch erzählt: Als Rudimente von Episoden ähneln Paris und Warschau einer Bühne, auf der sich ein modernes Mysterienspiel ereignet. Die Figuren sind ohne sonderliche psychologische Differenzierung auf Typen (Clown, Schutzengel, die Schöne, Räuber und Gangster) festgelegt. Die zeitgenössische Parabel kreist um eine Ausnahmesituation, in der Menschen sich fast gegen ihren Willen bewähren. So unterläuft Karol seine Absichten durch die eigenen Taten. Wenn die ahnungslose Dominique an Karols Grab weint und er dies ebenfalls vor ihrem Gefängnisfenster tut, dann mündet auch Kieślowskis ironisches Vexierspiel in ein vertracktes Melodram-Finale.

«Alle drei Filme handeln von Menschen, die über Intuition bzw. besondere Sensibilität verfügen, etwas durch die Haut spüren. Dies schlägt sich nicht unbedingt im Dialog nieder. Es gibt selten solche Szenen, in denen man geradeaus von etwas spricht. Das Wichtigste spielt sich sehr oft hinter dem Szenenbild ab. Entweder ist es enthalten im Spiel der Darsteller, oder nicht. Entweder man spürt es, oder nicht.»[211] Welche Kapriole des Schicksals das ungleiche Paar gegen jede Vernunft und Wahrscheinlichkeit zusammengeführt hat, bleibt ein Geheimnis. Obwohl die Gleichheit eine Illusion ist, scheint die Liebe alles, was das Paar trennt, kitten zu können. Wo die Verständigung an unsichtbaren, soziokulturellen Grenzen scheitert, hilft nur noch – wie im Stummfilm – nonverbale Kommunikation: die der Blicke und Gesten. Was aber an der Oberfläche nicht sichtbar ist, verbirgt sich auch hinter kunstvoll verrätselten Filmzitaten und Selbstmystifikationen. Der Referenzrahmen reicht von Charlie Chaplin, auf den Karols Schuhe und Namen verweisen, bis zum Marionettenspiel des Begehrens in Stanley Kubricks LOLITA (USA/GB 1962), dessen Held Humbert Humbert wie Karol einen Doppelnamen trägt. Die vorletzte Aufführung seiner Comédie humaine nutzt Kieślowski zu einem lustvollen Illusionsspiel, bei dem er einen Dialog mit den intimen Kennern seines Werks aufnimmt: Die bunt gemischte Gesellschaft alter Bekannter aus seinen früheren

211 Stok 1993, S. 216.

VI. Von der Wirklichkeit zur Metaphysik

334 Das Begräbnis im Film

Filmen, die sich um Karols Grab versammeln, liefert ein selbstironisches Bild seines filmischen Mikrokosmos (s. S. 270, Abb. 39).

In diesem Licht erscheint auch Karol als ein jüngerer Bruder von Jerzy Stuhr alias Filip Mosz aus Der Filmamateur, «bei dem unter Druck ebenfalls unvermutete Kräfte zum Vorschein kommen»[212] und der sich «mit seiner Obsession um alles bringt»[213]. War Zbigniew Zamachowski der Rocker in Dekalog 10, dessen Bruder Jurek hieß und von Jerzy Stuhr gespielt wurde, so bilden Zamachowski (Karol) und Stuhr (Jurek) in Drei Farben: Weiss erneut ein Brüder-Gespann, wobei Jurek ein Kosename für Jerzy (Stuhr) ist. Kieślowski führt hier komprimiert sein eigenes Kino-Universum vor: Mikołaj spielt Janusz Gajos, der in Dekalog 4 der Vater war, und den Rechtsanwalt Aleksander Bardini, der alte Arzt aus Dekalog 2, der Dirigent aus Die zwei Leben der Veronika und last but not least der abgeklärte Anwalt aus Ohne Ende. Teresa Budzisz-Krzyżanowska, die in Kieślowskis fiktionalem Fernsehdebüt Die Unterführung die unnachgiebige Ehefrau verkörpert hatte, taucht in einer Nebenrolle als Kundin in Jureks Friseurladen auf. Piotr Machalica, der impotente und krankhaft eifersüchtige Ehemann aus Dekalog 9, beschattet als «der große Mann» in Schwarz die Wechselstube. Karols Chauffeur mimt Jerzy Trela, der korrupte Chef und Gegenspieler von Jerzy Stuhr aus Gefährliche Ruhe; den alten Bauern, dessen Grundstück Karol erwirbt, Jerzy Nowak, der loyale Vorgesetzte und Ziehvater von Stuhr in Der Filmamateur.

Das Ensemble von Figuren, gruppiert um Karols Grab, macht schließlich laut Presseheft Grażyna Szapołowska komplett, Anwalt Zyros Witwe in Ohne Ende und das «Opfer» des Voyeurs in Ein kurzer Film über die Liebe. Eine falsche Fährte, die die deutsche Presse dankbar aufgegriffen hat. Die unbestrittene Diva des polnischen Kinos taucht zwar mit einem Orchideen-Strauß auf einem Standfoto von Weiss auf, muss aber spätestens im Schneideraum Kieślowskis Furor der Auslassung zum Opfer gefallen sein. Ähnlich erging es Van den Budenmayers Musik, die in Blau Julie zu ihrer Komposition inspirierte und in Rot von Valentine auf einer CD begutachtet wird. «Dass es Karol bei seiner eigenen Beerdigung nach der Musik des nicht existenten, dafür aber von Kieslowski liebevoll gepflegten Komponisten Van den Budenmayer verlangt», verbucht Bodo Fründt in der *Süddeutschen Zeitung* unter den vielen Details, die den Kennern der Kieślowskischen Welt Vergnügen bereiten. Nur: Im Gegensatz zum Drehbuch, in dem noch eine entsprechende Szene in der Friedhofskapelle vorgesehen war, wird Van den Budenmayer in Weiss mit keinem Wort erwähnt. Allerdings kolportiert Krzysztof Piesiewicz diese Information in einem *Télérama*-Interview (*La passion Kieslowski*), das im deutschen Presseheft abgedruckt wurde.

Die Musik von Zbigniew Preisner fungiert diesmal nicht als eine selbstständige dramaturgische Figur. Mit Anleihen bei der polnischen Folklore begleitet sie vielmehr zwischen

---

212 Ulrich, Franz: Trois couleurs. Blanc. In: *Zoom* 3/1994, S. 33.
213 Schnelle, Josef: Was man liebt, muss man einsperren. Krzysztof Kieslowski und der mittlere Film «Drei Farben: Weiss» aus seiner neuen Trilogie. In: *Frankfurter Rundschau* v. 31.03.1994.

beschwingtem Tango-Rhythmus und heiterer Melancholie Menschen, deren Emotionen die rasant geschnittene Geschichte vorantreiben. Im Vergleich zu BLAU, einem Traktat über Freiheit und Kunst mit aufwändiger Bildästhetik, drehte Kieślowski die launige Groteske um Geld und Liebe in einem verhältnismäßig spröden, realistischen Stil. Edward Kłosiński hat den Film nah an den Figuren, bei fast natürlichem Licht, in neutralen Farbtönen von Braun, Beige und Grau lakonisch fotografiert. In WEISS stehen vorwiegend Totalen und Naheinstellungen nebeneinander, es gibt viele Kamerafahrten und fast keine Filter, da Kłosiński sich dem Schwarz-Weiß anzunähern versuchte und einige Farben – in erster Linie Blau und Rot – eliminierte.

Vor allem die deutsche Kritik goutierte diese «schnörkellose» Kameraarbeit, da sie in Verbindung mit der griffigen Formel einer schwarzen Komödie «in einer tristen (politischen) Landschaft»[214] einen willkommenen Aufhänger bot. Nach dem Erfolg bei der «Berlinale» 1994, wo Kieślowski für das Mittelstück seiner Trilogie mit einem «Silbernen Bären» für die Regie ausgezeichnet wurde, sah man in DREI FARBEN: WEISS nicht nur unisono «eine bitterböse Parabel auf die Zustände im Heimatland des Regisseurs»[215], sondern auch «eine einfache Geschichte, mit bewusst schlichten Mitteln erzählt», einen vergleichsweise bescheidenen Film, «der dem Zuschauer und dessen Vorstellungsvermögen

---

214 Hamacher, Rolf-Ruediger: DREI FARBEN: WEISS. In: *Filmecho/Filmwoche* Nr. 8 v. 25.02.1994.
215 Ebd.
216 Seidel, Hans-Dieter: Opas Kino lebt. Berlinale: Streifzug durch die französischen Beiträge. In: *Frankfurter Allgemeine Zeitung* v. 17.02.1994.
217 Epitafium dla kina moralnego niepokoju. Mówi Edward Kłosiński. Ein Interview von Andrzej Kołodyński. In: *Kino* 9/1993, S. 29.
218 Lis, Piotr: Chłód. TRZY KOLORY: BIAŁY. In: *Kino* 6/1994, S. 16.

kaum je auch nur einen Schritt voraus ist»[216]. Auch wenn manche Rezensenten mit den vielen Eigenzitaten nicht so recht etwas anzufangen wussten.

Der Schein trügt aber, da WEISS trotz seiner Realitätsnähe zum Absurden tendiert und sich formal als eine selbstironische Parodie des eigenen realistischen Stils entpuppt. Nicht zufällig hat der Zanussi- und Wajda-Kameramann Kłosiński den Kamerastil von WEISS als ein «Epitaphium für das Kino der moralischen Unruhe» bezeichnet: «Wir haben ganz bewusst Elemente verwendet, die zu diesem Kino gehört haben, zugleich versuchten wir aber, einen gewissen Überbau zu erreichen. Es geht um eine auf der Leinwand sichtbare Staffage: Milieu, Umfeld, in dem der Held lebt – so ein Haus, so eine Straße, so eine Kleidung, Verhaltensweise … Er ist ein kleiner Mensch, eben einer, mit dem sich das Kino der moralischen Unruhe beschäftigt hat.»[217] Obwohl Kieślowski in WEISS – zum ersten Mal seit OHNE ENDE – die rabiaten wirtschaftlich-politischen Veränderungen in Polen thematisierte, wirkt der Film seltsam distanziert, als ob man ihn mit dem Rücken zur polnischen Realität gedreht hätte. Hielt bereits die französische Kritik Kieślowski vor, in BLAU wäre Paris nicht identifizierbar, erschien den polnischen Rezensenten in WEISS Warschau fremd, unwirklich, der «effekthascherisch-gesellschaftliche Handlungsstrang» wie eine «Verhöhnung des Realismus»[218].

Dies mag zum Teil daran gelegen haben,

«dass Kieślowski ein Regisseur ist, der brutal alle topografisch-informativen Einstellungen ausschneidet. Mein einziges Problem in dem ganzen Film bestand darin», berichtet Kłosiński, «breiter zu fotografieren, weil er darauf bestand, Köpfe haben zu wollen. (…) In der letzten Montage wurde leider die Mehrzahl der situativen Aufnahmen ausgelassen, aber die Helden bewe-

VI. Von der Wirklichkeit zur Metaphysik

335 Dominique hinter Gittern: Zähmung der Widerspenstigen oder inneres Geheimnis?

gen sich selbstverständlich auf der Leinwand in einer Wirklichkeit, die spürbar bleibt, obwohl sie weniger sichtbar ist. Ursprünglich dauerte der Film 2 Stunden, jetzt 1 Stunde 20 Minuten, aus irgendetwas müssen diese 40 Minuten bestanden haben!»[219]

Mit seiner Szenerie und Kameraarbeit sowie durch ähnliche Figuren erinnerte WEISS in erster Linie an das «Kino der moralischen Unruhe». Wenn Kieślowski aber einen vom Schicksal Gebeutelten als einen grotesken Tramp darstellte, der sich zu einem Emporkömmling mausert, so karikierte er nicht nur einen typischen Helden des «Kinos der moralischen Unruhe», sondern lieferte mit dem Genre-Mix aus schwarzer Komödie, Melodram, Thriller und Märchen zugleich eine Persiflage seines früheren Stils. In diesem Licht mutet das Defilee der Figuren in der Friedhofszene mit den Cameo-Auftritten bekannter polnischer Kieślowski-Darsteller wie eine ironisch gebrochene Bilanz des eigenen Werks an. Mit der gesellschaftlich-politischen Zäsur der Jahre 1989/90 gehörte auch das polnische Kino-Universum Kieślowskis unwiederbringlich der Vergangenheit an. Die augenzwinkernde Inventur ging aber noch viel weiter.

Kieślowski lag es fern, wie noch in seinen Filmen des «Kinos der moralischen Unruhe», für so etwas wie Entrüstung oder Handlungsbereitschaft einstehen zu wollen. Angesichts eines Schauspiels menschlicher Unzulänglichkeiten, das in unterschiedlichen (historischen) Kostümen[220] immer wieder aufgeführt wird, stellt sich in WEISS Melancholie ein. In jenen satirischen, sentimentalen und pessimistischen Tönen, die der sarkastischen Komödie mit Hang zum Absurden beigemischt sind, findet das tiefe Ungenügen des Melancholikers an der Welt, seine Distanz, seine Kritik, seine verhaltene Trauer und Heiterkeit Ausdruck.

Bei näherer Betrachtung erweist sich der «geheimnisvolle Intellignezler» Mikołaj als die Schlüsselfigur von DREI FARBEN: WEISS. Namhaften polnischen Filmkritikern blieb nicht verborgen, dass Kieślowski die Szene in der Warschauer U-Bahn mit einem filmgeschichtlichen Doppelboden versehen hat. Wenn der vermeintliche Killer Karol und das verhinderte Opfer Mikołaj sich nach dem Schuss in die Arme fallen, werden Reminiszenzen an ein berühmtes Bild aus Andrzej Wajdas ASCHE UND DIAMANT wach: In dem Kinoklassiker kam es zu der sym-

---

[219] Epitafium dla kina moralnego niepokoju. Mówi Edward Kłosiński. Ein Interview von Andrzej Kołodyński. In: *Kino* 9/1993, S. 30.

[220] Im Interview mit Tadeusz Sobolewski *Rozmowa 2 Genewa. Klucz do wrażliwości* (*Kino* 9/1993, S. 12–13) konstatiert Kieślowski: «Mittlerweile ist das System gefallen, und die Welt hat sich nicht verändert; und wenn – dann zum Schlechteren. Weil die Hoffnung mit der Jugend verbunden ist. Man hat sie bis zum gewissen Alter. Wenn es Dir gelingt, in solchen Zeiten zu leben, dass man diese Hoffnung nicht regelmäßig abtötet, kann man sie länger beibehalten. Die heute 23-Jährigen hegen dieselbe Hoffnung, die wir in ihrem Alter hatten. Die Frage ist nur, in welchem Tempo die Zeit ihnen diese Hoffnung wegnimmt. Uns hat man sie regelmäßig weggenommen. 1956 war ich 15 Jahre alt (…). Was weiter war, lohnt sich nicht aufzuzählen, weil es einfach langweilig wird angesichts dieser polnischen Daten.»

bolischen Verbrüderungsszene, als der oppositionelle Untergrundkämpfer Chełmicki den kommunistischen Funktionär Szczuka erschoss, um dann selbst auf einer Müllhalde (auch eine Ikone der Filmgeschichte) zu sterben. In den ersten Tagen der Freiheit nach dem Krieg zeichnete Wajda das Bild einer verworrenen Zeit und verwirrter Menschen, die von Kampfgenossen zu Gegnern wurden, sobald der gemeinsame Feind besiegt war. Alle Beteiligten ertränken ihre Unsicherheit in Weltschmerz und Alkohol. Der tragische Anti-Held Maciek Chełmicki avanciert zum Symbol einer verlorenen Generation, die ihre Ratlosigkeit hinter Zynismus verbirgt.

Wie die Bilder sich gleichen: Chaos des Umbruchs nach dem Untergang eines verhassten Systems, statt verbindender Solidarität Kampf obskurer Kriegsgewinnler, Weltschmerz und Alkohol, Wiedergeburt eines Anti-Helden auf der Müllhalde, hilflose Ratlosigkeit, sorgfältig kaschiert hinter der Maskengrimasse des Regisseurs. Mit diesem Zerrbild und Resümee der «Polnischen Schule» führte Kieślowski, auch in Opposition zu Wajda, eine Welt ohne «höhere Ideale» vor. «Was sollte jedoch dieser Vergleich bedeuten?», fragt der polnische Kritiker Tadeusz Sobolewski. «In dieser legendären Szene war die Tragik des vergeblichen Opfers enthalten, der Gedanke an die verborgene Brüderlichkeit von Menschen aus verfeindeten Lagern, und schließlich, im Widerspruch ausgedrückt, der Lebenswille. Hier fehlt er.»[221] Als Mikołaj sich in der Pariser Métro zu Karol gesellt, beweist er ihm beim Kartenspiel, dass am wichtigsten die Erinnerung ist. Die Rezensenten in Polen entdeckten in dieser Figur den einheimischen Intellektuellen, der zu den Verlierern der Wende gehört. Mikołaj erscheint wie aus einer anderen Welt, gerät nur einmal durch die Erinnerung an seine Abiturientenzeit ins Schwärmen, gibt sich in wortkargen Statements – wie Kieślowski selbst – lakonisch und sibyllinisch. Seine Existenz ist ein Leben nach dem Leben. Seine Melancholie wird zum Signum enttäuschter Hoffnung auf eine Besserung nach dem Fall des Kommunismus, macht ihn zum bloßen Betrachter, der das Unabänderliche, weil ohnmächtig, resignierend und belustigt in Augenschein nimmt. Trotz Besitz und Familie hat er die Motivation zum Leben verloren. Nur der Selbstmord zählt noch für ihn. Bezeichnenderweise gab Kieślowski nach der Uraufführung von Weiss in Berlin bekannt, keine Filme mehr drehen zu wollen. Auch eine Art künstlerischer Selbstmord, den er mit fehlender Motivation begründete.

Ist Mikołaj vielleicht, wie Sobolewski suggeriert, das *alter ego* des Regisseurs? Nicht von ungefähr erinnert er an den geheimnisvollen Blonden aus Dekalog und den Puppenspieler Alexandre aus Die zwei Leben der Veronika, hilft er doch Karol aus der Klemme, begleitet ihn als unbeteiligter Beobachter und eingeweihter Zeuge an den Schnittpunkten seines Weges. Eine Galerie der «Doppelgänger», die Kieślowski übrigens mit der sonderbaren Gestalt des Richters in Rot vervollkommnen sollte. Mikołaj scheint mehr zu wissen als die restlichen Figuren in Weiss, spielt «russisches Roulette» mit dem Leben, fungiert bei der Racheintrige seines Partners als Drahtzieher im Hintergrund. Wenn er sich über den gestrandeten Verlierer Karol in der Métro beugt, geschieht dies in einem Akt der Brüderlichkeit: «Ich denke, dass es manchmal besser ist, zu leiden», resümiert Kieślowski unter der Überschrift «Ich mag das Wort ‹Erfolg› nicht» in seiner Autobiografie. «Um sich über sich selbst zu beugen, und besonders über jemanden anderen, musst du richtig fertiggemacht worden sein, musst du leiden und verstehen, was Leiden, was Schmerz ist. Sonst wirst du niemals verstehen, was das Fehlen des Schmerzes ist.»

---

221 Sobolewski, Tadeusz: Trzy kolory: Biały. Równanie w dół. In: *Kino* 2/1994, S. 11.

VI. Von der Wirklichkeit zur Metaphysik

Von Monaden und Demiurgen
Menschen am Draht: ROT

«Jeder Anfang ist nur Fortsetzung, und das Buch der Ereignisse ist jederzeit aufgeschlagen in der Mitte.»
– *Wisława Szymborska (Liebe auf den ersten Blick)*

Moralisch-ethische Reflexion und formale Eleganz, nüchterne Analyse und unaufgelöste Rätsel, strenge Abstraktion und sinnlicher Schmelz: Das Kino Krzysztof Kieślowskis vereinigt nicht nur scheinbare Gegensätze, es hat in den letzten Jahren auch eine für den ‹anspruchsvollen europäischen Autorenfilm› ungewöhnliche Publikumsresonanz gefunden und zugleich eine unüblich scharfe Auseinandersetzung zwischen ablehnenden und zustimmenden Stimmen provoziert. Am gängigsten ist dabei der Vorwurf des Verschmockt-Artifiziellen, ja des Kitschigen sowie der Oberflächlichkeit, den gerade eine Kritik erhebt, die sich mit Hingabe einschlägig qualifiziert», schrieb Christoph Egger anlässlich der Premiere von TROIS COULEURS – ROUGE in der *Neuen Zürcher Zeitung*. Während der letzte Teil der Trilogie in Frankreich, Großbritannien und auch in den USA enthusiastisch aufgenommen und für den besten Film des Zyklus befunden wurde, gab es in Deutschland abermals Verrisse, die mit dem Vorwurf der Langeweile und der Missachtung dramaturgischer Grundregeln à la Hollywood hantierten, als ob diese einen Referenzrahmen für den europäischen Autorenfilm abgeben würden. Wie unsachlich und selbstgefällig diese Polemik war, bewies gerade die Akzeptanz eines großen Publikums, das den Film allem Anschein nach weder langweilig noch unverständlich-verrätselt gefunden haben dürfte. Dass Kieślowskis Kontrahenten mit der Erzählstruktur seiner Trilogie nicht zu Rande kamen, hängt wohl damit zusammen, wie rigoros er seine außergewöhnlichen Geschichten und «nie gesehenen Bilder» durchkomponierte und sie zugleich in der Schwebe beließ.

Oberflächlich betrachtet, ließen sich die drei Geschichten zu den Parolen von Freiheit, Gleichheit und Brüderlichkeit in Beziehung setzen, ohne jemals das Allegorische zu bemühen. Dies wurde mit einem Desinteresse an begrifflicher Schärfe gleichgesetzt, was die Ideen der Französischen Revolution angeblich ihrer politischen Relevanz enthob. Kieślowski drängte sie aber mitnichten «nur» an den Rand seiner Geschichten. Vielmehr hob er die Ambivalenz ihres universellen Anspruchs hervor, unterstrich ganz im Sinne der Postmoderne-Debatte Differenzen und Widersprüche, die es auszuhalten galt. Dafür steht sein Misstrauen gegenüber einer althergebrachten Wirklichkeitsformel der filmischen Erzählung, in kausalen Zusammenhängen die Handlung linear und die Figuren Schritt für Schritt zu entwickeln, der er ein Erzählen in Möglichkeiten und durch perspektivische Brechung entgegensetzte, und vor allem in ROT eine Art filmischen Konjunktiv entwickelt. In der Situation der «*Posthistoire*» Anfang der 1990er-Jahre, die mit dem Ende der gesellschaftlichen Utopien und sinnstiftenden Einheitsträume einherging, erwies sich die DREI FARBEN-Trilogie als das

Musterbeispiel eines doppel kodierten Werks, wie es für den literarischen Postmodernismus[222] verbindlich ist. In Thema wie Durchführung verbindet Kieślowski hier Intellektualität und Vergnügen, Gegenwart und Möglichkeitssinn, mystische Ekstase und «kriminalistische» Analytik. Und er bietet nicht nur dem Kenner (Kritiker wie Exegeten) Futter für Interpretationsgelüste jeglicher Art – mitsamt falsch ausgelegter Fährten –, sondern auch dem Laien (in diesem Fall den Zuschauern) immer noch genug Doppelbödigkeiten und Verstehenssprünge.

Wenn Kieślowski aber die nur scheinbaren Gegensätze vereint, macht er die Zuschauer zu Komplizen seines komplexen Erzählens in Variationen und Versuchsanordnungen, «korrumpiert» sie genauso, soweit sie sich auf das Rätselraten einlassen mögen, wie er seine Figuren als Inszenator manipuliert. Nach DIE ZWEI LEBEN DER VERONIKA und den nicht so offensichtlichen Ansätzen in den anderen Teilen der Trilogie legt Kieślowski in ROT zugleich demonstrativ die formale Erzählstruktur seines Werks offen. Mit der Gestalt des Richters, der die intimsten Abgründe seiner Mitmenschen belauscht und auf der Grundlage des Insider-Wissens aus dem Hinterhalt manipuliert und inszeniert, schuf Kieślowski sein Spiegelbild: einen Schicksalsspieler und Menschen-Manipulator, der einem Filmschöpfer gleich die Fäden im Hintergrund zieht.

Dieses Verfahren der Distanzierung und Desillusionierung erschwert die Identifikation mit den Protagonisten, enthüllt es ja die Konventionalität der Filmerzählung und damit den Illusionscharakter des Kinos. Da in ROT nichts ohne eine strenge Kalkulation geschieht, mathematisch ausgetüftelte Farbenspiele sich nebst Symbolen, Rätseln und Querverweisen zu einer komplexen Collage zusammenfügen, wird das Augenmerk diskret auf den Prozess der Entstehung von Bedeutungen gelenkt. Man mag darin, wie manche Kritiker hierzulande, die Grenzen des inszenatorischen Manierismus überschritten sehen, was Kieślowski auch den Einwand emotionaler Kälte eingebracht hat. Der so freimütig gewährte Einblick in die Trickkiste des Regisseurs ist aber weder ein Ausdruck von Machtfantasien noch der Offenbarungseid eines eitlen Selbstdarstellers oder gar launigen Zynikers, viel eher ein unmissverständlicher Hinweis darauf, dass Kieślowski seine Zuschauer als Partner begreift.

Die offene Textur von ROT animiert immer aufs Neue zum Enträtseln ihrer Geheimnisse. Es ist beinahe ein interaktives Kino, in dem Deuten, Fortspinnen, Dechiffrieren von Motiven und Bezügen nach eigenem Ermessen und Bedarf die Wahrnehmung bestimmt. Die dem Werk Kieślowskis zugrundeliegende Dichotomie von einfachen, bisweilen banalen Geschichten und einer verschachtelten Erzählstruktur, die eine Vielzahl von Lesarten impliziert, macht das nachdenkliche Insistieren auf philosophische, emotionale und psychologische Fragestellungen erst möglich. Dass bei diesem Offerten-Überschuss jeder das sieht, was er sehen kann und will, inklusive einer Verweigerungshaltung oder anhänglicher Exegetik, liegt auf der Hand. Wie doppelbödig die narrative Dichotomie «ein-

---

[222] Vgl. hierzu Wolfgang Welschs *Unsere postmoderne Moderne*. Weinheim 1991. Der Begriff der Grenzüberschreitung spielt hier die zentrale Rolle: Der Pluralismus von Sprachen, Modellen, Verfahrensweisen und Genres (auch die Verbindung von Wirklichem und Wahrscheinlichem/Wunderbarem/Mythischem), jedoch nicht eklektisch als ein Nebeneinander von entliehenen Elementen und Stilmitteln, sondern interferierend im Sinne sich überlagernder und gegenseitig verstärkender Motive und Erzählhaltungen. Eine Literatur, die nicht mehr bloß intellektuell und elitär, sondern zugleich romantisch, sentimental und populär ist, die die Kluft zwischen Künstler und Publikum (auch zwischen Kritiker und Publikum) schließt, und durch Mehrfachstruktur, zum mindesten durch Doppelstruktur gekennzeichnet ist.

fache Geschichte – Überbau an möglichen Bedeutungen» sein kann, wird besonders am Beispiel einer religiösen Sinnstiftung sichtbar, «die kritischer Verdacht oder geneigte Spekulation seit dem Zyklus DEKALOG bei Kieslowski entdecken zu können glaubten»[223]. Sei ROT für die einen eine konstruierte Geschichte, die «voll ist von Metaphern und Verweisen auf die Allmacht Gottes und die Vorbestimmtheit des Schicksals»[224], erlaube sie für die anderen «keine direkte, biblische Erkenntnis», da «die (Er-)Lösung nicht in der erzählten Geschichte» liege, weswegen die spirituellen Dimensionen des Films sich nicht benennen ließen, sondern geduldig enträtselt werden müssten[225]. Noch andere sehen in dem offenen Verweissystem von ROT wiederum «ein Verfahren der Diskretion, das den Blick auf die Konstellation von Lebensumständen, auf das Unbeabsichtigte und Unkalkulierbare lenkt»[226].

Möglicherweise sorgte aber auch das (selbst-)mörderische Arbeitstempo Kieślowskis für entsprechende Irritationen. Nach dem in nur zwei Jahren (1987/1988) fertiggestellten DEKALOG, den beiden daraus hervorgegangenen Kinofilmen und DIE ZWEI LEBEN DER VERONIKA folgte nun 1993/1994 ein weiterer Zyklus: drei selbstständige Kinoproduktionen innerhalb von zwei Jahren realisiert, von drei Ländern co-produziert, die jeweils den Hauptschauplatz der drei Geschichten abgaben. Ein unheimlicher Kraftakt, der auch überanstrengt wirken konnte, hatte ja die Idee, die Trikolore zu verfilmen, für viele von Anfang an etwas von einem Werbegag. Zumal alle Zyklusteile hintereinander für die wichtigsten Festivals von Venedig, Berlin und Cannes fest gebucht waren. Der Verdacht schlich sich ein, Kieślowski wäre ein «Serientäter»:

«Ich mache keine Filmserien. Es sind Zyklen. Warum mache ich das? Vielleicht nur deshalb,» erklärte er ironisch, «um Zeit zu gewinnen. Wenn man einen Film machen will, dann braucht man dafür vom ersten Drehbuchentwurf bis zum fertigen Film rund zwei Jahre. Hier handelt es sich um drei Filme – das wären dann sechs Jahre. Bei diesem Zyklus kann ich drei Filme in zweieinhalb Jahren machen. So lange dauert es von den ersten Arbeiten am ersten Drehbuch bis zur Freigabe des letzten Films. Die Rechnung ist also einfach: Wenn man von sechs Jahren zwei 1/2 abzieht, dann ergibt das drei 1/2. Dreieinhalb. Das bedeutet, dass ich drei 1/2 Jahre meines Lebens gewonnen habe.»[227]

Verquere Arithmetik einer *tour de force*, die wie ein typischer Kieślowski-Joke anmutet, hinter der sich aber bereits seine lebensgefährliche Herzerkrankung verbirgt.

Als Kieślowski dann seine Karriere als Filmemacher für beendet erklärte und davon sprach, einfach gar nichts mehr tun zu wollen, außer vielleicht auf seiner Datscha am See in den Masuren gelegentlich zu fischen, tat man es im deutschen Blätterwald als Koketterie ab. Eine allzu pressewirksam annoncierte Nachricht, die angeblich in das publicityträchtige Konzept einer Trilogie zur Trikolore allzu offensichtlich passte. Dabei konnte das eigenwillige Werk schon deswegen keinem «Erfolgsrezept» folgen, weil die einzelnen Filme längst konzipiert und im Frühjahr 1993 abgedreht waren, bevor sich der Triumph von BLAU überhaupt abzuzeichnen begann. Warum stellte Kieślowski sich selbst,

223 Visarius, Karsten: Drei Farben: Rot. In: *epd Film* 9/1994, S. 39.
224 Fischer, Robert: Cannes: Die Zahl drei und die Farbe Rot. In: *epd Film* 7/1994, S. 7.
225 Loretan, Matthias: Die Schönheit und ihre Richter. Eindrücke vom Wettbewerb des 47. Filmfestivals in Cannes. In: *film-dienst* 12/1994, S. 10.
226 Visarius, Karsten: Drei Farben: Rot. In: *epd Film* 9/1994, S. 39.
227 «Hinter allem ein Geheimnis». Ein Interview von Helmut Merker und Josef Schnelle. In: *Frankfurter Rundschau* v. 05.11.1993.

wie er sagte, eine Falle, was allen Feuilletons immerhin als Sensation eine Meldung wert war? «Kieślowskis Drama», kommentierte der intime Kenner seines Werks Tadeusz Sobolewski,

> «macht neugieriger als die Dramen seiner fiktiven Helden. Der Regisseur erinnert sogar im Verhalten an seine letzten Filme: er entzieht sich, geht auf Distanz, führt mit uns ein Spiel, in dem er erschreckend offen sein kann. Wir wissen nur nicht, in welchem Moment. Herumgereicht auf den Jahrmärkten als der ‹Hauptaffe› des europäischen Kinos, an das er selbst nicht so ganz zu glauben scheint, versucht er, um jeden Preis eine Fratze abzulegen, die ihm die Situation aufzwingt. Er bricht die Spielregeln. ‹Selbst sein› stellt er höher als ‹Künstler zu sein›. Aber seine Rebellion ist sorgfältig in Szene gesetzt.»[228]

Die vermeintliche Maskerade zwischen Pflichtgefühl und Werbefeldzug war gekrönt vom Erfolg in Venedig («Goldener Löwe» 1993) und Berlin (Regiepreis 1994). Die Trilogie entwickelte sich zu einem wahren Festival-Abräumer. Auch in Cannes galt ROT im Mai 1994 als der Top-Favorit der französischen und amerikanischen Presse (*Variety*), was vielleicht ausschlaggebend dafür gewesen war, dass die Jury unter dem Vorsitz von Clint Eastwood den nach einhelliger Meinung gelungensten Teil der Trilogie völlig überging. Um so überraschender war die Verleihung der «Goldenen Palme» an Quentin Tarantinos kultige Gangsterfilm-Persiflage PULP FICTION, einen Film, der sich genau an dem entgegengesetzten Pol des filmischen Spektrums befand. Sowohl die offizielle Jury als auch die Mitglieder der FIPRES-CI- und OCIC-Jury sind allem Anschein nach dem Erwartungsdruck ausgewichen, nach dem Preisregen für BLAU und WEISS auch noch das finale Meisterwerk ROT auszuzeichnen. So entschieden sie sich des Ausgleichs wegen für andere Filme oder zogen es vor, sich selbst mit neuen Entdeckungen zu profilieren. Es kam zu einem Eklat, der ein Nachspiel hatte: Marin Karmitz griff nach dem Sieg des «barbarischen Kinos» den Festivalleiter Gilles Jacob wegen seiner Programmpolitik an. Da der Hauptpreis an einen amerikanischen Film ging und die meisten Auszeichnungen an französische Prestige-Produktionen[229], sah er darin ein Indiz für ein amerikanisch-französisches Geschacher. Der Skandal um ROT veranlasste Karmitz zu der (leeren) Drohung, seine Filme nicht mehr nach Cannes schicken zu wollen, solange diese zur Tarnung den Wettbewerb als Feigenblätter schmücken würden.

Auch wenn Kieślowski in ROT über sein filmisches Material und über sein Publikum beinahe nach Belieben zu verfügen schien, vermied er dabei jeden Schematismus, da ja auch jeder Effekt seiner Konstruktion noch auf etwas Dahinterliegendes verweist und andere Dimensionen der Wirklichkeit offenlegt, ohne dass die Parabel etwas an ihrem Realitätsgehalt einbüßen würde. Ähnlich souverän bringt DREI FARBEN: ROT erst im Licht der Gesamtkomposition die Eigenarten seiner Vorläufer zum Vorschein: Angelpunkt aller drei Erzählungen sind der Zufall und die Liebe. Trotz vielfältiger Querbezüge verliehen Kieślowski und sein Co-Autor Piesiewicz jedem der drei Teile der Trilogie auch ein unverwechselbares «Gesicht»: BLAU, das Psychodrama eines Verlustes in Paris, ist schwermütig und pathetisch. WEISS, die Groteske um eine Revanche in Warschau, kommt leichtfüßig und spröde daher. Die Geschichte einer Begegnung in Genf, von der ROT handelt, mutet poetisch und elegant an. Was sie wiederum außer den «geheimen» Zusammenhängen explizit verbindet, sind der mo-

---

228 Sobolewski, Tadeusz: Tajemnica Kieślowskiego. In: *Gazeta Wyborcza* (Nr. 47/1994) v. 25.02.1994, S. 10.
229 Es handelte sich dabei um DIE BARTHOLOMÄUSNACHT (LA REINE MARGOT, F 1994) von Patrice Chéreau und DIE SONNE, DIE UNS TÄUSCHT (UTOMLJONNYJE SOLNZEM, RUS/F 1993) von Nikita Michalkow.

VI. Von der Wirklichkeit zur Metaphysik

336–337 Prolog-Montagesequenz: Kamera folgt dem Anruf von London nach Genf

ralisch-ethische Diskurs und das dramaturgische Prinzip der Umkehrung in der Anlehnung an die jeweils vorgegebene Maxime. Erschien in BLAU die Freiheit als ein irreales Ziel, und verkehrte sich die Gleichheit in WEISS in ihr Gegenteil, so ist in ROT das Motto der Brüderlichkeit vorerst durch eine Antithese konterkariert: das Motiv der Einsamkeit im Zeitalter der Beziehungsunfähigkeit. Während aber die Ideale der Freiheit und Gleichheit das emanzipatorische Bestreben des Individuums nach Selbstbestimmung und Eigenverantwortlichkeit ins Auge fassen, zielt die letzte Maxime auf die soziale Kompetenz.

Der Begriff der Brüderlichkeit schließt die Verständigung und die soziale Kommunikation mit ein, weswegen in DREI FARBEN: ROT wohl diverse Kommunikationsmittel die handlungstragende Rolle spielen: Radio, Zeitung, Anrufbeantworter, Fernseher, vor allem aber das Telefon als ein Medium, das auf sonderbare Weise in sich Intimität und Distanz vereinigt. Die Allgegenwart des Telefons im Abschlusswerk der Trilogie hat Krzysztof Piesiewicz zu der ironischen Bemerkung verleitet, es würde sich hierbei um einen «Kurzen Film über die Telefone» handeln. Getreu seinem Stilprinzip, im Film die Atmosphäre gleich am Anfang sehr stark zu definieren, legt Kieślowski mit dem bravourösen Montage-Prolog auch eine programmatische Ouvertüre vor, die das zentrale Thema des Films bestimmt: Eine Hand hebt den Telefonhörer ab, wählt, während die Kamera dem Anruf vom Apparat zur Steckdose folgt, dann entlang des Kabels in die Zimmerwand, in rasender Fahrt dicken Bündeln von farbigen Drähten ins Meer nachjagt, um unter dem Kanal sausend an das andere Ufer zu gelangen, durch Schaltstellen und Schächte zu eilen, bis der Anruf als Blinkanzeige bei der Adressatin eintrifft. Als das vergebliche Läuten dem Anrufer signalisiert, niemand sei am anderen Ende der Leitung erreichbar, lässt er enttäuscht den Hörer sinken.

In Folge wird Michel, der von England aus seinem Beruf nachgeht und nur noch über Telefon mit seiner Freundin in Genf verkehrt, nicht aufhören, Valentine (Irène Jacob) zu terrorisieren. Eifersucht, Misstrauen, selbstsüchtige Vorhaltungen lassen ihre Verbindung in Beziehungslosigkeit abgleiten. Weder ihn noch zwei weitere Valentine nahestehende Personen, ihre Mutter und ihren Bruder, der an der Nadel hängt, bekommt man jemals zu Gesicht. Während sie als Stimmen nur in Abwesenheit präsent bleiben, verbindet die erste Kamera-Kranfahrt, die über der roten Kneipenmarkise mit der Aufschrift «Chez Joseph» durch ein offenes Fenster in Valentines Wohnung führt, bereits zwei Menschen aus der Nachbarschaft, die sich nicht kennen. In suggestiven Parallelmontagen und Gegenschnitten bestimmt die Kamera mit einer Reihe von zufälligen Beinahe-Begegnungen Valentine und den Jurastudenten Auguste (Jean-Pierre Lorit) füreinander. Ihre Wege kreuzen sich permanent, ohne dass ihre Blicke sich je treffen würden. Erst in dem buchstäblich allerletzten Film-Augenblick nehmen sie einander als Überlebende des Fährunglücks wahr. Ein Anfang, der am Ende steht. Aus dieser finalen Perspektive erscheint ROT wie ein hypothetisches Präludium, vorangestellt jenem Ende – dem eigentlichen Anfang.

«Menschen am Draht», die ihre Beziehungen auf Distanz pflegen und sich modernster Telekommunikation bedienen, ohne miteinander wirklich zu kommunizieren: dieses Sinnbild der Vereinzelung steht im Mittelpunkt einer Versuchsanordnung, die vor Augen führt, wie schwierig eine Anteilnahme am Leben des Anderen im Zeitalter unbegrenzter Kommunikationsmöglichkeiten (dies noch kurz vor der Etablierung von Internet und iPhone) geworden ist. Nicht zufällig siedelt Kieślowski die Handlung in der reichen Schweiz an, einem Land, in dem unterschiedliche Kulturen koexistieren und dank der Prosperität der freien Entfaltung des Individuums kaum noch soziale Schranken auferlegt sind: «Dass in diesem reichen Land, vielleicht dem reichsten der Welt, die Menschen noch unglücklicher und einsamer sind als bei uns, (…) weckt mein Interesse daran», sagt Kieślowski, «was dazu führt, dass wir als Menschen überall in diesen wichtigsten Belangen uns sehr ähnlich sind.»[230] Während das Telefon für die unsichtbaren Verständigungsbarrieren steht, kann die soziale Kommunikation in einem direkten Gespräch gelingen, in dem die Menschen sich zuhören, anschauen und näherkommen. «Das ist ein Film über Kommunikation», so Kieślowski, «die verschwindet. Wir haben immer bessere Werkzeuge und uns immer weniger mitzuteilen. Man tauscht nur Informationen aus. Soeben spricht Valentine mit ihrem Freund Michel in

338–339 Menschen am Draht (oben); Valentines Bruder ist drogensüchtig (unten)

England. Aber das Gespräch mit dem Richter gelingt. Weil es nicht übers Telefon stattfindet.»[231] So trägt zum Schluss die Solidarität den Sieg über die Gleichgültigkeit davon.

Ein alter mürrischer Mann und eine arglos-nachdenkliche junge Frau – der Zufall in Gestalt einer Schäferhündin bringt sie zusammen: Valentine, Studentin und Fotomodell, lernt, als sie eines Abends dessen streunende Hündin überfährt, einen pensionierten Richter (Jean-Louis Trintignant in einer Grandseigneur-Rolle) kennen, der sich aus dem Leben zurückgezogen hat. Der abgeklärte Sonderling hat in seiner inneren Emigration wie Julie (freiwillig) und Karol (unfreiwillig) alle Bindungen verloren. An dem verletzten Tier ist er nicht sonderlich interessiert: «Wollen Sie Ihren Hund nicht wiederhaben?», fragt Valentine. «Ich will gar nichts.» «Dann hören Sie doch einfach auf zu atmen.» «Eine gute Idee», entgegnet er der Störenfriedin. Joseph

230 Zawiśliński 1994, S. 38.
231 Żyliśmy tam wszyscy. Ein Interview von Tadeusz Sobolewski. In: *Kino* 7–8/1994, S. 23.

VI. Von der Wirklichkeit zur Metaphysik

340 Valentine beim Richter

341 Einfallendes Licht im Augenblick einer «taghellen Mystik»

Kern ist ein verbitterter Misanthrop, der zu Valentines Entsetzen seinen einzigen Kontakt zur Außenwelt durch eine Abhöranlage herstellt, um zumindest aus Ermangelung des eigenen am Leben der anderen teilzunehmen: Er spioniert die Telefongespräche seiner Nachbarn aus, zeichnet sie auf, will das Wesen der Wahrheit ergründen, das Verheimlichte und Unaussprechliche aufdecken. Valentine, die an das Gute im Menschen glaubt und darauf pocht, jeder habe ein Recht auf seine Geheimnisse, verachtet den alten Zyniker und fühlt sich doch von ihm angezogen.

Zwei Welten treffen aufeinander: die Gleichgültigkeit in Person und personifizierte Empathie, Erfahrung des Alters und Naivität der Jugend, Resignation und Hoffnung, Desillusionierung und Offenheit, Nihilismus und Moral. Als der Richter Valentine herausfordert, sie möge doch einen Nachbarn, der seine Frau betrügt, über die Bespitzelung informieren, platzt sie in die Familienidylle herein und bemerkt, wie die kleine Tochter die intimen Bekenntnisse ihres Vaters am Zweitapparat mitanhört, während die Ehefrau sie ahnungslos hereinbittet. Die Einsicht in die Zerbrechlichkeit der Liebe macht Valentine in ihrer unschuldigen Lebenserwartung um die Erkenntnis reicher, dass die Welt und die Menschen nur bedingt zu verbessern sind und die guten Taten nicht zwangsläufig zu beabsichtigten Ergebnissen führen. Die Begegnung mit der «empfindsamen Seele» Valentine löst den Richter aus seiner Erstarrung, flößt ihm Mut ein, sich aus dem eigenen Gefühlspanzer zu befreien und wieder auf die Menschen einzugehen. Nicht von ungefähr finden die existentialistisch angehauchten Gespräche der beiden in einer düstern Villa hoch hinauf über der Stadt statt, wo die omnipräsente Signalfarbe Rot in Schattierungen von Braun und Gelb übergeht und eine geheimnisvoll irreale Atmosphäre entsteht, die die Bereitschaft zum Zuhören weckt: Die beiden kommen sich allmählich näher, und Valentine erfährt von den verpassten Chancen und der enttäuschten Liebe des Richters, die ihn vor Jahren zu einem Gefühlsverweigerer werden ließ.

Die sonderbare Beziehung zwischen dem Richter und Valentine, für den einen zu spät, für die andere zu früh, ist der Beginn einer fast im Unausgesprochenen bleibenden platonischen Liebe. Ihre Seelenverwandtschaft ist von einer zu großen Ungleichzeitigkeit geprägt, als dass sie über die Sublimierung der Gefühle hinausgehen würde. Könnte so vielleicht die «Brüderlichkeit» aussehen? Das wahre Mitgefühl ist jedenfalls nicht mit dem landläufigen Mitleid gleichzusetzen, einer Art moralischer Entlastung, die meistens der Beruhigung des eigenen Gewissens dient. Wenn sich der Richter schließlich selbst anzeigt, geschieht es auch nicht aus dem «schlechten Gewissen» heraus. Von Valentine zum Leben bekehrt, bricht er aus der Isolation seines Eremiten-Daseins aus, fährt mit seinem alten Mercedes in die Stadt hinunter, zu den Menschen, stellt sich der Wirklichkeit und den Opfern seiner Lauschangriffe. Er gibt die Attitüde eines selbstgerechten Weltenrichters, der sich über den Dingen wähnt, auf, beginnt zu handeln. Und da *vita contemplativa* und *vita activa* nur Spielarten des Privaten und des Gemeinschaftlichen sind, wird «das Hören, das als anstößige Spionage beginnt, zur Vorstufe einer gesteigerten Sensibilität»[232], als Voraussetzung für das genaue Wahrnehmen, Zuhören und Sehen, die die Akteure in Augenblicken der Entrückung und Verwandlung zueinander finden lässt.

Als der Richter Valentine bittet, eine bestimmte Haltung noch einmal einzunehmen, weil sie im einfallenden Licht so schön war, da scheint plötzlich die Zeit stillzustehen und sie beide in einen «anderen Zustand» versetzt zu sein. Ein unerwarteter Lichteinbruch ins Zimmer legt über diesem Augenblick der «taghellen Mystik», einer Einheit des Empfindens hinter den Gegensätzen, einen eigentümlichen Zauber. All die Ängste, verborgen hinter der schroffen Ablehnung, all die kleinen Gesten, die die Annäherung einläuten: Erst das Entdecken des Anderen in seiner Verschiedenheit macht es möglich, Barrieren zu überwinden. Später sucht Valentine vom Laufsteg der Modenschau seinen Blick, da er sie in ihrer Schönheit erkannt hat, und der Richter berührt sie nach der Vorstellung zum ersten Mal, indem er Valentines Hand nimmt, während er ihr das Geheimnis seines Lebens

---

232 Vgl. Hasenberg, Peter: Freiheit – Gleichheit – Brüderlichkeit. Die Kieslowski-Variationen. In: *filmdienst* 19/1994, S. 8. Ähnlich übrigens wie der Voyeurismus im KURZEN FILM ÜBER DIE LIEBE, der sich später in die Liebe verwandelt.
233 Ne pas être à côté de la plaque, à côté de la vie. Ein Interview von Claude-Marie Trémois. In: *Télérama hors-série: La Passion Kieslowski*, September 1993, S. 73.

offenbart. In jenen magischen Momenten des Gesehen- und Gehörtwerdens erwacht das Zusammengehörigkeitsgefühl.

> «Die drei Filme sind untereinander völlig verschieden. Der erste ist dramatisch, der zweite ist komisch und der dritte … Ja, ROT steht mir», bekennt Krzysztof Piesiewicz, «am nächsten. Darin geht es um mein Verhältnis zur Literatur. Ich will nicht sagen, um welches Buch es geht, aber für einen französischen Zuschauer ist es leicht, das herauszufinden. Die Brüderlichkeit, das ist eine viel zu schöne Idee, als dass man nicht ernsthaft mit ihr umginge. Ich weiß nicht, ob es möglich ist, aber in ROT versuchen wir, uns vorzustellen, was wäre, wenn man wirklich merkt, dass da ein anderer Mensch ist, und man wirklich auf ihn eingehen will. Jemandem unrecht tun, seine Seele zu verletzen, hat fatale Folgen. Aber aneinander vorbeizugehen, ohne sich jemals zu treffen, hat auch Folgen: ROT ist ein Film gegen die Gleichgültigkeit.»[233]

Es ist unschwer zu erraten, um welches Buch es Piesiewicz geht: In seiner Verachtung gegenüber dem Leben, seiner Skepsis anbetracht des ewigen Schauspiels menschlicher Unzulänglichkeiten und in seiner Verzweiflung, sich selbst nicht verzeihen zu können, ist der Richter zweifellos ein Wahlverwandter des «Buß-Richters» aus Albert Camus' Roman *Der Fall*. Dieser hatte beim tödlichen Sprung einer jungen Frau in die Seine keinen Rettungsversuch unternommen und verlor seine Selbstachtung. Quälendes Gewissen ließ sein Leben als Lüge erscheinen, seine zur Schau gestellte Bescheidenheit als Selbstbeweihräucherung, seine Demut als Anmaßung. In eine tiefe Lebens- und Sinnkrise gestürzt, erkannte er die Absurdität seiner Existenz, ein Topos, dem Camus in dem Roman *Die Pest* durch die menschliche Solidarität einen Sinn abzugewinnen versuchte. Camus' Held in *Der Fall* charakterisiert sich bei seiner freiwilligen Beichte mit den

Worten: «Mein Beruf ist doppelt, wie der ganze Mensch.»

Wählt der «Buß-Richter» den Januskopf zum Symbol seines Lebens, so findet der Richter in ROT einen hypothetischen Doppelgänger, den er zu seinem *alter ego* bestimmt. In einer Parallelhandlung installiert Kieślowski neben der zentralen Begegnung zwischen Valentine und dem Richter ein zweites Paar: den angehenden Juristen Auguste und seine Freundin Karin (Frédérique Feder), die ein Büro für telefonische Wettervorhersage betreibt. Wie Valentine, die der unfallbedingte Abstecher in die Sphäre des grimmigen Richters führt und ihrem Leben eine ungeahnte Wendung gibt, erfährt auch Auguste Veränderungen in seinem Leben: Er besteht sein Richterexamen und erlebt kurz darauf seine erste große Enttäuschung – seine Freundin Karin betrügt ihn. Wenn sich Valentine mit der Zeit die Vorgeschichte des Richters Schritt um Schritt enthüllt, bleibt auch dem Zuschauer nicht verborgen, dass die Geschichte sich zugleich, zeitlich versetzt, an ihrem Nachbarn wiederholt.

Diese Spiegelbildlichkeit und Verdopplung von Existenzen steht aber mitnichten für die ewige Wiederkehr des immer Gleichen. «Das ist die Geschichte einer Möglichkeit», erläutert Kieślowski, «die davon erzählt, dass das Leben anders verlaufen könnte, wenn es 40 Jahre später begonnen hätte, oder das Leben von jemand anderem 40 Jahre früher.»[234] Der Richter, der sein Leben verpasst hat, da er es nicht schaffte, jemanden zu treffen, den er hätte lieben können, holt es an seinem hypothetischen Selbst nach. Zu diesem Zweck führt Kieślowski ein dramaturgisches Verfahren ein, das er die «Retrospektion in die Gegenwart» nennt: «Die normale Retrospektion betrifft die Vergangenheit. Hier findet sie in der Gegenwart statt, als eine Lebensvariante. Der Richter erzählt von sich selbst mit Hilfe von Bildern, mit Hilfe der Aktion (einer sehr unwesentlichen), die gegenwärtig geschieht.»[235] Wie der «Buß-Richter» bei Camus fasst er seine «Beichte» so ab, dass sie für jedermann zum Spiegel seines eigenen Lebens werden könnte, und versucht, seiner Bedrängnis zu entgehen, indem er die Herausforderung annimmt und dadurch in gewissem Sinne überwindet: Als er seine «Doppelexistenz» akzeptiert und seine Mitmenschen in diese einbezieht, bedeutet das eine Solidarität, die bei Kieślowski wie Camus als Hypothese eine utopische Qualität hat.

Genauso geschickt wie mit der Dimension der Zeit geht Kieślowski mit der räumlichen Nähe der Handlungsorte um, verwebt die Lebenswege seiner Figuren zu einem dichten Netz wechselseitiger Verbindungen. Von Anfang an bezieht die Kamera von Piotr Sobociński in analogen Einstellungen den Alltag von Auguste und Valentine aufeinander. In einer klar abgesteckten Topografie erfasst sie beide immer wieder ein wie zufälliger Seitenblick, ohne dass sie sich doch bemerken würden. Um der Gefahr der Beliebigkeit zu entkommen, haben Kieślowski und Sobociński «diese reale Welt und den Zufall vollständig geschaffen (...), so dass alles ‹unter Kontrolle› war – mit einem sehr strikten Farben-Konzept, einer sehr genau definierten Farben-Skala, in die die Personen, die Autos, die Interieurs, jeder Gegenstand im Bild integriert waren.»[236] Wenn die Signalfarbe

234 Rozmowa 3 Genewa. Za kulisami. Ein Interview von Tadeusz Sobolewski. In: *Kino* 9/1993, S. 16.

235 Ebd. Piesiewicz ist noch auskunftsfreudiger: «In ROT wird ein Verfahren angewandt, das Kieślowski als ‹Retrospektion in die Gegenwart› bezeichnet. Neben dem Hauptstrang spielt sich eine Nebenhandlung ab: Wir zeigen das Leben und Schicksal eines jungen Menschen, (…) der beinahe denselben Weg geht wie der Richter, (...) bis wir mit ihm zu einem Moment gelangen, der völlig erklärt, warum der Richter so geworden ist, wie wir ihn über lange Strecken des Films sehen. (...) Das Motiv seines Lebens ist das Abbild des Lebens vom Richter.» *Krótki film o telefonach*. Ein Interview von Urszula Biełous. In: *Film* 5/1994. S. 21.

236 Zit. nach dem Presseheft zu DREI FARBEN: ROT. Anke Zindler Filmpresse München.

Rot andere Farben in dem Film uneingeschränkt dominiert, so wird dadurch außer ihrer sinnlichen Präsenz vor allem eine Zusammengehörigkeit von Personen und Umständen betont, die auf den ersten Blick gar nicht wahrnehmbar ist: die rote Jacke von Michel, der rote Kaugummi bei dem Fotografen, der rote Jeep von Auguste, die Verkehrsampel, eine rote Decke über einem Stuhl in der Wohnung des Richters, die rote Wand beim Tierarzt, die rote Kegelkugel, das rote Ticket der Kanalfähre. Ein Verfahren übrigens, das an die bewusst irreale Farbdramaturgie in Michelangelo Antonionis Psychodrama IL DESERTO ROSSO (DIE ROTE WÜSTE, I 1964) erinnert, in dem die exponierten, artifiziellen Farben dazu dienen, die Seelenlandschaft der Heldin, ihre «farbigen Gefühle» (*Der Spiegel* 49/1964) zu beschreiben und die «industrielle Wahrnehmungswelt»[237] hervorzuheben.

Dass Auguste in ihr die Frau finden wird, der der Richter vor Jahren hätte begegnen müssen, um bestimmte Fehler nicht zu begehen, dafür steht das Bild der schönen Valentine vor rotem Hintergrund. Zu Beginn während einer Fotosession künstlich arrangiert (s. S. 271, Abb. 40), ragt es bald von einer gigantischen Plakatwand empor, auf der ihr Gesicht in einer Flut von Rot zu ertrinken droht. Bei der Demontage (s. S. 268, Abb. 35) wird es im stürmischen Wind der Vergänglichkeit preisgegeben und unversehens in der Wirklichkeit eingelöst: als ein «*déjà vu*» in den unscharfen Fernsehbildern des Fährunglücks, wenn Valentine, neben Auguste stehend, im selben Profil zu sehen ist, diesmal vor den roten Jacken der Rettungsmannschaft (s. S. 494, Abb. 51). Beide erscheinen dann als eines jener Traumpaare, von denen das Kino erzählt, obwohl sie sich dauernd verfehlten und ihre Liebesgeschichte bis zum Ende nur ein Versprechen bleibt. «Bei jeder Gelegenheit – Frische des Lebens» lautete der banale Slogan der

237 Vgl. *Lexikon des Internationalen Films*. Reinbek bei Hamburg 1988.

342 Werbekampagne «Erfrischung des Lebens»; die Werbefläche ist zugleich Emblem für Vorsehung, Zufall und Schicksal

Kaugummimarke «Hollywood», für die das überdimensionale «*blow up*» mit Valentines «traurigem» Konterfei warb. Wenn ihr von Schrecken gezeichnetes, trauriges Gesicht im Fokus der elektronischen Aufzeichnung einfriert, offenbart nicht nur der Werbespruch «fraîcheur de vivre» seine unheimliche Bedeutung, es gleicht auch einer sich selbst erfüllenden Prophezeiung: Eine Geschichte, die sich vor etwa 35 Jahren ereignet hat und sich an Auguste wiederholt, erleidet er doch zunächst ein ähnliches Schicksal wie sein älterer Vorgänger, könnte im «zweiten» Leben in Erfüllung gehen.

Durch das Fernsehbild jenes Hochglanzes beraubt, den das gestylte Plakat besaß, erweist sich das *trompe-l'œil*, bei dem der Betrachter zwischen Wirklichkeit und Imaginiertem nicht unterscheiden kann, als eine doppelbödig ab-

343 Das Trompe l'œil der elektronischen Fernsehaufzeichnung

gründige Täuschung der Wahrnehmung. Und man liegt bestimmt nicht ganz falsch, wenn man darin noch einen verspielten Seitenhieb auf die amerikanische Traumfabrik entdeckt. Interessiert an einem klassischen Melodram, wie sich zwei finden und sich auf den ersten Blick verlieben, erzählt ROT die spiegelverkehrte Vorgeschichte, wie sich zwei von ihren «Lebensabschnittsgefährten» entfremden, um füreinander frei zu werden. «Es würde sie wundern zu erfahren, dass der Zufall seit längerer Zeit mit ihnen spielte», heißt es in dem Gedicht *Liebe auf den ersten Blick* von Wisława Szymborska, für Kieślowski der poetische Kommentar zu seinem Film, der eben auch davon handle, wie sich Menschen in Raum und Zeit verfehlen. Zuletzt, nach der ultimativen Katastrophe, als sich Valentine und Auguste erstmals von Angesicht zu Angesicht gegenüberstehen, ahnen sie nichts davon, dass der Richter bei ihnen Schicksal gespielt hat.

So wie Auguste für den Richter ist dieser das *alter ego* des Regisseurs, der als Manipulator menschlicher Schicksale ein Spiel mit der Vorsehung simuliert, im Finale von ROT kraft wundersamer Errettung den Zufall aber korrigiert. Der Filmemacher nimmt sich die Freiheit heraus, den Lauf der Dinge zu bestimmen: Bei dem Schiffbruch im stürmischen Meer, der laut Karins Wettervorhersage gar nicht hätte stattfinden können, rettet er bis auf einen Steward die Geschöpfe seiner (Kino-)Welt, wie einst Gottvater die seinen auf der Arche Noah. Was von vielen Kritikern unter dem Blickwinkel eines Erlösung-Theorems behandelt wurde, ist für Kieślowski eine Möglichkeit[238]. «Zweite Chancen, doppelte Leben»[239] – Kieślowskis unverwüstliche Kinoformel kommt in ROT auf ebenso vielfältige wie kunstvolle Weise zum Tragen: Er nimmt die Metaphern beim Wort, betont zugleich die Unkalkulierbarkeit und Unabsehbarkeit von Geschehnissen. Nach dem entscheidenden Zwiegespräch im Theater zwischen Valentine und dem Richter mutet das zugleich versöhnliche und (selbst-)ironische Märchenende letztlich wie ein theatralisches Finale an. Ein Theatrum mundi, in dem Blitz und Donner über Leben und Tod entscheiden und ein *deus ex machina* waltet, um die Aporien aufzuheben und dem Wagnis der Liebe eine Chance zu geben.

«Das Heilmittel gegen Unwiderruflichkeit – dagegen, dass man Getanes nicht rückgängig machen kann, obwohl man nicht wusste und nicht wissen konnte, was man tat – liegt in der menschlichen Fähigkeit zu verzeihen. Und das Heilmittel gegen Unabsehbarkeit – und damit gegen die chaotische Ungewissheit alles Zukünftigen – liegt in dem Vermögen, Versprechen zu geben und zu halten», definiert Hannah Arendt in *Vita activa* jene Möglichkeiten des Handelns, durch die der Handelnde von einer Vergangenheit befreit wird, die ihn auf immer festlegen will, und sich einer Zukunft versichern kann, deren Unabsehbarkeit bedroht. Beide Fähigkeiten gehören zusammen: Die eine bezieht sich auf die Vergangenheit und macht das Geschehene rückgängig, «während die andere ein Bevorstehendes wie einen Wegweiser in die Zukunft aufrichtet, in der ohne die bindenden Versprechen, welche wie Inseln der Sicherheit von den Menschen in das drohende Meer des Ungewissen geworfen werden, noch nicht einmal irgendeine Kontinuität menschlicher Beziehungen möglich wäre, von Beständigkeit und Treue ganz zu schweigen»[240]. Beide Fähigkeiten können sich auch nur unter der Bedingung der Anwesenheit von Anderen, die mit-sind und

---

238 Auf die Frage, ob ROT von Erlösung handle, antwortete Kieślowski in einem Gespräch mit Tadeusz Sobolewski während der Dreharbeiten: «Von einer Möglichkeit, die noch besteht. Ich würde nie so ein Wort benutzen, es käme mir überhaupt nicht in den Sinn.» (Notatki z planu. In: *Kino* 9/1993, S. 20)

239 Vgl. Insdorf, Annette: *Double Lives, Second Chances. The Cinema of Krzysztof Kieslowski*. New York 1999.

240 Arendt, Hanna: *Vita activa*. München/Zürich 1985, S. 231 ff.

mit-handeln, entfalten. Als ob Hannah Arendt den philosophischen Kommentar zu Drei Farben: Rot geschrieben hätte, versöhnt Valentine den Richter mit seiner Vergangenheit, während er ihr Vertrauen in ihre Zukunft gibt.

Nach seinem überfälligen Ausbruch aus der Vereinzelung beginnt der Richter seine Erinnerungen aufzuarbeiten: Seine Frau hat ihn betrogen und er ihren Geliebten, über den er Jahre später zu Gericht saß, schuldig gesprochen. Valentine leidet darunter, dass ihr Bruder in die Drogenabhängigkeit abrutscht, ohne dass sie einen Rat wüsste, wie sie ihm helfen könnte. Da sie Gewissensbisse hat, stellt sie ihre Reise nach England in Frage. Als sie in ihrem Aktionismus bekennt: «Ich wünschte bloß, ich könnte irgendetwas tun», entgegnet ihr der Richter: «Das können Sie – sein.» «Was wollen Sie damit sagen?», fragt Valentine zurück. «Einfach nur das – sein», antwortet er und legt ihr nahe, die Fähre zu nehmen. Auf die Frage hin, ob er denn jemals geliebt hätte, erzählt ihr der Richter von einem Zukunftstraum, in dem er sie glücklich gesehen habe. Bei ihrer Aussprache im Theater, einen Tag vor Valentines Abreise, wird seine vorausdeutende Erzählung zum Versprechen, wenn er ihr offenbart, sie in dem Traum an der Seite eines Mannes in etwa 30 Jahren erfüllt gesehen zu haben. «Und genauso wird es sein», will Valentine wissen. «Ja», versichert ihr der Richter.

In dieser Verwandlung vom Skeptiker zum Seher könne man «einen Abklatsch der Prädestinati-

344 Nach der Modenschau im Theater

on, die einst die Genfer Theologie bewegte»[241], sehen, oder «einen zwar nicht ‹calvinistischen›, wohl aber jansenistischen Film»[242] entdecken, eine Parabel von Gnade und Errettung, die an der Parallelgeschichte des jungen Richters evident werde. Die fantastische Erzählform der Drei Farben: Rot mit ihrer «im westeuropäischen Kino dieser Jahre unzeitgemäß einzigartigen Virtuosität der Mystifikation» weist wiederum für Urs Jenny Kieślowski und Piesiewicz als «Nachfahren der Schwarzen Romantik»[243] aus. Sie erzählen «Schicksalsanekdoten» (Tania Blixen), wie es auch E.T.A. Hoffmann, Adalbert von Chamisso oder Ludwig Tieck in ihren Novellen und Märchen getan haben. Dahinter stand die Idee eines welterfindenden Autors, der sich in sein eigenes Spiel verstrickt. «In der Magie solcher Prophezeiungen, die die Macht der Zeichen über die Einbildungskraft nutzen», gibt daher Kieślowskis Film, «der nicht nur durch Irène Jacob an Die zwei Leben der Veronika erinnert», auch für Karsten Visarius «seine romantische Erbschaft zu erkennen». In Trintignants Richter würden gar «jene Hexenmeister, Alchemisten und Teufelskünstler» wiederkehren, «die aus überlegener Einsicht die Lebensfäden anderer Menschen zu verwirren, aber auch neu zu ordnen verstehen – ohne sich selbst helfen zu können»[244].

Der Perspektivwechsel von der Sicht eines «Demiurgen», der in aller Offenheit seine Kunstgriffe als Inhalt vorführt, zu einer psychologischen Analyse, in deren Mittelpunkt Entfrem-

---

241 Lenz, Eva-Maria: Der Hund als Zufall und Notwendigkeit. In: *Frankfurter Allgemeine Zeitung* v. 08.09.1994.

242 Egger, Christoph: Die Verführung des Telefonierens. «Rouge» – Krzysztof Kieslowskis Krönung der «Trois couleurs». In: *Neue Zürcher Zeitung* v. 03.09.1994.

243 Jenny, Urs: Letzter Salut. In: *Der Spiegel* Nr. 36 v. 05.09.1994, S. 210.

244 Visarius, Karsten: Drei Farben: Rot. In: *epd Film* 9/1994, S. 39.

VI. Von der Wirklichkeit zur Metaphysik

345 Valentine hilft, die Flasche zu versenken

dung und Vereinsamung im Medienzeitalter, die «Lebenswelt der Monaden» steht, bestimmt das poetische Klima von Rot. Das bekenntnishafte Schlussstück in Kieślowskis Œuvre erinnert an eine «Schweizer Uhr mit Seele»: Alle Rädchen seines kunstvollen Mechanismus sind aufeinander mit geradezu mathematischer Präzision abgestimmt. Weit strenger komponiert als seine Vorgänger, entwirrt Rot (im Bunde mit dem Zuschauer) die verwickelten Fäden sich kreuzender Lebenswege. In der Gegenwart des einen Protagonisten klärt es die Vergangenheit des anderen auf, bis ein sorgfältig und fein gesponnenes Bezugsgeflecht entsteht, in dem Liebe einem Agens gleicht, das die Menschen all dem zum Trotz verbindet, was sie trennen könnte. Im krönenden Teil der Trilogie erweist sich Kieślowski als ein «kalter» Konstrukteur seiner «heißen» Geschichten um abgründige Emotionen, als ein Intellektueller der Gefühle, als ein Marionettenspieler, der seine Helden mit frappierender Leichtigkeit zu Figuren eines «metaphysischen Schaltplans» macht, sie souverän in einem bis in Nuancen durchdachten Labyrinth zwischenmenschlicher Interaktionen und präzise ausgetüftelter Kommunikationsnetze agieren lässt.

Und da eine gemeinsame Welt verschwindet, wenn sie nur noch unter einem Aspekt gesehen wird – sie existiert überhaupt nur in der Vielfalt ihrer Perspektiven, wie Hanna Arendt es analysiert hat –, multipliziert Kieślowski die Perspektiven durch Variationen, Verdopplungen, Spiegelungen, Symmetrien und Kontrapunkte, Parallelhandlungen und Zyklen, um die ethisch-moralischen Dimensionen unseres Tuns und Lassens besser beleuchten zu können. Warf Der Zufall möglicherweise von der gleichen Grundsituation aus in drei Episoden die Frage auf, ob der Mensch zu eigenem Handeln fähig oder ein Spielball von Zufall und Schicksal sei, formuliert die Trilogie an Hand von drei Modellsituationen Fragestellungen nach den existenziellen Hintergründen des Handelns. Fotografieren, was sich im Grunde nicht fotografieren lasse, beschreibt Kieślowski seinen ästhetischen Impuls, wie in Rot hinter die Kulissen der Ereignisse schauen zu wollen, als Spion dem Zufall bei der Arbeit zuzusehen. Dahinter verbirgt sich der Ehrgeiz eines Dokumentaristen, die unbändige Wirklichkeit beim Schopfe fassen zu wollen; magische Momente in der Magie der Bilder einzufangen, Augenblicke der Wahrheit, die aber nicht ohne manipulative Eingriffe auskommen. So resultiert in Rot die Schicksalsanekdote aus der Form: Der Film gleicht einer Art Spiel mit dem Leben, das auf mehreren Ebenen abläuft.

Damit die dargestellte Welt diesen Grad der Vollkommenheit erreicht wie im Dokumentarfilm, in dem die Wirklichkeit pulsiert, versucht Kieślowski, ihre Spielregeln nachzubilden und in die Rolle des Zufalls zu schlüpfen: «Die Welt besteht aus Details. Unser Bemühen ums Detail, in Rot übrigens gar nicht größer als in Weiss, resultiert aus der grundlegenden Annahme: Wir wollen im Film der Autor des Zufalls sein. Und es geht weniger darum, welches Buch auf dem Regal liegt, sondern um die Weise, zu erzählen, um das Signalisieren der Verbindungen zwischen Menschen in Raum und Zeit. Zuerst aber muss der Zuschauer an die fotografierte Welt glauben.»[245]

---

245 Rozmowa 3 Genewa. Za kulisami. Ein Interview von Tadeusz Sobolewski. In: *Kino* 9/1993, S. 14.

Statt einer «ausgeklügelten» Dramaturgie glaubt sich Kieślowski daher näher am Leben inmitten ungeordneter Ereignisse. Er belässt die Wirklichkeit ganz bewusst fragmentarisch, lässt sie an den Rändern des Bildausschnitts aufscheinen wie das Schweizer Messer in der Vitrine des Cafés «Chez Joseph», baut Verstehenssprünge ein, die erst dechiffriert werden müssen: so zum Beispiel private Rituale, indem er Valentine allmorgendlich am Spielautomaten im Café zeigt und der Sinn ihres Spiels just seine Bedeutung offenbart, wenn sie vor ihrer Abreise zum ersten Mal gewinnt.

Erst aus der Summe dieser unzusammenhängenden Nebensachen, die sich buchstäblich zu einem roten Faden zusammenfügen, lassen sich die Details in ihrer Bedeutung entziffern und das jeweilige Verhalten der Helden motivieren: das zerbrochene Glas an einem Tisch in der Kegelbahn, der Füllfederhalter, dem die Tinte ausgeht, das zu Boden fallende Gesetzbuch. Jeder dieser Gegenstände setzt eine Assoziationskette in Gang, die zwangsläufig auf das Finale zusteuert. Sobociński erklärt dazu: «Jede Nichtigkeit wurde dem untergeordnet, was wir uns ausgedacht haben: jedes Kostüm, jeder Statist, jede Farbe, jedes Element der Ausstattung, jedes Bild an der Wand. Es entstand eine Liste von über 300 Elementen mit Bedeutung. Ihre Bedeutung musste nicht so sehr enthüllt als vielmehr verborgen werden.»[246] Das Phänomen des «déjà vu» auf der frischen Tat zu ertappen, nennt Sobociński dieses Verfahren zur Beglaubigung der dargestellten Welt in ihrem Ereignischarakter.

Auf diese Weise entsteht ein Netz optischer und thematischer Leitmotive, die man bereits aus anderen Filmen Kieślowskis kennt: das Spiel des Richters mit dem Zwei-Franc-Stück (schweizerischem allerdings), zerbrochene Gläser, Tiere als Vollstreckungsgehilfen des Zufalls, Insider-Jokes wie die falsche Fährte mit der CD Van den Budenmayers, die man vergeblich in einem Musikladen suchen würde. Andererseits offenbart dieses System aus immanenten Korrespondenzen im Gegensatz zu der klassischen (chronologisch-kausalen) Dramaturgie, die vorauswissend andeutet, erst im Nachhinein rückwirkend die jeweilige Bedeutung: Anstatt dass die Details die bevorstehende Entwicklung ankündigen würden, stellt sich heraus, dass bestimmte Elemente in den zurückliegenden Szenen bereits eine handlungstragende Bedeutung hatten. Reminiszenzen an das Motiv des Schlittens in Orson Welles' CITIZEN KANE werden wach. Eine Szene, die diese Methode besonders gut verdeutlicht, ist der Unfall: Als Valentine an einer roten Ampel hält, überquert Auguste die Straße. Sein Gesetzbuch fällt zu Boden und schlägt dabei eben jenen Paragraphen auf, über den er dann im Examen geprüft wird. Er bückt sich, um das Buch aufzuheben, und die Kamera erfasst in Tiefenschärfe das leere Gerüst, an dem das riesige Plakat vor rotem Hintergrund hängen wird. Valentine fährt an Auguste vorbei. Sie macht das Radio an. Störungen der Frequenz lenken ihre Aufmerksamkeit ab. Als sie eine andere Station finden will, kommt es zu dem Unfall. Auf der Suche nach dem Inhaber des Hundes gelangt sie in das Haus des Richters, der mit seinen Lauschübergriffen die Störungen des Radios verursacht hat. Später im Theater erzählt er ihr, wie vor seinem Richterexamen sein Gesetzbuch zu Boden fiel und eben jenen Paragraphen aufschlug, über den er geprüft wurde.

Ganz so zufällig ist also diese Anordnung von völlig zufälligen Elementen nicht. Sie sind aber so in die Realität eingelassen, dass diese den Eindruck einer unbändigen Wirklichkeit hinterlässt und die Aktion den Anschein, nicht geplant zu sein. Kieślowski liebt es, die Fassaden des Sichtbaren zu durchbrechen und mit den Emotionen seines Publikums zu jonglieren. Und eben auf dieser Basis lassen sich die Zuschauer (oder auch nicht)

---

246 Sfilmowane déjà vu. Interview mit Piotr Sobociński. In: *Kino* 9/1993, S. 23.

sowohl von der suggerierten und zugleich sabotierten Liebesgeschichte im Konjunktiv als auch von der insinuierten Verbindung zwischen dem Richter und seinem alter ego überwältigen. Obwohl ROT von der manipulativen Rolle des Zufalls handelt, gibt es hier auf der formal-ästhetischen Ebene nichts Zufälliges. Und genau deswegen offenbart die Wirklichkeit paradoxerweise ihre Irrationalität. «Der letzte Teil aus dem Zyklus der DREI FARBEN», charakterisiert Sobolewski Kieślowskis Artistik in der Handhabung filmischer Mittel,

> «ist eine bravouröse Aktion der Überwindung vom Fatum. Der Regisseur, wie ein Zauberkünstler, der sich bei seiner Manipulation nicht ertappen lässt, vollzieht den Akt der ‹Errettung› seiner Helden auf eigene Faust. Der Richter, der in dieser Geschichte den Regisseur repräsentiert und zugleich in die Rolle Gottes schlüpft, führt die Intervention durch. Wir glauben daran nach der Devise, wie wir einem Zauberkünstler im Zirkus glauben. Kieślowski schlägt uns in diesem Film ein Spiel mit dem Glauben vor, das Erschaffen eines Sinns in Sinnlosigkeit. Wir sehen die Kulissen des Spiels, zugleich glauben wir, dass Auguste diese ‹zweite Apfelhälfte› von Valentine ist, dass sie sich treffen. Die besondere Stellung von ROT in Kieślowskis Werk beruht unter anderem darauf, dass es darin zu der endgültigen Konfrontation von Zynismus und Glaube, Herz und Verstand kommt. Die Gegensätze werden aufgehoben. In diesem Film ist etwas von dem Hochmut, Gott verbessern zu wollen. Und etwas von der Selbstironie eines Spielers, der uns seine Karten zeigt.»[247]

Mit der «*déjà vu*»-Dramaturgie durch «Retrospektion in die Gegenwart» kontrastiert eine Lichtdramaturgie, die ohne Schatten auskommt, dafür ein weiches, natürliches Licht setzt, um das «irreale» Spiel glaubwürdig erscheinen zu lassen, den Realitätsgehalt der Wirklichkeit beizubehalten. Statt der Subjektivierung ist die Kamera – das Auge des Regisseurs – der Narrator: Wie der Richter die Anderen ausspioniert, belauert sie die Figuren, folgt ihnen neugierig hinterher. Weder verbirgt sie ihre Anwesenheit noch stellt sie sie demonstrativ aus. Dennoch wirkt ihre Sichtweise subjektiv: Wessen Blick repräsentiert sie?

«Es gibt aber einige Aufnahmen im Film», sagt Piotr Sobociński, «in denen die Kamera verrückt spielt: sie jagt einem fallenden Buch nach, folgt der Kugel in der Kegelbahn; in der Wohnung des Richters eilt sie auf Steadicam durch das Zimmer, um ein Glas zu erwischen, kurz bevor es wegen heißen Wassers zerbricht. Ich weiß nicht, wessen Blick es ist – ich weiß nur, dass diese Szenen nicht arbiträr sind, aber auch nicht zufällig passieren. Sie haben eine bestimmte Funktion.»[248]

Erzählt der Film etwa von sich selbst, führt er seine eigene Erzählstruktur vor? Auf die Frage hin, ob in diesen Momenten das Kino selbst der (selbstreferenzielle) Betrachter sei, antwortete Kieślowski sibyllinisch: «Vielleicht gibt es jemanden, der das alles sieht, der ein Technokran, eine Handkamera, ein Steadicam ist und aus jedem Blickwinkel sieht. Ich denke, dass ist kein Spiel mit dem Kino, sondern mit dem jemanden.»[249] In aller Einfalt interpretierten einige polnische Kritiker diese quasi verschlüsselt bekenntnishafte Aussage als einen kryptischen Verweis auf die Allgegenwart des Schicksals, gar die Allmacht Gottes.

In diesen «abstrakten» Visualisierungen des Ereignishaften, etwa in der Bewegung eines herabstürzenden Kegelschnitts, als der Richter von dem fallenden Buch erzählt, das man gar nicht sieht, was aber die Kamera suggestiv imitiert,

---

247 Sobolewski, Tadeusz: Niepokój Kieślowskiego. In: *Kino* 6/1995, S. 8–9.
248 Sfilmowane déjà vu. Interview mit Piotr Sobociński. In: *Kino* 9/1993, S. 23.
249 Rozmowa 3 Genewa. Za kulisami. Ein Interview von Tadeusz Sobolewski. In: *Kino* 9/1993, S. 16.

wird viel eher eine entfesselte Kamera in den Dienst des auktorialen Erzählers gestellt: Einerseits signalisiert so Kieślowski als der omnipräsente Erzähler seine «göttliche Perspektive»; andererseits begibt er sich auf eine übergeordnete Ebene der Reflexion über das Kino und die Rolle des Regisseurs als Schöpfer und Inszenator seiner eigenen Kinowelten und Phantasmagorien. Er tritt gewissermaßen in einen Dialog mit den Geschöpfen seiner Imagination. Nicht nur dass der renommierte Dokumentarist Kieślowski, wie die polnische Filmhistorikerin Maria Kornatowska schreibt, «auf dem Wege der künstlerischen Evolution zu der Ansicht gelangt wäre, dass die Kinowirklichkeit ein völlig arbiträres und subjektives Gebilde sei, reine Kreation»[250]. ROT, Kieślowskis Abschied vom Kino, ist das Bekenntnis eines ungläubigen Cineasten, der sein Handwerk versteht, dieses Metier aber in seinem ganzen Glanz und Elend durchschaut.

Darin offenbart sich seine «moralische Unruhe», die Ohnmacht eines Künstlers, der seine Figuren höchstens vor dem (Film-)Tod erretten kann. Mehr kann er nicht tun, weiter kann er kaum gehen. Die Wirklichkeit ist zu komplex und reichhaltig, als dass sie überblickt werden könnte. Die Planbarkeit des Lebens stören Zufälle und Unwägbarkeiten des Handelns, die auch ein folgerichtiges lineares Erzählen unmöglich machen. «Jeder steckt in seiner Haut», wie der Richter sagt, und in der Welt der fensterlosen Monaden ist der Rest unsichtbar. Was Abhilfe schafft, ist der Perspektivismus. Was bleibt, stiftet der Filmemacher selbst als Demiurg: Erst in seiner weltumspannenden Perspektive können die beschränkten Perspektiven seiner Protagonisten aufgehoben und überwunden werden.

250 Kornatowska, Maria: Kreacja w czerwieni. In: *Kino* 7–8/1994, S. 29.
251 Rozmowa 3 Genewa. Za kulisami. Ein Interview von Tadeusz Sobolewski. In: *Kino* 9/1993, S. 16.

346 Abschied vor der Abreise

Kieślowski ist aber weder ein Erbe Leibniz' noch Nietzsches. Seine Inspirationsquelle ist die Literatur, ein Medium, das er viel höher einschätzt als seine eigene Profession:

«Es zählt der Weg, nicht das Ziel. So ist es auch in diesem Film: Ich erzähle eine Geschichte, von der Du sagst, dass sie im Drehbuch unklar ist, weil man nicht weiß, wozu ihre einzelnen Elemente dienen. Für mich ist das, wozu sie dienen, offensichtlich. Und wenn ich daraus eine Novelle oder einen Roman machen könnte, würde sich herausstellen, dass man mit Hilfe der Literatur präzise die Geschichte des Richters erzählen kann und alle beabsichtigten Bedeutungen in sie integrieren. Im Kino könnte man das auch eindeutiger erzählen, den Monolog aus dem Off und verschiedene andere brutale Effekte ausnutzen, um dem Zuschauer mit dem Finger zu zeigen, worauf er seine Aufmerksamkeit richten soll. Aber wir wollen diesen Film diskret erzählen, Details und zeitliche Verbindungen miteinander assoziieren.»[251]

In diesem Licht erlangen all die Zeichen, Signale, korrespondierenden Wiederholungen, das ganze minutiös geknüpfte Netz der Bezüge, von dem das Kieślowski-Universum in ROT komplett durchzogen ist, noch eine andere Qualität.

«Das war nicht nur eine Frage des Lichts, sondern ebenso», erzählt Sobociński, «eines ganzen Systems von Zeichen, die wir ausgearbeitet und ‹retroaktive Schlussfolgerung› genannt haben: ein Spiel von Assoziationen, eine spezifische Bewegung der Kamera, ein wesentliches Element ohne Bedeutung in einer Szene, aber von großer Bedeutung einige Sequenzen später. So haben wir eine ‹literarische› Welt konstruiert. Wenn man ein Buch liest, kann man immer zurückblättern – diese Art Äquivalent haben wir gesucht.»²⁵²

Wie in Hitchcocks Krimis bewirkt dieses mysteriöse System der Fallen, dass der Zuschauer – wenn er die einzelnen Szenen betrachtet – nicht nur der Aktion folgen darf, sondern sich auf die Details konzentrieren muss, weil in ihnen der «suspense» enthalten ist. Kieślowski und Sobociński erschaffen einen Mikrokosmos, in dem Genf in einer klar umgrenzten Topografie nur am Rande zum Vorschein kommt. Die Protagonisten streifen einander an denselben Knotenpunkten, die Schlinge zieht sich um sie immer enger zu. Einmal, in dem Musikladen, stehen sogar Valentine und Auguste nebeneinander, jeder hört seine eigene Melodie über Kopfhörer, bis sich an der Kasse herausstellt, dass Auguste gerade die letzte CD von Van den Budenmayer gekauft hat, die Valentine gerne erwerben wollte.

In dem Gedicht von Wisława Szymborska stehen unter anderem die Zeilen: «Es gab Signale, Zeichen / unleserliche, na und? (…) / Denn jeder Anfang/ ist nur Fortsetzung, / und das Buch der Ereignisse / ist jederzeit aufgeschlagen in der Mitte.» Sie kommen der Idee des Films ROT sehr nahe. Nicht nur dass Kieślowskis Universum in ROT an einen unleserlichen Text erinnert, vielleicht spiegelverkehrt oder in einer Geheimsprache abgefasst, die erst dechiffriert werden muss. Es ist auch eine ganze Welt, eine Traumwelt, von dem Regisseur konzipiert und erschaffen, die es außerhalb des Kinos nicht gibt. «Das Drehbuch von ROT lässt sich nicht erzählen, so wie man mit Leichtigkeit das Drehbuch von WEISS erzählen kann. Wenn man aber entsprechende filmische Mittel anwendet, kann man auf seiner Grundlage eine richtige Kabbala aufbauen.» «Wir versuchen», erklärt Sobociński, «den Zuschauer in sie hineinzuziehen. Wir wissen um das Risiko. Ob der Film hervorragend oder daneben ist, hängt von diesen zwei bis drei Prozent ab, die man in keiner Weise voraussehen kann.»²⁵³ Eine ähnliche Traumwelt, die nach eigenen Spielregeln funktioniert, hat Wojciech J. Has in seiner Literaturadaption DIE HANDSCHRIFT VON SARAGOSSA aufgebaut.

Kino voller Magie, Kino wie ein Traum aus dem Geiste der Literatur und Malerei. Has' Verfilmung des fantastischen Abenteuerromans von Jan Graf Potocki, einem Spätaufklärer mit Vorliebe für spanisch-französische Schelmen- und Schauerromane, ist irgendwo zwischen surrealistischer Subversion, holländischen Stillleben und barocker Pracht angesiedelt. Die labyrinthartige Parabel aus Tausendundeiner Nacht erinnert an ein philosophisches Traktat über den Kampf des Rationalismus gegen den Aberglauben, aufbereitet zu einem vergnüglich subtilen Spiel mit erzählerischen Konventionen. Zufall und Schicksal fungieren hier als Erfüllungsgehilfen eines vorbestimmten Plans, der in einem immer in der Mitte aufgeschlagenen Geheimbuch vorgezeichnet ist – einer Kabbala. Laut einer Anekdote soll sich Has während der Dreharbeiten so in die Fallstricke seiner eigenen Geschichte verheddert haben, dass er nicht wusste, wie er diese Kabbala wieder entwirren und zu einer Auflösung bringen kann. Mit seinen verkehrten Zeit- und Raumverhältnissen und ineinander verschachtelten Geschichten zu einem Bilderbogen von beeindruckender Visualität verdichtet, verdankt das preziöse Werk

---

252 Zit. nach dem Presseheft zu DREI FARBEN: ROT. Anke Zindler Filmpresse München.

253 Sfilmowane déjà vu. Interview mit Piotr Sobociński. In: *Kino* 9/1993, S. 23.

seine betörende Wirkung auch der Szenografie von Jerzy Skarżyński und der kontrapunktischen Musik von Krzysztof Penderecki.

Kino wie ein Traum aus dem Geiste der Literatur und der Musik ist auch ROT. Seine ebenso betörende Wirkung verdankt es dem malerischen «Bolero»-Motiv von Zbigniew Preisner, der zwar auch diesmal das Namensspiel mit seinem holländischen *alter ego* Van den Budenmayer fortsetzt, wohl aber kaum unter dessen Zuhilfenahme bei der scharf rhythmischen spanischen Tanzmusik. Preisners Bolero-Melodie erinnert in ihrer geschmeidigen Eleganz eher an ein Pastiche voll von Gefühlen und Nostalgie. Ähnlich wie in BLAU wird die Musik auch diesmal dramaturgisch funktional eingesetzt: Wenn sie im Lichtertaumel der Modenschau in voller Entfaltung zum Ausdruck kommt, sorgt sie dafür, dass die Personen in einen Schwebezustand zwischen Entrückung und Gegenwärtigkeit versetzt werden und eine Atmosphäre des Zaubers entsteht. Andererseits wird sie in ihrer Funktionalität mit der Arbeit der Kamera abgestimmt, die sich ihre spezifische repetitive Struktur zu eigen macht: «Wir haben absichtlich», sagt Sobociński, «einen gewissen repetitiven Stil in einem Teil des Films eingesetzt, ähnliche Sequenzen aneinander gekettet, nur musste die jeweils folgende reichhaltiger sein als die vorhergegangene. Man musste von Sequenz zu Sequenz die repetitiven Elemente des Films anreichern, ihnen immer etwas ‹mehr› geben. In gewisser Weise ist es ein ‹Bolero›-Film.»[254]

Ähnlich wie bei Milan Kundera, der seinen Romanen die Form musikalischer Kompositionen einverleibt, ist aber nicht nur ROT an eine musikalische Struktur angelehnt. Auch andere Teile der Trilogie sowie die Gesamtkomposition der DREI FARBEN hinterfragen durch ihr ketzerisch-subtiles Spiel mit erzählerischen Konventionen die Form: Sie münden nicht nur in eine Melange von Genres, Kamerastilen, Sprachen, Verfahrensweisen, Modellsituationen, sondern auch unterschiedlicher Kunstarten. Man findet in der Trilogie ein kompositorisches Prinzip vor, das mit dem der musikalischen Komposition (Themen/Motive/Variationen) verwandt ist, während das Interesse für psychologische Prozesse (Erinnerung in BLAU) und die Offenheit für philosophische Themen dem literarischen Erkenntnisinteresse nahekommen. Diese Mixturform von DREI FARBEN, bei der das reine Filmmaterial mit ästhetischer Reflexion und anderen Kunstarten entliehenen Methoden angereichert wird, entspringt dem Ehrgeiz einer multiperspektivischen Betrachtung, die nicht weit von dem Gestus des Romans entfernt ist. Auch der Aspekt des Seriellen im Werk Kieślowskis bestärkt noch, wie die französische Filmkritikerin Agnès Peck bemerkt hat, seine Affinität zur Literatur (man denke nur an die Balzacsche «*comédie humaine*» bei Kieślowski seit DEKALOG) und zur Musik. Auf die Trilogie ließe sich leicht anwenden, was Milan Kundera für seinen Roman *Das Buch vom Lachen und Vergessen* geltend macht: «Dieses Buch ist ein Roman in Form von Variationen. Die einzelnen Teile folgen aufeinander wie die einzelnen Etappen einer Reise, die ins Innere eines Themas, ins Innere eines Gedankens, ins Innere einer Situation führen.»[255]

Peck hat diese «literarische Struktur»[256], die spätestens in der DREI FARBEN-Trilogie bei Kieślowski auffällig wird, sehr differenziert in Anlehnung an die Form des Romans analysiert. Der «literarische Stil» Kieślowskis stimme mit spezifisch ästhetischen Komponenten überein, die im Roman überragen. Allen voran die Viel-

---

254 Zit. nach dem Presseheft zu DREI FARBEN: ROT. Anke Zindler Filmpresse München.
255 Kundera, Milan: *Das Buch vom Lachen und Vergessen*. München 1992, S. 224.
256 Vgl. Peck, Agnès: TROIS COULEURS BLEU/BLANC/ROUGE. Une trilogie européenne. In: *Études cinématographiques: Krzysztof Kieślowski*. Nr. 203–210. Hg. von Estève, Michel. Paris 1994, S. 147–162.

falt: Vielfalt der Milieus, Länder, Herangehensweisen, zeitlicher und räumlicher Ebenen, die die Idee eines allumfassenden Universums in Analogie zur epischen Weite des Romans suggerieren. Dann die Pluralität: Verschiedenheit der Niveaus (dramatisch, lyrisch, symbolisch…), Vermischung der Genres, Brüche in der Tonart, Verschiedenheit der Bezüge und kultureller Querverweise[257]. Die Trilogie ist auch auf ein Finale ausgerichtet, das erst der Ganzheit einen Sinn verleiht. Jeder Film ist selbstständig, bietet die mögliche Erforschung eines existenziellen Themas, wird aber durch Analogien und Differenzen immer in Beziehung zu den beiden anderen gesetzt. Auf diese Weise können sie als Teile eines Romans erscheinen, die im Spiel der Variationen ein Thema durch die Verschiedenheit der Herangehensweisen vertiefen.

Genauso könnte man die einzelnen Teile aber in ihrer Tonart und ihrem Rhythmus in Analogie zu musikalischen Kompositionen als Bestandteile einer Symphonie begreifen: BLAU, pathetisch und lyrisch, als ein Adagio; WEISS, burlesk und schnell im 3/4-Takt des Tangos gehalten, als ein Scherzo; ROT mit seiner fortschreitenden Bereicherung sich wiederholender Elemente als ein Bolero. Die Schlusssequenz mit ihrer Zusammenführung aller Motive im Sinnbild der Überlebenden könnte auch die Rolle eines musikalischen Finales spielen. Zugleich ist es ein offenes Ende, das alles in der Schwebe belässt. Die Ähnlichkeit des Prologs in ROT mit einer programmatischen Ouvertüre ist ebenso unverkennbar wie die programmatische Rolle des Chorals im Finale von BLAU.

Es ist gewiss kein Zufall, dass mit der Zeitenwende Anfang der 1990er-Jahre die beiden Osteuropäer Kundera und Kieślowski sich in Westeuropa auf dem Zenit ihrer künstlerischen Popularität befanden: ein Romancier und ein Filmemacher, denen es jeweils gelungen ist, bei aller Universalität der Themen ihr kulturelles Erbe Mitteleuropas zu wahren. Kafka, Musil, Broch, Witold Gombrowicz oder Vladimir Nabokov gehören zu dieser Galerie der Ahnen, deren Werke ästhetische und philosophische Reflexion mit existenziellen Grundfragen und dunkler Ironie verbinden. Die Originalität der DREI FARBEN-Trilogie besteht gerade darin, nach eigenen filmischen Mitteln zu suchen und eine Komplexität der Form zu erreichen, die dieses Werk zu einem visuellen Äquivalent von literarischen oder philosophischen Konstruktionen macht. Skepsis und eine unbeirrbar humanitäre Ethik, fern des Moralismus und bar jeglicher Ideologie, durchdringen dieses Werk. Kieślowski entwirft ein Panaroma menschlicher Verständigungs- und Entfremdungsformen, formt es aber zu einem romantisch-ironischen Gedankenspiel der gemischten Gefühle und wechselnder Stimmungen. Und auch die Metaphysik in seinem späten Œuvre hat etwas von jener Wissenschaft der Ausnahmen, die den magischen Realismus der südamerikanischen Literatur auszeichnet. Außer dem intellektuellen Vergnügen und der Vielfalt der Erzählebenen, womit es der Literatur in nichts nachsteht, verschafft es ein seltenes

---

257 Für Peck gleicht BLAU mit seiner Erkundung des schockartig erfahrbaren Phänomens der Erinnerung einem «proustschen» Roman; WEISS enthalte pikareske Elemente, erinnere an Voltaires *Candide*, ähnele aber in seiner Erzählstruktur eher einem «kafkaesken» bzw. «gombrowicz'schen» Roman. Witold Gombrowicz, polnischer Emigrant und Klassiker des modernen Romans, hat mit seinem Buch *Ferdydurke* (1937) Jean-Paul Sartres Werk *Der Ekel* (existentialistische Philosophie im romanesken Gewand) vorweg genommen. Für Milan Kundera das eigentliche Ekel-Buch, da ein echter (und kein Thesen-)Roman in der Tradition des komischen Romans (François Rabelais / Miguel de Cervantes / Henry Fielding). In seinem Buch *Verratene Vermächtnisse* würdigt Kundera Witold Gombrowicz, da dieser existenzielle Probleme unernst und lustig (= subversiv) behandeln würde, während Sartre mit bitterem Ernst doziere.

Vergnügen sensitiver Natur. Reichtum der Form und der Expression, Originalität, Präzision und poetische Qualitäten gehen einher mit einer sinnlichen Ausstrahlung, die an die tiefsten Schichten des Unterbewussten[258] heranreicht.

Kieślowskis Trilogie der Verfehlungen und Errettungen steht im Zeichen der Ambiguität und des Relativismus, wirft dem Zuschauer unserer Tage zugleich Fragen nach dem Sinn individuellen Handelns und Existierens auf. Ein Fragenkatalog, der Kieślowski seit seinen Anfängen als Dokumentarist bis zum Schluss begleitete:

> «Von den ersten bis zu den letzten Filmen erzähle ich eben Geschichten zum Thema Mensch, der sich nicht so sehr in der Welt orientieren kann, nicht so ganz weiß, wie er leben soll, nicht so gut weiß, was für ihn gut ist und was schlecht, und ziemlich verzweifelt sucht. Er sucht nach der Antwort auf die grundlegenden Fragen: Wozu das alles? Warum morgen aufstehen? Wozu sich abends ins Bett legen? Wozu morgens wieder aufwachen? Wie diese Zeit zwischen dem einen und dem anderen Aufwachen verbringen?»[259]

Vor diesem Hintergrund ist die DREI FARBEN-Trilogie der konsequente Schlusspunkt einer künstlerischen Entwicklung, die von der Suche nach einer zwingenden Synthese von Ethik und Ästhetik geprägt war: von den metaphorischen Schlusssequenzen in DER FILMAMATEUR und EIN KURZER FILM ÜBER DIE LIEBE, wenn Kieślowski mit seiner programmatischen Abwendung von der politischen Realität die Kamera zuerst auf das Individuum und dann auf die Welt der Gefühle richtete, über die Szene auf dem Krakauer Marktplatz aus DIE ZWEI LEBEN DER VERONIKA, in der er mit der Rehabilitierung des Individuums und seiner Intimsphäre ein künstlerisches Bekenntnis ablegte und eine Annährung an das Unfassbare, an dessen Geheimnisse wagte, bis hin zur Offenlegung der eigenen Erzählhaltung in ROT, um mit der DREI FARBEN-Trilogie schließlich Abschied vom Kino zu nehmen.

Exkurs: **Balsamierte Zeit.**
Zur Rolle der Fotografie im Werk Kieślowskis[260]

258 Auf die Frage, zu welchen Erfahrungs- bzw. Empfindungsschichten er mit seinen Filmen vordringen wolle, antwortete Kieślowski: «*Zu einer Sphäre der Sensibilität, aber nicht der ‹gesellschaftlichen› oder ‹politischen› – einfach, zu der unbewussten Schicht der Erlebnisse, zu den die Menschen sich oft zu bekennen schämen.*» In: *Klucz do wrażliwości. Rozmowa 2. Genewa.* Ein Interview von Tadeusz Sobolewski. In: *Kino* 9/1993, S. 14.

259 Kieślowski 1997, S. 67/68.

260 Dieser umgearbeitete Text erschien in einer längeren polnischen Fassung zuerst unter dem Titel *Czas balsamowany. O rolii fotografii w kinie Kieślowskiego*, in: Andrzej Gwóźdź (Hg.): *Kino Kieślowskiego, kino po Kieślowskim*. Warszawa 2006, S. 159–170.

Rot als Zufall und Notwendigkeit

Als Valentine einmal an einer roten Ampel hält, überquert Auguste die Straße. Sein Gesetzbuch fällt zu Boden und schlägt jenen Paragraphen auf, über den er im Examen geprüft wird. Er bückt sich und die Kamera erfasst fernab das leere Gerüst, an dem das Foto mit Valentines «traurigem» Konterfei vor rotem Hintergrund hängen wird. Zu Beginn während einer Fotosession künstlich arrangiert, ragt es bald von der gigantischen Plakatwand empor, auf der ihr Gesicht in einer Flut von Rot zu ertrinken droht. Später wird die Fotoreklame in der Wirklichkeit eingelöst: als ein *déjà vu* in den unscharfen Fernsehbildern des Fährunglücks; Valentine neben Auguste im selben Profil, vor den roten Jacken der Rettungsmannschaft. Wenn ihr geschocktes Gesicht im Fokus der elektronischen Aufzeichnung einfriert, offenbart der Slogan der Kaugummimarke «Hollywood», «fraîcheur de vivre», seine unheimliche Bedeutung. Es gleicht einer sich selbst erfüllenden Prophezeiung. Zufall und Notwendigkeit. Die Koinzidenz disparater Faktoren, die Kontingenz generieren, im Gegensatz zur metaphysisch schicksalhaften Unausweichlichkeit eines Ereignisses wie die Havarie. Durch das Fernsehbild jenes Hochglanzes beraubt, den das gestylte Plakat besaß, erweist sich das *tromp-l'œil* als doppelbödige Täuschung der Wahrnehmung. Man mag darin noch einen ironischen Seitenhieb auf die amerikanische Traumfabrik entdecken: Illusionsmaschine Kino – in ihrer Inversion.

Weiß als Verrat und Spiel

Bei ihrer ersten Begegnung in der Pariser Métro zeigt Karol Mikołaj die Fenster von Dominiques Wohnung, die ihn gerade mit einem anderen Mann hintergeht. Sein ausgestreckter Arm lenkt Mikołajs (und unseren) Blick auf ein großflächiges Plakat an der Fassade des benachbarten Kinos: Brigitte Bardot in LE MÉPRIS (1963) von Jean-Luc Godard. Jene Geschichte einer wachsenden Verachtung, die eine Frau für ihren Ehemann empfindet, spielt im Milieu einer internationalen Filmproduktion, bei der unterschiedliche Sprachen die Kommunikation erschweren. Wo die Verständigung an soziokulturellen Grenzen scheitert, hilft – wie im Stummfilm – nonverbale Kommunikation: die der Blicke und Gesten. Was aber an der Oberfläche nicht sichtbar ist, kann sich hinter kunstvoll verrätselten Filmzitaten verbergen. Der Referenzrahmen reicht von Charlie Chaplin, auf den Karols ausgetretene Schuhe, sein unschlüssiger Gang und Namen verweisen, bis zum Marionettenspiel des Begehrens in Stanley Kubricks LOLITA, dessen Held Humbert Humbert wie Karol Karol einen Doppelnamen trägt. Die vorletzte Aufführung seiner *Comédie humaine* nutzt Kieślowski zu einem amüsierten Illusionsspiel, bei dem er einen Dialog mit den intimen Kennern seines Werks führt: Die zusammen gewürfelte Gesellschaft alter Bekannter aus seinen früheren Filmen, die sich um Karols fiktives Grab versammeln, liefert ein selbstironisches Bild seines Mikrokosmos.

Blau als Verlust und Erinnerung

In einer frühen Szene füllt Julies linkes Auge die Leinwand aus, in der Iris spiegelt sich die Figur eines Arztes, der mit ihr spricht. Am Ende des Films sind im Spiegel ihrer Pupille die beiden Särge von der Fernsehübertragung der Begräbniszeremonie zu sehen. Obwohl Julie mit dem Verlust ihrer Familie aus allen persönlichen Bindungen losgelöst wird, bleibt sie eine Gefangene ihrer Erinnerung. Ihr Signum: Eindringliche Introspektionen, die an der Oberfläche der sichtbaren Dinge das Vordringen zu den verborgenen Schichten der Wirklichkeit ermöglichen. Die entscheidende Kehrtwende der Handlung bringt eine Fernsehsendung, die Julie zufällig in der doppelten Brechung durch Fensterscheiben aus einer Peep-Show-Garderobe heraus sieht: Olivier stellt öffentlich den Nachlass ihres Mannes vor. Unter den Fotos, die in einer blauen Aktentasche deponiert waren, erscheinen mehrere Aufnahmen ihres Mannes mit einer fremden Frau (s. S. 494, Abb. 50). Die Selbstreflexion der Heldin und der Medien sind in dieser Szene eng miteinander verknüpft. Hinzu kommen Spiegel-, Fenster- und Lichtreflexe-Motive, die der Regie neben einer Reflexion über Leben und Tod die der eigenen Kunstgriffe erlauben (s. S. 268, Abb. 33; S. 494, Abb. 48 und 51). Ähnlich wie in einer früheren Szene im Altersheim. Julie schaut durchs Fenster ins Zimmer ihrer Mutter und sieht Fotos ihrer eigenen Tochter und der Mutter im Kindesalter. Die Mutter rückt in den Vordergrund, ihre Silhouette spiegelt sich im Fenster und kommt zur Deckungsgleichheit mit Julies Gestalt. Während ihres letzten Besuchs spiegelt sich Julies Gesicht in der Glasfront, bis sich in der Einstellung drei Spiegelbilder überlagern: Julie hinter dem Fenster, die Mutter im Sessel und der Bildschirm – der mediale Blick in seiner Ambivalenz. Auch jene Schwarzblenden, die den Zuschauer für das Nichtsichtbare innerer Prozesse sensibilisieren sollen, offenbaren die Anwesenheit eines Erzählers und des filmischen Apparats. Dabei wirken Julies «musikalische Anfälle», in deren Verlauf die Bilder plötzlich verlöschen, in Verbindung mit der pathetischen Musik nicht nur abstrakt – sie erfüllen im Sinne einer audiovisuellen Narration auch eine dramaturgische Funktion: Erinnerungsschocks in «Bilder» umzusetzen. Eine ästhetische Strategie der Unabweisbarkeit, die in ihrem Eigensinn eine unverwechselbare Bildhaftigkeit behauptet und mit der Panorama-Montage im Finale Kieślowskis sensualistische Praxis in einer Art profaner Epiphanie kulminieren lässt.

Metaphern des medialen Blicks

Visuelle Metaebenen und intermediale Kontexte sind in Kieślowskis Werk allgegenwärtig. Seit DER FILMAMATEUR, einem Film über das Filmemachen, verdichten sich die Anzeichen dafür, dass Kieślowski mit Mitteln des Films zunehmend dessen mediale Bedingtheit und Konstruiertheit thematisiert, bis hin zu selbstreflexiven Aspekten wie Wahrnehmungsstrukturen und eigene Ausdrucksmittel. Bereits in seinem Kinodebüt DIE NARBE sind intermediale und selbstreferenzielle Verweise in die spröde, «sozrealistisch» anmutende Handlung hinein gewebt: Bednarz in einem Fotogeschäft mit einer professionellen Fotokamera in der Hand; ein Fernseher, in dem er selbst bei einer Eröffnungszeremonie zu sehen ist; die Filmkamera eines TV-Teams; eine Wand mit großformatigen Fotos (s. S. 489, Abb. 19–23) etc. DER FILMAMATEUR bildet einen Wendepunkt für den Etappenweg, den Kieślowski in seinen ersten Spielfilmen – von DAS PERSONAL bis OHNE ENDE – zurücklegt, um sich vom Dokumentarfilm und später von der polnischen Wirklichkeit mit ihren politisch-gesellschaftlichen Aporien abzuwenden. Wie sein Held Filip scheint er in sich selbst einen anderen Menschen entdeckt zu haben und wird die Grenzen der äußeren Wirklichkeit immer mehr nach innen verschieben. Für diese Periode charakteristisch sind drei Komponenten: Gesellschaftskritik, psychologische Beobachtung und Intermedialität. Und seit dem TV-Debüt DIE UNTERFÜHRUNG ist die Thematisierung des filmischen Blicks in seinem Werk präsent: Ein dürftig zugeklebtes Schaufenster (DIE UNTERFÜHRUNG; s. S. 490, Abb. 25–26), ein am Hauptdarsteller vorbei getragener Spiegel (DAS PERSONAL; s. S. 490, Abb. 27), ein Fenster, das sich je nach Beleuchtung in eine Spiegelfläche verwandelt (DIE NARBE; s. S. 491, Abb. 30), Überwachungskameras und ein Kontrollraum mit TV-Monitoren (DER BAHNHOF; s. S. 491, Abb. 31–32 ; Dekalog 3, S. 492, Abb. 39-40) nehmen sich wie Metaphern des filmischen Blicks aus, in seiner Gerahmtheit und Zweideutigkeit.

> «Ich mag Fenster und mache ständig Szenen, in den Menschen durch sie blicken. Die Position des Beobachters habe ich vom Dokumentarfilm mitgebracht: die Kamera ist da ein Fenster, das mich von der Wirklichkeit trennt, obwohl wir uns mitten in ihr befinden. Mit der Kamera bin ich sicher, wie hinter einer Fensterscheibe. Manchmal hat man mir zum Vorwurf gemacht, und vielleicht zurecht … dass ich mich von den Ereignissen auf Abstand halte, dass es meine Distanz sei …»[261]

Als Bednarz in DIE NARBE seine neue Wohnung bezieht und in einem der noch leeren Zimmer Licht anmacht, überflutet die Helligkeit den Raum

---

261 *Kino* 9/1993, S. 12.

und das Bild so stark, dass seine Silhouette, in der Fensterscheibe reflektiert, verschwimmt (s. S. 491, Abb. 30): Fenster als Symbol der Trennung, der Distanz zur Außenwelt, und Licht als Hoffnungsschimmer, zwei Motive, die in späteren Filmen Kieślowskis immer wiederkehren, und eine visuell-ästhetische Szenenauflösung, die bereits BLAU und ROT vorwegnimmt. Mit DER ZUFALL MÖGLICHERWEISE, wird die Abkehr vom gesellschaftlichen Engagement und Hinwendung zu existenziell-metaphysischen Fragen offensichtlich: Kieślowski stellt seine Grundthemen Liebe und Tod in den Mittelpunkt und lässt das Prinzip des Zufalls walten. Die Unbeständigkeit des Lebens und der zwischenmenschlichen Beziehungen bestimmt die Geschicke seiner Protagonisten. Einen weiteren, im Spätwerk mit Zufall und Vorsehung verbundenen intermedialen Kontext bilden Spiel, Illusion und Magie, nicht zuletzt als Chiffren der Transzendenz und der konstitutiven Leistung des Erzählers. Programmatisch in DER ZUFALL MÖGLICHERWEISE in Szenen etabliert, in denen eine kitschige Postkarte mit einem augenzwinkernden Jesus (s. S. 491, Abb. 33), eine scheinbar selbstständig die Treppe heruntersteigende Spirale und zwei virtuose Jongleure zu sehen sind. Bereits in GEFÄHRLICHE RUHE, einer Art fiktionaler Paraphrase des Dokumentarfilms DER LEBENSLAUF, gibt es rätselhafte Elemente wie die galoppierenden Pferde im Fernsehen nach Sendeschluss (s. S. 259, Abb. 9), die den Inhalt Richtung Metaphysik transzendieren. OHNE ENDE, ein Film aus der Perspektive eines toten Anwalts, ein Nachruf auf die Solidarność-Ära und eine Studie über die Erinnerung, verlässt endgültig die Sphäre des klassischen Realismus und verdichtet mitten im Kriegsrecht den Themenkomplex Metaphysik und Zufallsphilosophie vor der Folie einer absoluten Liebe.

DEKALOG-Episoden führen schließlich diverse optische Dispositive vor: Spiegel, Überwachungsinstrumente (s. S. 492, Abb. 39–40), posthume TV-Bilder Pawełs im Schaufenster (s. S. 492, Abb. 37), TV-Kamera und Diaprojektor (in DEKALOG 1), Teleskope und Operngläser (in DEKALOG 6, s. S. 493, Abb. 43–44) oder eine Lupe (in DEKALOG 10) sowie deren Bild-/Wirklichkeitsausschnitte (s. S. 493, Abb. 42 und S. 494, Abb. 47), auch den Blick durch eine zum «Fernrohr» geformte Faust (s. S. 493, Abb. 45), die allesamt den medialen Blick reflektieren. Stets wird das Nebeneinander medialer Elemente und Zitate in ein konzeptionelles Miteinander überführt, dessen ästhetische Brechungen und Verwerfungen neue Horizonte eröffnen. Indem sie die visuell-thematischen Topoi variieren, sind sie an Prozessen der Bedeutungsgenerierung beteiligt. Im Wahrnehmungsprozess gewinnt schließlich das Detail an Bedeutung. Es animiert dazu, mehr und genauer zu sehen, vor allem das, was vom Belang für die Helden und ihr Leben sein kann. Es ermöglicht, die Wirklichkeit durch die Sinne hindurch zu erfahren, hilft in einer mikroskopischen Nahaufnahme Emotionen offen zu legen, ihr unsichtbares Universum, das Geheimnis des Lebens selbst: «Das Leben ist verworren, aber manchmal kommt es vor, dass wir auf eine innere Schweißnaht stoßen, die es konsolidiert, bewirkt, dass es zu einer Einheit wird, zu einer Welt gespiegelt in einem Tropfen Wasser. Und plötzlich, für einen kurzen Augenblick erblickst du viel von diesem Leben und verstehst auch sehr viel, obwohl es nur eine Kleinigkeit betrifft, die scheinbar unwichtig ist.»[262]

Balsamierte Zeit

Auf der Suche nach der Schweißnaht im Leben spielt die Fotografie eine entscheidende Rolle. Das

[262] Ebd. Vgl. auch die ästhetische Bedeutung der Fenster-Metapher für das Werk von Wojciech J. Has, wie sie Małgorzata Jakubowska in ihrem Aufsatz *Okno-okno. Obsesyjna figura w filmach Hasa*, in: Jakubowska, Małgorzata/Żyto, Kamila/Zarychta, Anna M. (Hg.): *Filmowe ogrody Wojciecha Jerzego Hasa*, Łódź 2011, S. 228–244, herausgearbeitet hat.

ästhetische Wirkungsvermögen der Fotografie liegt in der Aufdeckung des Wirklichen. Während der Tod nichts anderes ist als der Sieg der Zeit, befriedigt sie ein fundamentales Bedürfnis der menschlichen Psyche: Schutz gegen den Ablauf der Zeit. In Analogie zum berühmten Bonmot von Jean Cocteau, filmen hieße, dem Tod bei der Arbeit zuzusehen, ist die Fotografie festgehaltene Zeit. In Abgrenzung zur bildenden Kunst, die Zeit mit Hilfe der Unvergänglichkeit der Form zu überwinden versucht, bestimmt der Filmtheoretiker André Bazin die Faszination der Fotografie als Übertragung der Realität des Objekts auf seine Reproduktion:

> «Das Bild kann verschwommen sein, verzerrt, farblos, ohne dokumentarischen Wert, es wirkt durch seine Entstehung, durch die Ontologie des Modells, es ist das Modell. Nur so ist der Charme der Fotoalben zu verstehen. Diese grauen oder sepiabraunen Schatten, fantomhaft, fast unentzifferbar; sie sind mehr als nur traditionelle Familienporträts, sie sind die aufregende Gegenwart des in seinem Ablauf angehaltenen Lebens, von ihrem Schicksal befreit nicht durch den Zauber der Kunst, sondern durch die Beharrlichkeit einer leidenschaftslosen Mechanik; weil die Fotografie nicht, wie die Kunst, für die Ewigkeit produziert, balsamiert sie die Zeit ein, sie schützt sie einfach vor ihrem eigenen Verfall.»[263]

Von Anbeginn bildete die Fotografie eine besondere Form der Erinnerung: Als Zeugenschaft des vergangenen Wirklichen, Emanation verronnener Zeit, was ihr beinahe magische Kraft verlieh. Zu einem längst verstrichenen Zeitpunkt kann sie Menschen vergegenwärtigen. Möglicherweise kennt man bereits ihr weiteres Schicksal, während

---

263 Kemp, Wolfgang (Hg.): *Theorie der Fotografie 1839–1995*. München 2000, S. 63.
264 Sontag, Susan: *Über Fotografie*. Frankfurt/M. 1980, S. 72.
265 Barthes, Roland: *Die helle Kammer*. Frankfurt/Main 1985, S. 103.

sie nichts ahnend auf den Fotos in die Zukunft schauen. «Fotografien konstatieren die Unschuld, die Verletzlichkeit, die Ahnungslosigkeit von Menschen, die ihrer eigenen Vernichtung entgegengehen, und gerade die Verknüpfung zwischen Fotografie und Tod verleiht allen Aufnahmen von Menschen etwas Beklemmendes»[264], schreibt Susan Sontag in ihrem Standardwerk *Über Fotografie*, und Roland Barthes ergänzt in *Die helle Kammer*: «In einer Gesellschaft muss der Tod irgendwo zu finden sein, wenn nicht mehr (oder in geringerem Maße) in der religiösen Sphäre, dann anderswo; vielleicht in diesem Bild, das den TOD hervorbringt, indem es das Leben aufbewahren will.»[265]

Diese beiden Texte zur Fotografie, die zu den meist zitierten in der 2. Hälfte des 20. Jahrhunderts gehören, untermauern den traditionellen Vergleich zwischen Fotografie und Tod. Der Eindruck gleichzeitiger Anwesenheit des Körpers und Abwesenheit der Seele, der sich angesichts eines Toten einstellt, findet in der Fotografie eine luzide Entsprechung. Gerade in dieser Ambivalenz zwischen Auslöschen und Fixieren, stellt Boris von Brauchitsch in seiner *Kleinen Geschichte der Fotografie* fest, liege die Bedeutung dieses Mediums als Gedächtnis des Individuums, aber auch der Gesellschaft.

Embleme des Unfasslichen

Die Evidenz des Sichtbaren macht das Objekt eines Fotos zu einem Gegenstand, von dem man sagen kann, dass es unleugbar «da gewesen» ist. Diese Unmittelbarkeit bezieht ihre furchterregende Faszination aus der Erfahrung der Unwiederbringlichkeit. Die Behauptung Barthes, dass in unseren areligiösen Kulturen, in denen der Tod keinen kulturellen Platz mehr hat, die Erschütterung vor einem Foto vielleicht diesen Platz einnehmen könnte, findet ihre Analogie in Kieślowskis Werk. Fotografie spielt in seinen Filmen immer dann eine Schlüsselrolle, wenn sie

VI. Von der Wirklichkeit zur Metaphysik

347–348 Das Hochzeitsfoto ihrer Mutter und Julies Kindheitsfoto in BLAU

als Emblem des Unfasslichen den Tod kodiert und meistens die entscheidende Wendung der Handlung herbeiführt. Wie die Fotos der Doppelgängerin aus Krakau in DIE ZWEI LEBEN DER VERONIKA oder die des Ehemannes mit der unbekannten Geliebten in BLAU, die ein schockhaftes Erlebnis auslösen und dadurch die Selbstfindung der Figuren befördern; oder das künstliche Foto von Valentine in ROT, das eine paradoxe Überblendung aus Realität und Zukunft, die unerhörte Verschränkung von Wirklichkeit und Wahrheit, auf der jede Fotografie beruht, in sich trägt (Kieślowski schwebte dabei ein Phänomen vor, das er als «Retrospektion in die Gegenwart» bezeichnete). «Stets versetzt mich die FOTOGRAFIE in Erstaunen, und dieses Erstaunen hält an und erneuert sich unaufhörlich», schreibt Barthes. «Vielleicht reicht dieses Erstaunen, dieses Beharren tief in die religiöse Substanz, aus der ich geformt bin; (…) die FOTOGRAFIE hat etwas mit Auferstehung zu tun: kann man von ihr nicht dasselbe sagen, was die Byzantiner vom Antlitz Christi sagten, das sich auf dem Schweißtuch der Veronika abgedrückt hat, nämlich dass sie nicht von Menschenhand geschaffen sei, *acheiropoietos*?»[266] Bei Kieślowski kann sie auch in einer lieblosen Welt, die Indifferenz und Aggression erzeugt, zu einem Signum der Sühne avancieren, wie das Foto von einem Mädchen im Kommunionskleid, das Jacek in EIN KURZER FILM ÜBER DAS TÖTEN in ein Fotogeschäft zur Vergrößerung bringt (s. S. 493, Abb. 46; S. 495, Abb. 52). Im letzten Gespräch mit seinem Mandanten, kurz vor der Hinrichtung, erfährt der Anwalt von dessen Mitschuld am Tod der eigenen Schwester. Was mit ihrem tragischen Tod begann, mit dem autodestruktiven Mord am Taxifahrer seinen Lauf nahm, kulminiert in einem abscheulichen Ritual des Todes, von dem Staat und der Kirche sanktioniert. Freimütig bekannte Kieślowski in einem Interview, dass die Liebe die einzige Lösung für das Problem der menschlichen Existenz sei. Diese Erkenntnis findet ihren Widerhall in Szenen aus OHNE ENDE, in den Urszula durch persönliche Gegenstände und Fotos immer an Antek erinnert wird: Momentaufnahmen, die zeigen, wie die Vergangenheit auf ihr lastet, gegen die sie vergeblich anzukämpfen versucht (s. S. 492, Abb. 35–36). Erinnerung als kulturelles Gedächtnis bemüht Kieślowski wiederum in DER FILMAMATEUR, wenn er Filip in einer bebilderten *Geschichte des Films* blättern lässt und die Kamera den Fokus auf Fotos aus Andrzej Wajdas ASCHE UND DIAMANT, Karoly Makks LIEBE, Jiří Menzels LIEBE NACH FAHRPLAN und Ken Loachs KES richtet (s. S. 495, Abb. 56). Filme, die für Kieślowski sehr wichtig waren und deren Fotos er als Zitat einführte, um auf die Tradition zu verweisen, die er fortsetzen wollte. Zwischen Tod und visuellem Emblem des Unfasslichen oszilliert auch ein

266 Ebd., S. 92.

metaphysisches Erlebnis von Filip, als er in einer zufälligen Aufnahme die Mutter eines Freundes festhält, die bald darauf stirbt (s. S. 495, Abb. 55). Die im Film einbalsamierte Zeit erweist sich als Trost. Durch das «Medium» Kamera kann sogar das ins Leben zurückgerufen werden, was unwiederbringlich verloren gegangen ist – sie kann den Schatten des irdischen Daseins von denjenigen, die gestorben sind, wieder beleben.

In seinem ersten professionellen Dokumentarfilm Das Foto manifestiert sich bereits ganz beiläufig das künstlerische Programm Kieślowskis. Ein Foto aus dem Zweiten Weltkrieg, aufgenommen am Tag der Befreiung von Warschau, dient als Ausgangspunkt einer Filmsuche nach zwei Jungen, die auf der Fotografie im Freudentaumel für die Nachwelt verewigt wurden. Dramaturgisch erfüllt das Foto zwei Funktionen: Als Medium für ihre Erinnerungen und unverstellte Emotionen im Moment der Überraschung und als Initialzündung für die Beleuchtung der gegenwärtigen Lebensumstände beider Männer. Und es kehrt in Die Narbe beinahe *in natura* wieder, hängt ein Foto aus derselben Fotoserie doch in einer Einstellung zentral an einer Wand unter großformatigen Fotografien, die übrigens an die eigenen fotografischen Arbeiten Kieślowskis aus der Stadt Łódź erinnern (s. S. 489, Abb. 23; S. 490, Abb. 24). Anschließend ist es in einer Großaufnahme zu sehen, in Anspielung auf Michelangelo Antonionis Blow up (UK 1966) und den mühsamen Versuch des Fotografen im Film, durch Vergrößerungen zu einer verdeckten Wahrheit vorzudringen, die in einer Fotoaufnahme zufällig hätte fixiert sein können.

Nicht nur die Männer, sondern auch die Filmcrew, die in Das Foto nach ihnen sucht und somit ihren Lebensweg dokumentiert, bilden das Sujet des Films. Kieślowski selbst ist der investigative Rechercheur. Seine Bemühungen gipfeln in einer Szene, in der er mit dem Team in der Wohnung eines der Helden auf dessen Rückkehr wartet und ihn an der Türschwelle mit dem Foto in der Hand überrascht. Kieślowski lädt den verdutzten Gastgeber dazu ein, sich zu setzen, bietet ihm Kaffee an, worauf dieser reflexartig antwortet, er sei doch bei sich zu Hause. Als zwei Szenen weiter sein älterer Bruder die Fotografie von vor 24 Jahren in der Hand hält, auf der sie beide mit einem strahlenden Lächeln abgebildet sind, bricht seine Stimme ab: Der letzte Kriegstag war zugleich der Tag, an dem die Mutter der Jungen starb, wovon er im Moment der Fotoaufnahme noch nichts ahnte und was ihm jetzt schlagartig bewusst wird.

Diese Szene hat für die weitere Entwicklung Kieślowskis beinahe paradigmatischen Charakter: Einerseits demonstriert sie die Magie des Kinos, die imaginative Kraft des Bildes – andererseits die Koinzidenz von Ereignissen, von denen man im Moment des Eindringens in die Privatsphäre gefilmter Personen noch nichts weiß. Ungeahnte existenzielle Barrieren, die man als Dokumentarist nicht überschreiten sollte. In abgewandelter Form taucht sie wieder in Der Filmamateur auf, wenn der Freund von Filip beim Betrachten seiner mittlerweile verstorbenen Mutter zu ihm sagt, «das, was ihr macht, Jungs, ist wunderschön, der Mensch lebt nicht mehr, hier ist er aber weiter da». In dem 8mm-Amateurfilm ist er selbst mit einem strahlenden Lächeln zu sehen, als er von der Straße aus seiner Mutter im Fenster zuwinkt (s. S. 495, Abb. 54).

Roland Barthes in *Die helle Kammer*: «Was die FOTOGRAFIE endlos reproduziert, hat nur einmal stattgefunden: sie wiederholt mechanisch, was sich existenziell nie mehr wird wiederholen können. (…) sie ist das absolute BESONDERE, die unbeschränkte, blinde und gleichsam unbedarfte KONTINGENZ, sie ist das BESTIMMTE (…), kurz, die TYCHE, der ZUFALL, das ZUSAMMENTREFFEN, das WIRKLICHE in seinem unerschöpflichen Ausdruck.»[267]

---

267 Ebd., S. 12.

VII. «Das Leben ist alles, was ich besitze»

Wie die Fiktion die Oberhand über das Leben gewinnt

VII. «Das Leben ist alles, was ich besitze»

«Solange ich ihn kannte, immer war das Pflichtbewusstsein sein Hauptcharakterzug. Sich und der Welt gegenüber. Gegenüber der Familie, ihm nahestehenden Personen, Kollegen. Gegenüber Produzenten und Zuschauern. Gegenüber der Form (Perfektionismus) und dem Inhalt (soweit wie möglich vordringen). Er erschien mir wie eine Gestalt von Conrad. Zuerst habe ich diese seine Eigenschaft vergöttert, dann versuchte ich gegen sie anzukämpfen. Sein Pflichtgefühl war so stark, Verpflichtungen so viele, dass sie ihn in ein Netz gefangen haben. Er versuchte, sich daraus zu befreien – zu spät.»

– *Agnieszka Holland* (Kieślowski)

«Ich habe die Batterie neu aufgeladen. Sie war leer», bekennt der Richter (in Anspielung auf seinen alten Mercedes) gegenüber Valentine, als sie feststellt, es bekomme ihm gut, etwas rauszukommen. Kieślowskis innere Batterie dürfte längst leer gewesen sein, als er auf dem Höhepunkt seines internationalen Erfolgs beschloss, sich aus dem Filmgeschäft zurückzuziehen. Die Ankündigung war in erster Linie der Überarbeitung eines Regisseurs geschuldet, der innerhalb furchterregend kurzer Zeit 14 Filme realisiert hatte.

«Alle stellen sich vor, dass die Tätigkeit eines Regisseurs eine fantastische Arbeit sei – man verdient viel, lebt im Scheinwerferlicht, Journalisten folgen einem auf Schritt und Tritt, dann gibt es eine Auslandsreise, ein Festival. In Wirklichkeit ist es eine schwere Maloche», stellte Kieślowski Ende 1993 fest. «Seit neun Monaten schlafe ich nicht mehr als fünf Stunden täglich. Das ist eine Arbeit, die physisch erschöpft, psychisch auszehrt und sehr stressig ist. Es begleitet sie die ständige Unsicherheit, ob das, was man erzählt, einen Zuhörer findet. Das ist ein enormer Stress. Und ich weiß nicht, ob ich ihn noch einmal riskiere. Ich bin mir nicht sicher. Ich habe bereits Angst. Ich bin dafür zu schwach.»[1]

Zu diesem Zeitpunkt betätigte sich Kieślowski über die eigentliche Arbeit eines Filmregisseurs hinaus in europäischen Filmgremien und gab bereits seit Mitte der 1980er-Jahre Weiterbildungskurse für Regisseure und Drehbuchautoren, unter anderem in Berlin, Amsterdam und in der Schweiz. Nachdem er aufgehört hatte, Filme zu drehen, unterrichtete er noch an der Filmhochschule in Łódź. Die kreative Eruption, die sein Spätwerk kennzeichnete, erscheint erst im Kontext der Tatsache nachvollziehbar, dass Kieślowski lange Zeit zwar Filme machen durfte, aber – ein Paradoxon der kommunistischen Kulturpolitik – ständig den Einschränkungen der Zensur ausgesetzt war, um dann während des Kriegszustands zu einer *persona non grata* erklärt zu werden. Erst nach der politischen Wende in Polen konnte er – allerdings nur mit Hilfe ausländischer Produzenten – als unabhängiger Filmemacher arbeiten. Und er wusste diese Chance zu nutzen.

Bis auf den engsten Vertrautenkreis wusste niemand, dass Kieślowski bereits mit Herzproblemen zu kämpfen hatte, was rückwirkend seine Rastlosigkeit noch in einem ganz anderen Licht erscheinen lässt. Er hasste seelischen Exhibitionismus, war viel zu diskret, um seine intimsten «Geheimnisse» auf dem Jahrmarkt der medialen Eitelkeiten zur Schau zu stellen. Arbeitete Kieślowski tatsächlich im Wissen um seine Krankheit, dass ihm unter Umständen nicht mehr viel Zeit übrig bleiben würde, wie ein Wor-

---

1 Obrzydzenie do polityki. Ein Interview von Barbara Hollender. In: *Rzeczpospolita* Nr. 232 v. 4.10.1993.

kaholic? Retrospektiv finden sich für solch ein ahnendes «Vorwissen» Indizien in seinem Werk: Etwa die Hingabe an die Kunst der polnischen Weronika, die ihre Herzschmerzen und Atemnot geflissentlich ignoriert, bis sie bei einer Arie auf dem Höhepunkt ihres Könnens der endgültige Zusammenbruch ereilt. Diese Sequenz aus DIE ZWEI LEBEN DER VERONIKA wirkt wie ein Schlüssel zum Verständnis von Kieślowskis künstlerischer Existenz: Auf dem Zenit seiner Produktivität, seiner in der Welt mit Aufmerksamkeit, wenn nicht gar Enthusiasmus und eher verstummender Kritik begleiteten Karriere, verausgabte er sich bis in den verfrühten Tod. Die Dialektik von Kunst und Leben als einem begrifflichen Gegensatzpaar hat ihn eingeholt.

In dieser Szene hat Kieślowski so etwas wie den Moment des Schwebens zwischen Leben und Tod einzufangen versucht: In einer ruckartigen Bewegung taumelt die entfesselte Kamera erst zu Boden, schwingt sich dann im Flug über dem Publikum hoch, um in der Vogelperspektive kurz zu verharren. Es folgt eine Begräbnisszene, die aus der Sicht der toten Weronika aufgenommen wird: Auf ihren Sarg fällt die Erde, beraubt sie immer mehr ihrer Sicht auf die Welt, bis sie in einem schwarzen Loch versinkt. Ein kurzes Leben für die Kunst.

> «Für mich ist die Zukunft ein schwarzes Loch. Ich ziehe es vor, über die Vergangenheit nachzudenken, wohl wissend, wie viele Dummheiten ich gemacht habe und, dass ich mich einige Male nicht schäbig benommen habe. Oder doch, aber dass ist schon geschehen. Aber in diesem schwarzen Loch der Zukunft kann man noch so viele Idiotismen und Schweinereien begehen, dass ich darüber lieber nicht nachden-

2   Ebd.
3   Zawiśliński 1994, S. 45.
4   Obrzydzenie do polityki. Ein Interview von Barbara Hollender. In: *Rzeczpospolita* Nr. 232 v. 4.10.1993.

ken möchte. Und deshalb suche ich als Pessimist verzweifelt nach der Hoffnung, will sie irgendwo bemerken, will sie berühren.»[2]

Unumwunden sprach Kieślowski von seinen Ängsten und Schwächen, manchmal auch verklausuliert, versteckte sie hinter seiner schroffen Ablehnung. Nicht zufällig erinnern viele Züge des Richters in ROT an ihn selbst. Ganz bewusst wollte er auf dem Höhepunkt seines Schaffens von der Bühne abtreten, rechtzeitig Abschied nehmen, hatte Angst vor dem Versagen: «Haben Sie das Gesicht von Carl Lewis gesehen», fragte er während eines Interviews zurück, «als er bei der letzten Weltmeisterschaft in Leichtathletik verloren hat? Früher gewann er alle Medaillen … Als ich sein Gesicht erblickte, das Gesicht eines niedergeschlagenen Menschen, da habe ich gedacht, dass man wissen muss, wann man aufhören soll.»[3] Auch Angst vor der Zurückweisung war im Spiel: Zurückweisung durch das Publikum, Zurückweisung durch die Fachwelt, angesichts all der Risiken, die ein Regisseur auf sich zu nehmen hat, ohne eine überlebensnotwendige Erfolgsgarantie zu haben:

> «An jenem Tag, an dem ein Film in die Kinos kommt, lädt der Produzent Marin Karmitz Menschen, die an diesem Film gearbeitet haben, in sein Büro auf ein Glas Wein ein. Das Büro befindet sich im Erdgeschoss, durch das Fenster sieht man die Fenster der anderen Zimmer in dem vierstöckigen Gebäude. Dort sitzen überall Leute, die über Telefon und Fax die ganze Zeit Daten über Zuschauerzahlen zusammentragen. Bis spät in die Nacht, Vorführung nach Vorführung. Diese Angaben werden auf eine große Tafel eingetragen, auf die alle starren. Das kann sehr angenehm sein, wie im Fall von BLAU. Aber so eine Feier kann auch zu einem Begräbnis werden. Und da stellt sich die Frage, ob der Mensch solche Momente wiederholen will, ob man weiter spielen will.»[4]

Während die westliche Fachwelt darüber rätselte, ob der große Schweiger mit Hang zum Hintersinn tatsächlich, wie er lapidar feststellte, demnächst «Gameboy» spielen würde, was auf die meisten wie ein bloßer (Film-)Gag wirkte, erwies sich Kieślowski gegenüber der polnischen Presse auskunftsfreudiger: «Ich nehme mir einen Stuhl, ein Päckchen Kaffee, Zigaretten und werde lesen. Es gibt eine Anzahl von Büchern, die ich noch nicht geschafft habe zu lesen. Und auch diese, die ich zum vierten oder vierundsiebzigsten Mal lesen möchte. Es reicht bis ans Lebensende.»[5] Dass aus all diesen Aussagen den Rezipienten unterschwellig verlorene Hoffnungen, Resignation und Enttäuschungen entgegenschlugen, dafür steht auch Kieślowskis Statement, das dem Interview, aus dem die meisten dieser Zitate stammen, den Titel gab: *Ekel vor der Politik*. Gemeint waren die politisch-gesellschaftlichen Umwälzungen nach der Wende, die nicht die von ihm erhofften Veränderungen mit sich gebracht haben.

War aber der sprichwörtliche Pessimismus Kieślowskis tatsächlich nur die Folge einer nicht enden wollenden Serie von (vor allem politischen) Enttäuschungen? Waren seine Melancholie, die bittere Ironie und sein Gefühl für das Absurde, die seine letzten Filme prägten und ihn in die Nähe des Autors von *Die unerträgliche Leichtigkeit des Seins* brachten, ein Signum der Resignation? Kieślowski bezeichnete sich oft als einen Handwerker, dessen Hände fast in allen seinen Filmen auftauchen. Wegen seiner (zufälligen) Berufswahl hegte er von Anfang an Zweifel, bekundete halbwegs ironisch immer die Abneigung gegen seinen Beruf; dass er ihn nur ausüben würde, weil er nichts anderes könne. Bereits 1976 behauptete er in dem Interview *Den Menschen unter die Schädeldecke schauen*: «Ehrlich gesagt, mag ich nicht so sehr meinen Beruf. Eine der Sachen, die mich bei der Stange halten, ist Neugier. Wie wird es ausgehen? Der Film, die Einstellung, die Szene. Diese Neugier lässt mich am Dokumentarfilm festhalten und das, was dokumentarisch ist, versuche ich, in den Spielfilm zu übertragen.» Ein Jahr später sprach er wiederum davon, dass sein Beruf ihm keine Ruhe lässt. Seit acht Jahren habe er nicht den Eindruck gehabt, dass etwas zu Ende gegangen wäre, dass er ein Gefühl der Erleichterung verspürt hätte, dass die Ferien beginnen würden. Das Gefühl der Erschöpfung und Überarbeitung, später auf seine schwere Krankheit zurückgeführt, begleitete ihn also schon immer.

Auf die Frage einer Journalistin, ob er in seinem Leben auch nach helleren Seiten suchen würde, antwortete Kieślowski 1988:

«Suche ich nicht, weil ich weiß, dass es sie nicht gibt. (…) Dafür suche ich nach Orten, oder Menschen, oder nach etwas, was mir einen Hauch von Freiheit gibt. (…) Ich mag es nicht, Filme zu machen. Das ist nur meine Pflicht. (…) Ich würde viel lieber etwas machen, was andere gebrauchen könnten, z. B. gute Schuhe oder einen guten Tisch. (…) Ich habe meinen Beruf nicht gern, weil er mühselig ist, sehr kräftezehrend. Er kostet zu viel. (…) Mit der Zeit reicht die Energie nicht aus (…). Also muss man nach Sachen suchen, die einem Antrieb geben können.»[6]

Die Sachen, die ihm Antrieb geben konnten, waren vor allem die Schauspieler, wenn sie sich selbst einbrachten, aber auch Kameramänner, da sie mit ihren Ideen seinen Projekten halfen, Gestalt anzunehmen. Der Illusionscharakter des Kinos, die kuriosen Situationen bei den Dreharbeiten, wenn die filmtechnischen Anforderungen und der Produktionsmodus bei einzelnen Szenen seltsame Blüten trieben, waren

5 Ebd.
6 *Żyjemy osobno*. Ein Interview von Urszula Biełous. In: *Kultura* v. 21.09.1988, S. 12.

Kieślowski hingegen abspenstig, bestärkten ihn nur noch in der Meinung, einer skurrilen, irrealen Beschäftigung nachzugehen.

Bei den Dreharbeiten zu Ein kurzer Film über die Liebe benötigte sein Kameramann Witold Adamek 17 Räume, um die Voyeur-Sequenzen zwischen der Wohnung Tomeks und der Magdas zu realisieren. Obwohl sich im Film die Wohnungen in zwei gegenüber liegenden Wohnblocks befinden, mussten die Szenen in Magdas Wohnung in einer abgelegenen, kleinen Villa gedreht werden. Vertikal sollte Tomeks Wohnung zwei Etagen höher liegen, so dass Kieślowski und Adamek einen Turm bauten, um die räumliche Relation beizubehalten, wenn das Auge der Kamera stellvertretend für Tomek Magda beobachtet. Horizontal konnte man den Effekt eines Bildes, das durch ein Fernrohr gesehen wird, nur erreichen, wenn der Turm in einer entsprechenden Entfernung postiert wurde. Nur so konnten dann die erforderlichen 300–500mm Objektive eingesetzt werden. Ab 22 Uhr harrten Adamek und Kieślowski auf dem Turm aus. Während der eine drehte, gab der andere per Walkie-Talkie Grażyna Szapołowska Regieanweisungen durch. Eine Prozedur, die bis zu acht Stunden Zeit in Anspruch nehmen konnte. Die ganze Nacht durch. Bei Temperaturen unter Null Grad. Zwei Idioten auf einem zweistöckigen Turm in der Finsternis und Kälte, wie Kieślowski diese Situation in seiner Autobiografie beschreibt: «Einmal habe ich mich für einen Augenblick von dieser Stelle entfernt, um etwas zu essen, und erblickte schlagartig die ganze Absurdität der Situation. Ständig begleitet mich das eindringliche Gefühl, dass ich einen seltsamen Beruf ausübe.»[7]

In Der Filmamateur entdeckt der Protagonist die Macht der Kamera, die schließlich sogar sein Privatleben zerstört. Mit diesem selbstreferenziellen Diskurs über die Tücken seiner Profession zeichnete Kieślowski den eigenen Lebensweg vor: Wie sein Held kehrte er letztlich dem Kino den Rücken zu, um sich dem Leben zuzuwenden, statt es wie bis jetzt zu beschreiben: «Ich werde leben, das heißt, ich werde Familie mit ihren Problemen haben, meine Freunde, und ich hoffe, ich kann damit leben. (…) In meinem Fall ist es nicht mehr so wichtig zu wissen, was man machen will, wichtig ist zu wissen, was man nicht machen will. Ich werde mit Sicherheit keine Filme mehr machen.»[8] Der Pessimismus und die Skepsis gegenüber seinem Beruf begleiteten Kieślowski von Anfang an. Er durchlief als Künstler einen Entwicklungsprozess, der sich etappenweise an seinen Filmen ablesen lässt. Letztlich konnte er aber das, was er im Kino fieberhaft suchte, indem er die Gattungsgrenzen überschritt, nicht finden. Am Ende dieses Weges stand das Bewusstsein vom artifiziellen Charakter der Kunst. Das Manifest dieses Bewusstseins war das in seiner formalen Präzision und seinem ästhetischen Reichtum atemberaubende Werk Rot. Danach sah Kieślowski keinen Sinn mehr in weiterer Filmarbeit.

«Ich habe aufgehört, Filme zu machen aus vielen Gründen, ich vermute, dass einer davon die Erschöpfung war. Ich habe ungeheuer viele Filme in sehr kurzer Zeit gemacht, gewiss zu viele. Darin war auch zweifellos viel Verbitterung, das Gefühl, sich ausgepowert zu haben, ohne jemals annähernd das zu erreichen, was ich wollte. Außerdem begann ich in der Welt der Fiktion zu leben, einer imaginierten und künstlichen Welt. Ich habe aufgehört, an dem wirklichen Leben teilzunehmen, und angefangen an jenem teilzunehmen, das ich mir vor-

---

7   Kieślowski 1997, S. 132.
8   Leben und Filme machen sind zwei sehr verschiedene Sachen. Ein Interview von Lothar Kompatzki und Andreas Voigt. In: *Film und Fernsehen* 2/1997, S. 43.

her selbst bzw. mit Piesiewicz ausgedacht habe. Und da das so von Film zu Film weiterging, im Grunde genommen ohne Unterbrechung, habe ich zu guter Letzt das Gefühl dafür verloren, mit der Welt in Kontakt zu stehen. Ich habe mich in eine irreale Welt vergaloppiert, von mir nahen Personen entfernt, weil fiktive Probleme für mich unerhört wichtig zu werden begannen – ob man das oder jenes gemacht bekommt, ob man diesen oder jenen Menschen wird hierher holen können. Wirkliche Sachen haben aufgehört, wichtig zu sein, weil die ausgedachten an ihre Stelle getreten sind. In diesem Moment habe ich einfach gedacht, es reicht…»[9]

Leben und Kunst resp. Filme sind eben zwei sehr verschiedene Dinge. Der Kreis hat sich geschlossen. Die Wirklichkeit und das Leben siegten über Kunst und Künstler. Kieślowskis Krankheit schien also nicht das Hauptmotiv seines inneren Dramas zu sein, in «Pension» gehen zu wollen. Auf die Frage, was ihm die Regie ersetzen würde, antwortete er zwei Wochen vor seinem Tod:

«Leben – das normale Leben. Ich habe unzählige Schulden bei Menschen, bei meiner Familie, freundschaftliche Schulden. Und als ich begann, diese Schulden abzuzahlen, hat sich plötzlich herausgestellt, dass ich schon wieder irgendwo in Krankenhäuser rennen muss. Ich habe Schulden, die darin bestehen, dass wir uns nicht sehen, dass wir seit so vielen Jahren die Gedanken nicht austauschen, so viele Sachen sind vergangen. Wenn man jemandem nahe ist, dann muss man Gutes und Schlechtes mit ihm teilen, tut man es nicht, entsteht später eine große Kluft, und man kann eigentlich schon fast gar nicht mehr zurück. Und jetzt versuche ich verzweifelt, zurückzukehren zu Menschen, bei den ich den Eindruck habe, dass ich ihnen viel schulde…»[10]

Der Dokumentarfilm I'm so so endet mit einer Szene, in der Kieślowski auf einer Flussfähre zum anderen Ufer übersetzt. Es ist weder eine Anspielung auf das Finale von Rot noch eine Metapher für die Überquerung des Styx. Der Film entstand 1995, und es war nicht voraussehbar, dass seine Uraufführung im Juni 1996 beim Kurzfilmfestival in Krakau bereits posthum stattfinden würde. Der von seiner Krankheit sichtlich gezeichnete Kieślowski vermittelt in dieser Szene eher den Eindruck eines Heimkehrers, dessen ganzes Leben sich um eine erfundene Welt gedreht hat, die er jetzt hinter sich zurücklässt, um zu seinen Wurzeln zurückzukehren. Nicht von ungefähr haben Mitglieder seiner alten Doku-Crew das Porträt realisiert: «In einem bestimmten Augenblick wurde mir dieses Gefühl der Künstlichkeit bewusst. Da bekam ich irgendwie Lust, mich von dieser Welt zu entfernen und in die wirkliche Welt zu gehen, die existiert und in der es echte Menschen, echte Probleme und echte Ereignisse gibt. So bin ich dann aus dieser fiktiven in die wirkliche Welt gegangen.»[11]

Mit dem Entschluss aufzuhören war aber nicht nur Kieślowskis Dilemma verbunden, auf dem Altar der Kunst sein Privatleben geopfert zu haben. Auch seine Desillusionierung angesichts der Scheinwelt des Kinos im Allgemeinen und des Mediums Film im Besonderen spielten eine Rolle:

9   *Kieślowski: dwie rozmowy. Ostatnie spotkanie. Fragmenty spotkania z Krzysztofem Kieślowskim (24. II.1996)*. Teatr Ósmego Dnia, Poznań. Herausgeben von Marek Hendrykowski. In: *Kino* 5/1996, S. 11–12.
10 Ebd., S. 12.
11 Leben und Filme machen sind zwei sehr verschiedene Sachen. Ein Interview von Lothar Kompatzki und Andreas Voigt. In: *Film und Fernsehen* 2/1997, S. 43.

VII. «Das Leben ist alles, was ich besitze»

350 Die zweite (Film-)Familie von Kieślowski: von links Piotr Sobociński, Zbigniew Preisner, Krzysztof Piesiewicz und Kieślowski

«Von Natur aus flüchten wir vom Leben in eine Scheinwelt. Die ganze Filmindustrie bildet diese Welt. Das spüre ich besonders, wenn die Promotion des Films beginnt. – Verschiedene Länder, Städte, Hotels, irgendwelche Scheinwerfer, irgendwelche Leute, die kommen und dauernd etwas fragen, Smokings, Fracks, Abendessen, Partys, Sandwiches, Champagner und so weiter. (…) Anbetracht dessen komme ich mir wie erstarrt vor. Ich habe immer deutlicher erkannt: Das ist nicht meine Welt, sie ist mir fremd, sie gefällt mir nicht. Das heißt noch nicht, dass die wahre Welt mir gefällt. Durchaus nicht, aber sie ist wenigstens wahr.»[12]

Kieślowski glaubte nicht mehr daran, dass die Gesellschaft sich verbessern lässt, aber auch nicht mehr an die Kraft der Poesie und Wahrheit im Kino, zuletzt nicht einmal mehr ans Publikum, das ihm so zahlreich zugelaufen war. Danach befragt, ob er doch sein Publikum nicht im Stich lassen würde, antwortete er völlig desillusioniert, dieses finde sich bald sein neues Idol, was ihm als Zynismus ausgelegt wurde. Vielleicht hatte sein Freund und Produzent Zanussi Recht, wenn er sagte, dass der Erfolg Kieślowski zu spät beschert worden war, damit er ihn ohne Vorbehalte und Ängste eines vom Leben hart Geprüften auskosten könnte.

In den letzten Interviews goutierte Kieślowski zwar den «Kulturkampf» der Franzosen um das Fortbestehen des europäischen (Autoren-)Kinos bei den GATT-Verhandlungen 1994, bezweifelte aber in einem Atemzug dessen Sinn, wo dieses Kino doch so armselig sei. Obwohl er nicht gerade an dessen Misere schuld war, warf er im

12 Ebd.

selben Jahr bei einem öffentlichen Gespräch mit Wim Wenders in Berlin die Frage auf, ob es die europäischen Regisseure nicht versäumt hätten, den Menschen das zu geben, was ihnen das amerikanische Kino scheinbar gäbe. Im Gegensatz aber zu Wenders, der sein Heil in den neuen Technologien des hochauflösenden Bildes und der digitalen Videokamera suchte, stand Kieślowski der Digitalisierung der Spielfilmproduktion mehr als skeptisch gegenüber. Nicht nur, dass das Verschwinden der «Authentizität» in der Simulation bzw. mediatisierten «Partizipation» dem ehemaligen Dokumentaristen zuwider sein musste. Er räumte dem Film als Fiktion und Spiel mit der Welt angesichts der Neuen Medien keine Chance mehr ein. Auf die Frage, was er denn tun würde, wenn man Filme nicht mehr auf Filmmaterial realisieren würde, antwortete er: «Nein, ich werde dieses Spiel nicht mehr mitmachen. Eher sterbe ich. Ich weiß, dass das die Zukunft des Kinos ist, aber das geht mich nichts mehr an...»[13]

Mit seinem abgrundtiefen Pessimismus, den er selbstironisch für eine bequeme Einstellung hielt, weil sie so oder so, ob bestätigt oder widerlegt, einem helfe, «immer fein raus» zu sein, machte er auch nicht Halt vor seinem (rigorosen) Anspruch an sich selbst. Niemals sei es ihm gelungen, einen Film so zu machen, wie er es wollte. «In einigen Filmen erreichte ich das zu 35 Prozent. Z. B. DAS PERSONAL ist so ein Film, auch ROT. DIE ZWEI LEBEN DER VERONIKA, vielleicht DER ZUFALL MÖGLICHERWEISE... Von den Dokumentarfilmen mag ich DAS KRANKENHAUS, ERSTE LIEBE, VOM STANDPUNKT EINES NACHTWÄCHTERS.»[14] Kieślowski glaubte, keiner seiner Filme hätte den Rang eines Filmklassikers erreicht. Als die Fiktion Oberhand über sein Leben zu gewinnen begann und seine Angst vor dem schwarzen Loch der Zukunft immer mehr zunahm, erinnerte diese Entwicklung an das Drama eines Regisseurs, der sich in die Fiktion verstrickt hat, nach einer Umkehr suchte, sich nach Freiheit und – wie er sagte – «Ruhe» sehnte, aber an seinem Perfektionismus scheitern musste. Je mehr seine Filme von Melancholie erfüllt waren, eine resignative Haltung erkennen ließen, umso «schöner» wurden sie. Er blieb zu den geschilderten Ereignissen auf Distanz, hielt jedoch die Textur seiner Filme im Potentialis: Hoffnung ist möglich, es hätte alles auch ganz anders kommen können.

Sein fordernder Geist, seine Ungeduld und Unsicherheit bleiben in sein Werk eingeschrieben, mitsamt der kühl einkalkulierten Enttäuschung beim Zuschauer, der über keinen vorgefertigten Schlüssel zu diesem opaken Filmopus verfügt. Dessen radikale Parabolik war Ausdruck von Kieślowskis tiefstem Ungenügen an der Welt und an sich selbst. Keines seiner Unterfangen führte zu den erhofften Ergebnissen:

«Ich floh aus dem Dokumentarfilm, weil das, was im Leben am wichtigsten ist, zu intim ist, um es zu filmen. Dann machte ich viele Jahre Spielfilme, bis ich plötzlich gesehen habe, dass ich mich völlig vom normalen Leben entfernt habe. Dass ich in einen kompletten Kretinismus hineingeraten bin, dass ich in einem Leben zu leben beginne», sagte Kieślowski im letzten Interview vor seinem Tod, «das nicht wahr ist. Es gibt kein Leben. Es ist nur Fiktion.»[15]

13 Piękne hasła i tajemnica. Ein Interview von Hiroshi Takahashi für das japanische Magazin *Switch*. Abgedruckt in *Kino* 9/1993, S. 12.

14 *Kieślowski: dwie rozmowy. Ostatnie spotkanie. Fragmenty spotkania z Krzysztofem Kieślowskim (24. II.1996). Teatr Ósmego Dnia, Poznań.* Herausgegeben von Marek Hendrykowski. In: *Kino* 5/1996, S. 9.

15 Wymykamy się Bogu z ręki. Ein Interview von Agata Otrębska und Jacek Błach. In: *Gazeta Wyborcza* Nr. 71 v. 23./24.03.1996, S. 8.

Je näher Kieślowski in seinen Dokumentarfilmen am Leben war, um so mehr glaubte er, an den Beschränkungen der Filmsprache zu scheitern. Als er diese bis an die Grenzen der Virtuosität beherrschte, wurde ihm bewusst, wie weit er sich vom Leben entfernt hatte. Als er wirklich leben wollte, statt das Leben zu beobachten oder zu imitieren – überschritt er für immer die letzte Barriere im Leben: Nach Herzinfarkt und missglückter Bypass-Operation starb Krzysztof Kieślowski am 13.03.1996, 54-jährig, in einem Warschauer Krankenhaus.

VIII. Liebesbekundungen und Missverständnisse

351 Ein kurzer Film über die Liebe

Die Rezeption Kieślowskis in Polen und im Westen

VIII. Liebesbekundungen und Missverständnisse

«Verschiedene Perspektiven zwingen andere Distanz auf – anders sieht Kieślowski vom Blickwinkel des Westens aus, jemand anderer war er für uns.»

– *Tadeusz Sobolewski (Twarze Kieślowskiego)*

Der internationale Erfolg ereilte Krzysztof Kieślowski mit 47 Jahren. Da wurde er in Polen bereits zu den renommiertesten Vertretern seiner Zunft gezählt und konnte einige Klassiker der polnischen Kinematografie auf seinem Konto verbuchen. Seine Schrittmacher-Funktion für die Entwicklung des polnischen Kinos in den 1970er-Jahren bescherte ihm große Aufmerksamkeit der Presse und machte ihn bereits in der Dokumentarfilm-Phase zu dem am meisten besprochenen Filmemacher der jüngeren Generation. Überblickt man das Gros der polnischen Rezensionen zu Kieślowskis Frühwerk, stellt sich heraus, dass sie nicht nur die Filme widerspiegeln, sondern auch die Zeit, in der die jeweiligen Kritiken und Artikel entstanden sind. Wenig überraschend, griff Kieślowski doch in seinen «politischen» Filmen fundamentale Fragen an der Schnittstelle aktueller Politik und gesellschaftlichen Lebens auf.

Frühwerk in den Augen der polnischen Filmkritik

Wenn die Kritiker seine Filme besprachen, konnten sie Stellung im Zusammenhang mit der aktuellen gesellschaftlich-politischen Situation beziehen. Als TV-Film noch übersehen, wurde Das Personal nach dem Erfolg in Mannheim und erst recht retrospektiv mit dem höchsten Lob überschüttet. Die Narbe bot in den 1970er-Jahren den willkommenen Anlass, über die Mechanismen der Entscheidungsfindung bei der Umsetzung großer Industrieprojekte und über den sozialistischen Aufbau zu schreiben, aber auch über die Dissonanzen zwischen den offiziell verkündeten Idealen und der gängigen Praxis. Im polnischen «Schicksalsjahr 1980» regte Gefährliche Ruhe eine Debatte über die Solidarität der Arbeiter an: Man unterstrich die Notwendigkeit, den Machtträgern auf die Finger zu schauen, prangerte den Zynismus der Regierenden an und schilderte die wachsende Frustration der Bevölkerung. Das Debakel um Ohne Ende lieferte mit vorgeschobenen Argumenten die Gelegenheit zur deutlichen Artikulierung politischer Positionen und Abgrenzung der Kontrahenten in der Situation einer politisch extrem polarisierten Gesellschaft. Nach seinem um Jahre verspäteten Kinostart wurde Der Zufall möglicherweise schließlich als ein historisches, gar anachronistisches Zeitdokument eher reserviert aufgenommen und entsprechend kontrovers diskutiert.

Die polnischen Rezensionen beschränken sich aber nicht nur auf die politischen Aspekte in Kieślowskis Frühwerk. Vor allem den Film Der Filmamateur analysierte die Kritik als ein ästhetisches Manifest: Nicht nur die Dilemmata eines Künstlers und seine psychologische sowie gesellschaftliche Evolution standen hier im Vordergrund, sondern auch die Poetik Kieślowskis, besonders das Ineinandergreifen der Fiktion und des Dokumentarischen sowie die für ihn charakteristische Realismusformel. Außer den detaillierten, auf einzelne Filme bezogenen Bemerkungen gab es auch ästhetische Eigenheiten, die in jedem nachfolgenden Film rezipiert wurden. Die Kritik unterstrich immer Kieślowskis Nähe zur Wirklichkeit, die sich an seinem paradokumentarischen Stil festmachen ließ oder in der Fähigkeit zum Ausdruck kam, gesellschaftliche Schwingungen seismografisch erfassen zu können. Diese Unvoreingenommenheit gegenüber der Wirklichkeit fasste man als vielleicht die größte Qualität seines Regiestils auf. Die gängigen Einwände gegen fast alle seine früheren Filme betrafen die Defizite in der Zeichnung der Charaktere, besonders der Nebenfiguren. Dies führte man darauf zurück, dass sie mit Bedeutungen überfrachtet und publizistisch funktionalisiert wurden.

Entdeckung im Westen

Im Westen blieb Kieślowski bis zum DEKALOG – außer in Fachkreisen der Kritiker und Cineasten – weitgehend unbekannt, auch wenn er bereits 1975 in Mannheim und 1979 in Moskau mit Hauptpreisen bedacht wurde. Obwohl seine in Polen produzierten Spielfilme bei internationalen Festivals nicht zuletzt wegen ihrer politischen Implikationen auf reges Interesse stießen, fanden sie im Westen keinen Verleih und waren bestenfalls im Fernsehen zu sehen. DIE NARBE lief etwa 1978 im «Internationalen Forum des jungen Films» der Berlinale und hatte ihre bundesdeutsche Fernsehpremiere bereits am 28.08.1978 in der ARD. Einzig DER FILMAMATEUR (ARD 30.11.1981), 1980 im Forum der Berlinale zu sehen und im Verleih der Freunde der deutschen Kinemathek, entwickelte sich unter den Cineasten in der BRD als ein Film über das Filmemachen zu einem Geheimtipp im Programm der kommunalen Kinos. Mit dem phänomenalen Kritiker- und Publikumserfolg des Fernsehzyklus DEKALOG (1988/89) rezipierte man retrospektiv DIE NARBE sowie DAS PERSONAL (WDR 03.02.1977) und GEFÄHRLICHE RUHE (ARD 14.06.1982), die bereits eine Dekade früher im Fernsehen gezeigt wurden und jetzt von der westdeutschen Filmkritik viel Lob ernteten. Während des Kriegsrechts in Polen von der Zensur zurückgehalten, kamen nach der Wende auch OHNE ENDE (ZDF 15.02.1989) und DER ZUFALL MÖGLICHERWEISE (ZDF 03.01.1990) in der BRD verspätet zur Aufführung.

In Frankreich indes wurde Kieślowski sehr früh durch die Periodika der Fédération des ciné-clubs, der Dachorganisation der Filmklubs, als ein Nachwuchsregisseur mit gesellschaftlicher Ader entdeckt: Die Filmzeitschriften *Cinéma* und *Jeune Cinéma* fanden bereits großen Gefallen an dem paradokumentarischen Charakter von DAS PERSONAL und DIE NARBE und begleiteten Kieślowskis künstlerische Entwicklung seit 1976 mit wohlwollenden Besprechungen auch seiner Dokumentarfilme. Als das «Kino der moralischen Unruhe» über die Grenzen Polens hinaus von sich Reden machte, würdigte das Filmfestival in Poitiers die «zur Zeit interessanteste europäische Kinematografie» in einer umfangreichen Retrospektive. Aus diesem Anlass widmete *La Revue du Cinéma* im Februar 1981 ihr Heft Polen und erkor Kieślowski auch in den folgenden Heften zum Wortführer der Formation und Fürsprecher der politischen Opposition.

Die enthusiastischen Rezensionen von DER FILMAMATEUR und die brisante politische Situation in Polen riefen schließlich *Cahiers du Cinéma* auf den Plan: Zwischen 1980 und 1981 entdeckt auch das Leitmedium der französischen Filmkritik Kieślowski dank des Einsatzes von Leos Carax und Pascal Bonitzer. Noch größeres Interesse an seinem bisherigen Werk zeigt *Positif*, die zweite führende Filmzeitschrift des Landes, die dem Regisseur sogar ein Dossier widmet. Fortan behandelt *Positif* Kieślowski als einen seiner Lieblingsautoren und verfolgt dessen Karriere mit großer Aufmerksamkeit; so auch 1985 und 1987 in Cannes, als OHNE ENDE und DER ZUFALL MÖGLICHERWEISE entgegen der Ankündigung nur außerhalb des Wettbewerbs gezeigt werden. *Positif* erhebt Einspruch gegen diese Entscheidungen und lobt beide Filme wegen ihrer politischen Brisanz und ästhetischen Originalität.

Bedingt durch den politisch-gesellschaftlichen Aufbruch im Zeichen von «Solidarność» wird man auch in der Bundesrepublik Deutschland und in England auf Kieślowski aufmerksam: Die Filmzeitschrift *Filmfaust* publiziert nach der Ausrufung des Kriegszustands in Polen in zeitlichen Abständen drei Extra-Nummern zur Situation des polnischen Films, die auch ein Interview mit Kieślowski enthalten. In *Sight & Sound* erscheint 1981 ein langes Interview mit dem Regisseur, in dem er sich über die zensuralen Beschränkungen in seinem Land äußert und die Konzeption von DER ZUFALL MÖGLICHERWEISE erläutert. Als der Film 1987 in Cannes seine Premiere erlebt, befindet sich Polen erneut in einem politischen Umbruch. Mit der veränderten geopolitischen Lage nach dem Fall der Berliner Mauer beginnt für Kieślowski die zweite Etappe in seiner Karriere, die mit seiner ostentativen Abkehr von der Sphäre der Politik zusammenfällt. Nach den spektakulären Erfolgen von EIN KURZER FILM ÜBER DAS TÖTEN in Cannes und EIN KURZER FILM ÜBER DIE LIEBE in San Sebastián («Internationales Forum des jungen Films» 1988) dreht er seine letzten vier Filme in Frankreich. Die DREI FARBEN-Trilogie findet weltweit eine ungewöhnliche Resonanz beim Publikum und in der intellektuellen Filmwelt. Alle diese Fakten führen dazu, dass sich auch die Rezeptionshaltung der Kritik gegenüber Kieślowski daheim und im Westen wandelt.

Rezeption des Spätwerks in Polen

Während EIN KURZER FILM ÜBER DAS TÖTEN im Kontext einer öffentlichen Debatte über die Todesstrafe noch kontrovers aufgenommen wurde, läuteten die enthusiastischen Kritiken bei EIN KURZER FILM ÜBER DIE LIEBE für Kieślowski, nach einer langen Durststrecke in den 1980er-Jahren, die Rückkehr zur weitgehend positiven Rezeption seines Spätwerks in Polen ein. Der Film wurde unisono zu einem Meisterwerk subtiler Regieführung und psychologischer Figurenzeichnung erklärt. So fiel die Kritik bei DEKALOG verhältnismäßig milde aus, obwohl in der konservativen katholischen Presse regelrechte Attacken gegen Kieślowski geritten wurden und ihn in den früher parteinahen Zeitungen seine alten Kontrahenten mit der These zu diffamieren versuchten, Kieślowski hätte den Stalin- gegen den Papst-Kult eingetauscht. Angesichts des sich abzeichnenden Welterfolgs von DEKALOG mehrten sich die (selbst-)kritischen Stimmen, der Zyklus wäre in Polen verhalten bis kühl aufgenommen worden, was ein Indiz dafür wäre, dass der Prophet im eigenen Land nur wenig gelte. Uneingeschränktes Lob erntete der Regisseur für die formale Gestaltung des Zyklus und das hohe Niveau der ethisch-philosophischen Reflexion. Als gravierendes Defizit kreidete man Kieślowski hingegen den mangelnden Bezug zu den polnischen Realien an: Was für die einen Anomalien und spekulative Probleme in einem elitären Milieu waren, bezeichneten die anderen als authentische menschliche Dramen und brenzlige ethische Konflikte.

Der erste französische Film DIE ZWEI LEBEN DER VERONIKA stürzte die polnische Kritik trotz durchgehend positiver Reaktionen eher in Ratlosigkeit. Man tat sich schwer mit den kaum fassbaren existenziellen Untertönen der ungewöhnlichen Geschichte, mit ihrer Mehrdeutigkeit und ihrem märchenhaften Charakter, auch wenn alle Kritiker die Virtuosität der Regie und der filmischen Ausdrucksmittel unterstrichen. Aus Ermangelung an klar erkennbaren Interpretationsvorgaben tendierte man zu der Annahme, das Doppelgängermotiv wäre eine Metapher für die Relation zwischen Polen und Frankreich. Bezeichnenderweise gewann DREI FARBEN: BLAU viele Anhänger unter den polnischen Rezensenten, die das Psychodrama als ein Meisterwerk von virtuoser Kunstfertigkeit und hoher metaphysischer Durchdringung feierten, dagegen WEISS als unrealistisch, sarkastisch und überzogen eher ablehnten. Auch ROT fand großen Anklang in der polnischen Presse, die vor allem die atemberaubende Konstruktion und den subtilen ethischen Diskurs des Films goutierte. Die DREI FARBEN-Trilogie löste in der führenden polnischen Filmzeitschrift *Kino* zugleich eine kontroverse Debatte aus, in der sich zwei Fronten in der Rezeption herauskristallisierten: Zum einen hallte im Raum der Vorwurf nach, die Trilogie würde billigen Kitsch fabrizieren, durch existenzielle und psychologische Lügen Tiefsinnigkeit vortäuschen und um jeden Preis nach dem Erfolg schielen, indem sie Oberflächenreize entfalte und Mainstream-taugliche Popkultur-Muster aufgreife. Kieślowski kokettiere mit dem westlichen Zuschauer, biete ihm eine melancholische Parabel über das Nichts an. Zum anderen bemerkte man eine laizistische Metaphysik, das Aufbauen eines Sinns in Sinnlosigkeit, den «Himmel in Flammen»; sprach von einem künstlerischen Vermächtnis, in das Kieślowskis persönliches Drama zwischen Anspruch und Wirklichkeit eingeschrieben sei.

Co-Produktionsland Frankreich

In Frankreich löst DEKALOG eine Woge der Begeisterung aus. Der Erfolg von EIN KURZER FILM ÜBER DAS TÖTEN beim Festival in Cannes 1988 katapultiert Kieślowski aus der Nische eines «Autors für Kinokenner» in die erste Liga der audiovisuellen Aktualität. Die auflagenstarke Presse – von *Le Monde* über *Libération* und *Le Figaro* bis *Télérama* – lanciert den polnischen Regisseur als eine cineastische Offenbarung; hievt ihn in das «Pantheon» der bedeutendsten Filmemacher der Gegenwart, mit dem einhelligen Tenor der Filmfachzeitschriften darin übereinstimmend, dass es sich bei EIN KURZER FILM ÜBER DAS TÖTEN um ein Meisterwerk der Kinogeschichte handle. Im Juli 1988 widmet das Festival in La Rochelle Kieślowski eine umfassende Werkschau, was der Fachwelt die Gelegenheit bietet, sich ausreichende Kenntnisse über sein Frühwerk zu verschaffen. *Cahiers du Cinéma* würdigt Kieślowski in umfangreichen Artikeln als einen kompromisslosen Moralisten, vereinnahmt ihn als einen «auteur» nach ihrem Geschmack; *Positif* produziert sogar hintereinander drei ganze Dossiers über den neuen Star auf dem cineastischen Firnament, um Kieślowski erneut – nach 1980 – zu einem von der Zeitschrift propagierten Autor zu erheben.

Während aber *Cahiers* bald ihren Favoriten mit den gleichen, nur diesmal gegen ihn gewendeten Begriffen «Manierismus» und «Moralismus» vom Sockel stürzen, bleibt ihm *Positif* treu: Im Dezember 1989 erscheint ein neuerliches Dossier zu EIN KURZER FILM ÜBER DIE LIEBE und DEKALOG, das detaillierte und informative Interviews mit Kieślowski und Piesiewicz enthält, deren Fragmente anlässlich des Kinostarts im September bereits in *Le Monde* vorab veröffentlicht werden. Die bis dato vorherrschende Rezeption des Regisseurs als eines Filmemachers mit sozial-politischer Einstellung verändert sich nach 1987 radikal: Ab jetzt gilt er als ein Ästhet mit geistig-intellektueller Inspiration. Vergleiche mit Robert Bresson, Emil Cioran und Roberto Rossellini werden laut. Nach sechs Monaten kehrt *Positif* zu DEKALOG zurück und publiziert zehn Einzelbesprechungen seiner Hauskritiker zu deren jeweiligen Lieblingsfolgen, womit sich das Organ zum Verfechter des Œuvres von Kieślowski macht. Einige seiner Autoren wie der Chefredakteur Michel Ciment und Hubert Niogret, Vincent Amiel, Alain Masson oder Agnès Peck liefern in den folgenden Jahren mitunter die scharfsinnigsten Interpretationen; es gibt kaum einen Kritiker des *Positif*, der nicht zumindest einen Artikel zu Kieślowski geschrieben hätte. Diese kontinuierliche Beschäftigung der ganzen Redaktion mit dem Regisseur trägt zur analytischen Vertiefung seines Werks bei.

Gleichzeitig erreicht die Rezeption Kieślowskis in Frankreich die Dimension eines medialen Phänomens: Von den populären Kino-Zeitschriften *Première* und *Studio* bis hin zu Szene-Kulturmagazinen wie *Les Inrockuptibles* – das Gros der französischen Kulturwelt bekundet tiefe Bewunderung für den neuen «Meisterregisseur» aus Osteuropa. Im Gegensatz aber zu den langjährigen Kommentatoren seines Werks aus dem Umkreis von *Positif* stufen jene, die ihn nach Dekalog entdeckt haben, Kieślowski als einen Kontinuator von Bergman, Bresson und Rossellini ein, sehen ihn in der Tradition eines «Kinos der Transzendenz» im Geiste Carl Theodor Dreyers, einer «Poetik des Unsagbaren und Metaphysischen».

Aus diesem Chor der enthusiastischen Zustimmung brechen nach der Premiere von Die zwei Leben der Veronika erneut *Cahiers du Cinéma* aus: Antoine de Baecque findet zwar an der Krakau-Episode Gefallen, hält aber den französischen Handlungsstrang für «künstlich», da er zur reinen Stilübung verkomme. Ein Tenor der Kritik, der in Vincent Ostrias Rezension zu Blau wiederkehrt, wenn dieser dem Regisseur im Exil vorwirft, dem Sonderbaren anheimzufallen und ein Drehbuch ohne eigene Identität in einem Land zu lokalisieren, das zufällig ausgewählt worden zu sein scheint. Naive Farbenspiele, der Blick eines Touristen auf Frankreich und schlechte Musik trügen dazu bei, dass der Film kitschig und pompös wirke. Blau sei ein Paradebeispiel für ein von Marin Karmitz und Kieślowski forciertes europäisches Kino, das der Europarat beim Regisseur bestellt haben könnte. Weiss wird dann von *Cahiers* zwar für die Bereinigung vom dekorativen Plunder gelobt, aber für das künstliche Drehbuch und den kleinkarierten Moralismus gerügt. Für Frédéric Strauss stellt Rot nur noch eine kommerzielle Ausschlachtung jenes Kapitals dar, das Kieślowski im Laufe seiner Karriere angesammelt habe. In diesen Aussagen stecken nicht nur Abgrenzungsversuche der neuen Equipe der *Cahiers* gegenüber der Autorenpolitik ihrer Gründungsväter aus der «gelben Reihe» der Zeitschrift. Es offenbart sich darin auch eine voreingenommene Rezeptionshaltung gegenüber einem zuvor ästhetisch kompromisslosen Regisseur aus Osteuropa, dem man kein Recht auf eine künstlerische Evolution zugestehen will, weil diese von vornherein nur mit dem Verrat an der eigenen kulturellen Identität gleichgesetzt wird. Eine Haltung übrigens, die auch die deutsche Filmkritik bei der Einschätzung des Spätwerks vorwiegend einnimmt.

Deutschland und englischsprachiger Raum

Nach der Euphorie, die mit der Premiere von Dekalog und Ein kurzer Film über das Töten alle Feuilletons bis hin zum *Spiegel* erfasst hat, mehren sich im deutschsprachigen Raum Stimmen, die im Geiste von *Cahiers* argumentieren. Die teilweise ausfälligen Polemiken erreichen mit der wachsenden internationalen Anerkennung für Kieślowski sogar den Charakter von persönlichen Angriffen. So dürfte vor allem der wohlkalkulierte Überschwang der Musik von Zbigniew Preisner auch in Deutschland weitgehend für die Ablehnung von Blau verantwortlich gewesen sein, wobei die existenziellen Grundfragen und die moralisch-ethische Dimension im Spätwerk Kieślowskis in einer spürbaren Abwehrhaltung oft nur auf einen religiösen (bzw. katholischen) Diskurs verkürzt werden.

Die Drei Farben-Trilogie löst hierzulande eine scharfe Kontroverse aus, die sich hauptsächlich auf die formale Gestaltung konzentriert: Die Positionen reichen von der traumwandlerischen

Sicherheit im Gebrauch künstlerischer Mittel bis zum Vorwurf des Manierismus und der ästhetischen Verflachung hin zum Kunstgewerblichen. Mischte sich in Polen in solche Einwände teilweise Missgunst und vor allem Profilierungssucht *ex negativo*, so war in Deutschland eine Enttäuschung darüber spürbar, dass der so viel gerühmte Stilist des dokumentarischen Blicks in der Handhabung der filmischen Mittel einen Grad von Professionalität erreicht hatte, der fast schon hochmütig anmuten musste. Darin schwebte auch der heimliche Vorwurf eines Verrats an sich selbst. So verbuchte man die vermeintliche Rückkehr zum alten Stil in WEISS auf der Haben-Seite. Die Wogen glätteten sich schließlich bei DREI FARBEN: ROT. Trotz Einwände stieß das Abschlusswerk der Trilogie auf überwiegend positive Reaktionen – nicht zuletzt wegen seiner atemberaubenden Kunstfertigkeit.

Wesentlich offener und mit Sinn für «*fair play*» gehen die Angelsachsen ans Werk. Der Überraschungserfolg von DEKALOG und EIN KURZER FILM ÜBER DAS TÖTEN findet seinen Niederschlag in dem Leitperiodikum der britischen Cineasten *Sight & Sound*: Phil Cavendish publiziert einen umfangreichen Aufsatz, der nicht nur informativ und gut recherchiert ist, sondern auch Einblicke in die Werkstatt des Regisseurs erlaubt und Hintergrundwissen zur Entstehung des Werks liefert. DIE ZWEI LEBEN DER VERONIKA löst sogar in den USA ein lebhaftes Echo aus, und Tony Rayns stellt in *Sight & Sound* nach der britischen Premiere die Frage, warum Kieślowski wichtig sei, um ihn sogleich zum bedeutendsten europäischen Filmemacher der Gegenwart zu erklären. Für Rayns war Kieślowski der Zeit voraus, als er den (totalitären und jeden anderen) Staat als bedeutungslos im Leben der meisten Menschen erachtete. Den Fall des Kommunismus brauchte er nicht zu kommentieren, weil er ihn viel früher vorausgesehen habe. Dafür treffe er jetzt deutlich den Nerv der Zeit, indem er für die Zuschauer richtige Fragen stelle. Kieślowski bekämpfe weder andere Kinoformen noch sei er ein Avantgardist; er weise Rollen, die ihm die Kritik zuschreibt, zurück: des Moralisten, Philosophen, Sozialkritikers, Pessimisten. Seine Abkehr vom politischen Engagement führt Rayns nach einer Kurzanalyse seines Frühwerks auf seine Enttäuschung gegenüber der «Solidarność» zurück. Angesichts der seit dem Kriegsrecht und nach 1987 veränderten Produktionslage[1] in Polen erscheint ihm der Schritt zu den universellen Themen und Fragen sowie zu internationalen Co-Produktionen allzu logisch. Und in diesem Kontext seien auch Kieślowskis Hauptmotive Zufall und Schicksal zu sehen: Nicht im Licht moralischer Kategorien, sondern als eine Frage der Wahl zwischen Freiheit und Notwendigkeit.

In seinem Essay *Crossing over* verweist Tony Rayns noch andeutungsweise auf die postmoderne Kultur- und Ideologiekritik im Werk Kieślowskis: «Kieślowski beginnt mit einer rationalistischen und pragmatischen Auslotung seiner Situation als Filmemacher und dringt dann in unbekannte Regionen der Spekulation und des Geheimnisses vor. Die Vermutung, dass er die richtigen Fragen stellt, findet eine Bestätigung in der wachsenden Anzahl von Menschen, die seine Filme sehen wollen.»[2] Ähnlich sachlich und konstruktiv fallen die Besprechungen zu der DREI FARBEN-Trilogie in *Sight & Sound* und in der amerikanischen Filmfachzeitschrift *Film*

---

1 Während des Kriegszustands wurden die Produktionsmittel und -möglichkeiten stark eingeschränkt und die Inhalte der Filme rigider kontrolliert. 1987 erließ das Jaruzelski-Regime ein neues Kinematographie-Gesetz, das die Filmproduktion aus dem staatlichen Monopol entließ und die Gründung von privaten Produktionsfirmen sowie freie Produktion von Filmen zuließ.

2 Rayns, Tony: Crossing over. In: *Sight & Sound* Nr. 3, Sommer 1992, S. 22–23.

Comment aus. Für Dave Kerr (in seinem Essay *To Save the World*) reflektiert Kieślowski in der Trilogie über die Paradoxien der menschlichen Existenz und kostet die Ironie aus. Dieses Epos der Versöhnung kreise in allen drei Teilen um das Thema der Isolation des modernen Individuums. So sei Blau ein Film der intensiven Subjektivität, in dem die Kamera den Körper der Protagonistin okkupiert. Es überrasche nicht, biblische Anspielungen im Werk eines Mannes zu finden, der die Zehn Gebote verfilmt hat: die Referenz zur *mater dolorosa*, deren ikonografische Farbe Blau ist; die absurden Wiedergeburten von Karol auf dessen Reise (Jonas-Mysterium); die Wurzeln von Rot im Alten Testament mit der im Film karikierten Figur des zynischen Gottes, des Weltenrichters, den seine Geschöpfe kaum noch interessieren. Drei Filme vom hohen Rang, in ihrem Ton, Inhalt und in ihrer Erscheinung, erweisen sich als derselbe Film, erzählen dieselbe Story von der Überwindung der Entfremdung, von der Auflösung der Einsamkeit in menschlicher Wärme, von der Subsumierung der Isolation zur grenzenlosen Interdependenz. Nach Kieślowskis Tod veröffentlicht *Sight & Sound* noch drei weitere Aufsätze seiner Mitarbeiter, die eine Kontextualisierung von dessen Werk in beiden Schaffensperioden leisten.

Liebesbekundungen und andere Kleinigkeiten

An Kieślowski spalteten sich die Geister: So hatte er seit seinen Anfängen unter den polnischen Kritikern entschiedene Gegner, die ihm ebenso treu blieben wie seine Anhänger in der Zunft, allen voran Tadeusz Sobolewski. In Großbritannien setzte sich der Polonist und Filmwissenschaftler Paul Coates für Kieślowskis Werk in *Sight & Sound* und *Film Quarterly* ein. 1999 gab er unter dem Titel *Lucid Dreams* einen Sammelband zum Gesamtwerk des Regisseurs mit Aufsätzen von polnischen und britischen Autoren heraus. Ebenfalls in England erschien dank der Initiative von Danusia Stok bei Faber & Faber die Autobiografie des Regisseurs *Kieślowski on Kieślowski*[3], die auf eine Reihe von Interviews mit der Herausgeberin zurückgeht. Das British Film Institute publizierte 1998 den Band *The «Three Colours» Trilogy* von Andrew Geoff. Und in den USA erschien 1999 die erste englischsprachige Monografie des Regisseurs unter dem Titel *Double Lives, Second Chances: The Cinema of Krzysztof Kieslowski*[4] von Annette Insdorf, einer renommierten Filmkritikerin und Professorin für Filmwissenschaft an der New Yorker Columbia University, die den Schwerpunkt ihrer Untersuchung auf das Spätwerk legt. 2004 veröffentlichte schließlich Joseph G. Kickasola eine umfassende, filmanalytische Werkmonografie, in der er sich sehr ausführlich mit den einzelnen Filmen von Kieślowski auseinandersetzt.

Trotz der negativen Besprechungen in *Cahiers du Cinéma* war die Trilogie in Frankreich sehr erfolgreich, so dass Kieślowski sich 1993 auf dem Höhepunkt seiner medialen Präsenz befand. Nach den beiden Sondernummern zu Dekalog widmete ihm die Zeitschrift *Télérama* das Sonderheft *La passion Kieslowski*, für das sie ihrerseits mit einer frenetischen Liebeserklärung warb: «Entre Kieslowski et Télérama, c'est une

---

[3] Da Kieślowski sich ganz bewusst der Veröffentlichung dieses Buches in Polen widersetzte, konnte die Autobiografie, von Danusia Stok bearbeitet, unter dem Titel *O sobie* (Über sich selbst) erst nach seinem Tod 1997 in polnischer Übersetzung und bei geringen Veränderungen erscheinen. Die zweite Auflage des Buches von 2006 trug bereits den Titel *Autobiografia* (Die Autobiografie).

[4] Die französische Ausgabe des Buches von Annette Insdorf, *Doubles vies, secondes chances. Le cinéma de Krzysztof Kieslowski*, erschien übrigens 2001 in der «Auteurs»-Buchreihe Cahiers du Cinéma Livres.

352 Dreharbeiten zu EIN KURZER FILM ÜBER DAS TÖTEN

longue histoire d'amour.» Ähnlichen «Liebesbekundungen» gleich kommen die Aktivitäten von *Positif*: Die Zeitschrift publiziert mehrere ausführliche Gespräche mit Kieślowski, Filmkritiken und analytische Texte zur DREI FARBEN-Trilogie. 1995 erscheint das letzte Dossier zu seiner dokumentarischen Ästhetik mit Auszügen aus der Diplomarbeit. Nach Kieślowskis Tod gibt *Positif* einen Sammelband mit allen Texten und Interviews heraus, die in über 15 Jahren von dem Magazin veröffentlicht wurden. Bereits 1995 wird die erste französische Monografie *Kieślowski* aus der Feder des *Positif*-Redakteurs Vincent Amiel publiziert. Hinzu kommt die Anthologie *Études cinématographiques*, herausgegeben von Michel Estève, mit Aufsätzen u. a. mehrerer Positif-Autoren. Nicht unerwähnt soll die analytische Studie von Véronique Campan bleiben, *Dix brèves histoires d'image: Le Décalogue de Krzysztof Kieslowski*.

Seit dem für Kieślowski traumatischen Debakel um OHNE ENDE war sein Verhältnis zu der polnischen Fachpresse, gelinde gesagt, angespannt. Der Vorwurf der Kollaboration mit dem politischen Regime in der spezifischen Situation des Kriegszustands war gleichbedeutend mit Rufmord und sozialer Isolation. Seine Distanz und Wortkargheit resultierten zum Teil gewiss aus diesen Erfahrungen und dem Eindruck eines irreversiblen Missverständnisses. Mit dem wachsenden internationalen Erfolg setzt auch in Polen eine Welle mit Publikationen über Kieślowski und sein transgressives Kino ein. Auf Initiative von Tadeusz Sobolewski gibt die Filmzeitschrift

VIII. Liebesbekundungen und Missverständnisse

353 Dreharbeiten zu EIN KURZER FILM ÜBER DAS TÖTEN

Kino 1993 ein Sonderheft zur DREI FARBEN-Trilogie heraus, das sehr aufschlussreiche Interviews mit Karmitz, Kieślowski und seinen Kameramännern enthält. Der Journalist Stanisław Zawiśliński veröffentlicht in den 1990er-Jahren mehrere Bildbände, einführende Materialsammlungen und Drehbücher, u. a. 1994 das Interview-Buch *Kieślowski bez końca* (Kieślowski ohne Ende), 1996 den Fotoband *Kieślowski* oder 1999 die Filmnovellen der posthumen Trilogie *Raj. Czyściec. Piekło* (Paradies. Fegefeuer. Hölle). In seinem Verlag Wydawnictwo Skorpion kommt 2005 die erste, populär-journalistische Biografie des Regisseurs aus seiner Feder heraus, die auch Stimmen von Wegbegleitern und Mitarbeitern als historische Quellen collagiert. 2007 folgt noch sein Buch *Kieślowski. Życie po życiu. Pamięć* (Kieślowski. Leben nach dem Leben. Erinnerung), in dem Kieślowskis Rezeption in In- und Ausland und fortdauerndes Nachleben in der Filmkultur und im Wirken anderer Filmemacher weltweit bilanziert werden. Das Organ der polnischen Filmklubs *Film na świecie*, die filmwissenschaftliche Zeitschrift *Kwartalnik filmowy* und das Periodikum der Nationalen Kinemathek *Iluzjon* widmen Kieślowski mehrere Hefte, in den auch Texte französischer, angelsächsischer, italienischer und skandinavischer Autoren erschienen. Der Filmwissenschaftler und -kritiker Tadeusz Lubelski gibt 1997 den sehr sorgfältig gestalteten Sammelband *Kino Krzysztofa Kieślowskiego* heraus. In der Bearbeitung von Hanna Krall erscheinen nach einer französischen und deutschen Ausgabe 1998 in Polen die Filmnovellen zum Frühwerk, *Kieślowski. Przypadek i inne teksty* (Kieślowski. Zufall und andere Texte). Polish Script Agency veröffentlicht 1997 zeitgleich mit der französischen Ausgabe die Drehbücher der DREI FARBEN-Trilogie. Die Drehbuchvorlage von DEKALOG erschien bereits 1991 in England. Die erste große Retrospektive des Gesamtwerks von Kieślowski findet im Juni 1996 posthum während des Internationalen Kurzfilmfestivals in Krakau statt. Mehrere Symposien mit internationaler Beteiligung, Ausstellungen und Retrospektiven in New York, Kalkutta, Moskau, Tokio, Berlin, Leipzig, Warschau, Vilnius, Sofia oder Budapest folgen.

Zweifellos gehört Kieślowski am Anfang der 1990er-Jahre zu den weltweit meist diskutierten Regisseuren, avanciert zu einem Solitär des europäischen Autorenkinos. Der Kulturkanal ARTE widmet ihm 1994 einen Themenabend. Natalia Koryncka-Gruz realisiert in demselben Jahr für das TVP den halbstündigen Film KIEŚLOWSKI SPOTYKA WENDERSA (KIEŚLOWSKI TRIFFT WENDERS) und 1996 KRÓTKI FILM O KRZYSZTOFIE KIEŚLOWSKIM (EIN KURZER FILM ÜBER KRZYSZTOF KIEŚLOWSKI, 20 Min.). Das dänische Fernsehen DR gibt 1995 bei seiner alten Dokumentarfilm-Crew ein dokumentarisches Porträt in Auftrag, Krzysztof Wierzbickis I'AM SO SO. Ähnliche Produktionen entstehen bereits nach DEKALOG in Frankreich und später in Amsterdam, wo man seine Arbeit bei einer Meisterklasse für junge Regisseure auf Video festhält. Das ZDF (Peter Paul Huth) und der WDR (Josef Schnelle) besprechen DREI FARBEN in TV-Rezensionen wie schon zuvor in Frankreich La Septe (Dominique Rabourdin) den DEKALOG und FR3 (Elisabeth Ayre/Ruben Kornfeld) DIE ZWEI LEBEN DER VERONIKA. Das ZDF (Peter Paul Huth: GESCHICHTEN VON LEBEN UND TOD, 53 Min., Erstsendung 20.01.1995) und der Bayerische Rundfunk (Lothar Kompatzki/Andreas Voigt: GESPRÄCH MIT KRZYSZTOF KIEŚLOWSKI, 70 Min., Erstsendung 18.03.1995) realisieren 1995 längere TV-Dokumentationen über Kieślowski. In Großbritannien führen Eileen Anipare und Jason Wood 1996 ein langes Interview mit ihm im Rahmen ihres abschließenden Jahrgangsprojektes an der University of North London und stellen es zusammen unter dem kompakten Titel: A SHORT FILM ABOUT «DEKALOGUE»: AN INTERVIEW WITH KRZYSZTOF KIEŚLOWSKI (UK, 72 Min.). Neben der «Amateur»-Dokumentation seines letzten öffentlichen Auftritts vor den Studenten der Universität Poznań von Mikołaj Jazdoń gehört dieses «private» Studentenprojekt zu den letzten Zeugnissen von Kieślowski, als er wie kein anderer zeitgenössischer Regisseur gerade im Begriff war, sich einen unangefochtenen Stammplatz in der Film- und Mediengeschichte zu erobern. Sein plötzlicher Tod am 13. März 1996 findet weltweit einen Widerhall in der Presse. Auch in Deutschland folgen Nachrufe in Feuilletons aller überregionalen Zeitungen. Das ZDF würdigt Kieślowski im Januar 1997 in einer Filmreihe mit seiner DREI FARBEN-Trilogie und zeigt bei deren Wiederholung zwei Jahre später einige seiner Dokumentarfilme. Im selben Jahr veranstaltet Marin Karmitz die erste große Retrospektive des Gesamtwerks in Paris und Marina Fabri, eine treue Propagandistin Kieślowskis in Italien, organisiert unter dem Titel «Tutto Kieślowski» eine komplette Retrospektive im Palazzo di Esposizioni in Rom, an der sich einen Monat lang auch seine Familie, Freunde und Mitarbeiter beteiligen.

Anlässlich des 10. Todestages 2006 dreht die renommierte Dokumentaristin und Kieślowski-Schülerin, Maria Zmarz-Koczanowicz, für das polnische Fernsehen TVP das Filmporträt STILL ALIVE (KRZYSZTOF KIESLOWSKI) (72 Min., PL 2005). Ebenfalls fürs TVP realisiert die Russin Irina Wolkowa mit MÓJ KIEŚLOWSKI (MEIN KIEŚLOWSKI, 21 Min.) eine sehr persönliche Hommage und Luc Lagier für MK2 die halbstündige Dokumentation 1966–1988: KRZYSZTOF KIEŚLOWSKI – CINÉASTE POLONAIS. Beauftragt von Karmitz schließt Lagier damit sozusagen die «westliche» Informationslücke über das Frühwerk und polnische Kontexte. Im Rahmen der Veranstaltungsreihe «Krzysztof Kieślowski – In Memoriam» finden im März 2006 in Kattowitz ein internationales Symposium und ein Philharmonie-Konzert mit Musik aus Kieślowskis Filmen unter der Beteiligung von Schauspielern, Kameramännern, Komponisten, Biografen, Schülern und anderen Wegbegleitern des Regisseurs statt. Ihre Ergebnisse werden von Andrzej Gwóźdź in zwei Buch-Publikationen und auf einer DVD zugänglich gemacht. Die Berlinale widmet dem Regisseur im Rahmen ihres «Berlinale Campus» 2006 eine Podiumsdiskussion mit Wim Wenders, Agnieszka Holland und dem Kieślowski-Schüler Andres Veiel mitsamt einer Publikation des Polnischen Filminstituts PISF. Die Ausstellung des Muzeum Kinematografii in Łódź unter dem Titel «Krzysztof Kieślowski – Ślady i pamięć» (Krzysztof Kieślowski – Spuren und Erinnerungen) wird in mehreren Sprachfassungen vorbereitet und tourt seit 2006 um den Globus, gefolgt von zwei Ausstellungen zu Plakaten aus Kieślowskis Filmen und seinen Fotos aus der Stadt Łódź. Zum 70. Geburtstag veranstaltet MK2 in Paris (29.08.-30.09.2012) eine Ausstellung und eine Retrospektive mit Spielfilmen des «maître du cinéma polonais». Im niederschlesischen Ski-Urlaubsort Sokołowsko, in dem Kieślowski als Jugendlicher einige Zeit gewohnt hat, findet seit 2011 sogar das erste, ausschließlich seinem Werk gewidmete Filmfestival «Hommage à Kieślowski» statt. Und ebenfalls seit 2011 gibt bei dem Prager Label Indies Scope die Indie-Band «Kieslowski» Folkrock-CDs heraus, deren Lieder zum Teil Titel seiner Filme tragen wie *Krátká píseň o zabijení* oder *Krátká píseň o lásce* resp. *Binoche* und zu den das Musiker-Duo auch puristische Musikvideos aufnimmt. Spätestens auf dieser Etappe ist Kieślowskis Werk im internationalen Maßstab popkultureller Aneignung «anheimgefallen».

Auf der Bühne

Kieślowskis eigene inszenatorische Versuche im Theater beschränkten sich auf zwei Regieübungen in der Filmhochschule Łódź, zwei kurze Aufführungen im TV-Theater, Szach królowi (Erstsendung 13.02.1972, TVP) nach der *Schachnovelle* von Stefan Zweig und Pozwolenie na odstrzał nach Zofia Posmysz (Freiwild zum Abschuss, TVP 1973), und außer den beiden bereits erwähnten TV-Vorstellungen von Tadeusz Różewiczs Kartoteka und William Gibsons Zwei auf der Schaukel auf die Inszenierung des eigenen Filmstoffes Życiorys 1977 im Teatr Stary in Krakau, dessen einziger Aufführung auf einer Theaterbühne.

Seit der Jahrhundertwende kann man zumindest in Deutschland und den Niederlanden eine immer wieder aufflammende Konjunktur für Theateradaptionen der Filmstoffe von Kieślowski und Piesiewicz registrieren: Einen Tag nach dem 11. September 2001 findet am Staatstheater Kassel unter dem Eindruck der Ereignisse in New York eine Matinee zu der am 29. September bevorstehenden Premiere von *Dekalog I* in der Regie von Armin Petras statt; fünf weitere Teile werden noch folgen, unter anderem *Dekalog III* von Sebastian Baumgarten. Fortan erlebt die fürs Theater adaptierte Filmvorlage einen wahren Boom auf den deutschsprachigen Bühnen: Die Fassung von Thomas Krupa und Josef Mackert *Dekalog. Die Zehn Gebote* wird von Krupa 2003 im Theater Freiburg aufgeführt. Die Musik zu der Freiburger Inszenierung von Sam Auinger und Hannes Strobel kommt auf CD heraus. Der niederländische Schauspieler und Regisseur Johan Simons bringt 2004 an den Münchner Kammerspielen *Dekalog – Die 10 Gebote* und 2007 am NT Gent *Tien Geboden* (Zehn Gebote) nach Kieślowski/Piesiewicz auf die Bühne und lokalisiert die komprimierte Handlung in einer einzigen Wohnung der filmischen Trabantenstadt. Eine furiose Inszenierung, die auch 2008 am Teatr Dramatyczny in Warschau und 2010 am Schauspielhaus Köln gezeigt wird. Simons, eine der interessantesten Figuren des europäischen Theaters, führt dann 2009 als Intendant in den Münchner Kammerspielen *Drei Farben. Blau, Weiß, Rot* – beide Stoffe übrigens in der Bearbeitung von Koen Tachelet – mit Sandra Hüller als Valentine auf. Am 13. Dezember 2013 hat *Krzysztof Kieslowski: Dekalog* am Schauspielhaus Frankfurt/Main in der Regie von Christopher Rüping seine Premiere erlebt. Unter dem Titel *Die Zehn Gebote* kommt in der Spielzeit 2013/14 am Theater Bremen der bereits zum Kult erhobene Dekalog 1–10 in der Regie des Tschechen Dušan David Pařízek zur Aufführung. Ob die skandalumwitterte Inszenierung Johann Kresniks in Bremen 2004, *Zehn Gebote,* auch von Kieślowskis trostlosen TV-Zyklus inspiriert war, lässt sich nicht eruieren. *Der Dekalog* scheint

354 Dreharbeiten zur Hinrichtungsszene in Ein kurzer Film über das Töten

hingegen auf den deutschen Bühnen zum festen Bestandteil des zeitgenössischen Repertoires avanciert zu sein, allerdings in der Gesellschaft einiger Filme anderer Regisseure. Ein seit über einer Dekade nicht abreißender Trend, der auch Kritik am «Recycling einer Theaterdeponie»[5] hervorruft.

Das Werk digital

Die ersten VHS-Ausgaben der kurzen Filme über das Töten und die Liebe erscheinen deutsch 1995 in der «Arthaus»-Reihe von «Studiocanal» und 1999 zusammen mit dem Dekalog bei «Artificial Eye», dem britischen Verleih für fremdsprachige Arthouse-Filme, der ab 2002 die DVD-Edition von Kieślowskis Gesamtwerk in Originalfassung mit englischen Untertiteln herausbringt. Bei «Alive» werden erst 2007 die beiden kurzen Filme in deutscher Version auf DVD

[5] Vgl. Jacke, Christoph / Kimminich, Eva / Schmidt, Siegfried J. (Hg.): *Kulturschutt: Über das Recycling von Theorien und Kulturen.* Bielefeld 2006, S. 289 ff.

publiziert. Die deutschsprachige DVD-Kassette mit Dekalog kommt bei «absolut Medien» 2008 auf den Markt, ähnlich wie Die zwei Leben der Veronika. Fortan kümmern sich «absolut Medien» um die digitale Verfügbarkeit von Kieślowskis Filmen und machen sein Frühwerk aus der Zeit des «Kinos der moralischen Unruhe»: Die Narbe, Der Filmamateur, Der Zufall möglicherweise und Ohne Ende, 2009 in einer DVD-Kassette zugänglich. Zuvor geben sie 2008 Die Narbe und Ohne Ende auf einer DVD heraus. Bereits 2003 erscheint in einer mehrsprachigen Version die Drei Farben-Kassette bei «Concorde». In seiner deutschen Reihe «Classic Selection» veröffentlicht «Concorde» 2013 sowohl die Zwei Leben der Veronika wie die beiden kurzen Filme. Zwei Klassiker, Der Filmamateur und Der Zufall möglicherweise, bringen 2008 das «goEast»-Festival des mittel- und osteuropäischen Films in Wiesbaden und die *Frankfurter Rundschau* in einer «goEast»-Edition heraus.

Mittlerweile sind in Polen alle Spielfilme Kieślowskis auf DVD erschienen, z. B. in der «Kolekcja Krzysztof Kieślowski» von Filmstu-

VIII. Liebesbekundungen und Missverständnisse

355 Dreharbeiten zur Hinrichtungsszene in EIN KURZER FILM ÜBER DAS TÖTEN

dio «Tor» und «Best Film». Ausschließlich in der polnischen Originalfassung sind auf DVD DAS PERSONAL und GEFÄHRLICHE RUHE seit 2011 beim Vertrieb «Grube Ryby» verfügbar. Kieślowskis Dokumentarfilme liegen seit 2006 in der Reihe «Polska Szkoła Dokumentu» (Polnische Schule des Dokumentarfilms) von Polskie Wydawnictwo Audiowizualne (Polnischer Audiovisueller Verlag) vor, der zuständig für die Pflege des nationalen Filmerbes war. Als Nachfolgeinstitution von PWA wurde 2009 Narodowy Instytut Audiowizualny (Nationales Audiovisuelles Institut) ins Leben gerufen, das filmische Kunstwerke eindigitalisiert und international verbreiten hilft, um Zugang zu den künstlerisch herausragenden Zeugnissen der Vergangenheit zu ermöglichen. Seine DVD-Editionen sind mit viersprachigen Untertiteln, darunter deutsch, sowie informativen filmhistorischen Booklets vorbildhaft herausgegeben. Ob den deutschen Frühwerk-Editionen bei «absolut Medien» und «go East»-Festival oder die Reihen vom Nationalen Audiovisuellen Institut: die DVD scheint unter den Vorzeichen der internationalen Distribution auch in Deutschland für eine breitere Rezeption der Werke Kieślowskis in die Zukunft zu weisen.

Trotz einer unüberschaubaren Fülle einschlägiger Artikel in Fachzeitschriften und Tagespresse, zahlreicher Publikationen in polnischer, französischer, englischer, italienischer, dänischer, spanischer und sogar japanischer Sprache, der zeitweilig ungebrochenen Präsenz in den Medien und einer beinahe Dauerpräsenz an den deutschen Theaterbühnen wurde Kieślowskis Werk im deutschsprachigen Raum in keiner weitreichenden Einzeldarstellung (bis auf die vorliegende) gewürdigt. Auf die Frage von Vincent Ostria, ob die Meinung, seine Filme hätten eine mystische Botschaft, nicht vielleicht auf einem Missverständnis beruhe, antwortete Kieślowski 1992 im Interview für *Les Inrockuptibles* lakonisch, seine Filme seien nicht klar. Die Ambivalenz und die Ambiguität seines Werks wurden so manchem Kritiker in Polen wie im Westen zum Verhängnis. Am schönsten hat dieses Phänomen Wolfram Schütte (*Frankfurter Rundschau*) in seinem einfühlsamen Nachruf in Worte gefasst:

«Ob man Kieslowskis Parabeln des Zufalls, die Mechanik seiner opaken Erzählungen vor allem in der Trikolore-Trilogie als klappernden Fatalismus oder humoristisches Gedankenspiel, als göttliche Vorsehenswirtschaft oder moralistische Experimentalphysik, als Gesellschaftskritik oder borgeshafte Illusionsphantastik ansah und in ihm einen Katholiken, Jansenisten, Moralisten oder Zyniker vermutete: die widersprüchlichen Interpretationen sagten je etwas mehr über den aus, der sich diesen geheimnisvollen ästhetischen Gebilden aussetzte und ihnen seine ‹fabula docet› für sich ablas, als über Kieslowskis verborgene (oder gar von ihm getilgte?) ‹Absichten›.»

Exkurs: Die Furcht vor echten Tränen – Slavoj Žižeks Rehabilitierungsmatrix[6]

Er gilt als popkulturell versiertester unter den heutigen Philosophen und ein *enfant terrible* des akademischen Betriebs mit erstaunlichen Aufmerksamkeitswerten in der Öffentlichkeit: Slavoj Žižek. Sein wildes Denken übt sich in der Kunst der Provokation, verbindet scheinbar Unvereinbares, befördert in einer endlosen Schleife von Assoziationen überraschende Einsichten an den Tag. Geschult an Lacan und Hegel verschmelzt der Slowene Psychoanalyse, Philosophie, Theologie und Marxismus zu einem idiosynkratischen Mix fröhlicher Wissenschaft. Sein Buch *Die Furcht vor echten Tränen. Krzysztof Kieślowski und die «Nahtstelle»* bezieht sich auf das filmische Werk Krzysztof Kieślowskis, der neben vielen Bewunderern erbitterte Gegner fand, die in ihm einen religiösen «Neo-Obskurantisten» sahen. Žižek interessiere die universelle Wirkung seiner Filme, die Tatsache, dass sie den Nerv von Menschen treffen, die keine Vorstellung vom Polen der 1980er-Jahre haben. Da bereits die Erwähnung des Namens Kieślowski eine scharfe ästhetisch-ideologische Debatte auslöst, möchte er im Gegensatz zu den gängigen «postmodernen» und modischen «postsäkular»- obskurantistischen Lesarten dessen Werk mit einem Lacanschen Ansatz rehabilitieren.

Die konzeptionellen Fragen heutiger Filmtheorie lassen sich gemäß Žižek im Begriff der «Naht» bzw. «Nahtstelle» (Jacques Lacan) verdichten. Die Kunst, Äußeres und Inneres miteinander zu «vernähen» – im Film das Prinzip von Schuss und Gegenschuss als Subjektivierung objektiver Aufnahmen –, nutzte Kieślowski für seine Dramaturgie des «Interface». In einer alltäglichen Szene fungiert plötzlich ein Teil der monotonen Realität als «Tür zur Wahrnehmung». Kieślowskis Meisterschaft bestehe darin, diese magischen Momente nicht mit «Gothic-Effekten» in Szene zu setzen, sondern als Teil der Alltagsrealität: mit Spiegelungen in Glasscheiben, durch die Verdichtung von Schuss und Gegenschuss innerhalb einer Einstellung. Sie kunden vom Einbruch des traumatisch Realen in die Alltagswirklichkeit. Ein Musterbeispiel dafür sei nach Žižek die Nahaufnahme von Julies Auge am Anfang von Blau, in der die äußere Realität als Spiegelbild im Auge sichtbar wird. Die Standard-«Naht», die die Konsistenz der «äußeren Wirklichkeit» erzeugt, offenbart im Übergang zum «Interface»-Effekt ihren illusorischen Charakter. Der ontologische Riss, den die Naht markiert und der die Realität entzweit, deutet an, dass etwas aus ihr ausgeschlossen werden muss. Diese Leerstelle und die Kluft, die in unserer fragmentierten Wirklichkeitserfahrung deren innere Spannung ausmacht, seien der Kern von Kieślowskis Werk.

Den Übergang zu diesem Verfahren bildet für Žižek Der Filmamateur, wo der Held Kieślowskis Entscheidung nachvollzieht, statt

---

6 Dieser Text ist zuerst als Buchrezension erschienen in: *film-dienst* 16/2002, S. 34–35.

VIII. Liebesbekundungen und Missverständnisse

Dokumentar- Spielfilme zu machen – im Wissen um die Obszönität von echten Tränen. Handelt es sich bei dieser ethischen Entscheidung aber tatsächlich um eine Respektbezeugung davor, was verborgen bleiben soll? Kieślowskis Furcht vor echten Tränen impliziert eine Dialektik von Dokumentarischem und Fiktivem. Deren unheimliche Überschneidung wird in seinen Dokumentarfilmen sichtbar, in den die Personen sich buchstäblich selbst spielen. Die einzige Möglichkeit, Menschen so zu zeigen, wie sie hinter ihrer Schutzmaske sind, bestehe also paradoxerweise darin, sie eine Rolle spielen zu lassen, d.h. sich in die Fiktion zu begeben, die realer als die soziale Realität des Rollenspiels sei. Auch Kieślowskis Rückgriff auf das Thema der alternativen Wirklichkeiten beruht auf demselben Spannungsverhältnis zwischen Dokumentar- und Spielfilm. Die Fülle des Filmmaterials, zustande gekommen durch unvorhersehbare Zufälle, ergibt kein konsistentes Ganzes und muss nach bestimmten formalen und rhythmischen Mustern angeordnet werden. Das Muster miteinander verbundener visueller und inhaltlicher Motive in Kieślowskis Werk hat daher nichts mit spirituellem Mystizismus zu tun, sondern sei der ultimative Beweis für seinen Materialismus, da er die Filmszenen als Dokumentarfilmmaterial behandelt. Hier ist die Quelle seiner Offenheit für Zufälle, Koinzidenzen, unerwartete Verknüpfungen zu suchen, die keiner ätherischen Spiritualität entspringe, sondern dem Umstand zu verdanken ist, dass er bis zum Schluss an dem dokumentarischen Ansatz festhielt. Seine Konzeption der alternativen Wirklichkeiten beruht – wie Žižek hellsichtig bemerkt – auf dem Überschuss des dokumentarischen Materials, das sich der Integration in eine einzelne Geschichte widersetzt.

So wie das Dokumentarische und Fiktionale bei ihm komplementäre Größen sind, folgt Kieślowskis Abschied vom Kino der inneren Logik seiner künstlerischen Entwicklung: In letzter Konsequenz könnten sich Fiktionen noch verletzlicher als die Wirklichkeit erweisen. Dafür spricht sein Umgang mit der Rolle des Zufalls und den alternativen Parallelgeschichten, der durch sein Interesse am Begriff der ethischen Entscheidung zu erklären ist – einer ultimativen Wahl zwischen «ruhigem Leben» und «Berufung», bei der es sich um eine Nicht-Wahl handelt. Da Kieślowskis vieldeutiges Universum zwischen dem Bereich des Zufalls und den darunter liegenden heimlichen Verbindungen zwischen Ereignissen oszilliert, wirft es die Frage nach dem tieferen Sinn hinter der Kontingenz auf, die viele Interpreten dazu verleitete, ihn für einen «New Age»-Obskurantisten zu halten. Mit Hegel wendet Žižek sie ins Dialektische und hinterfragt die Strategie einer Sinnerzeugung als Erklärung für Kontingenz. Setzt diese Strategie nicht bereits die typisch moderne Erfahrung der Kontingenz des Seins voraus? Diese radikale Mehrdeutigkeit des Zufalls bei Kieślowski begründet das Dilemma jeder Deutung seiner Filme: «Deutet er auf ein tieferes Fatum, das heimlich unser Leben steuert, oder ist der Begriff des Fatums selbst eine verzweifelte Strategie, um mit der völligen Kontingenz des Lebens zurechtzukommen?» Daraus speisen sich das Spiel der Möglichkeiten und die «Matrix der Erlösung durch Wiederholung» – die zweiten Chancen und Doppelleben. Bis hin zur profanen Epiphanie und wundersamen Errettung im Finale von BLAU und ROT – einer entpolitisierten Erfahrung der «Solidarität der Sünder», mit der sich möglicherweise Kieślowskis ganze künstlerische Entwicklung auf die Formel «Von der Solidarność zur Solidarität» bringen lasse.

Die Analyse von Kieślowskis Motiven und die detaillierte Lektüre seiner Werke ergänzt Žižek in seinem Buch um zwei Appendices zu David Lynch und Andrej Tarkowski, deren

Nähe zu Kieślowski er hervorhebt. Um Antworten zu finden, wechselt er zwischen Theorien und Anekdoten, assoziert, wie üblich, ganz disparate Phänomene miteinander: Lacan und «Multivitamin»-Fruchtsäfte, die Leerstelle aus Heinrich von Kleists *Marquise von O…* und eine Szene in Casablanca, Kleist-Texte und James-Bond-Filme – was oft amüsant, zuweilen brillant ist, manchmal die Argumentation auch bis ins Spekulative zerklüftet. Etwa in der extensiven Digression zu Martin Heideggers NS-Engagement bei der Dekalog-Analyse. Das vielschichtige Bezugssystem von Žižek belohnt aber den Leser für seine Ausdauer mit unfrisierten Gedanken und verblüffenden Erkenntnissen. Wer den Gedankensprüngen folgt, erfährt z. B., warum Tom Tykwers Lola rennt ein Kieślowski-Remake und Paul Thomas Andersons Magnolia die vielleicht größtmögliche Annäherung Hollywoods an Kieślowski seien. Die luzide Studie weist Žižek als einen profunden Kenner und Theoretiker des Kinos aus, der wie kein Zweiter anregende Lektüre mit analytischer Schärfe verbindet.

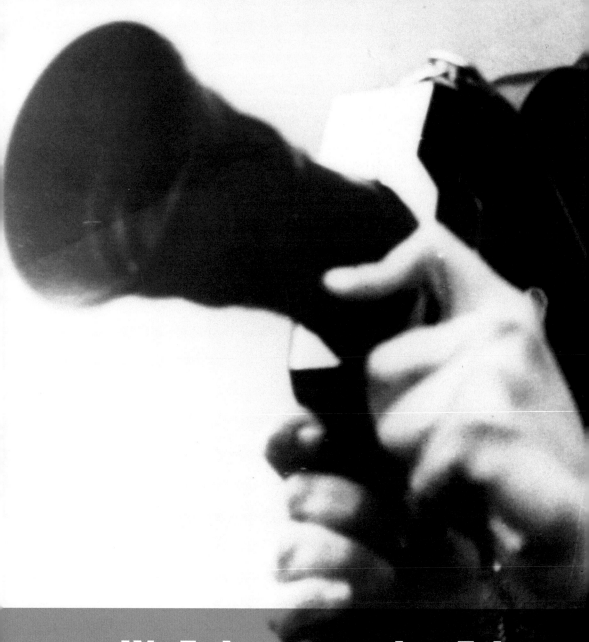

IX. Epigonen oder Erben

356 Der Filmamateur

Auf der Spurensuche nach Kieślowski im Kino der letzten beiden Dekaden

IX. Epigonen oder Erben

«Wir lassen nie vom Suchen ab und doch, am Ende allen Suchens, sind wir am Ausgangspunkt zurück und werden diesen Ort zum ersten Mal erfassen.»

– *T. S. Eliot (zitiert in Tom Tykwers* LOLA RENNT*)*

Die Faszination, die von Kieślowskis Filmen ausgeht, ist eine doppelte. Zum einen wird sie ausgelöst durch die ungewöhnlichen Grundthemen seiner Zyklen DEKALOG und DREI FARBEN. Sie machten die Zehn Gebote und die Maximen der Französischen Revolution jeweils zum Prüfstand ethischer Maßstäbe und zur Folie einer Reflexion über Utopien, die im Zeitalter der Individualisierung und Selbstverwirklichung zu einem Geflecht von Resignation und Verdrossenheit, von Beziehungsunfähigkeit und Desillusionierung verkommen sind. Kieślowski zeigte die Erosion abendländischer Moralnormen in den modernen Gesellschaften, vermied aber die Attitüde eines Weltverbesserers und entzog sich in seiner mehrfach kodierten, eine Vielzahl von Lesarten implizierenden Erzähltechnik konsequent Interpretationen, wodurch er sie erst recht herausforderte. Zum anderen wusste er seine Augenblicke der Wahrheit mit einer filmischen Unabdingbarkeit zu beschwören, die ihresgleichen sucht. Ob die Besonderheit eines Filmzyklus, die Absichtlichkeit der (komplexen) Konstruktion oder die Raffinesse der ästhetischen Gestaltung: mit seinen «unerhörten Geschichten und nie gesehenen Bildern»[1] erschien Kieślowski als ein Künstler, der über die besten Voraussetzungen verfügte, zu einem der stilbildenden Regisseure der 1990er-Jahre zu werden.

Polnisches Kino nach Kieślowski

Sich mit einem Regisseur messen zu wollen, der allem Anschein nach den Rang eines Kino-Klassikers erklommen hat und mit seinen Filmen innerhalb kürzester Zeit international für großes Aufsehen sorgte, ist offenbar gerade in seinem Heimatland nur allzu verlockend. Es entbehrt nicht einer gewissen Komik, wie seine polnischen Epigonen mit diesem «schweren» Erbe umzugehen versuchten. Bereits 1990 drehte der Debütant Rafał Wieczyński mit NAPRAWDĘ KRÓTKI FILM O MIŁOŚCI, ZABIJANIU I JESZCZE JEDNYM PRZYKAZANIU (EIN WIRKLICH KURZER FILM ÜBER DIE LIEBE, DAS TÖTEN UND NOCH EIN GEBOT, PL 1992) eine quasi «ikonoklastische» Persiflage, die mit Versatzstücken aus Kieślowskis Filmen jongliert, um die eigene, mehr als kuriose Geschichte *ad absurdum* zu führen. Schon im Titel als eine entlarvende Polemik angelegt, verhöhnt die Groteske in einer «ausweglosen» *ménage à trois* die Hauptmotive des Meisterregisseurs: Ein aus dem Gefängnis entlassener Kleinganove lebt bei seiner dominanten Mutter, raubt beiläufig eine Greisin aus und folgt einem Briefträger, dessen Geliebte alleine wohnt. Er bricht bei ihr ein. In ihrer Verzweiflung versucht die Friseuse, ihn betrunken zu machen, verliert aber die Kontrolle über die Situation und schläft mit ihm. Als sie schwanger wird, will sie sich umbringen, da sie sich zwischen ihrem Geliebten und dem Einbrecher nicht entscheiden kann. Zum Schluss heiratet sie den Briefträger. Der Einbrecher lässt sich aber nicht abschütteln, und es sieht so aus, als ob die verhängnisvolle Dreierbeziehung Bestand hätte. Entstanden als ein halbamateurhafter Kurzfilm feierte das Werk – gewiss nicht ohne den Einfluss des großen Na-

---

[1] Lenz, Eva-Maria: Die Liebe ist der Motor. Vorschau auf unerhörtes Kino: Krzysztof Kieślowski im ZDF. In: *Frankfurter Allgemeine Zeitung* v. 20.01.1997.

mens – in Annonay und Valencia Festivalerfolge, fand dadurch einen französischen Sponsor, der 1992 seine Langspielfilm-Version ermöglichte – was der kurzatmigen Parodie nicht gerade zugute kam.

Zu den wesentlichen Elementen von Kieślowskis Stil gehört ein Genre-Mix aus Thriller, Melodram und Psychogramm. Bekanntlich wirken seine Filme rätselhaft und sind bis in Nuancen rigoros durchgeplant. Zudem steht sein Name für überraschende Pointen, Suspense, lakonischen Humor und seine Hauptmotive Zufall und Notwendigkeit. Diese Elemente komödiantisch auszuspielen, bemühte sich sein Lieblingsschauspieler Jerzy Stuhr – allerdings ebenso gewitzt wie epigonenhaft. Auch ihm blieben Achtungserfolge bei internationalen Filmfestivals nicht verwehrt, die sich mehr einer echohaften Reminiszenz ans Werk des verstorbenen Freundes verdanken dürften als der Verspieltheit seiner Hommagen.

Als ob er sich darin versuchen würde, ein aktualisiertes Sequel von DER ZUFALL MÖGLICHERWEISE zu produzieren, griff Stuhr in HISTORIE MIŁOSNE (LIEBESGESCHICHTEN, PL 1997) auf dessen episodenhafte Erzählstruktur zurück und übernahm gleich selbst alle vier Hauptrollen: Männer im heutigen Polen, die sich zwischen Karriere und Gefühlen zu entscheiden haben. Ein Priester wird mit seiner elfjährigen Tochter konfrontiert, von deren Existenz er nichts wusste. Da sie nach dem Tod ihrer Mutter im Waisenhaus lebt, ist für ihn eine Entscheidung zwischen väterlicher und priesterlicher Verantwortung unausweichlich. Ein Arbeiter geht ins Gefängnis, weil er illegal seiner Geliebten einen Hauch von westlichem Luxus verschaffen wollte. Als sie ihm aber während der Haft untreu wird, weiß er sich an ihr wirkungsvoll zu rächen. Ein Armeeoffizier trifft die große Liebe seines Lebens. Im Vorfeld des polnischen NATO-Beitritts wird die Russin für ihn zur Belastung. Als er vor einem Manöver mit amerikanischen Truppen

357–358 HISTORIE MIŁOSNE (LIEBESGESCHICHTEN) von Jerzy Stuhr

unter Druck gerät, entscheidet er sich gegen sie. Ein Dozent erfährt von einer Studentin, deren Examen von seinem Wohlwollen abhängt, dass sie in ihn verliebt ist und eine Zurückweisung nicht verkraften würde. Das Examen erweist sich als nervenzehrende Bewährungsprobe, bei der er versagt. Wie bei Kieślowski geht es für die Hauptfigur um richtungsweisende Entscheidungen. Stuhr konsultierte während der Arbeit am Drehbuch seinen Mentor. Dem Stoff fehlt es weder an einer (über-)konstruierten Story noch an metaphysischen Vorgaben, die er jedoch nicht überzeugend einzulösen vermochte.

Auch wenn Stuhr in LIEBESGESCHICHTEN ein amüsantes Panaroma der polnischen Gegenwart

IX. Epigonen oder Erben

359–360 LIEBESGESCHICHTEN von Jerzy Stuhr

gelang, so fällt die im Finale an Kieślowski angelehnte Botschaft – durch die Liebe gewinnt das Leben erst seinen Sinn – allzu platt aus, um die Rätselhaftigkeit und Ambivalenz seines Vorbilds beibehalten zu können. Zwei seiner Helden werden mit einem Fahrstuhl (vermutlich) in die selbstgeschaffene Hölle geschickt, was ihnen ihr Versagen bewusst machen soll. Dies als Ergebnis ihrer Lebensbilanz vor der «höchsten Instanz», die Stuhr so kafkaesk gestaltet – ein geheimnisvoller Bürokrat erstellt eine Soll-Haben-Rechnung ihrer Taten in einem verstaubten Archiv –, dass die vier Parabeln vom Jedermann nicht an eine Moritat, sondern mehr an einen augenzwinkernden Bauernschwank erinnern. Die Komödie lief im Wettbewerb der Internationalen Filmfestspiele von Venedig, wo sie 1997 den FIPRECSI-Preis erhielt. Die «Goldenen Löwen» holte sich Stuhr für LIEBESGESCHICHTEN dann zwei Monate später beim nationalen Festival des polnischen Spielfilms in Gdynia ab.

Sein folgender Film schaffte es erneut in den Wettbewerb von Venedig. TYDZIEŃ Z ŻYCIA MĘŻCZYZNY (EINE WOCHE IM LEBEN EINES MANNES, PL 1999) variiert abermals bekannte Kieślowski-Motive wie Zufall und Schicksal, ohne freilich die gedankliche Strenge und Tiefgründigkeit des Vorbilds zu erreichen. Für sein Projekt heuerte Stuhr auch den WEISS-Kameramann Edward Kłosiński an. Man ist hier versucht, sofort an den zeitlichen Konstruktionsrahmen in Kieślowskis Dokumentarfilmen SIEBEN FRAUEN VERSCHIEDENEN ALTERS und SIEBEN TAGE EINER WOCHE zu denken. Der Film zeigt eine Woche aus dem Leben eines Mannes mittleren Alters: eine glückliche Woche, in der er ein Haus kauft, in der sein Buch erscheint, seine Frau einen prestigeträchtigen Preis entgegennimmt. In dieser Woche holen ihn aber durch eine seltsame Schicksalsfügung Fälle aus Gerichtsverhandlungen ein, an denen er als Staatsanwalt teilnahm. Es stellt sich heraus, dass es wesentlich einfacher ist, über andere zu urteilen als selbst die richtigen Entscheidungen zu treffen. Diesmal war Jerzy Stuhr ex aequo mit Zhang Yuans GUO NIAN HUI JIA (SIEBZEHN JAHRE, VR China 1999) sogar der Spezialpreis der Jury (für die beste Regie) in Venedig sicher. Auch in Gdynia blieb der Erfolg nicht aus: EINE WOCHE IM LEBEN EINES MANNES erhielt ebenfalls den Spezialpreis.

Später ist Stuhr in Polen in die Rolle eines Erbeverwalters geschlüpft: Als im Sommer 1998 ein verschollenes Drehbuch von Kieślowski in Wiesbaden auftauchte, stand Stuhr als potenzieller Realisator wieder auf dem Plan. Das nach einer Erzählung von Kazimierz Orłoś 1973 entstandene Drehbuch *Duże zwierzę* (Das große Tier) wollte Kieślowski zur Grundlage seines

Spielfilmdebüts machen. Im Mittelpunkt dieser Parabel über Toleranz steht ein Kamel, das von einem Wanderzirkus vor den Toren eines polnischen Provinzstädtchens vergessen wurde. Da die Handlung in der Gomułka-Ära unmittelbar nach den antisemitischen Säuberungsaktionen des Parteiapparats angesiedelt ist, liegt die Vermutung nahe, dass Kieślowski in seinem ersten Spielfilm zum Stilmittel der äsopschen Metaphernsprache greifen wollte, um diese Ereignisse verschlüsselt zu thematisieren. Nicht zufällig schildert das Drehbuch die wachsende Einsamkeit und Ohnmacht eines gutmütigen Zeitgenossen, der sich des Kamels annimmt und mit der offenen Missgunst, Intoleranz und Xenophobie seiner Umgebung konfrontiert wird. Kieślowski nimmt hier bereits das Motiv eines Tribunals aus DER LEBENSLAUF vorweg: Der Stadtrat sitzt über den Helden zu Gericht und versucht, ihn mit absurden Vorhaltungen in die Ecke zu treiben. Interessant an diesem ersten Spielfilm-Drehbuch ist auch Kieślowskis Hang zum Symbolischen.

Die Erzählung von Orłoś erschien unter dem Titel *Wielbłąd* (Das Kamel) 1972 in der Zeitschrift *Literatura*. Kieślowski konnte den Autor für sein Filmprojekt gewinnen und schrieb das gleichnamige Drehbuch für die Filmgruppe «TOR». Nach der Veröffentlichung eines anderen Werks von Orłoś in dem Pariser «Institut Literacki», einem Exil-Verlag, der die von der Zensur verhinderten Bücher herausgab, wurde der Autor der literarischen Vorlage mit einem Druckverbot in Polen belegt, und das Projekt musste eingestellt werden. In der Hoffnung, den Film eventuell zu einem späteren Zeitpunkt in der Bundesrepublik Deutschland realisieren zu können, veränderte Kieślowski den Titel und reichte das Drehbuch bei der Wiesbadener «interfilm»-Produktionsfirma von Elisabeth Scotti ein. Hier fand es 1998

2 Vgl. das Interview *Najważniejszy jest dialog* von Piotr Litka. In: *Kino* 12/1999, S. 24.

361–362 DUŻE ZWIERZĘ (DAS GROSSE TIER) von Jerzy Stuhr

der polnische Regisseur und Produzent Janusz Morgenstern wieder und bot den Stoff Stuhr an, der zugleich die Hauptrolle in DUŻE ZWIERZĘ übernahm. Er fügte einige Szenen hinzu, um den Stoff zu aktualisieren, da er die Handlung in die Gegenwart verlegt hatte; so z. B. eine Sequenz, in der Herr Sawicki mit seinem Kamel für Werbezwecke (in Anspielung auf die «Camel»-Reklame) missbraucht wird, ohne dass dadurch die Intoleranz seiner Mitmenschen gegenüber dem Werbeträger nachlassen würde.

Als Regisseur wollte Stuhr diese zeitlose Parabel über den Umgang mit dem Fremden und die Faszination des vermeintlich Nutzlosen bewusst ahistorisch erzählen und in Form einer witzigen poetischen Metapher ihren universellen Charakter unterstreichen.[2] Diese Absicht honorierte die ökumenische Jury in Karlovy Vary und verlieh im Jahr 2000 ihren Preis an DAS GROSSE TIER.

IX. Epigonen oder Erben

363–364 DAS GROSSE TIER von Jerzy Stuhr

Die subtile Komödie mit Anklängen an die frühen Arbeiten Kieślowskis stieß aber auch auf Vorbehalte. Krzysztof Piesiewicz, der schon seit längerer Zeit von der Existenz des Drehbuchs wusste, warf öffentlich die Frage[3] auf, ob Krzysztof Kieślowski damit einverstanden gewesen wäre, dass es heute realisiert wird.

Piesiewicz selbst, der davor niemals selbständig als Drehbuchautor gearbeitet hatte, blieb übrigens auch nicht untätig. Nach dem Tod Kieślowskis beendete er im Alleingang drei Drehbücher zu einer noch zusammen geplanten Trilogie, von der im nächsten Kapitel die Rede sein wird. Auf Bestellung des italienischen Fernsehsenders RAI konzipierte er anlässlich des Millenniums 2000 eine weitere Trilogie: *Wiara/Nadzieja/Miłość*. Schon ihr Titel *Glaube/Hoffnung/Liebe* verrät in seiner Anleihe beim Refrain des Korinther-Briefs aus DREI FARBEN: BLAU unmissverständlich die Genese dieses Werks aus dem Geist der geteilten Inspiration mit Kieślowski. Die Filmnovellen erschienen seit 1998 im polnischen Periodikum *Dialog*. Und den zweiten Teil hat unter dem Titel HOPE (NADZIEJA, D/PL 2007) der Dokumentarist Stanisław Mucha realisiert, der seit 1995, dem Beginn seines Studiums an der HFF in Potsdam, in Deutschland lebt und arbeitet. Für Aufsehen hatten seine Dokus ABSOLUT WARHOLA (D 2001) und DIE MITTE (D 2004) gesorgt.

Von den anderen Mitarbeitern Kieślowskis kam sein langjähriger Regieassistent bei dokumentarischen Projekten, Krzysztof Wierzbicki, auf die Idee, in «Sequels» einige seiner Filme fortzuführen: In HOROSKOP (PL 2000, 47 Min.), realisiert für den zweiten Kanal des polnischen Fernsehens TVP, schreibt er den Dokumentarfilm ERSTE LIEBE in Kanada fort, wo die vor knapp 30 Jahren emigrierte Familie Moskal heute lebt. Damit knüpfte Wierzbicki an Kieślowskis Idee an, die ersten 20 Jahre im Leben der Tochter Ewa Moskal zu dokumentieren. Die Familie erzählt in Wierzbickis Film über ihr weiteres Leben: wie sie in den 1980er-Jahren nach Deutschland und später nach Amerika ging. Eine Migrationsgeschichte, sehr charakteristisch für ihre Generation. Und die heute erwachsene Tochter Ewa, die bereits selbst Mutter ist, schaut sich mit ihrer Mutter Jadzia in Edmonton / Alberta Kieślowskis Film an. Ein anderes Sequel von Wierzbicki, GADAJĄCE GŁOWY 2 (SPRECHENDE KÖPFE 2, 2004), produziert zusammen mit dem Kameramann Jacek Petrycki, der an dem Originalfilm mitgearbeitet hat, bezieht sich auf SPRECHENDE KÖPFE, die soziologische Filmumfrage Kieślowskis von 1980. 25 Jahre später besucht Wierzbicki einige der Umfrage-Teilnehmer von 1979 und lässt sie und ihre Kinder ihr weiteres Leben kommentieren in der Hoffnung,

---

3 Vgl. Scenariusz znaleziony w Wiesbaden. In: *Gazeta Wyborcza* Nr. 165 v. 16.07.1998, S. 1.

das soziopsychologische Gesellschaftspanorama von damals in die heutige Zeit «verlängern» zu können. Seine Version ist nicht die erste Fortsetzung des Klassikers von Kieślowski. Bereits 1997 haben Studenten der Polonistik an der Universität Warschau den Dokumentarfilm KWESTIONARIUSZ (FRAGEBOGEN) gedreht, in dem sie eng Kieślowskis Original folgten und Menschen dessen Fragen stellten.

Zu den international erfolgreichsten Filmemachern in Polen gehört heute Małgorzata Szumowska, die mit ihrem zweiten Spielfilm, ONO (LEBEN IN MIR, PL/D 2004), einer Co-Produktion von TVP, Arte und ZDF, im «Panorama» der Berlinale vertreten war und einen Verleiher in Deutschland fand. Das vermeintliche Abtreibungsdrama gibt vor, zwischen werdendem Leben des Kindes und bevorstehendem Tod des eigenen Vaters eine metaphysische Reflexion in Kieślowski-«Manier» anzubieten; entfaltet religiöse Allegorien und Bilder, die mit biblischen Gleichnissen kokettieren. Was aber «‹poetische Tagträumerei› um existenzielle Sinnsuche sein könnte, verliert sich in gestylten Werbebildern und den Erzählstrukturen einer Seifenoper. Die Anbiederung an westeuropäische Erfolgsfilme macht den Film zur eskapistischen Wundertüte voller Kitsch und billiger Symbolik»[4]. Glaubt man sich noch am Anfang im Universum von Kieślowskis DEKALOG, reicht später die auffällige Zitatfreudigkeit des Films von DIE REGENSCHIRME VON CHERBOURG über DIE LIEBENDEN VON PONT-NEUF, LOLA RENNT bis zu GOOD BYE, LENIN!. Westkompatibilität zeichnet auch folgende Filme von Szumowska aus, die mit 33 SCENY Z ŻYCIA (33 SZENEN AUS DEM LEBEN, D/PL 2008) beim Filmfestival in Locarno 2008 mit dem Spezialpreis der Jury prämiert wurde. Die stark autobiografisch eingefärbte Geschichte einer Künstlerin aus Krakau, die kurz hintereinander Mutter und Vater sterben und ihre Ehe scheitern sieht, lief ebenso in deutschen Kinos wie das Erotikdrama ELLES (DAS BESSERE LEBEN, F/D/PL 2011) mit Juliette Binoche in der Hauptrolle. Allesamt internationale Co-Produktionen, relativ aufwendig hergestellt und je nach beteiligten Ländern mit Stars besetzt. Ausgestattet mit Inhalten, die als universell deklariert werden, aber pretenziös bis eskapistisch wirken, und einer epigonenhaften Anlehnung an die ästhetischen Muster eines erfolgreichen Arthouse-Kinos, das bei Szumowska an Kieślowski und Tykwer erinnert.

365–366 Michael Winterbottoms I WANT YOU: Die Schwester und Honda mit Richtmikrophon

---

4 Alexandra Wach in: *film-dienst* 13/2004, S. 37.

Kieślowskis Einfluss im Westen

Nach acht Jahren im Gefängnis kehrt ein junger Mann in seine Heimatstadt zurück, um wieder die Beziehung zu seiner früheren Geliebten aufzunehmen, die einen kleinen Friseursalon betreibt. Helen will aber nicht an die Vergangenheit erinnert werden, auf der ein dunkles Geheimnis lastet. Dafür werden ein 14-jähriger Flüchtling aus Bosnien und seine Schwester in die tragisch endende Auseinandersetzung verwickelt. Der Junge hat sich das Sprechen abgewöhnt, stattdessen belauscht er fast zwanghaft Gespräche der anderen mit hochempfindlichen Richtmikrophonen und zeichnet sie auf. Während seine Schwester in einem Nachtclub arbeitet und jede Nacht einen anderen Mann nach Hause bringt, verliebt sich Honda in Helen, die seine schüchternen Annäherungsversuche belustigen, aber auch weiche Seiten in ihr zum Vorschein bringen. I WANT YOU lautet der stimmungsvolle Song Elvis Costellos, so auch der Titel des atmosphärisch dichten Films von Michael Winterbottom (GB 1997), der eine verhängnisvolle «*amour fou*» in einem Meer von Blau (s. S. 481, Abb. 1–3) ertränkt.

Winterbottom galt zu diesem Zeitpunkt als ein Hoffnungsträger des englischen Kinos. Seine bis dahin entstandenen Arbeiten waren einerseits in ihrer ästhetischen Gestaltung heterogen, andererseits wiesen sie ihn inhaltlich als einen der eigenwilligsten europäischen Filmemacher der jüngeren Generation aus. Sein düsteres Drama I WANT YOU sorgte 1998 auf der «Berlinale» für Kontroversen. Wie alle seine Filme umkreist dieses filmische Experiment über die Utopie von Liebe und Glück einen vergeblichen Versuch, dem eigenen Schicksal zu entrinnen. Im Mittelpunkt des hochkomplexen Films steht «eine sperrige Reflexion über Schuld und Sprachlosigkeit, die konzentriert und mit primär cineastischen Mitteln vom fortgeschrittenen Zerfall der Moderne handelt.»[5]

Stilistisch agiert Winterbottom hier in großer Nähe zu den visuellen Vexierbildern Krzysztof Kieślowskis. Der Brite wollte nach eigenem Bekunden das Unvorhersehbare in psychischen Ausnahmesituationen auch formal vermitteln, nicht nur durch Worte. Auf der Erzählebene lehnt er sich mit dem Topos einer allseits scheiternden Kommunikation eng an Kieślowski an. Sein kleiner Held Honda (Luka Petrušić) verkörpert so etwas wie das voyeuristische *alter ego* des Regisseurs, wirft einen Blick von außen auf England. Mit dem handlungstragenden Motiv des akustischen Voyeurs werden inhaltliche Referenzen überdeutlich, zusätzlich verstärkt durch die visuelle Konzeption von Kieślowskis Kameramann Sławomir Idziak. Inklusive der Sequenzen, in denen Helen, um ihren quälenden Erinnerungen zu entfliehen, ins Blau ihres Swimmingpools abtaucht. Nach bewährter Manier dunkelt Idziak hier seine Bilder an den Rändern ab und erschafft in unzähligen Spiegelungen, Brechungen und Reflexionen ein rätselhaftes visuelles Gewirr an der Grenze zwischen Wirklichkeit und Albtraum. Wegen der extremen Stilisierungen des «Filter»-Spezialisten, der die Stimmungen der Figuren im Kontrast zum wortkargen Plot in bizarren Bildern übermittelt, warf die Kritik Winterbottom vor, ein an Manierismus grenzendes Experiment in bloßer Bebilderung von Atmosphären unternommen zu haben. Auch wenn man sich der Suggestivität der Bildsprache kaum zu entziehen vermochte, konnte man den Eindruck nicht loswerden, sie wirke verselbständigt und würde allenfalls geschickt zur Schau gestellt. Hinzu kam, dass die DREI FARBEN-Trilogie zu diesem Zeitpunkt noch viel zu sehr im Gedächtnis haftete, damit die vielfältigen Bezüge und allzu deutlichen stilistischen Anleihen nicht zwangsläufig ins Auge stechen würden.

5 Lederle, Josef: I want you. In: *film-dienst* 20/1998, S. 34.

Obwohl Winterbottoms nächstes Werk in seinen filmischen Ausdrucksmitteln eher an die paradokumentarische Ästhetik der «Dogma '95»-Filme erinnert, sind auch in WONDERLAND (GB 1999) inhaltliche Bezüge zu finden. Erzählt wird die Geschichte von mehr als einem Dutzend Zeitgenossen, deren Wege sich während eines langen Wochenendes oft zufällig in verschiedenen Stadtteilen von London kreuzen. Ähnlich wie Kieślowski entwirft Winterbottom ein erzählerisches Patchwork, in dem er die einzelnen Szenen meistens nur diskret anspielt; erst in ihrer Summe fügen sie sich zu einem Panorama zwischenmenschlicher Beziehungen oder auch Beziehungslosigkeit zusammen. Mit lakonischem Humor kreist der Film um gestörtes Gefühlsleben und schildert den Verfall familiärer Bindungen. Die Figuren werden vom Gefühl der Leere und unbestimmter Sehnsucht angetrieben. Durch ihre existentiellen Untertöne weitet sich die subtile psychologische Studie letztlich zu einem Fresko individueller Befindlichkeiten im urbanen Milieu der letzten Jahrhundertwende aus.

Der Einfluss Kieślowskis auf junge Regisseure im Westen lässt sich daran ablesen, wie weit sie auf die einzelnen motivischen, vor allem aber kompositorischen Komponenten zurückgreifen, um sie in das eigene Werk zu transformieren, ohne dass die Bezüge dadurch offensichtlich wären. In den 1990er-Jahren werden auch Anleihen bei Robert Altmans SHORT CUTS (USA 1993) und bei der auf die Authentizität des Dokumentarischen ausgerichteten «Dogma '95»-Ästhetik gemacht. So zum Beispiel von dem Franzosen Jean-Marc Barr in seinem Liebesfilm LOVERS (DOGMA #5) (F 1999), der mit dem Gütesiegel der dänischen «Dogmatiker» um Lars von Trier ausgestattet wurde. Ähnlich wie die suggestive Bildästhetik in Winterbottoms I WANT YOU wirkt das ästhetische «Dogma»-Konzept bei Barr willkürlich angewandt, gar überstrapaziert,

367–368 Michael Winterbottoms I WANT YOU: Helen mit einer dunklen Aureole und im Schwimmbad

da es von der eigentlichen Geschichte eher ablenkt. Auch hier droht ein innovativer Entwurf zum Manierismus zu verkommen. Interessant erscheint in diesem Zusammenhang die Ankündigung Barrs, LOVERS wäre der Auftakt zu einer von ihm geplanten Trilogie über den Begriff der «Freiheit», die mit paradokumentarischen Mitteln realisiert werden sollte und deren zweiter Teil TOO MUCH FLESH unmittelbar danach produziert wurde. Dass bei der besonderen Form eines Filmzyklus – dazu noch über den Begriff der «Freiheit» – Kieślowski Pate gestanden ha-

IX. Epigonen oder Erben

369–370 Michael Winterbottoms I WANT YOU: Tiefenschärfe und Farbenspiele in Blau und Grün

Ost-West-Gegensatzes zur Folge, sondern auch den Verlust des sozial-utopischen Denkens und eine zwangsläufige Revision der Versprechen, die das «Projekt der Moderne» nicht einzulösen vermocht hatte. Zur besonderen Blüte fand vor diesem Hintergrund die episodische Erzählweise, die Ende der 1990er-Jahre auch den jungen deutschen Film dominierte: Andreas Dresen zeigte in NACHTGESTALTEN (1998) sechs Menschen auf der Odyssee durch die Anonymität einer Großstadt. Alle Figuren treten gleichberechtigt auf, in drei lose miteinander verbundenen Alltagsepisoden, die von skurrilen Zufällen und lakonischem Humor bestimmt sind, und für die ein Papst-Besuch die äußere dramaturgische Klammer bildet. Was Dresen gelang, nämlich ein atmosphärisch dichtes Gesellschaftsgemälde, hat auch Sönke Wortmann mit ST. PAULI NACHT (1999) im Visier gehabt. Sein Mosaikbild einer Nacht im Hamburger Stadtteil St. Pauli verknüpft zwar mehrere Geschichten, steuert aber auf ein abgerundetes Finale zu, das zum Klischee und melodramatischer Fügung tendiert. Wie in einem Kaleidoskop fing Hans Christian Schmid in LICHTER (2002) ein aktuelles Zeit- und Stimmungsbild ein, das mit dem wechselnden Fokus auf 18 Existenzen am Rande der Wohlstandsgesellschaft einen intensiven Einblick in die oft übersehenen Außenbezirke der deutschen Wirklichkeit ermöglichte. Eine Referenz an Kieślowski und das Inventar seiner Filme bildet der Strang um einen polnischen Taxifahrer, gespielt vom WEISS-Hauptdarsteller Zbigniew Zamachowski, der beim illegalen Grenzverkehr ein paar Dollar für das Kommunionskleid seiner Tochter zu verdienen hofft und wie durch die Ironie des Zufalls vergeblich Schuld auf sich lädt. Die frappierende Konjunktur der episodischen Narrationen in 1990er- und Anfang der 2000er-Jahre würde noch viele Beispiele für die mögliche Inspiration durch das Werk des polnischen Regisseurs zulassen. Die Assoziationen betreffen

ben dürfte, ist nicht von der Hand zu weisen. Im Unterschied aber zu der üblichen Praxis, drei über einen längeren Zeitraum entstandene, thematisch verwandte Filme nachträglich zu einer Trilogie zu erklären, lag bei Kieślowski das Konzept eines Zyklus erstmalig von Anfang an vor und wurde zu seinem Markenzeichen.

Die skeptische Grundhaltung und die dramaturgische Offenheit von Kieślowskis Spätwerk schienen gut zu passen in die Periode nach dem Kalten Krieg. Der Fall der Berliner Mauer hatte nicht nur den Zerfall des ideologischen

Analogien zwischen jenen Elementen von Filmpoetiken, für die das episodische Erzählprinzip signifikant ist: etwa die Überschneidung mehrerer Geschichten im Netz menschlicher Lebenswege, die sich letztlich zu einem kohärenten Ganzen fügen.

Ein interessantes Beispiel dafür liefert außerhalb Europas Alejandro González Inárritus Debüt AMORES PERROS (Mexiko 2000) – ein apokalyptisches Gemälde des Molochs Mexico City, das drei individuelle Geschichten in einer desillusionierten Welt voller Aggressionen miteinander verbindet. Auch Inárritus folgende Filme 21 GRAMS (21 GRAMM, USA 2003) und BABEL (F/USA/Mexiko 2006) bedienen sich einer episodischen Netz-Narration, die es ermöglicht, mehrere disparate Handlungsstränge parallel und achronologisch zu entwickeln.

Die wesentlichen Elemente eines dreistündigen Mammutwerks, das bei der «Berlinale» 2000 für Aufsehen sorgte, rufen ebenfalls Reminiszenzen an Filme anderer Regisseure hervor, allen voran jene Robert Altmans und Kieślowskis. In MAGNOLIA (USA 1999, «Goldener Bär») entwirft Paul Thomas Anderson mit einer Vielzahl von Figuren, deren Schicksale auf mehr oder weniger wundersame Weise miteinander verknüpft sind, ein kaum zu überblickendes Universum, das in seiner episodischen Erzählstruktur und in der Gleichzeitigkeit der parallel geführten Handlungsstränge zugleich an SHORT CUTS und Kieślowskis Filme denken lässt. Die Absichtlichkeit der verschachtelten Konstruktion, überraschende Pointen und der Topos zwischenmenschlicher Verständigungsbarrieren legen den Vergleich mit Kieślowski nahe. Ein Panoptikum der Zufälle verbindet hier die einzelnen Geschichten miteinander, so dass sich plötzlich zwischen ihnen Parallelen ergeben. Wie in der irrwitzigen Ouvertüre, wenn ein TV-Special über drei unglaubliche, aber historisch belegte Fälle informiert: etwa über den Tod eines Selbstmörders, der überlebt hätte, wenn ihn bei seinem Sprung nicht eine Kugel getroffen hätte, die von seinem Vater zufällig bei einem Ehestreit abgefeuert wurde. Mögen solche Sequenzen auch unterschiedlich zu Kieślowskis Spielen des Unabsehbaren eingesetzt sein, teilen sie mit dessen Werk dennoch ein dezidiertes Interesse an Zufall und Unberechenbarkeit. Hinzu kommt ein katastrophisches Lebensgefühl, das dem Jüngsten Gericht vergleichbar in eine kleine Apokalypse mündet: An Stelle des Erdbebens in SHORT CUTS und des Untergangs der Fähre in ROT greift Anderson zum biblischen Motiv der Plage und lässt sinnflutartig Tausende Frösche vom Himmel niederprasseln. Außerdem entsteht in MAGNOLIA der Eindruck eines geschlossenen Universums, in dem die Gleichzeitigkeit des Ungleichzeitigen und die Interaktionen einer bestimmten Anzahl von Menschen sich wie in Kieślowskis DEKALOG nur dem äußeren Beobachter, spricht dem Zuschauer, in ihrer ganzen Fülle erschließen können.

In demselben Jahr wie MAGNOLIA realisierte Jeremy Podeswa seinen zweiten Film THE FIVE SENSES (CDN 1999), der in fünf Episoden rund um die fünf Sinne die verlorene und wiedergewonnene sinnliche Bindung einer Gruppe von Menschen an ihre eigenen Empfindungen, ihr Umfeld und ihre Zeitgenossen reflektiert. Die Abstimmung des episodischen Erzählprinzips auf den inhaltlichen Konstruktionsrahmen der fünf Sinne ruft unmittelbar Assoziationen an Krzysztof Kieślowski hervor. Der Charakter einer thematischen Versuchsanordnung und die parabolische Anlage der einzelnen Episoden, die zudem um die Frage nach Wahrnehmung und Erkenntnis kreisen, verstärken noch die Analogie. Podeswa verbindet mehrere Geschichten lose miteinander und entfaltet einen Mikrokosmos der Verunsicherung, in dem Unzulänglichkeiten und Defizite im Leben der Figuren diese aus der Bahn zu werfen drohen. Hollywoods

371–372 Jean-Pierre Jeunets Die fabelhafte Welt der Amélie

an komischen und grotesken Details ab. Hinzu kommt, dass im ersten Fall die Heldin stirbt, im zweiten aber wie Véronique überlebt.

Ohne die Inspiration durch Die zwei Leben der Veronika würde höchstwahrscheinlich Le fabuleux destin d'Amélie Poulain (Die fabelhafte Welt der Amélie, F/D 2001) von Jean-Pierre Jeunet nicht entstanden sein. Auf die Verwandtschaft beider Werke lenkte Sławomir Idziak die Aufmerksamkeit[6] und der polnische Filmwissenschaftler Mirosław Przylipiak[7] hat sie untersucht. Ist Amélie tatsächlich eine Tochter Véroniques / Weronikas wie er nahelegt? Die Filmpoetiken und ästhetische Koordinate von Jeunet und Kieślowski sind beinahe antithetisch: Die Verspieltheit des Franzosen trägt mit seiner Vorliebe fürs Groteske und Überraschende, Verzerrte und Künstliche, für wissenschaftlich grundierte Gedankenspiele und verschlüsselte Bildinhalte, kurzum für Skurrilität und Überladenheit manieristische Züge. Zum Manierismus zählen bekanntlich Stilmerkmale wie symbolische und allegorische Elemente (Labyrinthe, Serpentinen oder Ohrmuscheln als Zeichen für die Rationalisierung der Kunst), überwuchernde Ornamentik, artifizielle Verformungen, Asymmetrien und dissonante Verknüpfungen verschiedener Formelemente, starke Spannungen zwischen Figuren und Raum, unnatürlich wirkende Perspektiven. Hinzu kommen noch optische Dispositive allerart. Für Jeunet bilden sie einen Theaterfundus, aus dem er mit vollen Händen schöpft. Bis zu seinen französischen Filmen galt Kieślowski hingegen als ein Purist. Erst mit Die zwei Leben der Veronika, dem ersten in Frankreich realisierten Film, kommt ein formaler Bruch in sein Werk.

größtmögliche Annäherung an Kieślowski bildet die Komödie Sliding Doors (GB/USA 1997) von Peter Howitt mit Gwyneth Paltrow in der Hauptrolle, die sich der Erzählstruktur aus Der Zufall möglicherweise bedient. Eine junge Managerin wird entlassen und ist bereits am Vormittag nach Hause unterwegs. Weil sie die U-Bahn verpasst, entdeckt sie nicht die Geliebte im Bett des Freundes. In einer zweiten Variante erreicht sie den Zug und eine völlig andere Geschichte nimmt ihren Lauf. Der Film verschachtelt beide Varianten ineinander und gewinnt diesem souverän gehandhabten Spiel mit dem Zufall wie in einer Screwball-Comedy eine Fülle

6   Idziak wies seine Studenten darauf hin, als er den Vergleich visueller Dramaturgien in beiden Filmen zum Gegenstand eines Seminars an der Kunsthochschule für Medien in Köln machte.
7   Vgl. Przylipiak, Mirosław: Amelia, córka Weroniki. In: Gwóźdź 2006, S. 223–237.

Die Parallelen zwischen den beiden Filmen lassen sich auf der Ebene der Motive, der dramaturgischen Konstruktion, der Charakterisierung der Figuren und einzelner Bilder finden. Beide Filme erinnern an Märchen und ihre Protagonistinnen sind in ähnlichem Alter, haben nur den Vater, den sie von Zeit zu Zeit besuchen, Probleme mit ihrem Herzen und neigen dazu, anderen Menschen helfen zu wollen; beide spielen sie auch mit Glaskugeln und Murmeln. In beiden Filmen entfalten dramaturgische Komponenten wie Gleichzeitigkeit disparater Ereignisse oder Parallelität in der Zeit eine große Rolle. DIE FABELHAFTE WELT DER AMÉLIE ist eine einzige Variation über das Thema des Zufalls. Sie besteht aus einer endlosen Abfolge zufälliger Ereignisse, die enormen Einfluss auf das Leben der Protagonisten haben. Amélies Lebenswege überschneiden sich wie in DEKALOG mit jenen anderer Menschen. In beiden Filmen wiederholt sich das seltsame Motiv eines Versteckspiels oder einer Schnitzeljagd: Alexandre bzw. Amélie (Audrey Tautou) senden dem jeweils anderen Protagonisten eine Serie mit überraschenden, einer Dechiffrierung bedürfenden Signalen, die der Lokalisierung des Absenders dienen. In DIE ZWEI LEBEN DER VERONIKA sind es ein Schnürband und die Tonkassette mit der Atmo-Kulisse des Pariser Bahnhofs Saint-Lazaire, wo Alexandre – wie sich herausstellt – auf Véronique wartet. Auf einem Bahnhof empfängt Amélie rätselhafte Signale von der Existenz des «Geistes» und der Bahnhof dient als Medium für die merkwürdige Kommunikation zwischen ihr und Nino Quincampoix (Mathieu Kassowitz), als sie sich noch nicht kennen. Als sie klein waren und nichts voneinander wussten, haben Nino und Amélie mit kleinen Spiegeln Sonnenlicht in die Wohnungen anderer Menschen gelenkt; genauso, durch Lichtreflexion eines kleinen Spiegels, bekommt Véronique geheimnisvolle Signale. In beiden Filmen wiederholt sich das Motiv der Verdopplung, der Spiegelung der Heldin in einem Artefakt: Veronikas in der Puppe von Alexandre, Amélies in der Bildkopie des glasknochenkranken Malers Dufaley. Eine ähnliche Funktion haben in beiden Filmen auch Fotos: Dank einer Fotografie erfährt Veronique nachträglich von der Existenz ihrer polnischen Doppelgängerin; dank Fotos begegnen sich Amélie und Nino, wobei die Suche nach dem geheimnisvollen «Geist» mit Hilfe von Passbildern, die man in Fotoautomaten einsammelt, die Hauptachse des Films bildet.

Auf der Idee der geheimnisvollen Korrespondenz von parallelen Ereignissen beruht die narrative Konstruktion von DIE ZWEI LEBEN DER VERONIKA und DIE FABELHAFTE WELT DER AMÉLIE, nur dass statt von Kieślowskis Melancholie und rätselhafter Atmosphäre bei Jeunet Skurrilität, Tempo und Ironie ein absurdes narratives Feuerwerk antreiben. Was die Filme noch verbindet, ist das Motiv der Manipulation: Etwa vordergründig durch Alexandre, der Veronikas Leben als ein Marionettenspiel aufführt. Der Eindruck aber, es würde noch im Hintergrund eine ganz andere Instanz walten, bleibt bestehen. Der Einflussnahme auf das Leben anderer Menschen und der Manipulation ihrer Emotionen ist auch DIE FABELHAFTE WELT DER AMÉLIE gewidmet. Bei Kieślowski gehört aber die Gewohnheit, Menschen und ihre Emotionen zu steuern, zum Beruf des Marionettenspielers und Alexandre ist wie er selbst ein Künstler. In der Reflexion des Films über die Berechtigung des Künstlers, menschliche Emotionen zu manipulieren, offenbart sich sein selbstreferentieller Diskurs. Der Manipulation Anderer geht bei Amélie wiederum die alltägliche Beobachtung, das Betrachten der Mitmenschen etwa durch ein Fernrohr – also das Motiv des Voyeurismus – voraus, da ihre Intention darin besteht, jenen Menschen zu helfen, die der Hölle der Einsamkeit entkommen möchten. Was beide Regisseure und ihre Filme also unterscheidet, ist die Geisteshaltung und die Wahrnehmung der Realität. Während Kieślowskis Film der Metaphysik frönt, bleibt Jeunet's Welt der Amélie ostentativ laizistisch und rational.

Interessante Multivalenzen fallen bei drei weiteren europäischen Produktionen auf: In L'Homme du train (Das zweite Leben des Monsieur Manesquier, F/D/UK/CH 2002) greift Patrice Leconte auf den Kieślowski-Topos der doppelten Leben und zweiten Chancen zurück, wie sie besonders in der Drei Farben-Trilogie durchgespielt werden. Ein Fremder, der in ein französisches Dorf gekommen ist, um dort die Bank auszurauben, kommt beim pensionierten Apotheker Manesquier unter, der alleine in einem heruntergekommenen Haus lebt und vor einer Herzoperation steht. Bald stellt sich heraus, dass beide gerne das Leben des jeweils Anderen gelebt hätten: der Apotheker glaubt ein wildes Leben versäumt zu haben und der Fremde würde sich gerne zur Ruhe setzen. Drei Tage lang können sie sich auf die Vita des Anderen einlassen (je nach Perspektive, Freiheit versus Sicherheit, ein Leben der verpassten Chancen), bevor sie sich wieder in ihr Schicksal fügen. Ein melancholischer Film der leisen Töne. Mit Non ti muovere (Don't Move, I/E/GB 2004) gelang Sergio Castellitto ein sensibel inszeniertes, exzellent fotografiertes Liebesdrama um Schicksal und Vergänglichkeit. Die Dreiecksgeschichte spielt sich auf zwei Zeitebenen ab und nutzt die für Kieślowskis Poetik so typische Rahmenhandlung um ein existentielles Ereignis, das zum dramaturgischen Vehikel einer Handlung in der Handlung wird. Hier sind es zwei Verkehrsunfälle, davon einer in der Exposition (Der Zufall möglicherweise, Blau). Die beiden Frauen des Dreiecks werden zeitgleich schwanger und sind derart entgegengesetzte Charaktere, dass man in dieser Figurenkonstellation durchaus zwei Seiten einer Frau oder eine Doppel-Figur vermuten könnte. Und die existenziellen Entscheidungen des Protagonisten bergen keine Garantie für ein richtiges Handeln; ganz im Gegenteil konfrontieren sie ihn mit Vergänglichkeit und Verlust. Eine Dystopie entfaltet schließlich Jens Lien's Den Brysomme Mannen (Anderman, N 2006), in der eine Parallelwelt entworfen wird, ohne dass wir sie lokalisieren könnten, weil ihr ein Bezugspunkt fehlt. Eine namenlose, graue Stadt, aus der kein Weg fortführt und in der Menschen ohne nennenswerte Freuden, sozusagen indolent und ohne Gefühlsregungen leben. Auch wenn er eine Erinnerung an den Bus hat, mit dem er hierhin kam, entkommt der Protagonist dieser Welt nicht. Sein folgender Versuch, sich in die absurd-triste Gesellschaft einzuleben, endet in Depression, bis nur noch der Tod ein Ausweg zu sein scheint. Das norwegische Fantasy-Drama ist de facto eine Gesellschaftssatire mit Anklängen an Dekalog.

In Deutschland schien 2011 eine ungewöhnliche Fernsehproduktion der ARD ihre Inspiration aus Kieślowskis Erbe zu beziehen: Dreileben – eine Trilogie von lose miteinander verknüpften TV-Filmen der Regisseure Christian Petzold, Dominik Graf und Christoph Hochhäusler –, die nicht nur in ihrem Titel (der fiktive Name einer Kleinstadt in Thüringen) den Eindruck erweckt, auf Witeks drei Leben in Der Zufall möglicherweise anzuspielen. Auch wenn es hier nicht um drei Varianten eines Lebens geht, so weist die Produktion wie Drei Farben: Blau, Weiss, Rot die auffällige Konstruktion einer Trilogie auf, die eben wie bei Kieślowski kein durch ein Objekt zusammengehaltener Omnibusfilm, bestehend aus drei eigenständigen Episoden, sein will, sondern drei sich zu einem Ganzen zusammenfügende Filme miteinander verknüpft. Die Filme der Drei Farben-Trilogie waren durch das ästhetische Farben-Motiv, aufgeladen durch die Semantik der Trikolore, und die narrativen Komponenten der in allen Episoden auftauchenden Figuren bzw. im Katastrophe-Finale von Rot erretteten Protagonisten verbunden. Letztlich greift Dreileben auf eine ähnliche Konstruktion zurück: den dramaturgischen Kompositionsrahmen liefern der Handlungsort Dreileben, derselbe Zeitpunkt und ein Ereignis – die Flucht eines Sexualstraftäters. Dessen Kriminalfall dient in Petzolds und Grafs Filmen Dreileben – Etwas Besseres als den Tod und Dreileben – Komm mir nicht nach als Hintergrund und in Hochhäuslers Finale Dreileben – Eine Minute Dunkel als Handlungsachse im Vordergrund. Die Teile des Puzzles, bei Petzold und Graf jeweils Beziehungsgeschichten und Hochhäuslers Fahndungsaktion, verhalten sich abwechselnd wie Zentrum und Peripherie zueinander und simulieren einen Perspektivwechsel, der jedoch mit keinen neuen Einsichten derselben Sache belohnt, sondern drei disparate Sachen vorführt.

Pädagogische Arbeit im Dialog

Seit seiner Gründung 1978 hat Kieślowski an dem 2001 nach ihm benannten Krzysztof-Kieślowski-Fachbereich für Rundfunk und Fernsehen der Schlesien-Universität Katowice (Wydział Radia i Telewizji Uniwersytetu Śląskiego w Katowicach) unterrichtet. Zu seinen Studenten gehörten in Polen bekannte Regisseure wie Maciej Dejczer, Maria Zmarz-Koczanowicz oder Magdalena und Piotr Łazarkiewicz; in Katowice studierte auch Michał Rosa, dem inhaltliche und zum Teil formale Nähe zu Kieślowski nachgesagt wird. Seine psychologischen Dramen Farba (Farbe, PL 1998) und Cisza (Stille, PL 2001) kreisen um die Koordinaten Zufall und Schicksal; das Drehbuch zu Stille hat sogar Krzysztof Piesiewicz geschrieben. Zwischen 1985–86 betreute Kieślowski an der Filmhochschule in Katowice einen Zyklus mit Diplomfilmen, der den Titel Kronika wypadków (Unfallchronik, PL 1985/6) trug und aus drei Langspielfilmen bestand, die für das polnische Fernsehen TVP im Filmstudio «TOR» produziert wurden. Dazu gehörten Przez dotyk (Durch Berührung, PL 1985, 79 Min., Erstsendung: 24.09.1986) von Magdalena Łazarkiewicz, der mit internationalen Preisen, u. a. Preis beim Internationalen Frauenfilmfestival in Creteille, überhäuft wurde; Ucieczka (Die Flucht, PL 1986, 71 Min., Erstsendung: 29.08.1987) von Tomasz Szadowski und Dzieci śmieci (Müllkinder, PL 1986, 51 min., Erstsendung: 12.05.1989) von Maciej Dejczer, dessen späteres Spielfilmdebüt 300 mil do nieba (300 Meilen bis zum Himmel, DK/F/PL 1989) in Cannes lief und 1989 den Europäischen Filmpreis «Felix» bekam. Während Müllkinder, das Porträt eines Jugendlichen, der um jeden Preis aus Polen fliehen will, eine düstere Vorstudie zu Dejczers Debüt darstellte, behandelte Szadowski das Thema der Flucht aus der Perspektive von Außenseitern, die in geschlossener Psychiatrie einsitzen. In ihrem Psychodrama trat Łazarkiewicz wiederum in die Fußstapfen ihrer Schwester Agnieszka Holland, indem sie in einer Art physiologischen Naturalismus zwei entgegengesetzte Frauencharaktere in einer gynäkologischen Klinik im Kampf gegen Krebs zeigte. Das drastische Thema hat die Premiere des Films im Fernsehen um ein Jahr hinausgezögert; auch die Filme von Szadowski und Dejczer brauchten bis zu vier Jahre, bis sie gesendet wurden. Alle drei Filme zeichneten sich durch thematische und formale Kompromisslosigkeit ihrer gesellschaftskritischen Konzepte aus. Im Filmstudio «Tor» übernahm Kieślowski auch die künstlerische Betreuung des TV-Films Psychoterapia (Psychotherapie, PL 1984, 61 Min.) von Maciej Drygas, der später durch den Dokumentarfilm Usłyszcie mój krzyk (Hört meinen Schrei, PL 1991) bekannt wurde.

Seit dem Kriegszustand und besonders nach dem Erfolg von Dekalog hielt Kieślowski in

Deutschland und anderen westeuropäischen Ländern regelmäßig Seminare ab.[8] Während seiner Regie-Workshops im Künstlerhaus Bethanien in Berlin von 1983 bis 1989 gehörte zu seinen Schülern Andres Veiel, bekannt durch die Dokumentarfilme BALAGAN (D 1993), DIE ÜBERLEBENDEN (D 1996), BLACK BOX BRD (D 2001), DIE SPIELWÜTIGEN (D 2004), DER KICK (D 2006) und das RAF-Drama WER WENN NICHT WIR (2011). Für Veiel ist Kieślowski «ein Meister des Zufalls. Wie er mit Zufällen arbeitet und den Zufall in eine Wechselbeziehung setzt mit der Determiniertheit von Schicksal, ist einfach überwältigend.»[9] Veiel selbst leistet einen Beitrag zur Archäologie des deutschen Terrorismus. Indem er eine Sonde in die deutsche Mentalitätsgeschichte legt, arbeitet er sich an einem genealogischen Mythos ab. Dafür wählt er Stoffe aus, aus denen er ein komplexes und ambivalentes Zeitbild destillieren kann; die ihn seit langem beschäftigt haben und zu den er einen persönlichen Zugang hat. Ein Stück Zeitgeschichte der alten BRD, in dem thematische Konstanten seiner Arbeit angelegt sind: Beschäftigung mit dem Generationenbegriff, dem Erwachsenwerden, individuellen Widersprüchen und Ambivalenzen, der Verschränkung des Biografischen mit der Historie. «Wie eine individuelle Biografie durch historische und soziale Ereignisse verbogen und verzerrt wird und dann in oft überraschenden Sprüngen verläuft»[10], lässt Veiel nach biografischen «Knotenpunkten» Ausschau halten. Daran wird ein dramaturgisches Prinzip von ihm ablesbar: Die Lust an der Aufhebung vorgeformter Weltbilder, an dem Durchbrechen von Klischees, mit dem Ziel produktiver Irritation und Verunsicherung, die dem Zuschauer Raum lassen für einen zweiten, genaueren Blick. Die Begegnung mit Kieślowski, mit dem er nach und nach eine Art Wesensverwandtschaft entdeckte, hat ihn nachhaltig geprägt:

«Was mich von Anfang an bei Kieślowski fasziniert hat, war die Art seiner philosophischen Herangehensweise an die Wirklichkeit und die Präzision, mit der dies geschah. Er gehörte zu jenen wenigen Filmemachern, die sehr früh Ambivalenzen ausgelotet haben.» Etwa in DIE NARBE. «(...) Genau dieses Grundmuster zieht sich durch alle meine eigenen Arbeiten. (...) Ich schaffe Ambivalenzen, lote Menschen in ihren unermesslichen Widersprüchen aus und gestehe ihnen schließlich Veränderungen zu, die ihnen andere zunächst nicht zugestehen wollen.»[11]

Nachdem Kieślowski seinen Rückzug vom Kino erklärt hatte, betreute er ab Mitte der 1990er-Jahre an der Filmhochschule in Łódź (PWSFTiTv) einige Studentenprojekte, zuletzt drei Diplomfilme: Iwona Siekierzyńskas PAŃCIA (FRÄULEIN, PL 1995, 14 Min., Nominierung zum Studenten-Oscar), Greg Zglińskis PRZED ZMIECHRZEM (VOR DER DÄMMERUNG, PL 1995, 15 Min.) und PÓŹNE POPOŁUDNIE (SPÄTER NACHMITTAG, PL 1996, 23 Min.) von Gilles Renard. Der schweizerische Regisseur Greg Zgliński, der in Polen 1968 geboren wurde und ab 1992 dort Regie studiert hatte, realisierte 2004 den Spielfilm TOUT UN HIVER SANS FEU (KEIN FEUER IM WINTER, CH/B/PL 2004), der im Wettbewerb von Venedig lief und 2005 den Schweizer Filmpreis in der

8   Kieślowskis Dolmetscherin in Westberlin, Dorota Paciarelli, die bei allen seinen Berliner Workshops sprachlich vermittelte, hat die pädagogische Arbeit des Regisseurs dokumentiert in dem Aufsatz: *«Czujesz, więc jesteś». Warsztaty reżyserskie Krzysztofa Kieślowskiego w Berlinie Zachodnim w latach 1983–1989*. In: Gwóźdź 2006, S. 193–210.

9   *«Meine Lust besteht in der Zerstörung vorgeformter Weltbilder».* Adelbert Reif im Gespräch mit Andres Veiel, S. 5. In: WWW.HEIDELBERGER-LESE-ZEITEN-VERLAG.DE/ARCHIV/ONLINE-ARCHIV/VIELLANG.PDF (22.10.2007).

10 Ebd., S. 2.

11 Ebd., S. 5.

Kategorie Bester Spielfilm bekam. Die Geschichte eines Paares, das nach dem tragischen Feuertod seiner fünfjährigen Tochter diesen Verlust zu verarbeiten versucht, wird in einer winterlichen Landschaft streng und unterkühlt erzählt. Mit dem Dekalog 1 und Blau von Kieślowski hat sie das Thema des Verlustes und der Erinnerung gemeinsam, geht es doch um den plötzlichen Tod eines Kindes und das tiefe Leid der Eltern, was deren Leben zur Erstarrung bringt, und auch darum, wie sie ihre Apathie überwinden. Sein letzter Film Wymyk (Courage, PL 2011) handelt von der Rivalität zweier Brüder, die den jüngeren das Leben kosten und den älteren Bruder in biblisch anmutende Gewissenskonflikte stürzen wird. Beiden Filmen merkt man Kieślowskis Einfluss an und, dass sie einen Dialog mit ihm führen, ähnlich wie Siekierzyńska in Ihrem TV-Debüt Moje pieczone kurczaki (Meine Grillhähnchen, PL 2002), indem sie die Geschlechterrollen umkehrt und einen Dialog mit Der Filmamateur aufnimmt. Die Heldin filmt hier ihre Umgebung und ihr eigenes Leben, während ihr Mann mit den Widrigkeiten des Alltags kämpft, um dem gemeinsamen Sohn ein Zuhause zu bieten.

Nach dem Abschluss des Filmstudiums in Łódź 1992 arbeitete Paweł Łoziński als Regieassistent bei Drei Farben: Weiss, bevor er dann in dem Dokumentarfilm Miejsce urodzenia (Geburtsort, PL 1992, Golden Gate in San Francisco) den jüdischen Schriftsteller und Emigranten Henryk Grynberg zu seinem Geburtsort begleitete und den gewaltsamen Tod seines Vaters und Holocaust-Überlebenden im Jahr des Pogroms von Kielce aufklärte. 1995 setzte er Kieślowskis Idee zu einem Film über 100 Jahre Kinogeschichte in Polen um. In 100 lat w kinie (100 Jahre im Kino, PL/GB 1995) collagiert er sie aus Filmausschnitten als Rezeptionsgeschichte, produziert als polnischer Beitrag der DVD-Kassette Das Jahrhundert des Kinos – Filmgeschichte weltweit, für die das British Film Institute weltweit renommierte Regisseure (Godard, Scorsese, Frears, Reitz, Oshima etc.) um einen Dokumentarfilmbeitrag zur Filmgeschichte ihres eigenen Landes bat. Auch beim Spielfilmdebüt von Łoziński, dem TV-Kinderfilm Kratka (Das Gitter, PL 1996, 49 Min.), stand Kieślowski Pate, der beim «Tor» die künstlerische Betreuung des Projektes übernahm. Unter den französischen Regieassistenten bei der Drei Farben-Trilogie waren Emmanuel Finkiel und Julie Bertucelli. In Voyages (F 1999), Finkiels Erstling über drei Frauen in Paris, Warschau und Tel Aviv, die sich zwischen nationaler und kultureller Identität mit ihrer Vergangenheit und Migration auseinandersetzen, kollidieren Imaginationen und Erinnerungen mit der gegenwärtigen Realität. Dem in Cannes uraufgeführten Debüt sieht man ebenso den Einfluss Kieślowskis an wie Bertucellis Depuis qu'Otar est parti... (Since Otar Left, F/B 2003, Preis der Semaine de la Critique in Cannes), seinem thematischen Pendant aus georgischer Migrations-Perspektive.

Wahlverwandtschaften: von Haneke via Hollywood zu Manchevski

Auffallende Parallelen verbinden Kieślowski mit dem sperrigen Werk des Österreichers Michael Haneke, der in seinen streng komponierten, ebenso verstörend wie intensiv wirkenden Filmen nach eigener Aussage auf «die emotionale Vergletscherung in den hoch industrialisierten Ländern» reagiert. Emotionale Kälte, fehlende Verständigung, Zufall und Beiläufigkeit des Todes gehören zu den bevorzugten Themen dieses als Moralist verschrieenen Regisseurs, den ähnlich wie Kieślowski ein unbarmherzig sezierender Blick auf die Wirklichkeit auszeichnet. Auf Hanekes Œuvre würde das Motto zutreffen, es zeige die Erosion ethischer Maßstäbe in den modernen Gesellschaften. Mit seiner Trilogie DER SIEBENTE KONTINENT (A 1989), BENNY'S VIDEO (A/CH 1992) und 71 FRAGMENTE EINER CHRONOLOGIE DES ZUFALLS (A/D 1994) lieferte Haneke am Dokumentarischen geschulte Beobachtungen und beklemmende Rätselspiele, in den scheinbar zufällige Todesfälle den Kulminationspunkt bilden und die Medien (vorrangig Fernsehen und Videospiele) zu Chiffren der Einsamkeit werden. Seine hochkomplexen moralischen Fabeln kreisen um Entfremdung von Menschen, die zu «Monstern emotionaler Teilnahmslosigkeit» (Th. Koebner) werden. Mit unerbittlicher Konsequenz beschreiben sie den Verlust des individuellen Wirklichkeitsbezugs und die vergebliche Suche nach Verständigung und Nähe in einer Welt, in der die materiellen Werte zum höchsten Gut geworden sind und hinter der bürgerlichen Fassade das unbegreifliche Entsetzen lauert. Bei Haneke rückt die Kamera oft an Menschen und Gegenstände heran, als wolle sie hinter die Kulissen des Sichtbaren dringen. Bruchstückhafte Momentaufnahmen und Fragmente des Zufalls fügen sich zu einer Ästhetik des Unabweisbaren, die dem Zuschauer in ihrer moralischen Rigorosität und formaler Strenge viel abverlangt.

Mit einer ähnlich grausamen Logik wie Kieślowski in EIN KURZER FILM ÜBER DAS TÖTEN entwickelte er in FUNNY GAMES (A 1997) das Szenario von scheinbar beiläufigen Morden, die weder psychologisch noch soziologisch erklärt werden. Die schockierende Wirkung dieses an die Erzählmuster des Thrillers angelehnten Films bestand in der Hinterfragung der üblichen Sehgewohnheiten, die den Zuschauer in einer Art (meta-)medialer Polemik als heimlichen Mittäter der vorgeführten Grausamkeiten entlarvt.

Im Jahr 2000 lief in Cannes Hanekes Film CODE INCONNU (CODE: UNBEKANNT F/D/RU 2000), in dem er das Bild einer fragmentierten Gesellschaft entwirft und über die fortschreitende Isolation des modernen Individuums an Hand der Schicksale von verschiedenen Figuren reflektiert, deren Wege sich im heutigen Paris zufällig kreuzen. Dabei erhebt er die Unfähigkeit zur Verständigung zu einer Metapher der Gegenwart und zeichnet ein weitläufiges Szenario, das in seiner fragmentierten Struktur an das narrative Netz von Kieślowski erinnert. Haneke versuche sich an einer Art «Schicksalsfilm»:

> «Wie beim großen Kieślowski», berichtete Wilfried Wiegand in der *FAZ*, «und beim weniger großen Lelouch geht es am Ende um die große Frage nach Zufall oder Bestimmung. Haneke, der hier eher zur Gewichtsklasse von Lelouch zu gehören scheint, zeigt uns, locker miteinander verknüpft, Schicksale in Paris und auf dem Balkan. Es geht um Krieg und Abtreibung, um taubstumme Kinder und um illegale Einwanderung, um Bettelei, Ausweisung, Kindesmisshandlung und um das Elend der Menschen aus der dritten Welt. (...) So wird kaum etwas ausgelassen von den Leiden der Welt».[12]

Durch seine formal anspruchsvolle Auseinandersetzung mit der gesellschaftlichen Realität gehörte CODE: UNBEKANNT dennoch zu den interessantesten Beiträgen in Cannes. Was der Film auch mit Kieślowski gemeinsam hat, sind der Produzent Marin Karmitz und seine Hauptdarstellerin Juliette Binoche, die kürzlich dem *auteur* in einem Interview bescheinigte: «Man spürt, es gibt ein wahres Denken hinter der Kamera. Auf eine andere Art lässt mich Michael Haneke an Krzysztof Kieślowski denken.»[13] Auch die folgenden Arbeiten von Haneke weisen vor allem ästhetisch eine Wahlverwandtschaft

---

12 Wiegand, Wilfried: Fenchelstrünke. Filmfestspiele Cannes: Agnès Varda erteilt eine Lektion. In: *Frankfurter Allgemeine Zeitung* v. 20.05.2000, S. 44.

13 Juliette Binoche. New York stories. Ein Interview von Christophe d'Yvoire. In: *STUDIO* 11/2000, S. 98.

Farbstrecke II • Epigonen oder Erben

1–3 Michael Winterbottoms I WANT YOU: Farbenspiele Sławomir Idziaks (S. 470)

Farbstrecke II • Plakate zu Filmen von Krzysztof Kieślowski

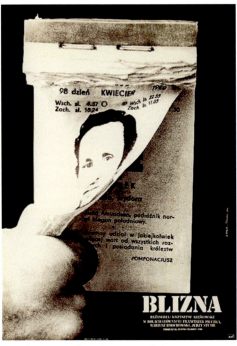

4 Andrzej Krauze/Marcin Mroszczak, DIE NARBE. Offsetdruck, 1976

5 Andrzej Krauze, DER FILMAMATEUR. Offsetdruck, 1979

6 OHNE ENDE: Originalplakat der Film-Premiere in Form eines Nekrologs. Offsetdruck, 1984 (S. 296)

Farbstrecke II • Plakate zu Filmen von Krzysztof Kieślowski

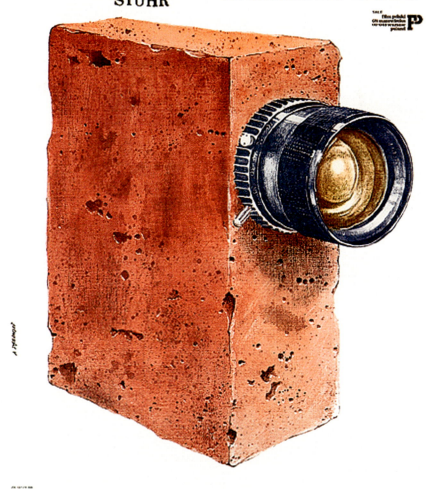

7 Andrzej Pągowski, Der Filmamateur. Farbiger Offsetdruck, 1979

Farbstrecke II • Plakate zu Filmen von Krzysztof Kieślowski

8 Andrzej Pągowski, DER ZUFALL MÖGLICHERWEISE. Farbiger Offsetdruck, 1987

Farbstrecke II • Plakate zu Filmen von Krzysztof Kieślowski

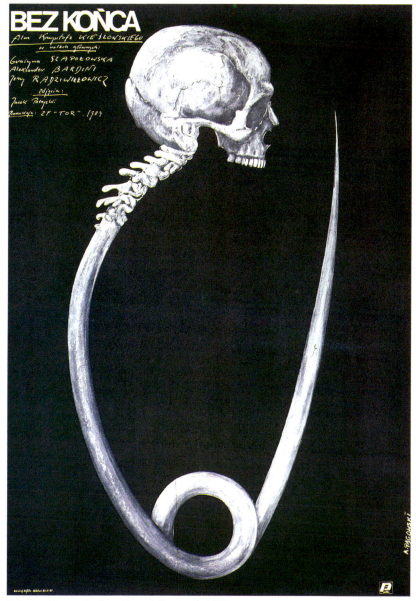

9 Andrzej Pągowski, OHNE ENDE. Offsetdruck, 1985

Farbstrecke II • Plakate zu Filmen von Krzysztof Kieślowski

10–11 Andrzej Pągowski, Ein kurzer Film über die Liebe. Farbiger Offsetdruck, 1988

12 Andrzej Pągowski, Ein kurzer Film über das Töten. Farbiger Offsetdruck, 1988

Farbstrecke II • Plakate zu Filmen von Krzysztof Kieślowski

14 Andrzej Pągowski, Ein kurzer Film über die Liebe. Farbiger Offsetdruck, 1988

13 Andrzej Pągowski, Ein kurzer Film über das Töten. Farbiger Offsetdruck, 1988

Farbstrecke II • Plakate zu Filmen von Krzysztof Kieślowski

15 Andrzej Pągowski, Die zwei Leben der Veronika. Offsetdruck, 1991

16 Drei Farben: Blau, 1993

17–18 Drei Farben: Weiss und Drei Farben: Rot, 1994

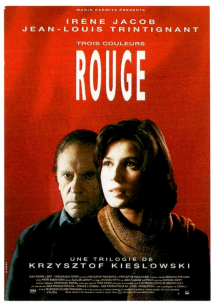

Farbstrecke II • Exkurs: Balsamierte Zeit. Zur Rolle der Fotografie im Werk Krzysztof Kieślowskis

19–23 Die Narbe. Bednarz im Fotogeschäft, im Fernsehen, unsichtbar vor der Kamera eines Fernsehteams und vor einer Wand mit Fotos (S. 429, 433). Nächste Seite: Close up des zentralen Fotos

24 Die Narbe: Close up von Abb. 23 (S. 429, 433)

25–26 Die Unterführung: Sicht durch die beklebten Fenster eines unterirdischen Geschäfts (S. 429)

27–29 Das Personal: Januchta im Spiegel (S. 429); Fotos als Träger von Geschichte und Erinnerung (S. 431)

Farbstrecke II • Exkurs: Balsamierte Zeit. Zur Rolle der Fotografie im Werk Krzysztof Kieślowskis

30 Die Narbe: Eine visuelle Epiphanie (S. 188, 367, 429–430)

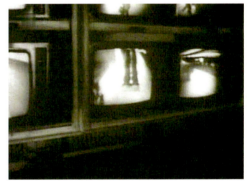

31–32 Der Bahnhof: Überwachungsinstrumente (S. 123, 429)

33 Der Zufall möglicherweise: Postkarte mit einem zwinkernden Jesus (S. 226–227, 430)

34 Die zwei Leben der Veronika: Verzerrende Perspektive einer Glaskugel (S. 356, 367)

35–36 OHNE ENDE: Private Fotos des Anwalts Zyro (S. 432)

37 Optische Dispositive in der Reihenfolge: DEKALOG 1: TV-Bilder von dem Jungen (S. 430)

38 DEKALOG 2: Fotos der im Krieg getöteten Familie des Arztes (S. 431-432)

39–40 DEKALOG 3: Überwachungskameras und Kontrollraum des Bahnhofs (S. 430)

Farbstrecke II • Exkurs: Balsamierte Zeit. Zur Rolle der Fotografie im Werk Krzysztof Kieślowskis

41 Dekalog 4: Foto der Eltern mit einem befreundeten Paar (S. 431–432)

42–44 Dekalog 6: Handwerker im (Bild-)Ausschnitt eines Fensterrahmens (S. 429, 430), Teleskop (S. 347, 430) und Operngläser (350–351; vgl. auch S. 400, Abb. 331)

45–46 Dekalog 5: Blick durch zum «Fernrohr» geformte Hände (S. 430); zerknittertes Foto der Schwester im Kommunionskleid (S. 336–337, 432)

Farbstrecke II • Exkurs: Balsamierte Zeit. Zur Rolle der Fotografie im Werk Krzysztof Kieślowskis

47 Dekalog 10: Eine Briefmarke durch die Lupe betrachtet (S. 430)

48–49 Die zwei Leben der Veronika: Weronikas und Véroniques Foto von ihr (S. 355, 432)

50 Blau: Fotos von Julies Mann mit der Geliebten (S. 389, 428, 432)

51 Rot: Valentine im Profil in der Fernsehaufzeichnung von der Havarie (S. 417, 427–428)

52 Ein kurzer Film über das Töten: Vor dem Fotografen-Geschäft (S. 337, 431-432)

53 Der Fotoamateur: Filip mit seiner Super–8-Kamera (S. 433)

54–55 Der Fotoamateur: Die Super-8-Aufnahmen von dem Freund und seiner später verstorbenen Mutter (S. 86, 433)

56 Der Fotoamateur: Filip blättert in einer Geschichte des Films (S. 432)

57 Zdjęcie / Das Foto: Der erste professionelle Film Kieślowskis (S. 85–88, 433)

Farbstrecke II • Exkurs: Balsamierte Zeit. Zur Rolle der Fotografie im Werk Krzysztof Kieślowskis

58–63 Zdjęcie / Das Foto: Selbstreferenzielle Filmrecherche im Stil von cinéma vérité. Nicht nur das titelgebende Foto, sondern auch das Filmteam und seine Apparatur stehen im Mittelpunkt der Betrachtung (S. 85–86, 433)

mit dem Werk des Polen auf, was im Exkurs zu Hanekes und Kieślowskis Ästhetik des Unabweisbaren ausgeführt wird.

Der andere Exkurs am Ende dieses Kapitels ist der Geistesverwandtschaft in der Betrachtung der filmischen Realität zwischen Robert Altman und Kieślowski gewidmet, die sich vor allem an den Analogien zwischen den Erzählstrukturen in ihren Filmen festmachen lässt. Aus der Perspektive eines «metaphysischen Kinos» seien Verbindungen zwischen dem Werk Kieślowskis und dem von Abbas Kiarostami zu finden; ein Zusammenhang, dem der kanadische Philosoph John Caruana in seinem Aufsatz *Kieślowski and Kiarostami: A Metaphysical Cinema* in dem Buch *After Kieślowski. The Lagacy of Krzysztof Kieślowski* von Steven Woodward nachgeht. Sean O'Sullivan zieht darin Vergleiche zwischen dem DEKALOG und den US-amerikanischen TV-Serien SIX FEET UNDER und LOST. Wie weit Kieślowskis Erbe bereits der Sprung über den großen Teich gelungen ist, belegt in seinem Aufsatz John G. Kickasola mit dem Verweis auf das Familiendrama BEE SEASON (DIE BUCHSTABENPRINZESSIN, USA 2005) von Scott McGehee und David Siegel. Die Adaption eines Romans von Myla Goldberg mit Juliette Binoche und Richard Gere in den Hauptrollen macht auffällige Anleihen bei seinem Spätwerk, so dass die Besetzung der weiblichen Hauptrolle mit Binoche als eine Art Reverenz an Kieślowski angesehen werden kann. Führt man sich einige Merkmale seines späten Stils vor Augen wie Variationen und Varianten der Handlung, die existenzielle Eventualitäten in der Entwicklung der Figuren umkreisen helfen; die mit Altman geteilte Mosaik-Erzählstruktur («*the mosaic structure*») oder «*reverse expositional structure*» (Rückwärts-Exposition), «*forking-path narrative*» (Gabelung-Dramaturgie) oder «*metaphysic of order*» (metaphysische Ordnung) etc., wie Kickasola ausführt, so entdeckt man auch unschwer Kieślowskis Einfluss in Paul Hag-

373 Julian Schnabels SCHMETTERLING UND TAUCHERGLOCKE: Spiegelungen und Projektionen

gis' Gesellschaftspanorama CRASH (L. A. CRASH, USA/D 2005). Der Episodenfilm beginnt mit einem Autounfall, an dem ein Polizist beteiligt war, und zeichnet in mehreren Alltagsbeispielen einen multikulturellen und ethnischen Querschnitt durch die US-amerikanische Gesellschaft nach. Überraschende Schicksalsschläge der Figuren, Zeichen und Wunder, pflastern ihren steinigen Weg. Etliche Zufälle und kleine Mysterien des Alltags halten die Erzählstruktur des Films für metaphysische Aspekte offen.

Wie Haggis viel gelobte, aber wenig einträgliche Arbeit ist auch die Filmbiographie LE SCAPHANDRE ET LE PAPILLON (SCHMETTERLING UND TAUCHERGLOCKE, F/USA 2007) von Julian Schnabel im Bereich des amerikanischen Autorenkinos anzusiedeln. Die Geschichte eines Chefredakteurs, der nach einem Schlaganfall bis auf das linke Augenlid am ganzen Körper gelähmt ist, geistig aber ohne Einschränkungen alles wahrnehmen kann, was um ihn passiert, spielt mit viel abgeklärtem Humor die Situation eines existenziellen Schicksalsschlags durch: Der in seinem Körper eingeschlossene Journalist kann nur mittels einer aufwendigen Methode kommunizieren und nutzt die Situation, um ein Buch zu schreiben, in dem er sich mit sich selbst

IX. Epigonen oder Erben

374–375 Milcho Manchevskis BEFORE THE RAIN: «die Zeit stirbt nie, der Kreis ist nicht rund» und der Regen danach

und seinem Umfeld kritisch auseinandersetzt. Nur seine Kreativität und Erinnerungen sind ihm geblieben. Am Ende der Bilanz steht die Erkenntnis der eigenen Unzulänglichkeit. Nicht nur das existentielle Thema rückt den Film in die Nähe von Kieślowskis Werk. Besonders in der ersten Hälfte der Handlung werden auch unzählige optische Dispositive eingesetzt, um die filmischen Möglichkeiten des Vordringens ins Innere eines Individuums, hinter die Kulissen des äußeren Da-Seins, zu eruieren. Ein Kieślowski-Thema par excellence (s. S. 271, Abb. 42).

Ein Jahr nach dem Hauptpreis ex aequo für Robert Altman (SHORT CUTS) und Kieślowski (DREI FARBEN: BLAU) gewann in Venedig Milcho Manchevski den Goldenen Löwen mit seinem Erstlingswerk BEFORE THE RAIN (GB/F/MK 1994), das ihn als einen der interessantesten europäischen Regisseure seiner Generation auswies. London und die labile politische Situation in Mazedonien bilden den Hintergrund für drei miteinander verwobene Liebesgeschichten, deren Hauptakteure ein junger Mönch, eine engagierte Bildredakteurin und ein desillusionierter Kriegsfotograf sind. In drei Episoden, die durch die Personen und Ereignisse miteinander verbunden sind, erforscht der Film die unbarmherzige Natur des Krieges, der alle in den Abgrund zieht. Drei in sich selbständige Geschichten, die sich retrospektiv zu einem Ganzen fügen – als eine Geschichte in drei Teilen mit vorangestellten Kapitelüberschriften «Words», «Faces» und «Pictures»: «Words» steht für die verbalen und interkulturellen Verständigungsbarrieren; «Faces» für die geschundenen Gesichter des Krieges, wie man sie aus den Fotos der Kriegsberichterstatter kennt; «Pictures» für die Fotoserie einer Exekution und somit die mehr als ambivalente Rolle der Medien im Krieg – Krieg in Medien zwischen Aufklärung, Instrumentalisierung und Auflage.

Der visuell und narrativ innovative Ansatz von BEFORE THE RAIN lässt Manchevski als einen veritablen Nachfolger des optimistischen Fatalisten Kieślowski erscheinen. Das Motto des Films im Prolog, «Die Zeit stirbt nie. Der Kreis ist nicht rund», steht für seinen zentralen Topos: die Entscheidungskonflikte auf Leben und Tod; die Notwendigkeit, in existentiell ausweglosen Situationen Stellung für eine Seite zu beziehen. Es wiederholt sich in abgewandelter Form im Epilog, womit zumindest auf der Ebene der Erzählstruktur die tödliche Spirale der Gewalt durchbrochen wird: Erst im Epilog wird ersichtlich, dass das tragische Ende der dritten der Anfang der ersten Episode ist und die Chronologie der Geschichte, die erzählte Zeit, in der Mitte, mit der zweiten Episode in London beginnt. Letztlich bleiben alle Fragen offen und die Suche nach Antworten dem Zuschauer überlassen.

Fotos spielen dabei in BEFORE THE RAIN eine Schlüsselrolle, eingesetzt wie bei Kieślowski als Embleme des Unfasslichen, die den Tod kodieren und die entscheidende Wendung der Handlung herbeiführen. Während der Tod den Sieg der Zeit impliziert, stehen Fotos für die Fixierung und Auslöschung menschlicher Existenz – sie sind festgehaltene Zeit, die im Moment der Aufnahme noch andere Optionen mit enthielt. Neben Fotos übernehmen einen ähnlichen Diskurs in Manchevskis nächstem Film, DUST (MK/GB 2001), Filmausschnitte, die in einem Pariser Kino um 1912 gezeigt werden. Es ist die Zeit der Balkankriege und der beginnenden Kino-Wochenschauen. Auf zwei Zeitebenen, in der Gegenwart in New York und zur Zeit der Balkankriege in Mazedonien, erzählt der Film in einer episodisch und zeitlich verschachtelten Handlung zwei Parallelgeschichten. Die Geschichte zweier Brüder, die in das von Ottomanen kontrollierte Mazedonien reisen und sich in eine Frau verlieben, ist als ein Western angelegt. Sie wendet die Genremuster wie auch ihren medialen Diskurs auf die stark determinierte Geschichte Balkans im 20. Jahrhundert an. Die finale Schlachtszene in DUST ist ein Zitat aus Sam Peckinpah's THE WILD BUNCH (USA 1969). Der «metaphysische» Thriller BONES (SHADOWS, MK/D/I 2007), der Reminiszenzen an OHNE ENDE hervorruft, und der Episodenfilm MAJKI (MOTHERS, MK 2010), in dem es anhand drei

376–377 Milcho Manchevskis BEFORE THE RAIN: die Fotoredakteurin und Bilder des Todes, die die Zeit überbrücken

14 Umgekehrt lässt sich auch ein Einfluss von BEFORE THE RAIN im zweiten Teil der hinterlassenen Trilogie *Paradies-Fegefeuer-Hölle* von Kieślowski und Piesiewicz feststellen. Außer der Thematik der Balkankriege der 1990er-Jahre, den Lokalitäten und dem Metier der Kriegsfotografen fällt in *Fegefeuer* als Analogie der ethische Diskurs über die ambivalente Rolle der Medien im Krieg und die individuelle Verantwortung der Kriegsberichterstatter auf, so dass *Fegefeuer* sich wie eine Fortführung und Vertiefung des in BEFORE THE RAIN angelegten Diskurses ausnimmt.

disparater Geschichten zwischen Wirklichkeit und Fiktion um die Frage nach der Wahrheit geht, bestätigen die Wahlverwandtschaft Manchevskis mit Kieślowski. Beide Filme bewegen sich weitab konventioneller Erzählstrukturen. Der mediale Diskurs in MOTHERS aber verwischt die narrativen Grenzen zwischen Fiktion und Realität und legt die manipulativen Mechanismen der Realitätsabbildung in einer allseits mediatisierten Öffentlichkeit frei.

Indem Milcho Manchevski seinen Helden Potenzialitäten in und vor allem hinter der dargestellten Wirklichkeit durch den Bedeutungsüberschuss und eine zeitlich versetzte (A)Chronologie offen hält, teilt er mit Kieślowski dessen Fatalismus, der Unausweichlichkeit der Existenz nur auf der ästhetischen Ebene begegnen zu können. Kein Wunder, dass Piesiewicz das letzte gemeinsame Drehbuch *Raj*[14] auf Vermittlung von

Zbigniew Preisner Manchevski zukommen ließ, um die Möglichkeit einer Verfilmung in Italien zu eruieren. Ein Projekt[15], das dann letztlich als ein gemeinsames Unternehmen der Produktionsfirmen «Miramax», «Noé» und «X-Filme» von Tom Tykwer realisiert wurde.

«Witek rennt» oder der Meister und sein Zauberlehrling

Tom Tykwer ist «Kieślowski light» – diese provokante These könnte das Dilemma ausdrücken, einzuschätzen, ob es sich bei dem Wunderkind des deutschen Films um einen Epigonen oder Erben des polnischen Meisterspielers des Zufalls handele. Die Bezüge zu Kieślowski in seinen Filmen sind so vielfältig, dass trotz ihrer ästhetischen Eigenheiten die Beantwortung dieser Frage eigentlich nicht notwendig ist. Zumal spätestens seit dem Kinoerfolg LOLA RENNT (D 1998) neben der Zeit vor allem der Zufall in Tykwers Filmen als hervorstechendes Merkmal auffällt. In DIE TÖDLICHE MARIA (1993) war ein absurder, grotesker Realismus Voraussetzung für eine Erzählung, die ins Wunderbare und Märchenhafte fortschreitet, sobald zwei Menschen sich verlieben, was Tykwer Vergleiche mit David Lynchs Phantasmagorien eingebracht hatte. Dabei spielten ähnlich wie bei Kieślowski magische Gegenstände, in suggestiven Nahaufnahmen ins Blickfeld gerückt, dramaturgisch eine große Rolle, spiegelten sie doch die seelischen Befindlichkeiten der weiblichen Hauptfigur.

Bereits in dem eindringlichen Liebes- und Beziehungsdrama WINTERSCHLÄFER (D 1996), das zwischen Thriller und Psychogramm oszilliert, führt der Zufall Regie und schafft im Verlauf der Handlung bizarre Konstellationen: Ein Figuren-Quartett trifft zufällig in einer eingeschneiten Villa aufeinander, die zum Kristallisationspunkt für die existentiellen Katastrophen im Leben der Protagonisten wird. Seltsame Unfälle und sonderbare Krankheiten säumen ihren Weg, Verlust und Lebensangst, Tod und Neuanfang bestimmen ihren Erfahrungshorizont, lassen die Beziehung eines Paares an der Unfähigkeit, wirklich miteinander zu kommunizieren, scheitern, und ein anderes Paar zueinander finden. Einer der Protagonisten hält seinen Alltag in Fotos fest, da er als Folge eines Autounfalls an Amnesie leidet und sich an gar nichts erinnern kann. Somit werden Erinnerung und Tod im Motiv der Fotos miteinander verschränkt. Nicht nur, dass Tykwer hier geschickt Rätselhaftigkeiten in die Handlung streut und die kurzen Dialoge oft durch Musik ersetzt; der Film entfaltet in dichten Parallelmontagen und intensiven Cinemascope-Aufnahmen auch einen rauschhaften, zuweilen schwindelerregenden Bildersog. Die Figuren werden durch präzise Details eingeführt und durch eine Farbdramaturgie (Marco trägt immer blau, Rebecca rot, Laura grün, und René ist der Mann in Schwarz) exemplarisch zu Vertretern einer Generation überhöht. Ähnlich wie in DREI FARBEN: BLAU setzt Tykwer an den Anfang seines Films einen Autounfall, der zum Tod eines kleinen Mädchens führt, und lässt WINTERSCHLÄFER durch ein Neugeborenes im Schlussbild mit einer vagen Hoffnung ausklingen. Das Gruppenporträt stellt den Versuch dar, «den Orientierungsverlust einer radikalen Individualisierung zu thematisieren»[16].

Das ungewöhnliche Filmexperiment LOLA RENNT ließe sich sogar als eine explizite Studie über das Zufallsprinzip auffassen. Was in WINTERSCHLÄFER noch als bloßer Verdacht im

---

15 Vgl. die Ergebnisse der Recherchen zum Thema in: Kronauer, Iris /Tängerstad, Erik: *Beholding Eyes. Before the Rain and Dust. Production and Perception*, Museum of Contemporary Art, Skopje 2006 (ungedrucktes Manuskript).

16 Lederle, Josef: Winterschläfer. In: *film-dienst* 21/1997, S. 25.

Raum schwebte, wird hier zur Gewissheit, da Tykwers Anleihen bei der viel gelobten episodischen Konstruktion des Films evident sind: LOLA RENNT ist ein multimediales Remake für die Techno- und Internet-Generation von DER ZUFALL MÖGLICHERWEISE, sozusagen Kieślowskis «Witek rennt». In drei Variationen entfesselt der Film formal wie inhaltlich ein Spiel mit Zeit und Zufall, das in seiner beinahe mathematischen Präzision einem Uhrwerk mit sichtbarer Mechanik gleicht: Lola muss innerhalb von 20 Minuten 100.000 DM beschaffen, da ihr Freund Manni das Geld aus einem Autoschieber-Geschäft in der U-Bahn hat liegen lassen müssen, um bei einer Fahrkarten-Kontrolle nicht aufzufallen. Ein Penner, der in allen Episoden wie Kieślowskis Greisinnen am Flaschencontainer auftaucht, hat die Plastiktüte mitgehen lassen. Folglich rennt Lola durchs Berlin, um zu verhindern, dass Manni von seinen kriminellen Auftraggebern zur Verantwortung gezogen wird. In der ersten Variante kommt sie zu spät zum Treffpunkt und stirbt im Kugelfeuer der Polizei, weil Manni in seiner Verzweiflung einen Supermarkt überfallen hat. In der zweiten Variante beschafft Lola zwar das Geld, Manni wird aber ausgerechnet von einem Rettungswagen überfahren. In der dritten Variante gewinnt Lola die Summe in einer Spielbank. Auch Manni kann dem Penner die Tüte abjagen und die Schulden begleichen. So bleiben beiden noch 100.000 DM übrig.

Das Hauptmotiv des Rennens ist die tragende Idee beider Filme: Bei Kieślowski hinter einem Zug als Metapher für die Kontingenz der menschlichen Existenz; bei Tykwer buchstäblich dem Geld hinterher. Kieślowski schickt seinen Helden in einem Rondo durch drei Lebensvarianten, jedes Mal nach dem Zufallsprinzip mit einem anderen Ausgang der Geschichte. Die magere «Comic Strip»-Story dient Tykwer lediglich

---

17 Hans Schifferle in: *epdFilm* 8/1998, S. 35.

als Vorwand, um ein wahres Feuerwerk visueller Kunstgriffe und bravouröser Filmtricks zu entfachen: rasante Kamerafahrten, fetzige Schnittfolgen, Jump cuts, Split-Screen-Technik, wechselnde Realitätsebenen in diversen Formaten vom Filmbild über Animation bis Video. Hinzu kommen Comedy- und Slapstick-Einlagen, Running Gags oder kokette Fußballverweise, angereichert mit Thomas S. Eliots Aphoristik. In der Exposition mit einer Totalen aus der Vogelperspektive wird mit einer Gruppe wahllos zusammengewürfelter Menschen Programmatisches vorgegeben: eine Synthese aus effektvoller Spielerei und ironisch gebrochener Reflexion, die sich in Phrasen vom «Menschen» als «einem Mysterium offener Fragen» erschöpft. Wirken hier bestimmte Bilderfolgen wie verfilmte Storyboards, vergisst Tykwer über all den Effekten und Spielereien zuweilen seine Charaktere, so mutet sein (dekonstruierendes) Erzählen von Möglichkeiten letztlich wie vom Reißbrett an.

Tykwer müht sich nach Kräften, sein «Internet der Schicksale» und «Panorama der Chancen»[17] in eine Erzählstruktur zu fassen, die die möglichen Lebensgeschichten von all den Großstadtmenschen, denen Lola zufällig im Vorbeilaufen begegnet, vernetzen würde. Exemplarisch dafür sind die Fotoserien mit kompakten Lebensläufen, die hier die Love Story verallgemeinern helfen sollen: Zufall, Notwendigkeit und individuelle Willensakte im Leben einer Großstadt. Die «universalistische» Formel entpuppt sich jedoch schnell als Oberflächenspiel, was besonders deutlich im Vergleich zum nachgeahmten Original wird. Kieślowski entwickelte von der gleichen Grundsituation aus drei alternative Biografien für seine Hauptfigur. Tykwer behält nicht nur die Grundkonstellation, sondern auch alle wesentlichen Komponenten des Handlungsablaufs bei: In allen drei Episoden muss in 20 Minuten eine Geldsumme beschafft werden, was entweder mit Gewalt oder mit Glück gelingt.

IX. Epigonen oder Erben

378 Danis Tanovićs L'ENFER (WIE IN DER HÖLLE). Zitate aus Kieślowskis Filmen: das Nest

Der Reiz der Geschichte besteht also darin, nur die Variationen und Spiegelungen, Verschiebungen und Wiederholungen wahrzunehmen, führt aber durch die allzu repetitive Struktur schnell zu Abnutzungserscheinungen. Was auf den ersten Blick vorgibt, ein Experiment zu sein, läuft Gefahr, dem Gag verhaftet zu bleiben. Zumal auch das harmonisierende Happy-End – nicht nur Mannis Problem wird gelöst, dem Paar bleibt auch Lolas Gewinn – nicht gerade dazu beiträgt, weitergehende Denkanstöße auszulösen.

Auch in Tykwers Film DER KRIEGER UND DIE KAISERIN (D 2000) dreht sich alles um den Zufall: Die Handlung beginnt abermals mit einem Autounfall, den die Heldin auf wundersame Weise überlebt und der sie zufällig mit einem Mann zusammenführt, in den sie sich verlieben wird. Der Film gleicht einer Versuchsanordnung über die Liebe und bemüht sich zugleich, dem Geheimnis und den Prinzipien des Schicksals auf die Spur zu kommen. Einige Bilderfolgen mit narrativem Charakter rufen zwangsläufig Reminiszenzen an die visuellen Kunstfertigkeiten der DREI FARBEN hervor: Etwa die Einleitung, wenn die Kamera mit einem Brief auf verschlungenen Wegen von einem Briefkasten in der Ferne, in dem sie verschwindet und durch Sortier- und Frankiermaschinen rast, bis zu Sissi nach Wuppertal gelangt. Eine Sequenz, die in ihrer verspielten Perfektion an die programmatische Ouvertüre im Prolog von ROT erinnert. Tauchte die Kamera bei Kieślowski in das unterirdische Gewirr von Kabeln und Schächten ein, so tut sie das bei Tykwer, als Sissi den Brief ihrer Freundin beantwortet, indem sie dank perfekter Digitaltechnik in die labyrinthischen Windungen einer Muschel eindringt. «Spätestens in dieser virtuosen Sequenz erschließt sich das Programm des Films, erweisen sich Tykwers Motivkomplexe Spiel, Illusion und Magie als autonome Größen im Koordinatensystem aus Zufall und Schicksal.»[18] DER KRIEGER UND DIE KAISERIN ist eben nicht nur fulminantes Gefühlskino, sondern vor allem Zitatkino, bei dem man fortwährend an die filmischen Fabeln von Kieślowski denken muss und zum Schluss an Jean Cocteaus ORPHÉE.

Mit HEAVEN verfügt Tykwer mittlerweile auch über eine Verfilmung des letzten Drehbuchs von Krzysztof Kieślowski, das der emeritierte Filmemacher noch vor seinem Tod fertig gestellt hat. Es ist der erste Filmstoff, den Tykwer nicht selbst geschrieben hat. Die internationale Co-Produktion mit Cate Blanchett und Giovanni Ribisi in den Hauptrollen, ist der erste Teil der von Kieślowski und Piesiewicz konzipierten Trilogie *Paradies. Fegefeuer. Hölle*, an der die Rechte die französische Produktionsfirma «Noé» hält. Das Hollywood-Studio «Miramax», die Film-

---

18 Koll, Horst Peter: Der Krieger und die Kaiserin. In: *film-dienst* 21/2000, S. 33.

stiftung NRW, die Filmförderung und «X-Filme creative pool» saßen mit im Boot bei der 13 Millionen Dollar teuren Produktion. Die Frage, ob Tykwer Epigone oder Erbe Kieślowskis sei, stellt sich aber nicht mehr. Seine folgenden Produktionen, die Süskind-Verfilmung Das Parfum (D/F/E/USA 2006), ein von Bernd Eichinger produzierter und mitgeschriebener Kostümfilm, der US-Politthriller The International (USA, D, UK 2009), realisiert auf der Grundlage eines fremden Drehbuchs mit Starbesetzung, und die 100-Millionen-Dollar-Leistungsshow Cloud Atlas (D/USA/Hongkong/Singapur 2012), mit Tykwer als Co-Regisseur und Co-Drehbuchautor von Lana und Andy Wachowski waren insgesamt disparate Auftrags- oder Teamarbeiten mit hohen Schau- und Kassenwerten.

Von den zwei weiteren Drehbüchern der posthumen Trilogie *Paradies / Fegefeuer / Hölle* wurde bis heute nur noch *Hölle* 2005 von Danis Tanović unter dem Titel L'enfer (Wie in der Hölle, F/I/B/J 2005) in Frankreich realisiert. Der Oscar-Preisträger, bekannt durch seine Kriegssatire No Man's Land (BIH/SLO/GB/I/F/B 2001, Oscar für den besten ausländischen Film, Golden Globe), die in Cannes mit einer Goldenen Palme für das Drehbuch preisgekrönt wurde, verblüffte dabei mit einer Adaption, die sich nicht nur sklavisch an das Drehbuch von Piesiewicz und seiner Assistentin Agnieszka Lipiec-Wróblewska hält, sondern auch formal und durch visuelle Zitate augenfällige Anleihen bei Kieślowski macht. Wie schon bei No Man's Land verantwortete die Produktion Cédomir Kolar, der die Verfilmungsrechte für die ganze Trilogie für seine französische Firma «Noé» Produktion erwarb. Man kann natürlich die Praxis des Zitats wie der bosnische Regisseur als eine Kieślowski-Hommage deklarieren.

Ob dabei Respekt oder Glaube an fertige Erfolgsrezepte im Spiel waren, sei dahin gestellt. Es grenzt aber schon an Einfallslosigkeit, mit

379–380 Danis Tanovićs Wie in der Hölle. Zitate aus Kieślowskis Filmen: Hörsaal aus Dekalog 1 und 8 und der Blick durch ein rundes Fenster wie beim «Julies Gastauftritt im Gericht» aus Blau

welcher Aufdringlichkeit Tanović in Wie in der Hölle die visuellen Embleme und Motive des Polen ins Feld führt: Das Vogelnest in dem Vorspann und der ersten Einstellung des Films erinnert an das Mäusenest in der Abstellkammer von Blau; Emmanuelle Béart, die eine Wohnpflanze «massakriert», an Krystyna Janda in Dekalog 2, die ihre Pflanze auf der Fensterbank «umbringt» (s. S. 264, Abb. 20). Ihr Mann ist Fotograf und die ganzen Wände in seinem Studio sind mit Fotoserien behängt. Während der väterliche Liebhaber der jüngsten Schwester eine Vorlesung über Zufall, Vorsehung und Tod hält, ist man sofort versucht, an die Vorlesungen über Entscheidungskonflikte der Ethik-Professorin im Dekalog 8 zu denken, wie überhaupt dieser Strang eine Verkehrung der Liebeskonstellation nach Geschlechtern aus Ein kurzer Film über die Liebe darbietet. Mehrere Kieślowski-Motive werden repetiert:

Milch, eingegossen in ein Glas; Hüpf- und Fingerspiel Himmel-und-Hölle als Hickelkasten auf

IX. Epigonen oder Erben

381–382 Danis Tanovićs WIE IN DER HÖLLE. Zitate aus Kieślowskis Filmen: die Greisin am Flaschencontainer aus der Trilogie und der «Baum des Lebens» aus DIE ZWEI LEBEN DER VERONIKA

383–384 Danis Tanovićs WIE IN DER HÖLLE. Spiel- und Illusionsmotive: Hickelkasten-Spiel und ein Kaleidoskop aus Tischen in einer Totalen von oben

385–386 Danis Tanovićs WIE IN DER HÖLLE. Zitate aus Kieślowskis Filmen: Fotos an der Wand und die «umgebrachte» Pflanze aus DEKALOG 2

dem Bürgersteig und als Kaleidozyklus im Vorspann; optische Instrumente wie ein Teleskop/ Fernrohr und Kaleidoskop; Spiegel, Fensterscheiben, Vitrage-Kachelglaswände, reflektierende Zugfenster; die Greisin mit einer Flasche, die sie alleine im Container entsorgt; Véronique's Berührung des Baumstamms; die sich aus dem Glas befreiende Biene aus DEKALOG 2. Die Farbgebung changiert zwischen dem Goldgelb der Vorsehung aus DIE ZWEI LEBEN DER VERONIKA, dem warmen Rot aus DREI FARBEN: ROT und dem kalten Blau aus DREI FARBEN: BLAU und Grün aus EIN KURZER FILM ÜBER DAS TÖTEN bis hin zum knalligen Weiß der Arztpraxis (s. S. 272, Abb. 43–45). Ein französisches Starkino und ein Kieślowski-Festival mit der kokett kryptischen Widmung im Nachspann «à K. K.». Zumindest bei dieser «Noé»-Produktion war ein Epigone am Werk.

Exkurs: **Tom Tykwers Heaven und Kieślowskis Drehbuch-Vorlage**[19]

Heaven ist der erste Teil einer Trilogie, zu der die Idee vor der Fertigstellung der Drei Farben Krzysztof Piesiewicz hatte. 1993 schlug er in Paris Kieślowski die Arbeit an einem neuen Zyklus vor: *Paradies. Fegefeuer. Hölle*. Ein Triptychon mit Anklängen an Dantes *Die göttliche Komödie*, das wie sein Vorgänger einer spiegelverkehrten Dramaturgie gehorcht. Trotz anfänglicher Ablehnung Kieślowskis beendeten sie im Juli 1995 die Niederschrift der Filmnovelle von *Paradies*. Ende August ereilte Piesiewicz im Urlaub die Nachricht vom schweren Herzinfarkt des Freundes. Als Kieślowski am 13. März 1996 starb, bedeutete es ein Aus für das Vorhaben. «Ich hatte das Gefühl, dass das Buch an Themen anknüpft, die ich in meinen bisherigen Filmen aufgegriffen hatte», so Tykwer zum von Piesiewicz ausgearbeiteten und von ihm später umgearbeiteten Drehbuch – der Vorlage für seine erste internationale Co-Produktion.[20] Alle Themen von ihm finden sich darin: Schicksal, Zufall, Verzweiflung, Erlösung durch den Glauben an die Liebe. Traumatische Ereignisse helfen am Anfang der ursprünglichen Filmnovelle die Atmosphäre stark zu definieren: Eine Englischlehrerin will einen Drogenboss beseitigen, der beste Kontakte zu den Organen der Staatsmacht in Turin unterhält, weil sie ihn für den Tod ihres drogenabhängigen Mannes und einer Schülerin verantwortlich macht. Stattdessen reißt sie vier unschuldige Menschen in den Tod.

Bei dieser Gelegenheit gab Tykwer bekannt, sich «eine schwere Bürde» aufgeladen zu haben, da Kieślowski ein Regisseur sei, der ihn «sein ganzes Leben lang begleitet»[21] habe. Außer der Eliminierung wiederkehrender Motive, die einzelne Teile der gesamten Trilogie miteinander verzahnen würden, hat Tykwer scheinbar nur unwesentliche Veränderungen am Drehbuch vorgenommen. Allerdings hat er im Prolog eine Hubschrauber-Flugsimulation am Computer hinzugefügt, die den vertikalen Höhenflug in einem Polizei-Helikopter, die finale «Himmelfahrt», vorwegnimmt. Obwohl er sich an die Vorlage hält, sie beinahe Szene nach Szene abfilmt, hat er deren Geist völlig abgewandelt, aus einem sozialkritischen Thriller und Psychodrama mit philosophisch-metaphysischen Bezügen ein Kino-Märchen vor der bukolischen Sommerlandschaft Toskanas gemacht. Natürlich kann man in solchen Fällen keine posthume Fortschreibung abgebrochener Werkbiografien erwarten. Imitate sind dann meistens das Resultat. Keine Testamentvollstreckung schwebte folgerichtig auch Tykwer vor, der dem Stoff seine eigene Handschrift aufdrücken wollte, was ihm durchaus gelungen ist. Für die fatalen Verstrickungen der Figuren, das eindringliche Drama über Schuld und Kraft der Liebe, bieten ihm einmal mehr gedankliche und visuelle Konstruktionen des Kinos einen Ausweg. Der Film bricht

---

19 Dieser Text geht zurück auf meine Besprechung von Heaven (*Schuld und ihre Erlösung durch Liebe. Heaven nach Kieślowski von Tom Tykwer*) in: *Neue Zürcher Zeitung* Nr. 129, v. 07.06.2002.

20 Vgl. hierzu auch die Artikel von Margarete Wach: Wie der Kieslowski in den Tykwer geriet - oder umgekehrt. So entstand das Drehbuch von Heaven. In: *Die Welt* v. 21. 02.2002, S. 26. Schuld und ihre Erlösung durch Liebe. Heaven nach Kieślowski von Tom Tykwer. In: *Neue Zürcher Zeitung* Nr. 129, v. 07.06.2002, S. 64. Von «Raj» zu Heaven – Krzysztof Kieslowski und Tom Tykwer oder Meister und Zauberlehrling. In: *Screenshot*, 5. Jahrgang, Heft Nr. 18 «Jenseits von Körper und Identität: Der neue Mensch», 02/2002, S. 8–9. Tom Tykwer: Heaven. In: *film-dienst* 04/2002, S. 30–31. Kino: Heaven (Tom Tykwer). In: *Neue Zürcher Zeitung* Nr. 128, vom 06.06.2002.

21 Vgl. Rahayel, Oliver: Tykwer&Kieslowski. In: *film-dienst* 18/2000, S. 5.

IX. Epigonen oder Erben

387–388 Tom Tykwers HEAVEN: Flugsimulator und der Flug im hellen Himmel

ambivalente Konstellation, ein Bombenattentat, bei dem der Zufall seltsame Kapriolen schlägt, als dramaturgisches Vehikel einer ethischen Reflexion – dies wiederum ein Stilprinzip Kieślowskis –, in deren Mittelpunkt Menschen in einer extremen Situation stehen.

Jenes psychologisch-dramatische Konfliktpotenzial, das die Charaktere in eine Spirale rigoroser Entscheidungen zieht, sich zugleich aus deren moralischem Impetus speist, verflüchtigt sich mitsamt der Passage im Polizeispeicher, wohin der junge Carabinieri zuerst die moralische Mörderin aus ihrer Gefangenschaft rettet. In dem Refugium spielt sich vielleicht die schönste Sequenz des Drehbuchs ab, das alles motivierende Herzstück der Handlung. Von den abgedrehten 20 Minuten blieb im Film kaum etwas übrig, aus einem Dreiakter wurde ein Zweiakter, geschuldet einer Reduktion, der nach Testvor-

389–390 Tom Tykwers HEAVEN: das fliehende Liebespaar und die Liebesszene

dennoch in zwei Teile, die nicht recht zusammen passen wollen.

Nach der Flucht des ungleichen Paares in die Toskana, einer Terroristin und eines Polizisten als engelähnlichen Gestalten, deren Liebe eine transzendente Dimension erreicht, vollzieht sich ein Mysterium. Tykwer glaubt, im Gegensatz zu Kieślowskis Drehbuch auf psychologische Motivation verzichten zu können – zugunsten eines komprimierten Handlungsablaufs und eines ekstatischen Bilderflusses, der die Zuschauer vor allem bezaubern will. Sein magisches Liebeskonzept, bei dem die Konturen der Figuren zu verschwimmen drohen, der Raum zur Entfaltung der Emotionen eng bemessen ist, kann dadurch keine zwingende Evidenz gewinnen. Zudem entkommen seine Protagonisten dem Teufelskreis aus Korruption und Gewalt – typisch Tykwer – in mythische Sphären. Gedacht war aber die führungen in Amerika diese Schlüsselszenen zum Opfer gefallen sind, laut Regisseur und seiner Cutterin Mathilde Bonnefoy. Hätte Tykwer sie freilich beibehalten, könnten der Thriller und das Psychodrama auch nicht in ein Kino-Märchen fortschreiten. Ein Tykwerscher Eskapismus, der aus HEAVEN einen Zwilling von DER KRIEGER UND DIE KAISERIN macht. Nun obliegt es dem männlichen Part der Story, die desparate Heldin im doppelten Wortsinn zu erretten.

Erhellend ist in diesem Kontext der Weg des Drehbuchs in Tykwers Hände: Auf die Initiative der Produktionsfirma «Noé», der Rechteinhaberin, nahm der amerikanische Verleiher und erklärter Fan Kieślowskis, «Miramax»-Chef Harvey Weinstein, das Projekt unter seine Fittiche und bot es Anthony Minghella an. Bei dem «radikalen Stoff» sah sich der Brite eher in der Rolle eines Geburtshelfers, zusammen mit Sidney Pollack, der die 13 Millionen Dollar teure Produktion als Co-Produzent und Schnitt-Berater betreute. Die vielfältigen Schnittstellen mit und Bezüge zu Kieślowski im Werk Tykwers legten die Spekulation nahe, bei dem Wunderkind des deutschen Kinos würde es sich möglicherweise um einen Erben des polnischen Meisterspielers des Zufalls handeln. Zumal spätestens seit dem Kinoerfolg von LOLA RENNT, der Weinstein beim «Sundance»-Festival beeindruckte, der Zufall das signifikanteste Merkmal seiner Filme blieb. Kieślowskis Motivkomplexe Spiel, Illusion und Magie sollten sich auch als Elemente erweisen, die der Zauberlehrling Tykwer in einem Koordinatensystem aus Zufall und Notwendigkeit zu entfesseln vermag. Weinsteins Regie-Wahl und Tykwers Bereitschaft, den ersten nicht eigenen Stoff nach einer Vorlage von Kieślowski und Piesiewicz zu realisieren, dürften daher kein Zufall gewesen sein.

Zeitgenossen: Apokalyptiker und Weltverbesserer
Rezeptionsästhetik in komparatistischer Perspektive – zwei Exkurse

Exkurs I: Zufallskombinationen im offenen Netz der Lebenswege[22]
Das episodische Erzählprinzip bei Robert Altman und Kieślowski

«Mir gefällt es einfach, nicht nur linear zu erzählen. Ich möchte dem Zuschauer kein Fertigmenü servieren, sondern ihm die Möglichkeit geben, seine eigene Imagination einzusetzen, seine Kreativität zu benutzen.»[23]

– Robert Altman

Imitationen des Lebens

SHORT CUTS (USA 1993), die «Abkürzungen» im Lebensgeflecht ausgedehnter US-Vorstädte, die filmische Sinfonie der kurzen Einstellungen in «Altmansville», gehören zu dem Originellsten, was das amerikanische Kino der 1990er-Jahre zu bieten hatte. Nach seinem grandiosen Comeback mit THE PLAYER (USA 1991), einer bissigen Hollywood-Satire, veredelt durch Gastauftritte von etwa 70 Hollywood-Stars, die auf einer Party sich selbst spielen, glänzte Robert Altman im Alter von 68 Jahren abermals mit einem kunstvoll montierten Panorama der amerikanischen Gesellschaft. Einem dreistündigen Bilderbogen verstörter Charaktere aus einem guten Dutzend *short stories* von Raymond Carver, die hinter den banalen Alltagsepisoden die Abgründe des amerikanischen «*everyday life*», die zerrütteten Beziehun-

22 Dieser Exkurs ist eine umgearbeitete und stark gekürzte Variante meines Aufsatzes: *Zufallskombinationen im offenen Netz der Lebenswege. Das episodische Erzählprinzip in* SHORT CUTS *und die Folgen*. In: Klein, Thomas / Koebner, Thomas (Hg.): *Robert Altman. Abschied vom Mythos Amerika.* Mainz: Bender 2006, S. 78–105.

23 Sinn und Wertkrisen. Gespräch mit Robert Altman von Margret Köhler, in: *film-dienst* 26/1993, S. 9.

gen in Wohnmobil, Penthouse und Eigenheim offenbaren. Verknüpft zu einem dichten Netz nebeneinander und ineinander verschachtelt ablaufender Handlungen, fügen sich die Momentaufnahmen zu einem pessimistischen Kaleidoskop der US-Wirklichkeit zusammen. Pessimistisch nicht zuletzt, da Altman das Leben und Treiben einer Vielzahl unterschiedlicher Großstädter in Los Angeles für seine Zustandsbeschreibung eines katastrophischen Lebensgefühls nutzt, dessen Vorboten den erzählerischen Rahmen des Films markieren: Wenn zum Auftakt in Anspielung auf die Ikonografie der Vietnam-Kriegsfilme eine Hubschrauber-Armada, riesigen Insekten gleich, Pestizide über der Metropole versprüht, und am Ende ein Erdbeben die Stadt der Engel heimsucht, ohne jedoch eine spürbare Veränderung zu zeitigen, wirken die herumwuselnden Einwohner dieser Americana-Bastion kalifornischen Zuschnitts selbst wie eine Insektenplage, beobachtet durch ein Mikroskop. Dazwischen spielen sich in einer Welt voller Gemeinheiten und Unzulänglichkeiten vier Tage lang Geschichten ab, in denen Ratlosigkeit und Verzweiflung, Skurrilität und Tragik, Lebenslüge und Trauer einander ablösen. Auf den Schlachtfeldern der Suburbia werden immerfort Stellungen in den Grabenkämpfen bezogen, die diverse Kleinfamilien und Paare mit- und gegeneinander austragen: Eifersucht und Egoismus, Indolenz und Selbstgefälligkeit, Unterwürfigkeit und Entfremdung regieren in diesem von Angst und Frustrationen beherrschten Sodom und Gomorra. Die Stadtbewohner scheinen sich längst mit der Katastrophe arrangiert zu haben, ob im Zeichen der äußeren Bedrohung durch Naturgewalten oder ihrer privaten Desaster, für die das Erdbeben nur eine allzu offensichtliche Metapher ist. Die apokalyptische Gesellschaftsdiagnose enthält sich jedoch jedweder Wertung, ohne der Beliebigkeit das Wort zu reden. In seiner distanzierten, unsentimentalen Anteilnahme entlässt der Film den Zuschauer aus diesem erbarmungslosen Mikrokosmos, der bis zum Schluss unberechenbar und ambivalent bleibt, ohne ein Glücksversprechen, dem das Beobachten der unleugbaren Realität entgegengesetzt wird. Statt einer durchlaufenden Story gibt es «nur» die Beschreibung unterschiedlicher Situationen: «Imitation of Life» nennt Altmann diese fragmentarische Erzählweise, seine Methode, mit den Mitteln des Kinos sich dem wirklichen Leben in all seiner Kontingenz und Unübersichtlichkeit zu nähern. Als Regisseur versucht er lediglich, «die Essenz des Lebens nachzubilden, indem er die versprengten Atome der Wirklichkeit zu neuen, komplexeren Ordnungen zusammenbindet.»[24]

Ein interaktives Kino

Bei den Filmfestspielen in Venedig erhielt Robert Altman für SHORT CUTS 1993 den Goldenen Löwen für den besten Film – ex aequo mit Krzysztof Kieślowskis DREI FARBEN: BLAU. Der Veteran des «New Hollywood»-Kinos, das sich Ende der 1960er- und Anfang der 1970er-Jahre kritisch mit den traditionellen Werten in den USA auseinandersetzte, und der Vertreter des polnischen «Kinos der moralischen Unruhe», einer Formation, die Ende der 1970er-Jahre die staatliche Bankrotterklärung im real existierenden Sozialismus als Zerstörung tradierter Werte beschrieb, avancierten zeitgleich zu stilbildenden Filmemachern der 1990er-Jahre. Während aber der Altmeister Altman als ein Mythenzertrümmerer in Opposition zu Hollywood-Konventionen für SHORT CUTS beinahe uneingeschränktes Lob des Fachpublikums erntete, löste Kieślowskis DREI FARBEN-Trilogie ästhetisch-ideologische Debatten aus, die in den Vorwurf des religiösen Neo-Obskurantismus mündeten. Dabei haben die scheinbar so unter-

---

24 Desalm, Brigitte in: *Steadycam* Nr. 25, Herbst 1993, S. 6.

schiedlichen Querulanten mehr gemeinsam, als es auf den ersten Blick erscheinen mag.

Beide verstanden sich als Handwerker, die den Dialog mit ihrem Publikum suchen, auf seine Mündigkeit und Aufmerksamkeit setzen, es zu einer interaktiven Mitarbeit an der Deutung ihrer Filme einladen. Da ihre Werke erst im Wahrnehmungsprozess zur Vollendung gelangen, gibt es folgerichtig so viele Altman- und Kieślowski-Filme wie Zuschauer. Robert Altmans Bekenntnis: «Jeder soll in meinem Film einen anderen Film sehen und erfahren können»[25], könnte von Kieślowski stammen, dem immer daran gelegen war, dass seine Filme die Möglichkeit einer anderen Lesart, als die von der Handlung vorgegebene, beinhalten: «Ich habe mir eine Art Spiel mit dem Zuschauer zur Regel gemacht. Ich sage ihm: DEKALOG, EINS.

Er schaut sich den Film an, und dann möchte er herausfinden, was das bedeutet. Ob er will, oder nicht, zwingt er sich zu einer gewissen intellektuellen Anstrengung. Und ich wünsche mir, dass er diese Anstrengung unternimmt, weil ich den Zuschauer ernst nehme. Ich serviere ihm nicht alles auf dem Tablett.»[26] Dieser Anleitung zur selbständigen Reflexion dienen auch die genaue Erkundung der Realität und die von Kieślowski wie Altman angenommene Erzählhaltung eines reservierten Beobachters, der um die Authentizität des Dargestellten bemüht ist. Diese ist weder mit einem didaktischen Sendungsbewusstsein noch mit dem Glauben an die Einwirkungsmöglichkeiten der Filmkunst zu verwechseln; ebenso wenig befriedigt sie gängige Erwartungen und Bedürfnisse. In ihren weitläufigen Szenarien, die wie in SHORT CUTS und DEKALOG ein seismografisch angelegtes, am menschlichen Mikrokosmos interessiertes Zeit- und Stimmungsbild der gesellschaftlichen Bewusstseinsstrukturen liefern, bieten Altman und Kieślowski dem Zuschauer ein reichhaltiges Anschauungsmaterial an. Trotz Fatalismus und aller modernen Ambivalenz, Konfusi-onen des Alltags und einem existentiellen Krisenbewusstsein wird er dazu animiert, Entdeckungen zu machen, wobei es ihm überlassen bleibt, was er aus dem vorgefundenen Erfahrungsmaterial lesen will. «Ich habe nichts zu sagen, nichts zu verkünden. Ich sehe Bilder», sagt Altman, «es ist fantastisch, den Leuten etwas zu zeigen, was sie von ihrem Standpunkt aus nicht sehen können.»[27]

Matrix des Filmpuzzles – im narrativen Netz der Fragmente

Was können die Leute aber von ihrem Standpunkt aus nicht sehen? Warum gelangen Werke von Altman (und Kieślowski) erst im Prozess ihrer Rezeption zur Vollendung? Was machte den amerikanischen Außenseiter und den polnischen Dissidenten zu stilbildenden Figuren im Kino der 1990er-Jahre? Außer dass beiden der Ruf ausgesprochener Schauspieler-Regisseure vorauseilte, die ein festes Ensemble aus Darstellern, Technikern, Assistenten wie eine Familie um sich zu scharen pflegten, war ihnen auch die Vorliebe zu den Themenkomplexen Spiel und Zufall eigen, die als Motiv und Denkfigur die Ästhetik ihrer Filme bestimmen. Nicht von ungefähr bevölkern Spieler, Zocker, Glücksritter, Selbstdarsteller und Hasardeure Altmans Welt. Seine Rebellion gegen die geschlossene Form des Erzählens im Hollywood-Stil zugunsten von Offenheit und scheinbaren Zufälligkeiten speist sich aus der fortwährenden Opposition gegen die Traumfabrik. Ein Impuls, der ihn die Erzählstruktur seiner früheren Filme mittels raffinierter Montage und simultanen Tons aufbrechen und das jeweilige Thema in Einzeltei-

---

25 Zit. nach Kass, Judith M., in: Pflaum, Hans Günther / Prinzler, Hans Helmut (Hg.): *Robert Altman*. München 1981, S. 19.

26 Zit. nach Amiel, Vincent (Hg.): *Krzysztof Kieslowski*, Paris 1997, S. 100.

27 Zit. nach Kass, Judith M., S. 7.

le zerlegen ließ, um später die disparaten Handlungseinheiten in Beziehung zu setzen und zu einem Ganzen zu fügen, ohne dabei die Totalität der Darstellung zu behaupten. Mit dem Ziel einer möglichst umfassenden Wirklichkeitstreue suchte Altman nicht nur nach einem «natürlichen Kino» in Abgrenzung zu etablierten Erzählweisen des Mainstreams, sondern beschäftigte sich thematisch explizit mit den synthetischen Mythen der amerikanischen Unterhaltungsindustrie, deren Scheincharakter er entlarvte. Stilistisch schlug sich diese Praxis in einer Polyphonie von Handlungen nieder: Nebeneinander etabliert, werden sie bruchstückhaft fortgeführt, statt linear der Chronologie einer Story zu folgen.

Die Summe dieser Entwicklung bildet SHORT CUTS mit seinem ineinander verwobenen narrativen Netz: Charaktere tauchen in den Geschichten anderer auf, ironische Verweise wie die allgegenwärtigen Fernsehapparate verbinden sie quer durch die narrative Textur miteinander. Parallelmontagen und die sukzessive Annäherung an die einzelnen Handlungsorte durch Zooms lenken den Blick des Zuschauers durch die verschiedenen Erzählstränge und rufen Assoziationen zwischen Gegenständen, Gesten, Farben und Mustern hervor, um Einzelheiten und Emotionen der gleichwertigen Figuren näher zu untersuchen. Jenes episodische Erzählprinzip miteinander verzahnter, alternierender Geschichten, das das Geschehen dezentralisiert, geht einher mit der Fragmentierung der Erzählstruktur und der Wahrnehmung. Zumal die Simultaneität der Episoden nicht nur die Beobachtung mehrerer Geschehnisse erlaubt, sondern zur Entgrenzung des Bildraumes führt, womit die bequeme Konditionierung des Zuschauers, sich auf eine Figur oder eine Perspektive zu konzentrieren, hinfällig wird. Die Bild- und Tonmontage zwingt ihn, Nebensächliches wahrzunehmen, den Ereignissen am Rande und den Handlungen innerhalb einer Sequenz dieselbe Aufmerksamkeit zu schenken. Objekte, Gestalten, Details, Gesprächsfetzen im Hintergrund, die einerseits charakterisierend in Beziehung zu den jeweilgen Protagonisten gesetzt werden, andererseits aber suggerieren, dass es noch mehr zu erfahren gibt, deuten die Unvollständigkeit und Instabilität des Erzählgefüges an. Allesamt zusammengehörige Bruchstücke, aus denen der gewillte Betrachter selbst die Vorgänge konstruieren kann. Auf dem Weg vom Modernismus zur Postmoderne bewegen sich Altmans Filme von dem Zentrum zur Peripherie und wieder zurück, auf der Matrix einer «Puzzle-Erzählstruktur» (Altman), die einem hochkomplexen Fresko gleicht.

Auch den polnischen Meisterspieler des Zufalls versetzte seine Konzeption einer «Dramaturgie der Wirklichkeit» beinahe zwangsläufig in die Opponentenrolle: Er decouvrierte den Fassadencharakter der offiziösen Kultur in der Diskrepanz zur tabuisierten Wirklichkeit. Die Poetik und Ethik seiner Dokumentarfilme, den polnischen Alltag in einer Zeit zu beschreiben, da der Realismus subversive Sprengkraft besaß, die den Widerspruch von Realität und Anspruch eines politischen Systems entlarvte, übertrug Kieślowski auf seine früheren Spielfilme. Aus dem Dokumentaristen wurde ein unerbittlicher Diagnostiker der Verhältnisse und Lebensbedingungen. Das Betrachten der Wirklichkeit, auch in ihrer phänomenologischen Vielfalt führte in letzter Konsequenz hinter die Oberflächen der sichtbaren Realität. Mit dem Paradigmenwechsel vom politischen Engagement zu metaphysisch-existentiellen Fragestellungen rückte in den Mittelpunkt seines Spätwerks die Kontingenz der menschlichen Existenz, die nur ein Fragment der komplexen, unbeständigen Wirklichkeit bleibt. Die Filme der 1990er-Jahre, in denen die Verankerung in einer sozial-politischen Realität ihrer Ästhetisierung, einer bewussten Reduktion zum Fragmentarischen weicht, bewegen sich von der äußeren zur unsichtbaren Schicht der Wirklichkeit. In dem DEKALOG und der DREI FARBEN-Trilogie entsteht ein Universum paralleler Wirklichkeiten, in dem die menschlichen

Schicksalslinien zu einem unsichtbaren Netz aus immanenten Korrespondenzen verknüpft werden.

Das Muster miteinander verbundener visueller und inhaltlicher Motive in Kieślowskis Werk verdankt sich dem dokumentarischen Ansatz, wo die Fülle des Filmmaterials, zustande gekommen durch unvorhersehbare Zufälle, kein konsistentes Ganzes ergibt und nach bestimmten formalen und rhythmischen Vorgaben mittels der Montage angeordnet werden muss. Darin ist die Quelle seiner Offenheit für Zufälle, Koinzidenzen, unerwartete Verknüpfungen zu suchen, die sich wie der Überschuss des dokumentarischen Materials der Integration in eine einzelne Geschichte widersetzen. Dem Zufall bei der Arbeit zusehen, so ließe sich dieses ästhetische Verfahren beschreiben, das zu einer hochartifiziellen Filmsprache führt. In Momenten sensitiver Wahrnehmung gewinnen Gegenstände des Alltags an Bedeutung, banale Vorgänge avancieren zum Emblem des Unfasslichen; Figuren als Rudimente von Episoden sorgen für ironische Brechungen. Kieślowskis Filme entziehen sich mit ihrer ausgefransten, in Fragmente und Episoden zerfallenden Erzählökonomie rationalisierenden Zuordnungen. Statt die Illusion einer objektiven Wirklichkeit zu erzeugen, die doch immer durch Schnitt und Montage selektiv und künstlich bleibt, legen sie ihre eigene Erzählstruktur frei. Etwa in den Schwarzblenden von Blau: Leerstellen für die Fantasie des Zuschauers, die ihn für das Nichtsichtbare innerer Prozesse sensibilisieren sollen und dabei die technische Anwesenheit des Erzählers offenbaren. Die elliptische Bildsprache hilft durch Auslassungen der Montage Assoziationen und Fragen zu provozieren, deren Deutung und Beantwortung dem Zuschauer überlassen bleibt. Die Lücken im Bezugsgeflecht kommen einem Insistieren auf die Unvollständigkeit und Ungewissheit der Handlungsabläufe gleich. Im Umgang mit der Rolle des Zufalls und den alternativen Parallelgeschichten wird zugleich von Optionen im Leben berichtet, die an den Möglichkeitssinn des Betrachters appellieren und, indem sie es im filmischen Konjunktiv tun, den Zuschauer in das ästhetische Konzept der verrätselten Werke einbinden. Diese Erzählstrategien setzen die moderne Erfahrung der Kontingenz voraus, die auch für Altmans Verständnis eines unabgeschlossenen Filmwerks konstituierend ist.

Kontingenz und Kombinatorik

Der Einbruch des Unvorhersehbaren in die Ordnung der Dinge, die Fragmentarität der Wahrnehmung und die Unberechenbarkeit des Seins gehören zu den Komponenten eines modernen Bewusstseins der Kontingenz, das einer auf Kausalität, Überschaubarkeit und Effizienz angelegten Lebensordnung widerspricht. In der Situation einer historischen Wende am Anfang der 1990er-Jahre, die mit dem Ende der gesellschaftlichen Utopien und der sinnstiftenden Einheitsträume einherging, befand sich die Postmoderne-Debatte auf ihrem Höhepunkt. Der Schlüsselbegriff der Postmoderne, die Pluralität, ist das Ergebnis moderner Ausdifferenzierungs- und Entmythologisierungsprozesse. Er markiert die Unmöglichkeit einheitlicher und endgültiger Lösungen, die Auflösung eines Ganzen zugunsten von Multiplizität, Partikularität und Heterogenität der Optionen, Perspektiven, Paradigmen, Konzepte, Lebensentwürfe oder Handlungsformen usw. Seit dem Abschied vom Ganzen konzentriert sich der Blick auf Übergänge und Brüche von Strukturen, und man hat entdeckt, dass Determinismus und Kontinuität nur in begrenzten Bereichen gelten, die untereinander eher in der Relation von Diskontinuität und Antagonismus stehen. Die Wirklichkeit folgt nicht einem einzigen Modell, sondern mehreren, was sich in dem Topos von der Gleichzeitigkeit des Ungleichzeitigen niederschlägt. Die selbst gestellte Aufgabe der Moderne, die Welt durchschaubar zu machen, war offensichtlich von vornherein zum Scheitern verurteilt, weil sie «die grundsätzliche

Ambivalenz der Welt» (Zygmunt Baumann) und die Zufälligkeit unserer Existenz, Gesellschaft und Kultur leugnete. Aus diesem Grund mündete sie in eine Barbarei der Ideologien, die alles Ambivalente, das «Andere der Vernunft» auszuschließen versuchten. Mit dem «Ende der großen Erzählungen» (Lyotard), der großen einheitlichen Sinnentwürfe, haben auch die auf vereinheitlichende Systematik angelegten Interpretationsansätze ihre Verbindlichkeit verloren. Angesichts einer unendlich komplex gewordenen Wirklichkeit erteilte das postmoderne Denken dem großen, Sinn stiftenden Überblick eine Absage, betonte die vielfältigen Differenzen und Widersprüche, die es offen zu legen und auszuhalten gilt. Dieser postmoderne Dekonstruktivismus stand im Gegensatz zu den Prämissen des traditionellen Erzählkinos, ein heterogenes Material auf einen Sinn hin zu ordnen.

Die herkömmliche Filmdramaturgie funktionalisiert ihre einzelnen Elemente konsequent auf die Geschichte hin und beschneidet dadurch ihren Bedeutungsüberschuss. Dank der Genremerkmale und eines unsichtbaren Schnitts bedient sie Standardmuster des linearen Hollywood-Stils: eine Geschichte hat einen Anfang und ein Ende, einen dramatischen Konflikt und seine Auflösung, die geschlossene Struktur eines Dreiakters, eine zentrale Perspektive. Die Aufmerksamkeit liegt auf begrenzten, narrativen Feldern, die von singulären Heldenfiguren beherrscht werden. Alle Komponenten werden hierarchisch zu einer Gesamtheit zusammengefügt, indem Szenen und Sequenzen in einer funktionalen Rangordnung so aneinandergereiht werden, dass sie durch die dramatische Handlung miteinander verknüpft bleiben und diese zielgerichtet transportieren. Die Einzelteile verschmelzen zu einem kontinuierlichen Plot mit epischer Chronologie; ergeben ein «gut funktionierendes» System.

Für Altman ist das, was sich an der Peripherie abspielt, genauso wichtig wie das, was im Zentrum geschieht, eine Vielzahl von Figuren und Handlungen gleichrangig, die Aufmerksamkeit auf Details gerichtet, der Bildraum an den Rändern offen. Seine Filme versuchen, jene Erzähl- und Genremuster zu dekonstruieren, die im amerikanischen Film als selbstverständlich gelten. Dieses Verfahren gewährt Einblicke, ist decouvrierend, ironisch, zuweilen skurril, betont immer aber Pluralität und Diskontinuität. Dank der vielen Blickwinkel und Perspektiven wird der Zuschauer in die Position eines urteilsfähigen Beobachters versetzt, der die Einzelteile wieder zu einem Ganzen verbinden soll, um sich selbst einen Reim auf die Geschichte zu machen. Statt das Verlangen nach einer logischen, geradlinigen Story zu bedienen, betreibt Altman die Auflösung der Erzählstruktur, um das Augenmerk diskret auf den Prozess der Entstehung von Bedeutungen zu lenken. Kein Wunder, dass der amerikanische Film für ihn zur Verschleierung tendiert, die aus der Weigerung resultiert, sich mit der Disparatheit der heutigen Welt auseinanderzusetzen. Zudem suggerieren Filme wie SHORT CUTS die Existenz eines reichen und von Zufällen bestimmten Lebens, von dem das, was ein konventioneller Hollywood-Film ins Zentrum rückt, nur einen Ausschnitt darbietet.

Das Leben, komplex und überraschend, lässt sich weder restlos verplanen noch uneingeschränkt kontrollieren. Es funktioniert nach dem Prinzip der Kontingenz, ist diffus und unberechenbar, bringt Kollisionen und unerwartete Konstellationen hervor, die den Lauf der Dinge unterbrechen und stören. «Zufallskombinationen des ‹wirklichen Lebens›», den allenfalls mit einem episodischen Erzählprinzip beizukommen ist, das dem Regisseur in einem kompositorischen Akt ermöglicht, das filmische Material in seiner Heterogenität so zu arrangieren, dass die Vielfalt und Autonomie seiner Komponenten gewahrt bleiben. Altmans Dramaturgie eines Puzzles, die die Polyphonie von Figuren, Schauplätzen, Handlungen, Bildern, Geräuschen gewährleistet, sich aber dem übergeordneten Sinn einer filmischen Erzählung verweigert, trägt diesem Umstand Rechnung. Im Unterschied zur postmodernen «Kombinatorik» bedient sich Altman jedoch nicht vorgeformter Versatzstücke, die unter dem Verdacht der Beliebigkeit, zu neuen Variationen montiert, den kurzweiligen Wiedererkennungseffekt befördern. Die ästhetische Praxis des Zitierens und des Spiels mit den kulturellen Versatzstücken kommt in der Regel dem Unterhaltungsbedürfnis des Zuschauers entgegen, sofern er sich im Dechiffrieren von Anspielungen und Bezügen üben will, verfängt sich aber allzu oft in Indifferenz oder gar Eskapismus. Altman begreift die Kombinatorik nicht als bloße Auflösungslizenz, sondern als ein Reflexionsgebot, das im Multiperspektivismus seine Einlösung erfährt. Auch wenn er sich im postmodernen Territorium bewegt, verharrt er beim modernistischen Postulat, das reziproke Medium Film, mit dessen Ausdruckspotenzial er experimentiert, als Mittel zur Erkundung des Selbst und der Welt aufzufassen.

Die Präsenz der Form gibt die Bedeutung vor

Der Verlust der Einheit reicht als negative Denkfigur des Zerfalls in die klassische Moderne zurück. In der künstlerischen Avantgarde prägte er das Prinzip der Dekomposition – eine radikale Kampfansage an die realistisch-illusionistische Tradition des 19. Jahrhunderts mit ihrem Anspruch der Wiedergabe einer «objektiven» Wirklichkeit. Diese Entwicklung ging einher mit dem Avantgarde-Postulat der Überführung von Kunst ins Leben, das zum Ziel hatte, die Vorstellungskraft des Betrachters zu aktivieren. Das Fragmenthafte der subjektiv-lebensweltlichen Wirklichkeitserfahrung und die Gültigkeitsverluste geschlossener Weltbilder waren ihr bereits eingeschrieben und bildeten die Grundlage für die kreative Anteilnahme der Rezipienten. Zumal die Verhinderung einer Sinnkonstitution ebenfalls zu diesem Programm gehörte. Die Zusammenhanglosigkeit der Moderne reflektiert Altman in seinem Werk: «Die Auflösung des Raumes, der die visuelle Welt seiner Filme bestimmt, ist Teil einer größeren Auflösung, mit der er sich auseinandersetzt. (...) Indem er sich sowohl visuell als auch erzählerisch um andere Räume bemüht, kann er die Art und Weise neu bestimmen, wie sich ein Publikum Filme anschaut und sie versteht und wie diese Filme den Zuschauern kulturelle Fantasien vermitteln.»[28] Wichtige Impulse für diese Auseinandersetzung lieferte Altman die moderne Kunst, vorrangig der Impressionismus mit seiner Tendenz, den geschlossenen Bildaufbau und die Zentralperspektive fallen zu lassen. Ob die formale Auflösung der Bildtextur zugunsten der physischen Materialität von Farben, die augenblickhafte Erfassung eines Gegenstandes in einem zufälligen Ausschnitt oder die Betonung von Licht und Atmosphäre – die enge Beziehung zwischen seinem Werk und der Malerei hat Altman in dem Van-Gogh-Film VINCENT UND THEO (VINCENT AND THEO, GB/I/NL/F 1989) explizit zu einer Auseinandersetzung mit der Wirklichkeit und der «Wahrheit» einer künstlerischen Ausdrucksform genutzt, deren Präsenz bereits die Bedeutung evoziert.

«Ich betrachte einen Film eher als Gemälde oder als eine Komposition; er ist eine Impression»[29], sagt Altman in einer verblüffenden Analogie zu Kieślowski, der das Erzählen in «Tupfern» oder in «Flecken», um in einer Synthese die fragmentierte Welt zu skizzieren, als sein Stilprinzip definierte. Hat Altman seine Montage- und Tonexperimente als Kunstgriffe eingesetzt, die die konventionelle Linearität einer Erzählung zerstören, so waren Kieślowski die Montage und die Inszenierung mit dem Ton wichtig, da sie den Rhythmus des Films ausmachen, was er als Orchestrierung mit filmi-

---

28 Koller, Robert: *Allein im Licht*. München 2001, S. 493.
29 Zit. nach Kass, Judith M., S. 16.

schen Mitteln bezeichnete. Im Vorfeld von DE-KALOG und SHORT CUTS haben beide jeweils auf einer Pinnwand Figuren und Episoden in einem Verlaufsdiagramm mit Farben gekennzeichnet und, sofern eine Figur zu lange nicht vorkam, den Ablauf der Episoden verändert, andere Figuren geschoben und umgestellt, um den Eindruck eines in sich geschlossenen Mikrokosmos zu erschaffen, der dem dichten Geflecht der Lebenswirklichkeit strukturell nahe kommt. So gesehen, bewegen sich Filme von Altman (und Kieślowski) tatsächlich vom Modernismus zur Postmoderne und wieder in die entgegengesetzte Richtung: Von der modernen Auflösung zur postmodernen Vielfalt, von der Zersplitterung der Form, der Weltbilder, der Wahrnehmung zum Spiel mit Übergängen, Verbindungen und Bruchstücken. Bis hin zur Restitution des Ganzen als Vielheit seiner Komponenten: In der «entzauberten Welt», in der der Zufall eine bedeutende Rolle spielt, werden unzusammenhängende Episoden und Wirklichkeitsfragmente des Lebens im Montageverfahren miteinander verzahnt; im Modus von Möglichkeit und Wahrscheinlichkeit zu einer «Landschaftsskizze»[30] verdichtet.

Nicht Beliebigkeit, sondern Wahrnehmungsfähigkeit bestimmen in diesem Prozess die Rezeption. Allein das Denken der Pluralität vermag der Struktur des Ganzen wirklich gerecht zu werden. Der Unfasslichkeit des Ganzen kann nur, ohne zu verschleiern, dass die Einheit illusorisch ist, episodisch und polyperspektivisch begegnet werden. Die Vorstellung des Unfasslichen schärft zugleich den Sinn für Mehrdeutigkeit, Ambivalenz, Ungewissheit, führt auch zu so divergierenden Positionen wie Ironie und Gleichgültigkeit, Sarkasmus und Fatalismus. In seinem Spätwerk versuchte Kieślowski, ein auf die Erfahrung des Fragmentarischen verweisendes Bewusstsein, das Unvorhersehbares mit Skepsis und ironischer Brechung verbindet, in einen kohärenten Rahmen zu überführen. Paradoxerweise eine offene Weltsicht in eine einheitliche Form zu fassen, die durch den Konstruktionsrahmen der Zehn Gebote bzw. der Parolen der Französischen Revolution vorgegeben wird, um dann auf der Handlungsebene wieder gesprengt zu werden. Er führt die Erzählstruktur seines Werks als Inhalt vor: ein eigenständiges Universum mit wiederkehrenden Refrains, Kontrapunkten, Symmetrien und widerspiegelnden Variationen auf der Ebene der Motive, Figuren und Details wie auch im Bereich der Bildkomposition, bei der Verwendung der Farbe, des Tons und der Musik. Auch die neun ineinander virtuos verschlungenen Geschichten in SHORT CUTS sind von zwei apokalyptischen Momenten eingerahmt. Ähnlich wie Kieślowski agiert Altman als ein auktorialer Erzähler und brillanter Formalist, der die Geschicke aller Figuren bündelt und im Sinnbild der finalen Katastrophe metaphorisch überhöht. Obwohl die einzelnen, eher banalen Episoden insgesamt weder kohärent noch linear erzählt sind, ergeben sie durch die Polyphonie simultaner Handlungen und die präzise Parallelmontage das Gesamtbild einer in sich geschlossenen Welt, in der «das Zusammenspiel von individueller Veranlagung und unerbittlichem Zufall»[31] die Menschen zusammen- und auseinanderführt. Während aber Kieślowskis vieldeutiges Universum zwischen dem Bereich des Zufalls und den darunter liegenden heimlichen Verbindungen von Ereignissen oszilliert, deckt SHORT CUTS «kein untergründiges System auf, verschafft keine Einsicht in den

---

30 Eine Metapher von Ludwig Wittgenstein aus *Philosophische Untersuchungen*, mit der er die Unmöglichkeit, ein Ganzes zu schaffen, andeutet und zu der Einsicht kommt, dass das «Gedankengebiet» (Bedeutung, Verstehen, Logik, Bewusstseinszustände) nicht aus einem einzigen Blickpunkt erfasst werden kann; man muss es «kreuz und quer» durchreisen, wobei man am Ende zu keinem integralen Bild gelangt, sondern auf die Wahrheit der vielen Perspektiven angewiesen bleibt.

31 Koebner, Thomas: *Short Cuts*. In: Koebner 2000, Bd. 4, S. 406.

Gang der Dinge, im Gegenteil, der Film nimmt beinahe stoisch zur Kenntnis»[32]. Auch wenn er als Hauptgrund für die Verhaltensweisen seiner Charaktere die gegenwärtige Sinn- und Wertkrise beklagt und seine vordergründig kühl und reserviert wirkenden Filme zu einer wehmütigen Bestandsaufnahme tendieren, die dem tiefen Ungenügen eines Melancholikers an der Welt, seiner Distanz, seiner Kritik, seiner verhaltenen Trauer und Heiterkeit verwandt ist, so bleibt Altman gegen die implizite, unlösbare Verzweiflung an der Moderne immun. Melancholie macht Kieślowski zwar zu einem skeptischen Betrachter, der das Unabänderliche, weil ohnmächtig, resignierend und belustigt in Augenschein nimmt. Die radikale Mehrdeutigkeit des Zufalls in seinen Filmen wirft aber die Frage nach dem tiefen Sinn hinter der Kontingenz auf, die Interpreten dazu verleitete, ihn für einen spirituellen Obskuranten zu halten. Während bei Altman der Zufall blind und kalt wütet und kein «Masterplan» für das Universum und unsere Existenz zu erkennen ist, gehorcht der Zufall als Erfüllungsgehilfe des Schicksals bei Kieślowski den Vorstellungen seines Schöpfers: er wird zum Katalysator einer verzweifelten Strategie, mit der völligen Kontingenz des Lebens zurechtzukommen. Der optimistische Fatalist lässt sich bei keinem Bekenntnis ertappen, entfacht im Unterschied zu Altman ein Spiel der Eventualitäten, Wiederholungen, Potenzialitäten, zweiten Chancen und Doppelleben, das auch ein hohes Maß an Selbstironie und hintergründigem Humor erkennen lässt. Er hebt die Gegensätze auf, erschafft einen Sinn in der Sinnlosigkeit, indem er sich im Finale von ROT eine Korrektur des Zufalls erlaubt und seine Geschichten zur Zukunft hin öffnet. Altman bleibt hingegen ein nüchterner Diagnostiker, der die Kausalität eines Sinns längst hinter sich gelassen hat.

Der Vergleich zwischen Altman und Kieślowski lohnt, weil sie auf eigene Art und Weise, ob im polyphonen Nebeneinander auf der Matrix eines Filmpuzzles oder durch Verflechtung resp. Variation von Motiven und Episoden im Rahmen eines Zyklus, zeitgleich das Phänomen der Kontingenz und die ästhetische Praxis der Kombinatorik in ein episodisches Erzählprinzip integrierten. Zum Zeitpunkt der «neuen Unübersichtlichkeit» Anfang der 1990er-Jahre trafen Altman und Kieślowski mit ihrer jeweils fragmentarischen Erzählweise den Nerv der Zeit. Die skeptische Grundhaltung von SHORT CUTS und die dramaturgische Offenheit schienen gut zu passen in die Zeit nach dem Kalten Krieg. Der Fall der Berliner Mauer hatte nicht nur den Zerfall des ideologischen Blockdenkens und des Ost-West-Gegensatzes zur Folge, sondern in letzter Konsequenz auch den Verlust des sozial-utopischen Denkens und eine zwangsläufige Revision der Versprechen, die das «Projekt der Moderne» nicht einzulösen vermocht hatte. Mit seinen Zufallskombinationen des alltäglichen Lebens und seiner Vielstimmigkeit erwies sich das episodische Erzählprinzip als ein eminent «postmodernes» und nachahmenswertes Verfahren.

Polyphonie des Erzählens. Eine postmoderne Praxis?

Robert Altman hat nicht das episodische Erzählen erfunden, wohl aber die Polyphonie des Erzählens, sieht man einmal ab von Jean Renoir, der seine Filme wie später der Amerikaner zwischen Impressionismus und Realismus ansiedelte; unter Verwendung natürlicher Geräusche, aufgenommen an Originalschauplätzen, sowie einer beweglichen Kamera, die in langsamen Rundschwenks den Bildraum erkundet und mit dem aufmerksamen Blick für Details auch die Peripherie erfasst. Hat man Altmans Film GOSFORD PARK (UK/USA/D 2001) gesehen, fühlt man sich unweigerlich an DIE SPIELREGEL (F 1939) erinnert, Renoirs

32 Ebd.

Meisterwerk, in dem es ihm gelungen ist, bitterböse Gesellschaftskritik mit einer kunstvollen Inszenierung zu vereinen, die in langen Plansequenzen eine Vielzahl von Protagonisten quer durch die Milieus semantisch miteinander verknüpft. Hier wie dort geben die Klassenunterschiede einer Jagdgesellschaft, die sich auf einem herrschaftlichen Landsitz versammelt hat, die Spielregeln vor. Präsentiert werden eine Gesellschaftsordnung, die sich längst überholt hat, und ihr Personal. *Upstairs and downstairs* – zwei Parallelwelten mit jeweils eigener Hierarchie; zwei Ebenen, die räumlich und sozial zueinander in Beziehung gesetzt werden. Bei Renoir etwa in einer langen Kamerafahrt, die im Verlauf einer Verfolgungsszene den Bewegungen der Akteure folgt, während die Tiefenschärfe des Bildes es erlaubt, mehrere Handlungsabläufe auf verschiedenen Raumebenen in einer Szene zusammenzufassen, indem die Aufmerksamkeit raffiniert vom Vorder- in den Mittel- oder Hintergrund verlagert wird. Wenn Altmans Kamera entlang der Gänge des Herrenhauses gleitet, an Türen und bei tuschelnden Paaren hält, dann wiederum auf Gegenstände zoomt, wie auf eine Flasche mit dem Etikett «Gift» oder auf ein Küchenmesser-Set, da vervollständigt sich der Eindruck einer Renoir-Hommage, der durch das imposante Schauspieler-Ensemble, das gesellschaftliche Panorama und den Erzählduktus entsteht.

Für beide Regisseure sind die Darsteller-Kollektive ein unerschütterliches Gravitationszentrum, die Gesellschaftskritik feste Konstante ihrer Arbeit gewesen. In SHORT CUTS, einem mit 22 Hauptfiguren elegant in Szene gesetzten Nachfolger, hat Altman seine Methode eines Multipersonenfilms und der alternierenden erzählerischen Einheiten lediglich perfektioniert. Das Original heißt NASHVILLE (USA 1975), Altmans früheres Meisterwerk, und seit Mitte der 1970er-Jahre bis zu THE PLAYER sein einziger großer Publikumserfolg. In diesem Sittengemälde, das das Titel gebende Mekka amerikanischer Country&Western-Musik zu einer «Metapher für Amerika» erhebt, hat er sein episodisches Erzählprinzip, zwei Dutzend Akteure gleichberechtigt nebeneinander spielen zu lassen, disparate Handlungsstränge zu mischen und zu verknüpfen, etabliert. NASHVILLE versammelt ein Ensemble aus 24 Hauptdarstellern, die in beinahe simultan montierten, kurzen Episoden agieren. Drei Jahre später sollte Altman mit A WEDDING (USA 1978) diese Zahl verdoppeln, in THE PLAYER es mit den 70 auf einer Party egalitär auftretenden Hollywood-Stars auf die Spitze treiben. Was wie ein willkürliches Arrangement nicht kohärenter Teile aussieht, vernetzt sich in NASHVILLE – wie durch beiläufige Zufälle – zu einem komplexen Bezugsgewebe aus Charakteren, wobei die vorschnelle Identifikation mit ihnen durch die distanzierende Parallelmontage verhindert wird, so dass keine der Episoden mitsamt ihres Personals sich jemals in den Vordergrund drängen kann. Mit einem enormen Gespür für erzählerische Rhythmik verdichtet Altman diese zweiundhalbstündige Passage durch den mythischen Ort in Tennessee, der wie kein anderer die Wechselwirkung zwischen amerikanischer Unterhaltungsindustrie und Politik widerspiegelt, zu einem Höllenritt. Nicht zufällig liefert die Organisation einer Wahlkampfveranstaltung für einen populistischen Präsidentschaftskandidaten die Rahmenhandlung des Films; ziehen sich themenübergreifend die Topoi Macht und Ruhm sowie deren manipulativer Missbrauch und illusorischer Fassadencharakter wie ein roter Faden durch alle Episoden, was die einzelnen Teile der Handlung auch leitmotivisch zusammenhält.

Stars wie Fans huldigen auf der Simultanbühne der Selbstdarsteller von NASHVILLE dem Erfolg um jeden Preis, der alle Lebenskoordinate festlegt, bis der amerikanische Traum seine albtraumhafte Fratze zeigt – in der finalen Katastrophe, als die latente Gewalt im Umgang der Akteure miteinander sich in einem Attentat entlädt. Etwaige Desaster, von der Straßenkarambo-

IX. Epigonen oder Erben

lage über tödliche Krankheiten bis zum willkürlichen Gewaltakt, und moralische Defekte säumen auch hier den Lebensweg der Hauptfiguren. In dem allgegenwärtigen Popularitätswettbewerb bestimmen unter dem Druck des sozialen Rollenspiels und nicht selten vor laufenden Kameras Egomanie und Empfindungslosigkeit, Erniedrigung und Profilierungssucht, Selbsttäuschung und Heuchelei die maroden Verhaltenscodes. Auf der Bühne und vor der Bühne – oben und unten auf der Karriereleiter; zwei räumlich-semantische Ebenen, die zu einem Gesellschaftspanorama ausgeweitet nicht nur die Psychopathologie des US-amerikanischen Medienalltags wiedergeben, sondern in Analogie zu Renoir auch die Fiktionen und Lügen einer Mediokratie offenbaren.

Renoir verwendet weder das episodische Erzählprinzip noch die polyphone Komposition. Bei Altman verdankt sich der polyphone Aufbau seiner Filme, die von episodenhaften Figuren bevölkert werden, in erster Linie der Dramaturgie, wobei seine Bildsprache exzellent mit der Konstruktion korrespondiert: Gleichberechtigte Protagonisten, ein Nebeneinander alternierender Handlungen, Gleichzeitigkeit verschiedener Geschehnisse, elliptische Puzzle-Erzählstruktur, die es erlaubt, sich den Ereignissen aus verschiedenen Perspektiven zu nähern. Seine mosaikartig konstruierten Geschichten, in ihrer Vielstimmigkeit einem Erzählteppich ähnlich, sind eine Spielart des episodischen Erzählprinzips.

Das groß angelegte Panorama ...

SHORT CUTS ist das NASHVILLE der 1990er-Jahre, eine Zustandsbeschreibung und ein «Zeitgeist»-Film des ausgehenden Millenniums, ironisch in seinem apokalyptischen Gestus und idiosynkratisch in seiner Diagnostik der amerikanischen Wirklichkeit, die für Altman durch eine kulturelle und existenzielle Krise gekennzeichnet war. Ihre gesellschaftliche Relevanz verdankt die panoramische Bestandsaufnahme von SHORT CUTS seiner formalen Anlage, die mit ihren kunstvoll verschränkten Geschichten einen Querschnitt durch neurotische Verhaltensmuster und Lebensläufe von Besserverdienern und Underdogs, von Männern und Frauen, von denen, den das Leben übel mitspielt, und denen, für die es immer nur so weitergehen kann, bietet. Ein tragischer Autounfall mit tödlichem Ausgang steht im Zentrum des Films. Zum Auftakt wird ein 8-jähriger Junge auf dem Schulweg versehentlich von einer Kellnerin angefahren, die sich immerzu von ihrem dauernd betrunkenen Ehemann zu Wortgefechten hinreißen lässt. Als das Paar kurz vor dem Erdbeben seine Versöhnung feiert, ist der Junge bereits gestorben, nachdem er einige Tage ins Koma gefallen war. Während die Eltern um sein Leben bangen, bedrängt sie ein anonymer Anrufer, bei dem die Mutter – wie sich später herausstellt – vergessen hatte, die Geburtstagstorte ihres Sohnes abzuholen. Ihren Schwiegervater, nach Jahrzehnten wieder zu Besuch, lässt das Schicksal seines Enkelkindes kalt, da er einzig und alleine gekommen ist, um nach einer larmoyanten Lebensbeichte von seinem Sohn die Absolution zu verlangen. Fehlendes Einfühlungsvermögen bringt eine andere Mutter dazu, die subtilen Anzeichen seelischer Verstörtheit zu ignorieren, die ihre erwachsene Tochter in der stummen Verzweiflung aussendet. Gefühlsrohheit und Isolation bilden die beiden Pole, zwischen den auch die Geschlechterbeziehungen in rituellen Handlungen ersticken oder zum Schauplatz anschwellender Gewalt werden. Fast immer sind Frauen Zielscheibe dieser Aggressionen und destruktiven Attacken; Hysterie und Wut, Zorn und Raserei stehen Leiden und Entsetzen, Selbstzerstörung und Ratlosigkeit gegenüber. So lassen sich einige Wochenendausflügler ihr Freizeitvergnügen nicht von einer Frauenleiche verderben, ein eifersüchtiger Ehemann zersägt in Rage das Mobiliar seines zerplatzten Familienglücks und ein frustrierter Familienvater erschlägt mit einer

Bierdose eine ahnungslose Radlerin. Auf den eruptiven Gewaltausbruch folgt das Erdbeben, als ob die Natur auf all die Treuebrüche und Brutalitäten, die die Partner in den desolaten Beziehungen und die Charaktere sich zufügen, reagieren würde.

Im Schatten der ständigen Bedrohung des «Big bang» lebt, stirbt, schlägt und liebt man sich, erleidet man Niederlagen und verträgt sich wieder, ohne die apokalyptischen Vorzeichen zur Kenntnis zu nehmen. Eine Welt der «*ordinary people*», die eine Telefonsex-Arbeiterin und Mutter, ihr etwas tumber Mann, ein untreuer Motorrad-Cop, eine alternde Kellnerin und ein trinkender Taxi-Fahrer, ein vor Eifersucht rasender Pilot, ein monomaner Bäcker oder rücksichtslose Angler bevölkern. Aber auch eine Stadt sozialer und kultureller Gegensätze, in der ein Anchorman aus einer besseren Wohngegend ebenso einen bitteren Verlust zu beklagen hat, wie eine raubeinige Jazz-Sängerin, deren Tochter, eine feinsinnige Cellistin, scheinbar ohne einen Grund ihrem Dasein ein Ende setzt. Ganz zu schweigen von einem wohlsituierten Ehepaar, er ein verklemmter Arzt, sie eine verkannte Künstlerin, das sich das Leben zur Hölle macht. Lügen und Selbsttäuschungen, Unfälle und Ehebrüche, Missverständnisse, Totschlag und Selbstmord in L. A. Auf den Schlachtfeldern der Metropole bleiben viele Opfer zurück.

Altman präsentiert ein Panorama menschlicher Verständigungs- und Entfremdungsformen, das dank seiner intensiven Inszenierung zugleich intime Innenansichten der neun Figurengruppen und tiefe Einblicke in das emotionale Elend der Akteure vermittelt. Die moralischen Defizite und seelischen Deformationen dieser atomisierten Existenzen lassen sich auf einen gemeinsamen Nenner bringen – die bis an Autismus grenzende Kommunikationslosigkeit. *Prisoner of Life* lautet der Titel eines Songs, den die desillusionierte Nachtclub-Sängerin vorträgt, während in der Schlusseinstellung die Kamera von einer Gartenparty zu einer Totalen der Stadtlandschaft von Los Angeles hinschwenkt. Wie alle anderen ist auch die Interpretin in dieser modernen *Comédie humaine* eine Gefangene ihrer Selbst. Eingeschlossen in dem Gefängnis ihrer privaten Obsessionen, unfähig oder unwillig, über den eigenen Horizont hinauszuschauen. In diesem klaustrophobischen Universum finden sich wenige Lichtblicke. Der amerikanische Traum zeigt wie bereits in NASHVILLE seine albtraumhafte Kehrseite.

Altmans Polyphonie des Erzählens verbindet den Multipersonenfilm mit der fragmentarischen Erzählweise und der elliptischen Erzählstruktur zu einem Filmpuzzle: In diesem Patchwork trifft eine Vielzahl gleichrangiger Figuren in parallel erzählten Geschichten aufeinander, die das fragmentierte Geschehen zugleich aus verschiedenen Perspektiven beleuchten helfen. Die alternierenden erzählerischen Einheiten sind durch ein übergeordnetes Thema – in SHORT CUTS das Alltagsleben einiger Großstädter in L. A. – miteinander verklammert. Die Simultaneität der Ereignisse hebt die episodische Konstruktion des Films und den episodenhaften Charakter der Figuren hervor. Verknüpft zu einem dichten Netz nebeneinander und ineinander verschachtelt ablaufender Handlungen, erzeugen die einzelnen Episoden den Eindruck von der Gleichzeitigkeit des Ungleichzeitigen. Blinde Zufälle und Unwägbarkeiten des Lebens dienen als Katalysator eines Geschehens, das immer neue Konfusionen und Kombinationen schafft, in denen die Figuren zueinander in Beziehung treten. Die intensive Inszenierung innerhalb der Episoden – Porträt-Miniaturen, Milieu-Skizzen, Familienporträts, kammerspielartig in ihrer Konzentration auf Gesichter, Details und Dialoge –, gewährt Einblicke in die gesellschaftlichen Einzelzellen. In der Welt dieser fensterlosen Monaden ist der Rest unsichtbar, die Wirklichkeit ohnehin zu komplex und reichhaltig, als dass sie überblickt werden könnte. Erst in der «weltumspannenden» Polyphonie des Erzählens von SHORT CUTS können die begrenzten Perspektiven der Protagonisten (und der Zuschauer) aufgehoben und überwunden werden – in der Synthese eines groß angelegten Panoramas, das den Blick für die «Totale einer ganzen Gesellschaft» öffnet. Altman verbindet in seinem Großstadt-Fresko die isolierten Atome der fragmentierten Wirklichkeit zu einem Kaleidoskop der Segmente – Einblick im Besonderen und Überblick im Allgemeinen. Den Leuten etwas zeigen, was sie von ihrem Standpunkt aus nicht sehen können, heißt, dem Betrachter das imaginative Panorama vor Augen zu führen.

... und die Folgen

Fast sah es so aus, als ob der Erfolg von SHORT CUTS in den 1990er-Jahren eine ganze Welle von Episodenfilmen in Gang gesetzt und Altman diverse Nachwuchsregisseure zu einer neuen Sichtweise der Lebenszusammenhänge animiert hätte, die dem Zeitgeist und der postmodernen Praxis der Kombinatorik anverwandt war. Ob der Altmeister da tatsächlich eine steile Vorlage lieferte, liegt natürlich im Bereich des Spekulativen, auch wenn diesbezüglich immer wieder Vergleiche angestellt wurden. Zumal es oft schwierig zu differenzieren ist, inwieweit der Einfluss auf Altman oder auf Kieślowski als den beiden Stil bildenden Regisseuren zu dieser Zeit zurückzuführen wäre. Ohnehin brachte die Renaissance des Episodenfilms Anfang der 1990er- eine ganze Reihe von Filmen hervor, die diese Bezugslinien kaum rechtfertigen. Nicht so sehr, weil sie teilweise vor SHORT CUTS entstanden sind, sondern weil sie die klassische Konstruktion des Episodenfilms mit in sich geschlossenen und aneinander gereihten Episoden bedienen, die durch ein Motiv oder einen Gegenstand, wie bei Jim Jarmusch in NIGHT ON EARTH (USA 1990), verbunden werden. Neuansätze gab es auch in Richard Linklaters SLACKER (USA 1989), einem in Dokumentarfilm-Manier rekonstruierten Alltag von 100 Leuten, innerhalb von 24 Stunden im Leben der Stadt Austin / Texas. Ein Multipersonenfilm ohne Heldenfiguren und mit einer fragmentierten Struktur, der die Erzählkonventionen Hollywoods umkrempelte, wobei das von Altman in NASHVILLE begründete Prinzip der «*multi-character-form*» hier seine Schatten vorauswarf. Durch die alternierende Präsentation einzelner Episoden aus der Unterwelt von Los Angeles und seine elliptische Struktur, die eine Geschichte aus verschiedenen Perspektiven rekonstruiert, steht PULP FICTION der multiperspektivischen Erzählform von SHORT CUTS noch am nächsten. Im Gegensatz zu Altman, der die Simultaneität der Ereignisse bei gleichzeitiger Fortführung der erzählten Zeit entfaltet, hebt Tarantino aber zusätzlich die Chronologie der Ereignisse auf, indem er die Zeitsegmente der einzelnen Episoden gegen den Uhrzeigersinn verrückt. Zudem ist PULP FICTION ein Paradebeispiel für die postmoderne Praxis des Zitierens, die sich in ihrem Spiel mit Genre-Versatzstücken – hier Trash-Recycling bekannter Muster der Trivialkultur und des amerikanischen B-Movies – dem Vorwurf der Beliebigkeit aussetzt. Allerdings zeigt Tarantino in seiner schwarzen Komödie eine Gesellschaft, in der groteske Zufälle im Alltag unbeabsichtigte Kollisionen bis hin zu Horrorszenarios nach sich ziehen und die von erschreckender Dummheit, exzessiver Gewalt und moralischer Indifferenz beherrscht ist.

Altmansche Schärfentiefe

Altmans Filme lassen sich, obwohl sie nicht kohärent sind, in ein Œuvre einordnen. Das ausgeprägte Ungenügen an der vorgefundenen Alltagswirklichkcit, das Apokalyptiker wie Weltverbesserer über ihre Zeit hinaustreibt, ist dem New-Hollywood-Veteranen, der immer aufs Neue zu überraschen vermochte, reine intellektuelle Unruhe gewesen. Stets ließen seine Alltagssittengemälde und Milieu-Zeichnungen einen skeptisch-erbarmungslosen Scharfblick und Ironie durchscheinen, ohne den Betrachter zu bevormunden, aber auch von der Aufgabe zu entlasten, im Wahrnehmungsprozess zu eigenen Einsichten zu gelangen. Gemäß der Formel: Nicht am Schneidetisch, sondern im Kopf des Publikums entfaltet die Altmansche Vivisektionskunst erst ihre Wirkung. Die Offenheit seines ästhetischen Konzepts ermöglicht eine kreative Distanzierung und erschwert die Identifikation, enthüllt die Konventionalität der Filmerzählung und damit den Illusionscharakter des Kinos. Dass die Bewusstseinsindustrie Hollywoods unter dem Deckmantel einer scheinbar naturalistischen Weltabbildung künstliche Scheinwelten kreiert, davon handeln jene Filme von Robert Altman, in denen er sich mit dem Showbusiness auseinandersetzt und die Mythen der amerikanischen Gesellschaft analysiert.

Exkurs II: **Mit Zuckerbrot und Peitsche?**[33]
Michael Haneke und Kieślowski: Audiovisuelle Strategien einer Wirkungsästhetik des Unabweisbaren

Sein vorletzter Film, DAS WEISSE BAND – EINE DEUTSCHE KINDERGESCHICHTE (D/A/F/I 2009), ist mit internationalen Preisen überhäuft worden. Die Gesellschaftsstudie über strukturelle Gewalt am Vorabend des Ersten Weltkrieges fügt sich nahtlos in das sperrige Werk des Österreichers Michael Haneke ein, in die ganze Reihe seiner streng komponierten, ebenso verstörend wie intensiv wirkenden Filme. Zufall und Beiläufigkeit des Todes, emotionale Kälte und Unmöglichkeit einer Verständigung, gehören zu den wiederkehrenden Sujets des als Moralist geltenden Filmemachers, in dessen Werk mehrere Analogien mit Kieślowski zu finden sind. Die auffälligste wohl: sein unbarmherzig sezierender Blick auf die Wirklichkeit. Auch auf sein Œuvre würde das Diktum zutreffen, es zeige die Erosion ethischer Maßstäbe in den modernen Gesellschaften. In seiner durchaus kontrovers aufgenommenen Trilogie DER SIEBENTE KONTINENT, BENNY'S VIDEO und 71 FRAGMENTE EINER CHRONOLOGIE DES ZUFALLS trat Haneke mit präzisen, die Alltagsrealität bis ins Fragmentarische sezierenden Beobachtungen und beklemmenden Konstellationen hervor, in den zufällige Todesfälle den Höhepunkt bilden und die Medien als Embleme der Einsamkeit fungieren. In Analogie zu Kieślowski fügen sich bruchstückhafte Momentaufnahmen und Fragmente des Zufalls bei Haneke zu einer Ästhetik des Unabweisbaren, die bei diesen beiden Regisseuren den Zweck verfolgt, den potenziellen Rezipienten (selbst)reflexiv herauszufordern. Mit unerbittlicher Logik führt er in FUNNY GAMES eine Reihe gänzlich unvermittelter Morde vor, um durch ihre Schockwirkung die üblichen Sehgewohnheiten[34] zu hinterfragen, die in seiner Interpretation den Zuschauer als einen heimlichen Komplizen der medialen Grausamkeiten bloßstellen. CODE: UNBEKANNT entfaltet dann das Mosaikbild einer desintegrierten Wohlstands-

---

33 Bei diesem Text handelt es sich um eine stark gekürzte und adaptierte Version meines Aufsatzes: *Mit Zuckerbrot und Peitsche! Audiovisuelle Strategien im Werk von Michael Haneke oder Verzahnung von Inhalt und Form im Dienste einer Wirkungsästhetik des Unabweisbaren*. In: Regensburger, Dietmar / Wessely, Christian (Hg.): *Von Ödipus zu Eichmann. Anthropologische Voraussetzungen von Gewalt* (erscheint im Herbst 2014).

34 Wie sie durch Hollywoods «continuity»-System und die Dramaturgie des klassischen Erzählkinos geprägt sind.

gesellschaft und ihrer sozialen Ränder, in der das Individuum atomisiert erscheint. In DIE KLAVIERSPIELERIN (LA PIANISTE, A/F/D 2001) und CACHÉ (F/A/D/I 2005) erhebt Haneke schließlich die allseits scheiternde Verständigung zu «der» Metapher für die Gegenwart. Seine «widerspenstige» Filmsprache und elliptische Dramaturgie, kurzum verunsichernde «Wirkungsästhetik des Unabweisbaren», verleihen Hanekes Werk gerade eine unverwechselbare Handschrift.

Den Teufel mit dem Beelzebub austreiben

Als der Thriller im historischen Gewand, DAS WEISSE BAND, 2009 in Cannes die Goldene Palme bekam, avancierte er zum Spitzenreiter einer ganzen Reihe von Filmen, die Gewalt zum beherrschenden Thema des Festivals gemacht haben. Ob Quentin Tarantinos INGLOURIOUS BASTERDS (USA/D 2009), Lars von Triers ANTICHRIST (DK/D/F/S/I/PL 2009), EIN PROPHET (UN PROPHÈTE, F/I 2009) von Jacques Audiard, KINATAY (Philippinen 2009) von Brillante Mendoza oder ENTER THE VOID (F 2009) von Gaspar Noé – alle provozierten sie als Schockfilme, die dem Zuschauer eine «*éducation brutale*» verappliziieren: Gewalt in der Familie, im Krieg, zwischen Geschlechtern und Generationen; Selbstzerstörung, sexuelle und psychische Grausamkeit, Sadismus, Kindesmissbrauch, polarisierend bis skandalös. In dieser visuellen «Gemetzel-Landschaft» bot das Gesellschaftstableau von Haneke mit seinem anthropologischen Gerüst über die Entstehung der menschlichen Gewalt «ästhetische Erkenntnisschocks». Und durch die Verbannung expliziter physischer Gewaltakte ins Off und eine evokative Tonspur beanspruchten jene Erkenntnisschocks Universalität – geradezu wegen des Verstörungspotenzials der Bilder und der formalen Abstraktion. Das Meisterwerk steht auch in einer langen Ahnenreihe mit wegweisenden Filmen, deren Zentrum die Frage der Gewalt bildet, wie EDIPO RE – BETT DER GEWALT (EDIPO RE, I 1967) von Pier Paolo Pasolini, ZUM BEISPIEL BALTHASAR (AU HAZARD: BALTHAZAR, F 1966) von Robert Bresson oder WEEKEND (WEEK-END, F 1967) von Jean-Luc Godard, die seinerzeit im Kontext von Ödipuskomplex, Religion und Politik diskutiert wurden, und hat aufs Neue[35] Debatten über den autoritären Charakter und die so genannte «schwarze Pädagogik» (Katharina Rutschky) entfacht.

Neben der bezwingenden Abstimmung der Form auf den Inhalt als Voraussetzung für den ethischen Diskurs bei Haneke (eine weitere Analogie mit Kieślowski) und der daraus resultierenden, verstörenden Wirkungsästhetik fällt in seinem Werk die Rigorosität dieses Diskurses auf, der umso autoritärer wirke, je erbarmungsloser, um nicht zu sagen verbissener er vorgetragen wird. Eine Zuschauer-Pädagogik «mit Zuckerbrot und Peitsche», wie Haneke selbst oft konstatiert, wobei Zuckerbrot in Gestalt der zarten Liebesgeschichte zwischen dem Dorflehrer und dem Kindermädchen aus DAS WEISSE BAND zum ersten Mal in seinem Werk vorkommt, was sich der Altersweisheit verdanken würde, so der Autorenfilmer. Die polemische Frage «Wie viel Haneke hält der Mensch aus?», von Charles Martig seinem *Pamphlet gegen das Kino des phi-*

---

35 Debatten, die aus dem thematischen Reservoir des Autorenfilms der 1960er- und 1970er-Jahre stammen, z. B. SIE KÜSSTEN UND SIE SCHLUGEN IHN (LES QUATRE CENTS COUPS, F 1959) von François Truffaut, DIE EINSAMKEIT DES LANGSTRECKENLÄUFERS von Tony Richardson (GB 1962), DER JUNGE TÖRLESS (BRD 1966) von Volker Schlöndorff, IF... von Lindsay Anderson (GB 1968), ZMORY (GESPENSTER, PL 1978) von Wojciech Marczewski, und neben der Kritischen Theorie auf die Untersuchungen von Alice Miller und der deutschen Soziologin Katharina Rutschky zurückgehen, die den Begriff «der schwarzen Pädagogik» mit ihrem manipulativ-repressiven und den Sadismus rationalisierenden Charakter etabliert hat.

losophisch-cineastischen Sadismus³⁶ vorangestellt, wurde vom Filmkritiker Ekkehard Knörer noch bekräftigt, der in Das weisse Band die Hanekesche Evidenzproduktion am Werk sieht und darin eine totalitäre Praxis gegenüber dem Rezipienten. Dies legt die Untersuchung jener audiovisueller Strategien nahe, die Hanekes Filme in einem zweischneidigen Distanzierungsverfahren zu Lehrstücken für den Zuschauer machen (oder polemisch formuliert, seine eigene «schwarze Pädagogik» bedienen). Zweischneidig, weil er zwar vielfältige Distanzierungstechniken anwendet, um die Dramaturgie seiner Filme offen zu halten mit dem impliziten Zweck, den Zuschauer aus der Distanz zu einer bewussteren Rezeption zu bewegen. Zugleich aber dessen Erwartungshaltung und Sehgewohnheiten so gnadenlos boykottiert, dass es durchaus als Akt der Aggression dem Zuschauer gegenüber angesehen werden kann.

Publikumsbeschimpfung

«Gnadenlosigkeit» scheint in diesem Kontext ein Schlüsselbegriff zu sein. Hanekes «Duktus der Negation» fehlt eine lebensbejahende Perspektive. Humor und (Selbst)Ironie, die seinen Filmen völlig abspenstig sind, böten da erst Optionen, an den Möglichkeitssinn des Betrachters zu appellieren. Wie es gerade Kieślowski oder Altman mit ihren narrativen Netzwerken tun. Deren elliptische Bildsprache hilft Assoziationen und Fragen zu evozieren, deren Deutung und Beantwortung dem Zuschauer überlassen bleiben. Was in Hanekes Werk dominiert, ist hingegen ein durchaus protestantisch anmutender Rigorismus, der in seiner Militanz nicht nur den Figuren den passiven, ausgelieferten Opferstatus vorbehält, sondern deduktionistisch die Determinanten der Handlung so festlegt, dass es auch für den Zuschauer kein Entkommen gibt – weder aus der Geschichte noch von den darin angelegten Deutungsmustern. Der unerbittliche Scharfblick von Haneke bringt eine Vivisektionskunst hervor, deren ausgetüftelte Wirkungsästhetik auf Unabweisbarkeit zielt und insofern den Betrachter gleichermaßen bevormundet wie sie ihn von der inhärenten Aufgabe, im Wahrnehmungsprozess zu «eigenen» Einsichten zu gelangen, letztlich entbindet.

Denkt man an den Topos der «fröhlichen Apokalypse», aufs Engste mit der Wiener Sezession der vorletzten Jahrhundertwende verbunden, drängt sich auch als kultureller Kontext eine lange Traditionslinie der österreichischen Kunst und Literatur auf, die Anachronismen, Atavismen und Antagonismen des Vielvölkerstaates mit besonderer Vehemenz anzugreifen und zu decouvrieren. Eine Tradition, die in der Alpenrepublik einem Phantomschmerz gleich kaum an Relevanz eingebüßt hat und auch ein Spezifikum ihrer Kultur ausmacht: Von den Wiener Aktionisten (Valie Export, Hermann Nitsch, Otto Muehl) und Hyperrealisten (Gottfried Helnwein) der 1960er- und 1970er-Jahre über die österreichische Gegenwartsliteratur bis zum Film der beiden letzten Dekaden. Robert Musils im Umkreis seines großen Romanwerks *Der Mann ohne Eigenschaften* formulierte These, Österreich sei ein «besonders deutlicher Fall der modernen Welt» – ob als «fröhliche Apokalypse» oder nostalgische Utopie – verlor seit der Klassischen Moderne³⁷ nichts von ihrer diagnostischen Präzision. Obwohl Musils «Kakanien» längst untergegangen ist, Franz Kafkas luzide Visionen legitimierter Grausamkeit im Begriff des Kafkaesken als Indiz einer inhumanen Gesellschaft Allgemeingut geworden sind, Karl Kraus' publizistisches *Weltgericht* mit seinen

---

36 In: Wessely, Christian / Grabner, Franz / Larcher, Gerhard (Hrsg.): *Michael Haneke und seine Filme. Eine Pathologie der Konsumgesellschaft.* Marburg 2008, 391–395.

37 Vgl. Goldschnigg, Dietmar: *«Fröhliche Apokalypse» und nostalgische Utopie: «Österreich als besonders deutlicher Fall der modernen Welt».* Berlin/Münster/Wien/Zürich/London 2009.

idiosynkratisch österreichischen Polemiken nur noch Eingeweihten Einblicke in «die letzten Tage der Menschheit» gewährt, und Hermann Brochs Begriff der «fröhlichen Apokalypse» seine Geltung paradigmatisch über Österreich hinaus entfaltet hat, so liegt hierin eine Tradition der Kultur- und Sprachkritik begründet, die in Österreich bis heute stark nachwirkt.

Eine lange Reihe von öffentlich angeprangerten «Nestbeschmutzern» findet man auch unter Autorenfilmern und Dokumentaristen wie Ulrich Seidel (HUNDSTAGE, 2001), Barbara Albert (BÖSE ZELLEN, 2003), Jessica Hausner (LOVELY RITA, 2000 / HOTEL, 2004 / LOURDES, 2009), Ruth Mader (STRUGGLE, 2003), Michael Glawogger (MEGACITIES, 1998 / DAS VATERSPIEL, 2009), Hubert Sauper (DARWINS NIGHTMARE, 2004), Nikolaus Geyrhalter (UNSER TÄGLICH BROT, 2005) oder Michael Haneke, deren stilistisch eigenwillige, nicht selten provokante bis radikale Geschichten und Dokumentationen um menschliche Abgründe und soziale Auswirkungen der Globalisierung die meist beachteten Produktionen aus Österreich bilden. Anlässlich einer Filmreihe im New Yorker Lincoln Center im Jahr 2006 bezeichnete Dennis Lim von der *New York Times* Wien als die «Welthauptstadt des Schlechtfühl-Kinos»[38]. Die «hervorragende Qualität der neuen Welle des österreichischen Kinos» beruhe, schrieb Lim weiter, auf dem «Willen zur Konfrontation mit dem Verächtlichen und der Betonung des Negativen»[39].

Verzahnung von Inhalt und Form im Dienste einer Wirkungsästhetik

Was für die «erbarmungslose Moralistin» Elfriede Jelinek ihre Sprache als Werkzeug der «Zurichtung» ist, leisten für den «gnadenlosen Moralisten» Haneke seine audiovisuellen Strategien der Perzeption. Geht man davon aus, dass die lange Traditionslinie österreichischer Kunst und Literatur – mit auffälliger Vehemenz, um nicht zu sagen Militanz der Ausdrucksmittel, auf die gesellschaftlichen Zustände zu reagieren –, in der Nachkriegszeit mit der besonderen Renitenz der österreichischen Gesellschaft in ihrer Verweigerungshaltung, sich mit der Zeit des Nationalsozialismus auseinanderzusetzen, zu tun hat, verfestigt sich hierbei der Eindruck eines intellektuellen «Amoklaufs» gegen dieselbige. Ob in der Kunst, in der Literatur, im Theater oder im Film – die Abstimmung der Form auf den Inhalt folgt bei den in Österreich tabuisierten Diskursen oft einer Wirkungsästhetik, die das aufsässige Publikum frontal und unausweichlich mit der anvisierten Thematik konfrontieren soll.

So betrachtet lassen sich die Einwände von Martig und Knörer leicht relativieren: Hanekes vermeintliche Verstehensverweigerung in Form von Bruchstückhaftigkeit und Schwarzblenden (Fragmentierung, Auslassungen/Unterbrechungen der Handlung, die deren elliptischen Charakter hervorheben), durch die er die Narrativität soweit auflöse, dass der Zuschauer hilflos in einem Irrgarten zurückgelassen werde, ist nicht nur Programm: zwischen produktiver Verunsicherung des Zuschauers und dessen Stimulierung zu einer kritischen, selbstreflexiven Wahrnehmung. Sie ist auch in der antiillusionistischen Tradition alinearer und fragmentarischer Erzählverfahren zu verorten, die sich einer mimetischen Diegese mittels der Dekomposition widersetzen, und folgt im Kontext der österreichischen Kulturgeschichte der idiosynkratischen Traditionslinie, das Publikum – ob durch Wirkungsästhetik und/oder Pro-

---

38 Lim, Dennis: *Austrian filmmakers with a heart for darkness* - Culture - International Herald Tribune, The New York Times, 27.11.2006; Auch HTTP://WWW.NYTIMES.COM/2006/11/27/ARTS/27IHT-AUSFILM.3682336.HTML (03.02.2012), vgl. im Original «world capital of feel-bad cinema».

39 Ebd., vgl. im Original «The salient quality of Austrian film›s new wave is its willingness to confront the object and emphasize the negative.»

vokation – mit unerwünschten, polarisierenden Diskursen, notfalls gegen seinen Willen zu konfrontieren. Buchstäblich den Zuschauer vor den Kopf zu stoßen. Haneke erspart dem Zuschauer auch nicht die Erkenntnis, dass er manipulativ vorgeht, indem er seine Mittel wie Kieślowski in Schwarzblenden selbstreferenziell offenlegt, und einen ethischen Diskurs anzettelt, dem sich der Zuschauer dank der audiovisuellen Strategien nicht entziehen kann. Ähnlich wie Thomas Bernhard gerät Haneke dadurch unter den Verdacht eines gottgleichen Größenwahns, der umso suspekter wirkt, da er im Gegenzug zu dem Literaten weder Humor noch Ironie erkennen lässt. Es ist auch diese Ernsthaftigkeit in Verbindung mit moralischen Fragen – die Schonungs- und Erbarmungslosigkeit –, die provoziert. Zumal er in seinen Filmen immer einen medialen Diskurs führt, der dem Zuschauer ihren Artefakt-Charakter nicht vorenthält und somit keine Zuflucht lässt, nicht mal die zu den Konventionen des Erzählens.

Audiovisuelle Strategien der Fragmentierung und Distanzierung

Die herkömmliche Filmdramaturgie bedient Standardmuster des linearen «continuity»-Stils à la Hollywood. Ganz anders die offenen Dramaturgien, von «elliptisch-episodischen Erzählstukturen», die auf ihren eigenen Kunstwerk-Charakter verweisen, über die Verfahren der «unzuverlässigen Narration» bis hin zu Praktiken einer «Unentscheidbarkeit», die jedwede Zuverlässigkeit verweigern, wie es sich anhand von David Lynchs LOST HIGHWAY (USA 1997) oder MULHOLLAND DRIVE (USA 2001) demonstrieren ließe. Die Filmwissenschaft beschäftigt zunehmend die Frage, welche spezifischen Formen und Erkenntnisfunktionen das Erzählen im Film haben kann. Zumal Bilder, Ton und Musik bei der Konstituierung der narrativen und dramaturgischen Elemente einer Geschichte zur Erweiterung oder Verschiebung ihrer Formen und Möglichkeiten beitragen können: etwa durch Überhöhung oder Verharmlosung von Sachverhalten, visuelle/musikalische Betonung von Kontrasten oder Paradoxien, Verlegung relevanter Handlungssegmente ins auditive Off. Kontrapunkte und Mehrdeutigkeiten können auch qua Distanzierungsmittel wie der V-Effekt erreicht werden. Ein Narrationsverfahren, das den Zuschauer mit «trickreichen» Strategien dazu herausfordert, jene rezeptionslenkenden Signale, die in die Erzählung eingeflochten sind, aufzudecken. Ein Versuch, ihn vom passiven Rezipienten der vorgesetzten, in der Regel illusionistischen Geschichten zu einem Mitspieler oder gar Komplizen der Narration zu machen, der *idealita* in einem «interaktiven» Spiel mit erzählerischen Konventionen und methodischen Fiktionsbrüchen in die Lage versetzt werden sollte, jenen in die Textur des Films eingeschmuggelten Indizien auf die Schliche zu kommen.

Vor diesem Hintergrund liefern Hanekes und Kieślowskis Werke jeweils ein besonderes Beispiel für offene Dramaturgien, da in ihren Filmen Prinzipien des klassischen Erzählkinos gebrochen werden. Die formalen Mittel, die sie zur Dekonstruktion oder gar Destruktion des «continuity»-Ausgangsmodells einsetzen, bewegen sich zwischen Praxis der Desorientierung, die der Erfahrung einer Fragmentierung der Wirklichkeit Rechnung tragen soll, und Techniken der Distanzierung, die sich weniger im Bereich der filmischen Diegese abspielen, als vielmehr die wirkungsästhetische Film-Zuschauer-Relation betreffen.

Techniken der Distanzierung

Um den Rezipienten aus seiner bequemen Wahrnehmungsposition herauszureißen, bedienen sich Haneke und Kieślowski ähnlicher Wirkungsmittel: vom Schock bis zur Überschreitung der perzeptiven wie emotionalen Erträglichkeitsgrenzen des durchschnittlichen Zuschauers. In allen seinen Filmen beschreibt Haneke Extremsituationen in der Überzeugung, dass man den Zuschauer jenseits soziopsychologischer Erklärungsmuster zur Suche nach einer eigenen Interpretation zwingen kann. Exemplarisch vorzufinden in BENNYS VIDEO, in der Prolog-Szene der auf Video aufgenommenen Schlachtung eines Schweins mit Hilfe eines Schlagbolzens und in der Tötungsszene, als Benny scheinbar beiläufig diesen Akt an einem Mädchen wiederholt und später seinem Vater die Auskunft gibt, er wollte sehen, wie es ist. Der eigentliche dramaturgische Coup jener nachwirkenden «Schockästhetik» besteht in der indifferenten Reaktion der Eltern, die beschließen, die Leiche zu entsorgen und alles zu vertuschen. Im Finale folgt der inversive Kulminationspunkt: Benny denunziert die Eltern.

Zum Repertoire adäquater Kunstgriffe gehören die Verlagerung der Aktion ins Off, außerhalb des Bildausschnitts, besonders wenn es um die explizite Darstellung von Gewalt- und Tötungsakten geht, deren Grausamkeit der Regisseur in das imaginierte «Kino im Kopf» des Zuschauers verbannt; Fragmentierung der «Narration» und bewusster Antipsychologismus in der Darstellung der Figuren, über die wir nichts erfahren; Unterbindung der Identifikation/Projektion des Zuschauers, indem die Figuren nur in ihrem Verhalten gezeigt werden; ein spezifischer Behaviorismus, der statt mit sozialen Ursachen mit individuellen Konsequenzen konfrontiert; Haneke spricht auch von keinen «Charakteren», sondern beruft sich immer wieder auf Robert Bresson und seine Konzeption der «Modelle»; des weiteren die Tonspur als ein wirkungsvolles Medium der qualvollen Exerzitien bei Haneke; sparsames Schauspiel, lange statische Kameraeinstellungen, Plansequenzen, Kadrage, die für die Figuren wie für den Zuschauer eine beängstigende, undurchdringliche Welt entstehen lassen. Zuweilen wirken die Bilder sogar künstlich, ihr Realitäts- und Informationsgehalt lässt nach, womit fortschreitende Eliminierung der Kontinuität und Fiktionalität einhergeht; Schwarzblenden unterbrechen immer wieder einzelne Einstellungen, die Leerstellen zwischen den Takes unterstreichen und mit diesen Lücken auch den elliptischen Charakter der Filmsprache.

Die Bildkompositionen, die es dem Zuschauer erschweren, der Aktion zu folgen, gehören zu jener Sparte von Distanzierungstechniken, die mit der narrativ funktionalen Norm der Eindeutigkeit und Verständlichkeit brechen. Haneke präsentiert schockierende Ereignisse, als ob sie nichts Besonderes wären, und widmet gewöhnlichen, scheinbar unwichtigen Dingen unproportional viel Aufmerksamkeit. Die künstliche Ausdehnung der Einstellungsdauer, potenziert durch die statische Kamera – exemplarisch der zehnminütige Take in FUNNY GAMES, nachdem die Mörder das Haus verlassen haben –, sabotiert wiederum nicht nur unsere Sehgewohnheiten, sondern auch den psychischen Komfort einer sonst unverbindlichen Unterhaltung. Zumal Haneke den vorausgegangenen Kindesmord zusätzlich mit Geräuschen eines Autorennens im flimmernden Fernseher kontrastiert. Die verlängerte Einstellungsdauer wirkt dramaturgisch umso obszöner, je weniger sie mit Informationsgehalt aufgeladen ist. Alle diese Praktiken dienen dem Zweck, die Illusion der filmischen Wirklichkeit auszuhebeln, womit der Zuschauer aus seiner Versenkung in die Illusion der filmischen Wirklichkeit und somit der emotionalen Anteilnahme herausgerissen und in die Position völliger Distanzierung versetzt wird. Hollywoods «continuity»-Stil des klassischen Erzählkinos, zu dem auch der weiche Schnitt und die narrativ funktionale Montage gehören, wird als Referenzsystem außer Kraft gesetzt; die Entlarvung seiner Konventionalität als weitere Distanzierungstechnik gegenüber dem eigenen Werk eingesetzt. Ein Spezifikum der audiovisuellen Strategien von Haneke und Kieślowski besteht schließlich auch darin, dass so viele der Praktiken, die Distanz des Zuschauers gegenüber dem Film erzeugen, einen selbstreferenziellen Charakter haben.

«Wirkungsästhetik des Unabweisbaren» und das Objekt ihrer Begierde

Brutale Bilder attackieren den Zuschauer in allen Filmen Hanekes spätestens im Kopf oder auf der Mattscheibe, mit all der in TV-Nachrichten omnipräsenten Gewalt von den Kriegsschauplätzen dieser Welt. Aggression und Autoaggression geschehen hier kaltblütig und unvermittelt. Ein ähnlich emotionsloses Verhältnis dazu, was auf der Leinwand passiert, scheint der Urheber dieser Bilder zu haben. Jene kühle und leidenschaftslose Darstellung der Gewalt erhöht zusätzlich ihre Wirkungskraft beim Zuschauer. Gewalt steht im Zentrum dieses Werks. Als sein interessantester Aspekt erweist sich jedoch nicht so sehr die dargestellte Gewalt, als vielmehr die gegen den Zuschauer gerichtete Gewalt. Von diesem Standpunkt aus erscheinen alle audiovisuellen Strategien der Distanzierung als ein auf ihn zielender Akt der Aggression, weil sie so kalkuliert sind, um ein perzeptives Unbehagen auszulösen, das den Zuschauer aus der konventionellen Wahrnehmungsposition herauskatapultiert. Es betrifft sowohl einzelne, oft abrupt abgebrochene Einstellungen, als auch die gesamte, mit narrativen Lücken und Unklarheiten versehene, polyvalente Erzählstruktur. Die offene Provokation in Funny Games gegenüber Zuschauern, die Gewalt als Unterhaltungsware konsumieren, hat Haneke die Kritik eingebracht, auf die Schaulust berechnete Thriller zynisch mit denselben Mitteln in der Konvention eines Thrillers zu bekämpfen. Hanekes Argument, er würde dem Publikum nur das geben, was ihm anscheinend Vergnügen bereite, überzeugt aber nicht, weil dieses Zielpublikum der Gewaltkonsumenten nicht sein Publikum ist. Die Adressaten des Gewalt-Diskurses dürften sich kaum seine Filme anschauen wollen, stellt er doch die Gewalt mit den dazugehörigen, sonst ausgeblendeten Leiden dar und nicht der Angstlust wegen.

Mit der unerbittlichen Konsequenz, mit der er audiovisuelle Strategien entwickelt, um beim Zuschauer eine distanzierte Haltung gegenüber einem filmischen Werk aufzubauen, verweigert ihm Haneke auch positive Empfindungen, mehr noch, absichtlich und vorsätzlich fügt er ihm visuellen Schmerz zu. Er erschwert die Wahrnehmung seiner Filme soweit, dass der Zuschauer, ständig herausgerissen aus dem herkömmlichen Modus der Rezeption, hilflos dasteht. Eine adäquate Reaktion darauf bestünde darin, die weitere Rezeption zu verweigern, rauszugehen oder abzuschalten; oder aber tatsächlich in der emotionalen Distanzierung gegenüber dem, was man bei Haneke sieht, hört oder erahnt, unabhängig von den klassischen Identifikations- und Unterhaltungsmustern. Dies gerade ist die erwünschte Haltung, stimuliert durch diverse formale Kunstgriffe, die der Regisseur anwendet. Mittels einer «Wirkungsästhetik des Unabweisbaren», die man nur ähnlich radikal verweigern könnte, der man sich aber gar nicht entziehen kann, sofern man sich ins Spiel einbinden lässt und dessen inversive Verfahren nachvollzieht. Ihr Ziel: Erzeugung von Distanz, unabdingbar für rationale Reflexion, die der Zuschauer als bewusstes Subjekt des filmischen Diskurses leistet.

Auf keinen Fall sollte man aber übersehen, dass dies Teil der bewussten Strategie des Regisseurs Haneke ist, der «sein» Publikum nicht nur unterhalten, sondern vor allem aufregen will. Paradox genug, da er andererseits es wie Kieślowski zur bewussten Reflexion, also Mündigkeit, anleiten möchte. Daher all die Strategien und Verfahren, die es dem Zuschauer erschweren, beinahe unmöglich machen sollen, jene(s) Angebot/Herausforderung abzuweisen.

X. Schweigt Kieślowski?

Das Leben sah ein anderes Szenario vor: **PARADIES – FEGEFEUER – HÖLLE**

X. Schweigt Kieślowski?

Die Ankündigung seines Rückzugs ins Privatleben zog allerorten Spekulationen nach sich, ob Kieślowski tatsächlich bei diesem Entschluss bleiben würde. Freimütig gab er zu, als emeritierter Regisseur eventuell im Auftrag einige Drehbücher schreiben zu wollen. Als dann in Polen die Nachricht die Runde machte, er würde erneut mit Krzysztof Piesiewicz eine Trilogie vorbereiten, rechnete man im Stillen mit einer Revision der Entscheidung. Hatte Kieślowski nicht bereits bei DEKALOG Drehbücher für andere Regisseure schreiben wollen, die für ihn selbst zu einer Herausforderung wurden und die er nicht mehr hatte abgeben können?

Die Idee zu der neuen Trilogie hatte Krzysztof Piesiewicz. 1993 schlug er in Paris Kieślowski die Arbeit an einem neuen Zyklus vor. Nach anfänglichen Abwehrreaktionen Kieślowskis nahmen sie 1994 Kontakt mit zwei europäischen Produzenten auf, um die ersten Entscheidungen herbeizuführen. Im Frühling 1995 begannen sie in Masuren mit der Niederschrift der Filmnovelle *Raj* (Paradies), die am 9. Juli den potenziellen Produzenten vorgelegt werden konnte. Im Herbst wollten Kieślowski und Piesiewicz ihre Arbeit an der zweiten Novelle *Piekło* (Hölle) fortsetzen und trennten sich für die Zeit der Sommerferien. Am 22. August ereilte Piesiewicz im Urlaub die Nachricht vom schweren Herzinfarkt seines Freundes. Die Situation veränderte sich grundlegend: Als Krzysztof Kieślowski am 13. März 1996 starb, bedeutete es das Aus für das gemeinsame Vorhaben. Piesiewicz beschloss aber, es im Alleingang zu Ende zu bringen. Nach der Veröffentlichung des ersten und letzten Teils 1997 in dem Literaturperiodikum *Dialog* musste er seine Arbeit wegen eines eigenen Projektes für den italienischen Fernsehsender RAI unterbrechen. 1999 beendete Piesiewicz schließlich die Filmnovelle *Czyściec* (Fegefeuer), so dass die ganze Trilogie auf Initiative des Warschauer Verlags «Skorpion» in Buchform veröffentlicht werden konnte.

Die Publikation besteht aus drei Filmnovellen, die die erste Niederschrift eines Filmstoffes auf dem Weg zur endgültigen Ausarbeitung in Drehbuchform darstellen. Eine für Kieślowski typische Prozedur, bei der das «Vorprodukt» – wie Piesiewicz sagt – die Imagination des Regisseurs beflügeln sollte. Dass die Trilogie auf die Inspiration durch ein literarisches Schlüsselwerk der abendländischen Kulturtradition – Dante Alighieris *Die göttliche Komödie* – zurückgehe, liegt nahe: nicht nur durch die Thematik und die Konstruktion des Triptychons *Paradies-Fegefeuer-Hölle*, wofür das zeitlose Versepos als Verweissystem der aktualisierten Reflexion über diese Begriffe in der Gegenwart dienen könnte. Auch motivische Fährten in DIE ZWEI LEBEN DER VERONIKA sprechen dafür: Die erste Filmnovelle von Kieślowski und Piesiewicz trägt den Titel *Paradies*. Das musikalische Leitmotiv in DIE ZWEI LEBEN DER VERONIKA ist mit Textpassagen aus Dantes *Paradies* in *La Divina Commedia* unterlegt. Sonderbarerweise sprach Kieślowski in diesem Zusammenhang immer von Textpassagen aus Dantes *Hölle* und wies darauf hin, dass die Idee dazu von Zbigniew Preisner kam und der Text selbst im Film mit keiner Bedeutung aufgeladen wäre.

Die Verwechslung überrascht umso mehr, da gerade der inhaltliche Bezug im Text zu Dantes *Paradies* der Komposition von Preisner eine tiefergehende Bedeutung verleiht: Preisner gab dem Stück den italienischen Titel *Verso il cielo – In Richtung Himmel*, und es ist bestimmt kein Zufall, dass Weronika diese Zeilen im Moment ihres Todes singt. Als sie während des Konzerts auf der Bühne zusammenbricht, folgt sie dem Beispiel des zweiten Liedes aus Dantes *Paradies* und «steigt» gegen den Himmel in jener «Vogelperspektive»-Sequenz «auf», die Idziak metaphorisch zu einem Schwebezustand zwischen Leben und Tod verdichtet hatte: als ob es sich hier um jenen Augenblick handeln würde, in dem Weronikas Seele den Körper nach dem Tod verlässt.

Ebenso wenig zufällig ist die Schlusssequenz von *Paradies*, die ein ähnlich metaphorisches Bild enthält, ohne ins Esoterische abzugleiten: wenn die Liebe der beiden Protagonisten, die einer himmlischen Oase inmitten eines menschengemachten Infernos gleicht, ihren Kulminationspunkt in einer «Himmelfahrt» findet. Sie verlassen diese Welt mit einem Polizei-Hubschrauber in einem vertikalen Steilflug gegen den Himmel. Das Licht des Scheinwerfers im Fahrgestell des Hubschraubers ähnelt dann vor dem dunkelblauen Nachthimmel einem strahlenden Stern am Firmament. Auch bei dieser Sequenz ist anzunehmen, dass es sich hier um eine Todesvision handelt: Nur durch Zufall verwandelt sich der bevorstehende Tod des Liebespaares – und nur allem Anschein nach – in einen Selbstmord. Eigentlich erfüllt sich so ihre Liebe – im gemeinsamen Flug in den Himmel.

Die Trilogie *Paradies-Fegefeuer-Hölle* gehorcht wie ihre Vorgängerin einer spiegelverkehrten Dramaturgie: mit der Hölle auf Erden in *Paradies* und einem vermeintlichen (Familien-) Paradies in *Hölle*, die in beiden Fällen zu einer zentralen Metapher des menschengemachten Infernos avancieren. Diese Metapher erfährt unmittelbar ihre zeitgeschichtliche Materialisierung im Bild der ethnischen Säuberungen während des Kosovo-Krieges in *Fegefeuer*, das um die Frage nach der Rolle der Medien bei der Vermittlung und kommerziellen Ausschlachtung des menschlichen Leids kreist. Bezeichnenderweise werden die Begriffe im Vergleich zu Dantes *Die Göttliche Komödie* ebenfalls in umgekehrter Folge aneinandergereiht. Wie in der DREI FARBEN-Trilogie setzen Kieślowski und Piesiewicz an den Anfang jeder Filmnovelle traumatische Ereignisse, die die Atmosphäre

393 Eine der letzten Aufnahmen von Kieślowski (Foto: Marta Kieślowska)

der jeweiligen Geschichte stark definieren helfen sollen: In *Paradies* ist es ein Bombenattentat, in *Fegefeuer* ein Massaker serbischer Soldateska an den Bewohnern eines albanischen Dorfes und in *Hölle* ein Ehestreit, der im Todessprung des Vaters kulminiert. Diese Ereignisse werden zum dramaturgischen Ausgangspunkt einer Reflexion, in deren Mittelpunkt Menschen stehen, die in einer extremen Situation einer Bewährungsprobe ausgesetzt werden.

Diese Konzeption kommt am konsequentesten in *Paradies* zum Tragen, wo das Duo Kieślowski/Piesiewicz eine ebenso kontroverse wie provokative Konstellation schuf: Der Film beginnt mit einer Telefonszene, in der Regina ihre Freundin Filipina, beide um die Dreißig, ver-

X. Schweigt Kieślowski?

zweifelt von ihrem Vorhaben abzubringen versucht. Filipina ist nämlich im Begriff, das Büro eines Mannes in die Luft zu jagen, der sich später als ein Drogenhändler entpuppen wird. Er ist nicht nur verantwortlich für den Drogentod ihres Mannes, sondern beherrscht auch den Drogenmarkt von Turin. Als Lehrerin ist Filipina seit Jahren in der Schule mit den verheerenden Folgen seiner mafiotischen Umtriebe konfrontiert worden. Nach dem Attentat wird sie verhaftet und erfährt zu ihrem eigenen Entsetzen, dass bei der Explosion statt des Mafiosi vier unschuldige Personen, darunter zwei Kinder, ums Leben gekommen sind. Die korrupte Polizei hat alle Indizien verschwinden lassen, mit deren Hilfe sich belegen ließe, dass Filipina seit geraumer Zeit die Polizei mit Hinweisen belieferte und ihr entscheidende Tipps gab, die zur Verhaftung des Paten und Sprengung seines Dealer-Rings hätten führen müssen. Als der junge Polizist Filip während der Verhöre Filipinas Unschuld realisiert, verliebt er sich in sie, ermöglicht ihr die Flucht und hilft ihr schließlich, den Mafia-Boss zu töten. Ihre gemeinsame Flucht nach Siena führt sie zur Reginas Farm, die bald von der Polizei belagert wird, und endet scheinbar prosaisch: Sie entwenden einen Polizei-Helikopter, mit dem sie in den Himmel abheben.

Im Prolog zu *Fegefeuer* wird man Zeuge eines Massakers in einem albanischen Dorf, das ein bewaffneter Verband der serbischen Armee an wehrlosen Zivilisten verübt. Nur ein Greis und ein Junge überleben das Gemetzel, bei dem auch der englische Star-Fotograf Frank Dopton getötet wird. Dopton dokumentiert das Geschehen in einer aufrüttelnden Fotoserie bis zum finalen Schuss, der ihn niederstreckt. Als seine Frau Aniela sein Foto im Angesicht des Todes bei einer Ausstellung des Londoner Fotografen Richard Bless entdeckt, erkennt sie an der Uhr und einem Handmahl den wahren Urheber der preisgekrönten Fotoreportage. Zu diesem Zeitpunkt ist ihr Mann bereits seit drei Monaten im Kosovo. Ihre Ehe war seit gewisser Zeit zerrüttet. Aniela lebt mit ihrem neunjährigen Sohn Edward in London und hat eine Liebesaffäre mit dem 30-jährigen Journalisten Adam. Der Zufall führt sie mit dem Bestseller-Autor Bernhard Kassel zusammen, einem abgeklärten Menschenkenner im avancierten Alter, der ihr hilft, Bless als Hochstapler zu überführen, ohne ihn in der Öffentlichkeit bloßzustellen. Während Aniela mit Edward und Adam zum Tatort nach Kosovo reist, um Franks Leiche nach England zu überführen, stellt Kassel in London sein neues Buch *Preisgekrönte Fotos* vor, das ein Mode-Regisseur verfilmen will. Durch den Schlüsselroman werden Medien auf Bless aufmerksam, der zunehmend unter Druck gerät und sich auf den Weg nach Priština macht. Zurück in London, geht Aniela an Schaufenstern vorbei, ohne eine Fensterfront mit Fernsehapparaten wahrzunehmen. In den Nachrichten ist ein Bericht aus dem Kosovo zu sehen: Auf einem von Stacheldraht umzäunten Minenfeld irrt eine Greisin umher, die ein wild gestikulierender Mann zu warnen versucht. Bless, der gleichzeitig eine Fotoserie schießt, schreit und rennt auf die Frau zu, als eine Explosion seinen Körper in die Höhe schleudert. Vier Soldaten schieben später den schwarzen Plastiksack mit seiner Leiche in einen Militär-Hubschrauber, der langsam von dem Landeplatz abhebt.

Die Handlung von *Hölle* ist in Paris angesiedelt und beginnt mit einer Rückblende in die Vergangenheit: Nach seiner Entlassung aus dem Gefängnis kehrt ein Mann ins Haus seiner Familie zurück, wird aber von der Ehefrau an der Tür schroff abgewiesen. Als er sich mit Gewalt Zutritt verschafft und seine Kinder sehen will, eskaliert die Auseinandersetzung in Handgreiflichkeiten, da die Frau ihn mit gehässigen Vorhaltungen und grässlichen Behauptungen an den Rand des Wahnsinns treibt, bis der Familienvater aus dem Fenster springt. Etwa 30 Jahre später leben seine Töchter Greta, Zofia und Anna in Paris. Die eigentliche Handlung setzt ein mit einer Reihe von Telefonaten: Ein Mann namens Sebastian ruft bei Zofia und Anna an, da er Kontakt mit Greta aufnehmen will. Anna telefoniert mit ihrem Geliebten Fryderyk, der ihr nahelegt, ihn nicht mehr anzurufen, und auflegt. Zofia belauscht die Telefonate ihres Mannes Piotr und folgt ihm ins Hotel, wo er mit einer anderen Frau schläft. Abermals fungiert das Telefon als Sinnbild einer allseits scheiternden Kommunikation, die zwischenmenschlichen Beziehungen ins Leere abgleiten lässt. In dieser Hölle, die Menschen füreinander geschaffen haben, leben die Schwestern in ihren Beziehungen alleine: Zofias Mann betrügt sie; Annas Geliebter ist verheiratet und Greta missversteht Sebastians Interesse an ihr als einen Annäherungsversuch. Während Zofia ohne Rücksicht auf ihre Kinder ähnlich destruktiv auf Piotrs Seitensprung reagiert wie einst ihre Mutter, droht Anna an der Zurückweisung Fryderyks zu zerbrechen. Zumal er ihr Hochschullehrer ist und sie das Studium zunehmend vernachlässigt. Als sie sich aber fängt und mit Bravour ihr Examen besteht, verunglückt Fryderyk in den Bergen; seine Tochter Józefina kündigt ihr die Freundschaft auf. Daraufhin eröffnet ihr Anna, dass sie von Fryderyk schwanger ist und er nichts davon wüsste. Greta besucht als einzige ihre Mutter regelmäßig im Altersheim und trifft sich mit Sebastian, der ihr – da sie ihn damals in der zweideutigen Situation gesehen hat – die Wahrheit über das Zerwürfnis ihrer Eltern offenbart: Er war ein Schüler ihres Vaters und hat ihn sexuell provoziert, um eine Wette zu gewinnen. Die Mutter hat ihren Mann dann bei der Polizei angezeigt und seine Verurteilung besiegelt. Als die Schwestern zum ersten Mal nach Jahren zusammen die Mutter im Altersheim besuchen, startet im Hof ein Hubschrauber: Ein Nachbar der Mutter, der immer mit einem Kaleidoskop gespielt hat, wird abtransportiert. Aus der Vogelperspektive des Hubschraubers ist die ganze Stadt zu sehen, und die angehenden Lichter fügen sich abends langsam zu einem farbigen Mosaik. Je höher der Helikopter abhebt, desto mehr erinnert diese Anordnung an ein Kaleidoskop-Bild.

Da die Konzeption der neuen Trilogie von Kieślowski und Piesiewicz gemeinsam entwickelt wurde, kann man auch davon ausgehen, dass bestimmte wiederkehrende Motive, die die drei Teile des Triptychons wie in der Drei Farben-Trilogie miteinander verbinden, auf das Konto beider Autoren zurückgehen: So zum Beispiel in Analogie zu der «alten Greisin» am Flaschencontainer die Figur eines Greises mit mildem Lächeln und sonnigem Gemüt, der in *Paradies* dem Liebespaar im Zug auf der Flucht nach Siena begegnet, im Prolog zu *Fegefeuer* als einziger das Massaker überlebt und in *Hölle* zusammen mit der Mutter der drei Schwestern im Altersheim seine Tage fristet. In allen drei Novellen kehrt auch das Motiv der Geburtsdaten wieder, die verborgene, unterschwellige Verbindungen zwischen den Menschen suggerieren; desweiteren das Motiv der Stadt Siena, die in *Paradies* die Geburtsstadt Filipinas und der Zufluchtsort des Paares ist und in *Hölle* zum Modellbau einer Examensarbeit wird, die Anna als Architektur-Studentin anzufertigen hat. Im Finale aller drei Geschichten taucht auch das fellineske Motiv eines Hubschraubers (vgl. Prolog von Achteinhalb, I/F 1963) auf, der die Helden in den Himmel hebt: in *Paradies* und *Hölle* als Vorbote eines angekündigten Todes, in *Fegefeuer* post mortem als Abtransport der Leichen von Frank und Bless.

In den drei Novellen lassen sich sowohl thematische Bezüge als auch Motive aus Kieślowskis früheren Filmen finden: Mit dem Billardspiel, dem «Himmel-und-Hölle»-Spiel der Kinder auf der Straße und dem Kaleidoskop in

X. Schweigt Kieślowski?

394 Irène Jacob in DREI FARBEN: ROT

Hölle kommen neue Varianten zum Motivkomplex Magie/Spiel/Illusion im Werk Kieślowskis hinzu. Wenn Anna ihren Modellentwurf vorbereitet, betrachtet sie Aufnahmen vom Parthenon mitsamt einer Folie-Zeichnung, die die nicht mehr vorhandenen Elemente des Tempels rekonstruiert. Zerstörungen der Gegenwart und ein uneingeholtes Idealbild – es ist unschwer darin einen metaphorischen Kommentar puncto seelischer Verwüstungen der drei Schwestern zu entdecken. Wie so oft bei Kieślowski gibt es auch in *Fegefeuer* ein reinigendes Gewitter und in *Hölle* einen heftigen Regen sowie unerwartete Lichteinbrüche, die die Augenblicke der Wahrheit ankündigen. Suchte Valentine in ROT in der Kirche nach der Hündin, so legt Filipina in *Paradies* eine Beichte vor einem leeren Beichtstuhl ab, obwohl sie nicht an Gott glaubt; und Zofia sucht im Regen mit ihren Kindern Zuflucht in einer Kirche, die geschlossen ist.

Paradies erscheint als eine Fortsetzung der thematischen Motive aus ROT: Wenn Filipina einen Bombenanschlag auf einen Drogenhändler verübt, so nimmt sich dieser Plot wie ein Echo von Valentines Telefonat aus, in dem sie dem Mafia-Boss von Genf angedroht hatte, man würde ihn töten. Als Lehrerin hat Filipina nicht nur den Beruf mit Véronique gemeinsam, sondern findet in Filip ihre verwandte Seele. Das Doppelgänger-Motiv aus DIE ZWEI LEBEN DER VERONIKA wird durch die identischen Namen Filipina/Filip und die gleichen, nur um einige Jahre versetzten Geburtsdaten der Liebenden noch unterstrichen. Später, bei ihrer improvisierten «Hochzeit», schließen sie Blutsbande, um mit dem Hubschrauber in den Himmel aufzusteigen und den Tod zu finden. Auch Greta und Sebastian verfügen über dieselben Geburtsdaten und erweisen sich in ihrer Umgebung als Wahrheitssuchende, die noch für Andere offen sind. In *Fegefeuer* erinnert die Beziehung zwischen Aniela und Kassel an das Duo Richter und Valentine aus ROT. Hinzu kommt das Motiv einer jungen Witwe, die ihren kleinen Sohn alleine erzieht und ein Zeichen von ihrem Ehemann bekommt, das zwangsläufig an OHNE ENDE denken lässt. Wenn die TV-Bilder mit dem Abtransport von Bless' Leiche aus Kosovo in «slow motion» laufen, werden Reminiszenzen an das Finale in ROT wach. Dass Aniela bei ihrem Spaziergang an einer Fensterfront mit Fernsehapparaten vorbeigeht, ruft eine ähnliche Szene aus DEKALOG 1 in Erinnerung, in der die Tante vom Unfalltod ihres kleinen Neffen aus dem Fernsehen in einem Schaufenster erfährt. In *Hölle* scheint das Motiv des Altersheims, in dem die stumme Mutter ihre Tage fristet, ebenso BLAU entliehen zu sein wie dasjenige einer Schwangerschaft von einem tödlich verunglückten Mann im Fall Annas. Auch die vielen Lichtreflexe erinnern an BLAU und ROT.

Außerdem erlaubt sich Krzysztof Piesiewicz in *Fegefeuer* noch einen ironischen Seitenhieb auf den Nachruhm Kieślowskis, der schon deswegen einzig auf sein Konto gehen muss, weil

Kieślowski zu früh starb, um die Werke seiner Epigonen in der zweiten Hälfte der 1990er-Jahre noch begutachten zu können. Während der Präsentation seines neuen Bestsellers *Preisgekrönte Fotos* in einem Londoner Kunsttempel spricht Kassel ein junger britischer Regisseur an, der im Ruf steht, «*en vogue*» zu sein und ans Werk des berühmten polnischen Regisseurs Mateusz Martowski anzuknüpfen. Gegen seine anfänglichen Vorbehalte verkauft Kassel dem Hoffnungsträger des britischen Kinos die Verfilmungsrechte an seinem Roman. Als Bless gerade in Kosovo seine Selbstachtung wiederzugewinnen versucht, finden unweit von Priština die Dreharbeiten zu dem neuen Film des Nachwuchsstars statt. Ob Dopton, Kassel und Bless, oder das Regietalent – alle profitieren sie vom fremden Leid, unabhängig davon, ob sie das Kriegsgeschehen unparteiisch dokumentieren oder nur gewinnbringend ausschlachten. Es gehört nicht viel Fantasie dazu, um hinter der Figur des jungen Regiestars Michael Winterbottom zu vermuten. *Fegefeuer* beendete Piesiewicz 1999, also bereits nach der Kino-Auswertung von I want you. Winterbottoms vorangehender Film Welcome to Sarajevo (USA/GB 1997) handelte von dem Balkankrieg und westlichen Kriegsjournalisten.

Am gelungensten, da am besten ausgearbeitet, erscheint die erste Filmnovelle. Ihre ketzerische Konstellation – eine Terroristin und ein Polizist als engelähnliche Gestalten, deren Liebe sich in einer «Himmelfahrt» erfüllt – mutet «religiös» an, aber einzig nach Pier Paolo Pasolinis Wort, wonach «das Religiöse nur häretisch zu retten» sei. Auch *Hölle* schlägt den Leser in Bann, ein Drehbuch im Geiste Bergmans über den Zerfall einer Familie im Besonderen und der zwischenmenschlichen Beziehungen im Allgemeinen. Die titelgebende Hölle manifestiert sich wie in Dekalog durch die Abwesenheit von Liebe. Reichlich redundant in den Dialogen und zu eindeutig in der Behandlung des Themas wirkt *Fegefeuer*. Die Medien als Jahrmarkt der Eitelkeiten und der Krieg als Sprungbrett für Karrieristen – die Gefahr von Gemeinplätzen ist hier nicht weit. Bei den drei Filmnovellen aber handelt es sich bekanntlich um Vorentwürfe. Man müsste, wie immer bei Kieślowski, erst seine fertigen, oft vom Drehbuch abweichenden Filme sehen, um sich eine Meinung bilden zu können.

395 Domenico di Michelino, *Dante und die Göttliche Komödie* (Ausschnitt), 1465

Krzysztof Kieślowski / Krzysztof Piesiewicz
Paradies[*]
Eine Filmnovelle
Deutsch von Margarete Wach

Palio. Herbstturnier im toskanischen Siena. Bunte Fahnen schweben vor dem Hintergrund der Kathedrale und vor Palazzo Publico. Galoppierende Pferde. Betäubender Rhythmus der Gesänge. In einer kleinen, vom Platz führenden Straße sehen wir eine Telefonzelle.

Regina, eine achtundzwanzigjährige Frau, wählt eine Nummer. Sie ist nervös.

– Filipina! Filipina! – schreit sie in den Hörer. – Mach es nicht, hörst du? Mach es nicht, ich bitte dich, bitte!

Sie schweigt einen Moment, dann schreit sie noch lauter:

Hallo! Hallo! Filipina, legt nicht auf, Filipina!

Resigniert hängt sie den Hörer auf. Sie verbirgt ihr Gesicht in den Händen. Man sieht, dass sie zittert, weint. Langsam gleitet sie an der Glaswand der Telefonzelle hinab und erstarrt sitzend auf dem Boden.

***

Filipina sitzt auf der Couch und starrt auf das Telefon. Sie ist nicht mal dreißig, hat kurze Haare, etwas zu großen Pulli und ein sanftes, ruhiges Gesicht. Hinter ihr, im Ausschnitt des Fensters, erstreckt sich die Landschaft einer großen Stadt (vielleicht Turin).

Aufmerksam stellt Filipina, auf ihre Uhr schauend, die Zeit auf einem elektronischen Gerät ein und drückt eine Taste. Das Gerät beginnt Sekunden abzuzählen und zeigt Filipina an, dass sie dreißig Minuten hat. Filipina geht mit dem Gerät sehr vorsichtig um, aber als sie ihre persönlichen Sachen aus dem kleinen Rucksack entfernt, um das Gerät hineinzutun, macht sie es so energisch, dass das Gerät beinahe zu Boden fällt. Filipina fängt es über dem Boden ab und atmet erleichtert auf. Sie zerknüllt einige vorbereitete Papierblätter, steckt sie in ihre Hosentaschen und geht los.

***

Ein Bus hält am Bürgersteig im Stadtzentrum. Der Fahrer hängt das Schild «Panne» aus und alle Passagiere steigen aus.

Filipina taucht aus der Menge auf. Sie schaut sich um. Läuft schnell, rempelt dabei die Passanten an. Um eine Haaresbreite kommt sie unter

---

[*] Polnische Originalausgabe 1999 bei Wydawnictwo Skorpion, Warschau. © bei K. Kieślowski / K. Piesiewicz. © für die deutsche Ausgabe bei Margarete Wach

die Räder eines brummenden Motorrads. Beim Wegspringen rempelt sie einen Polizisten an.

– Zu schnell – sagt der Polizist.

Filipina kann, obwohl sie in Eile ist, nicht sofort wegrennen.

– Wer ? – fragt sie.

– Alle. Sie auch – antwortet der Polizist und lacht.

Filipina geht weiter, nach einigen Schritten rennt sie wieder. Sie erreicht ein hohes, elegantes Hochhaus und läuft hinein. Einen Augenblick lang zögert sie, ob sie nicht den Aufzug nehmen soll, als sie aber sieht, dass er besetzt ist, eilt sie zum dritten Stock hinauf. Gerade will sie die Tür mit dem Messingschild einer seriösen Computerfirma öffnen, als sie auf ihre Uhr guckt. In Panik lässt sie die Klinke los und sucht nach der Toilette in dem langen Korridor. Sie stürmt hinein, schließt die Tür, atmet erleichtert auf. Noch einmal stellt sie die Zeit ein, jetzt lässt sie sich fünf Minuten. Sie drückt die Taste.

***

Vor dem Hochhaus hält ein Auto. Ein Vater mit zwei Töchtern steigt aus, zwölf und vier Jahre alt. Er schließt ab und hält inne, als die kleinere Tochter nach oben auf das Hochhaus schaut.

– Fahren wir mit dem Aufzug? – fragt sie.

– Bis nach oben – sagt der Vater lächelnd.

***

Filipina öffnet die Tür mit dem Messingschild. Sie tritt ein in ein geräumiges Vorzimmer. Die Sekretärin will wissen, was sie wünscht. Filipina ist mit dem Chef verabredet.

– Der Chef ist beschäftigt – informiert die attraktive Sekretärin.

– Worum geht es?

– Um Erotik – antwortet Filipina.

Etwas verdutzt verschwindet die Sekretärin im Chefzimmer. Bevor sie die Tür hinter sich schließt, wirft Filipina einen Blick auf den schlanken Mann über Dreißig, der am Schreibtisch sitzt, eine Brille und einen Igel-Haarschnitt trägt. Dann nimmt sie schnell den Rucksack ab und packt das elektronische Gerät aus. Sie legt es in den Mülleimer neben der Tür zum Chefzimmer. Sie holt aus ihren Hosentaschen die zerknüllten Papierkugeln, wirft sie in den Eimer, versteckt so das Gerät.

***

Der Vater wartet mit den beiden Töchtern in der Eingangshalle neben dem Lift. Beide Aufzüge sind besetzt, die Blinklichter geben Auskunft darüber, wie hoch sie sind. Einer fährt gerade nach unten.

Einundzwanzig, zwanzig, neunzehn, Stillstand. Zwanzig, einundzwanzig… – zählt die Kleine.

– Drück den Knopf – der Vater zeigt ihr die Taste für den Aufzug.

Die Kleine drückt den Knopf und beginnt wieder die Etagen zu zählen.

***

Filipina läuft aus der Tür des Vorzimmers und die Treppe hinunter. In der Eingangshalle geht sie an dem Vater mit den zwei Mädchen vorbei; die Kleine zählt, der Aufzug ist schon auf der fünfzehnten Etage und fährt nach unten. Zu den Wartenden gesellt sich eine ältere, sich am Stock stützende Frau.

Filipina läuft aus dem Hochhaus hinaus und rennt vor sich hin. Sie guckt auf die Uhr. Sie geht in eine Telefonzelle, wählt eine Nummer und als sie das «Hallo» der Sekretärin hört, mit der sie gerade gesprochen hat, sagt sie:

– Jemand bricht in Ihr Auto ein. Er hat von der Rezeption angerufen, beeilen Sie sich – und legt den Hörer auf, um ihn sofort abzuheben und eine Nummer zu wählen, ohne dass es nötig wäre, eine Münze hineinzuwerfen.

– Die Polizei – ertönt eine Stimme.

X. Schweigt Kieślowski?

– Ich habe schon bei Ihnen einige Male angerufen – sagt Filipina. – Ihr habt nichts unternommen, daher jetzt in …

Filipina schaut noch einmal auf ihre Uhr.

– In zehn Sekunden wird das Büro des Mannes, von dem ich euch seit Monaten berichte, zusammen mit ihm in die Luft fliegen.

– Wer spricht da? – man hört eine nervöse Stimme.

– Filipina – antwortet Filipina.

Sie hängt den Hörer auf, dreht sich um und guckt in Richtung des Hochhauses.

In der dritten Etage kommt es zu einer gewaltigen Explosion. In den benachbarten Etagen fliegen die Fenster, in der dritten sieht man einen Feuerball und dichte Rauchwolken. All das dauert eine Sekunde.

Filipina dreht sich um, verbirgt ihr Gesicht in den Händen.

***

Im Rauch, Lärm und Feuer sieht man den wie ein Stein hinunterstürzenden Aufzug. Man hört das Geschrei von entsetzten Menschen und der Aufzug schlägt mit ganzer Kraft auf den mit metallenen Konstruktionen durchsetzten Betonboden. Staub.

***

Morgen weckt Filipina der Knall der eingebrochenen Tür auf. In die Wohnung stürmen maskierte Männer. Mit Pistolen, kurzen Gewehren und Taschenlampen bringen sie die Wohnung unter Kontrolle, indem sie die Türen zum Bad, zur Küche und zu anderen Zimmern eintreten.

Im Unterhemd setzt sich Filipina aufs Bett und hat schon zwei Pistolen an ihrem Kopf.

– Beweg dich nicht – warnt einer der Männer. – Du bist festgenommen.

Sie machen das Licht an. Filipina will sich anziehen, sie willigen ein, sie muss es aber in ihrer Anwesenheit tun.

Filipina zieht die Unterhose an, greift nach der Schranktür.

– Nein – stoppt der Mann ihre Hand durch einen Kolbenschlag.

– Was brauchst du?

– Jeans – sagt Filipina und der Mann nimmt aus dem Schrank eins nach dem anderen die Garderobestücke, die sie braucht.

***

Filip ist einundzwanzig Jahre alt und hat ein sehr junges Gesicht. Er zieht die Polizeiuniform an, eindeutig zum ersten Mal. Der Vater hilft ihm die Krawatte zu binden und betrachtet voller Stolz seinen Sohn.

– Zieh diese Scheiße aus – zeigt er auf die Uhr an Filips Handgelenk.

Filip nimmt vom Handgelenk die bunte Swatch ab. Der Vater geht in sein Zimmer und kommt nach einer Weile mit einer goldenen, diskreten Omega zurück.

– Sie ist einundzwanzig Jahre alt - informiert er den Sohn.

– Ich habe sie eingestellt, als du geboren wurdest und schau … – er zeigt, dass die Uhr bis auf die Sekunde genau geht.

Mit Andacht knöpf Filip das nie benutzte Uhrband zu. Der Vater tritt einige Schritte zurück und betrachtet den Sohn.

– Dreh dich um – bittet er.

Filip dreht sich um und steht einen Augenblick, etwas zu groß und zu schlank in seiner zum ersten Mal angezogenen, ernsten Uniform. Der Vater lächelt und sagt leise, zu sich selbst:

– Gut.

***

Filip reagiert auf das Geklirr des geöffneten Gitters. Er steht am Fenster.

– Verhör – schreit völlig unnötig der Wächter, wo doch Filipina bereits unterwegs Richtung der massiven, offenen Zellentür ist.

Einige aufpassende, bewaffnete Wächter auf dem Korridor. Jener, der Filipina abholen gekommen ist, legt ihr die Handschellen an.

***

Das Zimmer, in dem der Richter Filipina verhört, ist alt wie das ganze Haus. Die über viele Jahre benutzten Möbel mischen sich mit modernen Geräten. Aufnahmegeräte laufen, man sieht eine verdunkelte Trennscheibe. Der Richter hat Aktenstapel vor sich; einige Männer in Uniformen und er gehen auf und ab im Zimmer. Der Richter fragt nach dem Vornamen, Namen, Alter, Geburtsort, der Adresse. Filipina antwortet emotionslos, als ob sie einen Personalbogen ausfüllen würde. Nach ihrem Beruf gefragt, antwortet sie ebenso mechanisch, dass sie Lehrerin ist. Erst auf die Frage nach ihrem Zivilstand muss sie kurz überlegen, bevor sie antwortet.

– Weiß nicht – sagt sie.

Der Richter verlangt aber Konkretes. Filipina überlegt.

– Ich lebte in Scheidung… es war fast vor zehn Jahren… Mein Mann starb, während wir uns scheiden ließen – sagt sie.

– Hat das Gericht die Ehescheidung ausgesprochen? – fragt der Richter.

– Es kam nicht mehr dazu – antwortet Filipina.

– Dann sind Sie Witwe – räumt der Richter die Zweifel aus und richtet sich an den Protokollführer:

– Witwe.

Erst jetzt sehen wir, dass Filip der Protokollführer ist. Er nickt mit dem Kopf und notiert das diktierte Wort.

– Sie sind angeklagt, die Bombenexplosion in dem Bürogebäude verursacht zu haben, was zum Tod von vier Personen führte – verliest der Richter offiziell aus seinen Unterlagen.

Filipina reagiert mit einem verzogenen Mund.

– Vier? – fragt sie.

Der Richter wiederholt:

– In Folge der Explosion stürzte der Aufzug in dem Gebäude. Im Aufzug befanden sich vier Personen. Vater mit zwei Töchtern und eine sechzigjährige Frau mit unbekanntem Namen. Drei Personen kamen an Ort und Stelle ums Leben, das jüngere Mädchen starb im Krankenhaus – liest der Richter vom Protokoll ab.

Filipina wendet ihr Gesicht abrupt zum Fenster. Schreibend hebt Filip mechanisch den Blick und sieht ihr Gesicht. Filipina stehen Tränen in den Augen. Langsam rinnen sie über die Wangen; Filipina verbirgt ihr Gesicht in den Händen und weint jetzt laut. Filip hat das niedergeschrieben, was sie gesagt hat, und schaut sie an, völlig hilflos, schluchzend, mit in den Händen verborgenem Gesicht. Filip steht auf und nähert sich dem Tisch. Er füllt ein Glas mit Wasser und reicht es Filipina. Ohne zu sehen, wer es ist, greift sie nach dem Glas und trinkt gierig.

– Haben Sie nichts zu tun? – fragt der Richter streng und Filip kehrt an seinen Tisch zurück.

Filipina beruhigt sich und plötzlich begreift sie den anderen Sinn der Information, die sie gehört hat.

– Und was noch? – fragt sie. – Was legt man mir noch zu Last? – hält sie inne, als sie merkt, dass der Richter ihre Frage nicht versteht.

– Die Mitgliedschaft in einer terroristischen Organisation, den Anschlag auf das Leben des Eigentümers – teilt ihr trocken der Richter mit.

Filipina unterbricht ihn:

– Sind nur die vier Personen ums Leben gekommen? – formuliert Filipina die Frage direkt.

– Ja, vier. In dem Büro, wo Sie die Bombe gelegt haben, ist nichts passiert. Den Büroeigentümer hat die Druckwelle gegen die Wand geschleudert. Er hat einen gebrochenen Arm. Die Sekretärin ist kurz vor der Explosion hinausgegangen – antwortet der Richter.

Über den Tisch beugt sich einer der im Raum hin und her gehenden Männer.

X. Schweigt Kieślowski?

– Welcher Organisation gehörst du an? – fragt er laut, fast schreiend. – Wer hat dir die Ausrüstung geliefert? Woher hattest du die Bombe? Wo wurdest du geschult? Wer, konkret, Name und Vorname, Adresse, Pseudonym, wer gibt dir Befehle? Wer? – der Mann schreit jetzt Filipina direkt ins Gesicht.

Filipina weicht zurück vor seinem Geschrei.

– Niemand – antwortet sie.

Über den Tisch beugt sich der andere Mann.

– Wer ist dein Mann?

– Er lebt nicht mehr.

– Wer war er?

– Ein Student – antwortet Filipina.

– Wie ist er gestorben? – der Mann spricht leise, aber nachdrücklich.

Filipina schweigt.

– Wie? – flüstert der Mann.

– Überdosis – ebenso leise antwortet Filipina.

– In welcher Partei war er? In einer linken?

Filipina zuckt die Achseln, weiß es nicht.

– Wer hat ihm die Drogen geliefert?

– Ein Kommilitone – antwortet erschöpft Filipina.

– Sein Name?

– Wissen Sie ganz genau – antwortet Filipina. – Ich rief bei euch wegen ihm seit zwei Jahren an.

Den Richter interessiert diese Information.

– Alle Telefongespräche sind registriert. Wir werden es überprüfen – sagt er zu Filipina und den anwesenden Männern.

Neben Filipina steht wieder der erste Mann. Diesmal schreit er nicht:

– Was unterrichtest du? – fragt er.

– Mathematik.

– Wo?

– In der Apollinaire-Schule.

Filip hebt wieder den Blick von seinem Protokoll. Betrachtet Filipina.

– In welcher Klasse? – fragt der Mann.

Filipina antwortet nicht, beugt sich nur mit geschlossenen Augen in Richtung des Mannes.

– In welcher Klasse unterrichtest du? – fragt der Mann gleichmäßig ruhig.

Filipina sagt nichts.

– In welcher Klasse? – wiederholt der Mann.

Filip steht auf.

– Herr Richter – sagt er. – Sie ist ohnmächtig geworden.

Der Mann tritt zurück und die bewusstlose Filipina gleitet vom Stuhl zu Boden. Der Mann greift nach dem Glas mit dem Restwasser und schüttelt es ihr ins Gesicht. Filipina reagiert nicht. Der Richter wählt eine Nummer und legt wütend den Hörer auf.

– Sie reden – sagt er und wendet sich an Filip, der neben Filipina steht:

– Holen Sie den Arzt.

***

Filip läuft unbeholfen durch den Korridor, rennt die Treppe hoch, rempelt dabei Polizisten an, die einen Verhafteten abführen. Er öffnet die Tür zu einem Zimmer.

– Sie ist ohnmächtig geworden! – schreit er.

Der lächelnde Arzt mit dem Hörer am Ohr will wissen, wer.

– Eine Frau – erklärt Filip. – Im Verhörzimmer. Eine Verhaftete.

***

Filip macht dem Arzt Platz, der Filipina eine leichte Ohrfeige gibt und, als er keine Reaktion feststellt, ihr eine Nadel in den Arm sticht. Die anderen Männer gehen im Zimmer auf und ab und unterhalten sich; sie dunkeln das Fenster ab. Filip beugt sich über Filipina. Der Arzt kann die Vene nicht finden, flucht, Filip spürt aber, dass Filipinas Hand seine Hand umklammert. Er ist ganz nahe an ihrem Gesicht. Filipina öffnet die Augen und, eindeutig ohne zu wissen, was mit ihr los ist, lächelt sie für alle Fälle.

– Wo bin ich? – fragt sie leise, ihre Stimme verläuft sich im Rauschen des Zimmers.

– Im Polizeipräsidium – antwortet Filip.
Filipina versteht immer noch nicht ganz.
– Wer sind Sie?
– Polizist – sagt Filip.
Filipinas Händedruck lässt nach.
– Entschuldigung – sagt sie und will ihre Hand zurückziehen. Auf ihrem Gesicht erscheint ein Schmerzreflex, der Arzt hat endlich die Vene getroffen.
– Halten Sie meine Hand fest – sagt Filip und sie umklammert wieder mit ihren Fingern seine Hand.
– Sie stören mich! – schreit der Arzt. – Alle raus!
Filip befreit sanft seine Hand und geht als letzter aus dem Zimmer.

***

Draußen öffnet einer der Männer, der ein Leutnant ist, eine Tür neben dem Verhörzimmer. Reflexartig folgt ihm Filip mit dem Blick. In dem kleinen Raum geht der Leutnant auf jemanden zu, der die Situation durch die Spiegelscheibe beobachtet hat. Sie schließen die Tür hinter sich, aber im letzten Moment sieht Filip, dass der Mann, mit dem der Leutnant spricht, eine Armbinde trägt. Man erkennt in ihm denselben Mann mit Igelhaarschnitt und Brille, in dessen Büro Filipina die Bombe gelegt hat.

Filip schaut, seine Augen vor den intensiven Strahlen der untergehenden Sonne schützend, nach oben, während er im Hof des Präsidiums steht. Das Gebäude ist alt und imposant. Durch Fenster des Treppenhauses im vierten Stock sieht er eine Gruppe von Menschen, die jemanden abführen (oder auf einer Trage tragen). Als er das Gebäude betritt, verliert Filip sie aus den Augen, jetzt kann er nur auf kleine, vergitterte Fenster des Gefängnisses gucken. Er steht dort eine Weile, bis das Gebäude des Präsidiums von dem schnell vorüber ziehenden Schatten der über den Dächern untergehenden Herbstsonne erfasst wird.

***

Morgen bereitet der Vater den jüngeren Sohn für die Schule vor.
– Hast du Filip in der Uniform gesehen? – fragt er den schlanken und für sein Alter großen zehnjährigen Jungen, der seinen Rucksack mit Büchern umhängt.
Der Junge nickt mit dem Kopf.
– Du hast ihm die Uhr gegeben. Er hat sie mir gezeigt. Er hat mir seine gegeben – der Junge zeigt seine Swatch am Handgelenk. – Er hat mit mir gesprochen.
– Worüber? – will der Vater wissen.
– Über unsere Lehrerin – antwortet der Junge und läuft aus dem Haus.
Der Vater schaut ihm einen Augenblick hinterher und geht ins Bad. Die Badtür ist zu. Der Vater drückt die Klinke, dann hört er zu. Aus dem Bad sind Geräusche zu vernehmen, die nicht zu identifizieren sind. Er klopft an die Tür. Die Geräusche lassen nicht nach. Der Vater klopft stärker. Die Tür geht auf, Filip erscheint im Unterhemd, in der Hand hält er ein nasses Bettlaken.
– Was machst du? – fragt der Vater, während er ins Bad schaut.
Filip lächelt daraufhin mit einem netten, breiten Lächeln.
– Ich wasche. Ich habe ins Bett gemacht – antwortet er.
– Du hast ins Bett gemacht? – wundert sich der Vater. – Seit fünfzehn Jahren ist dir das nicht mehr passiert.
Er betrachtet Filip.
– Was ist geschehen? – fragt er.
Filip antwortet nicht, lächelt ähnlich wie gerade zuvor, etwas beschämt; sein Lächeln, überraschend anmutig und jugendlich, rührt den Vater immer.
– Sagst du es mir?
– Ich habe mich verliebt – antwortet Filip.

***

X. Schweigt Kieślowski?

Filip geht aus der Tür einer Apotheke und steigt in sein kleines Auto ein, geparkt auf dem Bürgersteig.

***

Das nächste Verhör dauert an. Filipina, erschöpft und blass, beantwortet wiederholt die gleichen Fragen, ohne den Kopf zu heben. Filip protokolliert am Fenster. Es ist später Nachmittag, die Lichtkontraste lassen nach. Filipina erklärt, dass sie als Lehrerin seit einigen Jahren die Umtriebe der Dealer in der Schule beobachtet. Bereits mehrere ihrer Schüler und Schülerinnen haben die Schule verlassen, zwei sind gestorben, und ein fünfzehnjähriges Mädchen beging im letzten Monat Selbstmord. Seit geraumer Zeit weiß Filipina, dass ihr ehemaliger Kommilitone, den sie für den Tod ihres Mannes verantwortlich macht, Chef des Rauschgifthandels in der ganzen Region ist, er operiert mit riesigen Summen, führt dabei offiziell eine Computerfirma. Sie hat versucht, mit ihm zu reden, er warf sie aber hinaus und schickte zum nächsten Treffen zwei Jungs in Lederjacken, die ihr einen Revolver und ein Maschinengewehr zeigten und sagten, dass sie oft davon Gebrauch machen. Sie wandte sich schriftlich an die Polizei und das Innenministerium, rief unzählige Male an und gab die Treffpunkte der Dealer und die Wege der Geldtransfers an. Eine Reaktion blieb aus.

– Wir haben die Telefonate überprüft. Es gibt keinen Bericht über Ihren Anruf – sagt der Richter.

– Deswegen habe ich eben die Bombe gekauft – antwortet Filipina und erinnert sich an etwas. – In meiner Wohnung sind Briefkopien. Zuerst habe ich sie mit der Post versandt, aber einige der letzten habe ich selbst vorbeigebracht. Es gibt dort Stempel der Polizei, die die Entgegennahme bestätigen – sagt sie.

Der Richter bittet einen der Männer, ihm das Protokoll der Hausdurchsuchung zu bringen, und räumt eine kurze Pause ein. Filip steht auf, entschuldigt sich und geht hinaus.

In der Toilette bleibt er neben dem Spiegel stehen und nimmt aus der oberen Tasche seiner Uniform einen kleinen Schraubenzieher und ein Kabelstück heraus. Er schraubt den Deckel eines Steckers ab, in dem die Schnur eines automatischen Händetrockners steckt. Er verändert darin die Kontaktanschlüsse, schließt das mitgebrachte Kabelstück an und dreht den Deckel zu.

Auf dem Korridor wirft er einige Münzen in die dort stehende Kaffeemaschine. Auf einem kleinen Tablett stellt er einige Plastikbecher. Er sieht sich um, ob jemand da ist, wirft in einen der Becher eine kleine, weiße Pille. Im Korridor ist schon dunkel und Filip schaltet das Licht an.

***

Im Verhörzimmer brennen schon alle Lichter, hinter dem Fenster die Nacht. Die Männer und der Richter trinken den von Filip gebrachten Kaffee aus. Mit besonderer Aufmerksamkeit betrachtet Filip einen von ihnen und atmet auf, als er sieht, dass der Mann mit einem großen Altherrenring am Finger den Kaffee austrinkt und den leeren Becher wegstellt.

Der Richter will wissen, ob Filipina die Briefkopien in einer grünen Bambusschachtel in der oberen Schublade des Schreibtisches aufbewahrte. Filipina nickt mit dem Kopf, genau da. Der Richter liest das Verzeichnis der in der Schachtel gefundenen Briefe vor. Es waren einige Liebesbriefe ihres Mannes, Filipina nickt mit dem Kopf, ja, und Briefe ihrer in Canada lebenden Schwester, stimmt; Kopie des Lebenslaufs von Filipina, adressiert vor sieben Jahren an die Direktion der Schule, stimmt auch; zwei dünne, goldene Eheringe, in Ordnung, und ganz oben ein kurzer, dramatischer Brief einer Schülerin. Filipina bestätigt mit einer Kopfbewegung, wartet auf die Fortsetzung des Verzeichnisses, aber es folgt keine Fortsetzung. Als er Filipinas Verwunderung wahrnimmt, reicht ihr der Richter das Protokoll der Durchsuchung.

– Unterschrieben von dem Leutnant und dem Sergeant, die die Durchsuchung durchgeführt haben – sagt er und Filipina liest aufmerksam das Protokoll.

– Ist es Ihre Unterschrift? – fragt sie den Leutnant.

Er bestätigt.

– Und es gab da nichts mehr? – fragt Filipina.

– Nichts – sagt der Leutnant.

Filipina senkt den Kopf. Filip beobachtet den Mann mit dem Ring und sieht, dass dieser unruhig im Zimmer auf und ab geht. Er nähert sich dem Fenster, schnappt nach frischer Luft und presst die Kiefer zusammen.

– Vielleicht haben Sie sie woanders aufbewahrt? – fragt der Richter, aber Filipina verneint mit einer Kopfbewegung.

Der Leutnant ergreift das Wort.

– Wer hat dir die Bombe gegeben? – fragt er.

Filipina schweigt.

– Name desjenigen, der dir die Bombe gegeben hat!

Filipina schweigt mit gesenktem Kopf. Der Mann mit dem Ring entschuldigt sich und verlässt schnell den Raum. Filipina begleitet ihn mit ihrem Blick und erwartet jetzt eindeutig etwas. Plötzlich hebt Filipina den Kopf, schaut dem Leutnant in die Augen, spricht genauso laut wie er:

– Ich habe sie von einem serbischen Händler gekauft. Nur ein Feuerwerfer oder eine Kanone kosten mehr. Er heißt Milan und ich kann Ihnen sagen, wo man ihn antreffen kann. Aber ich will Ihnen andere Namen nennen. Von den engsten Mitarbeitern des Mannes, den ich in die Luft jagen wollte und nach wie vor will. Seinen Kurieren, Verbindungsmännern, Drogen-Lieferanten und jenen, die in der Schweiz sein Geld waschen.

Der Leutnant unterbricht sie:

– Du bist angeklagt wegen des Mordes an vier Personen … – schreit er jetzt laut – und du wirst hier bis ans Lebensende nicht rauskommen. Wir werden deine Organisation zerschlagen und alle werden der Reihe nach gegen dich aussagen. So ein Ende nimmt es gewöhnlich. Und du wirst hier sterben – endet er und beugt sich über Filipina.

– Dort waren wirklich zwei Kinder? – fragt Filipina.

– Ja! Waren! Ihr Vater auch! Und eine alte Frau! – schreit weiter der Leutnant, aber Filipina reagiert nicht mehr. Reflexartig wischt sie sich die Nase ab, wahrscheinlich weint sie. Ihr weiter Pulli mit Taschen hängt an der Stuhllehne.

Filip notiert, schaut ständig auf die Tür. Es sind schon zwei Minuten vergangen, seitdem der Mann mit dem Ring auf die Toilette gegangen ist.

– Werden sie gestehen? – fragt der Richter.

Filipina verneint mit dem Kopf. In diesem Augenblick geht das Licht aus.

– Was soll das, verdammt? – schreit der Leutnant.

Er geht auf den etwas helleren Fensterausschnitt zu und blickt hinaus.

– Es ist wohl überall ausgegangen – teilt er dem Richter mit, der aufsteht und auch an das Fenster geht.

Filip steht auf, um ihm Platz zu machen, und als die beiden auf den dunklen Hof blicken, geht er schnell zu Filipinas Stuhl und steckt etwas in die Tasche ihres Pullis ein. Leise sagt er:

– Ich habe etwas in Ihre Tasche gesteckt – und kehrt auf seinen Platz zurück. Nach einer Weile geht fahles Notlicht an.

– Na … – atmet der Richter erleichtert auf, geht auf seinen Platz.

Der Mann mit dem Ring kehrt zurück.

– Ich habe meine Hände trocknen wollen und in diesem Moment gab es einen Kurzschluss – sagt er.

Der Richter streckt sich.

– Wir machen für heute Schluss.

X. Schweigt Kieślowski?

Er greift nach dem Hörer und ordnet die Abführung an.

Filipina steht auf und zieht den Pulli an. Eine Tasche ist sichtlich beschwert. Kurzen Moment lang weiß Filipina nicht, wie sie damit umgehen soll, wirft Filip, der sie unruhig anschaut, einen Blick zu und steckt ihre Hände in die Ärmel. Ein Wächter taucht auf und führt sie ab. Filip atmet erleichtert auf.

***

Filipina wartet, bis der Wächter abschließt und die Blende des Spions herunterlässt. Dann greift sie in die Pullitasche und findet ein kleines Diktiergerät mit einem Kabel und einem Miniatur-Kopfhörer. Sie steckt den Hörer ins Ohr und drückt die Play-Taste.

Filip fummelt mit dem Schraubenzieher in der Steckdose des Händetrockners. Er zieht sein Kabelstück heraus und schließt die anderen wieder an. Als er hört, dass die Tür zur Toilette aufgeht, dreht er die kleinen Schrauben zu. Er steckt die Hände unter den Trockner, der normal angeht. Der Mann mit dem Ring guckt Filip erstaunt an. Filip sagt gleichgültig:

– Funktioniert.

***

Filipina hört im Kopfhörer Filips Stimme:

– «... ich habe mit meinem Bruder gesprochen. Er ist zehn Jahre alt und ist in Ihrer Klasse. Er hat mir gesagt, dass er Sie am meisten von allen Lehrern mag. Er sagte, dass niemand in der Schule daran glaubt, dass Sie etwas Schlechtes gemacht haben. Er sagte, Sie seien gut. Ich denke auch so. Wie mein Bruder denke ich, dass Sie gut sind, und will nicht, dass Sie hier bleiben müssen. Sie haben Recht, wenn man nichts unternimmt, werden Sie hier sterben. Aber ich will etwas unternehmen. Wenn Sie einverstanden sind, nehmen Sie bitte Ihr Einverständnis auf und lassen sie die Kassette unter dem Tisch im Verhörzimmer liegen. Ich werde sie im günstigen Moment an mich nehmen. Alles was ich sage, werde ich machen. Ich werde machen, was ich will, weil ich Sie liebe. Bis jetzt habe ich niemanden geliebt und ich werde niemanden anderen lieben.»

Damit geht die Aufnahme zu Ende. Filipina denkt einen Augenblick darüber nach, was sie gehört hat. Dann drückt sie eine Taste, stoppt das Tonbandgerät, drückt eine andere und spult das Band zurück.

***

In dem Zimmer mit vielen technischen Geräten, das eine schwarze Glasscheibe von dem Verhörzimmer trennt, hören zwei Männer aufmerksam Geräusche ab, die durch zwei große Lautsprecher aus Filipinas Zelle dringen.

– Was war das? – fragt der Leutnant, den wir bereits kennen.

– Etwas wie die Taste eines Radios oder Tonbandgeräts – antwortet der Techniker.

Einen Moment hören sie zu und der Techniker erkennt das Geräusch eines zurückspulenden Bandes. Auf großen, professionellen Tellern drehen sich Tonbandrollen. Der Leutnant bittet den Techniker, die Nebengeräusche zu eliminieren, den Ton zu schärfen und das Richtmikrophon auf Filipina zu richten. Der Techniker drückt verschiedene Tasten und nach einer Weile hört man schon deutlicher, wie Filipina das Tonbandgerät laufen lässt, man kann auch die undeutliche, schwache Stimme Filips in Filipinas Kopfhörer erkennen.

– «Sie haben mich nicht bemerkt, aber ich sitze am Fenster und protokolliere, und beim ersten Verhör habe ich Ihnen Wasser gereicht...»

***

Filip steht im Park, auf der gegenüberliegenden Straßenseite, und betrachtet die Fenster im Gebäude des Polizeipräsidiums. Einen Moment lang sieht er in einem von ihnen eine undeutliche Gestalt. Er starrt sie an, bewegungslos.

***

Filipina beendet das Abhören des Bandes. Versteckt den Hörer und das Diktiergerät. Sie legt sich auf das unbequeme, schmale Bett. Schmiegt sich ans Kissen und schließt die Augen.

***

Ein Wächter führt Filipina ab, das Verhör ist gerade zu Ende. Der Richter und die anderen sammeln ihre Sachen und gehen langsam aus dem Zimmer.

Filip ordnet die im Computer gespeicherten Aussagen, bereitet den Drucker vor. Aus dem Nebenzimmer kommt der Leutnant und geht zusammen mit dem Mann mit dem Ring auf Filip zu.

– Zeig mir die zwei letzten Seiten – sagt der Leutnant, ohne Filip zu beachten.

Filip blättert im Computer zurück bis zu den zwei letzten Seiten. Der Leutnant liest aufmerksam einige Zeilen. Filip blickt verunsichert zurück, als sie das Zimmer verlassen. Er macht den Drucker an, die Tür zum Korridor und zum Nebenzimmer auf, überprüft, ob jemand noch da ist. Er geht zum Tisch, an dem Filipina gesessen hat, und steckt die Hand unter die Tischplatte. Einen Moment lang tastet er blind, ist enttäuscht. Plötzlich in der Ecke, auf dem Untersatz, findet er die Kassette. Mit einer diskreten Bewegung steckt Filip sie in die Hosentasche.

In seinem kleinen Auto steckt er die Kassette, als er den Hof des Präsidiums verlässt, in den Recorder. Er lässt ihn laufen und hört deutlich Filipinas Stimme. Filipina sagt: «Einverstanden», dann ist es still. Filipina hat nichts mehr aufgenommen.

***

In einer kleinen Werkstatt fertigt Filip einen kleinen Schlüssel an, nutzt dabei einen Tonabdruck. Er hantiert mit kleinen, präzisen Feilen, sein Bruder begutachtet seine Arbeit, indem er den Schlüssel mit dem Abdruck vergleicht.

– Hast du keine Angst? – fragt er plötzlich Filip.

– Hab' ich – antwortet Filip. – Aber es gibt keinen anderen Ausweg. Und du?

– Ich auch – antwortet der Bruder.

***

Mit geschlossenen Augen, konzentriert, spricht Filip aufs Band:

– … etwa um zehn bekommen Sie Bauchschmerzen. Sie gehen auf die Toilette und kommen nach einigen Minuten zurück. Wenn Sie dort das finden, was ich hinterlassen habe, geben Sie mir bitte Bescheid …

***

In ihrer Zelle hört Filipina die weiteren Anweisungen Filips:

– «… gegen elf wird es Ihnen wieder schlecht werden. Sie gehen auf die Toilette und bereiten alles vor. Sie werden auf dem Korridor Telefon klingen hören. Dann werden Sie hören, dass es aufgehört hat zu klingen, weil der Wächter den Hörer abgenommen hat. Sie gehen aus der Toilette, nehmen den Aufzug, fahren nach unten, in die Garage, und steigen die Treppe bis zu der Zwischenetage.»

***

Hinter der dunklen Glasscheibe im Zimmer mit den vielen technischen Geräten hört der Leutnant zusammen mit dem Techniker die undeutliche Stimme Filips, notiert die Angaben:

«… Sie verlassen das Gebäude durch den kleinen Ausgang zum Hinterhof und nehmen dann den Weg um den Zaun herum auf die Straße. Sie werfen den Pulli in den Mülleimer und gehen geradeaus zum Bahnhof. Dort steigen Sie bitte in den Zug Richtung Süden und fahren drei Haltestellen. Am Abend hole ich Sie mit dem Auto ab …»

Während des Abhörens kommt in das Zimmer der Mann mit dem Igelhaarschnitt und der Armbinde. Der Leutnant sieht ihn, wartet auf die Liebesbekundungen Filips und das Geräusch des abgeschalteten Tonbandgeräts.

X. Schweigt Kieślowski?

– Wir lassen sie fliehen, nicht wahr? – wendet sich der Mann mit der Armbinde leise an den Leutnant, der mit dem Kopf einvernehmlich nickt und dann zu dem Techniker sagt:
– Löscht das alles.
Der Techniker spult zurück und schaltet die Löschtaste ein.
– Ich brauche dich nicht zu erinnern … – sagt der Leutnant.
Der Techniker lächelt.
– Ich sag's niemandem – sagt er.
– Kein Wort – bestätigt ernst der Leutnant.

***

Filip zusammen mit dem Bruder auf dem Flohmarkt. An einem Jeans-Stand vergleichen sie mehrere Hosen. Filip betrachtet den Bruder, als dieser sich aufmerksam für die Farbe der Jeans entscheidet.
– Fast dieselbe – sagt der Bruder.
– Fast dieselbe oder dieselbe? – will Filip wissen.
Der Bruder überlegt kurz.
– Dieselbe – entscheidet er.
– Zwei Paar solcher Jeans – bittet Filip den Verkäufer und beide gehen zum Stand mit Turnschuhen.

***

Im Präsidiumsgebäude ist es noch still. Filip versucht behutsam den Schlüssel in das Schloss zu stecken. Der Schlüssel passt. Filip dreht ihn um und geht hinein. Es ist eine besondere Toilette mit nur einer, in der Mitte postierten Kabine, bei der der Abstand zwischen dem Boden und der unteren Türkante einen halben Meter beträgt. Filip geht schnell in die Kabine und durch die geöffnete Tür können wir sehen, wie er auf einem Haken eine Tasche, einen Zettel und einen kleinen Schlüssel hängt. Er verlässt die Kabine, schließt die Tür, die er gerade geöffnet hat, und entfernt sich im Korridor. Beim Aufzug wartet auf ihn ein ausgepackter Rucksack. Filip nimmt ihn mit und verschwindet im Aufzug.

***

Ein Wächter öffnet die Tür und führt Filipina in das Verhörzimmer. Der Richter, zwei Männer und Filip warten eindeutig am Fenster auf sie.
– Fühlen Sie sich besser? – fragt der Richter.
Filipina deutet mit dem Kopf an, es gehe ihr nicht so gut, und setzt sich.
Filip schaut sie an, versucht den Blickkontakt herzustellen, Filipina blickt aber direkt auf den Richter.
– In der Toilette habe ich eine Tasche, einen Zettel und einen kleinen Schlüssel gefunden – sagt Filipina.
– Wann? – fragt der Richter.
Filip schluckt.
– Vor einem Monat – sagt Filipina und guckt kurz auf Filip.- Auf dem Zettel stand: «Stört mich nicht». Der kleine Schlüssel passte zu dem alten botanischen Arbeitszimmer. Carla hing dort seit drei Tagen und ihr habt sie im ganzen Land gesucht. Sie war im vierten Monat schwanger und seit einem halben Jahr HIV positiv. Eure Kollegen wollten nicht hören, woher sie Heroin hat, besonders wollten sie nicht hören, woher es derjenige hat, der es verkauft hat. Der Vater des Kindes starb im Krankenhaus vor einer Woche.
– Weswegen? – fragt der Richter.
– Überdosis – antwortet Filipina.

***

Filips Bruder schleicht um die Telefonzelle, guckt ständig auf die Uhr. Er hat Jeans und ein grelles, rotes T-Shirt an; die ausgestopfte Plastiktasche legt er von einer Hand in die andere. Er versichert sich, ob das Telefon funktioniert und verlässt die Telefonzelle. Jetzt sieht man, dass sie sich gleich um die Ecke jener Straße befindet, an der das imposante Gebäude des Polizeipräsidiums steht.

***

– Wache! – ruft der Richter, und als der Wächter auftaucht, zeigt er auf die verrenkte Filipina. – Abführen zur Toilette.

Filipina steht auf und lässt sich vom Wächter aus dem Verhörzimmer führen.

Der Wächter öffnet die Tür der Toilette, die Filip morgens aufgesucht hat, und lässt Filipina hinein, schließt dann die Tür. Er schaut durch das Visier und sieht Filipina, als sie hinter sich die Tür der Kabine zumacht, und dann in der halben Meter hohen Spalte zwischen dem Boden und der unteren Türkante nur noch ihre Beine in Jeans. Er zieht Kreise um die Toilette.

***

Filips Bruder wählt eine Nummer in der Telefonzelle.

– Durchwahl 354 bitte – sagt er, als sich auf der anderen Seite jemand meldet.

Man hört mehrere lange Signale beim Verbinden, bis jemand endlich abhebt.

– Bitte warten – sagt Filips Bruder – ich stelle durch zum Chefarzt der Herzchirurgie. Es kann eine Weile dauern – sagt er und lässt den Hörer hängend baumeln, während er aus der Telefonzelle Richtung Polizeipräsidium läuft.

***

Der Wächter wartet am Telefon, sichtlich beunruhigt. In Abständen wiederholt er: «Hallo, hallo…» und wartet weiter. Das Telefon befindet sich in einer Biegung des Korridors und der Wächter kann von dieser Stelle aus die Toilettentür nicht sehen. Nach gewisser Zeit lässt er den Hörer liegen und läuft schnell überprüfen, ob in der Toilette alles in Ordnung ist. Er macht die Tür auf und sieht wie schon zuvor Filipinas Beine in der Spalte über dem Boden. Er kehrt zum Telefon zurück und ruft wieder: «Hallo!»

***

Der auf Filipina wartende Richter, die zwei Männer und Filip nutzen die Pause. Sie telefonieren, Filip isst eine Schnitte, das Fenster ist auf. Plötzlich schaut Filip durchs Fenster.

– Herr Richter! – ruft er.

Der Richter und die zwei Männer rennen zum Fenster.

– Dort – zeigt Filip. – Ist sie das nicht?

Mit schnellen Schritten überquert eine aus dieser Entfernung nicht gut sichtbare Gestalt in Jeans, Turnschuhen und Filipinas weitem Pulli den Hof und bewegt sich auf das Tor zu. Der Mann mit dem Ring zieht seine Pistole und, als er bereits zielt, schlägt ihm der Leutnant die Waffe aus der Hand.

– Schieß nicht – schreit er und greift zu seinem Walkie-Talkie. Die Gestalt in Jeans und Pulli verschwindet in der Hauseinfahrt.

– Wo seid ihr? – schreit er.

– Am Hintereingang – antwortet jemand so laut, dass Filip es hören kann.

Der Leutnant kommandiert:

– Rennt zum Haupttor, sie flieht auf die Straße – und stürmt selbst aus dem Zimmer.

***

Man hört den Lärm der Alarmsignale. Der Wächter stürmt in die Toilette und rüttelt an der Tür zur Kabine, die offen ist. In der Kabine stehen neben dem Klo zwei ausgestopfte Jeans-Hosenbeine, die in die Turnschuhe gesteckt sind.

***

Filips Bruder zieht, als er das Haupttor verlässt, den weiten Pulli aus und wirft ihn in einen Mülleimer.

***

Filipina steigt im letzten Stock aus dem Aufzug. Sie faltet den Plan auf dem Zettel auseinander, den ihr Filip in der Kabine hinterlassen hat. Sie biegt in einen schmalen Korridor ein.

***

X. Schweigt Kieślowski?

Filips Bruder, bereits im roten T-Shirt, überquert die Straße und legt den immer noch baumelnden Hörer in der Telefonzelle auf. Dann steigt er in einen Bus, als aus der Hauseinfahrt des Präsidiums der Leutnant und zwei Polizisten in Zivil hinauslaufen.

***

Filipina richtet sich nach dem Zettel, steigt eine kleine, selten benutzte Treppe zum Dachgeschoss hoch. Am Ende eines langen Korridors findet sie eine Luke in der Decke. Sie öffnet sie und steigt hinauf auf den Speicher. Dort liegen Decken, Kissen, stehen Mineralwasser und Metallbecher – alles ausgepackt aus dem daneben stehenden Rucksack von Filip. Der Speicher ist riesig, mit dicken Holzbalken und einem Gewölbe mit verwischten, kaum sichtbaren alten Deckengemälden, deren Farben verblichen sind. In den Ecken stehen seit Jahren nicht mehr benutzte Möbel.

***

– Sie hat sich aufgelöst – sagt der Leutnant zu seinen beiden Kollegen auf der Straße vor dem Präsidiumsgebäude und befiehlt dem einen, zum Bahnhof zu fahren, und dem anderen, auf der dritten Haltestelle Richtung Süden zu warten.

***

Der Richter sammelt seine Unterlagen.
– Es sieht so aus, dass es für heute Schluss ist. Oder für immer – sagt er zu Filip.
Filip legt Papier in den Drucker.
– Ich werde alles ausdrucken. Es wird auf Sie Morgen früh warten – sagt er zu dem weggehenden Richter und macht den Drucker an, der die Blätter eins nach dem anderen verschlingt.

***

Filip hebt die Luke im Boden des Speichers hoch und schaut sich unruhig um. Auf den ersten Blick scheint der Speicher leer zu sein. Filip kommt rein und erst nach einer Weile bemerkt er in einer Ecke Filipina, die neben dem Fenster liegt. Er nähert sich leise, die letzten Schritte auf den Zähen. Filipina schläft unter einer Decke, ihr Kopf gestützt auf einem Kissen. Filip geht in die Kniebeuge und betrachtet sie von Nahem. Schaut zu, wie sie atmet, ist gerührt von der Position ihrer Hand und ihren kurzen Haaren, die am Nackenansatz enden, sichtbar im geöffneten Kragen. Filip will sie nicht wecken, lehnt sich an den alten Sessel an und schaut aufmerksam zu.

***

Die untergehende Sonne wirft rote Streifen auf den alten Boden. Filipina versucht am Fenster mit dem Kopf die Sonne zu verdecken, die sich langsam dem Gesicht des an den Sessel angelehnten, mit ausgebreiteten Händen schlafenden Filips nähert. Um ihn besser vor der Sonne zu schützen, geht sie ganz nah an Filips Gesicht. Jetzt betrachtet sie ihn aufmerksam. Sie fährt mit ihrem Finger an die geöffnete Hand Filips heran. Als es ihr gelingt, öffnet er die Augen.
– Wie alt bist du? – fragt Filipina.
– Einundzwanzig – antwortet Filip.
– Du hast mit deiner Hand meinen Finger umfasst wie ein Baby – sagt Filipina.
– Ja – antwortet Filip.
– Warum hast du den Plan verändert? – fragt Filipina. Auf dem Band wolltest Du, dass ich durch den Haupteingang hinausgehe, und auf dem Zettel, durch die Toilette …
– Ich habe mich erschrocken, dass der Plan zu einfach ist. Durch den Haupteingang ging mein Bruder hinaus, angezogen in einen Pulli wie deiner. Sie dachten, du bist es, und du fuhrst schon mit dem Aufzug nach oben. Mein Vater hat immer gesagt, dass man im entsprechenden Augenblick etwas machen muss, was niemand erwartet …
– Woher kennst du diesen Speicher, diese Aufzüge, Ausgänge … – fragt Filipina.

– Als ich ein Kind war, habe ich hier ganze Tage verbracht. Mein Vater stand in diesem Stadtteil mehrere Jahre der Polizei vor.

– Du wolltest, dass ich fliehe… – sagt Filipina. – Wann hast du daran gedacht?

– Als ich begriffen habe, dass sie deine Briefe an die Polizei vernichtet haben. Sie haben es gezielt getan – sagt Filip.

– Weißt du, warum ich aufs Band das Wort «einverstanden» aufgenommen habe? – fragt weiter Filipina.

Filip schüttelt den Kopf, er weiß es nicht.

– Ich will nicht der Strafe entgehen – erläutert Filipina. – Ich habe mehrere unschuldige Personen getötet und will dafür Verantwortung übernehmen. Aber bevor… – Filipinas Stimme bricht ab – das geschieht, will ich denjenigen töten, der für all das die Schuld trägt. Deswegen wollte ich fliehen.

– Nur deshalb? – will Filip wissen.

Filipina ist immer noch sehr nahe an seinem Gesicht. Sie senkt den Blick.

– Jetzt kommt es mir so vor, dass ja. Aber ich weiß es nicht.

– Man muss es herausfinden – sagt Filip ruhig.

– Wie?

– Man muss ihn töten – antwortet Filip.

***

Im Arbeitszimmer des Leutnants wählt Filip eine auf einem Zettel aufgeschriebene Nummer und wird mit dem Büro in dem eleganten Hochhaus verbunden – wir erkennen das Vorzimmer, in dem Filipina vormals die Bombe untergebracht hat – und bittet die Sekretärin, ihn zum Chef durchzustellen. Der Chef ist aber beschäftigt. Filip bittet sie also, er solle so schnell wie möglich den Leutnant zurückrufen. Die Sekretärin will wissen, ob der Chef die Nummer kennt. Filip bejaht. Es ist schon Nacht, diese Etage des Polizeigebäudes ist leer. Filip wartet auf den Anruf, findet im Schreibtisch des Leutnants einen Schlüssel und öffnet eine kleine Panzerkasse. Er nimmt eine Pistole heraus, befestigt einen Schalldämpfer am Lauf und reicht die Pistole Filipina. Das Telefon klingelt. Filip hebt ab und teilt dem anrufenden Mann mit, dass der Leutnant ihn dringend sehen möchte.

– Wo? – fragt der Mann.

– Bei dem Leutnant, im Büro – erklärt Filip.

– Habt Ihr sie gefasst? – fragt der Mann am Telefon.

– Ja… – antwortet Filip – … schwer verletzt auf der Flucht – er hängt den Hörer auf.

***

Aus dem beleuchteten eleganten Hochhaus kommt der Mann mit einem Igelhaarschnitt und einer Armbinde hinaus. Ein Auto fährt vor, der Mann steigt ein und sagt zum Fahrer:

– Bring mich zur Polizei. Dann bist du frei, sie bringen mich zurück.

Der Wagen fährt los.

***

Der Mann mit der Armbinde kommt auf dem Korridor näher. Filip wartet vor dem Zimmer des Leutnants.

– Unten haben sie gesagt, dass der Leutnant nicht da ist – sagt der Mann mit der Armbinde.

– Er musste weg, sie ist gestorben. Er bat, dass sie einen Moment warten – informiert Filip und öffnet die Tür.

Der Mann mit der Armbinde geht hinein und sieht sofort Filipina mit einer auf ihn zielenden großen Pistole.

– Erkennst du mich? – fragt Filipina.

– Ja – antwortet der Mann mit der Armbinde und will gehen, aber Filip schließt sofort die Tür und hält die Klinke zu, mit der der Mann von innen zu kämpfen beginnt. Filip muss sie festhalten, bis zu dem Moment, als hinter der geschlossenen Tür ein abgedämpfter Schuss zu hören ist. Filip wartet einen Augenblick lang und geht hinein. Neben der Tür liegt der Mann mit der Armbinde, statt des Gesichts hat er ein riesiges Loch. Filipina steht gegenüber der Tür mit der Pistole, mit der sie die ganze Zeit vor sich hin zielt. Ihre Hände zittern. Sie steht und zielt geradeaus auf Filips Gesicht.

– Vorbei – sagt sie nach einer gewissen Zeit.

Filip geht auf sie zu, nimmt ihr die Pistole aus der Hand, wischt sie sorgsam ab, dreht den Schalldämpfer ab und wischt ihn auch ab. Dann legt er alles in den Panzerschrank. Schließt ihn ab. Wischt den Schlüssel ab und macht die Schublade des Schreibtischs zu. Als er sich umdreht, sieht er, dass Filipina sich hingesetzt hat.

– Das wird nichts ändern – sagt Filipina.

– Wahrscheinlich nicht – antwortet Filip.

– Ich bleibe hier – sagt Filipina trocken.

Filip schaut sie kurz an, kommt näher und setzt sich auf den Stuhl nebenan.

– Ich auch – sagt er ruhig.

Filipina guckt ihn an. Filip senkt den Kopf. Filipina steht auf.

– Wir gehen zurück – sagt sie.

***

Im Aufzug schaut Filipina mit weit geöffneten Augen auf Filip. Aus dem Winkel seines verzogenen Mundes rinnt ein dünner Speichelstreifen. Filipina wischt ihn mit dem Ärmel ab. Sie öffnen die Luke in der Dachdecke. Filipina geht als erste und nach einigen Schritten wackeln ihre Beine. Filip macht die Klappe zu und fängt sie in letzter Minute im freien Fall ab. Er bringt sie zu den Decken und legt sie hin. Filipina zieht ihre Beine bis an das Kinn ein. Filip streichelt unbeholfen ihre Haare.

– Es gibt keinen Grund mehr, um zu fliehen? – fragt sie.

Filip schüttelt mit dem Kopf, er weiß es nicht.

– Welchen? – fragt sie nach einer Weile.

– Um zu leben – antwortet Filip. – Noch etwas zu leben.

Filipina schließt die Augen, es scheint, als ob sie schlafen würde.

– Ich möchte, dass du mir deine Geburtsstadt zeigst, deine Schule, deine Kirche oder deinen Baum… – sagt leise Filip, Filipina liegt aber weiter mit geschlossenen Augen. – Ich kann jetzt nach Hause gehen und sie werden dann nur dich suchen. Ich kann bleiben, dann werden sie uns beide suchen – sagt Filip, als ob er selbst für sich diese Möglichkeiten abwägen würde, aber gerade in diesem Moment macht Filipina die Augen auf.

– Sie werden uns töten – sagt sie. – Es ist besser, dass sie nur mich töten.

Filip verneint mit dem Kopf, nein, so ist es nicht besser, legt seinen Kopf neben ihrem Kopf und schließt die Augen.

***

Sie werden von einem durch Fenster hereinfallenden Sonnenschein geweckt. Fast gleichzeitig öffnen sie die Augen. Sie betrachten sich intensiv und lange, Filips Mund überzieht ein subtiles Lächeln. Filip lächelt sie deutlicher an. Er greift mit der Hand über seinen Kopf und reicht ihr eine Flasche mit Mineralwasser. Filipina trinkt gierig in mehreren Zügen und gibt die Flasche Filip. Er legt die Flasche an seine Lippen und trinkt langsam, in langen Zügen – man sieht die Bewegungen seines stark ausgebildeten Adamapfels. Er stellt die Flasche weg.

– Ich habe sehr ruhig geschlafen – sagt Filipina. – Gestern habe ich ihm direkt ins Gesicht geschossen, die ganze Nacht habe ich aber ruhig geschlafen, zum ersten Mal seit mehreren Jahren.

– Vielleicht deswegen, weil du ihm ins Gesicht geschossen hast – überlegt Filip.

Filipina schüttelt verneinend den Kopf.

– Nein, nicht deswegen – sagt sie. – Du hast neben mir geschlafen und ich fühlte mich sicher.

Von unten, aus dem Hof erreichen sie Schreie, nach einer Weile hört man die Sirene des herannahenden Rettungswagens. Filip, ihm folgend auch Filipina, schlagen die Decken zurück und kommen ans Fenster. Im Hof fahren zwei Rettungswagen und andere Fahrzeuge vor, aus den Männer in Anzügen aussteigen. Zwischen den vorfahrenden Wagen gehen Polizisten hin und her, sogar aus der großen Entfernung, von oben, kann man den Leutnant erkennen. Er führt die aus den Autos steigenden Männer in das Gebäude, andere Polizisten machen das Haupttor zu, um die anrückenden Journalisten, Fotoreporter und Kameramänner nicht vorzulassen.

Filipina reagiert nicht, als Filip murmelt:

– Diesmal brauchen sie nirgendwo zu fahren. Sie haben alles an Ort und Stelle. Uns auch – und dreht sich zu ihr.

Filipina zappelt auf der Stelle.

– Es wird ihnen nicht in den Sinn kommen, dass wir einige Etagen höher sind – sagt Filip und bricht ab.

– Ich muss mal – sagt Filipina.

– Auf die Toilette? – fragt Filip, Filipina nickt mit dem Kopf.

Filip führt sie zur Klappe und öffnet sie. Er zeigt eine Tür auf dem Korridor, von dem eine kurze Leiter zum Speicher führt.

– Dort ist eine Toilette und Dusche. Seit langem werden sie nicht mehr benutzt, aber Wasser ist da, habe ich nachgesehen – sagt er.

Filipina steigt die Leiter hinunter und verschwindet in der besagten Tür. Filip lehnt sich aus der Luke nach unten, um festzustellen, ob alles in Ordnung ist. Plötzlich schreckt er zurück, als er von unten herannahende weibliche Stimmen hört. Er lehnt die Klappe an und sieht zwei Putzfrauen, die sich unterhalten und beschwingt jene Tür betreten, die mit der zur Toilette, in der Filipina verschwand, benachbart ist. Filip öffnet die Klappe einen Spalt breiter, hört wie die Frauen Eimer hin- und herschieben, Bürsten aufstellen, und lehnt die Klappe wieder an, als er die Frauen angezogen, ohne Schürzen, aus der Tür zum Abstellraum hinaus- und in die Toilette hineingehen sieht. Filip ist bereit, hinunterzulaufen und zu intervenieren, sollte etwas Beunruhigendes passieren, aber nach gewisser Zeit sieht er sie ruhig aus der Toilette kommen und im Korridor verschwinden.

Beruhigt schließt er die Klappe und holt aus seinem Rucksack einen Kaffee-Behälter. Mit einem Löffel schüttelt er Kaffee in die Metallbecher und übergießt ihn mit kaltem Wasser aus der Flasche. Er stöbert im Rucksack, findet eine Tafel Schokolade und bricht sie sorgsam in kleine Stücke. Die Sirene des nächsten Rettungswagens unterbricht diese Arbeit. Filip geht ans Fenster. Vor dem geschlossenen Tor, belagert von Journalisten, steht ein Polizeiwagen, ein Blaulicht blinkt auf dem Dach. Die Journalisten versuchen in das Innere zu blicken. Filip bemerkt nicht, dass die Klappe hochgeht und Filipina, nur in einem kurzen T-Shirt, mit nassem Haar, ihre Sachen und Schuhe in der Hand hält und zu ihm kommt. Erschrocken sträubt er sich, als Filipina seinen Arm berührt.

– Ich bin's – sagt beruhigend Filipina und will noch etwas sagen, aber Filip zeigt ihr, was im Hof los ist.

***

Der Polizeiwagen fährt im Hof vor und Polizisten führen aus seinem Inneren Filips Bruder ab.

– Das ist mein Bruder – sagt Filip.

Die Polizisten führen den Bruder ins Gebäude, sichtlich bemüht, dass er von den Journalisten draußen nicht bemerkt wird.

– Was werden sie mit ihm machen? – fragt Filipina.

– Nichts – antwortet Filip. – Er ist nicht mal zwölf und sie können ihm nichts anhaben.

– Weiß er das? – fragt Filipina.

Filip zuckt mit den Achseln, er weiß es nicht. Er will sich umdrehen, Filipina stoppt ihn aber in dieser Bewegung:

X. Schweigt Kieślowski?

– Dreh dich nicht um. Ich bin nur im Unterhemd, ganz nass. Ich muss mich trocknen. Wer war das?

– Wer? – will Filip wissen.

– Ich wollte mich duschen und war gerade im Begriff, Wasser laufen zu lassen, als ich Stimmen von zwei Frauen hörte. Sie sind in die Toilette gekommen, haben sich die Hände gewaschen und gingen raus.

– Putzfrauen – sagt Filip. – Ich wusste nicht, dass sie hier ihre Abstellkammer haben.

– Eine von ihnen fand morgens einen Mann mit einem Loch im Kopf – sagt Filipina. – Sie haben sich darüber unterhalten. Sie sagte, dass dieser Anblick sie bis ans Lebensende verfolgen wird.

– Ich habe Kaffee gemacht – sagt Filip.

– Warte, ich bin schon trocken. Ich ziehe mich an.

Filipina legt ihre Finger an Filips Augenlider und geht weg.

Brav steht Filip mit geschlossenen Augen, aber kurz danach öffnet er sie und dreht sich um. Er sieht von hinten Filipina, die gerade in ihre Jeans schlüpft. Ihr Rücken ist nackt, sie streift das T-Shirt über. Sie dreht sich um und trifft den Blick von Filip. Eine Weile stehen sie so und betrachten sich. Filip sagt ruhig.

– Dein Hintern ist wie ein Apfel – und lächelt verschämt.

– Was? – will Filipina wissen.

– Angeblich können Frauen einen Hintern wie einen Apfel oder wie eine Birne haben. Deiner ist wie ein Apfel.

Filipina betrachtet ihn aufmerksam einen Augenblick lang. Langsam geht sie auf ihn zu. Bleibt nahe stehen.

– Willst du mich küssen? – fragt sie.

– Wenn du mich liebst, ja – sagt Filip.

Filipina bewegt sich einen Moment nicht, dann kommt sie sehr langsam mit ihren Lippen an die von Filip heran und küsst ihn vorsichtig. Es dauert etwas, bis der Kuss leidenschaftlicher wird. Beider Arme haften am Körper, sie berühren sich nicht. Filip küsst sie immer heftiger, zittert. Filipina reißt sich los.

– Du zitterst am ganzen Körper – sagt sie leise.

Genauso leise fragt Filip:

– Liebst du mich?

Filipina antwortet nicht, nähert sich aber wieder, ihm in die Augen schauend, mit ihren Lippen an die seinen und sie küssen sich innig, leidenschaftlich. Sie umarmen sich und Filipina bemerkt deswegen nicht, dass Filip langsam nach unten sinkt, entlang der Speicherwand. Als er sie mitzieht, reißt Filipina ihre Lippen von seinen los. Filip sinkt entlang der Wand nach unten, in die Hocke.

– Mir ist schwindlig – sagt er.

Filipina geht in die Hocke neben ihm.

– Ich habe es mehrere Male im Kino gesehen. Es sieht nicht so aus, dass es anderen davon schwindlig wird. Mir doch.

Filipina lächelt.

– Wann bist du geboren? – fragt sie.

– Am zweiten September neunzehnhundertsechsundsiebzig – antwortet Filip, und Filipina beginnt zu lachen.

– Um wieviel Uhr? – will sie genau wissen.

– Morgen. Um acht – antwortet Filip und, als er Filipina lachen sieht, will er erfahren, warum sie lacht.

– Ich weiß, was ich damals gemacht habe, ganz genau – erklärt Filipina. – Es war mein Geburtstag und mein erster Schultag. Ich habe von meiner Mutter ein neues Kleid bekommen. Es war zu groß. Um acht begann die erste Unterrichtsstunde. Ich saß in der Klasse, war stolz auf mein neues Kleid und schämte mich, dass es zu groß ist und alle das sehen. Um acht Uhr morgens, als du geboren wurdest, und aus diesem Grund begann ich zu heulen.

– Bist du an demselben Tag geboren wie ich? – fragt Filipina, und Filip bestätigt.

Filip überlegt kurz.

– Merkwürdig … – sagt er.
Filipina verneint:
– Mehrere Millionen Menschen wurden am zweiten September geboren.
Filip ist bereit, sich damit abzufinden, findet aber schnell ein Argument.
– Ja – sagt er. – Aber wir beide sitzen hier auf dem Speicher.
Plötzlich erinnert er sich an etwas.
– Sie müssen dort einen elektrischen Wasserkessel haben. Wir brauchen keinen kalten Kaffee zu trinken – sagt er und steht auf. Er nimmt die beiden Becher mit dem kalten Kaffee mit, hebt die Klappe hoch und steigt die Leiter hinunter.

***

Die Abstellkammer der Putzfrauen ist offen und zwischen all den Eimern und Putzmitteln findet Filip auf dem Tisch einen elektrischen Wasserkessel. Er überprüft, ob Wasser drin ist, und macht ihn an. Einen Augenblick erstarrt er, als er auf der Fensterbank ein Telefon stehen sieht. Er hebt den Hörer ab. Er wählt eine Durchwahl und, als er eine Stimme hört, fragt er schnell und trocken:
– Sagt der kleine Ariel etwas?
– Er sagt, dass er nicht mal zwölf ist und wir ihm nichts anhaben können – antwortet eine männliche Stimme und fragt:
– Wer ist da?
Filip schweigt.
– Wer ist da? – fragt der Mann im Telefonhörer lauter.
Filip unterbricht sofort die Verbindung. Dann wählt er noch einmal dieselbe Nummer und, als er den Mann sich melden hört, sagt er ebenso entschieden wie zuvor:
– Ruf mich zurück, die Verbindung wackelt – und, ohne die Frage «Wer ist da?» abzuwarten, legt er wieder auf.
Das Wasser kocht, Filip kippt den kalten Kaffee aus, füllt die beiden Becher mit heißem Wasser. Sie vor sich tragend steigt er die Leiter hoch und öffnet die Klappe.
Filipina wartet auf ihn.
– Bis jetzt weiß ich nicht, wie du heißt? sagt sie.
– Filip – antwortet Filip, immer noch auf der Leiter stehend.
Filipina schüttelt den Kopf.
– Ich hätte darauf kommen müssen, es ist einfach – sagt sie.
Filip lässt die Klappe fallen.

***

Komplett angezogen, liegt Filip auf Filipina, eng angeschmiegt zwischen ihren Beinen in der blauen Jeans. Sie haben gerade einen langen, erschöpfenden Kuss beendet. Beide atmen schneller als normal. Filip bleibt mit seiner Hand über ihrer Brust hängen.
– Darf ich dich berühren? – fragt er, Filipina nickt mit dem Kopf, er darf.
Langsam senkt Filip seine Hand und berührt die Brust durch ein dünnes Unterhemd. Filipina hilft ihm, leitet seine Hand unter das Hemd, und Filip gleitet dort mit der Hand, jetzt noch schneller atmend. Er berührt die Brust immer heftiger. Als er ihr Unterhemd hochziehen will, wird Filipina ein wenig steif. Filip greift nach dem Gürtel ihrer Hose, Filipina hilft ihm jetzt nicht mehr, aber stört ihn auch nicht. Mit zitternden Händen macht er den Gürtel auf und erst jetzt merkt er, dass Filipina regungslos daliegt und ihn von Nahem anblickt. Filip erstarrt.
– Willst du? – fragt er nach einer Weile.
Filipina schüttelt den Kopf. Sie will nicht. Filip macht den Hosengürtel zu, zieht das Unterhemd hinunter, lächelt ein wenig verschämt und legt seine Hände auf Filipinas Kopf. Er streichelt sie sehr behutsam, stellt dabei ihr kurzes Haar hochkant.
– Entschuldigung – sagt er, Filipina schüttelt aber den Kopf.

X. Schweigt Kieślowski?

– Entschuldige dich nicht, es ist nicht nötig – sagt sie leise.

Die ganze Zeit streichelt Filip ihre Haare, berührt den Nasenansatz, den Mund. Es dauert eine Weile, sie hören nicht den heranziehenden Donner und den Regen, der gegen das Dach zu schlagen beginnt. Erst als die ersten Tropfen – anscheinend durch das löchrige Dach – auf das Gesicht der liegenden Filipina fallen, bemerken sie das Gewitter. Filipina weicht den nächsten Tropfen aus, dann rinnt das Wasser schon in einem dünnen Strahl. Filip steht auf. Das Dach ist auch an anderen Stellen undicht und auf dem Boden sieht man jetzt immer mehr dunkel werdende Wasserflecken.

Filip postiert an den am meisten betroffenen Stellen die Metallbecher, schlitzt mit einem Taschenmesser die Plastikflasche des Mineralwassers auf und macht daraus einen weiteren Behälter, er sieht aus dem Fenster. Er schaut nach unten und bemerkt seinen vom Regen völlig durchnässten Vater, der sich dem Tor des Polizeigebäudes nähert. Er schaut auf die Uhr.

– Es ist schon fünf – sagt er zu Filipina. – Schau.

Filipina schaut auf die Silhouette des durchnässten Mannes, der das Gebäude betritt.

– Wer ist das? – fragt sie.

– Mein Vater. Er holt meinen Bruder ab. Sie können ihn nicht länger festhalten als bis fünf Uhr und mein Vater weiß das – antwortet Filip und, als der Vater in der Tür verschwindet, sagt er:

– Ich möchte, dass er dich kennenlernt. Er würde dir gefallen.

Filipina lächelt.

– Ich weiß nicht, ob wir es überhaupt noch schaffen, irgendjemanden im Leben kennenzulernen – sagt sie ohne Trauer oder Resignation. Und nach kurzer Überlegung fügt sie hinzu:

– Vielleicht lernen wir uns selbst besser kennen. Das ja.

– Du wirst ihn kennenlernen. Ich verspreche es – sagt Filip entschieden und lehnt sich wieder aus dem Fenster, weil der Vater mit dem Bruder aus der Tür gehen.

Der Vater nimmt den Bruder in den Arm, hüllt ihn soweit es geht in einen weiten Polizei-Regenmantel. Als sie das Tor passieren, bleibt der Bruder kurz stehen und folgt mit seinem Blick den vorüber fahrenden, mit etwas beladenen Lastwagen. Die LKW's biegen ein und fahren durch das von diesem Fenster aus unsichtbare Tor in den Hof.

– Was ist ihm aufgefallen? – überlegt Filip.

– Was? – fragt Filipina.

Filip zuckt die Achseln.

– Weiß nicht – sagt er. – Er ist stehengeblieben und sah etwas.

***

Es ist schon dunkel. Filip findet im Rucksack eine Taschenlampe und geht zum Fenster.

– Der Kleine sollte mir um zehn Uhr sagen, was los ist – sagt er zu Filipina, die seine Vorbereitungen nicht begreift.

Nach einer Weile bemerkt er im entfernten Gestrüpp blinkendes Licht.

– Er ist da – sagt er und, um es ganz klar zu machen, fügt er hinzu: – Wir sind in derselben Pfadfindergruppe. Wir kennen das Morse-Alphabet.

Filipina beobachtet das von weitem blinkende Licht einer Taschenlampe und den mit ähnlichen Blink-Signalen antwortenden Filip.

– Was sagt er? – fragt sie nach dem folgenden Austausch der Blinkzeichen.

– Erklärst du es mir?

– Sie wissen nichts – übersetzt langsam Filip. – Sie konnten ihm nichts anhaben.

Und Filip beginnt selbst zu blinken.

– Ich sage ihm, dass er nach Hause gehen soll, dass ich anrufen werde – erklärt er, aber das entfernte Licht geht schnell an und aus.

– Gefahr – übersetzt Filip. – Er hat gesagt: Gefahr.

Die Taschenlampe im Gebüsch geht in einem langen Satz an und aus.

– Im Hof lagern sie Dachziegeln und Pappe – erklärt Wort um Wort Filip.

– Dachreparatur.

Dann leuchtet und erlöscht die Lampe noch einige Male, aber Filip sagt nichts mehr.

– Was hat er gesagt? – fragt beunruhigt Filipina.

– Er sagte: Fahndungsbrief – antwortet unwillig Filip.

Die Taschenlampe im Gebüsch schweigt, dann blinkt sie noch drei Mal zum Abschied und die Unterhaltung bricht ab. Filip überlegt kurz. Beide gehen sie auf die andere Seite des Speichers. Filip lehnt sich aus einem kleinen Fenster hinaus und sieht tatsächlich unten ganze Stapel mit Dachziegeln, Pappe und anderen Baumaterialien für die Reparatur des Dachs. Er dreht sich um zu Filipina.

– Wir werden hier weggehen müssen – sagt er.

– Weißt du, wie? – fragt Filipina.

– Ich weiß.

– Und weißt du, wo wir unterkommen?

Filip zuckt die Achseln, das weiß er nicht. Filipina lächelt.

– Gestern Nacht wolltest du, dass ich dir einige Orte zeige… – sagt sie.

Filip erinnert sich, worüber sie gestern Nacht gesprochen haben.

– Dann fahren wir dorthin. Das ist für uns der schlimmstmögliche Ort, aber wir fahren hin – sagt ruhig Filipina und blickt ernst auf Filip.

***

– Am besten gegen fünf Uhr morgens – sagt Filip und legt sich nahe an Filipina auf die ausgestreckten Decken hin.

– Schmieg dich an mich heran – bittet Filipina und Filip rückt ihr näher, nimmt sie in die Arme. – Noch näher.

Filip umarmt sie ganz, Filipina wird weich, gibt sich hin, ihre Körper lehnen aneinander an.

– Wirst du aufwachen? Wir haben keinen Wecker… – fragt Filipina flüsternd.

– Ja. Ich werde zehn vor fünf aufwachen – antwortet ähnlich Filip.

– Wie wirst du es machen? – will Filipina wissen.

– Ganz einfach – flüstert Filip. – Ich will zehn vor fünf aufwachen, also werde ich aufwachen.

Filipina nickt mit dem Kopf, sie hat verstanden.

– Haben sie die Wahrheit über den Aufzug gesagt? Und über die Kinder? – fragt sie.

Filip nickt mit dem Kopf, sie haben die Wahrheit gesagt.

– Schlaf gut – sagt er.

– Du auch – antwortet Filipina und beide machen sofort die Augen zu.

***

Morgen nimmt Filip den vollgestopften Rucksack und beide steigen die Leiter hinunter. Filip öffnet die Tür zu der Abstellkammer der Putzfrauen und sie gehen hinein. Filip greift nach dem Telefon, bekommt Verbindung nach draußen und wählt eine ihm bekannte Nummer. Nach einigen Signalen hört man am Telefon die Stimme des Vaters.

– Papa, entschuldige, dass ich dich wecke. Ich bin's – sagt Filip.

– Du weckst mich nicht – antwortet der Vater. – Das Telefon wird abgehört.

– Ja – sagt Filip. – Ich will nur sagen, dass ich lebe. Wir sind in Frankreich. – Und legt sofort den Hörer auf. – Er schlief nicht, hat gewartet – sagt er zu Filipina und lächelt, als ob er jetzt einen dummen Streich machen sollte.

Er hebt den Hörer wieder ab, kommt nach draußen und wählt eine andere, ebenfalls ihm bekannte Nummer. Als nach dem ersten Signal ein Mann abhebt, spricht Filip schnell, macht dabei die Nase mit den Fingern zu:

X. Schweigt Kieślowski?

– Ich bin gerade durch den Mont Blanc-Tunnel gefahren. Direkt hinter dem Tunnel standen neben der ersten Telefonzelle Menschen, die Sie gestern im Fernsehen gezeigt haben. Er rief irgendwo an, und sie wollte mich anhalten. Ich heiße… – er gibt einen beliebigen Namen und Adresse an und legt den Hörer auf.

***

Sie gehen aus der Kammer und die Treppe hinunter. Auf einer der Etagen lehnt sich Filip leicht über das Geländer und zeigt Filipina im Korridor einen schlafenden Wächter neben einem großen Gitter.

– Dort saßt du ein – sagt er und sie gehen weiter.

Die Treppe ist gewunden, eindeutig selten benutzt. Durch einen engen Korridor gelangen sie zu einer weiteren Treppe, die zu einer großen Garage für über ein Dutzend Wagen führt. Ein riesiges Tor, das für zwei Lastwagen ausreichen würde, ist auf, neben diesem Tor erstreckt sich entlang der Wand eine Entladerampe. Man sieht auch Gitter von Güteraufzügen und durch das Tor den Hinterhof. In der Garage brennt nur das Notlicht.

Filip bemerkt ein Polizeiauto, das mit großer Geschwindigkeit und allen Lichtern in den Hof einfährt. Er lehnt sich an die Wand, drückt an sie auch Filipina. Aus dem Auto springt der Leutnant, von dem Gebäude her, das wie eine Kaserne aussieht, kommen drei Scharfschützen in Kugelwesten herbeigeeilt.

Alle bewegen sich mit gesenkten Köpfen auf einen Hubschrauber zu, dessen Motor angeht. Sie steigen ein. Mit viel Lärm hebt der Hubschrauber im Staub ab.

– Fliegen sie uns erschießen? – fragt Filipina.

Filip nickt mit dem Kopf.

– Nach Frankreich – sagt er.

Ohne in diesem Lärm bemerkt zu werden, fährt ein kleiner Lieferwagen in die Garage. Filip zeigt ihn Filipina.

– Hier wohnen etwa fünfzig Scharfschützen. Morgens trinken sie immer Milch.

Der Fahrer des Lieferwagens, ein gut gebauter Mann über dreißig, öffnet die Hintertür und nimmt mehrere Milchkannen mit. Seufzend hebt er sie auf die Rampe neben den Güteraufzügen. In diesem Moment zieht Filip Filipina mit und sie springen in den Lieferwagen. Vorne, neben der Fahrerkabine, gibt es etwas Platz und sie setzen sich dorthin. Der Fahrer schlägt die Tür zu und fährt los. Ruhig passiert er das bewachte Tor der Garage und das Tor des Polizeigebäudes, fährt auf die Straße hinaus.

***

Filip holt seinen Metallbecher heraus, öffnet mehrere Kannen und erst an der Tür stößt er auf eine volle. Er reicht Filipina einen Milchbecher, dann trinkt er selbst. Es schmeckt ihnen. Die Straßen sind schon belebt, das Auto bleibt an der Ampel stehen und biegt ein. Erst jetzt sieht man, dass es das Tor des Gefängnisses ist. Filipina und Filip verstecken sich hinter den Kannen.

– Ich habe es nicht gewusst – sagt Filip sichtlich erschrocken.

Das Auto passiert aber nur das erste, äußere Tor, dreht um, bleibt am Kücheneingang stehen. Der Fahrer wiederholt erneut sein Ritual – holt volle Kannen und bringt sie in die Küche. Neben dem geöffneten Wagen patrouilliert ein Wächter und gähnt ausgiebig, während er den Fuß auf die Stufe stellt. Filip und Filipina halten den Atem an. Der Wächter bindet die Schnürsenkel und geht weg. Der Fahrer kehrt zurück, stellt die leeren Kannen hinein und fährt aus dem Gefängnis hinaus.

– Er fährt zum Bauernhof. Etwa vierzig Kilometer außerhalb der Stadt – sagt Filip nicht zu laut, weil die Fahrerkabine nicht gut abgedichtet ist.

***

In einem Vorort bleibt der Wagen kurz vor einem hohen Wohnhaus stehen. Der Fahrer hupt zweimal kurz und einmal lang, dann fährt er sofort los und hält im Hinterhof, in einer kleinen Straße mit alten Garagen. Aus dem Haus, durch den Hintereingang, kommt eine schlanke Frau. Sie schaut sich um, ob sie jemand sieht, und läuft beruhigt zum Auto. Sie hat ein Kleid, das vorne zugeknöpft ist, setzt sich auf dem Nebenfahrersitz und, ohne ein Wort zu sagen, knöpft sie ihr Kleid auf. Der Fahrer lässt sofort die Hose fallen und legt sich mit dem ganzen Körpergewicht auf die Frau. All das passiert buchstäblich vor Filips und Filipinas Augen – die große Trennscheibe zwischen der Fahrerkabine und dem Hinterteil des Lieferwagens bewirkt, dass der große Hintern des Fahrers und die gespreizten Beine der Frau nur einige Zentimeter vor ihren Augen sind. Sie können sich nicht bewegen, also schließt Filipina die Augen, und nach einer Weile, als die Frau zu stöhnen beginnt, hält sie sich die Ohren zu.

Die Frau fragt:

– Kann ich?

Und als der Fahrer schnurrend einwilligt, beginnt sie immer schneller und rhythmisch zu wiederholen:

– Fick mich, ja, ja. Fick mich!

Der ganze Lieferwagen schaukelt vor lauter Energie des Fahrers. Filipina dreht sich um. Filip stützt ihren Kopf. Endlich beendet der Fahrer mit einem Gegröle den Akt. Einen Augenblick liegen sie schwer atmend, dann steigt die Frau aus dem Wagen und geht wortlos ins Haus. Der Fahrer fährt los, macht das Fenster auf und beginnt zu summen.

***

Der Lieferwagen nähert sich einer Schranke. Zwei bewaffnete Polizisten, die die Zufahrtsstraße in die Stadt überwachen, winken freundlich dem Fahrer, und er verlangsamt von hinten, um ihre Frage zu hören:

– Hast du's gehabt?

– Klar, hab' ich. Anders kann ich den Tag nicht beginnen!

***

Der Lieferwagen passiert eine kleine Stadt, fährt an einem kleinen Bahnhof vorbei. Bei Rot hält er an einer Ampel, dann an einer zweiten. Der Fahrer, immer noch in bester Laune summend, bemerkt einen ihn verfolgenden PKW. Als das Auto den Lieferwagen einholt, hupt der Mann am Steuer.

Der Fahrer dreht sich in seine Richtung.

– Ihre Hintertür ist offen! – schreit der Mann.

Der Lieferwagen bremst und hält an. Der Fahrer steigt aus. Die Hintertür schwenkt in den Angeln. Die Kannen rollen im Inneren. Der Fahrer steigt ein und stellt sie ordentlich auf. Im Lieferwagen ist niemand.

***

Filip und Filipina rennen aus einem kleinen Bahnhof heraus und springen in einen abfahrenden Regionalzug. In jedem Abteil sitzen mehrere Personen, sie finden ein leeres, in dem nur ein Greis ist, der mit einem ins Gesicht geschobenen Hut vor sich hin dämmert. Sie setzen sich, Filip legt den Rucksack auf die Ablage. Filipina kuschelt sich an Filip, lächelt zuversichtlich. Filip nimmt sie in den Arm. In diesem Moment öffnet der Greis die Augen. Er hat ein von Sonne und Wind gegerbtes Gesicht, abgearbeitete Hände und hellblaue, fast durchsichtige Augen. Aufmerksam schaut er auf die vor ihm sitzenden Passagiere. Filip erstarrt. Der Greis guckt eine Weile, dann schläft er wieder ruhig ein.

– Gehen wir – flüstert Filipina.

Ohne den Greis aus den Augen zu verlieren, stehen sie leise auf. Der Greis spricht sie überraschend an, ohne die Augen aufzumachen:

– Bleiben Sie sitzen, bleiben Sie sitzen – sagt er ruhig, ohne die Stimme unnötig zu erheben. –

X. Schweigt Kieślowski?

Ich würde diesen Hurensohn noch in Stücke reißen.

***

Der Zug passiert mehrere kurze Tunnel – Berge sind in Sicht – und fährt in ein sonniges, grünes Tal hinab.

***

Filip und Filipina sind auf einem schmalen Weg zwischen Feldern unterwegs. Vor ihnen erstreckt sich hinter einer Anhöhe eine gut sichtbare mittelgroße Stadt. Über der Stadt geht die Sonne unter. Bei dem schönen, andächtigen Anblick hält Filipina inne.

– Es könnte sein … – sagt sie – … dass es das nicht gibt, was war, und das, was wird.

Filip steht neben ihr.

– Nur das, was es jetzt gibt? – sagt er oder fragt.

Filipina nickt mit dem Kopf, so wäre es besser. Sie setzen sich am Wegrand, Filip holt aus dem Rucksack zwei Schnitten und eine Mineralwasserflasche. Die hungrige Filipina beißt mit den Zähnen in die Schnitte hinein.

– Heiratest du mich? – fragt Filip.

Filipina schluckt den Bissen.

– Ja – sagt sie.

– Heute? – fragt Filip nach einer Weile.

Filipina nickt mit dem Kopf:

– Heute oder morgen …

***

Das Geräusch eines tief fliegenden Hubschraubers bewirkt, dass sie sich bücken. Der Hubschrauber fliegt riskant über sie hinweg und entfernt sich Richtung Stadt, dreht eine Schleife, dann noch eine und fliegt weg.

Morgen erreichen sie eine Straße an den Vororten von Siena, Filipina bleibt an einer Mauer stehen.

– Meine Mutter liegt dort – sie zeigt mit dem Finger auf ein gepflegtes, bescheidenes Grab unweit der Mauer.

– Willst du hingehen und dort etwas verweilen? – fragt Filip.

– Ich denke immer an sie, wie sie oben auf der Treppe steht und lächelt, als ich heimkomme – sagt sie. – Wie sie die Arme ausstreckt, etwa so … – zeigt sie, streckt die Arme zu Filip aus, als neben ihnen ein Vogel sich auf einem Zweig niederlässt. – Guck, ein Vogel – sagt sie und schaut in diese Richtung.

– Das ist kein Vogel, das ist eine Schwalbe – verbessert sie Filip. – Sie haben Namen – erklärt er sanft.

***

Die Kirche ist riesig, nicht nach dem menschlichen Ebenmaß, im Inneren aber, obwohl leer, wirkt sie behaglich. Filipina zeigt Filip Stellen zwischen den Bänken und neben dem Altar.

– Hier bin ich getauft worden, hier nahm ich die erste Kommunion, hier saßen wir, als ich klein war, jeden Sonntag.

***

Zwei ältere Frauen zünden neben dem Altar Kerzen an, knien und bekreuzigen sich permanent. An den Seitenwänden stehen Beichtstühle.

Filipina bleibt stehen.

– Hier beichtete ich … – sagt sie und versinkt in Gedanken, während sie einen von ihnen betrachtet.

Sie entschuldigt sich bei Filip, geht zwischen den Bänken durch und auf einen Beichtstuhl zu, kniet nieder.

Filip setzt sich am gegenüberliegenden Ende der Kirche, neben einem anderen. Von weitem sieht er, wie Filipina an dem Holzgitter des Beichtstuhls klopft und zu beichten beginnt. Die zwei Frauen beenden das Schmücken des Altars und verlassen die Kirche, man hört das lange Echo ihrer Schritte.

Filip bemerkt, dass Filipina jetzt schweigt. Sie kniet weiter im Beichtstuhl, ohne etwas zu sagen.

Schaut hinein und entfernt sich. Setzt sich neben Filip.

– Ich habe gebeichtet … – sagt sie. – Erst nach einer Weile habe ich gemerkt, dass der Beichtstuhl leer war.

– Versuch mal dort – sagt Filip, zeigt auf einen Beichtstuhl, neben dem er sitzt.

Filipina steht auf, schaut hinein und kehrt zurück.

– Hier ist auch leer – sagt sie.

Sie schweigen einen Moment.

– Ich will die Beichte beenden – sagt leise Filipina. – Kann ich bei dir?

– Denkst du, dass es egal ist? – fragt Filip.

Filipina überlegt kurz.

– Ich denke, ja.

Nach einer Weile fragt Filip:

– Wo bist du stehen geblieben?

– Ich sagte, dass ich seit fünfzehn Jahren nicht gebeichtet habe. Dann habe ich viele Dummheiten und viel Unrecht getan, mehrmals die Eltern und die Schwester belogen, meinen Mann betrogen, und dann habe ich nicht alles unternommen, um ihn zu retten … Ich weiß nicht, ob man überhaupt alles unternehmen kann? – sagt Filipina halblaut, ohne Filip in die Augen zu schauen.

Filip hat auch den Kopf gesenkt und blickt sie nicht an, unbewusst hat er die Position von jemandem angenommen, der einer Beichte lauscht.

– Ich werde dir nicht erzählen, was ich gemacht habe, weil du es weißt – setzt Filipina fort. – Durch mich sind vier Menschen ums Leben gekommen und ich kann damit nicht leben, ich werde es niemals können. Sogar wenn es dabei keine Kinder gegeben hätte, würde ich nicht können. Ich habe das Biest abgeknallt … das weißt du auch. Du weißt nicht, dass ich aufgehört habe, zu glauben.

Filip hebt seinen Blick.

– An was? – fragt er.

– An einen Sinn – antwortet Filipina. – An Gerechtigkeit, daran, dass jedes Leben notwendig ist und einen Sinn hat. Und ich will nicht mehr … – wie einst im Verhörzimmer rinnt Filipina am Nasenansatz eine Träne.

Filip streckt den Arm.

– Ich liebe dich … – sagt er.

– Ich auch – antwortet Filipina. – Und ich werde dich bis ans Lebensende lieben. Ich will nur, dass das Ende bald kommt.

***

Die Stadt ist alt und das neue Schulgebäude sieht nicht gut aus. Aber genau hier ging Filipina zur Schule. Sie zeigt es Filip, zeigt ihm den Weg, den sie von der Schule nach Hause nehmen musste. Die Straßen sind eng, die Häuser mit einer rostigen, oft verblichenen Farbe gestrichen. Filipina führt Filip durch einige solche Gässchen und will ihm bereits hinter der Kurve ihr Haus zeigen, als Filip abrupt stehen bleibt und an der Ecke zurückweicht. Vor dem Haus auf einer breiteren Straße steht ein dunkler Wagen, drin drei Männer.

– Sie sind da – sagt Filip.

Sie gehen vorsichtig zurück, ohne bemerkt zu werden. Dann laufen sie durch Seitenstraßen, Filipina führt, sie kennt Eingänge und offene Hinterhöfe.

***

Der Frisör rasiert gleichmäßig die Haare auf beiden Seiten von Filips Kopf. In der Mitte bleibt ein Irokesenschnitt und der Frisör stärkt ihn mit Gel. Filipina lässt sich gerade eine Glatze schneiden. Kahlköpfig betrachtet sie den Irokesenschnitt von Filip. Eindeutig amüsiert es beide.

***

Selbstbewusst trägt Filip aus der Bar zwei große, bunte Eisportionen. Auf dem Markt finden Vorbereitungen zum Umzug von mittelalterlichen Rittern auf Pferden statt. Gedränge und Lärm, Filipina und Filip setzen sich abseits.

X. Schweigt Kieślowski?

– Diese? – fragt Filip.
Filipina nickt mit dem Kopf, diese. Sie probiert, ob sich der Geschmack verändert hat, aber nein, er ist genauso wie früher. Sie sehen patrouillierende Polizisten an, unverschämt, direkt ins Gesicht. Die Polizisten gehen vorbei, blicken gleichgültig auf sie herab.
Sie bücken sich über ihre farbigen Eisbecher.
– Und? – fragt Filipina.
– Das Beste auf der Welt – bestätigt Filip.
Er bemerkt jemanden in der Menschenmenge auf dem Markt. Unter den Reitern gibt es auch Frauen, eine von ihnen fällt Filipina auf.
– Das ist meine Freundin – sagt sie.
Sie zeigt sie Filip.
– Vertraust du ihr? – fragt Filip.
Filipina bestätigt.
– Geh zu ihr und frag, ob sie bei ihr waren – bittet Filip.
Filipina steht auf und drängt sich durch das Menschen- und Pferdegewühl. Sie kommt auf Regina zu.
– Erkennst du mich? – fragt sie und schaut nach oben.
Nur eine Sekunde lang ist sich Regina nicht sicher. Dann weist sie Filipina mit dem Kopf die Richtung und trippelt hinter einen hohen Wagen. Filipina folgt ihr.
Regina steigt vom Pferd.
– Was hast du angestellt? – sagt sie, als Filipina sie in die Arme schließt.
– Weine nicht – sagt Filipina und Regina kommt langsam zu sich.
– Die Polizei war bei mir. Zweimal. Gestern kamen sie mit einem Hubschrauber auf den Bauernhof... – sagt sie in Tränen aufgelöst. Sie schaut Filipina an.
– Der Schnitt steht dir gut.
Filipina lächelt.
– Wir möchten bei dir übernachten. Und wir haben kein Geld – sagt sie, als ob sie Regina nicht zuhören würde.

– Sie werden euch fassen – sagt entschieden Regina.
– Ja – bestätigt Filipina.
Regina betrachtet sie aufmerksam.
– Was werden sie mit euch machen? – fragt sie.
– Töten – antwortet ruhig Filipina.

***

Filip ist mit dem Eis fertig, als Filipina zurückkommt. Sie lächelt, schüttelt von weitem verneinend mit dem Kopf – sie waren nicht da. Filip betrachtet sie aufmerksam.
– Wir werden uns waschen und duschen können – sagt Filipina.
Filip nickt mit dem Kopf, blickt auf die Uhr.
– Ich habe dir etwas versprochen – sagt er. – Anzurufen.
Er steht auf und geht um die Ecke zu einem Telefonautomaten, der diskret in einer Nische postiert ist. Er wählt eine lange Nummer. Als er eine Frauenstimme hört, sagt er:
– Hier ist Ariel, ist bei Ihnen mein Sohn?
Es dauert etwas, bis der Bruder ans Telefon kommt.
– Erschrecke dich nicht – sagt er. – Hier Filip. Gib vor, dass du mit Vater sprichst. Sag laut: dann komme ich etwas früher, Papa.
Filip wartet, bis der Bruder seiner Anweisung folgt, dann sagt er:
– Bitte den Vater, dass er in zwei Stunden diesen Apparat anruft. Ich gebe dir die Nummer... – er schaut auf die Nummer des Telefons, von dem aus er anruft, und diktiert dem Bruder: sechshundert einundsiebzig neunzehnhundertvierzehn zehn. Wiederhole die Nummer nicht laut. Sie ist einfach, die beiden ersten Ziffern, das ist die Nummer von unserem Haus. Und der Rest, dass ist der Anfang des Ersten Weltkrieges und der Altersunterschied zwischen uns. Wirst du behalten?
Der Bruder bestätigt anscheinend, Filip wiederholt die Information, bittet den Bruder, dass er noch einmal sagen soll: «gut, Vater».

– Es ist zehn nach elf. Ich warte hier in zwei Stunden – sagt er noch und legt den Hörer auf.

Er kehrt auf den Platz zurück und bemerkt Filipina, die mit dem Eis schon fertig ist und ihm entgegenkommt. Filip lächelt sie an und sie kommt herbeigeeilt, als ob sie sich in diesen wenigen Minuten nach ihm sehnen würde. Sie entfernen sich und sehen nicht mehr, dass die zwei Polizisten, die gerade an ihnen gleichgültig vorbeigegangen waren, auf den Platz mit einer konkreten Aufgabe zurückkommen. Sie überprüfen die Gesichter von jungen Frauen und Männern, die kahlgeschorene Köpfe, zerrissene Jeans, Tatoos, Irokesenschnitte haben. Das gleiche machen einige Männer in Anzügen auf dem anderen Platzende, die so aussehen, wie auf der ganzen Welt Polizisten in Zivil aussehen.

***

Sanft küsst Filip, einen nach dem anderen, Filipinas Finger, als der Apparat in der Nische klingelt. Filip blickt auf die Uhr und hebt den Hörer ab.

– Ja, Vater, das bin ich – sagt er, als er im Hörer die Stimme des Vaters hört.

– Ich habe sie abgehängt – sagt der Vater. – Sie wissen nicht, dass ich anrufe. Sie denken, ich sitze zu Hause.

– Wir sind in ... – Filip nennt den Stadtnamen. – Und ich möchte dich sehen. Wir möchten.

– Ich auch – sagt der Vater. – Ich miete einen Wagen. Braucht ihr etwas?

Filip braucht gar nichts, erklärt, wo sie sich treffen können, schaut dabei auf einen Plan, den ihm Filipina reicht. Kurz vor der Stadt gibt es eine Ausfahrt, von da aus sieht man bereits die Anlage eines großen Krankenhauses. Neben dem Krankenhaus befindet sich ein Park. Filip bestimmt einen Treffpunkt in diesem Park.

– Ich werde dort um fünf Uhr sein, spätestens fünf Uhr dreißig – beendet der Vater das Gespräch.

Filip hängt den Hörer auf und sagt zu der wartenden Filipina:
– Er kommt. Um fünf.

***

Das Krankenhaus ist riesig, der Park auch. Am Nachmittag gibt es hier viele Patienten und sie besuchende Familien. Der Vater holt eine Plastiktüte, schließt den Wagen ab und geht in den Park. Er schaut sich sorgsam um, Filip ist nicht da. Der Vater passt sich an die geltenden Gepflogenheiten an – ruhigen Schrittes geht er langsam auf die andere Seite, kehrt zurück. Er hält nicht an, geht an Filip mit dem Irokesenschnitt, der mit dem Rücken zu ihm steht, und an der kahlköpfigen Filipina vorbei, als jemand sagt:
– Papa ...

Der Vater bleibt stehen. Filip dreht sich um und lächelt. Eine Sekunde lang erkennt der Vater ihn noch nicht.

– Wie siehst du aus? – setzt er an und bricht ab.
– Wir haben uns etwas verändert – sagt Filip.

Der Vater drückt stark seine Hand. Filip stellt ihm Filipina vor. Der Vater schaut ihr aufmerksam in die Augen, zeigt auf eine Bank und sie setzen sich. Er zieht aus seiner Tasche einen Umschlag und reicht ihn Filip.

– Ich habe euch etwas Geld gebracht – sagt er. Und gibt Filip die Plastiktüte.

Filip tastet sie ab und spürt die Umrisse einer Pistole.

– Wollt ihr? – fragt der Vater.

Filip schüttelt verneinend, ernsthaft mit dem Kopf und gibt die Tüte dem Vater zurück.

– Das ist gut – sagt der Vater.

Einen Augenblick lang schweigen sie.

– Was sollen wir tun, Vater? – fragt Filip.

Der Vater zieht eine Zigarette und zündet sie an. Filip guckt verwundert.

– Du rauchst doch nicht?
– Jetzt rauche ich – erklärt der Vater. – Es gibt eine große, ernsthafte Aktion. Im ganzen Land.

X. Schweigt Kieślowski?

Vier Polizeiautos sind an mir vorbeigefahren, sie fuhren in die Stadt. Auf der gegenüberliegenden Autobahnseite haben sie einen Wachposten an der Ausfahrt eingerichtet. Ich habe Angst, dass sie mich auf einer normalen Straße auch kontrollieren werden und dann werden sie sicher sein, dass ihr hier seid. Ihr könnt mit mir fahren. Es gibt eine gewisse Chance, dass sie euch nicht erschießen, weil ich im Auto sein werde …

– Wie groß? – fragt Filip.

– Halbe halbe – antwortet der Vater.

– Ich werde nicht mit Ihnen fahren – sagt entschieden Filipina. – Aber ich möchte … ich möchte sehr, dass Sie Filip mitnehmen.

Der Vater nickt mit dem Kopf.

– Er sagte mir … – er zeigt mit dem Kopf auf den Sohn. – Er hat mir gesagt, dass er Sie liebt.

– Er liebt mich – bestätigt Filipina mit Überzeugung.

– Und Sie? – fragt der Vater.

– Ich auch.

Filip schließt die Augen, als er dieses Bekenntnis hört. Eine ältere Frau nähert sich der Bank.

– Haben Sie nicht meinen Mann gesehen? – fragt sie. – Zur Hälfte geknickt, grau, mit einem schönen Gesicht.

– Es tut mir leid, wir haben ihn nicht gesehen – antwortet der Vater.

Die Frau entfernt sich.

– Ich werde mit dir nicht fahren, Vater – sagt Filip.

– Weiß ich – antwortet der Vater, dann auf Filipina schauend fragt er:

– Wissen Sie, warum wir immer im wichtigsten Moment nichts unternehmen können?

– Ich weiß nicht – antwortet taub Filipina.

Der Vater steht auf.

– Wenn nicht der Kleine wäre, würde ich einfach mit euch gehen. Aber nicht mal das kann ich.

– Darfst du nicht – bestätigt Filip und steht auf.

Filipina steht auch auf. Der Vater reicht ihr die Hand, dann zieht er sie an sich heran und küsst sie auf die Wange. Filipina gibt sich diesem Kuss hin.

– Ich weiß nicht, wie ich mich von Ihnen … – setzt der Vater an, aber Filipina unterbricht ihn.

– Man braucht sich nicht zu verabschieden – sagt sie.

Der Vater drückt Filip an die Brust und sie stehen eine Weile bewegungslos.

– Küsse und umarme ihn – bittet Filip, womit er seinen Bruder meint.

Der Vater nickt mit dem Kopf.

– Du bist gut – sagt er, ohne Filip aus dem Arm zu lassen, höchstwahrscheinlich, weil ihm die Tränen in den Augen stehen. Er drückt ihn noch einmal an sich, dann lässt er ihn frei und, ohne sich umzudrehen, geht er in Richtung des Parkplatzes.

Filip schaut ihm hinterher. Von einer Nebenallee her kommt die ältere Frau, führt, unter ihrem Arm eingehackt, einen alten Mann mit schönem, grauhaarigem Kopf, zur Hälfte geknickt.

– Danke, ich habe ihn gefunden – sagt sie lächelnd.

***

In der Abenddämmerung kommen sie näher an die Anlage des Bauernhofs. Es sind mehrere landwirtschaftliche Gebäude und ein großes, altes Wohnhaus. Alles ist gepflegt, im Hof stehen in der Reihe landwirtschaftliche Maschinen. In Fenstern brennt das Licht, manche sind breit geöffnet, eine Weile schauen sie schweigend zu, wie die Bewohner leben. Eine dicke, massige Frau bereitet das Abendessen vor, zwei Mädchen sitzen an ihren Schulaufgaben und erzählen sich allem Anschein nach etwas Komisches, weil sie ständig laut lachen müssen. Ein junger Mann, etwas älter als Filip, macht sich fertig, um auszugehen.

– Du hattest Recht – sagt leise Filipina.
– Womit? – fragt Filip.
– Mit deinem Vater – antwortet Filipina.

Regina, die der Mutter beim Abendessen hilft, unterbricht die Arbeit, sagt etwas zu ihr und geht aus dem Haus. Sie treffen sich an einer schmalen Hecke. Regina begrüßt Filip und küsst Filipina, schaut sich dabei nach allen Seiten um.

– Ich habe gehofft, ihr kommt nicht … – sagt sie.

Filipina zuckt die Achseln.

– Wir sind gekommen. Schmeißt du uns raus? – fragt sie.

– Dort ist die Dusche – sagt Regina, behält dabei die Zufahrtsstraße im Auge.

– Ich habe euch das Abendessen vorbereitet, schlafen könnt ihr oben, es gibt Matratzen und Decken.

Filip nickt mit dem Kopf. Regina führt sie in das kleine Haus, hinter dem Wohnhaus, zwischen Pferdestall und Scheune. Sie öffnet die Tür und, während sie die beiden hereinlässt, warnt sie sie:

– Ich wecke euch um fünf. Es wird schon hell sein.

***

Filipina eingehüllt nach dem Bad in ein großes Tuch. Filip mit seinem nassen Irokesenschnitt, sie beenden das Abendessen. Sie trinken aus großen Tassen Milch. Filip hat am Nasenansatz einen Milchbart. Sie schweigen, schauen sich intensiv an.

– Heute? – fragt Filip nach einer Weile.

Filipina nickt mit dem Kopf.

– Ja. Jetzt.

Das Taschenmesser von Filip hat eine lange, scharfe Klinge. Filip macht sie langsam auf, hebt sie mit dem Fingernagel hoch. Über dem Tisch baumelt nur eine schwache Glühbirne, Schatten ziehen an den Gesichtern von beiden vorüber.

– Zeig mir deinen Finger – sagt Filip.

– Wozu? – fragt Filipina, verwundert über das offene Taschenmesser.

– Zeig – bittet Filip. – Mittelfinger.

Vorsichtig streckt Filipina ihren Mittelfinger aus, mit einer kurzen, deutlichen Bewegung sticht Filip die Fingerspitze ein. Mit derselben Bewegung sticht er seinen Finger ein. Auf beiden Fingern kommt ein Blutstropfen zum Vorschein. Filip schiebt seinen Finger an Filipinas Mund, sie macht das gleiche mit ihrem. Es ist ganz still. Gegenseitig küssen sie sanft ihre Finger, jeder schluckt jeweils das Blutströpfchen des anderen hinunter.

– Fertig? – sagt Filipina.

Filip nickt mit dem Kopf, fertig.

– Woher wusstest du, dass man es so macht?

– Ich habe es mir so vorgestellt – antwortet Filip.

Filipina zieht ihn an sich heran und küsst ihn leicht, beide spüren im Mund den bitter-süßen Geschmack des Blutes. Filipina neigt leicht den Kopf, Filip schließt die Augen. Mit zitternden Händen berührt er die nackten Schultern Filipinas, sie flechtet ihre Hände um seinen Kopf. Ihr Atem ist immer schneller. Filip gleitet mit der Hand nach unten und findet den Knoten des Tuches, in das Filipina gehüllt ist. Als Filipina ahnt, dass Filip gleich den Knoten löst, stößt sie ihn von sich. Eine Weile schweigen sie, Filip beruhigt seinen Atem.

– Nicht hier – sagt Filipina.

– Warum?

– Die Polizei war hier gestern und vielleicht auch heute. Ich will nicht, dass wir dann nackt sind – sagt Filipina.

– Wusstest du es? – fragt Filip.

– Ja.

– Sind wir deswegen hierhin gekommen? – fragt weiter Filip.

Filipina zuckt die Achseln:

– Ja.

– Warum also … – Filip schaut sie an, ohne zu verstehen. – Warum willst du dann jetzt gehen?

X. Schweigt Kieślowski?

– Weil morgen... – antwortet Filipina. – Da habe ich noch nicht gewusst, wessen ich mir jetzt sicher bin.

***

Eine lange Reihe mit Obstbäumen unweit des Bauernhofs verschwindet in der Dunkelheit. Filipina und Filip laufen entlang der Reihe. Filipina bleibt als erste stehen, zieht ihr Unterhemd und ihre Hose aus, Filip wiederholt ihre Bewegungen. In der Dunkelheit erscheinen ihre Bewegungen langsam, etwas majestätisch. Nackt haften sie aneinander und fallen langsam zu Boden. Filip will mit dem Gesicht an ihrem Gesicht etwas fragen, aber Filipina legt ihm einen Finger an die Lippen.

– Ciii... – sagt sie. – Ja. Weiß du doch.

Sehr langsam, nicht hastig gibt sich Filipina Filip hin. Im selben Moment holen sie tief Luft ein und lassen sie im selben Moment raus, leise seufzend. Sie beruhigen sich, schauen sich von nahem in die Augen. Filip will von Filipina hinunter gleiten, aber sie hält ihn mit den Händen fest.

– Lass so, so ist es gut – bittet sie.

– So werden wir einschlafen – sagt sie nach einer Weile – und so werden wir aufwachen. Nur das eine Mal.

***

Sie werden durch die Motorgeräusche von Autos geweckt, die sich mit abgeschalteten Scheinwerfern dem Bauernhof nähern. Filipina zieht schnell ihr Unterhemd an, Filip wiederholt unbewusst ihre Bewegungen. Die Autos halten an und ein Dutzend Männer umzingelt lautlos den Bauernhof. Man hört das Geräusch eines herbeifliegenden Hubschraubers. Die Scheinwerfer der Autos gehen an, auf den Dächern beginnen bunte Signallichter zu blinken, zusätzliche Reflektoren und Suchscheinwerfer. Alarmsirenen jaulen. Erst jetzt sieht man, dass alle Polizisten mit Maschinengewehren und Pistolen bewaffnet sind. Sie machen starke Handtaschenlampen an, und den Effekt eines Schauspiels vollendet ein Hubschrauber, der mit lautem Rattern inmitten vom Staub landet. Er ist noch einige Zentimeter über dem Boden, als der Leutnant und mehrere Polizisten einer Spezialeinheit hinausspringen. Der Pilot schaltet die Maschine ab und steigt aus, um die Aktion mitzuerleben.

Der Leutnant läuft mit mehreren Polizisten ins Wohnhaus, andere öffnen oder schlagen mit Kolben die Türen der Gebäude und des Hauses ein, in dem Filip und Filipina das Abendbrot gegessen haben. Jetzt schauen sie sich beide das hektische Treiben der Polizei an. Aus dem Bauernhof stürmt der Leutnant und schreit durch ein Megaphon.

Filip blickt auf Filipina.

– Willst du dort hingehen? – fragt er.

Filipina wartet einen Moment ab und dann schüttelt sie langsam ihren Kopf, verneint mit dem Kopf. Sie will nicht.

– Noch einen Tag? – fragt Filip.

– Vielleicht zwei... – antwortet Filipina.

– Wir können fliehen... – Filip ist ruhig. – Das wird ein Tag. Wir können fliegen – er zeigt auf den Hubschrauber, der weit entfernt von den Autos steht.

– Kannst du fliegen? – fragt Filipina.

– Ich weiß nicht. In der Polizeischule saß ich einige Stunden im Simulator... Vielleicht werde ich mich an etwas erinnern.

Als er bemerkt, dass der Pilot sich von dem Hubschrauber entfernt hat, reicht er Filipina die Hand und sie laufen gebückt. Die Polizeisirenen jaulen weiter, der Leutnant übertönt sie mit seinem Geschrei durch das Megaphon. In diesem Lärm, Getöse und Wirrwarr steigen Filip und Filipina, ohne die Aufmerksamkeit auf sich zu ziehen, durch die geöffnete Tür in den Hubschrauber. Im Hof vor dem Haus führen die Polizisten die Bewohner hinaus.

– Wo sind sie?! – schreit der Leutnant durchs Megaphon zu der neben ihm stehenden Regina.

Irgendjemand feuert im Garten aus einem Maschinengewehr. Filip schließt die Augen und, seine Hände in der Luft bewegend, erinnert er sich an Bewegungen, die man ihm in der Polizeischule gezeigt hat. Filipina beobachtet ihn aufmerksam. Es gibt einen Kontrast zwischen der großen Verwirrung auf dem Bauernhof und der inneren Konzentration von Filip. Filip macht die Augen auf und blickt auf Filipina.

– Versuchen wir? – fragt er.

– Ja – sagt Filipina.

Filip drückt auf die Starttaste und der Motor setzt die Luftschraube in Bewegung. Filip beschleunigt die Drehzahlen und der Motor ist dann schon so laut, dass der Pilot sich umdreht. Als er jemanden drin bemerkt, läuft er Richtung seiner Maschine. Filip schiebt den Hebel und, als der Pilot bereits nahe ist, hebt der Hubschrauber unsicher ab. Der Pilot greift zur Pistole und schießt, die Kugel springt vom Metall des Fahrgestells funkelnd ab. Beim Geräusch des Schusses stürmen der Leutnant und die anderen Polizisten in Richtung des Piloten.

Der Hubschrauber hebt immer höher ab. Im Lauf entwendet der Leutnant einem der Polizisten das Maschinengewehr und schießt nach oben. Andere Polizisten heben auch ihre Waffen.

Von der Metallverkleidung des Hubschraubers prallen die Kugeln mit kurzem Aufblitzen ab. Der Himmel ist dunkelblau, kurz vor der Morgenröte.

– Mach die Sirenen aus! – schreit der Leutnant, ohne zu schießen aufzuhören.

Die Sirenen verstummen eine nach der anderen. Die Stille unterbrechen jetzt nur noch die Salven aus den Maschinengewehren und das immer leiser werdende Rattern des Hubschraubers. Als sie sehen, dass die Kugeln die Maschine nicht mehr erreichen, hören die Polizisten einer nach dem anderen auf, zu schießen. Der Leutnant unterbricht den Beschuss. Es wird ganz still. Der Hubschrauber fliegt weiter vertikal nach oben.

– O Gott – sagt der Pilot. – Er kann nicht so hoch…

Der Hubschrauber hebt aber noch höher ab. Der Leutnant, die Polizisten, Regina, ihre Mutter und Geschwister stehen mit in die Höhe gehobenen Köpfen. Der Hubschrauber ist eine Weile sichtbar, verschmilzt mit dem Dunkelblau des Himmels. Sein unterer Scheinwerfer sieht jetzt wie eins der Sterne aus, die hoch über den nach oben starrenden Menschen hängen.

XI. Anhang

396 Eine der letzten Aufnahmen von Kieślowski (Foto: Marta Kieślowska)

Bibliografie • Filmografie • Filmpreise • Diskografie • Film- und Personenregister

Bibliografie

1 Allgemeine und einführende Literatur

Barthes, Roland: *Die helle Kammer*. Frankfurt/Main 1985.
Blum, Katharina: *Juliette Binoche*. München 1995.
Bossak, Jerzy: Sprawy filmu dokumentalnego. In: *Kwartalnik filmowy* 1/1965, S. 20–33.
Brauchitsch von, Boris: *Kleine Geschichte der Fotografie*. Stuttgart 2002.
Bren, Frank: *World Cinema 1: Poland*. Trowbridge 1986.
FILMFAUST Extra: *Polen: Kino im Übergang. Teil 1–3*. In: Filmfaust Nr. 31–33, Nov.-Mai 1982/1983.
Filmstellen VSETH/VSU: *Solidarnosc, Satire, Science Fiction. On the Road*. Dokumentation Sommer 1995. Zürich 1995.
Frankfurter, Bernhard (Hg.): *Offene Bilder. Film, Staat und Gesellschaft im Europa nach der Wende*. Wien 1995.
Fuksiewicz, Jacek: *Film und Fernsehen in Polen*. Warszawa 1976.
Gregor, Ulrich: *Geschichte des Films ab 1960*. Band 4. Reinbek bei Hamburg 1983.
Herget, Sven: *Spiegelbilder. Das Doppelgängermotiv im Film*. Marburg 2009.
Hendrykowski, Marek: *Sztuka krótkiego metrażu*. Poznań 1998.
Hollender, Barbara / Turowska, Zofia: *Zespół «Tor»*. Warszawa 2000.
Janicki, Stanisław: *Film polski od A do Z*. Warszawa 1977.
Journal Film: Filmland Polen. In: *Journal Film* Nr. 27, I/1994.
Karabasz, Kazimierz: *Cierpliwe oko*. Warszawa 1979.
Karabasz, Kazimierz: *Bez fikcji – z notatek filmowego dokumentalisty*. Warszawa 1985.
Kino Nr. 9, Warschau 1993 / Spezialheft zur «Drei Farben»-Trilogie.
Klejsa, Konrad / Schahadat, Schamma / Wach, Margarete (Hg.): *Der polnische Film. Von seinen Anfängen bis zur Gegenwart*. Marburg 2012.
Kołodyński, Andrzej: *Tropami filmowej prawdy*. Warszawa 1981.
Kornhausen, Julian / Zagajewski, Adam: *Świat nie przedstawiony*. Kraków 1974.
Kornatowska, Maria: *Wodzireje i amatorzy*. Warszawa 1990.
Krall, Hanna: *Trudności z wstawaniem. Okna. Reportaże*. Warszawa 1990.
Krubski, Krzysztof / Miller, Marek / Turowska, Zofia / Wiśniewski, Waldemar: *Filmówka. Powieść o Łódzkiej Szkole Filmowej*. Warszawa 1992.
Kuszewski, Stanisław: *Współczesny film polski*. Warszawa 1977.
Kuszewski, Stanisław: *Le Cinéma polonais contemporain*. Warszawa 1978.
Lewandowski, Jan F.: *100 filmów polskich*. Katowice 1997.
Liehm Mira / Antonin J.: *The Most Important Art. Soviet and Eastern European Film After 1945*. Berkeley / Los Angeles / London 1977.
Lommel, Michael: *Im Wartesaal der Möglichkeiten. Lebensvarianten in der Postmoderne*. Köln 2011.
Michałek, Bolesław / Turaj, Frank: *The Modern Cinema of Poland*. Bloomington/Indianapolis 1988.
Michałek, Bolesław (Hg.): *Le cinéma polonais*. Paris 1992.
Misiak, Anna: *Kinematograf kontrolowany: Censura filmowa w kraju socjalistycznym i demokratycznym (PRL i USA)*. Kraków 2006.
Mundhenke, Florian: *Zufall und Schicksal – Möglichkeit und Wirklichkeit. Erscheinungsweisen des Zufälligen im zeitgenössischen Film*. Marburg 2008.
Nowell-Smith, Geoffrey (Hg.): *Geschichte des internationalen Films*. Stuttgart/Weimar 1998.
LA REVUE DU CINÉMA-Dossier: «Pologne 80» par Jerzy Płażewski, Wanda Nowakowska, Maria Kornatowska. In: *La Revue du Cinéma* Nr. 358/1981, S. 65–82.
LA REVUE DU CINÉMA-Dossier: «Le cinéma polonais à Poitiers» par Jacques Chevalier, Hubert Desrues, Janusz Zaporowski. In: *La Revue du Cinéma* Nr. 361/1981, S. 109–125.
Reichow, Jochen (Hg.) / Janicki, Stanisław: *Film in Polen*. Berlin (DDR) 1979.
Schlegel, Hans-Joachim (Hg.): *Die subversive Kamera. Zur anderen Realität in mittel- und osteuropäischen Dokumentarfilmen*. Konstanz 1999.
Schmöller, Verena: *Was wäre, wenn… im Film*. Marburg 2012.
Siegel, Joshua M.: *50 Years. The Polish Film School Lodz. Retrospective 18th December – 10 January 1999*. Katalog des Museum of Modern Art in New York. New York 1998.
Słodowski, Jan (Hg.): *Leksykon polskich filmów fabularnych*. Warszawa 1996.
Sontag, Susan: *Über Fotografie*. Frankfurt/Main 1980.
Wertenstein, Wanda: Polish Cinema Now. In: Cowie, Peter (Hg.): *Variety International Film Guide 1995*. London: Hamlin/Hollywood 1995, S. 66–90.
Wollnik, Sabine (Hg.): *Zwischenwelten. Psychoanalytische Filminterpretationen*. Gießen 2007.

Zajiček, Edward (Hg.): *Poza ekranem. Kinematografia Polska 1918–1991*. Warszawa 1992.

Zajiček, Edward (Hg.): *Encyklopedia kultury polskiej XX wieku. Film. Kinematografia*. Warszawa 1994.

Zwischen Realismus und Poesie. Dokumentarfilm in Polen. Broschüre mit fünf Aufsätzen von Margarete Wach. Stuttgart 1998.

2 Textausgaben

2.1 Drehbücher

Kieślowski, Krzysztof: *Łodzianie – suita dokumentalna*. In: *Literatura* Nr. 12/1996, S. 22–23.

Kieślowski, Krzysztof: *Amator*. Nowela filmowa. In: *Dialog*, Nr. 11/1978, S. 84–105.

Kieślowski, Krzysztof: *Spokój*. Scenariusz filmowy. In: *Dialog*, Nr. 4/1977, S. 43–52.

Kieślowski, Krzysztof: *Przypadek*. Nowela filmowa. In: *Dialog*, Nr. 5/1981, S. 7–25.

Kieślowski, Krzysztof / Krall, Hanna: *Widok z okna na pierwszym piętrze*. Scenariusz filmu TV. In: *Dialog* Nr. 7/1981, S. 7–23.

Kieślowski, Krzysztof / Piesiewicz, Krzysztof: *Le Décalogue*. Paris 1990.

Kieślowski, Krzysztof / Piesiewicz, Krzysztof: *Decalogue, the Ten Commandments*. London 1991.

Kieślowski, Krzysztof / Piesiewicz, Krzysztof: *Dekalog. Zehn Geschichten*. München 1994.

Kieślowski, Krzysztof / Piesiewicz, Krzysztof: *Dekalog*. Warszawa 1996.

Kieślowski, Krzysztof / Piesiewicz, Krzysztof: Chórzystka. Scenariusz filmowy. (Drehbuch zu Die Zwei Leben der Veronika) In: *Dialog* Nr. 12/1990, S. 5–40.

Kieślowski, Krzysztof / Piesiewicz, Krzysztof: *Trzy Kolory. Niebieski, Biały, Czerwony. Scenariusze filmowe*. Warszawa 1997.

Kieślowski, Krzysztof / Piesiewicz, Krzysztof: *Trois couleurs. Bleu, Blanc, Rouge. Scénars*. Paris 1997.

Kieślowski, Krzysztof / Piesiewicz: *Three Colours Trilogy. Blue, White, Red. Screenplays*. London 1998.

Kieślowski, Krzysztof: *Przypadek i inne teksty*. Scenariusze filmowe. Hg. v. Hanna Krall. Kraków 1998.

Kieślowski, Krzysztof / Piesiewicz, Krzysztof: Raj – treatment filmu fabularnego. In: *Dialog* Nr. 3/1997, S. 5–33.

Piesiewicz, Krzysztof: Piekło – nowela filmowa. In: *Dialog* Nr. 5/1997, S. 5–31.

Kieślowski, Krzysztof / Piesiewicz, Krzysztof: *Raj. Czyściec. Piekło*. Warszawa 1999.

Kieślowski, Krzysztof: *Duże zwierzę* (ein verschollenes Drehbuch von 1973). Kraków 2000.

Tykwer, Tom: *Heaven. Drehbuch, Storybord-Zeichnungen, Interviews*. München 2002.

2.2 Erzählungen/Autobiografie

Kieślowski, Krzysztof / Piesiewicz, Krzysztof: *Dekalog: zehn Geschichten*. München 1994.

Stok, Danusia (Hg.): *Kieślowski on Kieślowski*. London 1993.

Kieślowski, Krzysztof: *O sobie*. Kraków 1997.

2.3 Diplomarbeit/Essays/Tagebücher

Kieślowski, Krzysztof: *Film dokumentalny a rzeczywistość*. Państwowa Wyższa Szkoła Teatralna i Filmowa im. Leona Schillera w Łodzi. Wydział Reżyserii Filmowej (unveröffentl. Diplomarbeit), 1968.

Kieślowski, Krzysztof: Dramaturgia rzeczywistości. In: *Film na świecie*, Nr. 3/4 1992, S. 7–9.

Kieślowski, Krzysztof: Autor, film, rzeczywistość… «O wartości filmu decyduje wartość autora…» (1968). In: *Literatura* Nr. 10/1996, S. 28–31.

Kieślowski, Krzysztof: Jak z tego wyjść? (Z wypowiedzi dla konserwatorium «Doświadczenie i przyszłość» 1979). In: Zawiśliński, Stanisław: *Kieślowski. Varia*. Warszawa 1998, S. 74–76.

Kieślowski, Krzysztof: Głęboko zamiast szeroko. In: *Dialog* Nr. 1/1981, S. 109–111. Engl. Übers. «In Depth Rather than Breadth». In: *Polish Perspectives* 6–7/1981, S. 67–70.

Kieślowski, Krzysztof: Dziennik 89–90 (1). In: *Kino* 12/1991, S. 38–39.

Kieślowski, Krzysztof: Dziennik 89–90 (2). In: *Kino* 1/1992, S. 36–37.

Kieślowski, Krzysztof: Dziennik 89–90 (3). In: *Kino* 2/1992, S. 44.

Kieślowski, Krzysztof: Tagebuch I-XII. In: *DU Hefte* Nr. 9–12/1990 u. Nr. 1–8/1991.

Kieślowski, Krzysztof: Dziennik lato 1990 – wiosna 1991. In: Zawiśliński, Stanisław: *Bez końca*, Warszawa 1994, S. 49–59.

«Voici quelques remarques sur ‹Bleu›…». Korrespondenz Karmitz/Kieślowski. In: *Télérama hors/série*: La passion Kieslowski, September 1993, S. 88–89.

Kieślowski, Krzysztof: Zobaczone, przeczytane. Paryż: Filmy Frearsa, Loacha i Pasikowskiego. In: *Zeszyty literackie* Nr. 46, 2/1994, S. 132.

Kieślowski, Krzysztof: Gesichtsschatten. Das Schweigen von Bergman ist eine Tatsache. In: Lueken, Verena (Hg.): *Kinoerzählungen*. München 1995, S. 51–59.

Kieślowski, Krzysztof: Milczenie. In: Wróblewski, Janusz (Hg.): *Magia kina*. Warszawa 1995.

Kieślowski, Krzysztof: Poezja. (Lyrik) In: *Literatura* Nr. 11/1996, S. 32–33.

2.4 Aufsätze/Artikel

Kieślowski, Krzysztof: Powinna obowiązywać zasada dobrej woli. In: *Kino* 3/1975, S. 19–20.

Kieślowski, Krzysztof: Habe ich das Recht zu riskieren? In: *Polen* Nr. 5 (261) 1976.

Kieślowski, Krzysztof: Funkcje filmu w telewizji i w kinie. In: *Kino* 1/1978, S. 20–21.

Kieślowski, Krzysztof: Szanowna Pani Danuto. In: *Kino* 12/1980, S. 13–14.

Kieślowski, Krzysztof: «Jak zrobić teatr w Berlinie zachodnim?». In: *Dialog* 10/1983, S. 162–164.

Kieślowski, Krzysztof: Eigene Wirklichkeit: Das polnische Autorenkino 1970–81. In: *Medium* 1/1983, S. 37–41.

Kieślowski, Krzysztof: Regie lehren: Bericht aus einer Praxis mit Skrupeln. In: *Medium* 3/1984, S. 33–37.

Kieślowski, Krzysztof: «Die Auseinandersetzung mit der Gegenwart fehlt»: Zur Situation des polnischen Films 1984. In: *Medium* 3/1985, S. 21–25.

Kieślowski, Krzysztof: Les Musiciens du dimanche. In: *Positif*, Juni 1994, S. 63–64.

Kieślowski, Krzysztof: La dramaturgie du réel. Krzysztof Kieślowski et l'esthétique du documentaire. In: *Positif*, Nr. 409/1995, S. 56–57.

Kieślowski, Krzysztof: «The Sunday Musicians». In: Macdonald, Kevin/Cousins, Mark: *Imagining Reality: The Faber Book of the Documentary*. London/Boston 1996, S. 214–217.

Kieślowski, Krzysztof: Powrót do domu. In: *Tygodnik Powszechny* (Kontrapunkt), Nr. 8, 1996, S. I und IV.

Kieślowski, Krzysztof: Film dokumentalny: co to jest? In: *Film* 3/1998, S. 101.

Kieślowski, Krzysztof: Czego oczekuję od operatora. In: *Film* 3/1998, S. 102.

3 Interviews (chronologisch, Auswahl)

Interviews mit Krzysztof Kieślowski

Złoty Kord dla Krzysztofa Kieślowskiego. In: *Żołnierz Polski*, Nr. 27/1971.

Kołodyński, Andrzej: Kieślowski: dwie rozmowy. Wywiad nie do druku (14.XII 1973). In: *Kino* 5/1996, S. 4–7.

Kołodyński, Andrzej: Film o całym życiu. In: *Studio*, Nr. 8/1974.

Kałużyński, Zygmunt / Turski, Marian: Zaglądać ludziom pod czaszkę. In: *Polityka* Nr. 10, v. 06.03.1976.

Marczewski, Jacek / Możdżyński, Bogdan: Mocne strony, słabe strony. In: *Literatura*, Nr. 46/1976.

Krall, Hanna: Zrobiłem i mam. In: *Polityka*, Nr. 4, v. 27.01.1979.

Hanisch, Michael: Gespräch mit Krzysztof Kieslowski. In: *Informationsblatt*, Nr. 24 des 10. Internationalen Forums des jungen Films. Berlin 1980. Nachdruck aus *Sonntag*, Nr. 37/1979, S. 11, Ost-Berlin 1979.

Gervais, Ginette: Entretien avec Krzysztof Kieslowski. In: *Jeune Cinéma*, Nr. 123/1979, S. 30–31.

Demeure, Jacques: Première rencontre avec Krzysztof Kieslowski. In: *Positif*, Nr. 227, 2/1980.

Anonymus: Kino der moralischen Unruhe. Polnische Filme in Düsseldorf / Interview mit dem Regisseur Krzysztof Kieslowski. In: *Deutsche Volkszeitung* v. 22.05.1980.

Moszcz, Gustaw: No heroics, please. In: *Sight & Sound* (in: «Frozen assets. Interviews on Polish cinema») Frühling 1981, S. 90–91. Poln. Übers. in: *Filmowy Serwis Prasowy*, Nr. 12/1981, S. 20–21.

Göldenboog, Christian / Magala, Slawomir: «Man kann alle Dinge im Leben wiederholen». In: *Filmfaust extra* «Polen: Kino im Übergang / Teil 3», Nr. 33, April-Mai 1983, S. 42–44.

Pietrasik, Zdzisław: Średnia przyjemność. In: *Polityka*, Nr. 27, v. 06.07.1985, S. 1 u. S. 6.

Marszałek, Maria: O mnie, o tobie, o wszystkich. In: *Kino* 8/1987, S. 8–10.

Janicka, Bożena: Beze mnie. In: *Film*, Nr. 43, 1988, S. 3–5.

Slappnig, Dominik: «Ich mag die Gewalt nicht». Interview mit Krzysztof Kieslowski. In: *Zoom*, Nr. 15/1988, S. 6–10.

Bergala, Alain: Cannes 1988. Propos Krzysztof Kieslowski. In: *Cahiers du Cinéma*, Nr. 409, 6/1988, S. 28.

Białous, Urszula: Żyjemy osobno. In: *Kultura*, Nr. 38 v. 21.09.1988, S. 1+12.

Niogret, Hubert: Entretien avec Krzysztof Kieslowski sur «Tu ne tueras point». In: *Positif*, Nr. 332, 10/1988, S. 17–23.

Tranchant, Marie-Noelle: Pas de polka pour l'assassin. In: *Le Figaro* v. 26.10.1988.

Garnier, Philippe: Il est de plus en plus difficile de trouver des raisons d'espérer. In: *Libération* v. 26.10.1988.

Siclier, Jacques: Le «pourquoi?» du hasard. In: *Le Monde* v. 28.10.1988.

Tessier, Max: Donner un sens à la vie. In: *La Revue du Cinéma / Image et Son / Écran*, Nr. 443, 11/1988, S. 50–52.

Tixeront, Antoine: Kieslowski: «L'essentiel, faire un film crédible». Le cinéaste polonais, dont le marqua le dernier festival de Cannes avec «Tu ne tueras point», s'explique dans «Cinéma». In: *Cinéma* 12/1988, S. 11–12.

Forst, Achim: Krzysztof Kieslowski. Darin war sich nicht nur die Jury des Euro-Oscars einig: Krzysztof Kieslowski sorgte mit seinem «Kurzen Film über das Töten» für Wirbel. In: *TIP-Filmjahrbuch*, Nr. 5 1988/89, S. 126–127.

Pflaum H. G.: Wir sind sehr einsam. Gespräch mit dem polnischen Filmregisseur Kieslowski. In: *Süddeutsche Zeitung* v. 25.01.1989.

Chervel, Thierry: Gegen den Tod. Ein Gespräch mit Krzysztof Kieslowski über Leichen, Weltrekord, Zufall und Todesstrafe. In: *taz* v. 26.01.1989, S. 13.

Egger, Christoph: «Für mich ist das ein Film gegen das Töten». Gespräch mit Krzysztof Kieslowski in Zürich. In: *Neue Zürcher Zeitung* v. 23.02.1989.

Forst, Achim (AF/TIP-Red.): Das fünfte Gebot. In: *TIP* 2/1989, S. 24–25.

Rhode, Carla: Welt ohne echte Gefühle. Der polnische Regisseur Krzysztof Kieslowski im Gespräch. In: *Der Tagesspiegel* v. 16.04.1989.

Ciment, Michel: «Ce qui m'interesse c'est l'homme». In: *Le Monde* v. 16.09.1989.

Pangon, Gérard: Les bonnes questions. In: *Télérama* 2074 v. 11.10.1989, S. 60.

Szyma, Tadeusz: Pomóc samemu sobie. In: *Tygodnik Powszechny* v. 12.11.1989.

B.C.: Nous sommes drôles quand nous sommes tragiques. In: *Libération* v. 11.10.1989.

Ferenczi, Aurelia: La parabole moderne du Décalogue. In: *Quotidien de Paris* v. 11.10.1989.

Goldman, Steve: Short films about success. In: *The Guardian* v. 23.11.1989, S. 22.

Ciment, Michel / Niogret, Hubert: Le Décalogue: Entretien avec Krzysztof Kieślowski. In: *Positif*, Nr. 346, 12/1989, S. 36–43. Poln. Übers.: «Pańskie filmy są rentgenogramami duszy...», in: *Film na świecie: Krzysztof Kieślowski*. Nr. 3/4 1992, S. 26–35. In dem Sammelband *Krzysztof Kieślowski* mit *Positif*-Veröffentlichungen, hg. v. Vicent Amiel, unter dem Titel «Je cherche l'explication de tout» nachgedruckt.

Niogret, Hubert: Les coulisses de l'Âme. In: *Positif*, Nr. 332, 10/1988, S. 17–22. «Es gibt nichts wichtigeres als die eigene Erfahrung». Interview mit Krzysztof Kieślowski. In: *DU*, Heft Nr. 2, Februar 1990, S. 58–59.

Komers, Rainer: Fotogenes Leiden: Der polnische Filmregisseur Kieslowski im Gespräch über Dokumentar- und Spielfilm, Politik, Kunst und Moral. In: *EDI-Bulletin* 3–4/1990, S. 54–59.

Szyma, Tadeusz: Wokół «Dekalogu». Z Krzysztofem Piesiewiczem i Krzysztofem Kieślowskim rozmawia Tadeusz Szyma. In: *Tygodnik Powszechny*, Nr. 11, v.18.03.1990, S. 4.

Garnier, Philippe: Le Décalogue, tu regarderas. In: *Libération* v. 06.03.1990.

Jonquet, François: Kieslowski: ma profession de foi. In: *Quotidien de Paris* v. 07.03.1990.

Remy, Vincent: Le maître du hasard. In: *Dernières Nouvelles d`Alsace* v. 24.03.1990. Poln. Übers.: «Jesteśmy bardzo chorzy», in: *Kino* 6/1990, S. 4.

Eichenberger, Ambros: «Eine Besinnung auf die zehn Gebote ist immer gut». Gespräch mit dem polnischen Regisseur Krzysztof Kieślowski. In: *Leben und Glauben*, Nr. 18, v.14.05.1990, S. 40- 44.

Boyes, Roger: From the land of uncertainly. In: *The Times* v. 16.05.1990, S. 16.

Sobolewski, Tadeusz: Normalna chwila. In: *Kino* 6/1990, S. 19–22.

Trenczak, Heinz: Von der Macht der Geduld. In: *blimp*, Nr. 14, Sommer 1990, S. 17–18.

Eichenberger, Ambros: «Ich habe zehn Filme über unsere Zeit gemacht». Interview mit Krzysztof Kieślowski. In: *Zoom*, Nr. 9, 1990, S. 27–33.

Malatyńska, Maria: «Twoja wygrana oznacza, że ktoś inny przegrał». In: *Gazeta Wyborcza* v. 29.10.1990.

Anquetil, Gilles: Le maître du mystère. In: *Le nouvel observateur* v. 09.05.1991, S. 122–123.

Tranchant, Marie-Noelle: Krzysztof Kieslowski: Sauve qui peut l`amour! In: *Le Figaro* v. 15.05.1991.

Heymann, Danièle: Les portes s'ouvrent sur un sourire d'exil. In: *Le Monde* v. 16.05.1991.

Gristwood, Sarah: The reluctant auteur. In: *The Guardian* v. 17.05.1991, S. 37.

Chervel, Thierry / Pally, Marcia: Es gibt kein Kino. In: *taz* v. 21.05.1991.

Ciment, Michel / Niogret, Hubert: De Weronica à Véronique. In: *Positif*, Nr. 364, 6/1991, S. 26–31.

Szczepański, Tadeusz: Drzewo, które jest. Interview mit Krzysztof Kieślowski und Krzysztof Piesiewicz. In: *Film na świecie*, Nr. 385, 6/1991, S. 10–17.

Brisset, Stéphane: Rendez-vous express avec Kieslowski. Premier film tourné hors de sa patrie, «La double vie de Véronique», confirme l'aura mondiale de Krzysztof Kieslowski. In: *Cinéma* 6/1991, S. 13.

Janicka, Bożena: Sami rozerwaliśmy łączącą nas kiedyś więź. In: *Film*, Nr. 46, 1991, S. 4–5.

Zawiśliński, Stanisław: Najważniejsze jest życie. In: *Trybuna Ludu*, Nr. 218 v. 19.09.1991, S. 5.

Dipont, Małgorzata: Spokój. In: *Życie Warszawy* v. 03.10.1991.

Sobolewski, Tadeusz: Niecierpliwość wyższego rzędu. In: *Gazeta Wyborcza* v. 09.10.1991.

Forestier, François: Le hasard et la nécessité. In: *Première*, Juli 1991. Poln. Übers. «Przypadek i konieczność» in: *Film na świecie: Krzysztof Kieślowski*, Nr. ¾ 1992, S. 5–6.

Orzechowska, Joanna: Widownia jest podobna do mnie. Mówi Krzysztof Kieślowski. In: *Kino* 5/1991, S. 40–41.

Wimphen, Catherine: O wolności i nowych regułach gry. In: *Kino* 9/1991, S. 7–9.

Körte, Peter: «Man darf im Kino nicht lügen!» In: *Süddeutsche Zeitung* v. 06.11.1991.

Szczepański, Tadeusz: Drzewo, które jest. Rozmowa z Krzysztofem Kieślowskim i Krzysztofem Piesiewiczem. In: *Film na świecie*, Nr. 385, 11/12 1991, S. 8–15.

Ostria, Vincent: Le hasard et la nécessité. In: *Les Inrockuptibles*, Nr. 36, Juni/1992. Poln. Übers. «Przypadek i konieczność» in: Lubelski, Tadeusz (Hg.): *Kino Krzysztofa Kieślowskiego*. Kraków 1997, S. 281–287. Auszüge unter dem Titel «Wolności nie ma» auch in: *Kino* 8/1992, S. 10–11.

Lewin, Ludwik: «Ja nie szukam odpowiedzi, ja stawiam pytania». Krzysztof Kieślowski w Trzech Kolorach. In: *Tygodnik Powszechny*, Nr. 6 v. 07.02.1993, S. 7.

Remy, Vincent / Trémois, Claude-Marie: Je doute, je doute toujours. In: *Télérama hors/série: La passion Kieslowski*, September 1993, S. 90–95.

Ciment, Michel / Niogret, Hubert: Entretien avec Krzygtof Kieslowski. «La liberté est impossible». In: *Positif*, Nr. 391, 9/1993, S. 20–25.

Takashi, Hiroshi: Rozmowa 1 Paryż. Piękne hasła i tajemnica. In: *Kino* 9/1993, S. 10–13.

Sobolewski, Tadeusz: Rozmowa 2 Genewa. Klucz do wrażliwości. In: *Kino* 9/1993, S. 13–14.

Sobolewski, Tadeusz: Rozmowa 3 Genewa. Za kulisami. In: *Kino* 9/1993, S. 14–16.

Kołodyński, Andrzej: O przechodzeniu kładki we mgle. In: *Kino* 9/1993, S. 7–9 u. S. 45.

Sobolewski, Tadeusz: Niebieski lizak. In: *Tygodnik Powszechny*, Nr. 43, v. 24.10.1993, S. 9.

Janicka, Bożena: To nie przypadek. In: *Film*, Nr. 34, 1993, S. 14.

Hollender, Barbara: Obrzydzenie do polityki. In: *Rzeczpospolita* v. 04.10.1993.

Robinson, David: Polished clues to the colour of liberty. In: *The Times* v. 12.10.1993.

Romney, Jonathan: No end to the enigma. In: *The Guardian* v. 15.10.1993.

Olschewski, Adam: Filmen gegen den Verstand. In: *Hamburger Morgenpost* v. 02.11.1993.

Olschewski, Adam: «Es geht um sinnliche Ereignisse, um Gefühle». Auskünfte zu Blau und mehr – Regisseur Krzysztof Kieslowski im Gespräch. In: *Sächsische Zeitung* v. 04.11.1993.

Möller, Barbara: «Meine Arbeit ist getan. Ich höre auf». In: *Hamburger Abendblatt* v. 02.11.1993.

Anonymus: Wir werden als Trottel sterben. In: *BZ* v. 04.11.1993.

Gasteiger, Ulrike: Unsere alte Kinokultur ist verloren. In: *Münchner Merkur* v. 04.11.1993.

Göttler, Fritz: Wo sind bloß die Menschen geblieben? Ein Gespräch mit dem Regisseur Krzysztof Kieslowski zu seiner Filmtrilogie Blau-Weiss-Rot. In: *Süddeutsche Zeitung* v. 04.11.1993.

Leweke, Anke: Wozu das Ganze? In: *taz* v. 04.11.1993.

Seipel, Rainer-R.: Angst vor Freiheit. In: *tz München* v. 04.11.1993.

Blum, Heiko R.: Von Unglück und Freiheit. Gespräch mit Blau-Regisseur Kieslowski. In: *Rheinische Post* v. 05.11.1993.

Merker, Helmut / Schnelle, Josef: «Hinter allem ein Geheimnis». Im Gespräch mit Krzysztof Kieslowski. In: *Frankfurter Rundschau* v. 05.11.1993.

Hollender, Barbara: Życie, czyli wszystko. In: *TeleRzeczpospolita* v. 27.11.-03.12.1993.

Wróblewski, Jacek: Lwie pazury. In: *Kultura*, Nr. 237/1993, S. 11.

Zawiśliński, Stanisław: Jeden na jednego. In: Zawiśliński, Stanisław: *Kieślowski. Bez końca*. Warszawa 1994, S. 11–45.

Zawiśliński, Stanisław: Jeżeli w życiu jest łatwo, to może wcale nie jest dobrze. Interview von 1994. In: Zawiśliński, Stanisław: *Kieślowski. Varia*. Warszawa 1998, S. 101–106.

Biełous, Urszula: Rozmowy z Krzysztofem Kieślowskim. In: Biełous, Urszula: *Wielcy skromni*. Warszawa 1994, S. 53–64.

Lewin, Ludwik: Idę na emeryturę. In: *Gazeta Wyborcza*, Nr. 22, v. 27.01.1994, S. 9.

Rozmowa Kieślowski-Wenders. Opr. Tadeusz Sobolewski. In: *Kino*, Nr. 4, 1994, S. 8–9.

Worthmann, Merten: Selten ist Film der Kunst nahe gekommen. In: *Berliner Zeitung* v. 04.04.1994.

Shone, Tom: The Director`s final cut. In: *The Sunday Times* v. 11.06.1994.

Sobolewski, Tadeusz: Żyliśmy tam wszyscy. In: *Kino* 7–8/1994, S. 22–25.

Jenny, Urs: «Ich drehe keinen Film mehr». In: *Der Spiegel*, Nr. 7/1994, S. 180–182.

Huttenstone, Simon: Auteur of his own destruction. In: *The Guardian* v. 11.08.1994.

Amiel, Vincent / Ciment, Michel: Entretien avec Krzysztof Kieslowski. «La fraternité existe dès que l'on est prêt à écouter l'autre». In: *Positif*, Nr. 403, 9/1994, S. 26–32.

Hattenstone, Simon: Auteur of his own destruction. In: *The Guardian* v. 08.11.1994, S. 4.

Sobolewski, Tadeusz: Te same pytania. In: *Film* 5/1995, S. 68–69.

Głowacka, Malwina: Chronił prywatności. In: *Teatr* 11/1995, S. 19–20.

Hollender, Barbara: Nie zaglądam do obiektywu. In: *Rzeczpospolita* v. 2–3.12.1995.

Błach, Jacek / Otrębska, Agata: Ponieważ są ciągle ci ludzie. In: *Incipit*, Nr. 2, April 1996.

Błach, Jacek / Otrębska, Agata: Wymykamy się Bogu z ręki. In: *Gazeta Wyborcza*, Nr. 71, v. 23–24.03.1996, S. 8–9.

Hollender, Barbara: Ma vie est tout

ce que je possède. In: *Positif*, Mai 1996, S. 75–77.

Hendrykowski, Marek: Kieślowski dwie rozmowy. Ostatnie spotkanie. Fragmenty spotkania z Krzysztofem Kieślowskim (24.II.1996). Teatr Ósmego Dnia, Poznań. In: *Kino* 5/1996, S. 9–12.

Łużyńska, Jadwiga Anna: Dylematy etyczne reżysera. In: *Tygiel kultury* 6–7/1996, S. 115–116.

Kompatzki, Lothar / Voigt, Andreas: Leben und Filme machen sind zwei sehr verschiedene Dinge. In: *Film und Fernsehen*, Nr. 2/1997, S. 38–43.

Kompatzki, Lothar / Voigt, Andreas: Zapis I. Rozmowa z Krzysztofem Kieślowskim. In: *Reżyser*, Nr. 3/1997, S. 1–4.

Sobolewski, Tadeusz / Torbicka, Grażyna: Zapis II. Rozmowa z Krzysztofem Kieślowskim. In: *Reżyser*, Nr. 3/1997, S. 4–8.

Coates, Paul: «The inner life is the only thing that interests me.» In: Coates, Paul (Hg.): *Lucid dreams. The Films of Krzysztof Kieslowski*. Trowbridge 1999, S. 160–174.

Interviews mit Krzysztof Piesiewicz

Ciment, Michel: Entretien avec Krzysztof Piesiewicz, scénariste et avocat. In: *Positif*, Nr. 346, 12/1989, S. 33–35. Poln. Übers.: Wyzbyć się polocentryzmu... In: *Film na świecie: Krzysztof Kieślowski*. Nr. 3/4 1992, S. 22–25.

Janicka, Bożena: Coś nadchodzi. In: *Film*, Nr. 6, 1990, S. 4–5.

Sobolewski, Tadeusz: Pogoń za motylem. Rozmowa z Krzysztofem Piesiewiczem, współscenarzystą Bez końca, Dekalogu i Podwójnego życia Weroniki. In: *Kino* 1/1992, S. 10–13.

Trémois, Claude-Marie: Ne pas être à côté de la plaque, à côté de la vie. In: *Télérama hors/série: La passion Kieslowski*, September 1993, S. 68–73.

Wróblewski, Janusz: Całe nasze życie jest mitem Syzyfa, ale wysiłek trzeba podejmować. In: *Życie Warszawy* v. 23–24.10.1993, S. 6.

Biełous, Urszula: Rozmowa z Krzysztofem Piesiewiczem. In: Biełous, Urszula: *Wielcy skromni*. Warszawa 1994, S. 65–88.

Biełous, Urszula: Krótki film o telefonach. In: *Film* 5/1994, S. 21.

Sobolewski, Tadeusz: Ponad podziałami. In: *Kino*, Nr. 6, 1994, S. 10–13.

Jabłońska, Katarzyna: Jestem sam. In: *Więź*, Nr. 9, 1996, S. 97–112.

Eichenberger, Ambros: In memoriam Krzysztof Kieslowski. Gespräch mit seinem Co-Autor Krzysztof Piesiewicz. In: *film-dienst* 15/1996, S. 34–35.

Interviews mit Zbigniew Preisner

Wasilewski, Piotr: Das Risiko lohnt sich. Gespräch mit dem Filmkomponisten Zbigniew Preisner. Ein Interview aus dem Jahr 1988. In: *journal film*, Nr. 27, I/1994, S. 54–57.

Bielas, Katarzyna: Kompozytor, niestety Polak. In: *Gazeta Wyborcza* v. 06.01.1993.

Sznlak, Małgorzata: Jeździć pierwszą klasą. In: *Sztandar Młodych*, Nr. 3/1993.

Remy, Vincent: Le vrai-faux Van den Budenmayer. In: *Télérama hors/série: La passion Kieslowski*, September 1993, S. 74–75.

Darke, Chris: Working with Kieslowski. Zbigniew Preisner. Composer of music for many of Kieslowski's films: on freedom, music and words. In: *Sight & Sound* 5/1996, S. 20.

Mucharski, Piotr: Do źródeł, pod prąd. In: *Tygodnik Powszechny* v. 02.06.1996, S. 1+14.

Interviews mit Produzenten

Latek, Stanisław: Marin Karmitz – wydawca filmów. In: *Kino* 6/1991, S. 18–21.

Latek, Stanisław: Francuski debiut Kieślowskiego. Interview mit Leonardo de La Fuente. In: *Kino* 9/1991, S. 42.

Murat, Pierre: Casser l'image de l'autre, déceler ce qu'il a de vrai. Interview mit Leonardo de La Fuente. In: *Télérama hors/série: La Passion Kieslowski*, September 1993, S. 79–81.

Murat, Pierre: La Liberté d'être exigeant. Interview mit Marin Karmitz. In: *Télérama hors/série: La passion Kieslowski*, September 1993, S. 82–86.

Fuksiewicz, Jacek: Wierzę w przypadek. Interview mit Marin Karmitz. In: *Polityka*, Nr. 42, v. 16.10.1993, S. 11.

Latek, Stanisław / Sobolewski, Tadeusz: Wyznanie wiary producenta. Interview mit Marin Karmitz. In: *Kino* 9/1993, S. 4–6.

Wróblewski, Janusz: Zwyciężyliśmy. Interview mit Marin Karmitz. In: *Życie Warszawy* v. 31.05.1994, S. IV-V.

Rostocki, Józef M.: Jestem akuszerem i pediatrą kina. Interview mit Marin Karmitz. In: *Kino* 3/1999, S. 30–32.

Köhler, Margret: Hunger nach Kultur. Interview mit dem französischen Produzenten Marin Karmitz. In: *film-dienst* 15/1999, S. 12–13.

Interviews mit Kameramännern/Cutern/Assistenten

Sławińska, Nina: Przezroczysta fotografia. Spotkanie z operatorem Jackiem Petryckim. In: *Film*, Nr. 20/1980, S. 8–9.

Bergala, Alain: «Tu ne tueras point» de Krzysztof Kieslowski. Rat crevé dans le ruisseau. Interview mit Sławomir Idziak. In: *Cahiers du Cinéma*, Nr. 409, 6/1988, S. 30.

Gazda, Grzegorz: Nie chcę realizować formy poza świadomością. Interview mit Wiesław Zdort. In: *Film na świecie: Krzysztof Kieślowski*. Nr. 3/4 1992, S. 127–131.

Werner, Mateusz: Ożywić trumienkę. Interview mit Edward Kłosiński. In: *Film na świecie: Krzysztof Kieślowski*. Nr. 3/4 1992, S. 132–133.

Werner, Mateusz: Profesjonalizm i poezja. Interview mit Witold Adamek. In: *Film na świecie: Krzysztof Kieślowski*. Nr. 3/4 1992, S. 136–140.

Werner, Mateusz: Wspólny rytm. Interview mit Ewa Smal. In: *Film na świecie: Krzysztof Kieślowski*. Nr. 3/4 1992, S. 141–146.

Trémois, Claude-Marie: Moi, je vis avec le film que je tourne. Interview mit Edward Kłosiński. In: *Télérama hors/série: La Passion Kieslowski*, September 1993, S. 37–39.

Sobolewski, Tadeusz: Sfilmowane déja vu. Mówi Piotr Sobociński. In: *Kino* 9/1993, S. 22–23.

Kołodyński, Andrzej: Epitafium dla kina moralnego niepokoju. Mówi Edward Kłosiński. In: *Kino* 9/1993, S. 26–30.

Skorupska, Katarzyna: Pejzaż wewnętrzny. Mówi Sławomir Idziak. In: *Kino* 9/1993, S. 33–35.

Remy, Vicent: Chaque chef opérateur lui apporte son monde. Interview mit Sławomir Idziak. In: *Télérama hors/série: La passion Kieslowski*, September 1993, S. 22–23.

Sobolewski, Tadeusz: Emmanuel Finkiel. Na każdym poziomie można tworzyć. In: *Kino* 9/1993, S. 41–42.

Pizello, Stephen: Piotr Sobocinski – Red. In: *American Cinematographer* 6/1995, S. 68–74.

Macnab, Geoffrey: Working with Kieslowski. Witold Stok. Kieslowski's cinematographer: on little places and cinematic sound, and on images from the films. Andrzej Krauze. Made posters for two of Kieslowski's early feature films: on Polish politics and the man without masks. In: *Sight & Sound* 5/1996, S. 16–19.

Interviews mit Schauspielern

Stuhr, Jerzy: «My z Krzysiem». Jerzy Stuhr o Krzysztofie Kieślowskim. In: *Polityka*, Nr. 4/1979.

Wojnach, Andrzej: Wolność obserwowana. Interview mit Tadeusz Bradecki. In: *Film*, Nr. 24/1980, S. 24.

Bolenz, Winfried / Meewes, Helmut: Interview mit Micha Baka, dem Hauptdarsteller in EIN KURZER FILM ÜBER DAS TÖTEN. In: *TIP* 25/1988, S. 60.

Ciment, Michel: Travailler avec Kieslowski par Olaf Lubaszenko. In: *Positif*, Nr. 346, 12/1989, S. 32.

Sobolewski, Tadeusz: Grasz to, co masz w sobie. Interview mit Artur Barciś. In: *Kino* 2/1990, S. 7–9.

Hanck, Frauke: Menschenliebe. Ein Gespräch mit Kieslowskis Hauptdarstellerin Irène Jacob. In: *TIP* 22/1991, S. 60–62.

Remy, Vincent: Aujourd'hui, vivre devient un art exigeant. Entretien avec Juliette Binoche. In: *Télérama hors/série*, September 1993, S. 16–19.

Trémois, Claude-Marie: «Je n'ai pas de réponse à tout». Entretien avec Charlotte Very. In: *Télérama hors/série*, September 1993, S. 20.

Trémois, Claude-Marie: «Je dois avoir un type qui plaît aux Polonais». Entretien avec Julie Delpy. In: *Télérama hors/série*, September 1993, S. 34–35.

Trémois, Claude-Marie: Zamachowsky, le «possédé» du cinéma. Entretien avec Zbigniew Zamachowsky. In: *Télérama hors/série*, Setember 1993, S. 36.

Murat, Pierre: Imagine ce qu'est l'espérance. Entretien avec Irène Jacob. In: *Télérama hors/série*, September 1993, S. 50–52.

Murat, Pierre: Il veut que j'aille vite, encore plus vite. Entretien avec Jean-Louis Trintignant. In: *Télérama hors/série*, September 1993, S. 54–57.

Strzałkowska, Irena: Jak najdalej od zgiełku. Interview mit Jean-Louis Trintignant. In: *Film* 8/1994, S. 51.

Janicka, Bożena: TRZY KOLORY: BIAŁY. Zwykły facet – tak, to do mnie pasuje. Interview mit Zbigniew Zamachowski. In: *Kino* 2/1994, S. 4–6.

Anonymus: Wystarczy być. Interview mit Irène Jacob. In: *Film* 5/1994, S. 20.

Anonymus: Wymówić kropkę. Interview mit Jean-Louis Trintignant. In: *Film* 5/1994, S. 20.

Hanck, Fraucke: Tiefer Blick ins Innenleben! Schauspieler Jean-Louis Trintignant über seine Rolle in DREI FARBEN: ROT. In: *Abendzeitung* v. 08.09.1994.

Ciment, Michel: Entretien avec Jean-Louis Trintignant. «Je crois avoir gagné en sens moral». In: *Positif* 9/1994, S. 9–19.

Szczerba, Jacek: Na moim chodniku. Interview mit Jerzy Stuhr. In: *Gazeta Wyborcza*, Nr. 209, 1997, S. 12.

4 Literatur zu Krzysztof Kieślowski

4.1 Eigenständige Publikationen

Amiel, Vincent: *Kieslowski*. Paris 1995.

Amiel, Vincent (Hg.): *Krzysztof Kieslowski. Textes réunis et présentés par Vincent Amiel*. Paris 1997.

Andrew, Geoff: *Krzysztof Kieslowski. The «Three Colours» Trilogy*. London 1998.

Campan, Véronique: *Dix brèves histoires d'image: Le Décalogue de Krzysztof Kieslowski*. Paris 1993.

Carluccio, Giulia / Cortellazzo, Sara / Tomasi, Dario (Hg.): *Krzysztof Kieślowski*. Turin 1995.

Coates, Paul (Hg.): *Lucid Dreams: The Films of Krzysztof Kieslowski*. Trowbrigde 1997.

Dekalog. *Die zehn Geschichten zu den Zehn Geboten. Ein Filmzyklus von Krzysztof Kieślowski*.

KFW Materialien-Arbeitshilfen. Frankfurt/Main 1991.

Erbstein, Monika: *Untersuchungen zur Filmsprache im Werk Krzysztof Kieslowskis.* Alfeld 1997.

Études cinématographiques: Krzysztof Kieślowski. Nr. 203–210. Hg. von Michel Estève. Paris 1994.

Film na świecie: Krzysztof Kieślowski. Nr. 3/4 (388/389). Warszawa/Łódź 1992.

Fehlberg, Mareike: *Die zwei Leben der Weronika: Sublimation als inszenatorischer Akt bei Krzysztof Kieslowski von Mysterium, Spiritualität und irdischer Transzendenz.* Potsdam-Babelsberg: HFF, FR Regie 1994 (unveröffentl. Diplomarbeit).

Festivalkatalog der 12. Grenzlandfilmtage Selb (30.03.-02.04.1989) mit Materialien zu einer «Werkschau Krzysztof Kieslowski».

Furdal, Małgorzata / Turigliatto, Roberto: *Kieślowski a cura die Małgorzata Furdal, Roberto Turrigliatto.* Turin 1989.

Garbowski, Christopher: *Krzysztof Kieślowski's Decalogue Series: The Problem of the Protagonists and Their Self-Transcendence.* New York 1996.

Gwóźdź, Andrzej (Hg.): *W kręgu Krzysztofa Kieślowskiego. In memoriam w dziesiątą rocznicę śmierci.* Katowice 2006.

Gwóźdź, Andrzej (Hg.): *Kino Kieślowskiego, kino po Kieślowskim.* Warszawa 2006.

Haltof, Marek: *The Cinema of Krzysztof Kieślowski. Variations on destiny and chance.* London&New York 2004.

Hasecke, Jan Ulrich: *Die Wahrheit des Sehens. Der DEKALOG von Krzysztof Kieślowski.* Kindle Edition 2012 (Book on Demand).

Insdorf, Annette: *Double Lives, Second Chances. The Cinema of Krzysztof Kieślowski.* New York 1999.

Jansen, Peter W.: *Edward II / Drei Farben: Blau. Jansens Kino: CD 50* (Audiobook. Audio CD). Berlin 2009.

Jazdon, Mikołaj: *Dokumenty Kieślowskiego.* Poznań 2002.

Jontza, Anna: *Krzysztof Kieslowskis dokumentarische Filme (1966–1980).* München 2008.

Kickasola, Joseph G.: *The films of Krzysztof Kieslowski: the liminal Image.* New York / London 2004.

Kulig, Agnieszka: *Etyka «bez końca». Twórczość filmowa Krzysztofa Kieślowskiego wobec problemów etycznych.* Poznań 2009.

Kwartalnik Filmowy, Nr. 24 (Winter) 1998. Warszawa 1998.

Lagorio, Gina (Hg.): *Il Decalogo di Kieslowski. Ricreazione narrativa.* Casale Monferrato 1992.

Lesch, Walter / Loretan, Matthias (Hg.): *Das Gewicht der Gebote und die Möglichkeit der Kunst: Krzysztof Kieślowskis «Dekalog»-Filme als ethische Modelle.* Freiburg i. Ue. / Freiburg i. Br. 1993.

Lis, Marek: *Figury Chrystusa w «Dekalogu» Krzysztofa Kieślowskiego.* Opole 2007.

Lubelski, Tadeusz (Hg.): *Kino Krzysztofa Kieślowskiego.* Kraków 1997.

Mąka-Malatyńska, Katarzyna: *Krall i filmowcy.* Poznań 2006.

Mart, Dominicus / Meulen, Helena van der: *Six Actors in Search of a Director: working with the Actor with Krzysztof Kieslowski. A documentation by Mart Dominicus & Helena van der Meulen.* Berlin 1995.

Maurer, Monika: *Krzysztof Kieslowski* (Pocket Essenzial). North Pomfret 2000.

Murri, Serafino: *Krzysztof Kieślowski.* Milano 1996.

Rodriguez, Chico Julio: *Azul. Blanco. Rojo. Kieslowski en busca de la libertad y el amor.* Ediciones Internacionales Universitarias 2004.

Télérama 2094 v. 28.02.1990 / Special über «Dekalog 1–6».

Télérama 2095 v. 7.03.1990 / Special über «Dekalog 6–10».

Télérama hors/série: *La passion Kieslowski. Trois films de Krzysztof Kieslowski. Trois couleurs. Bleu. Blanc. Rouge.* Paris 1993.

Vorjans, Bernd (Hg.): *Krzysztof Kieślowski.* Katalog zu einer Retrospektive in der Bonner Brotfabrik vom 14.-20. Dezember 1989. Bonn 1989.

Wach, Margarete: *Krzysztof Kieślowski. Kino der moralischen Unruhe.* Köln 2001.

Wawryniuk, Alicja: *Der Übergang vom Dokumentar- zum Spielfilm im Werk von Krzysztof Kieślowski.* München 2009.

Wilson, Emma: *Memory and Survival: the french Cinema of Krzysztof Kieślowski.* Oxford 2000.

Wollermann, Tobias: *Zur Musik in der «Drei Farben»-Trilogie von Krzysztof Kieślowski.* Osnabrück 2002.

Woodward, Steven (Hg.): *After Kieślowski. The Legacy of Krzysztof Kieślowski.* Detroit 2009.

Zawiśliński, Stanisław (Hg.): *Kieślowski bez końca.* Warszawa 1994.

Zawiśliński, Stanisław (Hg.): *Kieślowski.* Warszawa 1996.

Zawiśliński, Stanisław (Hg.): *Kieślowski, varia.* Warszawa 1998.

Zawiśliński, Stanisław (Hg.): *Kieślowski – znany i nieznany. Retrospektywa twórczości. Sympozjum. Wystawa.* Warszawa 1998.

Zawiśliński, Stanisław (Hg.): *O Kieślowskim... refleksje, wspomnienia, opinie.* Warszawa 1998.

Zawiśliński, Stanisław: *Kieślowski. Ważne, żeby iść.* Warszawa 2005.

Zawiśliński, Stanisław (Hg.): *Kieślowski. Życie po życiu – pamięć.* Warszawa 2007.

Ziehler, Lilian: *Die Darstellung des Metaphysischen im Film: Robert Bresson und Krzysztof Kieslowski.* Saarbrücken 2009 (Book on Demand).

Žižek, Slavoj: *Die Furcht vor echten Tränen. Krzysztof Kieslowski und die «Nahtstelle»*. Berlin 2001.

4.2 Artikel/Buchkapitel

Anonymus: Films by Krzysztof Kieślowski. In: *Polish Film* 1/1988, S. 4–9.

Abrahamson, Patrick: Kieslowski's many colours. In: *Oxford University Student Newspaper* v. 02.06.1995.

Agneskirchner, Alice: Der Schmetterlingspräparator. Das nahezu unbekannte Frühwerk des polnischen Regisseurs Krzysztof Kieslowski. In: *Der Tagesspiegel* v. 31.05.1996.

Amiel, Vincent: Images du monde et de l'enfer. In: *Positif*, Nr. 332, Oktober 1988, S. 15–16. Poln. Übers.: Obrazy świata i obrazy piekła. In: *Film na świecie: Krzysztof Kieślowski*. Nr. 3/4 1992, S. 10–12.

Amiel, Vincent: Plongées dans la passion. Trois couleurs: Bleu, Blanc, Rouge. In: *Positif*, Nr. 403/1994, S. 24–25.

Amiel, Vincent: «Vous ne savez pas, en France, ce qu'il en coûte de vivre dans un monde sans représentation». Krzysztof Kieslowski et l'esthétique du documentaire. In: *Positif*, Nr. 409/1995, S. 58–60.

Amiel, Vincent: Kieslowski et la méfiance du visible. In: *Positif*, Nr. 423/1996, S. 73–74.

Anonymus: Zehn Gebote des toten Gottes. In: *Der Spiegel*, 18/1990 v. 30.04.1990, S. 224-228.

Anonymus: Scenariusz znaleziony w Wiesbaden. In: *Gazeta Wyborcza*, Nr. 165, 1998, S. 1.

Ayre, Elisabeth: Kieslowski: The Cinema of Anxiety. In: *International Herald Tribune* v. 11.11.1988.

Barth, Pia: Krzysztof Kieslowskis «Dekalog». In: *blimp*, Nr. 14, Sommer 1990, S. 15–17.

Bartz, Michał: «Niebieski» jako stylizacja na dokument. In: Hendrykowski, Marek (Hg.): *Szkice z poetyki filmu*. Poznań 1995, S. 78–89.

Behr, Edward: Poland's «Enfant terrible». In: *Newsweek* v. 23.10.1989, S. 63.

Benedyktowicz, Zbigniew: Długi film o miłości. In: *Kwartalnik Filmowy*, Nr. 4 1993/1994, S. 106–112.

Benoliel, Bernard: Krzysztof Kieslowski: souvenirs de Pologne. In: *Cahiers du Cinéma*, Nr. 515 7–8/1997, S. 9.

Biró, Yvette: «Le Hasard»: petite grammaire du hasard. In: *Études cinématographiques: Krzysztof Kieślowski*. Nr. 203–210. Paris 1994, S. 21–29.

Bolenz, Winfried: Kunst, Kommerz, Kieslowski. In: *TIP* 25/1988, S. 56–60.

Bolewski, Jacek: Odmiana życia przez przypadki. Śladami Krzysztofa Kieślowskigo. In: *Więź* 1/1999, S. 32–55.

Bortkiewicz, Marcin: Intuicje sacrum w wierszu Wisławy Szymborskiej «Miłość od pierwszego wejrzenia» oraz w filmie Krzysztofa Kieślowskiego Trzy kolory: Czerwony. In: *Kwartalnik Filmowy*, Nr. 24, Winter 1998, S. 94–97.

Bourguignon, Thomas: Décalogue, 9: alternative, alternance. In: *Études cinématographiques: Krzysztof Kieślowski*. Nr. 203–210. Paris 1994, S. 105–112.

Bourguignon, Thomas: Note sur «Trois couleurs: Rouge»: le fil rouge de la destinée. In: *Études cinématographiques: Krzysztof Kieślowski*. Nr. 203–210. Paris 1994, S. 141–145.

Bowdler, Neil: Flashback to times of great expectation. In: *The Guardian* v. 21.08.1998, S. 22.

Boyes, Roger: Kieslowski w Anglii. In: *Kino* 11–12/1990, S. 77.

Bredatan, Costica: «Terror historii» w Przypadku Krzysztofa Kieślowskiego. In: Klejsa, Konrad / Nurczyńska-Fidelska, Ewelina (Hg.): *Kino polskie: Reinterpretacje. Historia – Ideologia – Polityka*. Kraków 2008, S. 177–196.

Bret, Catherine: Le thème du double dans «La Double vie de Véronique». In: *Études cinématographiques: Krzysztof Kieślowski*. Nr. 203–210. Paris 1994, S. 47–61.

Brunette, Peter: A Film Maker Whose Range is Wagnerian. In: *New York Times* v. 20.11.1994, S. 29.

Campan, Véronique: Dziesięć krótkich filmów: od pojedynku do dialogu. In: Lubelski, Tadeusz (Hg.): *Kino Krzysztofa Kieślowskiego*. Kraków 1997, S. 59–88.

Caruana, John: Kieslowski and Kiarostami: A Metaphysical Cinema. In: Woodward, Steven (Hg.): *After Kieślowski. The Legacy of Krzysztof Kieślowski*. Detroit 2009, S. 186–201.

Cavendish, Phil: Kieslowski's Decalogue. In: *Sight & Sound*, Sommer 1990, S. 162–165. Auch poln. Übers. «Dekalog» Kieślowskiego in: *Film na świecie: Krzysztof Kieślowski*. Nr. 3/4 1992, S. 40–44.

Cieślak, Jacek: Muzyczny mim Kieślowskiego. In: *Rzeczpospolita*, Nr. 226, 1998, S. 19.

Coates, Paul: Anatomy of a murder. In: *Sight & Sound*, Winter 1988/89, S. 63–64. Poln. Übers. «Anatomia morderstwa». In: *Film na świecie: Krzysztof Kieślowski*. Nr. 3/4 1992, S. 36–37.

Coates, Paul: The Sense of an Ending. Reflections on Kieslowski`s Trilogy. In: *Sight & Sound* Winter 1996/97, S. 19- 26.

Coates, Paul: Usuwanie się w cień: wcielenia Kieślowskiego. In: Lubelski, Tadeusz (Hg.): *Kino Krzysztofa Kieślowskiego*. Kraków 1997, S. 129–138.

Coates, Paul: *Kieslowski and the crisis of documentary*. In: Coates, Paul (Hg.): *Lucid Dreams. The Films of Krzysztof Kieślowski*. Trowbridge 1999, S. 32–53.

Coates, Paul: The curse of the law: «The Decalogue». In: Coates, Paul (Hg.): *Lucid Dreams. The Films of Krzysztof Kieślowski.* Trowbridge 1999, S. 94–115.

Coates, Paul: Podwójne życie Weroniki: podwajanie, fantazja i niewidzialna rama. In: Gwóźdź, Andrzej (Hg.): *Kino Kieślowskiego, kino po Kieślowskim.* Warszawa 2006, S. 147–157.

Coates, Paul: Just Gaming? Kieślowski's Blind Chance, Tykwer's Run Lola Run, and a Note on Heaven. In: Woodward, Steven (Hg.): *After Kieślowski. The Legacy of Krzysztof Kieślowski.* Detroit 2009, S. 113–126.

Cooper, Sarah: Living On: From Kieślowski to Zanussi. In: Woodward, Steven (Hg.): *After Kieślowski. The Legacy of Krzysztof Kieślowski.* Detroit 2009. S. 34–48.

Coureau, Didier: «Décalogue, 8»: le labyrinthe éthique. In: *Études cinématographiques: Krzysztof Kieślowski.* Nr. 203–210. Paris 1994, S. 95–104.

Cowie, Peter: Podwójne życie Weroniki w roczniku Variety. In: *Kino* 1/1992, S. 37.

Dąbrowski, Waldemar: Dlaczego Kieślowski. Mówi Przewodniczący Komitetu Kinematografii. In: *Kino* 9/1993, S. 2–3.

Dannowski, Hans Werner: Nachrufe: Krzysztof Kieślowski 27.06.1941 – 13.03.1996. In: *epd Film* 4/1996, S. 20–21.

Dejczer, Maciej: «Amator»: uśmiech karła. In: *Film* 5/1996, S. 117–118.

Derendinger, Franz: Postmoderner Film: Ganzsein oder Gebrochensein. In: *Zoom* 6–7/1993, S. 12–21.

Derobert, Eric: Le fantôme de Solidarność. In: *Positif*, Nr. 334, Dezember 1988. Poln. Übers. «Duch ‹Solidarności›». In: *Film na świecie: Krzysztof Kieślowski.* Nr. 3/4 1992, S. 20–21.

Dotzauer, Gregor: Der Mechaniker des Schicksals. In: *Focus*, Nr. 44/93 v. 30.10.1993, S. 105–106.

Dipont, Małgorzata: Rzeczowy romantyk. In: Zawiśliński, Stanisław: *Bez końca.* Warszawa 1994, S. 63–68.

Dzierzan, Dagmara: Zwischen Resignation und Hoffnung: In Krzysztof Kieslowskis Filmen führt das Leben Regie. In: Vorjans, Bernd (Hg.): *Krzysztof Kieślowski. Katalog zu einer Retrospektive in der Bonner Brotfabrik vom 14.-20. Dezember 1989.* Bonn 1989, S. 7–16.

Dzierzan, Dagmara: Zur Rezeption der Filme Ein kurzer Film über das Töten und Ein kurzer Film über die Liebe in der polnischen und der bundesdeutschen Presse. In: Vorjans, Bernd (Hg.): *Krzysztof Kieślowski. Katalog zu einer Retrospektive in der Bonner Brotfabrik vom 14.-20. Dezember 1989.* Bonn 1989, S. 17–21.

Eberhard, Konrad: Konkuruje z kinem czy je uzupełnia. In: *Kino* 3/1976, S. 18–24.

Egger, Christoph: Der Mystiker des Zufalls. Zum Tod des polnischen Regisseurs Krzysztof Kieslowski. In: *Neue Zürcher Zeitung* v. 14.03.1996.

Estève, Michel: Un cinéaste de notre temps. In: *Études cinématographiques: Krzysztof Kieślowski.* Nr. 203–210. Paris 1994, S. III-IV.

Estève, Michel: «Trois couleurs. Bleu» ou l'apprentissage de la liberté. In: *Études cinématographiques: Krzysztof Kieślowski.* Nr. 203–210. Paris 1994, S. 121–127.

Estève, Michel: «Tu ne tueras point»: le visage du meurtre. In: *Études cinématographiques: Krzysztof Kieślowski.* Nr. 203–210. Paris 1994, S. 31–37.

Eidsvik, Charles: «Decalogues» 5 and 6 and the two «Short Films». In: Coates, Paul (Hg.): *Lucid Dreams. The Films of Krzysztof Kieslowski.* Trowbridge 1999, S. 77–93.

Eidsvik, Charles: Kieślowski's Visual Legacy. In: Woodward, Steven (Hg.): *After Kieślowski. The Legacy of Krzysztof Kieślowski.* Detroit 2009, S. 149–165.

Evans, Georgina: Social Sense: Krzysztof Kieślowski and Michael Haneke. In: Woodward, Steven (Hg.): *After Kieślowski. The Legacy of Krzysztof Kieślowski.* Detroit 2009, S. 99–112.

Falkowska, Janina: «The Political» in the Films of Andrzej Wajda und Krzysztof Kieślowski. In: *Cinema Journal*, Jg. 34, Nr. 2, 1995, S. 37–51.

Falkowska, Janina: «The double Life of Véronique» and «Three Colours»: an escape from politics? In: Coates, Paul (Hg.): *Lucid Dreams. The Films of Krzysztof Kieslowski.* Trowbridge 1997, S. 136–159.

Frączek, Aleksander: Greg Zgliński, czyli dialog ucznia z mistrzem. In: Gwóźdź, Andrzej (Hg.): *Kino Kieślowskiego, kino po Kieślowskim.* Warszawa 2006, S. 273–291.

Fuksiewicz, Jacek: «Blondynka, ładna, wielbicielka Kieślowskiego…». In: *Rzeczpospolita* v. 2–4/04.1994, S. 5.

Garbarz, Franck: «Trois couleurs Blanc»: inégalité sociale et égalité en amour. In: *Études cinématographiques: Krzysztof Kieślowski.* Nr. 203–210. Paris 1994, S. 129–139.

Garbowski, Christopher: Przestrzeń, czas i bohater. In: *Kwartalnik filmowy*, Nr. 24, Winter 1998, S. 29–54.

Gazda, Janusz: Zimny kolor wolności. In: *Kwartalnik filmowy*, Nr. 4 1993/1994, S. 88–105.

Grabowska, Grażyna M.: Filmografia. In: *Iluzjon*, Nr. 1–4 1995, S. 134–139.

Giesenfeld, Günther: Dekalog. Dekalog 1–10. In: Koebner, Thomas (Hg.): *Filmklassiker.* Stuttgart

1995, Bd. 5 1982–1994, S. 300–319.

Gili, Jean A.: Kraj ponury i smutny. In: *Positif*, Nr. 334, Dezember 1988. Poln. Übers. in: *Film na świecie: Krzysztof Kieślowski*. Nr. 3/4 1992, S. 16–17.

Gili, Jean A.: La Caméra comme outil de conaissance – note sur «L'Amateur». In: *Études cinématographiques: Krzysztof Kieślowski*. Nr. 203–210. Paris 1994, S. 15–19.

Göttler, Fritz: Das Spiel geht immer weiter. Zum Tod des Filmemachers Krzysztof Kieslowski. In: *Süddeutsche Zeitung* v. 14.03.1996.

Grala, Anna: Personifikacje w filmach Kieślowskiego, czyli sposób na tajemnicę. In: Hendrykowski, Marek (Hg.): *Szkice z poetyki filmu*. Poznań 1995, S. 39–48.

Gwóźdź, Andrzej: Z nieba do piekła i z powrotem. In: Gwóźdź, Andrzej (Hg.): *W kręgu Krzysztofa Kieślowskiego. In memoriam w dziesiątą rocznicę śmierci*. Katowice 2006. S. 62–72.

Haltof, Marek: Śmierć, żałoba i pamięć w filmach Krzysztofa Kieślowskiego. In: Gwóźdź, Andrzej (Hg.): *Kino Kieślowskiego, kino po Kieślowskim*. Warszawa 2006, S. 63–75.

Halthof, Marek: Still Alive: Kieślowski's Influence on Post-Communist Polish Cinema. In: Woodward, Steven (Hg.): *After Kieślowski. The Legacy of Krzysztof Kieślowski*. Detroit 2009, S. 19–33.

Hanisch, Michael: Hoffnung ist möglich. In: *film-dienst* 7/1996, S. 15–16.

Hasenberg, Peter: Annäherung an das Unfassbare. Krzysztof Kieslowskis EIN KURZER FILM ÜBER DIE LIEBE. In: *FILM-Korrespondenz*, Nr. 8–9/1989, S. 6–9.

Hasenberg, Peter: Der Mensch auf dem Seziertisch. Krzysztof Kieslowski und seine Filme. In: *film-dienst* 26/1989, S. 826–829.

Hasenberg, Peter: Politik, Moral und die Geheimnisse des Menschen. Eine Einführung in thematische Schwerpunkte im Werk Krzysztof Kieślowskis. In: *Dekalog. Die zehn Geschichten zu den Zehn Geboten. Ein Filmzyklus von Krzysztof Kieślowski*. Frankfurt/Main 1991, S. 9–16.

Hasenberg, Peter: Kieślowskis Filmzyklus «DEKALOG» – Entstehungsgeschichte und Struktur. In: *Dekalog. Die zehn Geschichten zu den Zehn Geboten. Ein Filmzyklus von Krzysztof Kieślowski*. Frankfurt/Main 1991, S. 17–22.

Hasenberg, Peter: Annäherung an den Menschen. Schwerpunkte im filmischen Werk Krzysztof Kieślowskis. In: Lesch, Walter / Loretan, Matthias (Hg.): *Das Gewicht der Gebote und die Möglichkeiten der Kunst: Krzysztof Kieślowski «DEKALOG»-Filme als ethische Modelle*. Freiburg/Wien 1993, S. 47–70.

Hasenberg, Peter: Realität des Todes, Vision der Liebe. In: *Zoom* 9/1993, S. 10–23.

Hasenberg, Peter: Freiheit – Gleichheit – Brüderlichkeit. Die Kieslowski-Variationen. In: *film-dienst* 19/1994, S. 4–8.

Helman, Alicja: Kobiety w kinie Krzysztofa Kieślowskiego. In: Lubelski, Tadeusz (Hg.): *Kino Krzysztofa Kieślowskiego*. Kraków 1997, S. 139–152. Engl. Übers. «Women in Kieslowski's late films». In: Coates, Paul (Hg.): *Lucid Dreams. The Films of Krzysztof Kieslowski*. Trowbridge 1999, S. 116–135.

Helman, Alicja: Bohaterowie «DEKALOGU». Rezension des Buches von Christopher Garbowski. In: *Kino* 3/1997, S. 46–47.

Henczel, Kazimierz: Przekroje młodego kina: Prowincjonalny rekonesans. In: *Film* 22/1980, S. 3–5.

Hendrykowski, Marek: Kieślowski jako dokumentalista / Kieślowski the documetarymaker. In: *Katalog XXXIII International Short-Film Festival Cracow, 31st May – 4th June 1996*, S. 86–91.

Hoff, Peter: Schönheit der Resignation. Zum Tod des Regisseurs Krzysztof Kieslowski. In: *Neues Deutschland* v. 14.03.1996.

Holland, Agnieszka: Kilka uwag o młodym polskim kinie. In: *Zeszyty literackie*, Nr. 1/1983, S. 141–149.

Hollender, Barbara: Krajobraz pusty. In: *Rzeczpospolita* v. 13.03.1997.

Holloway, Ron: Abspann. Nachruf auf den polnischen Regisseur Krzysztof Kieslowski (1941–1996). In: *TIP* 7/1996.

Horoszczak, Adam: Amator – czyli optymizm utraconych złudzeń. In: *Kino* 9/1979, S. 15–18.

Horstmann, Johannes: Kieslowskis «Dekalog». Strukturen des Zyklus. In: *Medien praktisch* 2/1991, S. 53–56.

Jabłońska, Katarzyna: Koniec i początek. In: *Więź*, Nr. 9, 1996, S. 113–131.

Jackiewisz, Aleksander: Z kina polskiego: Stuhr. In: *Kino* 9/1980, S. 15–16.

Jackiewicz, Aleksander: Moje życie w kinie. In: *Kino* 4/1988, S. 15–16.

Jacob, Irène: Spotkanie z Krzysztofem Kieślowskim. In: Lubelski, Tadeusz (Hg.): *Kino Krzysztofa Kieślowskiego*. Kraków 1997, S. 193–198.

Jakubowska, Małgorzata: Trzy razy DWORZEC Krzysztofa Kieślowskiego. In: Klejsa, Konrad / Nurczyńska-Fidelska, Ewelina (Hg.): *Kino polskie: Reinterpretacje. Historia – Ideologia – Polityka*. Kraków 2008, S. 447–461.

Janicka, Bożena: Blisko tego co najważniejsze. In: *Film*. Nr. 32/1976, S. 6–7.

Janicka, Bożena: Przekroje młodego kina: W środku. In: *Film* Nr. 24/1980, S. 3–4.

Janicka, Bożena: k.s. Krótki film o zabijaniu. In: *Kino* 6/1988, S. 13–15.

Janicka, Bożena: Kamień czy szkiełko. Trzy kolory: Biały. In: *Kino* 2/1994, S. 8–10.

Janicka, Bożena: Ścińki. Jeśli jest coś do zrobienia. In: *Kino* 5/1996, S. 44.

Janicka, Bożena: «Niebieski»: na pustyni. In: *Film* 5/1996, S. 118–119.

Janicka, Bożena: Między dokumentem a fabułą. To co jest. In: *Smok. Gazeta festiwalowa. XXXIII International Short-Film Festival Cracow, 31st May – 4th June 1996*, S. 4.

Jankun-Dopartowa, Mariola: Trójkolorowy transparent: Vive le chaos! In: *Kino* 6/1995, S. 4–7.

Jenny, Urs: In den Fängen der Freiheit. In: *Der Spiegel,* Nr. 44/93 v. 01.11.1993, S. 250–253.

Jessen, Jens: Fatale Frühreife. Kieslowski und Wenders zeigen am Rande der Berlinale ihre allererrsten Filme. In: *Frankfurter Allgemeine Zeitung* v. 19.02.1994.

Jopkiewicz, Tomasz: Świadek klęski, świadek tajemnicy. In: *Film,* Nr. 37, 1990, S. 4–5.

Jousse, Thierry: «Éloge d'un vivisecteur». In: *Cahiers du Cinéma*, Nr. 413, November 1988. Poln. Übers. «Pochwała chirurga». In: *Film na świecie: Krzysztof Kieślowskiego.* Nr. ¾ 1992, S. 13–15.

Kałużyński, Wojciech: Krzysztofa Kieślowskiego «opowiadanie rzeczywistością». In: Lubelski, Tadeusz (Hg.): *Kino Krzysztofa Kieślowskiego*. Kraków 1997, S. 21–30.

Kałużyński, Zygmunt: Pan z fortepianem. In: *Polityka,* Nr. 16, v. 21.04.1990, S. 8.

Kałużyński, Zygmunt: Kicha telewizyjna. In: *Polityka,* Nr. 19, 1998, S. 52–53.

Kaplińska, Anna: Uciekinier z kina «Spokój». In: *Film* 3/1998, S. 104–107.

Kaplińska, Anna: Status ontologiczny filmu dokumentalnego na przykładzie twórczości Krzysztofa Kieślowskiego. In: *Kwartalnik Filmowy* Nr. 24, Winter 1998, S. 6–27.

Karmitz, Marin: Glosa producenta. In: Lubelski, Tadeusz (Hg.): *Kino Krzysztofa Kieślowskiego*. Kraków 1997, S. 209–212.

Karpiński, Maciej: «Spokój»: piękna rudera. In: *Film* 5/1996, S. 118.

Kehr, Dave: To Save the World. Kieslowski's Three Colors Trilogy. In: *Film Comment*, Nr. 30, Nov/Dec 1994, S. 10–29.

Kemp, Philip: Slightly excited. In: *Sight & Sound* 5/1994, S. 35

Kickasola, Joseph G.: Kieślowski Crosses the Atlantic. In: Woodward, Steven (Hg.): *After Kieślowski. The Legacy of Krzysztof Kieślowski*. Detroit 2009, S. 165–185.

Kiefer, Bernd: Drei Farben Blau-Weiss-Rot. In: Koebner, Thomas (Hg.): *Filmklassiker*. Stuttgart 1995, Bd. 4 1982–1994, S. 390–395.

Kilb, Andreas: Der Puppenspieler. Zum Tode des polnischen Filmregisseurs Krzysztof Kieslowskis. In: *Die Zeit* v. 22.03.1996.

Klinger, Michał: To, co się wymyka. In: *Tygodnik Powszechny* (Kontrapunkt), Nr. 8, v. 29.09.1996, S. II.

Klinger, Michał: Strażnik wrót. Rzecz o «Dekalogu» Krzysztofa Kieślowskiego. In: Lubelski, Tadeusz (Hg.): *Kino Krzysztofa Kieślowskiego*. Kraków 1997, S. 51–58.

Koniczek, Ryszard: «Całe nasze bogactwo – Ból i rozkosz istnienia». In: *Literatura*, Nr. 4/1996, S. 40–41.

Kornatowska, Maria: Kreacja w czerwieni. «Czerwony» – zgodnie z oświadczeniami Krzysztofa Kieślowskiego – ma być jego ostatnim filmem. Myślę, że nie przypadkowo. In: *Kino* 7–8/1994, S. 28–29.

Kornatowska, Maria: «Krótki dzień pracy»: wypadnie z ról. In: *Film* 5/1995, S. 115–117.

Kornatowska, Maria: Podwójne życie Krzysztofa Kieślowskiego. In: Lubelski, Tadeusz (Hg.): *Kino Krzysztofa Kieślowskiego*. Kraków 1997, S. 117–128.

Kot, Wiesław: Czwarty kolor. In: *Wprost,* Nr. 9, 1995, S. 64.

Kot, Wiesław: Bez końca. In: *Wprost,* Nr. 12, 1996, S. 80–81.

Kreutzinger, Krzysztof: Przekroje młodego kina: Półprawdy. In: *Film* 21/1980. S. 3–5.

Krall, Hanna: Jakiś czas. In: *Tygodnik Powszechny* v. 16.03.1997, S. 1 u. 8.

Kroll, Thomas: Blau, Weiß, Rot – Liebe, Trennung, Tod. Welterfahrung und Sinnfindung im Werk von Krzysztof Kieslowski. In: *AV-Mediendienst* 2/1994.

Kurz, Iwona: Chórzyści. In: *Kino* 3/1998, S. 6–7.

Lachat, Pierre: Blau meint das «Geistige», Rot das «Wirkliche». Weiß ist keine Farbe. Trois couleurs: Bleu Blanc Rouge von Krzysztof Kieslowski. In: *Filmbulletin* 3/1994, S. 22–29.

Lagorio, Gina: Pytania o winę. In: Lagorio, Gina (Hg.): *Il Decalogo di Kieślowski. Ricreazione narrativa*. Casale Monferrato 1992. Poln. Übers. in: *Film na świecie: Krzysztof Kieślowskiego.* Nr. 3/4 1992, S. 45–47.

Lemann-Zajiček, Jolanta: Marzec'68 w szkole filmowej w Łodzi. Wydarzenia i konsekwencje. In: Klejsa, Konrad / Nurczyńska-Fidelska, Ewelina (Hg.): *Kino polskie: Reinterpretacje. Historia – Ideologia – Polityka*. Kraków 2008, S. 47–58.

Lenz, Eva-Maria: Die Liebe ist der Motor. Vorschau auf unerhörtes Kino: Krzysztof Kieslowski im

ZDF. In: *Frankfurter Allgemeine Zeitung* v. 20.01.1997.

Leonard, Jolanta: Dziesięcioro przykazań. Sprawozdanie z produkcji. In: *Film*, Nr. 44, 1987, S. 6–7.

Lis, Piotr: Kieślowskiego kino osobne. In: *Kino* 12/1993, S. 42–43.

Loretan, Matthias: Sein-Können geht vor Sollen. Interpretationen der Dekalog-Filme Kieślowskis als ästhetische Modelle moralischer, existenzieller und religiöser Erfahrung. In: Lesch, Walter / Loretan, Matthias (Hg.): *Das Gewicht der Gebote und die Möglichkeiten der Kunst: Krzysztof Kieślowskis «Dekalog»-Filme als ethische Modelle*. Freiburg/Wien 1993, S. 47–70.

Loretan, Matthias / Martig, Charles: Variationen des Zufalls. Drei Farben: Blau, Weiss, Rot von Krzysztof Kieslowski (1993/94). In: Hasenberg, Peter / Luley, Wolfgang / Martig, Charles (Hg.): *Spuren des Religiösen im Alltag. Meilensteine aus 100 Jahren Filmgeschichte*. Köln 1995, S. 52–57.

Lubelski, Tadeusz: Podwójne życie Kieślowskiego. In: *Kino* 9/1991, S. 2–5.

Lubelski, Tadeusz: Prawdziwy partner. Francuska krytyka o Kieślowskim. In: *Kwartalnik filmowy*, Nr. 4 1993/1994, S. 114–131.

Lubelski, Tadeusz: Od «Personelu» do «Bez końca», czyli siedem faz odwracania kamery. In: Lubelski, Tadeusz (Hg.): *Kino Krzysztofa Kieślowskiego*. Kraków 1997, S. 31–50. Engl. Übers. «From ‹Personal› to ‹No end›: Kieślowski's political feature films». In: Coates, Paul (Hg.): *Lucid Dreams. The Films of Krzysztof Kieslowski*. Trowbridge 1999, S. 54–76.

Lubelski, Tadeusz: Być obrońcą, być sędzią. In: *Kino* 3/1998, S. 4–5 u. 56.

Lubelski, Tadeusz: Kieślowski znany i nieznany. In: *Tygodnik Powszechny*, Nr. 12, 1998, S. 12.

Lubelski. Tadeusz: Być artystą. Zobowiązanie wobec sztuki w filmach Krzysztofa Kieślowskiego. In: Gwóźdź, Andrzej (Hg.): *Kino Kieślowskiego, kino po Kieślowskim*. Warszawa 2006, S. 37–52.

Luley, Wolfgang: Der Dekalog in der Filmgeschichte. Eine Skizze. In: *Dekalog. Die zehn Geschichten zu den Zehn Geboten. Ein Filmzyklus von Krzysztof Kieślowski*. Frankfurt/Main 1991, S. 53–41.

Łużyńska, Jadwiga Anna: Fenomen Krzysztofa Kieślowskiego, cz. I+cz. II. In: *Iluzjon. Kwartalnik filmowy*, Nr. 1/2/3/4, 1995, S. 3–21/S. 22–56.

Łużyńska, Jadwiga Anna: Muzyczny aspekt twórczości Krzysztofa Kieślowskiego. In: *Ruch muzyczny*, Nr. 4, 1996, S. 8–10.

Madej, Alicja: W poszukiwaniu Krzysztofa Kieślowskiego. In: *Kino* 4/1998, S. 59–60.

Magny, Joel: Les jeux de l'amour et du désespoir. In: *Cahiers du Cinéma*, Nr. 424, Oktober 1989, S. 50. Poln. Übers. «Gry miłości i rozpaczy» in: *Film na świecie: Krzysztof Kieślowski*. Nr. 3/4 1992, S. 38–39.

Magny, Joel: «Décalogue, 1»: le feu et la glace. In: *Études cinématographiques: Krzysztof Kieślowski*. Nr. 203–210. Paris 1994, S. 85–93.

Malatyńska, Maria: Kieślowski. In: *Życie literackie* v. 27.11.1988.

Malatyńska, Maria: Smutne krajobrazy. Krótki film o miłości. In: *Kino* 1/1989, S. 5–7.

Malatyńska, Maria: Przed podróżą. «Krzysztof Kieślowski. I'm so so». In: *Kino* 5/1996, S. 12–13.

Malatyńska, Maria: Ćwiczenia z perspektywy. Rzecz o Krzysztofie Kieślowskim. In: *Kwartalnik Filmowy* Nr. 24, Winter 1998, S. 112–125.

Malcolm, Derek: Old King Pole. In: *The Guardian* v. 12.03.1989, S. 9.

Malcolm, Derek: Human touch of a master. In: *The Guardian* v. 14.03.1996, S. 15.

Marszałek, Rafał: Między dokumentem a fikcją. In: Lubelski, Tadeusz (Hg.): *Kino Krzysztofa Kieślowskiego*. Kraków 1997, S. 13–20.

Martenstein, Harald: Ab morgen wird geraucht. Wim Wenders und Krzysztof Kieslowski im Polnischen Kulturinstitut. In: *Der Tagesspiegel* v. 19.02.1994.

Martenstein, Harald: Die Überwindung der Einsamkeit. Melancholischer Katholik: Gestern ist Krzysztof Kieslowski gestorben, der neben Wajda bedeutendste polnische Filmregisseur. In: *Der Tagesspiegel* v. 14.03.1996.

Martig, Charles: Kieślowskis Kurzer Film über die Liebe. Von der Analyse des Blicks zur Liebe als ethischem Modell. In: Lesch, Walter / Loretan, Matthias (Hg.): *Das Gewicht der Gebote und die Möglichkeiten der Kunst: Krzysztof Kieślowskis «Dekalog»-Filme als ethische Modelle*. Freiburg/Wien 1993, S. 47–70.

Martig, Charles: Spurensuche im Alltag. Dekalog, Eins-Zehn von Krzysztof Kieslowski *(1988/89)*. In: Hasenberg, Peter / Luley, Wolfgang / Martig, Charles (Hg.): *Spuren des Religiösen im Film. Meilensteine aus 100 Jahren Filmgeschichte*. Köln 1995, S. 46–49.

Martin, Marcel: Krzysztof Kieslowski. Un cinéma sans anesthésie. In: *La Revue du Cinéma/Image et Son*, Nr. 456, 1/1996, S. 41–45.

Masson, Alain: Nécessité et variations. In: *Positif*, Nr. 334, Dezember 1988. Poln. Übers. «Przeznaczenie i wariacje» in: *Film na świecie: Krzysztof Kieślowski*. Nr. 3/4 1992, S. 18–19.

Masson, Alain: Subjectivité et singularité. In: *Positif*, Nr. 364, Juni 1991. Poln. Übers. «Podmiotowość i niepowtarzalność» in: Film na świecie: Krzysztof Kieślowski. Nr. 385, 6/1991, S. 18–20.

Masson, Alain: L'Échange des corps

dans l'œuvre de Kieślowski. In: *Études cinématographique: Krzysztof Kieślowski*. Nr. 203–210. Paris 1994, S. 3–14.

Meier, Urs: Krzysztof Kieślowskis Dekalog. Nicht Glaubensvermittlung, sondern Spurensuche im Alltag. In: *Zoom* 9/1990, S. 22–26.

Michałek, Bolesław: Kieślowski: rysy odrębne. In: *Kino* 2/1990, S. 1–3.

ML: Die Trilogie «Blau-Weiß-Rot» war Kieslowskis größter Erfolg. In: *Berliner Morgenpost* v. 14.03.1996.

Mouren, Yannick: «Décalogue, 10»: un rein pour rien. In: *Études cinématographiques: Krzysztof Kieślowski*. Nr. 203–210. Paris 1994, S. 113–118.

Mucharski, Piotr: Wiara w tajęmnicę. In: *Tygodnik Powszechny* Nr. 12, v. 24.03.1996, S. 1 u. S. 13.

Murat, Pierre: Le hasard tu rencontreras. In: *Télérama* 2410 v. 20.03.1996, S. 44–47.

Murat, Pierre: 1, 2, 3, Kieslowski. In: *Télérama* 2475 v. 18.06.1997, S. 32–34.

Murawska, Renata: Turning Director: Jerzy Stuhr Does Kieślowski. In: Woodward, Steven (Hg.): *After Kieślowski. The Legacy of Krzysztof Kieślowski*. Detroit 2009, S. 49–65.

Nagel, Josef: 37 Millionen Individualisten. Über Krzysztof Kieslowski und seinen Zyklus «Dekalog». In: *Film-Korrespondenz*, Nr. 3/13.02.1990, S. 7–11.

Nagel, Josef: Spiel um Vorsehung und Zufall. Krzysztof Kieslowskis Fernseh-Zyklus der «Zehn Gebote». In: *Frankfurter Allgemeine Zeitung* v. 09.05.1990.

Nagel, Josef: Der Zufall möglicherweise oder die Macht des Schicksals. Kieslowskis Auftakt zur Trilogie der «Drei Farben». In: *film-dienst* 22/1993, S. 36–37.

Niecikowski, Jerzy: Młodzi. Na powrót do rzeczywistości. In: *Film,* Nr. 9/1976, S. 3–5 u. 14–16.

Niroumand, Mariam: Endzeit in Warschau. Einbruch des Alttestamentarischen – Der polnische Filmemacher Krzysztof Kieslowski erlag gestern einem Herzinfarkt. In.: *taz* v. 14.03.1996.

Obst, Andreas: Eine Kathedrale für die Erinnerung. Der Filmkomponist Zbigniew Preisner gedenkt des Filmregisseurs Krzysztof Kieslowski: «Requiem for my Friend». In: *Frankfurter Allgemeine Zeitung* v. 24.11.1998.

Osadnik, Wacław M.: Dziecko i dorosły w Dekalogu Krzysztofa Kieślowskiego. In: Gwóźdź, Andrzej (Hg.): *Kino Kieślowskiego, kino po Kieślowskim*. Warszawa 2006, S. 171–178.

O'Sullivan, Sean: The Decalogue and the Remaking of American Television. In: Woodward, Steven (Hg.): *After Kieślowski. The Legacy of Krzysztof Kieślowski*. Detroit 2009, S. 202–225.

Paciarelli, Dorota: Uzdrowiciel frasobliwy. In: *Reżyser* 5/1998, S. 2–3.

Paciarelli. Dorota: «Czujesz, więc jesteś.» Warsztaty reżyserskie Krzysztofa Kieślowskiego w Berlinie Zachodnim w latach 1983–1989. In: Gwóźdź, Andrzej (Hg.): *W kręgu Krzysztofa Kieślowskiego. In memoriam w dziesiątą rocznicę śmierci*. Katowice 2006. S. 16–33.

Pagnon, Gérard: Kieslowski: carré d'as. In: *Télérama* 2024 v. 19.10.1988, S. 37–41.

Pagnon, Gérard: *L'Itinéraire de Krzysztof Kieślowski*. In: *Études cinématographiques: Krzysztof Kieślowski*. Nr. 203–210. Paris 1994, S. VII-XVI.

Paprocki, Henryk: Niebieski jak niebo. In: *Kwartalnik filmowy*, Nr. 4 1993/1994, S. 78–81.

Parowski, Maciej: Kieślowski life. In: Zawiśliński, Stanisław: *Bez końca*. Warszawa 1994, S, 69–87.

Pawlicki, Maciej: Wishful thinking. Przypadek. In: *Kino* 6/1987, S. 5–7.

Peck, Agnès: «Trois couleurs Bleu/Blanc/Rouge»: une trilogie européenne. In: *Études cinématographiques: Krzysztof Kieślowski*. Nr. 203–210. Paris 1994, S. 147–162.

Petrycki, Jacek: Kiedy jeszcze lubiliśmy rejestrować świat. In: Lubelski, Tadeusz (Hg.): *Kino Krzysztofa Kieślowskiego*. Kraków 1997, S. 177–186.

Picant, Jérôme: «Brève histoire d'amour»: une partie d'échecs. In: *Études cinématographiques: Krzysztof Kieślowski*. Nr. 203–210. Paris 1994, S. 39–46.

Piesiewicz, Krzysztof: Canneńskie medytacje. In: *Tygodnik Powszechny* (Kontrapunkt), Nr. 8, v. 29.09.1996, S. III.

Piesiewicz, Krzysztof: Skupienie i przenikliwość. In: Lubelski, Tadeusz (Hg.): *Kino Krzysztofa Kieślowskiego*. Kraków 1997, S. 199–208.

Pietrasik, Zdzisław: Kolory ochronne. In: *Polityka,* Nr. 42, v. 16.19.1993, S. 11.

Pietrasik, Zdzisław: Przerwany scenariusz. In: *Polityka,* Nr. 12, 1996, S. 51.

Pietrasik, Zdzisław: Odwrócona kamera. Podwójne życie Krzysztofa Kieślowskiego. In: *Polityka,* Nr. 13, 1996, S. 44–45.

Pietrasik, Zdzisław: Niskie loty. Osęka – bez końca. In: *Polityka,* Nr. 17, 1996, S. 44.

Pilch, Jerzy: Tuż za nami spore czyni kroki. In: *Tygodnik Powszechny,* Nr. 16, 1996, S. 16.

Pilch, Jerzy: Kondukt upojny. In: *Tygodnik Powszechny,* Nr. 12, 1997, S. 16.

Płażewski, Jerzy: Wiecznie niezadowolony z siebie. In: Kino 8/1976, S. 4–8.

Poivre d'Arvor, Patrick: Zachodnia

prasa o «Czerwonym». In: *Życie Warszawy* v. 31.05.1994, S. V.

Prédal, René: «Le Décalogue»: une esthétique du silence et de l'obscurité. In: *Études cinématographiques: Krzysztof Kieślowski.* Nr. 203–210. Paris 1994, S. 65–84.

Prédal, Réne: Recepcja krytyczna filmów Kieślowskiego we Francji. In: Lubelski, Tadeusz (Hg.): *Kino Krzysztofa Kieślowskiego.* Kraków 1997, S. 249–266.

Przylipiak, Mirosław: Nie na temat. Bez końca. In: *Kino* 2/1986, S. 8–10.

Przylipiak, Mirosław: Kompozycje dwójkowe. In: *Kino* 6/1990, S. 23–26.

Przylipiak, Mirosław: Krzysztof Kieślowski – kontynuator Andrzeja Munka. In: *Kino* 6/1994, S. 14–15.

Przylipiak, Mirosław: Filmy fabularne Krzysztofa Kicślowskiego w zwierciadle polskiej krytyki filmowej (cz. I). In: Lubelski, Tadeusz (Hg.): *Kino Krzysztofa Kieślowskiego.* Kraków 1997, S. 213–248.

Przylipiak, Mirosław: Monter i studentka, czyli jak to było naprawdę z niszczeniem Krzysztofa Kieślowskiego przez polską krytykę filmową. In: *Kino* 3/1997, S.6–9 u. 50.

Przylipiak, Mirosław: Krótkie filmy, Dekalog, oraz Podwójne życie Weroniki w zwierciadle polskiej krytyki filmowej. In: *Kwartalnik Filmowy* Nr. 24, Winter 1998, S. 133–164 u. S. 165–172.

Przylipiak, Mirosław: Amelia, córka Weroniki. In: Gwóźdź, Andrzej (Hg.): *Kino Kieślowskiego, kino po Kieślowskim.* Warszawa 2006, S. 223–237.

Rayns, Tony: Kieślowski: nowe obszary. In: *Sight & Sound*, März 1992. Poln. Übers. in: *Film na świecie: Krzysztof Kieślowski.* Nr. 3/4 1992, S. 74–77.

Rayns, Tony: Kieślowski Crossing over. Tony Rayns reflects on the enigma of Kieślowski and «THE DOUBLE LIFE OF VERONIQUE». In: *Sight & Sound* 3/1992, S. 22–23.

Rayns, Tony: Glowing in the Dark. Krzysztof Kieslowski talks about «THREE COLOURS: WHITE». Tony Rayns has an early preview of «RED» and reflects on the trilogy's achievement. In: *Sight & Sound* 6/1994, S. 8–10 u. 63–64.

Reinhardt, Jessica: Tabubrüche und Empathie in der Filmästhetik von Krzysztof Kieślowskis «Dekalog». In: Lehmann-Carli, Gabriela (Hg.): *Empathie und Tabu(bruch) in Kultur, Literatur und Medizin.* Berlin 2013, S. 297–330.

Richardson, Rick / McCarthy, Todd: In memoriam: In: *Variety* v. 18–24.03.1996, S. 53–54.

Romney, Jonathan: Jak w zwierciadle. In: *Sight & Sound*, 3/1992. Poln. Übers. in: *Film na świecie: Krzysztof Kieślowski.* Nr. 3/4 1992, S. 72–73.

Roth, Laurent: La double vie de Kieslowski/Hommage. In: *Cahiers du Cinéma*, Nr. 501, 4/1996, S. 6.

Sadowska, Małgorzata: Kieślowski znany i nieznany. In: *Reżyser* 5/1998, S. 1.

Samsonowska, Hanna: Sygnały nieodebrane. In: *Kino* 12/1980, S. 28–29.

Schaefer, Barbara: Der «DEKALOG» und sein Echo in der polnischen Presse. In: Lesch, Walter / Loretan, Matthias (Hg.): *Das Gewicht der Gebote und die Möglichkeiten der Kunst: Krzysztof Kieślowskis «DEKALOG»-Filme als ethische Modelle.* Freiburg/Wien 1993, S. 47–70.

Schlott, Wolfgang: Gemeinsame ethische und metaphysische Aspekte in den Filmpoetiken von Krzysztof Kieślowski und Tom Tykwer? Eine vergleichende deutsch-polnische rezeptionsästhetische Untersuchung am Beispiel des Spielfilms HEAVEN. In: Klejsa, Konrad / Schahadat, Schamma (Hg.): *Deutschland und Polen. Filmische Grenzen und Nachbarschaften.* Marburg 2011, S. 205–216.

Schmidtendorf, Hermann: Chronik einer angekündigten Emigration. Warschauer Boheme: Der Komponist Zbigniew Preisner im Dauerclinch mit der polnischen Regierung. In: *Die Welt* v. 27.12.1997.

Schmitz, Helmut: Das Leben, möglicherweise. Zehn Gebote, drei Farben, zwei Veronikas: Zum Tode des Filmregisseurs Krzysztof Kieślowski. In: *Frankfurter Rundschau* v. 14.03.1996.

Schütte, Wolfram: Kieślowskis Schweigen. Gedenkblatt für einen diskreten Menschen. In: *Frankfurter Rundschau* v. 15.03.1996.

Seidel, Hans-Dieter: Zehn Gebote. Zum Tode des polnischen Filmregisseurs Krzysztof Kieślowski. In: *Frankfurter Allgemeine Zeitung* v. 14.03.1996.

Siekerzyńska, Iwona: Dziewczyna z psem. In: *Tygodnik Powszechny* (Kontrapunkt), Nr. 8, v. 29.09.1996, S. II.

Siclier, Jacques: Pologne sans soleil: quatre films de Krzysztof Kieslowski. In: *Le Monde* v. 28.10.1988, S. 38.

Skutski, Karl: Krzysztof Kieślowski: apostoł świeckiego humanizmu w nowej Europie. In: Klejsa, Konrad / Nurczyńska-Fidelska, Ewelina (Hg.): *Kino polskie: Reinterpretacje. Historia – Ideologia – Polityka.* Kraków 2008, S. 197–216.

Sławińska, Nina: PRZYPADEK. O realizacji filmu Krzysztofa Kieślowskiego. In: *Film*, Nr. 30, 1981, S. 6–7.

Słodowski, Jan: Jerzy Stuhr. Vis comica. In: *Filmowy Serwis Prasowy* Nr. 10/1993, S. 17–18.

Sobański, Oskar: Przekroje młodego kina: Poszukiwacze tożsamości. In: *Film*, Nr. 20/1980, S. 3–5.

Sobiecka-Awdziejczyk, Ewa: Kieślowski przez przypadki. In: *Film*, 7/1994, S. 81.

Sobolewski, Tadeusz: Filip i najważniejsza ze sztuk. Sprawozdanie z produkcji. In: *Film*, Nr. 3–4/1979, S. 6–7.

Sobolewski, Tadeusz: Brzydkie podwórko. O filmach Krzysztofa Kieślowskiego. In: *Film*, Nr. 30/1980, S. 3–5.

Sobolewski, Tadeusz: W samotności. In: *Kino* 12/1985, S. 10–13.

Sobolewski, Tadeusz: Przypadek – Postscriptum. In: *Kino* 6/1987, S. 8–11.

Sobolewski, Tadeusz: Wszyscy jesteśmy mordercami? Krótki film o zabijaniu. In: *Kino* 8/1988, S. 9–11.

Sobolewski, Tadeusz: Ostatnie słowo. In: Kino 9/1991, S. 9.

Sobolewski, Tadeusz: Retrospektywa. Moralny niepokój i niemoralny świat. In: *Katalog 17. Festiwal Polskich Filmów Fabularnych Gdynia, 16–22.07.1992*, S. 89–92.

Sobolewski, Tadeusz: Krzysztof Kieślowski, un cinéma d'idées. In: Michałek, Bolesław (Hg.): *Le Cinéma Polonais*. Paris 1992, S. 206–215.

Sobolewski, Tadeusz: Dlaczego Kieślowski. Artykuł wstępny. In: *Kino* 9/1993, S. 3.

Sobolewski, Tadeusz: Trzy kolory – film czerwony. Notatki z planu. In: *Kino* 9/1993, S. 18–22.

Sobolewski, Tadeusz: Lot na uwięzi. In: *Kino* 10/1993, S. 4–5.

Sobolewski, Tadeusz: «Trzy kolory: Biały». Euforia śmietnika. In: *Kino* 2/1994, S. 7–8.

Sobolewski, Tadeusz: Równanie w dół. Trzy kolory: Biały. In: *Kino* 2/1994, S. 10–11.

Sobolewski, Tadeusz: Niepokój pełen siły. In: *Tygodnik Powszechny*, Nr. 28, 1994, S. 9.

Sobolewski, Tadeusz: Niepokój Kieślowskiego. In: *Kino* 6/1995, S. 7–9.

Sobolewski, Tadeusz: Swoimi słowami. Wyczerpane pytania. In: *Kino* 9/1995, S. 45.

Sobolewski, Tadeusz: Kino Krzysztofa Kieślowskiego. Gra z życiem. In: *Tygodnik Powszechny*, Nr. 36, 1995, S. 1 und S. 7.

Sobolewski, Tadeusz: Spokój i bunt. Uwagi o twórczości Krzysztofa Kieślowskiego. In: Nurczyńska-Fidelska, Ewelina (Hg.): *Kino polskie w dziesięciu sekwencjach*. Łódź 1996, S. 103–114.

Sobolewski, Tadeusz: Dał nam znak. In: *Gazeta Wyborcza* v. 14.03.1996, S. 10.

Sobolewski, Tadeusz: Trzy głosy o Kieślowskim. In: *Tygodnik Powszechny* (Kotrapunkt), Nr. 8, 1996, S. II.

Sobolewski, Tadeusz: «Zdjęcie» i «Amator»: o niewystarczalności sztuki. In: *Film* 5/1996, S. 114–114.

Sobolewski, Tadeusz: Troska ostateczna. Uwagi o społecznym kontekście kina Krzysztofa Kieślowskiego. In: Lubelski, Tadeusz (Hg.): *Kino Krzysztofa Kieślowskiego*. Kraków 1997, S. 107–116. Engl. Übers. «Ultimate concerns» in: Coates, Paul (Hg.): *Lucid Dreams. The Films of Krzysztof Kieslowski*. Trowbridge 1999, S. 19–31.

Sobolewski, Tadeusz: Kieślowski twarzą w twarz. In: *Kino* 3/1997, S. 4–5 u. 49.

Sobolewski, Tadeusz: Twarze Kieślowskiego. In: *Gazeta Wyborcza*, Nr. 67, 1997, S. 14–15.

Sobolewski, Tadeusz: Okrążanie Kieślowskiego. In: *Kino* 2/1999, S. 62.

Sobolewski, Tadeusz: Kieślowski jako wartość. In: *Gazeta Wyborcza*, Nr. 55, 1998, S. 15.

Sobolewski, Tadeusz: Kompleks literatury. In: *Gazeta Wyborcza*, Nr. 60, 1998, S. 13.

Sobolewski. Tadeusz: Kieślowski: ja i ten drugi. In: Gwóźdź, Andrzej (Hg.): *Kino Kieślowskiego, kino po Kieślowskim*. Warszawa 2006, S. 53–62.

Sochoń, Jan: Pokonać śmierć. In: *Kwartalnik filmowy*, Nr. 4 1993/1994. S. 82–87.

Sowińska-Rammel, Iwona: Czułe miejsce. O muzyce w filmach Kieślowskiego. In: Lubelski, Tadeusz (Hg.): *Kino Krzysztofa Kieślowskiego*. Kraków 1997, S. 153–162.

Sowińska-Rammel, Iwona: Preisnera gry sentymentalne. In: *Kino* 7–8/1997, S. 8–12 u. 62–64.

Sowińska, Iwona: Preisner: Post scriptum. In: Gwóźdź, Andrzej (Hg.): *W kręgu Krzysztofa Kieślowskiego. In memoriam w dziesiątą rocznicę śmierci*. Katowice 2006. S. 74–84.

Spuła, Jarosław: Filmowy świat Krzysztofa Kieślowskiego – konkret i metafizyka. In: *Film na świecie*, Nr. 394/395, 3–4/1993, S. 111–112.

Stachówna, Grażyna: «Trzy kolory» – nasze miejsce w europie. In: *Dialog*, Nr. 1/1995, S. 105–107.

Stachówna, Grażyna: «Trzy kolory» – wariacja na jeden temat. In: Lubelski, Tadeusz (Hg.): *Kino Krzysztofa Kieślowskiego*. Kraków 1997, S. 93–106.

Stachówna, Grażyna: Już tylko pamięć i fotografie. Rezension des Bildbands «Kieślowski» von Stanisław Zawiśliński. In: *Kino* 3/1997, S. 46.

Stok, Witold: Potrafił słuchać. In: *Tygodnik Powszechny* (Kontrapunkt), Nr. 8, 1996, S. III.

Steitberger, Alexander: Fotografie, Doppelgänger und Tod in Krzysztof Kieslowskis La double vie de Véronique. In: Diekmann, Stefanie / Gerling, Winfried (Hg.): *Freeze Frames. Zum Verhältnis von Fotografie und Film*. Bielefeld 2010, S. 26–39.

Stuhr, Jerzy: Dobry człowiek Filip Mosz. In: *Film,* Nr. 52, 1991, S. 28.

Stuhr, Jerzy: Kieślowski: praca z aktorem. Od dokumentu do fabuły. In: Lubelski, Tadeusz (Hg.): *Kino Krzysztofa Kieślowskiego*. Kraków 1997, S. 187–192.

Szczepański, Tadeusz: Kieślowski wobec Bergmana, czyli Tam, gdzie spotykają się równologłe. In: Lubelski, Tadeusz (Hg.): *Kino Krzysztofa Kieślowskiego*. Kraków 1997, S. 163–172.

Szczepański, Tadeusz: W pułapce losu. In: *Kino* 9/1997, S. 54–55.

Szczerba, Jacek: Karmitz: wygrali barbarzyńcy. In: *Gazeta Wyborcza,* Nr. 124, 1994, S. 12.

Szczerba, Jacek: Nic już nie nakręci. In: *Gazeta Wyborcza,* Nr. 63/1996, S. 10.

Szczypiorski, Andrzej: Piękna herezja. In: *Polityka,* Nr. 11, 1998, S. 52–53.

Tabęcki, Jacek: Grażyna Szapołowska: Świadomość podwójnej tajemnicy. In: *Iluzjon. Kwartalnik filmowy,* Nr. 1, 1992, S. 3–11.

Takahashi, Hiroshi: Rzęsy drżą z podmuchem propelera. In: Lubelski, Tadeusz (Hg.): *Kino Krzysztofa Kieślowskiego*. Kraków 1997, S. 173–176.

Tessier, Max: Krzysztof Kieślowski. Un cinéma au-delà du pessimisme. In: *La Revue du Cinéma / Image et Son / Écran,* Nr. 443, 11/1988, S. 49–50.

Thiel, Wolfgang: Der Charme der Authentizität. Annäherungen an Zbigniew Preisners Drei Farben-Partitur. In: *film-dienst* 1/1995, S. 36–37.

Timm, Mikael: Przykazania jako gry. In: *Chaplin,* Sept./Okt. 1990. Poln. Übers. in: *Film na świecie: Krzysztof Kieślowski*. Nr. 3/4 1992, S. 59–71.

Tischner, Józef: W dobrych zawodach wystąpiłem. In: *Gazeta Wyborcza* Nr. 68, 1996, S. 10.

Tischner, Józef: Przyczynek do teorii podwójnego życia. In: Lubelski, Tadeusz (Hg,): *Kino Krzysztofa Kieślowskiego*. Kraków 1997, S. 89–92.

Titkow, Andrzej: Bez końca. In: *Tygodnik Powszechny* (Kontrapunkt), Nr. 8, v. 29.09.1996, S. II.

Turowicz, Jerzy: Kieślowski. In: *Tygodnik Powszechny,* Nr. 12, 1996, S. 1.

Tronowicz, Henryk: Jerzy Stuhr. In: *Polish Film* 5–6/1979.

Wach, Margarete: Die Welt beschreiben. Krzysztof Kieślowskis filmisches Frühwerk. In: *film-dienst* 22/1996, S. 4–7.

Wach, Margarete: Kino der moralischen Unruhe. Krzysztof Kieslowski als Dokumentarfilmautor. In: *Neue Zürcher Zeitung,* Nr. 273 v. 22.11.1996, S. 35.

Wach, Margarete: Liebäugeln mit Internationalem, Besinnung aufs Eigene. Tendenzen im polnischen Film der Nachwendezeit. In: *Neue Zürcher Zeitung,* Nr. 80 v. 04./05.04.1996, S. 47.

Wach, Margarete: Bilder aus der Wirklichkeit. Polnische Dokumentarfilme der Jahre 1947–1995. In: *film-dienst* 5/1997, S. 13–15.

Wach, Margarete: Die Lodz-Rolle. In: *Freitag* v. 27.06.1997, S. 14.

Wach, Margarete: Gegen Kieslowskis Willen. In: *film-dienst* 13/1997, S. 35.

Wach, Margarete: Preisners Emigrationspläne. In: *film-dienst* 13/1997, S. 35.

Wach, Margarete: Von Krakau an den Genfersee. Der Komponist Preisner verlässt Polen. In: *Neue Zürcher Zeitung,* Nr. 217 v. 19.09.1997, S. 33.

Wach, Margarete: Werkschau des polnischen Dokumentarfilmers Marcel Lozinski. In: *Film und Fernsehen* 1/1998, S. 64–67.

Wach, Margarete: Praxis und Theorie verbinden. Retrospektive mit Studentenfilmen aus der polnischen Filmhochschule Lodz. In: *film-dienst* 16/1998, S. 4–7.

Wach, Margarete: Krzysztof Kieslowski: Die Welt beschreiben. In: *Zwischen Realismus und Poesie. Dokumentarfilm in Polen*. Stuttgart 1998, S. 11–17.

Wach, Margarete: Zbigniew Preisners «Requiem for my friend». In: *film-dienst* 12/1999, S. 38.

Wach, Margarete: Wie der Kieslowski in den Tykwer geriet – oder umgekehrt. So entstand das Drehbuch von «Heaven». In: *Die Welt* v. 21.02.2002, S. 26.

Wach, Margarete: Slavoj Zizek: Die Furcht vor echten Tränen. Krzysztof Kieslowski und die «Nahtstelle» (Rezension). In: *film-dienst* 16/2002, S. 34–35.

Wach, Margarete: Von «Raj» zu Heaven – Krzysztof Kieslowski und Tom Tykwer oder Meister und der Zauberlehrling. In: *Screenshot,* Heft Nr. 18, 02/2002, S. 8–9.

Wach, Margarete: «Wie durch einen goldenen Schleier». Von Sepiabraun bis Goldengelb oder die Farbe der Vorsehung in Die zwei Leben der Veronika. In: *film-dienst* (Themenheft: Gelb) 18/2002, S. 48–49.

Wach, Margarete: Schuld und ihre Erlösung durch Liebe. «Heaven» nach Kieslowski von Tom Tykwer. In: *Neue Zürcher Zeitung,* Nr. 129 von 07.06.2002, S. 64.

Wach, Margarete: Ein Virtuose der Innerlichkeit. Zur Kamerakunst von Slawomir Idziak. In: *film-dienst* 5/2004, S. 6–9.

Wach, Margarete: Von Zufällen und Chancen an der Schweißnaht des Lebens. In: Bleicher, Thomas / Schott, Peter / Schott-Bréchet, Sylvie (Hg.): *Filmdreieck Polen – Deutschland – Frankreich*. Jahrbuch für Filmdidaktik. Sequenz 15. Remscheid 2005, S. 101–104.

Wach, Margarete: Czas balsamowany. O roli fotografii w kinie Kieślowskiego. In: Gwóźdź, Andrzej (Hg.): *Kino Kieślowskiego, kino po Kieślowskim*. Warszawa 2006, S. 159–170.

Wach, Margarete: Epigoni, spadkobiercy i fenomen Toma Tykwera. W poszukiwaniu śladów Krzysztofa Kieślowskiego w kinie zachodnim ostatniej dekady. In: Gwóźdź, Andrzej (Hg.): *W kręgu Krzysztofa Kieślowskiego. In memoriam w dziesiątą rocznicę śmierci*. Katowice 2006. S. 48–60.

Wach, Margarete: Zufallskombinationen im offenen Netz der Lebenswege. Das episodische Erzählprinzip in SHORT CUTS und die Folgen. In: Klein, Thomas / Koebner, Thomas (Hg.): *Robert Altman. Abschied vom Mythos Amerika*. Mainz 2006, S. 78–105.

Wach, Margarete: O przypadkach i szansach w sieci ludzkich dróg. Krzysztof Kieślowski w kinie zachodnim ostatniej dekady. In: *Tygodnik Powszechny*, Nr. 12 (2958) von 19.02.2006, S. 18–19.

Wach, Margarete: Balsamierte Zeit. Zur Rolle der Fotografie im Werk von Krzysztof Kieslowski. In: *film-dienst* 8/2006, S. 6–10.

Wach, Margarete: Slawomir Idziak und die Tradition der Filmschule von Lodz. In: Kirchner/Neubauer/Prümm/Riedel (Hg.): *Ein Architekt der Sinnlichkeit – Die Farbenwelten des Kameramanns Slawomir Idziak*. Marburg 2007, S. 17–29.

Wach, Margarete: Mit Zuckerbrot und Peitsche! Audiovisuelle Strategien im Werk von Michael Haneke oder Verzahnung von Inhalt und Form im Dienste einer Wirkungsästhetik des Unabweisbaren. In: Regensburger, Dietmar / Wessely, Christian (Hg.): *Von Ödipus zu Eichmann. Anthropologische Voraussetzungen von Gewalt*. Marburg 2014 (im Erscheinen).

Werner, Mateusz: Kolorowa pustka. In: *Film* 8/1994, S. 72–73.

Weschler, Lawrence: Poland's Banned Films. In: *Cineaste* 3/1984, S. 11–12.

Wierzbicki, Krzysztof: Kilka krótkich filmów. In: *Reżyser* 5/1998, S. 4–5.

Wilson, Emma: After Kieślowski: Voyages in European Cinema. In: Woodward, Steven (Hg.): *After Kieślowski. The Legacy of Krzysztof Kieślowski*. Detroit 2009, S. 83–98.

Wojciechowski, Piotr: Czy istnieje drugi Kieślowski? In: *Film*, Nr. 10, 1992, S. 4–5.

Wojciechowski, Piotr: Teraz go chyba rozumiem… In: *Film* 5/1996, S. 114.

Wojnach, Andrzej: Obserwacja i synteza. In: *Film*, Nr. 22/1978, S. 3–5.

Wolicki, Krzysztof: Raz jeszcze o kolorach. In: *Dialog* 4/1995, S. 91–96.

Woodward, Steven: The Picture of Marriage: Godard's CONTEMPT and Kieślowski's WHITE. In: Woodward, Steven (Hg.): *After Kieślowski. The Legacy of Krzysztof Kieślowski*. Detroit 2009. S. 127–146.

Wróblewski, Janusz: Gry Kieślowskiego. Operacja kartezjańska, czyli niepewność. In: *Kultura* v. 06.08.1992, S. 13.

Zander, Peter: Die zwei Leben des Krzysztof Kieslowski. Der polnische. Filmregisseur starb 54jährig. In: *Berliner Zeitung* v. 14.03.1996.

Zawiśliński, Stanisław: Kieślowski nieznany. In: *Film* 3/1998, S. 98–103.

Zawiśliński, Stanisław: Kiszka krytyka. In: *Polityka*, Nr. 25, 1998, S. 56.

Zitzewitz, Lisaweta von: Nicht breiter, sondern tiefer – Krzysztof Kieślowski. In: Zitzewitz, Lisaweta von: *5mal Polen*. München/Zürich 1992, S. 197–206.

Žižek, Slavoj: Krzysztof Kieslowskis *Blau* oder die Wiederherstellung der Phantasie. In: Schröder, Gerhart / Breuninger, Helga (Hg.): *Kulturtheorien der Gegenwart. Ansätze und Positionen*. München 2001.

Żmudziński, Bogusław: Od dokumentu do fabuły. Przegląd twórczości Krzysztofa Kieślowskiego. In: *Smok. Gazeta festiwalowa. XXXIII International Short-Film Festival Cracow, 31th May – 4th June 1996*, S. 3.

4.3 Pressehefte

Filmverlag der Autoren: *Ein kurzer Film über das Töten*. München 1989.

Filmverlag der Autoren: *Ein kurzer Film über die Liebe*. München 1989.

Pandora / Gisela Meuser Filmpresse: *Die zwei Leben der Veronika*. Frankfurt/Main 1991.

Concorde / Anke Zindler Filmpresse: *Drei Farben: Blau*. München 1993.

Concorde / Anke Zindler Filmpresse: *Drei Farben: Weiß*. München 1994.

Concorde / Anke Zindler Filmpresse: *Drei Farben: Rot*. München 1994.

5 Kritiken (chronologisch)

5.0 Dokumentarfilme

polnisch:

Janicka, Bożena in: *Film* Nr. 32/1976, S. 6–7 – Sobolewski, Tadeusz in: *Film*, Nr. 30/1980, S. 3–5.

deutsch:

Zander, Peter in: *Berliner Zeitung* v. 30.05.1996 – Agneskirchner, Alice in: *Der Tagesspiegel* v. 31.05.1996 – Wach, Margarete in: *film-dienst* 22/1996, S. 4–7 und *Neue Zürcher Zeitung* v. 22.11.1996 – Leweke, Anke in: *TIP* 12/1996 – Wach, Margarete in: *Zwischen Realismus und Poesie. Dokumentarfilm in Polen*.

XI. Anhang

Stuttgart: Haus des Dokumentarfilms 1998, S. 11–17.
französisch:
Amiel, Vincent in: *Positif,* Nr. 332 10/1988, S. 15–16 und *Positif,* Nr. 409 3/1995, S. 58–60.
englisch:
Żaryn, Szczepan in: *Polish Film* 5–6/1979.

5.0.1 Z MIASTA ŁODZI / AUS DER STADT LODZ
/ep/ in: *Filmowy Serwis Prasowy,* Nr. 21/1969, S. 46.

5.0.2 BYŁEM ŻOŁNIERZEM / ICH WAR EIN SOLDAT
/jch/ in: *Filmowy Serwis Prasowy,* Nr. 5/1971, S. 60.

5.0.3 FABRYKA / DIE FABRIK
/ep/ in: *Filmowy Serwis Prasowy,* Nr. 10/1971, S. 30–31.

5.0.4 PRZED RAJDEM / VOR DER RALLYE
/ep/ in: *Filmowy Serwis Prasowy,* Nr. 16/1971, S. 33.

5.0.5 REFREN / REFRAIN
/ep/ in: *Filmowy Serwis Prasowy,* Nr. 16/1972, S. 51.

5.0.6 PRZEŚWIETLENIE / DURCHLEUCHTUNG
(bp) in: *Filmowy Serwis Prasowy,* Nr. 22/1974, S. 22.

5.0.7 PIERWSZA MIŁOŚĆ / ERSTE LIEBE
Kałużyński, Zygmunt in: *Polityka,* Nr. 20/1974.

5.0.8 ŻYCIORYS / DER LEBENSLAUF
Radgowski, Michał In: *Polityka,* v. 14.02.1976 – Sienkiewicz, Marian: *Kultura* v. 21.01.1978.

5.0.9 SZPITAL / DAS KRANKENHAUS
(bp) in: *Filmowy Serwis Prasowy,* Nr. 16/1977, S. 23.

5.0.10 Z PUNKTU WIDZENIA NOCNEGO PORTIERA / VOM STANDTPUNKT EINES NACHTWÄCHTERS
(polnisch)

(hs) in: *Filmowy Serwis Prasowy,* Nr. 17–18/1978, S. 39.
(französisch)
Beaufils, A. in: *La Revue du Cinéma,* hors série 24/1980, S. 460 – Gervais, Ginette in: *Jeune Cinéma,* Nr. 123 12/1979–1/1980.

5.0.11 SIEDEM KOBIET W RÓŻNYM WIEKU / SIEBEN FRAUEN VERSCHIEDENEN ALTERS
(bp) in: *Filmowy Serwis Prasowy,* Nr. 4/1979, S. 24.

5.0.12 DWORZEC / DER BAHNHOF
(bs) in: *Filmowy Serwis Prasowy,* Nr. 20/1980, S. 20.

5.0.13 GADAJĄCE GŁOWY / SPRECHENDE KÖPFE
(polnisch)
(bs) in: *Filmowy Serwis Prasowy,* Nr. 21/1980, S. 20.
(französisch)
Daney, Serge in: *Cahiers du Cinéma,* Nr. 317/1980, S. 12–21 – Tournès, Andrée in: *Jeune Cinéma,* Nr. 137/1981, S. 28.

5.0.14 MURARZ / DER MAURER
(bs) in: *Filmowy Serwis Prasowy,* Nr. 12/1981, S. 19.

5.1 PERSONEL / PERSONAL
polnisch:
Eberhardt, Konrad in: *Kultura,* Nr. 47/1975, S. 14 – Chołodowski, Waldemar in: *Film,* Nr. 5/1976, S. 10 – Kałużyński, Zygmunt in: *Polityka* 52/1976 – Karpiński, Maciej in: *Literatura* 3/1976 – Tatarkiewicz, Anna in: *Polityka,* Nr. 48/1988.
deutsch:
Lexikon des Internationalen Films – Richter, Erika in: *Film und Fernsehen* 12/1976, S. 26–31.
französisch:
Albersmeier, Franz-Josef in: *Cinéma* 76, Nr. 206.
englisch:
Mari. in: *Variety* v. 21.04.1976, S. 23.

5.2 BLIZNA / DIE NARBE
polnisch:
Janicka, Bożena in: *Film,* Nr. 50/1976, S. 6–7 (deutsche Übers. in: *Informationsblatt, Nr. 26 des 8. Internationalen Forums des jungen Films* Berlin 1978) – Płażewski, Jerzy in: *Kino* 8/1976, S. 4–8 – Kasia, Jolanta in: *Filmowy Serwis Prasowy,* Nr. 16/1976, S. 3–4 – Kałużyński, Zygmunt in: *Polityka* 52/1976, S. 9 – Kieślowski, Krzysztof / Klaczyński, Zbigniew / Kuszewski, Marian / Poręba, Bohdan / Zanussi, Krzysztof / Żebrowski, Edward in: *Film,* Nr. 51/1976, S. 3–5 u. 15 – Klaczyński, Zbigniew in: *Trybuna Ludu,* Nr. 310/1976 – Malatyńska, Maria in: *Echo Krakowa,* Nr. 294/1976 – Szczepański, Jan Józef in: *Tygodnik Powszechny,* Nr. 1/1977, S. 8 – Mętrak, Krzysztof in: *Kultura* 1/1977, S. 14 – Płażewski, Jerzy in: *Kultura,* Nr. 4/1977, S. 11 u. 14 – Jankowski, Marian in: *Ekran* Nr. 1/1977 – Roszewski, Wojciech in: *Ekran* Nr. 4/1977 – Żaryn, Szczepan in: *Ekran,* 6/1977 – Niecikowski, Jerzy in: *Film,* Nr. 20/1977, S. 5 – Marcińczak, Zygmunt in: *Ekran,* Nr. 10/1981 – Michałek, Bolesław in: *Kino* 2/1990.
deutsch:
Richter, Erika in: *Film und Fernsehen,* 12/1976, S. 26–31 – Niehoff, Karena in: *Der Tagesspiegel* v. 01.03.1978 – rrh in: *film-dienst* 17/1978, S. 10–11 (fd 20865) – HS in: *Frankfurter Rundschau* v. 28.08.1978 – kro in: *Stuttgarter Zeitung* v. 30.08.1978 – Polcuch, Valentin in: *Die Welt* v. 30.08.1978 – Katz, Anne Rose in: *Süddeutsche Zeitung* v. 30.08.1978 – -oh- in: *Frankfurter Rundschau* v. 07.04.1990.
französisch:
Barthélémy, Amengual in: *Positif,*

Nr. 207/1978 – Tournès, Andrée in: *Jeune Cinéma*, Nr. 111/1978, S. 21–22 – Brossard, Jean-Pierre in: *Cinéma 77*, Nr. 224–225 – Paranagua, Paulo Antonio in: *Positif*, Nr. 227/1980, S. 21–22 – Courcier, Jacques in: *Cinéma 81*, Nr. 269 – Chevallier, Jacques in: *La Revue du Cinéma / Image et Son / Écran*, Nr. 361/1981, S. 117–119.
englisch:
Mari. in: *Variety* v. 02.02.1977, S. 24

5.3 Spokój / Gefährliche Ruhe
polnisch:
Sobański, Oskar in: *Film*, Nr. 32/1980, S. 9 – Sobański, Oskar in: *Film*, Nr. 30/1981, S. 11 (deutsch. Übers. in: *Informationsblatt Nr. 30 des 11. Internationalen Forums des jungen Films Berlin 1981*) – Krzemiński, Adam in: *Polityka*, Nr. 39/1980, S. 10 – Ochalski, Andrzej in: *Ekran* 17/1981 – Peltz, Jerzy in: *Kultura*, Nr. 39/1980, S. 14 – Raczkowski, Jerzy in: *Więź* 10/1980 – Winiarczyk, Mirosław in: *Film*, Nr. 31/1980 – Samsonowska, Hanna in: *Kino* 12/1980, S. 28–29 – Karpiński, Maciej in: *Film*, Nr. 5/1996, S. 118.
deutsch:
Habernoll, Kurt in: *Berliner Morgenpost* v. 24.02.1981 – rrh in: *film-dienst* 11/1982, S. 7 (fd 23480) – -oh- in: *Süddeutsche Zeitung* v. 30.09.1985 – -oh- in: *Frankfurter Rundschau* v. 07.04.1986 – Spielfilme im deutschen Fernsehen ARD 1984 (Presseprospekt).
französisch:
Daney, Serge in: *Cahiers du Cinéma*, Nr. 317/1980, S. 12–21 – Tournès, Andrée in: *Jeune Cinéma*, Nr. 135/1981, S. 22–24 – Chevallier, Jacques in: *La Revue du Cinéma / Image et Son / Écran*, Nr. 362/1980, S. 117–119.
englisch:
Holl. in: *Variety* 302 v. 18.03.1981, S. 154.

5.4 Amator / Der Filmamateur
polnisch:
Horoszczak, Adam in: *Kino* 9/1979, S. 15–18 – Żaryń, Szczepan in: *Filmowy Serwis Prasowy*, Nr. 19/1979, S. 3–5 – Kałużyński, Zygmunt in: *Polityka*, Nr. 48/1979, S. 8 – Mentzel, Zbigniew in: *Polityka*, Nr. 48/1979, S. 8 (alle auch in deutsch. Übers. in: *Informationsblatt, Nr. 24 des 10. Internationalen Forums des jungen Films* Berlin 1980) – Janicka, Bożena in: *Film*, Nr. 49/1979, S. 9 – Tronowicz, Henryk in: *Ekran*, Nr. 50/1979, S. 8 – Dipont, Małgorzata in: *Życie Warszawy*, Nr. 276/1979 – Hellen, Tomasz in: *Fakty*, Nr. 45/1979 – Klaczyński, Zbigniew in: *Trybuna Ludu* Nr. 88/1979 – Płażewski, Jerzy in: *Kultura*, Nr. 48/1979, S. 14 – Szyma, Tadeusz in: *Tygodnik Powszechny*, Nr. 42/1979, S. 6 – Toeplitz, K.T. in: *Miesięcznik Literacki*, Nr. 12/1979 – Zatorski, Janusz in: *Kierunki*, Nr. 50/1979 – Raczkowski, Jerzy in: *Więź*, Nr. 1/1980 – Malatyńska, Maria in: *Życie Literackie*, Nr. 11/1984, S. 3 – Janicka, Bożena in: *Film*, Nr. 49/1984, S. 17.
deutsch:
Ulrich, Gisela in: *Stuttgarter Nachrichten* v. 22.02.1980 – Baer, Volker in: *Der Tagesspiegel* v. 23.02.1980 – Silber, Rolf in: *Filmfaust* Juni/1980, S. 36–38 – Anonymus in: *Die Weltwoche* v. 28.12.1980 – Rensch, Renée in: *Frankfurter Allgeimen Zeitung* v. 11.11.1981 – Schnelle, Josef in: *film-dienst* 23/1981, S. 17 (fd 23201) – -oh- in: *Frankfurter Rundschau* v. 30.11.1981 – -oh- in: *Stuttgarter Zeitung* v. 30.11.1981 – Boom, Mareike in: *Frankfurter Allgemeine Zeitung* v. 01.12.1981 – Weber, Margita in: *Die Welt* v. 02.12.1981 – Elley, Derek in: *Films and Filming* 2/1982, S. 26–27 – Spielfilme im Deutschen Fernsehen ARD 1981 (Presseprospekt) – Baer, Volker in: *Der Tagesspiegel* v. 22.04.1982 – skl. in: *Frankfurter Allgemeine Zeitung* v. 07.07.1982 – -oh- in: *Der Tagesspiegel* v. 11.04.1990.
französisch:
Portal, Monique in: *Jeune Cinéma*, Nr. 122, 1979, S. 29 – Amiel, Mireille in: *Cinéma 79*, Nr. 251 – Carax, Leos in: *Cahiers du Cinéma*, Nr. 307/1980. S. 55–56 – Bonitzer, Pascal in: *Cahiers du Cinéma*, Nr. 311/1980, S. 42–45 – Paranagua, Paolo Antonio in: *Positif* Nr. 230/1980 – Courcier, Jacques in: *Cinéma 81*, Nr. 269 – Chevallier, Jacques in: *La Revue du Cinéma / Image et Son / Écran*, Nr. 361/1981, S. 117–119 – Gervais, Ginette in: *Jeune Cinéma*, Nr. 123/1979, S. 28–30 – Tournès, Andrée in: *Jeune Cinéma*, Nr. 133/1981, S. 18–24 – Douin, Jean-Luc in: *Télérama* 2024 v. 19.10.1988, S. 38 – Gili, Jean A. in: *Positif*, Nr. 334, 12/1988, S. 42–43 – Piton, J.-P. in: *La Revue du Cinéma*, hors série 35/1988, S. 13.
englisch:
Żaryn, Szczepan in: *Polish Film* 5–6/1979 – Holl. in: *Variety* 296 v. 05.09.1979, S. 22 – Canby, Vincent in: *The New York Times* v. 03.10.1980 – Brien, Alan in: *The Sunday Times* v. 03.01.1982 – French, Philip in: *The Observer* v. 03.01.1982 – Lefanu, Mark in: *Monthly Film Bulletin* 2/1982, S. 23–24 – Elley, Derek in: *Films and Filming*, Nr. 329/1982, S. 26–27.

5.5 Przypadek / Der Zufall möglicherweise
polnisch:
Sławińska, Nina in: *Film*, Nr. 30 v. 26.07.1981 – Zarębski, Kondrad J. in: *Filmowy Serwis Prasowy*, Nr. 5/1987, S. 16–18 – Aleksandrowicz, Piotr in: *Sztandar Młodych*, Nr. 31/1987, S. 4 – Pawli-

cki, Maciej in: *Kino* 6/1987, S. 5–7 – Sobolewski, Tadeusz in: *Kino* 6/1987, S. 8–11 – Dondziłło, Czesław in: *Film*, Nr. 11/1987, S. 7–8 – Kłopotowski, Krzysztof in: *Przegląd Powszechny*, Nr. 5/1987 – Malatyńska, Maria in: *Życie literackie*, Nr. 9/1987, S. 9 – Peltz, Jerzy in: *Kultura*, Nr. 7/1987, S. 13 – Sadowski, Marek in: *Rzeczpospolita*, Nr. 56, v. 7–8.03.1987 – Sułkowski, Marcin in: *Res Publica*, Nr. 4/1987 – Szyma, Tadeusz in: *Tygodnik Powszechny* v. 22.02.1987 – Zawiśliński, Stanisław in: *Trybuna Ludu*, Nr. 80/1987.

deutsch:
Festivalberichte aus Cannes, Locarno, Gdingen:
Schütte, Wolfram in: *Frankfurter Rundschau* v. 11.05.1987 – Zimmermann, Verena in: *Frankfurter Rundschau* v. 20.08.1987 – Schlegel, Hans-Joachim in: *Der Tagesspiegel* v. 27.09.1987.
Rezensionen:
ZDF 1/1990, S. 23 – -oh- in: *Frankfurter Rundschau* v. 03.01.1990 – Wiegand, Wilfried in: *Frankfurter Allgemeine Zeitung* v. 05.01.1990 – Anonymus in: *Abendzeitung* v. 05./06./07.01.1990 – cas in: *Stuttgarter Zeitung* v. 05.01.1990 – Hasenberg, Peter in: *film-dienst* 1/1990, S. 20–21 (fd 28087).

französisch:
Grunert, Andrea in: *Cinéma* 83, Nr. 297 – Niogret, Hubert in: *Positif*, Nr. 317–318/1987 – Siclier, Jacques in: *Le Monde* v. 11.05.1987 – T.R. in: *Cinéma* 87 v. 22.06.1987, S. 11 – Martin, Marcel in: *La Revue du Cinéma / Image et Son / Écran*, Nr. 429, 7–8/1987, S. 41 – Tournès, Andrée in: *Jeune Cinéma*, Nr. 182/1987, S. 33–34 – Masson, Alain in: *Positif*, Nr. 334, 12/1988, S. 46–47 – Roth-Bettoni, Didier in: *La Revue du Cinéma*, hors série 35/1988, S. 53 – Trémois, Claude-Marie in: *Télérama* 2024 v. 19.10.1988, S. 40.

englisch:
Kell. in: *Variety* v. 20.05.1987, S. 30+34.

5.6 Krótki dzień pracy / Ein kurzer Arbeitstag

polnisch:
Kornatowska, Maria in: *Film* 5/1996, S. 115–117.

deutsch:
Wach, Margarete in: *film-dienst* 10/1997, S. 24–25 (fd 32552) – Scotti, Elisabeth in: *Informationsblatt Nr. 62 des 27. Internationalen Forums des jungen Films*, Berlin 1997.

5.7 Bez końca / Ohne Ende

polnisch:
Toeplitz, K.T. in: *Mięsięcznik Literacki*, Nr. 7/1984 – Osęka, Andrzej (Jan, Saber – Pseud.) in: *Kultura Niezależna* Nr. 11–12/1985, Nachdruck in: *Przegląd Tygodniowy*, Nr. 14/1996, S. 20 – Tronowicz, Henryk in: *Filmowy Serwis Prasowy*, Nr. 4/1985, S. 2–4 – Sobolewski, Tadeusz in: *Kino* 12/1985, S. 10–13 – Bolesławski, Maciej in: *Ekran*, Nr. 28/1985 – Dondziłło, Czesław in: *Film*, Nr. 35/1985, S. 9–10 – Dipont, Małgorzata in: *Życie Warszawy*, Nr. 155/1985 – Chrzanowski, Maciej in: *Kultura*, Nr. 9/1985, S. 12 – Drążek, Józef in: *Kultura Niezależna*, Nr. 13/1985 – Kałużyński, Zygmunt in: *Polityka*, Nr. 28, v. 13.07.1985, S. 8 – Malatyńska, Maria in: *Życie Literackie*, Nr. 26, v. 30.06.1985, S. 6 – Malatyńska, Maria in: *Echo Krakowa*, Nr. 134/1985 – Sadowski, Marek in: *Rzeczpospolita*, Nr. 134, v. 11.06.1985 – Czernic, Marcin in: *Żołnierz Wolności*, Nr. 164/1985, S. 5 – Wiśniewski, Zygmunt in: *Trybuna Ludu* v. 18.07.1985 – Tatarkiewicz, Anna in: *Polityka* v. 27.07.1985 – Szyma, Tadeusz in: *Tygodnik Powszechny* v. 28.07.1985 – Ratajczak, Mirosław in: *Odra* 11/1985, S. 82–86 – Przylipiak, Mirosław in: *Kino* 2/1986, S. 8–10 – Pietrasik, Zdzisław in: *Polityka*, Nr. 17, v. 27.04.1996.

deutsch:
Hallowey, Dorothea in: *Der Tagesspiegel* v. 30.06.1985 und *Medium* 7/1985, S. 48 – Bremer, Jörg in: *Frankfurter Allgemeine Zeitung* v. 30.06.1985 – Bergan, Ronald in: *Films and Filming* 3/1988, S. 31 – T.S. in: *Frankfurter Rundschau* v. 15.02.1989 – -oh- in *Süddeutsche Zeitung* v. 15.02.1989 – Schwarzkopf, Margarete von in: *Die Welt* v. 15.02.1989 – Anonymus in: *Abendzeitung* v. 17.02.1989 – B.Z. in: *Stuttgarter Zeitung* v. 18.02.1989 – Storkebaum, Sibylle in: *Süddeutsche Zeitung* v. 18./19.02.1989.

französisch:
Niogret, Hubert in: *Positif*, Nr. 293–294/1985 – Delmas, Ginette in: *Jeune Cinéma*, Nr. 184/1987, S. 18–26 – Valot, J. in: *La Revue du Cinéma*, hors série 35/1988, S. 97 – Genin, Bernard in: *Télérama* 2024 v. 19.10.1988, S. 39 – Derobert, Eric in: *Positif*, Nr. 334, 12/1988, S. 44–45.

englisch:
Holl. in: *Variety*, Nr. 319 (Cannes Film Review), v. 22.05.1985, S. 24 – Kaufman, Michael T. in: *The New York Times* v. 29.06.1985, S. 11 – Malcolm, Derek in: *The Guardian* v. 03.07.1986, S. 13 – Warchoł, Tomasz in: *Sight & Sound* 3 (Sommer)/1986, S. 190–194 – Canby, Vincent in: *The New York Times* v. 30.09.1986 – Bergan, Ronald in *Film and Filming* 3/1988, S. 31 – Robinson, David in: *The Times* v. 10.03.1988 – Strick, Philip in: *Monthly Film Bulletin* 3/1988, S. 76–77.

5.8 Dekalog

polnisch:

Janicka, Bożena in: *Film*, Nr. 49/1989, S. 11 – Zawiśliński, Stanisław in: *Trybuna Ludu* v. 21.03.1988 – Sobański, Oskar in: *Film*, Nr. 48/1989, S. 18–19 – Sobolewski, Tadeusz in: *Gazeta Wyborcza*, Nr. 122/1989, S. 8 – Dipont, Małgorzata in: *Życie Warszawy*, Nr. 286/1989 – Szyma, Tadeusz in: *Tygodnik Powszechny* v. 09.07.1989 (Dekalog 10) / v. 01.10.1989 («Kieślowski w Wenecji») / Nr. 52–53 v. 24–31.12.1989, S. 9 (Dekalog 1) / Nr. 5 v. 04.02.1990, S. 6 (Dekalog 7) / Nr. 6 v. 11.02.1990, S. 6 (Dekalog 8) / v. 18.02.1990 (Dekalog 9+6) Sobański, Oskar in: *Film*, Nr. 1/1990, S. 11 – Buttafava, Gianni in: *Kino* 2/1990, S. 4–6 – Olszewski, Jan in: *Film*, Nr. 3/1990, S. 11 – Klinger, Michał in: *Kino* 5/1990, S. 14–17 – Stopierzyńska, Irena in: *Więź* 5–6/1990, S. 197–199 – Przylipiak, Mirosław in: *Kino* 6/1990, S. 23–26 – Krzemiński, Ireneusz in: *Dialog* 7/1990, S. 123–127 – Kałużyński, Zygmunt in: *Polityka*, Nr. 17/1990 – Borowska, Hanna in: *Tygodnik Katolicki* v. 25.03.1990 -Sobański, Oskar in: *Film*, Nr. 4/1990, S. 11 – Sobański, Oskar in: *Film* Nr. 7/1990, S. 14 – Toeplitz, Krzysztof Teodor in: *Polityka*, Nr. 17/1990, S. 12 – Szpakowska, Małgorzata in: *Dialog* (411) 12/1990, S. 114–118 – Jabłońska, Katarzyna in: *Kwartalnik Filmowy*, Nr. 18, Sommer 1997, S. 154–176.

deutsch:

Festivalberichte aus Cannes, Venedig, San Sebastian:

Peltz, Jerzy in: *Der Tagesspiegel* v. 19.03.1989 – Kilb, Andreas in: *Die Zeit* v. 15.09.1989 – Fink, Hans-Juergen in: *Rheinischer Merkur* (Koblenz) v. 15.09.1989 – Anonymus in: *Neue Zürcher Zeitung* v. 21.09.1989 – Fischer, Robert in: *epd Film* 12/1989, S. 5 – Visarius, Karsten in: *epd Film* 11/1989, S. 2–4.

Rezensionen:

Visarius, Karsten in: *epd Film* 6/1990, S. 42–43 – Meier, Urs in: *Zoom* 9/1990, S. 22–26 – Hasenberg, Peter: *Dekalog (Eins-Fünf)* / (Jeden-Piec), in: *film-dienst* 11/1990, S. 36–38 (fd 28330) u. Dekalog (Sechs-Zehn) / (Szesc-Dziesiec), in: *film-dienst* 12/1990, S. 31–33 (fd 28343) – dlw. in: *Neue Zürcher Zeitung* v. 15.03.1990 – Anonymus in: *Der Spiegel*, Nr. 18/1990 – Feldmann, Sebastian in: *Rheinische Post* v. 28.04.1990 – ppk- in: *Der Tagesspiegel* v. 04.05.1990 – Tittelbach, Rainer in: *Die Welt* v. 04.05.1990 – Nagel, Josef in: *FILM-Korrespondenz*, Nr. 3 v. 13.02. 1990, S. 7–11 u. *Frankfurter Allgemeine Zeitung* v. 09.05.1990 – Kilb, Andreas in: *Die Zeit* v. 11.05.1990 – Kubitz, Peter Paul in: *Süddeutsche Zeitung* v. 10.05.1990 u. *Frankfurter Rundschau* v. 17.05.1990 – Barth, Pia in: *blimp 14*, Sommer 1990, S. 15–17 – Horstmann, Johannes in: *Medien Praktisch* 2/1992, S. 53–56.

französisch:

Ciment, Michel in: *Le Monde* v. 16.09.1989 – Baron, Anne-Marie in: *Cinéma* 11/1989, S. 36–37 – Niogret, Hubert in: *Positif*, Nr. 341–342/1989 – Pernod, Pascal in: *Positif*, Nr. 346, 12/1989, S. 26–27 – Niel, Philippe in: *Positif*, Nr. 346, 12/1989, S. 28–31 – Martin, Marcel in: *La Revue du Cinéma / Image et Son / Écran*, Nr. 456/1990, S. 41–44 – Magny, Joel in: *Cahiers du Cinéma*, Nr. 429, 3/1990, S. 27–29 – Baecque, Antoine de in: *Cahiers du Cinéma*, Nr. 429, 3/1990, S. 32–33 Décalogue: la preuve par dix par Yann Tobin, Jean-Pierre Jeancolas, Vincent Amiel, Françoise Audé, Eric Derobert, Philippe Rouyer, Pascal Pernod, Michel Sineux, Olivier Curchod, Alain Masson in: *Positif*, Nr. 351, 5/1990, S. 31–41(auch poln. Übers. in: *Film na świecie: Krzysztof Kieślowski*, Nr. 3/4 1992, S. 48–58) – Borgese, Maurizio in: *Jeune Cinéma*, Nr. 200/1990, S. 24–28 – Claude-Marie Trémois, Gérard Pangnon, Pierre Murat In: *Télérama* 2094 v. 28.02.1990 – Pierre Murat, Fabienne Pascaud, Claude-Marie Trémois, Gérard Pagnon in: *Télérama* 2095 v. 07.03.1990.

englisch:

Edna. in: *Variety* 336 v. 27.10.1989, S. 36 – Fisher, William in: *Screen International* v. 17.03.1990 – Malcolm, Derek in: *The Guardian* v. 29.03.1990, S. 28 – Billen, Andrew in: *The Observer* v. 06.05.1990, S. 72 – Cavendish, Phil in: *Sight & Sound*, Nr. 59, Sommer 1990, S. 162–165 – Insdorf, Annette in: *The New York Times* v. 28.10.1990, S. 28.

5.9 Krótki film o zabijaniu / Ein kurzer Film über das Töten

polnisch:

Kołodyński, Andrzej in: *Film*, Nr. 15/1988, S. 10 – Sobański, Oskar in: *Film*, Nr. 49/1988, S. 8–9 – Tronowicz, Henryk in: *Filmowy Serwis Prasowy*, Nr. 6/1988, S. 7–10 – Zawiśliński, Stanisław in: *Trybuna Ludu* Nr. 71, v. 21.03.1988 – Dipont, Małgorzata in: *Życie Warszawy* v. 31.03.1988 – Peltz, Jerzy in: *Kultura* v. 20.04.1988 – Winiarczyk, Mirosław in: *Ekran* v. 21.04.1988, S. 6–7 – Pawlicki, Maciej in: *Tygodnik Powszechny* v. 08.05.1988 – Seidler, Barbara in: *Życie literackie* v. 08.05.1988 – Janicka, Bożena in: *Kino* 6/1988, S. 13–15 – Szyma,

Tadeusz in: *Tygodnik Powszechny* v. 12.06.1988 – Sobolewski, Tadeusz in: *Kino* 8/1988, S. 9–11 u. in: *Odra* 9/1988, S. 82–84 – Kałużyński, Zygmunt in: *Polityka* v. 10.12.1988 – Kursor (Pseud.) in: *Kino* 3/1989, S. 15–16.
(deutsch)
Festivalberichte aus Cannes:
che. in: *Neue Zürcher Zeitung* v. 19.05.1988 – Steinhart, Peter in: *Rheinische Post* v. 20.05.1988 – Leifeld, Angela in: *Die Welt* v. 20.05.1988 – Schütte, Wolfram in: *Frankfurter Rundschau* v. 20.05.1988 – Seidel, Hans-Dieter in: *Frankfurter Allgemeine Zeitung* v. 20.05.1988 – Buchka, Peter in: *Süddeutsche Zeitung* v. 21.05.1988 – Skasa-Weiß, Ruprecht in: *Stuttgarter Zeitung* v. 24.05.1988 – Seidel, Hans-Dieter in: *Frankfurter Allgemeine Zeitung* v. 25.05.1988 – Gregor, Ulrich in: *Deutsches Allgemeines Sonntagsblatt* v. 29.05.1988.
Rezensionen:
Kurpiewski, Lech in: *Polen* 4/1988 – Hamm-Fürhölter, Uwe in: *Filmfaust*, Nr. 67, Aug.-Sept. 1988, S. 48–49 – Stempel, Hans in: *epd Film* 2/1989, S. 24–25 – Messias, Hans in: *film-dienst* 2/1989, S. 44–45 (fd 27367) – Brenner, Wolfgang in: *TIP* 2/1989, S. 26–27 – Ulrich, Franz in: *Zoom* 4/1989, S. 12–14 – Karasek, Hellmuth in: *Der Spiegel*, Nr. 4/1989 – Kremski, Peter in: *Merz*, Nr. 5/1989 – Dullinger, Angie in: *Abendzeitung* v. 24.01.1989 – Wiegand, Wieland in: *Frankfurter Allgemeine Zeitung* v. 25.01.1989 – Peitz, Christiane in: *taz* v. 26.01.1989 – Kilb, Andreas in: *Die Zeit* v. 27.01.1989 – Baer, Volker in: *Der Tagesspiegel* v. 26.01.1989 – Luft, Friedrich in: *Die Welt* v. 26.01.1989 – Ponkie in: *Abendzeitung* v. 26.01.1989 – Friedmann, Andreas in: *Münchner Merkur* v. 27.01.1989 – Göttler, Fritz in: *Süddeutsche Zeitung* v. 27.01.1989 – Skasa-Weiß, Ruprecht in: *Stuttgarter Zeitung* v. 27.01.1989 – Schütte, Wolfram in: *Frankfurter Runschau* v. 27.01.1989 – Blum, Heiko R. in: *Rheinische Post* v. 10.02.1989 – Pavlović, Milan in: *Kölner Stadt-Anzeiger* v. 11./12.02.1989 – che. in: *Neue Zürcher Zeitung* v. 23.02.1989 – Frickel, Thomas in: *Darmstädter Echo* v. 08.04.1989 – SG in: *Wiesbadener Kurier* v. 23.06.1989 – Anonymus in: *Rheinische Post* v. 18. 10.1989 – ppk in: *Frankfurter Rundschau* v. 29.11.1989 – ppk- in: *Süddeutsche Zeitung* v. 30.11.1989 – Heinzelmann, Herbert in: *Kinofenster* 4/96 – Brenner, Wolfgang in: *TIP-Filmjahrbuch*, Nr. 5 1988/89, S. 10–11.
französisch:
Frois, Emmanuèle in: *Le Figaro* v. 16.05.1988 – Bradeau, Michel in: *Le Monde* v. 18.05.1988, S. 18 – D.H. in: *Cinéma 88* v. 25–31.05.1988, S. 10 – Magny, Joel in: *Cahiers du Cinéma*, Nr. 409, 6/1988, S. 29 – Sineux, Michel in: *Positif*, Nr. 332, 10/1988, S. 13–14 – 29 – M.P. in: *Le nouvel observateur* v. 28.10.1988, S. 53 – Strauss, Frédéric in: *Cahiers du Cinéma*, Nr. 413, 11/1988 – Bassan, Raphael in: *La Revue du Cinéma / Image et Son / Écran*, Nr. 440, 7–8/1988, S. 8/Nr. 443, 11/1988, S. 20–21 u. Nr. 453, 10/1989, S. 21–22 – Valot, J. in: *La Revue du Cinéma*, hors série 35/1988, S. 107–108.
englisch:
Anonymus in: *Polish Film* 2/1988, S. 14–15 – Malcolm, Derek in: *The Guardian* v. 19.05.1988, S. 21 – Yung. in: *Variety* 331 v. 25.05. 1988, S. 18+20 – Coates, Paul in: *Sight & Sound*, Nr. 4, Winter 1988/89, S. 63–64 – James, C. in: *The New York Times* v. 23.09.1989, S. 9 – Robinson, David in: *The Times* v. 16.11.1989, S. 21 – Pym, John in: *Monthly Film Bulletin*, Nr. 671, 12/1989, S. 371–372 – Eidsvik, Charles in: *Film Quarterly*, Nr. 44/1990, S. 50–55.

5.10 Krótki film o miłości / Ein kurzer Film über die Liebe

polnisch:
Korycka, Jadwiga in: *Filmowy Serwis Prasowy*, Nr. 18/1988, S. 2–5 – Sobański, Oskar in: *Film*, Nr. 49, 1988, S. 8–9 (beide in deutsch. Übers. in: *Informationsblatt Nr. 32 des 19. Internationalen Forums des jungen Films*, Berlin 1989) – Niecikowski, Jerzy in: *Film*, Nr. 43, 1988, S. 5 – Zawiśliński, Stanisław in: *Trybuna Ludu* v. 03.11.1988 – Kos, Alicja in: *Kultura*, Nr. 46 v. 16.11.1988 – Tatarkiewicz, Anna in: *Polityka* v. 26.11.1988 – Szyma, Tadeusz in: *Tygodnik Powszechny* v. 11.12.1988 – Malatyńska, Maria in: *Kino* 1/1989, S. 5–7 – Kursor (Pseud.) in: *Kino* 8/1989, S. 16.
deutsch:
Festivalberichte aus Berlin:
Chervel, Thierry in: *taz* v. 17.02. 1989 – Fischer, Robert in: *Journal* (Berlinale), Nr. 8 v. 17.02.1989 – Baer, Volker in: *Der Tagesspiegel* v. 19.02.1989 – Müller, Peter E. in: *Berliner Morgenpost* v. 19.02.1989 – Kötz, Michael in: *Frankfurter Rundschau* v. 20.02.1989 – Plagemann, Bernd in: *Die Welt* v. 21.02.1989 – Geldner, Wilfried in: *Frankfurter Allgemeine Zeitung* v. 22.02.1989 – Kilb, Andreas in: *Die Zeit* v. 24.02.1989 – E.Sch. in: *Neue Zürcher Zeitung* v. 02.03.1989.
Rezensionen:
Stempel, Hans in: *epd Film* 4/1989, S. 36 – Jacobi, Reinhold in: *film-dienst* 6/1989, S. 200–202 (fd 27499) – Kremski, Peter in:

Merz, Nr. 5/1989 – Slappnig, Dominik in: *Zoom* 15/1989, S. 7–10 – Luft, Friedrich in: *Die Welt* v. 19.04.1989 – Skasa-Weiß, Ruprecht in: *Stuttgarter Zeitung* v. 20.04.1989 – Seidel, Claudius in: *Die Zeit* v. 21.04.1989 – Kötz, Michael in: *Frankfurter Rundschau* v. 21.04.1989 – Schnelle, Josef in: *Kölner Stadt-Anzeiger* v. 22./23.04.1989 – Blum, Heiko R. in: *Rheinische Post* v. 28.04.1989 – Wiegand, Wilfried in: *Frankfurter Allgemeine Zeitung* v. 26.04.1989 – Buchka, Peter in: *Süddeutsche Zeitung* v. 01.06.1989 – Ponkie in: *Abendzeitung* v. 01.06.1989 – Gläser, Angela in: *Münchner Merkur* v. 02.06.1989 – Donner, Wolf in: *TIP* 8/1989, S. 22–23 – Kremski, Peter in: *Film Bulletin* 3 (August)/1989, S. 50–55 – Hanisch, Michael in: *Filmspiegel* (Ost-Berlin), Nr. 17/1989, S. 14 – dlw. in: *Neue Zürcher Zeitung* v. 16.11.1989 – Gehler, Fred in: *Sonntag* (Ost-Berlin) v. 22.04.1990.

französisch:
Garnier, Philippe in: *Libération* v. 26.10.1988 – Bassan, Raphael in: *La Revue du Cinéma / Image et Son / Écran*, Nr. 453, 10/1989, S. 21–22 – Magny, Joël in: *Cahiers du Cinéma*, Nr. 424, 10/1989, S. 50 – Maupin, Françoise in: *Le Figaro* v. 11.10.1989 – Murat, Pierre in: *Télérama* 2074 v. 11.10.1989, S. 63–64 – M.P. in: *Le nouvel observateur* v. 12.10.1989, S. 66 – Siclier, Jacques in: *Le Monde* v. 13.10.1989, S. 14 – Pernod, Pascal in: *Positif*, Nr. 346, 12/1989, S. 26–27.

englisch:
Anonymus in: *Polish Film* 3/1988, S. 12–13 – Yung. in: *Variety* 332 v. 05.10.1988, S. 15 – Keates, Jonathan in: *Sight & Sound* 2 (Frühling)/1990, S. 132 – Eidsvik, Charles in: *Film Quarterly*, Nr. 44/1990, S. 50–55 – Malcolm, Derek in: *The Guardian* v. 29.03.1990, S. 24 – Mars-Jones, Adam in: *The Independent* v. 29.03.1990, S. 17 – Robinson, David in: *The Times* v. 29.03.1990, S. 19 – Pulleine, Tim in: *Monthly Film Bulletin* (676) 5/1990, S. 131–132.

5.11 Siedem dni tygodnia / City life
englisch:
Wall. in: *Variety* v. 14.02.1990, S. 39–40.

5.12 La double vie de Véronique / Zwei Leben der Veronika
polnisch:
(mi-ga) in: *Film na świecie*, Nr. 385, 4/1991, S. 8–10 – Miodek, Mariusz in: *Filmowy Serwis Prasowy*, Nr. 19–20/1991, S. 9–10 – Wołoszańska, Jolanta in: *Rzeczpospolita* v. 15–16.06.1991 – Wróblewski, Janusz in: *Życie Warszawy* v. 06.08.1992 – Janicka, Bożena in: *Film*, Nr. 29/1991, S. 9 – Łuków, Paweł in: *Film*, Nr. 40/1991, S. 13 – Lubelski, Tadeusz in: *Kino* 9/1991, S. 2–5 – Sobolewski, Tadeusz in: *Kino* 9/1991, S. 9 – Gondowicz, Jan in: *Gazeta Wyborcza* v. 18.10.1991, S. 17 – Tatarkiewicz, Anna in: *Polityka* v. 02.11.1991 – Pawlicki, Maciej in: *Film*, Nr. 51–52/1992, S. 44–45 – Małkowska, Monika in: *Kino* 1/1992, S. 38 – Wróblewski, Janusz in: *Życie Warszawy* Nr. 197/1992 – Rammel, Iwona in: *Kwartalnik Filmowy*, Nr. 6, Sommer 1994, S. 130–140 – Miszczak, Magdalena in: *Kwartalnik Filmowy*, Nr. 24, Winter 1998, S. 56–64 – Łapińska, Magdalena in: *Kwartalnik Filmowy*, Nr. 24, Winter 1998, S. 66–84.

deutsch:
Chervel, Thierry in: *taz* v. 16.05.1991 – Lueken, Verena in: *Frankfurter Allgemeine Zeitung* v. 16.05.1991 – Hasenberg, Peter in: *film-dienst* 22/1991, S. 28–29 (fd 29208) – Visarius, Karsten in: *epd Film* 11/1991, S. 32 – Schlappner, Martin in: *Zoom* 20/1991, S. 2–4 – Kilb, Andreas in: *Die Zeit* v. 01.11.1991 – lei in: *Frankfurter Allgemeine Zeitung* v. 01.11.1991 – Kettelhack, Angelika in: *Berliner Zeitung* v. 04.11.1991 – Lenz, Eva-Maria in: *Frankfurter Allgemeine Zeitung* v. 07.11.1991 – Donner, Wolf in: *TIP* 22/1991, S. 58–59 – Donner, Wolf in: *TIP-Filmjahrbuch*, Nr. 8 1991/92, S. 134–135 – Geldner, Wilfried in: *Süddeutsche Zeitung* v. 18.08.1993 – K.W. in: *Frankfurter Rundschau* v. 21./22.05.1994 – Film des Monats der Evangelischen Filmarbeit Oktober 1991.

französisch:
Heymann, Danièle in: *Le Monde* v. 17.05.1991 – Masson, Alain in: *Positif*, Nr. 364, 6/1991, S. 24–25 – Baron, Anne-Marie in: *Cinéma* 6/1991, S. 12 – Baecque, Antoine de in: *Cahiers du Cinéma*, Nr. 445/1991, S. 59 – Sauvaget, Daniel in: *La Revue du Cinéma / Image et Son / Écran*, Nr. 473, 7–8/1991, S. 47- Aimée, Anne in: *Jeune Cinéma*, Nr. 209/1991, S. 13–14.

englisch:
Yung in: *Variety* 343 v. 20.05.1991, S. 39 – Canby, Vincent in: *The New York Times* v. 20.09.1991 u. 24.11.1991 – Glaser, G. in: *The New York Times* v. 02.02.1992, S. 22 – Malcolm, Derek in: *The Guardian* v. 27.02. 1992, S. 25 – Mars-Jones, Adam in: *The Independent* v. 28.02.1992, S. 18 – Rayns, Tony in: *Sight & Sound*, Nr. 3, Sommer 1992, S. 22–23 – Romney, Jonathan in: *Sight & Sound*, Nr. 3, Sommer 1992, S. 43. – Kissen, Eva H. in: *Films in Review* 5–6/1992, S. 195–196 – Cowie, Peter in: *International Film Guide* 1992.

5.13 Trois Couleurs / Drei Farben-Trilogie

polnisch:
Pietrasik, Zdzisław in: *Polityka*, Nr. 42/1993 – Numer Specjalny / Trzy kolory (Sondernummer: Drei Farben) in: *Kino* 9/1993 – Fuksiewicz, Jacek in: *Rzeczpospolita* v. 2–4.04.1994 – Werner, Mateusz in: *Film* 8/1994, S. 72–73 – Jankun-Dopartowa, Mariola in: *Kino* 6/1995, S. 4–7 – Stachówna, Grażyna in: *Dialog* 1/1995, S. 104–107 – Wolicki, Krzysztof in: *Dialog* 4/1995, S. 91–96 - Kulig, Agnieszka in: *Kwartalnik Filmowy*, Nr. 24, Winter 1998, S. 105- 110 – Dziubak, Piotr in: *Kwartalnik Filmowy*, Nr. 24, Winter 1998, S. 94–97 – Coates, Paul in: *Kwartalnik Filmowy*, Nr. 24, Winter 1998, S. 98–103.

deutsch:
Nagel, Josef in: *film-dienst* 22/1993, S. 36–37 – Kroll, Thomas in: *AV-Mediendienst* 2/1994 – Lachat, Pierre in: *Film Bulletin* 3/1994, S. 22–29 – Hasenberg, Peter in: *film-dienst* 19/1994, S. 4–8.

französisch:
Amiel, Vincent in: *Positif*, Nr. 403/1994, S. 24–25.

englisch:
Rayns, Tony in: *Sight & Sound* 6/1994, S. 8–10 – Kehr, Dave in: *Film Comment*, Nr. 30, Nov/Dec 1994, S. 10–29 – Coates, Paul in: *Film Quarterly*, Nr. 2, Winter 1996/97, S. 19–26.

5.13.1 Bleu / Blau

polnisch:
Janicka, Bożena in: *Film*, Nr. 34/1993, S. 44 – Sobolewski, Tadeusz in: *Kino* 10/1993, S. 4–5 – Janicka, Bożena in: *Kino* 11/1993, S. 34 – Szygiel, Jerzy in: *Polityka*, Nr. 38/1993, S. 9 – Pietrasik, Zbigniew in: *Polityka*, Nr. 42/1993 – Sobolewski, Tadeusz in: *Gazeta Wyborcza* v. 01.10. 1993 – Cieślak, Jacek in: *Rzeczpospolita* v. 2–3.10.1993 – Cieślak, Jacek/Hollender, Barbara in: *Rzeczpospolita* v. 06.10.1993 – Bieroń, Tomasz in: *Tygodnik Powszechny*, Nr. 42, v. 17.10.1993, S. 11 – Pilch, Jerzy in: *Tygodnik Powszechny*, Nr. 42/1993, S. 14 – Kot, Wiesław in: *Wprost*, Nr. 42/1993, S. 76 – Kałużyński, Zygmunt / Raczek, Tomasz in: *Wprost*, Nr. 47/1993, S. 76–77 – Karoń-Ostrowska, Anna in: *Więź* 3/1994, S. 162–163 – Wiśnicki, Tomasz in: *Więź* 3/1994, S. 161–162 – Janicka, Bożena in: *Film* 5/1996, S. 118–119.

deutsch:
Festivalberichte aus Venedig:
Skasa-Weiß, Ruprecht in: *Stuttgarter Zeitung* v. 06.09.1993 – Lueken, Verena in: *Frankfurter Rundschau* v. 07.09.1993 u. 08.09.1993 – Fründt, Bodo in: *Süddeutsche Zeitung* v. 09.09.1993 – Jansen, Peter W. in: *Der Tagesspiegel* v. 13.09.1993 – Kilb, Andreas in: *Die Zeit* v. 17.09.1993.

Rezensionen:
Dotzauer, Gregor in: *Focus*, Nr. 44/93 v. 30.10.1993 – Messias, Hans in: *film-dienst* 22/1993, S. 22–23 (fd 30507) – Slappnig, Dominik in: *Zoom* 11/1993, S. 30–31 – Pflaum, H.G. in: epd *Film* 11/1993, S.39–40 – Jenny, Urs in: *Der Spiegel*, Nr. 44/93 v. 01.11.1993 – Hanck, Frauke in: *Abendzeitung* v. 04.11.1993 – Plaichinger, Thomas in: *Die Woche* v. 04.11.1993 – Ponkie in: *Abendzeitung* v. 04.11.1993 – Benz, Stefan in: *Neue Presse* (Frankfurt) v. 04.11.1993 – eve in: *Die Welt* v. 04.11.1993 – Skasa-Weiß, Ruprecht in: *Stuttgarter Zeitung* v. 04.11.1993 – Feldmann, Sebastian in: *Rheinische Post* v. 05.11.1993 – Kilb, Andreas in: *Die Zeit* v. 05.11.1993 – Martenstein, Harald in: *Der Tagesspiegel* v. 05.11. 1993 – Möller, Barbara in: *Rheinischer Merkur* (Koblenz) v. 05.11.1993 – DB in: *Wiesbadener Kurier* v. 05.11.1993 – Schnelle, Josef in: *Frankfurter Rundschau* 05.11.1993 – Seidel, Hans-Dieter in: *Frankfurter Allgemeine Zeitung* v. 05.11.1193 – Sterneborg, Anke in: *Süddeutsche Zeitung* v. 05.11.1993 – Desalm, Brigitte in: *Kölner Stadt-Anzeiger* v. 06./07.11. 1993 – Knorr, Wolfram in: *Die Weltwoche* v. 18.11.1993 – Benz, Stefan in: *Neue Presse* v. 20.11.1993 – Donner, Wolf in: *TIP* 23/1993 – Donner, Wolf in: *TIP-Filmjahrbuch*, Nr. 10 1993/94, S. 62.

französisch:
Ostria, Vincent in: *Cahiers du Cinéma*, Nr. 471/1993, S. 65–67 – Peck, Agnès in: *Positif*, Nr. 391 9/1993, S. 17–25 – Murrat, Pierre in: *Télérama hors/série*, September 1993, S. 6–9 – Roth-Bettoni, Didier in: *Le Mensuel du Cinéma* 9/1993, S. 25–26.

englisch:
Nesselson, Lisa in: *Variety* 342 v. 20.09.1993, S. 28 – Macnab, Geoffrey in: *Sight & Sound* 11/1993, S. 54–55 – Canby, Vincent in: *The New York Times* v. 04.12.1993, S. 16 – Lane, Anthony in: *The New Yorker* v. 13.12.1993, S. 122–125 – Hinson, Hal in: *The Washington Post* v. 04.03.1994 – Pope, Angela in: *Sight & Sound* 8/1996, S. 69.

5.13.2 Blanc / Weiss

polnisch:
Festivalberichte aus Berlin:
Płażewski, Jerzy, in: *Kino* 4/1994, S. 25–27.

Rezensionen:
Sobolewski, Tadeusz in: *Gazeta Wyborcza*, Nr. 22, v. 27.01.1994, S. 9 – Janicka, Bożena in: *Kino* 2/1994, S. 8–10 – Sobolewski, Tadeusz in: *Kino* 2/1994, S. 10–11 – Sobolewski, Tadeusz

in: *Gazeta Wyborcza*, Nr. 47, v. 25.02.1994, S. 10 – Szczerba, Jacek in: *Gazeta Wyborcza*, Nr. 47, v. 25.02.1994, S. 10 – Hollender, Barbara in: *Rzeczpospolita* v. 25.02.1994 – Olszewski, Jan in: *Film* 2/1994, S. 16–18 – Kot, Wiesław in: *Wprost*, Nr. 12/1994, S. 80 – Kłosiński, Jerzy in: *Tygodnik Solidarności*, Nr. 285 v. 04.03.1994, S. 15 – Mucharski, Piotr in: *Tygodnik Powszechny*, Nr. 13, v. 27.03.1994, S. 11 – Mazierska, Ewa in: *Film* 4/1994, S. 62 – Lis, Piotr in: *Kino* 6/1994, S. 16.

deutsch:
Festivalberichte aus Berlin:
Strunz, Dieter in: *Berliner Morgenpost* v. 16.02.1994 – Seidel, Hans-Dieter in: *Frankfurter Allgemeine Zeitung* v. 17.02.1994 – Feldmann, Sebastian in: *Rheinische Post* v. 19.02.1994.
Rezensionen:
Martenstein, Harald in: *Der Tagesspiegel* v. 17.02.1994 – Hamacher, Rolf-Ruediger in: *Filmecho/Filmwoche*, Nr. 8 v. 25.02.1994 – Ulrich, Franz in: *Zoom* 3/1994, S. 32–33 – Lux, Stefan in: *film-dienst* 5/1994, S. 22–23 (fd 30685) – Greuner, Suzanne in: *epd Film* 4/1994, S. 34–35 – Donner, Wolf in: *TIP* 4/1994 – Donner, Wolf in: *TIP* 7/ 1994, S. 34–36 – Donner, Wolf in: *TIP-Filmjahrbuch*, Nr. 10 1993/94, S. 64 – Heim, Christoph in: *Basler Zeitung* v. 05.03.1994 – wk in: *Die Weltwoche* v. 10.03.1994 – Dullinger, Angie in: *Abendzeitung* v. 24.03.1994 – Erdtmann, Boris in: *Die Welt* v. 24.03.1994 – Rössler, Patrick in: *Stuttgarter Zeitung* v. 24.03.1994 – Feldmann, Sebastian in: *Rheinische Post* v. 25.03.1994 – Fründt, Bodo in: *Süddeutsche Zeitung* v. 25.03.1994 – (Sei) in: *Frankfurter Allgemeine Zeitung* v. 26.03.1994 – Seebaum, Christian in: *Kölner Stadt-Anzeiger* v. 26./27.03.1994 – Schnelle, Josef in: *Frankfurter Rundschau* v. 31.03. 1994 – Peitz, Christiane in: *Die Zeit* v. 01.04.1994 – Schäfer, Karl-Heinz in: *Rheinischer Merkur* (Koblenz) v. 08.04.1994.

französisch:
Jousse, Thierry in: *Cahiers du Cinéma*, Nr. 476/1994, S. 71–73 – Remy, Vincent in: *Télérama* 2298 v. 26.01.1994, S. 26–29 – Amiel, Vincent in: *Positif*, Nr. 396 2/1994, S. 16–17.

englisch:
Nesselson, Lisa in: *Variety* 353 v. 31.01.-06.02.1994, S. 68 – Strick, Philip in: *Sight & Sound* 6/1994, S. 63–64 – Brown, Geoff in: *The Time* v. 09.06. 1994, S. 37 – Malcolm, Derek in: *The Guardian* v. 09.06.1994, S. 6 – Pawelczak, Andy in: *Films in Review* 7–8/1994, S. 54–55 – Insdorf, Annette in: *Film Comment* 3–4/1997, S. 46–49.

5.13.3 Rouge / Rot

polnisch:
Festivalberichte aus Cannes:
Płażewski, Jerzy in: *Kino* 6/1994, S. 4–8 – Poivre d`Avror, Patrick in: *Życie Warszawy* v. 31.05.1994, S. V.
Rezensionen:
Sobolewski, Tadeusz in: *Tygodnik Powszechny* v. 11.04.1993, S. 5 u. *Gazeta Wyborcza*, Nr. 124, v. 30.05.1994, S. 12–13 – Wójcik, Jerzy in: *Rzeczpospolita* v. 30.05.1994 – Wróblewski, Janusz in: *Życie Warszawy* v. 31.05.1994, S. IV-V – Lubelski, Tadeusz in: *Tygodnik Powszechny*, Nr. 23, v. 05.06.1994, S. 13 – Kot, Wiesław in: *Wprost*, Nr. 24/1994, S. 77 – Lis, Piotr in: *Kino* 7–8/1994, S. 26–28 – Kornatowska, Maria in: *Kino* 7–8/1994, S. 28–29 – Wojciechowski, Piotr in: *Film* 7/1994, S. 49.

deutsch:
Festivalberichte aus Cannes:
Buchka, Peter in: *Süddeutsche Zeitung* v. 18.05.1994 – Donner, Wolf in: *Frankfurter Allgemeine Zeitung* v. 18.05.1994 – Schütte, Wolfram in: *Frankfurter Rundschau* v. 18.05.1994 – Steinhart, Peter in: *Rheinische Post* v. 18.05.1994 – Skasa-Weiß, Ruprecht in: *Stuttgarter Zeitung* v. 20.05.1994.
Rezensionen:
Loretan, Matthias in: *Zoom* 9/1994, S. 24–26 – Etten, Manfred in: *film-dienst* 18/1994, S. 18–19 8 f. 30958) – Visarius, Karsten in: *epd Film* 9/1994, S. 39 – Terhechte, Christoph in: *TIP* 19/1994, S. 43–44 – Terhechte, Christoph in: *TIP-Filmjahrbuch*, Nr. 11 1994/95, S. 84–85 – Egger, Christoph in: *Neue Zürcher Zeitung* v. 03.09. 1994 – Jenny, Urs in: *Der Spiegel*, Nr. 36 v. 05.09.1994 – Rössler, Patrick in: *Stuttgarter Zeitung* v. 08.09.1994 – Schnelle, Josef in: *Frankfurter Rundschau* v. 08.09.1994 – Elterlein, Eberhard v. in: *Die Welt* v. 08.09.1994 – Ponkie in: *Abendzeitung* v. 08.09.1994 – Lenz, Eva-Maria in: *Frankfurter Allgemeine Zeitung* v. 08.09.1994 – Buchka, Peter in: *Süddeutsche Zeitung* v. 08.09.1994 – Jansen, Peter W. in: *Der Tagesspiegel* v. 08.09.1994 – Schäfer, Karl-Heinz in: *Rheinischer Merkur* (Koblenz) v. 09.09.1994 – Kilb, Andreas in: *Die Zeit* v. 09.09.1994 – Seebaum, Christian in: *Kölner Stadt-Anzeiger* v. 10./11.1994 – Feldmann, Sebastian / Heuer, Otto in: *Rheinische Post* v. 16.09.1994.

französisch:
Strauss, Frédéric in: *Cahiers du Cinéma*, Nr. 483/1994, S. 62–63 – Tobin, Yann in: *Positif*, Nr. 401–402/1994, S. 59–61- Masson, Alain in: *Positif*, Nr. 403/1994, S. 21–23 – Rouyer, Philippe in: *Positif*, Nr. 401–402/1994 – Vecci, Philippe in: *Libération* v. 17.05.1994 – Froddon, Jean-Mi-

XI. Anhang

chel in: *Le Monde* v. 18.05.1994 u. v. 24.05.1994 – Trémois, Claude-Marie in: *Télérama* v. 25.05.1994 – Gaspari, Anne de in: *Le Quotidien* v. 24.05.1994. – D.D. in: *L'Avant-Scène du Cinéma*, Nr. 434, 7/1994, S. 68 – Roth-Bettoni, Didier in: *Le Mensuel du Cinéma* 18/1994.
englisch:
Nesselson, Lisa in: *Variety* 355 v. 23.05. 1994, S. 52 – Kemp, Philip in: *Sight & Sound* 11/1994, S. 54–55 – Brown, Geoff in: *The Times* v. 10.11.1994 – Johnstone, Iain in: *The Sunday Times* v. 13.11.1994 – Malcolm, Derek in: *The Guardian* v. 10.11.1994 – Mars-Jones, Adam in: *The Independent* v. 30.11.1994, S. 25 – Hinson, Hal in: *The Washington Post* v. 16.12.1994 – Pawelczak, Andy in: *Films in Review* 3–4/1995, S. 60–61.

Filmreihe im ZDF Januar/Februar 1997
Anonymus in: *Stuttgarter Zeitung* v. 20.01.1997 – Gasteiger, Ulrike in: *Münchner Merkur* v. 22.01.1997 – Lenz, Eva-Maria in: *Frankfurter Allgemeine Zeitung* v. 20.01.1997 – K.W. in: *Der Tagesspiegel* v. 20.01.1997 – Zander, Peter in: *Berliner Zeitung* v. 22.01.1997.

Rezensionen zum ARTE-Themenabend und zu Dokumentationen über Kieślowski
K.W. in: *Frankfurter Rundschau* v. 13.10.1994 – Göttler, Fritz in: *Süddeutsche Zeitung* v. 09.03. 1995 – rbh in: *Frankfurter Rundschau* v. 09.03.1995.

6 Film-Dokumentationen über Kieślowski

- Anipare, Eileen / Wood, Jason: *A Short Film about «Dekaloguę»: An Interview with Krzysztof Kieślowski*. University of North London.
 UK 1996. **Länge:** 72 Minuten. Video. Farbe.
- Ayre, Elisabeth / Korenfeld, Ruben: *Zwischen Krakau und Paris. Kieslowski – Dialogue. Der Regisseur Krzysztof Kieslowski*. Les FILMS D'ICI – SIDERAL Productions – FR3. Frankreich 1991. **Länge:** 55 Minuten. Video. Farbe.
- Hommage an Krzysztof Kieslowski. Drei Farben. ZDF-Kieślowski-Filmreihe vom 20.01.1997 bis 09.02.1997. (Peter Paul Huths Kieślowski-Dokumentation + DREI FARBEN-Trilogie). Mainz: ZDF 1997.
- Huth, Peter Paul: *Geschichten von Leben und Tod. Kieślowski-Porträt*. ZDF-Fernsehdokumentation. Deutschland 1995. **Länge:** 53 Minuten. Erstsendung: 20.01.1997.
- Jazdoń, Mikołaj: *Ostatnie spotkanie z Krzysztofem Kieślowskim* (Letzte Begegnung mit Kieślowski anlässlich einer Retrospektive seiner Dokumentarfilme im Theater des Achten Tages / Teatr Ósmego Dnia in Posen am 24.02.1996). Amatorski Klub Filmowy «AWA» przy Centrum Kultury «Zamek» w Poznaniu. Polen 1996. **Länge:** 26 Minuten. Video. Farbe/Schwarz-Weiß.
- Kompatzki, Lothar / Voigt, Andreas: *Gespräch mit Kieślowski*. Dokumentation des Bayerischen Rundfunks. Deutschland 1995. **Länge:** 70 Minuten. Video. Farbe. Erstsendung: 18.03.1995.
- Koryncka-Gruz, Natalia: *Krzysztof Kieślowski – Trzy Kolory*. Eureka Films. Polen 1993. **Länge:** 30 Minuten. Video. Farbe.
- Koryncka-Gruz, Natalia: *Kieślowski spotyka Wendersa* (Kieślowski trifft Wenders). Apple Film Production. Polen 1994. **Länge:** 30 Minuten. Video. Farbe.
- Koryncka-Gruz, Natalia: *Krótki film o Krzysztofie Kieślowskim*.
 Filmstudio «Tor». Polen 1996. **Länge:** 20 Minuten. 35mm. Farbe.
- Lagier, Luc: *1966–1988: Kieslowski, cinéaste polonais*. MK2 TV. Frankreich 2005. **Länge:** 30'34". Video. Farbe & S/W.
- Lint, Erik: *Krzysztof Kieslowski. A Masterclass for Young Directors*. Niederlande: Amsterdam 1995. **Länge:** 95 Minuten. Video. Schwarz-Weiß.
- Meewes, Helmut: *Leben ist Zufall: Krzysztof Kieslowski – Beobachtungen zu «Dekalog»*. (o.J.) **Länge:** 70 Minuten. Video. Farbe.
- Rabourdin, Dominique: ARTE-Themenabend: *Krzysztof Kieslowski. 3 Beiträge: Dialogue autour du «Dekalog», La leçon de cinéma, Kieslowski par Kieslowski, auch u. a. Kieslowski gesehen v. Irène Jacob, Kieslowski in Cannes 1994 + Dekalog 1 und 2*. (Auftakt zur Wiederholung des «Dekalogs»). La Sept/ARTE und LMK Images. Frankreich 1994. Sendung: 13.10.1994.
- Rabourdin, Dominique: *Dialogue autour du «Dekalog»*. La Sept/ARTE. Frankreich 1994. **Länge:** 26 Minuten. Video. Farbe.
- Rabourdin, Dominique: *Kieślowski par Kieslowski*. La Sept/ARTE. Frankreich 1994. **Länge:** 52 Minuten. Video. Farbe.
- Rabourdin, Dominique: *La leçon de cinéma*. Zusammenarbeit: Andrzej Wolski. La Sept/ARTE. Frankreich 1994. **Länge:** 24 Minuten. Video. Farbe.
- Schnelle, Josef: *Eine schwarze Komödie namens Weiß: Krzysztof Kieslowski und sein Film DREI FARBEN: WEISS*. München: ARD. Deutschland 1994. **Länge:** 20 Minuten. Video. Farbe.
- Schnelle, Josef: *WDR-Filmtip: Krzysztof Kieslowskis ROT*. Köln: WDR. Deutschland 1994. **Länge:** ca. 15 Minuten. Video. Farbe.

- Strauven, Michael: *Ein Bericht über Krzysztof Kieslowski. Beitrag in «Berliner Foyer – Kino aktuell»*. Berlin: SFB. Deutschland 1988. **Länge:** 7 Minuten. Video. Farbe.
- Ventura, Claude / Urbanowicz, Christoph: *Kieślowski, septembre 89*. TV France 2 (Dokumentation über Kieślowski gesendet vor der Ausstrahlung des Dekalogs im französischen Fernsehen). Frankreich 1989.
- Wawelski, Władysław: Wywiad z Kieślowskim. SF Logos. Polen 1995. **Länge:** 24 Min. Farbe.
- Wierzbicki, Krzysztof: *Krzysztof Kieślowski. I`m so so*. (Kieślowski porträtiert von der Equipe seiner Dokumentarfilme). **Produktion:** Kulturmode Film Kopenhagen. **Produzent:** Karen Hjort. **Buch und Regie:** Krzysztof Wierzbicki. **Kamera:** Jacek Petrycki. **Ton:** Michał Żarnecki. Dänemark 1995. **Länge:** 56 Minuten. 35 mm. Farbe.
- Wierzbicki, Krzysztof: *Kieślowski i jego «Amator»*. TVP 1/APF, Polen 1999. **Länge:** 25 Minuten.
- Wolkow, Irina: *Mój Kieślowski*. Eureka media/TVP. Polen 2006. **Länge:** 21 Minuten. Video. Farbe.
- Zmarz-Koczanowicz, Maria: *Still Alive (Krzysztof Kieślowski)*. TVP. Polen 2005. **Länge:** 72 Minuten. Video. Farbe.

Filmografie

Hochschulfilme

Tramwaj / Die Strassenbahn
(Polen 1966)
Produktion: Państwowa Wyższa Szkoła Teatralna i Filmowa Łódź. **Buch und Regie:** Krzysztof Kieślowski. **Kamera:** Zdzisław Kaczmarek. **Schnitt:** Krzysztof Kieślowski. **Darsteller:** Jerzy Braszka, Maria Janiec.
35mm, Schwarz-Weiß, 5'45" *(Kurzfilm)*.

Urząd / Das Amt
(Polen 1966)
Produktion: Państwowa Wyższa Szkoła Teatralna i Filmowa Łódź. **Buch und Regie:** Krzysztof Kieślowski. **Kamera:** Lechosław Trzęsowski. **Schnitt:** Krzysztof Kieślowski.
35mm, Schwarz-Weiß, 6' *(Dokumentarfilm)*.

Koncert życzeń / Wunschkonzert
(Polen 1967)
Produktion: Państwowa Wyższa Szkoła Teatralna i Filmowa Łódź. **Buch und Regie:** Krzysztof Kieślowski. **Kamera:** Lechosław Trzęsowski. **Schnitt:** Janina Grosicka. **Darsteller:** Jerzy Federowicz, Andrzej Titkow.
35mm, Schwarz-Weiß, 17' *(Kurzfilm)*.

Dokumentarfilme

Zdjęcie / Das Foto
(Polen 1968)
Produktion: TVP/Polnisches Fernsehen. **Buch und Regie:** Krzysztof Kieślowski. **Kamera:** Marek Jóźwiak, Wojciech Jastrzębowski. **Schnitt:** Jolanta Wilczak. **Ton:** Włodzimierz Wojtyś, Marek Jóźwik.
16mm, Schwarz-Weiß, 32'.

Z miasta Łodzi / Aus der Stadt Lodz
(Polen 1969)
Produktion: WFD (Wytwórnia Filmów Dokumentalnych). **Buch und Regie:** Krzysztof Kieślowski. **Kamera:** Janusz Kreczmański, Piotr Jaxa Kwiatkowski, Stanisław Niedbalski. **Schnitt:** Elżbieta Kurkowska, Lidia Zonn. **Ton:** Krystyna Pohorecka.
35mm, Schwarz-Weiß, 17'21".

Byłem żołnierzem / Ich war ein Soldat
(Polen 1970)
Produktion: Czołówka. **Buch:** Krzysztof Kieślowski, Ryszard Zgórecki. **Regie:** Krzysztof Kieślowski. **Kamera:** Stanisław Niedbalski.
35mm, Schwarz-Weiß, 16'.

Fabryka / Die Fabrik
(Polen 1970)
Produktion: WFD. **Buch und Regie:** Krzysztof Kieślowski (Mitarbeit Marcel Łoziński). **Kamera:** Stanisław Niedbalski, Jacek Tworek. **Schnitt:** Maria Leszczyńska. **Ton:** Małgorzata Jaworska.
35mm, Schwarz-Weiß, 17'14".

Przed rajdem / Vor der Rallye
(Polen 1971)
Produktion: WFD. **Buch und Regie:** Krzysztof Kieślowski. **Kamera:** Pior Jaxa Kwiatkowski, Jacek Petrycki. **Schnitt:** Lidia Zonn. **Ton:** Małgorzata Jaworska.
35mm, Schwarz-Weiß, 15'9".

Refren / Refrain
(Polen 1972)
Produktion: WFD. **Buch und Regie:** Krzysztof Kieślowski. **Kamera:** Witold Stok. **Schnitt:** Maryla Czolnik. **Ton:** Małgorzata Jaworska, Michał Żarnecki.
35mm, Schwarz-Weiß, 10'19".

Między Wrocławiem a Zieloną Górą / Zwischen Wrocław und Zielona Góra
(Polen 1972)
Produktion: WFD in Zusammenarbeit mit dem Kupferbergwerk Lubin. **Buch und Regie:** Krzysztof Kieślowski. **Kamera:** Jacek Petrycki. **Schnitt:** Lidia Zonn. **Ton:** Andrzej Bohdanowicz.
35mm, Farbe, 10'35".

Podstawy BHP w kopalni miedzi / Die Sicherheitsbestimmungen in einem Kupferbergwerk
(Polen 1972)
Produktion: WFD in Zusammenarbeit mit dem Kupferbergwerk Lubin. **Buch und Regie:** Krzysztof Kieślowski. **Kamera:** Jacek Petrycki. **Schnitt:** Lidia Zonn. **Ton:** Andrzej Bohdanowicz.
35mm, Farbe, 21'.

Robotnicy '71 – nic o nas bez nas / Arbeiter '71 – nichts über uns ohne uns
(Polen 1972)
Produktion: WFD. **Buch und Regie:** Krzysztof Kieślowski, Tomasz Zygadło, Wojciech Wisznewski, Paweł Kędzierski, Tadeusz Walendowski. **Kamera:** Witold Stok, Stanisław Mroziuk, Jacek Petrycki. **Schnitt:** Lidia Zonn, Maryla Czolnik, Joanna Dorożyńska, Daniela Cieplińska. **Ton:** Jacek Szymański, Alina Hojnacka.
16mm, Schwarz-Weiß, 46'39".

Murarz / Der Maurer
(Polen 1973)
Produktion: WFD. **Buch und Regie:** Krzysztof Kieślowski. **Kamera:** Witold Stok. **Schnitt:** Lidia Zonn. **Ton:** Małgorzata Jaworska
35mm, Farbe, 17'39".

Dokumentar-, Fernseh- und Spielfilme

Przejście podziemne / Die Unterführung
(Fernsehspiel / Polen 1973)
Produktion: TVP. **Buch:** Ireneusz Iredyński, Krzysztof Kieślowski. **Regie:** Krzysztof Kieślowski. **Kamera:** Sławomir Idziak. **Ton:** Małgorzata Jaworska. **Darsteller:** Teresa Budzisz-Krzyżanowska (Ehefrau), Andrzej Seweryn (Ehemann), Anna Jaraczówna, Zygmunt Maciejewski, Jan Orsza-Łukaszewicz, Janusz Skalski.
35mm, Schwarz-Weiß, 30'.

Prześwietlenie / Durchleuchtung
(Dokumentarfilm / Polen 1974)
Produktion: WFD. **Buch und Regie:** Krzysztof Kieślowski. **Kamera:** Jacek Petrycki. **Schnitt:** Lidia Zonn. **Ton:** Michał Żarnecki.
35mm, Farbe, 13'.

Pierwsza miłość / Die erste Liebe
(Dokumentarfilm / Polen 1974)
Produktion: TVP. **Buch und Regie:** Krzysztof Kieślowski. **Kamera:** Jacek Petrycki. **Schnitt:** Lidia Zonn. **Ton:** Małgorzata Jaworska, Michal Żarnecki.
16mm, Farbe, 30'.

Życiorys / Der Lebenslauf
(Dokumentarfilm / Polen 1975)
Produktion: WFD. **Buch:** Janusz Fastyn, Krzysztof Kieślowski. **Regie:** Krzysztof Kieślowski. **Kamera:** Jacek Petrycki, Tadeusz Rusinek. **Schnitt:** Lidia Zonn. **Ton:** Spas Christow
35mm, Schwarz-Weiß, 41'10".

Legenda / Die Legende
(TV-Dokumentarfilm /Polen 1975)
1. Folge des nicht fertiggestellten TV-Zyklus Ziemia Żeromskiego (Das Land von Żeromski)
Produktion: TVP/Telewizyjna Wytwórnia Filmowa «Poltel» Warszawa. **Buch:** Barbara Wachowicz. **Regie:** Krzysztof Kieślowski. **Kamera:** Ryszard Jaworski. **Schnitt:** Maryla Szymańska. **Ton:** Irena Iwanicka.
16mm, Farbe, 25'.

Personel / Das Personal
(Fernsehspiel / Polen 1975)
Produktion: TVP / Zespół filmowy (Filmstudio) «Tor». **Buch und Regie:** Krzysztof Kieślowski. **Kamera:** Witold Stok. **Schnitt:** Lidia Zonn. **Ton:** Michał Żarnecki. **Kostüme:** Izabella Konarzewska. **Ausstattung:** Tadeusz Kozarewicz.
Darsteller: Juliusz Machulski (Romek Januchta), Michał Tarkowski (Sowa), Tomasz Zygadło (Parteisekretär), Irena Lorentowicz, Włodzimierz Boruński. Tomasz Lengren, Andrzej Siedlecki, Janusz Skalski.
16mm, Farbe, 72'.

Szpital / Das Krankenhaus
(Dokumentarfilm / Polen 1976)
Produktion: WFD. **Buch und Regie:** Krzysztof Kieślowski. **Kamera:** Jacek Petrycki, Małgorzata Moszczeńska. **Schnitt:** Lidia Zonn. **Ton:** Michał Żarnecki.
35mm, Schwarz-Weiß, 21'4".

Blizna / Die Narbe
(Kinofilm / Polen 1976)
Produktion: Zespół Filmowy (Filmstudio) «Tor». **Produzent:** Zbigniew Stanek. **Buch:** Krzysztof Kieślowski nach einer Erzählung von Romuald Karaś. **Regie:** Krzysztof Kieślowski. **Dialoge:** Romuald Karaś, Krzysztof Kieślowski. **Kamera:** Sławomir Idziak. **Schnitt:** Krystyna Górnicka. **Musik:** Stanisław Radwan. **Ton:** Michał Żarnecki. **Ausstattung:** Andrzej Płocki.
Darsteller: Franciszek Pieczka (Direktor Bednarz), Jerzy Stuhr (Bednarzs Assistent), Halina Winiarska (Bednarzs Frau), Joanna Orzechowska (Bednarzs Tochter), Mariusz Dmochowski (Vorsitzender des Nationalrates), Jan Skotnicki (Abteilungsleiter Lech), Stanisław Igar (Minister), Michał Tarkowski (Fernsehjournalist), Agnieszka Holland (Bednarzs Sekretärin), Stanisław Michalski, Małgorzata Leśniewska, Asia Lamtiuga.
35mm, Farbe, 104'.

Klaps / Synchronklappe
(Kompilationsfilm vom Blizna-Set / Polen 1976)
Produktion: WFD. **Regie:** Krzysztof Kieślowski. **Kamera:** Sławomir Idziak. **Schnitt:** Eugeniusz Dmitroca. **Ton:** Michał Żarnecki.
35mm, Farbe, 5'20".

Spokój / Gefährliche Ruhe
(Fernsehfilm / Polen 1976–80)
Produktion: TVP. **Produzent:** Zbigniew Romantowski. **Buch:** Krzysztof Kieślowski nach einer Novelle von Lech Borski. **Regie:** Krzysztof Kieślowski. **Dialoge:** Krzysztof Kieślowski, Jerzy Stuhr. **Kamera:** Jacek Petrycki. **Schnitt:** Maryla Szymańska. **Musik:** Piotr Figiel. **Ton:** Wiesław Jurgała.
Darsteller: Jerzy Stuhr (Antek Gralak), Izabella Olszewska (Haushälterin), Jerzy Trela (Chef), Michał Szulkiewicz, Danuta Rakusza, Jerzy Federowicz, Elżbieta Karkosza.
16mm, Farbe, 44'.

Z punktu widzenia nocnego portiera / Vom Standpunkt eines Nachtwächters
(Dokumentarfilm / Polen 1977)
Produktion: WFD. **Buch und Regie:** Krzysztof Kieślowski. **Kamera:** Witold Stok. **Schnitt:** Lidia Zonn. **Ton:** Wiesław Dembiński, Michał Żarnecki. **Musik:** Wojciech Kilar.
35mm, Farbe, 16'52".

Nie wiem / Weiss nicht
(Dokumentarfilm / Polen 1977)
Produktion: WFD. **Buch und Regie:** Krzysztof Kieślowski. **Kamera:** Jacek Petrycki. **Schnitt:** Lidia Zonn. **Ton:** Michał Żarnecki.
35mm, Schwarz-Weiß, 46'27".

XI. Anhang

Siedem kobiet w różnym wieku / Sieben Frauen verschiedenen Alters
(Dokumentarfilm / Polen 1977)
Produktion: WFD. **Buch und Regie:** Krzysztof Kieślowski. **Kamera:** Witold Stok. **Schnitt:** Alina Siemińska, Lidia Zonn. **Ton:** Michał Żarnecki.
35mm, Schwarz-Weiß, 16'.

Amator / Der Filmamateur
(Kinofilm / Polen 1979)
Produktion: Zespół Filmowy (Filmstudio) «Tor». **Produzent:** Wielisława Piotrowska. **Buch und Regie:** Krzysztof Kieślowski. **Dialoge:** Krzysztof Kieślowski, Jerzy Stuhr. **Kamera:** Jacek Petrycki. **Schnitt:** Halina Nawrocka. **Musik:** Krzysztof Knittel. **Ton:** Michał Żarnecki. **Ausstattung:** Rafał Waltenberger.
Darsteller: Jerzy Stuhr (Filip Mosz), Małgorzata Ząbkowska (Filips Frau), Ewa Pokas (Ania Włodarczyk), Stefan Czyżewski (Direktor), Jerzy Nowak (Osuch), Tadeusz Bradecki (Witek), Marek Litewka (Piotrek Krawczyk), Bogusław Sobczuk (Fernsehredakteur), Krzysztof Zanussi.
35mm, Farbe, 112'.

Dworzec / Der Bahnhof
(Dokumentarfilm / Polen 1980)
Produktion: WFD. **Buch und Regie:** Krzysztof Kieślowski. **Kamera:** Witold Stok. **Schnitt:** Lidia Zonn. **Ton:** Michał Żarnecki.
35mm, Schwarz-Weiß, 13'23''.

Gadające głowy / Sprechende Köpfe
(Dokumentarfilm / Polen 1980)
Produktion: WFD. **Buch und Regie:** Krzysztof Kieślowski. **Kamera:** Jacek Petrycki, Piotr Jaxa Kwiatkowski. **Schnitt:** Alina Siemińska. **Ton:** Michal Żarnecki.
35mm, Schwarz-Weiß, 15'32''.

Przypadek / Der Zufall möglicherweise
(Kinofilm / Polen 1981–87)
Produktion: Zespół Filmowy (Filmstudio) «Tor». **Produzent:** Jacek Szeligowski. **Buch und Regie:** Krzysztof Kieślowski. **Kamera:** Krzysztof Pakulski. **Schnitt:** Elżbieta Kurkowska. **Musik:** Wojciech Kilar. **Ton:** Michał Żarnecki. **Ausstattung:** Rafał Waltenberger.
Darsteller: Bogusław Linda (Witek Długosz), Tadeusz Łomnicki (Werner), Bogusława Pawelec (Czuszka), Zbigniew Zapasiewicz (Adam), Jacek Borkowski (Marek), Adam Ferency (Priester), Jacek Sas-Uchrynowski (Daniel), Marzena Trybała (Werka), Irena Burska (Tante), Monika Goździk (Olga), Zbigniew Hübner (Dekan).
35mm, Farbe, 122'.

Krótki dzień pracy / Ein kurzer Arbeitstag
(Fernsehfilm / Polen 1981)
Produktion: TVP. **Produzent:** Jacek Szeligowski. **Buch:** Hanna Krall, Krzysztof Kieślowski nach der Reportage *Widok z okna na pierwszym piętrze*. **Regie:** Krzysztof Kieślowski. **Kamera:** Krzysztof Pakulski. **Musik:** Jan Kanty Pawluśkiewicz. **Schnitt:** Elżbieta Kurkowska. **Ton:** Michał Żarnecki.
Darsteller: Wacław Ulewicz u. a.
35mm, Farbe, 79'22''.

Bez końca / Ohne Ende
(Kinofilm / Polen 1984–85)
Produktion: Zespół Filmowy (Filmstudio) «Tor». **Produzent:** Ryszard Chutkowski. **Buch:** Krzysztof Kieślowski, Krzysztof Piesiewicz. **Regie:** Krzysztof Kieślowski. **Kamera:** Jacek Petrycki. **Schnitt:** Krystyna Rutkowska. **Musik:** Zbigniew Preisner. **Ton:** Michał Żarnecki. **Ausstattung:** Allan Starski.
Darsteller: Grażyna Szapołowska (Urszula Zyro), Jerzy Radziwiłowicz (Antoni Zyro), Maria Pakulnis (Joanna), Aleksander Bardini (Rechtsanwalt Labrador), Artur Barciś (Dariusz), Michał Bajor (Assesor), Marek Kondrat (Tomek), Daniel Webb (Amerikaner), Tadeusz Bradecki (Hypnotiseur), Krzysztof Krzemiński (Sohn), Marzena Trybała, Adam Ferency, Jerzy Kamas, Jan Tesarz.
35mm, Farbe, 107'.

Krótki film o zabijaniu / Ein kurzer Film über das Töten
(Kinofilm / Polen 1988)
Produktion: TVP und Zespół Filmowy (Filmstudio) «Tor». **Produzent:** Ryszard Chutkowski. **Buch:** Krzysztof Kieślowski, Krzysztof Piesiewicz. **Regie:** Krzysztof Kieślowski. **Kamera:** Sławomir Idziak. **Schnitt:** Ewa Smal. **Musik:** Zbigniew Preisner. **Ton:** Małgorzata Jaworska. **Ausstattung:** Halina Dobrowolska.
Darsteller: Mirosław Baka (Jacek), Krzysztof Globisz (Piotr), Jan Tesarz (Taxifahrer), Zbigniew Zapasiewicz (Polizei-Inspektor), Barbara Dziekan-Wajda (Kassiererin), Zdzisław Tobiasz (Richter), Aleksander Bednarz, Jerzy Zass, Artur Barciś, Krystyna Janda, Olgierd Łukaszewicz.
35mm, Farbe, 85'.

Krótki film o miłości / Ein kurzer Film über die Liebe
(Kinofilm / Polen 1988)
Produktion: TVP und Zespół Filmowy (Filmstudio) «Tor». **Produzent:** Ryszard Chutkowski. **Buch:** Krzysztof Kieślowski, Krzysztof Piesiewicz. **Regie:** Krzysztof Kieślowski. **Kamera:** Witold Adamek. **Schnitt:** Ewa Smal. **Musik:** Zbigniew Preisner. **Ton:** Nikodem Wołk-Łaniewski. **Ausstattung:** Halina Dobrowolska.
Darsteller: Grażyna Szapołowska (Magda), Olaf Lubaszenko (Tomek), Stefania Iwińska (Großmutter) Artur Barciś (Junger Mann), Stanisław Gawlik (Briefträger), Piotr Machalica (Roman), Rafał Imbro (Mann mit Bart), Jan Piechociński (Blonder Mann), Małgorzata Rożniatowska, M. Chojnacka, T. Gradowski, K. Koperski, J. Michalewska, E. Ziółkowska.
35mm, Farbe, 87'.

Dekalog
(Fernsehserie / Polen 1988/1989)
Produktion: TVP / Zespół Filmowy (Filmstudio) «Tor» / Sender Freies Berlin, WFD. **Produzent:** Ryszard Chutkowski

Dekalog 1
Buch: Krzysztof Kieślowski, Krzysztof Piesiewicz. **Regie:** Krzysztof Kieślowski. **Kamera:** Wiesław Zdort. **Schnitt:** Ewa Smal. **Musik:** Zbigniew Preisner. **Ton:** Małgorzata Jaworska. **Ausstattung:** Halina Dobrowolska.
Darsteller: Henryk Baranowski (Krzysztof), Wojciech Klata (Paweł), Maja Komorowska (Irena), Artur Barciś (Mann in der Schaffelljacke), Maria Gładkowska (Mädchen), Ewa Kania (Ewa Jezierska), Aleksandra Kisielewska (Frau), Aleksandra Majsiuk (Ola), Magda Sroga-Mikołajczyk (Journalistin), Anna Smal-Romańska, Maciej Sławinski, Piotr Wyrzykowski, Bożena Wróbel.
35mm, Farbe, 53'.

Dekalog 2
Buch: Krzysztof Kieślowski, Krzysztof Piesiewicz. **Regie:** Krzysztof Kieślowski. **Kamera:** Edward Kłosiński. **Schnitt:** Ewa Smal. **Musik:** Zbigniew Preisner. **Ton:** Małgorzata Jaworska. **Ausstattung:** Halina Dobrowolska.
Darsteller: Krystyna Janda (Dorota), Aleksander Bardini (Arzt), Olgierd Łukaszewicz (Andrzej), Artur Barciś (Junger Mann), Stanisław Gawlik, Krzysztof Komur, Maciej Szary, Krystyna Bigelmajer, Karol Dilenius, Ewa Ekwińska, Jerzy Federowicz, Piotr Siejka, Aleksander Trąbczyński.
35mm, Farbe, 57'.

Dekalog 3
Buch: Krzysztof Kieślowski, Krzysztof Piesiewicz. **Regie:** Krzysztof Kieślowski. **Kamera:** Piotr Sobociński. **Schnitt:** Ewa Smal. **Musik:** Zbigniew Preisner. **Ton:** Nikodem Wołk-Łaniewski. **Ausstattung:** Halina Dobrowolska.
Darsteller: Daniel Olbrychski (Janusz), Maria Pakulnis (Ewa), Joanna Szczepkowska (Januszs Frau), Artur Barciś (Straßenbahnfahrer), Krystyna Drochocka (Tante), Krzysztof Kumor, Dorota Stalińska, Zygmunt Fok, Jacek Kalucki, Barbara Kołodziejska, Maria Krawczyk, Jerzy Zygmunt Nowak, Piotr Rzymszkiewicz, Włodzimierz Rzeczycki, Włodzimierz Musiał.
35mm, Farbe, 56'.

Dekalog 4
Buch: Krzysztof Kieślowski, Krzysztof Piesiewicz. **Regie:** Krzysztof Kieślowski. **Kamera:** Krzysztof Pakulski. **Schnitt:** Ewa Smal. **Musik:** Zbigniew Preisner. **Ton:** Małgorzata Jaworska. **Ausstattung:** Halina Dobrowolska.
Darsteller: Adrianna Biedrzyńska (Anka), Janusz Gajos (Michał), Artur Barciś (Junger Mann), Adam Hanuszkiewicz (Professor), Jan Tesarz (Taxifahrer), Andrzej Blumenfeld (Michałs Freund), Tadeusz Kozłowicz (Jarek), Elżbieta Kilarska (Jareks Mutter), Helena Norowicz (Ärztin).
35mm, Farbe, 55'.

Dekalog 5
Fernsehversion von Krótki film o zabijaniu / Ein kurzer Film über das Töten
35mm, Farbe, 57'.

Dekalog 6
Fernsehversion von Krótki film o miłości / Ein kurzer Film über die Liebe
35mm, Farbe, 58'.

Dekalog 7
Buch: Krzysztof Kieślowski, Krzysztof Piesiewicz. **Regie:** Krzysztof Kieślowski. **Kamera:** Dariusz Kuc. **Schnitt:** Ewa Smal. **Musik:** Zbigniew Preisner. **Ton:** Nikodem Wołk-Łaniewski. **Ausstattung:** Halina Dobrowolska.
Darsteller: Anna Polony (Ewa), Maja Berełkowska (Majka), Władysław Kowalski (Stefan), Bogusław Linda (Wojtek), Bożena Dykiel (Schaffnerin), Katarzyna Piwowarczyk (Ania), Stefania Błońska, Dariusz Jabłoński, Jan Mayzel, Mirosława Maludzińska, Ewa Radzikowska, Wanda Wróblewska.
35mm, Farbe, 55'.

Dekalog 8
Buch: Krzysztof Kieślowski, Krzysztof Piesiewicz. **Regie:** Krzysztof Kieślowski. **Kamera:** Andrzej Jaroszewicz. **Schnitt:** Ewa Smal. **Musik:** Zbigniew Preisner. **Ton:** Wiesława Dembińska. **Ausstattung:** Halina Dobrowolska.
Darsteller: Maria Kościałkowska (Zofia), Teresa Marczewska (Elżbieta), Artur Barciś (Junger Mann), Tadeusz Łomnicki (Schneider), Marian Opania, Bronisław Pawlik, Wojciech Asiński, Marek Kępiński, Janusz Mond, Krzysztof Rojek, Wiktor Sanejko, Ewa Skibińska, Hanna Szczerkowska, Anna Zagórska.
35mm, Farbe, 55'.

Dekalog 9
Buch: Krzysztof Kieślowski, Krzysztof Piesiewicz. **Regie:** Krzysztof Kieślowski. **Kamera:** Piotr Sobociński. **Schnitt:** Ewa Smal. **Musik:** Zbigniew Preisner. **Ton:** Nikodem Wołk-Łaniewski. **Ausstattung:** Halina Dobrowolska.
Darsteller: Ewa Błaszczyk (Hanka), Piotr Machalica (Roman), Artur Barciś (Junger Mann), Jan Jankowski (Mariusz), Jolanta Piętek-Górecka (Ola), Katarzyna Piwowarczyk (Ania), Jerzy Trela (Mikołaj), Małgorzata Boratyńska, Renata Berger, Janusz Cywiński, Joanna Cichoń, Sławomir Kwiatkowski, Dariusz Przychoda.
35mm, Farbe, 58'.

Dekalog 10
Buch: Krzysztof Kieślowski, Krzysztof Piesiewicz. **Regie:** Krzysztof

XI. Anhang

Kieślowski. **Kamera:** Jacek Bławut. **Schnitt:** Ewa Smal. **Musik:** Zbigniew Preisner. **Ton:** Nikodem Wołk-Łaniewski. **Ausstattung:** Halina Dobrowolska.
Darsteller: Jerzy Stuhr (Jerzy), Zbigniew Zamachowski (Artur), Henryk Bista (Ladenbesitzer), Olaf Lubaszenko (Tomek), Maciej Stuhr (Piotrek), Jerzy Turek, Anna Gronostaj, Henryk Majcherek, Elżbieta Panas, Dariusz Kozakiewicz, Grzegorz Warchoł, Cezary Harasimowicz.
35mm, Farbe, 57'.

Siedem dni tygodnia / Sieben Tage einer Woche
(Dokumentarfilm/Polen/NL 1988/92)
Produktion: City Life, Rotterdam. **Buch und Regie:** Krzysztof Kieślowski. **Kamera:** Jacek Petrycki. **Schnitt:** Dorota Warduszkiewicz. **Musik:** Fryderyk Chopin. **Ton:** Michał Żarnecki.
35mm, Farbe, 18'.

La double vie de Véronique / Die zwei Leben der Veronika
(Polen/Frankreich 1991)
Produktion: Sidéral Productions / Studio Filmowe «Tor» / Le Studio Canal Plus. **Produzent:** Leonardo de la Fuente. **Buch:** Krzysztof Kieślowski, Krzysztof Piesiewicz. **Regie:** Krzysztof Kieślowski. **Kamera:** Sławomir Idziak. **Schnitt:** Jacques Witta. **Musik:** Zbigniew Preisner. **Ton:** Roger di Ponio, François de Morant, Didier Pecheur. **Mischung:** William Flageollet. **Ausstattung:** Patrice Mercier. **Produktionsleitung:** Bernard-P. Guireman.
Darsteller: Irène Jacob (Weronika/Véronique), Aleksander Bardini (Dirigent), Władysław Kowalski (Weronikas Vater), Halina Gryglaszewska (Weronikas Tante), Kalina Jędrusik (auffällige Frau), Philippe Volter (Alexandre), Sandrine Dumas (Cathrine), Louis Ducreux (Professor), Claude Duneton (Véroniques Vater), Lorraine Evanoff (Claude),

Guillaume de Tonquedec (Serge), Gilles Gaston-Dreyfus (Jean-Pierre), Alain Frerot, Youssef Hamid, Thierry de Corbonnières, Chantal Neuwirth, Nausicaa Rampony, Bogusława Schubert, Jacques Potin, Nicole Pinaud, Beata Malczewska, Barbara Szalapa, Lucyna Zabawa, Bernadetta Kus, Philippe Campos, Dominika Szady, Jacek Wójcicki, Wanda Kruszewska, Pauline Monier.
35mm, Farbe, 98'.

Trois Couleurs: Bleu, Blanc, Rouge / Drei Farben: Blau, Weiss, Rot
(Polen/Frankreich/Schweiz 1993/94)

Bleu / Blau
(1993)
Produktion: MK2 SA/CED Productions / France 3 Cinema /CAB Productions / Studio Filmowe «Tor». **Produzent:** Marin Karmitz. **Buch:** Krzysztof Kieślowski, Krzysztof Piesiewicz. **Regie:** Krzysztof Kieślowski. **Kamera:** Sławomir Idziak. **Schnitt:** Jacques Witta. **Musik:** Zbigniew Preisner. **Ton:** Jean-Claude Laureux. **Mischung:** William Flageollet. **Ausstattung:** Claude Lenoir. **Kostüme:** Virginie Viard, Naima Lagrange. **Make up / Frisuren:** Valérie Tranier, Jean-Pierre Caminade. **Regieassistenz:** Emmanuel Finkiel. **Produktionsleitung:** Yvon Crenn. **Mitarbeit am Drehbuch:** Agnieszka Holland, Edward Żebrowski, Sławomir Idziak. **Übersetzung der Dialoge:** Marcin Latałło. **Assistent des Regisseurs:** Stan Latek. **Casting:** Margot Capelier. **Script:** Geneviève Dufour. **Aufnahmeleitung/Filmgeschäftsführung:** Caroline Lassa, Aline Corneille, Anna Guilemard, Olivier Bulteau, Jean Talvat, Nicolas Tenpier, Gisèle Vuillaume, Dominique Lefèvre. **Kameraassistenz:** Henryk Jedynak, Muriel Coulin. **Dolmetscher:** Roman Gren. **Standfotograf, 2. Kamera:** Piotr Jaxa.
Darsteller: Juliette Binoche (Julie),

Benoît Régent (Olivier), Florence Pernel (Sandrine), Charlotte Véry (Lucille), Hélène Vincent (Journalistin), Philippe Volter (Makler), Claude Duneton (Arzt), Hugues Quester (Patrice, Julis Ehemann), Emmanuelle Riva (Mutter), Florence Vignon (Kopiererin), Jacek Ostaszewski (Flötist), Yann Trégouet (Antoine), Isabelle Sadoyan (Haushälterin), Daniel Martin (Nachbar von unten), Catherine Thérouenne (Nachbarin), Alain Ollivier (Anwalt), Pierre Forget (Gärtner), Philippe Manesse, Arno Chevrier, Idit Cebula, Stanislas Nordey, Jacques Diesses, Michel Lisowski, Yves Penay, Philippe Morier-Genoud, Julie Delpy, Zbigniew Zamachowski, Alain Decaux.
35mm, Farbe, 98'.

Blanc / Weiss (1993)
Produktion: MK2 Productions SA / France 3 Cinéma / CAB Productions SA / Studio Filmowe «Tor»/ Canal Plus. **Produzent:** Marin Karmitz. **Buch:** Krzysztof Kieślowski, Krzysztof Piesiewicz. **Regie:** Krzysztof Kieślowski. **Kamera:** Edward Kłosiński. **Schnitt:** Jacques Witta. **Musik:** Zbigniew Preisner. **Ton:** Jean-Claude Laureux. **Mischung:** William Flageollet. **Ausstattung:** Halina Dobrowolska, Claude Lenoir. **Innenausstattung:** Magdalena Dipont. **Kostüme:** Elżbieta Radke, Teresa Wardzała, Jolanta Łuczak, Virginie Viard. **1. Regieassistenz:** Teresa Violetta Buhl, Emmanuel Finkiel. **Produktionsleiter:** Ryszard Chutowski. **Ausführender Produzent:** Yvon Crenn. **Mitarbeit am Drehbuch:** Agnieszka Holland, Edward Żebrowski, Edward Kłosiński. **Übersetzung der Dialoge:** Marcin Latałło. **2. Regieassistenz:** Paweł Łoziński, Maria Czartoryska, Adam Papliński, Peter Thurrell, Julie Bertucelli, François Azria, Stéphane Libiot. **Persönlicher Assistent des Regisseurs:** Stan Latek. **Casting:** Margot Capelier, Teresa Violetta

Buhl. **Script:** Geneviève Dufour. **Dolmetscher:** Roman Gren. **Aufnahmeleitung/Filmgeschäftsführung:** Krzysztof Staszewski, Włodzimierz Dziatkowicz, Joanna Pindelska, Andrzej Buhl, Małgorzata Powałka, Katarzyna Janus, Joanna Kadubiec, Małgorzata Witkowska, Caroline Lassa, Anne Guillemard, Jean Talvat, Gisèle Vuillaume, Aline Corneille, Olivier Bulteau, Nicolas Tempier, Dominique Lefèvre. **Kameraassistenz:** Henryk Jedynak, Muriel Coulin **Standfotos:** Piotr Jaxa. **Tonassistenz:** Brigitte Taillandier, Pascal Colomb. **Make up / Frisuren:** Jolanta Pruszyńska, Jadwiga Cichocka, Jean-Pierre Caminade. **Requisite:** Tomasz Kowalski, Dariusz Lipiński, Henryk Puchalski, Michel Charvaz, Julie Poitou-Weber, Jean-Pierre Delettre, Christian Aubenque, Loinel Acat. **Kamerabühne:** Zbigniew Koniuszy, Stanisław Kolenda, Albert Vasseur, Alain Dreze. **Licht:** Piotr Obłoża, Sergiusz Bogucki, Marek Socha, Sławomir Grinka, Hans Meier, Ernst Brunner, Alain Dondin, Alain Dubouloz. **Tonschnitt:** Piotr Zawadzki, Jean-Claude Laureux, Francine Lemaitre. **Schnittassistenz:** Ewa Lenkiewicz, Christian Phan-trong Tuan, Alicja Torbus-Wosińska. **Geräusche/Nachsynchronisation:** Jérôme Lévy, Pascale Mazière, Eric Ferret, Marc-Antoine Beldent. **Computeranimation:** Laco Adamik, «Aram» Warschau. **Stunts:** Robert Brzeziński, Józef Stefański, Zbigniew Modcj, Janusz Chlebowski, Ryszard Janikowski.
Darsteller: Zbigniew Zamachowski (Karol), Julie Delpy (Dominique), Janusz Gajos (Mikołaj), Jerzy Stuhr (Jurek), Grzegorz Warchoł (Der Elegante), Jerzy Nowak (Bauer), Aleksander Bardini (Notar), Cezary Harasimowicz (Inspektor), Jerzy Trela (Herr Bronek), Cezary Pazura (Besitzer der Wechselstube), Michel Lisowski (Dolmetscher), Piotr Machalica (Großer Mann), Barbara Dziekan (Kassiererin), Marzena Trybała (Angestellte des Marriott), Philippe Morier Genoud (Richter), Francis Coffinet (Bankangestellter), Yannick Evely (Angestellter der Metro), Jacques Disses (Dominiques Anwalt), Teresa Budzisz-Krzyżanowska (Frau Jadwiga), Juliette Binoche, Florence Pernel.
35mm, Farbe, 91'.

Rouge / Rot
(1994)
Produktion: MK2 Productions SA / France 3 Cinéma / CAB Productions SA / Studio Filmowe «Tor» / Canal Plus. **Produzent:** Marin Karmitz. **Buch:** Krzysztof Kieślowski, Krzysztof Piesiewicz. **Regie:** Krzysztof Kieślowski. **Kamera:** Piotr Sobociński. **Schnitt:** Jacques Witta. **Musik:** Zbigniew Preisner. **Ton:** Jean-Claude Laureux. **Mischung:** William Flageollet. **Ausstattung:** Claude Lenoir. **Kostüme:** Corinne Jorry. **1. Regieassistenz:** Emmanuel Finkiel. **Produktionsleitung:** Gérard Ruey. **Ausführender Produzent:** Yvon Crenn. **Ausführende Produktionsgesellschaft:** CAB Productions S.A. **Drehbuchberatung:** Agnieszka Holland, Edward Żebrowski, Piotr Sobociński. **Übersetzung der Dialoge:** Marcin Latałło. **Persönlicher Assistent des Regisseurs:** Stan Latek. **Second Unit:** Stan Latek, Piotr Jaxa, Hans Meier. **Casting:** Margot Capelier. **Script:** Geneviève Dufour. **Dolmetscher:** Roman Gren. **Aufnahmeleitung/Filmgeschäftsführung:** Heinz Dill, François Césalli, Xavier Grin. **Standfotos:** Piotr Jaxa.
Darsteller: Irène Jacob (Valentine), Jean-Louis Trintignant (Richter), Frédérique Feder (Karin), Jean-Pierre Lorit (Auguste), Samuel Lebihan (Fotograf), Marion Stalens (Tierärztin), Teco Celio (Barmann), Bernard Escalon (Plattenverkäufer), Jean Schleger (Nachbar), Elżbieta Jasińska (Frau), Paul Vermeulen (Karins Freund), Jean-Marie Daunas (Theaterportier), Roland Carey (Dealer), Brigitte Paul, Cécile Tanner, Léo Ramseyer, Anne Theurillat, Nader Farman, Neige Dolski, Jessica Korinek, Juliette Binoche, Julie Delpy, Benoît Régent, Zbigniew Zamachowski.
35mm, Farbe, 97'.

Fernsehtheater- und Theaterregie

Kartoteka / Die Kartei
(Inszenierung des Fernsehtheaters TVP/Polen 1978)
Autor: Tadeusz Różewicz. **Regie:** Krzysztof Kieślowski. **Musik:** Zygmunt Konieczny. **Bühnenbild:** Andrzej Przybył. **Länge:** 83 Minuten
Darsteller: Gustaw Holoubek (Held), Mieczysław Hryniewicz (Gast I), Piotr Cieślak (Gast II), Łucja Żarnecka (Mutter), Mariusz Benoit (Vater), Anna Chodakowska (Sekretärin), Lidia Korsakówna (Olga), Jan Ciecierski (Onkel), Henryk Bista (Herr), Jan Pochyra (Der Dicke), Ludmiła Terlecka (Frau I), Jadwiga Sulińska (Frau II), Ryszard Pietruski (Kellner), Jan Kochanowski (Freund aus der Kindheit), Izabela Olszewska (feiste Frau), Joanna Żółkowska (Mädchen), Jerzy Trela (Bauer), Zygmunt Hübner (Lehrer), Janusz Gajos (Journalist).

Dwoje na huśtawce / Zwei auf der Schaukel
(Inszenierung des Fernsehtheaters, TVP/Polen 1977)
Autor: William Gibson. **Übersetzung:** Kazimierz Piotrowski, Bronisław Zieliński. **Regie:** Krzysztof Kieślowski. **Bühnenbild:** Joanna Jaworska, Jerzy Rudzki.
Länge: 96 Minuten
Darsteller: Maja Komorowska (Gisela), Zbigniew Zapasiewisz (Jerry).

Życiorys / Der Lebenslauf
(Theaterinszenierung/Polen 1977)
Autor: Krzysztof Kieślowski. **Regie:** Krzysztof Kieślowski.

XI. Anhang

Darsteller: u. a. Jerzy Trela und Jerzy Stuhr
Aufführung: Teatr Stary in Krakau 1978.

Pozwolenie na odstrzał / Erlaubnis zum Abschuss
(Inszenierung des Fernsehtheaters, TVP/Polen 1973). Nach einer Erzählung von Zofia Posmysz

Szach królowi / Schach dem König
(Inszenierung des Fernsehtheaters, TVP/Polen 1972)
Nach der Schachnovelle *von Stefan Zweig*

Kieślowski als Darsteller

Twarz / Das Gesicht
(Studentenfilm, PL 1966)
Regie: Piotr Studziński. **Produktion:** PWSTiF
Länge: 6 Minuten
Ein Studentenfilm, in dem Kieślowski als Darsteller auftritt.

Don Gabriel
(Polen 1966)
Regie: Ewa Petelska, Czesław Petelski
Episodenrolle eines Soldaten

Słońce wschodzi raz na dzień / Die Sonne geht einmal am Tag auf
(Polen 1967)
Regie: Henryk Kluba.
Episodenrolle: Polizist.

Piekło i niebo / Hölle und Himmel
(Polen 1969)
Regie: Stanisław Różewicz.
Episodenrolle: Sexbesessener, Erlöster.

Niebieskie jak morze czarne / Blau wie das Schwarze Meer
(Spielfilm, Polen 1971)
Regie. Jerzy Ziarnik.
Episodenrolle: Teilnehmer einer Straßenumfrage.

Zabawa / Ein Spiel
(Inszenierter Dokumentarfilm, Polen 1973)
Regie: Andrzej Zajączkowski. Hauptrolle.
Außerdem hatte Kieślowski Cameo-Auftritte in seinen eigenen Filmen: u. a. Aus der Stadt Lodz, Das Foto, Das Personal.

Przepraszam, czy tu biją? / Verzeihung, wird hier geschlagen?
(Spielfilm, Polen 1976)
Regie: Marek Piwowski
Episodenrolle: Mann auf der Polizeiwacht

Filmpreise

Erste Liebe
Grand Prix XIV. Nationales Kurzfilmfestival Krakau 1974

Das Personal
- Grand Prix Internationale Filmwoche Mannheim 1975
- Grand Prix Festival des Polnischen Films Danzig 1975
- Andrzej-Munk-Preis 1975
- Preis der Wochenzeitung *Polityka* 1976

Der Lebenslauf
- Bronzener Lajkonik XV. Nationales Kurzfilmfestival Krakau 1975

Die Narbe
- Grand Prix Festival des Polnischen Films Danzig 1976

Das Krankenhaus
- Grand Prix XVI. Internationales Kurzfilmfestival Krakau 1977

Sieben Frauen verschiedenen Alters
- Grand Prix XIX. Nationales Kurzfilmfestival Krakau 1979

Vom Standpunkt eines Nachtwächters
- Grand Prix XIX. Nationales Kurzfilmfestival Krakau 1979
- Silberner Siester Dokumentarfilmfestival Nyon 1979
- Jurypreis Internationales Filmfestival Lille 1979

Der Filmamateur
- Goldene Medaille und FIPRESCI-Preis XI. Internationales Filmfestival Moskau 1979
- Grand Prix Festival des Polnischen Films Danzig 1979
- Goldener Hugo Internationales Filmfestival Chicago 1980

Ein kurzer Film über das Töten
- Preis der Jury und FIPRESCI-Preis Internationale Filmfestspiele Cannes 1988
- Grand Prix Festival des Polnischen Films Danzig 1988
- Europäischer Filmpreis «FELIX» 1988

Ein kurzer Film über die Liebe
- Spezialpreis der Jury Internationale Filmfestspiele San Sebastián 1988
- OICIC-Preis Internationale Filmfestspiele San Sebastián 1988
- Preise Internationale Filmfestspiele Genf/Sao Paolo/Chicago

Die zwei Leben der Veronika
- FIPRESCI-Preis / Preis der Ökumenischen Jury Internationale Filmfestspiele Cannes 1991
- Beste Darstellerin Irène Jacob Internationale Filmfestspiele Cannes 1991
- Premio Flaiano, Pescaro 1990

Drei Farben: Blau
- Goldener Löwe Internationale Filmfestspiele Venedig 1993
- Coppa Volpi als Beste Darstellerin für Juliette Binoche Internationale Filmfestspiele Venedig 1993
- Beste Kameraarbeit Sławomir Idziak Internationale Filmfestspiele Venedig 1993

Drei Farben: Weiss
- Silberner Bär Internationale Filmfestspiele Berlin 1994
- C. J. Sonninga-Preis, Kopenhagen 1994
- Preis der Stiftung «Bibel und Kultur» für Dekalog, Wittenberg 1994

Drei Farben: Rot
- Oscar-Nominierung für Regie und Drehbuch 1995
- Méliès-Preis für Drei Farben 1995
- Europäischer Medienpreis, Girona 1996

Diskografie

Kilar, Wojciech: A Collection Of His Work. 1993 Éditions Milan Music. Mit zwei Themen zu Der Zufall möglicherweise von Krzysztof Kieślowski.

Preisner, Zbigniew: Dekalog. Muzyka filmowa. Pomaton-EMI/Polska 1990.

Preisner, Zbigniew: Krzysztof Kieslowski. La double vie de Véronique. Virgin Records/France, Paris 1991.

Preisner, Zbigniew: Bande originale du film Trois couleurs: Bleu. Une trilogie de Krzysztof Kieslowski. Musique originale Zbigniew Preisner. Virgin Records/France. Biem/Stemra. éditions MK2 1993.

Preisner, Zbigniew: Bande originale du film Trois couleurs: Blanc. Une trilogie de Krzysztof Kieslowski. Musique originale Zbigniew Preisner. Virgin Records/France. Biem/Stempra. éditions MK2 1994.

Preisner, Zbigniew: Bande originale du film Trois couleurs: Rouge. Une trilogie de Krzysztof Kieslowski. Musique originale Zbigniew Preisner. Virgin Records/France. Biem/Stempra. éditions MK2 1994.

Preisner, Zbigniew: Requiem for my friend. Dedicated to the memory of Krzysztof Kieslowski. New Music B.V. / Erato Disques S.A. France 1998.

Bildnachweis

Textteil

1, 103, 200, 270, 282, 285, 349, 351, 356, 391–392, 394 Pressearchiv Filmdienst • 2 Pressefoto/WFDiF (Wytwórnia Filmów Dokumentalnych i Fabularnych, Warszawa) • 3, 4, 13–15, 23, 31, 79, 106–107 Privatarchiv Maria Kieślowska • 5–6, 16 PWSFTviT (Państwowa Wyższa Szkoła Filmowa, Telewizyjna i Teatralna, Łódź) • 7 Henschel Verlag, Berlin 1972 • 8–9 Wild Side Vidéo • 10–12, 17–18, 19–22 PWSFTviT. Ninateka / Narodowy Instytut Audiowizualny • 24–30, 33–47, 64–78, 85–92, 94–98, 101–102, 229–230 Polskie Wydawnictwo Audiowizualne • 32, 48, 93, 99–100 Pressefotos WFDiF/Pressearchiv der Autorin • 49–56, 80–84, 190–195, 197–199 TVP Kultura (Telewizja Polska), Warszawa • 57–63 WFDiF Archiwum Filmowe, Warszawa • 104, 110, 134, 204, 279–281 Privatarchiv Sławomir Idziak • 105, 160, 168, 170, 177, 196, 205–206, 215–216, 238, 278, 297–298, 352–355 Filmoteka Narodowa, Warszawa • 108–109, 123–133, 135-138, 144–159, 161–167, 169, 171–176, 178–189, 208–214, 217–228, 231–237, 239–264 Absolut Medien • 111–122, 139–143 Grube ryby • 201 MK2/Warner Home Vidéo • 202, 207 Pressearchiv der Autorin (/Télérama, Paris) • 203 Kieślowski, Warszawa 1996. Archiv Stanisław Zawiśliński • 265–269, 271–277, 283–284, 286–293, 295–296, 299–348 Concorde • 294 Arthaus • 350 Muzeum Kinematografii Łódź/Pressearchiv der Autorin • 357–360 MGE • 361–364 Galapagos Films • 365–372 Universal Pictures Germany • 373 Prokino • 374–377 The Criterion Collection • 378–386 Monolith Plus • 387–390 Warner Home Video • 393, 396 Privatarchiv Maria Kieślowska / Foto Marta Kieślowska • 395 Opera di Santa Maria del Fiore – Archivio storico e fototeca, Firenze. Pressematerial der Bundeskunsthalle Bonn zur Ausstellung «Florenz!» (22.11.2013–09.03.2014).

Farbstrecke I

1–2, 4–5 Polskie Wydawnictwo Audiowizualne • 3 Kino Krzysztofa Kieślowskiego, Kraków 1997 • 6–8, 11–15, 17–22, 27–28 Absolut Medien • 9 Grube ryby • 10 Pressefoto Film Polski / Pressearchiv der Autorin • 16, 41 Muzeum Kinematografii Łódź/Pressearchiv der Autorin • 23–26, 29–37 Concorde • 38–39, 40, 42 Pressearchiv Filmdienst • 43–45 Monolith Plus.

Farbstrecke II

1–3 Universal Pictures Germany • 4–15 Plakate Sammlung Dydo Poster Gallery Krakau • 16–18 Plakate Concorde Filmverleih, München / MK2, Paris • 19–24, 30, 33, 35–47, 53–56 Absolut Medien • 25–26, 57–63 TVP Kultura, Warszawa • 27–29 Grube ryby • 31–32 WFDiF Archiwum Filmowe, Warszawa • 34, 48–52 Concorde.

Über die Autorin

Margarete Wach, Dr. phil. Studium der Germanistik, Philosophie und Theater-, Film- und Fernsehwissenschaft in Köln. Promotion in Mainz über Krzysztof Kieślowski. Ab 2003 als künstlerisch-wissenschaftliche Mitarbeiterin für Filmanalyse, Filmgeschichte und Dramaturgie an der Kunsthochschule für Medien Köln und zugleich als Dramaturgin, Kuratorin und Filmkritikerin tätig. Seminare und Gastvorlesungen in Dortmund, Mainz, Tübingen und Lodz/ Polen, Vertretungsprofessur in Aachen. Zahlreiche Buchbeiträge zur Filmgeschichte, Narratologie und Rezeptionsästhetik. Filmpublizistin für *Neue Zürcher Zeitung, film-dienst, Die Welt, Film und Fernsehen, Freitag, Der Tagesspiegel*, Deutsche Welle Radio und Online, *Tygodnik Powszechny* und *Kino* (Polen). Buchveröffentlichungen: *Zwischen Realismus und Poesie. Dokumentarfilm in Polen* (1998), *Krzysztof Kieślowski. Kino der moralischen Unruhe* (2001), *Der Polnische Film – Von seinen Anfängen bis zur Gegenwart* (2012); Mitherausgeberin des Medienkunst-Magazins *off topic* (Heft 3/2011 «unterbrechen / wiederholen»); arbeitet aktuell an einem Buch über das deutsche Kino der Nachwendezeit.

Filmregister

#
100 Jahre im Kino 479
100 lat w kinie *siehe:* 100 Jahre im Kino
1966–1988: Krzysztof Kieślowski – Cinéaste polonais 455
21 Gramm 473
21 Grams *siehe:* 21 Gramm
24 Stunden Angst 289
300 Meilen bis zum Himmel 477
300 mil do nieba *siehe:* 300 Meilen bis zum Himmel
33 sceny z życia *siehe:* 33 Szenen aus dem Leben
33 Szenen aus dem Leben 469
71 Fragmente einer Chronologie des Zufalls 480, 521

A
Antichrist 522
A Short Film about «Dekalogue»: An Interview with Krzysztof Kieślowski 455
Abend der Gaukler 35, 36
Abschied. Brechts letzter Sommer 287
Achteinhalb 161, 533
Aktorzy prowincjonalni *siehe:* Provinzschauspieler
Alleine auf der Welt 71
alleinstehende Frau, Eine 159, 160, 169
Allerseelen 139
Amores Perros 473
Amator *siehe:* Filmamateur, Der
Amt, Das 5, 58–65
Anderman 476
An der Schwelle 73
Andrej Rubljow 24
Ankunft eines Zuges auf dem Bahnhof 34
Ansikte mot ansikte *siehe:* Von Angesicht zu Angesicht
Arbeitende Frauen 77
Arbeiter '71 – Nichts über uns, ohne uns 5, 88–91, 99, 166, 172, 175, 247, 249, 257, 596
Arbeiter '80 80
Arbeiterinnen 80
Aria dla Atlety *siehe:* Arie für den Athleten, Eine
Arie für den Athleten, Eine 146, 164
Asche und Diamant 155, 160, 161, 169, 207, 406, 432
Au Hazard: Balthazar *siehe:* Zum Beispiel Balthasar
Au revoir, les efants *siehe:* Auf Wiedersehen Kinder
Auf dem silbernen Planeten 146
Auf Wiedersehen Kinder 290, 372
Augen der Angst 350
Aus der Stadt Lodz 5, 59, 61–65, 85, 90, 91, 94, 596
Ausflug, Der 140, 141
Austeria 169
A Wedding *siehe:* Hochzeit, Eine

B
Babel 473
Bahnhof, Der 6, 116, 122–125, 247, 429, 491, 598
Bajki na dobranoc *siehe:* Gutenacht-Märchen
Balagan 478
Barwy ochronne *siehe:* Tarnfarben
Bee Season *siehe:* Buchstabenprinzessin, Die
Before the Rain 498–500
Benny's Video 480, 521, 526
bessere Leben, Das 469
Bez końca *siehe:* Ohne Ende
Bez znieczulenia *siehe:* Ohne Betäubung
Biester 290
Bilans Kwartalny *siehe:* Vierteljahresbilanz
Birkenwäldchen, Das 140
Bittere Ernte 160
Black Box BRD 478
Black Hawk Down 48, 167, 287
blassblaue Frauenschrift, Eine 287
Blaubart 286
Blizna *siehe:* Narbe, Die
Blow up 433
Body Double *siehe:* Tod kommt zweimal, Der
Bones *siehe:* Shadows
Böse Zellen 524
Böser Junge 50
Brzezina *siehe:* Birkenwäldchen, Das
Buchstabenprinzessin, Die 497
Byłem żołnierzem *siehe:* Ich war ein Soldat

C
Caché 522
Camarades *siehe:* Kameraden
Casablanca 402, 461
Céline et Julie vont en bateau *siehe:* Céline und Julie fahren Boot
Céline und Julie fahren Boot 359
Cet obscur objet du désir *siehe:* obskure Objekt der Begierde, Das
Cisza *siehe:* Stille
Citizen Kane 68, 149, 421
City Lights *siehe:* Lichter der Grossstadt
Cloud Atlas 503
Code inconnu *siehe:* Code: unbekannt
Code: unbekannt 294, 480, 521
Conferencier, Der 160–162, 175, 209
Constans *siehe:* Mann bleibt sich treu, Ein
Coup pour coup *siehe:* Schlag auf Schlag
Courage 479
Crash *siehe:* L.A. Crash
Credo 255
Ćwiczenia Warsztatowe *siehe:* Werkstattübungen

607

XI. Anhang

Człowiek z marmuru *siehe:* Mann aus Marmor, Der
Człowiek z żelaza *siehe:* Mann aus Eisen, Der

D

Damage *siehe:* Verhängnis
Danton 160
Darwins Nightmare 524
Debiut *siehe:* Debüt
Debüt 286
Dekalog 7, 17–19, 27, 28, 32, 33, 35, 36, 38, 40, 84, 107, 110, 119, 151, 170, 182, 205, 223, 244–246, 248, 251, 255, 273–276, 278–280, 285, 287–300, 303–335, 343, 345, 353, 356, 358, 364, 367–369, 373, 375, 377, 380, 381, 387, 390, 399, 407, 410, 425, 430, 447–452, 454–457, 461, 464, 469, 473, 475–477, 497, 510, 511, 515, 530, 535, 599, 603
Dekalog 1 28, 38, 264, 274, 307, 308, 311, 313, 316, 317, 319, 322, 323, 328, 329, 373, 387, 430, 479, 492, 503, 534
Dekalog 2 48, 149, 264, 287, 307, 308, 311, 316, 319, 320, 323, 329, 391, 404, 492, 503,504
Dekalog 3 289, 308, 316, 323, 326, 327, 492,0 599
Dekalog 4 308, 309, 323–326, 404, 493, 599
Dekalog 5 170, 265, 286, 287, 305, 307–309, 312–317,319, 322, 323, 325, 326, 330, 373, 493, 599
Dekalog 6 170, 264, 307, 309, 310, 312, 316, 317, 320, 323–326, 373, 430, 493, 599
Dekalog 7 264, 309, 310, 323, 325–327, 343, 362, 599
Dekalog 8 264, 309, 310, 320, 326, 327, 344, 503, 599
Dekalog 9 48, 283, 289, 310, 311, 321, 326, 327, 356, 373, 389, 404, 599
Dekalog 10 93, 310, 311, 316, 326, 327, 373, 404, 430, 494, 599
Den Brysomme Mannen *siehe:* Anderman
Depuis qu'Otar est parti... *siehe:* Since Otar Left
Det sjunde inseglet *siehe:* siebente Siegel, Das
Diabeł *siehe:* Teufel, Der
Dirigent, Der 160, 167, 286
Dolina Issy *siehe:* Tal der Issa, Das
Don't Move 476
Drei Farben-Trilogie 7, 16, 30, 36, 38, 51, 84, 100, 109, 132, 137, 138, 182, 205, 227, 244, 246, 251, 276, 279, 280, 284, 285, 289, 293, 300, 306, 334, 368, 370, 372–373, 376, 378–380, 394, 408, 425–427, 448–451, 453–455, 470, 476, 479, 509, 511, 531, 533
Drei Farben: Blau 30, 32, 36, 48, 119, 121, 167, 188, 189, 268, 285–287, 383–385, 388, 390, 393, 395, 448, 468, 476, 488, 498, 500, 504, 509, 600, 603
Drei Farben: Rot 29, 36, 41, 48, 51, 107, 112, 119, 188, 268, 277, 289, 372, 411, 412, 416, 419, 424, 425, 451, 476, 488, 504, 534, 600
Drei Farben: Weiss 12, 48, 92, 107, 119, 149, 268, 270, 287, 288, 316, 394, 395, 398, 402, 404–406, 476, 479, 488, 530, 600
Dreileben 476, 477
Dreileben: Etwas Besseres als den Tod 477
Dreileben: Komm mir nicht nach 477
Dreileben: Eine Minute Dunkel 477
Dreszcze *siehe:* Schauder
dritte Teil der Nacht, Der 144
Durch Berührung 477
Durch und durch 141–143
Durchleuchtung, Die 6, 37, 96–98, 119, 257, 597
Duże zwierzę *siehe:* grosse Tier, Das
Dwaj ludzie z szafą *siehe:* Zwei Männer und ein Schrank
Dworzec *siehe:* Bahnhof, Der
Dust 499, 500
Dyrygent *siehe:* Dirigent, Der
Dzieci oskarżają *siehe:* Kinder klagen an
Dzieci śmieci *siehe:* Müllkinder
Dziecinne pytania *siehe:* Kindische Fragen
Dzień za dniem *siehe:* Tag für Tag

E

Edipo Re *siehe:* Edipo Re – Bett der Gewalt
Edipo Re – Bett der Gewalt 522
Ehe die Blätter fallen 73
Ei, Das 51
Elementarz – Abc *siehe:* Fibel, Die
Elles *siehe:* bessere Leben, Das
Enak 286
Enter the Void 522
Er ging am hellichten Tag 77
Erlaubnis zum Abschuss 456, 602
Eroica 48, 155
Errettung, Die 137
Erste Liebe 6, 97, 98, 102–106, 109, 115, 117, 119, 121, 207, 249, 250, 257, 442, 468, 597, 603
Europa Europa 372
Examen 135

F

fabelhafte Welt der Amélie, Die 19, 474, 475
Fabrik, Die 5, 85, 88, 90, 91, 94, 247, 596
Fabryka *siehe:* Fabrik, Die
Fall Bachmeier, Der 286
Familienleben 48, 136
Fanny och Alexander *siehe:* Fanny und Alexander
Fanny und Alexander 38
Farba *siehe:* Farbe
Farbe 477
Felsiges Land 71
Fenster zum Hof, Das 39, 350
Feuer, Feuer, endlich ist was los 75
Fibel, Die 77
Fieber 159, 160
Film für Bossak und Leacock, Ein 75
Filmamateur, Der 7, 18, 25, 26, 37, 40, 86, 97, 105, 107, 110, 114, 117, 119, 125, 130, 137, 138, 147, 152, 155, 161, 165, 166, 177, 196–201, 204, 206–215, 246, 249, 250, 261, 278, 353, 392, 404, 427, 429,

432, 433, 439, 446, 447, 457, 459, 479, 482, 483, 598, 603
Finger Gottes, Der 144
Five Senses, The 473
Fliegentöter 50, 58, 76
Flucht, Die 477
Flugunterricht 286
Foto, Das 5, 12, 85–87, 94, 133, 433, 495, 496, 596, 602
Fragebogen 469
Frauensache, Eine 290
Fräulein 478
Freiwild zum Abschuss 456
From a Far Country siehe: Aus einem fernen Land
Funny Games 480, 521, 526, 527

G

Gadające głowy siehe: Sprechende Köpfe
Gadające głowy 2 siehe: Sprechende Köpfe 2
Gastgeber, Die 90
Gattaca 48, 167, 287
Gdy spadają anioły siehe: Wenn Engel fallen
Gdzie diabeł mówi dobranoc siehe: Wo der Teufel Gute Nacht sagt
Geburt eines Schiffes, Die 73
Geburtsort 479
Gefährliche Ruhe 6, 26, 40, 98, 101, 105, 110, 119, 125, 151, 156, 182, 191–197, 199, 208–210, 229, 249, 250, 259, 270, 300, 353, 404, 430, 446, 447, 458, 597
gelobte Land, Das 48, 57, 139, 140, 287
Generation, Die 155
Geschichten von Liebe und Tod 286
Gespenster 163, 164, 522
Gespräch mit Krzysztof Kieślowski 455
Gestank, Der 51
Gitter, Das 479
Gloomy Sunday – Ein Lied von Liebe und Tod 287
Goldrausch 401
Golem 146
Gorączka siehe: Fieber

Gosford Park 516
Gospodarze siehe: Gastgeber, Die
Greetings siehe: Grüsse
Grenzstrasse, Die 47
grosse Bellheim, Der 287
grosse Tier, Das 467, 468
Grundlagen des Arbeitsschutzes in einem Kupferbergwerk 96
Grundschule, Die 77, 133
Grünstein-Variante, Die 287
Grüsse 350
Güneşe Yolculuk siehe: Reise zur Sonne
Gutenacht-Märchen 286
Gycklarnas afton siehe: Abend der Gaukler

H

Hair 76, 140
Handschrift von Saragossa, Die 139, 424
Happy End 78, 133, 298
Harry Potter and the Order of the Phoenix siehe: Harry Potter und der Orden des Phönix
Harry Potter und der Orden des Phönix 49, 167, 287
Hearts in Atlantis 289
Heaven 8, 12, 502, 505–507
Herbstsonate 36, 40
High School 133
Hinter der Wand 135
Hipoteza siehe: Hypothese
Historie miłosne siehe: Liebesgeschichten
Hitlerjunge Salomon siehe: Europa Europa
Hochzeit, Die 48, 139, 140, 160, 161
Hope 468
Horoskop 468
Hört meinen Schrei 477
Hospital der Verklärung, Das 146
Höstsonaten siehe: Herbstsonate
Hotel 524
Hundstage 524
Hypothese 135

I

I want you 48, 287, 469–472, 481, 535
I za nim opadną liście siehe: Ehe die Blätter fallen
I'm so so 26, 106, 129, 251, 276, 293, 302, 440, 455
Ich war ein Soldat 5, 91, 94, 96, 98, 119, 596
Idole 291
Il deserto rosso siehe: rote Wüste, Die
Illumination 48, 114, 136, 149, 166, 185, 287
Iluminacja siehe: Illumination
Im Zwielicht 289
Imperativ 286
In Cold Blood 144
Index siehe: Studienbuch, Das
Inglourious Basterds 522
International, The 503
Intime Beleuchtung 134
Intimní osvětlení siehe: Intime Beleuchtung
Irrgarten der Leidenschaft 350
I Want You 48, 287, 469–472, 481, 535

J

Jahr der ruhenden Sonne, Ein 170, 171, 286
Jahr des Frank W., Ein 71, 73
Jajko siehe: Ei, Das
Jak daleko stąd, jak blisko siehe: Wie fern, wie nah…
Jak żyć siehe: Wie soll man leben

K

Kalmus, Der 288
Kalvarienberg 73
Kameraden 291
Kanał siehe: Kanal, Der
Kanal, Der 155
Kartoteka siehe: Kartei, Die
Kartei, Die 456, 601
Kein Feuer im Winter 478
Kes 34, 134, 207, 432
Kick, Der 478
Kieślowski spotyka Wendersa siehe: Kieślowski trifft Wenders
Kieślowski trifft Wenders 454

Kinatay 522
Kinder klagen an 71
Kindische Fragen 170
Klavierspielerin, Die 522
Kleinstadt, Die 522
Kobieta samotna siehe: Alleinstehende Frau, Eine
Kobiety pracujące siehe: Arbeitende Frauen
Koncert życzeń siehe: Wunschkonzert
König von St. Pauli, Der 287
König, Der 78, 79, 287
Konsul, Der 169
Kopfgeld 289
Korkenzieher, Der 76
Korkociąg siehe: Korkenzieher, Der
Krajobraz po bitwie siehe: Landschaft nach der Schlacht
Krankenhaus, Das 6, 110–112, 144, 115, 133, 442, 597, 603
Kratka siehe: Das Gitter
Krieg der Welten – nächstes Jahrhundert 146
Krieger und die Kaiserin, Der 502, 507
Kronika wypadków siehe: Unfallchronik
Król siehe: König, Der
Krótki dzień pracy siehe: kurzer Arbeitstag, Ein
Krótki film o Krzysztofie Kieślowskim siehe: kurzer Film über Krzysztof Kieślowski, Ein
Krótki film o miłości siehe: kurzer Film über die Liebe, Ein
Krótki film o zabijaniu siehe: kurzer Film über das Töten, Ein
Kung-Fu siehe: Selbstverteidigung
kurzer Arbeitstag, Ein 7, 77, 101, 110, 119, 152, 170, 182, 188, 234 ff., 238–241, 277, 598
kurzer Film über das Töten, Ein 7, 28, 39, 48, 101, 111, 119, 143, 167, 170, 189, 245, 246, 265, 277, 279, 285, 286, 306, 307, 313, 316–318, 330, 333, 335, 336, 339–342, 344, 345, 352, 364, 374, 387, 432, 430, 448–451, 453, 457, 458, 480, 486, 487, 495, 504, 598 f., 603
kurzer Film über die Liebe, Ein 7, 35, 39, 119, 170, 246, 285, 306, 307, 314, 317, 318, 320, 330, 345, 349, 352, 356, 363, 387, 400, 404, 427, 439, 446, 448, 449, 464, 486, 487, 503, 598 f., 603
kurzer Film über Krzysztof Kieślowski, Ein 154
Kwestionariusz siehe: Fragebogen

L

L'important c'est d'aimer siehe: Nachtblende
L.A. Crash 497
La cérémonie siehe: Biester
La double vie de Véronique siehe: zwei Leben der Veronika, Die
La Strada – Lied der Strasse, Das 34, 35, 68
La vie est un long fleuve tranquille siehe: Leben ist ein langer ruhiger Fluss, Das
Lampa siehe: Lampe, Die
Lampe, Die 50
Land von Żeromski, Das 106, 597
Landschaft nach der Schlacht 140
lange Gespräch mit dem Vogel, Das 286
Le Complot 282
Le fabuleux destin d'Amélie Poulain siehe: Die fabelhafte Welt der Amélie
Le Mépris siehe: Verachtung, Die
L'Enfer siehe: Wie in der Hölle
Leben in mir 469
Leben ist ein langer ruhiger Fluss, Das 290
Leben oder schlafen 99, 115
Lebenslauf, Der 6, 78, 98, 99, 101, 110, 115, 121, 133, 152, 179, 251, 277,3 430, 467, 597, 601, 603
Legenda siehe: Legende, Die
Legende, Die 6, 106, 597
Les Amants du Pont-Neuf siehe: Liebenden von Pont Neuf, Die
Les idoles siehe: Idole

Le scaphandre er le papillon siehe: Schmetterling und Taucherglocke
Les quatre cents coups siehe: Sie küssten und sie schlugen ihn
letzte Etappe, Die 47
letzte Parteitag in Nürnberg, Der 68
L'Homme du train siehe: Das zweite Leben des Monsieur Manesquier
Licht im Winter 36
Lichter 472
Lichter der Grossstadt 401
Liebe in Deutschland, Eine 160
Liebe nach Fahrplan 207, 432
Liebe von Swan, Eine 283
Liebenden von Pont Neuf, Die 393, 469
Liebesgeschichten 465, 466, 498
Liebesluder 286
Limuzyna Daimler-Benz siehe: Konsul, Der
Lindenstrasse 324
Lokaltermin 146, 164
Lola rennt 17, 168, 461, 464, 469, 500 f., 507
Lolita 403, 428
Lost 497
Lost Highway 525
Lourdes 524
Love Comes Lately 287
Lovers (Dogma #5) 471
Lovely Rita 524
Ludzie w drodze siehe: Menschen unterwegs
Ludzie z pustego obszaru siehe: Menschen der Einöde

M

Magnolia 461, 473
Majki siehe: Mothers
Mann aus Eisen, Der 149, 160, 166, 169, 236, 287, 298
Mann aus Marmor, Der 48, 91, 147, 152, 158, 165 ff., 169, 175, 191, 201, 210, 263, 287, 298, 316
Mann bleibt sich treu, Ein 167, 286
Männer 141
Männerpension 49, 286

MARVIN'S ROOM *siehe*: MARVINS TÖCHTER
MARVINS TÖCHTER 289
MATKA KRÓLÓW *siehe*: MUTTER KROLL UND IHRE SÖHNE
MAURER, DER 5, 90 f., 98, 116, 119, 133, 247, 257, 596
MAGACITIES 524
MEIN ALTER FREUND FRITZ 287
MEIN KIEŚLOWSKI 455
MEINE GRILLHÄHNCHEN 479
MENSCHEN DER EINÖDE 70, 71
MENSCHEN UNTERWEGS 71 ff.
MENSCHLICHE FAMILIE, DIE 73
MEPHISTO 161
MĘŻCZYŹNI *siehe*: MÄNNER
MIASTECZKO *siehe*: KLEINSTADT, DIE
MIĘDZY WROCŁAWIEM A ZIELONĄ GÓRĄ *siehe*: ZWISCHEN WROCŁAW UND ZIELONA GÓRA
MIEJSCE URODZENIA *siehe*: GEBURTSORT
MIKROFONPROBE, DIE 78
MOJE PIECZONE KURCZAKI *siehe*: MEINE GRILLHÄHNCHEN
MÓJ KIEŚLOWSKI *siehe*: MEIN KIEŚLOWSKI
MONSIEUR HIRE *siehe*: VERLOBUNG DES MONSIEUR HIRE, DIE
MORD, DER 50
MORDERSTWO *siehe*: MORD, DER
MOTHERS 499
MÓWIĄCE GŁOWY
MUCHOTŁUK *siehe*: FLIEGENTÖTER
MULHOLLAND DRIVE 225
MÜLLKINDER 477
MURARZ *siehe*: MAURER, DER
MUSIKANTEN, DIE 18, 46, 52, 63, 71–74
MUTTER KROLL UND IHRE SÖHNE 169 ff.
MUZYKANCI *siehe*: MUSIKANTEN, DIE

N

NA PROGU *siehe*: AN DER SCHWELLE
NA SREBRNYM GLOBIE *siehe*: AUF DEM SILBERNEN PLANETEN
NA WYLOT *siehe*: DURCH UND DURCH
NACHTBLENDE 144
NACHTGESTALTEN 472
NADZIEJA *siehe*: HOPE
NAPRAWDĘ KRÓTKI FILM O MIŁOŚCI, ZABIJANIU I JESZCZE JEDNYM PRZYKAZANIU *siehe*: WIRKLICH KURZER FILM ÜBER DIE LIEBE, DAS TÖTEN UND NOCH EIN GEBOT, EIN
NARBE, DIE 6, 109 f., 117, 119, 125, 134, 147, 151 ff., 155, 159, 166 f., 182–185, 187–191, 197, 209 f., 235, 251, 258 f., 286 f., 429, 433, 446 f., 457, 478, 482, 489 ff., 597, 603
NARODZINY STATKU *siehe*: GEBURT EINES SCHIFFES, DIE
NASHVILLE 517–520
NATTVARDSGÄSTERNA *siehe*: LICHT IM WINTER
NAUKA LATANIA *siehe*: FLUGUNTERRICHT
NIE WIEM *siehe*: WEISS NICHT
NIECIEKAWA HISTORIA *siehe*: UNINTERESSANTE GESCHICHTE, EINE
NIEDZIELNY PORANEK *siehe*: SONNTAG VORMITTAG
NIGHT ON EARTH 520
NO MAN'S LAND 503
NON TI MUOVERE *siehe*: DON'T MOVE
NUIT NOIRE A CALCUTTA *siehe*: SCHWARZE NACHT IN CALCUTTA
OBSKURE OBJEKT DER BEGIERDE, DAS 357

O

OCALENIE *siehe*: ERRETTUNG, DIE
OHNE BETÄUBUNG 6, 48, 149, 160, 162, 167
OHNE ENDE 7, 27, 35, 37 f., 40, 101, 107, 119, 155, 165, 169 f., 206, 224, 246, 249, ff., 254 f., 263, 273, 275, 277 f., 280, 282, 295 ff., 299 ff., 303, 322, 353, 367, 372 f., 404 f., 429 f., 432, 446 f., 453 f., 457, 482, 485, 492, 499, 534, 598
ONE HOUR PHOTO 350
ONO *siehe*: LEBEN IN MIR
ORANGEFARBENE ALTERNATIVE, DIE 81
ORPHÉE *siehe*: ORPHEUS
ORPHEUS 357, 502
OSTATNI ETAP *siehe*: LETZTE ETAPPE, DIE
OSTATNI PARTEITAG W NORYMBERDZE *siehe*: LETZTE PARTEITAG IN NÜRNBERG, DER
OSTŘE SLEDOVANÉ VLAKY *siehe*: LIEBE NACH FAHRPLAN

P

PACIORKI JEDNEGO RÓŻAŃCA *siehe*: PERLEN EINES ROSENKRANZES
PALEC BOŻY *siehe*: FINGER GOTTES, DER
PAMIĄTKA Z KALWARII *siehe*: KALVARIENBERG
PAŃCIA *siehe*: FRÄULEIN
PAPIEROWY PTAK *siehe*: PAPIERVOGEL, DER
PAPIERVOGEL, DER 285
PARAGRAF ZERO *siehe*: PARAGRAPH NULL, DER
PARAGRAPH NULL, DER 71
PARANOID PARK 294
PARFUM, DAS 503
PASAŻERKA *siehe*: PASSAGIERIN, DIE
PASSAGIERIN, DIE 156
PEEPING TOM *siehe*: AUGEN DER ANGST
PERŁA W KORONIE *siehe*: PERLE IN DER KRONE
PERLE IN DER KRONE 138
PERLEN EINES ROSENKRANZES 138, 162
PERSONA 36
PERSONAL, DAS 6, 40, 45, 51, 97, 101, 105, 110, 117, 119, 146, 151, 164, 166, 172 f., 175, 178–182, 184, 188, 197, 199, 206, 247 f., 277, 300, 367, 429, 442, 446 f., 458, 490, 597, 602 f.
PERSONEL *siehe*: PERSONAL, DAS
PIANISTE, LA *siehe*: KLAVIERSPIELERIN, DIE
PIELGRZYM *siehe*: PILGER, DER
PIERWSZA MIŁOŚĆ *siehe*: ERSTE LIEBE
PILGER, DER 255
PLAYER, THE 508, 517
PŁYNĄ TRATWY *siehe*: TREIBENDE FLÖSSE
PODSTAWY BHP W KOPALNI

MIEDZI *siehe:* GRUNDLAGEN DES ARBEITSSCHUTZES IN EINEM KUPFERBERGWERK
POKÓJ Z WIDOKIEM NA MORZE *siehe:* ZIMMER MIT BLICK AUFS MEER
POKOLENIE *siehe:* GENERATION, DIE
POMARAŃCZOWA ALTERNATYWA *siehe:* ORANGEFARBENE ALTERNATIVE, DIE
POWÓDŹ *siehe:* ÜBERSCHWEMMUNG, DIE
PÓŹNE POPOŁUDNIE *siehe:* SPÄTER NACHMITTAG
POŻAR, POŻAR, COŚ NARESZCIE DZIEJE SIĘ *siehe:* FEUER, FEUER, ENDLICH IST WAS LOS
POZWOLENIE NA ODSTRZAŁ *siehe:* ERLAUBNIS ZUM ABSCHUSS
PRIESTERMORD, DER 282
PRÓBA MIKROFONU *siehe:* MIKROFONPROBE, DIE
PROGNOZA POGODY *siehe:* WETTERVORHERSAGE
PROPHET, EIN 522
PROTOKOLL EINES VERBRECHENS 140, 143 f.
PROVINZSCHAUSPIELER 147, 159 f., 162, 164, 166, 176
PRZED RAJDEM *siehe:* VOR DER RALLYE
PRZED ZMIECHRZEM *siehe:* VOR DER DÄMMERUNG
PRZEJŚCIE PODZIEMNE *siehe:* UNTERFÜHRUNG, DIE
PRZEPRASZAM, CZY TU BIJĄ? *siehe:* VERZEIHUNG, WIRD HIER GESCHLAGEN?
PRZESŁUCHANIE *siehe:* VERHÖR EINER FRAU
PRZEŚWIETLENIE *siehe:* DURCHLEUCHTUNG
PRZEZ DOTYK *siehe:* DURCH BERÜHRUNG
PRZYPADEK *siehe:* ZUFALL MÖGLICHERWEISE, DER
PSYCHO 343, 367
PSYCHODRAMA 76, 133, 140
PSYCHOTERAPIA *siehe:* PSYCHOTHERAPIE
PSYCHOTHERAPIE 477
PULP FICTION 49, 142, 411, 520

R

RANSOM *siehe:* KOPFGELD
RASHOMON *siehe:* RASHOMON – DAS LUSTWÄLDCHEN
RASHOMON – DAS LUSTWÄLDCHEN 100, 324
RATTENFÄNGER, DER
REAR WINDOW *siehe:* FENSTER ZUM HOF, DAS
REFRAIN 5 ,32, 92 ff., 96, 119, 247, 596
REFREN *siehe:* REFRAIN
REISE ZUR SONNE 250
REJS *siehe:* AUSFLUG, DER
RĘKOPIS ZNALEZIONY W SARAGOSIE *siehe:* HANDSCHRIFT VON SARAGOSSA, DIE
ROBOTNICE *siehe:* ARBEITERINNEN
ROBOTNICY '71 – NIC O NAS, BEZ NAS *siehe:* ARBEITER '71 – NICHTS ÜBER UNS, OHNE UNS
ROBOTNICY '80 *siehe:* ARBEITER '80
RODZINA CZŁOWIECZA *siehe:* MENSCHLICHE FAMILIE, DIE
ROK FRANKA W. *siehe:* JAHR DES FRANK W., EIN
ROK SPOKOJNEGO SŁOŃCA *siehe:* JAHR DER RUHENDEN SONNE, EIN
ROTE WÜSTE, DIE 417

S

SALTO 139
SALZ DER SCHWARZEN ERDE, DAS 138 f.
SAMI NA ŚWIECIE *siehe:* ALLEINE AUF DER WELT
SANATORIUM POD KLEPSYDRĄ *siehe:* SANATORIUM ZUR TODESANZEIGE, DAS
SANATORIUM ZUR TODESANZEIGE, DAS 48, 139
SANSIBAR ODER LETZTE GRUND, DER 287
SÅSOM I EN SPEGEL *siehe:* WIE IN EINEM SPIEGEL
SCHACH DEM KÖNIG 456, 602
SCHATTENMANN, DER 287
SCHAUDER 163 f.
SCHIELENDES GLÜCK 155, 230
SCHLAG AUF SCHLAG 291
SCHMETTERLING UND TAUCHERGLOCKE 271, 497

SCHWARZE NACHT IN CALCUTTA 291
SCHWEIGEN, DAS 34–38, 40, 596
SEANS *siehe:* SITZUNG
SELBSTVERTEIDIGUNG 161 f.
SEPT JOURS AILLEURS *siehe:* SIEBEN TAGE WOANDERS
SEX, LIES, AND VIDEOTAPE *siehe:* SEX, LÜGEN UND VIDEO
SEX, LÜGEN UND VIDEO 372
SHADOWS 499
SHORT CUTS 168, 471, 473, 498, 508–511, 513, 515–520
SICHERHEITSBESTIMMUNGEN IN EINEM KUPFERBERGWERK, DIE 250, 596
SIE KÜSSTEN UND SIE SCHLUGEN IHN 6, 522
SIEBEN FRAUEN VERSCHIEDENEN ALTERS 6, 48, 117–122, 124, 247, 466, 598, 603
SIEBEN TAGE EINER WOCHE 6, 119, 122, 227, 251, 466, 600
SIEBEN TAGE WOANDERS 291
SIEBENTE KONTINENT, DER 480, 521
SIEBENTE SIEGEL, DAS 35, 38
SIEDEM DNI TYGODNIA *siehe:* SIEBEN TAGE DER WOCHE
SIEDEM KOBIET W RÓŻNYM WIEKU *siehe:* SIEBEN FRAUEN VERSCHIEDENEN ALTERS
SINCE OTAR LEFT 479
SITZUNG 286
SIX FEET UNDER 497
SKALNA ZIEMIA *siehe:* FELSIGES LAND
SLACKER 520
SLIDING DOORS 474
ŚMIERĆ PROWINCJAŁA *siehe:* TOD DES ABTES, DER
SMRÓD *siehe:* GESTANK, DER
SMULTRONSTÄLLET *siehe:* WILDE ERDBEEREN
SÓL ZIEMI CZARNEJ *siehe:* SALZ DER SCHWARZEN ERDE, DAS
SOMMAREN MED MONIKA *siehe:* ZEIT MIT MONIKA, DIE
SONNTAG VORMITTAG 69
SPACEREK STAROMIEJSKI *siehe:* SPAZIERGANG IN DER ALTSTADT, EIN
SPÄTER NACHMITTAG 478

Spaziergang in der Altstadt, Ein 69
Spiegel, Der 232
Spielregel, Die 516
Spielwütigen, Die 478
Spirala *siehe:* Spirale
Spirale 149, 167
Spokój *siehe:* Gefährliche Ruhe
Sprechende Köpfe 6, 26, 98, 122–125, 250, 468, 598
Sprechende Köpfe 2 468
Stakeout – Nacht hat viele Augen, Die 350
Still Alive 455, 578
Stille 477
Stolarz *siehe:* Tischler, Der
Strassenbahn, Die 5, 35, 51 f., 105, 596
Struggle 524
Struktur des Kristalls 134 ff., 166
Struktura kryształu *siehe:* Struktur des Kristalls
Studienbuch, Das 162
St. Pauli Nacht 472
Suita Warszawska *siehe:* Warschauer Suite
SuperText – Eine Stunde im Paradies 287
Szach królowi *siehe:* Schach dem König
Szczurołap *siehe:* Rattenfänger
Szerelem *siehe:* Liebe, Die
Szkoła podstawowa *siehe:* Grundschule, Die
Szpital przemienienia *siehe:* Hospital der Verklärung, Das
Szpital *siehe:* Krankenhaus, Das

T

Tag für Tag 80
Take Five 51
Tal der Issa, Das 139, 169
Tańczący jastrząb *siehe:* Tanzender Habicht
Tanzender Habicht 142 f.
Tarnfarben 48, 137, 147, 149–152, 201, 208 ff., 287
Tatarak *siehe:* Kalmus, Der
Teufel, Der 145
The Circus *siehe:* Zirkus
The Gold Rush *siehe:* Goldrausch

The Pleasure Garden *siehe:* Irrgarten der Leidenschaft
The Unbearable Lightness of Being *siehe:* unerträgliche Leichtigkeit des Seins, Die
The Valley 250
Tischler, Der 77 f.
To kill a Priest *siehe:* Priestermord, Der
Tod des Abtes, Der 135
tödliche Maria, Die 500
Too Much Flesh 471
Tout un hiver sans feu *siehe:* Kein Feuer im Winter
Tramwaj *siehe:* Strassenbahn, Die
Trapped *siehe:* 24 Stunden Angst
Treibende Flösse 73
Trois couleurs *siehe:* Drei Farben
Trois couleurs: Blanc *siehe:* Drei Farben: Weiss
Trois couleurs: Bleu *siehe:* Drei Farben: Blau
Trois couleurs: Rouge *siehe:* Drei Farben: Rot
Trzecia część nocy *siehe:* dritte Teil der Nacht, Der
Twilight *siehe:* Im Zwielicht
Tydzień z życia mężczyzny *siehe:* Woche im Leben eines Mannes, Eine
Tystnaden *siehe:* Das Schweigen

U

Überlebenden, Die 478
Überschwemmung, Die 68, 70
Ucieczka *siehe:* Flucht, Die
Ulica graniczna *siehe:* Grenzstrasse, Die
Un prophète *siehe:* Prophet, Ein
Une affaire des femmes *siehe:* Frauensache, Eine
unerträgliche Leichtigkeit des Seins, Die 34, 438
Unfallchronik 477
uninteressante Geschichte, Eine 169
Unser täglich Brot 524
Unterführung, Die 6, 106–109, 172, 286 f., 404, 429, 490, 597
Urząd *siehe:* Amt, Das

Usłyszcie mój krzyk *siehe:* Hört meinen Schrei
Uśmiech zębiczny *siehe:* Zähnelächeln
Uwaga, Huligani *siehe:* Achtung, Rowdys

V

Vaterspiel, Das 524
Verachtung, Die 402
Verhängnis 372
Verhör einer Frau 95, 164, 166, 169
Verlobung des Monsieur Hire, Die 350
Vermessung der Welt, Die 49, 286
Versuchung, Die 286
Verzeihung, wird hier geschlagen? 141, 152, 602
Vierteljahresbilanz 136
Vincent and Theo *siehe:* Vincent und Theo
Vincent und Theo 514
Vom Standpunkt eines Nachtwächters 6, 24, 113 f., 117, 119, 133, 247, 257, 300, 366, 442, 597
Von Angesicht zu Angesicht 38
Vor der Dämmerung 478
Vor der Rallye 5, 91 f., 97, 119, 596
Vorsicht, Rabauken! 69
Voyages 479

W

Wanda Gościmińska – Textilarbeiterin 77
Wanda Gościmińska – Włókniarka *siehe:* Wanda Gościmińska – Textilarbeiterin
Warschau '56
Warschauer Suite
Warszawa ('56 *siehe* Warschau '56
Weekend 522
Week-End *siehe:* Weekend
Weiss nicht 6, 98 f., 115 f., 133, 235, 597
weisse Band – Eine deutsche Kindergeschichte, Das 521 ff.
Welcome to Sarajevo 535
Wenn Engel fallen 50
Werkstattübungen 80

WER WENN NICHT WIR 478
WESELE *siehe:* HOCHZEIT, DIE
WETHERBY 336
WETTERVORHERSAGE 169
WHEREVER YOU ARE... *siehe:* WO IMMER DU BIST...
WIE EIN FREIER VOGEL 286
WIE FERN, WIE NAH... 139
WIE IN EINEM SPIEGEL 36
WIE IN DER HÖLLE 272, 502 ff.
WIE SOLL MAN LEBEN 78 f., 174
WILD AT HEART 292
WILD BUNCH, THE 499
WILDE ERDBEEREN 35
WINTERSCHLÄFER 500
WIRKLICH KURZER FILM ÜBER DIE LIEBE, DAS TÖTEN UND NOCH EIN GEBOT, EIN 464
WIZJA LOKALNA *siehe:* LOKALTERMIN
WOCHE IM LEBEN EINES MANNES, EINE 466
WO DER TEUFEL GUTE NACHT SAGT 71
WO IMMER DU BIST... 286
WOJNA ŚWIATÓW – NASTĘPNE STULECIE *siehe:* KRIEG DER WELTEN – NÄCHSTES JAHRHUNDERT
WODZIREJ *siehe:* DER CONFERENCIER
WONDERLAND 471
WUNSCHKONZERT 5, 59 ff., 105, 119, 174, 596

WYMYK *siehe:* COURAGE
WYSZEDŁ W JASNY DZIEŃ *siehe:* ER GING AM HELLICHTEN TAG

Y
YASEMIN 286

Z
Z MIASTA ŁODZI *siehe:* AUS DER STADT LODZ
Z PUNKTU WIDZENIA NOCNEGO PORTIERA *siehe:* VOM STANDPUNKT EINES NACHTWÄCHTERS
ZA ŚCIANĄ *siehe:* HINTER DER WAND
ZADUSZKI *siehe:* ALLERSEELEN
ZÄHNELÄCHELN 50
ZALICZENIE *siehe:* EXAMEN
ZAPIS ZBRODNI *siehe:* PROTOKOLL EINES VERBRECHENS
ZDJĘCIE *siehe:* FOTO, DAS
ZEIT MIT MONIKA, DIE 35
ZEZOWATE SZCZĘŚCIE *siehe:* SCHIELENDES GLÜCK
ZIEMIA OBIECANA *siehe:* GELOBTE LAND, DAS
ZIEMIA ŻEROMSKIEGO *siehe:* LAND VON ŻEROMSKI, DAS
ZIMMER MIT BLICK AUFS MEER 170
ZIRKUS 401
ZŁY CHŁOPIEC *siehe:* BÖSER JUNGE

ZMORY *siehe:* GESPENSTER
ZUFALL MÖGLICHERWEISE, DER 7, 14, 17, 26, 28, 35 f., 39 ff., 51, 100, 110, 119, 125, 135, 137, 152 f., 155, 160, 168 f., 200, 211, 213–216, 221, 224–232, 235 f., 240, 244, 246, 250, 261 f., 282, 300, 324, 353, 380 f., 392, 400, 420, 430, 442, 446 ff., 457, 465, 474, 476, 484, 491, 501, 598
ZUM BEISPIEL BALTHASAR 522
ZWEI AUF DER SCHAUKEL 456, 601
ZWEI LEBEN DER VERONIKA, DIE 7, 17, 19, 30, 35, 36, 38, 41, 48, 87, 119–121, 244, 246, 266, 278, 280, 283–286, 289, 302, 353 f., 357–368, 372 ff., 381, 385, 404, 407, 409 f., 419, 427, 432, 437, 442, 448, 450 f., 455, 457, 474 f., 488, 491, 494, 504, 530, 534, 600, 603
ZWEI MÄNNER UND EIN SCHRANK 48, 50
ZWEITE LEBEN DES MONSIEUR MANESQUIER, DAS 476
ŻYĆ CZY SPAĆ *siehe:* LEBEN ODER SCHLAFEN
ŻYCIE RODZINNE *siehe:* FAMILIENLEBEN
ŻYCIORYS *siehe:* LEBENSLAUF, DER)

Personenregister

A

Adamek, Witold 285, 352, 439, 598
Albert, Barbara 524
Alighieri, Dante 530
Altman, Robert 8, 12, 168, 471, 473, 497, 498, 508–521, 523
Amiel, Vincent 18, 245, 254, 275, 304, 314, 318, 322, 326, 329, 344, 380, 449, 453, 510
Anderson, Lindsay 34, 46, 134, 522
Anderson, Paul Thomas 12, 461, 473
Andrejew, Piotr 169
Anipare, Eileen 455
Antonioni, Michelangelo 33, 284, 417, 433
Arendt, Hannah 353, 418–420
Artaud, Antoine 342
Assisi, Franz von 399
Audiard, Jacques 522
Auinger, Sam 456
Ayre, Elisabeth 362, 455

B

Bach, Johann Sebastian 284
Bachtin, Michail 19
Badham, John 350
Baecque, Antoine de 333, 334, 450
Bajon, Filip 145 f., 164, 167, 169, 237
Bajor, Michał 297, 598
Baka, Mirosław 308, 316, 336, 343, 598
Balázs, Béla 46
Balzac, Honoré de 425
Barańczak, Stanisław 128–132, 163
Baranowski, Henryk 307, 316, 599
Barciś, Artur 297, 312, 598, 599
Bardini, Aleksander 45, 297, 307, 316, 404, 598–601
Bardot, Brigitte 402, 428
Barełkowska, Maja 309
Barr, Jean-Marc 471
Barthes, Roland 431–433
Baumann, Zygmunt 359, 513
Baumgarten, Sebastian 456
Bazin, André 145, 182, 431
Béart, Emmanuelle 503
Beckett, Samuel 40, 45, 290–292
Benton, Robert 289
Bergman, Ingmar 13, 33–41, 245, 292, 333, 397, 450, 535
Bergson, Henri 18
Berlioz, Hector 281
Bernhard, Thomas 525
Bertucelli, Julie 479, 600
Biedrzyńska, Adrianna 308, 599
Binoche, Juliette 293, 372, 382, 384, 387, 391, 393, 469, 480, 497, 600, 601, 603
Blanchett, Cate 502
Blixen, Tania 419
Bohdziewicz, Antoni 47, 68
Bohm, Hark 286
Bond, James 461
Bonitzer, Pascal 210, 447
Bonnefoy, Mathilde 507
Borkowski, Jacek 219, 598
Borowik, Włodzimierz 69, 71
Borowski, Tadeusz 140
Borski, Lech 182, 597
Bossak, Jerzy 14, 45–49, 52, 53, 56, 58, 68–70, 74, 75, 109, 352
Bradecki, Tadeusz 203, 598
Brauchitsch, Boris von 431
Brecht, Bertolt 45
Breschnew, Leonid Iljitsch 147
Bresson, Robert 20, 33, 34, 39, 449, 450, 522, 526
Brueghel, Pieter 401
Broch, Hermann 328, 38, 426, 524
Brooks, Richard 144
Brubeck, Dave 51
Buck, Detlev 49, 286
Budenmayer, van den 271, 280, 378, 404, 421, 424
Budzisz-Krzyżanowska, Teresa 404, 597, 601
Bugajski, Ryszard 95, 164, 166, 169, 263
Buñuel, Luis 35, 39, 303, 357

C

Campan, Véronique 18, 363, 453
Campion, Jane 49

Camus, Albert 5, 13, 19, 23, 26–31, 33, 39, 40, 277, 299, 335, 342, 358, 363, 379, 384, 415, 416
Capote, Truman 144
Carax, Leos 210, 393, 447
Caruana, John 497
Carver, Raymond 508
Castellitto, Sergio 479
Cavendish, Phil 33, 306, 316, 352, 451
Cękalski, Eugeniusz 47, 68
Chabrol, Claude 290
Chamisso, Adalbert von 419
Chaplin, Charlie 396, 401, 403, 428
Chatiliez, Etienne 290
Chodakowski, Andrzej 80
Christie, Agatha 39
Chruschtschow, Nikita 74
Chytilová, Věra 133
Ciment, Michel 170, 245, 254, 275, 304, 314, 318, 322, 326, 329, 344, 380, 449
Cioran, Emil 449
Coates, Paul 17, 98, 227, 237, 278, 375, 452
Cocteau, Jean 357, 359, 431, 502
Conrad, Joseph 33
Coppola, Francis Ford 139
Corti, Axel 287
Costello, Elvis 470
Curtiz, Michael 402
Czarnecki, Andrzej 288
Czyżewski, Stefan 202, 598

D

De Niro, Robert 289
Dejczer, Maciej 477
Delerue, Georges 282
Deleuze, Gilles 17, 18, 290
Delpy, Julie 372, 395, 600, 601
Demarczyk, Ewa 281
Dembiński, Mirosław 81
Derendinger, Franz 359, 360
Desalm, Brigitte 387, 509
Dewey, John 18
Di Caprio, Leonardo 289

615

Dipont, Małgorzata 172, 600
Doillon, Jacques 290
Domaradzki, Jerzy 169
Dondziłło, Czesław 222, 588
Donner, Wolf 363, 388, 391
Dostojewski, Fjodor 28, 33, 39, 40, 58, 141–143, 158, 342, 363
Dresen, Andreas 472
Drew, Robert 34, 53, 54
Dreyer, Carl Theodor 450
Drygas, Maciej 477
Dserschinski, Felix 140
Duras, Marguerite 290
Dürrenmatt, Friedrich 45
Dylewska, Jolanta 46
Dzida, Franciszek 207
Dziworski, Bogdan 142, 288

E

Eastwood, Clint 411
Egger, Christoph 408, 419
Eichinger, Bernd 503
Erbstein, Monika 20, 575
Estève, Michel 18, 396, 425, 453
Export, Valie 523

F

Fabri, Marina 455
Falk, Feliks 149, 160–162, 167, 190, 237
Faulkner, William 363
Feder, Frédérique 416, 601
Fehlberg, Mareike 19
Fellini, Federico 34, 35, 50, 56, 58, 68, 401
Ferency, Adam 219, 598
Finkiel, Emmanuel 479, 600, 601
Flaherty, Robert J. 54
Flaubert, Gustav 264, 362, 363
Ford, Aleksander 47, 49, 68
Forestier, François 44
Forman, Miloš 133, 134
Foucault, Michel 290
Frankl, Viktor E. 17
Frears, Stephen 479
Fromm, Erich 113, 135, 161, 277
Fründt, Bodo 402, 404
Fuksiewicz, Jacek 173

G

Gajos, Janusz 308, 395, 404, 599, 601
Garbowski, Christopher 17

Genet, Jean 40
Geoff, Andrew 17, 452
Gere, Richard 497
Geyrhalter, Nikolaus 524
Gibson, Mel 289
Gibson, William 110, 456, 60
Gielgud, John 286
Gierek, Edward 75, 89, 92, 153, 172
Gili, Jean A. 199, 204
Glawogger, Michael 524
Globisz, Krzysztof 309, 337, 598
Godard, Jean-Luc 39, 290, 291, 333, 402, 428, 479, 522
Godfrejów, Bogumił 46
Goethe, Johann Wolfgang von 17
Goldberg, Myla 497
Goldsmith, Jerry 282
Gombrowicz, Witold 426
Gomułka, Władysław 74, 75, 467
Goździk, Monika 220, 598
Graf, Dominik 476, 477
Gregor, Ulrich 136, 142, 143, 156, 335
Grierson, John 53, 68, 132
Gryczełkowska, Krystyna 69
Gryglaszewska, Halina 355, 600
Grynberg, Henryk 479
Gwóźdź, Andrzej 19, 168, 427, 455, 474, 478,

H

Hackman, Gene 289
Haggis, Paul 497
Halladin, Danuta 69, 71
Haltof, Marek 18
Haneke, Michael 12, 290, 294, 479–480, 521–527
Has, Wojciech J. 46, 48, 139, 140, 169, 288, 424, 430
Hasecke, Jan Ulrich 20
Hasenberg, Peter 19, 110, 223–225, 350, 361, 376, 380, 400, 415
Hausner, Jessica 524
Hegel, Georg Wilhelm Friedrich 459 f.
Heidegger, Martin 461
Helman, Alicja 166, 278
Helnwein, Gottfried 523
Henze, Werner 283
Herget, Sven 20
Hicks, Scott 289

Hitchcock, Alfred 13, 39, 245, 333, 343, 350, 367
Hochhäusler, Christoph 476 f.
Hoffman, Jerzy 48, 69, 71, 73
Hoffmann, E.T.A. 354, 419
Holland, Agnieszka 85, 131–133, 137, 138, 145, 147–149, 158–160, 162, 164–167, 169, 172–174, 176, 183, 190, 194, 212, 237, 244, 249, 263, 282, 295, 296, 368, 372, 374, 436, 455, 477, 597, 600, 601
Hollender, Adam 46, 48
Hopkins, Anthony 289
Horkheimer, Max 113
Horoszczak, Adam 204, 209, 214
Howard, Ron 289
Howitt, Peter 474
Hübner, Zbigniew 221, 598, 601
Hüller, Sandra 456
Husserl, Edmund 18
Huth, Paul Peter 286, 455

I

Idziak, Sławomir 16, 46, 48, 107, 134, 165, 167, 169, 171, 187, 189, 244, 285–288, 307, 315, 316, 341–343, 352, 361, 364, 374, 386–388, 470, 474, 481, 5303, 597, 598, 600, 603
Inárritu, Alejandro González 473
Insdorf, Annette 17, 18, 418, 452
Ionesco, Eugène 40
Iredyński, Ireneusz 107, 597
Irzykowski, Karol 65, 138
Iwaszkiewicz, Jarosław 140
Iwińska, Stefania 347, 598

J

Jacob, Gilles 411, 286, 293, 354, 358, 372, 412, 419, 534, 600, 601, 603
Jacob, Irène 286, 293, 354, 358, 372, 412, 419, 534, 600, 601, 603
Jakubisko, Juraj 24
Jakubowska, Wanda 47, 51, 58, 60, 68
Janda, Krystyna 149, 164, 165, 287, 288, 307, 316, 598, 599
Janicka, Bożena 179, 189, 305
Jarmusch, Jim 520
Jaruzelski, Wojciech 167, 301, 451
Jaworska, Małgorzata 104, 251, 596–599

Jazdon, Mikołaj 19, 86, 455
Jelinek, Elfriede 524
Jenny, Urs 419
Jeunet, Jean-Pierre 12, 19, 474–476
Johannes Paul II 255
Jones, Quincy 282
Jontza, Anna 20
Jurga, Andrzej 138, 208

K

Kafka, Franz 33, 40, 94, 139, 208, 300, 342, 363, 426, 523
Kaidanowski, Alexander Leonidowitsch 334
Kamieńska, Irena 80
Kant, Immanuel 273
Kantor, Tadeusz 360
Karabasz, Kazimierz 14, 18, 34, 45, 46, 48, 52, 53, 56–58, 68–75, 92, 107, 112, 119, 133, 237, 248
Karaś, Romuald 182, 185, 597
Karmitz, Marin 182, 289–294, 374, 411, 437, 450, 454, 455, 480, 600, 601
Kassowitz, Mathieu 475
Kaufman, Philip 34
Kaurismäki, Aki 333
Kawalerowicz, Jerzy 48, 69, 155, 169
Kazimierczak, Wacław 68
Keaton, Diane 289
Kędzierski, Paweł 175, 247, 596
Kędzierzawska, Dorota 51
Keglevic, Peter 287
Kehlmann, Daniel 286
Kerr, Dave 452
Kiarostami, Abbas 290, 497
Kickasola, Joseph G. 18, 452, 497
Kieślowska, Maria 16, 98
Kijowski, Janusz 65, 146, 161, 162, 167–169, 190, 237
Kilar, Wojciech 114, 224, 597, 604
Kilb, Andreas 330, 333, 342, 344, 363, 375
Kinski, Klaus 145
Kiszczak, Czesław 252, 253
Klata, Wojciech 307, 599
Kleist, Heinrich von 357, 358, 461
Kłosiński, Edward 48, 140, 149, 169, 244, 285, 287, 288, 316, 374, 405, 406, 466, 599, 600
Knörer, Ekkehard 523, 524
Knorr, Wolfram 332, 387

Koebner, Thomas 33, 38, 168, 332, 480, 508, 515
Kołakowski, Leszek 75
Kolar, Cédomir 503
Kołodyński, Andrzej 94, 237, 405, 406
Komeda, Krzysztof 48
Komornicki, Krzysztof 97
Komorowska, Maja 165, 599, 601
Kompatzki, Lothar 256, 278, 614, 439, 440, 455
Konieczny, Zygmunt 281, 282, 601
Konwicki, Tadeusz 139, 169, 288
Kornatowska, Maria 17, 135, 143, 144, 150, 152, 153, 161, 183, 216, 423
Kornfeld, Ruben 362, 455
Kornhauser, Julian 27, 84, 128–130, 148
Koryncka-Gruz, Natalia 454
Kościałkowska, Maria 309, 599
Kościuszko, Tadeusz 65
Kosiński, Bohdan 70
Kowalski, Władysław 355, 599, 600
Kracauer, Siegfried 225
Krall, Hanna 19, 180, 182, 183, 196, 197, 199, 200, 209, 234, 250, 252, 344, 345, 454, 598
Kraus, Karl 523
Krauze, Antoni 144, 169, 237, 282
Kresnik, Johann 456
Królikiewicz, Grzegorz 84, 140–143, 145, 313
Krupa, Thomas 456
Kubrick, Stanley 304, 403, 428
Kulig, Agnieszka 19
Kundera, Milan 425, 426
Kurosawa, Akira 35, 324
Kutz, Kazimierz 46, 48, 138, 139, 162, 295, 316
Kwiatkowski, Piotr 54, 55, 249, 596, 598, 599

L

Lacan, Jacques 20, 459, 461
Lachat, Pierre 377, 378, 386
Lagier, Luc 455
Lagorio, Gina 332
Laureux, Jean-Claude 251, 600, 601
Łazarkiewicz, Magdalena 477
Łazarkiewicz, Piotr 477
Leacock, Richard 34, 46, 53, 54, 75

Leconte, Patrice 350, 476
Leibnitz, Gottfried Wilhelm 423
Leigh, Janet 367
Lem, Stanisław 146
Lengren, Tomasz 175, 597
Lesch, Walter 19, 32, 110, 225
Lévinas, Emmanuel 19
Lewis, Carl 437
Lien, Jens 476
Lim, Dennis 524
Linda, Bogusław 160, 165, 218, 219, 598, 599
Linklater, Richard 520
Lipiec-Wróblewska, Agnieszka 503
Lis, Marek 19
Llosa, Vargas 363
Loach, Ken 34, 46, 134, 207, 290, 432
Lommel, Michael 20
Łomnicki, Jan 46, 73
Łomnicki, Tadeusz 45, 218, 598, 599
Lopouschanski, Konstantin Sergejewitsch 334
Loretan, Matthias 19, 32, 110, 225, 410
Lorit, Jean-Pierre 412, 601
Losey, Joseph 275
Łoziński, Marcel 46, 77–80, 116, 133, 137, 162, 174, 176, 190, 237, 596
Łoziński, Paweł 479, 600
Lubaszenko, Olaf 309, 316, 347, 350, 598, 600
Lubelski, Tadeusz 13, 19, 31, 32, 36, 37, 98, 111, 122, 139, 205, 206, 227, 232, 249–251, 256, 273, 275, 279, 290, 363, 454
Luft, Friedrich 342
Łukaszewicz, Olgierd 307
Lumière, Gebrüder 34
Lungin, Pavel 290
Łużyńska, Jadwiga Anna 52, 58, 120, 300
Lynch, David 292, 460, 500, 525
Lyotard, Jean-François 359, 513

M

MacDowell, Andie 372
Mach, Wilhelm 311
Machalica, Piotr 310, 381, 404, 598, 599, 601
Machulski, Juliusz 166, 175, 176, 597
Mackert, Josef 456

Mader, Ruth 524
Mąka-Malatyńska, Katarzyna 19
Makarczyński, Tadeusz 68
Makhmalbaf, Mohsen 290
Makk, Károly 207, 432
Malle, Louis 290, 372, 393
Manchevski, Milcho 479, 498–500
Mandoki, Luis 289
Mann, Thomas 33, 96
Marczewska, Teresa 309, 599
Marczewski, Wojciech 145, 163, 169, 190, 522
Marszałek, Maria 228
Marszałek, Rafał 110, 111, 117
Martig, Charles 19, 522, 524, 580
Masson, Alain 224, 449
Mastroianni, Marcello 344
Maurer, Monika 17
May, Karl 44
Mazowiecki, Tadeusz 99
McGehee, Scott 497
Mendoza, Brillante 522
Menzel, Jiři 133, 207, 290, 432
Michałek, Bolesław 156, 157, 195
Mierzejewski, Marek 58
Miłosz, Czesław 139, 163, 230
Minghella, Anthony 507
Moczar, Mieczysław 49, 75
Molière 33
Morgenstern, Janusz 467
Moriccone, Ennio 282
Moskal, Ewa 106, 468
Moskal, Jadzia 102, 103, 105, 113, 250, 468
Moskal, Romek 102, 103, 113, 250, 468
Mozart, Wolfgang Amadeus 284
Mroziuk, Stanisław 175, 247, 596
Mucha, Stanisław 468
Muehl, Otto 523
Mundhenke, Florian 20
Munk, Andrzej 46–48, 69, 155, 156, 178, 230
Murri, Serafino 20
Musil, Robert 223, 226, 328, 358, 426, 523

N

Nabokov, Vladimir 426
Newman, Paul 289
Niccol, Andrew 48, 167, 287
Nicholson, Jack 175
Niedbalski, Stanisław 57, 72, 73, 92, 247
Niehoff, Karena 189, 586
Nietzsche, Friedrich 423
Niogret, Hubert 245, 304, 314, 318, 322, 326, 329, 344, 380, 449
Nitsch, Hermann 523
Noé, Gaspar 522
Nowak, Jerzy 203, 404, 598, 601
Nykvist, Sven 36, 37

O

O'Sullivan, Sean 497
Olbrychski, Daniel 308, 316, 599
Olszewska, Izabella 192, 597, 601
Orłoś, Kazimierz 466, 467
Orwell, George 298, 299
Osęka, Andrzej (siehe: Saber, J. = Pseudonym)
Oshima, Nagisa 479
Ostria, Vincent 25, 129, 357, 450, 458

P

Pakulnis, Maria 297, 598, 599
Pakulski, Krzysztof 153, 224, 225, 238, 598, 599
Palma, Brian de 350
Paltrow, Gwyneth 474
Paradzanow, Sergiej 334
Pařízek, Dušan David 456
Pasolini, Pier Paolo 522, 535
Passer, Ivan 133
Pawelec, Bogusława 219, 598
Pawluśkiewicz, Jan Kanty 281, 598
Peck, Agnès 425, 426, 449
Peckinpah, Sam 499
Peirce, Charles Sanders 18
Peitz, Christiane 402
Penderecki, Krzysztof 281, 425
Pernel, Florence 389, 600, 601
Petras, Armin 456
Petrušić, Luka 470
Petrycki, Jacek 15, 36, 96–99, 102–106, 115, 122, 147
Petzold, Christian 476, 477
Pflaum, Hans Günther 255, 385, 387, 510
Pieczka, Franciszek 185, 597
Piesiewicz, Krzysztof 15, 16, 28, 31, 32, 138, 170, 244, 246, 252–256,0 273–282, 284, 299, 304–306, 310, 311, 322, 328, 332, 343, 345, 351, 353, 366, 374, 379, 394, 401, 404, 411, 412, 415, 416, 419, 440, 441, 449, 456, 468, 477, 499, 502, 503, 505, 507, 530, 531, 533–536, 598, 599, 600, 601
Pietrasik, Zdzisław 296, 302
Piłsudski, Józef 79, 229
Pita, Dan 334
Pius V. 284
Piwowarczyk, Katarzyna 309, 599
Piwowski, Marek 50, 58, 62, 75–77, 84, 133, 140, 151, 152, 153, 237, 602
Platon 357, 381
Płażewski, Jerzy 211
Podeswa, Jeremy 473
Polański, Roman 46, 48, 50, 51, 95, 140, 263, 288
Pollack, Sidney 507
Polony, Anna 309, 599
Popiełuszko, Jerzy 252
Posmysz, Zofia 156, 202
Potocki, Jan Graf 224
Powell, Michael 350
Preisner, Zbigniew 7, 15, 19, 20, 36, 244, 246, 280–284, 297, 361, 372, 374, 378, 385, 388, 425, 441, 450, 500, 530, 598–601, 604
Proust, Marcel 44, 283
Przylipiak, Mirosław 474
Pudowkin, Wsiewolod 46

R

Rabourdin, Dominique 455
Rachmaninow, Sergej 281
Radwan, Stanisław 187, 281, 597
Radziwiłowicz, Jerzy 149, 165, 169, 297, 298, 598
Rakowski, Mieczysław 152
Ravel, Maurice 281
Rayns, Tony 451,
Reed, Dan 51, 250
Régent, Benoît 382, 600, 601
Reisz, Karel 134
Reitz, Edgar 380, 479
Renard, Gilles 478
Renoir, Jean 34, 46, 516–518
Resnais, Alain 290
Ribisi, Giovanni 502
Richardson, Tony 34, 46, 522
Richter, Erika 180

Riva, Emmanuelle 390, 600
Rivette, Jacques 358–359
Rodek, Hanns-Georg 288
Rodriguez, Chico Julio 20
Rohmer, Eric 33, 34, 39
Romanek, Mark 350
Rosa, Michał 477
Rosselini, Roberto 292
Rota, Nino 282
Rouch, Jean 133
Różewicz, Stanisław 109, 602
Różewicz, Tadeusz 110, 295, 456, 601
Rüping, Christopher 456
Russell, Ken 145
Russo, Rene 289
Rutschky, Katharina 522
Rybczyński, Zbigniew 46, 51, 142

S

Saber, J. (alias Osęka, Andrzej) 301, 302
Sadoul, Georges 46
Samosiuk, Zygmunt 48, 140, 143
Sarandon, Susan 289
Sartre, Jean-Paul 19, 40, 277, 290, 384, 426
Sas-Urynowski, Jacek 220
Sauper, Hubert 424
Schlegel, Hans-Joachim 24, 72, 168
Schlöndorff, Volker 283, 522
Schmid, Hans Christian 472
Schmöller, Verena 20
Schnabel, Julian 208, 271, 497
Schneider, Romy 145
Schnelle, Josef 276, 404, 410, 455
Schulkin, Piotr 77
Schulz, Bruno 139
Schulz, Gerhard 351
Schütte, Jan 287
Schütte, Wolfram 458
Ścibor-Rylski, Aleksander 148
Scorsese, Martin 139, 479
Scott, Ridley 48, 167, 287
Scotti, Elisabeth 314, 467
Seidel, Ulrich 524
Shakespeare, William 33, 140, 147, 176, 363
Siegel, David 497
Siekierzyńska, Iwona 478, 479
Simons, Johan 456
Singer, Isaac Bashevis 33
Skalski, Janusz 175

Skarżyński, Jerzy 425
Skolimowski, Jerzy 46, 48, 51, 95, 107, 288, 290
Skórzewski, Edward 69, 71, 73
Ślesicki, Władysław 70, 73
Smal, Ewa 251, 598, 599–600
Sobociński, Piotr 46, 48, 244, 285, 288, 289, 316, 374, 416, 421–425, 441, 599, 601
Sobociński, Witold 48, 140, 288
Sobolewski, Tadeusz 14, 27, 28, 30, 31, 59, 60, 120, 121, 123, 124, 131, 148, 154, 158, 159, 162, 163, 168, 194, 201, 207, 208, 213, 225, 226, 230, 232, 244, 248, 255, 276–278, 292, 294, 302, 304, 331, 332, 334, 370, 372, 379, 384, 386, 390, 406, 407, 411, 413, 416, 418, 420, 422, 423, 427, 446, 452, 453
Soderbergh, Steven 372
Solschenizyn, Alexander Issajewitsch 102
Sontag, Susan 431
Spielberg, Steven 49, 106
Sterneborg, Anke 388
Stok, Danusia 34, 35, 44, 58, 88, 101, 103, 106, 107, 115, 129, 137, 146, 176, 180, 181, 184, 190, 191, 237, 241, 253, 273, 300, 316, 403, 452
Stok, Witold 15, 114, 165, 175, 179, 244, 247–250, 285, 596–598
Strauss, Frédéric 450
Streep, Meryl 289
Strobel, Hannes 456
Stuhr, Jerzy 114, 159, 161, 165–168, 175, 186, 192, 197–199, 201, 209, 210, 251, 310, 316, 381, 397, 404, 597, 598, 600–602
Süskind, Patrick 503
Szabó, István 161
Szadowski, Tomasz 477
Szapołowska, Grażyna 293, 297, 300, 309, 316, 317, 347, 350, 381, 404, 439, 598
Szczepański, Tadeusz 36, 302, 366
Szulkin, Piotr 77, 80, 146
Szumowska, Małgorzata 469
Szyma, Tadeusz 31, 40, 211, 240, 596, 597
Szymborska, Wisława 131, 295, 408, 418, 424

T

Tachelet, Koen 456
Tanović, Danis 272, 502–504
Tarantino, Quentin 49, 142, 411, 520, 522
Tarkowski, Andrej 24, 35, 39, 225, 226, 232, 332, 333, 334, 357, 460
Tarkowski, Michał 175, 177, 597
Tautou, Audrey 475
Taviani, Paolo 290
Tesarz, Jan 308, 337, 341, 598, 599
Thiel, Wolfgang 281
Tieck, Ludwig 419
Toeplitz, Jerzy 49–49, 58, 68, 70, 75
Topor, Roland 342
Towarnicka, Elżbieta 284
Trela, Jerzy 193, 404, 597, 599, 601, 602
Trier, Lars von 333, 471
Trintignant, Jean-Louis 251, 372, 413, 419, 601
Truffaut, François 68, 333, 522
Trybała, Marzena 220, 598, 601
Trzos-Rastawiecki, Andrzej 140, 143, 144, 255
Tschechow, Anton 110, 159
Tykwer, Tom 12, 17, 168, 461, 464, 469, 500–503, 505–507

U

Urban, Jerzy 301, 302
Urbański, Andrzej 51
Ustaoğlu, Yeşim 250

V

Van Gogh, Vincent 514
Van Gogh, Theo 514
Van Sant, Gus 294
Varda, Agnès 291, 480
Vattimo, Gianni 19
Veiel, Andres 169, 455, 478
Verdi, Giuseppe 284
Véry, Charlotte 385, 600
Visarius, Karsten 410, 419
Voigt, Andreas 256, 278, 314, 439, 440, 455
Voltaire 214, 426
Volter, Philippe 355, 600

W

Wachowicz, Barbara 106, 597

619

XI. Anhang

Wachowski, Andy 503
Wachowski, Lana 503
Wajda, Andrzej 35, 46–48, 50, 57, 69, 85, 91, 109, 110, 137, 139, 140, 147–152, 155, 156, 158–162, 164–169, 190, 201, 207, 210, 225, 236, 237, 250, 253, 263, 286–288, 298, 316, 405–407, 432, 598
Wajdowicz, Roman 49
Walendowski, Tadeusz 175, 247, 596
Wałęsa, Lech 81, 240, 297
Wawryniuk, Alicja 20
Wedel, Dieter 287
Weinstein, Harvey 507
Weir, Peter 49
Welles, Orson 34, 46, 56, 68, 149, 421
Wenders, Wim 344, 442, 454, 455
Wertow, Dziga 53, 68
Wicki, Bernhard 287
Wieczyński, Rafał 464
Wiegand, Wilfried 342, 480
Wierzbicki, Krzysztof 26, 104, 250, 251, 276, 455, 468
Wiesel, Elie 294
Wildenhahn, Klaus 72, 75
Williams, John 282
Wilson, Emma 17
Winterbottom, Michael 48, 287, 469–472, 481, 535

Wiseman, Frederick 133
Wiszniewski, Wojciech 77, 78, 80
Wittgenstein, Ludwig 274, 515
Wohl, Stanisław 47–49, 68
Wojciechowski, Krzysztof 77
Wójcik, Jacek 355
Wolkowa, Irina 455
Wollermann, Tobias 20
Wollnik, Sabine 20
Wood, Jason 455
Woodward, Steven 20, 497
Wortmann, Sönke 472
Wyspiański, Stanisław 140, 160

Y

Yates, David 49, 167, 287
Yuan, Zhang 466

Z

Ząbkowska, Małgorzata 199, 201, 598
Zacks, Jerry 289
Zagajewski, Adam 27, 84, 128–132, 148, 234, 239, 295
Zajączkowski, Andrzej 80, 602
Zamachowski, Zbigniew 310, 316, 372, 3952, 404, 472, 600, 601
Zanussi, Krzysztof 6, 46, 48, 50, 51, 85, 109, 114, 134–138, 140, 17, 149–153, 158, 165–167, 169–171, 185, 190, 191, 201, 202, 208–210, 237, 250, 253, 285–287, 310, 374, 405, 441, 598
Zaorski, Janusz 169, 170
Zapasiewicz, Zbigniew 45, 137, 150, 165, 218, 219, 598
Żarnecki, Michał 175, 251, 288, 295–298, 600
Zawiśliński, Stanisław 16, 18, 24, 29, 30, 33, 44, 57, 84, 97, 99, 106, 117, 122, 128, 158, 255, 333, 361, 374, 413, 437, 454
Żebrowski, Edward 51, 137, 138, 146, 166, 169, 190, 191, 237, 374, 600, 601
Żeromski, Stefan 106, 597
Zgliński, Greg 478
Ziarnik, Jerzy 71, 602
Ziehler, Lilian 20
Zieliński, Jerzy 164, 601
Žižek, Slavoj 12, 20, 371, 459–461
Zmarz-Koczanowicz, Maria 455, 477
Zonn, Lidia 57, 175, 251, 596–598
Zweig, Stefan 456, 602
Zygadło, Tomasz 77, 84, 89, 90, 133, 166, 172, 175, 237, 247, 249, 596, 597
Żuławski, Andrzej 263

FILMOTEKA NARODOWA
Nationales Filmarchiv in Warschau
www.fn.org.pl

- ALS STAATLICHE KULTURINSTITUTION 1955 IN WARSCHAU GEGRÜNDET

- MITGLIED DER FIAF (FÉDÉRATION INTERNATIONALE DES ARCHIVES DU FILM) SOWIE DER ACE (ASSOCIATION DES CINÉMATHÈQUES EUROPÉENNES)

- PARTNER: LOST FILMS UND EUROPEANA

- ARCHIVIERT FILMBESTÄNDE UND DOKUMENTATIONSMATERIAL UND STELLT SIE ZUR VERFÜGUNG

- DIGITALISIERT:
  FOTOGRAFIEN VON FILMSETS – FOTOTEKA (WWW.FOTOTEKA.FN.ORG.PL)
  FILMPLAKATE – GAPLA (WWW.GAPLA.FN.ORG.PL)
  FILME, DIE VOR 1939 GEDREHT WURDEN – NITROFILM (WWW.NITROFILM.PL)
  POST-1945 SPIELFILME UND WOCHENSCHAUEN – REPOZYTORIUM CYFROWE
  (WWW.REPOZYTORIUM.FN.ORG.PL)

- VERFÜGT ÜBER EINE SPEZIALISIERTE BIBLIOTHEK

- BETREIBT EIN NETZWERK VON PROGRAMM- UND KOMMUNALKINOS
  – SIEĆ KIN STUDYJNYCH I LOKALNYCH

- PRÄSENTIERT POLNISCHE UND INTERNATIONALE FILMKLASSIKER IM EIGENEN KINO ILUZJON

- FÖRDERT DIE FILMKULTUR IN POLEN UND WELTWEIT

edition filmdienst

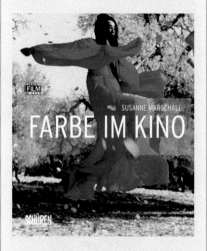

Susanne Marschall
Farbe im Kino
448 S., Pb., über 200 Abb. in Farbe
€ 38,00, ISBN 978-3-89472-394-1

Das Standardwerk zu Technik, Geschichte und Ästhetik der Farbe im Kino

Farbe nehmen wir im Kino mit allen Sinnen wahr. Sie löst Emotionen aus und prägt Erwartungshaltungen. *Farbe im Kino* geht anhand vieler Filmbeispiele auf die Suche nach den Grundlagen einer Farbenlehre der Filmkunst und greift damit ein spärlich bearbeitetes Thema der Filmgestaltung und der Filmwahrnehmung auf. Die Autorin beschreibt die Dramaturgie der Farbe im Film von den frühen Farbfilmen über klassische Meisterwerke bis hin zu aktuellen Filmen.

Universitätsstr. 55 · D-35037 Marburg
Fon 06421/63084 · Fax 06421/681190
www.schueren-verlag.de

edition filmdienst

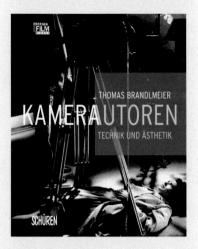

Thomas Brandlmeier
Kameraautoren
Technik und Ästhetik
512 S., 300 Abb, in Farbe
€ 38,00, ISBN 978-3-89472-486-3

Die Kamera befindet sich beim filmischen Schaffensprozess an der Schnittstelle der technischen Möglichkeiten und dem gestalterischen Willen der Filmemacher. Technischer Fortschritt beeinflusst die Filmästhetik, umgekehrt können filmgestalterische Wünsche technische Entwicklungen fördern. Brandlmeier zeigt dieses Wechselspiel in der Arbeit vieler Kameraleute und ihrer Regisseure auf, zugleich geht es auch um den künstlerischen Anteil der Kameraarbeit am Film.

Universitätsstr. 55 · D-35037 Marburg
Fon 06421/63084 · Fax 06421/681190
www.schueren-verlag.de

Polnischer Film

Klejsa/Schahadat/Wach (Hg.)
Der Polnische Film – von seinen Anfängen bis zur Gegenwart
562 S., Klappbr., zahlr., tw. farb. Abb.
€ 38,00, ISBN 978-3-89472-748-2

„Was den Band auszeichnet, ist nicht nur die Tatsache, dass er eine der ersten deutschsprachigen Publikationen zur gesamten polnischen Filmgeschichte darstellt, mehr noch: Die hier versammelten Analysen, Aufsätze und Exkurse lösen den polnischen Film vor allem aus dem üblichen Kanon der filmwissenschaftlichen Betrachtung heraus, die ihn bislang eher als einen Bestandteil des übergeordneten osteuropäischen Kinos behandelt hat."
MEDIENwissenschaft 3/2013)

Universitätsstr. 55 · D-35037 Marburg
Fon 06421/63084 · Fax 06421/681190
www.schueren-verlag.de

Polnischer Film

Christian Kampkötter/Peter Klimczak / Christer Petersen (Hg.)
Klassiker des polnischen Films
176 S., Pb., € 19,90
ISBN 978-3-89472-886-1

Osteuropäische Filmklassiker im Kurzportrait
Bislang liegen in deutscher Sprache keine breitenwirksamen Publikationen zum osteuropäischen Film vor, obwohl unsere östlichen Nachbarländer über eine lange und beeindruckende Filmtradition verfügen. Die *Klassiker des osteuropäischen Films* stellen die etwa 25 wichtigsten Filme jedes Landes kurz vor. Da Filme kulturelle Artefakte sind, spiegeln sie neben ihren spezifischen Geschichten, Plots und Themen auch die Kultur des jeweiligen Landes wider.

Universitätsstr. 55 · D-35037 Marburg
Fon 06421/63084 · Fax 06421/681190
www.schueren-verlag.de